KOMPETENZBASIERTES PROJEKTMANAGEMENT (PM4)

KOMPETENZBASIERTES PROJEKTMANAGEMENT (PM4)

HANDBUCH FÜR PRAXIS UND WEITERBILDUNG IM PROJEKTMANAGEMENT

BAND 1

GPM Deutsche Gesellschaft für Projektmanagement e. V.
(Herausgeber)

IMPRESSUM PM4

Bibliografische Information der Deutschen Nationalbibliothek

Die Deutsche Nationalbibliothek verzeichnet diese Publikation in der Deutschen Nationalbibliografie; detaillierte bibliografische Daten sind im Internet über http://dnb.d-nb.de abrufbar.

Dieses Werk ist urheberrechtlich geschützt. Alle Rechte, auch die der Übersetzung, des Nachdrucks und der Vervielfältigung des Buches – oder Teilen daraus – sind vorbehalten. Kein Teil des Werks darf ohne schriftliche Genehmigung des Verlags in irgendeiner Form (Fotokopie, Mikrofilm oder andere Verfahren), auch nicht zum Zwecke der Unterrichtsgestaltung, reproduziert oder unter Verwendung elektronischer Systeme verarbeitet, vervielfältigt oder verbreitet werden.

Für alle in diesem Werk verwendeten Warennamen sowie Firmen- und Markenbezeichnungen können Schutzrechte bestehen, auch wenn diese nicht als solche gekennzeichnet sind. Deren Verwendung in diesem Werk berechtigt nicht zu der Annahme, dass diese frei verfügbar sind.

Die DIN-Normen sind mit Erlaubnis des DIN Deutschen Instituts für Normung e. V. wiedergegeben. Maßgebend für das Anwenden der DIN-Norm ist deren Fassung mit dem neuesten Ausgabedatum, die bei der Beuth Verlag GmbH, Burggrafenstraße 6, 10787 Berlin, erhältlich ist.

Layout und Satz: Buch&media GmbH, Merianstr. 24, 80637 München

Umschlag und Gestaltung der Zwischenseiten: CMB Communications GmbH, Kreutweg 21, 92360 Muehlhausen

Druck und Bindung: Zapolex, Torun

GPM Homepage: http://www.gpm-ipma.de

PM4-Feedback: pm4@gpm-ipma.de

PM4 als E-Book: https://bit.ly/2Wx7ihd

ISBN 978-3-924841-77-5 (Hardcover)

ISBN 978-3-924841-78-2 (E-Book)

1. Auflage 2019

© 2019

Herausgeber:

GPM Deutsche Gesellschaft für Projektmanagement e. V.
Hauptgeschäftsstelle: Am Tullnaupark 15, 90402 Nürnberg
Hauptstadtrepräsentanz: Hausvogteiplatz 12, 10117 Berlin

VORWORT DES PRÄSIDENTEN

Die digitale Transformation und die Globalisierung beeinflussen alle Bereiche unseres persönlichen, wirtschaftlichen und gesellschaftlichen Lebens. Täglich sehen wir uns mit einschneidenden Veränderungen konfrontiert. Die Komplexität, Uneindeutigkeit und Schnelllebigkeit nehmen deutlich zu und verlangen nach immer mehr organisationalem Lernen, Agilität, Effizienz und neuen Formen der Zusammenarbeit und der Vernetzung.

Viele dieser Veränderungen erleben wir als Bereicherung, anderen stehen wir dagegen skeptisch gegenüber. Dies ruft sofort das menschliche Grundbedürfnis nach »Sicherheit und Orientierung« auf den Plan. Menschen und Organisationen suchen Handlungssicherheit, Orientierung und die Beherrschbarkeit des Neuen, der Zukunft. Doch die Frage sollte nicht lauten, wie können wir unsere Zukunft beherrschen, sondern wie können wir unsere Zukunft gestalten! Wir sollten keine Beherrscher, sondern Gestalter sein wollen. Und genau deshalb wird Projektmanagement in Zukunft immer weiter an Bedeutung gewinnen. Nicht nur, weil Projektmanagement Sicherheit und Orientierung vermitteln kann, sondern auch, weil es Menschen sind, die den Projekterfolg bestimmen und ermöglichen. Mit ihren individuellen Kompetenzen und ihrer Gestaltungskraft entscheiden sie über die geeigneten Methoden zur passenden Zeit.

Durch die digitale Transformation, die auch nach neuen Ansätzen für das Führungs- und Kommunikationsverhalten verlangt, wird die Form der Zusammenarbeit weg vom sequenziellen Arbeiten und Denken hin zum parallelen und interdisziplinären Miteinander führen. Diese Bewegung sorgt für eine Zunahme des projekthaften Arbeitens. Die interdisziplinäre Zusammenarbeit wird nicht nur innerhalb von Organisationen zunehmen, sondern auch Expertenteams aus den unterschiedlichsten Disziplinen und Kulturkreisen müssen weltweit effizient zusammenarbeiten, und zwar etwa, um plötzlich auftretende Herausforderungen zu lösen, aber auch, um Chancen zu nutzen und Innovationen zu generieren.

Projekte sind die Organisationsform für Veränderung und deshalb sind Projektmanagement und digitale Transformation eng miteinander verknüpft. Unaufhaltsam wird das Projektmanagement immer mehr für künftige gesellschaftliche und wirtschaftliche Gestaltungen und Entwicklungen an Bedeutung gewinnen.

Vor diesem Hintergrund sind eine Standardisierung und Professionalisierung des Projektmanagements mit einer anerkannten Zertifizierung sowohl im deutschsprachigen Raum als auch international von hoher Relevanz. In den letzten Jahrzehnten wurden in Deutschland mehr als 70.000 Projektmanagerinnen und Projektmanager bei der PM-ZERT, der unabhängigen Zertifizierungsstelle der GPM zertifiziert (alle Level, inkl. Basiszertifikat). Damit leistet die GPM Deutsche Gesellschaft für Projektmanagement e. V. einen wesentlichen und wertvollen Beitrag zur Standardisierung und Professionalisierung des Projektmanagements in Deutschland und weltweit.

ZERTIFIZIERUNGEN IM PROJEKTMANAGEMENT: HINTERGRUND UND VORGESCHICHTE

Die IPMA® International Project Management Association ist eine global wirkende, gemeinnützige Organisation mit über 70 Mitgliedsgesellschaften, die meistens als nationale Projektmanagement-Verbände in ihrem Land fungieren. Im deutschsprachigen Raum ist die IPMA durch die GPM Deutsche Gesellschaft für Projektmanagement e. V., die spm swiss project management association und die pma Projekt Management Austria vertreten.

Unter dem Dach der IPMA verständigen sich die nationalen Gesellschaften auf Qualitätsprinzipien und Bewertungsmaßstäbe zur Überprüfung und Bewertung von Projektmanagement-Kompetenzen. Jede nationale Mitgliedsgesellschaft berücksichtigt dabei ihre eigenen kulturellen Bedingungen und ergänzt eigene thematische Schwerpunkte. Die gemeinsame Zertifizierungsgrundlage für alle IPMA Mitgliedsgesellschaften bildet die IPMA Individual Competence Baseline (ICB®). 2015 veröffentlichte die IPMA die aktuell gültige Version 4.0 (kurz: ICB 4). Diese gilt in den Mitgliedsländern entweder direkt (ohne Übersetzung) oder übersetzt in die jeweilige Landessprache.

1991 publizierte die GPM in Zusammenarbeit mit dem RKW erstmalig das Grundlagenwerk »Projektmanagement-Fachmann«, der als Basis für die Zertifizierung von Projektmanagern dienen sollte. Es folgten Überarbeitungen und Neuversionen. Parallel fanden Internationalisierungen über Landesgesellschaften der IPMA statt. Später vereinheitlichte die IPMA diese nationalen Standards zu einem internationalen Standard. Die GPM setzte damit den Startpunkt für ein weltweites Erfolgsmodell für die Zertifizierung von Projektmanagern und trieb dies mit weiteren nationalen Gesellschaften, insbesondere der schweizerischen spm und österreichischen pma über Jahrzehnte hinweg voran. Weitere große Organisationen, wie die amerikanische PMI, PRINCE2 und zuletzt auch die Methode SCRUM, übernahmen die Qualifizierungs- und Zertifizierungsidee.

WELTWEIT BEKANNTE UND ANERKANNTE QUALIFIZIERUNG UND ZERTIFIZIERUNG

In den letzten Jahrzehnten wurden im deutschsprachigen Raum annähernd 100.000 Projektmanagerinnen und Projektmanager von der spm, der pma und der GPM im Projektmanagement zertifiziert. Damit leisten diese drei Gesellschaften einen wesentlichen und wertvollen Beitrag zur Standardisierung und Professionalisierung des Projektmanagements im deutschsprachigen Raum und darüber hinaus.

Das Besondere an den Zertifikaten der IPMA besteht darin, dass sie Kompetenzen im Sinne von Fähigkeiten bescheinigen. Es wird nicht nur das Wiederholen von Wissen und vorgegebenen Prozessen geprüft, sondern die erforderlichen Kompetenzen zum erfolgreichen Management von Projekten, Programmen und Portfolios sowie für die Entwicklung und Optimierung von Projektmanagement-Systemen. Somit ist die ICB 4, der Standard der IPMA, ein übergreifender Projektmanagement-Standard, der die übrigen Projektmanagement-Standards nicht ausklammert, sondern integriert.

Das hier vorliegende Handbuch PM4 ist der Standard für das Projektmanagement im deutschsprachigen Raum und bildet die Grundlage für die künftigen Zertifizierungen.

VORWORT DES PROJEKTMANAGERS DES HANDBUCHS PM4

Mit über 1.700 Seiten ist das Handbuch »Kompetenzbasiertes Projektmanagement (PM4)« ein umfassendes Referenzwerk und ein wichtiger Wissenszugang. Die Domäne Projektmanagement ist zu weitreichend und zu dynamisch, als dass ein stetiger Anspruch auf Vollständigkeit und Aktualität erhoben werden könnte. Zielsetzung des Fachbuches ist es vielmehr, eine umfassende Wissensbasis zu schaffen für die praktische Projektarbeit, Qualifizierung und Zertifizierung von Projektmanagement-Personal. Projektmanagement ist kein parzelliertes Feld und insbesondere kein Dogma, sondern ein lebendiges System mit vielfältigen Sichtweisen und Zugängen, weshalb Projektmanagement-Expertinnen und -Experten aus unterschiedlichen Branchen, Firmen, Praxisfeldern und Wissenschaftsdisziplinen die Beiträge des Handbuches verfasst haben. Viele weitere Experten haben die Erstellung dieses Handbuches in unterschiedlichen Querschnittsfunktionen begleitet und unterstützt. Das Handbuch PM4 ist ein Gemeinschaftswerk; darin liegt sein besonderer Wert begründet.

Jedes Projekt hat seine eigenen Herausforderungen. Ich durfte im Auftrag der GPM ein Projekt leiten, bei dem eine große Anzahl von Projektmanagement-Experten ein Projektmanagement-Handbuch für Projektmanagement-Experten und -Interessierte entwickelte. Einfacher kann es nicht gehen, oder? Alle Beteiligten und weiteren Stakeholder haben doch bereits eine besondere Expertise und Affinität zum Projektmanagement. Eine derartige Konzentration von Experten bringt aber auch ihre ganz eigenen Herausforderungen mit sich. Und wie so häufig steckt der Teufel im Detail: Die Vielfalt ist Programm – sie lässt Außerordentliches entstehen, auch wenn sie im Herstellungsprozess ihre Tücken hat. Die Projektleitung für das Handbuch PM4 war stets eine besondere Herausforderung, Lehre, Ehre und Freude für mich. Dafür bin ich der GPM mit ihrem Präsidenten als meinem Auftraggeber und allen Beteiligten sehr dankbar!

GELEBTE VIELFALT UND QUALITÄT

Experten vertreten viele unterschiedliche Sichtweisen und Meinungen. Bei den 42 Autoren des PM4 handelt es sich um ausgesuchte, anerkannte Experten im Themenbereich Projektmanagement aus Wissenschaft und Praxis. Dazu gehören insbesondere Professoren, Assessoren der PM-ZERT, Weiterbildungspartner der GPM und nicht zuletzt Praktiker aus diversen Organisationen. Sie alle haben mit viel Engagement neben ihrem Tagesgeschäft und unter hohem Zeitdruck ihre Kapitel geliefert. Dabei gab es mehrere Beratungs- und Korrekturschleifen mit den jeweiligen Co-Autoren, den drei Redaktionsräten, zwei Lektoren, die unabhängig voneinander die Texte fachlich lektorierten. Ein Korrektor sorgte für den letzten Feinschliff. Jeder Autor konnte stets selbst über das Einbringen von Vorschlägen entscheiden und bleibt somit letztendlich für die Inhalte seines Kapitels verantwortlich.

Trotz aller Qualitätsschleifen können in der ersten Auflage des PM4 Fehler oder Unklarheiten nicht vollständig ausgeschlossen werden. Wir sind dankbar für die Meldung etwaiger Fehler, Unklarheiten oder anderem Feedback an diese Mailadresse: **pm4@gpm-ipma.de**

VORGEHEN UND QUALITÄTSSICHERUNG BEI DER ERSTELLUNG DES PM4:

- Ausschreibungs- und Auswahlverfahren der Autoren: Ausschreibung über mehrere Kanäle in Deutschland, Österreich und der Schweiz.
- Bewertung der Autoren in mehreren Stufen durch mehrere Experten mit transparenten Auswahlkriterien und zusätzlichen Merkmalen zur Erlangung einer ausgewogenen Autorenbesetzung.
- Die einzelnen Kapitel wurden in der Regel von Autorenteams (Autor / Co-Autor / en) erarbeitet.
- Die einzelnen Kapitel haben bei der Texterstellung in der Regel mindestens fünf Qualitätsschleifen mit unterschiedlichen Experten durchlaufen. Innerhalb dieser Qualitätsschleifen gab es bei Bedarf noch Zwischenversionen.

In besonders schwierigen Situationen hat der **Präsident der GPM, Prof. Dr. Helmut Klausing**, uns mit seinem Vertrauen bestärkt. Was eigentlich selbstverständlich scheint, ist in der Praxis häufig nicht gegeben, wie viele Praktiker wissen. Auch die Spitze der GPM geht hier also mit besonderem Vorbild voran.

Unsere wichtigsten Stakeholder sind und bleiben Sie als **Leser**! Sie wollen das Werk für die unterschiedlichsten Zwecke nutzen und so stand stets im Mittelpunkt unserer Arbeit, für Sie alle ein umfassendes und gewinnbringendes Handbuch zu schaffen, das trotz der stark vernetzten Inhalte und des Umfangs noch handhabbar und verständlich ist.

Dr. Thor Möller
Projektmanager Handbuch PM4

EINFÜHRUNG IN DAS BUCH

Das hier vorliegende Fachbuch »Kompetenzbasiertes Projektmanagement (PM4). Handbuch für Praxis und Weiterbildung im Projektmanagement«, in Kurzform PM4, erfüllt die folgenden Funktionen:

- Als **Grundlagenwerk** bietet es eine verlässliche Basis für Theorie und Praxis des Projektmanagements,
- als **Nachschlagewerk** verschafft es einen umfassenden Überblick über den aktuellen Entwicklungsstand des Projektmanagements und benachbarte Disziplinen,
- als **Referenzwerk** eröffnet es einen strukturierten Zugang zur ICB 4 und ermöglicht damit eine systematische lehrgangsbegleitende Lektüre, Zertifizierungsvorbereitung und Kompetenzentwicklung,
- als **Leitfaden** bietet es eine abgestimmte Arbeitsgrundlage für die Entwicklung von Projektmanagement-Handbüchern und den Aufbau projektorientierter Organisationen,
- als Mehrautorenwerk stellt es eine **Erfahrungssammlung** sowie Firmen- und Branchenwissen von 42 Expertinnen und Experten aus Deutschland, der Schweiz und Österreich dar und
- als **Fachbuch** repräsentiert es den Wissensstandard für Projektmanagement im deutschsprachigen Raum.

WICHTIGE MERKMALE DES WERKES:

- Das Buch besteht aus zwei Bänden mit insgesamt rund 1.700 Seiten aufgeteilt in 39 Kapitel, die von 42 Autoren erstellt wurden.
- Die Grundstruktur bilden die 28 Kompetenzen der ICB 4, die von anerkannten Experten erläutert werden.
- Alle für das Projektmanagement relevanten Normen aus DIN/ISO sowie weitere Standards sind berücksichtigt.
- Die wichtigsten Vorgehensmodelle sind integriert und neben den planbasierten auch agile und hybride Ansätze berücksichtigt.
- Sonderthemen, wie Digitalisierung, internationales PM, virtuelle Arbeit etc., werden behandelt.
- Es erscheint sowohl als digitale Publikation als auch als Printversion.

Das Handbuch PM4 unterteilt sich in **fünf Hauptkapitel**:

1. Kompetenzbasiertes Projektmanagement
2. Bereichsübergreifende Kompetenzen
3. Kontext-Kompetenzen (Perspective)
4. Persönliche und Soziale Kompetenzen (People)
5. Technische Kompetenzen (Practice)

Die Hauptkapitel enthalten in der zweiten Gliederungsebene **Kapitel**. Während im zweiten Hauptkapitel sieben bereichsübergreifende Kompetenzen in einzelnen Kapiteln behandelt werden, führen die Hauptkapitel 3 bis 5 die 28 Kompetenzelemente der ICB 4 in den drei einzelnen Kompetenzbereichen aus. Die Gliederungsnummerierung der 28 Kompetenzelemente im PM4 entspricht der Nummerierung der ICB 4. Ab der dritten Gliederungsebene wird von **Abschnitten** gesprochen. Die Nummerierung der Abschnitte der Kapitel startet immer bei »1«. Dies dient der besseren Lesbarkeit und Orientierung innerhalb eines jeden Kapitels.

Aufgrund des Umfangs ist das Werk in **zwei Bände** unterteilt. Der umfangreichere erste Band enthält die Hauptkapitel 1 bis 4. Im zweiten Band ist das Hauptkapitel 5 zu finden. Während Band 1 die Kompetenzen für das Gesamtverständnis vermittelt, liefert Band 2 die Anleitungen, Prozesse, Methoden, Werkzeuge etc.

Seit 2018 gilt die Individual Competence Baseline Version 4.0 (ICB 4) in Deutschland, Österreich und der Schweiz als Grundlage für die Personenzertifizierung im Rahmen des IPMA Vier-Level-Zertifizierungssystems. Die Gliederung dieses Fachbuches folgt der Gliederung der ICB 4. Das PM4 ermöglicht damit eine systematische Zertifizierungsvorbereitung auf Basis der ICB 4.

Wiederholungsfragen: Die Wiederholungsfragen am Ende jedes Kapitels sind keine Originalfragen aus der IPMA Zertifizierung. Sie verstehen sich vielmehr als Angebot für die individuelle Lernkontrolle und dienen nicht nur den Kandidaten für eine Zertifizierung als Wissensprüfung.

Literatur: Neben der verwendeten Literatur in Form von Fachpublikationen, Normen, Internetseiten etc. erteilen die meisten Kapitel zusätzlich Empfehlungen für weiterführende Literatur.

WAS IST NEU?

Das Handbuch PM4 löst das Handbuch PM3 ab, welches auf der ICB 3 basierte. Hintergründe zu Inhalten und Entwicklungen der ICB 4 sowie Neuerungen von ICB 3 zu ICB 4 werden im ersten Kapitel zum Thema »Kompetenzbasiertes Projektmanagement« beschrieben.

Neu im PM4 sind folgende Aspekte:

- Die behandelten Kompetenzelemente wurden von 46 in der ICB 3 auf jetzt 28 in der Domäne Projektmanagement der ICB 4 reduziert.

- Die ICB 4 ist in drei »Domänen« aufgeteilt: Projekt-, Programm- und Portfoliomanagement. Das Handbuch PM4 bedient jedoch gezielt nur die Domäne Projektmanagement. Die beiden anderen Domänen – Programm- und Portfoliomanagement – werden hier nicht behandelt, sondern nur überblickartig im Grundlagenbereich dargestellt. Gesonderte Publikationen zu diesen beiden Domains sind in Vorbereitung.

- Jedes Kompetenzelement verfügt nunmehr über mehrere Key Competence Indicators (KCI), insgesamt 133, mit denen sich messen lässt, in welchem Ausmaß die erforderlichen Kompetenzen bei einem Zertifizierungskandidaten ausgeprägt sind. Damit bietet die ICB 4 ein differenziertes und wirksames Instrument für die Personalauswahl im Projekt und für Assessments.

- Für die Bewertung aller Kompetenzen im Assessment liegt mit den »Bloom-Stufen« ein anerkanntes und fundiertes Schema vor.

- Weiterführende Themen des PM4, wie Agilität, Digitalisierung, Internationalität etc. sind gegenüber dem PM3 hinzugekommen, um der Weiterentwicklung des Projektmanagements gerecht zu werden.

- Der Umfang gegenüber dem PM3 wurde erheblich reduziert. Hier wurde ein neuer Kompromiss aus inhaltlichen Bestandteilen und handhabbarem Umfang gefunden.

- Anders als im PM3 findet sich im PM4 keine Unterteilung der Kapitel in Grundlagen- und Vertiefungswissen.

DIE ZIELGRUPPEN DES PM4

Das PM4 richtet sich vor allem an Praktiker, die ihre Kompetenzen im Projektmanagement entwickeln oder vertiefen wollen. Dies können Projektmanager, Teilprojektmanager und Projektteammitglieder sowie Mitarbeiter in Project Management Offices (PMO) sein. Auch Projekt-, Portfolio- und Programmmanager sollen sich hiermit angesprochen fühlen. Für diese Zielgruppen ist allerdings auch eine Weiterentwicklung auf Basis der beiden Domänen Projektportfolios und Programme der ICB 4 in Vorbereitung. Weiterhin bildet es eine entscheidende Grundlage für die Arbeit der Projektmanagement-Trainer und -Berater. Als Standard für Projektmanagement ist es aber ebenso eine wichtige Basis für Forschung und Lehre. Somit werden ebenfalls Professoren, Doktoranden und Studierende angesprochen.

Mit der Herausgabe dieses Handbuches eröffnet die GPM den Lesern im deutschsprachigen Raum einen einmaligen Wissenszugang zu einem umfassenden Referenzwerk und zu einer Wissensbasis für die praktische Projektarbeit, Qualifizierung und Zertifizierung von und für Projektmanager.

Dieses Handbuch für Praxis und Weiterbildung im Projektmanagement wird in den nächsten Jahren seinen Anteil an der weiteren Verbreitung und Professionalisierung des Projektmanagements leisten.

DAS PM4 ALS BASIS FÜR DIE ZERTIFIZIERUNG

Das PM4 ist zugleich das Referenzwerk für die Zertifizierungen der Zertifizierungsstelle PM-ZERT. Dies bedeutet, dass die Zertifizierung auf dieses Werk referenziert und sich darauf hin orientiert. Dies bedeutet jedoch nicht, dass Inhalte satzgenau geprüft werden, da es sich bei der IPMA Zertifizierung um eine Kompetenzprüfung handelt.

Das zentrale Prinzip des IPMA Systems ist »Kompetenz«. Das meint unter anderem, dass die Zertifikanten die Inhalte diskutieren, priorisieren, aufeinander beziehen, voneinander abgrenzen, mit Beispielen illustrieren, situativ anpassen und problemspezifisch anwenden können.

LESEHILFE ZUR ARBEIT MIT DEM PM4

In den Kapiteln unterstützen verschiedene Symbole das selektive Lesen:

Definition:
Diese Box beinhaltet Definitionen von Begriffen, Konzepten oder Verfahren.

Praxistipp:
Wichtige Tipps, die Projektmanagern in der Praxis von großem Nutzen sind.

Beispiel:
An einem Beispiel wird der Inhalt oder die Relevanz eines Themas illustriert.

ICB 4:
Referenzen auf die ICB 4 sind mit einem entsprechenden Icon gekennzeichnet.

Weiterhin hilft ein **Stichwortverzeichnis** am Ende von Band 2 dem Leser dabei die wichtigsten Begriffe und Schlagworte in den Kapiteln zu finden. Diese Stichwörter sind im Fließtext mit blauer Schrift hervorgehoben.

GENDER-HINWEIS

Zur besseren Lesbarkeit verwendet der gesamte Text bei Rollenbezeichnungen etc. immer nur die männliche Form, z. B. »Projektmanager« anstelle von »Projektmanagerin und Projektmanager«. Selbstverständlich sollen sich damit Frauen und Männer stets gleichwertig angesprochen fühlen.

FEEDBACK UND HINWEISE

Wenn Sie uns **Feedback** oder andere Hinweise geben möchten, dann verwenden Sie bitte die zentrale E-Mail-Adresse **pm4@gpm-ipma.de**. Vielen Dank!

Dr. Thor Möller
Redaktionsrat
Projektmanager

Dr. Martin Goerner
Redaktionsrat

Prof. Dr. Steffen Rietz
Redaktionsrat

INHALT

BAND 1

1 KOMPETENZBASIERTES PROJEKTMANAGEMENT 19

2 BEREICHSÜBERGREIFENDE KOMPETENZEN 47

2.1 Projekte und Projektmanagement 48

2.2 Projektmanagement auf Organisationsebene 70

2.3 Projektselektion und Portfoliobalance 98

2.4 Vorgehensmodelle und Ordnungsrahmen 132

2.5 Normen und Standards im Projektmanagement 182

2.6 Internationale Projektarbeit 216

2.7 Digitalisierung im Projektmanagement 262

3 KONTEXT-KOMPETENZEN (PERSPECTIVE) 303

3.1 Strategie 304

3.2 Governance, Strukturen und Prozesse 350

3.3 Compliance, Standards und Regularien 396

3.4 Macht und Interessen 430

3.5 Kultur und Werte 462

4 PERSÖNLICHE UND SOZIALE KOMPETENZEN (PEOPLE) 499

4.1.1 Selbstreflexion und Selbstmanagement 500

4.1.2 Persönlichkeitsmodelle und Testverfahren 548

4.2 Persönliche Integrität und Verlässlichkeit 564

4.3 Persönliche Kommunikation 592

4.4 Beziehungen und Engagement 656

4.5 Führung 686

4.6.1 Teamarbeit 734

4.6.2	Arbeit in virtuellen Teams	776
4.7	Konflikte und Krisen	808
4.8	Vielseitigkeit	848
4.9	Verhandlungen	912
4.10	Ergebnisorientierung	962

BAND 2

5	**TECHNISCHE KOMPETENZEN (PRACTICE)**	1003
5.1	Projektdesign	1004
5.2	Anforderungen und Ziele	1038
5.3	Leistungsumfang und Lieferobjekte	1082
5.4	Ablauf und Termine	1166
5.5	Organisation, Information und Dokumentation	1206
5.6	Qualität	1244
5.7	Kosten und Finanzierung	1294
5.8	Ressourcen	1340
5.9.1	Beschaffung	1372
5.9.2	Vertragsrecht	1416
5.10	Planung und Steuerung	1464
5.11	Chancen und Risiken	1542
5.12	Stakeholder	1580
5.13	Change und Transformation	1618

Gesamtinhaltsverzeichnis	1662
Stichwortverzeichnis	1692

1

KOMPETENZBASIERTES
PROJEKTMANAGEMENT

1 KOMPETENZBASIERTES PROJEKTMANAGEMENT

Autor: Michael Gessler
Dr. Dr. h.c. Michael Gessler ist Professor für Berufliche Bildung und Berufliche Weiterbildung am Institut Technik und Bildung der Universität Bremen. Als GPM Vorstand für Qualifizierung und Zertifizierung verantwortete er den Sammelband »Kompetenzbasiertes Projektmanagement (PM3)«, welcher nach zweijähriger Entwicklungszeit in 2009 veröffentlicht wurde und heute, zum Zeitpunkt der Drucklegung von »PM4«, das auflagenstärkste Projektmanagement-Handbuch in Deutschland darstellt.

Autor: David Thyssen
Dr. David Thyssen ist Geschäftsführer der prometicon GmbH und begleitet Unternehmen und not for profit Organisationen auf ihrem Weg zur projektorientierten Organisation. Er ist einer der Kernautoren des IPMA ICB 4 Standards, hat das Programm zur Einführung der ICB 4 für die GPM in Deutschland verantwortet und hat mehrere Lehraufträge zum Projektmanagement/Organisation übernommen.

INHALT

Der Begriff der Kompetenz 23

    Personale Kompetenz und Organisationale Kompetenz 23

    Formale Kompetenz und Handlungskompetenz. 24

    Der Kompetenzbegriff in der ICB 4 24

Kompetenzentwicklung auf Basis der IPMA Standards 26

    IPMA als Standardgeber 26

    Entwicklungsgeschichte der IPMA ICB 26

    ICB 4 als Strukturmodell für Handlungskompetenzen. 29

        Domäne: Projektmanagement 30

        Bezug: Einzelprojekte 30

        Kompetenzbereiche: Perspective, People und Practice 31

        Kompetenzelemente 31

        Kompetenzindikatoren 32

        Wissen und Fertigkeiten (Measures) 32

Das Zertifizierungssystem der IPMA 32

    Bestandteile der Zertifizierung nach IPMA Standard 33

        Zulassung 33

        Report 34

        Schriftliche Prüfung 34

        Workshop (Simulation) 34

        Interview 35

    Ablauf der Zertifizierungen 35

        Erstzertifizierungen 36

        Höherzertifizierungen 37

        Rezertifizierungen 38

    Hintergrund: Kompetenzbasierte Zertifizierung 38

    Schriftliche Prüfung: Wissen ist nicht gleich Wissen 38

    Report, Interview, Workshop: Können ist nicht gleich Können 40

Fazit 41

    ICB 4 – Zertifizierung und andere Systeme 41

    Grundsätze eines kompetenzbasierten Projektmanagements 41

Literaturverzeichnis 44

Dieses Kapitel erläutert den Ansatz eines kompetenzbasierten Projektmanagements. Die Struktur des Kapitels orientiert sich an den folgenden Leitfragen:

- Kompetenz: Was ist Kompetenz?
- Kompetenzmodell: Wie kann Kompetenzentwicklung auf Basis von IPMA Standards erfolgen?
- Zertifzierungssystem: Wie wird die Kompetenz einer Person festgestellt?
- Fazit: Was macht den kompetenbasierten Ansatz aus?

1 DER BEGRIFF DER KOMPETENZ

Die IPMA® Individual Competence Baseline (IPMA ICB®) ist ein Standard mit weltweiter Gültigkeit, der drei Bereiche abdeckt: Projekt-, Programm- und Portfoliomanagement (IPMA 2015).

Auf Deutsch wurde die IPMA ICB (Version 4) veröffentlicht als:

(1) Individual Competence Baseline für Projektmanagement (GPM 2017a),
(2) Individual Competence Baseline für Programmmanagement (GPM 2017b) und
(3) Individual Competence Baseline für Portfoliomanagement (GPM 2017c).

Die Basis dieses Handbuches bildet die Individual Competence Baseline für Projektmanagement (GPM 2017a).

1.1 PERSONALE KOMPETENZ UND ORGANISATIONALE KOMPETENZ

Schlüsselbegriff der Individual Competence Baseline (ICB) ist die »personale Kompetenz«, welche wie folgt definiert wird: »Kompetenz ist die Anwendung von Wissen, Fertigkeiten und Fähigkeiten, um die gewünschten Ergebnisse zu erzielen« (GPM 2017a, S. 17). Parallel zu diesem Ansatz existiert ein Kompetenzstandard für Organisationen. Im Fokus steht hier die »organisationale Kompetenz«, welche als die Fähigkeit von Organisationen verstanden wird, Menschen, Ressourcen, Prozesse, Strukturen und Kulturen durch Projekte, Programme und Portfolios innerhalb eines unterstützenden Governance- und Managementsystems zu integrieren (vgl. IPMA 2016, S. 38). Die Standards unterscheiden sich zwar in ihrem Gegenstand, sind aber dennoch eng miteinander verknüpft. Das Projektmanagement, das eine Person anwendet, ist nie im luftleeren Raum angesiedelt. Es ist vielmehr in vielfältige organisationale Kontexte eingebettet. Zur personalen Kompetenz im Projektmanagement gehört auch die Fähigkeit, relevante organisationale Kontexte zu erkennen, zu nutzen, auf diese einzuwirken und diese mitzugestalten.

1.2 FORMALE KOMPETENZ UND HANDLUNGSKOMPETENZ

Personale Kompetenz bezeichnet einerseits die formale Zuständigkeit und Befugnis einer Person innerhalb einer Organisation und andererseits die Fähigkeit und Bereitschaft einer Person. Zu unterscheiden ist somit die formale Kompetenz, bestehend aus Zuständigkeit und Befugnis, und andererseits die Handlungskompetenz, bestehend aus Fähigkeit und Bereitschaft (vgl. Abbildung 1-1).

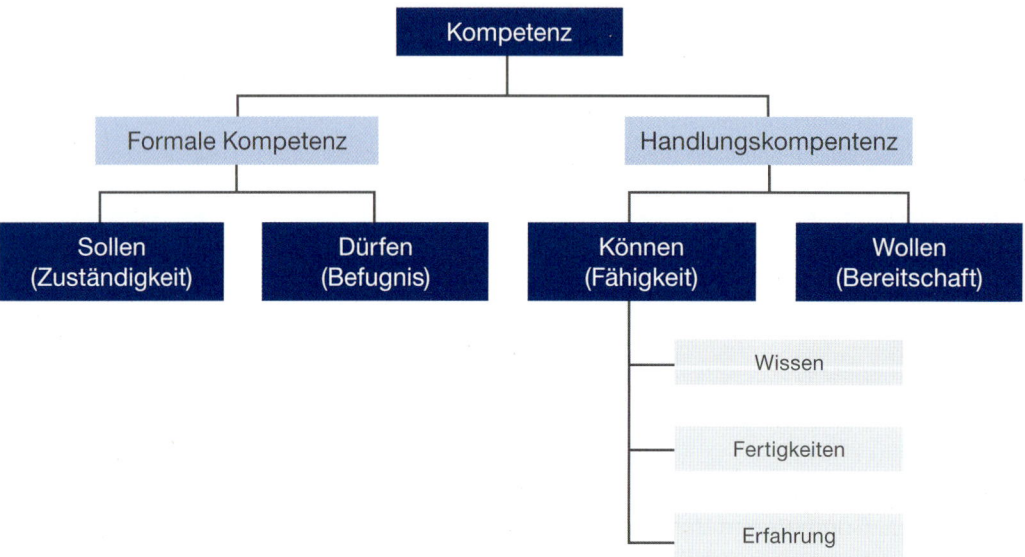

Abb. 1-1: Dimensionen des personalen Kompetenzbegriffs

Kennen und Verstehen ergeben Wissen. Wissen ist allerdings noch kein Können. Aus Wissen und Methoden resultieren Fertigkeiten. Fertigkeiten sind allerdings immer noch kein Können. Erst durch das Zusammenwirken von Wissen, Erfahrung und Fertigkeiten kommt Können zustande.

Handeln zu dürfen oder auch zu sollen, angemessen handeln zu können und die Bereitschaft, handeln zu wollen, diese vielfältigen Möglichkeiten werden erst und nur in konkreten Situationen deutlich.

1.3 DER KOMPETENZBEGRIFF IN DER ICB 4

Wenn in diesem Buch der Begriff Kompetenz verwendet wird, so bezieht er sich in der Regel auf den Aspekt »Können« der Handlungskompetenz (vgl. Abbildung 1.1). Die Kombination aus Wissen, Erfahrung und Fertigkeiten bildet somit eine Kompetenz.

In der ICB sind die Kompetenzfacetten wie folgt definiert:

- **Wissen** ist die Gesamtheit an Informationen und Erfahrungen, die ein Einzelner (Individuum) besitzt. Das Konzept eines Gantt-Diagramms zu verstehen, kann beispielsweise als Wissen bezeichnet werden.
- **Fertigkeiten** sind spezielle technische Fähigkeiten, mit deren Hilfe eine Person eine Aufgabe ausführen kann. In der Lage zu sein, ein Gantt-Diagramm zu erstellen, kann beispielsweise als Fertigkeit bezeichnet werden.
- **Fähigkeiten** beschreiben die effektive Umsetzung von Wissen und Fertigkeiten in einem bestimmten Kontext. In der Lage zu sein, einen Projektablaufplan zu erstellen und erfolgreich zu steuern kann beispielsweise als Fähigkeit bezeichnet werden.« (GPM 2017a, S. 17).

Auch die Bedeutung der **Erfahrung** wird in der ICB 4 thematisiert: »Die Erfahrung spielt eine signifikante, jedoch indirekte Rolle für Kompetenzen. Ohne Erfahrung kann Kompetenz weder gezeigt noch verbessert werden.« (GPM 2017a, S. 18).

Exkurs

Im angloamerikanischen Sprachraum wird häufig von »Competencies« und nicht von »Competence« gesprochen. Der Ansatz »Competencies« geht davon aus, dass Teilkompetenzen schon ausreichen, um erfolgreich zu handeln. Nach diesem Ansatz ist es bereits ausreichend, beispielsweise einen Projektplan (technische Kompetenz) erstellen zu können. Dass dieser im und mit dem Projektteam, in und mit den anderen Mitgliedern der Organisation und zudem mit dem Auftraggeber abgestimmt werden muss (persönliche und soziale Kompetenz), wird dabei nicht beachtet. Nicht beachtet wird zudem auch die Tatsache, dass ein häufiger Grund für das Scheitern eines Projekts die mangelnde Abstimmung mit der Umwelt ist (Kontextkompetenz). Der Kompetenzansatz (Competence) folgt einem anderen Ansatz. Erst über die Kombination (deshalb »Competence« und nicht »Competencies«) von Können in verschiedenen Kompetenzbereichen kann eine Person erfolgreich handeln.

Konkrete Methoden, Tools oder Prozesse sind in der ICB 4 nicht definiert. Anders ist dies im vorliegenden PM4-Handbuch der GPM der Fall: Der Fokus des Handbuchs liegt auf der Frage, mittels welcher Prozesse, Methoden, Techniken und Tricks Projekte erfolgreich durchgeführt werden können. Das Handbuch verkörpert sozusagen den Handwerkskasten eines Projektmanagers. Dieser Handwerkskasten besteht jedoch nicht nur aus Techniken (Fertigkeiten). Wichtig ist auch das Verständnis, wann und wie (und wann und wie nicht) eine Technik einzusetzen oder abzuwandeln ist (Wissen und Erfahrung), und wichtig ist auch, diese Aspekte von Kompetenz in Performanz umzuwandeln. Kompetenzen werden erst in ihrer Umsetzung sichtbar und messbar. Daher ist ein Kompetenzansatz notwendigerweise ein Performanz-Ansatz. Philosophieren allein reicht nicht aus. Erst im Realitätscheck des Handelns kristallisiert sich die tatsächliche Kompetenz heraus.

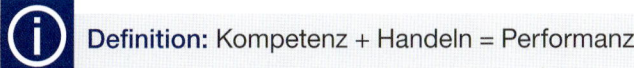

Definition: Kompetenz + Handeln = Performanz

Dem ganzheitlichen Kompetenzansatz der ICB liegt damit ein klarer Zweck zugrunde: Der Projekterfolg. Es geht nicht um die erfolgreiche Anwendung einzelner Techniken, sondern um die Frage, wie ein Projekt in seiner Gesamtheit zum Erfolg geführt werden kann.

2 KOMPETENZENTWICKLUNG AUF BASIS DER IPMA STANDARDS

Die Entwicklungsstufen der IPMA Kompetenzstandards sind ein Spiegelbild der zunehmenden Spezialisierung und Differenzierung des Berufsbilds Projektmanagement. Aus den Ursprüngen einer Sammlung von lose miteinander verbundenen Methoden und Techniken hat sich im Verlaufe der letzten Jahrzehnte eine eigenständige Managementdisziplin herausentwickelt. Projektmanagement wird als Führungsansatz verstanden – sowohl für (Projekt-)Teams als auch für ganze (projektorientierte) Organisationen. Dem folgend hat die IPMA ihre Reihe der personalen Kompetenzstandards (ICB) um einen Standard für organisationale Projektmanagement-Kompetenzen (OCB) ergänzt.

2.1 IPMA ALS STANDARDGEBER

Die International Project Management Association (IPMA) gehört seit ihrer Gründung – damals noch unter dem Namen INTERNET – im Jahre 1965 zu den einflussreichsten Standardgebern auf dem Gebiet des Projekt-, Programm- und Portfoliomanagements. Die IPMA ist ein Netzwerk aus ca. 70 nationalen Mitgliedsgesellschaften, welche die Professionalisierung des Projektmanagements sowohl auf individueller als auch organisationaler Ebene vorantreiben und das Know-how der Experten weltweit bündeln. Die IPMA Standards sind das Ergebnis globaler Austausch- und Abstimmungsprozesse. Die Vision der IPMA lautet: »Promoting competence throughout society to enable a world in which all projects succeed.« (IPMA 2018).

2.2 ENTWICKLUNGSGESCHICHTE DER IPMA ICB

In den Ländergesellschaften der IPMA gab es Anfang der 1990er Jahre unterschiedliche Vorläufer von PM-Standards (PM-ZERT 2007, S. 8). In Deutschland war dies beispielsweise die erste Version eines lexikalischen Standards, der sogenannte PM-Kanon. Im Auftrag der IPMA wurden die nationalen Standards fünf europäischer Projektmanagement-Organisationen harmonisiert.

Die erste Version des unter dem Titel IPMA Competence Baseline (ICB) veröffentlichten Kompetenzstandards ist die IPMA Competence Baseline Version 2.0 aus dem Jahre 1999. Der Hauptschwerpunkt lag auf der Beschreibung des notwendigen Wissens und der er-

1999	2006	2015
IPMA Competence Baseline 2	IPMA Competence Baseline 3	IPMA - Individual Competence Baseline 4

 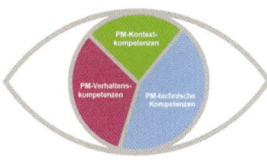 

Perspective People Practice

50 Elemente in 2 Bereichen:
- Wissen und Erfahrung (42)
- Persönliches Verhalten (8)

46 Elemente in 3 Bereichen:
- Kontext (11)
- Verhalten (15)
- Techniken (20)

Erweitert in Nationalen Competence Baselines (NCB)

28 Elemente in 3 Bereichen:
- perspective (5)
- people (10)
- practice (14/15)

für 3 Domänen:
- Projekte
- Programmes
- Portfolios

Weltweit einheitlich

Abb. 1-2: Historische Entwicklung der IPMA ICB

forderlichen Erfahrung zur Bewältigung fachlich-methodischer Projektmanagementaufgaben. In Form einer Sonnenblume wurden insgesamt 50 Kompetenzen gruppiert: 28 Kernelemente des Projektmanagements, 14 optionale Kompetenzen aus dem erweiterten Umfeld und 8 persönliche Verhaltenskompetenzen. Erstmals einigten sich die Ländergesellschaften auf die gegenseitige Anerkennung der Projektmanagement-Zertifizierungen.

Die im Jahre 2006 veröffentlichte IPMA Competence Baseline 3.0 bündelte erstmals solche Kompetenzen, die zur Integration von Projekten in den organisatorischen, wirtschaftlichen und sozialen Kontext des Projekts notwendig sind, zu einem eigenständigen Kompetenzbereich. Zusätzlich wurden die personalen und sozialen Kompetenzen zu einem eigenen Kompetenzbereich zusammengefasst. Der Standard konnte durch die IPMA Mitgliedsländer ergänzt und als nationale Kompetenzstandards veröffentlicht werden.

Die ICB 4 ist eine Weiterentwicklung der bisherigen Versionen. Viele Kompetenzelemente, die bereits in den Vorgängerversionen existierten, bilden weiterhin den Ausgangspunkt für erfolgreiches Handeln in Projekten. Mit der Version 4 hat die IPMA einen vollständig überabeiteten und sowohl in Tiefe als auch in Breite weiterentwickelten Kompetenzstandard definiert, der erstmals global einheitlich und ohne nationale Anpassungen Gültigkeit hat. Um den Standard von der Organisational Competence Baseline (OCB) abzugrenzen, steht das I in ICB nun für Individual Competence Baseline. Das Konzept der drei Kompetenzbereiche (kontextuell, personal/sozial, technisch) wurde aus der Vorgängerversion übernommen.

Es wurden jedoch strukturelle und inhaltliche Weiterentwicklungen vorgenommen. Die wesentlichen Änderungen sind:

a. Definition von Programm- und Portfoliomanagement als eigenständige Handlungsfelder (Domänen) in der Projektarbeit, die teilweise unterschiedliche Kompetenzen benötigen
b. Integration von agilen und hybriden Projektmanagement-Ansätzen in die Kompetenzanforderungen
c. Operationalisierung der Kompetenzelemente bis auf die Ebene von beobachtbaren Verhaltensweisen mittels Kompetenzindikatoren und Messgrößen

Der auf den ersten Blick sichtbarste Unterschied besteht in der Trias von Projekt-, Portfolio- und Programmmanagement. Das Projektmanagement, das zeitweise nur noch aus der Perspektive »Einzelprojektmanagement« bestand, kehrt zu den Wurzeln der Disziplin zurück. Einzelprojekte existieren nach wie vor, allerdings sind diese häufig in ein Programm und/oder in ein Portfolio eingebettet, also in ein Mehrprojektmanagement.

An dem vollkommen neuen Kompetenzelement »Projektdesign« im Kompetenzbereich Practice wird deutlich, dass ein Schlüssel zu erfolgreichen Projekten insbesondere in der Auswahl des passenden PM-Ansatzes und -Vorgehens besteht. Die Auswahl der Ansätze hat sich in den vergangenen Jahren sehr ausgeweitet. Die ICB 4 als Kompetenzstandard deckt auch neuere agile und hybride Ansätze ab. Darüber hinaus wurden die Elemente in das Zentrum gerückt, die bislang eher am Rand standen, wie z. B. die eigenständigen Kompetenzelemente »Strategie«, »Macht und Interessen« oder »Change und Transformation«.

Einen weiteren Unterschied zur ICB 3 bildet die Transparenz. Die Weltgemeinschaft hat sich darauf verständigt, was genau unter einem Kompetenzelement zu verstehen ist und wie die entsprechende Kompetenz identifiziert und erkannt werden kann. Kompetenzelemente beschreiben, was eine Einzelkompetenz genau ausmacht. Mittels Kompetenzindikatoren werden diese dann operationalisiert und durch Messgrößen erfassbar gemacht. Eine Messgröße ist das konkret beobachtbare Verhalten, wobei ein Verhalten (zufällig) richtig, aber das Verständnis dennoch falsch sein kann. Die große Herausforderung besteht darin, sinnhaftes Verhalten, also erfolgreiche Handlungen, zu erfassen und zu normieren.

Was jedoch bleibt und sich nicht geändert hat, ist die Tatsache, dass Projekte und Innovationen von Menschen gemacht werden und deshalb der Mensch und dessen Kompetenz im Zentrum des IPMA Ansatzes stehen. Schon in der ICB 2.0 heißt es, der »Mensch steht im Mittelpunkt von Projekten« (Caupin et al. 1999, S. 67).

2.3 ICB 4 ALS STRUKTURMODELL FÜR HANDLUNGSKOMPETENZEN

Die ICB 4 ist ein Strukturmodell für Handlungskompetenzen im Berufsfeld Projektmanagement. Sie stellt damit ein generisches Modell bereit, da die definierten Kompetenzen (Kompetenzbereiche und die diesen zugeordneten Kompetenzelemente) für alle Projektarten (→ Kapitel »Projekte und Projektmanagement«), Branchen und Wirtschaftszweige anwendbar sind.

In diesem Modell sind die Kompetenzen definiert, die zum erfolgreichen Arbeiten in Projekten – nicht nur zum Leiten von Projekten – benötigt werden. Die Struktur der ICB 4 besteht aus hierarchisch gegliederten Ebenen, die jeweils für die Domänen Projekte, Programme und Portfolios ausformuliert werden. In Tabelle 1-1 ist das Strukturmodell des Bereiches »Projekte« dargestellt.

Tab. 1-1: Strukturmodell

Ebene	Kompetenz im Projektmanagement		
Kompetenz-bereiche	Kontext-Kompetenz (Perspective)	Persönliche und Soziale Kompetenz (People)	Technische Kompetenz (Practice)
Kompetenz-elemente	5 Elemente	10 Elemente	13 Elemente
Kompetenz-indikatoren	Im Durchschnitt fünf Messgrößen je Element	Im Durchschnitt fünf Messgrößen je Element	Im Durchschnitt fünf Messgrößen je Element
Wissen und Fertigkeiten	Modelle, Prozesse, Methoden, Techniken für jedes Element	Modelle, Prozesse, Methoden, Techniken für jedes Element	Modelle, Prozesse, Methoden, Techniken für jedes Element

In diesem Handbuch ist der ICB 4 Ansatz (Kompetenz ▶ Kompetenzbereiche ▶ Kompetenzelemente ▶ Kompetenzindikatoren / Messgrößen) um eine Ebene erweitert worden: Jedes Kompetenzelement wird mittels Modellen, Prozessen, Methoden und Techniken hinsichtlich der praktischen Anwendung und damit mit Blick auf die Messgrößen konkretisiert. Damit erweitert dieses Handbuch die ICB 4 um eine weitere Ebene mit umfassenden Erläuterungen zum Vorgehen im Projekt.

Als übergeordnetes Strukturmodell ist die ICB 4 unabhängig von konkreten Projektinhalten, Projekttypen oder der konkreten Rolle einer Person im Projekt. Diese Unabhängigkeit ist gleichzeitig die größte Schwäche und die größte Stärke des ICB 4 Standards. Schwäche in dem Sinne, als dass ein Lesen der ICB 4 alleine einen (zukünftigen) Projektmanager nicht dazu in die Lage versetzt, Projekte erfolgreich durchzuführen. In der ICB 4 ist nicht im Detail beschrieben, wie Projektmanagement »geht«. Im entgegengesetzten Sinne bedeutet dies aber auch, dass die ICB 4 so allgemein formuliert ist, dass sie zur Ausformulierung von branchen- und unternehmensspezifischen Rollenmodellen geeignet ist.

2.3.1 DOMÄNE: PROJEKTMANAGEMENT

Domänen sind abgrenzbare berufliche Handlungsfelder. Der Begriff »Projektmanagement« wird längst nicht mehr nur zur Bezeichnung des Aufgabengebiets »Steuerung eines einzelnen Projekts« genutzt. Unter dem Oberbegriff »Projektmanagement« haben sich in den letzten Jahrzehnten unterschiedliche Handlungsfelder ausdifferenziert, an denen die zunehmende Professionalisierung des Fachgebiets nachgezeichnet werden kann. Die IPMA folgt dieser Ausdifferenzierung, indem sie zum Teil unterschiedliche Kompetenzanforderungen für die verschiedenen Domänen formuliert:

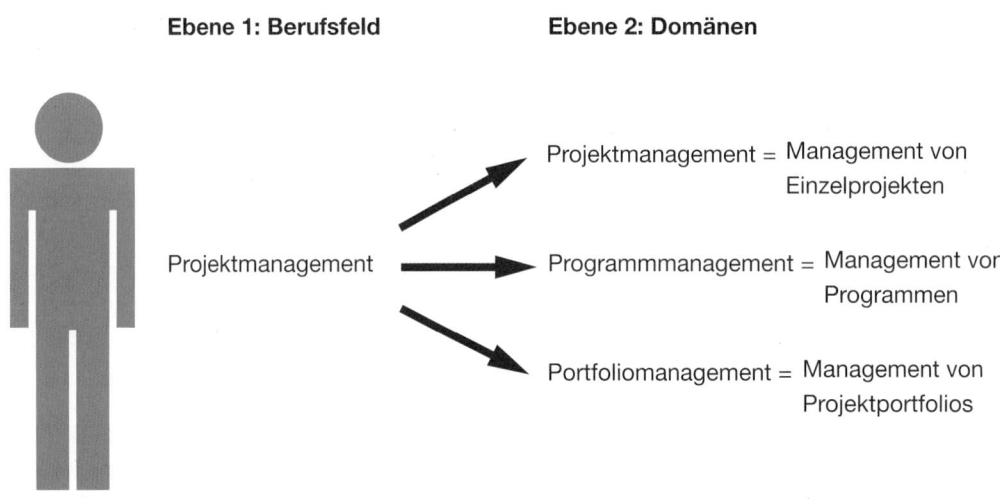

Abb. 1-3: Begriffsfeld Projektmanagement

2.3.2 BEZUG: EINZELPROJEKTE

In der Domäne »Projektmanagement« werden die entsprechenden Kompetenzen beschrieben, »die der Einzelne besitzen oder entwickeln muss, um Projekte erfolgreich realisieren zu können« (GPM 2017a, S. 37). Durch die Abgrenzung zum Programm- und Portfoliomanagement ist die Domäne Projektmanagement klar auf das Einzelprojektmanagement fokussiert, während das Multiprojektmanagement die Domänen »Programmmanagement« und »Portfoliomanagement« umfasst. Die ICB 4 gibt dabei explizit keinen Rollenbegriff vor: Das Kompetenzmodell ist unabhängig von der konkreten Rolle für alle Handelnden im Projekt nutzbar.

2.3.3 KOMPETENZBEREICHE: PERSPECTIVE, PEOPLE UND PRACTICE

Allein mit technischem Handwerkszeug sind die Anforderungen in Projekten nicht zu bewältigen. Projektarbeit erfolgt immer im Team (in sozialen Systemen). Daher sind persönliche und soziale Kompetenzen erforderlich. Darüber hinaus finden Projekte nicht »im luftleeren Raum«, sondern in einem spezifischen Umfeld statt, mit dem sie permanent im Austausch stehen. Aus diesem Grund wird in der IPMA ICB 4 für Projektmanagement die Handlungskompetenz anhand dreier Kompetenzbereiche spezifiziert:

- Perspective = Kontext-Kompetenzen
- People = Persönliche und Soziale Kompetenzen
- Practice = Technische Kompetenzen

Die drei Kompetenzbereiche stellen analytische Größen zur Konkretisierung der Handlungskompetenz im Projektmanagement dar. In der konkreten Handlung sind die Kompetenzarten immer miteinander vernetzt.

2.3.4 KOMPETENZELEMENTE

In der Domäne Projektmanagement sind 28 Kompetenzelemente beschrieben, die zur erfolgreichen Durchführung von Projekten notwendig sind.

Tab. 1-2: Kompetenzbereiche und Kompetenzelemente der ICB 4 (in Anlehnung an GPM 2017a)

Perspective (5)	People (10)	Practice (13)
- Strategie - Governance, Strukturen und Prozesse - Compliance, Standards und Regularien - Macht und Interessen - Kultur und Werte	- Selbstreflexion und Selbstmanagement - Persönliche Integrität und Verlässlichkeit - Persönliche Kommunikation - Beziehungen und Engagement - Führung - Teamarbeit - Konflikte und Krisen - Vielseitigkeit - Verhandlungen - Ergebnisorientierung	- Projektdesign - Anforderungen und Ziele - Leistungsumfang und Lieferobjekte - Ablauf und Termine - Organisation, Information, Dokumentation - Qualität - Kosten und Finanzierung - Ressourcen - Beschaffung - Planung und Steuerung - Chancen und Risiken - Stakeholder - Change und Transformation

2.3.5 KOMPETENZINDIKATOREN

Jedes Kompetenzelement wird mittels Kompetenzindikatoren (KCI: Key Competence Indicators) konkretisiert. Die Kompetenzindikatoren können als beobachtbare Verhaltensweisen verstanden werden und rücken somit nicht zufällig in die Nähe des Begriffs Key Performance Indicators (KPI). Sie definieren, woran kompetentes Verhalten im Projektumfeld erkennbar ist. Denn Kompetenz wird erst in der Anwendung in einer konkreten Situation sichtbar. Dann wird Kompetenz zur Performanz.

2.3.6 WISSEN UND FERTIGKEITEN (MEASURES)

Das in der ICB 4 beispielhaft aufgeführte Wissen und die Fertigkeiten sind die Bausteine, welche die Voraussetzung für das Entstehen von Handlungskompetenz bilden. Diese sind in diesem Handbuch ausführlich beschrieben.

3 DAS ZERTIFIZIERUNGSSYSTEM DER IPMA

Zertifizierungsprüfungen sind Momentaufnahmen im lebenslangen Lern- und Entwicklungsprozess eines Menschen. Im Zentrum der Betrachtung stehen dabei spezifische Aufgaben, die einer Rolle oder einer Funktion zugeordnet werden können und den Stand des Kompetenzerwerbs markieren.

Die IPMA verfügt über ein weltweites Netz an nationalen Mitgliedsgesellschaften, die ihrerseits lokale unabhängige Stellen einrichten, um die Zertifizierung von Personen und Organisationen durchzuführen. Die Zertifizierungsprüfungen werden auf der Basis einheitlicher Regularien (IPMA International Certification Regulations (ICR)) durchgeführt. Unabhängige internationale Validatorenteams prüfen in regelmäßigen Abständen die Einhaltung der weltweit gültigen Standards. In Deutschland werden die IPMA Zertifizierungen durch die Zertifizierungsstelle der GPM, die PM-ZERT abgenommen. In der Schweiz führt der VZPM – Verein zur Zertifizierung im Projektmanagement – die Zertifizierungsprüfungen durch und in Österreich die Zertifizierungsstelle der PMA Projekt Management Austria.

Das Vier-Level-Zertifizierungssystem (4-L-C) unterscheidet vier IPMA Level von D bis A. In Deutschland ermöglicht die GPM mit dem Basiszertifikat im Projektmanagement eine zusätzliche Einstiegszertifizierung.

Tab. 1-3: Abschlüsse im GPM Kompetenzmodell

GPM	IPMA			
Basiszertifikat	Level D	Level C	Level B	Level A
Basiszertifikat im Projektmanagement (GPM)	Certified Project Management Associate (IPMA Level D)	Certified Project Manager (IPMA Level C)	Certified Senior Project Manager (IPMA Level B)	Certified Project Director (IPMA Level A)
Mitarbeit in Projekten	Steuern von Arbeitspaketen und Teilprojekten	Leitung von Projekten mittlerer Komplexität	Führung in komplexen Projekten	Führung in sehr komplexen Projekten auf strategischer Ebene

Die fünf Level des GPM Kompetenzmodells liefern einen Rahmen für die Entwicklung von Karrierewegen im Projektmanagement sowie für Personalentwicklungsprogramme von Einzelpersonen.

3.1 BESTANDTEILE DER ZERTIFIZIERUNG NACH IPMA STANDARD

Die Regularien der Zertifizierungsverfahren nach IPMA Standard sind weltweit identisch. Allerdings eröffnen die Zertifizierungsregularien in der konkreten Ausprägung der einzelnen Bestandteile den lokalen Zertifizierungsstellen große Freiheiten in der Gestaltung der nationalen Zertifizierungspfade. Das gesamte Zertifizierungsverfahren dient dazu, nicht nur Wissen, sondern auch Kompetenz zur Projektarbeit auf dem entsprechenden Level nachzuweisen. Diese Kompetenz wird anhand der 28 Kompetenzelemente und der dazugehörigen 133 Kernkompetenzindikatoren überprüft.

Im Folgenden ist die Zertifizierung entsprechend den Regularien der PM-ZERT, der unabhängigen Zertifizierungsstelle der GPM in Deutschland, dargestellt.

3.1.1 ZULASSUNG

Der erste Schritt eines IPMA Zertifizierungsverfahrens ist immer ein Antrag auf Zulassung zum Zertifizierungsverfahren. Zur Zulassung zum GPM Basislevel und zum IPMA Level D ist lediglich eine Anmeldung notwendig. Für die höheren Kompetenzzertifikate im Projektmanagement werden je Level unterschiedliche Anforderungen an die nachzuweisende Erfahrung gestellt. Diese Erfahrung ist in einem Kurzbericht zu dokumentieren und durch überprüfbare Referenzen zu belegen.

Tab. 1-4: Erfahrungsnachweis im GPM Kompetenzmodell

	Basis	Level D	Level C	Level B	Level A
Notwendiger Erfahrungsnachweis	Keiner	Keiner	36 Monate Leitung **wenig komplexer Projekte** durch Kurzberichte und Referenzen nachzuweisen	60 Monate Leitung **komplexer Projekte** durch Kurzberichte und Referenzen nachzuweisen	60 Monate Leitung **hochkomplexer Projekte** durch Kurzberichte und Referenzen nachzuweisen

Die Zulassungsunterlagen werden von der Zertifizierungsstelle als Nachweis der erforderlichen Kompetenzen analysiert und bewertet.

3.1.2 REPORT

Für den Level C, B und A ist ein Report als schriftlicher Erfahrungsbericht über ein eigenständig durchgeführtes Projekt zu erstellen. Im Erfahrungsbericht beschreibt und reflektiert der Kandidat reale Projektsituationen. Dadurch wird nachgewiesen, dass er/sie dazu in der Lage ist, auf dem angestrebten Level kompetent zu handeln.

Im Level D kann der Kandidat zwischen der Erstellung eines fiktiven oder realen Projektberichts und einer verlängerten schriftlichen Prüfung ohne Erstellung eines Projektberichts wählen.

3.1.3 SCHRIFTLICHE PRÜFUNG

Im Rahmen der schriftlichen Prüfungen (Basis, Level D, C, B) werden das Projektmanagement-Wissen und die Fähigkeit zur Anwendung des Wissens nachgewiesen. Auf den höheren Levels werden entsprechend auch die Reflexionsfähigkeit und die Beurteilung von Projektszenarien geprüft.

In den schriftlichen Prüfungen Basis und Level D kommen Multiple Choice und offene Fragen zum Einsatz. In den schriftlichen Prüfungen Level C und Level B muss sich der Kandidat mit offenen Fragestellungen und Fallbeispielen auseinandersetzen.

3.1.4 WORKSHOP (SIMULATION)

Der Idee folgend, dass Kompetenz nur in der konkreten Situation beobachtbar wird (Stichwort Performanz), ist die gemeinsame Arbeit an einem Projektbeispiel in Form einer Projektsimulation und im Rahmen eines Workshops eine besonders intensive und effektive Methode des Kompetenznachweises.

Im Rahmen der Level C und B Prüfungen absolviert jeder Kandidat einen mehrstündigen Workshop, in dem im Team realitätsnahe Projektaufgaben bewältigt werden müssen. Die Kandidaten werden dabei von mindestens zwei Assessoren beobachtet. Im Workshop können insbesondere die persönlichen und sozialen Kompetenzen (People) beobachtet werden.

3.1.5 INTERVIEW

Das individuelle Interview des Kandidaten mit zwei Assessoren ist immer der letzte Schritt eines Zertifizierungsverfahrens der Level C, B und A. Im Interview werden insbesondere solche Themen geprüft, die in den vorangegangenen Schritten (schriftliche Prüfung und Workshop) noch nicht in ausreichendem Maße nachgewiesen werden konnten. Zu Beginn des Interviews präsentiert der Kandidat das Projekt, zu dem der Erfahrungsbericht verfasst worden ist. Das Interview wird in der Regel durch vertiefende Fragen der Assessoren zu diesem Bericht gestaltet, kann jedoch auch durch Zusatzaufgaben ergänzt werden.

3.2 ABLAUF DER ZERTIFIZIERUNGEN

Personen, die erstmalig eine Zertifizierung auf Basis der IPMA Standards anstreben, durchlaufen den Prozess der Erstzertifizierung. Wer bereits ein gültiges GPM/IPMA Zertifikat vorweisen kann, hat die Möglichkeit, einen verkürzten Prozess der Höherzertifizierung zu durchlaufen, um den nächsthöheren Level zu erreichen. Personen, deren Zertifikat am Ende seiner Gültigkeit angelangt ist, können unter Nachweis der fortgesetzten Arbeit im Projektmanagement ihr Zertifikat erneuern und sich rezertifizieren lassen. Der Ablauf der drei Zertifizierungsmöglichkeiten ist im Folgenden dargestellt.

3.2.1 ERSTZERTIFIZIERUNGEN

Tab. 1-5: Ablauf der Erstzertifizierungen nach ICB 4

	Basis	Level D		Level C	Level B	Level A
		Pfad 1	Pfad 2			
Zulassung	Antrag	Antrag		Antrag Erfahrungs-nachweis: I Lebenslauf I Executive Summary Report I Referenzen	Antrag Erfahrungs-nachweis: I Lebenslauf I Executive Summary Report I Referenzen	Antrag Erfahrungs-nachweis: I Lebenslauf I Executive Summary Report I Referenzen
Report	-	-	25 Seiten	25 Seiten	25 Seiten	25 Seiten
Schriftliche Prüfung	90 min	180 min	90 min	120 min	180 min	-
Workshop (Simulation)	-	-		Mehrstündiger Workshop	Mehrstündiger Workshop	-
Interview	-	-		60 min	90 min	120 min

3.2.2 HÖHERZERTIFIZIERUNGEN

Personen, die bereits ein gültiges GPM/IPMA Zertifikat besitzen, profitieren dann von einem verkürzten Verfahren, wenn sie den jeweils nächsthöheren Level der Zertifizierung anstreben.

Tab. 1-6: Ablauf der Höher-Zertifizierungen nach ICB 4

		Basis	Level D	Level C	Level B	Level A
Bereits vorhandenes Zertifikat		–	Basiszertifikat (GPM)	IPMA Level D	IPMA Level C	IPMA Level B
Verkürzung im Vergleich zur Erstzertifizierung		–	Report bzw. 90 Minuten schriftliche Prüfung entfallen	mehrstündiger Workshop entfällt	mehrstündiger Workshop entfällt	–
Zertifizierungsverfahren	Zulassung	–	Antrag	Antrag Erfahrungsnachweis: ❙ Lebenslauf ❙ Executive Summary Report ❙ Referenzen	Antrag Erfahrungsnachweis: ❙ Lebenslauf ❙ Executive Summary Report ❙ Referenzen	Antrag Erfahrungsnachweis: ❙ Lebenslauf ❙ Executive Summary Report ❙ Referenzen
	Report	–	–	25 Seiten	25 Seiten	25 Seiten
	Schriftliche Prüfung	–	90 min	120 min	180 min	–
	Workshop (Simulation)	–	–	–	–	–
	Interview	–	–	90 min	120 min	120 min

3.2.3 REZERTIFIZIERUNGEN

Alle Zertifizierungen des GPM Kompetenzmodells haben eine Gültigkeit von fünf Jahren. Vor dem Ablauf der Gültigkeit können Zertifikatsinhaber der IPMA Level D bis A ihr Zertifikat erneuern lassen. Dazu ist nachzuweisen, dass seit der Zertifizierung Projektaufgaben auf dem entsprechenden Level übernommen worden sind. Daneben sind Weiterbildungen im Projektmanagement nachzuweisen. Das Basiszertifikat kann nicht rezertifiziert werden.

Tab. 1-7: Ablauf der Rezertifizierungen nach ICB 4

	Basis	Level D	Level C	Level B	Level A
Zulassung	-	Antrag	Antrag	Antrag	Antrag
Nachweis der praktischen Arbeit	-	Erfahrungsnachweis 36 Monate Lebenslauf Referenzen	Erfahrungsnachweis 36 Monate Lebenslauf Referenzen	Erfahrungsnachweis 60 Monate Lebenslauf Referenzen	Erfahrungsnachweis 60 Monate Lebenslauf Referenzen
Weiterbildungsnachweise	-	35h p.a.	35h p.a.	35h p.a.	35h p.a.
Interview	-	Im Zweifelsfall bis zu 60 min	Im Zweifelsfall bis zu 60 min	Im Zweifelsfall bis zu 60 min	Im Zweifelsfall bis zu 60 min

3.3 HINTERGRUND: KOMPETENZBASIERTE ZERTIFIZIERUNG

Der kompetenzbasierte Projektmanagement-Ansatz der IPMA erfordert ein Performanz orientiertes Zertifizierungssystem: In der Zertifizierung werden Wissens- und Handlungsnachweise gefordert. Ein ausschließlicher Wissenstest würde dem Anspruch einer Kompetenzprüfung nicht gerecht werden. Dieser Ansatz wird im folgenden Abschnitt begründet.

3.3.1 SCHRIFTLICHE PRÜFUNG: WISSEN IST NICHT GLEICH WISSEN

Unterschieden werden kann einerseits »aktives und passives Wissen« und andererseits »generelles und situationsbezogenes Wissen« (vgl. De Jong & Ferguson-Hessler 1996). Wie aber können diese unterschiedlichen Arten des Wissens in schriftlichen Prüfungen überprüft werden?

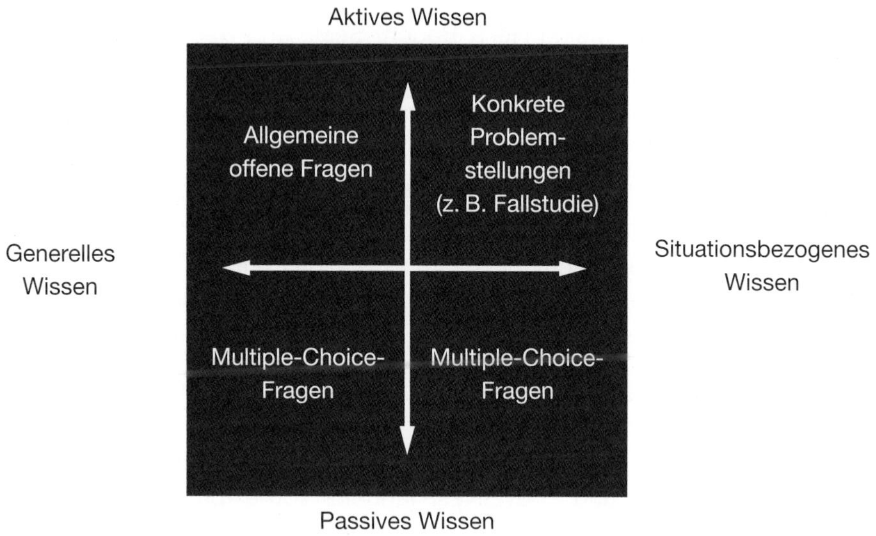

```
                    Aktives Wissen
                          ↑
         ┌────────────────┼────────────────┐
         │                │                │
         │   Allgemeine   │   Konkrete     │
         │   offene Fragen│   Problem-     │
         │                │   stellungen   │
         │                │   (z. B. Fallstudie)│
Generelles│                │                │Situationsbezogenes
  Wissen ←┼────────────────┼────────────────┼→   Wissen
         │                │                │
         │   Multiple-Choice-│ Multiple-Choice-│
         │   Fragen       │   Fragen       │
         │                │                │
         └────────────────┼────────────────┘
                          ↓
                    Passives Wissen
```

Abb. 1-4: Schriftliche Prüfung unterschiedlicher Arten von Wissen

Für die Beantwortung etwa von Multiple-Choice-Fragen ist passives Wissen ausreichend, da diese Wissensart es zumindest ermöglicht, unter vorgegebenen Antwortoptionen die richtige Antwort zu identifizieren. Ein Test, der keine Antwortoptionen vorgibt, sondern beispielsweise Kurzantworten auf offene Fragen erwartet oder mit Problemstellungen arbeitet, erfordert hingegen aktives Wissen. Die Fragen können bezogen auf eine konkrete Situation oder auch allgemein gestellt werden.

Generelles Wissen ist unabhängig von den Anforderungen einer spezifischen Situation. Es handelt sich hierbei um abstrahierte und eher allgemeingültige Aussagen. Um Wissen in einer Situation zu überprüfen, ist eine Kontextualisierung der Aufgabe erforderlich. Dies kann vorwiegend mittels Fallstudien (engl. Case Studies) ermöglicht werden. Das zu lösende Problem wird z. B. in Form eines Fallbeispiels formuliert. Die Lösung ist von der im Fall vorgestellten Situation abhängig. Situationsbezogenes und generelles Wissen sind keine sich ausschließende Wissensformen.

Richtig beantwortete Wissensfragen bieten keine Gewähr, dass eine Person das Wissen in einer Handlungssituation tatsächlich einsetzen kann. Wissen, das zwar vorhanden ist, aber nicht zur Anwendung kommt, wird auch als »**träges Wissen**« bezeichnet. Ob jemand mit viel deklarativem Wissen (also jemand, der viele Dinge benennen kann) dieses Wissen auch umsetzen kann (das Wissen in Prozesse/Prozeduren transformieren kann, handeln kann), zeigt sich erst in einer konkreten Situation. Nicht alles Wissen kann wiederum verbal ausgedrückt werden, kann expliziert werden, gleichwohl es in Handlungen sichtbar wird. Polanyi hat hierfür den Begriff des »**impliziten Wissens**« geprägt (vgl. Polanyi 1985). Wir können beispielsweise sicher mit dem Auto durch eine Großstadt navigieren, ohne dass wir genau ausformulieren könnten, wie wir das machen. Ein viel beachteter Autor und Projektmanager, Tom de Marco, hat die Bedeutung dieser Fähigkeiten gegenüber einem bloßen Faktenwissen in seinem Roman »Der Termin« wie folgt formuliert: »Die wichtigsten Körperteile eines Managers sind Herz, Bauch, Seele und Nase. Sie braucht er um: mit dem Herzen zu führen, dem Bauchgefühl zu vertrauen (auf die innere Stimme zu hören), die Organisation zu beseelen, und zu riechen, daß etwas stinkt.« (de Marco 1998, S. 51).

Kurz: Eine schriftliche Prüfung als Wissenstest erfasst nur Teilaspekte der Kompetenz und bietet keine Gewähr, dass Wissen auch in Handlungen umgesetzt werden kann (Stichwort »träges Wissen«) oder die Person über das notwendige Können (Stichwort »implizites Wissen«) verfügt. Deshalb ist neben dem Wissen zudem das Können zu prüfen.

3.3.2 REPORT, INTERVIEW, WORKSHOP: KÖNNEN IST NICHT GLEICH KÖNNEN

Können kann wiederum auf zwei Achsen abgebildet werden. Können kann klassifiziert werden in »regelbasiertes und innovatives Handeln« sowie »produktives und reflektiertes Handeln«. Übertragen in eine Kreuztabelle, ergibt sich nachfolgendes Bild.

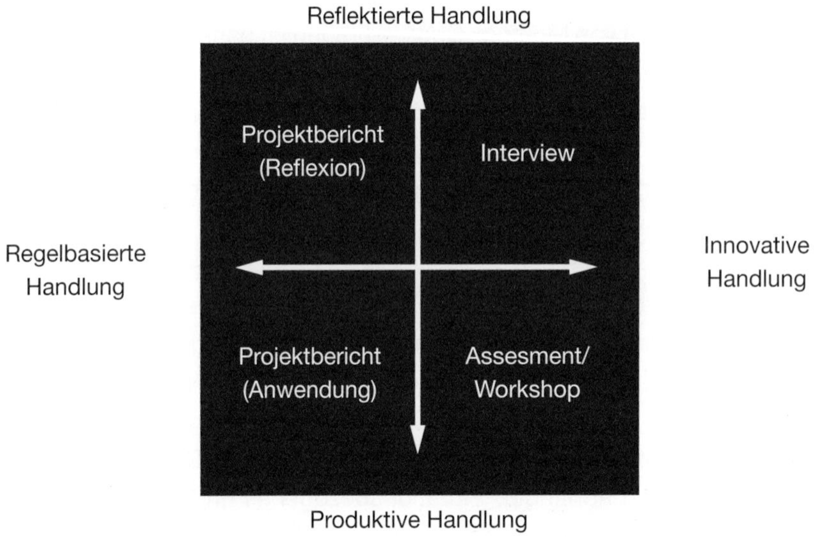

Abb. 1-5: Prüfung unterschiedlicher Arten von Können

Regelbasierte Handlungen stoßen dann an ihre Grenzen, wenn das gelernte Handlungsschema nicht zur Situation passt. Mit wachsender Erfahrung lösen sich Experten von Schemata und entwickeln der Situation entsprechende, innovative Handlungen. Innovative Handlungen erfordern nicht nur Erfahrung, sondern zudem auch Kreativität und Intuition (vgl. Dreyfus & Dreyfus 1987).

Handlungen sind dann produktiv, wenn die Handlung den Anforderungen der Situation angemessen ist. Der Erfolg kann jedoch zufällig sein und es ist auch möglich, aus nicht erfolgreichen Handlungen für die Zukunft zu lernen. Deshalb ist neben der Produktivität die Reflexivität zu prüfen: Können Begründungen für das Handeln gegeben werden? Können die Bedingungen identifiziert werden, warum eine Handlung erfolgreich war? Können Vorgehensweisen kritisch hinterfragt und Schlussfolgerungen für die Zukunft gezogen werden?

4 FAZIT

4.1 ICB 4 – ZERTIFIZIERUNG UND ANDERE SYSTEME

Die ICB ist ein generisches Modell, das für alle Branchen und Wirtschaftszweige gültig ist. In der Zertifizierung des GPM Kompetenzmodells auf Basis des IPMA Standards wird geprüft, was in diesem Handbuch dokumentiert ist. Wie bereits zuvor beschrieben, ist das hier dokumentierte Wissen jedoch nicht an ein bestimmtes Zertifizierungssystem gebunden. Im Zentrum des PM4 steht das Projektmanagement. Damit können andere Zertifizierungssysteme in gleicher Weise als Rahmen dienen. Der umgekehrte Weg ist in gleicher Weise möglich: Das ICB-System kann als Rahmen verwendet werden, um z. B. unternehmensspezifische Qualifizierungs- und Zertifizierungssysteme zu entwickeln.

4.2 GRUNDSÄTZE EINES KOMPETENZBASIERTEN PROJEKTMANAGEMENTS

Ausgangs- und Zielpunkt des kompetenzbasierten Ansatzes ist die Kompetenz einer Person als Basis für ein erfolgreiches Projektmanagement. **Handlungskompetenz** umfasst Wissen, Fertigkeiten und Erfahrung. Erst dann, wenn Wissen, Fertigkeiten und Erfahrungen umgesetzt werden, zeigt sich die Fähigkeit einer Person, erfolgreich handeln zu können. Die Kompetenz zeigt sich als Performanz erst und nur in der konkreten Handlung.

Allein mit technischen Kompetenzen sind die Anforderungen in Projekten nicht zu bewältigen. Neben (1) technischen Kompetenzen sind zusätzlich (2) Selbst- und Sozialkompetenzen erforderlich. Zudem existiert Projektarbeit nie im luftleeren Raum. Daher besteht ein Bedarf an (3) Kontextkompetenzen. Diese drei Kompetenzbereiche stellen analytische Größen dar. In einer Handlung ist jedoch immer die gleichzeitige Anwendung aller Kompetenzbereiche erforderlich.

Der Kompetenzansatz verdeutlicht, dass Projektmanagement immer nur mit anderen Personen und in Abstimmung mit den relevanten Kontexten erfolgreich sein kann.

Routine und Innovation: Ein kompetenzbasierter Projektmanagementansatz bietet eine Hilfestellung sowohl für typische, eher alltägliche als auch für neuartige Situationen im

Projekt. Er ist einerseits orientiert an Standards und andererseits offen hinsichtlich der Fort- und Weiterentwicklung des Status quo.

Projekte beinhalten immer eine Mischung aus Routine und Innovation. Kritisch ist dabei die Innovation. Ein PM-Ansatz, der diesem Charakter von Projekten gerecht werden will, kann nicht allein Routinen vorschreiben, sondern hat vielmehr den Umstand in Betracht zu ziehen, dass in Projekten Aufgaben zu erledigen (Routine) und Probleme zu lösen sind (Innovation). Erforderlich ist deshalb, dass die Mitarbeitenden in Projekten über ein Repertoire an Methoden und Tools für Standardsituationen verfügen und zudem dazu in der Lage sind, diese in Ausnahmesituationen anzupassen, zu variieren und weiterzuentwickeln.

Person und Organisation: Kompetente Personen und kompetente Organisationen sind zwei Seiten einer Medaille, weshalb Kompetenz und Performanz auf beiden Ebenen, d. h. Person und System, erforderlich sind.

Kompetente Menschen werden in Organisationen, die deren Handeln eher stören, behindern oder blockieren, nur mit hohem Aufwand oder überhaupt nicht erfolgreich sein können. Kompetente projektorientierte Organisationen können mit funktionalen Strukturen und Prozessen und einem Personal, das diesen Standards nur mechanisch folgt, ebenfalls nur mäßig erfolgreich sein, insbesondere dann nicht, wenn innovative Leistungen gefordert sind. Die organisationale Kompetenz stellt eine eigene Herausforderung dar. Analog zur personenorientierten Kompetenzentwicklung ist eine organisationsorientierte Kompetenzentwicklung (organisationales Lernen) erforderlich.

Stabilität und Flexibilität: Ein kompetenzbasierter Ansatz betont die Notwendigkeit, Stabilität (u. a. Regeln, Strukturen, Prozesse) und Flexibilität (u. a. Situationsanalyse, Änderungen, Entscheidungen) im Projektmanagement miteinander zu verbinden. Inwiefern eine Person und eine Organisation dies umzusetzen vermögen, ist keine Frage, für die allein Wissen ausreicht. Erforderlich sind die situative Anwendung, Weiterentwicklung und Konstruktion von Wissen – erforderlich ist Kompetenz.

In einem trivialen Organisationsystem sind Handlungen mittels Verfahrensanweisungen fest- und vorgeschrieben (Prinzip: Bürokratie). Vorgeschriebene Prozesse und Regeln entlasten von der Notwendigkeit, Entscheidungen zu treffen. In einer dynamischen Umwelt funktionieren diese Vorgaben jedoch nicht bzw. hängen immer träge hinterher. Personen und Organisationen gewinnen dann an Stabilität, wenn Verfahren definiert sind, und sie gewinnen dann an Flexibilität, wenn Problemlösungen und situative Entscheidungen innerhalb der vorgegebenen Prozesse möglich sind. Hierfür ist allerdings notwendig, dass auch die Kompetenz bei den Personen besteht, Entscheidungen sach- und situationsgerecht zu treffen.

Ergebnis- und Werteorientierung: ICB 4 und PM4 tragen, kurz gesagt, dem Anspruch

Rechnung, dass Handelnde in Projekten nicht nur Leistungen managen, sondern auch Werte schaffen. Hierfür ist ein besonderer Fokus erforderlich: Kern des Projektmanagements ist nicht, einfach nur Zeit, Kosten, Ressourcen und Risiken zu managen. Kern des Projektmanagements ist auch nicht, einfach nur Ziele zu erreichen und diese »in time« abzuhaken. Ziele sind nur ein Mittel, um einen bestimmten Zweck zu erreichen, und der Zweck ist nicht das Ziel selbst, sondern der zu schaffende bzw. der geschaffene Wert und damit die Zufriedenheit der relevanten Personen. Eine Orientierung an Werten (»value-driven«) setzt Ziele und Planung voraus, erklärt diese jedoch nicht zum Selbstzweck. Die Umsetzung einer solchen Orientierung erfordert Wissen, Fertigkeiten und Fähigkeiten, um auch mit Veränderungen im Projekt, mit Komplexität und Unbestimmtheit adäquat umgehen zu können – erforderlich ist Kompetenz im Projektmanagement.

LITERATURVERZEICHNIS

Verwendete Literatur

Caupin, G.; Knöpfel, H.; Morris, P.; Motzel, E.; Pannenbäcker, K. (Hrsg.) (1999): ICB – IPMA Competence Baseline, Version 2.0. Bremen: Eigenverlag.

De Marco, T. (1998). Der Termin. Ein Roman über Projektmanagement. München, Wien: Carl Hanser Verlag.

De Jong, T.; Ferguson-Hessler, M. (1996). Types and qualities of knowledge. Educational Psychologist, 31, S. 105–113.

Dreyfus, H. L. & Dreyfus, S. E. (1987). Künstliche Intelligenz. Von den Grenzen der Denkmaschine und dem Wert der Intuition. Reinbek beim Hamburg: rororo.

IPMA (Hrsg.) (2015): Individual Competence Baseline for Project, Programme and Portfolio Management. Zürich: IPMA International Project Management Association.

IPMA (Hrsg.) (2016): Organisational Competence Baseline for Developing Competence in Managing by Projects. Zürich: IPMA International Project Management Association.

IPMA (Hrsg.) (2018): Building Bridges Worldwide Between People and Competences. IPMA International Project Management Association.

GPM (Hrsg.) (2014): IPMA OCB – IPMA Organisational Competence Baseline – The Standard for Moving Organisations forward. Nürnberg: GPM Deutsche Gesellschaft für Projektmanagement e. V.

GPM (Hrsg.) (2017a): Individual Competence Baseline für Projektmanagement – Version 4.0. Nürnberg: GPM Deutsche Gesellschaft für Projektmanagement e. V.

GPM (Hrsg.) (2017b): Individual Competence Baseline für Programmmanagement – Version 4.0. Nürnberg: GPM Deutsche Gesellschaft für Projektmanagement e. V.

GPM (Hrsg.) (2017c): Individual Competence Baseline für Portfoliomanagement – Version 4.0. Nürnberg: GPM Deutsche Gesellschaft für Projektmanagement e. V.

Hensge, K.; Lorig, B.; Schreiber, D. (2009): Kompetenzstandards in der Berufsausbildung. Abschlussbericht des Forschungsprojekts 4.3.201. Bonn: Bundesinstitut für Berufsbildung (BIBB).

Pannenbäcker, K.; Thyssen, D.: Qualifizierung nach dem IPMA-Kompetenzstandard. In: projektManagement Aktuell, 1-2018. Nürnberg: GPM Deutsche Gesellschaft für Projektmanagement e. V.

PM-ZERT (2007): NCB 3.0. Nürnberg: Eigenverlag.

Polanyi, M. (1985). Implizites Wissen. Frankfurt am Main: Suhrkamp.

Internetquellen

https://www.ipma.world/assets/IPMA_Main_Brochure_2017_ENG_screen.pdf, [abgerufen am 01.07.2018].

2.1 PROJEKTE UND PROJEKTMANAGEMENT

Autor: Reinhard Wagner
Reinhard Wagner ist Geschäftsführer der Tiba Managementberatung, Ehrenvorsitzender der GPM sowie Chairman der IPMA. Auf Basis von 30 Jahren Projekt- und Führungserfahrung unterstützt er Führungskräfte, Projektmanager und projektorientierte Organisationen bei der Professionalisierung im PM. Er hat sich maßgeblich an der Entwicklung der Disziplin beteiligt, ist Herausgeber von über 30 Fachbüchern sowie zahlreichen Fachartikeln und Blog-Beiträgen.

Co-Autor: Wolfram Ott
Studium Betriebswirtschaft. Seit 1993 zertifiziert als PM-Trainer (CPMT GPM), European Quality Systems Manager, Qualifizierter Assessor DPEA, EFQM, Projekt Direktor Level A. Seit 1999 Dozent für PM an der DHBW in Stuttgart. Seit 2015 Delegierter der GPM. Erfahrung: Automotive, Anlagenbau, Chemie- und Pharmazie, sonstige Dienstleistung. Mittler zwischen Methoden, Menschen und Prozessen. Schaffen eines Klimas für Erfolg im Wandel der Zeit, mit Fokus der ICB 4-Kompetenzen »Perspective-People-Practice«.

INHALT

Einführung 50

Projekt 50

    Definition 51

        Definition nach DIN 69901-5 51

        Definition nach IPMA ICB 4.0 51

        Definition nach DIN ISO 21500 52

        Wesentliche Merkmale eines Projekts 52

    Abgrenzung 54

Projektmanagement 57

    Definition 57

        Definition nach DIN 69901-5 58

        Definition nach IPMA ICB 4.0 58

        Definition nach DIN ISO 21500 59

    Abgrenzung 59

Projektarten und -klassen 62

Ausgestaltung des Projektmanagements 65

Zusammenfassung und Ausblick 67

Wiederholungsfragen 68

Literaturverzeichnis 69

1 EINFÜHRUNG

Projekte sind nichts Neues. Es existieren schon erste Hinweise auf Projekte im 17. Jahrhundert (vgl. Reder 2006). Und es gibt noch weitere Hinweise auf frühere Epochen, wenn auch in dem Zusammenhang nicht der Begriff Projekt für diese Vorhaben verwendet wurde. In den letzten Jahrzehnten hat die Projektarbeit stark an Bedeutung zugenommen. Studien zeigen auf, dass heutzutage schon mehr als ein Drittel des Bruttoinlandsprodukts in Deutschland im Rahmen von Projekten erwirtschaftet wird (vgl. GPM 2015). Projekte werden insbesondere sowohl im Privaten, im Ehrenamt, in der Wirtschaft, in der Aus- und Weiterbildung als auch in der öffentlichen Verwaltung durchgeführt. Die Kompetenz für das professionelle Management von Projekten ist deshalb mehr denn je gefragt, und zwar angefangen beim projekt-orientierten Schulunterricht, über die Hochschul- bzw. auch die berufliche Ausbildung bis zum lebenslangen Lernen mit Projekten. Die Kompetenz für Projekte und Projektmanagement steht immer häufiger dann im Mittelpunkt, wenn es darum geht, wesentliche Vorhaben, wie Innovationen oder Veränderungen, sicher und erfolgreich zu gestalten.

Im Folgenden soll der Begriff »Projekt« definiert und abgegrenzt werden. Das Projektmanagement wird ebenfalls definiert und von den anderen Aktivitäten einer Organisation separiert. Die unterschiedlichen Arten und Kategorien von Projekten sollen mit ihren Anforderungen an das Management erläutert werden. Schließlich werden die unterschiedlichen Ausprägungen des Projektmanagements bzw. dessen Ausgestaltung näher beschrieben. Dieses Kapitel schafft somit eine wichtige Grundlage für das Gesamtverständnis und die folgenden Kapitel.

2 PROJEKT

Die Arche von Noah, der Turmbau zu Babel, die Pyramiden von Gizeh … viele dieser Geschichten handeln von Projekten, in deren Rahmen durch Menschenhand »Großes« geschaffen wurde. Jedoch finden wir in den geschichtlichen Dokumenten nur wenige Hinweise darauf, was ein »Projekt« ist, wer für die Entstehung zuständig ist und was dabei getan werden muss. Erst durch den »Essay upon projects« von Daniel Defoe (vgl. Reder 2006) gewinnen wir mehr Einblicke in die »Projektemacherei« (vgl. Krajewski 2004). In Deutschland taucht der Begriff des »Projects« erst Mitte des 18. Jahrhunderts auf. So beschreibt Johann Heinrich Gottlob von Justi im Jahr 1761 sein Verständnis wie folgt: »*Meines Erachtens versteht man unter einem Project einen ausführlichen Entwurf eines gewissen Unternehmens, wodurch unsere eigene oder anderer Menschen zeitliche Glückseligkeit befördert werden soll; zu welchem Ende alle zu ergreifenden Mittel und Maaßregeln, benebst den zu befürchtenden Schwierigkeiten und Hindernissen und die Art und Weise dieselben aus dem Wege zu räumen, in einem solchen Entwurfe deutlich vorgestellet werden*« (Krajewski 2004, S. 38). Sicher hat sich der Begriff bis in die heutige Zeit weiterentwickelt, die grundlegenden Gedanken werden jedoch bereits in dieser Beschreibung sichtbar.

2.1 DEFINITION

Es gibt eine Vielzahl von Definitionen für das Wort »Projekt«, allein die Suche im Internet über bekannte Suchmaschinen erbringt mehr als 80 Millionen Einträge. Im Folgenden werden deshalb die Definitionen sowohl national als auch international anerkannter Standards beschrieben und die wesentlichsten Merkmale eines Projekts herausgearbeitet.

2.1.1 DEFINITION NACH DIN 69901-5

Die deutsche Norm DIN 69901 Teil 5 definiert ein Projekt als »Vorhaben, das im Wesentlichen durch Einmaligkeit der Bedingungen in ihrer Gesamtheit gekennzeichnet ist« und fügt folgende Merkmale beispielhaft an: Zielvorgabe, zeitliche, finanzielle, personelle oder andere Begrenzungen sowie projektspezifische Organisation (DIN 2009c, S. 11). Projekte sind also »einmalig«, während andere Vorhaben eher aus Routineabläufen bestehen, Standard oder »Sonderaufgaben« sind.

Eine exakte Abgrenzung, was ein Projekt ist und was nicht, geht aus dieser Definition jedoch nicht hervor. Die Definition nach DIN 69901 postuliert, dass jemand ein Ziel und Begrenzungen vorgibt, dazu zählen u. a. Termine, Budgets und andere Begrenzungen. Schließlich werden für Projekte auch noch andere Formen der Organisation verwendet, die allgemein als »projektorientiert« bezeichnet werden.

2.1.2 DEFINITION NACH IPMA ICB 4.0

Die deutsche Übersetzung der IPMA Individual Competence Baseline (IPMA ICB) in der aktuell gültigen Version 4.0 definiert ein Projekt als »ein einmaliges, zeitlich befristetes, interdisziplinäres und organisiertes Unterfangen, um festgelegte Arbeitsergebnisse im Rahmen vorab definierter Anforderungen und Randbedingungen zu erzielen. Um diese Projektziele zu erreichen, müssen diese Arbeitsergebnisse bestimmte Anforderungen erfüllen, unter anderem zahlreiche Beschränkungen bzgl. Termine / Zeit, Kosten, Ressourcen und solche, die sich aus Qualitätsstandards oder -anforderungen ergeben« (GPM 2017, S. 38).

Die Definition nach IPMA ICB 4 betont, ebenso wie DIN 69901-5, die Einmaligkeit eines Projekts sowie die Beschränkungen, wie z. B. Termine, Kosten, Ressourcen etc. Die IPMA ICB 4 weist zusätzlich auf die Interdisziplinarität von Projekten hin, d. h., verschiedene Disziplinen arbeiten gemeinsam im Projekt, um festgelegte Arbeitsergebnisse zu erzielen. Diese müssen vorab definierten Anforderungen sowie Randbedingungen genügen, z. B. Qualitätsanforderungen eines Kunden, einer Norm oder sonstigen Regelungen.

Die IPMA ICB 4 geht noch einen Schritt weiter und postuliert, dass Projekte eine Möglichkeit darstellen, Mehrwert für eine Organisation zu schaffen. »Auch wenn es möglicherweise andere Möglichkeiten gibt, um diesen Mehrwert zu liefern, haben Projekte häufig gewisse Vorteile, warum sie sich für die jeweilige Aufgabe besonders gut eignen. Zu diesen Vorteilen zählen Fokussierung, Kontrolle und Spezialisierung« (GPM 2017, S. 38).

2.1.3 DEFINITION NACH DIN ISO 21500

Auch die ins deutsche Normenwerk übernommene internationale Norm ISO 21500 liefert eine Definition für Projekte. Demnach besteht ein Projekt »aus einer einzigartigen Gruppe von Prozessen, die auf eine Zielsetzung ausgerichtete, koordinierte und gesteuerte Vorgänge mit Beginn- und Fertigstellungsterminen umfassen. Zur Erreichung der Projektziele ist die Bereitstellung von Lieferobjekten erforderlich, die spezifische Anforderungen erfüllen« (DIN 2016, S. 10).

Ähnlich wie die DIN 69901, so betont auch die internationale Norm die Einmaligkeit von Projekten, zählt aber andere Aspekte zur Unterscheidung auf, so z. B. erstellte Lieferobjekte, einflussnehmende Stakeholder, eingesetzte Ressourcen, Randbedingungen sowie die Art, wie Prozesse für die Erstellung der Lieferobjekte angepasst werden. Schließlich wird auch noch betont, dass jedes Projekt einen konkreten Beginn sowie ein konkretes Ende besitzt und für gewöhnlich in mehrere Phasen unterteilt ist.

Neben den aus anderen Standards bekannten Merkmalen für Projekte sticht bei der DIN ISO 21500 vor allem die Prozess- und Phasenorientierung heraus, d. h. Projekte erreichen ihre Ziele über eine Vielzahl von Prozessen bzw. die Koordination von Vorgängen entlang des Projektlebenswegs.

2.1.4 WESENTLICHE MERKMALE EINES PROJEKTS

Die drei Begriffsdefinitionen zeigen deutlich auf, dass weltweit ein Konsens über die wesentlichen Merkmale eines Projekts besteht.

ZUKUNFTSORIENTIERUNG

Projekte sind in die Zukunft gerichtet. Unter dem englischen Verb »project« ist eine auf die Zukunft gerichtete Projektion zu verstehen. Eine Idee bzw. ein Entwurf wird über die Zeit in die Tat umgesetzt. Von Anfang bis Ende, also entlang eines definierten Projektlebenswegs, werden Aktivtäten ausgeführt, die zum Ziel führen sollen.

KONTEXTBEZUG

Projekte finden nicht im luftleeren Raum, sondern in einem bestimmten Kontext statt. Dieser Kontext gibt die Rahmenbedingungen vor, unter denen ein Projekt realisiert werden kann. Die zuvor dargestellten Begriffsdefinitionen erwähnen nur wenige Kontextfaktoren, wie z. B. Stakeholder, verfügbare Ressourcen und andere Randbedingungen. Die in der

IPMA ICB 4 aufgeführten Kontextkompetenzen zeigen weitere Faktoren auf, die Wechselwirkungen mit einem Projekt haben können.

ZIELORIENTIERUNG

Durch das Projekt soll ein bestimmtes Ziel erreicht werden. Das Ziel beschreibt einen gewünschten Zustand, die Bereitstellung von Lieferobjekten oder Resultaten, die bestimmte Anforderungen erfüllen sollen. Dieses Ziel liegt in der Zukunft. Es kann demnach nicht mit Sicherheit vorhergesagt werden und es bleibt eine gewisse »Unschärfe« bestehen. Je innovativer die geforderten Resultate sind und je weiter die Ziele in der Zukunft liegen, umso mehr Unsicherheit ist zu erwarten, was einen gravierenden Einfluss auf die Art und Weise des Managements ausübt.

EINMALIGKEIT

Projekte sind keine Routineaufgaben, d. h., es gibt keine vorgefertigten, auf Sicherheit getrimmten Abläufe, Standards oder Prozeduren. In einem Projekt geht es eher um Neuland, um Innovation, um Ausprobieren und um Lernen. Auch wenn es in Teilbereichen eines Projekts doch die eine oder andere Wiederholung geben mag, insgesamt sind Projekte aber eher einzigartig bzw. einmalig. Selbst der häufig wiederholte Bau eines Einfamilienhauses durch ein Bauunternehmen beinhaltet insbesondere durch die situativen Anforderungen und Randbedingungen stets ein gewisses Ausmaß an Einmaligkeit.

GEPLANTE ABLÄUFE

Internationale Standards stellen in ihrer Definition von Projekten häufig Prozesse in den Mittelpunkt. Dabei geht es um »koordinierte und gesteuerte« Vorgänge entlang des Projektlebenswegs, also um Planung, Steuerung und Kontrolle, also um den Einfluss auf das, was im Projekt passiert. In den letzten Jahren wird deutliche Kritik an der zweckrationalen Verengung des Projektbegriffs (vgl. Kühl 2016) und der zu starken Prozessorientierung geäußert. Dennoch folgen selbst agile Ansätze der Projektarbeit einem Ansatz, der Steuerung von Abläufen vorsieht. Durch wen und wie Steuerung ausgeübt wird, variiert in Abhängigkeit vom jeweiligen Ansatz (→ Kapitel »Vorgehensmodelle und Ordnungsrahmen«).

TEMPORÄRE ORGANISATION

Sowohl die IPMA ICB als auch die nationale Norm DIN 69901 betonen in ihrer Definition den Aspekt der Organisation bzw. des Organisierens. Im Unterschied zu Routinetätigkeiten der Linie, d. h. in den Fachabteilungen einer Organisation, werden Projekte temporär und zeitlich befristet organisiert (vgl. Lundin 2003), und das je nach den Anforderungen unterschiedlich, z. B. in Form eines Projektkoordinators, in Form einer Matrix-Projektorganisation oder auch in Form einer autonomen Projektorganisation (→ Kapitel »Organisation, Information und Dokumentation«).

INTERDISZIPLINARITÄT

Projektarbeit ist häufig interdisziplinär gestaltet, d. h. unterschiedliche Disziplinen sind mit eingebunden. So können bei Kundenprojekten vom Vertrieb, über das Produktmanagement, die Produktion sowie die Logistik, aber auch die Rechtsabteilung und sicherlich die Personalabteilung verschiedene Fachabteilungen eingebunden sein. Das Projektmanagement hat die Aufgabe zu erfüllen, alle Beteiligten auf das Ziel hin auszurichten, die Aufgaben, Befugnisse und Verantwortlichkeiten zu klären sowie die Kooperation und Kommunikation zu organisieren. Die interdisziplinäre Zusammenarbeit führt einerseits häufig zu Mehraufwand und Konflikten, lässt aber andererseits häufig erst den in Projekten erforderlichen innovativen Charakter entstehen.

2.2 ABGRENZUNG

Wann ist ein Vorhaben ein Projekt? Leider wird der Projektbegriff in vielen Organisationen eher inflationär verwendet, getreu dem Motto: »Was einen Anfang und ein Ende hat, ist ein Projekt«. Man könnte dieses Verhalten als Projektitis analog einer mentalen Krankheit bezeichnen. In vielen Fällen handelt es sich um Sonderaufgaben, die in den jeweiligen Verantwortungsbereichen unter der Führung des Fachvorgesetzten bleiben sollen. Da das Management von Projekten den Einsatz von zusätzlichen Ressourcen bedeutet, sollte man nur solche Vorhaben, bei denen man tatsächlich Projektmanagement anwendet, als Projekt bezeichnen.

> **Beispiel:** Für eine kleine, handwerklich betriebene Werft ist der Bau einer Yacht, der ein halbes Jahr dauert, durchaus ein »Projekt«. Für eine Werftfabrik, welche solche Yachten in Serie herstellt, gehört die einzelne Yacht dagegen zur Routine. Als »Projekt« könnte man dort jedoch die Vorbereitung der Serienfertigung samt Konstruktion der Yacht, die Beschaffung der erforderlichen Maschinen und des Personals sowie den Aufbau der Montageeinrichtungen betrachten.

Bei diesem Beispiel wird auf die Unterscheidung zwischen »Einmaligkeit« und »Routine« eines Projekts eingegangen. Eine Abgrenzung kann durch den Grad der »Neuartigkeit« des Vorhabens festgelegt werden oder anhand der Tatsache, ob Routinen zur Verfügung stehen. Das bedeutet aber nicht, dass sich nicht große Teile des Projekts wiederholen können oder aus Abläufen bestehen, die schon bei anderen Projekten oder Routineaufgaben praktiziert wurden.

Beispiel: Beim Bau einer Siedlung kann jedes einzelne Haus ein Projekt sein, auch wenn ständig nur der gleiche Haustyp verwendet wird. Die topologische Situation des Baugebiets, die Bodenbeschaffenheit, die Anbindung an die örtlichen Verkehrswege und Versorgungsleitungen, der zukünftige Besitzer mit seinen Spezialwünschen und persönlichen Verhaltensweisen usw. gewährleisten jedoch in ihrer Gesamtheit die »Einmaligkeit« des Projekts und sind gleichzeitig mögliche Risikoquellen.

Zukunftsorientierung und Kontextbezug von Projekten sind mögliche Quellen von Ungewissheit, Komplexität und Risiken. Damit steigen automatisch die Kompetenzanforderungen eines Projekts. In diesen Fällen stoßen vorgefertigte Standards (»Schablonen«) sicherlich schnell an ihre Grenzen. Neue Herangehensweisen, Kreativität und interdisziplinäre Zusammenarbeit sind gefordert. Diese sollten jedoch nicht mit ungeplantem »Durchwursteln« oder »Task Force Management« verwechselt werden. Auch wenn das Projektziel nicht klar ist, sich die Randbedingungen häufig und in starkem Maße verändern und das Projekt keinem vorgefertigten Phasenmodell folgt, so wird das Projekt dennoch organisiert. Laut Kühl ist ein Projekt eine »Organisation« bzw. ein »Organisieren«, und er betont: »Es gehört zu den Stärken der Organisation, dass sie widersprüchliche Arbeitsweisen, gegensätzliche Zielrichtungen und konfliktschaffende Vorgehensweisen verkraften kann« (Kühl 2016, S. 44).

Ein Projekt ist üblicherweise durch eine spezielle Projektorganisation gekennzeichnet, die sich für die Dauer des Projekts von der sonst üblichen (Linien-) Organisation abgrenzt. Die geringstmögliche Ausprägung einer projektspezifischen Organisation ist die Benennung eines Projektmanagers. Dieser koordiniert die arbeitsteiligen Prozesse zwischen den beteiligten Personen, Gruppen oder Organisationen. Wenn der Projektmanager allerdings niemand weiteren zur Durchführung des Projekts einsetzen kann und alles selbst erledigen muss, so spricht man eher nicht von einem Projekt, sondern von einer Sonderaufgabe. Trotzdem können auch bei einer derartigen Aufgabenstellung Hilfsmittel des Projektmanagements genutzt werden, sofern Aufwand und Nutzen in einem gesunden Verhältnis zueinander stehen.

Auf der anderen Seite rückt die Abgrenzung von Projekten und Programmen in den Mittelpunkt des Interesses. Programme sind voneinander abhängige Projekte, die einen langfristigen, strategischen Nutzen erzielen sollen. Dieser wird erst nach einem relativ langen Zeitraum erreicht, insofern dauern Programme deutlich länger als Projekte. Auch können nach dem Start des Programms sukzessive neue Projekte dazukommen.

Beispiel: Eine Brücke soll das Festland mit einer brachliegenden Insel verbinden. Die Brücke zu bauen, ist an sich schon ein großes Unterfangen und dauert von der ersten Idee bis zur Inbetriebnahme mehr als zehn Jahre. Der Brückenbau ist dennoch »nur« ein Projekt. Dazu kommen die Erschließung der Insel, die Ansiedlung von Anwohnern, die Errichtung von Geschäftsgebäuden sowie vielfältige Marketing-Aktivitäten zur Gewinnung von Unternehmen, ihre Geschäfte auf der Insel aufzubauen. Alles ist voneinander abhängig. Die Vielzahl der Projekte wird zum Programm, das auch erst nach einem langen Zeitraum, nämlich an dem Punkt, an dem die Programmziele in Form einer bestimmten Einwohnerzahl sowie eines vorab definierten Geschäftsvolumens erreicht werden, beendet werden sollte.

In jeder Organisation sollte es klare Regeln und Kriterien für die »Projektwürdigkeit« geben. Dazu können die zuvor genannten wesentlichen Merkmale von Projekten herangezogen und mit konkreten Kriterien samt Ausprägungen unterfüttert werden. Eine Möglichkeit besteht darin, die Merkmale und Kriterien zur Projektwürdigkeit in einem Projektmanagement-Handbuch aufzulisten. Dies Vorgehen sorgt für Klarheit und Transparenz bei allen Beteiligten.

Beispiel: Ein mittelständisches Unternehmen der Automobilindustrie hat sich mit allen Beteiligten auf folgende Kriterien zur Bewertung von kundenbezogenen Vorhaben geeinigt. Diese müssen nicht alle erfüllt werden. Wenn jedoch die Mehrzahl der Kriterien erfüllt ist, dann wird ein Vorhaben zum Projekt:

- Dauer eines Vorhabens von der Anfrage bis zur Serienreife (> 3 Jahre)
- Auftragsvolumen über den gesamten Produktlebensweg hinweg (> 50 Mio. Euro)
- Relativer Neuigkeitsgrad von Produkt, Prozess oder Material (> 50 %)
- Investitionsvolumen für das Vorhaben (> 5 Mio. Euro)
- Kumulierter Risikowert des Vorhabens vor Maßnahmen (> 0,5 Mio. Euro)
- Anzahl involvierter Werke (> 2 Werke im Inland oder 1 Werk im Ausland)
- Strategische Bedeutung des Vorhabens (dies bewertet die Geschäftsführung)

3 PROJEKTMANAGEMENT

Vor der Beschäftigung mit der heutigen Definition von Projektmanagement lohnt sich noch einmal ein Blick zurück in das 17. Jahrhundert und zu Daniel Defoe. Das Wort »Projektmanagement« bzw. »Projektmanager« gab es damals noch nicht. Defoe beschrieb den »Projector« wie folgt: »Ein ehrenhafter Projektemacher ist jedoch der, welcher seine Idee nach den klaren und deutlichen Grundsätzen des gesunden Menschenverstandes, der Ehrlichkeit und Klugheit in angemessener Weise ins Werk setzt, darlegt, worauf er hinaus will, nicht in fremde Taschen greift, sein Projekt selbst ausführt und sich mit dem wirklichen Erzeugnis als Gewinn seiner Erfindung begnügt« (vgl. Reder 2006, S. 112).

Die Formulierungen wirken heutzutage etwas sonderbar, aber in den Beschreibungen der Projektemacher vom 17. bis Anfang des 20. Jahrhunderts finden sich die Charakterzüge von Hochstaplern, Betrügern, Bankrotteuren, Scharlatanen oder Helden (vgl. Krajewski 2004). Erst Mitte des letzten Jahrhunderts feierte die mehr oder minder »seriöse« Disziplin »Projektmanagement« ihre (Wieder-)Auferstehung. Diesmal ist die Disziplin orientiert an den Paradigmen und Zielvorstellungen des »Operations Research«: In Zeiten des Kalten Krieges fand ein Wettrüsten zwischen den Großmächten USA und UDSSR statt und die Streitkräfte in den USA versuchten, mit neuen, quantitativen Ansätzen die Entwicklung von Raketen zu beschleunigen. Operations Research war zu dieser Zeit populär und so machte man sich die mathematischen Ansätze der Planung für die Projekte zunutze. Mithilfe von Netzplantechniken, wie z. B. Program Evaluation and Review Technique (PERT), Gantt-Diagrammen sowie der Critical Path Method (CPM), wurden Projektverläufe analysiert und geplant. Das Paradigma der Planung dominierte, die Planung wurde durch zentrale Abteilungen erarbeitet, die Umsetzung der Pläne musste dann zweckrational und streng nach Vorgaben erfolgen (vgl. Litke 2005).

Bis heute ist das Paradigma der ausführlichen Planung vor Realisierungsbeginn, der Trennung von Planung und Ausführung sowie der Befolgung vorgegebener Prozesse und Abläufe ein dominantes Schema. US-amerikanische Projektmanagement-Standards bauen bis heute auf diesem Paradigma auf. Weltweit hat sich das Projektmanagement aber inzwischen weiterentwickelt. Dies wird im Folgenden verdeutlicht.

3.1 DEFINITION

Auch für das Wort »Projektmanagement« existieren mehrere Millionen Einträge in den bekannten Suchmaschinen; wenn man das Wort auf Englisch eingibt, sind es mehr als 30 Millionen Einträge. Dabei ist zu beachten, dass im US-Englischen zwischen dem Wort »Management« und »Leadership« unterschieden wird. »Zu Leadership gehören persönliche Eigenschaften des Führenden, die eine Vision vermitteln und ein Team voranbringen können, während Management mehr technisch/bürokratisch gesehen wird« (Motzel, Möller 2017, S. 153).

Im Folgenden werden deshalb die Definitionen sowohl nationaler als auch international anerkannter Standards beschrieben und die wesentlichen Merkmale des Projektmanagements herausgearbeitet.

3.1.1 DEFINITION NACH DIN 69901-5

Die deutsche Norm DIN 69901 Teil 5 definiert das Projektmanagement als die »Gesamtheit von Führungsaufgaben, -organisation, -techniken und -mitteln für die Initiierung, Definition, Planung, Steuerung und den Abschluss von Projekten« (DIN 2009b, S. 14).

Bei dieser Definition steht also die Führung im Mittelpunkt und nicht das Management. Führung wird über den gesamten Projektlebensweg, und zwar von der Initiierung bis zum Abschluss eines Projekts, praktiziert. Die Definition sagt nicht, WIE Führung ausgeübt wird, sondern formuliert nur das WAS, nämlich die Führungsaufgaben, -organisation, -techniken und -mittel. Teil 1 der Norm DIN 69901 formuliert das wie folgt: »Wegen der Vielzahl der von Fall zu Fall gültigen Bedingungen werden zur optimalen Vorbereitung, Planung und Durchführung der Projekte die unterschiedlichsten Formen und Strukturen des Projektmanagements benötigt« (DIN 2009a, S. 5).

3.1.2 DEFINITION NACH IPMA ICB 4.0

Die deutsche Übersetzung der IPMA Individual Competence Baseline (IPMA ICB) in der aktuell gültigen Version 4.0 definiert Projektmanagement wie folgt: »*Das Projektmanagement befasst sich mit der Anwendung von Methoden, Techniken, Tools und Kompetenzen für ein Projekt, um Ziele zu erreichen. Es wird mithilfe von Prozessen umgesetzt und umfasst die Integration verschiedener Phasen des Projektlebenszyklus. Effektives Projektmanagement bringt der Organisation und den Stakeholdern zahlreiche Vorteile. Es erhöht die Wahrscheinlichkeit, dass die Ziele erreicht werden[,] und gewährleistet eine effiziente Ressourcennutzung, die die unterschiedlichen Bedürfnisse der Projektbeteiligten befriedigt*« (GPM 2017, S. 38).

Die Definition der IPMA ICB betont im Gegensatz zur DIN 69901-5 die Anwendung von Methoden, Techniken, Tools und Kompetenzen. Diese kommen unter Zuhilfenahme von Prozessen entlang des Projektlebenswegs zum Einsatz. Das Projektmanagement zielt darauf ab, effektiv Projektziele zu erreichen, gleichzeitig die Effizienz der Ressourcennutzung zu gewährleisten und schließlich auch noch die Bedürfnisse der Stakeholder zu befriedigen.

Die IPMA ICB gibt keine Prozesse, Methoden, Tools und Techniken vor. Insofern ist ein Vergleich der ICB mit anderen Standards, wie z. B. dem PMBOK Guide von PMI oder PRINCE2 von Axelos, nicht zielführend. Die IPMA ICB definiert die Kompetenzen, die für das Projektmanagement unerlässlich sind. »Basierend auf dem generischen Modell muss jeder Einzelne bestimmte Kompetenzen besitzen, um Projekte erfolgreich durchzuführen« (GPM 2017, S. 39).

3.1.3 DEFINITION NACH DIN ISO 21500

Auch die ins deutsche Normenwerk übernommene, internationale Norm ISO 21500 liefert eine Definition für Projektmanagement. Da die IPMA ICB sich an den internationalen Normen der ISO orientiert, verwundert die Tatsache nicht, dass sich die beiden Definitionen ähneln. So definiert die DIN ISO 21500 Projektmanagement wie folgt: »*Projektmanagement ist die Anwendung von Methoden, Hilfsmitteln, Techniken und Kompetenzen in einem Projekt. Es umfasst das (…) beschriebene Zusammenwirken der verschiedenen Phasen des Projektlebenszyklus. Projektmanagement wird durch Prozesse umgesetzt. Die für ein bestimmtes Projekt ausgewählten Prozesse sollten aus systemischer Sicht aufeinander abgestimmt sein. Jeder Phase des Projektlebenszyklus sollten spezifische Lieferobjekte zugeordnet sein. Diese Lieferobjekte sollten während des Projektablaufes regelmäßig überprüft werden, um die Anforderungen des Projektauftraggebers, der Kunden und anderer Stakeholder zu erfüllen*« (DIN 2016, S. 10).

Hier stehen die Prozesse im Mittelpunkt der Anwendung von Projektmanagement. DIN ISO 21500 beschreibt ebenso wie DIN 69901 Teil 2 (vgl. DIN 2009b) ein vollständiges Prozessmodell von der Initiierung eines Projekts bis zu dessen Abschluss. Dabei sollte das Projektmanagement die Prozesse auf das Projekt abstimmen, und zwar »systemisch«. Dazu gehören Überlegungen, wie im Abschnitt zu Projektarten und -klassen aufgezeigt. Darüber hinaus unterscheidet DIN ISO 21500 zwischen Projektmanagement-, Produkt- und Unterstützungsprozessen und merkt an: »Zu beachten ist allerdings, dass sich Produktprozesse, unterstützende Prozesse und Projektmanagementprozesse während des gesamten Projekts überschneiden können und in Wechselbeziehung zueinander stehen« (DIN 2016, S. 16).

3.2 ABGRENZUNG

Wird in Projekten nun gemanagt oder geführt? Dass diese Frage relevant ist, zeigen die zitierten Definitionen für Projektmanagement deutlich auf. Traditionelles Managementdenken fokussiert sich eher auf eine klare Zieldefinition, die Organisation der Arbeit, die Überprüfung des Erreichten und geht dabei von einem eher technokratisch-mechanistischen Modell menschlichen Verhaltens aus. »Führung im modernen Sinne ist wesentlich stärker Soft-Fact-getriggert als früher und wird daher oft mit dem Begriff «Leadership» von Management unterschieden. Grundlage ist ein Menschenbild, in dem der Mensch als soziales Wesen gesehen wird, das eigene Ansprüche und Bedürfnisse hat und das deren Befriedigung einfordert« (Wagenhals 2014, S. 22).

Neben der Selbstführung und der Führung von Teams geht es dabei auch um den Beitrag des einzelnen Projekts für die gesamte Organisation. Dies ist insofern weitreichend, als dass durch ein Projekt auch ein Beitrag zum Erfolg oder Misserfolg der gesamten Organisation geleistet wird. Projektmanager werden deshalb auch als »Unternehmer auf Zeit« charakterisiert (vgl. Bergau 2014, S. 47).

Darüber hinaus muss das Management einzelner Projekte auch vom Management von Programmen und Portfolios (→ Kapitel »Governance, Strukturen und Prozesse«) abgegrenzt werden. Der Managementbegriff fokussiert hierbei auf das eher operativ ausgerichtete Projektmanagement für einzelne Projekte, also deren Initialisierung, Definition, Planung, Steuerung und Abschluss.

Projektmanagement grenzt sich somit von einem eher umfassenderen, strategischen Management ab. Strategisches Management wird durch das Topmanagement einer Organisation ausgeübt und analysiert das Umfeld, entwickelt strategische Optionen, plant deren Umsetzung und kontrolliert in regelmäßigen Abständen die Erreichung der strategischen Ziele. Strategien werden durch Projekte umgesetzt. Insofern sind vielfältige Wechselwirkungen zwischen Unternehmensstrategie und Projekten zu verzeichnen. Das Kapitel »Strategie« in diesem Handbuch PM4 widmet sich ausführlich diesen Wechselwirkungen.

Das Projektmanagement ist auch klar vom ausführenden, inhaltlichen »Arbeiten« in Projekten abzugrenzen. Die Bearbeitung von Arbeitspaketen, die Arbeit in einer »Task Force« oder auch ad-hoc realisierte Aufgaben dürfen nicht mit deren Management verwechselt werden. Hierbei geht es um das operative »Tun«, nicht um das Management. In der Praxis kommt es jedoch häufig vor, dass eine Person beide Arten von Aufgaben übernimmt: Nämlich ein Projekt zu managen und parallel das eine oder andere Arbeitspaket zu bearbeiten. De facto sind viele Projektmanager nur in Teilzeit für das Management des Projekts aktiv – dann unterscheiden sich jedoch die Rollen oder Funktionen, in die sie hineinschlüpfen, und die jeweiligen Aufwände dafür sollten klar voneinander getrennt werden.

Eine Abgrenzung sollte auch zwischen Projektmanagement und anderen Funktionen einer Organisation vorgenommen werden. So existieren in Organisationen weitere Bereiche, die gemanagt werden, z. B. Forschung und Entwicklung, Vertrieb, Produktion, Logistik, Qualität oder Controlling. Es existieren viele Schnittstellen dieser Funktionen mit Projekten und damit mit dem Projektmanagement. Deshalb charakterisiert man Projektmanagement häufig auch als »Querschnittsfunktion«. Dies führt jedoch häufig dazu, dass Projektmanagement mit anderen Funktionen vermischt wird.

Beispiel: Ein mittelständischer Maschinenbauer will eine neue Maschine auf den Markt bringen. Diese baut auf einer Vorgängermaschine auf und soll den Beginn einer neuen Produktfamilie bilden. Die Entwicklung dieser neuen Maschine ist ein Projekt, das mithilfe und nach den Vorgaben des Produktmanagements über den gesamten Projektlebensweg, also von der Initialisierung bis zur Markteinführung, gemanagt wird. Der Produktmanager ist über den gesamten Produktlebenszyklus hinweg für die Maschine verantwortlich, d. h.

> von der ersten Idee, der Konzeptentwicklung, der technischen Ausführung, der Markteinführung, dem Betrieb und der Instandhaltung, der Optimierung, dem After Sales Service bis hin zum Recycling der Maschine. Auch die Erweiterung der Produktfamilie liegt in der Verantwortung des Produktmanagers. Ggf. entsteht so ein Programm von Projekten. In der Praxis arbeiten Projekt- und Produktmanager Hand in Hand. Beide Funktionen sind in diesem Fall sogar in einer Abteilung zusammengefasst.

Neben der funktionalen Betrachtung kann Projektmanagement auch institutionell betrachtet werden. Dies ist synonym mit institutionellem und funktionalem Projektmanagement zu verstehen. Damit sind die Ausgestaltung und Verankerung des Projektmanagements im Rahmen der organisatorischen Strukturen gemeint. Dies beinhaltet u. a. die Frage nach der Unterscheidung von »Governance« und »Management«. Häufig wird der Begriff »Governance« nämlich mit »Führung« gleichgesetzt. Dies greift jedoch viel zu kurz, denn es ist nicht das »operative Führen« (von Projekten) gemeint, sondern eher das »strategische Regieren«. Klar wird dies dann, wenn man sich ansieht, wer »Governance« ausübt: Aufsichtsräte, Vorstände, Geschäftsführer, Bereichsleiter oder spezielle Gremien – eben Führungskräfte der obersten Führungsebenen eines Unternehmens. Diese sind in der Regel nicht operativ im Management von Projekten, Programmen und Portfolios tätig, sondern definieren Prinzipien, Werte, Regeln, Richtlinien, Strukturen und Prozesse für diese Aufgaben und kontrollieren deren Einhaltung. Governance setzt also den Rahmen für das Management und kontrolliert, korrigiert bzw. entwickelt diesen nachhaltig weiter (vgl. Wagner 2017).

Weitere Aspekte der institutionellen Verankerung von Projektmanagement sind z. B. die Fragen nach der Organisationsform, der Einrichtung eines Projektmanagement-Office (PMO) und der Zuordnung von Macht und Befugnissen. Üblicherweise liegt die meiste Macht in der Linie, d. h. bei den Leitern der Fachabteilungen und -bereiche. Dies bedeutet in der Praxis, dass Projektmanager in der Regel ohne disziplinare Macht führen. Fehlende Macht muss dann durch mehr Information, Kommunikation, Partizipation und diplomatisches Geschick ersetzt werden. Dies erfordert mehr Zeit und den Einsatz von speziellen Kompetenzen, auf die in der ICB 4 ausführlich eingegangen wird, die in der Projektmanagement-Literatur allerdings häufig zu kurz kommen (vgl. Wagner 2014a).

Projektmanagement sollte auf den Kontext einer Organisation solide abgestimmt und optimal in diesen integriert sein.

4 PROJEKTARTEN UND -KLASSEN

Zur Ausgestaltung des Projektmanagements im Rahmen einer Organisation spielen nicht nur die Frage, was ein Projekt ist und was nicht, sondern darüber hinaus auch noch die Unterscheidung verschiedener Projektarten und -klassen eine wesentliche Rolle.

 Definition: Eine Projektart beschreibt eine Gattung von Projekten, die eine ähnliche Ausprägung von Kriterien, so z. B. Branche, Projektorganisation oder Projektgegenstand, aufweisen (DIN 2009b, S. 11).

Häufig werden Projektarten zuerst nach ihrem Gegenstand bzw. Inhalt unterschieden. Dies können z. B. Projekte sein, die Forschung & Entwicklung, organisatorische Veränderungen einschließlich der Organisation einer Veranstaltung oder Investitionen zum Gegenstand haben. Jede dieser Projektarten hat eine besondere Ausprägung der zuvor genannten Merkmale und stellt besondere Anforderungen an das Projektmanagement. Für jede Projektart sollte überlegt werden, ob ein individueller Ansatz für das Projektmanagement existiert, ob spezifische Projektmanagement-Standards vorhanden sind und entsprechend Anwendung finden können oder ob vorhandene Projektmanagement-Ansätze an die besonderen Anforderungen des Projekts angepasst werden müssen. Dies Vorhaben wird allerdings oft dann erschwert, wenn es bei Projekten nicht nur um eine Projektart, sondern um einen Mix verschiedener Projektarten geht.

Projekte können auch hinsichtlich der Organisation unterschieden werden, die für bestimmte Projekte zuständig ist. So kümmern sich bestimmte betriebliche Funktionen oder Abteilungen darum, Projekte für einen externen Kunden abzuwickeln (u. a. Vertrieb und Marketing), während sich andere Abteilungen auf die Abwicklung interner Projekte fokussieren, wie etwa die Veränderung der internen Organisationsstruktur bzw. -kultur, die Verbesserung von internen Prozessabläufen oder die Erweiterung der eigenen Fertigungskapazitäten.

Ein Branchenbezug unterscheidet Projekte nicht nur aufgrund der inhaltlichen Ausrichtung sowie der Beteiligten (Personen und Organisation), häufig unterscheiden sich dabei auch die verwendeten Begriffe, Prozesse und Methoden, Organisationsmodelle, rechtlichen Grundlagen, verfügbaren Standards etc. So unterscheiden sich z. B. Bauprojekte sehr stark von Projekten in der Automobilindustrie, da in der letztgenannten Branche Massenfertigung den Charakter der Projekte prägt, wohingegen es in der Baubranche eher um die einmalige Errichtung von Bauwerken geht.

Definition: Eine Projektklasse fasst Projekte mit einem oder mehreren gemeinsamen Merkmalen zusammen. So können Projekte z. B. in die Klassen A, B und C unterschieden werden, je nach Volumen, Dauer oder Komplexität. Merkmale und Klassifizierungsverfahren werden durch die Organisation festgelegt. Die Projektklasse hat damit Auswirkungen auf die Anforderungen an Qualifikation, Prozesse und Berichtswege.

Projekte werden hinsichtlich ihrer strategischen Bedeutung, Größe, Komplexität oder Risikoeinstufung differenziert, wodurch das Management sich auf die wesentlichen Projekte konzentrieren kann (Dierig 2013, S. 32).

 Beispiel: Ein Automobilzulieferer unterscheidet drei Klassen (A, B und C) von Kundenprojekten. Dabei wird bei Eingang einer Anfrage analysiert, welche Ausprägung die folgenden Kriterien des Vorhabens haben: Auftragsvolumen, strategische Bedeutung, Risikowert, Dringlichkeit, Investitions- und übergreifender Ressourcenbedarf für die Projektabwicklung. Die Kriterien haben unterschiedliche Gewichtungen, so hat die strategische Bedeutung eines Projekts das höchste Gewicht. Auf Basis dieser Analyse wird eine Klassifizierung vorgenommen. Diese bestimmt auch, wer als Projektmanager ausgewählt wird, an welches Gremium das Projekt berichtet und wie intensiv Projektmanagement auf das Vorhaben angewendet werden muss. Es gibt jeweils ein standardisiertes Vorgehen im Projekt, jedoch müssen bei A-Projekten alle Prozesse in einer großen Detailtiefe angewendet werden, bei den C-Projekten kommen nur ausgewählte Prozesse zum Einsatz und mit deutlich reduzierter Detailtiefe.

Eine weitere Unterscheidung von Projekten kann anhand ihrer Komplexität vorgenommen werden. So schlagen Witschi, Dierig und Wagner (Dierig 2013, S. 38) folgende Unterscheidungskriterien sowie Leitfragen für Projekte vor:

- Zielambiguität (Mehrdeutigkeit der Ziele): Wie genau kann das Ziel zu Beginn definiert werden?
- Sachlicher Vernetzungsgrad: Wie viele Arbeitspakete umfasst das Projekt und wie stark sind diese miteinander vernetzt?
- Dynamik der sachlichen Vernetzungen: Wie hoch ist die Veränderungswahrscheinlichkeit der sachlichen Inhalte und Rahmenbedingungen, beispielsweise der Technologieentwicklungen

- Innovationsgrad: Wie hoch sind die Neuartigkeit des Projekts und die fachliche und methodische Erfahrung?
- Sozialer Vernetzungsgrad: Wie viele Beteiligte und Interessengruppen sind im Projekt miteinander vernetzt?
- Dynamik der sozialen Vernetzungen: Wie hoch sind die Dynamik und Unberechenbarkeit des Beziehungsgeflechtes der Beteiligten?

Die Ausprägungen der Projekte in Bezug auf die o.a. Kriterien haben konkrete Auswirkungen auf das Management bzw. die zum Einsatz kommenden Vorgehensmodelle (Verfahren, Methoden, Werkzeuge, Rollen). So werden beispielsweise bei einer hohen Zielambiguität die Ziele laufend fortgeschrieben, es empfiehlt sich deshalb ein iteratives Vorgehen (z.B. Prototyping bzw. Spiralmodell, Einsatz agiler Methoden). Dem Änderungsmanagement wird entsprechend eine hohe Bedeutung beigemessen (→ Kapitel »Vorgehensmodelle und Ordnungsrahmen«).

Die aufgeführten Beispiele verdeutlichen die Vielfalt der Anforderungen an Projektmanager. Je nach Projektart sowie Projektklasse sind spezifische Kompetenzen in einem bestimmten Umfang erforderlich. Bei der Ausgestaltung des Projektmanagements in einer Organisation muss deshalb darauf geachtet werden, dass diese Kompetenzen geklärt, beschrieben und je nach Anforderungsniveau differenziert werden. Die IPMA ICB 4 bildet für diese Gestaltungsaufgabe eine hervorragende Grundlage und kann von Organisationen individuell angepasst werden. So können die Kompetenzen z.B. an Projekte in der IT, der Produktion oder der Forschung und Entwicklung angepasst werden. Das vierstufige Zertifizierungsverfahren der IPMA fokussiert die individuelle Kompetenzentwicklung der in Projekten aktiven Personen auch anhand der Komplexität eines Projekts und kann leicht an entsprechende Projektklassen angepasst werden.

> **ICB 4** Bei der IPMA Individual Competence Baseline (IPMA ICB) handelt es sich um eine umfassende Zusammenstellung von Kompetenzen, die der Einzelne besitzen oder entwickeln muss, um Projekte erfolgreich realisieren zu können. Das generische Modell ist für alle Branchen und Wirtschaftszweige gültig. Natürlich unterscheidet sich die Bedeutung der verschiedenen benötigten Kompetenzen je nach Art des Projekts (z.B. Forschung & Entwicklung, organisatorische Veränderung, Organisation einer Veranstaltung oder Investitionen) und der Branche, z.B. Baugewerbe, Unternehmensdienstleistungen und öffentliche Verwaltung, deutlich. Dennoch sind alle Kompetenzen für jedes Projekt relevant.

5 AUSGESTALTUNG DES PROJEKTMANAGEMENTS

Projektmanagement kann auf ein einzelnes Projekt angewendet werden. Dann ist der Projektmanager in der Gestaltung relativ frei. Er wird sich jedoch mit seinem Projektdesign an den Anforderungen der Aufgabe, dem jeweiligen Kontext sowie den regulatorischen Vorgaben orientieren.

Beispiel: Eine Hilfsorganisation, die sich auf Schulpatenschaften für Kinder in Afrika spezialisiert hat, wickelt ab und zu auch Projekte ab, z. B. um den Bau von Schulen in Afrika zu realisieren, die mit zweckgebundenen Mitteln finanziert werden. Die ehrenamtlichen Mitarbeiter der Hilfsorganisation haben nur geringe Erfahrung mit Projektmanagement, deshalb sind in der Regel auch mehr Zeit und häufig auch mehr Budget bis zur Fertigstellung der Schulen nötig. Auf einem Kongress lernt der Präsident der Hilfsorganisation einen Projektmanagement-Experten kennen und führt mit dessen Hilfe einen sogenannten »Projektmanagement-Canvas« ein, also ein Formblatt, das Projekte zusammen mit deren Management auf einem einzigen Blatt Papier beschreibt. Dies schafft Transparenz für alle Beteiligten, genügt für diese Art von Projekten als Managementansatz und hilft der Organisation, den Erfolg ihrer Projekte deutlich zu erhöhen.

In den letzten Jahren sind zahlreiche Standards für das Projektmanagement erarbeitet worden, die – so die Intention – bei Anwendung den Projekterfolg verbessern sollen (Wagner, Grau 2014b). Die Einmaligkeit von Projekten setzt der Standardisierung von Projektmanagement-Lösungen allerdings klare Grenzen. Der individuelle Charakter eines Projekts prägt die Anforderungen an das Projektmanagement in maßgeblicher Weise. Das Vorgehen, die Methoden und die Art und Weise, wie Projekte organisiert werden, hängen von den individuellen Merkmalen eines Projekts sowie dem Verständnis der Beteiligten ab und machen eine Differenzierung von Projekten und Projektmanagement-Ansätzen notwendig.

In der Praxis treten immer wieder Ähnlichkeiten zwischen Projekten auf. Bestimmte Merkmale von Projekten gleichen sich, ohne dass der Einmaligkeitscharakter des einzelnen Projekts verloren geht. Projekte lassen sich zu Projektarten und -klassen zusammenfassen und werden mit spezifischen, unternehmensinternen Projektmanagement-Standards bearbeitet.

Beispiel: Ein mittelständischer Automobilzulieferer entwickelt und fertigt innovative Lösungen für Kunden im Premiumsegment. In den letzten Jahren haben sich die Anforderungen hinsichtlich »time to market« immer weiter erhöht. Deshalb unterscheidet der Zulieferer nun die Projekte, die Innovationen bewirken,

> von den Projekten, die schon bewährte Produkte in Serie bringen. Für die erste Art von Projekten (»Vorentwicklungsprojekte«) werden agile Projektmanagement-Methoden genutzt. Die zweite Art (»Serienentwicklungsprojekte«) wird klassisch, d. h. entlang des Stage-Gate-Prozesses der Automobilindustrie in enger Abstimmung mit den Kunden realisiert.

Auf der Suche nach der optimalen Projektmanagement-Lösung müssen die Anwender also einen Spagat zwischen der Differenzierung auf der einen Seite und der Standardisierung auf der anderen Seite machen. Projektmanagement-Standards, wie z. B. die ISO 21500, versuchen, Lösungsansätze für alle Anwendungsbereiche der Projektarbeit zu bieten, und propagieren das »universelle Projektmanagement«. Bei der Anwendung dieser Standards muss man trotzdem entsprechende Anpassungsleistungen der Projektplanungen erbringen. Berücksichtigt man demgegenüber die Individualität jedes einzelnen Projekts und passt das Projektmanagement an dessen Besonderheiten an, so steigt der Aufwand durch die einzelfallbezogene Auswahl von Projektmanagement-Methoden und -Tools.

Aus diesem Grund haben sich verschiedene Standards im Projektmanagement herausgebildet, die unterschiedliche Anwendungsfälle abdecken (→ Kapitel »Normen und Standards im Projektmanagement«). So gibt es z. B. Projektmanagement-Ansätze sowohl für bestimmte Projektarten (u. a. Softwareentwicklungsprojekte) als auch für bestimmte Branchen (u. a. die Luft- und Raumfahrt). In Unternehmen werden Projektmanagement-Lösungen ebenfalls standardisiert und an den Bedürfnissen der jeweiligen Organisation und Projekte ausgerichtet (vgl. Wagner 2014b).

In der Praxis trifft man häufig einen Mix aus unterschiedlichen Differenzierungsformen an. So kann ein Unternehmen z. B. auf branchenspezifische Standards zurückgreifen und zusätzlich eine Unterscheidung von Projekten mit unterschiedlichem Projektinhalt treffen (z. B. Unterscheidung von Forschungs- & Entwicklungsprojekten sowie von Investitions- oder Organisationsprojekten). Die fundierte Analyse der relevanten Projekte ist der entscheidende Schritt auf dem Weg zur Differenzierung von Projekten und Projektmanagement-Lösungen.

Projektmanagement-Standards veranschaulichen spezifische Vorgehensmodelle, Methoden und Tools und unterstützen den Anwender bei der richtigen Ausgestaltung der organisatorischen Strukturen (vgl. Wagner 2014b). Die Anforderungen an die im Projekt tätigen Mitarbeiter können ebenso Inhalt des Standards sein und damit die Grundlage für Personalauswahl, Personaleinsatz und Personalentwicklung bilden.

Finden im Rahmen einer Organisation in zunehmendem Maße Projekte statt, so können durch die Einrichtung eines professionellen Projektmanagementsystems Synergien genutzt werden. Nach DIN 69901-5 kann ein Projektmanagementsystem als »System von

Richtlinien, organisatorischen Strukturen, Prozessen und Methoden zur Planung, Überwachung und Steuerung von Projekten« definiert werden (DIN 2009c). Der erste Teil der Norm führt den Modellcharakter des Systems von Projektmanagement weiter aus: »*Eine vollständige, alle Details erfassende Beschreibung der Aufgaben, Prozesse und Strukturen der Lösungen für das Projektmanagement ist prinzipiell unmöglich (d. h. ebenso unmöglich wie für jeden anderen Realitätsbereich). Organisationen benutzen stets ein mehr oder weniger abstraktes Abbild der Realität: ein Modell. Modelle werden auf spezifische Anforderungen zugeschnitten. Sie müssen die kennzeichnenden Aufgaben und Prozesse ausweisen und die für die Lösung der Aufgaben wesentlichen Zusammenhänge und Strukturen soweit sichtbar machen, dass die Wege zur Zielerreichung erkannt und die Folgen von Änderungen und Abweichungen analysiert werden können*« (DIN 2009a, S. 6).

Die DIN-Norm führt die wesentlichen Eigenschaften des Projektmanagementsystems auf, nämlich

a) **Flexibilität:** Das System kann sich kurzfristig an neue oder veränderte Bedingungen anpassen;

b) **Universalität:** Das System gestattet eine möglichst vielseitige Verwendung / Nutzung;

c) **Modularität:** Das System setzt sich aus mehreren Subsystemen zusammen und kann bausteinweise entwickelt und ausgebaut werden. Bei der Prozessgestaltung werden durch die Wahl der Schnittstellen Möglichkeiten geschaffen, die Prozesse technisch zu unterstützen, zu beschleunigen und zu optimieren;

d) **Kompatibilität:** Systeme, Subsysteme und Elemente sind an die angrenzenden Systeme und Systemteile anschließbar und mit ihnen verträglich und bieten damit Voraussetzungen für die Strukturbildung und das Entstehen synergetischer Effekte;

e) **Transparenz:** Das System macht Abläufe und Zusammenhänge sichtbar;

f) **Prävention:** Das System unterstützt das Arbeitsprinzip »Prävention statt Reaktion«.

Sowohl die weiteren Abschnitte zum Projektmanagement auf Organisationsebene als auch die Kapitel »Normen und Standards im Projektmanagement«, »Governance, Strukturen und Prozesse« sowie »Compliance, Standards und Regularien« werden auf den hier konkretisierten Gedanken aufbauen und diese weiter ausführen.

6 ZUSAMMENFASSUNG UND AUSBLICK

Projekte sind kein neuzeitliches Phänomen, allerdings nimmt ihre Bedeutung in den letzten Jahren immer weiter zu. Die besonderen Merkmale von Projekten erfordern ein professionelles Management. Auch das Projektmanagement entwickelt sich stetig weiter, differenziert sich angesichts neuer Herausforderungen immer weiter aus und erfordert fundierte Kompetenzen von denjenigen, die in Projekte eingebunden sind. Projektmanagement wird international unterschiedlich verstanden, je nach Kulturkreis, Branche, Regularien oder Verfügbarkeit bestimmter Projektmanagement-Standards. Im deutschsprachigen Raum wird unter Projektmanagement eher eine Führungskonzeption verstanden, welche die Menschen im Fokus hat und die Projektarbeit abhängig von den jeweiligen Anforderungen flexibel strukturiert, organisiert und koordiniert.

Projekte werden in Zukunft auch solche Bereiche erobern, die bislang nur in geringem Maß projektorientiert waren, z. B. die öffentliche Verwaltung, Sport, Kunst, Kultur, soziales Engagement oder das Privatleben. Damit wird Projektmanagement zu einer Kernkompetenz für nahezu jede Person. Projektarbeit wird zur Normalität. Organisationen und Personen werden dann Projekte wie selbstverständlich abarbeiten und Projektmanagement als Arbeitsform anwenden.

? WIEDERHOLUNGSFRAGEN

- Welche wesentlichen Merkmale können für Projekte angeführt werden?
- Wie können »Projekt« und »Routine« sinnvollerweise voneinander abgegrenzt werden? Beschreiben Sie dies bitte anhand eines Praxisbeispiels.
- Was ist unter »Projektwürdigkeit« zu verstehen und wie kann diese in der Praxis ausgestaltet bzw. ermittelt werden?
- Wie können Projekte »klassifiziert« werden und was bedeutet das für die Anwendung von Projektmanagement?
- Was versteht man unter Projektmanagement?
- Welche Rolle spielt Projektmanagement im Rahmen des integrierten Managementsystems eines Unternehmens?
- Welche wesentlichen Eigenschaften sollte ein Projektmanagementsystem erfüllen?

LITERATURVERZEICHNIS

Bergau, M. (2014): Projektleiter – Koordinator oder Unternehmer auf Zeit. In: Wagner, R.; Grau, N. (Hrsg.): Basiswissen Projektmanagement – Führung im Projekt. Düsseldorf: symposion. S. 45–59.

Dierig, S. (2013): Projektarten und -kategorien. In: Wagner, Reinhard; Grau, Nino (Hrsg.): Basiswissen Projektmanagement – Grundlagen der Projektarbeit. Düsseldorf: symposion. S. 23–44.

DIN (Hrsg.) (2009a): DIN 69901-1 Projektmanagement – Projektmanagementsysteme – Teil 1: Grundlagen. Berlin: Beuth Verlag.

DIN (Hrsg.) (2009b): DIN 69901-5 Projektmanagement – Projektmanagementsysteme – Teil 5: Begriffe. Berlin: Beuth Verlag.

DIN (Hrsg.) (2016): DIN ISO 21500 Leitlinien Projektmanagement (ISO 21500:2012). Berlin: Beuth Verlag.

GPM (Hrsg.) (2015): Makroökonomische Vermessung der Projekttätigkeit in Deutschland. Nürnberg: GPM.

GPM (Hrsg.) (2017): Individual Competence Baseline für Projektmanagement – Version 4.0. Nürnberg: GPM Deutsche Gesellschaft für Projektmanagement e. V..

Krajewski, M. (Hrsg.) (2004): Projektemacher. Berlin: Kulturverlag Kadmos.

Kühl, S. (2016): Projekte führen. Eine kurze organisationstheoretisch informierte Handreichung. Wiesbaden: Springer Fachmedien.

Litke, H.-D. (2005): Projektmanagement – Handbuch für die Praxis. München: Hanser.

Lundin, R. A.; Steinthorsson, R. S. (2003): Studying organizations as temporary. In: Scandinavian Journal of Management, 19, S. 233–250.

Motzel, E.; Möller, T. (2017): Projektmanagement-Lexikon. Referenzwerk zu den aktuellen nationalen und internationalen PM-Standards. 3. Auflage, Wiley-VCH Verlag, Weinheim.

Reder, C. (Hrsg.) (2006): Daniel Defoe. Ein Essay über Projekte. Wien: Springer.

Wagenhals, K. (2014): Führen in Projekten – Überwinden von Dilemmata. In: Wagner, R.; Grau, N. (Hrsg.): Basiswissen Projektmanagement – Führung im Projekt. Düsseldorf: symposion. S. 17–44.

Wagner, R.; Grau, N. (Hrsg.) (2014a): Basiswissen Projektmanagement – Führung im Projekt. Düsseldorf: symposion.

Wagner, R.; Grau, N. (Hrsg.) (2014b): Basiswissen Projektmanagement – Prozesse und Vorgehensmodelle. Düsseldorf: symposion.

Wagner, R. (2017): Werte, Prinzipien und Richtlinien müssen durchgängig sein! Neue ISO 21505 – Guidance on governance setzt Benchmark für Projektwirtschaft. In: ProjektMagazin, Ausgabe 06/2017, S. 1–10.

2.2 PROJEKTMANAGEMENT AUF ORGANISATIONSEBENE

Autor: David Thyssen

Dr. David Thyssen ist Geschäftsführer der prometicon GmbH und begleitet Unternehmen sowie not for profit Organisationen auf ihrem Weg zur projektorientierten Organisation. Er ist einer der Kernautoren des IPMA ICB 4 Standards, hat das Programm zur Einführung der ICB 4 für die GPM in Deutschland verantwortet und hat mehrere Lehraufträge zum Projektmanagement/Organisation übernommen.

Co-Autor: Reinhard Wagner

Dipl.-Ing. Reinhard Wagner ist Geschäftsführer der Tiba Managementberatung, Ehrenvorsitzender der GPM sowie Chairman der IPMA. Auf Basis von 30 Jahren Projekt- und Führungserfahrung unterstützt er Führungskräfte, Projektmanager und projektorientierte Organisationen bei der Professionalisierung im PM. Er hat sich maßgeblich an der Entwicklung der Disziplin beteiligt, ist Herausgeber von über 30 Fachbüchern sowie zahlreichen Fachartikeln und Blog-Beiträgen.

INHALT

Einleitung und Kontext 72

Vom Management von Projekten zum Management durch Projekte 73

    Steigende Komplexität benötigt Kompetenz 73

    Der Begriff der Projektorientierung 74

    Die projektorientierte Organisation 77

Das Konzept der organisationalen Kompetenz 79

    Die organisationale Kompetenz 79

    Gestaltungsfelder organisationaler PM-Kompetenz 81

Entwicklung organisationaler PM-Kompetenz 83

    Standards 84

        IPMA Organisational Competence Baseline – IPMA OCB (2016) 84

        Standard for Organizational Project Management – PMI OPM (2018) 89

        Gemeinsamkeiten und Unterschiede der Standards 90

    Reifegradmodelle als Ansatz zur Ermittlung der organisationalen Kompetenz   91

    Entwicklung organisationaler PM-Kompetenz durch Projekte 93

Wiederholungsfragen 95

Literaturverzeichnis 96

1 EINLEITUNG UND KONTEXT

Die ICB 4 ist ein Standard für individuelle Handlungskompetenzen im Projektmanagement. Warum also spielt die Dimension der Organisation hier eine Rolle?

Ausgeprägte individuelle Kompetenzen erhöhen die Wahrscheinlichkeit, dass Projekte erfolgreich durchgeführt werden. Individuelle Kompetenzen alleine sind jedoch nicht ausreichend. Viele Projektmanager berichten davon, dass sie insbesondere nach einer Qualifizierung durchaus motiviert und fähig sind, das Gelernte in die Tat umzusetzen, dass die dafür nötigen Voraussetzungen in ihrem Projektumfeld, d. h. in der Organisation, aber nicht geschaffen sind.

Es klingt wie eine Binsenweisheit: Projekte scheitern nicht (nur) am schlechten Management der Projekte, sondern (auch) am Management der Projektwelt. Auch hervorragend geführte Projekte können z. B. an fehlenden Ressourcen, Widerständen in der Linie oder unklaren Entscheidungsstrukturen scheitern. Diese Aspekte stehen in den Listen zu den **Projekterfolgsfaktoren** (→ Kapitel »Ergebnisorientierung«) immer wieder an vorderster Stelle. Umgekehrt ist die Klage über »fehlende Unterstützung des Topmanagements« – einer der am häufigsten genannten Misserfolgsfaktoren gescheiterter Projekte (→ Kapitel »Anforderungen und Ziele«).

In Organisationen spielen beispielsweise Macht und individuelle Interessen eine große Rolle (→ Kapitel »Macht und Interessen«). Projekte in einer weniger projektorientierten Organisation werden leicht zum »Spielball« unterschiedlicher Interessen und erreichen ihre Ziele nur mit großer Anstrengung oder scheitern sogar völlig. Doch auch in hochentwickelten projektorientierten Organisationen gelingt es nicht automatisch, die vielen Projekte am Wohl der Organisation auszurichten. »Die Schwierigkeit, Organisationen als Summe ihrer Projekte zu führen, liegt darin [begründet], die (…) Projekte aus der Strategie abzuleiten und am Ende des Tages wieder zu konsistentem strategischem Verhalten der Organisation zusammenzuführen« (Becker 2011, S. 224).

Dieses Kapitel beschäftigt sich nicht mit der Frage, wie einzelne Projekte erfolgreich durchgeführt werden, sondern über welche Gestaltungsmöglichkeiten und Notwendigkeiten Organisationen verfügen, die ihre Arbeit in zunehmendem Maße in einzelnen Projekten organisieren, ohne das Ganze aus dem Blick zu verlieren. Einfacher formuliert: Welche Kompetenzen muss eine Organisation besitzen, die erfolgskritische Teile ihrer Aufgabe in Projekten organisiert?

Organisationen, die ein erfolgreiches Projektgeschäft als erforderliche Kompetenz für sich entdeckt haben, sehen sich mit mehreren Fragen konfrontiert:

| Was ist Projektorientierung?
| Was ist organisationale Kompetenz?

| Was sind die Gestaltungsfelder organisationaler PM-Kompetenz?
| Wie kann organisationale Kompetenz entwickelt und dauerhaft etabliert werden?
| Wie kann eine Organisation Standards, wie die IPMA Organisational Competence Baseline (OCB), für sich nutzbar machen?

2 VOM MANAGEMENT VON PROJEKTEN ZUM MANAGEMENT DURCH PROJEKTE

Mehr als ein Drittel der deutschen Wirtschaftsleistung wird in Form von Projekten erbracht – Tendenz weiter steigend (GPM 2015, S. 2). Die Bedeutung von Projekten für die Volkswirtschaft ist auch über die traditionell projektbasierten Branchen hinaus beträchtlich. Seit etwa Mitte der 1990er Jahre wird von einer zunehmenden »Projektifizierung« von Wirtschaft und Gesellschaft gesprochen (Lundin et al. 2015, S. 20 ff.). Einige Branchen nutzen die Projektarbeit deutlich stärker als andere. So wird in der Bauindustrie zu 80 % fast ausschließlich in Projekten gearbeitet. Unternehmensdienstleister kommen immerhin noch auf einen Anteil von 60 %, während im Öffentlichen Dienst mit ca. 20 % vergleichsweise wenig mit Arbeit in Projekten organisiert wird (GPM 2015, S. 17).

2.1 STEIGENDE KOMPLEXITÄT BENÖTIGT KOMPETENZ

Projekte erweisen sich als eine geeignete Arbeitsform, um auch in sehr kurzen Zyklen und unter größter Unsicherheit Neuerungen umzusetzen. Projekte machen Komplexität handhabbar. Projektorientierte Führung auf eine Organisation anzuwenden, ist eine Reaktion auf die zunehmende Komplexität in Organisationen. Dies lässt sich insbesondere an der postulierten Abkehr von zweckrationalen Projektmanagement-Konzepten und der Zuwendung zu agileren Ansätzen verdeutlichen. Auf der Ebene des Einzelprojektmanagements verspricht die Reduktion auf wenige handlungsleitende Prämissen eine Vereinfachung und eine vermeintliche Komplexitätsreduktion. Agile Ansätze lassen in Organisationen die Fragen nach geeigneter Führung der Organisation aber noch deutlicher werden. Agile Ansätze sollen eigentlich aus diesem Komplexitätsdilemma herausführen, erhöhen jedoch die Komplexität und erfordern damit neue Konzepte für die Steuerung in Organisationen (vgl. Kühl 2016). Je stärker die Unsicherheit und Dynamik von Organisationen mit in die Betrachtung einbezogen werden, desto eher setzen diese daher auf den »Aufbau von Organisationalen Kompetenzen zur Erhöhung der Flexibilität und der Entwicklungsfähigkeit des Unternehmens« (Scheurer 2011, S. 47).

Es stehen unterschiedliche Ansätze zur Verfügung, der wachsenden Komplexität zu begegnen. Vollständige Regulierung und absolute Selbststeuerung sind als Extreme eines Spektrums für den Koordinationsmechanismus einer Organisation (das Organisieren einer Organisation) theoretisch denkbar (siehe Abbildung 2.2-1). Extreme Regulierung würde eine Organisation lähmen und entspräche in keiner Weise den Anforderungen eines projektorientierten Managements. Extreme Selbststeuerung gefährdet in der Realität hingegen die strategische Ausrichtung und Effizienz. Mit der Nutzung projektorientierter Arbeitsformen reagieren Organisationen auf komplexe, dynamische und häufig disparate Unternehmensumwelten (vgl. Mintzberg 1992). Veränderungen, die durch Projekte ausgelöst werden, müssen in der Regel in eine stabile Organisation reintegriert werden. Projekte (und damit Projektmanagement) werden zum verbindenden Element zwischen Routine und innovativen Aufgaben. Projektmanagement kann eine Mittlerfunktion zwischen den Standardisierungsvorteilen der Routineorganisation und den Innovationsfähigkeiten der »organischen Organisation« erfüllen.

Organisationale Kompetenz bedeutet somit auch, entscheiden zu können, welcher Ansatz von Projektorientierung für die eigene Organisation angemessen ist.

Abb. 2.2-1: Kontinuum zum Umgang mit Komplexität

Während sich die Disziplin des Einzelprojektmanagements unter dem Stichwort der Agilität in den letzten Jahren deutlich in die Richtung der Selbststeuerung entwickelt hat, richtet sich das Projektmanagement auf der Ebene der Organisation eher an dem Pol der Regulierung aus. In Ansätzen, wie SAFe (Scaled Agile Framework) oder LeSS (Large Scale Scrum), wird jedoch deutlich, dass die Prinzipien der Selbststeuerung auch auf die Ebene der Organisation skaliert werden könnten.

2.2 DER BEGRIFF DER PROJEKTORIENTIERUNG

Bis zum Beginn der 1990er Jahre widmeten sich die Veröffentlichungen zur Disziplin des Projektmanagements nahezu ausschließlich der erfolgreichen Durchführung einzelner Projekte und der dazu notwendigen Optimierung der eingesetzten Projektmanagementmethoden. Die Fokussierung auf die Dimensionen des magischen Dreiecks des Projektmanagements (Leistungsumfang, Zeit, Kosten) greift jedoch zu kurz, da diese Dimensionen auf das Innere eines Projekts begrenzt sind (vgl. Gareis 2005).

Der Begriff der Projektorientierung nimmt nicht ein einzelnes Projekt, sondern die gesamte Projektlandschaft in ihrem projektübergreifenden Zusammenhang in der gesamten Organisation in den Blick. Damit ist das projektorientierte Management einer Organisation ein Pol eines Entwicklungskontinuums. Dieses beginnt beim »Projektmanagement«, bei dem der Fokus auf der Abwicklung einzelner Projekte liegt. Es entwickelt sich über das »Management durch Projekte«, bei dem das strategiekonforme Management mehrerer Projekte in den Blick gerät, hin zur »Projektorientierten Organisation«. Projektorientierung erfordert ein ganzheitliches Management einer Organisation, in dem Projekte und ihre Wechselbeziehungen mit der sozialen und organisationalen Umwelt betrachtet werden. Projektorientierung ist demnach das Ausmaß, in dem eine Organisation in Form von Projekten arbeitet, und ein Indikator für die Bedeutung, die Projekten bei der strategischen Weiterentwicklung der Organisation zukommt (in Anlehnung an Wagner 2010, S. 8).

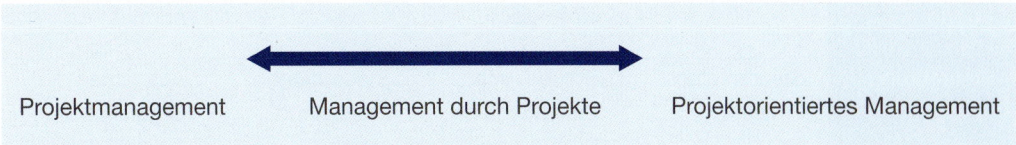

Abb. 2.2-2: Vom Projektmanagement zum projektorientierten Management

 Definition: Projektorientierung bezeichnet sowohl die **Strategie** als auch die **Fähigkeit**, Aufgaben in Form von Projekten zu erledigen. Einzelne Personen, eine Gruppe, eine Organisation, eine gesamte Branche oder sogar eine Gesellschaft können als projektorientiert bezeichnet werden. Der Begriff der Projektorientierung bringt dabei zum Ausdruck, welche Bedeutung Projekte als Problemlösungsverfahren und Projektmanagement als Managementprinzip innehaben.

Projektorientiertes Management ist nicht als eine Sammlung von Methoden, sondern als eine spezifische Erscheinungsform von Management und Organisation zu verstehen (Johansson, Löfström, Ohlsson 2007, S. 458). Projektmanagement und projektorientiertes Management unterscheiden sich jedoch hinsichtlich ihrer Handlungsebene. Während das Projektmanagement auf der operativen Ebene anzusiedeln ist, ist das projektorientierte Management sowohl auf der strategischen als auch auf der normativen Ebene verortet.

Tab. 2.2-1: Begriffe des Projektmanagements (in Anlehnung an Thyssen 2011, S. 40)

Projektmanagementbegriffe				
Bezeichnung	Projektmanagement	Programmmanagement	Portfoliomanagement	Projektorientiertes Management
Handlungsebene	operativ	operativ, strategisch	strategisch	strategisch, normativ
Zielsetzung	Steuern eines Projekts	Steuern von Projekten eines Programms und sonstigen Komponenten	Steuern der Projektlandschaft	Ausrichten der Organisation auf und durch Projektarbeit
Fokus	Effizienz	Nutzen	Wertbeitrag	Nachhaltigkeit
Leitfrage	Machen wir Dinge richtig?	Erreichen wir den angestrebten Nutzen?	Machen wir die richtigen Dinge?	Sind wir nachhaltig erfolgreich?

Einfache Indikatoren für Projektorientierung

Ein einfacher Indikator für den Grad der Projektorientierung der eigenen Organisation ist die Form, in der Projekte organisiert werden. Projektarbeit baut auf Kooperation und Kommunikation auf und vernetzt die beteiligten Hierarchieebenen über organisatorische Grenzen hinweg. Je mehr in Projekten gearbeitet wird, umso stärker werden die herkömmliche Aufbau- und die Ablauforganisation infrage gestellt. Die Organisationsform kann somit als ein Indikator für Projektorientierung verstanden werden. Werden bei einer wenig projektorientierten Organisation Projekte in der Linienorganisation realisiert, so wird bei einer stärker projektorientieryten Organisation in der Regel eine Matrix-Projektorganisation erforderlich (→ Kapitel »Organisation, Information und Dokumentation«). Nimmt der Anteil der Projekte schließlich weiter zu, so kann eine reine Projektorganisation sinnvoll sein. Dabei erfolgt die Wertschöpfung in den Projekten. Die Fachabteilungen liefern Ressourcen und Know-how in die Projekte (vgl. Wagner, Grau 2014). »Die bisher propagierte klare Trennung zwischen Stammorganisation und Projektorganisation, [...] lässt sich unter diesen Bedingungen nur schwer aufrechterhalten« (Scheurer 2011, S. 28).

Die Einrichtung von Formen der reinen Projektorganisation klingt aus Sicht vieler Projektmanager verlockend. Die Koordination der Projektbeteiligten ist dann deutlich einfacher, wenn keine weiteren Führungsstrukturen »stören«. In der Regel können solche Projekte schneller und effizienter abgewickelt werden. Diese Effekte reduzieren sich bei der (Re-)Integration der Projektergebnisse in das Alltagsgeschäft jedoch nicht selten. Die Organisationsforschung hat inzwischen herausgefunden, dass Organisationen zwar »dazu tendieren, Spezialbereiche [wie Projekte] für ›Variationen‹ auszubilden, deren Ideen, Anregungen und Konzepte dann von den ›Routine-Spezialisten‹ häufig nur widerwillig oder gar nicht in die Praxis umgesetzt werden« (Kühl 2016, S. 51 f.).

Ein weiterer einfacher Indikator für die Projektorientierung kann die für Projekte aufgewendete Arbeitszeit sein. Extreme über 80 % Projektarbeit sind eher selten. Wenig projektorientierte Organisationen realisieren den überwiegenden Teil ihre Aufgaben durch Routineprozesse und nur im Ausnahmefall in Form von Projekten. Hingegen werden Organisationen mit einem hohen Anteil an Projektarbeit sich auf die Projekte ausrichten. Die Projekte bilden in diesen Organisationen den Kern der Aktivitäten, alle Regelungen und Prozesse sind auf eine projektförderliche Umgebung ausgelegt und die klassischen Funktionen der Linienorganisation unterstützen die Projekte mit Know-how und Ressourcen.

2.3   DIE PROJEKTORIENTIERTE ORGANISATION

Projektmanagement als Führungskonzept ist ein Sammelbegriff für alle Aufgaben, um die Zusammenarbeit von Projektteams zu organisieren. Wie bereits im Kapitel »Projekte und Projektmanagement« konkretisiert, hat Projektmanagement neben seiner funktionalen auch eine institutionell-instrumentelle Dimension. Dann wird Projektmanagement als Führungsparadigma auf ganze Organisationen angewendet: Projektmanagement wird zum Organisationsprinzip. Projektmanagement ist dabei nicht nur Umsetzungsinstrument, sondern wird selbst zur Strategie. Die Fähigkeit, Projekte erfolgreich umzusetzen, wird in und durch Projekte weiterentwickelt. Projekte sind also gleichzeitig sowohl der Gegenstand als auch das Instrument der Unternehmensführung und Organisationsentwicklung (vgl. Thyssen 2011).

Organisationen als Spannung von Koordination und Differenzierung
Projektorientierte Organisationen können im wörtlichen Sinne als ein Widerspruch in sich selbst verstanden werden. Projekte sind per Definition zeitlich begrenzt – Organisationen auf Dauer angelegt. Dieser scheinbare Widerspruch weist jedoch lediglich darauf hin, dass zusätzlich zu den einzelnen Projekten integrierende Elemente benötigt werden, damit die Organisation als Ganzes überlebensfähig bleibt und nicht auseinanderbricht. Elemente, wie eine projektorientierte Strategie und eine projektfreundliche Kultur, werden in diesem Zusammenhang immer wieder genannt (vgl. Rietiker 2006; Gareis 2005).

Je mehr Arbeit in Projekten als kleinen dynamischen, flexiblen und vor allem schnellen Einheiten erledigt wird, desto größer wird die Notwendigkeit, die Aktivitäten zu koordinieren. Denn Arbeitsteilung erzeugt Koordinations- und Integrationsbedarf. Durch das Aufteilen einer Gesamtaufgabe auf eine Vielzahl unterschiedlicher organisatorischer Einheiten (Stellen, Abteilungen, Standorte oder eben auch Projekte) werden Organisationen differenzierter. Differenzierte Organisationen sind hinsichtlich ihrer Fähigkeit, Komplexität zu bearbeiten, deutlich leistungsfähiger als undifferenzierte Systeme. Es ergibt sich jedoch die

Notwendigkeit, die »separat erledigten Teile wieder zusammenzuführen, so dass eine geschlossene Leistungseinheit entstehen kann« (Schreyögg 2003, S. 155). Arbeitsteilung und Koordination verhalten sich widerstrebend zueinander. Durch Differenzierung und Integration wird Komplexität erzeugt und gleichzeitig handhabbar gemacht (vgl. Willke 2001).

Beispiel: Ein Automobilzulieferer führt in einem Produktbereich parallel 20 Projekte durch. Jedes Projekt wird durch einen Projektmanager verantwortet, der das Projekt mit seinem Team aus fachlichen Experten durchführt. Damit ist die Produktentwicklung maximal differenziert: Jedes Projektteam prägt dabei seine »lokale« Kultur aus, verfolgt u. U. eigene Ziele und erzielt möglicherweise Innovationen, die auch für die anderen Teams relevant sein könnten.

Um die Ergebnisse der Projektteams jedoch für das Unternehmen nutzbar zu machen, muss es ein Mindestmaß an Integration in Form von Werten, Normen und Regeln geben. Um dieses zu erreichen, hat das Unternehmen einige Projekte zu einem Programm gebündelt und steuert alle Projekte im Rahmen eines Projektportfolios. Das Portfoliomanagement übernimmt somit die Funktion der organisatorischen Integration, das Programmmanagement erfüllt die Funktion der inhaltlich-fachlichen Integration.

In der Organisationsforschung sind folgende Formen der Koordination formuliert worden (vgl. u. a. Kieser, Walgenbach 2007, S. 108):

| Koordination durch Selbstabstimmung
| Koordination durch Normen und Werte
| Koordination durch persönliche Weisung
| Koordination durch Standardisierung (Standards, Pläne, Ziele)
| Koordination durch interne Märkte

Diese Koordinationsfunktion findet sich in der Unternehmensführung in den sogenannten »Management by«-Ansätzen wieder (→ Kapitel »Führung«). Der Gruppe der »Management by«-Ansätze ist gemeinsam, dass ihnen die Fähigkeit zugeschrieben wird, Arbeit in Organisationen nicht durch formale Regelungen zu koordinieren. Beispiele für Management-by-Ansätze sind:

| Management by objectives (Führen durch Ziele)
| Management by delegation (Führen durch Verantwortungsübertragung)
| Management by Exception (Führen nur in Ausnahmesituation)
| usw.

Management by projects ist ebenfalls ein Konzept, das die Koordination und Integration der Teile der Organisation unterstützen soll.

Management by projects
Projektorientiertes Management und »management by projects« (vgl. Gareis 1990) werden als Konzepte der Unternehmensführung oftmals synonym verwendet. Der Begriff der Projektorientierung geht über die reine Fähigkeit zur Koordination jedoch hinaus, indem Projekte auch als Gegenstand der Strategie verstanden werden.

3 DAS KONZEPT DER ORGANISATIONALEN KOMPETENZ

3.1 DIE ORGANISATIONALE KOMPETENZ

Der Begriff der Kompetenz wird üblicherweise personengebunden im Sinne einer individuellen Fähigkeit verwendet. Kompetenz kann jedoch auch als allgemeineres Konzept verstanden werden.

Definition: Das Projektmanagement-Lexikon von Möller/Motzel definiert Projektmanagementkompetenz bezogen auf »a) ein Individuum, b) ein Projektteam, c) eine Organisation, ein Unternehmensbereich, eine Branche oder d) eine Gesellschaft (Land, Staat)« (Motzel, Möller 2017, S. 208). Neben Individuen kann PM-Kompetenz also auch Teams, Organisationen, Wirtschaftszweige oder ganzen Gesellschaften eine zugeschrieben werden. Organisationen als mögliche Träger der Kompetenz sind damit bekannt. Was ist nun der Inhalt dieser Kompetenz?

Definition: Der Standard IPMA OCB (→ Abschnitt 4.1.1 IPMA Organisational Competence Baseline) definiert organisationale PM-Kompetenz als: »the ability of organisations to integrate and align people, resources, processes, structures and cultures in projects, programmes and portfolios within a supporting governance and management system« (IPMA 2016). Der Standard schlüsselt also die »Organisation« weiter auf in:

- Menschen
- Ressourcen
- Prozesse
- Strukturen
- Kulturen

»Eine Frage, die sich jedoch unmittelbar anschließt, lautet: Wie lassen sich die Faktoren der Organisationalen Projektmanagement Kompetenz so bestimmen, dass ihre Auswahl nicht mehr oder weniger willkürlich ist.« (Schelle, Gross 2011, S. 202) Was beinhaltet organisationale Kompetenz konkret?

Hier soll dieser Begriff durch Rückgriff auf den Kompetenzbegriff detailliert werden. Der Begriff »Kompetenz« lässt sich auf das lateinische Wort »competere = befähigt sein« zurückführen. Vom Ursprung her adressiert der Kompetenzbegriff also die Handlungsfähigkeit. Die Projektmanagement-Kompetenz einer Organisation ist also die Fähigkeit, Projekte (erfolgreich) zu managen. Wie im Einleitungskapitel dargestellt, hat der Kompetenzbegriff jedoch weitere Dimensionen. Die Handlungskompetenz umfasst zusätzlich die Aspekte Motivation und Volition (Wollen). Der formale Aspekt der Kompetenz setzt sich zusammen aus der Zuständigkeit (Sollen) und der Befugnis (Dürfen), welche in der Regel durch die Organisation definiert werden.

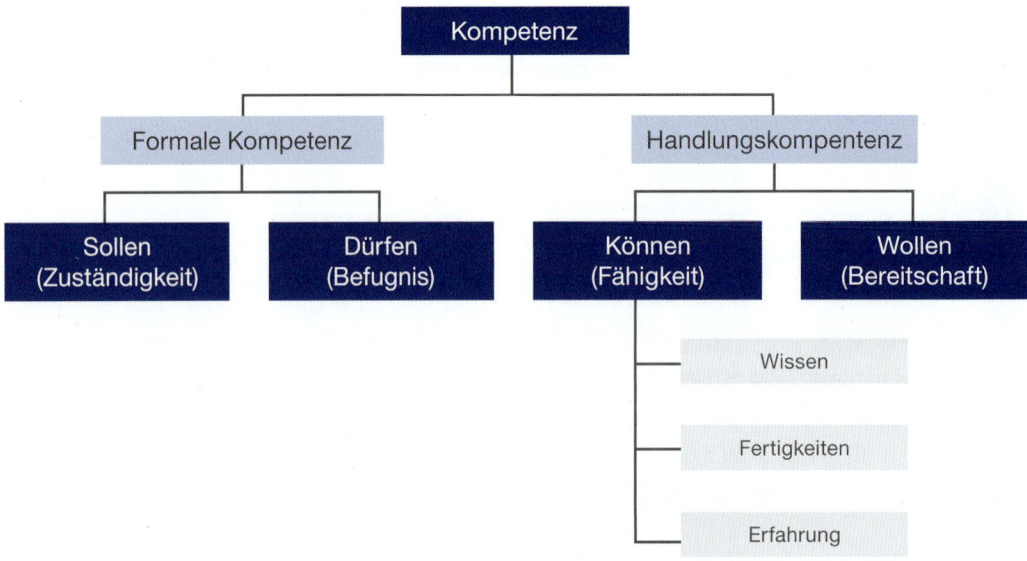

Abb. 2.2-3: Dimensionen des Kompetenzbegriffs

Wird dieses umfassende Kompetenzverständnis auf die Ebene der Organisation angewendet, wird ein erster Blick auf das möglich, was unter organisationaler PM-Kompetenz verstanden werden kann:

Tab. 2.2-2: Gestaltungfelder organisationaler Kompetenz

Kompetenzbegriff		Gestaltungsfeld in Organisationen
Sollen (Zuständigkeit) Dürfen (Befugnis)		Governance, Strukturen und Prozesse
Können (Fähigkeit)	Wissen	PM-Methoden und Tools
	Fertigkeiten	Wertbeitrag und Ergebnisse
	Erfahrung	Wissensmanagement
Wollen (Bereitschaft)		Kultur und Werte Mission, Vision und Strategie

Kompetenz ist immer zukunftsorientiert. Zusammenfassend könnte also formuliert werden:

Definition: Organisationale Kompetenz ist die Fähigkeit einer Organisation, Probleme in der Zukunft zu lösen, für die es heute noch keine Lösung gibt.

3.2 GESTALTUNGSFELDER ORGANISATIONALER PM-KOMPETENZ

Organisationen, die Projektmanagement als Organisationsform für sich entdecken oder ausbauen wollen, investieren in der Regel in zusätzliche Ressourcen, Projektmanagementtrainings und Projektmanagementtools. Auch wenn diese Investitionen einen Beitrag zur Verbesserung der Projektqualität leisten können, betreffen diese Investitionen jedoch nicht die wahren Herausforderungen, mit denen sich die Organisation in ihrem Entwicklungsprozess auseinandersetzen muss.

Die zuvor genannten Gestaltungsfelder organisationaler Projektmanagement-Kompetenz können eine Orientierung liefern, um die Kompetenz nachhaltig in der Organisation zu verankern. Um eine erste Vorstellung von den Faktoren zu erhalten, werden im Folgenden stichpunktartig mögliche Ansatzpunkte organisationaler Kompetenz aufgelistet.

Governance, Strukturen und Prozesse

- Ausrichten der Entscheidungsstrukturen der Organisation (Gremien und Wege) an der Projekt- und Linienwelt
- Etablieren von dauerhaften Funktionen zur Steuerung und Weiterentwicklung des organisationalen Projektmanagements (organisationsweites PMO, Portfoliomanager, Governance und Methodenverantwortliche)

- Projektbezogene Rollen- und Aufgabenkonzepte (durchlässig)
- Anpassbare Prozessstandards für das Einzel- und Multiprojektmanagement
- Ausrichten der Supportprozesse auf die Projekterfordernisse
- Die »Re-Integration« der Projektergebnisse in die Organisation wird geregelt

PM-Methoden und Tools

- Übergreifend nutzbare Vorlagen und Dokumentenstandards zur Unterstützung des Projektmanagements
- Integrierte IT-Tools für das Einzel-, Multi- und Portfoliomanagement
- Methoden und Tools werden im Rahmen der Ebene der Organisation für alle nutzbar gemacht.

Wertbeitrag und Ergebnisse

- Die Projekte liefern mit einer hohen Zuverlässigkeit die von ihnen erwarteten Wertbeiträge und erreichen ihre Ziele.
- Der erwartete Wertbeitrag und die vereinbarten Projektergebnisse orientieren sich an der Strategie und den Zielen der Organisation.
- Projektauswahl, basierend auf Nutzenanalysen

Wissensmanagement

- Erfahrungsbasierte Vorlagen und Dokumente
- Projekterfahrungsdatenbanken
- Organisationsweite Lessons Learned und Feedbackschleifen

Kultur und Werte

- Bereitschaft und Fähigkeit zum Umgang mit Komplexität, Unsicherheit, Volatilität
- Verantwortungsbewusstsein
- Macht wird als ein relevanter Faktor in projektorientierten Organisationen akzeptiert. Dies wird nicht als Fehler, sondern als unvermeidbare Folge der Arbeitsteilung in Form von Projekten verstanden. Konflikte, Auseinandersetzungen und Machtspiele sind in Organisationen funktional (Kühl 2016, S. 55 f.).

Mission, Vision und Strategie

- Nutzen von Projekten als Instrument der Strategieentwicklung und -implementierung
- Ausrichten (engl. Alignment) des Nutzens und der Ziele der Projekte und Programme an der Mission, Vision und Strategie der Organisation

- Aufnehmen von Rückkopplungen aus den Projekten und Programmen in die Strategie der Organisation
- Herstellen eines gemeinsamen Bildes davon, was Projekte ausmacht, und insbesondere dahin gehend, welche Funktion sie für eine Organisation erfüllen.
- Kriterien für die Projektkategorisierung und -selektion

4 ENTWICKLUNG ORGANISATIONALER PM-KOMPETENZ

Im vorherigen Abschnitt wurde verdeutlicht, dass organisationale PM-Kompetenz kein absolutes Konzept ist. Projektmanagement sollte auf den Kontext einer Organisation solide abgestimmt und in ihn integriert werden. Jede Organisation bildet ihre eigene Ausprägung von PM-Kompetenz aus. Allerdings gibt es eine Reihe von Good Practice Ansätzen, welche Orientierung für die Entwicklung organisationaler PM-Kompetenz geben können.

Im Folgenden werden zwei wesentliche Standards dargestellt. Die beiden global agierenden Projektmanagementverbände International Project Management Association (IPMA) und das Project Management Institute (PMI) haben in Ergänzung zu ihren jeweiligen Standards für das Einzelprojektmanagement auch Standards für das Management von Projekten auf Ebene der Organisation veröffentlicht:

- IPMA OCB: IPMA Organisational Competence Baseline for developing competence in managing by projects und
- PMI OPM: The Standard for Organisational Project Management (OPM)

Die Standards sprechen vor allem Führungskräfte in Organisationen an, die ihre Organisation projektorientiert gestalten und entwickeln wollen. Das schließt neben dem Topmanagement, den Führungskräften der Linienorganisation auch die Verantwortlichen für das Projektmanagement (beispielsweise im unternehmensweiten Project Management Office (PMO) mit ein. Für die Führungskräfte in Projekten ist ein Verständnis der projektorientierten Organisation deshalb wichtig, um die Zusammenhänge zwischen der umgebenden Organisation und dem Management von Projekten verbessern zu können.

Mit den Standards werden aber auch Berater, Trainer, Assessoren und Wissenschaftler angesprochen. Sie können als externe Experten der Organisation bei der Statusbestimmung und Weiterentwicklung der organisationalen Kompetenzen helfen. Auf Basis eines Referenz- oder Reifegradmodells können diese Gruppen die Wirkungszusammenhänge von projektorientierter Arbeit in Organisationen analysieren und auf Basis der Standards Verbesserungsmöglichkeiten erarbeiten.

4.1 STANDARDS

4.1.1 IPMA ORGANISATIONAL COMPETENCE BASELINE – IPMA OCB (2016)

Die International Project Management Association (IPMA) hat im Jahre 2016 eine aktualisierte Version ihres Standards OCB – IPMA Organisational Competence Baseline for developing competences in managing projects – veröffentlicht. Auf Basis dieses Standards soll es Organisationen ermöglicht werden, ihre Umwelt zu analysieren und relevante Entwicklungen zu identifizieren, um projektorientierte Strategien, Prozesse, Strukturen und Kulturen sowie die notwendigen Projekt-, Programm- und Portfoliokompetenzen zu entwickeln (Englisch: »to analyse their context, to identify relevant trends and to develop their strategies, processes, structures, cultures and project, programme and [portfolio] competences«) (IPMA 2016, S. 8). Zur Analyse des Reifegrads des organisationalen Projektmanagements empfiehlt der Standard das Modell IPMA Delta.

In der IPMA OCB wird die organisationale Kompetenz als die Fähigkeit einer Organisation definiert, die angestrebten Ergebnisse und ein kontinuierliches Lernen in Projekten, Programmen und Portfolios zu ermöglichen, indem Menschen, Ressourcen, Prozesse, Strukturen und Kulturen im Rahmen einer Governance und eines Managementsystems integriert werden (IPMA 2016, S. 38). Generell versteht die IPMA OCB Projekte, Programme und Portfolios als Mittel zur Umsetzung unternehmerischer Ziele. Die IPMA OCB betont die Wechselwirkungen zwischen Strategie- und Projektarbeit und verdeutlicht, dass Strategien nicht nur »Top-Down« in Projekte heruntergebrochen und dort umgesetzt werden, sondern Projekte »Bottom-Up« auch Impulse zur Strategieentwicklung liefern (Wagner 2013).

In Anlehnung an das St. Gallener Managementmodell (vgl. Rüegg-Stürm, Grand 2017; Dubs et al. 2004) werden in der OCB drei Ebenen unterschieden, welche für die Entwicklung organisationaler Kompetenz relevant sind:

a) Der äußere Kontext einer Organisation mit Faktoren, wie Wirtschaft, Technologie, Gesellschaft, Umwelt, und andere Organisationen, wie z. B. Kunden und Lieferanten

b) Der innere Kontext einer Organisation mit Faktoren, wie Governance und Managementsystem, Struktur, Prozesse, Kultur, Menschen, Ressourcen

c) Die Welt der Projekte, Programme und Projektportfolios als direkter Handlungsrahmen für die organisationale PM-Kompetenz

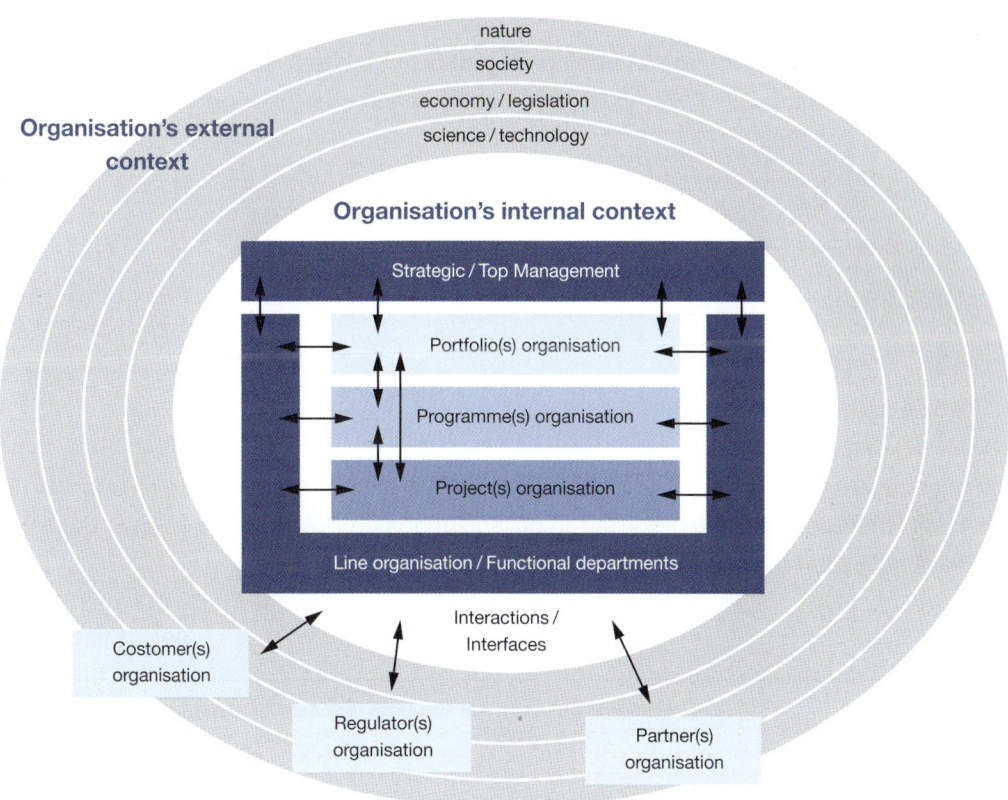

Abb. 2.2-4: Projektorientierte Organisationen und ihr Kontext (IPMA OCB 2016, S. 30)

 Beispiel: Wie der äußere Kontext auf den inneren Kontext einwirkt, soll an folgendem Beispiel veranschaulicht werden: Ein IT-Unternehmen aus dem Bankensektor ist dazu gezwungen, seine Softwareprodukte regelmäßig an die aktuellen rechtlichen und regulatorischen Rahmenbedingungen anzupassen (äußerer Kontext). Da dies eine immer wiederkehrende Aufgabe ist, hat der Chef des Unternehmens beschlossen, einen Experten für dieses Themengebiet einzustellen, der als Berater und Unterstützer in den Projekten mitarbeitet. Im Rahmen eines Projekt-Vorgehensmodells (innerer Kontext) ist festgeschrieben, wann und in welcher Form der Berater im Projekt zu beteiligen ist.

Kontexte haben für jedes einzelne Projekt und jeden einzelnen Handelnden im Projektumfeld eine große Relevanz. Aus diesem Grund ist dem Zusammenhang zwischen Projekthandeln und den Kontexten im Standard für individuelle PM-Kompetenzen (IPMA ICB 4) der eigene Kompetenzbereich »Perspective« mit den Kompetenzelementen Strategie (Perpective 1), Governance, Strukturen und Prozesse (Perspective 2), Compliance, Standards und Regulations (Perspective 3), Macht und Interessen (Perspective 4) sowie Kultur (Perspective 5) gewidmet.

Auf Ebene der Organisation bedarf es über das Handeln in Projekten hinaus geeigneter Rahmenbedingungen, um Projektarbeit erfolgreich zu machen. Aufbauend auf dem Ebenenmodell, werden in der IPMA OCB fünf Gestaltungsfelder (Gruppen) organisationaler PM-Kompetenz definiert:

- Governance
- Resources
- Management
- Organisational Alignment
- People's Competences

Die folgende Abbildung zeigt den Zusammenhang zwischen den Kontexten und vermittelt einen Überblick über die geforderten organisationalen PM-Kompetenzen in der IPMA OCB (vgl. Abbildung 2.2-5):

Organisation's external context

Governance, Management System	Organisational competence in managing projects	Organisation's internal context
	PP&P Governance [G] [G1] PP&P Mission, Vision, Strategy [G2] PP&P Mansgement Development [G3] Leadership [G4] Performance **PP&P Resources [R]** [R1] Resource Requirements [R2] Resource State [R3] Resource Acquisition [R4] Resource Development	**PP&P Management [M]** [M1] Project Management [M2] Programme Management [M3] Portfolio Management **PP&P Organisational Alignment [A]** [A1] Process Alignment [A2] Structures Alignment [A3] Cultures Alignment **PP&P People's Competences [P]** [P1] People's Competences Requirements [P2] People's Competences State [P3] People's Competences Acquisition [P4] People's Competences Development	

MISSION VISION STRATEGY → … → RESULTS

Organisational learning

Abb. 2.2-5: Gestaltungsfelder organisationaler PM-Kompetenz auf Basis der IPMA OCB (IPMA 2016, S. 45)

Wie in der Übersicht erkennbar ist, wird jeder der fünf Bereiche organisationaler Kompetenz durch weitere, insgesamt 18, Kompetenzelemente konkretisiert. Alle Kompetenzelemente werden mit ihren Anwendungsmöglichkeiten sowie einer Reihe von Schlüsselfragen detailliert beschrieben. Der Standard verharrt damit nicht auf der allgemeinen Ebene der

Begriffsdefinitionen, sondern beschreibt konkret, an welchen Handlungen organisationale Kompetenz üblicherweise sichtbar wird, und liefert im Anhang »Kontrollfragen« zur Selbst- oder Fremdeinschätzung des Status quo einer Organisation. Die einzelnen Kompetenzelemente sind nicht als voneinander losgelöste Konzepte zu verstehen. Sie stehen in vielfältiger Weise miteinander in Verbindung, wirken teilweise aufeinander ein und sind inhaltlich nicht vollkommen überschneidungsfrei. Dies Faktum muss jedoch kein Nachteil sein, sondern kann eher als Annäherung an die Realität in Organisationen bewertet werden.

Am Beispiel des Kompetenzelements ›Mission, Vision und Strategie‹ aus dem Bereich »Governance« kann verdeutlicht werden, wie die IPMA OCB als Standard zur Verbesserung der organisationalen PM Kompetenz nutzbar ist. Dazu werden die folgenden vier Leitfragen auf Basis des Standards beantwortet (vgl. IPMA 2016):

1. Wer trägt die Verantwortung für die Governance?
2. Was sind Mission, Vision und Strategie und warum sind diese in projektorientierten Organisationen wichtig?
3. Welche Handlungen fördern in projektorientierten Organisationen üblicherweise die Umsetzung von Mission, Vision und Strategie?
4. Mit welchen Messgrößen/Fragestellungen kann die Kompetenz beurteilt werden?

1. Wer trägt die Verantwortung für die Governance?

Die Verantwortung für die Projekt-, Programm- und Portfoliogovernance liegt üblicherweise beim Topmanagement. Governance umfasst beispielsweise Strategien, Vorgaben und Richtlinien, Entscheidungsprinzipien und -mechanismen sowie Regelungen für das Monitoring und Controlling der Ergebnisse einer Organisation. Der englische Begriff der Governance kann am ehesten mit dem deutschen Wort der Unternehmensführung übersetzt werden.

Die NORM DIN ISO 21505: Projekt-, Programm- und Portfoliomanagement – Leitlinien zu Governance definiert Governance als »Prinzipien, Richtlinien und Rahmenwerk, nach denen eine Organisation ausgerichtet und gesteuert wird« (DIN 2018, S. 10).

In der IPMA OCB heißt es konkretisierend: »*Project-oriented governance consequently includes those areas of governance that are specifically related to project, programme and portfolio management activities, e.g. definition of policies and management standards, selection of processes, methodologies and tools as well as structures for reporting and decision-making. A senior executive or a steering board can perform the governance function*« (IPMA 2016, S. 34).

2. Was sind Mission, Vision und Strategie und warum sind diese in projektorientierten Organisationen wichtig?

- Abgeleitet aus der übergreifenden Mission der Organisation liefert die PPP **Mission** die rationale Begründung, **warum** Projekte, Programme und Portfolios in einer Organisation zur Erreichung von Zielen überhaupt eingesetzt werden. Sie begründet gleichsam, warum spezialisierte Funktionen dafür geschaffen werden.

- Die PPP **Vision** definiert, **was** die Zielsetzungen der einzelnen Funktionen ist, und bietet so eine (Ziel-)Orientierung für alle Beteiligten und Stakeholder.

- Die PPP **Strategie** legt fest, **wie** die Vision verwirklicht werden soll.

PPP Mission, Vision und Strategie legen den Orientierungs- und Handlungsrahmen innerhalb einer Organisation fest und zeigen auf, welche Kompetenzen entwickelt werden müssen. Wenn die strategische Ausrichtung beispielsweise vorgibt, Projekte in zunehmendem Maße in einem internationalen Umfeld mit zahlreichen externen Organisationen durchzuführen, kann analysiert werden, welche Auswirkungen dies auf die 18 Kompetenzelemente der IPMA OCB haben kann.

3. Welche Handlungen fördern in projektorientierten Organisationen üblicherweise die Umsetzung von Mission, Vision und Strategie?

- Das Topmanagement definiert zusammen mit weiteren Beteiligten in der Regel die Mission, Vision und Strategie für die Gesamtorganisation. In projektorientierten Organisationen werden aus diesen übergreifenden Vorgaben die Mission, Vision und Strategie abgeleitet.

- Führungskräfte verankern, kommunizieren, monitoren und steuern die Mission, Vision und Strategie in Abstimmung mit dem Projektmanagementpersonal und weiteren Beteiligten.

- Projektmanager orientieren ihre Arbeiten an der PPP Mission, Vision und Strategie. Auf Basis von Lessons Learned werden relevante Erfahrungen in einen organisationalen Verbesserungsprozess eingebracht.

- Die Projektbeteiligten haben die Möglichkeit und nutzen diese auch, in einem gesteuerten Prozess Feedback zur PPP Mission, Vision und Strategie zu geben.

4. Mit welchen Messgrößen/Fragestellungen kann die Kompetenz beurteilt werden?

Als Standard für organisationale Kompetenz definiert die IPMA OCB die Gestaltungsparameter. Der Standard umfasst jedoch kein Analyse- oder Bewertungsraster für Organisationen. Vielmehr wird in der IPMA OCB auf das Reifegradmodell IPMA Delta verwiesen.

Tab. 2.2-3: Beispielfragen für die Analyse des Kompetenzelements PPP Mission, Vision, Strategie

Bereich	Kompetenz-element	Messgröße/Fragestellung
Gover-nance	Mission, Vision, Strategie	Verfügt die Organisation über eine PPP Mission, Vision und Strategie? Ist die PPP Strategie auf die übergreifende Mission, Vision und Strategie der Organisation abgestimmt? Vertritt und kommuniziert das Topmanagement die PPP Mission, Vision und Strategie wahrnehmbar und werden die notwendigen Ressourcen bereitgestellt? Werden die PPP Mission, Vision und Strategie in regelmäßigen Abständen evaluiert und aktualisiert? Verfügt die Organisation über einen Prozess, mit welchem relevante Informationen und Daten zur Mission, Vision und Strategie erhoben, analysiert und evaluiert werden? Werden daraus Handlungsbedarfe und ein organisationaler Lernprozess abgeleitet? Werden die relevanten Stakeholder (z. B. Projekt-, Programm- und Portfoliomanager) in die Entwicklung oder Aktualisierung der PPP Mission, Vision und Strategie miteingebunden?

4.1.2 STANDARD FOR ORGANIZATIONAL PROJECT MANAGEMENT – PMI OPM (2018)

Das Project Management Institute (PMI) hat im Jahr 2018 seinen Standard für organisationales Projektmanagement (OPM) veröffentlicht. OPM zielt darauf ab, eine Strategie mithilfe von Portfolios, Programmen und Projekten in »Business Value« zu verwandeln, und ist damit im Grundgedanken mit der IPMA OCB identisch. Zur Analyse des organisationalen Projektmanagements einer Organisation empfiehlt der Standard das PMI Organizational Project Management Maturity Model (OPM3).

Als Grundlage für das organisationale Projektmanagement nennt PMI OPM die folgenden Prinzipien (PMI 2018, S. 4):

- »Alignment with the organizational strategy
- Integration with organizational enablers
- Consistency of execution and delivery
- Organizational integration
- Value to the organization
- Continuous improvement«

Das PMI OPM Framework definiert dazu vier Handlungsfelder für die Verbesserung des Projektmanagements auf der Ebene der Organisation:

- Talent Management
- Knowledge Management
- Methods
- Governance

Governance wird dabei als das Thema verstanden, welches die anderen drei Handlungsfelder ineinander integriert.

Die vier Handlungsfelder werden im Standard stichpunktartig und insbesondere im Methodenteil mit direkter Referenz auf die etablierten PMI Prozessstandards aufgelistet. Einen Schwerpunkt des Standards bilden die beiden Kapitel über die Implementierung eines organisationalen Projektmanagements in Form eines Programms sowie über das dauerhafte Management und Monitoring des OPM.

4.1.3 GEMEINSAMKEITEN UND UNTERSCHIEDE DER STANDARDS

Auch wenn der Aufbau und die Schwerpunktsetzung unterschiedlich ausfallen, sind die Standards der IPMA und des PMI auf der inhaltlichen Ebene ähnlich.

Im PMI OPM heißt es: »OPM advances organizational capability by developing and linking (…) principles and practices with organizational enablers and organizational processes to support strategic objectives.« (PMI 2018, S. 1). Damit verwendet PMI OPM den Begriff der organisationalen Fähigkeiten, während der zukunftsorientierte Kompetenzansatz der IPMA auch in ihrem organisationalen Standard leitend ist.

Bei der IPMA OCB werden mit den individuellen Kompetenzen, der Kommunikation sowie der projektorientierten bzw. -freundlichen Kultur die »weichen Faktoren« betont, die im PMI OPM Standard eher in den Empfehlungen zur Implementierung Berücksichtigung finden.

Beiden Standards ist gemeinsam, dass sie die Notwendigkeit zur Weiterentwicklung betonen, weswegen sie jeweils auf ein mehrstufiges Reifegradmodell des eigenen Verbands referenzieren, welches als Instrument für einen kontinuierlichen Verbesserungsprozesses genutzt werden kann.

Das PMI OPM beinhaltet eine kurze Liste mit möglichen Evaluationsfragen und verfügt über ein generisches Prozessmodell, wie ein organisationales PM-Modell angepasst werden kann. Die IPMA OCB umfasst im Anhang ausführliche Definitionen, Indikatoren und Evaluationsfragen zu den einzelnen Kompetenzelementen.

4.2 REIFEGRADMODELLE ALS ANSATZ ZUR ERMITTLUNG DER ORGANISATIONALEN KOMPETENZ

Reifegradmodelle haben ihren Ursprung in den Ansätzen des Total Quality Management (TQM) und sind eine Form der Business Excellence Modelle. Das Projektmanagement-Lexikon definiert Business Excellence Modelle als: »Gesamtheit von Modellen zur Analyse, Beurteilung, Bewertung und ständigen Verbesserung der generellen Leistungsfähigkeit von Organisationen oder Organisationseinheiten nach definierten und standardisierten Beurteilungs- und Bewertungskriterien und -maßstäben« (Motzel, Möller 2018, S. 55).

Reifegradmodelle

Definition: Reifegradmodelle bestehen aus einem systematischen Satz von Anforderungen an Management Systeme. Sie beschreiben mithilfe von Stufenmodellen idealisierte Abläufe und standardisierte Praktiken. Auf Basis von Anforderungen wird die jeweilige Reife als Entwicklungsstufe der Modellbestandteile beurteilt. Ein Reifegrad an sich kann z. B. für Benchmarks genutzt werden. Die nicht selten sehr umfangreichen und detaillierten Informationen aus dem Prozess der Reifegradanalyse können fundierte Ansätze für Lern- und Verbesserungsinitiativen liefern.

Bekannte Reifegradmodelle in der Software- und IT-Systementwicklung sind z. B. CMMI (Capability Maturity Model Integration) auf der Organisationsebene oder SPICE (Software Process Improvement and Capability Determination) auf der Projektebene. Reifegrademodelle im Projektmanagement sind z. B. PMMM, OPM3 und IPMA Delta oder P3M3.

Organisationen, die sich an Reifegradmodellen orientieren, erzielen unter anderem in folgenden Bereichen Verbesserungen (vgl. z. B. PMI 2013, S. 6):

- Kundenzufriedenheit
- Einhaltung der Projektziele
- Risikominimierung
- Ausrichtung der Projekte an der Strategie der Organisation
- Transparenz des Projektgeschäfts
- Motivation des Projektpersonals
- Verbessertes Verständnis und Optimierung der Kommunikation zwischen den Projekten und dem Topmanagement

Je nach zugrundeliegendem Denkmuster verwenden Reifegradmodelle unterschiedliche Arten von Skalen. Die Nutzung einer abgeschlossenen Ordinalskala (z. B. in Gestalt eines Schulnotensystems) kann dann sinnvoll verwendet werden, wenn feststeht, was »richtig« ist und wie die Abstufungen dazu aussehen.

Wenn es sich bei dem Analysegegenstand um einen in Entwicklung befindliches Thema handelt – und davon kann sowohl beim individuellen als auch beim organisationalen Projektmanagement ausgegangen werden –, ist eine nach oben offene Bewertungsskala eher geeignet. Verändern sich das Verständnis dessen, was Good Practice bedeutet, kann die Punkteskala nach oben erweitert werden. Darüber hinaus ist von Bedeutung, ob ein Benchmark relativ zum Standard, relativ zu einer Vergleichsgruppe und/oder relativ zum eigenen Ergebnis der letzten Messung sinnvoll erscheint (vgl. Schelle, Gross 2011).

Hinsichtlich der Analysemethoden macht bereits der Vergleich der o. g. Standards deutlich, dass Konzepte zur organisationalen Kompetenz immer aus einer Vielzahl von Faktoren bestehen. Diese Faktoren sind in ihrer Art sehr unterschiedlich. Den vergleichsweise standardisierten quantitativen und damit harten Kennzahlen aufseiten der Ergebnisse einer Organisation (und ihrer Projekte, Programme und Portfolios), wie Umsatzrendite, Pufferverbrauch oder Kennzahlen zur Projektmanagement-Qualität (time, cost, scope), stehen in allen Modellen weiche Faktoren, wie projektorientierte Kulturen, individuelle Kompetenzen oder strategisches Alignment, gegenüber, die, wenn überhaupt, nur indirekt oder durch offene Fragen erfasst werden können.

Zusätzlich zu der Frage, ob der jeweilige Satz von Faktoren die organisationale Kompetenz in einer spezifischen Organisation genau zu erfassen vermag, muss berücksichtigt werden, dass gerade in vergleichsweise weichen Faktoren auch die Personen eine Rolle spielen, die an der Analyse beteiligt sind. Wird beispielsweise das Topmanagement zu seiner Einschätzung verschiedener Faktoren der organisationalen Kompetenz befragt, muss davon ausgegangen werden, dass die Antworten immer aus einem persönlichen Blickwinkel mit unterschiedlichen – auch strategischen – Einflüssen erfolgen. Wird die Analyse durch interne Organisationentwicklungsexperten oder externe Berater durchgeführt, werden auch deren Blickwinkel und Vorwissen die Bewertung der Ergebnisse beeinflussen. Es ist daher ratsam, harte und weiche Faktoren sowie unterschiedliche Analysemethoden miteinander zu kombinieren (Schelle, Gross 2011, S. 206), die Erhebung von unterschiedlichen Personen durchführen zu lassen und einen möglichst breiten Querschnitt der Organisation in die Erhebung einzubinden.

Schätzungen gehen davon aus, dass im Umfeld des Projektmanagements eine dreistellige Anzahl unterschiedlicher Reifegradmodelle existiert. Weitgehend durchgesetzt hat sich eine fünfstufige Skala zur Bestimmung des Reifegrads, die beispielsweise im CMMI, PMMM, P3M3 oder dem IPMA Delta mit diesen oder ähnlichen Begriffen Verwendung finden:

- Initial
- Defined
- Standardised
- Managed
- Optimizing

4.3 ENTWICKLUNG ORGANISATIONALER PM-KOMPETENZ DURCH PROJEKTE

Was liegt näher, als die Entwicklung, den Ausbau und die Verankerung von organisationaler Projektmanagement-Kompetenz selbst als Projekt (oder eher wahrscheinlich als Programm mit einer Vielzahl von Projekten und kleineren Initiativen) zu organisieren? Insbesondere dann, wenn es sich um eine bereits über einen langen Zeitraum bestehende Organisation handelt, die sich aus ihren stabilen Linienstrukturen hin zu einer projektorientierteren Organisation entwickeln möchte, ist ein solches Vorhaben eine klassische Organisationsentwicklungsaufgabe – ein Programm des Management of Change (→ Kapitel »Change und Transformation«).

Die im vorigen Kapitel dargestellten Standards für organisationale PM-Kompetenz bieten ein stabiles Fundament und eine hervorragende Ausgangsbasis, um mögliche Handlungsfelder zu identifizieren. Sie enthalten ihrerseits phasen- und prozessorientierte Ansätze für die Umsetzung eines Veränderungsvorhabens – von der Analyse über die Planung, die Realisierung bis hin zur dauerhaften Verankerung der Veränderung in den organisatorischen Strukturen, Prozessen, Kulturen und bei den Menschen.

An dieser Stelle sei darauf hingewiesen, dass Standards und Reifegradmodelle zur Ermittlung oder gar Messung der organisationalen Kompetenz ein gleichzeitig sowohl verlockendes als auch gefährliches Konzept darstellen. Das Versprechen eines Reifegradmodells, ähnlich wie bei einem Arztbesuch durch eine scheinbar objektive Anamnese oder Messung die »Krankheiten« der Organisation zu identifizieren und aus den Befunden eine Therapie ableiten zu können, ist äußerst verlockend. Good practices, die in der einen Organisation zum Erfolg geführt haben, müssen in einer anderen Organisation nicht zwingend den gleichen Effekt auslösen. Organisationen müssen die Standards daher anpassen und sollten solche Reifegradansätze auswählen, die zur Branche, der Organisation und den Arten von Projekten passen. Möglicherweise sind einzelne Aspekte aus den Standards von geringerer Bedeutung, zusätzliche Kompetenzen jedoch zwingend erforderlich (vgl. PMI 2018, S. 22).

Der Ansatz des gesteuerten Veränderungsprozesses auf Basis der Standards kann darüber hinaus aus folgenden Perspektiven kritisch betrachtet werden:

- Aufwand
- Homogenität
- Stufenkonzept

Aufwand

Es ist zu beachten, dass die Modelle zur Messung der organisationalen Reife in der Regel aus mehreren hundert Kriterien und Fragenstellungen bestehen. Organisationen, welche dieses Instrument für sich nutzen wollen, sind somit gut beraten, im Vorfeld auszuwählen, mit welchem Ziel und dem folgend mit welchem Fokus eine Reifegradanalyse vorgenommen werden soll.

Homogenität

Empirische Studien haben nachgewiesen, dass sich Organisationen nicht in ihrer Gesamtheit in gleicher Geschwindigkeit weiterentwickeln. Schelle/Gross postulieren dementsprechend: »*Unterschiedliche Divisionen könnten so einem kontinuierlichen Ranking zueinander unterliegen, was den teils sehr unterschiedlichen Eigenarten des Projektmanagements innerhalb verschiedener Teile des gleichen Konzerns gerecht würde. Eine Gleichmacherei zum Zweck der assessierbaren und zertifizierbaren Konformität muss ausgeschlossen sein*« (Schelle, Gross 2011, S. 208). Organisationen als komplexe soziale Systeme sind nur eingeschränkt als eine Einheit zu begreifen. Wird dann noch die Vielzahl der Kriterien in Betracht gezogen, wird deutlich, dass die Verleihung eines Reifegrads an eine Organisation immer nur begrenzte Aussagekraft haben kann.

Stufenkonzept

Die Hoffnung, dass sich die Entwicklungsstadien als »lineare« Entwicklung von der untersten zur obersten Stufe vollziehen werden, ist nicht realistisch. In Wirklichkeit wird die Entwicklung dynamisch, teilweise auch zirkulär und an verschiedenen Stellen der Organisation mit unterschiedlicher Geschwindigkeit erfolgen (vgl. Gessler, Thyssen 2006). Veränderungsvorhaben sollten darauf vorbereitet sein, dass die vorgestellten Modelle eine Vereinfachung darstellen. Sie müssen in der Praxis differenziert betrachtet werden (vgl. Wagner 2010). Das klassische zweckrationale Organisationsmodell stößt hier an seine Grenzen.

Die vorgenannten Kritikpunkte sind ernst zu nehmen, sollen aber keineswegs von dem Vorhaben abhalten, organisationale Projektmanagement-Kompetenz anzustreben und dieses Streben projekthaft zu organisieren. Bei der Entwicklung organisationaler Kompetenz handelt es sich um ein schlecht definiertes Problem. In der fachlichen Diskussion setzen sich für solche Aufgaben zunehmend Konzepte des agilen Projektmanagements durch, »bei dem auf die Definition von langfristigen Zielen verzichtet wird, keine Masterpläne für Projekte aufgestellt und stattdessen eine Vielzahl auch konkurrierender Erprobungen aufgesetzt wird« (Kühl 2016, S. 64).

Diese Ansätze auch in die Ausbildung von Projektmanagern einfließen zu lassen, ist eine konsequente Weiterführung des Grundverständnisses von Kompetenz als der Fähigkeit, zukünftige Probleme zu lösen, für die es heute noch keine Lösungen gibt.

? WIEDERHOLUNGSFRAGEN

- Welches Phänomen wird mit der zunehmenden Projektifizierung der Gesellschaft und Wirtschaft beschrieben?
- Was versteht man unter projektorientiertem Management in Abgrenzung zum Begriff des Projektmanagements?
- Was ist der Unterschied zwischen organisationaler Kompetenz und individueller Kompetenz?
- Welche Gestaltungsfelder organisationaler Kompetenz kennen Sie?
- Welchen Nutzen haben Reifegradmodelle bei der Entwicklung von organisationaler Kompetenz? Wo liegen die Grenzen?

LITERATURVERZEICHNIS

Verwendete Literatur

Becker, L. (2011): Lasst doch endlich das Organisieren sein. In: Wagner, R. [Hrsg.]: Organisationale Kompetenz im Projektmanagement. GPM: Nürnberg, S. 221–228.

Cron, D.; Dierig, S.; Rietiker, S.; Wagner, R.: Organisationale Kompetenz – Eine neue Perspektive für die Projektarbeit. In: projektMANAGEMENT aktuell 02/2010, S. 15–23.

DIN (2018): Projekt-, Programm- und Portfoliomanagement – Leitlinien zu Governance (ISO 21505:2017). Berlin: Beuth Verlag.

Dubs, R.; Euler, D.; Rüegg-Sturm, J.; Wyss, C. (2004): Einführung in die Managementlehre. Bern [u. a.]: Haupt.

Gareis, R. (1990): Management by projects: the management strategy of the »new« project-oriented company. In: Gareis, Roland (Hrsg.): Handbook of management by projects, S. 35–47. Wien: Manz.

Gareis, R. (2005): Happy Projects!. Wien: Manz.

Gessler, M.; Thyssen, D. (2006): Projektorientierte Organisationsentwicklung bei der Postbank Systems AG. In: Zeitschrift für Führung + Organisation, Nr. 75–4, S. 226–232.

GPM (Hrsg.) (2016): Makroökonomische Vermessung der Projekttätigkeit in Deutschland. Nürnberg, GPM Deutsche Gesellschaft für Projektmanagement e. V.

IPMA (2016): IPMA Organisational Competence Baseline for Developing Competences in Managing Projects (IPMA OCB) – Version 1.1. International Project Management Association: Amsterdam.

Johannson, S.; Ohlsson, O.; Löfström. M. (2007): Separation or integration?: a dilemma when organizing development projects. In: IPMA: International journal of project management, Jg.25, Heft 7, S. 457–464. Amsterdam: Elsevier.

Kühl, S. (2016): Projekte führen. Eine kurze organisationstheoretisch informierte Handreichung. Springer: Wiesbaden.

Lundin, R.; Arvidsson, N.; Brady, T.; Ekstedt, E.; Midler, C.; Sydow, J. (2015): Managing and Working in Lundin et al. (Hrsg.): Project Society Institutional Challenges of Temporary Organizations. Cambridge University Press. 2015.

Mintzberg, H. (1992): Die Mintzberg-Struktur: Organisationen effektiver gestalten. Landsberg/Lech: Verl. Moderne Industrie.

Motzel, E.; Möller, T. (2017): Projektmanagement-Lexikon. Referenzwerk zu den aktuellen nationalen und internationalen PM-Standards. 3. Auflage, Wiley-VCH Verlag, Weinheim.

PMI (2018): The Standard for Organizational Project Management (OPM). Pennsylvania: Project Management Institute.

PMI (2013): Organizational Project Management Maturity Model – OPM3. 3. Aufl. Pennsylvania: Project Management Institute.

Rietiker, S. (2006): »Der neunte Schlüssel. Vom Projektmanagement zum projektbewussten Management.« Haupt Verlag: Bern.

Rüegg-Stürm, J.; Grand, S. (2017): Das St. Gallener Management-Modell. 3. Auflage. [u. a.]: Haupt Verlag: Bern.

Schein, E. H. (2010): Organizational culture and leadership, 4. Aufl., San Francisco.

Schelle, H./Gross, B. (2011): Gedanken zur Konstruktion von Reifegradmodellen für die Kompetenz von Organisationen im Projektmanagement. In: Wagner, R. [Hrsg.]: Organisationale Kompetenz im Projektmanagement. GPM: Nürnberg, S. 201–209.

Scheurer, S. (2011): Organizational Competences in der Unternehmensführung und im Projektmanagement – Die zwei Seiten einer Medaille?. In: Wagner, R. [Hrsg.]: Organisationale Kompetenz im Projektmanagement. GPM: Nürnberg, S. 27–87.

Schreyögg, G. (2003): Organisation: Grundlagen moderner Organisationsgestaltung; mit Fallstudien. 4., vollst. überarb. und erw. Aufl. Wiesbaden: Gabler (Gabler-Lehrbuch).

Schreyögg, G.; Eberl, M. (2015): Organisationale Kompetenzen. Grundlagen – Modelle – Fallbeispiele. Springer: Stuttgart.

Thyssen, D. (2011): Projektorientiertes Management als Organisationsprinzip. Dissertation Universität Bremen, 2010. Kölner Wissenschaftsverlag: Köln.

Wagner, R.; Grau, N. (Hrsg.) (2014): »Basiswissen Projektmanagement – Projektarbeit richtig organisieren«. Symposion: Düsseldorf.

Wagner, R. (2013): Neuer PM-Standard für Organisationen: IPMA Organizational Competence Baseline. www.projektmagazin.de, veröffentlicht am: 13.11.2013.

Wagner, R. (2010): Reifegradmodelle im Projektmanagement, in: Möller, T. [Hrsg.]: Projekte erfolgreich managen, 42. Aktualisierungs- und Ergänzungslieferung, TÜV Media: Köln, Kapitel 6.2.7, S. 1–54.

Willke, H. (2000): Systemtheorie 1: Grundlagen: Eine Einführung in die Grundprobleme sozialer Systeme. 6. überarb. Stuttgart: UTB für Wissenschaft (Systemtheorie, 1).

2.3 PROJEKTSELEKTION UND PORTFOLIOBALANCE

Autor: Jörg Seidl
Dr. Jörg Seidl ist geschäftsführender Gesellschafter der Unternehmensberatung Bonventis GmbH. Er hat Wirtschaftsinformatik an der TU Darmstadt studiert und war als Manager für die Deutsche Lufthansa sowie einen großen Reiseveranstalter tätig, bevor in die Beraterrolle wechselte. Kompetenzschwerpunkte sind Projektportfolio-, Projekt- und Programmmanagement, IT-Strategie und -management, Organisationsentwicklung und Migrationsprojekte. Er ist Autor diverser Veröffentlichungen zum Projekt- und Multiprojektmanagement und Assessor für die 4-Level-Zertifizierung der GPM IPMA.

Co-Autor: Ralf Roeschlein
Ralf J. Roeschlein ist seit 2009 Vorstand der Shift Consulting AG und Gesellschafter bei weiteren Firmen. Er hat sich auf die Standardisierung von (Multi-)Projektmanagement spezialisiert und ist stellvertretender Obmann im DIN. Hier vertritt er als »Country Representative« und »Head of Delegation« die Deutschen Interessen auf internationaler (ISO) Ebene. Herr Roeschlein ist zertifiziert nach IPMA Level A und berät Firmen in den o. g. Themen.

INHALT

Das Kompetenzelement Projektselektion und Portfoliobalance 101

    Definition 101

    Zweck 101

    Begriffe der Projektselektion und Portfoliobalance sowie deren Einordnung . 103

Zusammenfassende Darstellung der Kompetenz 106

    Grundlagen, Theorien, Elemente 106

        Projektportfolio-Orientierung 106

        Wahl der Steuerungsebene 107

        Betroffene Interessen 108

        Herausforderungen 108

    Methoden und Werkzeuge im Portfoliomanagement 110

    Aspekte, Prinzipien, logische Sequenzen 111

        Optimierungsstrategien für die Projektportfoliosteuerung 111

        Ressourcenallokation 112

        Aufbauorganisatorische Verankerung 112

        Ablauforganisatorische Verankerung 114

    Erfolgs- und Misserfolgsfaktoren 115

Einzelaufgaben im Portfoliomanagement 116

    Programme, Projekte, Projektideen zur Aufnahme
    in das Portfolio identifizieren 116

        Portfoliodesign 116

        Projekte zur Aufnahme ins Portfolio identifizieren 117

        Simulation des Portfolios für den Fall der Aufnahme 119

    Komponenteneigenschaften analysieren 119

    Programme und Projekte anhand der Portfolioprioritäten priorisieren 122

    Die Leistungen der Komponenten erfassen und sicherstellen 125

Zukünftige Portfolioleistung analysieren und prognostizieren 126

Portfolioentscheidungen vorbereiten und herbeiführen 127

Wiederholungsfragen 130

Literaturverzeichnis 131

1 DAS KOMPETENZELEMENT PROJEKTSELEKTION UND PORTFOLIOBALANCE

1.1 DEFINITION

 Bei der Kompetenz »Projektselektion und Portfoliobalance« wird der Fokus auf die Bewertung, Auswahl und Leistungsüberwachung von Projekten und Programmen innerhalb des Portfolioumfangs gelegt sowie auf den Abgleich des Portfolios. Das bedeutet, dass garantiert werden soll, dass das Portfolio als Ganzes den optimalen Nutzen für die Organisation generiert. (GPM 2017)

1.2 ZWECK

Das Kompetenzelement Programm- und Projektselektion und Portfoliobalance ist das einzige, das nicht den Projektmanagement-Kompetenzen, sondern ausschließlich den Programm- und Portfoliomanagement-Kompetenzen zugeordnet wird.

 Zweck

Dieses Kompetenzelement beschreibt, wie ein Handlungsträger im Projektportfoliomanagement (PPM), wie z. B. ein Projektportfoliomanager, dazu in die Lage versetzt wird, alle Projekte und Programme für ein Projektportfolio auszuwählen und innerhalb des Portfolios anhand eindeutiger Kriterien zu priorisieren und fortlaufend zu bewerten. Um gute Projektportfolioleistungen zu erzielen, muss auf eine ausgewogene, konsistente und leistungsfördernde Ausgestaltung des Projektportfolios geachtet werden.

Beschreibung

Im Zentrum der Betrachtung steht bei diesem Kompetenzelement das Management des (Projekt-)Portfolios und der darin enthaltenen Komponenten. Komponenten eines Projektportfolios können Projekte, Programme und deren Vorstufen – wie z. B. Projektideen oder Projektinitiativen – sein.

Der Prozess der Auswahl (Selektion) und des Abgleiches (Balance) ist ein stetig fortlaufender und iterativer Prozess, der die Auswahl, Überwachung und Steuerung von Projekten und Programmen auf einer zyklischen Grundlage umfasst. Dabei werden neue Projekte und Programme dem Portfolio hinzugefügt, bereits laufende überwacht und gesteuert und abgeschlossene ausgewertet, einer Nachbetrachtung zugeführt und schließlich aus dem Portfolio entfernt.

Im Rahmen der Portfolioüberwachung und -steuerung können Projekte oder Programme auch abgebrochen oder »auf Eis gelegt« werden. Abgebrochene Projekte werden aus dem Portfolio ausgegliedert, unterbrochene Projekte bleiben hingegen zwar weiterhin ein Teil des Portfolios, gehören aber nicht mehr zu den aktiven Projekten. Weiterhin können die Prioritäten im Rahmen der Steuerung des Projektportfolios verändert werden.

Die Länge eines Portfoliozyklus ist dabei von Organisation und Reifegrad abhängig. Auswahl und Priorisierung werden häufig nur ein bis zwei Mal pro Jahr vorgenommen, die Überwachung und Steuerung erfolgen dagegen häufig quartalsweise oder monatlich.
Der Auswahlprozess kann mit dem Budgetprozess der Organisation verbunden werden oder auch getrennt davon ablaufen. Angebote oder Wirtschaftlichkeitsberechnungen für neue Projekte und Programme können zur Prüfung und Auswahl vorgeschlagen werden. Diese Angebote werden daraufhin geprüft, um sicherzustellen, dass sie sich mit den Strategien, Bedürfnissen und Prioritäten der Organisation decken.
Zusätzlich muss das PPM auf wichtige Einschränkungen achten, wie zeitliche und finanzielle Restriktionen, sowie auf die Ressourcenverfügbarkeit.
Nach erfolgter Genehmigung werden die Projekte und Programme mit genehmigtem Initiierungsprozess gestartet, der durch ein Portfoliomanagement-Office verwaltet oder begleitet werden kann. Der Abgleich eines Portfolios (Portfolio-Balance) besteht darin, sicherzustellen, dass das Portfolio die projizierten organisationalen Ziele auf die richtige Art und Weise und im Einklang mit den korrekten organisationalen Prioritäten liefert. Es handelt sich um den Prozess der Fortschrittskontrolle von Komponenten und deren Auswirkungen, die sie auf die Organisation und die Erzielung der Organisationsziele haben. Anhand dieser Kontrolle wird die zukünftige Leistung prognostiziert.

Wenn erforderlich, werden dem Lenkungsgremium – oft als Portfolio-Führungskreis bezeichnet –, Entscheidungsvorlagen zur Anpassung des Portfolios vorgelegt. Die Maßnahmen in diesen Vorlagen können die Beschleunigung/Verlangsamung von Projekten oder Programmen, die Verlagerung von strategischen Ressourcen von einem Projekt zu einem anderen, den Stopp oder Abbruch einzelner Projekte oder ganzer Programme zum Gegenstand und Ziel haben. Auch dieser Prozess der operativen Portfolioüberwachung und -steuerung wird regelmäßig, üblicherweise monatlich, durchgeführt.

Auch wenn es sich hierbei um einen geplanten, für gewöhnlich stabilen Prozess handelt, können sich plötzliche Änderungen ergeben, und zwar hauptsächlich aufgrund einer abrupten Änderung der Strategien bzw. des Organisationsumfelds. In diesen Fällen muss das gesamte Portfolio neu bewertet und bestätigt werden. (GPM 2017)

1.3 BEGRIFFE DER PROJEKTSELEKTION UND PORTFOLIOBALANCE SOWIE DEREN EINORDNUNG

Die folgende Abbildung verdeutlicht, wie die für die Projektselektion und Portfoliobalance wesentlichen Begriffe miteinander zusammenhängen:

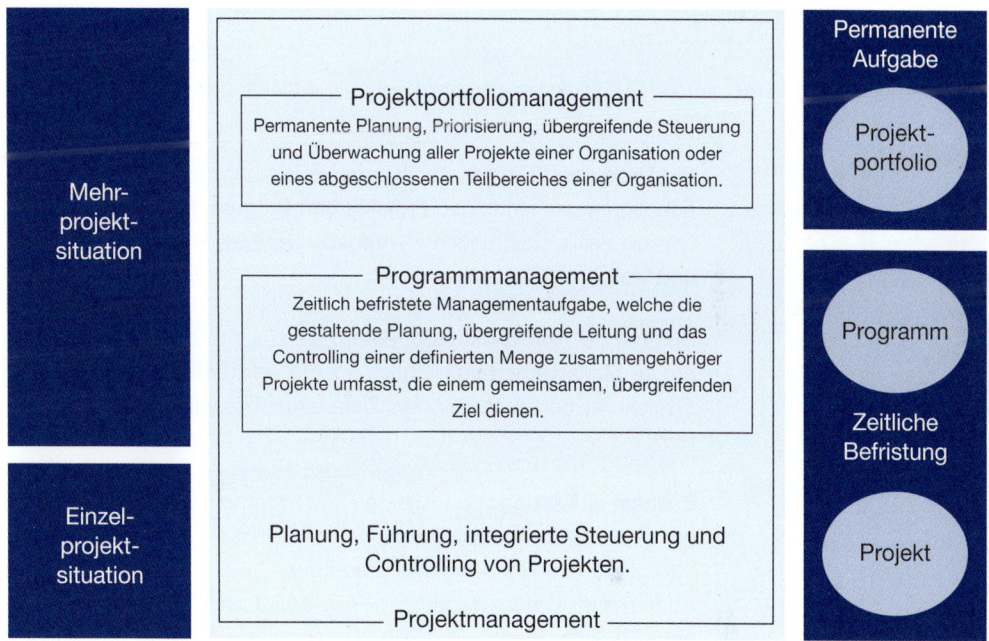

Abb. 2.3-1: Projekt-, Programm- und Portfoliobegriffe im Kontext von Einzel- und Mehrprojektsituation (angelehnt an Seidl 2011, S. 11)

Das moderne Projektmanagement wurde in den 1950er und 1960er Jahren ursprünglich für Einzelprojektsituationen entwickelt und umfasst die Planung, Führung sowie das Controlling eines einzelnen, zeitlich befristeten Projekts. Durch die zunehmende Verbreitung von Projekten bilden heute Einzelprojektsituationen eher die Ausnahme. Vielmehr werden in Organisationen mehrere Projekte parallel durchgeführt. In solchen Mehrprojektsituationen konkurrieren die Projekte sowohl um Personal, Sach- und Finanzmittel als auch um die Aufmerksamkeit des Managements. Aus diesem Grund wurde es notwendig, das Projektmanagement i. e. S. zum Multiprojektmanagement zu erweitern. Dabei sind zwei Formen zu unterscheiden: Programme bündeln Projekte, die ein gemeinsames übergeordnetes Ziel verfolgen. Auch das Programmmanagement ist zeitlich befristet, da Programme dann abgeschlossen sind, wenn das übergeordnete Ziel erreicht ist. Ein Portfolio hingegen, das alle Projekte und Programme einer Organisation oder eines abgeschlossenen Teilbereiches umfasst, ist eine permanente Aufgabe, da sich das Portfolio zwar durch Zugänge und Abgänge von Projekten und/oder Programmen laufend verändert, aber als Ganzes bestehen bleibt. Für Projektmanager ist es daher stets wichtig, das Projektportfolio als Kontext für das eigene Projekt zu verstehen, wahrzunehmen und mit dem PPM der eigenen Organisation effektiv zusammenzuarbeiten. Zuweilen agiert der Projektportfoliomanager sogar als Auftraggeber für den Projektmanager.

Es existieren im Bereich PPM einige nationale und internationale Definitionen. In der folgenden Tabelle sind die wichtigsten Begriffe im Überblick aufgelistet, dabei werden neben der eigenen Definition die sinngemäßen Entsprechungen der beiden bedeutendsten Normen DIN und ISO präsentiert.

Tab. 2.3-1: Begriffsdefinitionen zum Thema Portfolioselektion und -balance (DIN 69909, ISO 21504)

Projektportfolio	Verwendete Definition	Ein Projektportfolio ist die Zusammenfassung aller geplanten, genehmigten und laufenden Projekte und Programme einer Organisation als zeitlich permanente Aufgabe der Bewertung, Priorisierung und Verfolgung derselben.
	ISO 21504	Summe der Portfoliokomponenten, die zusammengefasst werden, um ihr Management im Hinblick auf die vollständige oder teilweise Erreichung der strategischen Ziele einer Organisation zu erleichtern.
	DIN 69909	Zusammenfassung von Projekten und Programmen in einem abgegrenzten Verantwortungsbereich zum Zwecke einer permanenten übergeordneten Planung und Steuerung. Anmerkung 1 zum Begriff: Im Zeitverlauf werden immer wieder neue Projekte in das Portfolio aufgenommen und beendete oder abgebrochene Projekte aus dem Portfolio herausgenommen. Gegebenenfalls enthält ein Projektportfolio neben Projekten und Programmen auch noch weitere Projektportfolios.
	ICB 4	Ein Projektportfolio besteht aus Projekten und/oder Programmen, die nicht zwingend miteinander in Beziehung stehen, jedoch zusammengeführt werden, um die Ressourcen der Organisation optimal zu nutzen und die strategischen Ziele der Organisation bei gleichzeitiger Minimierung des Portfolio-Risikos zu erreichen.
Projektportfoliomanagement	Verwendete Definition	Das Projektportfoliomanagement beinhaltet die permanente Planung, Priorisierung, übergreifende Steuerung und Überwachung aller Projekte einer Organisation oder eines abgeschlossenen Teilbereiches einer Organisation (Seidl 2007).
	DIN 69909	Gesamtheit von Führungsaufgaben, -organisation, -techniken und -mitteln für die übergreifende Planung und Steuerung von Projektportfolios.

2.3 – Projektselektion und Portfoliobalance

Programm	Verwendete Definition	Ein Programm ist eine Menge von Projekten, die miteinander verknüpft sind und ein gemeinsames übergreifendes Ziel verfolgen. Ein Programm ist zeitlich befristet und endet (spätestens) mit Erreichung der übergreifenden Zielsetzung.
	DIN 69909	Menge von Projekten, die miteinander verknüpft sind, ein gemeinsames übergeordnetes Ziel verfolgen und spätestens mit der Erreichung der Zielsetzung enden. Anmerkung 1 zum Begriff: Einzelne Projekte eines Programms sind voneinander abgrenzbar und könnten jeweils auch unabhängig voneinander durchgeführt werden. Bei Herausnahme eines einzelnen Projekts oder mehrerer Projekte werden die übergeordneten Programmziele nicht generell infrage gestellt.
	ICB 4	Ein Programm wird eingerichtet, um ein strategisches Ziel zu erreichen. Ein Programm ist eine zeitlich begrenzte Organisation miteinander in Beziehung stehender Programmkomponenten, die auf koordinierte Weise gesteuert werden, um die Einführung von Veränderung und die Realisierung von Nutzen zu ermöglichen.
Programmmanagement	Verwendete Definition	Das Programmmanagement beinhaltet die zeitlich befristete Managementaufgabe, welche die gestaltende Planung, übergreifende Leitung und das Controlling einer definierten Menge zusammengehöriger Projekte umfasst, die auf ein gemeinsames, übergreifendes Ziel ausgerichtet sind (Seidl 2007).
	DIN 69909	Gesamtheit von Führungsaufgaben, -organisation, -techniken und -mitteln für die Initiierung, Definition, Planung, Steuerung und den Abschluss von Programmen.
	ICB 4	Das Programmmanagement ist das koordinierte Management aller Komponenten, um Veränderungen einzuführen und Nutzen zu realisieren.

2 ZUSAMMENFASSENDE DARSTELLUNG DER KOMPETENZ

2.1 GRUNDLAGEN, THEORIEN, ELEMENTE

Unter einem **Projektportfolio** ist also die Zusammenfassung aller geplanten, genehmigten und laufenden Projekte und Programme einer Organisation zu verstehen. In der Praxis werden Portfolios zuweilen auch für unterschiedliche Verantwortungsbereiche innerhalb einer Organisation gebildet, wie z. B. für einen Geschäftsbereich oder auch einen Technologiebereich, so etwa die Gesamtheit aller IT-Projekte. Ein solches Projektportfolio kann in verschiedene Teilportfolios oder auch Projektbündel aufgegliedert werden. Ein Projektportfolio ist zeitlich nicht befristet. Es ändert sich lediglich in seiner Zusammensetzung, d. h., neue Projekte kommen hinzu, beendete oder abgebrochene Projekte fallen aus dem Portfolio wieder heraus.

Daraus resultieren entsprechende Konsequenzen für das Management und die Organisation: Das Projektportfolio unterliegt üblicherweise einem einheitlichen und zeitlich nicht befristeten Management, welches in regelmäßigen Zyklen über die Aufnahme und Priorisierung neuer Projektanträge entscheidet und die laufenden Projekte überwacht und steuert. Dieses sogenannte **Projektportfoliomanagement** (PPM) ist im Unterschied zum Projekt- und Programmmanagement eine dauerhafte Aufgabe, die in die Aufbauorganisation einzubetten ist.

Der Projektmanager ist im Projektportfolio für das ihm zugeordnete Projekt oder die ihm zugeordneten Projekte verantwortlich und steuert diese nach den Grundsätzen des Einzelprojektmanagements. Der Projektmanager stimmt sich mit dem Portfoliomanager in Fragen der projektübergreifenden Steuerung ab. Das bedeutet konkret, er meldet Plandaten und Ressourcenbedarfe an den Projektportfoliomanager, liefert Statusberichte an diesen und informiert ihn über wichtige Ereignisse, wie das Erreichen wichtiger Ergebnisse und Meilensteine, das Auftreten unerwarteter Probleme, neu identifizierte Risiken und Chancen. Der Projektportfoliomanager fungiert zudem als mögliche Eskalationsinstanz für den Projektmanager. Damit ist im Allgemeinen die Einrichtung eines eigenen Lenkungsausschusses für das Einzelprojekt nicht mehr erforderlich.

2.1.1 PROJEKTPORTFOLIO-ORIENTIERUNG

Eine Organisation verfolgt dann eine Portfolio- oder Projektportfolio-Orientierung, wenn sie die Entscheidung getroffen hat, das Konzept des »Management by Projects« zur Optimierung der Projektwirtschaft in einer Organisation oder in Teilbereichen einzuführen und umzusetzen (Motzel, Möller 2017, S. 221 f.).

Ziele dabei sind die wirkungsvolle und nutzbringende Abstimmung und Koordination zwischen den Zielen und Sichtweisen der einzelnen Projekte und Programme einerseits und der ganzheitlichen Sicht und Strategie der Organisation oder des Geschäftsbereiches andererseits.

2.1.2 WAHL DER STEUERUNGSEBENE

Projekte und Programme sind somit die Betrachtungsgegenstände des PPMs. Eine besondere Betrachtung erfordern dabei die Programme und die in den Programmen enthaltenen Projekte (siehe Abbildung 2.3-2): Ein PPM kann nämlich entweder die Programme selbst als Steuerungsobjekte betrachten oder die in den Programmen enthaltenen Projekte. Diese beiden Varianten sind durchaus unterschiedlich: Im ersten Fall behalten die Programme die Steuerungshoheit über die in ihnen enthaltenen Projekte, in der zweiten Variante konkurrieren die Projektportfolio- und Programmmanager bei der Steuerung der in den Programmen enthaltenen Projekte. In der Praxis erweist sich in der Regel eine der beiden Rollen als dominant. Wenn Programmen eine überragende strategische Bedeutung beigemessen wird, werden sie meist auch mit entsprechend einflussreichen und mit hoher Macht ausgestatteten Programmmanagern besetzt. In diesem Fall ist die Rolle des Portfoliomanagers häufig geschwächt oder aber auf die Projekte außerhalb der Programme reduziert.

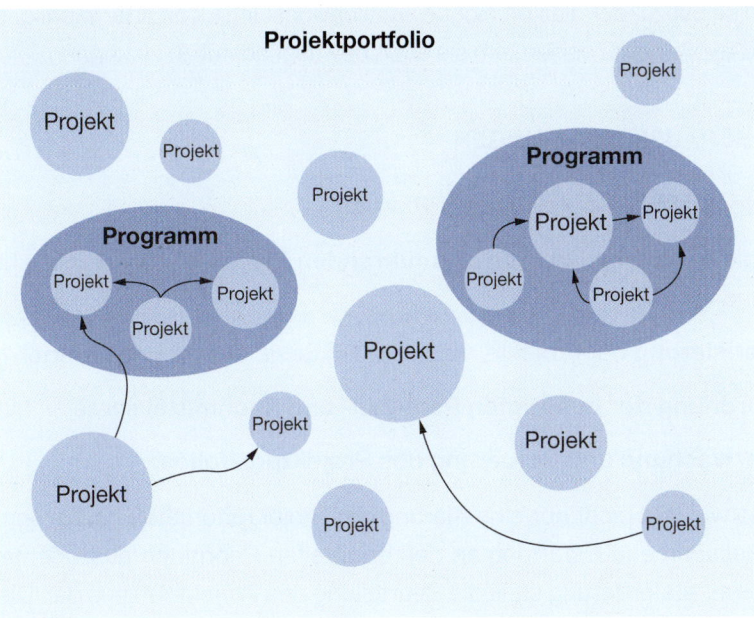

Abb. 2.3-2: Projekte und Programme als Steuerungsobjekte im Projektportfolio (Seidl 2007, S. 32)

Die Pfeile im Diagramm (Abbildung 2.3-2) veranschaulichen die inhaltlichen Beziehungen der Elemente im Portfolio, die Kreisgröße den Umfang des jeweiligen Projekts/Programms.

Die Steuerung von mehreren Projekten eines Unternehmens erfolgt heute meist auf der Ebene von Programmen oder auf der Ebene eines Projektportfolios. Projektportfolio- und Programmmanagement sind somit die gängigen Formen des Multiprojektmanagements.

2.1.3 BETROFFENE INTERESSEN

Bei der Portfolioplanung und -steuerung wird eine Vielzahl unterschiedlicher Interessen berührt. Das PPM muss daher die unterschiedlichen beteiligten Interessengruppen koordinieren und zwischen ihnen vermitteln. Üblicherweise sind die wichtigsten Interessengruppen die Unternehmensleitung, die Projektauftraggeber, die Programm- und Projektmanager, die in die Projekte eingebundenen Mitarbeiter, die externen Partner sowie die Linien- bzw. Ressourcenverantwortlichen, die Mitarbeiter oder andere Ressourcen für die Projekte ab- oder bereitstellen müssen.

Besonders zu beachten sind die Interessen derjenigen Linienmanager, in deren Verantwortungsbereichen Projektportfolios be- oder entstehen. Nicht selten entsteht ein Projektportfolio innerhalb der Stammorganisation nämlich unbewusst, beispielsweise indem ein Linienmanager (z. B. ein Vorstand, Bereichs- oder Abteilungsleiter) in seinem Einflussbereich mehrere Projekte startet. Mit der Bildung eines derartigen Projektportfolios wird implizit auch die Rolle des Projektportfoliomanagers geschaffen. Diese fällt dann häufig automatisch der initiierenden Person selbst zu, der dies oft nicht einmal bewusst ist. Es ist aber wichtig, diese Rolle zu kennen und explizit zuzuweisen, um sie auch bewusst ausfüllen zu können.

2.1.4 HERAUSFORDERUNGEN

Typische Herausforderungen für das PPM sind

- die fundierte **Auswahl der durchzuführenden Projekte** aus der Vielzahl der Projektideen und -anträge,
- die **Priorisierung** der Projekte, vor allem auf Basis des prognostizierten Nutzens,
- die **Zuordnung der benötigten Personal- und Sachmittel** sowie
- die **Überwachung und Steuerung des Projektportfolios**.

Dabei ist es wichtig, nicht nur eine Klärung der Projektprioritäten vorzunehmen, sondern auch die Ressourcenausstattung an den ermittelten Prioritäten auszurichten. Eine ganz besondere Herausforderung stellt die Beurteilung des Projektnutzens dar. Dies gilt sowohl für den erwarteten Projektnutzen bei Genehmigung und Priorisierung sowie für die erreichten Nutzenpotenziale während der Projektlaufzeit und bei Projektabschluss als auch für die real erzielten Nutzenbeiträge, die meist erst einige Zeit nach Projektende erzielt und beurteilt werden können.

Eine Organisation, die eine Portfolioorientierung anstrebt, muss die Managementprozesse auf den unterschiedlichen, für die Projektarbeit relevanten Ebenen miteinander verzahnen und aufeinander abstimmen. Dazu müssen die operativen Projektmanagementprozesse in den einzelnen Projekten und Programmen in geeigneter Weise mit den übergeordneten Prozessen der Projektportfoliosteuerung verbunden und verzahnt werden. Die Projektportfoliosteuerung wiederum muss für die Priorisierung und Ressourcenallokation Vorgaben aus der strategischen Unternehmenssteuerung erhalten (Seidl 2009, S. 2222).

Projektselektion und Herstellen eines ausbalancierten Projektportfolios bilden wesentliche Aufgaben der Projektportfoliosteuerung. Diese fungiert als ein wichtiges Bindeglied zwischen der Unternehmensleitung und dem operativen Projektmanagement, wie die folgende Abbildung verdeutlicht:

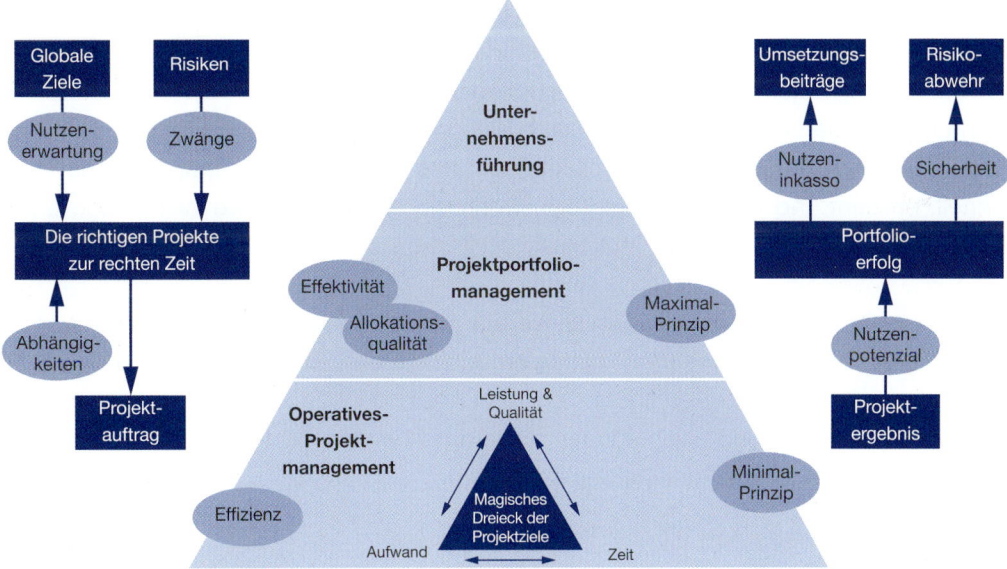

Abb. 2.3-3: Projektmanagement im Unternehmenskontext (angelehnt an Seidl 2009, S. 40)

Die Projektportfolioplanung muss die vielfältigen Rahmenbedingungen berücksichtigen und ist aufgrund der großen Anzahl von Einflussgrößen, Abhängigkeiten und Beteiligten mit einer hohen Planungskomplexität verbunden. Dabei muss vielfach mit Zielkonflikten gerechnet und umgegangen werden. So kommt bei der Projektpriorisierung praktisch in jedem Unternehmen ein Zielkonflikt zwischen den zu bewältigenden Zwängen und den erhofften Nutzenbeiträgen zustande. Das Verfahren zur Priorisierung der Projekte sollte solche Zielkonflikte auflösen und als Ergebnis **eine eindeutige Projektrangliste** erzeugen (Seidl 2009, S. 40).

Eine **Optimierung des projektübergreifenden Nutzens** erfordert ein entsprechendes Nutzeninkasso. Leider gelingt es bislang nur wenigen Unternehmen, den Projektportfolioerfolg durch eine systematische Auswertung der Projektergebnisbeiträge angemessen zu erfassen und zu überwachen. Dies hat verschiedene Ursachen. Zwei Probleme seien beispielhaft genannt. Zum einen geht ein entstandener Nutzen in der Regel auf verschiedene Einflussgrößen zurück und kann so nicht eindeutig einzelnen Projekten zugeordnet werden. Zum anderen lassen sich manche Ergebnisse schwer quantifizieren, wie z. B. die Beiträge zur Vermeidung oder Reduzierung von Risiken oder zum Imagegewinn des Unternehmens (Seidl 2009, S. 40).

Aus der Abbildung wird ersichtlich, dass ein Projektmanager im Organisationskontext neben der effizienten Umsetzung der erwarteten Projektergebnisse im vorgegebenen Zeit- und Kostenrahmen zum einen die Abhängigkeiten und Interdependenzen zu anderen Projekten (im Projektportfolio) sowie zum anderen die Stakeholder-Erwartungen, insbesondere in Bezug auf das Nutzenpotenzial des zu erzeugenden Projektprodukts, im Auge behalten muss.

2.2 METHODEN UND WERKZEUGE IM PORTFOLIOMANAGEMENT

Sowohl für die Projektselektion und Portfoliobalance als auch für die Portfolioüberwachung und -steuerung kommt in der Praxis eine Vielzahl von Methoden zur Anwendung. Diese lassen sich aufgrund der Komplexität und des Umfangs der Aufgaben oft nur dann schnell, effizient und fehlerfrei einsetzen, wenn sie durch geeignete Werkzeuge unterstützt werden.

Bei der Projektauswahl sind vor allem Bewertungsmethoden gefragt, deren Ergebnisse in einer vergleichenden Analyse der Projekte ermittelt werden. Ein Überblick über die häufig verwendeten Analyseverfahren findet sich unter Abschnitt 3.2 Komponenteneigenschaften analysieren. Für die Priorisierung können diese durch weitere Methoden ergänzt werden. Gängige Verfahren für die Priorisierung sind:

- Nutzwertanalyse bzw. Scoringverfahren
- Paarweiser Vergleich

Eine Werkzeugunterstützung ist in der Regel dann unverzichtbar, wenn umfangreiche Datenmengen zu bewältigen sind oder komplexe Prozesse automatisiert, fehlerfrei und schnell durchgeführt werden müssen. Dies trifft sowohl auf den initialen Priorisierungsprozess als auch auf die Aktualisierung der Projektprioritäten im Rahmen der Portfolioüberwachung und -steuerung zu.

Berichtslegungsinstrumente unterstützen die Präsentation und Dokumentation mehrdimensionaler komplexer Informationen unter anderem durch

- geeignete Erfassungs- bzw. Erhebungstechniken für Projektdaten (Plan, Ist, Prognose),
- grafische Darstellungen, wie z. B. durch Balken- und Blasendiagramme oder zwei- und dreidimensionale Grafiken, Histogramme sowie
- Berichtstemplates, z. B. für Status- und Abschlussberichte.

Sehr hilfreich ist zudem eine werkzeuggestützte, regelbasierte Priorisierung der Portfoliokomponenten, da die Prioritäten mitunter sehr schnell an neue Umfeldbedingungen und Projektsituationen angepasst und damit neu ermittelt werden müssen. Auch klassische Projektmanagementwerkzeuge können das gesamte Spektrum des Multiprojektmanagements unterstützen, wie z. B. eine projektübergreifende Terminplanung, etwa als Balkenplan. Geradezu unverzichtbar ist zudem eine Toolunterstützung (Software) bei der Allokation, Überwachung und Steuerung des Projektpersonals. Sehr zu beachten sind zudem die Werkzeuge, die im Bereich Projektinformation, -dokumentation und im Wissensmanagement unterstützen.

2.3 ASPEKTE, PRINZIPIEN, LOGISCHE SEQUENZEN

2.3.1 OPTIMIERUNGSSTRATEGIEN FÜR DIE PROJEKTPORTFOLIOSTEUERUNG

Bei der operativen Projektarbeit und der Projektportfoliosteuerung können unterschiedliche Optimierungsstrategien für das gesamte Portfolio verfolgt werden, wie z. B.:

- **Aufwands-Minimierung**: Minimaler Ressourcenaufwand bei gegebenem Output
- **Output-Maximierung**: Maximaler Output bei gegebenen Ressourcen

Eine Minimierungsstrategie liegt dann vor, wenn ein vorgegebenes Ergebnis mit möglichst geringem Aufwand erreicht werden soll. Die Anwendung dieses Konzepts auf ein Projektportfolio setzt eine exakte Definition der Projektergebnisse voraus, die durch die Gesamtheit aller Projekte in einer festgelegten Periode zu erarbeiten sind. Die Minimierungsstrategie verfolgt dann das Ziel, die so definierten Ergebnisse in möglichst kurzer Zeit und/oder mit möglichst geringen Personal- und Sachressourcen zu erreichen.

Eine Maximierungsstrategie verfolgt dagegen das Ziel, auf der Basis vorgegebener, begrenzter Ressourcen einen maximalen Nutzen zu generieren. Wird im PPM eine Maximierungsstrategie verfolgt, so bedeutet dies, die Projekte so zu gestalten, dass mit den für die Projektarbeit in einer Steuerungsperiode verfügbaren Personal- und Sachressourcen möglichst viele und qualitativ gute Projektergebnisse erzielt werden, die den höchsten Beitrag zum Unternehmenserfolg leisten. Da zumeist nicht alle bereits laufenden Projekte, Projektideen und Projektanträge mit den verfügbaren Ressourcen bedient werden können, ist ein wesentliches Element einer solchen Maximierungsstrategie die effektive Auswahl der nutzbringendsten Vorhaben.

Beim übergreifenden Ressourcenmanagement wird meistens eine Maximierungsstrategie verfolgt, d. h., es wird danach gestrebt, mit den gegebenen Ressourcen möglichst hohe Umsetzungsbeiträge zu erwirtschaften. Diese unterscheidet sich von der üblichen Optimierungsstrategie innerhalb eines einzelnen Projekts, bei der eine Umsetzung vorgegebener Ziele mit möglichst geringem Ressourcen- und Zeiteinsatz – also eine Minimierungsstrategie – angestrebt wird (Seidl 2009, S. 40).

Neben den zuvor vorgestellten Reinformen können auch Mischstrategien verfolgt werden, z. B. ein ausgewogener Mix von Chancen und Risiken im Projektportfolio.

2.3.2 RESSOURCENALLOKATION

Ein wesentlicher Aspekt der Portfolioselektion und -balance ist die Allokation der notwendigen Ressourcen für die Projektarbeit. Ein Projektmanager muss in diesem Kontext seinen Ressourcenbedarf an das Portfoliomanagement übermitteln, das diesen dann in die projektübergreifende Ressourcenplanung einbringt. Diese widmet sich wiederum Fragestellungen, wie:

- Welche Projekte können wann mit einer gegebenen Ressourcenkapazität abgewickelt werden?
- Wie werden die Ressourcen quantitativ und qualitativ optimal den Projekten zugeordnet?
- Wer entscheidet über die Ressourcenzuordnung?
- Wie geht man mit Ressourcenengpässen um?
- Nach welchen Prinzipien kann eine Optimierung erfolgen?

Um diese Fragen zu beantworten, sind vor allem die Konzepte der prioritätsorientierten und der engpassorientierten Ressourcenallokation wichtig (→ Abschnitt 3.3 Programme und Projekte anhand der Portfolioprioritäten priorisieren.)

2.3.3 AUFBAUORGANISATORISCHE VERANKERUNG

Da das PPM eine permanente, zeitlich nicht befristete Aufgabe im Unternehmen darstellt, muss es aufbauorganisatorisch verankert werden.

Die Komponenten für eine aufbauorganisatorische Eingliederung sind

- der Portfoliomanager,
- das Projektportfolio-Board,
- das Projektmanagementoffice (PMO), wenn vorhanden.

Die Rolle des Portfoliomanagers wird im Idealfall durch eine Stelle innerhalb der Stammorganisation repräsentiert. Dies kann auch der Leiter einer Stabsstelle oder einer eigenen Abteilung sein, die sich mit dem PPM der Organisation befasst.

Das Projektportfolio-Board ist ein Gremium, das sich aus Vertretern der Unternehmensleitung zusammensetzt und regelmäßig zusammenkommt, um sich über den Status des Projektportfolios informieren zu lassen, eine eigene Bewertung der jeweiligen Situation vorzunehmen und die notwendigen Portfolioentscheidungen zu treffen. Für solche Gremien gibt es in der Praxis diverse Synonyme, z. B. Projektportfolio-Komitee, Portfolio-Führungskreis oder Portfolio-Lenkungsausschuss (vgl. https://www.projektmagazin.de/glossarterm/lenkungsausschuss).

Der Projektportfoliomanager sollte möglichst direkt unterhalb der Unternehmensleitung etabliert werden und es sollte das Projektportfolio-Board durch leitende Mitarbeiter der Organisation besetzt werden, damit die Unternehmensstrategie eingehalten und die notwendigen übergeordneten Ziele und strategischen Entscheidungen für das Projektportfolio beschlossen werden können.

Ein Projektmanagement-Office (PMO) kann mit den administrativen Fragen des Projektportfoliomanagements sowie mit der operativen Umsetzung und Überwachung der im Projektportfolio-Board getroffenen Entscheidungen betraut werden.

Als operative Einheit kann das PMO je nach Ausprägung als Stabsstelle oder auch als operative Einheit in die Aufbauorganisation eingebunden werden (siehe Abbildung 2.3-4). In diesem Fall ist darauf zu achten, dass im PMO neben der Projektmanagementkompetenz auch eine angemessene Portfoliomanagementkompetenz zur Verfügung steht. Dies ist in der Praxis zwar häufig gegeben, aber nicht automatisch der Fall.

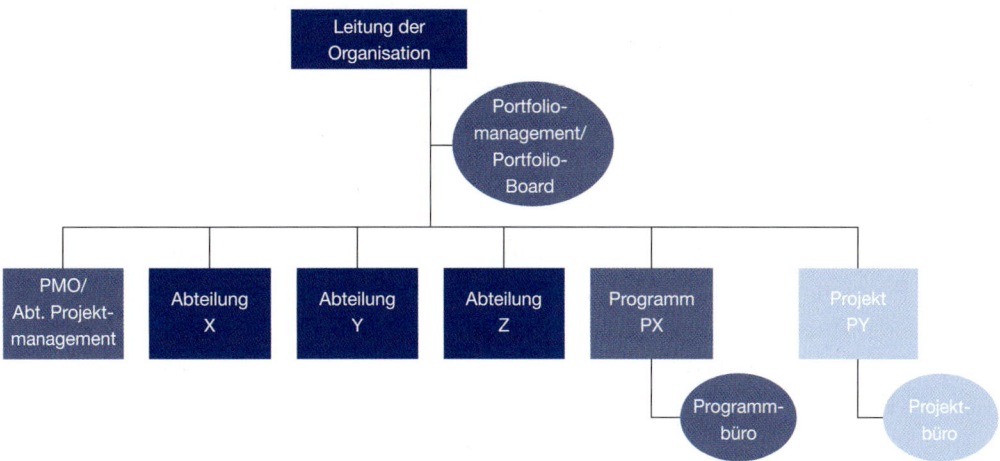

Abb. 2.3-4: Organisatorische Verankerung des Projektportfoliomanagements

2.3.4 ABLAUFORGANISATORISCHE VERANKERUNG

Auch ablauforganisatorisch müssen Festlegungen erfolgen. Diese betreffen in erster Linie die Projektportfolioprozesse samt dem Prüfzyklus.

Unter den Projektportfolioprozessen sind nach DIN 69909 Teil 2 folgende Prozesse definiert:

- Projektportfolioziele definieren
- Projektportfolio planen
- Projektportfolio steuern

Diese Prozesse sind wiederum in die übergeordneten Führungsprozesse des Unternehmens, wie z. B. »Übergeordnete Unternehmensziele definieren«, und in die darunterliegenden Prozesse, wie z. B. »Programmmanagementprozesse«, eingebunden (vgl. DIN 69909 Teil 2, S. 7). Neben den Projekt-, Programm- und strategischen Prozessen sollten auch andere organisationsspezifischen Prozesse, wie z. B. IT Prozesse, ebenfalls berücksichtigt bzw. eingebunden werden.

Der Portfolio-Prüfzyklus stellt einen wesentlichen Punkt dar. Durch definierte Prüfzyklen wird zum einen sichergestellt, dass das Projektportfolio bestmöglich ausbalanciert ist, zum anderen aber auch fortwährend den strategischen Vorgaben entspricht.

Damit ein Portfolio-Prüfzyklus überhaupt funktionieren kann, muss u. a. das Reporting aus dem Programm- und Projektmanagement auf den Prüfzyklus abgestimmt sein, sodass aktuelle Reports zur Statusbestimmung und Bewertung des Portfolios zur Verfügung stehen. Somit nimmt der Projektmanager mit seinem regelmäßigen Reporting eine zentrale Rolle im PPM ein. Falsche Zahlen oder Reports aus den Projekten führen zu möglicherweise fatalen Fehleinschätzungen auf oberster Ebene.

Tab. 2.3-2: Prüfzyklen in den unterschiedlichen Ebenen des projektorientierten Unternehmens (vgl. Felchlin 2018)

Anwendungsbereich	Typische Prüfzyklen	Typische Inhalte
Unternehmen (Strategie)	Jährlich	Überprüfung der strategischen Ziele des Unternehmens
Projektportfolio	Jährlich, quartalsweise	Planung (z. B. jährlich) und Anpassung (z. B. quartalsweise) des Projektportfolios
Programm	Quartalsweise, monatlich	Überprüfung des Programmfortschritts, Planung und Überwachung der im Programm enthaltenen Projekte
Projekt	Monatlich, wöchentlich	Überprüfung des Projektfortschritts

2.4 ERFOLGS- UND MISSERFOLGSFAKTOREN

Portfolioselektion, Priorisierung, Überwachung und Steuerung können nur dann erfolgreich sein, wenn wichtige Erfolgsfaktoren beachtet werden, zu diesen gehören vor allem:

- Effektivität bei der Projektauswahl
- Flexibilität des Priorisierungsverfahrens
- Qualität der Ressourcenallokation
- Timing des Projektstarts

Auf diese Faktoren wird im Folgenden näher eingegangen. Dabei genügt es in aller Regel nicht, sich auf einen einzelnen dieser Faktoren, wie z. B. eine effektive Projektauswahl, zu konzentrieren, da ein Nutzen meist erst aus dem Zusammenwirken mehrerer Erfolgsfaktoren resultiert. Beispielsweise bleibt eine effektive Projektauswahl dann wirkungslos, wenn sie nicht auch von einer in Bezug auf Menge und Qualität adäquaten Ressourcenallokation begleitet wird.

Bei der Projektselektion sollte sich das PPM um eine möglichst **hohe Effektivität** bemühen. Effektivität bedeutet in diesem Kontext: Die richtigen Projekte zu realisieren. Welches sind in der jeweiligen Unternehmenssituation die richtigen Projekte? Diese Frage zu beantworten, ist Aufgabe der Kriterienauswahl in der Projektportfolioplanung (Seidl 2009, S. 40).

Eine **flexible Priorisierung der Projekte** sollte nach Möglichkeit die Berücksichtigung der unterschiedlichen Priorisierungskriterien ermöglichen und sich flexibel auf neue Rahmenbedingungen anpassen können. Während in früheren Jahren die meisten Organisationen die einmalige Priorisierung der Projekte im Rahmen des jährlichen Budgetprozesses für ausreichend erachteten, wächst in jüngerer Zeit die Erkenntnis, dass aufgrund der vielfältigen Änderungen in einem Projektportfolio während eines Jahres eine Verkürzung der Projektpriorisierungs- und Steuerungszyklen notwendig ist. Viele Organisationen gehen inzwischen von der statischen Projektpriorisierung über zu einer rollenden Planung des Projektportfolios. Dies Vorgehen führt dazu, dass zur Ermittlung der Projektprioritäten deutlich weniger Zeit zur Verfügung steht, als dies noch im Rahmen einer jährlichen Projektpriorisierung möglich war. Um dieser beschleunigten Form der Projektpriorisierung gerecht zu werden, müssen vermehrt Möglichkeiten geschaffen werden, die Projektprioritäten auf der Basis fest definierter Regeln automatisch zu ermitteln (Seidl 2009, S. 2230).

Aus Sicht des Projektmanagers erhält dieser die Priorität seines Projekts somit vom PPM. Die rollierende Priorisierung zwingt den Projektmanager also auch dazu, möglichst termingerecht seine Ressourcen zielgerichtet einzusetzen, um bei der nächsten Priorisierungsrunde nicht diese Ressourcen ggf. wieder zu verlieren.

Soll die Priorisierung der Projekte die gewünschte Wirkung zeigen, so muss sich die Zuweisung der Ressourcen an die Projekte an den zuvor festgelegten Prioritäten ausrichten. Eine Priorisierung ohne entsprechende Ressourcenallokation hat keinen Effekt, dennoch findet eine prioritätsorientierte Ressourcenallokation nicht immer statt.

Wann ist der richtige Zeitpunkt gekommen, um ein Projekt zu starten? Punktuell vorhandene Restkapazitäten in der Ressourcenplanung verführen dazu, Projektportfolios zu »überladen«. Dann werden Projekte einfach gestartet, obwohl innerhalb der geplanten Projektlaufzeit keine ausreichende Zuordnung von Personal und Budget möglich ist. Statt der gewünschten vollständigen Nutzung der verfügbaren Ressourcen kommt es dann meist zu Engpässen und Verzögerungen im gesamten Projektportfolio. Die Überlastung einzelner Ressourcen beeinträchtigt nicht nur das Projekt, das die Überlastung verursacht, sondern auch alle anderen Projekte, die von den Engpassressourcen abhängig sind. Projekte sollten daher nur dann gestartet werden, wenn sich Projektplanung und Ressourcenverfügbarkeit einigermaßen in Einklang miteinander bringen lassen. Ansonsten gilt der Grundsatz: Weniger ist mehr (Seidl 2009, S. 40)!

3 EINZELAUFGABEN IM PORTFOLIOMANAGEMENT

3.1 PROGRAMME, PROJEKTE, PROJEKTIDEEN ZUR AUFNAHME IN DAS PORTFOLIO IDENTIFIZIEREN

3.1.1 PORTFOLIODESIGN

Bevor man Programme, Projekte oder Ideen zur Aufnahme in ein Projektportfolio identifizieren kann, muss das Portfolio definiert und gestaltet sein. Die ICB 4 versteht dieses Portfoliodesign als Kompetenzelement (Practice 1) für das Portfoliomanagement.

Dieses Kompetenzelement definiert das Portfoliodesign als die Erfassung der Anforderungen der Organisation und deren Überführung in eine Portfoliogestaltung, welche die höchste Wahrscheinlichkeit für einen Portfolioerfolg erwarten lässt (vergl. Motzel, Möller 2017, S. 179).

Die Aufnahme in das Portfolio hängt in starkem Maße davon ab, wie ein Portfolio gebildet und abgegrenzt ist, welche übergeordneten Ziele mit dem Portfolio verfolgt werden und welche grundlegenden Festlegungen hinsichtlich des Portfoliomanagements getroffen wurden. Desgleichen ist die im Rahmen des Portfoliodesigns getroffene Festlegung einer Optimierungsstrategie für die Aufnahme neuer Komponenten in das Portfolio relevant.

Nicht zuletzt hat die Festlegung der Steuerungsebene im Portfolio Auswirkungen auf die Aufnahme neuer Komponenten. Werden nämlich Programme als Komponenten des Portfolios angesehen und nicht die in den Programmen enthaltenen Einzelprojekte, so können diese Programme autonom Projekte innerhalb ihres Programmkontextes initiieren. Wird das Portfolio dagegen auf der Projektebene gesteuert, so liegt die Hoheit beim Portfoliomanagement. Auch hier sind Mischformen, also die fallweise Festlegung der Steuerungsebene, möglich.

3.1.2 PROJEKTE ZUR AUFNAHME INS PORTFOLIO IDENTIFIZIEREN

Projekte und Programme bzw. Projektideen und Initiativen, die an das Portfolio herangetragen und gegebenenfalls in das Portfolio aufgenommen werden sollen, müssen systematisch erfasst und verfolgt werden.

Die einfachsten Formen hierzu sind die Erfassung und die Nachverfolgung in Form einer **Kandidatenliste**. Dabei werden bereits die wichtigsten Informationen zum jeweiligen Projekt oder Programm erfasst und dokumentiert, wie Ziele, erwarteter Nutzen, Status der Konzeption bzw. Vorbereitung, soweit absehbar eine Konkretisierung der Zielgrößen im magischen Dreieck (Leistungs-, Termin- und Aufwandsziele), Angaben zum voraussichtlichen Ressourcen- und Finanzmittelbedarf, bereits erkannte Abhängigkeiten von anderen Projekten sowie Vorbedingungen etc. Anders ausgedrückt: Es sollte sukzessive ein Steckbrief für jede Idee und Initiative zur Aufnahme eines neuen Portfolioelements erarbeitet werden.

Eine gute Möglichkeit, um Projektideen oder Projekte in einem frühen Stadium systematisch zu erfassen, zu durchdringen und zu dokumentieren, bietet sich mit der Project Canvas, die, direkt übersetzt, in etwa »Projekt-Leinwand« bedeutet. Damit kann der Projektmanager und oder der Auftraggeber alle wesentlichen Fakten zu seinem Projekt sammeln und dokumentieren. Kommt dieses Instrument für alle Projekte eines Portfolios zur Anwendung, so verfügt der Portfoliomanager über eine gute Basis, um Portfolioentscheidungen vorbereiten und treffen zu können. Abbildung 2.3-5 veranschaulicht den typischen Aufbau einer solchen Projekt – bzw. Ideenbeschreibung als Übersicht.

Alle wichtigen Aspekte des Unterfangens, die Interessen und unterschiedlichen Sichten der Projekt-Stakeholder werden beleuchtet und das Ganze in einer Gesamtübersicht dokumentiert. Hierbei werden alle Aspekte erfasst, die für die Einordnung des Projekts in den Kontext des Projektportfolios notwendig sind.

Um eine möglichst vollständige und vergleichbare Übersicht über alle Kandidaten sicherzustellen, sollte eine systematische Erfassung in Form von Erhebungen und Bestandsaufnahmen durchgeführt werden. Danach sind die Kandidaten zu bewerten, um eine Vorselektion für den nächsten geplanten Aufnahmetermin ins Portfolio zu erstellen.

Projektbezeichnung

Projektgegenstand
- Warum ist das Projekt notwendig? Welche Herausforderung ist zu bewältigen? Was soll mit dem Projekt erreicht werden?
- Für wen ist das Projekt wichtig und bedeutsam?
- Was wird sich durch das Projekt verändern?

Ziele
- Wann ist das Projekt erfolgreich?
- Welche Ergebnisse sollen vorliegen?

Restriktionen
- Was darf das Projekt maximal kosten?
- Welche Aufwandsrestriktionen gibt es?

Projektauftrag
- Wer ist Auftraggeber?
- Ist ein Lastenheft verfügbar?
- Ist ein Projektvertrag erforderlich?
- Wer ist Auftragnehmer?
- Hat der Auftragnehmer ein Pflichtenheft erstellt?

Stakeholder
- Wer hat ein berechtigt. Interesse am Projekt?
- Wer wird wie Einfluss nehmen?
- Wie kann man mit den Stakeholdern umgehen?

Promotoren
- Projektsponsor
- Macht-/ Fachpromotoren

Opponenten
- Gegner
- Benachteiligte
- Betroffene

Projektergebnisse
- Lieferobjekte und Leistungen
- materielle / immaterielle Ergebnisse
- Zu erfüllende Qualitätsanforderungen

Kunde(n) / Nutzer
- Wer erhält und beurteilt die Ergebnisse?
- Was macht den Kunden zufrieden?
- Wer nutzt die Ergebnisse? Ab wann?
- Was macht den Anwender zufrieden?
- Wer ist von den Ergebnissen betroffen?

Personelle Ausstattung
- Erforderliches Know-how
- Verfügbare Kompetenzen
- Einbeziehung externer Berater / Partner

Projektorganisation
- Wer soll / kann das Projekt leiten?
- Besetzung Lenkungsausschuss
- Stabs-, Matrix- oder autonome Projektorganisation
- Teilprojekte

Sachliches Projektumfeld
- Welche Sachfaktoren sind zu beachten?
- Welche Faktoren wirken direkt welche indirekt auf das Projekt?

Risiken und Chancen
- Ereignisse und mögliche Ursachen
- Eintrittswahrscheinlichkeiten
- Tragweite
- Maßnahmen

Erfahrungen
- Was war gut?
- Was war schlecht?
- Was sollte man nicht mehr oder anders machen?

Ressourcenausstattung
- Erforderliche Sachmittel
- Erforderliche Finanzmittel

Budget
- Erforderliches Budget?
- Wer stellt das Budget bereit?
- Wann?

Projektlebensweg
- Projektstart und -ende
- Wann erfolgen Freigaben / Genehmigungen / Prüfungen / Abnahmen?
- Abschnitte / Phasen und Meilensteine
- Vorgehensmodell

Voraussetzungen
- Was muss gegeben / erfüllt / getan sein, damit das Projekt starten kann?

Abb. 2.3-5: Erfassung einer Projektidee in Form einer Project Canvas (vgl. Habermann 2015)

Bei obligatorisch durchzuführenden Projekten und Programmen (Zwangskomponenten) stellt sich nicht die Frage, ob sie in das Portfolio aufgenommen werden, sondern vielmehr, wann der richtige Zeitpunkt dafür gekommen ist, sollte dieser nicht ebenfalls zwingend vorgegeben sein.

3.1.3 SIMULATION DES PORTFOLIOS FÜR DEN FALL DER AUFNAHME

Auf Basis der Informationen zu den vorselektierten Kandidaten für eine Aufnahme in das Portfolio muss durch das Portfoliomanagement eine Simulation der veränderten Portfoliosituation durchgeführt werden. Hierbei sind verschiedene Entscheidungsszenarien denkbar. Diese sind vor allem in ihren Konsequenzen zu konkretisieren.

Vor der Aufnahme sollten zudem die damit verbundenen Probleme identifiziert und analysiert werden. Abschließend sollte ein Überblick über das neu zusammengestellte Portfolio verschafft werden, wobei insbesondere die signifikanten Veränderungen durch die Neuaufnahme in Bezug auf erwartete Ziel- und Nutzenbeiträge, die veränderten Prioritäten, die Auswirkungen der Änderungen auf die Ressourcenallokation sowie die projektübergreifenden Termine und die Meilensteine von besonderer Bedeutung hervorgehoben werden sollten.

Übergeordnetes Ziel bei der Vorbereitung der Aufnahme neuer Komponenten in das Portfolio ist die größtmögliche Effektivität des Handels. Es geht also, einfach gesagt, darum, die richtigen Projekte und Programme ins Portfolio zu integrieren.

3.2 KOMPONENTENEIGENSCHAFTEN ANALYSIEREN

Wie bereits dargestellt wurde, lassen sich die Komponenten eines Portfolios in vielfältiger Weise analysieren und bewerten. Gängige und bewährte Analysemethoden sind:

- Quantitative Analysen, wie Kosten-Nutzen-Analyse, Mehrkriterien-Analysen
- Kapazitätsanalysen (Ressourcen wie Personal, Finanzmittel, Anlagen etc.)
- Techniken zur Analyse der Chancen und Risiken (SWOT, PESTEL, Kernkompetenz-Analyse, Szenario-Techniken)
- Grafisch-quantitative Analysemethoden, wie die Portfolio-Darstellungstechnik
- Methoden zur Analyse von Abhängigkeiten (Netzwerkmodelle, Sensitivitätsanalysen etc.)

Die Analysemethoden lassen sich nach Kriterien einteilen. Eine übersichtliche Darstellung einer solchen Systematik bietet die folgende Tabelle:

Tab. 2.3-3: Analysemethoden zur Bewertung der Portfolioelemente (Bewertung von Innovationen im Mittelstand; Ahsen 2009)

Qualitative Instrumente	Ganzheitlich	Klasseneinstufung Pro-Contra-Methode Projektanwaltsverfahren Verbale Argumentation
	Offen analytisch	Checklisten Profilanalysen Punktwertvergabe ABC-Analyse
Semi-quantitative Instrumente		Nutzwertanalyse AHP-Analyse Kosten-Nutzen-Analyse Prioritätenregelung Data Envelopment Analyse
Quantitative Instrumente	Investitionsrechnung	**Statische Verfahren** – Kostenvergleich – Gewinnvergleich – Rentabilitätsvergleich – Statischer Amortisationsvergleich **Dynamische Verfahren** – Kapitalwertmethode – Annuitätenmethode – Interne Zinsfußmethode – Dynamischer Amortisationsvergleich – Endwertmethode **Risiko-Chancen-Beurteilung** – Sensitivitätsanalysen – Risikosimulation – Entscheidungsbaum – Realoptionsansatz
	Instrumente des Kostenmanagements	**Operative Ausrichtung** – Plankostenrechnung – Grenzplankostenrechnung **Strategische Ausrichtung** – Relative Einzelkosten- und Deckungsbeitragsrechnung – Target Costing – Lebenszykluskostenrechnung – Benchmarking

Die Analysen müssen mit Blick auf die übergeordneten Ziele und Randbedingungen erfolgen, die für das Portfolio festgelegt wurden. Im Allgemeinen stehen dabei die Wirtschaftlichkeitsziele, die übergeordneten Nutzenziele, die Begrenzung von Finanzmitteln, die Effizienzsteigerungen bei den in den Projekten eingesetzten Ressourcen, die Vermeidung von Doppelarbeiten und konkurrierenden Lösungen sowie die ausgewogene Gestaltung der Chancen und Risiken im Portfolio im Vordergrund der Betrachtungen.

Einen wichtigen Stellenwert nimmt zudem die Untersuchung der Durchführbarkeit für die neuen Portfoliokomponenten ein (Machbarkeitsuntersuchung, Feasibility Study).

Zudem sollte geprüft werden, ob neue Programme gebildet oder bestehende Programme aufgelöst oder umstrukturiert werden sollten (Programmbildung).

Die Vielzahl der genannten Analyseziele korrespondiert mit den vielfältigen und unterschiedlich geprägten Interessen der Stakeholder des Portfolios, wie die folgende Abbildung illustriert:

Abb. 2.3-6: Stakeholder des Projektportfolios und ihre Interessen (in Erweiterung von Seidl 2007, S. 61)

Die **Unternehmensleitung** ist vorrangig daran interessiert, die selbst gesteckten oder vorgegebenen Unternehmensziele zu verwirklichen. Dabei muss sie aber auch Risiken vom Unternehmen abwenden. Von den Projekten erwartet die Unternehmensleitung daher Umsetzungsbeiträge zu den übergeordneten Zielen sowie die Bewältigung von Zwängen aus der Unternehmensumwelt.

Die Auftraggeber interessieren sich dagegen primär für den Status und die auftragsgemäße **Abwicklung** der von ihnen beauftragten Projekte. Daneben betrachten sie ihre Projekte auch im Kontext des Portfolios, um mögliche Synergien zu nutzen oder mögliche Gefährdungen, zum Beispiel durch Ressourcenkonflikte, frühzeitig zu erkennen und abzuwenden (Seidl 2011, S. 110).

Daneben bestehen vielfältige weitere Interessen, die in der Abbildung zwar beispielhaft dargestellt sind, aber hier nicht weiter behandelt werden.

3.3 PROGRAMME UND PROJEKTE ANHAND DER PORTFOLIOPRIORITÄTEN PRIORISIEREN

Ein wichtiges Instrument der Projektportfolioplanung und -steuerung stellt die Festlegung klarer Prioritäten für die im Portfolio enthaltenen Projekte dar. Die Festlegung von Prioritäten bedeutet letztlich eine Vorentscheidung für den Fall von Ressourcenengpässen oder Konflikten zwischen den Projekten, anhand derer darüber entschieden wird, welches Projekt in einer solchen Situation vorrangig zu bedienen ist.

Dazu müssen Prioritäten so klar und verständlich festgelegt sein, dass die Projektmanager und die Mitarbeiter sich auch an sie halten können. Zudem muss auch überwacht werden, ob entsprechend der Prioritäten gehandelt wird, da die Vorgaben sonst schnell ignoriert werden könnten.

Die Prioritäten müssen hinreichend stabil gegen täglich auftretende Veränderungen und neue Erkenntnisse sein. Eine Priorität muss als eine Art Absichtserklärung schließlich für einen gewissen Zeitraum gültig sein. Ist sie das nicht, so ist jedes Mal der Manager gefragt, der eine Entscheidung trifft oder als Eskalationsinstanz fungiert. Damit werden aber zusätzliche Analyse- und Entscheidungszeit benötigt, die letztlich der Projektarbeit insgesamt verloren gehen.

Das Ergebnis des Priorisierungsprozesses sollte eine **eindeutige Projektrangfolge** sein. Nur dann, wenn eine eindeutige Rangfolge der Projekte ermittelt wurde, lässt sich bei Konflikten oder der Abarbeitung von Aufgaben auch nach dem Pull-Prinzip, das in agilen Methoden und in KANBAN vorherrscht, eine eindeutige Entscheidung treffen bzw. ableiten. Der Aufwand kann allerdings durch einige methodische Kniffe deutlich reduziert werden und ist dann nur noch bei der Erstbewertung der Projekte etwas erhöht.

Betrachtet man das Portfolio-Board (siehe Abbildung 2.3-10), so ist eine Priorisierung nur innerhalb der einzelnen Spalten zu leisten. Zudem kann man eine eindeutige Rangliste zunächst nur für die Spalte der laufenden Projekte und in einem nächsten Schritt für die anstehenden Projekte erarbeiten. Innerhalb der laufenden Projekte hat man so eine Vorentscheidung für Ressourcenkonflikte getroffen, während man innerhalb der anstehenden

Projekte die Voraussetzung für die Entscheidung getroffen hat, welche Projekte als nächste eingeplant werden sollen. Es ist wichtig, zu berücksichtigen, dass eine Priorisierung keine zeitliche Reihenfolge bedeutet, sondern lediglich aussagt, welches Projekt bei einer Auswahl aus mehreren Projekten als erstes bedient werden soll.

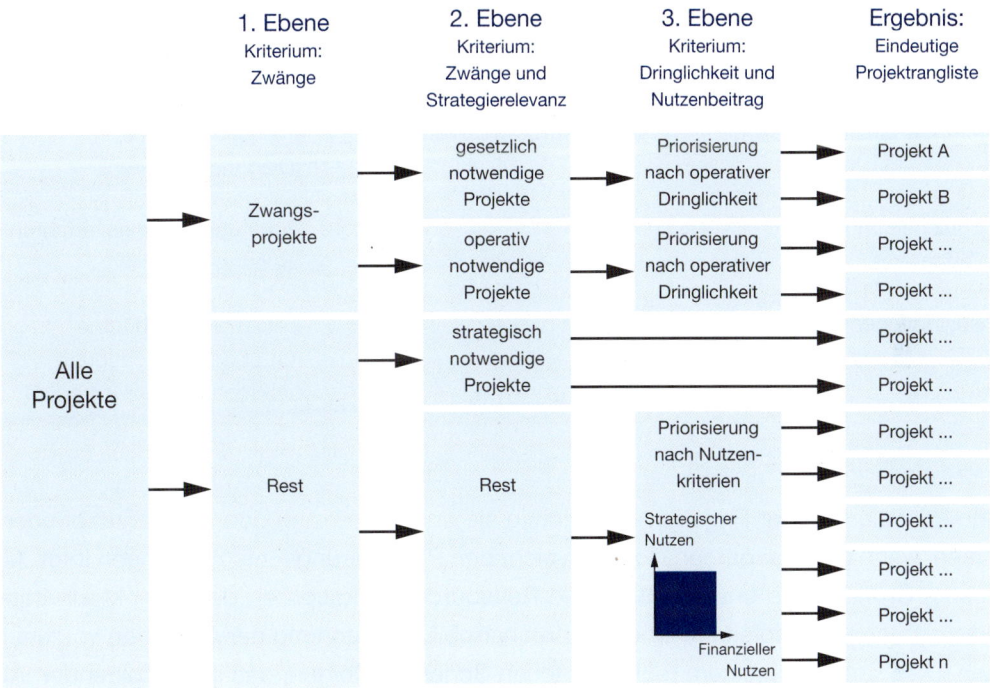

Abb. 2.3-7: Logik für die Ermittlung einer Projektrangfolge durch Priorisierung (vgl. Seidl, Baumann 2009, S. 2232; Seidl 2007, S. 144)

Neben den zuvor dargestellten Kriterien zur Priorisierung gibt es auch noch weitere Kriterien, die in der Regel die Ergebnisse eines spezifischen Analyse- oder Projektbewertungsverfahrens sind. Tabelle 2.3-4 verschafft einen Überblick über solche Verfahren, die sich gut in die obere Priorisierungslogik integrieren lassen.

Tab. 2.3-4: Gängige Priorisierungsverfahren (weiterentwickelt aus Seidl 2009, S. 2229)

Eindimensionale Priorisierungsmethoden	Vergleichende Priorisierungsmethoden	Mehrdimensionale Priorisierungsmethoden
Kapitalwert-Methode (Net Present Value)	Paarweiser Vergleich / Sensitivitätsanalyse	Checklisten-Verfahren (meist mittels Punktebewertung)
Interner-Zinsfuß-Methode	Lineare Programmierung	Portfolio-Modelle (Diagonalverfahren)
Entscheidungsbaum-Verfahren		Punktebewertungsverfahren (Scoring-Modelle)
Realoptionen-Bewertung		Entscheidungsbäume (unter Berücksichtigung unterschiedlicher Kriterien)

Eine Priorisierung der Projekte – so wichtig sie auch ist – kann dann nicht nutzbringend wirken, wenn die Ressourcenallokation nicht den Priorisierungsentscheidungen folgt. Aus diesem Grund ist es unverzichtbar, die Ressourcenallokation an den Projektprioritäten auszurichten und begleitend eine entsprechende Überwachung der Allokation vorzunehmen. Dies kann nach einem recht einfachen Schema erfolgen, das in der folgenden Abbildung verdeutlicht wird:

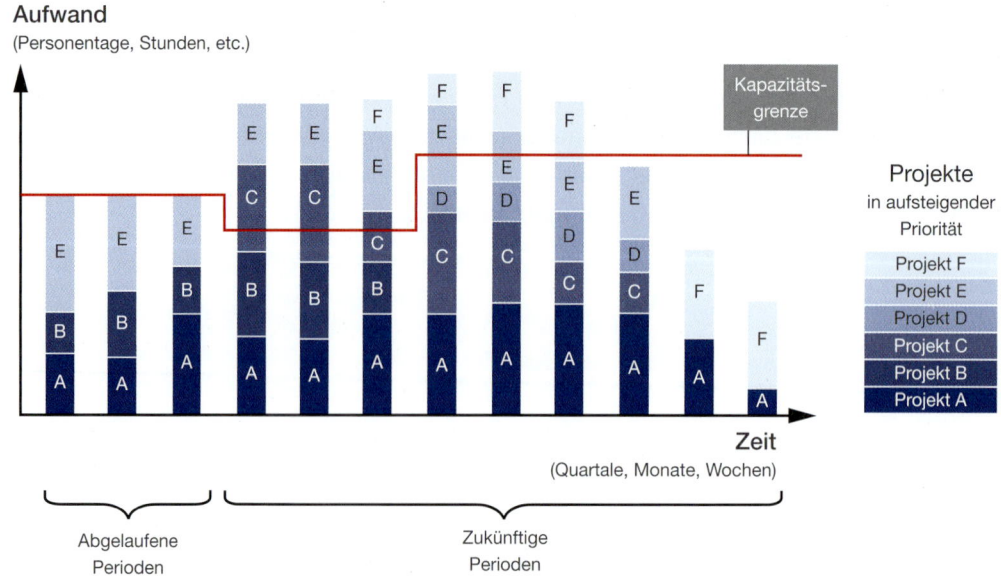

Abb. 2.3-8: Prioritätsorientierte Ressourcenallokation (weiterentwickelt aus Seidl 2009, S. 41)

In der Abbildung 2.3-8 wird die Ressourcenallokation der Projekte in einem »Ressourcengebirge« dargestellt. Diese Darstellung ist sowohl für zukünftige Perioden (anhand der Plandaten) als auch für vergangene Perioden (anhand der Ist-Daten) möglich. Die Ressourcenbindung der Projekte wird dabei je Periode kumuliert, wobei die einzelnen Segmente von unten nach oben nach Projektpriorität angeordnet werden. Die Darstellung einer Kapazitätsgrenze zeigt anschaulich, was in einer Periode geleistet werden kann und was darüber hinausgeht. Da sowohl Personal als auch Sachmittel nicht immer in gleicher Kapazität zur Verfügung stehen, z. B. aufgrund von Abwesenheiten, Urlauben, Stillstand wegen Instandhaltung oder Kapazitätsveränderungen, wird die Kapazitätsgrenze immer schwanken. Auch dies wird in der Abbildung beispielhaft dargestellt.

Diese prinzipielle Darstellung ist sehr flexibel in ihren Anwendungsmöglichkeiten: Die Darstellung lässt sich mit unterschiedlichen Metriken, wie Personentage, Maschinenstunden, TEuro etc. nutzen. Zudem kann sie gleichermaßen sowohl umfassend als auch für spezifische Ressourcengruppen, z. B. Engpassressourcen, Abteilungen, Entwicklungsteams etc., genutzt werden. Die Zeitachse lässt sich an unterschiedliche Planungshorizonte (Dreijahresplanung, Jahresplanung, rollierende Planung, Release- und Sprintzyklen) anpassen. Gerade den Anwendungsbereich für eine solche Gegenüberstellung von Ressourcenbedarf und -kapazität sollte man sorgfältig wählen, da eine verdichtete Gesamtdarstellung Probleme verdecken kann, die in einer spezifischeren Filterung erkennbar werden.

 Beispiel: In einem Portfolio von Projekten zur Produktentwicklung herrscht gefühlt immer Personalknappheit. Aus diesem Grund konzentriert man sich auf eine angemessene Allokation bzw. Verteilung der Personalressourcen. Dabei wird übersehen, dass alle Prototypen gleichzeitig auf den einzigen verfügbaren Prüfstand müssen. Diese Sachressource stellt sich schließlich als der eigentliche Engpass heraus.

3.4 DIE LEISTUNGEN DER KOMPONENTEN ERFASSEN UND SICHERSTELLEN

Die Portfoliostatus muss regelmäßig überprüft und beurteilt werden. Die Überprüfung erfolgt im Rahmen des beim Portfoliodesign festgelegten Portfolioüberwachungszyklus.

Im Vorfeld dieser Überwachung wird für alle Portfoliokomponenten eine **Statuserhebung** durchgeführt. Diese umfasst vorrangig die Zielerreichung hinsichtlich Leistungen, Kosten und Terminen, die Betrachtung der aktuellen Probleme und die aktualisierte Betrachtung der Chancen und Risiken. Darüber hinaus sollten für jedes Programm und Projekt im Portfolio die Handlungs- und Entscheidungsbedarfe erhoben und dokumentiert werden.

Erhoben und aufbereitet werden dabei sowohl qualitative als auch quantitative Daten, wie die nachfolgende Tabelle verdeutlicht.

Tab. 2.3-5: Qualitative und quantitative Daten zur Erfassung und Darstellung des Portfoliostatus

Qualitative Daten	Quantitative Daten
I Zielerreichung I Nutzenbeiträge I Leistungsfortschritt (qualitativ) I Probleme, Behinderungen I Chancen I Abhängigkeiten I Redundanzen, Überlappungen I Untersuchungs-, Handlungs- und Entscheidungsbedarfe	I Leistungsfortschritt I Termineinhaltung I Kostenentwicklung I Risiken (quantitativ)

Auf Basis dieser Einzelinformationen wird dann der Portfoliostatus erfasst und dargestellt. Die Zielbeiträge der einzelnen Portfoliokomponenten werden erhoben und eine Abweichungsanalyse zur Portfolioplanung erstellt.

Wichtige Einzeldarstellungen können dabei sein:

I Gesamtzielerreichung bzw. Einhaltung des laufenden Optimierungskriteriums des Portfolios

I Erreichung wesentlicher Meilensteine und Quality Gates

I Projektübergreifende Ablauf- und Terminübersicht: Projektesynopsis

I Entwicklung der Ressourcenbindung durch das Portfolio und seine Komponenten

I Entwicklung der Portfoliokosten und der Verwendung der Finanzmittel

3.5 ZUKÜNFTIGE PORTFOLIOLEISTUNG ANALYSIEREN UND PROGNOSTIZIEREN

Die Analyse und Vorhersage der zukünftigen Portfolioleistung sind ebenfalls fortlaufende Prozesse, die in den zyklischen Portfolioprozess integriert sind.

Dabei werden vor allem die Prozesse zur Identifikation von Portfoliokandidaten sowie die Genehmigungsprozesse in Bezug auf das Portfolio regelmäßig überprüft und gegebenenfalls verbessert.

In der Vorausschau wird versucht, den künftigen Wert des Portfolios und die zu erwartenden Beiträge zur strategischen Zielerreichung zu prognostizieren. Dies erfolgt in der Regel durch Überwachung und Messung der Portfolio-Leistungsindikatoren und deren Fortschreibung in die Zukunft. Als Leistungsindikatoren für das Portfolio kommen z. B. das Verhältnis der abgeschlossenen zu den neu gestarteten Projekten oder die Entwicklung des Projektportfolio-Fertigstellungswertes mittels einer EVA (Earned-Value-Analyse) in Betracht.

Die im Rahmen dieses Prozesses gewonnenen Erkenntnisse werden aufbereitet und ggf. für Verbesserungen in den Prozessen der Projektauswahl, -priorisierung und des Portfolioausgleiches genutzt.

3.6 PORTFOLIOENTSCHEIDUNGEN VORBEREITEN UND HERBEIFÜHREN

Im Rahmen des Portfolioprozesses sind regelmäßig Entscheidungen zu treffen, die das Portfolio insgesamt oder einzelne Komponenten darin betreffen. Im **Projektportfoliozyklus** sind üblicherweise feste Zyklen für solche Entscheidungen vorgesehen. Daneben können anlassbezogen jederzeit zusätzliche Entscheidungen anberaumt werden. Die Entscheidungen werden im Normalfall durch das **Portfolio-Board**, also ein zuständiges Entscheidungsgremium, getroffen. Im Vorfeld einer Sitzung dieses Gremiums müssen Handlungsvorschläge erarbeitet und Entscheidungsvorlagen vorbereitet werden.

Der Portfoliomanager wird die Sitzung des Entscheidungsgremiums einberufen und leiten. Im Rahmen der Sitzung wird er dann die Handlungs- und Entscheidungsbedarfe vorstellen und die notwendigen **Portfolioentscheidungen** herbeiführen.

Die nachfolgende Abbildung verdeutlicht, welche unterschiedlichen Zustände ein Projekt im Projektportfolioprozess auf der Basis von Entscheidungen des Lenkungsgremiums durchläuft:

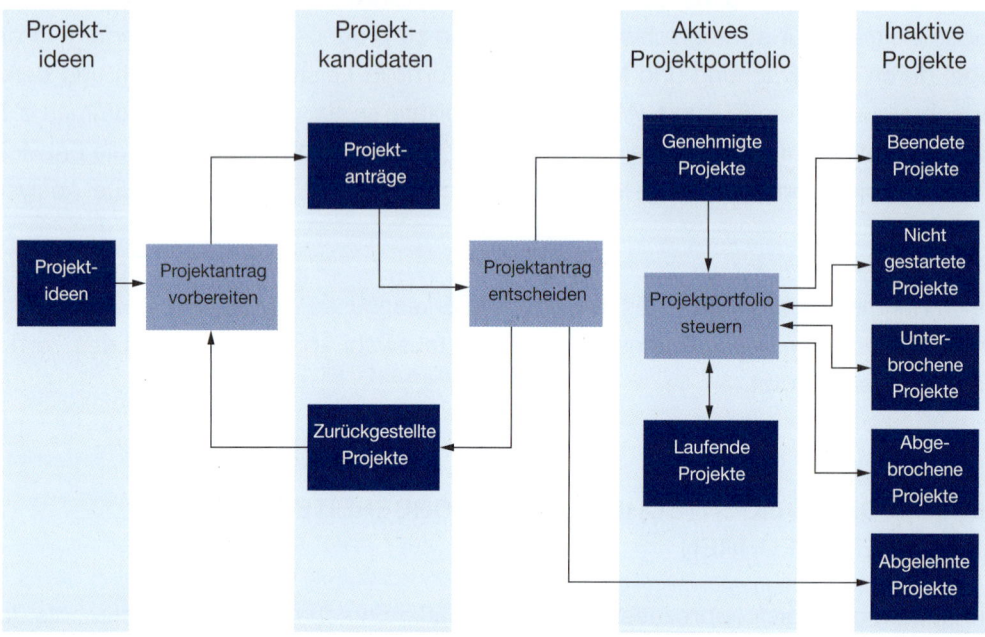

Abb. 2.3-9: Projektstatusveränderungen durch Portfolioentscheidungen (angelehnt an Seidl, Baumann 2009, S. 2214)

Die Entwicklung des Projektportfolios lässt sich auf einer Metaplan-Tafel oder einem Whiteboard demonstrieren und besprechen. Man kann dem Entscheidungsgremium anhand einer solchen Tafel auch anschaulich vor Augen führen, welche Veränderungen im Portfolio seit der letzten Sitzung zu verzeichnen sind, indem man zu Beginn der Sitzung auf das »alte« Whiteboard schaut und der Portfoliomanager sodann alle seit der letzten Sitzung eingetretenen Veränderungen auf dem Board nachvollzieht und näher erläutert.

Die folgende Abbildung veranschaulicht exemplarisch, wie ein solches Board aufgebaut sein könnte:

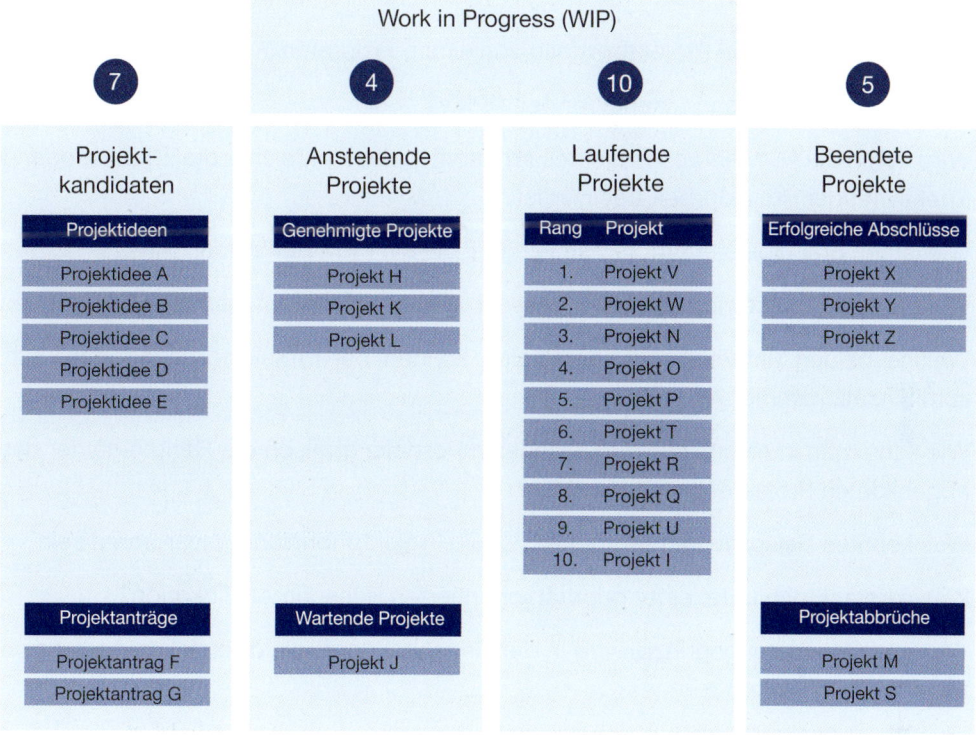

Abb. 2.3-10: Projektportfolio-Board (KANBAN-Board) (vgl. Seidl 2018)

WIEDERHOLUNGSFRAGEN

- Welche gemeinsamen Merkmale haben Projekt und Programm?
- Was unterscheidet ein Projektportfolio von einem Programm?
- Wer sind die typischen Stakeholder des PPMs?
- Wird durch die Auswahl von Projekten im Rahmen des PPMs eher die Effizienz oder die Effektivität der Projektarbeit beeinflusst?
- Wie lauten drei typische Problemstellungen, die ein PPM bewältigen muss?
- Wie hängen Projektprioritäten und Ressourcenmanagement miteinander zusammen?
- Welche beiden unterschiedlichen Skalen können bei Projektportfoliodarstellungen zum Einsatz kommen?
- Wie kann man in einem zweidimensionalen Portfolio grafisch die Rangfolge der darin abgebildeten Projekte bestimmen?
- Was könnten Beispiele für mehrdimensionale Projektpriorisierungsverfahren sein?
- Was versteht man unter einer prioritätsorientierten Ressourcenallokation?
- Welches Optimierungsprinzip wird in der Regel bei der Projektportfoliosteuerung verfolgt?

LITERATURVERZEICHNIS

Ahsen, A. v. (2009): Bewertung von Innovationen im Mittelstand: Springer; Auflage: 2010: ISBN-13: 978-3642016998.

Felchlin, J. (2018): 3 Erfolgsfaktoren für agiles Portfoliomanagement, in Projektmagazin, Ausgabe 04/2018 vom 21.02.2018.

Habermann, F.: Der Project Canvas – wirksames Werkzeug zur Projektdefinition, in: ProjektMagazin Ausgabe 11/2015 vom 27.05.2015 (www.projektmagazin.de).

Hirzel, M.; Kühn, F.; Wollmann, P. (2002): MultiProjektManagement. Strategische und operative Steuerung von Projektportfolios, Frankfurt/Main, 2002999999.

Hüsselmann, C.; Seidl, J. (2015) (Hrsg.): Multiprojektmanagement – Herausforderungen und Best Practices. Hardcover, inkl. E-Book, 351 Seiten, Symposion: 2015.

Motzel, E.; Möller, T. (2017): Projektmanagement-Lexikon. Referenzwerk zu den aktuellen nationalen und internationalen PM-Standards. 3. Auflage, Wiley-VCH Verlag, Weinheim.

Pennypacker, J.; Dye, L. (2002): Managing Multiple Projects – Planning, Scheduling and Allocating Resources or Competitive Advantage, New York, Basel 2002.

Seidl, J. (2007): Konvergentes Projektmanagement (KPM). Konzepte der Integration von Projektportfoliosteuerung und operativem Programm- und Projektmanagement. Dissertation. Universität Bremen.

Seidl, J. (2009).: Effizienz versus Effektivität im Multiprojektmanagement, in: GPM (Hrsg.): PMaktuell, Heft 2/2009, Seite 39–41.

Seidl, J. (2011): Multiprojektmanagement. Übergreifende Steuerung von Mehrprojektsituationen durch Projektportfolio- und Programmmanagement. Springer.

Seidl, J. (2016): Multiprojektmanagement in der öffentlichen Verwaltung. In: Schönert, S.; Münzberg, M.; Staudt, D. (Hrsg.): Projektmanagement in der öffentlichen Verwaltung, Symposion.

Seidl, J. (2018): Mit welchen Mitteln lässt sich die Projektlandschaft steuern? in: ProjektMagazin 12/2018 vom 13.6.2018 (www.projektmagazin.de, http://bit.ly/Multiprojektlandschaft).

Seidl, J.; Baumann, D. (2009): 3.03 Projektportfolioorientierung, In: Gessler, M. (Hrsg.): Kompetenzbasiertes Projektmanagement (PM3). Nürnberg, S. 2205–2242.

Seidl, J.; Ziegler, T. (2008): Management von Projektabhängigkeiten, in: Steinle, C. et. al. (Hrsg.): Handbuch Multiprojektmanagement und -controlling – Projekte erfolgreich strukturieren und steuern, Erich Schmidt Verlag, Berlin 2008, S. 93–108.

2.4 VORGEHENSMODELLE UND ORDNUNGSRAHMEN

Autor: Holger Timinger
Prof. Dr. Holger Timinger ist Mitgründer des Instituts für Projektmanagement und Informationsmodellierung der Hochschule Landshut. Sein Forschungsinteresse gilt dem hybriden Projektmanagement, insbesondere der adaptiven Referenzmodellierung hybrider Vorgehensmodelle und der Digitalisierung des Projektmanagements. Er ist Autor mehrerer Fachartikel und Bücher zu diesem Thema und aktives Mitglied der GPM Fachgruppe PM an Hochschulen.

Co-Autor: Thor Möller
Dr. Thor Möller studierte Wirtschaftswissenschaft und promovierte am Institut für Projektmanagement und Innovation (IPMI). Anschließend war er Abteilungsleiter Betriebswirtschaft im Zentralverband des Deutschen Baugewerbes und danach Projektleiter bei der Umwelt Consult Berlin GmbH. Seit 1995 baut er die con-thor Unternehmensgruppe auf.

Co-Autor: Alfred Oswald
Dr. Alfred Oswald, ist Geschäftsführer des Consulting Instituts IFST– Institute for Social Technologies GmbH für Agile Organisationen. Er ist Leiter der GPM Fachgruppe Agile Management. Sein Arbeitsgebiet ist die Transformation projektorientierter Organisationen zu Organisationen 4.0. Er ist Co-Autor der Collective Mind Methode sowie der Bücher »Projektmanagement am Rande des Chaos« und »Management 4.0 – Handbook for Agile Practices«.

INHALT

Perspektiven und Einführung 135

Historische Entwicklung von Vorgehensmodellen 139

Ordnungsrahmen für Vorgehensmodelle 142
    Allgemeiner Aufbau 142
    Modelle zur Unterscheidung und Auswahl eines Vorgehensmodells 143
    Ordnungsrahmen zur Konstruktion von Vorgehensmodellen 151

Sequenzielle Vorgehensmodelle 153
    Grundlagen sequenzieller Vorgehensmodelle 153
    Wasserfallmodell / Stage-Gate-Modell 153
    V-Modell 155

Nebenläufige Vorgehensmodelle 157

Wiederholende Vorgehensmodelle 159
    Grundlagen wiederholender Vorgehensmodelle 159
    Inkrementelle Vorgehensmodelle 160
    Iterative Vorgehensmodelle 161
    Spiralmodell 161
    Evolutionäre Vorgehensmodelle 163

Agile Vorgehensmodelle 163
    Grundlagen agiler Vorgehensmodelle 163
    Scrum 164
    Kanban 166
    Lean Projektmanagement 169
    DevOps 170
    Design Thinking 170
    Extreme Programming 171
    Exkurs: Agile Organisationsstrukturen jenseits von Scrum und Kanban 172

Tailoring und hybride Vorgehensmodelle 173
- Grundlagen. 173
- Planbasierte hybride Vorgehensmodelle 175
- Agile hybride Vorgehensmodelle. 176
- Gemischt hybride Vorgehensmodelle 176

Zusammenfassung und Ausblick. 176

Wiederholungsfragen. 178

Literaturverzeichnis. 179

1 PERSPEKTIVEN UND EINFÜHRUNG

Projekte können ganz unterschiedlicher Art sein. Die Unterschiede können sich hierbei unter anderem auf den Projektgegenstand, die Stakeholder, die Komplexität insgesamt und die sonstigen Rahmenbedingungen beziehen. Bauprojekte, IT-Projekte, Forschungsprojekte, Produktentwicklungsprojekte, Verbesserungs- und Optimierungsprojekte, Beschaffungsprojekte und Projekte des Anlagenbaus (→ Kapitel »Projekte und Projektmanagement«) stellen nur eine kleine Auswahl dar, welche die Vielfalt an Projekten verdeutlicht. Genauso vielfältig wie die Projekte ist auch das zu ihrer Bearbeitung einzusetzende Projektmanagement.

Für die Festlegung eines geeigneten Projektmanagement-Vorgehens ist ein Verständnis der Projektaufgabe in einer Gesamtbetrachtung unerlässlich. Unterschiedliche Perspektiven auf das Projekt helfen bei dem Bemühen, das Projekt zu verstehen und passende Methoden des Projektmanagements einzusetzen. Die Betrachtung wird dabei durch das Wissen um die Theorie, die praktische Erfahrung und die eigene Rolle beeinflusst (Winter 2009). Aus der jeweils eingenommenen Perspektive ergibt sich ein Abbild einer wahrgenommenen Situation, das es erlaubt, entsprechende Maßnahmen für das Projektmanagement abzuleiten. Haberstroh schlägt beispielsweise die Perspektiven Integrationsmanagement, Inhalts- und Umfangsmanagement, Terminmanagement, Kostenmanagement, Qualitätsmanagement, Personalmanagement, Kommunikationsmanagement, Risikomanagement und Beschaffungsmanagement vor, um je nach Ausprägung geeignete Methoden im Rahmen des Projektmanagements einzusetzen (Haberstroh 2013).

Winter und Szczepanek wählen weniger managementbezogene Perspektiven, um der Vielfalt der Projekte besser Rechnung zu tragen (2009). Ihre Perspektiven lauten stattdessen social, political, intervention, value, development, organizational und change:

- Die **soziale Perspektive** umfasst hierbei unter anderem die Interaktion der in das Projekt involvierten Individuen.

- Die **politische Perspektive** soll dabei helfen, die Interessenslage der Individuen und ihre Motive zu ergründen.

- Die **Interventionsperspektive** hilft bei der Untersuchung, wie invasiv ein Projekt wechselwirkt. Geht es beispielsweise um kleinere Verbesserungen oder wird ein bestehendes System infrage gestellt?

- Die **Wert(schöpfungs)perspektive** soll den Blick auf die Verwertbarkeit des Projektergebnisses lenken. Diese kann, muss aber nicht ausschließlich auf wirtschaftliche Werte fokussieren.

- Die **Entwicklungsperspektive** unterstützt beim Verständnis, was es neu zu entwickeln gibt und was hierfür benötigt wird.

- Die **organisationsbezogene Perspektive** lässt den Betrachter sich auf die projektinterne und -externe Organisation fokussieren und entsprechende Zusammenhänge erkennen.

- Die **Veränderungsperspektive** schließlich soll die Augen für den Wandel, der durch das Projekt hervorgerufen wird, öffnen.

Jede Person, die ein Projekt betrachtet, wird einen oder mehrere Perspektiven einnehmen und entsprechende Einsichten in das Projekt gewinnen. Dabei können die Erkenntnisse unterschiedlicher Perspektiven durchaus zusammenhängen. So wird beispielsweise die Invasivität eines Projekts Auswirkungen auf den zu begleitenden Wandel haben.

Für die Initiierung, Definition, Planung, Steuerung und den erfolgreichen Projektabschluss stehen heute sehr viele Methoden und Empfehlungen zur Verfügung. Manche Methoden, wie der Balkenplan, werden schon seit weit über 100 Jahren eingesetzt, andere Methoden, wie Planning Poker, wurden erst mit der Verbreitung agiler Werte und Prinzipien vor einigen Jahren bekannt. Nicht alle Prozesse, Methoden, Techniken, (IT-basierte) Werkzeuge können sinnvoll miteinander kombiniert werden. Außerdem liefern sie an sich noch keinen roten Faden durch den Projektlebensweg. Diese Aufgabe übernehmen Vorgehensmodelle. Die Erkenntnisse aus den Perspektiven können dabei helfen, ein passendes Vorgehen auszuwählen und geeignete Methoden für das Projektmanagement einzusetzen.

Nach dem Lesen des Kapitels kennen Sie die verbreiteten Vorgehensmodelle und deren Stärken und Schwächen. Sie können Vorgehensmodelle für ihren Einsatz in bestimmten Situationen bewerten und sind dazu in der Lage, Vorgehensmodelle den eigenen Bedürfnissen entsprechend anzupassen.

Definition: Vorgehensmodelle im Projektmanagement beschreiben eine systematische und koordinierte Vorgehensweise bei der Abwicklung eines Vorhabens.

Vorgehensmodelle können folgende Elemente beinhalten (Motzel, Möller 2017):

- Eine schematische Abbildung des Gesamtablaufs
- Die Darlegung der Einzelaufgaben in Form von Phasen und/oder Prozessen mit Eingangs- und Ausgangsgrößen
- Die Vorgabe von Meilensteinen und Anforderungen an Meilensteinergebnisse
- Die Festlegung der Rollen und notwendigen Qualifikationen der Beteiligten
- Detaillierte Arbeitsanweisungen oder Vorlagen für die einzelnen Vorgehensschritte

Um eine Verwechslung von Vorgehensmodell und Prozessmodell zu verhindern, wird hier auch letztgenannter Begriff definiert:

 Definition: Ein Prozessmodell ist ein auf der Beschreibung und Modellierung in Form von Prozessen basierendes Vorgehensmodell zur effizienten Bearbeitung von (meist komplexen) Aufgabenbereichen, die sich aus einer Vielzahl von in Beziehung und/oder Wechselwirkung zueinander stehenden Arbeitseinheiten, z. B. Ablaufschritten, Arbeitsschritten, Vorgängen, Tätigkeiten, Aktivitäten, zusammensetzen (Motzel, Möller 2017).

Nach dieser Definition liegt der Schwerpunkt von Prozessmodellen auf den Abläufen und ihren Schnittstellen. Prozessmodelle modellieren diese in der Regel präzise und detailliert. Vorgehensmodelle geben hingegen den groben Ablauf vor. Prozesse können, müssen aber nicht im Detail ausgearbeitet sein. Vorgehensmodelle ergänzen die Prozesse und Abläufe unter anderem um Ergebnisse, Rollenmodelle und Vorlagen. Die Zusammenhänge zwischen den Elementen eines Vorgehensmodells und weiteren Bereichen illustriert Abbildung 2.4-1. Das Vorgehensmodell definiert die zum Vorgehen notwendigen Rollen und gibt zur Erledigung einzusetzende Methoden, Werkzeuge und Vorlagen vor. Neben dem Projektmanagement können Tätigkeitsbereiche, wie das Konfigurationsmanagement, mit einbezogen werden. Für die Tätigkeitsbereiche werden Abläufe, Phasen und gegebenenfalls Meilensteine sowie Aktivitäten und zu erzielende Ergebnisse definiert.

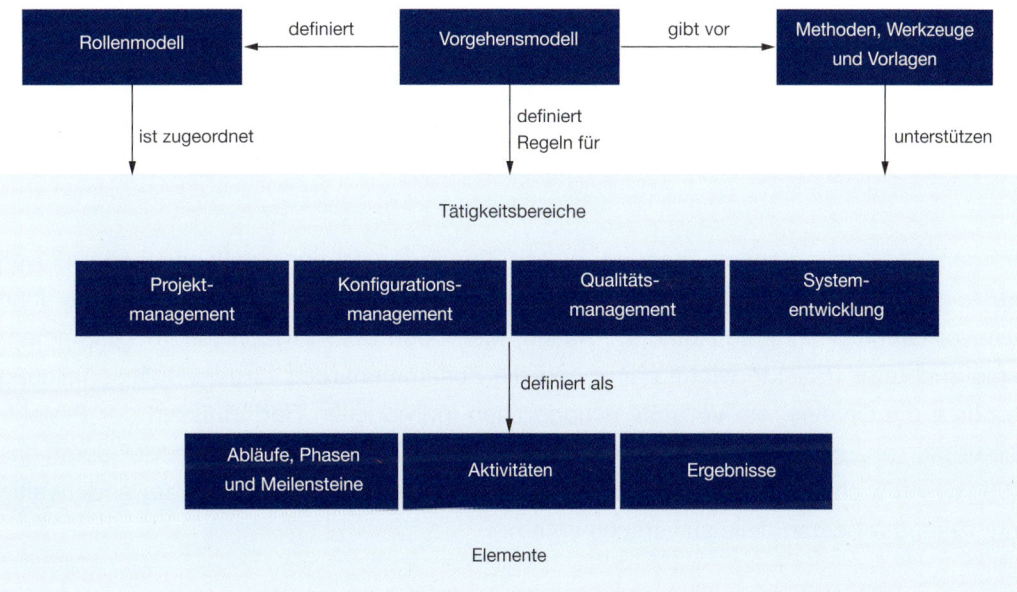

Abb. 2.4-1: Vorgehensmodelle und deren Wechselwirkung mit ihren Elementen und anderen Modellen (in Anlehnung an Bunse und Knethen 2008, S. 4)

In der Praxis beinhalten nicht alle Vorgehensmodelle alle hier genannten Elemente. Manche Vorgehensmodelle lassen den Nutzern viele Freiräume in der konkreten Anwendung, andere Vorgehensmodelle legen das Vorgehen und die anzuwendenden Methoden im Detail fest. In jedem Fall erfolgt eine Konkretisierung im Rahmen der eigentlichen Anwendung des Vorgehensmodells im Projekt.

Es gibt allgemeine Vorgehensmodelle, wie das Wasserfallmodell, und branchen- und unternehmensspezifische Vorgehensmodelle. Letztgenannte werden häufig aus einem oder mehreren allgemeinen Vorgehensmodellen durch Detaillierung, Spezialisierung oder Modifikation abgeleitet.

Die Standardisierung des Vorgehens mithilfe von Vorgehensmodellen ermöglicht den projektübergreifenden Wissen- und Erfahrungsaustausch. Sie fördert die Vergleichbarkeit und vereinfacht den Methodeneinsatz, da Mitarbeiter über Projekte hinweg ihre Fertigkeiten einbringen können. Die Standardisierung birgt aber auch Risiken in sich: Unpassende Standards gefährden den Erfolg der Projekte, die diesen Standard einsetzen. Ist beispielsweise ein Vorgehensmodell für die Entwicklungsprojekte eines Unternehmens ausgeprägt bürokratisch, wirkt sich das auf alle nach diesem Vorgehensmodell arbeitenden Entwicklungsprojekte aus. Kleine Projekte mit geringer Komplexität benötigen einen anderen Umfang an Projektmanagement als komplexe Großprojekte. Dementsprechend müssen Vorgehensmodelle an die jeweilige Projektart, die Projektgröße, die Komplexität und weitere Rahmenbedingungen angepasst werden.

Definition: Die Anpassung und Individualisierung von Vorgehensmodellen und ihrer Elemente (Rollen, Methoden etc.) werden als Tailoring oder Customizing bezeichnet. Typische Tailoringansätze sind punktuelle Ergänzungen, Änderungen oder Reduktionen. Das Ergebnis ist dann kein Modell mehr, sondern ein spezifischer Vorgehensplan.

Vorgehensmodelle können Tailoring explizit vorsehen und auszuwählende Alternativen aufzeigen oder Tailoring ganz oder teilweise ausschließen. Dies ist beispielsweise dann sinnvoll, wenn bestimmte Abläufe, Phasen, Methoden oder Ergebnisse im Zusammenspiel mehrerer Projekte wichtig sind und die Zusammenarbeit fördern sollen. Tailoring eröffnet die Chance, ein Vorgehensmodell den individuellen Bedürfnissen der Projektbeteiligten anzupassen. Es besteht aber auch das Risiko, ein Vorgehensmodell durch das Weglassen wichtiger Bestandteile oder das Hinzufügen bürokratischer oder anderweitig unpassender Bestandteile zu verschlechtern.

2 HISTORISCHE ENTWICKLUNG VON VORGEHENSMODELLEN

Projekte sind in ihrer Gesamtbetrachtung einmalig. Dementsprechend beruhte ihre Durchführung über viele Jahrhunderte hinweg auf dem Wissen und den Fertigkeiten einzelner Persönlichkeiten. Als standardisierter Ablauf- und Terminplan entwickelte sich im auslaufenden 19. Jahrhundert der Balkenplan, auch Gantt Chart genannt. Henry L. Gantt war einer der ersten, der entsprechende Pläne 1919 veröffentlichte (Gantt 1919).

Im Zuge des Wettlaufs ins All und der Aufrüstung in der Mitte des 20. Jahrhunderts wurden Vorgehensmodelle und Methoden benötigt, die eine schnelle Realisierung von Vorhaben ermöglichten und gleichzeitig für gute und sichere Projektergebnisse sorgten. Dies sollte durch eine sorgfältige Projektplanung mit qualitätssichernden Elementen und eine dazu passende Projektsteuerung gewährleistet werden.

Definition: Bei planbasierten Vorgehensmodellen werden die Anforderungen an den Projektgegenstand zu Projektbeginn vollständig erfasst und, darauf aufbauend, Pläne über den gesamten Projektlebensweg hinweg erstellt. Diese Pläne bilden die Grundlage für die anschließende Projektsteuerung.

Mit dem Wasserfallmodell und dem V-Modell entstanden typische Vertreter planbasierter Vorgehensmodelle, die bis heute in vielen Projekten erfolgreich eingesetzt werden. Sowohl das Wasserfall- als auch das V-Modell fordern ein sequenzielles Vorgehen, bei dem einzelne Projektphasen nacheinander bearbeitet werden. Später wurde das Wasserfallmodell weiterentwickelt und um Kontrollpunkte (Gates) zum Abschluss ausgewiesener Projektphasen (Stages) ergänzt (Cooper 2002).

Im Jahr 1986 veröffentlichten die beiden japanischen Wissenschaftler Takeuchi und Nonaka den Aufsatz »The New New Product Development Game« (Takeuchi und Nonaka 1986). In diesem schlagen die Autoren eine Abkehr vom rein sequenziellen Vorgehen vor, da sich dieses in vielen Fällen als unflexibel und langsam erwiesen hat. Stattdessen sollen überlappende Projektphasen genutzt werden, um besser mit (späten) Änderungen und neuen Erkenntnissen umgehen zu können. Begleitet wird das Vorgehen durch bis dahin ungewöhnliche Führungsansätze. Projektteams sollen sich selbst organisieren und das Controlling so gestaltet werden, dass es nicht Kreativität und Engagement unterdrückt.

Mit ihren Ideen bereiteten Takuchi und Nonaka auch den Weg für die Vorgehensmodelle, die heute als agil bezeichnet werden.

Mit Scrum (Schwaber 1997) wurde 1995 das bis heute populärste (Komus 2017) agile Vorgehensmodell beschrieben. Weitere verbreitete agile Vorgehensmodelle sind Extreme Programming, FDD (Feature Driven Development), Crystal und Kanban. Letzteres existiert seit Mitte des 20. Jahrhunderts als Methode in der Produktionssteuerung. Erst 2007 wurde es jedoch von David Anderson (Anderson 2010) als agiles Vorgehensmodell im Projektmanagement beschrieben und findet seither immer mehr Anhänger.

Im Jahr 2001 haben damals führende Softwareentwickler das agile Manifest verfasst (Beck 2001) und darin grundlegende Werte für agiles Vorgehen dokumentiert:

- Individuen und Interaktionen werden höher gewertet als Prozesse und Werkzeuge.
- Funktionierende Software ist wichtiger als umfassende Dokumentation.
- Zusammenarbeit mit dem Kunden ist wertvoller als Vertragsverhandlungen.
- Reagieren auf Veränderung ist wichtiger als das Befolgen eines Plans.

Die Autoren legen Wert auf die Darstellung, dass die Betonung der in jeder Zeile erstgenannten Aspekte nicht bedeutet, dass die jeweils letztgenannten Aspekte unwichtig sind. Ihrer Erfahrung nach fördern die betonten Werte jedoch die Realisierung innovativer Ideen im Sinne des Kunden in ganz besonderer Weise.

Ergänzt werden die agilen Werte durch zwölf Prinzipien (Beck 2001):

- Höchste Priorität gilt der Zufriedenstellung des Kunden durch frühe und kontinuierliche Auslieferung wertvoller Software.
- Anforderungsänderungen sind stets willkommen, da Veränderungen einen Wettbewerbsvorteil für den Kunden darstellen.
- Funktionierende Software wird regelmäßig innerhalb einer kurzen Zeitspanne ausgeliefert.
- Fachexperten und Entwickler müssen während des Projekts täglich zusammenarbeiten.
- Projekte sollen rund um motivierte Individuen organisiert werden.
- Diese Individuen sollen in dem Umfeld arbeiten, das sie benötigen, und dabei benötigte Unterstützung sowie Vertrauen auf ihre Selbstorganisation erhalten.
- Die effektivste und effizienteste Methode, Informationen an und innerhalb eines Entwicklungsteams zu übermitteln, ist das Gespräch von Angesicht zu Angesicht.
- Funktionierende Software ist das wichtigste Fortschrittsmaß.
- Agile Prozesse fördern nachhaltige Entwicklung. Die Auftraggeber, Entwickler und Benutzer sollten ein gleichmäßiges Tempo auf unbegrenzte Zeit halten können.
- Ständiges Augenmerk auf technische Exzellenz und gutes Design fördert Agilität.
- Einfachheit – die Kunst, die Menge nicht zu tätigender Arbeit zu maximieren – ist essenziell.
- Die besten Architekturen, Anforderungen und Entwürfe entstehen durch selbst organisierte Teams.

| In regelmäßigen Abständen reflektiert das Team, wie es effektiver werden kann, und passt sein Verhalten entsprechend an.

Auch wenn das agile Manifest von Softwareentwicklern aufgestellt wurde, lassen sich seine Werte und Prinzipien auch auf andere Branchen übertragen. Verallgemeinernd werden agile Vorgehensmodelle hier wie folgt verstanden:

Definition: Agile Vorgehensmodelle fördern die Anwendung und Berücksichtigung der im agilen Manifest niedergeschriebenen agilen Werte und Prinzipien. Sie setzen insbesondere auf eine enge Abstimmung von sich selbst organisierenden Teams. Sie legen Wert auf funktionierende Liefergegenstände und binden den Kunden angemessen in das Projekt ein. Agile Vorgehensmodelle zeichnen sich durch einen flexiblen und dennoch strukturierten Umgang mit Änderungen aus.

Viele, aber nicht alle agilen Vorgehensmodelle gehen iterativ-inkrementell vor. **Iterativ** bedeutet in diesem Kontext, dass der Projektgegenstand in kleinen Schritten verbessert beziehungsweise weiterentwickelt wird (beispielsweise Weiterentwicklung der grafischen Benutzeroberfläche einer Software durch eine modernere Optik). **Inkrementell** bedeutet, dass in kleinen Schritten kleine Zusätze zum Projektgegenstand hinzukommen (beispielsweise Ergänzung der Software um eine bisher nicht vorhandene Druckfunktion).

Die bis heute steigende Verbreitung agiler Vorgehensmodelle (Komus 2017) wird meist im Zusammenhang mit dem seit den 1990er Jahren stark ansteigenden Anteil von Software in Entwicklungsprojekten gesehen. Anwendern und Auftraggebern fällt die Festlegung von Anforderungen bei komplexer Software manchmal schwerer als in anderen Projekten. Die Tatsache, dass sich Software bis zu einem gewissen Grad leichter und dadurch schneller und kostengünstiger ändern lässt als Hardware, Gebäude, Anlagen oder Infrastruktur ermöglicht späte Änderungen der Anforderungen und verführt gleichzeitig dazu, diese gar nicht erst im Vorhinein festzulegen. Es ist deshalb nicht verwunderlich, dass agile Vorgehensmodelle im IT- und Softwarebereich ihren Ursprung haben und dort besonders verbreitet sind. Ihr Fokus auf den Kunden, der strukturierte und flexible Umgang mit Änderungen und die eigenverantwortliche Arbeitsweise der Teams lassen agile Vorgehensmodelle mittlerweile auch für viele andere Branchen attraktiv erscheinen.

Allerdings garantieren agile Vorgehensmodelle die Anwendung agiler Werte und Prinzipien nicht. Dies können nur die Personen, welche die Vorgehensmodelle anwenden. Die Vorgehensmodelle können die Anwendung fördern, indem sie bestimmte Abläufe, beispielsweise zur Interaktion und zur Zusammenarbeit mit dem Kunden, in das Modell integrieren.

Neben rein planbasierten und rein agilen Vorgehensmodellen nutzen viele Unternehmen heute hybride Vorgehensmodelle.

 Definition: Unter hybriden Vorgehensmodellen versteht man die Verknüpfung von (zwei oder mehreren) verschiedenen Vorgehensmodellen. Im engeren Sinne, aber nicht ausschließlich wird darunter die Kombination aus planbasierten und agilen Vorgehensmodellen verstanden (Motzel, Möller 2017).

Auch wenn agile Vorgehensmodelle wie Scrum und Kanban, die im späteren Verlauf dieses Kapitels vorgestellt werden, die Anwendung agiler Werte und Prinzipien fördern, können diese Werte und Prinzipien auch in planbasierten Vorgehensmodellen verfolgt werden.

3 ORDNUNGSRAHMEN FÜR VORGEHENSMODELLE

3.1 ALLGEMEINER AUFBAU

Ordnungsrahmen strukturieren Systeme und verdeutlichen Beziehungen und Zusammenhänge. Für Vorgehensmodelle existieren mehrere Ordnungsrahmen, die das Verständnis für Vorgehensmodelle sowie deren Bewertung und Anwendung fördern.

Abbildung 2.4-2 präsentiert einen umfassenden Ordnungsrahmen für Vorgehensmodelle zum Verständnis von deren Einordnung und Aufbau. Basis eines Vorgehensmodells bildet ein einheitlicher Begriffsstandard, beispielsweise in Form eines Glossars. Dieser sichert ein gemeinsames Grundverständnis von Projektmanagement.

Das Vorgehensmodell besteht aus dem Ablaufmodell, das eine zeitliche Abfolge von Handlungen empfiehlt oder festlegt, dem Rollenmodell sowie Methoden und Werkzeugen zur Anwendung. Abläufe, Rollen, Methoden und Werkzeuge können durch Projektmanagementstandards beeinflusst werden. Standards können typischerweise in kompetenzbasierte, prozessorientierte und systemreferenzierende Standards unterteilt werden (Rietz 2015).

- Kompetenzbasierte Standards, wie die ICB 4, stellen den Handelnden mit seinen Kompetenzen in den Vordergrund.

- Prozessorientierte Standards, wie PMBoK und ISO 21500, legen den Schwerpunkt auf die Modellierung von Abläufen mit Eingangs- und Ausgangsgrößen (beispielsweise Informationen und Pläne etc.).

- Systemreferenzierende Standards rücken die handelnde und involvierte Organisationseinheit in den Mittelpunkt.

- Standards können auch aus Mischformen dieser Ausprägungen bestehen.

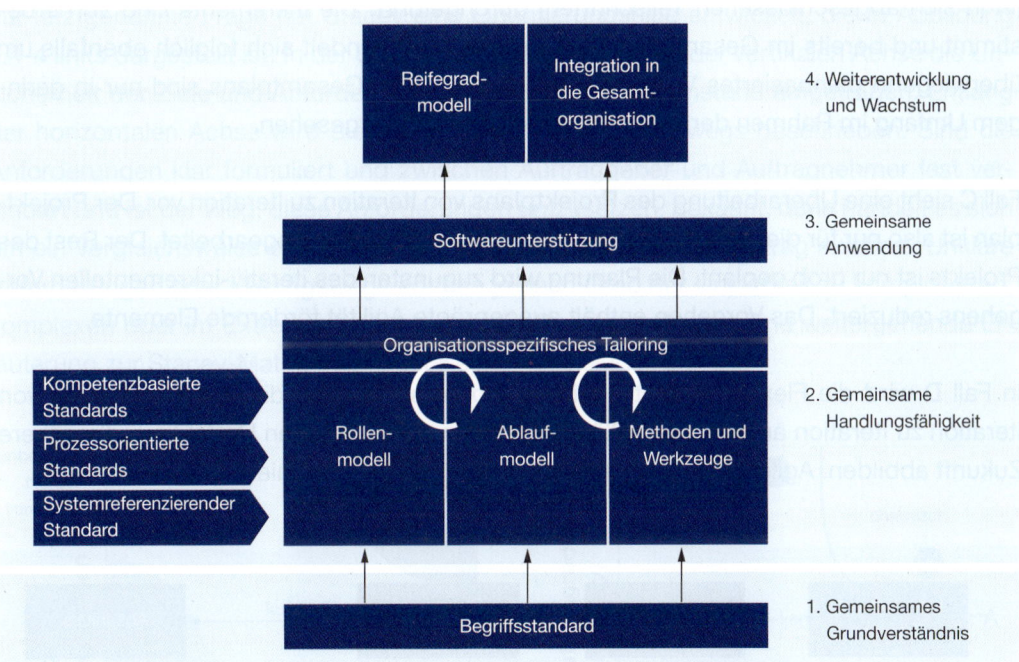

Abb. 2.4-2: Ordnungsrahmen für Vorgehensmodelle als Weiterentwicklung der Überlegungen von Rietz (2015) sowie Bunse und Knethen (2008). Die Basis bildet ein gemeinsamer Begriffsstandard.

Abläufe, Rollen, Methoden und Werkzeuge müssen an organisationsspezifische Rahmenbedingungen angepasst werden (Tailoring), um die organisationsweite Handlungsfähigkeit sicherzustellen. Auf das Vorgehensmodell abgestimmte Software unterstützt dessen Anwendbarkeit. Zur Weiterentwicklung in der Organisation können Reifegradmodelle eingesetzt werden und die Integration in die Gesamtorganisation stattfinden, beispielsweise in Form eines umfassenden Multiprojektmanagements. Dieser Ordnungsrahmen lässt sich auf alle im weiteren Verlauf vorgestellten Vorgehensmodelle anwenden.

3.2 MODELLE ZUR UNTERSCHEIDUNG UND AUSWAHL EINES VORGEHENSMODELLS

Zur Unterscheidung von planbasierten und agilen Vorgehensmodellen eignet sich das **Modell von Wysocki** (2014), das in Abbildung 2.4-3 dargestellt ist. Von oben nach unten reduziert sich die Bedeutung der Planung und erhöht sich die Agilität in Form iterativ-inkrementellen Vorgehens. In der ersten Zeile der Abbildung (Fall A) wird das Projekt initialisiert, durch Ziele und Anforderungen definiert, geplant und anhand des Plans gesteuert und schließlich abgeschlossen. Der Plan bezieht in diesem Fall den gesamten Projektlebensweg mit ein. Es handelt sich um ein planbasiertes Vorgehen.

In Fall B wird das Projekt ebenfalls initialisiert und durch Ziele und Anforderungen definiert. Auch hier wird das Gesamtprojekt geplant, die Umsetzung dann aber inkrementell

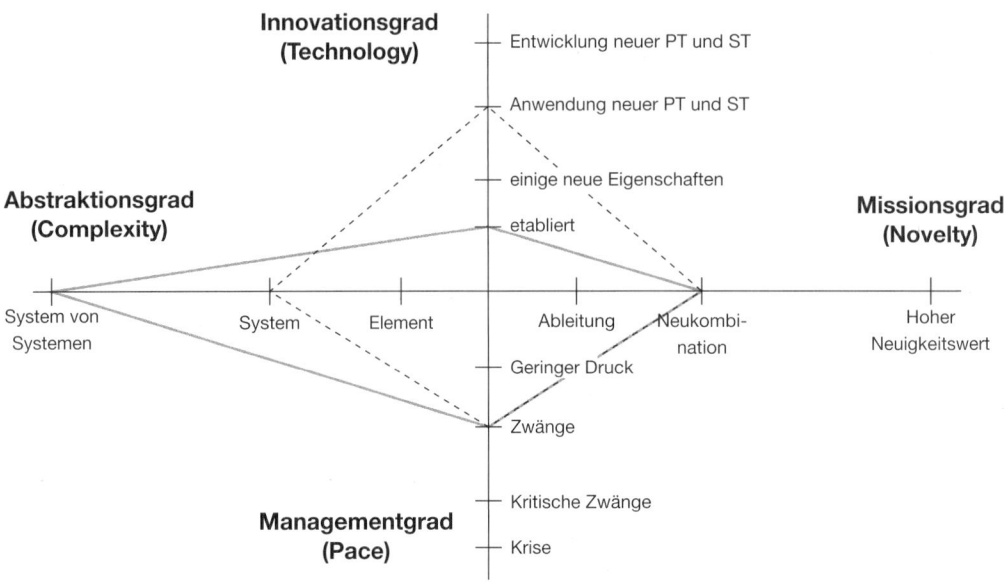

Abb. 2.4-6: Diamantmodell (nach Oswald et al. 2017, S. 260)

Diese vier Projektdimensionen wirken als Komplexitätstreiber. Insbesondere der Innovationsgrad (Technology) und der Missionsgrad (Novelty) sind große Komplexitätstreiber. Es bietet sich an, auf der Basis dieser beiden Komplexitätstreiber eine Unterscheidung von Projekten nach dem Cynefin Modell vorzunehmen. Abbildung 2.4-4 zeigt in der rechten Hälfte eine solche Unterscheidung, wie sie erstmals von Stacey (1993) im Kontext des Managements von Organisationen verwendet wurde. Er verwendete die Achsen Agreement/Disagreement (hier Missionsgrad) und Certainty/Uncertainty (hier Innovationsgrad). Die Stacey-Darstellung hilft bei der groben Einordnung von Projekten.

Das in Abbildung 2.4-4 rechts dargestellte Portfolio zeigt die fünf Projektausprägungen: P1 (einfach), P2 (kompliziert), P3 und P4 (jeweils komplex) und P5 (chaotisch).

Bei **Projekt P4** handelt es sich um eine visionäre, schwierige, originelle Aufgabe in anzahlmäßig beschränktem Stakeholderkreis. Die Interessen sind relativ homogen. Es kann sich um eine Aufgabe, wie beispielsweise die Einführung eines völlig neuen Produkts für einen weitgehend homogenen Kundenkreis, handeln. Für dieses Projekt kann es sinnvoll sein, mit einem Design Thinking Vorgehensmodell (→ Abschnitt 7.6 Design Thinking) zu starten, um anschließend die Umsetzung mittels eines hybriden Vorgehensmodells aus sequenziellem Vorgehen und iterativ-inkrementellem Vorgehen (zum Beispiel Scrum) durchzuführen.

Das **Projekt P3** unterscheidet sich von P4 dadurch, dass die Lösungssuche wesentlich einfacher ist und dafür die Stakeholderzusammensetzung heterogener ist: Das Design Thinking kann also entfallen, stattdessen bekommt das Stakeholdermanagement (unter-

4 SEQUENZIELLE VORGEHENSMODELLE

4.1 GRUNDLAGEN SEQUENZIELLER VORGEHENSMODELLE

Bei sequenziellen Vorgehensmodelle wird der Projektgegenstand in aufeinander folgenden abgeschlossenen Phasen bearbeitet. Überlappungen von Phasen oder parallele Phasen sind zwar nicht vorgesehen, aber in der Praxis stark verbreitet (→ Abschnitt 5 Nebenläufige Vorgehensmodelle). Sequenzielle Vorgehensmodelle folgen somit einer recht einfachen und nachvollziehbaren Logik, was unter anderem ihre Verbreitung erklärt.

Üblicherweise werden sequenziell organisierte Projekte planbasiert durchgeführt. In den frühen Phasen werden die Ziele definiert und die Anforderungen ermittelt. Darauf aufbauend, werden Pläne für die späteren Phasen entwickelt und zur Steuerung des Projekts genutzt. Da die Phasen nacheinander durchlaufen werden, sind Wiederholungen von Aktivitäten zurückliegender Phasen aufwendig. Aktivitäten oder Ergebnisse bereits bearbeiteter Phasen müssen dann angepasst, überarbeitet oder je nach Situation erneut bearbeitet werden. Aus diesem Grund eignen sich sequenzielle Vorgehensmodelle weniger gut für agile Projekte mit ihrem iterativ-inkrementellen Vorgehen.

Sequenzielle Vorgehensmodelle sind bereits seit langem beschrieben. Seit der Mitte des 20. Jahrhunderts wurden Überlegungen angestellt, wie sich qualitätssichernde Elemente in diese Modelle integrieren lassen. Zwei unterschiedliche Konzepte hierzu werden in den folgenden Kapiteln vorgestellt.

4.2 WASSERFALLMODELL / STAGE-GATE-MODELL

Das Wasserfallmodell ist das vermutlich intuitivste Vorgehensmodell überhaupt. Es folgt dem Motto: Ein Schritt nach dem anderen. Der Name kommt von der sequenziellen und kaskadenförmigen Darstellung der Phasen, die an einen sich in Stufen ins Tal stürzenden Wasserfall erinnert. Das Modell wurde bereits 1956 von Benington mit neun Phasen erläutert (United States Navy Mathematical Computing Advisory Panel 1956) und 1970 von Royce mit sieben Phasen formal beschrieben (Royce 1970).

Für jede Phase ist genau zu definieren, was darin erreicht werden muss und welche Dokumente zu erstellen sind, beispielsweise ein Lastenheft in der Anforderungsphase oder bestimmte Konstruktionszeichnungen in der Entwurfsphase. Ist eine Phase komplett abgeschlossen – und erst dann – erfolgt der Übergang in die nachfolgende Phase. Phasen können nicht übersprungen oder zeitlich überlappend begonnen werden. Das Modell ist in Abbildung 2.4-9 veranschaulicht. Die einzelnen Phasen des Vorgehensmodells werden sequenziell durchlaufen. Am Ende erfolgt der Übergang in den Regelbetrieb (Anwendung / Instandhaltung), der nicht mehr zum Projekt gehört. Die Wiederholungen von Aktivitäten zurückliegender und bereits abgeschlossener Phasen sind in der Praxis deshalb notwendig, um später festgestellten Änderungsbedarf berücksichtigen zu können. Der Projektstart, das Projektende und jedes Phasenende werden durch Meilensteine (schwarze Rauten) beschrieben.

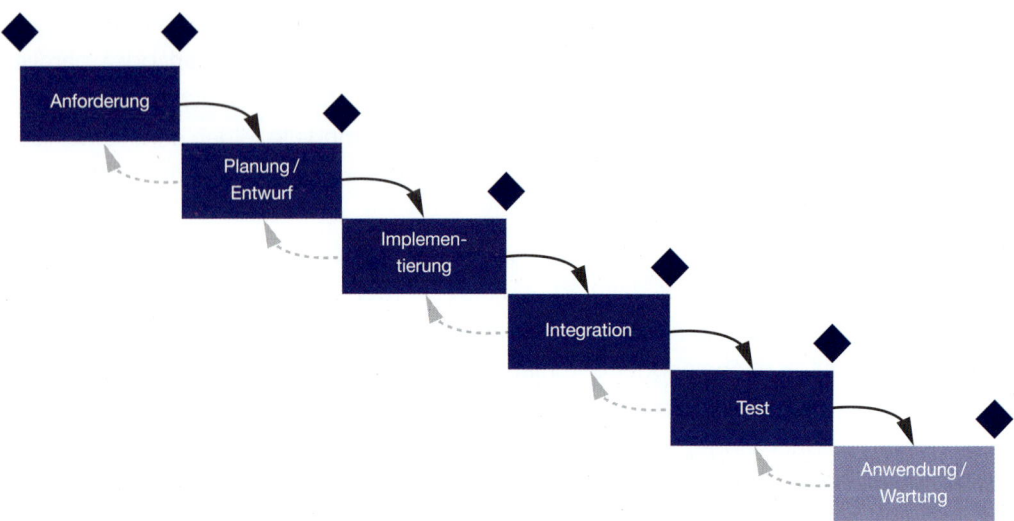

Abb. 2.4-9: Phasen und Phasenübergänge des Wasserfallmodells

Die Anzahl und die Ausgestaltung der Phasen müssen in der Praxis an das jeweilige Projekt angepasst werden. Die in Abbildung 2.4-9 dargestellten Phasen eignen sich beispielsweise für viele Forschungs- und Entwicklungsprojekte. Strenggenommen können die Phasen nur von links oben nach rechts unten (dem Verlauf des Wasserfalls entsprechend) durchlaufen werden. In der Praxis sind jedoch meist inhaltliche Phasenwiederholungen erlaubt und auch notwendig. Dies ist dann der Fall, wenn beispielsweise die Testphase erhebliche Designfehler aufdeckt, die zunächst in einer neuen Planungs- und Entwurfsphase gelöst werden müssen. Bei einer solchen Wiederholung werden folglich Aktivitäten, die gemäß dem Phasenmodell eigentlich abgeschlossen sein müssten, erneut durchgeführt. Bereits erzielte (Zwischen-)Ergebnisse können je nach Situation wiederverwendet werden.

Die Qualitätssicherung geschieht beim Wasserfallmodell durch geordnete Phasenübergänge. Der Grundgedanke ist darauf ausgerichtet, dass eine Phase erst dann abgeschlossen ist, wenn alles vollständig und korrekt erledigt wurde, was in dieser Phase geplant war. In der Logik des Wasserfallmodells wird dann am Ende das gewünschte Projektergebnis erzielt. Deshalb sind am Phasenende entsprechende Überprüfungen der Ergebnisse der gerade abgeschlossenen Phase unerlässlich.

Diese definierten und kontrollierten Phasenübergänge werden auch als **Stage-Gates** oder Quality-Gates bezeichnet. Stages entsprechen den Phasen. Gates sind die »Tore«, die es am Phasenübergang zu durchschreiten gilt. Damit der Phasenübergang erfolgen kann, müssen zuvor definierte Kriterien, wie beispielsweise festgelegte Ergebnisse samt angemessener Dokumentation, erfüllt sein. Diese werden von einem definierten Gremium geprüft und bei Erfolg der Phasenübergang freigegeben. Häufig geschieht dies in einer Bewertungsbesprechung (auch Review-Meeting, Gate-Meeting etc. genannt) unter Beteiligung relevanter Stakeholder, wie beispielsweise der Entwicklungsleitung. Die Fokussierung auf diese Kontroll- und Bewertungspunkte soll die Aufmerksamkeit ganz gezielt auf die Qualität des zurückliegenden Abschnitts lenken. Dieses Stage-Gate-Modell kann bei Bedarf durch die 6 F flexibilisiert werden (Cooper 2001):

- Flexibility (Flexibilität)
- Fuzzy Gates (unscharfe Phasentrennung)
- Fluidity (schleichende Phasenübergänge mit phasenüberhängenden Aktivitäten)
- Focus (Übergang vom Multiprojekt- zum Portfoliomanagement)
- Facilitation (Einsatz von Prozessmanagern)
- Forever Green (Frontloading und Risikomanagement oder konsequenter Projektabbruch)

Damit werden Phasenübergänge bei unvollständiger Erreichung der Anforderungen an ein Gate unter Vorbehalt erlaubt und eine Teilparallelisierung der Phasen ermöglicht. Dies kann Projekte beschleunigen. Durch den oft hohen Druck aller Projektbeteiligten besteht jedoch auch das Risiko, dass dieses Instrument inkonsequent angewendet wird und dass unreife Phasen im Glauben, die Reife in späteren Phasen nachholen zu können, zu früh verlassen oder gar abgeschlossen werden.

Die Stärken des Wasserfallmodells bestehen in der einfachen Logik, dem nachvollziehbaren Vorgehen und den festgelegten Kriterien zur Qualitätssicherung. In Projekten, in denen der Projektgegenstand gut vorab spezifiziert werden kann und Risiken und Änderungen nur in kleinerem Umfang erwartet werden, können die einzelnen Phasen sehr gut vorab geplant und das Projekt plangemäß durchgeführt werden.

Weniger gut geeignet ist das Wasserfallmodell in Projekten mit unvollständigem Lastenheft, großen Risiken, welche die Planbarkeit einschränken, und größeren erwarteten Änderungen. Abhilfe in bestimmten Grenzen können in diesen Fällen bewusst gesetzte Bewertungs-, Entscheidungs- und Überarbeitungsphasen schaffen.

4.3 V-MODELL

Ein weiteres sequenzielles Vorgehensmodell ist das V-Modell. Namensgebend ist die Anordnung der einzelnen Projektphasen in Form des Buchstabens V, siehe Abbildung 2.4-10. Auf dem linken Ast des V wird der zu realisierende Projektgegenstand immer weiter vom Grobentwurf zum Feinentwurf spezifiziert. Nach der Implementierung des spezifizierten Projektgegenstands wird der rechte Ast des V, ausgehend vom Test der einzelnen Komponenten des Projektgegenstands, bis zum vollständig integrierten und getesteten Gesamtsystem durchlaufen. Am Ende erfolgen die Validierung der Kundenanforderungen aus dem Lastenheft und die Abnahme des Gesamtsystems.

Die Qualitätssicherung beim V-Modell erfolgt dadurch, dass jede Spezifikations- und Designaktivität des linken Asts eine Entsprechung in Form von korrespondierenden Tests auf der rechten Seite des V hat. Dieses Prinzip ersetzt die kontrollierten Phasenübergänge des Wasserfallmodells beziehungsweise den Stage-Gate-Gedanken.

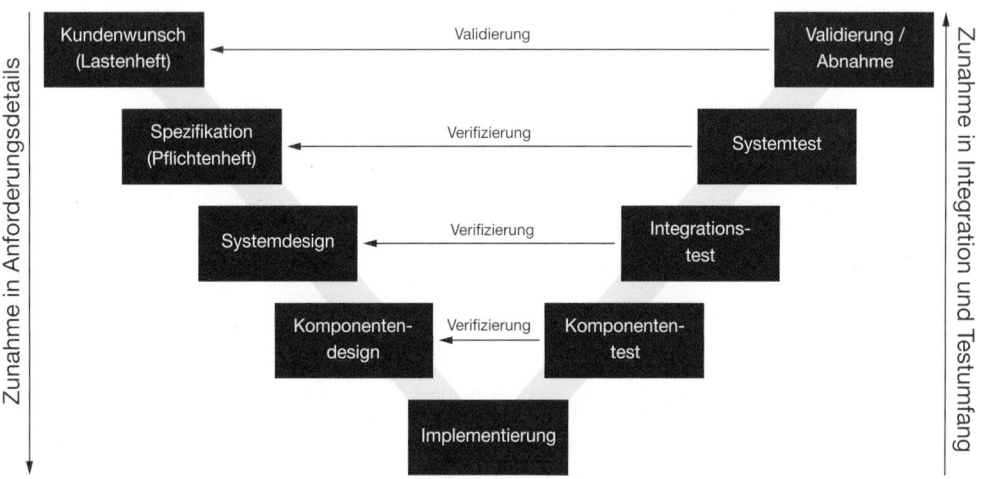

Abb. 2.4-10: Beim V-Modell werden die einzelnen Phasen sequenziell durchlaufen

Verifizierung und Validierung werden hier wie folgt verstanden:

- Unter **Verifizierung** versteht man den eindeutigen Nachweis (in der Regel durch Messung), dass eine bestimmte Anforderung (des Pflichtenhefts) erfüllt ist, d.h., ob das Ergebnis mit den Spezifikationen des Pflichtenhefts übereinstimmt. Die Verifizierung beantwortet die Frage, ob richtig (im Sinne der Anforderung formuliert) implementiert wurde. Es ist ein Test auf Konformität.

- Unter **Validierung** versteht man den Nachweis, dass der im Lastenheft dokumentierte Kundenwunsch erfüllt wurde, d.h., ob das Ergebnis die vom Kunden erwarteten Leistungen bei Anwendung erbringt. Die Validierung beantwortet die Frage, ob das Richtige für den Kunden entwickelt wurde. Es ist ein Test auf Tauglichkeit.

Auch beim V-Modell sind die Phasen strikt voneinander getrennt. Phasenüberlappungen sind nicht vorgesehen. Die Phasenanzahl und die Inhalte der Phasen können wie beim Wasserfallmodell an die jeweilige Projektaufgabe angepasst werden.

Das V-Modell zeigt seine Stärken in Projekten mit detailliert spezifiziertem Projektgegenstand. Die konsequente Verifizierung und Validierung helfen bei der Erzeugung eines guten Projektergebnisses. Aus diesem Grund wird das V-Modell in Branchen mit besonderem Sicherheitsbedürfnis, wie der Luft- und Raumfahrt, der Medizintechnik, oder bei der Entwicklung von eingebetteten Systemen als Vorgehensmodell empfohlen. Durch die Kombination mit kontrollierten Phasenübergängen (Stage-Gates) kann eine zusätzliche qualitätssichernde Komponente in das Vorgehensmodell integriert werden.

Wie das Wasserfallmodell führt auch das V-Modell dann zu zusätzlichem Aufwand, wenn Aktivitäten zurückliegender Phasen durch sich ändernde Anforderungen oder spät entdeckte Fehler erneut verrichtet werden müssen. Viele in der Praxis anzutreffende Varianten des V-Modells gehen aufgrund des Sicherheitsbedürfnisses mit hohem bürokratischem Dokumentationsaufwand einher. Dieser sollte allerdings nicht dem V-Modell als Vorgehensmodell angelastet werden, sondern den regulatorischen und normativen Regelungen aus dem Projektumfeld. Das V-Modell XT ist eine Erweiterung des V-Modells, das häufig in IT Projekten von bzw. mit Bundesbehörden eingesetzt wird. Das XT steht für Extreme Tailoring und bezieht sich auf die ausgeprägte Anpassungsfähigkeit des Modells. Mehr dazu wird später im Abschnitt 8 Tailoring und hybride Vorgehensmodelle erläutert.

5 NEBENLÄUFIGE VORGEHENSMODELLE

Bei nebenläufigen Vorgehensmodellen werden die Abläufe bewusst abschnittweise parallel abgearbeitet, siehe Abbildung 2.4-11. Dies grenzt sie von Modellen, wie dem Wasserfallmodell, mit eindeutig sequenziellem Vorgehen ab. Die Teilparallelisierung schafft die Chance, das Projekt früher fertigzustellen, da bei Vorliegen von Teilergebnissen mit den nachfolgenden Aktivitäten begonnen werden kann. Auch dann, wenn keine Zwischenlieferungen wie bei wiederholenden Vorgehensmodellen vorgesehen sind, ermöglichen Phasenüberlappungen eine engere Abstimmung der Arbeiten in unterschiedlichen Phasen, ohne dass die Aktivitäten ganzer Phasen wiederholt werden müssen. Diese Abstimmung und die daraus gewonnenen Erkenntnisse können zur frühzeitigen Optimierung des Projektgegenstands und für Fehlerkorrekturen genutzt werden.

Die Chancen gehen mit dem Risiko einher, dass zu früh mit Folgeaktivitäten begonnen wird, obwohl notwendige Eingangsgrößen (Pläne, Vorarbeiten, Prototypen etc.) noch nicht vollständig erfasst, umfassend verstanden oder abgeschlossen sind. Nacharbeiten und spätere Korrekturen können die Folge sein. Diese können den eigentlich angestrebten Geschwindigkeitsgewinn ins Gegenteil verkehren.

Ein sorgfältiges Risikomanagement ist deshalb ein wichtiger Erfolgsfaktor für das Gelingen nebenläufiger Vorgehensmodelle. Besonders wichtig sind gute Absprachen und Kriterien, wann eine Parallelisierung erfolgen kann und wann besser sequenziell gearbeitet wird. So können aufwendige Nacharbeiten weitestgehend vermieden werden. Ein weiterer Erfolgsfaktor ist die Schaffung eines integrierten Teams aller Projektbeteiligten mit regelmäßiger und enger Abstimmung. Auch die beim Stage-Gate-Modell vorgestellten sechs

F können dabei helfen, den Phasenübergang so zu gestalten, dass das Risiko für die Aktivitäten in folgenden Phasen aufgrund unvollständiger Arbeiten einer zurückliegenden Phase reduziert wird.

Der bekannteste Vertreter nebenläufiger Vorgehensmodelle ist das **Simultaneous Engineering**, oft auch **Concurrent Engineering** genannt. Dieses nutzt (teil-)parallele Phasen zur integrierten und beschleunigten Entwicklung bis zur Serienreife. Häufig werden dabei Phasen der Entwicklung und der Produktionsvorbereitung, wie etwa Materialbestellungen, parallel durchlaufen. Dies ermöglicht die Berücksichtigung von Belangen der späteren Produktion (beispielsweise einfache und schnelle Montagemöglichkeiten) schon während der Entwicklung.

Wie bei den sequenziellen Vorgehensmodellen können auch bei den nebenläufigen Vorgehensmodellen die Phasen, d.h. die Anzahl und Inhalte der Phasen, individuell angepasst werden. In jedem Fall sollte eine projektinterne Abstimmung bei Phasenüberlappungen projektspezifisch festgelegt werden, um die zuvor genannten Risiken zu verringern.

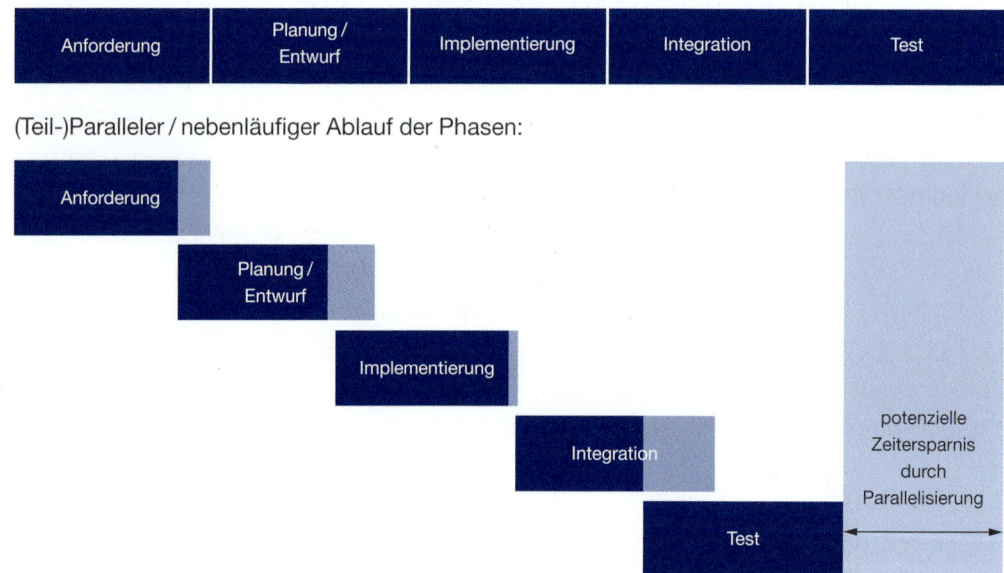

Abb. 2.4-11: Ablauf der Phasen bei nebenläufigen Vorgehensmodellen mit (Teil-)Parallelisierung der Phasen

6 WIEDERHOLENDE VORGEHENSMODELLE

6.1 GRUNDLAGEN WIEDERHOLENDER VORGEHENSMODELLE

In den bisher diskutierten sequenziellen und nebenläufigen Vorgehensmodellen sind Wiederholungen von Aktivitäten zurückliegender abgeschlossener Phasen nicht vorgesehen. Müssen die Aktivitäten einer Phase dann aus irgendwelchen Gründen dennoch wiederholt werden, verursachen diese Aktivitäten ungeplanten Mehraufwand und belasten das Budget, den Ressourcenbedarf oder die Erreichbarkeit der Terminziele. Ungeplante Wiederholungen kommen dann vor, wenn in einer Phase nicht das vorgesehene Ergebnis erzielt werden kann. Gründe hierfür können z. B. Änderungen oder Fehler sein.

Wiederholende Vorgehensmodelle sind von Grund auf so aufgebaut, dass sie Wiederholungen vorsehen. Zunächst wird ein Grobentwurf des gesamten Projektgegenstands erstellt und dann ein erster Teil des Projektgegenstands im Detail geplant, implementiert und getestet. Die dabei gewonnenen Erkenntnisse fließen in den Detailentwurf des nächsten Teils des Projektgegenstands ein, der anschließend implementiert und getestet wird. Trotz dieser Erkenntnisrückführung überwiegt der planbasierte vorausschauende Ansatz. Die Anzahl an Wiederholungen und die darin zu verrichtenden Aktivitäten werden geplant.

Zwischen den Wiederholungen sind grundsätzlich sequenzielle oder nebenläufige Phasenanordnungen denkbar. Entscheidend ist, dass Wiederholungen einer oder mehrerer Phasen fester Bestandteil des Modells und damit der Planung sind. Bei wiederholenden Vorgehensmodellen wird der Projektgegenstand inkrementell und / oder iterativ erstellt. Es gibt also Zwischenlieferungen beziehungsweise Zwischenergebnisse, die evaluiert und in die Planungen und die Steuerung des weiteren Projektverlaufs einfließen können.

Damit nehmen wiederholende Vorgehensmodelle agile Merkmale, wie ein iterativ-inkrementelles Erarbeiten des Projektgegenstands, auf. Dies ist insofern bemerkenswert, als dass wiederholende Vorgehensmodelle bereits vor der Entwicklung agiler Werte und Prinzipien bekannt waren. So wurde mit dem Spiralmodell das vermutlich bekannteste wiederholende Vorgehensmodell von Boehm bereits in den 1980er Jahren vorgestellt (Boehm 1988). Auch Hofstetter erkannte bereits früh das Potenzial inkrementellen Vorgehens Hofstetter (1987). Ein wichtiger Unterschied zu später entstandenen agilen Vorgehensmodellen ist jedoch der Umstand, dass bei den meisten wiederholenden Vorgehensmodellen alle Anforderungen an den kompletten Projektgegenstand zu Projektbeginn gesammelt werden. Insgesamt weisen sie damit gleichzeitig Merkmale von planbasierten und agilen Vorgehensmodellen auf.

6.2 INKREMENTELLE VORGEHENSMODELLE

Inkrementelle Vorgehensmodelle zeichnen sich dadurch aus, dass bei jeder Wiederholung, die auch als Zyklus bezeichnet wird, ein in sich abgeschlossener Teil des Projektgegenstands fertiggestellt wird. Das Ergebnis am Ende aller Wiederholungen ergibt dann das Gesamtergebnis des Projekts. Abbildung 2.4-12 veranschaulicht den typischen Verlauf eines inkrementellen Vorgehensmodells.

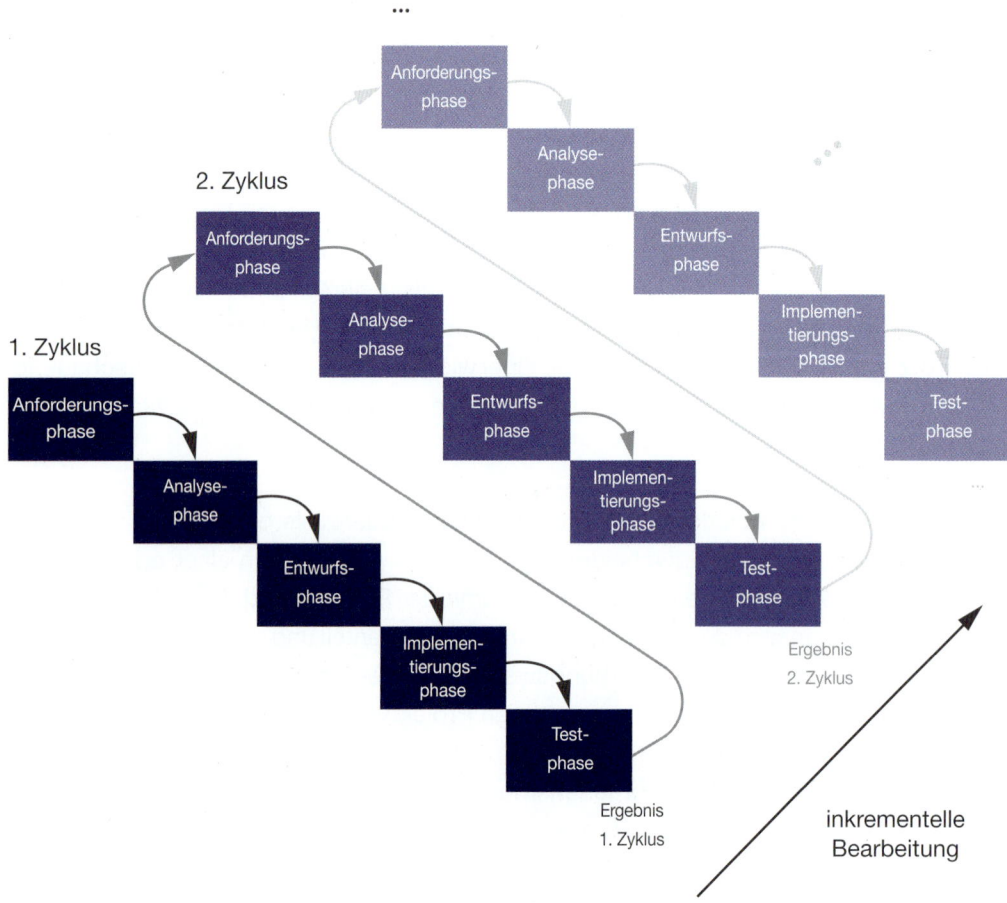

Abb. 2.4-12: Bei inkrementellen Vorgehensmodellen werden Phasen mehrfach durchlaufen (Timinger 2015, S. 67)

Am Ende jedes Zyklus ist ein weiterer Teil des Projektgegenstands (Inkrement) fertig und kann evaluiert und gegebenenfalls als Teil- oder Zwischenergebnis bereits ausgeliefert werden. Die Phasen und deren Anordnung (sequenziell oder überlappend) können projektspezifisch festgelegt werden.

Die Stärke dieses Vorgehensmodells liegt darin begründet, dass der Projektgegenstand durch die Unterteilung schrittweise evaluiert werden kann. Inkrementelle Vorgehensmodelle eignen sich immer dann besonders, wenn Unsicherheiten im Umfang und in der Ausgestaltung von Anforderungen existieren.

Eine Schwäche besteht darin, dass der Gesamtverlauf des Projekts inklusive Aufwand, Kosten und Dauern schwer planbar wird. Je nach Unsicherheit und Ausgestaltung des Projektgegenstands können mehr oder weniger Inkremente erforderlich sein. Allein durch die Wahl dieses Vorgehensmodells erkennt man diese Unsicherheit in der Planbarkeit jedoch an und kann entsprechende Maßnahmen vorsehen, beispielsweise ein angemessenes Risiko- und Stakeholdermanagement oder eine enge Einbeziehung des Kunden.

Ein inkrementelles Vorgehensmodell eignet sich nur bei solchen Projekten, bei denen der Projektgegenstand additiv in mehreren Inkrementen ergänzt werden kann.

6.3 ITERATIVE VORGEHENSMODELLE

Iterative Vorgehensmodelle differenzieren sich von inkrementellen Vorgehensmodellen dadurch, dass der Projektgegenstand nicht in Einzelteile zerlegt wird, sondern dass er schrittweise vom Groben zum Feinen erarbeitet wird. Auch dies ermöglicht frühe Rückmeldungen in Form von Zwischenlieferungen und Evaluierungen durch den Kunden. Der Ablauf ist mit dem in Abbildung 2.4-12 dargestellten inkrementellen Ablauf vergleichbar.

6.4 SPIRALMODELL

Das Spiralmodell ist das wohl bekannteste wiederholende Vorgehensmodell. Es kann sowohl inkrementelle als auch iterative Vorgehen berücksichtigen. Das Vorgehen wird in Form der namensgebenden Spirale von innen nach außen beschrieben, siehe Abbildung 2.4-13.

Jeder Zyklus der Spirale erzeugt ein Inkrement bzw. eine Iteration des Projektgegenstands als Annäherung an das angestrebte Projektergebnis. Ein Zyklus beginnt mit der Zieldefinition für diesen Zyklus. Es folgen die Risikoanalyse und -minimierung für diesen Zyklus und die Umsetzung (Entwicklung, Test etc.). Am Ende eines Zyklus wird der nächste Zyklus geplant.

In jedem Zyklus wird der Projektgegenstand weiter vervollständigt, entweder durch Ergänzung einzelner Komponenten (inkrementelles Vorgehen) oder durch schrittweise Verbesserung bisher nur grob umgesetzter Komponenten (iteratives Vorgehen). Bei der Planung der Zyklen sollte darauf geachtet werden, dass am Ende jedes Zyklus Vorzeigbares und Analysierbares als Teilergebnis stehen. Das Teilergebnis muss dazu geeignet sein, Erkenntnisse für die Planung und Durchführung des nächsten Zyklus zu liefern. Anderenfalls können keine Konkretisierung und Stabilisierung des Gesamtprojektergebnisses erfolgen.

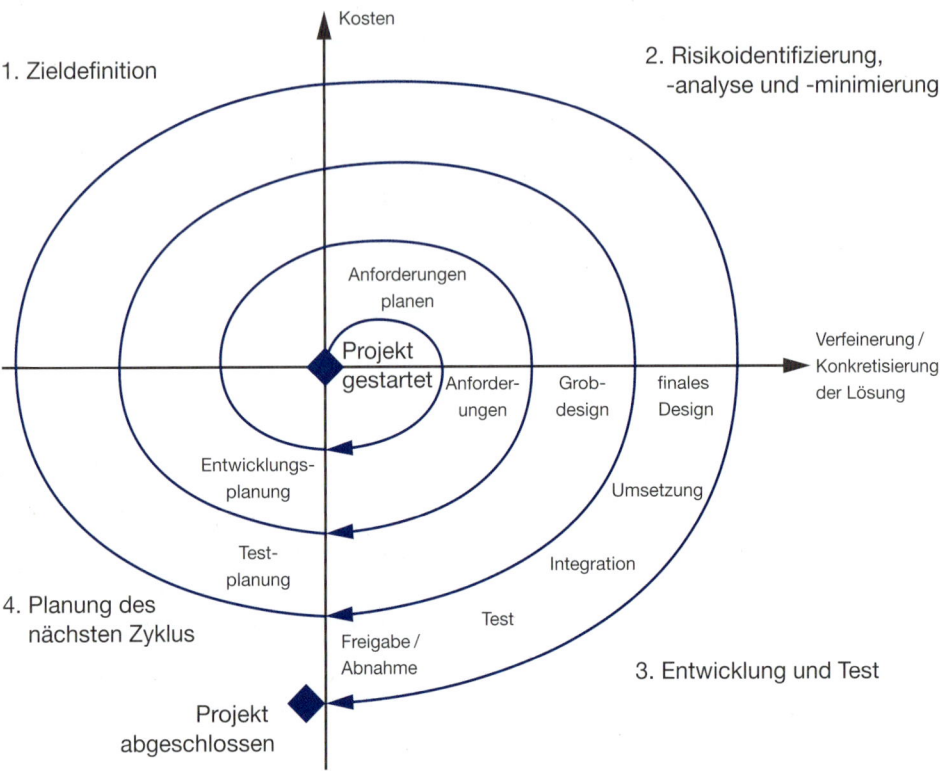

Abb. 2.4-13: Spiralmodell (in Anlehnung an Boehm 1988, S. 64)

Zu den Stärken des Spiralmodells gehört, dass der Projektgegenstand schrittweise geplant und umgesetzt wird. Erkenntnisse aus Zwischenergebnissen werden bewusst zur Verbesserung, Fehlervermeidung und Weiterentwicklung genutzt. Das Vorgehensmodell fordert und fördert die frühe Identifikation und Minimierung von Risiken. Bei entsprechender Planung und Charakteristik des Projektgegenstands können die größten Risiken bereits in den ersten Zyklen minimiert und der Erfolg des Projekts unterstützt werden.

Das iterativ-inkrementelle Vorgehen erschwert deshalb die Planbarkeit des Gesamtprojekts, da der Projektverlauf bewusst von den (Zwischen-)Ergebnissen künftiger Zyklen abhängt. Werden die Anzahl der Zyklen und deren Aufwand im Vorhinein festgelegt und geplant, reduziert sich die Möglichkeit, im Sinne der Stärken des Modells Erfahrungen aus frühen Zyklen für die weitere Umsetzung zu nutzen. Wird die Anzahl der Zyklen umgekehrt aber offengelassen, lassen sich Termine und Kosten nur schwer vorhersagen.

6.5 EVOLUTIONÄRE VORGEHENSMODELLE

Evolutionäre Vorgehensmodelle setzen den Projektgegenstand ähnlich wie wiederholende inkrementelle und iterative Vorgehensmodelle in Zyklen um. Häufig erfolgt die Weiterentwicklung auf Basis einer zu Beginn formulierten Kernfunktionalität. Deren Entwicklung lässt sich noch einigermaßen gut planen. Die weitere Evolution, das heißt, die Veränderung des Projektgegenstands durch inkrementelle Ergänzungen oder iterative Verbesserungen ist schwer vorhersehbar, weshalb auf eine detaillierte Planung der weiteren Zyklen verzichtet wird.

Bei diesem Vorgehen bestehen Parallelen, aber auch Unterschiede zur Entwicklung eines Produkts in einem Projekt und der nachfolgenden Verbesserung in Optimierungsprojekten. Gemeinsam ist den beiden Ansätzen die Tatsache, dass auf Basis einer Kernfunktionalität oder eines fertigen Produkts Verbesserungen vorgenommen werden. Während die Optimierung bei evolutionärem Vorgehen jedoch naturgemäß sehr experimentell und kaum planbar ist, werden bei Optimierungsprojekten auf Basis der definierten Optimierungsziele vorherbestimmbare Lösungswege geplant. In der Praxis können diese Unterschiede je nach Auslegung jedoch verschwimmen.

7 AGILE VORGEHENSMODELLE

7.1 GRUNDLAGEN AGILER VORGEHENSMODELLE

Agile Vorgehensmodelle unterstützen die Anwendung agiler Werte und Prinzipien. Sie fördern die Kommunikation und Interaktion, übertragen die Verantwortung auf die betroffenen Mitarbeiter und legen Wert auf funktionierende Projektgegenstände, eine gute Zusammenarbeit mit dem Kunden sowie die Veränderungsbereitschaft im Sinne einer höheren Kundenzufriedenheit oder eines besseren Produkts.

Selbstverständlich können agile Werte und Prinzipien auch mit den bisher vorgestellten Vorgehensmodellen in der Praxis praktiziert werden. Agile Vorgehensmodelle sind aber in ihren Strukturen, Abläufen und Rollen so aufgebaut, dass die Anwendung vielen beteiligten Personen einfacher fällt. Umgekehrt gilt aber auch: Ein agiles Vorgehensmodell verhindert nicht zwangsläufig, dass die anwendenden Personen schlecht kommunizieren, den Kunden ignorieren und ein schlechtes Ergebnis ausliefern. Nur das Zusammenspiel von agil handelnden Personen und einem passenden Vorgehensmodell kann die Ziele des agilen Manifests (Beck 2001) erreichen.

Nach Komus ist Scrum das meistgenutzte agile Vorgehensmodell, gefolgt von Kanban, Lean, DevOps, Design Thinking und Extreme Programming (Komus 2017).

7.2 SCRUM

Scrum ist ein iterativ-inkrementelles und Agilität förderndes Vorgehensmodell. Erstmals beschrieben wurde es von Schwaber im Jahr 1995 (Schwaber 1997). Eine aktuelle Beschreibung wird von Schwaber und Sutherland im Scrum Guide veröffentlicht (Schwaber und Sutherland 2016). Das Vorgehensmodell wird anhand von Abbildung 2.4-14 erläutert.

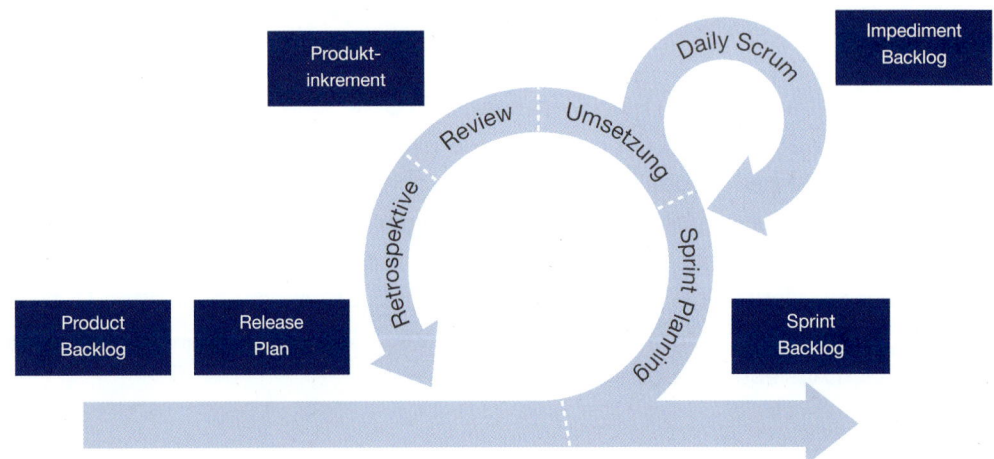

Abb. 2.4-14: Scrum Ereignisse, Rollen und Artefakte

Der Projektgegenstand in einem Scrum-Projekt wird iterativ-inkrementell in zeitlich konstanten Zeiträumen, Sprints genannt, erstellt. Typische Sprintlängen liegen zwischen einer und vier Wochen. Sie sind mindestens über die Projektlaufzeit, häufig sogar unternehmensweit und projektübergreifend konstant. Dies fördert die Vergleichbarkeit und das Projektlernen.

Die wesentlichen Bestandteile von Scrum sind vorgehensmodellspezifische Rollen, Ereignisse und Artefakte. Die unterschiedlichen Rollen sind die Projektmitarbeiter, die zusammen das Entwicklungsteam bilden, den Scrum Master und den Product Owner. Alle drei Rollen zusammen bilden ein Scrum Team. Die Rolle des Projektmanagers existiert nicht. Stattdessen wird das Projekt vom Team selbst organisiert. Der Scrum Master unterstützt bei der Anwendung des Vorgehensmodells und nimmt einerseits eine einem Coach ähnliche Rolle ein. Probleme, die das Entwicklungsteam nicht selbst lösen kann, trägt der Scrum Master andererseits zur Lösung in die (projektexterne) Organisation. Das Selbstverständnis des Scrum Masters hat Gemeinsamkeiten mit dem Servant-leader-Führungsverständnis von Greenleaf (Greenleaf 1991). Der Product Owner ist Repräsentant des Kunden und gibt die Anforderungen, die sogenannten User Stories, vor.

Die **Scrum Artefakte** sind das Product Backlog, das Sprint Backlog und das Inkrement. Das Product Backlog ist die Sammlung der Anforderungen des Auftraggebers oder Kunden. Die Anforderungen selbst werden aus Nutzersicht formuliert und User Story genannt. Zu Beginn eines Sprints wird geplant, welche User Stories aus dem Product Backlog in diesem Sprint umgesetzt werden. Die hierfür ausgewählten User Stories werden als Sprint Backlog genannt. Das Ergebnis des Sprints wird Produktinkrement bezeichnet. Damit allen Beteiligten klar ist, wann eine User Story vollständig umgesetzt wurde, wird ein sogenannter **Definition of Done** formuliert.

Die **Scrum-Ereignisse** umfassen den bereits erwähnten Sprint, das Sprint Planning, den Daily Scrum, den Sprint Review und die Sprint Retrospektive. Jeder Sprint beginnt mit einem Sprint Planning, in dem der aktuell anstehende Sprint geplant wird. Während der Laufzeit des Sprints trifft sich das Entwicklungsteam zusammen mit dem Scrum Master zum (täglichen) Daily Scrum. Dabei handelt es sich um eine kurze (häufig auf 10 bis 15 Minuten begrenzte) Besprechung, die jeden Tag zur selben Zeit am selben Ort stattfindet. Um die Besprechung kurz zu halten, hat sich die Durchführung als Stand-up-Besprechung bewährt.

Am Ende des Sprints wird der Product Owner zum Sprint Review eingeladen. In diesem wird das innerhalb des Sprints erzielte Ergebnis vom Product Owner bewertet. Die Erkenntnisse der Bewertung fließen in die Planung des nächsten Sprints mit ein. Zu diesem Zeitpunkt sollen auch Änderungen in das Projekt eingebracht werden, um sie dann im nächsten Sprint Planning berücksichtigen zu können. Der Sprint schließt mit der Sprint Retrospektive ab. In dieser reflektiert das Entwicklungsteam mit Unterstützung des Scrum Masters (ohne Product Owner) die teaminterne Arbeitsweise und versucht, diese im Blick auf künftige Sprints zu verbessern.

Verbreitete zusätzliche, im Scrum Guide jedoch nicht genannte Artefakte sind der Release-Plan und das Impediment Backlog. Der Release-Plan ist ein Grobplan, der zu Projektbeginn erstellt und regelmäßig aktualisiert wird. Er verteilt die gesammelten User Stories auf die vorgesehenen Sprints und gibt wieder, nach welchen Sprints bestimmte Releases (Zwischenergebnisse) fertig sind. Das Impediment Backlog ist eine Liste der Hindernisse, die das Entwicklungsteam bei der Bearbeitung des Projektgegenstands behindern und die von diesem nicht selbst aus dem Weg geräumt werden können oder sollen. Diese Aufgabe übernimmt der Scrum Master.

Durch das beschriebene Vorgehen wird die iterativ-inkrementelle Entstehung des Projektgegenstands ermöglicht. Die regelmäßige Reflexion des Inkrements im Rahmen der Sprint Reviews soll die Erfüllung der Kundenanforderungen fördern und Rückmeldungen frühzeitig in den Entwicklungsprozess einbeziehen. Die Zusammenarbeit im Entwicklungsteam wird u. a. durch die Selbstorganisation und das Daily Scrum gefördert und durch die Retrospektive verbessert.

Scrum spielt seine Stärken in solchen Projekten aus, die sich iterativ-inkrementell umsetzen lassen. Das Vorgehensmodell berücksichtigt einen strukturierten und regelmäßigen

Umgang mit Änderungen. Daily Scrums, Reviews und Retrospektiven sind Elemente der Qualitätssicherung. Der Timeboxing Ansatz (feste Umsetzungsdauer / Dauer der Vorgänge) ermöglicht eine sehr konkrete zeitliche Vorhersage. In vielen Scrum-Projekten sind die Anzahl an Sprints und damit der zeitliche Rahmen und die Kosten festgelegt. Änderungen und Probleme führen dann dazu, dass nicht alle User Stories umgesetzt werden. Eine konsequente Priorisierung und entsprechende Einplanung dieser User Stories sind hierfür Voraussetzung.

Zu den Schwächen von Scrum gehört, dass es hohe Anforderungen an die Fähigkeit zur Selbstorganisation des Teams stellt. Die vorgesehene Einbringung von Änderungen und Verbesserungen am Ende jedes Sprints, das heißt die Übernahme von User Stories aus dem Product Backlog in das Sprint Backlog, kann zu instabilen Anforderungen und Ergebnissen führen. Um dies zu verhindern, sind eine entsprechende Qualifikation und Disziplin bei den Projektbeteiligten wichtig. Die enge Abstimmung innerhalb der Teams funktioniert bei kleinen Teams sehr gut. Werden die Teams jedoch größer, müssen die Daily Scrums in Teilgruppen aufgeteilt und weitere Maßnahmen zur Skalierung des Vorgehensmodells ergriffen werden. Darunter können die Teamdynamik und Flexibilität leiden. Mit Nexus (Schwaber 2018), dem Scaled Agile Framework SAFe (Mathis 2018) und dem Large-Scale Scrum LeSS (Larman et al. 2017) existieren mittlerweile verbreitete Ansätze für größere Teams, die diese Schwäche adressieren und verringern.

7.3 KANBAN

Kanban stammt aus dem Japanischen und kann mit Signalkarte übersetzt werden. Seinen Ursprung hat Kanban in der Mitte des 20. Jahrhunderts, als Toyota eine Methode zur Flexibilisierung und Effizienzsteigerung seiner Produktion entwickelte. Erst viel später erfolgte die Übertragung der Ideen von Kanban auf das Management von Projekten durch David J. Anderson (Anderson 2010). Anderson ließ sich dabei von Grundsätzen aus dem Lean Management, der Theory of Constraints und natürlich den Kanban-Karten inspirieren. Die theoretischen Grundlagen von Kanban werden mithilfe von vier Grundprinzipien und sechs Praktiken beschrieben. Diese enthalten auch viele agile Werte und Prinzipien, weshalb Kanban heute üblicherweise den agilen Vorgehensmodellen zugeordnet wird.

Im Gegensatz zu Scrum schreibt Kanban weder Abläufe noch Strukturen im Detail vor. Stattdessen werden die Kanban-Anwender dazu aufgefordert, individuell passende Regeln zur Zusammenarbeit aufzustellen und die Methode und Arbeitsweise kontinuierlich zu verbessern. Kanban nutzt das Pull-Prinzip, das heißt, dass Aufgaben nicht anderen Personen zugewiesen werden, sondern von jedem selbst **bei Bedarf** an sich gezogen und bearbeitet werden.

Die vier Grundprinzipien von Kanban lauten:

- Starte mit dem, was Du gerade machst: Kanban kann, ausgehend von jedem anderen Vorgehensmodell, genutzt und iterativ verbessert werden.
- Strebe inkrementelle, evolutionäre Veränderungen an.
- Respektiere aktuelle Prozesse, Rollen, Verantwortlichkeiten und Titel.
- Fördere Führung und Verantwortung auf allen Ebenen der Organisation.

Die Prinzipien sind weitestgehend selbsterklärend und gleichzeitig recht allgemein im Vergleich zum Rahmenwerk von Scrum. Mehr Hilfestellung bei der Anwendung von Kanban bieten die sechs Grundpraktiken:

Praktik 1: Mache die Arbeit sichtbar

Die Arbeit wird bei Kanban durch Beschreibung auf Karten am Kanbanboard sichtbar gemacht, siehe Abbildung 2.4-15. Das Kanbanboard in Form einer Pinnwand, eines Whiteboards oder einer Softwarelösung stellt die Karten in ihrer jeweiligen Bearbeitungsstation dar. Jede Spalte des Kanbanboards repräsentiert eine solche Station:
Im Pool der ersten Spalte werden die anstehenden Arbeiten gesammelt. Sobald sie freigegeben wurden, können sie nach dem Pull-Prinzip von einem Mitarbeiter in die nächste Bearbeitungsstation gezogen werden. Eine Aufgabe darf erst dann in die Spalte »fertig« gehängt werden, wenn sie gemäß der festgelegten Definition of Done vollständig bearbeitet wurde.

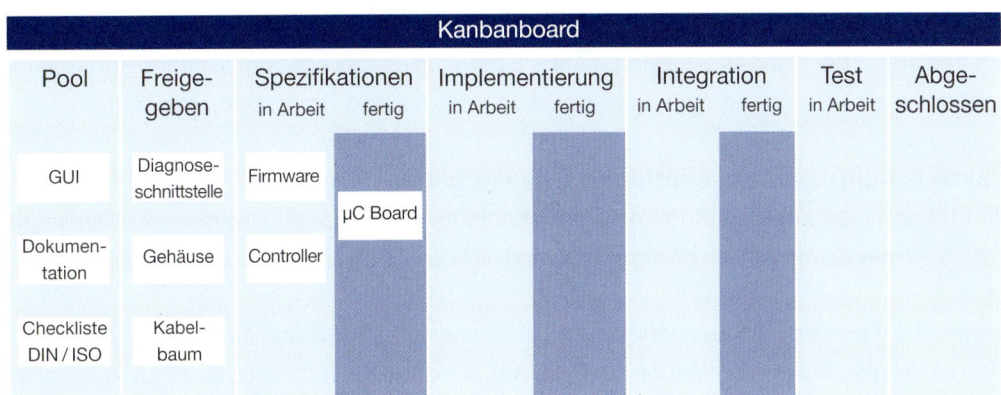

Abb. 2.4-15: Beispiel eines Kanbanboards

Praktik 2: Limitiere die Menge angefangener Arbeit

Multitasking kann zu Mehrarbeit durch häufige geistige Rüstzeiten führen. Um diesen Effekt zu verhindern und gleichzeitig den Fluss der Aufgaben durch die Bearbeitungsstationen zu fördern, fordert Kanban dazu auf, die Menge an unterschiedlichen Aufgaben zu begrenzen. Diese Begrenzung kann dadurch erreicht werden, dass jeder Mitarbeiter nur eine bestimmte Anzahl an Aufgaben (Karten auf dem Kanbanboard) gleichzeitig bearbeiten darf. Zusätzlich kann pro Spalte auf dem Kanbanboard eine maximale Anzahl an Karten festgelegt werden.

Praktik 3: Messe und manage den Fluss
Um zu wissen, wo Optimierungsbedarf besteht, muss der Fluss der Arbeit gemessen und gesteuert werden. Eine typische Metrik ist der Durchsatz (Anzahl fertiger Aufgaben pro Zeit). Diese und weitere sind zu messen und daraus sind Maßnahmen zur Steigerung abzuleiten.

Praktik 4: Mache Prozessregeln explizit
Kanban formuliert nur wenige Regeln, fordert aber dazu auf, eigene Regeln aufzustellen und diese im Team zu kommunizieren. Hierzu können Regeln

- für Zeit und Ort von Besprechungen,
- das Anbringen, Ändern und Umhängen von Karten am Kanbanboard,
- zur Bewertung von Zwischenergebnissen und zum Umgang mit dem Auftraggeber,
- zur Kommunikation

gehören.

Praktik 5: Entwickle Rückmeldemechanismen
Rückmeldemechanismen ermöglichen die Reflexion des Projektgegenstands und der eigenen Arbeitsweise. Das Team ist dazu aufgefordert, geeignete Rückmeldemechanismen zu entwickeln und anzuwenden. Ein verbreiteter, aber nicht ausschließlicher Rückmeldemechanismus bei Kanban ist eine tägliche Stand-up-Besprechung. Weitere Rückmeldemechanismen können regelmäßige Kundenfeedbacks und Retrospektiven sein.

Praktik 6: Führe gemeinschaftlich Verbesserungen durch
Die Erkenntnisse aus den Rückmeldemechanismen sind als Maßnahmen für Verbesserungen gemeinschaftlich zu planen und umzusetzen.

Zu den Stärken von Kanban gehören die umfassenden Individualisierungsmöglichkeiten und die vergleichsweise einfache Einführung, ausgehend vom aktuell genutzten Vorgehensmodell. Es fokussiert auf die Überwindung von Engpässen und auf eine flussoptimierte Arbeitsweise.

Kanban kommt mit vergleichsweise wenigen Regeln aus, was Mitarbeitern mit geringer Erfahrung in der Anwendung von Kanban Schwierigkeiten bereiten kann. Eine weitere Schwäche ist die schwer zu realisierende Terminplanung. Durch die Flussoptimierung und die Natur des Kanbanboards können Terminvorhersagen nur grob getroffen werden. Ebenso wie Scrum spielt auch Kanban seine Stärke insbesondere bei kleinen Projektteams aus, die sich persönlich und regelmäßig abstimmen können.

7.4 LEAN PROJEKTMANAGEMENT

Das Lean Management vereint Prinzipien und Methoden zur effizienten, möglichst verschwendungsfreien Gestaltung der Wertschöpfungskette in sich. Lean bedeutet schlank, mager und meint die Fokussierung auf das zum Erreichen eines Ergebnisses Wesentliche. Viele der Ideen entstammen dem Produktionssystem des japanischen Autobauers Toyota, das Mitte des 20. Jahrhunderts seinen Siegeszug antrat. Mittlerweile wird Lean Management auch in produktionsfernen Unternehmensbereichen, wie dem Einkauf oder eben dem Projektmanagement, eingesetzt.

Lean Projektmanagement fördert die Anwendung vieler agiler Werte. Es schlägt eigene Lean Prinzipien vor, welche die Lean Philosophie verkörpern. Diese Prinzipien lauten:

1. Auf die Kunden fokussieren.
2. Den Wertstrom identifizieren.
3. Das Fluss-Prinzip umsetzen.
4. Das Pull-Prinzip nutzen.
5. Perfektion anstreben.

Das erste Prinzip ist selbsterklärend. Mit dem zweiten Prinzip ist gemeint, nicht zielführende Arbeiten und Projektbürokratie zu vermeiden. Beispiele sind unnötige Dokumente und Berichte. Das Fluss-Prinzip besagt, dass der Durchsatz an Arbeit zu optimieren ist. Beim Pull-Prinzip werden die Aufgaben nicht zugewiesen. Stattdessen ziehen die Mitarbeiter die von ihnen benötigten Aufgaben zur Erlangung eines Ergebnisses an sich und bearbeiten sie. Perfektion wird bei Lean Projektmanagement iterativ und kontinuierlich angestrebt. Bekannte Ansätze, wie der Kontinuierliche Verbesserungsprozess (KVP) und Lessons Learned sind hierfür sehr häufig genutzte Instrumente beim Lean Projektmanagement.

Die Deutsche Gesellschaft für Projektmanagement e. V. (GPM) veröffentlicht auf ihrer Webseite eigene Vorschläge für die Anwendung von Lean Management in Projekten (Erne 2010) und betont dabei die Reduktion von Verschwendung (waste) während des Projektlebenswegs, darunter Verschwendung durch

- schlampig erfasste Anforderungen,
- verfehlte oder unnötig komplexe Lösungen,
- häufige Aufgabenwechsel (schädliches Multitasking),
- unnötige Schnittstellen innerhalb des Projekts und zwischen Projekt und anderen Stakeholdern,
- unnötige Wartezeiten,

- Projektbürokratie und
- unnötige Überarbeitungen des Projektgegenstands.

Lean Projektmanagement gibt keine konkreten Umsetzungen, Prozesse oder Rollen vor.

7.5 DEVOPS

DevOps ist ein Kunstwort, das sich aus **Dev**elopment (Entwicklung) und **Op**erations (Betrieb oder Produktion) zusammensetzt. Das Vorgehensmodell wurde mit dem Ziel entwickelt, bereichsübergreifend gut zusammenzuarbeiten, schnell zu entwickeln, möglichst zeitnah in den Regelbetrieb übergehen zu können und gleichzeitig Ergebnisse von hoher Qualität zu erzielen.

Als Ursprung von DevOps gelten die DevOpsDays 2009 in Ghent/Gent (Devopsdays 2009). Das Vorgehensmodell wird vorwiegend in IT-Projekten eingesetzt und besteht aus drei Grundelementen:

- Zusammenarbeit im Sinne einer guten Kommunikation zwischen Entwicklern und den Nutzern (Dauer-)Betrieb
- Automatisierung als Teil der Qualitätskontrolle, der Installation und Konfiguration von Software und der Softwaretests. Hierfür wird bereits in der Entwicklung ein entsprechend benötigter Quellcode in die Software integriert.
- Prozesse als verbindliche Abläufe zur Workflow-Optimierung

7.6 DESIGN THINKING

Design Thinking ist eher ein Modell zur strukturierten Problemlösung als ein Vorgehensmodell im Projektmanagement. Es wird jedoch häufig in Projekten eingesetzt und definiert damit indirekt das Vorgehen im Projekt. Letztlich verkörpert jedes Projekt durch seine Einmaligkeit einen Problemlösungsprozess.

Design Thinking wird in Makro- und Mikrozyklen eingeteilt. Im Makrozyklus werden über die Zeit mehrere Prototypen generiert, bis schließlich eine geeignete Lösung gefunden wird. Die Prototypen sollen einfache Lösungen, radikal andere Lösungen, vielversprechende und am Ende fertige, funktionsfähige Prototypen einschließen. In jedem Makrozyklus werden ein oder mehrere Mikrozyklen zur Prototypenentwicklung durchlaufen, die aus den Phasen Verstehen, Beobachten und Analysieren, Standpunkt definieren, Idee finden, Prototyp entwickeln und Testen bestehen (Lewrick et al. 2017).

In der Phase **Verstehen** geht es darum, das zu lösende Problem zu identifizieren und zu verstehen. Während der Phase **Beobachten und Analysieren** werden möglichst alle

Bedürfnisse relevanter Stakeholder zur Lösung des Problems gesammelt und analysiert. Daraus wird in der Phase **Standpunkt definieren** eine fundierte Interpretation als Gesamtsicht auf die gesammelten Bedürfnisse erstellt und es werden die Bedürfnisse untereinander gewichtet. Erst in der Phase **Idee finden** werden nun mithilfe von Kreativitätstechniken Ideen generiert, die in der Phase **Prototyp entwickeln** in unterschiedliche Prototypen überführt und abschließend in der Phase **Testen** auf ihre Eignung zur Bedürfnisbefriedigung überprüft werden.

Für jede Phase stehen mehrere Methoden zur Bedürfnisermittlung und -analyse, zur Kreativitätsförderung, Strukturierung und zum Test zur Verfügung, die situativ ausgewählt und eingesetzt werden. Manche Beschreibungen von Design Thinking sehen leicht abweichende Phasen vor. Als Vorgehensmodell fördert Design Thinking iterativ-inkrementelles und agiles Vorgehen. Während die Phasen der Mikrozyklen vorgegeben sind, hängt die Anzahl an Makrophasen von der Bewertung der entwickelten Prototypen ab.

Zu den Stärken von Design Thinking gehören die bewusste Abkehr von der »erstbesten Lösung« und die Forderung, unterschiedlich geartete Lösungen in Form von Prototypen zu entwickeln, zu bewerten und am Ende die beste Lösung auszuwählen. Damit eignet sich Design Thinking insbesondere für solche Projekte, in denen völlig neue, innovative Ideen gesucht werden und entsprechend viel Zeit zur Verfügung steht.

Zu den Schwächen gehört, dass der zeitliche und der finanzielle Verlauf schwer vorhersehbar sind. Auch wenn dies eher der Natur des Projektgegenstands als dem Vorgehensmodell zuzuschreiben ist, ist in der Praxis darauf zu achten, dass das Ergebnis irgendwann konvergiert und ein Projektabschluss möglich ist. Kritiker von Design Thinking weisen darauf hin, dass es schon seit langem sehr ähnliche Methoden der strukturierten Problemlösung zur Verfügung stehen und das Problem nicht in mangelnden, Innovation fördernden Methoden, sondern in deren Anwendung und tatsächlichen Nutzung in der Praxis begründet liegt.

7.7 EXTREME PROGRAMMING

Der Name impliziert bereits den Ursprung dieses Vorgehensmodells in der Softwareentwicklung. Das Vorgehen basiert auf einer iterativ-inkrementellen Umsetzung der Anforderungen. Wie bei allen agilen Vorgehensmodellen wird viel Wert auf eine enge Zusammenarbeit des Teams mit dem Auftraggeber gelegt. Als Vorgehensmodell für die Softwareentwicklungsprojekte beinhaltet Extreme Programming viele softwarebezogenen Elemente:

- Im Sekundentakt, gemeint ist: ständig, soll Software durch Entwicklerpaare erstellt werden (Pair-Programming).
- Die Software wird testgetrieben entwickelt. Sogenannte Unit-Tests für einzelne Soft-

warekomponenten sind fester Bestandteil der Entwicklung. Im Minutentakt werden diese Unit-Tests ausgeführt, um zeitnah Rückmeldung über Fehler zu erhalten.

- Im Stundentakt, mindestens aber mehrmals täglich, wird ein neu entwickelter Code in ein lauffähiges Gesamtsystem integriert.
- Im Tagestakt finden Stand-up-Besprechungen des Entwicklerteams statt.
- Im Wochentakt werden lauffähige Systemversionen an den Auftraggeber zum Test ausgeliefert. Diese beinhalten immer die Funktionen, die für den Auftraggeber in der jeweiligen Situation den höchsten Wert haben.
- Im Monatstakt werden neue getestete Systemversionen ausgeliefert und produktiv gestellt.

Die Stärken von Extreme Programming für Softwareprojekte liegen in der auf diese Projekte fokussierten Elementen und in der Integration mehrerer qualitätssichernder Ebenen begründet.

Die vorgeschlagenen Zeitdimensionen entstammen noch einer Zeit, in der regelmäßige Releases unüblich waren. Heute schalten viele Unternehmen Software in deutlich kürzeren Zyklen produktiv. Eine Übertragung des Vorgehensmodells auf Projekte außerhalb des Softwarebereiches ist nur auf abstrahierter Ebene möglich.

7.8 EXKURS: AGILE ORGANISATIONSSTRUKTUREN JENSEITS VON SCRUM UND KANBAN

Zum Abschluss des Abschnitts werden in einem kurzen Exkurs generelle Überlegungen zur Agilität und aktuelle Entwicklungen angestellt und skizziert.

Agilität ist ein positiv besetzter Begriff, der für flexible, innovative Ergebnisse unter Einbeziehung des Kunden und des Einsatzes selbst organisierter Teams steht. Einige Beobachter vertreten die Meinung, dass es vor allem Agilität ist, die Unternehmen bei der Bewältigung aktueller, häufig komplexer Herausforderungen hilft (Oswald und Müller 2017). Dies wird gestützt durch Ordnungsrahmen, die in komplexen Situationen agiles Vorgehen vorschlagen (Wysocki 2014; Stacey 1993; Snowden 2000; Boehm und Turner 2004).

Sogenannte agile Vorgehensmodelle unterstützen die Anwendung agiler Werte und Prinzipien, sie garantieren diese aber nicht. Am Ende kommt es darauf an, diese Werte im Führungsalltag der Projekte, Programme, Portfolios und nicht zuletzt in der Linie zu verankern.

In der unternehmensübergreifenden Zusammenarbeit und auch in der Kundeninteraktion sind bei aller Agilität mittel- und längerfristige Planungen unerlässlich. Planbasierte Vorgehensmodelle helfen bei deren Erstellung und Realisierung. Es ist immer im Einzelfall der jeweiligen Unternehmens- und/oder Projektsituation zu prüfen, wie viel Flexibilität und Änderungsbereitschaft bei den jeweiligen Stakeholdern vorhanden sind und in den Projektablauf integriert werden können.

Manchen Unternehmen gehen aktuell etablierte agile Konzepte nicht weit genug. 2015 hat der Unternehmer Brian Robertson das Konzept der Holokratie vorgestellt, das er in seinem Unternehmen eingeführt hat (Robertson 2015). Holokratisch organisierte Unternehmen organisieren sich in sogenannten ineinander geschachtelten Kreisen. Jeder Kreis wählt Vertreter, die den Kreis in übergeordneten und nebengeordneten Kreisen vertreten. Die Kreise arbeiten, handeln und entscheiden möglichst autonom. Hierarchische Organigramme werden durch eine gute Vernetzung und Kommunikation innerhalb der Kreise und zwischen den Kreisen ersetzt. An die Stelle einer hierarchischen Aufbauorganisation tritt eine Informationshierarchie. Ein wichtiges Merkmal ist die strikte Trennung von strategischen und operativen Treffen, um innovative und visionäre Ideen nicht frühzeitig durch Limitierungen des Alltags fallen zu lassen.

8 TAILORING UND HYBRIDE VORGEHENSMODELLE

8.1 GRUNDLAGEN

Vorgehensmodelle werden üblicherweise an die unternehmensindividuellen Rahmenbedingungen angepasst (Whitaker 2014). Typischerweise werden die Anzahl der Phasen, der zu bearbeitende Inhalt je Phase, die Meilensteine, die involvierten Rollen, die zu nutzenden Werkzeuge, Vorlagen und Checklisten individualisiert. Dieses Tailoring kann auch dazu genutzt werden, ein unternehmensindividuelles Vorgehensmodell an bestimmte Projektarten innerhalb des Unternehmens anzupassen. Hierfür können verpflichtende und optionale Elemente des Vorgehensmodells definiert und anschließend für die einzelnen Projekte ausgewählt werden. Ein verbreitetes Beispiel für ein Vorgehensmodell mit verpflichtenden und optionalen Elementen ist das V-Modell XT (Bundesverwaltungsamt 2005).

Das V-Modell XT ist ein an das V-Modell angelehntes Vorgehensmodell für die Durchführung von IT-Projekten und findet insbesondere bei entsprechenden Projekten mit Bundesbehörden in Deutschland Anwendung. Vor Projektbeginn werden im Rahmen eines statischen Tailorings die für das Projekt relevanten Bausteine des Vorgehensmodells ausgewählt. Während der Projektdurchführung können weitere Bausteine dynamisch hinzu oder abgewählt werden. Auch der PRINCE2 Standard ermöglicht und fördert Tailoring (Axelos Ltd. 2017). Damit die wesentlichen Eigenschaften von PRINCE2 bestehen bleiben, müssen alle sieben Prinzipien des Standards bestehen bleiben. Anpassungen sind aber auf der Ebene der Themen, Produkte, Rollen und Prozesse sowie der Terminologie möglich.

Der Chance, durch Tailoring maßgeschneiderte Vorgehensmodelle zu konfigurieren, steht das Risiko entgegen, die Stärken der einzelnen Vorgehensmodelle zu verwässern. Zu beachten ist, dass sich ein schlecht konfiguriertes Vorgehensmodell auf alle Projekte auswirkt, die dieses Modell nutzen. Dadurch können ineffiziente Strukturen und Abläufe vervielfacht werden. Dies gilt besonders dann, wenn das Tailoring in mehreren Stufen erfolgt, z. B. erstmalig durch eine branchenspezifische Adaption, dann eine unternehmensspezifische Anpassung auf das Produktportfolio des Unternehmens und schließlich die projektspezifische Anpassung durch den Projektleiter auf Projekttyp, Projektgröße und den konkreten Anwendungsfall. Dabei kann das Verständnis für das gewählte Vorgehen verloren gehen.

Die Nutzung unterschiedlicher Vorgehensmodelle führt zu sogenannten hybriden Vorgehensmodellen. Auch wenn damit meist die Kombination aus planbasierten und agilen Vorgehensmodellen gemeint ist, können auch mehrere rein planbasierte oder rein agile Vorgehensmodelle zu hybriden Vorgehensmodellen kombiniert werden.

Die Kombination zweier oder mehrerer Vorgehensmodelle zu einem hybriden Vorgehensmodell kann auf unterschiedliche Arten erfolgen:

- Bei der **sequenziellen Anwendung von Vorgehensmodellen** werden in sich abgeschlossene Projektphasen mit unterschiedlichen Vorgehensmodellen bearbeitet. Verbreitet ist beispielsweise die agile Auftragsklärung in der ersten Projektphase. Als Ergebnis werden die Anforderungen stabilisiert und anschließend in einem planbasierten Wasserfallmodell oder einem nebenläufigen Vorgehensmodell umgesetzt.

- Bei der **parallelen Anwendung von Vorgehensmodellen** werden mehrere Vorgehensmodelle parallel eingesetzt. Häufig geschieht dies in unterschiedlichen Teilprojekten. Ein nach dem V-Modell arbeitendes technisches Entwicklungsprojekt kann beispielsweise die Software im Rahmen eines eigenen Teilprojekts mittels eines agilen Modells entwickeln. Bei sehr verschiedenen Vorgehensmodellen besteht die Herausforderung, den unterschiedlichen Umgang mit den Anforderungen, Plänen und der Führung zwischen den Teilprojekten zu synchronisieren.

- Bei der **integrierten Anwendung von Vorgehensmodellen** werden unterschiedliche Vorgehensmodelle innerhalb einer Phase oder eines (Teil-)Projekts miteinander verschmolzen. Ein Beispiel sind die Steuerung von Funktionalität und deren Tests mit einem Kanbanboard in einem ansonsten planbasierten Projekt.

Die hier vorgestellten Beispiele stehen exemplarisch für die Vielzahl an Kombinations- und Einsatzmöglichkeiten von Vorgehensmodellen. Zudem gibt es sehr starke Überlappungen, welches Vorgehensmodell zu welchen Projektausprägungen passen kann, sodass fast jede Ausprägung auch grundsätzlich mit jedem Vorgehensmodell umgesetzt werden kann. Auch wenn die theoretischen Kombinationsmöglichkeiten sehr groß sind, ist im Einzelfall immer zu prüfen, ob am Ende ein stimmiges Vorgehensmodell mit den gewünschten Stärken und ohne unbeabsichtigte Schwächen resultiert.

In der Praxis können die in diesem Kapitel vorgestellten Ordnungsrahmen, Modelle und Kriterien zur Auswahl von Vorgehensmodellen oder einer Vorgehensmodellart (planbasiert, agil, hybrid) verwendet werden. Aus diesen Informationen können Schemata wie in Abbildung 2.4-16 abgeleitet werden, die bei der Entscheidung über ein Vorgehensmodell helfen. Zu beachten ist, dass solche und ähnliche Darstellungen immer auch vereinfachen und gewisse Grundtendenzen angeben, die immer im Einzelfall näher zu untersuchen sind.

	Kriterium	eher planbasiert	eher hybrid	eher agil
Projekt	Projektart	eher Investitionsprojekt	eher Organisationsprojekt	eher Forschungs- und Entwicklungsprojekt
	Projektziele	im Vorfeld gut definierbar		im Vorfeld nicht gut definierbar
	Neuartigkeit	eher Routine		eher neue Ziele oder Lösungswege
	Technologiesituation	statisch oder bekannt		dynamisch oder unbekannt
	Bekanntheit der Anforderungen	vollständig zu Projektbeginn bekannt		zu Projektbeginn eher unbekannt
	Stabilität der Anforderungen	eher wenig Änderungen erwartet		eher viele Änderungen erwartet
	Sicherheitsbedürfnis	eher hoch		eher niedrig
	Vertragssicherheit	sehr hoch		eher niedrig
Team	Projektteamgröße	klein bis sehr groß		eher klein bis mittel
	Stabilität der Teamzusammensetzung	dynamisch		statische Teams bevorzugt
	Verteilung des Teams	zentral oder verteilt		eher zentral an einem Ort
	Fähigkeit des Teams zur Selbstorganisation	vorteilhaft, aber nicht erforderlich		erforderlich
Umfeld	Unternehmenskultur	eher hierarchisch		eher flache Hierarchien
	Einbeziehung des Auftraggebers	bei Auftragsklärung und Abnahme		regelmäßig
	Präferenz externer Projektpartner	planbasiert		interaktiv

Abb. 2.4-16: Auswahl planbasierter, hybrider und agiler Vorgehensmodelle in Anlehnung an (Möller 2018, Seite 5)

In den weiteren Unterkapiteln werden kurz einige Beispiele hybrider Vorgehensmodelle skizziert.

8.2 PLANBASIERTE HYBRIDE VORGEHENSMODELLE

Ein verbreitetes hybrides Vorgehensmodell, das aus zwei planbasierten Vorgehensmodellen besteht, ist die integrierte Anwendung aus Stage-Gate-Modell und V-Modell. Diese Kombination wird dazu genutzt, um die qualitätssichernden Elemente der beiden Vorgehensmodelle zu vereinen. Neben einem geordneten Phasenübergang mit definierten Ergebnissen an festgelegten Kontrollpunkten wird der Projektgegenstand systematisch verifiziert und validiert.

8.3 AGILE HYBRIDE VORGEHENSMODELLE

Unter dem Namen ScrumBan ist die integrierte Anwendung aus Scrum und Kanban zu verstehen. Ein wesentliches Merkmal sind die Übernahme der aus Kanban bekannten flussorientierten Aufgabensteuerung in das Scrum-Vorgehen sowie die Anwendung weiterer Prinzipien und Praktiken.

8.4 GEMISCHT HYBRIDE VORGEHENSMODELLE

Ein bekanntes gemischt hybrides Vorgehensmodell ist das sequenzielle Wasser-Scrum-Fall-Modell. Bei diesem erfolgt die systematische und vollständige Anforderungsklärung in den ersten Projektphasen nach dem Wasserfallmodell. Die Umsetzung der Anforderungen erfolgt im Rahmen einer Scrum-Phase in mehreren Sprints unter Nutzung des aus Scrum bekannten Umgangs mit Änderungen und unter Einbeziehung des Kunden. Die Überprüfung des abschließenden Ergebnisses und dessen Übergang in den Serienbetrieb erfolgen dann wieder in sequenziellen Wasserfallphasen.

Herausforderungen bei der Konstruktion solcher Vorgehensmodelle sind die sinnvolle Kombination und Synchronisation von Methoden, Plänen und Rollen. Gerade das Aufeinandertreffen von Rollen aus planbasierten Projekten, wie des Projektmanagers auf agile Rollen, wie den Scrum Master und Product Owner, kann in der Praxis zu Konflikten führen. Erfahrung im Umgang mit den zu kombinierenden Vorgehensmodellen ist deshalb von Vorteil, um am Ende ein hybrides Vorgehensmodell zu erhalten, das die Stärken der kombinierten Vorgehensmodelle ausbaut und nicht verwässert oder gar zu Schwächen werden lässt.

9 ZUSAMMENFASSUNG UND AUSBLICK

Vorgehensmodelle helfen dabei, die Abläufe, Phasen, Aufgaben und Rollen in Projekten zu definieren, die bei der Durchführung Orientierung geben. Standardisierte Vorgehensmodelle unterstützen durch die damit erzeugte Vergleichbarkeit den projektübergreifenden Erfahrungs- und Wissensaustausch. Bei sorgfältiger Auswahl und entsprechendem Tailoring können Vorgehensmodelle an die unternehmens- und projektindividuellen Rahmenbedingungen angepasst werden und ein strukturiertes, effektives und effizientes Projektmanagement fördern.

Die Auswahl ist nicht trivial. Eine Vielzahl an Parametern beeinflusst die Auslegung eines optimierten Projektmanagements. Planbasierte Vorgehensmodelle nutzen Pläne über den gesamten Projektlebensweg hinweg, um die Qualität, Kosten und Termine zu definieren und das Projekt anhand der Pläne so zu steuern, dass die Projektziele erreicht werden.

Auch bei agilen Vorgehensmodellen existieren Pläne. Diese werden für den gesamten Projektlebensweg aber meist nur grob ausgearbeitet. Details werden nur für die nähere Zukunft beziehungsweise für unmittelbar anstehende Aufgaben geplant. Dies erleichtert den Umgang mit Änderungen, erfordert aber ein Umdenken in der Projektsteuerung. In der Praxis besteht das Dilemma häufig darin, dass Auftraggeber Qualität, Kosten und Termine sehr genau festgelegt haben wollen und gleichzeitig einen flexiblen Umgang mit Änderungen fordern. Beide Arten von Vorgehensmodellen bieten hierzu Strukturen und Methoden an.

Unterschiedliche Perspektiven helfen dabei, Projekte zu verstehen und entsprechende Maßnahmen zur Auswahl geeigneter Vorgehensmodelle zu ergreifen. Die vorgestellten Modelle und Ordnungsrahmen dieses Kapitels helfen bei der Auswahl. Das Modell von Wysocki (2014) hilft zwischen planbasiertem und agilem Vorgehen zu differenzieren. Unterstützt wird die Entscheidungsfindung über eine Analyse des Projektgegenstands mit der Stacey-Matrix (Stacey 1993). Mit den Kriterien von Boehm und Turner (2004) sowie Špundak (2014) kann ermittelt werden, ob mehr Kriterien für ein planbasiertes oder für ein agiles Vorgehensmodell sprechen. Mit HyProMM können nun Vorgehensmodelle strukturiert und individualisiert werden (Timinger und Seel 2016).

Während viele Unternehmen nach wie vor erst dabei sind, strukturiertes Projektmanagement einzuführen, zeigen Themenschwerpunkte auf Tagungen und Veröffentlichungen ein steigendes Interesse an agilen Vorgehensmodellen. Dies wird auch durch Studien, beispielsweise von Komus (2017), belegt. Praxisbeispiele von erfolgreichen Unternehmen verdeutlichen, dass innovative und kundenorientierte Unternehmen häufig auf agile Vorgehens- und Führungsmodelle setzen (Fischer 2017; Seeger 2017). Der Umkehrschluss, dass der Einsatz agiler Vorgehensmodelle zwangsläufig zu besseren Projektergebnissen führt, gilt aber nicht, wie im Exkurs zu agilen Organisationsstrukturen diskutiert wurde.

Je nach Projektumfeld und Projektgegenstand werden auch künftig unterschiedliche Vorgehensmodelle ihre Stärken ausspielen. Voraussetzungen für den Erfolg bei der Anwendung eines Vorgehensmodells sind und bleiben ein tiefgreifendes Verständnis aller Elemente des Vorgehensmodells und der einzusetzenden Methoden und deren tatsächlicher Umgang durch alle Projektbeteiligten.

Begleitet werden diese Vorgehensmodelle von einer voranschreitenden Digitalisierung. Schon heute können Softwarewerkzeuge mehr als nur Termin-, Ressourcen- und Kostenpläne erstellen. Viele Programme können planbasierte und agile Planungswerkzeuge bereitstellen und Balkenpläne mit Kanbanboards vernetzen. Hinzu kommt die Funktionalität des Dokumenten-, Änderungs- und Risikomanagements. Außerdem spielt die digitale Vernetzung der internen und externen Projektbeteiligten eine immer wichtiger werdende Rolle. Folgerichtig nennt sich manche Software daher auch Kollaborationssoftware und nicht Projektmanagementsoftware (→ Kapitel »Digitalisierung im Projektmanagement«).

Die Nutzung der digitalen Planungs-, Kommunikations- und Steuerungsdaten erfolgt bis heute meist nur innerhalb eines Projekts. Künftige Programme werden stärker von digitalen Daten Gebrauch machen und wichtige Beiträge zum (teil-)automatisierten Wissensmanagement leisten. Die Nutzung dieses Wissens ermöglicht dann die Entwicklung von digitalen Projektassistenten zur automatisierten Szenarioplanung und Projektsteuerung. Einen Überblick über diese und ähnliche Szenarien verschafft der Beitrag von Timinger und Seel (Timinger und Seel 2018).

? WIEDERHOLUNGSFRAGEN

- Was ist ein Vorgehensmodell?
- Was ist ein Prozessmodell?
- Was versteht man unter Tailoring bzw. Customizing im Kontext der Anwendung von Vorgehensmodellen?
- Warum ist die Anpassung eines Vorgehensmodells an die projektspezifische Situation sinnvoll, oft sogar notwendig?
- Nennen Sie drei Klassen bzw. Gruppen von Vorgehensmodellen.
- Nennen Sie sechs Vorgehensmodelle aus mindestens drei verschiedenen Klassen und ordnen Sie diese jeweils einer Klasse von Vorgehensmodellen zu. Nennen Sie zu jedem der fünf Vorgehensmodelle deren Kerncharakteristik und den Hauptvorteil aus Sicht des Anwenders.
- Welche Vorgehensmodelle nennt man hybride Modelle und warum?

LITERATURVERZEICHNIS

Verwendete Literatur

Anderson, D. J. (2010): Kanban. Successful evolutionary change for your technology business. Sequim, Washington: Blue Hole Press.

Boehm, B. W. (1988): A Spiral Model of Software Development and Enhancement.: In: IEEE Computer. Vol. 21.

Boehm, B. W.; Turner, R. (2004): Balancing agility and discipline. A guide for the perplexed. Boston: Addison-Wesley.

Böhle, F.; Heidling, E.; Kuhlmey, A.; Neumer, J. (2018): Ungewissheit in Projekten – neue Wege der Bewältigung. In: projektManagement aktuell (1), S. 4–8.

Bundesverwaltungsamt (2005): V-Modell XT. Tailoring und projektspezifisches V-Modell. Hg. v. Bundesverwaltungsamt.

Bunse, C.; Knethen, A. v. (2008): Vorgehensmodelle kompakt. 2. Aufl. Heidelberg: Spektrum Akad. Verl. (kompakt-Reihe).

Cooper, R. G. (2001): Winning at new products. Accelerating the process from idea to launch. 3. ed, repr. New York: Basic Books.

Cooper, R. G. (2002): Top oder Flop in der Produktentwicklung. Erfolgsstrategien; von der Idee zum Launch. Weinheim: Wiley-VCH Verlag.

Fischer, G. (Hrsg.) (2017): Der Plan war scheiße: brand eins (10).

Gantt, H. L. (1919): Organizing for Work. New York: Harcourt, Brace and Howe.

Greenleaf, R. K. (1991): Servant leadership. A journey into the nature of legitimate power and greatness. New York: Paulist Press.

Haberstroh, M. (2013): Angepasstes Projektmanagement bei Unsicherheit und Dynamik. In: Wald, A.; Mayer, T.-L.; Wagner, R.; Schneider, C. (Hrsg.): Advanced project management. Komplexität. Dynamik. Unsicherheit. Nürnberg: GPM Deutsche Gesellschaft für Projektmanagement e. V. S. 174–195.

Hofstetter, H. (1987): Software-Entwicklung und Human Factor. Erfolgreiche psycholog. Methoden, Instrumente u. Verfahren (Schriftenreihe der Gesellschaft für Projektmanagement).

Larman, C.; Vodde, B.; Jensen, B. (2017): Large-Scale Scrum. Scrum erfolgreich skalieren mit LeSS. Heidelberg: dpunkt.verlag.

Lewrick, M.; Link, P.; Leifer, L. (Hrsg.) (2017): Das Design Thinking Playbook. Mit traditionellen, aktuellen und zukünftigen Erfolgsfaktoren. Unter Mitarbeit von Nadia Langensand. Verlag Franz Vahlen GmbH. München: Verlag Franz Vahlen.

Mathis, C. (2018): SAFe – Das Scaled Agile Framework. Lean und Agile in großen Unternehmen skalieren. Mit einem Geleitwort von Dean Leffingwell. SAFe 4.5 inside. 2nd ed. Heidelberg: dpunkt.verlag.

Möller, T. (2018): Klassisch, agil oder hybrid: Eine Auswahlhilfe. In: Möller, T. (Hrsg.): Projekte erfolgreich managen (Loseblattsammlung), Kapitel 01354: TÜV Media Verlag.

Motzel, E.; Möller, T. (2017): Projektmanagement-Lexikon. Referenzwerk zu den aktuellen nationalen und internationalen PM-Standards. 3. Auflage, Wiley-VCH Verlag, Weinheim.

Oswald, A.; Köhler, J.; Schmitt, R. (2017): Projektmanagement am Rande des Chaos. Sozialtechniken für komplexe Systeme. 2., korrigierte Auflage. Berlin: Springer Vieweg.

Oswald, A.; Müller, W. (Hrsg.) (2017): Management 4.0. Handbook for agile practices. Books on Demand GmbH. Norderstedt: Books on Demand.

Rietz, S. (2015): Projektmanagementstandards zur externen Orientierung. In: Wagner, R.; Bartsch-Beuerlein, S. (Hrsg.): Beratung von Organisationen im Projektmanagement. Düsseldorf: Symposion, S. 165–191.

Robertson, B. J. (2015): Holacracy. The revolutionary management system that abolishes hierarchy. London: Portfolio Penguin (Portfolio Penguin).

Royce, W. (1970): Managing the Development of Large Software Systems. 26. Auflage: Proceedings IEEE WESCON, Institute of Electrical and Electronics Engineers (l).

Schwaber, K. (1997): Scrum Development Process. In: Sutherland, J.; Casanave, C.; Miller, J.; Patel, P.; Hollowell G. (Hrsg.): Business Object Design and Implementation. OOPSLA '95 Workshop Proceedings 16 October 1995, Austin, Texas. London: Springer London.

Seeger, C. (Hrsg.) (2017): Agiles Management: Harvard Business Manager (4).

Shenhar, A. J.; Dvir, D. (2007): Reinventing Project Management. The Diamond Approach To Successful Growth And Innovation. Boston: Harvard Business Review Press.

Snowden, D. (2000): Cynefin: a sense of time and space, the social ecology of knowledge management. In: Despres, C.; Chauvel, D. (Hrsg): Knowledge horizons. The present and the promise of knowledge management. Boston: Butterworth-Heinemann.

Špundak, M. (2014): Mixed Agile/Traditional Project Management Methodology – Reality or Illusion? In: Procedia – Social and Behavioral Sciences 119, S. 939–948.

Stacey, R. D. (1993): Strategic management and organisational dynamics: Pitman.

Takeuchi, H.; Nonaka, I. (1986): The New New Product Development Game. In: Harvard Business Review (Jan.–Feb.).

Timinger, H. (2015): Wiley-Schnellkurs Projektmanagement. Die Grundlagen auf einen Blick; von der Projektinitialisierung bis zum Projektabschluss; Schnelltest: Mit Übungsaufgaben und Lösungen. Weinheim: Wiley-VCH.

Timinger, H. (2017): Modernes Projektmanagement. Mit traditionellem, agilem und hybridem Vorgehen zum Erfolg: Wiley-VCH.

Timinger, H.; Seel, C. (2016): Ein Ordnungsrahmen für adaptives hybrides Projektmanagement. In: GPM-Magazin PMaktuell 2016 (4), S. 55–61.

Timinger, H.; Seel, C. (2018): Vision und Reifegradmodell für digitalisiertes Projektmanagement. In: Barton, T.; Müller, C.; Seel, C. (Hrsg.): Digitalisierung in Unternehmen: Springer Vieweg.

United States Navy Mathematical Computing Advisory Panel (Hrsg.) (1956): Symposium on advanced programming methods for digital computers.

Whitaker, S. (2014): The benefits of tailoring – makeing a project management methodology fit. Hg. v. Project Management Institute.

Winter, M. (2009): Images of Projects. Abingdon, Oxon: Taylor and Francis.

Wysocki, R. K. (2014): Effective project management. Traditional, agile, extreme. 7th ed. Indianapolis, Indiana: Wiley.

Internetquellen

Axelos Ltd. (2017): PRINCE2. Hg. v. Axelos Ltd. https://www.axelos.com/best-practice-solutions/prince2, [abgerufen am 27.03.2017].

Beck, K. et al. (2001): Manifesto for Agile Software Development. http://agilemanifesto.org/, [abgerufen am 22.02.2018].

Devopsdays (2009): The conference that brings development and operations together. Ghent. https://legacy.devopsdays.org/events/2009-ghent/, [abgerufen am 07.03.2018].

Erne, R. (2010): Lean Project Management. Hg. v. Deutsche Gesellschaft für Projektmanagement. https://www.gpm-ipma.de/fileadmin/user_upload/170713_Erne_LeanProjectManagement_V22.pdf, [abgerufen am 21.03.2018].

Komus, A. (2017): Abschlussbericht: Status Quo Agile 2016/2017. 3. Studie über Erfolg und Anwendungsformen von agilen Methoden. BPM Labor Hochschule Koblenz. https://www.hs-koblenz.de/index.php?id=1932, [abgerufen am 20.04.2017].

Schwaber, K. (2018): Nexus Guide. https://www.scrum.org/resources/nexus-guide, [abgerufen am 18.03.2018].

Schwaber, K.; Sutherland, J. (2016): Scrum Guide. http://www.scrumguides.org, [abgerufen am 26.03.2017].

2.5 NORMEN UND STANDARDS IM PROJEKTMANAGEMENT

Autor: Steffen Rietz

Prof. Dr.-Ing. Steffen Rietz hat Produktionstechnik studiert und Erfahrungen in der Halbleiterindustrie und bei einem großen deutschen Automobilzulieferer. In verschiedenen Führungspositionen, auch in internationaler Verantwortung hat er Forschungs-, Organisations- und Entwicklungsprojekte geleitet. Heute ist Prof. Dr.-Ing. Rietz an der Hochschule Offenburg tätig, engagiert sich in der GPM und in der Projektmanagement-Normung im DIN und der ISO.

Co-Autor: Ralf Roeschlein

Ralf J. Roeschlein ist seit 2009 Vorstand der Shift Consulting AG und Gesellschafter bei weiteren Firmen. Er hat sich auf die Standardisierung von (Multi)-Projektmanagement spezialisiert und ist stellvertretender Obmann im DIN. Hier vertritt er als »Country Representative« und »Head of Delegation« die Deutschen Interessen auf internationaler (ISO) Ebene. Herr Roeschlein ist zertifiziert nach IPMA Level-A und berät Firmen in den o. g. Themen.

INHALT

Hierarchie und Verbindlichkeit projektexterner Vorgaben 184

Prozesse der Normung und Standardisierung im Projektmanagement . . 187

Die sichere Auswahl und Anpassung der »richtigen« Norm(en) 189

Genormte Phasen- und Prozessmodelle 190

    Phasenmodell der DIN ISO 21500 193

    Projektmanagement-Prozesse. 194

        Prozessorientierung im Projektmanagement 194

        Prozessmodell der DIN 69901 197

    Exemplarische Ausgestaltung der Projektmanagementphasen. 202

Internationale Projektmanagementnormen und -standards 205

    Project Management Body of Knowledge. 206

    PRINCE2 211

Normenverzeichnis 212

Wiederholungsfragen. 215

Im Mittelpunkt dieses Beitrags steht weniger die Vermittlung von Fakten- und Methodenwissen, vielmehr geht es um ein besseres Verständnis, wichtige Nutzungshinweise und eine Sensibilisierung, wie Projektmanagement-Normen bei dem Bemühen unterstützen, unmittelbar Zeit und Geld zu sparen, und gleichzeitig Ergebnisqualität absichern. Abschließend wird eine kurze Vorstellung der Normen vorgenommen.

Die Normung generiert in Deutschland nach eigenen Aussagen des Deutschen Instituts für Normung (DIN) e. V. einen volkswirtschaftlichen Nutzen in Höhe von ca. 17 Mrd. Euro im Jahr. Das ist erfreulich, aber erst dann relevant, wenn aus dem volkswirtschaftlichen auch ein betriebswirtschaftlicher Nutzen oder gar ein direkter Projektnutzen resultiert. Dazu ist es erforderlich, dass Projektmanager sich in der Welt der Normen orientieren können und im entscheidenden Moment dazu in der Lage sind, die relevanten Normen aufwandsarm zu recherchieren, zu interpretieren und zu implementieren.

1 HIERARCHIE UND VERBINDLICHKEIT PROJEKTEXTERNER VORGABEN

Normen verschaffen eine weitgehende Orientierung über den Stand der Technik bzw. den Stand des Wissens in zahlreichen Fachgebieten. Normenkonforme Projektarbeit ist zunächst eine Empfehlung. Es gibt in grober Näherung mindestens drei Gründe, warum jeder Projektmanager sattelfest in diesem Themenbereich sein sollte:

1. Häufig ist eine normenkonforme Arbeit Vertragsbestandteil und findet Niederschlag in Lasten- und Pflichtenheften mit Formulierungen, wie »Der Auftragnehmer verpflichtet sich dazu, nach den Grundsätzen der DIN xy (oder ISO xy) zu arbeiten und dies auf Verlangen des Auftraggebers jederzeit nachzuweisen.« Unabhängig von der konkret genannten Norm sind das typische Forderungen, die mit der Projektbeauftragung verbindlich werden.

2. Bestandteile der Projektarbeit stehen häufig im Fokus von Audits oder Assessments, entweder originär als Projekt oder indirekt als Teil eines Bereiches im QM-Audit. Ist qualitätsgesicherte Projektarbeit nach aktuellem Stand des Wissens nachzuweisen, so bietet es sich an, aktuelle Normen als Referenz heranzuziehen und mit normenkonformer Projektarbeit das konsequente Bemühen um frühe Ergebnissicherung zu demonstrieren.

3. Nicht zuletzt sind freigegebene Normentexte das Ergebnis der Arbeit von zahllosen Experten, die branchenübergreifend ihre Erfahrungen zusammentragen und praxiserprobte Prozesse, Methoden und Tools dokumentieren. Es unterstützt die effektive und effiziente Projektarbeit, aktuelle Normen zu berücksichtigen.

Normen zum Projektmanagement ordnen sich in eine Reihe weiterer Dokumente ein, die man kennen sollte oder ggf. sogar kennen muss. Die Freiwilligkeit der Anwendung ist nicht immer gegeben, insbesondere dann nicht, wenn der Herausgeber kein Normungsinstitut, sondern der Gesetzgeber ist. Mit der unterschiedlichen Verbindlichkeit und Konsequenz ergibt sich für Projektteams die Notwendigkeit, sich mit folgenden Dokumentarten auseinanderzusetzen:

Tab. 2.5-1: Relevante Dokumente und Dokumentarten mit absteigender Verbindlichkeit

Dokumentart	Erläuterungen und Beispiele
Gesetze	Geltende Rechtsnormen, die in einem Gesetzgebungsverfahren eines Staates oder Bundeslandes dessen Willen zum Ausdruck bringen. Nichtbeachtung führt i. d. R. zur Strafverfolgung. **Beispiel:** • national: AktG, GmbHG, UStG (bei Gründung einer Projektgesellschaft), Arbeitsschutzgesetz, Mutterschutzgesetz etc. • international: internationales Vertragsrecht, internationales Strafrecht etc.
Verordnungen	Rechtsnormen, die durch Regierungs- oder Verwaltungsorgane erlassen werden (exekutives Recht). **Beispiel:** • national: Honorarordnung für Architekten und Ingenieure (HOAI) als weit verbreitete Arbeitsbasis in der Baubranche oder Fédération Internationale des Ingénieurs Conseils (FIDIC) im Kontext der Vertragsgestaltung • international: EU-Verordnungen (Vergaberecht u. Ä.)
Normen	Definition von Leitlinien, Regeln oder Merkmalen durch ein legitimiertes Normungsgremium im Konsensbildungsprozess **Beispiel:** • Alle DIN- und ISO-Normen (→ Abschnitt 6 Normenverzeichnis) • Branchenspezifische Normen (Automobilbereich, Medizintechnik, …)
Standards	Weitgehend vereinheitlichte, anerkannte und angewendete Art und Weise der System- oder Produktgestaltung in einem definierten Wirkungsbereich **Beispiel:** • lokal: Organisationsspezifische Vorgaben aus der Geschäftsleitung oder den Zentralbereichen, die nur innerhalb der Organisation verbindlich sind: Projektmanagement-Handbuch (PMH) und Prozesslandschaften (insbesondere als Soll-Prozesse in Audits und Assessments, Ablagestrukturen auf zentralen Servern) • überregional: Zahlreiche Vorgehensmodelle (z. B. V-Modell XT) oder Toolstandards (MS Project, MS Excel, Datenaustauschformate, …) • international: ICB 4 der IPMA, PMBoK des PMI, Agiles Manifest

Dokumentart	Erläuterungen und Beispiele
Handlungs-empfehlungen/ Richtlinien	Formlose Handlungs- oder Ausführungsvorschrift (eines häufig kompetenten, aber selten formal autorisierten Herausgebers); oft auch als De-facto-Standard etabliert. **Beispiel:** | national: VDI-Richtlinie 6601 »Berufsbild Projektingenieur« | international: Datentauschformate (RIF u. a.)
Individuelle Vereinbarungen	Problem- und lösungsorientierte Vereinbarungen zwischen zwei oder mehreren Partnern; häufig zeitlich oder regional begrenzt. **Beispiel:** | Unternehmens-/projektspezifische Arbeitszeitregelungen
[Good Practice und Best Practice]	[Good Practice und Best Practice sind in diese Struktur schwer einzuordnen. Entweder sind es individuelle Erfahrungswerte oder sie werden sich (bei arbeitsplatzübergreifender Anwendung) schnell zu einer der bereits o. g. Formen weiterentwickeln.] Die Bezeichnung Best Practice sagt nichts aus über die Verbindlichkeit der Anwendung, sondern lediglich über die Entstehung und Herkunft der Vorgabe.

Der Fokus liegt im Folgenden auf den Normen: Konzerne und auch der gehobene Mittelstand verfügen oft über interne Vorgehensweisen, wie ihre Organisations- und Entwicklungsprojekte zu planen und zu steuern sind. Unternehmens- und produktspezifische Strukturen und etablierte Abläufe helfen bei der Bewältigung bekannter Herausforderungen im Unternehmensalltag. Schwierig wird es dann, wenn kleine und mittlere Unternehmen (KMU) sich keine eigenen Organisationseinheiten (Zentralabteilungen) für den Aufbau und die Betreuung eines standardisierten Projektmanagements leisten können. Anspruchsvoll wird es auch in Kooperationsnetzwerken und in öffentlichen Projekten, in denen wirtschaftliche Interessen auf behördliche Anforderungen treffen. Die Öffentlichkeit, Medien und nicht zuletzt die Wahlzyklen wirken als Katalysatoren für interdisziplinäre Herausforderungen. Will man auf gesicherte Erkenntnisse zurückgreifen, die Erfahrungen und Erfolge anderer nutzen, so gilt auch im Projektmanagement die Maxime, auf etwas Bewährtes, etwas Genormtes zurückzugreifen.

2 PROZESSE DER NORMUNG UND STANDARDISIERUNG IM PROJEKTMANAGEMENT

Im Gegensatz zu den zahlreichen Standards (→ Kapitel »Vorgehensmodelle und Ordnungsrahmen«) haben Normen folgende, dem Anwender Sicherheit gebende Vorteile:

1. Normen werden durch ein legitimiertes Normungsgremium erarbeitet und veröffentlicht (z. B. DIN oder ISO; das DIN hat einen Arbeitsauftrag von der Bundesregierung).
2. Normen entstehen in einem konsensorientierten Prozess im Ausgleich heterogener Interessenslagen (z. B. werden auch kleinere Organisationen gehört).
3. Normen unterliegen der Selbstverpflichtung zur Nachhaltigkeit, sodass eine Publikation ohne anschließende Normenpflege nicht möglich ist (DIN-Überprüfungszyklus = fünf Jahre).
4. Der Normentstehungsprozess unterliegt einem breiten Mitspracherecht (zu Beginn in der Erstellung, später in der Kommentierung vor der Publikation).
5. Normungsinstitutionen unterbinden die Verfolgung wirtschaftlicher Interessen und folgen festen Regularien; insbesondere im Bereich der Kommunikation, Dokumentation, Publikation, Transparenz.

Die autorisierten Normungsgremien DIN (www.din.de) und ISO (www.iso.org) sind hierarchisch aufgebaut und jedem Interessierten frei zugänglich. Die Entsendung von Experten in die internationale Normung der ISO erfolgt ausschließlich über das Deutsche Institut für Normung (DIN) e. V. (siehe Abbildung 2.5-1). Dort gibt es aber zahlreiche Möglichkeiten, sich zu engagieren. Die Mitarbeit ist jederzeit und mit mehreren Experten möglich. Normungsprojekte laufen bis zu fünf Jahre und mit dieser Vorlaufzeit ist für die Beteiligten absehbar, welche Normen mit welcher Intention wann publiziert werden. Allein dieser Wissensvorsprung ist für die Weiterentwicklung eigener, unternehmensinterner Projektmanagementvorgaben ein ganz wesentlicher Input.

Die Möglichkeiten, sich in der Standardisierung und Optimierung – mit oder ohne offizielle Richtlinienkompetenz innerhalb der Organisation – zu engagieren, sind in fast allen Organisationen in vielfältiger Form gegeben (siehe Abbildung 2.5-1 unten rechts). Die Entsendung von Experten in die Normungs- und Arbeitsausschüsse des DIN ist nach Zahlung eines unternehmensgrößenanhängigen Beitrags ebenfalls jederzeit möglich (siehe Abbildung 2.5-1 oben rechts). Die nationale Entsendung in die internationale Normung der ISO obliegt dann den einzelnen Normungsausschüssen (siehe Abbildung 2.5-1 oben links).

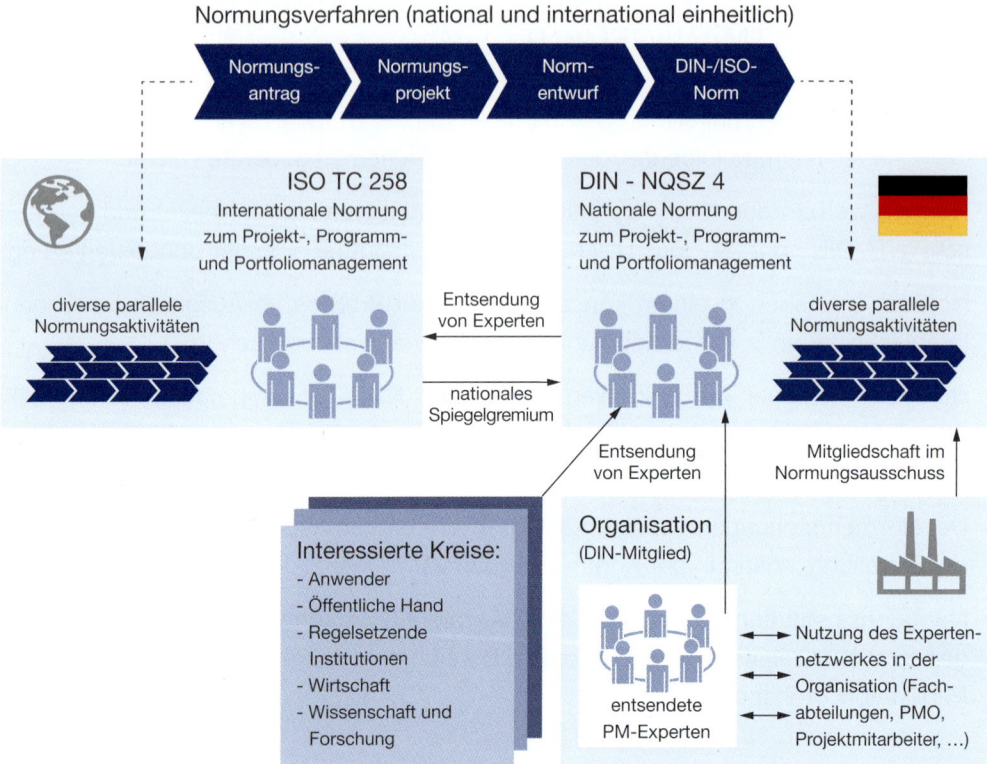

Abb. 2.5-1: Möglichkeiten aktiver Normungsarbeit einzelner Organisationen

Im ISO TC 258 sind ca. 55 Staaten vertreten, darunter Vertreter aller Kontinente und alle führenden Industrienationen weltweit (Stand 2017). So vorteilhaft und demokratisch konsensorientierte Normungsprozesse auch sind, so sehr stoßen dort auch unterschiedliche Verständnisse aufeinander. Die Tatsache, dass grundlegende Begriffe jedem klar sind, bedeutet nicht, dass auch ein einheitliches Verständnis herrscht.

 Beispiele:

a) Der Projektmanager ist auf der ganzen Welt die zentrale, Verantwortung übernehmende Rolle. Seine konkreten Aufgaben, die dafür benötigten Kompetenzen und die daraus resultierenden Befugnisse können aber von Land zu Land differieren.

b) Ebenso sind sich alle Experten dahin gehend einig, dass Nachhaltigkeit ein anzustrebendes Ziel von wachsender Bedeutung ist. Ob sie ökonomisch, ökologisch, sozial oder in einer mehr oder weniger gewichteten Zusammenführung der genannten Komponenten interpretiert werden muss, dazu herrscht bei detaillierter Betrachtung noch Diskussionsbedarf.

c) Letztlich sind sich auch alle Experten weltweit darüber einig, dass Projekte

> nur dann in einem Programm zusammengefasst werden, wenn dadurch u. a. ein »Benefit« (Deutsch: Nutzen) entsteht. Ob dieser Nutzen im konkreten Fall allgemein ein Mehrwert, ein finanzieller Gewinn oder lediglich ein positives Ergebnis ist, wird nicht vorgegeben.

Diese und andere Diskussionen verdeutlichen, dass gerade bei internationaler Normung die kulturellen Differenzen und sprachlichen Nuancierungen auch inhaltliche Fragen aufwerfen. Normen, insbesondere internationale, umreißen damit das kleinste gemeinsame Verständnis über die Projektarbeit, vermitteln damit eine gute Orientierung und zeigen auch Ansatzpunkte auf, über welche Themen sich Projektpartner im konkreten Anwendungsfall noch verständigen müssen.

3 DIE SICHERE AUSWAHL UND ANPASSUNG DER »RICHTIGEN« NORM(EN)

Das größtmögliche Lob für Methodiker im Projektmanagement lautet nicht »Super gemacht!«, sondern »Super adaptiert!«. Methoden oder das Prozessmodell für eine Organisation sollten nicht entwickelt, sondern nach Best Practice-Analysen übernommen und bei Bedarf adaptiert werden (→ Kapitel »Projektmanagement auf Organisationsebene« und Kapitel »Compliance, Standards und Regularien«). Auch der operative Projektmanager beginnt bei der Projektplanung und dem Projektdesign nicht mit einem leeren Blatt, sondern er schaut sich um, welche Ansätze sich bereits in der Praxis bewährt haben (→ Kapitel »Selbstreflexion und Selbstmanagement«).

1. Es gilt die Hierarchie der Dokumentarten (siehe Tabelle 2.5-1). Sind Leistungen nach einer Rechtsverordnung zu erbringen (z. B. HOAI, FIDIC o. ä.), hat das Priorität.

2. Je nach regionalem Fokus ist bewusst eine nationale oder eine internationale Norm auszuwählen, auf die sich alle Projektbeteiligten einigen können. Existieren keine nennenswerten Vorgaben, empfiehlt sich eine internationale Orientierung, um sich damit Flexibilität bei der Übernahme in die noch unbekannten Folgeprojekte zu sichern.

3. Gibt es branchenspezifische Normen, so sind diese den allgemeingültigen vorzuziehen. So wird z. B. im Automotive-Bereich die ISO IATF 16949 der allgemeineren DIN ISO 9001 vorgezogen.

4. Es kann eine Prozessnorm oder ein Kompetenzstandard ausgewählt werden. Auch die Kombination ist möglich. Das PMBoK des PMI (Prozessorientierung) und die ICB der IPMA (Kompetenzorientierung) sind gut miteinander kombinierbar (→ auch Abschnitt 5 Internationale Projektmanagementnormen und -standards).

5. Das ausgewählte Referenzmodell ist zu skalieren/zu adaptieren/zu customizen, sofern das zulässig ist. Die DIN 69901 weist z. B. zahlreiche PM-Prozesse auf, von denen nur wenige verpflichtende Prozesse sind.

6. Im letzten Schritt ist zu klären, ob ein Audit oder Assessment während der Projektlaufzeit zu erwarten ist. Wenn ja, ist ein verantwortlicher Ansprechpartner (z. B. aus dem Qualitätsmanagement) zu benennen, der die richtige und vollständige Umsetzung überwacht. Wenn nein, kann ein weitreichendes Tailoring angesetzt werden, in dem das Referenzmodell sehr eng an die konkrete Projektsituation angepasst wird. Letzteres ist sicheren und erfahrenen Anwendern vorbehalten. Anderenfalls ist die Gefahr zu groß, Teile der Norm wegzulassen, deren Streichung negative Folgen haben kann.

Informationen über einschlägige Normen und Standards sind dem Abschnitt 6 Normenverzeichnis zu entnehmen und können auf den Homepages der Normungsinstitute recherchiert werden. Ergänzend sind Anfragen bei einschlägigen Verbänden und Vereinen sinnvoll (www.gpm-ipma.de oder www.DGQ.de). Letztere Ansprechpartner helfen insbesondere dann, wenn Normen widersprüchlich erscheinen. Das ist i. d. R. nicht der Fall. Es ist durchaus möglich, wenn auch nicht einfach, ein projekt- oder unternehmensspezifisches Rahmenwerk zu schaffen, welches nur die Implementierung EINER in sich konsistenten Vorgabe fordert, damit aber das normenkonforme Arbeiten gegenüber drei oder mehr Referenzmodellen sicherstellt.

4 GENORMTE PHASEN- UND PROZESSMODELLE

Die Kristallisationskeime der Projektmanagement-Normen sind die **DIN 69901** (aktuelle Ausgabe von 2009) und die **ISO 21500** (aktuelle Ausgabe von 2012). Die deutsche Norm ist sehr viel früher entstanden und kann nach mehreren Überarbeitungs-/Ergänzungs-/Optimierungsrunden bis heute als die leistungsfähigere Norm charakterisiert werden. Das macht sich primär in zwei Bereichen bemerkbar: Einerseits in der detaillierteren und damit informativeren/hilfreicheren Beschreibung der Prozesse, andererseits in der Kennzeichnung weniger verpflichtender Prozesse in der großen Prozesslandschaft. So entsteht durch die individuelle Skalierbarkeit eine hohe Flexibilität für den Anwender.

Betrachtet man beide Normen im Vergleich, so stellt man fest: 100 % der PM-Phasen und Inhalte sind kompatibel, über 50 % der Themenbereiche sogar identisch. Die Phasen der ISO stellen im Gegensatz zur DIN sowohl die übergeordneten Phasen dar als auch die Phasen, die jeweils zu durchlaufen sind, wenn wir uns in einer der übergeordneten Phasen befinden.

Beispiel: Ein Projekt umfasst den Bau eines Hauses und dauert 18 Monate. Gliedert man diese 18 Monate in Phasen, so lauten diese: Initiierung, Planung, Umsetzung, Controlling und Abschluss. Die Planungsphase dauert dann z. B. drei Monate. Diese dreimonatige Planungsphase kann sich wiederum in zeitliche Abschnitte gliedern, die dann ebenfalls lauten: Initiierung, Planung, Umsetzung, Controlling und Abschluss. Die Planung der dreimonatigen Planungs-

> phase kann dann z. B. zwei Tage umfassen und soll absichern, dass schon bei der Planung des Hausbaus nichts vergessen wird.

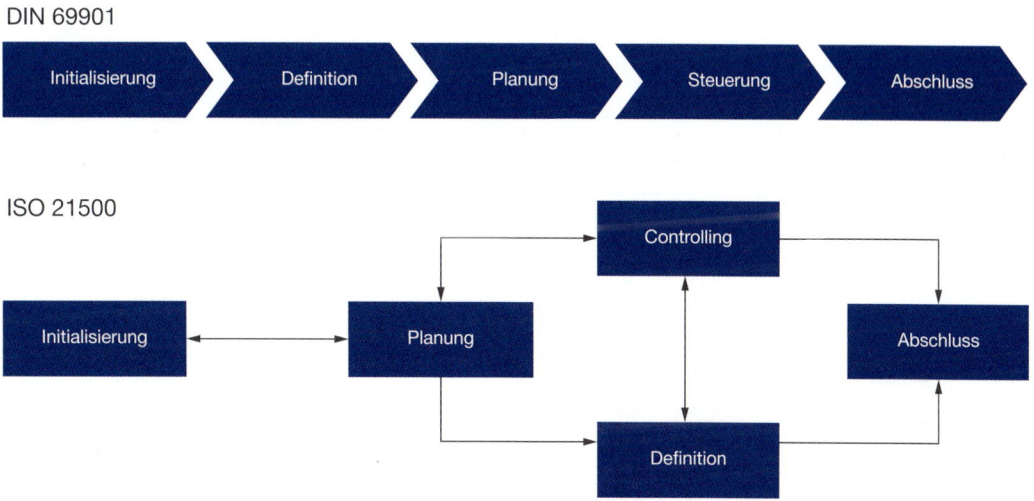

Abb. 2.5-2: Phasenmodelle der DIN 69901 (oben) und der ISO 21500 (unten)

Wer auf die internationale Einheitlichkeit setzt, dies in einem multinationalen Konzern ggf. sogar muss, der kann die 39 Prozesse der ISO 21500 implementieren. Wer das deutsche Verständnis in der Projektarbeit stärker betonen möchte (konsequente Zielorientierung, klare Verantwortung jedes Einzelnen in der Organisation, Kundenorientierung über Änderungsfreundlichkeit, …), der kann sich an der DIN 69901-2 orientieren. Damit erhöht sich das Angebot praxiserprobter Prozesse von 39 auf 59 (das ergibt +50 % Leistungsumfang) bei gleichzeitiger Reduktion des vorgeschriebenen Mindestumfangs von 39 auf 14 (= 35 %, also fast eine Verdreifachung der Flexibilität). Die nachfolgenden Beispiele vergleichen die DIN mit der ISO und beziehen sich auf die Abbildung 2.5-3.

 Beispiele:

- Die Prozessgruppe Ablauf und Termine aus der DIN 69901-2 und die Project Group Project Time Management der ISO 21500 verfolgen eine zumindest vergleichbare Intention, nämlich alle Aktivitäten des Projekts in ihrer sachlich richtigen Reihenfolge zu planen und jeweils der Zeitachse zuzuordnen. Für die projektbezogene Qualität der Terminplanung ist es unerheblich, ob das Team sich an der einen (DIN-) oder anderen (ISO-)Norm orientiert. Daher wurde eine direkte Verbindung zwischen beiden Themen hergestellt.

- Die Prozessgruppe Verträge und Nachforderungen (DIN) sowie Project Procurement Management (ISO) weisen eine große inhaltliche Nähe zueinander auf, sind aber nicht analog zu betrachten. Verträge werden zwar meist mit Lieferanten und Kooperationspartnern geschlossen und sind daher der Beschaffung zuzuordnen, aber letztlich kann es hier branchen- und produktspezifisch sehr unterschiedliche Ausprägungen und Schwerpunkte geben. Beide Themen sollten je nach Projektschwerpunkt separat bzgl. ihres Unterstützungspotenzials im konkreten Fall bewertet werden.

| Themen, die sich nicht verlinken lassen, sind Ausdruck methodischer Stärke und Fokussierung der jeweiligen Normen, wie z. B. das Änderungsmanagement (DIN) oder das Stakeholdermanagement (ISO).

| Die Anzahl der Prozesse innerhalb einer Prozessgruppe sagt zunächst nicht viel über inhaltliche Tiefe und Umfang der Darstellung aus. Und doch ist es ein Indikator, wenn z. B. die ISO 21500 im Project Human Resource Management sechs Prozesse verbindlich vorgibt, die DIN 69901 nur drei Prozesse kennt und davon nur zwei im Rahmen einer normenkonformen Umsetzung einfordert.

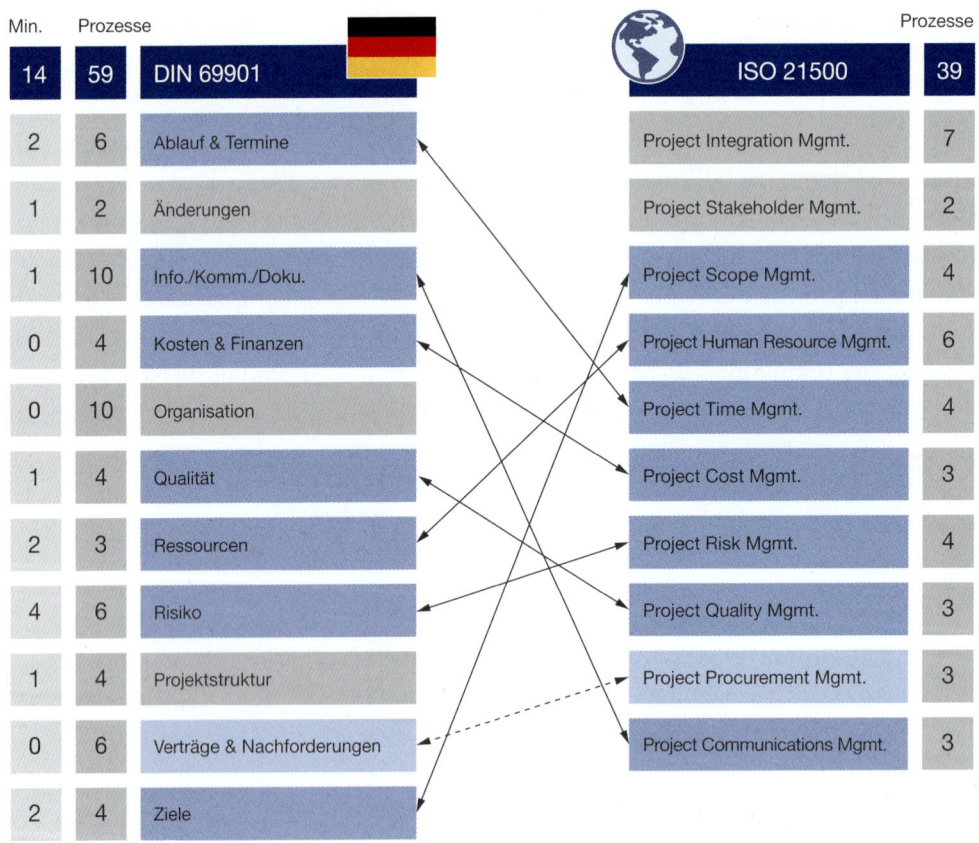

Abb. 2.5-3: Prozesse der Basisnormen im Projektmanagements, DIN und ISO im Vergleich

4.1 PHASENMODELL DER DIN ISO 21500

Ähnlich wie in der DIN 69901 wird auch bei der ISO 21500 ein Projekt mit der Initiierung begonnen. In der Initiierung werden der Projektmanager sowie die Zusammenstellung des Projektteams bestimmt. Dieses Team ermittelt dann die Stakeholder. Das Ziel ist dabei darauf ausgerichtet, die Personen bzw. Gruppen oder Organisationen zu identifizieren, die einen Einfluss auf das Projekt ausüben bzw. von dem Projekt betroffen sind. Der letzte Schritt in der Initiierung ist dann die Erstellung des Projektauftrags.

Nach der Initiierung beginnt die Planungsphase. Die Planungsphase ist in der ISO 21500 diejenige Phase, die mit Abstand am meisten Prozesse beinhaltet. Ähnlich der DIN-Norm werden hier die Fragen beantwortet, wer, was bis wann macht. Dazu werden zuerst der Lieferumfang definiert und der Projektstrukturplan mit all seinen Elementen, wie zum Beispiel den definierten Arbeitspaketen, erstellt. Danach werden die Arbeitspakete unter Zuhilfenahme der Netzplantechnik miteinander verknüpft und der Arbeitsaufwand je Aktivität sowie die dazugehörigen Kosten geschätzt. Aus dem vernetzten Projektstrukturplan können dann der Terminplan ermittelt und die dazugehörigen Ressourcen abgeschätzt und zugewiesen werden. Fortführend können dann ein Budgetplan erstellt und die Beschaffung geplant werden. Parallel werden die Chancen und Risiken ermittelt und bewertet. Zuletzt wird neben der Qualitätsplanung noch die Planung der Kommunikation abgeschlossen. Abschließend werden alle erstellten Pläne in den Projektplan überführt. Dabei kann der Projektplan aus mehreren Dokumenten bestehen.

Neben der Weiterentwicklung des Projektteams sind die typischen Arbeiten in der Umsetzungsphase die Koordination der Projektarbeiten, das Stakeholdermanagement sowie die Chancen- und Risikobehandlung und die Qualitätssicherung. Des Weiteren sind hier sowohl die Lieferantenauswahl als auch die Bereitstellung der Informationen aus der Umsetzungs- in die Controllingphase zu finden.

In der zur Umsetzung parallellaufenden Controllingphase sind sämtliche Prozesse des Controllings zu finden. Ziel ist es sicherzustellen, dass alle ausgeführten Tätigkeiten einem geregelten Controllingprozess unterliegen. Zu den Controllingprozessen gehören:

- Controlling der Projektarbeiten
- Controlling von Änderungen
- Leistungsüberwachung
- Controlling der Ressourcen
- Managen des Projektteams
- Termin- und Kostencontrolling
- Chancen und Risikocontrolling
- Qualitätskontrolle

- Steuerung der Beschaffung und
- Kommunikationsmanagement

In der Abschlussphase wird das Projekt bzw. eine vorherige Phase abgeschlossen. Dieser Phasenabschluss ist in der DIN 69901 nicht explizit herausgearbeitet, in der ISO 21500 aber in Anlehnung an das PMI so vorgesehen. Im Gegensatz zur DIN 69901 ist in der ISO 21500 nur ein einziger Prozess hierfür vorgesehen. Es handelt sich dabei um das Lessons Learned. Somit ist das Ziel der Abschlussphase, die gesammelten Erfahrungen aus der Phase bzw. dem Projekt zu dokumentieren und für zukünftige Phasen bzw. Projekte zur Verfügung zu stellen. Die DIN 69901 bietet in der Abschlussphase erheblich mehr Prozesse, um ein Projekt abzuschließen.

4.2 PROJEKTMANAGEMENT-PROZESSE

Ebenso wie im Qualitätsmanagement hat sich auch im Projektmanagement ein Wandel hin zu prozessorientierten Ansätzen vollzogen. Unter Projektmanagement-Prozessen versteht man die in vielfältiger Wechselwirkung zueinander stehenden Tätigkeiten des Projektmanagements, die Eingaben (Input) in Ergebnisse (Output) umwandeln. Die Projektmanagement-Prozesse werden dabei meistens bestimmten Phasen im Projektverlauf zugeordnet und geben so den Anwendern Orientierung bzw. Hilfestellung bei der Frage, wann welche Tätigkeiten im Projektmanagement auszuführen sind.

4.2.1 PROZESSORIENTIERUNG IM PROJEKTMANAGEMENT

Die internationale Normenreihe ISO 9000 ff. setzt auf einen prozessorientierten Ansatz und formuliert dessen Vorteil sinngemäß wie folgt: Ein erwünschtes Ergebnis lässt sich dann effizienter erreichen, wenn Tätigkeiten und dazugehörige Ressourcen als Prozess geleitet und gelenkt werden. Hinzu kommt, dass auch branchenspezifische Normen (z. B. IRIS-Norm aus der Bahntechnik, ISO 16949 aus dem Automotive-Bereich u. a.) stark auf die Prozessorientierung sowie die Integration von Projektmanagement setzen.

Die Prozessorientierung im Projektmanagement ist kein »Allheilmittel«, aber sie erleichtert die Ableitung von projekt- bzw. organisationsspezifischen Standards und gibt dem Projektmanager fundierte Hilfestellung bei der Auswahl und Anwendung des Projektmanagement-Instrumentariums. Darüber hinaus hilft die Prozessorientierung dabei, das weitverbreitete »Abteilungsdenken« zu überwinden und so die Zusammenarbeit zwischen den verschiedenen Beteiligten zu verbessern.

Das systematische Erkennen und Handhaben der verschiedenen Prozesse innerhalb einer Organisation – vor allem der Wechselwirkungen zwischen diesen Prozessen – werden allgemein als »prozessorientierter Ansatz« bezeichnet. Im Mittelpunkt stehen die Wertschöpfungsprozesse (diese beziehen sich auf die Erstellung des Produkts bzw. der Dienstleistung selbst). Sie verwandeln Anforderungen in Ergebnisse. Das Projektmanagement unterstützt bei der Erreichung dieser Ergebnisse im Rahmen der vorgegebenen Zeit-, Kosten- und Ressourcenbeschränkungen und kann selbst wiederum in einzelne Prozesse untergliedert werden, die in Wechselwirkung mit sich selbst sowie mit den wertschöpfenden Prozessen stehen.

Neben den Projektmanagement-Prozessen gibt es Unterstützungsprozesse, wie z. B. die Einkaufs-, Personal- oder Logistik-Prozesse. Sie alle stehen in Wechselwirkung zueinander und müssen übergeordnet geplant und gesteuert werden. Dies geschieht durch die Führungsprozesse. Sie geben die generelle Richtung für die Organisation vor, initiieren Vorhaben (z. B. in Form von Projekten, Programmen oder Projektportfolios), treffen notwendige Entscheidungen und überwachen und steuern kontinuierlich deren Umsetzung. Schließlich sollten die Führungsprozesse auch für eine kontinuierliche Verbesserung des gesamten Managementsystems und der entsprechenden Prozesse sorgen. Nachfolgende Abbildung 2.5-4 veranschaulicht die verschiedenen Prozessgruppen im Überblick.

Abb. 2.5-4: Prozesshaus der DIN 69901:2009

Der Ablauf eines Projekts – von der ersten Idee bis zum erfolgten Abschluss – kann durch einen Projektlebenszyklus[1]/Projektlebensweg beschrieben werden. Die Aktivitäten im Rahmen des Projektlebenswegs werden projektspezifisch (abhängig von Branche, Projekttyp oder Organisation) in einzelne Projektphasen unterteilt. Diese Phasen spiegeln den individuellen Verlauf des Projekts wider. Die Projektmanagement-Prozesse können über den Projektverlauf hinweg auch in Phasen unterteilt werden, so z. B. nach

---

[1] Der genormte Begriff ist der »Project Life Cycle« (Englisch) bzw. »Projektlebenszyklus« (Deutsch) in Anlehnung an den Product Life Cycle. Siehe dazu auch DIN 69901-1 Kap. 3.63 und ISO 21500 chap. 2.12. Häufig, auch im weiteren Verlauf des PM4, finden wir den Begriff Projektlebensweg, weil ein Projekt insgesamt kein Zyklus ist, sondern nur einmalig durchlaufen wird, allenfalls Zyklen enthält. Die Begriffe Projektlebenszyklus und Projektlebensweg sind synonym zu verwenden.

DIN 69901 in die Phasen Initialisierung, Definition, Planung, Steuerung und Abschluss. Dann dürfen diese Phasen aber nicht mit den zuvor beschriebenen Projektphasen verwechselt werden (siehe Abbildung 2.5-5)!

Projektphasen beschreiben im Wesentlichen die Aktivitäten und den Ablauf der Wertschöpfungsprozesse, d. h. sie beziehen sich auf den Projektinhalt. Die Projektmanagement-Phasen beziehen sich hingegen auf das Projektmanagement und bilden die logische Abfolge der Projektmanagement-Prozesse über den Projektlebenszyklus hinweg ab. Die Synchronisation der Projektmanagement-Phasen und -Prozesse mit den Projektphasen und wertschöpfenden Aktivitäten ist eine gestalterische Aufgabe der Trägerorganisation und basiert auf der Differenzierung von Projekten und Projektmanagement.

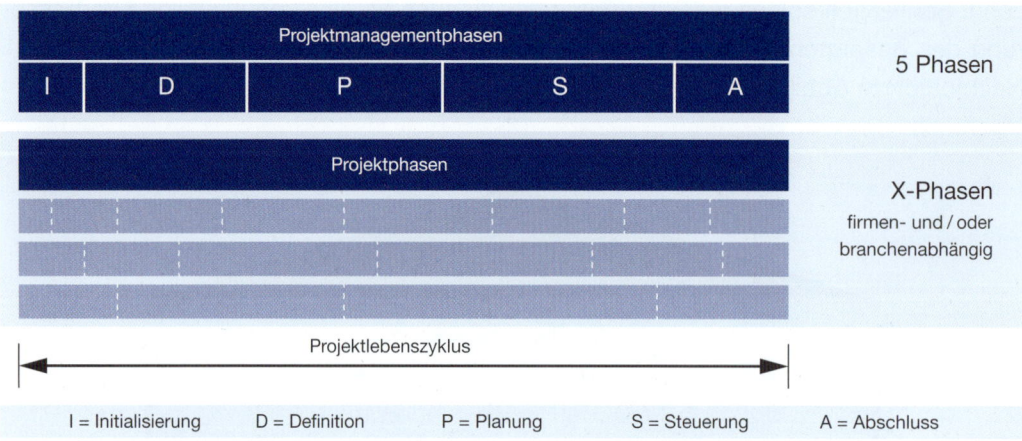

Abb. 2.5-5: Projektlebenszyklus und Phasenaufteilung der DIN 69901:2009

Die Vorteile der Prozessorientierung im Projektmanagement nach DIN 69901 sind u. a.:

- Einordnung der Projektmanagement-Prozesse in die gesamte Prozess-Landschaft einer Trägerorganisation
- Darstellung der Abhängigkeiten bzw. Schnittstellen der Projektmanagement-Prozesse mit den Führungsprozessen (z. B. Programm- oder Projektportfoliomanagement, siehe hierzu auch DIN 69909) sowie mit den Unterstützungs- und Wertschöpfungsprozessen
- Darstellung und Beschreibung aller Projektmanagement-Prozesse, und zwar von der Initialisierung bis zum Abschluss eines Projekts mit den dazugehörigen Eingaben (Input) und Ausgaben (Output) sowie den jeweiligen Abhängigkeiten
- Kompatibilität zu gängigen QM-Konzepten, wie z. B. ISO 9000:2015
- Adaptierbarkeit auf branchen-, projekt- oder organisationsspezifische Belange
- Offenheit für kontinuierliche Verbesserungen und Erweiterungen

Mit nur 14 verpflichtenden Prozessen nach DIN (alle anderen Prozesse sind optional) ist die DIN 69901-2 weltweit einzigartig und kann optimal an die Bedürfnisse der Organisation angepasst werden. Die Prozessorientierung hält seit einigen Jahren auch Einzug bei der Ausgestaltung anderer Normen und auch Standards, wie z.B. bei dem britischen PM-Standard PRINCE2 (Axelos, 2017) sowie dem amerikanischen PM-Standard PMBoK-Guide (PMI 2017) (→ Abschnitt 5 Internationale Projektmanagementnormen und -standards).

4.2.2 PROZESSMODELL DER DIN 69901

Bei der Pflege und Überarbeitung der DIN 69901 wurde der zunehmenden Prozessorientierung im Projektmanagement Rechnung getragen. Die Norm besteht im Wesentlichen aus einem Prozessmodell mit den dazugehörigen Begrifflichkeiten und Methoden. Darin werden – unterteilt in die Projektmanagement-Phasen Initialisierung, Definition, Planung, Steuerung und Abschluss – alle relevanten Projektmanagement-Prozesse angeführt, ihre Abhängigkeiten und Wechselwirkungen visualisiert und jeder Prozess mit dem dazugehörigen Input sowie Output dokumentiert.

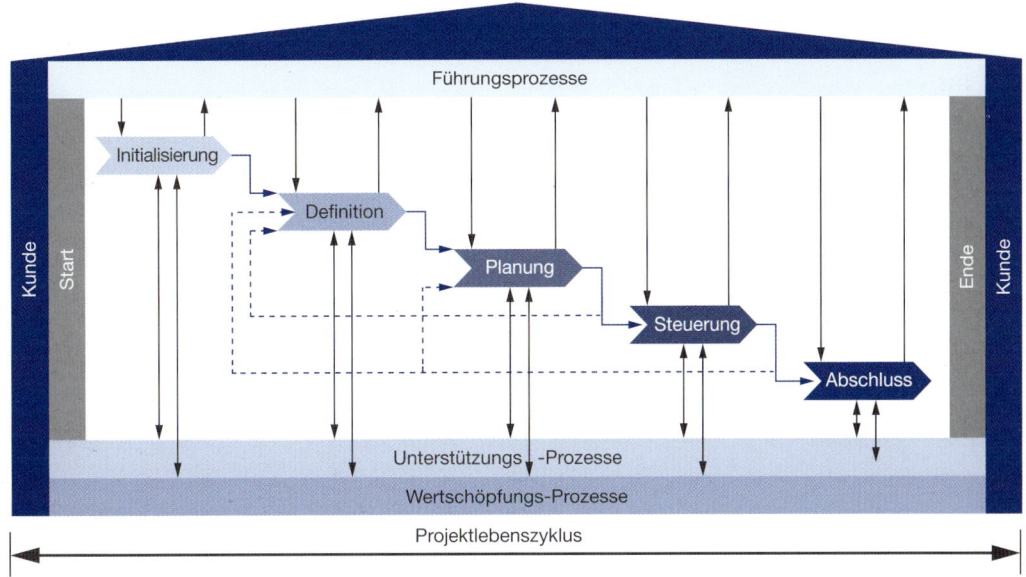

Abb. 2.5-6: PM-Phasen der DIN 69901:2009

Der Aufbau des Prozessmodells (vgl. Abbildungen 2.5-6 bis 2.5-8) folgt der Unterteilung in die fünf Projektmanagement-Phasen und ordnet zusätzlich jeden Projektmanagement-Prozess einer bestimmten Prozessuntergruppe (z.B. Ablauf und Termine) zu. Die Prozesse sind gemäß ihrer Zuordnung zu der jeweiligen Projektmanagement-Phase und zu den jeweiligen Prozessuntergruppen nummeriert und mit den wesentlichen Abhängigkeiten bzw. Wechselwirkungen visualisiert. Damit wird die Orientierung über den gesamten Projektlebensweg erleichtert.

Da Projekte in den seltensten Fällen in einer rein sequenziellen Reihenfolge abgearbeitet werden können und öfters Rücksprünge notwendig sind (z. B. muss die Planung aufgrund von Änderungen der Lieferungen und Leistungen angepasst werden), sind alle wesentlichen Rücksprünge im Prozessmodell berücksichtigt worden.

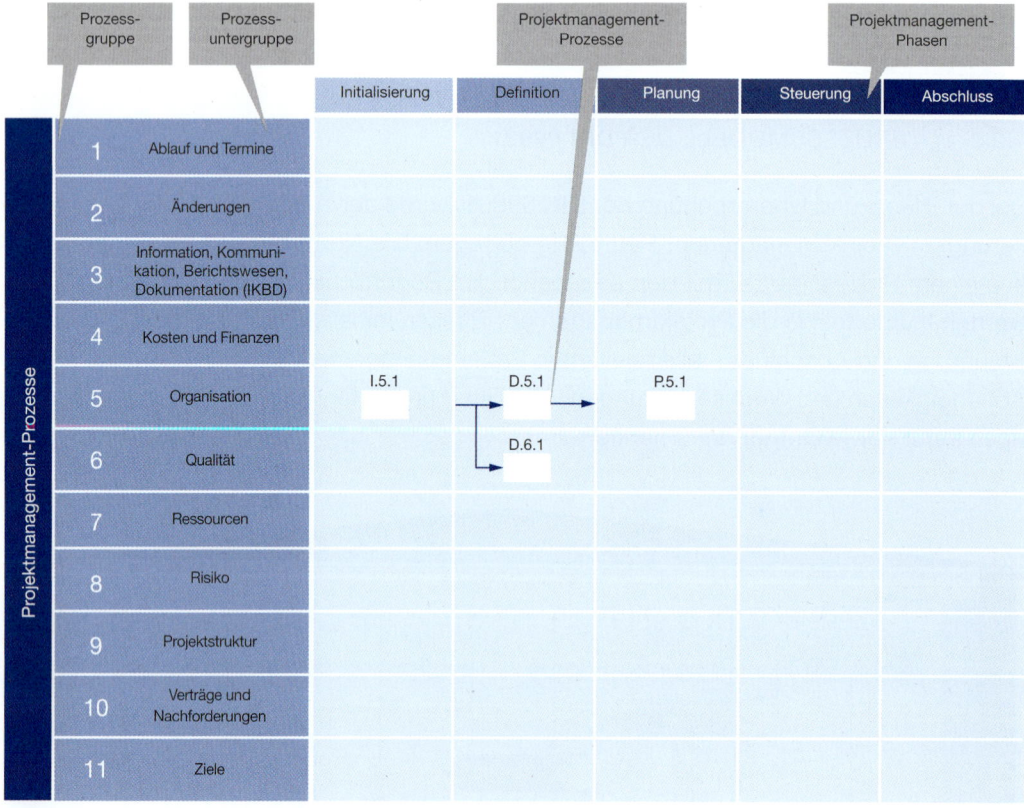

Abb. 2.5-7: Aufbau des PM-Prozessmodells der DIN 69901:2009

Das Prozessmodell der DIN 69901 kann und sollte auch flexibel an die projektspezifischen Anforderungen angepasst werden. Bestimmte Prozesse sind als Mindestprozesse (Muss-Prozesse) gekennzeichnet (vgl. die hervorgehobenen Prozesse in den Abbildungen 2.5-9 bis 2.5-13). Diese Prozesse sind für alle Projekte relevant, die übrigen Prozesse können individuell in das Projektmanagement integriert werden. Alle Prozesse sind nach einem einheitlichen Muster aufgebaut und beschrieben (vgl. Abbildung 2.5-8).

2.5 – Normen und Standards im Projektmanagement

Prozess-Nr.:	D.1.1		
Prozessname:	Meilensteine definieren		
Vorgänger-Prozesse:	- D.9.1 Grobstruktur definieren	Nachfolge-Prozesse:	- D.4.1 Aufwände grob schätzen
Zweck und Hintergrund:	Nach der Abgrenzung der Projektinhalte und der Erstellung der Grobstruktur dient dieser Prozess dazu, die Zwischenereignisse/-ergebnisse in eine zeitliche Reihenfolge zu bringen. Dies ist u. a. Voraussetzung für die Abschätzung der Aufwände und die Bewertung der Machbarkeit sowie Grundlage für die Erstellung eines Terminplanes.		
Prozessbeschreibung (Vorgehen):	Zuerst werden die Meilensteine inhaltlich definiert (Meilenstein-Beschreibung), in eine zeitliche Reihenfolge gebracht und mit (groben od. vorläufigen) Terminen versehen (Meilensteinplan).		
Input	PM-Methoden		Output
- Projektziele - Projektinhalte - Grobstruktur	- Terminplanung		- Beschreibung der Meilensteine - Meilensteinplan

Abb. 2.5-8: Prozessbeschreibung der DIN 69901:2009

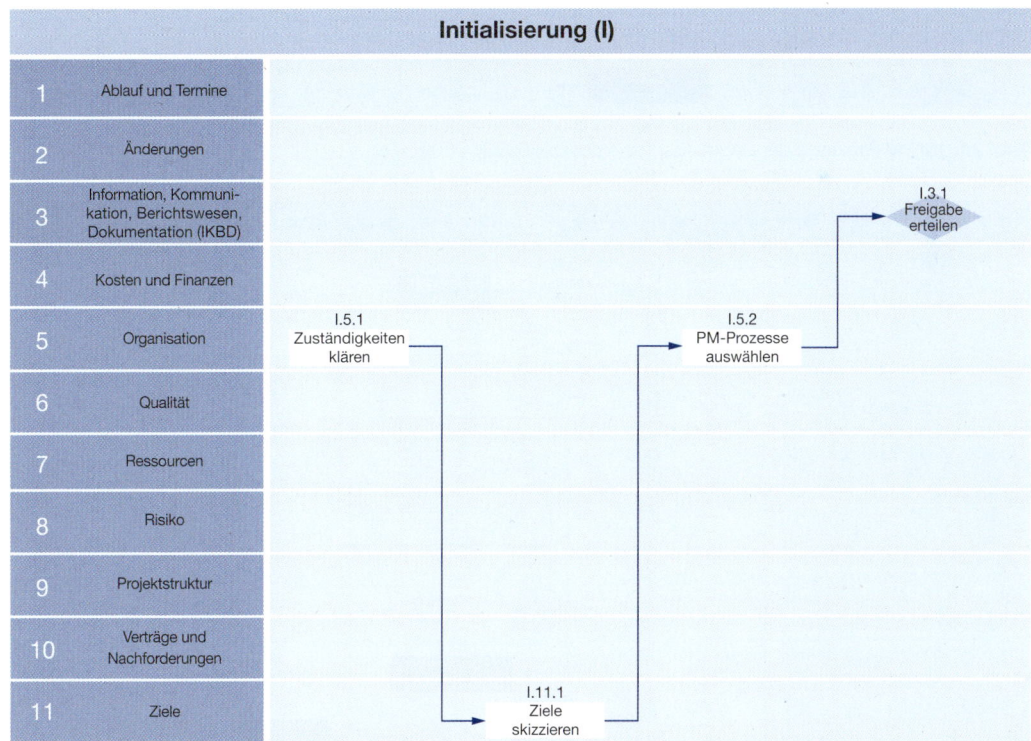

Abb. 2.5-9: PM-Prozesse der Initialisierungsphase der DIN 69901:2009

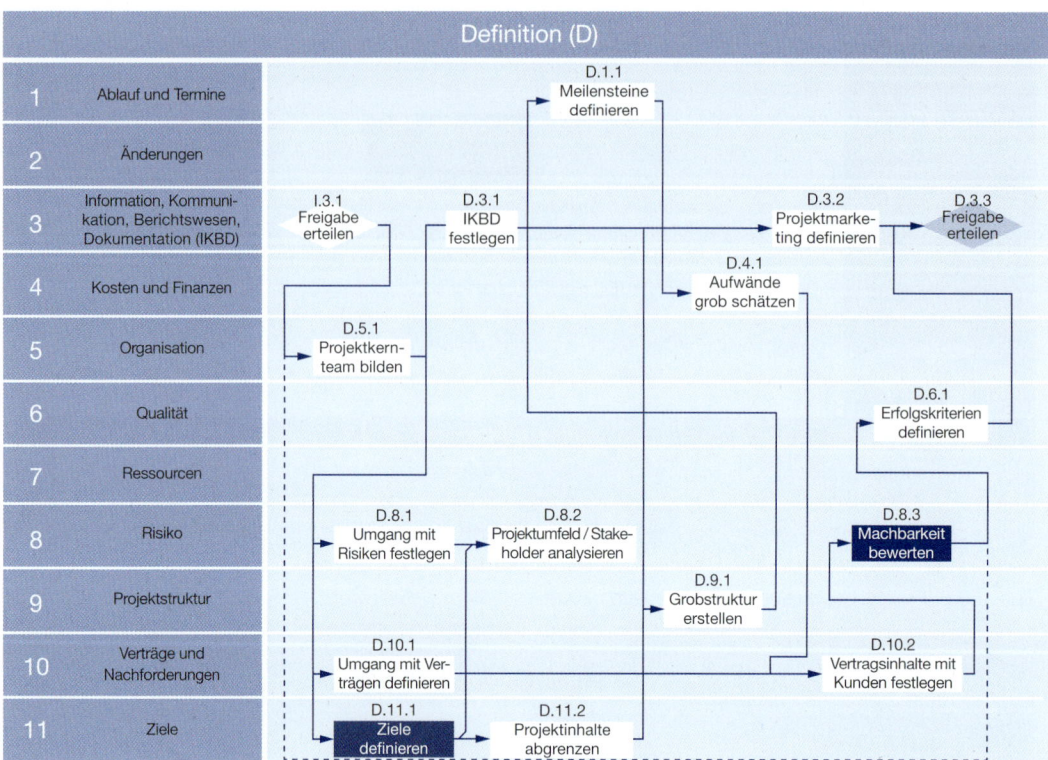

Abb. 2.5-10: PM-Prozesse der Definitionsphase der DIN 69901:2009

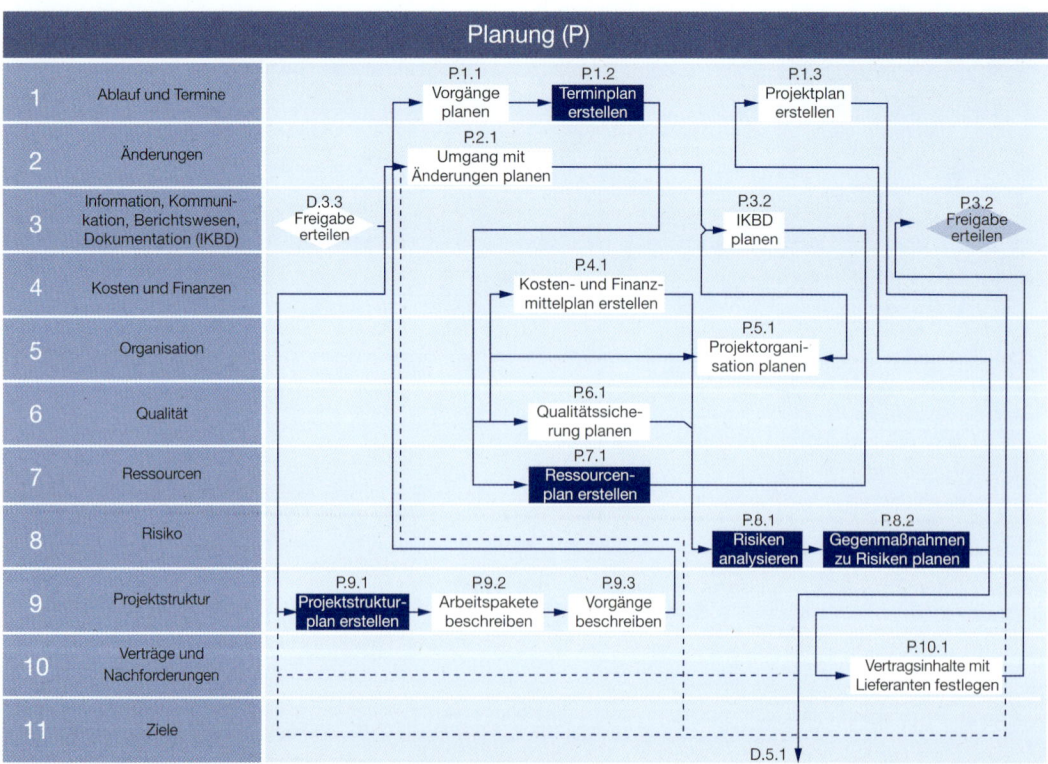

Abb. 2.5-11: PM-Prozesse der Planungsphase der DIN 69901:2009

2.5 – Normen und Standards im Projektmanagement

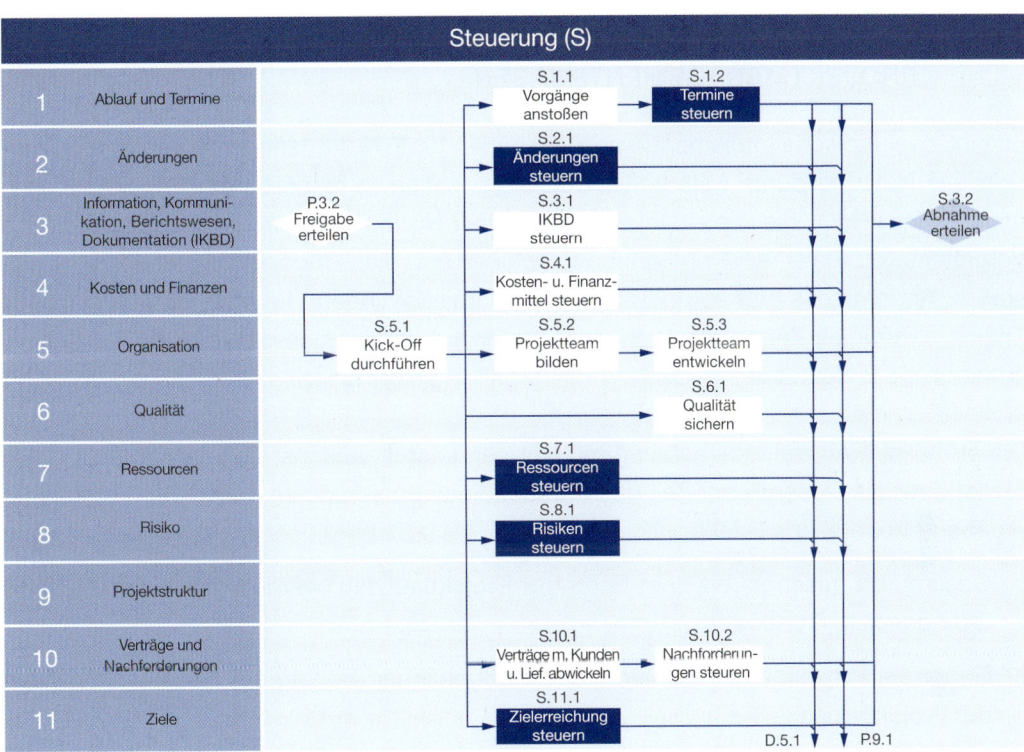

Abb. 2.5-12: PM-Prozesse der Steuerungsphase der DIN 69901:2009

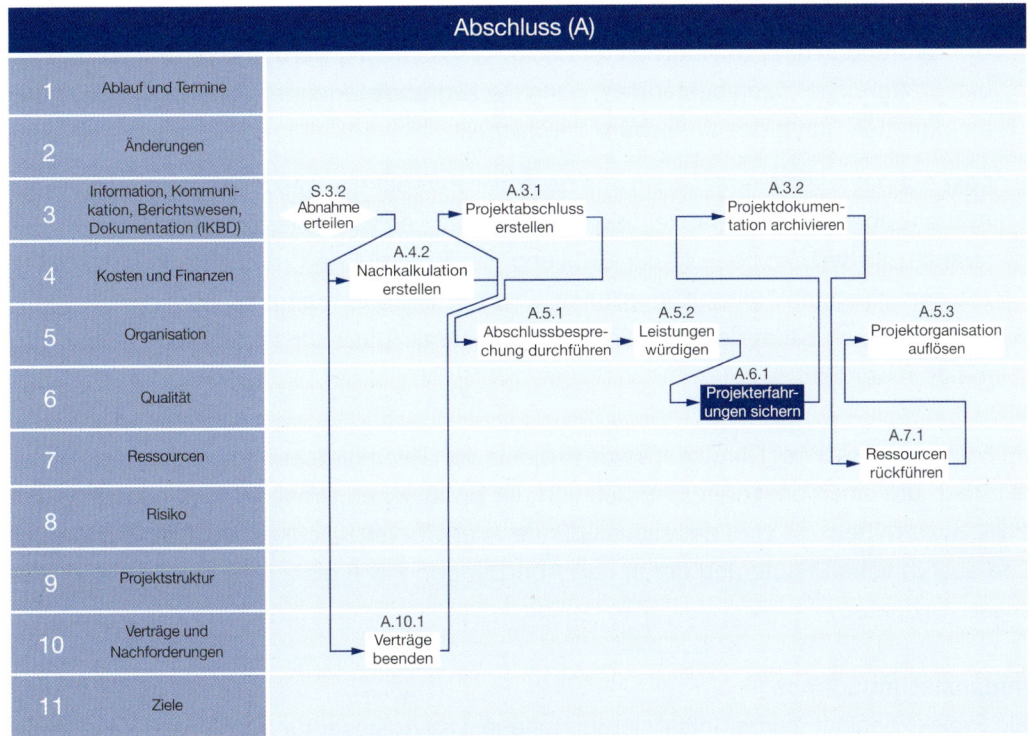

Abb. 2.5-13: PM-Prozesse der Abschlussphase der DIN 69901:2009

4.3 EXEMPLARISCHE AUSGESTALTUNG DER PROJEKTMANAGEMENTPHASEN

Es gibt zwei typische Implementierungsszenarien für Projektmanagementnormen: Einerseits die Nutzung durch Mitarbeiter der Organisation, z. B. durch ein Projektmanagement-Office (PMO), die aus einem Set allgemeiner Normen eine organisationsspezifische Vorgehensweise in einem PM-Handbuch ableiten und diese für operative Projekte bereitstellen. Andererseits gibt es noch zahlreiche Organisationen, die über keine, für dieses Thema zuständige Zentralabteilung verfügen. Hier befindet sich der operativ Projektverantwortliche in der Situation, die Normenvorgaben projektspezifisch zu adaptieren.

Die gründliche Auseinandersetzung mit Normen kostet zunächst Zeit, damit auch Geld. Sie ist aber als wesentlicher Teil des Frontloadings zu verstehen. Mittel- und langfristig ergeben sich folgende Effekte:

- Gesamthaft gesehen (bis zum Ende der Projektlaufzeit), werden signifikant Zeit und Geld gespart (Frontloading).

- Genormte Projektabläufe leisten einen maßgeblichen Beitrag zur Qualitätssicherung der Projektarbeit.

- Genormte Projektarbeit bildet die Basis der Kompatibilität zu anderen Projektteilnehmern; das gilt vor allem bei organisationsübergreifenden, insbesondere bei internationalen Projekten.

- Überprüfungen der Projektarbeit (Audits & Assessments) werden schneller vorbereitet und erfolgreicher dann bestanden, wenn die zugrundeliegenden Referenzmodelle den anerkannten Stand des Wissens widerspiegeln.

- Last but not least: Normen sind aus neutraler Perspektive geschrieben, d. h. wenn ein Auftraggeber/Kunde sehr viel oder Ungewöhnliches von seinem Auftragnehmer/Lieferanten fordert, sollten die zur Erfüllung der Forderungen notwendigen Aktivitäten mit den gängigen Normen verglichen werden. Werden maßgebliche Abweichungen festgestellt, so bildet der Normentext eine neutrale Basis für ein klärendes Gespräch mit dem Kunden.

Im Folgenden wird der Durchlauf eines Projekts von der Initialisierung bis zum Abschluss skizziert, um einen besseren Eindruck von der praktischen Umsetzung des Prozessmodells zu vermitteln. Es wird dabei aus Gründen der Übersichtlichkeit auf eine vollständige und ausführliche Erläuterung der in den Abbildungen 2.5-9 bis 2.5-13 dargestellten Prozesse verzichtet.

Initialisierungsphase
Ein Projekt beginnt mit der Initialisierungsphase. Der Auslöser für das Projekt kann dabei sowohl extern als auch intern kommen. Die Führung nimmt sich der Projektidee an und beauftragt eine Person, die Projektidee zu konkretisieren und die nächsten Schritte im Pro-

jekt einzuleiten. Anschließend werden die vorliegende Projektidee eingehend analysiert und bewertet und eine Zielvision skizziert. In Abhängigkeit von den projektspezifischen Anforderungen werden die aus dem Prozessmodell relevanten Prozesse ausgewählt und für die Projektabwicklung vorbereitet. Schließlich werden die Ergebnisse aus den Prozessen der Initialisierungsphase der Führung zur Freigabe vorgelegt. Mit der Freigabe kann der Übergang in die nächste Projektmanagementphase erfolgen.

Die Auswahl der Prozesse erfolgt mit Blick auf die DIN 69901 nicht anders als mit Blick auf die ISO 21500. Es werden diejenigen Prozesse gewählt, die das jeweilige Projekt bestmöglich unterstützen und deren Anwendung die Zielerreichung beschleunigt oder erleichtert oder auf andere Weise optimiert oder gar erst ermöglicht. Der maßgebliche Unterschied besteht darin, ab wann die Aussage einer »**normkonformen Projektabwicklung**« berechtigt ist. Wenn Kunden oder Selbstverpflichtungen im PMH das fordern, so ist DIN-basiert eine deutlich aufwandsärmere und flexiblere Handhabung möglich, wobei im Kontext größerer Projekte keine Obergrenze definiert ist.

Definitionsphase

In der Definitionsphase soll das Projekt weitgehend definiert werden. Der erste Schritt besteht darin, ein Kernteam für das Projekt zu bilden, das die Aufgaben in der Definitionsphase erfüllt. Als wesentlicher Prozess steht die Definition der Ziele im Mittelpunkt dieser Phase. Hier stellt sich insbesondere die Frage, was mit dem Projekt erreicht werden soll. In enger Abstimmung mit dem internen bzw. externen Auftraggeber werden die Projektziele spezifisch und messbar formuliert und in die gewünschte Form (z. B. Lastenheft) gebracht. Im weiteren Verlauf werden die konkreten Projektinhalte festgelegt (Was ist zu leisten bzw. was nicht?) und in einer übersichtlichen Art und Weise strukturiert. Anschließend werden die wesentlichen Meilensteine definiert und die Aufwendungen zur Durchführung des Projekts grob abgeschätzt. Auf Basis dieser Informationen sowie einer Analyse der Umfeldeinflüsse und der Erwartungen relevanter Interessengruppen werden schließlich die Machbarkeit bewertet und die für das Projekt kritischen Erfolgsfaktoren abgeleitet.

Planungsphase

Nach der Erteilung der Freigabe beginnt die Planungsphase. In dieser wird im Wesentlichen festgelegt, was, wann, wie und durch wen gemacht werden soll. Die Planung beginnt mit der Erstellung eines Projektstrukturplans, der Detaillierung bis auf die Ebene von Arbeitspaketen sowie der Planung der einzelnen Vorgänge. Auf dieser Basis werden die Termine, Ressourcen und Kosten geplant. Da es in der Praxis immer wieder zu Abstimmungen kommt, ist dieses Vorgehen ein iterativer Prozess. Insbesondere die Betrachtung möglicher Risiken und entsprechender Gegenmaßnahmen wird einen Rücksprung in vorangehende Prozesse der Planungs- oder gegebenenfalls auch der Definitionsphase nötig machen. Wenn der Iterationsprozess schließlich beendet ist, kann der Projektplan erstellt werden. Bei dem Projektplan handelt es sich um die Zusammenführung aller einzelnen Pläne (z. B. Projektstruktur-, Ressourcen-, Termin-, Kosten- und Qualitätsplan) zu einem Gesamtplan. In Abhängigkeit von den konkreten Anforderungen im Projekt werden zum

Abschluss der Planungsphase noch die Vertragsinhalte mit den Lieferanten abgestimmt. Damit ist das Projekt jetzt definiert und geplant. Es kann an die Ausführung des Plans gehen. Dazu benötigt der Projektmanager ein letztes Mal die Freigabe vom Auftraggeber. Diese Freigabe ist eine der wichtigsten, da ab diesem Zeitpunkt erheblich mehr Ressourcen eingebunden werden und damit das Risiko sowie die Kosten erheblich steigen.

Steuerungsphase
In der Steuerungsphase werden alle zuvor definierten und geplanten Aktivitäten des Projekts umgesetzt. Gestartet wird diese Phase mit einem Kick-off, in dem den Beteiligten das Projekt mit seinen Zielen, der Planung und der gewählten Organisationsform vorgestellt wird und sich alle nach einer Aussprache auch dazu verpflichten, das Projekt entsprechend den Vorgaben umzusetzen. Gegebenenfalls finden im Rahmen des Kick-offs auch schon erste Schritte auf dem Weg zur Teambildung und -entwicklung statt. Alle weiteren Prozesse laufen quasi parallel und in Iterationsschleifen ab. Zu allen wichtigen Aspekten des Projekts (Ziele, Termine, Kosten, Ressourcen, Qualität, Chancen und Risiken etc.) werden Informationen bezüglich des Ist-Stands aufgenommen und mit den Plan-Werten verglichen. Sollte es zu Abweichungen kommen, wird mit geeigneten Maßnahmen gegengesteuert. Darüber hinaus sind es vor allem Änderungen an den Zielvorgaben, die in der Praxis häufig zu Abweichungen in Projekten führen. Jede Änderung muss als solche erkannt und dokumentiert werden. Nach einer Prüfung der Auswirkungen wird über die Durchführung der Änderung entschieden und ggf. der Projektplan angepasst. Hier sind also auch Rücksprünge in die Prozesse der Definitions- und insbesondere der Planungsphase notwendig. Schließlich gilt es noch, mögliche Nachforderungen (»Claims«) gegenüber dem Auftraggeber zu sichern. Mit Erreichen des definierten Projektziels wird dem Auftraggeber das Ergebnis zur Abnahme vorgelegt und damit die letzte Projektmanagementphase eingeläutet.

Abschlussphase
In der Abschlussphase wird das gesamte Projekt noch einmal reflektiert und aufbereitet. Dies beginnt mit einer Nachkalkulation, der Durchführung einer Abschlussbesprechung, der Erstellung eines Abschlussberichts und der Archivierung wichtiger Unterlagen. Diese Informationen stellen das Wissen einer Organisation über das Projekt dar.

Im Mittelpunkt der Abschlussphase nach DIN 69901 steht die Erfahrungssicherung. Oft wird in diesem Zusammenhang von »Lessons Learned« gesprochen. Die Erfahrungen dienen der Organisation in Zukunft bei ähnlichen Projekten als Input für die Umsetzung der Projektmanagement-Prozesse. So können Fehler in der Zukunft vermieden und das Projektmanagement-System kontinuierlich verbessert werden. Zum Schluss des Projekts werden die Ressourcen zurückgeführt, die Projektorganisation aufgelöst und der Projektmanager von seiner Verantwortung entbunden. Damit ist das Projekt dann formal beendet.

Vertiefende Informationen zu den hier genannten Beispielen enthält das Kapitel »Planung und Steuerung«, das auch die Themen Starts und Abschlüsse von Phasen und Projekten integriert behandelt.

5 INTERNATIONALE PROJEKTMANAGEMENTNORMEN UND -STANDARDS

Die Überschrift dieses Abschnitts spiegelt den allgemeinen Sprachgebrauch wider, ist aber trügerisch, denn die einzige internationale Norm zum Projektmanagement (ISO 21500) wurde bereits vorgestellt (→ Abschnitt 4.1 Phasenmodell der DIN ISO 21500). Genau genommen, geht es um Normen mit übernationaler Bedeutung. Dazu sollen die folgenden Blickwinkel unterschieden werden:

a) **Internationale Branchennormen**
In einigen Branchen haben sich branchenspezifische Normen und Standards etabliert, deren Einhaltung von Kunden länderübergreifend regelmäßig gefordert wird und die eine internationale Zusammenarbeit überhaupt erst ermöglichen. Das ist dann der Fall, wenn stark projektprägende Produkt- oder Dienstleistungscharakteristika zu berücksichtigen sind oder der Projekterfolg von erfolgreichen Zulassungsverfahren in mehreren Ländern abhängt. Typische Beispiele sind die Automobilindustrie (Automotive SPiCE, APQP), die Luft- und Raumfahrt, auch Medizin und Pharmazie usw. Diese international geltenden Branchennormen müssen den Projektteammitgliedern in erforderlichem Umfang vertraut sein. Aufgrund der Branchenvielfalt und Detailtiefe kann das Thema hier aber nicht erschöpfend behandelt werden.

b) **Nationale PM-Normen außerhalb Deutschlands**
Nationale Normen außerhalb Deutschlands spielen für deutsche Projektmanager i. d. R. keine Rolle. Wer grenznah agiert und in diesem Zusammenhang öfter mit Kollegen aus den Nachbarstaaten zusammenarbeitet, sollte deren Projektmanagementverständnis kennen (z. B. HERMES in der Schweiz). Darüber hinaus empfiehlt es sich, die nationalen Normen – sowohl die eigenen deutschen, als auch die des Partnerlandes – tendenziell zu verlassen und sich einen gemeinsamen Nenner zu suchen (→ Kapitel »Internationale Projektarbeit«).

c) **Nationale Normen und Standards mit internationaler Bedeutung**
Ab wann eine nationale Norm signifikante internationale Bedeutung erlangt hat, kann über zahlreiche Indikatoren akademisch ausgewertet werden. Regelmäßig enden solche Betrachtungen bei nur zwei wirklich relevanten Antworten: PMBoK und PRINCE2.

Die amerikanische und britische Projektmanagementnorm haben aus mindestens drei Gründen eine weltweite Akzeptanz gefunden:

1. Die jeweils ersten Versionen beider Dokumente liegen schon lange zurück (PMBoK 1987, PRINCE2 1989). Beide haben in fast drei Jahrzehnten zahlreiche Optimierungsschleifen durchlaufen und inzwischen ein sehr hohes Qualitäts- und Akzeptanzniveau erreicht.

2. Der kleinste gemeinsame Nenner in der länderübergreifenden Verständigung ist u. a. die englische Sprache. Zahlreiche Organisationen und Projekte orientieren sich folglich an Standards, die von English-Native Speakern bereitgestellt werden.

3. USA und UK sind aufgrund ihrer technologischen und wirtschaftlichen Stärke weltweit aktiv und tragen somit auch selbst aktiv dazu bei, dass die von ihnen genutzten Standards in die ganze Welt getragen werden.

Tab. 2.5-2: PMBoK und PRINCE2

	PMBoK	PRINCE2
Vollständige Bezeichnung	Guide to the **P**roject **M**anagement **B**ody **o**f **K**nowledge	**Pr**ojects **in** **C**ontrolled **E**nvironments
Aktuelle Ausgabe	6th edition (2017)	Ausgabe 2017
Hosting in	USA (originär amerikanischer Standard)	UK (originär britischer Standard)
Herausgeber	PMI, **P**roject **M**anagement **I**nstitute	AXELOS (seit Auflösung der OGC)
Website	www.pmi.org	www.axelos.com
Kernkompetenz	Konsequente Prozessorientierung (→ Abschnitt 5.1 Project Management Body of Knowledge)	Gelebte Verzahnung von Projekt- und **S**tammorganisation (→ Abschnitt 5.2 PRINCE2)

Häufig hört oder liest man die Frage, welcher Projektmanagement-Standard der bessere wäre – PMBoK, PRINCE2 oder doch die ICB? – basierend auf der Unterstellung, sie würden konkurrierend einander gegenüberstehen. Natürlich bieten die herausgebenden Verbände konkurrierend ihre Qualifizierungen und Zertifizierungen am Markt an, wobei auch das nur bedingt stimmt, weil zahlreiche Projektmanager mehrere Zertifikate gleichzeitig halten. Im Übrigen finden sich sehr viele kompatible Strukturelemente in den drei genannten Ansätzen; beginnend vom Projektstart über das Planen und Steuern bis zum Projektabschluss. Auch Themen, wie Termine, Ressourcen, Budgets, Chancen und Risiken, Stakeholder … usw. finden sich in allen Ansätzen in ähnlicher Weise wieder. Signifikant unterschiedlich ist das Selbstverständnis, mit dem man das Projektmanagement sieht: Als Kompetenzfeld, als Prozesslandschaft oder als integraler Bestandteil einer Organisation.

5.1 PROJECT MANAGEMENT BODY OF KNOWLEDGE

Das PMBoK ist ein Prozessstandard, der in seiner jeweils aktuellen Version von den autorisierten Normungsinstituten als Norm anerkannt bzw. übernommen wird (ANSI/PMI 99-001 sowie IEEE Std 1490–2003).

Der PMBoK-Guide besteht aus drei Abschnitten:

1. **PM-Rahmen**
   Enthält neben einer Einführung in das Thema einige Grundlagen/Begriffserklärungen und eine Erläuterung zum Kontext des Projektmanagements (Schnittstellen in die Organisation u. Ä.)

2. **PM-Prozessgruppen**
   Es werden 49 Prozesse in fünf Prozessgruppen dargestellt. Damit ergibt sich eine Prozesslandschaft, die unabhängig vom Anwendungsfall auf jedes Projekt Anwendung finden kann.

3. **PM-Wissensgebiete**
   Über zehn Wissensgebiete werden die Prozesse detailliert beschrieben. Ihnen werden Ein- und Ausgangsartefakte zugeordnet sowie Methoden und Werkzeuge.

Im letzten Major Release von PMBoK 5th ed. zur 6th ed. haben sich einige Neuigkeiten ergeben. Neben wenigen gänzlich neuen und gänzlich gestrichenen Prozessen gab es einige Korrekturen in der Formulierung. Mit der mehrfachen Nuancierung von »Control …« zu »Monitor …« wird z. B. eine bessere Klarheit im Prozessziel vermittelt und auch die Konsistenz in der Prozesslandschaft ist dadurch gestiegen. In der nachfolgenden Tabelle 2.5-3 ist die Grundstruktur des PMBoK in der aktuellen Ausgabe abgebildet, wobei die Änderungen zur Vorgängerversion gekennzeichnet sind.

Tab. 2.5-3: Prozesse, Prozessgruppen und Wissensgebiete des PMBoK (6th ed.)

	Knowledge Areas and Processes	Process Groups				
		Initiating PG	Planning PG	Executing PG	Monitoring & Controlling PG	Closing PG
chap. 4	**Project Integration Management**					
4.1	Develop Project Character	X				
4.2	Develop Project Management Plan		X			
4.3	Direct and Manage Project Work			X		
4.4[1]	Manage Project Knowledge [1]			X[1]		
4.5	Monitor and Control Project Work				X	
4.6	Perform Integrated Change Control				X	
4.7	Close Project or Phase					X

		Process Groups				
	Knowledge Areas and Processes	Initiating PG	Planning PG	Executing PG	Monitoring & Controlling PG	Closing PG
chap. 5	**Project Scope Management**					
5.1	Plan Scope Management		X			
5.2	Collect Requirements		X			
5.3	Define Scope		X			
5.4	Create Work Breakdown structure (WBS)		X			
5.5	Validate Scope				X	
5.6	Control Scope				X	
chap. 6 [2]	**Project Schedule ~~Time~~ Management** [2]					
6.1	Plan Schedule Management		X			
6.2	Define Activities		X			
6.3	Sequence Activities		X			
	~~Estimate Activity Resources~~ [3]					
6.4	Estimate Activity Durations		X			
6.5	Develop Schedule		X			
6.6	Control Schedule				X	
chap. 7	**Project Cost Management**					
7.1	Plan Cost Management		X			
7.2	Estimate Costs		X			
7.3	Determine Budget		X			
7.4	Control Costs				X	

	Knowledge Areas and Processes	Process Groups					
		Initiating PG	Planning PG	Executing PG	Monitoring & Controlling PG	Closing PG
chap. 8	**Project Quality Management**					
8.1	Plan Quality Management		X			
8.2 [2]	Manage Quality ~~Perform Quality Assurance~~ [2]			X		
8.3	Control Quality				X	
chap. 9 [2]	**Project ~~Human~~ Resource Management** [2]					
9.1 [2]	Plan ~~Human~~ Resource Management [2]		X			
9.2 [1]	Estimate Activity Resources [1]		X[1]			
9.3 [2]	Acquire Resources ~~Project Team~~ [2]			X		
9.4 [2]	Develop ~~Project~~ Team [2]			X		
9.5 [2]	Manage ~~Project~~ Team [2]			X		
9.6 [1]	Control Resources [1]				X[1]	
chap. 10	**Project Communication Management**					
10.1	Plan Communications Management		X			
10.2	Manage Communications			X		
10.3 [2]	Monitor ~~Control~~ Communications [2]				X	
chap. 11	**Project Risk Management**					
11.1	Plan Risk Management		X			
11.2	Identify Risks		X			
11.3	Perform Qualitative Risk Analysis		X			

Knowledge Areas and Processes		Process Groups				
		Initiating PG	Planning PG	Executing PG	Monitoring & Controlling PG	Closing PG
11.4	Perform Quantitative Risk Analysis		X			
11.5	Plan Risk Responses		X			
11.6 [1]	Implement Risk Responses [1]			X[1]		
11.7 [2]	Monitor ~~Control~~ Risks [2]				X	

chap. 12	**Project Procurement Management**					
12.1	Plan Procurement Management		X			
12.2	Conduct Procurements			X		
12.3 [2]	Control ~~Administer~~ Procurements [2]				X	
	~~Close Procurements~~ [3]					

chap. 13	**Project Stakeholder Management**					
13.1	Identify Stakeholders	X				
13.2 [2]	Plan Stakeholder Engagement ~~Management~~ [2]		X			
13.3	Manage Stakeholder Engagement			X		
13.4 [2]	Monitor ~~Control~~ Stakeholder Engagement [2]				X	

| ∑ = | 49 Prozesse in 10 Wissensgebieten | 2 | 24 | 10 | 12 | 1 |

[1] = Prozess **neu** gegenüber der vorherigen 5. Ausgabe
[2] = Formulierung / Fokussierung **geändert** gegenüber der vorherigen 5. Ausgabe
[3] = Prozess **gestrichen** gegenüber der vorherigen 5. Ausgabe

5.2 PRINCE2

Die Methode des PRINCE2 besteht aus vier Elementen:

- 7 Grundprinzipien
- 7 Themen
- 7 Prozesse und
- Anpassung an die Projektumgebung

Insbesondere in der Detailbetrachtung der sieben Prozesse stecken viele Inhalte aus den gängigen prozessorientierten bzw. kompetenzbasierten Standards, die vom Projektmanager und seinem Team beherrscht werden müssen. Wichtig für das Verständnis von PRINCE2 ist vor allem der Zusammenhang der Elemente, der in nachfolgender Abbildung 2.5-14 veranschaulicht ist.

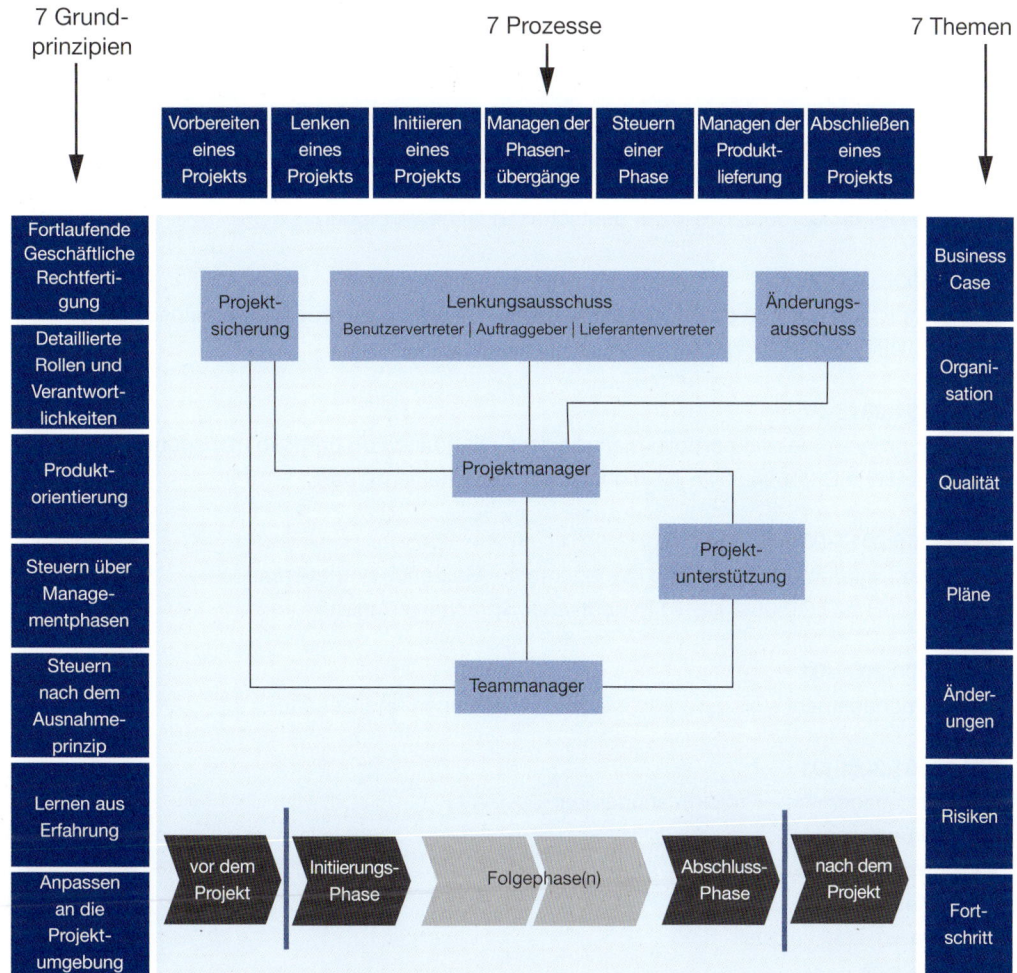

Abb. 2.5-14: Die Elemente des PRINCE2-Ansatzes

Der besondere Mehrwert des PRINCE2-Ansatzes liegt in der mannigfaltigen Erinnerung an das Team begründet, dass ein Projekt nicht zum Selbstzweck durchgeführt wird, sondern in eine Umgebung eingebettet ist, für die es einen Mehrwert erzeugen soll. Das Grundprinzip »Anpassung an die Projektumgebung«, der Prozess »Managen der Produktlieferung«, die Themen »Business Case« und »Organisation«, das Phasenmodell, welches die Zeiträume unmittelbar vor sowie nach dem Projekt mit erfasst, und nicht zuletzt die Projektorganisation, die über das Rollenmodell in starkem Maße die Stakeholder aus der unmittelbaren Projektumgebung miteinbezieht, sind Ansätze, die das Projekt bewusst in einen Kontext setzen.

6 NORMENVERZEICHNIS

Die nachfolgende Zusammenstellung vermittelt einen Überblick über die heute existierenden Projektmanagement-Normen und die das Projektmanagement prägenden Normen.

Normen im Projekt- und Multiprojektmanagement (Stand 01/2019)

ISO 21500:2012-09
»Guidance on project management«
(auch als DIN ISO 21500:2016-02 in deutscher Sprache verfügbar)

ISO 21503:2017-08
»Project, programme and portfolio management – Guidance on programme management«
(auch als DIN ISO 21503:2018-10 in deutscher Sprache verfügbar)

ISO 21504:2015-07
»Project, programme and portfolio management – Guidance on portfolio management«
(auch als DIN ISO 21504:2017-09 in deutscher Sprache verfügbar)

ISO 21505:2017-03
»Project, programme and portfolio management – Guidance on governance«
(auch als DIN ISO 21505:2018-01 in deutscher Sprache verfügbar)

DIN 69900:2009-01
»Projektmanagement – Netzplantechnik; Beschreibungen und Begriffe«

DIN 69901:2009-01
»Projektmanagement – Projektmanagement-Systeme«
Teil 1: Grundlagen
Teil 2: Prozesse, Prozessmodell
Teil 3: Methoden
Teil 4: Daten, Datenmodell
Teil 5: Begriffe

Normen im Projekt- und Multiprojektmanagement (Stand 01/2019)

DIN 69909:2013-03
»Multiprojektmanagement – Management von Projektportfolios, Programmen und Projekten«
Teil 1: Grundlagen
Teil 2: Prozesse, Prozessmodell
Teil 3: Methoden (2015-11)
Teil 4: Rollen (2015-11)

ISO 10006:2017-11
»Quality Management – Guidelines for quality management in projects«
(Übernahme in das dt. Normenwerk als DIN-Fachbericht ISO 10006 in Arbeit)

Ansprechpartner:
DIN, Deutsches Institut für Normung, Burggrafenstraße 6, 10787 Berlin
NQSZ, Normenausschuss Qualitätsmanagement, Statistik und Zertifizierungsgrundlagen
AA 04, Arbeitsausschuss 04 »Projektmanagement«, (www.din.de)

| auch als nationales Spiegelgremium des ISO TC 258, Technical Commitee for project, programme and portfolio management (www.iso.org)

Relevante übergeordnete Normen für die Organisation

ISO 9000:2015-09
»Quality management systems – Fundamentals and vocabulary«
(auch als DIN EN ISO 9000:2015-11 in deutscher Sprache verfügbar)

ISO 9001:2015-09
»Quality management systems – Requirements«
(auch als DIN EN ISO 9001:2015-11 in deutscher Sprache verfügbar)

ISO 9004:2009-11
»Managing for the sustained success of an organization – A quality management approach«
(auch als DIN EN ISO 9004:2017-06 in deutscher Sprache verfügbar)

ISO 31000:2018-02
»Risk Management – Guidelines«
(auch als DIN ISO 31000:2018-05 in deutscher Sprache verfügbar)

Genormte Methoden im Projektmanagement

ISO 10007:2017-03
»Quality management – Guidelines for configuration management«
(Übernahme in das dt. Normenwerk als DIN ISO 10007 in Arbeit)

ISO 10014:2006-07
»Quality management – Guidelines for realizing financial and economic benefits«

Genormte Methoden im Projektmanagement

DIN ISO 15226:2017-03
»Technische Produktdokumentation – Lebenszyklusmodell und Zuordnung von Dokumenten«

ISO 21508:2018-04
»Earned value management (EVM) in project and programme management«

ISO 21511:2018-05
»Work breakdown structures (WBS) for project and programme management«

Nicht aufgeführt sind:

- Zahlreiche branchenspezifische Projektmanagement-Normen, primär in der Luft- und Raumfahrt, im militärischen Bereich, in der Baubranche, Automobilindustrie, Logistik und der IT.

- Ins Deutsche übersetzte ausländische/nationale Projektmanagement-Normen, überwiegend aus dem Französischen.

- Genormte Projektmanagement-Methoden, die in branchenspezifischer Anwendung dokumentiert sind (z. B. mehrere Varianten der FMEA).

Internationale Standards im Projektmanagement mit weltweiter Bedeutung

IPMA, International project management Association (Hrsg.)
»**ICB 4**, **I**ntegrated **C**ompetence **B**aseline«

PMI, Project Management Institute (Hrsg.)
»**PMBoK 6th ed.**, **P**roject **M**anagement **B**ody of **K**nowledge«

AXELOS Ltd. (Hrsg.)
»**PRINCE2** – **PR**ojects **In C**ontrolled **E**nvironment«, 2009

IPMA, International project management Association (Hrsg.)
»**OCB**, **O**rganisational **C**ompetence **B**aseline«

PMI, Project Management Institute (Hrsg.)
»**OPM3**, **O**rganizational **P**roject **M**anagement **M**aturity **M**odel«

Standardisierte Vorgehensmodelle im Projektmanagement

INCOSE, **In**ternational **C**ouncil **o**n **S**ystems **E**ngineering (Hrsg.)
»Systems Engineering Handbook – A guide for system life cycle processes and activities«
4th ed. 2015

VDI-Richtlinie 2221
»Methodik zum Entwickeln und Konstruieren technischer Systeme und Produkte«

Standardisierte Vorgehensmodelle im Projektmanagement

GPM Deutsche Gesellschaft für Projektmanagement e. V., ProSTEP iViP, VDA, BWE (Hrsg.) »Recommendation Schedule Management« (Vers. 2, 2018)

? WIEDERHOLUNGSFRAGEN

- Haben Normen einen verpflichtenden oder empfehlenden Charakter?
- Warum sollte ein Projektmanager Projektmanagement-Normen kennen?
- Welche Dokumente bzw. Dokumentarten wirken von außen auf ein Projekt ein? Nennen Sie diese in der Reihenfolge der abnehmenden Verbindlichkeit.
- Welche Vorteile ergeben sich durch normenkonforme Projektarbeit?
- Wie lautet eine nationale und wie eine internationale Projektmanagement-Norm?
- Wie lauten mind. fünf Normen bzw. Standards im Projektmanagement? Haben diese nationale oder internationale Gültigkeit?
- Wie lauten die Phasen eines genormten Phasenmodells?
- Was sind die Muss-Prozesse nach DIN 69901?
- Wo liegt der größte Vorteil in der deutschen Projektmanagement-Norm gegenüber anderen PM-Normen?
- Welche internationalen Normen zum Projektmanagement gibt es?
- Wie können das PMBoK und PRINCE2 grob charakterisiert werden?

2.6 INTERNATIONALE PROJEKTARBEIT

Autor: Lorenz Schneider
Dr. Lorenz Schneider, Dipl.-Ing., Dipl.-Wirt. Ing. (FH), betreute über 19 Jahre Projekte in Azerbaijan, Bahrain, China, Abu Dhabi und Kuwait. Er steuerte Projekte aus dem Rennsport, Hotelbereich, gewerbliche Immobilien, Krankenhäuser sowie aus dem Umweltschutzsektor. Er erwarb sein Projektmanagement-Wissen bei der GPM/IPMA und hält das Level A sowie das Level B Zertifikat. Er ist geprüfter Projektkaufmann und leitet die GPM Special Interest Group GO International.

Co-Autor: Steffen Rietz
Prof. Dr.-Ing. Steffen Rietz hat Produktionstechnik studiert und umfassende Erfahrungen in der Halbleiterindustrie sowie bei einem großen deutschen Automobilzulieferer gesammelt. In verschiedenen Führungspositionen, auch in internationaler Verantwortung hat er Forschungs-, Organisations- und Entwicklungsprojekte geleitet. Heute ist Prof. Rietz an der Hochschule Offenburg tätig, engagiert sich in der GPM und in der Projektmanagement-Normung im DIN und der ISO.

INHALT

Internationale Projekte erhöhen die Herausforderungen
    an das Projektmanagement 219

Dimensionen der Andersartigkeit im internationalen Umfeld 221

    Erste Anzeichen in Deutschland 223

    Die ICB 4 als einer von mehreren Ansätzen 224

    Sprache und Kommunikation 225

Stereotype und Kulturdimensionen 227

Strukturbeeinflussende Faktoren und typische Ausprägungen
    internationaler Projektorganisation 230

Formen der Entsendung und Unterstützungsoptionen für Entsendete . . . 233

    Qualifikationsprofil der entsendeten Person 234

    Unterstützung für den Entsendeten 235

Vorbereitung auf ein internationales Projekt 236

Besondere Beteiligte bei internationalen Projekten 242

    Allgemeines 242

    Charakterisierung der externen Projektbeteiligten 242

    Aufgaben des Projektmanagements 243

    Hinweise für das Risikomanagement 244

    Compliance-Officer: Aufgaben und Einbindung in internationale Projekte . . . 245

Internationales Steuerrecht 246

Internationales Vertragsrecht 248

Personalmanagement für Auslandseinsätze 250

Rückkehr in das Stammland und Lessons Learned 252

    Einsatzende und Rückkehr ins Stammland 252

    Aufbereitung und Sicherung von Erfahrungen 254

Zusätzliche Herausforderungen im Bereich
   Commercial Project Management 255

Führung in internationalen Projekten 256

Wiederholungsfragen. 258

Literaturverzeichnis. 260

1 INTERNATIONALE PROJEKTE ERHÖHEN DIE HERAUSFORDERUNGEN AN DAS PROJEKTMANAGEMENT

Die zunehmende Globalisierung führt dazu, dass immer mehr Unternehmen ihre Produktion ins Ausland verlagern. Gleichzeitig werden Dienst- und Werkleistungen im eigenen Land vermehrt auch von ausländischen Anbietern erbracht. Dieser Umstand führt zu einer zunehmenden Internationalisierung der Projektarbeit im Ausland, aber auch im eigenen Land (Dörrenberg, Rietz, Schneider 2014, S. 19). Selbst dann, wenn ein Projekt im eigenen Land ausgeführt wird, kann es also sein, dass internationale Projektpartner involviert sind.

Deutschland verzeichnet eine Außenhandelsbilanz von fast 1,3 Billionen € mit einem Exportüberschuss von 248 Mrd. € (Statistisches Bundesamt für 2017). Während die Importe des rohstoffarmen Deutschlands maßgeblich von Bodenschätzen (Öl, Gas, Kohle etc.) geprägt sind, sind die Exporte der Hightech-Nation Deutschland von Produkten und Projektleistungen geprägt. Die Projektarbeit erbringt inzwischen über ein Drittel der deutschen Wirtschaftskraft (GPM 2015). Deutsche Projektmanager und ganze Projektteams aus Deutschland sind branchenübergreifend international gefragt. Ähnliches gilt für die Schweiz und Österreich.

Internationale Projekte zeichnen sich durch einige typische Charakteristika aus: Es gibt kulturelle Unterschiede in internationalen Projekten. Dazu kommt in den meisten Fällen die geografische Distanz und oft müssen große Zeitunterschiede berücksichtigt werden. Um die Distanzen zu kompensieren, sind internationale Projektteams auf den Einsatz moderner Kommunikationsmedien (z. B. Telefonkonferenzen, Videokonferenzen, webbasierte Projektportale u. ä.) angewiesen, wobei es Unsicherheiten mit dem Umgang mit diesen neuen Technologien geben kann. Internationale Projekte zeichnen sich des Weiteren dadurch aus, dass neue Aufgaben hinzukommen und weitere Aspekte berücksichtigt werden müssen (Müthel, Högl 2016, S. 1984).

Weitere Aspekte sind u. a. die uns zunächst unbekannten Marktmechanismen der oft ausländischen Auftraggeber, die ganz anders organisiert sein können, als man annimmt oder vielleicht auch vermutet (Dörrenberg, Rietz, Schneider 2014, S. 20). Man trifft auf andere Träger öffentlicher Belange, eine andere Gesetzgebung, andere Normen und Standards (→ Kapitel »Normen und Standards im Projektmanagement«) und man sieht sich anderen Wettbewerbsbedingungen und Konkurrenten ausgesetzt. Auch Aspekte wie Internationales Steuer- und Vertragsrecht (→ Abschnitt 8 Internationales Steuerrecht und Abschnitt 9 Internationales Vertragsrecht) sind zu berücksichtigen. Hinzu kommen weitere Projektbeteiligte und Stakeholder, mit denen man nicht sehr häufig zu tun hat oder die man gar nicht kennt, wie zum Beispiel Planungsberater, Quantity Surveyors oder Übersetzer und Dolmetscher (→ Abschnitt 7.2 Charakterisierung der externen Projektbeteiligten). Bei internationalen Projekten arbeitet ein Unternehmen üblicherweise mit anderen internationalen und / oder lokalen Partnern zusammen. Diese haben eigene Standards und Arbeitsweisen und zeichnen sich durch kulturell bedingte Andersartigkeiten aus. Ferner müssen die Führung des Projektteams vom eigenen Land aus und die Absicherung von Entscheidungen, die in entfernten Ländern getroffen werden, wohl überlegt sein.

Diese Liste von Aspekten internationaler Projektarbeit muss um die persönlichen Belastungen des Projektpersonals, das ins Ausland geht, erweitert werden. Im Vorfeld sind Fragen zur Unterbringung, Versicherung und Betreuung der entsendeten Kollegen und ggf. deren Familien zu klären, Wohnungen sind zu mieten, ggf. Plätze in Kindergärten und Schulen für die Kinder zu organisieren etc. Auch das leidige Thema der Besteuerung der im Ausland erbrachten Arbeitsleistung ist nicht nur aus Unternehmenssicht, sondern ergänzend aus Sicht der betroffenen Mitarbeiter verbindlich zu klären. Diese Fragen sind essenziell für die persönlichen Lebensbelange des Projektpersonals und deren Familienangehörigen. Eine unbefriedigende Lösung dieser Fragen kann den Projekterfolg nachhaltig negativ beeinflussen und gefährden.

Auch auf das eigene Unternehmen kommen neue oder andere erweiterte Aufgaben zu. Diese reichen von Fragen zur Besteuerung der Unternehmensgewinne im Ausland, über zu klärende Aspekte bei der Gewinnausfuhr, bis gegebenenfalls hin zu zollrechtlichen Angelegenheiten.

In einer GPM-Studie (GPM 2017) wird weiterhin darauf hingewiesen, dass sich das Gefüge und die Priorität der Erfolgs- und Misserfolgsfaktoren, die man aus nationalen Projekten kennt, bei internationalen Projekten ändern.

Wenn man die aufgezeigten Herausforderungen der internationalen Projektarbeit summarisch betrachtet, so stellt man fest, dass eine ganze Reihe von Elementen der ICB 4 berührt werden. Diese sind ICB 4.3.1 Strategie, ICB 4.3.3. Compliance, Standards und Regularien, ICB 4.3.4 Macht und Interessen, ICB 4.3.5 Kultur und Werte, ICB 4.4.4 Beziehungen und Engagement, ICB 4.4.5 Führung, ICB 4.4.6 Teamarbeit, ICB 4.4.9 Verhandlungen, ICB 4.5.3. Leistungsumfang und Lieferobjekte, ICB 4.5.4 Ablauf und Termine, ICB 4.5.5 Organisation, Information und Dokumentation, ICB 4.5.6 Qualität, ICB 4.5.7 Kosten und Finanzierung, ICB 4.5.8 Ressourcen, ICB 4.5.9 Beschaffung, ICB 4.5.11 Chancen und Risiken, ICB 4.5.12 Stakeholder, ICB 4.5.13 Change und Transformation.

2 DIMENSIONEN DER ANDERSARTIGKEIT IM INTERNATIONALEN UMFELD

Lange waren internationale Projekteinsätze primär mit zwei Aspekten verknüpft: Zunächst mit der englischen Sprache und wenig später mit der Erkenntnis, ein interkulturelles Training zur individuellen Vorbereitung auf das Gastland besuchen zu müssen. Beides ist heute noch zutreffend, aber nur ein kleiner Teil einer notwendigerweise vollumfänglichen Vorbereitung auf einen internationalen Projekteinsatz. Soll der Projekterfolg frühzeitig und systematisch abgesichert werden, müssen die vielfältigen Dimensionen der Andersartigkeit im Zielland[1] bekannt sein: Die Potenziale ebenso wie die Risiken.

»Wir Unternehmer können uns nicht jedes Mal das politische System aussuchen. Wir können nicht bei jedem Umsturz die Maschinen mitnehmen, das Land verlassen und sagen: Wir kommen wieder, wenn ihr unserem Verständnis von Demokratie entspricht.« sagt Werner Wenning, Aufsichtsratsvorsitzender von Bayer und E.On (WirtschaftsWoche vom 05.01.2015, S. 98). Die politischen Verhältnisse sind in vielen Teilen der Welt nicht nur deutlich anders, sondern oft auch deutlich dynamischer und damit instabiler (z. B. in Krisengebieten, in Entwicklungs- und Schwellenländern) oder trotz weitgehender Stabilität für Außenstehende eher intransparent (z. B. in weniger bekannten oder wenig vertrauten politischen Systemen – insbesondere bei Verquickung mit religiösen Elementen). Staatsoberhäupter können Könige oder Generäle sein, was die Entstehung und Durchsetzung von neuen Gesetzen deutlich beschleunigt. Lokal können Provinzfürsten oder Parteisekretäre die wichtigsten Stakeholder sein. Dabei sind deren persönliche Vorlieben häufig ähnlich projektbeeinflussend wie deren Einstellung zur Korruption.

Nachfolgende Ausführungen können weder die gesamte Themenbreite behandeln noch eine lösungsorientierte Detailtiefe erreichen. Ziel ist es, lediglich für die Breite der Andersartigkeit wertfrei zu sensibilisieren.

Tab. 2.6-1: Wesentliche Themenfelder und deren Relevanz im internationalen Projektumfeld

Räumliche Distanz	<ul><li>Große Entfernung = Regelkommunikation über Telefon- und Webkonferenzen</li><li>Unterschiedliche Zeitzonen = partielle Verschiebung der Arbeitszeiten</li><li>Zunahme von Auslandsdienstreisen (Reisezeit, Reisekosten, Planungsaufwand, Jetlag, etc.)</li></ul>

---

1 Folgende Begrifflichkeiten sind zu unterscheiden:
  Zielland – Land, in dem eine Organisation in Zukunft tätig sein möchte, bevor sie dort tätig ist.
  Gastland – Land, in dem Projektteams außerhalb des eigenen Landes operativ tätig sind.
  Stammland – Land, in dem die Organisation registriert ist und ihren Stammsitz hat (Prägung der Unternehmenskultur).
  Heimatland bzw. **Herkunftsland** – Land, aus dem das einzelne Teammitglied stammt (individuelle kulturelle Prägung).

Klima und Vegetation	▎ Vier Jahreszeiten weichen ggf. einem ganzjährig stabilen Klima oder dem Wechsel von Regen- und Trockenzeit (Wintertests für PKWs und Erntetests für Mähdrescher werden auch möglich, wenn in Deutschland kein Winter bzw. keine Erntezeit ist) ▎ Entstehung von IceRoads oder Auftauen des Dauerfrostbodens kann die Realisierungsphasen vieler Projekte auf ein minimales Zeitfenster reduzieren ▎ Besonderheiten (vulkanische Aktivität, Erdbeben, Tornados) erfordern über das Risikomanagement erhöhte Umsetzungsflexibilität ▎ Extreme Temperaturen oder Temperaturschwankungen führen zu schneller Materialermüdung, höherer Ausfallwahrscheinlichkeit der Betriebsmittel und verminderter Leitungsfähigkeit der Teammitglieder
Soziale Auswirkungen	▎ Häufige und/oder lange Abwesenheit der Teammitglieder von Freunden und Familie führt zur mangelnder Motivation und geistiger Abwesenheit ▎ Teambildungsprozess mit deutlich größeren Ausschlägen (mehr Euphorie in der Findungsphase am neuen Einsatzort; größere Ernüchterung bei Bewusstsein über Art und Ausmaß der Herausforderungen) ▎ Mehrmonatige Regenzeit/Monsunperiode hat starke Auswirkungen auf die Kreativität der Teammitglieder und führt zu Demotivation
Technisches Umfeld	▎ Infrastruktur (Straßennetz, Schienennetz, Wasserstraßen, ... deren Vorhandensein in Quantität & Qualität inkl. der Verlässlichkeit von Fahrplänen u. Ä.) ▎ Medienversorgung (Wasser- und Abwassernetz/Trinkwasserqualität, Stromversorgung und Netzstabilität/Kompatibilität von Netzsteckertypen) ▎ Datennetze, Internet- und Funknetzverfügbarkeit
Politisches und religiöses Umfeld	▎ Unterschiedliche Auffassung bzgl. der Rechte von Frauen, der Erregung öffentlichen Ärgernisses, Bekleidungsvorschriften (Verhüllungsgebote) ▎ Religiöse Feiertage (einzelne bis hin zum mehrwöchigen Ramadan) oder punktuelle Gebetszeiten mit Einfluss auf Termin- und Meilensteinplanung ▎ Besondere Beachtung, wenn kulturelle und/oder religiöse Themen sich mit dem Rechtssystem vermischen (z. B. Scharia)
Juristisches Umfeld	▎ Arbeitsrecht: Beschaffung der Arbeitserlaubnis; Aufsetzen oder Ändern von Arbeitsverträgen, bei Lokalisierungsforderungen: Einstellung lokaler Arbeitnehmer ▎ Sozialrecht: Umschreibung bzw. Neu- oder zusätzlicher Abschluss von Kranken-, Sozial-, Unfall-, Rentenversicherung etc. (ggf. existenziell für betroffene Mitarbeiter; bei Nichtabschluss von Pflichtversicherungen auch für das gesamte Projekt) ▎ Rechtliche und administrative Vorgaben zur Unternehmensgründung (relevant für Gründung einer Projektgesellschaft, Tochtergesellschaft, Joint Venture, ...) ▎ Strafrecht: Sensibilisierung für landesspezifische Straftatbestände inkl. einer ggf. abweichenden Definition von Vorsatz, Fahrlässigkeit, Schuldfähigkeit und Verjährung ▎ Zzgl. Steuer- und Vertragsrecht (→ Abschnitt 8 Internationales Steuerrecht und Abschnitt 9 Internationales Vertragsrecht)

2.1 ERSTE ANZEICHEN IN DEUTSCHLAND

Berührungspunkte mit internationalen Aspekten haben Projektmanager auch schon in Deutschland, und dies immer mehr und immer früher. Die Schnittstelle dazu kann in der Projektorganisation sehr weit oben angesiedelt sein, z. B. durch einen nicht-deutschen Kunden. Auch wenn das komplette Projektteam aus deutschen Mitarbeitern besteht und in Deutschland agiert, können das Lesen, Übersetzen und Verstehen eines fremdsprachlichen Lastenheftes schon eine Herausforderung sein. Andererseits ist auch der Trend beobachtbar, dass auf der operativen Ebene zunehmend Akteure mit Migrationshintergrund (Einwanderer oder Leiharbeiter) in sehr vielen Bereichen anzutreffen sind. Die Überbrückung von Sprachbarrieren und kulturellen Differenzen ist eine zunehmende Herausforderung für die Führungskräfte. Deutsche Experten können sich auch in Deutschland nicht mehr auf ein vollumfänglich bekanntes und kalkulierbares Umfeld verlassen. Expertenaustausche in Forscherteams und geplante Auslandsaufenthalte für Führungskräfte multinationaler Unternehmen kommen hinzu.

Beispiel: Im Rahmen eines Bauprojekts wird ein Forschungszentrum gebaut. Auftraggeber und Projektmanager kommen aus Deutschland. Es wird in Deutschland gebaut. Alle Projektbeteiligten (Konstrukteure, Statiker, Techniker bis hin zu den Bauarbeitern und Bauhilfskräften) können einen bundesdeutschen Pass vorweisen. Finanziert wird über eine Deutsche Bank. Deutscher geht's nicht? Ein neu gebautes Forschungszentrum muss dem internationalen Standard entsprechen und für international renommierte Forscher attraktiv sein. Anforderungen werden auf Referenzobjekte um den ganzen Globus verweisen. Die Bauarbeiter sind zwar alle in Deutschland geboren, aber einige sind – zumindest in nennenswertem Umfang – die zweite Generation von Gastarbeiterfamilien, konkret Griechen, Türken, Kurden oder Zyprioten. Alle vier genannten Gruppen haben sich möglicherweise hervorragend in Deutschland eingelebt, tragen aber generationsübergreifende Konflikte in sich, die in Stresssituationen schneller und anders ausbrechen als zwischen Vertretern verschiedener Bundesländer. All das ist lösbar, aber Projektmanager und Bauleiter sollten um mögliche Herausforderungen wissen und angemessen auf sie vorbereitet sein.

Es gibt zahlreiche Varianten, mit internationalen Aspekten in Berührung zu kommen (nachfolgend genannt mit aufsteigendem Grad der Internationalisierung):

| Indirekter oder direkter Import oder Export
| Auslandslizenzvergabe, Auslandsleasing, Internationales Franchising
| Ausländische Lieferanten, Lohnfertigung im Ausland
| Errichtung / Lieferung schlüsselfertiger Anlagen

| Errichtung/Unterhaltung einer Verkaufsniederlassung/eines Endmontagebetriebes/eines Fertigungsbetriebes/eines Entwicklungszentrums außerhalb Deutschlands

Dabei wird die deutsche Organisation stufenweise zunächst außerhalb Deutschlands organisieren und koordinieren, dann den Know-how-Transfer betreiben (müssen), in nennenswertem Umfang Verantwortung vor Ort nach lokalem Recht übernehmen und schließlich mit eigenem Personal langfristig vor Ort tätig sein und sich damit in die vollständige Abhängigkeit aller Regularien des Gastlandes begeben.

Im weiteren Verlauf wird dieser Beitrag mehr jene letztgenannten Herausforderungen fokussieren, die sich für deutsche Projektbeteiligte außerhalb Deutschlands ergeben.

2.2 DIE ICB 4 ALS EINER VON MEHREREN ANSÄTZEN

Leser dieses Buches haben sehr wahrscheinlich eine persönliche Affinität zur **I**nternational **P**roject **M**anagement **A**ssociation (IPMA) und deren Kompetenzmodell, der **I**ndividual **C**ompetence **B**aseline (ICB). Die IPMA hat inzwischen über 70 Mitgliedsländer (Stand Q4/2018), darunter alle führenden Industrienationen und Vertreter aller Kontinente. Die ICB ist nachweislich ein sehr guter und praxiserprobter Helfer bei der Planung und Steuerung komplexer Projekte, aber nicht der einzige. In den Kapiteln »Normen und Standards im Projektmanagement« sowie »Vorgehensmodelle und Ordnungsrahmen« finden sich zahlreiche Ansätze, die bei der Bewältigung von Projektaufgaben helfen – in ganz unterschiedlicher Weise. In Deutschland wird oft nach Normen des Deutschen Instituts für Normung (DIN e.V.) und gemäß den Handlungsempfehlungen der Deutschen Gesellschaft für Projektmanagement (GPM e.V.) gearbeitet. Andere Länder haben andere, eigene nationale Vorgaben.

Einige dieser nationalen Vorgaben haben im Laufe der Zeit internationale Bedeutung und internationale Akzeptanz gefunden. So tauchen neben der ICB zwei ursprünglich nationale Standards überdurchschnittlich oft auf:

| PMBoK des PMI (**P**roject **M**anagement **B**ody **o**f **K**nowledge des **P**roject **M**anagement **I**nstitut), ein aus den USA stammender Ansatz, und

| PRINCE2 (**PR**ojects **IN** **C**ontrolled **E**nvironments), ein aus UK stammender Ansatz

Die beiden genannten Standards sind jeweils durch eine lange Entstehungsgeschichte gekennzeichnet und haben durch mehrfache Versionierung und Optimierung inzwischen einen hohen Reifegrad erreicht. Beide wurden von Englisch-Muttersprachlern verfasst und haben sich daher früh zum kleinsten gemeinsamen Nenner internationaler Teams entwickelt. Nicht zuletzt haben die weltweit agierenden amerikanischen und britischen Projektmanager zu deren Verbreitung aktiv beigetragen und ihren Standard anderen aufstrebenden Nationen bereitwillig als »Kopiervorlage« überlassen. Wer den Standard hat, hat den Markt.

Beide Ansätze können aus Zeit- und Platzgründen hier nicht detailliert erklärt werden. Wer sich das erste Mal im internationalen Kontext bewegt, sollte aber auf die Frage »Are you familar with PMI?« vorbereitet sein und mindestens zwei Dinge wissen:

1. Die Frage nach dem PMBoK ist, von der ICB kommend, keine Entweder-oder-Frage. Die ICB ist ein Kompetenz-Standard und das PMBoK ein Prozessstandard. Es ist problemlos möglich, die notwendigen Kompetenzen der Projektbeteiligten ICB basiert aufzubauen und im Projekt dann dem Prozessmodell des PMBoK folgend zu arbeiten. Viele Projektgruppen praktizieren das sehr erfolgreich.

2. Die grundlegenden Begriffe des PMI (Project Charter u. Ä.) sollte sich der international tätige Projektmanager schon frühzeitig angeschaut haben und in den Kontext seines Projekts einordnen können.

Weitere Infos finden sich im Kapitel »Normen und Standards im Projektmanagement«.

2.3 SPRACHE UND KOMMUNIKATION

Anhand der Sprache, einer regelmäßig sehr früh spürbaren Form der Andersartigkeit, soll demonstriert werden, welche Auswirkungen dies hat und welche Gestaltungsmöglichkeiten sich ergeben. Es gibt weltweit ca. 3.000 Sprachen mit über 10.000 Dialekten. In jedem Land gibt es eine oder mehrere (in Indien z. B. 15) Amtssprachen. In der Realität ist der kleinste gemeinsame Nenner internationaler Projektbeteiligter meist ein **schlechtes Englisch**. Dies ist eine ganz bewusste Formulierung. Wenn der Sender ca. 10 % seiner beabsichtigten Informationen fremdsprachlich nicht korrekt formulieren kann und der Empfänger nochmals ca. 10 % der erhaltenen Information nicht einwandfrei versteht, dann bedeutet das, dass insgesamt fast 20 % aller Inhalte systematisch nie ausgetauscht werden können. (Die Zahlen sind in der Realität oft größer und bis weit in die Projektlaufzeit hinein nicht genau bestimmbar.) Zur Überbrückung dieser sprachlichen Differenzen gibt es Dienstleister.

Tab. 2.6-2: Unterscheidung von Sprachdienstleistern

Dolmetscher	i. d. R. hoch qualifiziert und hoch flexibel (oft Muttersprachler aus dem Gastland, die durch langjährigen Deutschlandaufenthalt zweisprachig aktiv sind); primär im Einsatz in Gesprächen und Verhandlungen; fungieren im positiven Fall auch teilweise als Kultur-Coach, im negativen Fall aber auch als unbemerkter Kommunikationsfilter
Übersetzer	i. d. R. hoch qualifiziert, oft staatlich zugelassen / vereidigt, teilweise mit fachsprachlichen Spezialgebieten, oft mit festen Kostensätzen für Dokumentübersetzungen; primär im Einsatz bei der Übersetzung schriftlicher Dokumente (Verträge)
Sprachmittler	Im Mittelpunkt steht nicht die Korrektheit der Übersetzung, sondern die hohe Flexibilität für Dialekte bei überregionalem Aktionsradius; primär im Einsatz z. B. bei einer landesweiten Standortsuche oder dem Führen überregionaler Netzwerke

Hilfreich ist die Einigung auf eine gemeinsame Projektsprache, die an folgenden Stellen besondere Wirkung entfaltet:

- Sprachkenntnis = Kriterium im Auswahlprozess von (Kern-)Teammitgliedern
- Sprache aller Dokumente, die arbeitsplatzübergreifend ausgetauscht werden müssen
- Führende Sprache in allen Dokumenten, die ggf. mehrsprachig vorliegen.
- Meeting- und Protokollsprache

Durch die häufig großen Entfernungen in internationalen Projekten ändert sich neben der Sprache selbst oft auch die Wahl des Kommunikationsmediums. Persönliche Treffen für einen Face-to-Face-Austausch werden geringer (teilweise um 45 % und mehr). Der Informationsaustausch per E-Mail nimmt deutlich zu (um 50 % und mehr). IT-gestützte Konferenzen (Telefon-, Web- und Videokonferenzen) nehmen zu (um ca. 30 % und mehr) oder werden überhaupt erstmals eingesetzt und sind dabei wenig vertraut (GPM 2011).

Die Nutzung zahlreicher technischer Hilfsmittel beschleunigt die Kommunikation enorm, macht sie teilweise überhaupt erst möglich. Gleichzeitig sollte bewusst sein, dass andere **(Spezial-)Kenntnisse** der Kommunikation und Moderation erlernt werden müssen. So erfordert z. B. die Moderation einer Web-Konferenz eine andere Methodik und Vorbereitung als die Moderation eines Präsenzmeetings.

Einige Bestandteile der Kommunikation, insbesondere im nonverbalen Bereich, gehen ohne persönlichen Kontakt gänzlich und dauerhaft verloren; mit ihnen auch die in ihnen enthaltenen Informationen (→ Kapitel »Persönliche Kommunikation«).

3 STEREOTYPE UND KULTURDIMENSIONEN

Wenn die Spieler einer Basketballmannschaft im Durchschnitt 2,05 m groß sind, dann ist vielleicht kein einziger Spieler genau 2,05 m groß. Der Interpretationsspielraum um eine Durchschnittsbildung wird umso nebuloser, je schwerer der zugrunde liegende Parameter – im Gegensatz zur Körpergröße – quantifizierbar ist, wie z. B. die kulturellen Werte einer Bevölkerungsgruppe. Und trotzdem ist es sehr hilfreich, diese durchschnittlichen quantifizierten Kulturindizes als grobe Orientierung zu kennen. Eine umfassende Abhandlung über die Kultur und Wertevorstellungen findet sich in Kapitel »Kultur und Werte«.

Nachfolgend sollen lediglich wichtige Besonderheiten im internationalen Kontext betrachtet werden, bei denen Folgendes gilt:

1. Sich im Vorfeld intensiv mit der Kultur des Ziellandes auseinandersetzen. Dabei geht es nicht um eine Wertung (positiv oder negativ, Zustimmung oder Ablehnung), sondern um die Feststellung, wo es Abweichungen zu eigenen Verhaltensweisen gibt.

2. Im Bereich vermuteter großer kultureller Abweichungen nach Gemeinsamkeiten suchen, die z. B. einer gemeinsamen Branchenkultur entspringen oder einer gemeinsamen Unternehmenskultur in internationalen Roll-out- oder Verlagerungsprojekten innerhalb einer Organisation.

3. Die Projekt-(grob-)planung an der Erwartungshaltung ausrichten und festlegen, welche Teamstruktur, welche Führungsinstrumente, welche Methoden und Werkzeuge wahrscheinlich funktionieren werden und welche eher nicht.

4. Im Gastland vor Ort zunächst viel fragen und beobachten. Durch ein sehr zurückhaltendes Auftreten zunächst ein Gefühl für die Situation entwickeln und prüfen, ob die im Stammland getroffenen Annahmen auch konkret der angetroffenen Situation und den Akteuren vor Ort entsprechen. Oft ist eine Feinjustierung oder Korrektur notwendig.

Beispiel: Deutsche zeichnen sich z. B. durch eine monochronistische Zeitauffassung aus. Sie folgen einem linearen Denkmodell und unterscheiden nach Vergangenheit, Gegenwart und Zukunft. Eine exakte Zeitplanung steigert die Wahrscheinlichkeit für hohe Pünktlichkeit. Die arabische Welt hingegen folgt eher einer polychronistischen Zeitauffassung. Man denkt eher im Wechsel von Tag und Nacht, Sommer und Winter. Zeit kann man nur nutzen, aber nicht verlieren oder verschwenden, denn jeden Tag bekommen wir ja einen neuen Tag. Vor Ort im Gastland findet man dies in vielen Situationen des Alltags bestätigt. Arabische Geschäftsleute erscheinen nicht zu den verabredeten Zeiten und verschieben dann das Geschäftliche auf den Nachmittag oder den Folgetag, weil zunächst Socializing in den verschiedensten Formen im Mittelpunkt steht. Die Feststellung »Ihr habt Uhren, wir haben Zeit.« macht ihre Grundhaltung sehr deutlich. Ist der deutsche Geschäftspartner nach erfolgreichem

> Vertragsabschluss dann lieferverpflichtet, stellt er regelmäßig fest, dass vereinbarte Meilensteine auch in der arabischen Welt selbstverständlich einzuhalten sind, Verspätungen nur in begründeten Ausnahmefällen akzeptiert werden und Pönalen natürlich auch in Rechnung gestellt werden. Warum? Der verantwortungsvolle Manager/Programmleiter/Auftraggeber ist eben nicht der Durchschnitt der Bevölkerung, sondern ist den Projektzielen verpflichtet, und zwar inkl. der Termin- und Kostenziele. Arabische Geschäftspartner stammen oft aus einer gesellschaftlichen Schicht, die sich durch ein Studium in Oxford, Cambridge, Stanford auszeichnet und dort die bestmögliche Managementausbildung genossen hat – nach dem jeweils neuesten westlichen Standard.

An einigen Statements und Handlungsweisen der Projektpartner ist schnell erkennbar, ob die Geschäftspartner/die Individuen den stereotypischen Kulturdimensionen entsprechen oder nicht. Bei einem amerikanischen Projektpartner ist eine geringe Unsicherheitsvermeidung zu erwarten und erkennbar an Aussagen, wie »Let's finish the work now, we can document this later!« oder »I don't see that the documentation is incomplete, it's perfect!«. In Ländern mit hoher Unsicherheitsvermeidung wird deutlich mehr dokumentiert, werden Probleme administrativ in andere Abteilungen verlagert, statt sie pragmatisch zu lösen. Eine vermutete hohe Machtdistanz (z. B. in China) wird bestätigt durch Aussagen, wie »For this small change we need a management approval. I have to talk to my manager. I will write him a note and send it to him and will wait for an answer.« Es werden keine eigenständigen Entscheidungen getroffen und die Entscheidungen des Vorgesetzten werden nicht hinterfragt oder gar angezweifelt.

Für den im Gastland tätigen Projektmanager hat das ganz konkrete Konsequenzen, und zwar sowohl in der Planungsphase als auch in seiner täglichen Projektleitungstätigkeit. Besonders zu achten ist auf folgende Themen:

- Die Wahl des **Führungsstils** (kooperativ oder eher autoritär): Wollen und können die Projektbeteiligten sich einbringen oder erwarten sie von der Führungskraft klare Arbeitsanweisungen?

- Definition der **Weisungs-, Informations- und Berichtswege** (Verantwortungsverteilung und Kommunikationsmatrix): Wenn Bringschuld oder Holpflicht als Methoden nicht akzeptiert sind, wenn zwischen Vertretern benachbarter/verfeindeter Länder Kommunikationsprobleme vermutet werden müssen, wenn Männer eine Berichtspflicht an Frauen nicht akzeptieren: All dies ist zu berücksichtigen, um eine funktionierende Zusammenarbeit sicherzustellen.

- Die Balance aus a) **Teamarbeit** in größeren Gruppen mit Selbstorganisation oder b) starker Hierarchisierung mit vielen Teilprojekten: Einfluss auf die Projektorganisation und insbesondere auf die personelle Besetzung der Teilprojektmanager, die entweder streng führen oder ein Expertenteam moderieren.

- Umgang mit **Projektrisiken** (Ist deren bewusste Identifikation inkl. präventiver Maßnahmen möglich?): Akzeptieren Projektmitarbeiter Risiken als nicht beeinflussbares Schicksal oder fühlen sie sich in einem Risikoworkshop deshalb nicht zuständig, weil die Risikoprävention außerhalb ihres Verantwortungsbereiches liegt und in die Zuständigkeit des Projektmanagers fällt, so ist es fast unmöglich, in einem Workshop die Kreativität des gesamten Teams zu entfalten. Risiken sind dann ggf. nur über zahlreiche Einzelgespräche zu identifizieren.

- **Änderungs- und Claimmanagement** (Maß der Änderungsbereitschaft und Philosophie der Kundenorientierung vs. verursachergerechter Kostenumlage): Hier sind viele Gangarten möglich und sinnvoll. Wichtig ist nur, dass a) die Vertragskalkulation, b) die Projektphilosophie über die gesamte Projektlaufzeit hinweg und c) das kulturell bedingte Verhalten der Teammitglieder aufeinander abgestimmt sind. Anderenfalls droht sehr schnell hochgradige Kundenunzufriedenheit und/oder das betriebswirtschaftliche Desaster.

Damit die genannten Probleme nicht entstehen oder zumindest schnell gelöst werden können, sollten deutsche Projektbeteiligte sich im Gastland stets einiger Grundsätze bewusst sein.

Tab. 2.6-3: Denk- und Lösungsansätze

- Kulturdimensionen sind weitgehend statisch, d.h. im Projekt fast nicht veränderbar und wenn, dann nur minimal mit einem kontinuierlichen, im Kick-off beginnenden Bemühen. - Informations- und Kommunikationsdefizite sind im internationalen Kontext fast immer (aber nicht ausschließlich) auf Kulturunterschiede zurückzuführen. - Stereotype und Klischees helfen uns beim Denken, führen aber i. d. R. zur Vorverurteilung oder Vorschusslorbeeren, die im Einzelfall durchaus unbegründet sein können und dann die Bereitschaft zur Meinungsänderung eines jeden Einzelnen erfordern.	- Akzeptieren, dass kulturelle Unterschiede Einfluss auf die Projektarbeit ausüben, und die Planung anpassen. - Interkulturelles Training (für beide Seiten; ggf. sogar gemeinsam) - Lokale Experten einbinden; ggf. Kultur-Coach als »Brückenbauer«. - Im kulturellen Umfeld hoher Machtdistanz einen Projektmanager aus einem Herkunftsland niedriger Machtdistanz einsetzen (umgekehrt funktioniert es nicht).

4 STRUKTURBEEINFLUSSENDE FAKTOREN UND TYPISCHE AUSPRÄGUNGEN INTERNATIONALER PROJEKTORGANISATION

Im Rahmen der Projektorganisation gilt es, alle Akteure, teilweise mehrere ganze Organisationen, in einen zielführenden Gesamtzusammenhang zu bringen. Dabei entstehen Teams und Subteams, Lieferketten, Kommunikationskanäle, Verantwortungsbereiche und vieles mehr. Es müssen zahlreiche große und kleine Einflussfaktoren berücksichtigt werden.

Für **kleine, überschaubare Projektteams** gelten die gleichen Randbedingungen und Optimierungskriterien wie im nationalen Kontext, allerdings mit einer wesentlichen Ergänzung: Die Berücksichtigung der Kompatibilität der Teammitglieder, gemessen an ihrer nationalen Herkunft. Projektbeteiligte, die aus Ländern kommen, deren Beziehung durch Spannungen und Konflikte geprägt ist, sind besonders sorgsam einzuplanen.

Im Mittelpunkt **mittlerer und großer Projektteams** stehen häufig Projekte, die auch eine Langzeitwirkung entfalten: Nach Abschluss des Projekts und Erreichen des Projektziels werden z. B. Betreibermodelle für das Projektergebnis benötigt (Ein Entwicklungs- oder Produktionsstandort braucht einen Standortleiter usw.). Dann stellt sich die Frage, welche Rolle der Projektmanager nach Projektende einnimmt? Die vier bekannten Ansätze Projektmanagermodell, Personalunion-Modell, Stellvertreter-Modell und Coaching-Modell (Cronenbroeck 2004) funktionieren außerhalb Deutschlands in gleicher Weise. International relativ häufiger anzutreffen ist das Personalunion-Modell. Es reduziert Verantwortungsübergaben, erspart viele Dienstreisen, festigt die Beziehungen zu Kunden, Lieferanten und Kooperationspartnern und geht damit am besten auf die spezifischen Herausforderungen internationaler Projekte ein.

In **großen und Mega-Projektteams** setzt sich die Organisationsstruktur häufig aus eigenständigen Organisationen zusammen. Es bildet sich ein Konsortium (häufig auf Auftragnehmerseite, selten auf Auftraggeberseite) oder ein Generalauftragnehmer baut sich ein hierarchisches Geflecht aus Unternehmen auf. Die Strukturen folgen der Charakteristik einer Projektgesellschaft, wobei nicht ein Unternehmen, sondern ein Unternehmensverbund gegründet wird.

Unternehmensinterne Struktur (Aufbauorganisation)	Unternehmensexterne Struktur (Netzwerkbildung)

❙ Beispiel: Linien-, Sparten-, Matrixorganisation, autonome Projektorganisation
❙ Beeinflussende Faktoren:
   - Berichtswege
   - Weisungsbefugnis
   - Entscheidungsbefugnis
	❙ Beispiel: Konzerne, Kooperationen, Joint Ventures, Konsortien
	❙ Beeinflussende Faktoren:
	   - Berichtswege, Expertise
	   - Weisungsbefugnis
	   - Gewinnabführung
	   - Strategische Abhängigkeit und Loyalität

Rechtsform (vorliegende und beabsichtigte)	**Ablauforganisation** (Prozesse; Informations- und Materialfluss)

❙ Beispiel: Personen- und Kapitalgesellschaften, …
❙ Beeinflussende Faktoren:
   - Verantwortung und Haftung
   - Befugnisse
   - Finanzierung
   - Transparenz/Publizitätspflicht
   - Expansionsoptionen
	❙ Beispiel: Big Room, Lean Project Delivery System
	❙ Beeinflussende Faktoren:
	   - Abläufe in der Organisation (daily business)
	   - Abläufe in der Projektarbeit
	   - Kompatibilität zur Projektumgebung
	   - Einarbeitungszeit der Akteure

Abb. 2.6-1: Organisationsstrukturbeeinflussende Faktoren für Unternehmensverbunde

Bei einem Konsortium handelt es sich um einen Zusammenschluss aus mehreren sowohl rechtlich als auch wirtschaftlich unabhängigen Unternehmen (auch Konsortialpartner oder Konsorten genannt), die gemeinsam risiko- und arbeitsteilig zum Zweck der zeitlich begrenzten Durchführung von Aufgaben agieren.

Beim **Außenkonsortium** bzw. offenen Konsortium kennt der Kunde die Konsortialpartner und deren Zusammensetzung.

Beim **Innenkonsortium** bzw. stillen Konsortium ist dem Kunden nicht bekannt, welche Unternehmen dem Konsortium angehören, er tritt nur mit dem Konsortialführer in Kontakt.

Die gemeinsame Haftung verringert das Risiko für jeden Beteiligten, auch für den Kunden. Üblicherweise ist einer der Konsorten Konsortialführer und damit der zentrale Ansprechpartner. Ein Projektvertrag verbindet das gesamte Konsortium mit dem Auftraggeber. Unabhängig von Art und Größe des Konsortiums können weitere Lieferanten über Lieferverträge verpflichtet werden.

Während der Konsortialführer als Primus inter Pares anzusehen ist (siehe Abbildung 2.6.2 – oben), kann auch ein einzelnes Unternehmen in die alleinige Vollhaftung gehen, und zwar als Generalauftragnehmer (siehe Abbildung 2.6.2 – unten). Die weiteren Strukturen hinter dem Generalauftragnehmer sind entweder klassische Kunden-Lieferanten-Beziehungen oder ein sogenanntes stilles Konsortium (auch: Innen-Konsortium).

Strukturen und Rechtsbeziehungen sind vergleichbar mit gleichnamigen deutschen Strukturen. Wird aus der einfachen 1:1-Beziehung zwischen Auftraggeber und Auftragnehmer ein Netzwerk zahlreicher Beteiligter, so wird es insbesondere dann herausfordernd, wenn diese aus verschiedenen Ländern stammen. Typisch sind solche Strukturen für Bau- und Infrastrukturprojekte, wie auch für den Anlagenbau.

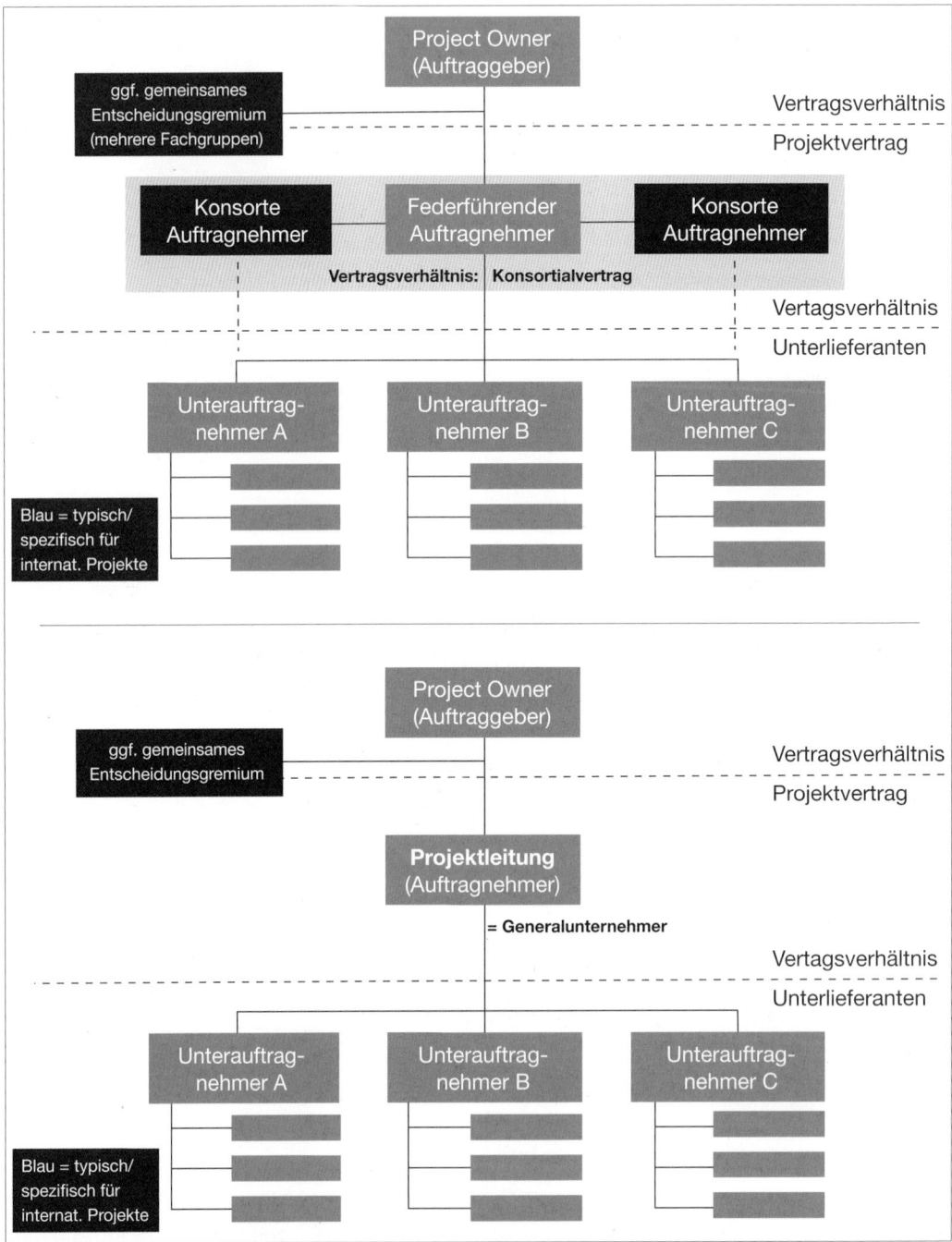

Abb. 2.6-2: Typische Strukturen und Vertragsbeziehungen eines Konsortiums (oben) und einer Generalauftragnehmerschaft (unten), (Cronenbroeck 2004, S. 171 f.)

In anderen Projektarten und Branchen ist es eher üblich, ein **Joint Venture** zu gründen. Dieses verfolgt ähnliche Ziele der Risikoverteilung zwischen den Joint Venture-Partnern. Es kommt hinzu, dass einige Gastländer **Lokalisierungsvorschriften** haben, die eine solche Gründung notwendig machen. Für die Gründung eines Joint Ventures – egal ob Equity Joint Venture oder Contractual Joint Venture – sind angemessen Zeit und Budgets zu planen. Nach der substanziellen Einigung auf gemeinsame Ziele und Strategien vergehen nicht selten weitere bis zu zwölf Monate, um ein voll entscheidungs- und handlungsfähiges Joint Venture im Gastland zu installieren. Der Sitz des Unternehmens unterliegt dann dem einschlägigen Recht des Gastlandes. Existenzielle Kernfragen aus Gründersicht sind regelmäßig Entscheidungen über die Stimmenverteilung, Kapitalerhöhungen, Fusion und Spaltung sowie Beendigung und Auflösung der Gesellschaft. Wichtig für den deutschen Mitgründer sind lokale Vertrauenspersonen (Dolmetscher, Rechtsanwalt, Steuerberater, …), welche die Interessen der deutschen Seite in die Verhandlungen einbringen.

5 FORMEN DER ENTSENDUNG UND UNTERSTÜTZUNGSOPTIONEN FÜR ENTSENDETE

Verlässt ein Arbeitnehmer nicht nur seinen Arbeitsplatz, sondern auch seinen Standort und das Stammland, so spricht man entweder von einer Auslandsdienstreise (bei einem zeitlichen Umfang von wenigen Tagen) oder dann von einer **Entsendung**, wenn es sich um Monate oder Jahre handelt. Die Entsendung ist üblicherweise eine Kombination aus einem dienstlichen Auftrag und einem von Freiwilligkeit geprägten Engagement des Entsendeten. Maßgeblich prägend für die Detailplanung der Entsendung sind der Zeitpunkt und die Dauer der Entsendung sowie das Einsatzziel und der Arbeitsauftrag vor Ort. Alle vier Aspekte sind projektspezifisch konkret zu planen. Hinzu kommt ein Aspekt aus der Perspektive des Entsendeten, der die Entsendung einfach oder kompliziert werden lässt: Das organisatorische Unterstützungspotenzial der entsendenden Organisation. Bei Vernachlässigung der Details lassen sich drei Fälle unterscheiden:

1. Der Entsendete ist als »Einzelkämpfer« tätig. Er setzt im Gastland die Vorgaben des Projektmanagers um. Seine individuelle Herausforderung besteht i. d. R. aus der Akklimatisierung am Einsatzort und der Optimierung seiner individuellen Steuerlast.

2. Der Entsendete eines mittelständischen Unternehmens ist eher Repräsentant einer größeren Organisation mit Gesamt- oder Teilprojektverantwortung. Er kann häufig auf die Fach- und Personalabteilung im Heimatland zurückgreifen.

3. Der Entsendete eines international tätigen Konzerns agiert teilweise in der Programmleitung oder Generalunternehmerschaft. Unterstellt man organisationale internationale Erfahrung in der Organisation, ist der Erfahrungsaustausch mit Rückkehrern aus dem Zielland möglich.

5.1 QUALIFIKATIONSPROFIL DER ENTSENDETEN PERSON

Die Entscheidungs- und Handlungskompetenz eines Projektmitarbeiters wird maßgeblich durch vier Faktoren bestimmt: Fachkompetenz, Methodenkompetenz, Sozialkompetenz und die persönliche Einstellung. Abweichend zu Projekten in Deutschland ist die Schwerpunktverschiebung zwischen den vier genannten Bereichen (Cronenbroeck 2004, S. 155).

- Die **Fachkompetenz** stellt unabhängig vom Einsatzort immer eine wichtige Basisanforderung dar. Sie hat im internationalen Kontext aber keine nochmals gehobene Bedeutung.

- Die **Methodenkompetenz** und die **Sozialkompetenz** werden jeweils signifikant erweitert werden müssen. Andere Menschen, andere Kulturen und Arbeitsweisen müssen verstanden und mit diesen angemessen umgegangen werden.

- Die **persönliche Einstellung**, d. h. der Umgang mit den eigenen Charaktereigenschaften, den individuellen Fähigkeiten und Fertigkeiten, ist – noch viel maßgeblicher – prägend für den Projekterfolg und damit eine überdurchschnittlich gewichtete Komponente. Wichtige Anforderungen sind z. B.:
    - Offenheit, Aufgeschlossenheit, Neugierde,
    - Toleranz und Akzeptanz von Andersartigkeit,
    - Lernbereitschaft und Anpassungsfähigkeit,
    - Konfliktfähigkeit (und -bereitschaft),
    - Bewusstsein über die eigenen Vorurteile (»Ich habe keine« ist oft trügerisch),
    - Flexibilität (die eigene und ggf. die der ebenfalls betroffenen Familie).

Beispiel: Dass eine hohe Fachkompetenz eine notwendige, aber keine hinreichende Bedingung für erfolgreiche Auslandsprojekte ist, musste auch die Metro Group erst lernen, als sie den Markteintritt in China plante und erst nach 14 (!) Jahren aus den roten Zahlen kam. Der deutsche Megaplayer aus dem Groß- und Einzelhandel war von der Vielzahl und Vielfalt kleiner agiler Konkurrenten sowie von den stark abweichenden und regional sehr unterschiedlichen Lebensmittelvorlieben der chinesischen Konsumenten überrascht. »Unternehmen verlassen sich beim Eintritt in neue Märkte ständig auf ihr vermeintliches Wissen darüber, wie ihre Branche funktioniert, und auf die technischen Kompetenzen, mit denen sie in ihrer Heimat Erfolg hatten. (…) Doch das, was eine Firma in ihrem heimischen Markt über eine bestimmte Branche gelernt hat, wird möglicherweise nur sehr wenig mit den Voraussetzungen zu tun haben, die sie erfüllen muss, um in einem neuen Markt erfolgreich zu sein.« (HBM 2014, S. 31)

5.2 UNTERSTÜTZUNG FÜR DEN ENTSENDETEN

Es gibt sehr viele Unterstützungsoptionen innerhalb und außerhalb der Organisation. Grundsätzlich gilt Informationsholschuld, wobei einerseits die Information nicht einfach geholt, sondern lediglich angefordert werden kann. Gleichzeitig entsteht für den Personalbereich der entsendenden Organisation dort eine Bringschuld, wo der Entsendete aufgrund seiner Unerfahrenheit das Fehlen relevanter Informationen gar nicht bemerken kann. Sinnvoll, sogar notwendig sind folgende Ansprechpartner.

Tab. 2.6-4: Ausgewählte unternehmensinterne Unterstützungsoptionen für Entsendete

Unternehmensinterne Ansprechpartner	Zu klärende Fragestellungen
Personalabteilung	❙ Änderungen (Arbeitsvertrag, Lohnzahlung, Einkommenssteuer (Doppelbesteuerungsabkommen), Versicherungsfragen, …) ❙ Neuerungen (Visa, Arbeitserlaubnis, Wohnungssuche, …) ❙ Unterstützung bei Rückkehr und Wiedereingliederung
PMO	❙ Methodische Unterstützung (Aufbau geeigneter Kommunikations- und Reportingstrukturen, mehrsprachige Templates und Tools, …) ❙ Operative Unterstützung (Planungsphase/Kick-off, als Sprachrohr in der Stammorganisation bei eigener Abwesenheit, …) ❙ Extraservices (z. B. Erreichbarkeit zu den Arbeitszeiten im Gastland)
Fach-/Zentralabteilungen	❙ Wesentliche Themen, wie Risikomanagement, Qualitätssicherung, Öffentlichkeitsarbeit etc., werden qualitativ und quantitativ anspruchsvoller, sodass auch erfahrene Projektmanager methodische Unterstützung suchen sollten
Geschäftsführer	❙ Ansprechperson (Erreichbarkeit, Verfügbarkeit) für Entscheidungen und Freigaben ❙ Berichtswege, Berichtszyklen, Berichtsinhalte jenseits sonstiger Unternehmensregeln den Rahmenbedingungen des Projekts anpassen ❙ Ggf. eigene Befugnisse rechtzeitig erweitern

Tab. 2.6-5: Ausgewählte unternehmensexterne Unterstützungsoptionen für Entsendete

Unternehmensexterne Optionen	Beispielhaft konkretisiert
Botschaften	| Botschaft des Ziellandes im Stammland | Botschaft des Stammlandes im Zielland
Kammern	| IHK (Industrie- und Handelskammer) in Deutschland | AHK (Außenhandelskammer) deutsche IHK-Vertretungen weltweit

Verbände und Vereine	| Landesfreundschaftsgesellschaften (z. B. analog der Deutsch-Französischen Freundschaft)
	| Ansprechpartner für Regionen; z. B. im arabischen Raum:
	  – ghorfa (Arab-German Chamber of Commerce & Industry e. V.)
	  – NUMOV (Nah- und Mittelost-Verein e. V.)
	  – DAG (Deutsch-Arabische Gesellschaft e. V.)
	  – EMA (Euro-Mediterran-Arabischer Länderverein e. V.)

Dienstleister mit Regionalkompetenz	| Dolmetscher und Übersetzer | Lokaler Rechtsanwalt und Steuerberater im Zielland, private Agenturen, lokale Kontaktpersonen | Kultur-Coaches

6 VORBEREITUNG AUF EIN INTERNATIONALES PROJEKT

Schneider führt aus, dass internationale Projekte im Ausland mit weit höheren Risiken verbunden sind als Projekte im Stammland. Sie stellen besondere Anforderungen an alle Beteiligten (Dörrenberg, Rietz, Schneider 2014, S. 19). Die Methoden, Prozesse und Werkzeuge des Projektmanagements werden durch kulturelle Faktoren beeinflusst (Köster 2009, S. 100, 129, 168, 193) sowie (Meier 2015, S. 77, 151). Internationale Projekte erfordern in fast allen Fällen ein stringentes und professionelles kaufmännisches Projektmanagement.

Der Auslandseinsatz bewirkt, dass zusätzliche Aufgaben im Bereich Personalmanagement hinzukommen. Und man trifft im Ausland auf besondere Stakeholder, die man bei einer Projektdurchführung in Stammland so nicht kennt. Diese schwierige Ausgangssituation bedingt, dass dem Prozess der Projektvorbereitung hohe Aufmerksamkeit gewidmet werden muss und dass alle wesentlichen Aspekte berücksichtigt werden sollten. Drei wichtige Empfehlungen sollten bedacht werden, um eine wirksame Projektvorbereitung zu erreichen:

- Der Prozess der Entsendungsvorbereitung darf auf keinen Fall auf interkulturelle Aspekte verkürzt werden.
- Der Prozess der Entsendungsvorbereitung muss deutlich vor dem Start des Projekts im Gastland abgeschlossen sein. Läuft das Projekt erst einmal im Gastland, hat das Projektmanagement erfahrungsgemäß keine Zeit und Ressourcen mehr zur Verfügung.
- Mit unvorhersehbaren Ereignissen muss trotz guter Vorbereitung immer gerechnet werden.

Weiterhin ist wichtig, die Projektvorbereitung nahtlos in den Prozess der mitlaufenden Projektumfeldanalyse zu überführen. Während der Projektrealisierung haben der Projektmanager und sein Team das Radar offenzuhalten für alle Aspekte des Gastlandes (z. B. Veränderungen beim Auftraggeber oder den lokalen politischen, rechtlichen und marktlichen Verhältnissen). Die so gesammelten Informationen sind im Team regelmäßig zu besprechen und zu evaluieren. Sorgfältig recherchierte Quellen und Kontakte aus der Projektvorbereitung bilden dabei eine hervorragende Basis für die spätere mitlaufende Projektumfeldanalyse.

Nachfolgende Tabelle 2.6-6 listet die notwendigen Arbeitsschritte der Projektvorbereitung auf und benennt einige Beispiele. Um die Kosten der Projektvorbereitung für das Unternehmen möglichst gering zu halten, sollten so viele Informationen wie möglich aus dem Stammland heraus recherchiert werden. Neben dem Internet bieten sich auch Informationsdienste, wie z. B. die Germany Trade & Invest GTAI (früher Bundesagentur für Außenwirtschaft BfAI) oder die IHK und AHK, sowie Informationen international tätiger Banken an. Auch bereits gesammelte Informationen und Erfahrungen aus früheren Kontakten und Projekten im Gastland sind hilfreich. Weiterhin sollte man, soweit möglich, Kontakt zu anderen deutschen Firmen aufnehmen, die schon Erfahrungen im Gastland gesammelt haben.

Die Projektvorbereitung kann durchaus einen Zeitraum von drei bis sechs Monaten in Anspruch nehmen, wobei viel Zeit auch mit Warten auf das Eintreffen von angefragten Informationen vergeht.

Die Tabelle 2.6-7 verdeutlicht die typischerweise bei einem internationalen Projekt anzutreffenden, eher statischen oder eher dynamischen Projektrandbedingungen anhand einiger Beispiele. Bei den dynamischen Randbedingungen muss der Projektmanager davon ausgehen, dass sich diese Randbedingungen im Laufe der Projektdurchführung verändern. Diese Bedingungen beinhalten ein besonders hohes Risiko und sollten unbedingt im Rahmen der mitlaufenden Projektumfeldanalyse weiter beobachtet werden.

Auch eine noch so gute Projektvorbereitung schützt nicht vor unangenehmen Überraschungen. Um dennoch gut gewappnet zu sein, sollten der Projektmanager und sein Team ein praxisnahes Risikomanagement praktizieren. Die im Rahmen der Projektvorbereitung ermittelten dynamischen Projektrandbedingungen sollten mitlaufend beobachtet werden. Es zahlt sich aus, wenn es dem Projektmanager und seinem Team gelingt, sich mit den Stakeholdern über die gesamte Wertschöpfungskette hinweg zu vernetzen. Die Geschäftsführung ist im Rahmen des Risikomonitorings regelmäßig zu informieren. Hier sind eher ein proaktives mitlaufendes Informieren und Besprechen erforderlich. Und zum Schluss verlangen Überraschungen natürlich ein hohes Maß an Improvisation und Flexibilität.

Tab. 2.6-6: Notwendige Arbeitsschritte der Projektvorbereitung

Nr.	Arbeitsschritt	Detail-Aspekt	Beispiele in der internationalen Projektarbeit
1	Analysieren des eigenen Leistungsprofils und der vertraglich übernommenen Aufgaben	Stärken-/Schwächenanalyse bzgl. des eigenen Unternehmens	Liquiditätspolster und internationale Bankverbindungen OK?
			Erfahrungen mit Besteuerung im Ausland?
			Erfahrung mit Mitarbeiter-Betreuung im Ausland?
		Stärken-/Schwächenanalyse bzgl. der Mitarbeiter	Bereitschaft zur Mobilität gegeben?
			Erfahrung mit internationalen Projekten bzw. mit dem Gastland?
		Aus beiden Analysen ergeben sich Handlungsnotwendigkeiten	
2	Auflisten aller relevanten Projektrandbedingungen	Herausfinden der wesentlichen Risiken und treibenden Kräfte des Projektes im Gastland	Eine Liste potenzieller Projektrandbedingungen ist in Tabelle 2.6-7 dargestellt.
3	Einteilen der konkreten projektspezifischen Randbedingungen in eher statische bzw. eher dynamische Randbedingungen	Ermitteln und Festlegen der besonders risikobehafteten Randbedingungen, die laufend beobachtet werden sollten (zumeist dynamische Randbedingungen).	Eine Liste pozentieller Projektrandbedingungen ist in Tabelle 2.6-7 dargestellt.

Nr.	Arbeitsschritt	Detail-Aspekt	Beispiele in der internationalen Projektarbeit
4	Festlegen des konkreten inhaltlichen und zeitlichen Arbeitsumfangs der Projektvorbereitung basierend auf den Erkenntnissen der Nr. 1–3.	Die Ergebnisse der Arbeitsschritte Nr. 1–3 zeigen die konkreten Risiken und Chancen des Projektes im Gastland. Zu diesen Faktoren sind nun Informationen einzuholen und zu verarbeiten. Dieser Prozess muss zeitlich und inhaltlich geplant werden.	Festlegen, wer einzubeziehen ist, wer zu informieren ist, wer sich um welche Arbeitsschritte kümmert und wie berichtet wird. Festlegen, welche Randbedingungen ein höheres Risikopotenzial haben und mittels einer Qualitätssicherung überprüft werden sollten (z. B. Einsatz von Übersetzern oder der Aufbau einer HR-Abteilung im Ausland).
5	Festgelegte Aufgaben der Projektvorbereitung (Recherche) durchführen	Durchführen des unter Nr. 4 festgelegten Arbeitsumfang	Einschalten eines international erfahrenen Steuerberaters
	Informationsquellen recherchieren, Stoffsammlung anlegen, auswerten		Zusammenarbeit mit einem Planungsberater realisieren.
6	Projektvorbereitung abschließen und mitlaufende Projektumfeldanalyse aufbauen	Die Ergebnisse der Projektvorbereitung sind zu verschriftlichen und der Geschäftsführung sowie dem Projektmanager und seinem Team zur Verfügung zu stellen. Die Ergebnisse und Erkenntnisse sind zu kommunizieren (Kommunikation ist alles). Es ist wichtig, dass während des Projektes insbesondere die dynamischen Projektrandbedingungen regelmäßig im Team überprüft werden.	Der Projektmanager sollte in seinen Koordinationsbesprechungen einen Standard-Tagesordnungspunkt Risikomanagement haben. Hierunter werden dann regelmäßig im Team die wesentlichen Projektrandbedingungen und das konkrete Projektumfeld besprochen.

Tab. 2.6-7: Projektrandbedingungen in internationalen Projekten

Nr.	Projektrandbedingungen		Beispiele	Potenzielle Informationsquellen bzw. empfohlene Maßnahmen	Empfehlungen für das Timing der Recherche
1	Statische Randbedingungen (tendenziell)	Eigenes Leistungsprofil	Schwächen des eigenen Unternehmens bei internationaler Projektabwicklung	Einschalten eines international erfahrenen Steuerberaters, Kooperation mit einem Planungsberater, Aufbau einer HR-Abteilung im Ausland	Vor Start klären
2		Kulturelle Besonderheiten des Gastlandes	Verhandlungstaktiken chinesischer Auftraggeber; Anspruchsdenken arabischer Auftraggeber	Außenhandelskammern, Informationsdienste wie z. B. GTAI, deutsche Botschaften im Gastland, Seminare	
3		Lokales Handels- und Firmenrecht	Notwendigkeit der Vertragsratifizierung VOR Projektbeginn, Notwendigkeit einer Firmengründung im Ausland, Gewinnausfuhrbeschränkungen, Stellung eines Performance Bonds	Außenhandelskammern, deutsche Botschaften im Gastland, deutsche Banken mit Niederlassungen im Gastland	
4		Steuerrecht im Gastland	Besteuerung der Unternehmensgewinne sowie Besteuerung der Mitarbeitergehälter	Lokaler Rechtsanwalt und/ oder lokaler Steuerberater, internationaler Steuerberater mit Zulassung im Gastland	
5		Genehmigungsverfahren	Für den Bau der Verfahrensanlage oder des Bauobjektes ist ein Genehmigungsverfahren nach lokalen Vorschriften durchzuführen	Planungsberater, Auftraggeber, Genehmigungsbehörden, Zusammenarbeit mit einem Planungsberater realisieren	
6		Familienversorgung im Gastland	Visa und Arbeitserlaubnisse, Krankenversicherung, Unterkünfte und Mobilität, Schule und Kindergarten, potenzielle Beschäftigung mitgezogener Ehepartner	Einschalten lokaler Experten bzw. Aufbau einer eigenen lokalen HR-Abteilung im Ausland	

Nr.	Projektrand-bedingungen	Beispiele	Potenzielle Informations-quellen bzw. empfohlene Maßnahmen	Empfeh-lungen für das Timing der Recherche
7	Arbeitsstil der anderen Projektbeteiligten im Gastland	Vom Kunden vorgegebene Projektaufbau- und -ablauforganisation, Besprechungs- und Berichtswesen, Vorgaben für das Dokumentationsmanagement sowie für Quality Assurance und Quality Control, einzuhaltende Normen	Auftraggeber, Planungsberater, Quantity Surveyor, lokale IPMA Organisation oder PMI Chapter	
8	Entwicklung der lokalen Märkte	Preise für Ressourcen (Stahl, Beton usw.), Verfügbarkeit leistungsfähiger Bauunternehmer	Lokaler Quantity Surveyor, andere (deutsche) Firmen vor Ort	
9	Entwicklungen beim Kunden	Abnehmende finanzielle Leistungsfähigkeit, Anhäufung von Projekten, Erfahrungen mit der Realisierung von Projekten	Internet, lokaler Sponsor/Agent, Networking mit zweiter Ebene des Kunden, Geschäftsberichte, Networking mit ausführenden Unternehmen und Lieferanten	Informationen mitlaufend ausbauen
10	Veränderungen der Landesgesetzgebung im eigenen Land sowie im Gastland	Änderungen beim Doppelbesteuerungsabkommen zwischen den beteiligten Ländern, Änderungen bei der Besteuerung von Unternehmensgewinnen im Gastland	Lokaler Rechtsanwalt und/oder lokaler Steuerberater, internationaler Steuerberater mit Zulassung im Gastland	
11	Politische Entwicklungen	Innenpolitische Unruhen, Vorbehalte gegen ausländische Unternehmen	Regelmäßige Lagebeurteilung durch das Team mit Information an Geschäftsführung, Kontakt zur deutschen Botschaft, »Parallel-Bank« im benachbarten Ausland aktivieren und rechtzeitig Geld aus dem Gastland abziehen, entsprechende Vertragsklauseln mit Kunden sowie bei gemieteten Objekten vereinbaren (Höhere Gewalt)	

(Dynamische Randbedingungen (tendenziell))

7 BESONDERE BETEILIGTE BEI INTERNATIONALEN PROJEKTEN

7.1 ALLGEMEINES

Bei internationalen Projekten hat man es im Regelfall mit weiteren Projektbeteiligten zu tun, die man bei einer Projektdurchführung im Stammland nicht kennt. Dies sind zumeist externe Projektbeteiligte:

- Planungsberater (Architect/Engineer of Record)
- Quantity Surveyor
- Übersetzer und Dolmetscher (→ Abschnitt 2.3 Sprache und Kommunikation)
- Public Relations Officer (PRO) (→ Abschnitt 10 Personalmanagement für Auslandseinsätze)
- Compliance Officer: Dieser wird bei größeren Firmen »hausintern« eingesetzt, ist also ein interner Projektbeteiligter. (→ Kapitel »Compliance, Standards und Regularien«)

»Diese Experten sind bei internationalen Projekten in die Projektaufbauorganisation zu integrieren, was strukturelle und damit Kommunikations-, aber auch finanzielle Auswirkungen und immanente Risiken mit sich bringt. Da von diesen der Projekterfolg maßgeblich mit beeinflusst wird, muss der Einsatz dieser Experten zwingend vom Projektmanagement gesteuert und überwacht werden« (Reschke, Schneider, Oleniczak 2017, S. 103).

Insbesondere bei Großprojekten gibt es nicht den einen Planungsberater, Quantity Surveyor oder Übersetzer und Dolmetscher, sondern es werden Teams der jeweiligen Fachexperten eingesetzt. So kann es sich zum Beispiel beim Planungsberater für ein großes Anlagenbau-Projekt um eine lokale, im Gastland ansässige Ingenieurgesellschaft handeln.

7.2 CHARAKTERISIERUNG DER EXTERNEN PROJEKTBETEILIGTEN

Zusammenarbeit mit einem Planungsberater (international: Architect/Engineer of Record)

Den Planungsberater trifft man immer dann, wenn eine Anlage oder ein Bauobjekt im Ausland errichtet werden soll. Hierfür sind Genehmigungen im Gastland erforderlich. Ein deutsches Planungsteam hat im Regelfall keine Kenntnisse über die lokalen Normen oder über die Abläufe in den Genehmigungsverfahren. Deswegen ist ein Planungsberater einzuschalten, der das deutsche Planungsteam unterstützt und das Genehmigungsverfahren begleitet. Im Regelfall sind die Planungsberater vor Ort von den lokalen Behörden für ihre Dienstleistung zugelassen.

Zusammenarbeit mit einem Quantity Surveyor (international übliche Abkürzung: QS[2])
In vielen Ländern dürfen kaufmännische Projektarbeiten ausschließlich nur von eigens dafür ausgebildeten Fachleuten durchgeführt werden. Zumindest gilt dies bei öffentlichen, staatlichen Auftraggebern. Generell gilt dort eine strikte Trennung zwischen den technischen Disziplinen (z. B. Architektur und Ingenieurwesen) und den kaufmännischen Disziplinen. Den Quantity Surveyor gibt es z. B. in folgenden Ländern: Angloamerikanische Länder, in UK und Australien, auf dem indischen Subkontinent und am Arabischen Golf und den sonstigen arabischen Ländern. Der QS ist ein geschützter Beruf, wie der deutsche Ingenieur oder Architekt, und hat eine eigene Standesvertretung (RICS: Royal Institution of Chartered Surveyors).

Zusammenarbeit mit Übersetzern und Dolmetschern
Auch wenn Englisch sich in zunehmendem Maße als die Weltsprache herauskristallisiert, so gibt es doch Länder, in denen kein Englisch gesprochen wird oder aber alle behördlich relevanten Dokumente in der Landessprache vorzulegen sind. Es muss damit gerechnet werden, dass man beim Auftraggeber und weiteren, externen Projektbeteiligten eines Projekts auf Menschen und/oder Organisationen trifft, die nur in der lokalen Sprache kommunizieren. Insbesondere bei Bauprojekten trifft man häufig auf ausführende Kräfte (Bauarbeiter), die nur in ihrer eigenen Herkunftssprache (nicht die lokale Landessprache) reden. Dies ist ein bekanntes Problem auch auf Baustellen in Deutschland. Solche Projektrandbedingungen zwingen den Projektmanager und das Projektteam dazu, mit Übersetzern und Dolmetschern zusammenzuarbeiten.

7.3 AUFGABEN DES PROJEKTMANAGEMENTS

Der gesamte Vorgang rund um die besonderen Projektbeteiligten ist zu gestalten und zu steuern. Folgende Aufgaben fallen an:

- Auswahl der besonderen lokalen Fachkräfte
- Festlegung des Auftragsumfangs
- Controlling der von diesen Fachkräften erbrachten Dienstleistungen

Auswahl der besonderen Fachkräfte
Als Informationsquellen stehen im Regelfall zur Verfügung:

- Lokale Ingenieur- und Architektenkammer (heißen in jedem Land anders)
- Vereidigte, staatlich geprüfte Übersetzer, sie haben zumeist einen eigenen Verband. Dolmetscher kann man auch ggf. an lokalen Universitäten finden.

---

[2] Mit dem Kürzel QS aus der deutschen Sprache (= **Q**ualitäts**s**icherung) dürfte es keine Verwechslung geben, da diese international als QA (= **Q**uality **A**ssurance) bezeichnet wird.

| Empfehlungen einholen bei:
  - Auftraggeber
  - Anderen internationalen Firmen, die ebenfalls vor Ort sind.

Festlegung des Auftragsumfangs der besonderen Projektbeteiligten

Welche Aufgaben die besonderen Projektbeteiligten übernehmen sollen, ist zwischen dem (technischen) Projektmanager und, soweit vorhanden, seinem kaufmännischen Counterpart, dem **Commercial Project Manager** (→ Abschnitt 12 Zusätzliche Herausforderungen im Bereich Commercial Project Management), abzustimmen. Für das Risikomanagement ist wichtig, dass die besonderen Fachkräfte das Projektteam auch schon in den frühen Projektphasen betreuen, um Fehlentwicklungen rechtzeitig zu entdecken und zu verhindern.

Controlling der von den besonderen Fachkräften erbrachten Leistungen

Inhaltlich muss das deutsche Projektteam den besonderen Fachkräften vertrauen, da es in den wenigsten Fällen über eigene Kenntnisse in den jeweiligen lokalen Fachgebieten verfügt. Gesteuert wird die Prozessqualität der Zusammenarbeit über:

| Kommunikation intern, Reporting

| Kommunikation extern mit Behörden und ggf. Auftraggeber

| Qualität der Beratung (Atmosphäre, Flexibilität, Unterstützung oder eher Ablehnung von Ideen)

| Termineinhaltung: Bearbeitungsdauern, Rückmeldedauern bei Anfragen

| Einhaltung des vereinbarten Auftrags:
  - Alle Arbeiten erledigt?
  - Werden vereinbarte QA/QC-Standards (Quality Assurance and Quality Control) eingehalten?
  - Wie flexibel oder abwehrend sind die besonderen Fachkräfte bei zusätzlichen Anforderungen der lokalen Behörden?

| Ordnungsgemäße Abrechnung

7.4 HINWEISE FÜR DAS RISIKOMANAGEMENT

Man kann die Risiken wie folgt gruppieren:

| Inhaltlich können die Arbeiten der Partner kaum bzw. gar nicht kontrolliert werden. Das Projektteam ist auf die Qualität der Zulieferungen angewiesen und verfügt nur über beschränkte Steuerungsmöglichkeiten. Eine teure, aber wirksame Lösung wäre, eine »second opinion« einzuholen, was jedoch leicht als Akt des Misstrauens ausgelegt werden könnte.

- Die Fachkräfte Planungsberater, Quantity Surveyor und Übersetzer/Dolmetscher arbeiten zumeist als Subunternehmer bzw. als beauftragter Dienstleister für das Projektteam. Da diese externe Kräfte sind, bringen sie eigene Prioritäten und Fehlermöglichkeiten mit. Verspätungen und Fehler dieser Kräfte gehen zulasten des Projekts.
- Da es sich um externe Kräfte handelt, kann es natürlich zu Schnittstellenverlusten und zu Kommunikationsproblemen kommen.

Beim Einsatz dieser externen Kräfte sind diese in den Such- und Beobachtungsraum des Risikomanagements aufzunehmen.

7.5 COMPLIANCE-OFFICER: AUFGABEN UND EINBINDUNG IN INTERNATIONALE PROJEKTE

Unter »Compliance« sind im Wirtschaftsleben die Einhaltung und Befolgung der rechtlichen Normen und unternehmenseigenen Regeln zu verstehen. (→ Kapitel »Compliance, Standards und Regularien«). Dies verlangt nach einem sogenannten Compliance Management System, welches darauf abzielt, das Unternehmen, seine Organe, Mitarbeiter und Führungskräfte sowie Gesellschafter vor Schaden (Haftung, Strafverfolgung, Bußgelder, Reputationsschäden) zu bewahren.

Um bei internationalen Projekten eine möglichst reibungslose Zusammenarbeit zwischen Projektmanagement und Compliance Officer zu gewährleisten, ist die Einbindung des Compliance Officers am Anfang des Projekts (idealerweise bereits in der Angebotsphase) sicherzustellen. Projektmanagement und Compliance-Officer eruieren die möglichen Compliance-Risiken anhand einer Risikoanalyse des Projektlandes. Sie beurteilen die projektspezifischen Voraussetzungen sowie insbesondere die Geschäftspartner. Hieraus entsteht eine angebots- bzw. projektspezifische Compliance-Risiko-Matrix, aus der die Handlungsfelder abgeleitet werden können.

8 INTERNATIONALES STEUERRECHT

Hinweis: In diesem Abschnitt geht es nicht um rechtlich verbindliche Ausführungen zum internationalen Steuerrecht, sondern es geht darum, einen bei internationalen Projekten häufig anzutreffenden weiteren Stakeholder zu beschreiben. Es wird erläutert, warum gelegentlich der Projektmanager mit einem Steuerberater zu tun hat und welche Fragestellungen dabei zumeist behandelt werden. Wichtig: Bei steuerlichen Fragen, insbesondere bei internationalen Projekten im Ausland, müssen sowohl ein erfahrener Steuerberater als auch ein lokaler Steuerberater im Gastland konsultiert werden. Eine gute Einführung in die Thematik findet sich im Beitrag von M. Mertzbach (Mertzbach 2014). Weiterhin muss darauf hingewiesen werden, dass die Bezeichnung »internationales Steuerrecht« ein gängiger Begriff ist, aber kein eigenes Rechtsgebiet darstellt. Streng genommen, gibt es nur das jeweils lokale Steuerrecht in den jeweils beteiligten Ländern.

Warum hat der internationale Projektmanager gelegentlich mit internationalem Steuerrecht zu tun?

Zunächst gibt es einige interne Gründe:

- Bei Fehlern in Steuerfragen drohen dem Unternehmen und den im Ausland arbeitenden Mitarbeitern Steuernachzahlungen, Geldstrafen oder im günstigsten Fall auch nur Bearbeitungsgebühren.

- Für Unternehmen kann es auch zur Schädigung der Reputation kommen oder, noch härter, es wird von öffentlichen Aufträgen ausgeschlossen. Im schlimmsten Fall drohen sogar strafrechtliche Konsequenzen.

- Für die Mitarbeiter im Auslandseinsatz sind steuerliche Aspekte von großer Bedeutung. Für sie ist insbesondere die vorteilhafte Gestaltung der Entsendevereinbarung wichtig. Hier geht es zum Beispiel um die Gewährung von im Ausland steuerfreien oder zumindest niedrig besteuerten Gehaltsbestandteilen.

Des Weiteren gibt es auch einige externe Gründe (Mertzbach 2014, S. 232):

- Die deutsche Finanzbehörde darf im Ausland nicht ermitteln. Um dennoch an die benötigten steuerlichen Tatsachen zu kommen, begründet die Abgabenordnung eine erweiterte Mitwirkungspflicht der Beteiligten.

- Hiernach haben die Beteiligten eine Beweismittelbeschaffungspflicht zu erfüllen.

Die steuerlichen Aspekte eines Projekts im Ausland sind als ein gravierender projektspezifischer Einflussfaktor zu sehen und auch zu behandeln. Da dies zum großen Teil schwierige Spezialthemen sind, müssen sich das Unternehmen und die jeweiligen Projektmanager des Auslandsprojekts möglichst frühzeitig mit Steuerexperten abstimmen. Der Projektmanager eines internationalen Projekts sollte sich darüber klar sein, dass der Steuerberater bei dessen Arbeit auf seine Zuarbeit angewiesen ist. Soweit im Projektteam ein Commercial Project Manager eingebunden ist, fallen diese Aufgaben in seinen Arbeitsbereich.

Was ist zu tun?

Das Projektteam bei einem Projekt im Ausland sollte um einen im internationalen Steuerrecht erfahrenen Steuerberater sowie einen Steuerberater und ggf. einen Rechtsanwalt im Gastland ergänzt werden. Die rechtzeitige Auswahl dieser Experten obliegt dem deutschen Unternehmen. Aufgabe des internationalen Steuerrechtsexperten ist es, in Zusammenarbeit mit dem Projektmanager eine Abstimmung und Kommunikation mit dem Steuerberater im Gastland herbeizuführen. Nur der lokale Steuerberater im Gastland kann verbindliche Auskünfte zu den steuergesetzlichen Vorschriften des Gastlandes erteilen. Diese Fachleute werden durch das eigentliche Projektteam, meistens durch den Projektmanager und kaufmännische Mitarbeiter aus dem Stammhaus in Stammland unterstützt. Das Stammhaus ist für die Auswahl und die Kommunikation mit dem Steuerberater verantwortlich; nicht der Projektmanager. Da dieser aber im Gastland vor Ort agiert, verfügt er über die kürzesten Wege zu den lokalen Behörden und Experten. Daher wird der Projektmanager vor Ort in der Regel mit in die Informationsbeschaffung eingebunden und auch zur Bearbeitung relevanter steuerlicher Fragen angehört. Das Ziel der gemeinsamen Arbeit ist darauf ausgerichtet, die bestehenden arbeitsrechtlichen, steuerrechtlichen und sozialversicherungsrechtlichen Probleme zu erkennen. Auch die Immigrationsvorschriften sind zu eruieren.

Als kritischer Erfolgsfaktor erweist sich die möglichst frühzeitige projektspezifische Zusammenstellung der zu beachtenden Rahmenbedingungen (Mertzbach 2014, S. 223; Reschke, Schneider, Oleniczak 2017, S. 93).

Welche Auswirkungen ergeben sich für das Unternehmen und gegebenenfalls für den Projektmanager?

Der im Rahmen eines länger andauernden Projekts entstehende Verwaltungs- und Kostenaufwand, der auch aus der steuerlichen Mitwirkungspflicht, der Beweisvorsorge und den Dokumentationsverpflichtungen resultiert, darf nicht unterschätzt werden. So kann im Stammland eine nicht ausreichend beachtete Mitwirkungspflicht zu einer Schätzung der Besteuerungsgrundlagen führen. Des Weiteren sollte beachtet werden, dass auch nach materiellem Projektabschluss das Projekt, steuerlich betrachtet, noch nicht beendet ist, da zum Beispiel noch Gewinnermittlungen oder Jahresabschlüsse zu erstellen sind und somit noch entsprechende Ressourcen einzuplanen sind. Schwierigkeiten ergeben sich oftmals dann, wenn der Projektmanager bereits in ein neues Projekt eingebunden ist oder unter Umständen das Unternehmen in der Zwischenzeit bereits verlassen hat und für Auskünfte nicht mehr zur Verfügung steht. Deswegen ist beim operativen Abschluss des Projekts unbedingt auch zu klären, ob und welche Fragen bzw. Informationen noch vom Steuerberater benötigt werden, und zwar bevor sich das Projektteam auflöst (Mertzbach 2014, S. 242).

9 INTERNATIONALES VERTRAGSRECHT

Hinweis: Es geht in diesem Abschnitt nicht um rechtlich verbindliche Ausführungen zum internationalen Vertragsrecht, sondern es geht darum, einen bei internationalen Projekten häufig anzutreffenden weiteren Stakeholder zu beschreiben. Es wird erläutert, warum der Projektmanager häufig mit einem Rechtsanwalt zu tun hat und welche Fragestellungen dabei zumeist behandelt werden. Wichtig: Bei rechtlichen Fragen, insbesondere bei internationalen Projekten im Ausland, muss ein erfahrener Rechtsanwalt konsultiert werden. Eine gute Einführung in die Thematik findet sich bei (Weissenborn 2014, S. 95–114).

Warum hat der Projektmanager mit internationalem Vertragsrecht zu tun?

- Schon bei der eigenen Angebotsabgabe für ein Projekt im Ausland sind die rechtlichen Fragestellungen zu klären, die Einfluss auf die spätere Projektdurchführung ausüben. Beispiele sind etwa abzugebende Garantien und Bürgschaften.

- Bei Teilnahme an einer Ausschreibung liegt häufig ein vom potenziellen Kunden erstellter Vertrag bei. Dieser ist zu prüfen. Typische Fragen sind: Ist der Vertrag mit seinen Klauseln akzeptabel? Was muss gegebenenfalls mit welchem Ziel verhandelt werden?

- Bei der Projektabwicklung kann es zu Vertragsstörungen kommen. Darauf muss man reagieren. Beispiele: Verzögerungen bei Zahlungen oder Bauherrenbeistellungen, der Auftraggeber interpretiert Vertragspassagen in seinem Sinne und verlangt mehr, als im Vertrag zugesagt wurde.

- Beim Projektabschluss gibt es immer eine Vielzahl von vertragsrechtlichen Aufgaben, die erledigt sein müssen, damit das Projekt formal beendet werden kann. Beispiele: Fast immer ist eine förmliche Abnahme notwendig. Ausgestellte Garantien und Bürgschaften (Vertragserfüllungs- und Anzahlungsbürgschaften) sind zurückzuholen.

Bei all diesen Fragen und Aufgaben können Fehler schwerwiegende Konsequenzen für das Projekt und das Unternehmen haben. Daher sind rechtzeitig Experten zu hören. Wann das gegebenenfalls notwendig ist, wird häufig vom Projektmanager zusammen mit dem Stammhaus im Stammland beurteilt und festgelegt.

Was ist wichtig für den Projektmanager?

Es ist wichtig, dass sich der Projektmanager klar macht, dass das, was etwa in der Bundesrepublik Deutschland gilt und als Selbstverständlichkeit vorausgesetzt wird, so im Ausland nicht gilt. Daher sollte sich der deutsche Projektmanager eine Art »Basiswissen für das Auslandsgeschäft« aneignen, welches mehr oder weniger für alle Länder gilt (das internationale Vertragsrecht ist ein eigenes Rechtsgebiet) und um Kenntnisse im konkreten Land ergänzt werden muss. Basiswissen heißt, dass man die allgemein relevanten Aspekte kennen sollte. Insbesondere die Anwendung und Umsetzung des eigenen Vertrags mit dem Kunden im Ausland muss der Projektmanager allerdings nicht nur kennen, sondern auch können (Weissenborn 2014, S. 97 ff.).

Die folgenden (wenigen) Beispiele oft wiederkehrender Fragen verdeutlichen, dass die Organisation in der Regel gar nicht darum herumkommt, sich an lokale Rechtsanwälte und Steuerberater zu wenden (Weissenborn 2014, S. 103 ff.):

- Vorschriften über die Eröffnung einer Vertretung oder eines Büros
- Vorschriften für die Einschaltung lokaler Partner, Sponsoren oder Agenten
- Das bei uns üblicherweise angewendete Verbot der Rückwirkung belastender Gesetze besteht so nicht unbedingt im Ausland.
- Die Frage, wann ein Vertrag zustande gekommen ist.
- Projektmanager im Ausland erleben auch häufig Situationen, in denen nicht klar ist, wer auf Auftraggeberseite entscheidungsberechtigt ist. Dies berührt auch Fragen rund um die Stellvertreterregelungen. Dies ist nicht immer im Vertrag geregelt.
- Die Frage der Bürgschaften und Sicherheiten. Wir kennen das auch im Stammland. Dies hat im internationalen Geschäft aber eine zusätzliche Problematik (z. B. Heimat- und Frontgarantie, »On First Demand«-Regelungen, Akkreditive bzw. International Letter of Credit).
- Der Umgang mit der lokalen Bürokratie kann einige ganz erhebliche Stolpersteine bilden. Lokale Banken haben andere Vorschriften und Formalien als Institute im Stammland.

Wichtige Erfahrungen und Empfehlungen: Vertragsstörungen sind nicht die Ausnahme, sondern die Regel. Alle vorhandenen Mittel sind auszuschöpfen, um Prozesse im Ausland zu vermeiden. Der Ausgang von Gerichtsprozessen in Deutschland ist bereits schwierig abzuschätzen, im Ausland ist dies meistens kaum möglich.

Was ist zu tun?
Um eine optimale Zusammenarbeit von Rechtsanwalt und Projektmanager zu erreichen, wird empfohlen, dass der lokale und der international erfahrene Rechtsanwalt in die Projektorganisation/Teamstruktur eingegliedert werden und grundsätzlich immer verfügbar sein sollten. Die rechtzeitige Auswahl dieser Experten obliegt der Stammorganisation. Diese Fachleute werden durch das eigentliche Projektteam, meistens durch den Projektmanager und, soweit vorhanden, durch den Commercial Project Manager sowie die kaufmännischen Mitarbeiter aus der Stammorganisation unterstützt.

Beim Einsatz eines Rechtsanwalts gibt es einen kritischen Erfolgsfaktor. Dies ist die möglichst frühzeitige projektspezifische Zusammenstellung der zu beachtenden Rahmenbedingungen. Bevor der Vertrag unterschrieben wird, müssen die relevanten rechtlichen Fragen geklärt sein.

10 PERSONALMANAGEMENT FÜR AUSLANDSEINSÄTZE

Die vorliegenden Hinweise geben einen allgemeinen Überblick; sie zeigen, was auf eine Organisation im Bereich Personal bei einer Projektabwicklung im Ausland zukommt. Zunächst sollte man sich klarmachen, dass es für eine Personalabteilung kaum möglich ist, alle relevanten Mitarbeiterbelange vom Stammland aus zufriedenstellend für das Gastland zu regeln. Weiterhin legen die lokalen Behörden im Gastland zumeist Wert darauf bzw. verlangen dies sogar, dass behördliche Fragen zum Einsatz ausländischer Kräfte durch einen lokalen einheimischen Experten bearbeitet werden (Schneider 2017, S. 114 ff.).

Welche Aspekte sind zu berücksichtigen?

- Arbeitsrechtliche und steuerrechtliche Aspekte (→ Abschnitt 8 Internationales Steuerrecht), Beglaubigung von Zeugnissen, Krankenversicherung, Gehaltszahlungen.
- Klärung, welche Mitarbeiter das Know-how, das Standing und die Bereitschaft mitbringen, ggf. für einen längeren Zeitraum ins Ausland zu gehen.
- Vorbereitung der Mitarbeiter auf den Auslandseinsatz (z. B. Interkulturelles Training, landesspezifische Einweisungen, Vermittlung von Sprachkenntnissen).
- Versorgung der Mitarbeiter im Ausland: Unterkunft, Transport, medizinische Versorgung, falls Ehepartner und Kinder mitziehen: Kindergarten und Schule sowie ggf. Beschäftigungsmöglichkeiten für Ehepartner.
- Aspekte der Sicherheit des eigenen Personals und ggf. auch des ausländischen Personals können mit den Botschaften und/oder den Außenhandelskammern im jeweiligen Gastland geklärt werden.
- Erweitern des Mitarbeiterstamms durch externe lokale und internationale Kräfte.
- Die Betreuung der Mitarbeiter im Ausland.

Konsequenzen einer mangelnden Mitarbeiterbetreuung im Ausland
Die Probleme der Mitarbeiter bei einem Projekt im Ausland haben in der Regel größere Auswirkungen als bei einem Projekt im Stammland. Diese Tatsache liegt darin begründet, dass es sich um neue Probleme handelt, die wir in unserem wohlgeordneten Alltag nicht (mehr) kennen – eine ausreichende Mitarbeiterbetreuung ist notwendig. Diese Problemstellungen werden deshalb als unangenehm eingeschätzt, weil man die Konsequenzen nur schwer abschätzen kann. Das Projekt kommt zuerst; es muss Projektfortschritt her. Damit bleiben dann die eher privaten Dinge liegen. Ungelöste Probleme haben die Tendenz, sich aufzutürmen. Man muss damit rechnen, dass nicht ausreichend geklärte Mitarbeiterbelange (z. B. Arbeitsvertrag, Steuern oder Unterkunft) zu steigender Frustration und abnehmender Motivation für das Projektteam und damit zu Leistungseinbußen im Projekt führen. Weiterhin können sich tatsächlich negative Konsequenzen für die Mitarbeiter ergeben, z. B. bei nicht ausreichender Krankenversicherung oder bei falscher Steuerberatung.

Beispiele für zu klärende praktische Fragen im Ausland

Beispiel: Zunächst einmal muss ein Budget für die Unterkunft im Ausland bestimmt werden. Gegebenenfalls sind dabei Ehepartner und Kinder zu berücksichtigen. In diesem Fall wären auch Budgets für Kindergarten und Schule einzuplanen. Dazu gehören auch z. B. Fragen, welche internationalen Kindergärten und Schulen es gibt und wann die Terms (die Schuljahre) im Gastland anfangen und wann sie enden.

Beispiel: Es gibt unterschiedliche Möglichkeiten, die **Unterkunft** für die Mitarbeiter zu organisieren. Die Stammorganisation kann die Unterkünfte anmieten und bezahlt diese (Optionen: Für jeden Mitarbeiter wird ein eigenes Apartment angemietet oder es werden Wohnungen in einem Compound mit gemeinsamer Infrastruktur angemietet). Als Alternative dazu können die Mitarbeiter die Unterkünfte direkt selbst anmieten (gegen Kostenerstattung). Jede der genannten Varianten hat ihre Vor- und Nachteile.

Beispiel: Auch beim **Transport** der Mitarbeiter gibt es unterschiedliche Möglichkeiten: Es kann ein Sammeltransport für die Mitarbeiter mit eigenem Bus und Fahrer oder über Dienstleister organisiert werden. Führungskräfte erhalten vom Unternehmen oft einen eigenen Pkw; manchmal muss auch ein Fahrer gestellt werden.

Anpassen des Mitarbeiterstamms im Ausland

Viele Organisationen versuchen, bei Projekten im Ausland die Zahl der eigenen Arbeitskräfte im Ausland nicht stark wachsen zu lassen. Die Arbeitskräfte im Auslandseinsatz sind teuer und nicht jede Organisation verfügt über genügend Mitarbeiter, die bereit sind, für längere Zeit ins Ausland zu gehen. Manchmal fehlen Mitarbeiter mit der entsprechenden Erfahrung. Und manches muss laut Vertrag von erfahrenen lokalen Fachkräften erledigt werden (oder von internationalen Kräften, die schon lange im Gastland arbeiten). Auch Kapazitätsspitzen müssen gelegentlich ausgeglichen werden. In manchen Ländern ist es gesetzlich vorgeschrieben, dass das ausführende fremde Unternehmen im Gastland lokale Arbeitskräfte zu beschäftigen hat. Diese sog. »Lokalisierungsvorschriften« sind weltweit sehr unterschiedlich und deren Nichtbeachtung mit sehr unterschiedlichen Konsequenzen verbunden. Manchmal kann man sich durch Strafzahlungen von solchen Auflagen »freikaufen«. Im Extremfall drohen aber auch der Projektabbruch und die Ausweisung.

Welche Möglichkeiten der Personalbeschaffung gibt es?

Soweit vorhanden, können lokale Agenturen angesprochen werden. Dabei ist zu berücksichtigen, dass die externen Dienstleister zumeist eine Vermittlungsgebühr verlangen, die sich nach der Höhe des Gehalts für das zu suchende Personal bemisst. Deswegen sollte die »Job description« sehr gut formuliert sein, um nur geeignete Kandidaten zu finden. Hierbei kann Networking weiterhelfen. Manchmal besteht auch die Möglichkeit einer Personalüberlassung durch andere Firmen (auf Englisch: seconded staff). Dafür ist im Regelfall eine monatliche Pauschale zu zahlen.

Die Betreuung der Mitarbeiter im Ausland

Es gibt eine Reihe von Aufgaben, die bei der Einreise eigener Mitarbeiter im Gastland erledigt werden und die ggf. auch während des (längeren) Aufenthalts der Mitarbeiter wiederholt werden müssen. Typische Beispiele sind Gesundheitsuntersuchungen vor der ersten Einreise und wiederkehrend während der Aufenthaltszeit, Visa-Anträge oder Anträge auf Arbeitserlaubnis.

Es kommt häufig vor, dass die lokalen Behörden verlangen, dass diese Aufgaben durch einen lokalen einheimischen Agenten bearbeitet werden, der die Vorschriften und Gepflogenheiten kennt. In diesem Fall wendet man sich an einen Public Relation Officer (PRO). Die tatsächliche Bezeichnung für diese Position variiert von Land zu Land.

Der PRO kann als freier Dienstleister beauftragt werden. Hier wird im Regelfall eine monatliche Pauschale fällig. Sollte es einen Vertrag mit einem lokalen Sponsor geben, so kann der Sponsor bzw. seine Firma die Aufgaben des PRO übernehmen. Sollte die Stammorganisation für die Projektabwicklung im Gastland eine Betriebsstätte, eine Niederlassung oder eine eigene Firma (angelegt als Projektgesellschaft oder als Dauergesellschaft über das Projekt hinaus) gründen, so bestehen die folgenden Möglichkeiten: Der PRO wird bei dieser Firma als freier Mitarbeiter eingestellt (Freelancer) oder der PRO wird fest angestellt.

11 RÜCKKEHR IN DAS STAMMLAND UND LESSONS LEARNED

11.1 EINSATZENDE UND RÜCKKEHR INS STAMMLAND

Die Planung der Rückkehr wird im Gegensatz zur Entsendung häufig unterschätzt. Wichtige Themen geläufiger Checklisten werden nachfolgend genannt. Sie sind stark von der Reisedauer abhängig. Wir beschränken uns auf die Themen, die nicht für jeden Touristen ohnehin eine Selbstverständlichkeit sind:

1. **Kurze Dienstreisen (1–5 Tage)**
    - Richtigkeit und Vollständigkeit der Formalitäten absichern
        i. Pass (Gültigkeitsdauer) und Visum (inkl. gegenseitiger Akzeptanz aller Transitländer)

    ii. Zollerklärungen (privat vs. dienstlich; der Reisende haftet teilweise auch persönlich für dienstlich veranlasste Überführungen)
  - Zeitverschiebung / Jetlag (ggf. ist der Tag nach der Rückkehr noch kein Arbeitstag)
  - Weitere gemeinsame Vorgehensweise mit dem Partner festlegen; Kontakte pflegen
  - Kulturell: Wertschätzende Verabschiedung; auch bei nicht erfolgreichen Verhandlungen können Gastgeschenke hinterlassen und sollten empfangene Gastgeschenke unabhängig von deren Wert mitgenommen werden.
  - ▶ Planung der Rückreise vor der Abreise im Heimatland

2. **Längere Dienstreisen (1–4 Wochen)**
  - Überprüfung der Zielerreichung des operativen Reiseziels (ggf. Aufenthalt verlängern oder erneuten Reisebedarf feststellen bzw. zu Akquisitionszwecken sogar generieren)
  - Separaten Gepäck-/Produkt-/Musterversand vorbereiten; will man mit den versendeten Produkten abfliegen und/oder mit ihnen ankommen?
  - Besondere Vorsorge bei Wiedereinreisen aus Risikogebieten (Veränderung der Sicherheits- oder gesundheitlichen Lage im Gastland während des Aufenthalts; Kriegs- und Krisengebiete, Ebola-Zentren, …)
  - ▶ Planung der Rückreise im Heimatland; Detaillierung kurzfristig vor Ort

3. **Langzeitaufenthalt (> 6 Monate)**
  - Schuldbefreiungen sicherstellen (z. B. Steuerschulden im Gastland)
  - Handshake zum Nachfolger (ggf. Übergangsphase, d. h. zeitlich überlappende Präsenz)
  - Wiedereingliederung im Heimatland/Stammsitz des Arbeitgebers vorbereiten (inkl. der persönliche Wiedereingliederung, z. B. Wohnungssuche o. Ä.)
  - Formale/soziale Wiedereingliederung (Krankenkasse, Versicherungen etc.)
  - Ggf. Auflösung des Arbeitsverhältnisses des Ehepartners/Schuljahrsende der Kinder
  - Haushaltsauflösung/Übersee-Container packen (verschiffte Sachen und Dokumente sind lange nicht im Zugriff)
  - ▶ Planung der Rückreise und eines geeigneten Zeitpunkts mind. 3–6 Monate vor der Reise

Zusätzlich kann es zu Sondersituationen kommen, bei denen aus dem Gastland eine Dienstreise nach Deutschland angetreten wird oder aus dem Gastland in ein Drittland gereist wird. Dies kann durch die kurzzeitige Anwesenheit im Stammhaus für eine Verhandlung verursacht werden. Die kurzzeitige Ausreise in Drittländer kann durch den Ablauf der Aufenthaltsgenehmigung verursacht sein.

4. **Sonderfälle (sind idealerweise schon bei der Visaerteilung zu berücksichtigen)**
  - Multiple Entry-Visum bzw. Langzeit-Visum (5 Jahre) beantragen

- Fristen aller Genehmigungen beachten (insbesondere Aufenthalts- und Arbeitserlaubnis)
- Vorübergehendes Zurücklassen von Sachen und Dokumenten möglich und sicher?
- Transparente Abmeldung bei Geschäftspartnern (seriös und kalkulierbar bleiben)

11.2 AUFBEREITUNG UND SICHERUNG VON ERFAHRUNGEN

Die allgemein bekannten Ansätze der Erfahrungssicherung gelten im internationalen Kontext ebenso wie nach dem Abschluss eines Projekts oder einer Projektphase im Stammland. Das Projekthandbuch wird aktualisiert (ggf. ergänzt um ein Kapitel »Ergebnisse im Land XY vor Ort«). Auch das Projektmanagementhandbuch kann ergänzt werden (z. B. um ein Kapitel »Vorbereitung / Durchführung / Abschluss von Auslandseinsätzen«). Existierende unternehmensinterne Prozesse sollten um internationale Aspekte ergänzt werden. Mit zunehmender Internationalisierung deutscher Unternehmen werden auch diese Aspekte an Bedeutung gewinnen. Ergänzend empfiehlt sich ein spezieller Projektbericht / Reisebericht, der die Projektergebnisse im Ausland zusammenfassend dokumentiert und neben der Sachinformation auch ein Instrument des Projektmarketings ist. Die Empfänger dieser Berichte werden die hinter den Ergebnissen stehende Leistung oft erst dann würdigen können, wenn auch die Randbedingungen, unter denen die Ergebnisse erreicht wurden, in angemessenem Maße dargestellt sind. In diesem Kontext ist ggf. auch die eigene Skill Matrix bzw. die der zurückgekehrten Kollegen beim jeweiligen Vorgesetzten und / oder in der Personalabteilung in angemessenem Maße zu ergänzen. Internationale Erfahrung ist ein wesentlicher Bestandteil im Kompetenzprofil eines Projektmitarbeiters.

Ergänzend sollten die Stakeholder der Entsendung persönlich (mündlich) individuell einen Kurzbericht bekommen, d. h. alle organisatorischen Unterstützer, auch die Skeptiker im Stammhaus. Bietet die Organisation interkulturelle Trainings an, so sind auch die Trainer immer dankbar für ein Feedback und die Aktualisierung ihrer Trainingsinhalte. Wer vor seiner Entsendung für jeden Ratschlag dankbar war, wird jetzt als erfahrener Rückkehrer selbst mehrfach kontaktiert werden. Die von manchem belächelte Methode des Storytellings ist in diesem Kontext besonders wirksam. Die dafür notwendige Zeit sollte man sich nehmen.

Im Sinne eigener Reflexion werden der Entsendende und der Entsendete sich fragen müssen: Welche Erfahrung ist auf spätere Reisen übertragbar? Was ist auf andere Projekte übertragbar? Was ist auf andere Länder (innerhalb der Region oder generell) übertragbar? Und haben sich unerwartete Chancen ergeben, z. B. neue Projektideen oder Geschäftsmodelle oder auch individuelle Karriereoptionen? Und nicht zuletzt ist es wichtig, seine »Hausaufgaben« zu machen. Entsendete werden nach der Rückkehr sehr schnell wieder in das Tagesgeschehen integriert. »Aus den Augen, aus dem Sinn«: Es werden kurzfristige Zusagen an die ausländischen Geschäftspartner oft zunächst zeitlich verschoben und geraten etwas später ganz aus dem Fokus. Wird man nach der Rückkehr für die ausländischen Gesprächs- und Geschäftspartner unzuverlässig und unkalkulierbar, rächt sich das bei einem nächsten Aufeinandertreffen mit ihnen.

Häufig sprechen Entsendete vom sog. »Kulturschock« in fremden Ländern. Eher unerwartet, aber ebenso möglich ist das Auftreten eines Kulturschocks im Rahmen der Rückkehr. Die asiatische Freundlichkeit ist in Deutschland nicht mehr spürbar. Das abwechslungsreiche Kulturprogramm und die erlebnisreichen Wochenenden müssen wieder dem deutschen Alltag weichen. Der Rückkehrer ist jetzt nicht mehr der gut ausgebildete Deutsche mit umfassender Methodenkenntnis und Businesserfahrung, um den sich alles dreht, sondern wieder ein normaler Angestellter unter vielen. Die im Ausland ggf. vom Unternehmen bezahlten Annehmlichkeiten für Führungskräfte (z. B. Haushaltshilfen und Fahrer) fallen auf einmal weg. Während man vorher bei der Besetzung von Führungspositionen nicht berücksichtigt wurde, weil die Auslandserfahrung fehlte, wird man jetzt möglicherweise ebenso wenig berücksichtigt, weil einfach keine passende Planstelle frei ist. Nicht selten schlägt dem Rückkehrer auch unverhohlener Neid der Arbeitskollegen entgegen. Der erhoffte Karriereturbo zündet einfach nicht wie erhofft. Jetzt gilt es, das internationale Projekt als persönlichkeitsbereichernde Erfahrung abzuspeichern und für sich und andere zu prüfen, wie diese neu gewonnene Kompetenz langfristig in die Organisation und konkret in Folgeprojekte eingebracht werden kann.

12 ZUSÄTZLICHE HERAUSFORDERUNGEN IM BEREICH COMMERCIAL PROJECT MANAGEMENT

Viele deutsche Unternehmen übernehmen Auftragsprojekte im Ausland. Oft ist es so, dass in Deutschland geplant und ggf. auch vorgefertigt wird und die eigentliche Realisierung dann im Zielland geschieht. Dies trifft z. B. auf Bau- und Anlagenbauprojekte zu. Es kann aber auch um den Aufbau von z. B. neuer Hardware im IT-Bereich gehen. Gerade bei externen Auftragsprojekten geht es neben möglichen strategischen Gesichtspunkten, wie z. B. der Erschließung neuer Geschäftsfelder, insbesondere auch um die Erwirtschaftung von Deckungsbeiträgen für das Unternehmen. Hier ist intensiv auf die Wirtschaftlichkeit der durchgeführten Projekte zu achten. Es geht um kommerzielles, vertragliches und rechtliches Know-how, welches sich von der Kalkulation, über das Controlling, bis zum Nachforderungsmanagement erstreckt. Internationale Projekte, die im Ausland ausgeführt werden, erfordern ein hohes Maß an Zusatzaufgaben, da sich die deutschen Projektbeteiligten in einem Rechts-, Markt- und Wettbewerbsraum bewegen, der sich stark von den deutschen Verhältnissen unterscheiden kann. Um diesen vielfältigen und neuen Aufgaben gerecht zu werden, werden zunehmend alle **nicht-technischen Aufgaben** in einer zentralen Funktion zusammengefasst. Dies ist der Commercial Project Manager.

Der Commercial Project Manager bildet mit dem Technical Project Manager die Führungsspitze eines Projekts. Bei internationalen Projekten gilt: »Während die Technik überall relativ ähnlich ist in Bezug auf das, was aufgebaut wird, sind die nichttechnischen Bedingungen von Land zu Land doch oft sehr unterschiedlich. Deswegen ist hier eine spezifische Aufmerksamkeit nötig« (Reschke, Schneider, Oleniczak 2017, S. 5). Als zusätzliche bzw. erweiterte Aufgaben und Aspekte bei internationalen Projekten seien genannt: Claimmanagement, Kooperations- und Konsortialverträge, Zahlungsabsicherung, Projektlogistik, Versand, Zoll, Versicherungsmanagement sowie Klärung steuerrechtlicher Fragen. Teilweise gibt es bei internationalen Projekten auch weitere Schwerpunkte, z. B. bei der Projektfinanzierung und der Projektkalkulation. Während für die Technik das Projektmanagement inzwischen weitgehend eingeführt ist, muss dieser Zustand dagegen bei den nicht-technischen, also vorwiegend kommerziellen Aufgaben noch erreicht werden. Eine gute Einführung in die Thematik findet sich bei Reschke, Schneider, Oleniczak (2018).

13 FÜHRUNG IN INTERNATIONALEN PROJEKTEN

Führung in internationalen Projekten ist im Grunde nicht viel anders als Führung in räumlich verteilten Projektteams, ergänzt um die Sprach- und kulturellen Aspekte sowie die personalrechtlichen Fragen (→ Kapitel »Führung« sowie »Persönliche Kommunikation«). Man trifft auf ähnliche Probleme wie bei räumlich verteilten Projekten im Stammland.

 Beispiel: Ein Team agiert in Hamburg, das andere Team in München. Diese Situation beinhaltet einige Herausforderungen. Man spricht in diesem Zusammenhang von Führen aus der Distanz und von Führung virtueller Teams (→ Kapitel »Arbeit in virtuellen Teams«).

Diese Herausforderungen gibt es erst recht bei international räumlich verteilten Projektmitarbeitern. Es kommen drei besondere Herausforderungen hinzu:

| Es gibt zusätzlich unterschiedliche Kulturdimensionen, da sehr wahrscheinlich Menschen anderer Nationalität(en) im Team mitarbeiten. Man muss also mit einer Führungssituation im multinationalen Kontext rechnen. Für den Projektmanager bedeutet das, auf einen größeren Pool verschiedener Führungsinstrumente zugreifen zu müssen, die er entsprechend beherrschen sollte.

| Es kann große Zeitunterschiede geben. Das schränkt ggf. das nutzbare Zeitfenster, etwa bei Videokonferenzen, ein.

| Die räumlichen Distanzen können so groß sein, dass selbst in einer Krise kein direkter Besuch vor Ort möglich ist. Hamburg-München ist nicht gleich Hamburg-Melbourne. Für den Projektmanager bedeutet das, in den Bereichen Information/Kommunikati-

on/Moderation/Eskalation/Mediation über ein methodisches Repertoire zu verfügen, mit denen er Raum und Zeit weitgehend überbrücken kann.

Die kulturellen Besonderheiten des Gastlandes und die unterschiedlichen Nationalitäten im Projektteam erfordern es, dass der Projektmanager seinen Führungsstil situativ an diese Rahmenbedingungen anpassen muss. Dies soll anhand von zwei Beispielen verdeutlicht werden:

Beispiel: Während im deutschsprachigen Raum zumeist eine zielorientierte offene Kommunikation praktiziert wird, bei der Probleme offen angesprochen werden und ein kooperativer Führungsstil mittlerweile üblich ist, ist dieses Verhalten nicht bei jedem international besetzten Projektteam zielführend:

- In China ist die Machtdistanz (→ Kapitel »Kultur und Werte«) deutlich größer als diejenige, die wir im deutschsprachigen Raum kennen. Deswegen erwarten chinesische Mitarbeiter von einer Führungskraft, dass klare Vorgaben gemacht werden. Ein kooperativer Führungsstil, bei dem Mitarbeiter mit in die Entscheidungsvorbereitung eingebunden werden, löst daher eher Verunsicherung aus und die Führungskraft wird ggf. als führungsschwach angesehen.
- Ganz anders sieht die Situation dann aus, wenn man z. B. Mitarbeiter aus Indien im Projektteam hat. Diese nehmen oft einen kooperativen Führungsstil begeistert an und versuchen, alles zu diskutieren und zu hinterfragen. Die Konsequenzen sind dann lange Sitzungen und schleppende Entscheidungen.

Beispiel: Für das nicht ICB relevante Sonderthema des internationalen Projektmanagements sei eine etwas ungewöhnliche Abschlussbemerkung gestattet. Der 27-jährige US-Amerikaner John Allen Chau hatte auch internationale Projektziele, die (k)ein überraschendes Ende nahmen. Er wollte das indigene Volk der Sentinelesen besuchen, obwohl der von der Außenwelt isoliert lebende Stamm ungebetene Besucher bereits mehrfach abgewiesen, bedroht und helfende Hubschrauber nach dem Tsunami 2004 sogar mit Pfeilen beschossen hatte. Folgerichtig und respektvoll wurde die Insel inkl. einem 3-Meilen-Seegürtel zum Sperrgebiet erklärt. John Allen Chau ließ sich trotzdem von lokalen Fischern in die Nähe der zu Indien gehörenden Insel bringen, ging an Land und wurde mit Pfeil und Bogen erschossen. Die Sentinelesen können dafür nicht strafrechtlich verfolgt werden. Die Fischer wurden verhaftet, weil sie durch ihre Fährdienste ebenfalls den Schutz der Insel missachtet haben (stern 2018).

So ungewöhnlich die Geschichte und ihr Ende auch sein mögen, so lehrt sie uns für das internationale Projektmanagement doch Eines: »Informiere Dich rechtzeitig über die Gebote und Verbote Deiner Zielregion und beachte sie!«

WIEDERHOLUNGSFRAGEN

- Welche Randbedingungen und Herausforderungen sind im internationalen Umfeld deutlich anders im Vergleich zu Deutschland? Nennen Sie drei Beispiele, in denen die Chancen und Risiken deutlich werden!

- Welche Dienstleister können beim Überwinden von Sprachbarrieren helfen? Was sind jeweils deren typische Einsatzszenarien?

- Was sind Stereotype? Welcher Nutzen und welche Risiken liegen in stereotypischen Denkschemata begründet?

- Nennen und erläutern Sie drei ausgewählte Kulturdimensionen! Erläutern Sie ein praktisches Beispiel aus der internationalen Projektarbeit!

- Wie sind ein Konsortium und eine Generalauftragnehmerschaft aufgebaut und wie sind die Wirkungsweisen? Wo liegen die Gemeinsamkeiten und Unterschiede begründet?

- Von welchen Personen, Stellen oder Organisationen kann ein Projektmitarbeiter vor seiner Entsendung Unterstützung anfordern? (Nennung von drei unternehmensinternen und drei -externen Unterstützern)

- Nennen Sie drei Beispiele für mögliche statische und dynamische Projektrandbedingungen!

- Welche Projektrandbedingungen sind insbesondere bei langlaufenden Projekten zu beachten?

- Welche besonderen Beteiligten kann es bei internationalen Projekten geben? Welche Risiken können sich beim Einsatz dieser Projektbeteiligten ergeben?

- Welche Organisationen bzw. Personengruppen werden bei einem internationalen Projekt vom deutschen Steuerrecht betroffen?

- Welchen weiteren Projektbeteiligten sollte eine projektausführende Organisation bei einem internationalen Projekt auf jeden Fall einbinden?

- Was muss im rechtlichen Sinn bei einer Projektabwicklung im Ausland berücksichtigt werden?

- Wie lauten drei häufig anzutreffende wiederkehrende rechtlich-kaufmännische Probleme bei einer Projektabwicklung im Ausland?

- Welche Aspekte muss eine Personalabteilung bei einem Einsatz deutscher Mitarbeiter im Ausland berücksichtigen? Wie kann sie diese aktiv unterstützen?

- Wie kann der Mitarbeiterstamm im Ausland angepasst und erweitert werden?

- Von welchen Faktoren hängen Art und Umfang der Rückkehr in das Heimatland ab?

- Welche Möglichkeiten gibt es, die Erkenntnisse und Erfahrungen eines internationalen Projekts in die Organisation zu spiegeln?
- Welche zusätzlichen kaufmännischen Aufgaben kommen bei internationalen Projekten zur Projektbearbeitung hinzu?

LITERATURVERZEICHNIS

Verwendete Literatur

Cronenbroeck, W. (2004): Handbuch Internationales Projektmanagement
Cornelsen-Verlag, S. 155.

Dörrenberg, F.; Rietz, S.; Schneider, L. (2014): Internationales Projektmanagement in der Praxis. 1. Auflage. Düsseldorf. Symposion Publishing GmbH.

GPM (2011): Information und Kommunikation in internationalen Projektteams. Nürnberg. Deutsche Gesellschaft für Projektmanagement e. V.

GPM (2015): Makroökonomische Vermessung der Projekttätigkeit in Deutschland. Nürnberg. Deutsche Gesellschaft für Projektmanagement e. V.

GPM (2017): Erfolgsfaktoren im internationalen Projektmanagement. Nürnberg. Deutsche Gesellschaft für Projektmanagement e. V.

HBM, Tarun Khanna »Intelligent expandieren« in Harvard Business Manager 11/2014, S. 26 ff.

Köster, K. (2009): International Project Management. 1. Auflage. London. SAGE Publications Ltd.

Meier, H. (2015): Internationales Projektmanagement, Interkulturelles Management, Projektmanagement-Techniken, Interkulturelle Teamarbeit. 2. Auflage. Herne. NWB Verlag.

Mertzbach, M.: Internationales Steuerrecht. In: Dörrenberg, F.; Rietz, S.; Schneider, L. (2014): Internationales Projektmanagement in der Praxis. S. 223–242. 1. Auflage. Düsseldorf. Symposion Publishing GmbH.

Müthel, M.; Högl, M. (2016): Führung in internationalen Projektteams. In: Gessler, M. (Hrsg.): Kompetenzbasiertes Projektmanagement (PM3). 6. Auflage. S. 2519–2522.

Reschke, H.; Schneider, L.; Oleniczak, G. (2017): Commercial Project Management. 1. Auflage. Frankfurt/Main. VDMA Verlag GmbH.

Reschke, H; Schneider, L; Oleniczak (2018): Commercial Project Management – terra incognita? projectManagement aktuell 2018 (1). S. 65–69.

Schneider, L.: Personalmanagement für Auslandseinsatz. In: Reschke, H.; Schneider, L.; Oleniczak, G. (2017): Commercial Project Management. S. 114–120. 1. Auflage. Frankfurt/Main. VDMA Verlag GmbH.

Weissenborn, C.: Internationales Vertragsrecht. In: Dörrenberg, F.; Rietz, S.; Schneider, L. (2014): Internationales Projektmanagement in der Praxis. S. 95–114. 1. Auflage. Düsseldorf. Symposion Publishing GmbH.

Internetquellen

stern (2018): Amerikanischer Tourist von indigenem Volk vor Indien ermordet; stern online unter www.stern.de [abgerufen am 21.11.2018].

Statistisches Bundesamt 2017, Angaben des statistischen Bundesamtes unter https://www.DE-STATIS.de/DE/ZahlenFakten/GesamtwirtschaftUmwelt/Aussenhandel/Aussenhandel.de [abgerufen am 21.11.2018].

2.7 DIGITALISIERUNG IM PROJEKTMANAGEMENT

Autor: Mey Mark Meyer

Dr. Mey Mark Meyer startete als Bau-Projektsteuerer in Gewerbe- und Infrastrukturprojekten, wo er auch die Softwareunterstützung plante und umsetzte. Nach der Promotion am Institut für Projektmanagement und Innovation der Uni Bremen fokussierte er sich auf die Gestaltung digitalisierter PM-Prozesse. Hierzu hat er in den letzten Jahren zahlreiche Unternehmen, größere Mittelständler wie Konzerne beraten. Er ist Autor der GPM Marktstudie »Software für das Projektmanagement«.

Co-Autor: Wolfram Ott

Wolfram Ott hat ein Studium Betriebswirtschaft und ist seit 1993 zertifiziert als PM-Trainer (CPMT GPM), European Quality Systems Manager, Qualifizierter Assessor DPEA, EFQM, Projekt Direktor Level A. Seit 1999 ist er Dozent für PM an der DHBW in Stuttgart und seit 2015 Delegierter der GPM. Er hat langjährige Erfahrung in den Branchen Automotive, Anlagenbau, Chemie und Pharmazie, sonstige Dienstleistung. Er sieht sich als Mittler zwischen Methoden, Menschen und Prozessen und legt Wert auf die Schaffung eines Klimas für Erfolg im Wandel der Zeit, mit Fokus der ICB 4-Kompetenzen »Perspective-People-Practice«.

INHALT

Digitalisierung im Projektmanagement 265

Stufen der Projektmanagement-Digitalisierung 267

    Einsatz digitaler Werkzeuge 267

    Strukturierung von Daten und Datenbanken. 268

    Vernetzung von Daten, Prozessen und Systemen. 269

        Lieferobjekte 271

        Komplexe Ressourcen 271

        Lose Kopplung von Schnittstellen 273

    Neue Prozesse und Methoden im PM-Umfeld 274

    Big Data und künstliche Intelligenz im Projektmanagement 275

Software für das Projektmanagement 277

    Software-Typen im Projektmanagement. 277

    Funktionen moderner PM-Software-Systeme. 279

        Einzelprojektmanagement (EPM) 280

        Multiprojektmanagement (MPM) 282

        Projektportfolio-Management (PPM) 284

        Informations- und Collaborationsplattformen. 286

    Aktuelle Entwicklungen und Trends 288

        Schnittstellen-Standards 288

        Bedienbarkeit 289

        Anpassbarkeit 290

        Cloud-First: Software as a Service 290

    Anbieter von Projektmanagement-Software. 291

Herausforderungen in der Praxis 293

    Einführung von PM-Software als Organisationsprozess 293

    Auswahl und Einführung von PM-Software 294

    Tipps zum Finden der richtigen Software. 295

    Tipps zur Einführung 297

Wiederholungsfragen. 299

Literaturverzeichnis. 300

1 DIGITALISIERUNG IM PROJEKTMANAGEMENT

Digitalisierung ist als Begriff in aller Munde. Kaum eine Branche, in der nicht die Auswirkungen der modernen, digitalen Technologien diskutiert und Ausblicke auf die Zukunft gewagt werden. Das Schlagwort wird unterschiedlich interpretiert. Für viele bedeutet Digitalisierung zunächst einmal die Automatisierung von Geschäftsprozessen, die durch den verstärkten Einsatz digitalisierter Informationen und Workflows schneller, effizienter und fehlerärmer werden sollen.

Diese Automatisierung führt häufig zu sich verändernden Geschäftsprozessen, welche die neuen Möglichkeiten der Informationstechnik nutzen. Lediglich die bestehenden Prozesse durch IT zu unterstützen, reicht nicht mehr aus. Es gilt, die neuen Prozesse sinnvoll anzupassen. Dank der Möglichkeit, immer größere Datenmengen zu verarbeiten und Informationen zu vernetzen, können auch externe Partner, wie Kunden und Lieferanten, sowie automatisch erfasste Betriebsdaten in die Prozesse eingebunden werden. Damit erzielt die IT-Unterstützung immer mehr Außenwirkung und wird mitunter sogar zu einem Bestandteil des Produkts.

Durch die Änderungen an den Prozessen sind Organisationen mit flacheren Hierarchien schneller und flexibler zu führen. Es ergeben sich mitunter komplett neue Geschäftsmodelle. Organisationen konzentrieren sich darauf, bewährte, aber damit auch alte Geschäftsprozesse auf ihren ursprünglichen Zweck zurückzuführen und dann komplett neu zu entwerfen. Mitunter entstehen dadurch ganz neue Organisationen, beispielsweise Portalanbieter, die sich darauf spezialisieren, Kunden und Anbieter von Hoteldienstleistungen direkt zusammenzubringen.

Die Digitalisierung betrifft das Projektmanagement damit doppelt. Projektmanagement ist zum einen eine zentrale Kompetenz, um den mit der Digitalisierung verbundenen Wandel zu gestalten. Prozess- und Organisationsänderungen erfolgen über Projekte. Mit den dafür notwendigen PM-Kompetenzen befasst sich dieses Buch intensiv in allen seinen Kapiteln. Zum anderen kann das Projektmanagement selbst digitalisiert werden. Durch die neuen technischen Möglichkeiten ändern sich die Methoden und Prozesse des Projektmanagements. Auf diesem zweiten Aspekt liegt der Fokus dieses Kapitels.

PM-Kompetenz ist heute nichts Besonderes mehr. Sie wird in vielen Organisationen als Selbstverständlichkeit vorausgesetzt. Umso entscheidender ist es, das Projektmanagement im Kontext der jeweiligen Projektelandschaften effektiv und effizient einzusetzen. Typische Fragestellungen sind dabei:

- Wie lassen sich alle notwendigen Daten so bereithalten, dass sie von den Beteiligten rasch gefunden werden und sich nicht verschiedene Versionen an unterschiedlichen Orten widersprechen?

- Wie werden immer mehr Daten so verdichtet, dass Stakeholder auf für sie wichtige Informationen aufmerksam werden?
- Welche Fachfunktionen sind an den Projekten beteiligt und wie werden deren Informationsquellen eingebunden?
- Welche Standards werden durch die IT unterstützt oder gar vorgegeben – und wo belässt man den Anwendern bewusst Spielraum?
- Kann eine IT-Lösung bei der Führung von Projektmitarbeitern und der Kommunikation mit weiteren Stakeholdern unterstützen?
- Wie klar sollten Planung und Steuerung im Sinne eines typischen Vorausdenkens dann noch getrennt sein, wenn doch zunehmend auf die Feedback-Koordination mit einem raschen, agilen Austausch im Projektteam gesetzt wird?

Während die Kernprozesse der meisten Organisationen heute bereits stark IT-gestützt sind, dominieren im Projektmanagement oft noch manuelle Verfahren. Ein mittelständischer Fertigungsbetrieb, dessen Mitarbeiter die Anlagen immer wieder neu anhand von Parameterlisten steuern, die in einer Tabellenkalkulation dokumentiert sind? Unvorstellbar! Selbst Kleinunternehmen bearbeiten Bestellungen, Rechnungen und die Buchhaltung in der Regel in spezieller, vernetzter Software. Im Projektmanagement finden sich dagegen selbst in vielen Großunternehmen Tabellenkalkulationsblätter mit Aufgabenlisten als spezialisierte Tools. Excel fungiert seit Jahren als eines der am häufigsten genutzten IT-Werkzeuge im Projektmanagement.

In dem Maße, wie Projektmanagement zu einer vorausgesetzten Kompetenz wird, steigt der Anspruch an Projektmanagement-Software. Die Trends bei der aktuellen Software zeigen, dass sich immer mehr Organisationen ähnliche Fragen wie die zuvor beschriebenen für ihr Projektmanagement stellen. Dann wird übernommen, was für die Hersteller von PM-Software aus rein technischer Sicht längst Realität ist. Der Markt für PM-Software ist durch ein methodisches Überangebot gekennzeichnet. Die Herausforderung besteht nicht darin, Software zu finden, welche die eigenen Anforderungen überhaupt abdeckt. Vielmehr geht es darum, bewusst zu entscheiden, in welchem Umfang das eigene Projektmanagement digitalisiert wird, wie tief die Vernetzung mit den Fachdisziplinen geht und wie sich eine Standardsoftware in das spezielle Projektumfeld der eigenen Organisation einbinden lässt.

Dieser Beitrag soll dafür Anregungen liefern. Er beschreibt zunächst mögliche Stufen einer Digitalisierung im Projektmanagement und das jeweils mit ihnen verbundene Potenzial. Anschließend wird dargestellt, welche Software es bereits heute am Markt für das Projektmanagement gibt, um Projektorganisationen zu digitalisieren. Der letzte Abschnitt dieses Beitrags fasst schließlich die Erfahrungen aus zahlreichen Projekten der Digitalisierung von Projektmanagement in Organisationen und speziell der PM-Software Einführung zusammen und zeigt in kurzer Form die gängigen Herausforderungen und Lösungsansätze auf.

2 STUFEN DER PROJEKTMANAGEMENT-DIGITALISIERUNG

In der einfachsten Form bedeutet Digitalisierung den Ersatz physischer Medien und Werkzeuge durch digitale Varianten und damit die digitale Repräsentation von Informationen. Das ist nicht neu: Daten statt auf Papier in Dateien zu speichern und der Ersatz eines Flipcharts im Projektbüro durch ein modernes, elektronisches Whiteboard, das sind bereits Schritte zur Digitalisierung, wenn auch nur recht kleine. Wenn ein Projektantrag statt auf Papier in der Textverarbeitung ausgefüllt wird und per E-Mail versendet wird, verändert dies den Antragsprozess kaum. Es können folgende unterschiedliche Stufen der Digitalisierung im Projektmanagement differenziert werden:

- Einsatz digitaler Werkzeuge
- Strukturierung von Daten und Datenanalyse
- Vernetzung von Daten, Prozessen und Systemen
- Neue Prozesse und Methoden
- Einsatz künstlicher Intelligenz

Für die Entwicklung einer projektorientierten Organisation sind diese Stufen folglich Digitalisierungs-Reifegrade: Auch wenn die Abgrenzung nicht trennscharf ist und die Digitalisierung in verschiedenen Bereichen des Projektmanagements unterschiedlich weit fortgeschritten sein kann: Prinzipiell müssen zunächst überhaupt erst einmal digitale Werkzeuge eingesetzt werden. Daten sind zu strukturieren, bevor sie mit anderen Daten vernetzt werden können. Auf dieser neuen Datenbasis sind neue Prozesse und Methoden möglich. Viele Organisationen haben bereits damit begonnen, die Digitalisierung zumindest von Teilen ihres Projektmanagements unter diesen Gesichtspunkten voranzutreiben. Künstliche Intelligenz im Projektmanagement ist heute jedoch noch Zukunftsmusik.

2.1 EINSATZ DIGITALER WERKZEUGE

In faktisch allen Organisationen haben digitale Werkzeuge die meisten physischen oder mechanischen ersetzt. Gedruckte Formulare für den Projektantrag, die mit einem Kugelschreiber ausgefüllt werden, gibt es nicht mehr. Mitunter werden die in Textverarbeitungen oder Tabellenkalkulationen entworfenen Projektanträge allerdings noch ausgedruckt, um zumindest die notwendigen Unterschriften auf Papier einzuholen. Das Ergebnis wird erneut eingescannt und als PDF gespeichert. Damit können diese Projektanträge im einfachsten Sinn als digitalisiert gelten.

Physische Werkzeuge finden sich heute fast nur noch dort, wo sie – eben oft gerade aufgrund der bewussten Abgrenzung von den digitalen Werkzeugen – einen besonderen Nutzen versprechen: Die Skizze am Flipchart ist der digitalen Variante am PC deshalb überlegen, weil sie Kreativität weckt und stärker zur Diskussion in Teams anregt. Auch

Pinnwände bieten gegenüber der Arbeit mit einem Beamer mehr Interaktivität und darüber hinaus haptische Erlebnisse.

Inzwischen hat sich die Hardware allerdings weiterentwickelt. Digitale Whiteboards können Flipcharts ersetzen und die angefertigten Skizzen gleich dokumentieren. Große Displays mit Touch-Oberflächen bieten Projektteams die Möglichkeit, gemeinsam an Skizzen zu arbeiten, Daten zu sichten und den Projektstatus auf digitalen Taskboards zu dokumentieren. Noch sind diese Geräte zu sperrig und zu teuer, um in einem Workshop gleich mehrere Pinnwände zu ersetzen. Wenn jedoch vernetzte Großdisplays mit akzeptabler Akkulaufzeit und akzeptablem Gewicht verfügbar sind, dürften auch diese letzten Refugien nicht-digitaler Werkzeuge verschwinden.

Die Digitalisierung von Werkzeugen und Daten bietet den Vorteil, dass sich Daten durchsuchen und mit Metainformationen versehen lassen. Außerdem können sie jederzeit weiterbearbeitet werden: Digitale Flipchart-Skizzen werden in weiteren Runden ergänzt, Daten auf Formularen sind jederzeit unabhängig vom Standort verfügbar. Gerade dort, wo Teams über die gesamte Welt verteilt sind, bringt dies enorme Vorteile.

2.2 STRUKTURIERUNG VON DATEN UND DATENBANKEN

Die bloße Digitalisierung von Daten bringt zunächst nur geringe Vorteile: Es ist in der Regel leichter, weiter mit den digitalen Unterlagen zu arbeiten und die Daten zu verteilen. Dies würde schon für eine Bilddatei wie das Foto eines Whiteboards gelten. Den entscheidenden Vorteil bringt die Strukturierung der Daten: Auf einem digitalen Whiteboard sind beispielsweise Texte als solche klassifiziert. Die Karten auf einer digitalen Pinnwand sind nicht nur Karten, sondern auch Aufgaben auf einem Taskboard, analysierte Stakeholder oder die Stärken/Schwächen bzw. Chancen/Risiken einer SWOT-Analyse. Solche Objekte sind für Auswertungen zugänglich und können mit weiteren Attributen versehen werden.

Projektanträge in der Textverarbeitung oder als ansprechend formatiertes Tabellenkalkulationsblatt enthalten zwar alle notwendigen Informationen, diese lassen sich jedoch nicht ohne Handarbeit auswerten. Noch finden sich in vielen Unternehmen solche Dokumente, für die parallel Übersichtslisten gepflegt werden. Microsoft Excel – eine Tabellenkalkulation – wird oft als Datenbankersatz genutzt. Das Ergebnis sind mehrfach erfasste und widersprüchliche Daten, die besser in geeigneter Weise abgelegt werden sollten, typischerweise in Datenbanken. Zu diesem Zweck werden sie auf Abhängigkeiten geprüft und entsprechend aufgeteilt. In diesem Prozess wird zugleich geklärt, welche Planungsobjekte mit welchen Eigenschaften im Projektmanagement berücksichtigt werden sollen.

Beispiel: Zur Strukturierung gehört etwa, in einem Projektantrag nicht immer wieder die für das Projekt verantwortliche Organisationseinheit und den entsprechenden Abteilungsleiter anzugeben. Stattdessen wird eine Liste der Organisationseinheiten mit ihren Leitern geführt, auf die der Projektantrag dann verweist.

Selbst eine einfache Datenbank, beispielsweise für Projektanträge, bietet gegenüber einzelnen Dokumenten bereits den Vorteil, schnell filtern und suchen zu können. Verschiedene Ansichten für die Daten – etwa eine komplette Version der Anträge, eine Kurzvariante, Übersichtslisten je Abteilung oder Kennzahlen, wie die Gesamt-Investitionssumme im laufenden Jahr – werden automatisch aus Daten ermittelt, die nur einmal gespeichert wurden. So müssen die Listen nicht fehlerträchtig von Hand erstellt werden. Einfache webbasierte Datenbanken lassen sich mit geringem Aufwand anlegen.

Moderne Projektmanagement-Software ist allerdings nicht nur eine vorgefertigte Datenbank für die Planungsobjekte im Projektmanagement, wie Aktivitäten, Ressourcen oder Kosten. Sie bildet auch bereits die Zusammenhänge ab, liefert die gängigsten Auswertungen und bietet vor allem Funktionen, um die Daten zu bearbeiten. Für strukturierte Daten im Projektmanagement ist der Einsatz einer PM-Standardsoftware daher naheliegend. Selbst entwickelte Datenbanken sind fast immer unwirtschaftlich. Viele Organisationen haben bereits PM-Software im Einsatz. Der Fortschritt von einem Meer aus Tabellenkalkulations-Listen mit Redundanzen und Übertragungsfehlern hin zu webbasierten Datenbanken und PM-Software steht gleichwohl vielen Organisationen noch bevor.

2.3 VERNETZUNG VON DATEN, PROZESSEN UND SYSTEMEN

In vielen, eng mit dem Projektmanagement verbundenen Bereichen einer Organisation sind strukturierte Datenbanken seit langem Standard. Sobald auch Projektmanagement-Daten in geeigneter Form digitalisiert sind und in organisationsweit standardisierter Form vorliegen, lassen sie sich mit weiteren Datenquellen verbinden. Besonders im Finanzwesen, in dem üblicherweise viele routinehafte Geschäftsvorfälle bearbeitet werden, sind faktisch immer entsprechende Finanzbuchhaltungs- und Controllingsysteme vorhanden. Projektrelevante Daten sind außerdem an vielen weiteren Stellen zu finden.

Beispiel:
- Die Freigabe entwickelter Produktkomponenten erfolgt im Produktdatenmanagement.
- Konstrukteure dokumentieren den Bearbeitungsstatus von Zeichnungen im CAD-System (Computer Aided Design).

> - Lastenhefte werden im Dokumentenmanagementsystem abgelegt und ihr Status dort vermerkt.
> - In einer Test-Software sind automatische Unit-Tests für neu entwickelte Software spezifiziert; die Ergebnisse der nächtlichen Testläufe dokumentieren den Reifegrad der einzelnen Software-Module.
> - Die Wareneingangserfassung in der Materialwirtschaft erfolgt per Barcode, damit steht fest, ob die Kommissionsware für ein Anlagenbauprojekt bereits vorrätig ist.

In Projekten arbeiten in der Regel Teammitglieder verschiedener Fachrichtungen zusammen. Sie nutzen ihre spezielle, funktionale Software, in der sich neben den Fachdaten oft Metainformationen befinden, die für das Projektmanagement von großem Interesse sind. Für die Projektmanager und das PMO stellt sich die Situation anders dar: Ihre Kernaufgaben werden am besten von einer speziellen PM-Software abgedeckt. Auch Führungskräfte erhalten daraus übersichtliche Berichte über das Projektportfolio. Was liegt also näher, als die Projektbeteiligten jeweils soweit wie möglich mit der Software arbeiten zu lassen, die ihre projektbezogenen Aufgaben optimal unterstützt? Im Finanzbereich ist dies meist schon Realität: Selbstverständlich arbeiten Rechnungswesen und Controlling im ERP-System (Enterprise Resource Planning, integriertes Unternehmens-Softwaresystem) und jede größere PM-Software besitzt dafür Schnittstellen. Finanzinformationen von ERP-Systemen sind in der Praxis die Regel. Bei anderen Projektaufgaben sieht die Situation dagegen anders aus, etwa bei dem, was die Arbeit am Projektinhalt, der Projektstrukturierung und den Projektergebnissen angeht.

Abb. 2.7-1: Vernetzung von Projektinformationen mit anderen Systemen

In Projekten werden unterschiedliche Softwares genutzt, nicht nur eine spezielle PM-Software. Jedes dieser verwendeten Softwareprodukte ist für bestimmte Daten das führende System – in ihm werden die Daten also vorrangig bearbeitet und gespeichert. Querverbindungen zwischen diesen IT-Systemen können aus der Sicht des Projektmanagements in der Regel entweder als Projektinhalte bzw. Projektergebnisse (Lieferobjekte) klassifiziert werden oder als notwendige komplexe Ressourcen, die besonderer Planung bedürfen (Abbildung 2.7-1). Statt diese Projektinformationen zu duplizieren, werden sie mit der PM-Lösung vernetzt. Dabei sind nicht nur oftmals sehr vielfältige Planungsaspekte zu berücksichtigen. Zunehmend kommen die Informationen auch noch aus unterschiedlichen Organisationen, etwa von Kunden oder Lieferanten.

Anspruchsvoller als die technische Umsetzung von Schnittstellen ist daher das notwendige fachliche Konzept. Dabei stellt sich die Frage, welche Software für welche Daten führend sein soll. Dies richtet sich nach den technischen Möglichkeiten und danach, mit welchen Systemen die betreffenden Fachanwender im Alltag vorwiegend arbeiten.

2.3.1 LIEFEROBJEKTE

Oft sind Statusinformationen zu Lieferobjekten (→ Kapitel »Leistungsumfang und Lieferobjekte«) bereits als strukturierte Daten verfügbar. In der Serienproduktion ist es üblich, dass etwa die automatische Betriebsdatenerfassung aus Fertigungsanlagen dazu verwendet wird, den Fertigungsprozess zu steuern. Im Projektmanagement müssen Teammitglieder dagegen oft noch Statusinformationen zurückmelden, die längst in anderen Systemen dokumentiert sind.

 Beispiel: Die notwendige Konstruktionszeichnung ist zwar fertig und im Dokumentenmanagement freigegeben worden, dem Projektmanagement ist diese Information aber erst dann bekannt, wenn für die entsprechende Projektaufgabe der Fertigstellungsgrad aktualisiert wurde.

Diese Doppelarbeit ist häufig der Grund dafür, dass die Projektmanagement-Software nicht oder nur widerwillig akzeptiert wird. Mit vernetzten Systemen können die Teammitglieder in ihren vertrauten, täglich verwendeten Fachanwendungen arbeiten und liefern die Informationen für das Projektmanagement im Idealfall nebenbei. Selbst dann, wenn manuelle Status-Rückmeldungen notwendig bleiben, entfällt dank Vernetzung zumindest die Zumutung, diese mehrfach in verschiedene Systeme eingeben zu müssen.

2.3.2 KOMPLEXE RESSOURCEN

Für Personalressourcen bietet jede ausgereifte PM-Software eigene Verwaltungsfunktionen, mit denen auch Teamleiter in der Linie ihre Teams für die Projekte planen können.

Die genaue Planung inklusive Fehlzeiten etc. ist gleichwohl deshalb schwierig, weil Menschen schwer berechenbar sind: Die Aufwände für Projektaktivitäten sind oft nur ungenau schätzbar, Mitarbeiter werden krank oder verlassen das Unternehmen. Das macht die Vernetzung mit Personalmanagement-Systemen, die rein technisch keine große Herausforderung darstellt, inhaltlich schwierig.

Maschinenressourcen lassen sich besser einschätzen, ihre Leistungsdaten sind messbar (und dürfen gemessen werden). Sie benötigen allerdings meist eine genaue Planung, für welche die gängige PM-Software nicht ausreicht. Bei komplexen Ressourcen erfolgt die Kapazitätsplanung daher im Rahmen einer Speziallösung. Die projektbezogene Bedarfs- und Kapazitätsprüfung für diese Ressourcen erfolgt dagegen in der PM-Software.

Beispiel: Für Entwicklungsprojekte wird die Fertigungskapazität des Musterbaus eingeplant und außerdem wird schon im Portfoliomanagement die Kapazität für die mögliche spätere Serienfertigung neuer Produkte berücksichtigt. Um die Wartungsintervalle der betreffenden Anlagen und die Standzeiten der eingesetzten Werkzeuge zu planen, die vom Nutzungsgrad abhängen, kommt Spezialsoftware zum Einsatz. Mit ihr wird auch die Anlagenbelegung geplant. Diese Detailplanung für die komplexe Ressource »Serienfertigung« gibt die Kapazität für Projekte vor. Dieses Ergebnis, eine Ressourcenzusicherung oder Reservierung, verwendet die PM-Software, genauso wie sie es bei Personalressourcen tut.

Beispiel: Ähnlich verhält es sich in der Logistik. Die Projektplanung eines Bauzulieferers ist beispielsweise darauf angewiesen, dass die individuell produzierten Teile zum richtigen Zeitpunkt auf die Baustelle geliefert werden. Neben dem Abgleich des Bauzeitenplans mit der eigenen internen Projektplanung erfordert dies Informationen über die Organisation des Transports. Die Disponenten des für den Transport verantwortlichen Tochterunternehmens benötigen daher Informationen über die Liefermeilensteine und liefern ihrerseits die geplanten Termine für die Lieferungen als Bestätigung zurück. Die PM-Software kann diese Termine dann mit der aktuellen Projektplanung vergleichen. Lkw, die, beladen mit den vormontierten Komponenten für den technischen Innenausbau, vor einem halbfertigen Rohbau stehen oder wegen eines verschobenen Termins leer zwei Wochen zu früh auf die Beladung warten, gibt es dann nicht mehr.

2.3.3 LOSE KOPPLUNG VON SCHNITTSTELLEN

Die technische Vernetzung projektrelevanter Informationen führt – konsequent zu Ende gedacht – zu einem Geflecht von fast unüberschaubaren Abhängigkeiten. Ob geänderte Termine im Projektplan tatsächlich auch neue Vorgaben für die Lieferobjekte sind, wird die Projektleitung ebenfalls mit den Entwicklern absprechen müssen.

Beispiel: Was passiert dann, wenn ein Werkzeug ausfällt, die geänderte Verfügbarkeit der entsprechenden Anlage direkt in die Projektplanung übermittelt wird, die entsprechende Aktivität um vier Wochen in die nächste freie Phase der Anlage verschoben wird und sich daraufhin durch Abhängigkeiten die Folgeaktivitäten sowie Termine in mehreren verbundenen Teilprojekten ändern? Die Antwort auf diese Frage lautet in der Praxis: Es kommt darauf an. Mitunter kann es sinnvoll sein, das Projekt mehrere Wochen warten zu lassen. Manchmal ist die externe Vergabe der Fertigung sinnvoll. In anderen Fällen stellt man ein anderes Projekt zurück – eventuell sogar eines mit höherer Priorität, das aber gerade ausreichend Puffer aufweist. Kurz: Die Entscheidung erfolgt situativ, eher intuitiv und nicht auf der Grundlage von Algorithmen.

Theoretisch lässt sich jedes System mit jedem anderen so verbinden, dass alle Daten in Echtzeit abgeglichen werden und niemals widersprüchliche Daten auftreten. Das ist jedoch meist gar nicht erwünscht, weil in atmenden Systemen abweichende Daten durchaus zulässig und sinnvoll sein können. Für jedes betroffene IT-System ist daher zu entscheiden, wie es mit anderen verbunden werden kann. In einer IT-Landkarte werden dazu alle beteiligten Systeme, die von ihnen unterstützten Projektaufgaben und die Schnittstellen dokumentiert. So wird festgelegt, welche der Daten, für die ein IT-System führend ist, automatisch oder durch bewusste Aktion in andere Systeme übernommen werden und so weiteren Anwendern zur Verfügung stehen. Nicht jede Änderung von Daten muss sofort auf andere Systeme durchschlagen. So eine »lose Kopplung« von Projektdaten, bei der Widersprüche vorübergehend akzeptiert werden, kann sogar innerhalb einer integrierten Lösung, etwa in der Ressourcenplanung, sinnvoll sein – wie in Abschnitt 3.2.2 Multiprojektmanagement (MPM) noch gezeigt werden wird.

Beispiel: Im Zuge der Finanzplanung ist es beispielsweise üblich, die Kosten-Prognosen der Projekte (z. B. »geplante Kosten«, »Cost to Completion«) nur in bestimmten Abständen (etwa quartalsweise) aus der Projektplanung in die Organisationsplanung des ERP-Systems zu übernehmen. Zwischen diesen Übernahmezeitpunkten werden abweichende Werte in den beiden vernetzten Systemen bewusst zugelassen. Sie spiegeln den unterschiedlichen Zeithorizont wider, den die Anwender der beiden Systeme haben.

Als Alternative sollte immer auch die »menschliche Schnittstelle« berücksichtigt werden: In einigen Fällen ist es wirtschaftlicher oder aus der Prozessperspektive sinnvoller, die Informationen manuell zu übernehmen. Bei nur selten benötigten Datenübernahmen spart dies Entwicklungskosten, in anderen Fällen ermöglicht es die besondere Prüfung. Die schon erwähnten Kostenprognosen kann ein ERP-Anwender zwar per Schnittstelle aus den letzten Projektstatusberichten der PM-Software abrufen. Falls es sich nur um wenige Zahlen handelt, ist es womöglich aber besser, wenn die Projektleitung mithilfe einer übersichtlichen Auswertung aus der PM-Software die Zahlen mit dem Controlling abstimmt.

2.4 NEUE PROZESSE UND METHODEN IM PM-UMFELD

Durch den Einsatz digitaler Werkzeuge, strukturierter Daten und die Vernetzung der beteiligten Systeme ändern sich in aller Regel die Prozesse im Projektmanagement. Schritte, in deren Rahmen bislang die Übereinstimmung von Daten aus unterschiedlichen Quellen geprüft werden musste, können entfallen. Freigaben werden durch Workflows beschleunigt, häufig ist es möglich, sie in Teilfreigaben zu zerlegen und Entscheidungen zu dezentralisieren.

> **Beispiel:** Weil der Status jedes einzelnen Lieferobjekts in der PM-Software bekannt ist, wird der zuvor ganztägige Termin zur Statusermittlung anlässlich von anstehenden Schlüssel-Meilensteinen deutlich verkürzt. Bereits im Vorfeld haben alle erforderlichen Lieferobjekte ihre entsprechenden Genehmigungsworkflows durchlaufen. Dadurch reduziert sich der Termin auf ein Webmeeting zur bloßen Feststellung des Gesamtstatus anhand der Lieferobjekte-Übersicht. Gegenmaßnahmen werden dann sofort eingeleitet, wenn die Abnahme eines Lieferobjekts fehlschlägt. Mitunter wurde dann bis zum Statustermin schon erfolgreich nachgebessert.

> **Beispiel:** Statusberichte aus den einzelnen Projekten werden jeweils nur einmal vom PMO geprüft und ggf. akzeptiert, die daraus resultierenden Multiprojekt-Berichte für den kommenden Termin des Portfolio-Boards entstehen dann automatisch anhand dieser bestätigten Informationen.

Gerade bei örtlich verteilten Teams ist die Auswirkung auf die Projektprozesse oft erheblich. Die Aktivitäten müssen nicht mehr blockweise zwischen den Standorten verteilt werden, weil Informationen und damit auch Prozesse etwaige Ortsgrenzen leichter überspringen können. Manche Methoden werden erst durch die technische Unterstützung möglich: Ist ein nach Scrum arbeitendes Team denkbar, das sich täglich vor den zwischen Bremen, Tuscaloosa und East London verteilten Klebezetteln trifft? Mit digitalen Taskboards ist das möglich, sie unterstützen auch die Skalierung, etwa nach Konzepten, wie LESS oder SAFe.

Die verwendeten Prozesse und Methoden stehen mit der IT-Unterstützung in einer wechselseitigen Abhängigkeit. Wenn die IT-Unterstützung eingeführt wird, ergeben sich neue Möglichkeiten für Methoden und Prozesse. Diese ziehen häufig weiteren Unterstützungsbedarf nach sich. Dementsprechend sollte schon beim Entwurf der zukünftigen IT-Unterstützung nicht nur auf die aktuellen Methoden und Prozesse geschaut werden, um die Anforderungen zu definieren. Vielmehr ist ein Blick über den Tellerrand hinaus zumindest in die nähere Projektmanagement-Zukunft Pflicht. Es geht nicht darum, die Prozesse hier und dort etwas digitaler zu machen, sondern um die strategische Rolle des Projektmanagements als Steuerungswerkzeug in einer datenreichen, schnelllebigen Umgebung.

2.5 BIG DATA UND KÜNSTLICHE INTELLIGENZ IM PROJEKTMANAGEMENT

Aktuelle IT-Megatrends, wie künstliche Intelligenz, Internet of Things (IoT), und die zunehmenden Möglichkeiten der Datenanalyse können auch im Projektmanagement ihre Wirkung entfalten. Weil durch die Vernetzung immer mehr Daten im Zusammenhang gesehen werden können, resultieren auch neue Möglichkeiten, automatisiert Abhängigkeiten und Wirkungsweisen zu erkennen.

Beispiel: Am Donnerstag kommt Projektmanagerin Muster nach einem Kurzurlaub in ihr Büro. Auf dem Bildschirm erscheinen automatisch die Ereignisse der vergangenen fünf Tage. Ein Lieferobjekt, dessen Fertigstellung in zwölf Wochen geplant war, hatte am Freitag nach ihrem Feierabend bei Tests in Chile noch immer nicht die erforderlichen Ergebnisse gezeigt. Aus rund 180 ähnlichen Projekten der vergangenen Jahre ist bekannt, welche Messergebnisse eine ausreichend hohe Wahrscheinlichkeit für eine pünktliche Fertigstellung signalisiert hätten. Die Projektmanagerin seufzt leicht resignierend, als sie liest, dass der betreffende Lieferant in den vergangenen 23 Projekten, in denen dieser Typ Lieferobjekt im Sommer benötigt wurde, im automatischen Scoring der Liefertreue schlecht abschnitt. Auch die parallele Bewertung durch die jeweiligen Projektmanager, die auf Betreiben des Betriebsrats noch immer zusätzlich durchgeführt wird, ergab kein positiveres Bild. Zudem sind offenbar in sechs weiteren Projekten weltweit Meilensteine aufgrund von Zulieferungen dieses Lieferanten gefährdet. In einem gab es bereits Verspätungen. In vier Projekten haben Anwender außerdem zuletzt ungewöhnlich häufig auf entsprechende Vertragsdokumente zugegriffen. Neubeauftragungen für bestimmte Lieferobjekte bei diesem Lieferanten hatte das Einkaufssystem daher bereits vor Wochen gestoppt. Die neuen Informationen scheinen nun das Fass zum Überlaufen gebracht zu haben. Das Einkaufssystem hat aus der Lieferantendatenbank bereits eine Liste potenzieller Alternativen ermittelt und den voraussichtlichen Aufpreis für Beschleunigungsmaßnahmen aus den Vergabeergebnissen der

> letzten Jahre berechnet. Immerhin: Die Summe konnte im automatischen Budgetierungsprozess sofort reserviert werden, das erspart der Projektmanagerin eine Diskussion mit dem verbliebenen Kollegen im Projektcontrolling. Um keine Zeit wegen ihres Urlaubs zu verlieren, erhielten die Top-3-Lieferanten bereits gestern eine standardisierte Vor-Anfrage mit den Spezifikationsdokumenten. Projektmanagerin Muster bleibt in dieser Angelegenheit im Moment nichts mehr zu tun.

Von einer solchen Vision ist die IT-Unterstützung im Projektmanagement heute noch sehr weit entfernt. Doch ein großer Teil der Tätigkeiten im Projektmanagement betrifft beobachtende, auswertende und verwaltende Arbeiten. Sie können bereits heute durch regelbasierte Software übernommen werden. Prozesse lassen sich durch Workflows abkürzen, in deren Verlauf einzelne Entscheidungen, wie die Budgetfreigabe, bis zu bestimmten Grenzwerten automatisch erfolgen. Auswertungen von Kennzahlen können dabei helfen, die Ursachen von Projektproblemen zu identifizieren. Wenn transparent ist, in wie vielen Fällen beispielsweise Gate-Freigaben pünktlich und beim ersten Versuch erfolgen, kann nach Regelmäßigkeiten gesucht werden und mit realistischen Erwartungswerten geplant werden.

Künstliche Intelligenz, Big Data oder Machine Learning gehen allerdings über die (vom Anwender vorgenommene) Hypothesenbildung aufgrund kausaler Zusammenhänge und über die anschließende Berechnung von Kennzahlen zu deren Überprüfung hinaus. Stattdessen werden auch Zusammenhänge erkannt, für die es zunächst noch keine Erklärung gibt, der lernende Algorithmus kann sich anpassen (Shalev-Shwartz, Ben-David 2014, S. 4). Auf die Idee, dass ein Lieferant nur bei bestimmten Lieferobjekten unzuverlässig ist, mag man noch kommen. Dass dies nur zu bestimmten Jahreszeiten am Produktionsstandort des Lieferanten der Fall ist, dürfte bei weltweit verteilten Projekten eher untergehen. Die automatische Mustererkennung anhand von »Big Data« prüft lediglich Korrelationen – und zwar unabhängig von logischen Erklärungen und Kausalität. Für diese Auswertungen müssen jedoch umfangreiche Daten vorhanden sein. Projekte als Vorhaben, die in der Gesamtheit ihrer Bedingungen einmalig sind, eignen sich für solche Auswertungen daher weitaus schlechter als beispielsweise Kreditkartenzahlungen bei der Betrugserkennung. Es liegt in der Natur von Projekten, dass sie speziell sind – Auswertungen demnach eine Vielzahl von Parametern berücksichtigen müssten, die selbst große Datenmengen stark segmentieren.

Für den heutigen Stand ist festzuhalten: Bislang steht noch keine PM-Software zur Verfügung, die selbst lernend die Projektsituation bewertet und auch nur Handlungsempfehlungen vorschlägt. Einige Hersteller haben damit begonnen, mit Machine Learning zu experimentieren. Die Software prognostiziert beispielsweise Projektdaten auf der Grundlage abgeschlossener Projekte. Dabei müssen aber die Administratoren noch selbst die Parameter bestimmen. Die Software löst damit faktisch nur eine Gleichung mit mehreren Unbekannten mittels numerischer Verfahren. Von echtem Machine Learning, bei dem die Software eigenständig Zusammenhänge erkennt, ist dies noch weit entfernt. Generell dient die Anbindung an Business-Intelligence-Lösungen vorrangig dazu, vordefinierte, also hypothesenbasierte Kennzahlen zu erheben. Es ist auch fraglich, ob ausgerechnet PM-Software im Bereich künstlicher Intelligenz führend sein kann und sollte. Mit der zunehmenden Etablierung von PM-Software und ihrer ebenfalls steigenden Vernetzung mit anderen IT-Systemen werden die Daten zunehmend auch spezialisierten Lösungen für die Datenanalyse zur Verfügung stehen.

3 SOFTWARE FÜR DAS PROJEKTMANAGEMENT

Digitalisiertes Projektmanagement benötigt Software. Wenn im Zusammenhang von Projektmanagement von Software gesprochen wird, denken viele Anwender noch immer an ein Werkzeug zum »Malen« von Gantt-Diagrammen. Solche speziell für Projektmanagement-Aufgaben entworfene Software ist aber nur ein Software-Typ, der in Projekten zum Einsatz kommt und bestimmte Funktionen erfüllt. Eine Differenzierung der verschiedenen Software-Typen ist deshalb wichtig, da sie bei der Gestaltung einer zukünftigen IT-Landschaft unterschiedliche Strategien erfordern.

3.1 SOFTWARE-TYPEN IM PROJEKTMANAGEMENT

Mit der zunehmenden Vernetzung von Softwaresystemen werden auch die nicht speziell für Projektmanagement-Methoden entwickelten Produkte wichtiger. In Anlehnung an die von Dworatschek/Hayek erstmals vorgenommene Klassifikation (Abbildung 2.7-2, vgl. Dworatschek/Hayek, 1992, S. 30) kann die heute in Projekten eingesetzte Software in folgende Gruppen unterteilt werden:

- **Allgemeine Arbeitsplatz-Software**: Textverarbeitung, Tabellenkalkulation und Präsentationssoftware sind elementare Werkzeuge in jedem Projekt. Sie werden häufig zur Bearbeitung von Inhalten bzw. Lieferobjekten der Projekte verwendet, beispielsweise um ein Pflichtenheft zu erstellen. Oft nutzen Anwender sie auch für das Management der Projekte, etwa dazu, um Aufgabenlisten zu pflegen. Solche Arbeitsplatz-Software nutzen typischerweise alle Anwender in der Organisation – sowohl im Projektmanagement als auch in den Fachabteilungen. Bei der Digitalisierung gilt: Soweit möglich sollten Daten, die für das Projektmanagement wichtig sind, von diesen Werkzeugen in Datenbanken verlagert werden.

- **Projektmanagement-Software**: Im Sinne dieses Beitrags ist die Projektmanagement-Software eine Software, die speziell für Projektmanagement-Aufgaben entworfen und entwickelt wurde. Mit ihr werden Projektmanagement-Aufgaben erledigt, beispielsweise Terminpläne entwickelt, Ressourcenzuteilungen dokumentiert, Änderungsanträge verfolgt, Kosten und Budgets geplant und gesteuert sowie Arbeitspakete im Blick behalten. Solche Software ist ein wichtiges Werkzeug für alle, die Projektaktivitäten planen und steuern. Sie bildet das Kernstück jeder Digitalisierungsstrategie im PM.

I **Spezifische Funktionale Software**: In diese Kategorie fallen Fachanwendungen, mit denen die Projektinhalte erstellt werden. Dazu gehören beispielsweise Produktdaten-management-Systeme (PDM), Software für Computer Aided Design und Manufacturing (CAD/CAM), Software-Entwicklungswerkzeuge, spezialisierte Werkzeuge für die Kostenkalkulation sowie Software zur Ausschreibung, Vergabe und Abrechnung von Leistungen (AVA). Sie bedienen die Bearbeitung von Projektinhalten mit speziellen Funktionen und bieten häufig auch eine Statusverwaltung für die jeweiligen Lieferobjekte. Spezifische Funktionale Software ist die Software für Fachexperten, beispielsweise für Konstrukteure und Entwickler. Sie nutzen solche Software oft täglich, haben aber als Projektmitarbeiter kaum Bezug zur PM-Software. Bei der Digitalisierung gilt es, diese Systeme einzubinden – nicht aber ihre Funktionen zu duplizieren.

I **Collaborations- und Informationsplattformen**: Obwohl E-Mails bereits mehrfach totgesagt worden sind, sind sie auch heute noch nicht aus dem Projektmanagement-Alltag wegzudenken. Immer häufiger kommen allerdings Microblogging-Anwendungen und digitale schwarze Bretter zur Anwendung, wie sie aus privaten Netzwerken, wie Twitter und Facebook, bekannt sind. Mit diesen Collaborations- und Informationsplattformen kann themenbezogen kommuniziert werden. Solche Systeme werden in der Regel von allen Anwendern in der Organisation verwendet oder für einzelne Organisationsbereiche, beispielsweise für die Entwicklung oder den Vertrieb eingeführt. Collaborationsfunktionen als begleitender Teil der Digitalisierung im PM sind daher nur dann sinnvoll, wenn mit ihnen auch alle Anwender in der Organisation erreicht werden – nicht nur die Nutzer der PM-Software.

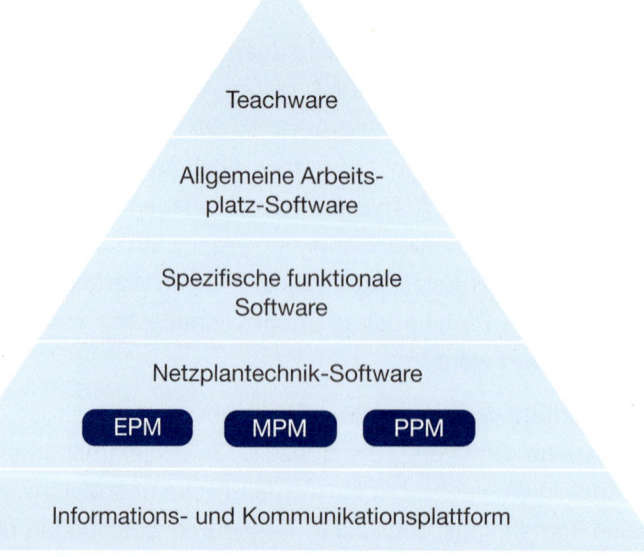

Abb. 2.7-2: Pyramide mit Typen von im PM relevanter Software (vgl. Dworatschek/Hayek)

Eine Strategie, die aus der Sicht des Projektmanagements einen Beitrag zur Digitalisierung leistet, muss jede dieser Kategorien im Blick behalten.

3.2 FUNKTIONEN MODERNER PM-SOFTWARE-SYSTEME

PM-Software im engeren Sinne wurde speziell für das Projektmanagement entworfen und zielt durchaus auf unterschiedliche Anwendungszwecke ab. So kann sie beispielswiese auf kapitalintensive Investitionsprojekte ausgerichtet sein oder auf Dienstleistungsprojekte, in denen Angebote, Aufträge und Rechnungen für Projektleistungen im Vordergrund stehen. Das Portfolio-Management der einen Lösung deckt womöglich lediglich eine PMO-Übersicht der Projekte ab, während eine andere Software anspruchsvolle Prozesse der strategischen Portfolioplanung unterstützt, wie etwa prioritätsbasierte Ressourcenzuteilung. Dennoch lässt sich bei der Betrachtung des Gesamtmarkts ein typischer Funktionsumfang beobachten, den Standardsoftware heute abdeckt (Meyer 2018). Diese Funktionen können nach Einsatzbereichen unterteilt werden: Das Management einzelner Projekte, die Koordination mehrerer Projekte in Multiprojektumgebungen oder das Portfoliomanagement im Speziellen.

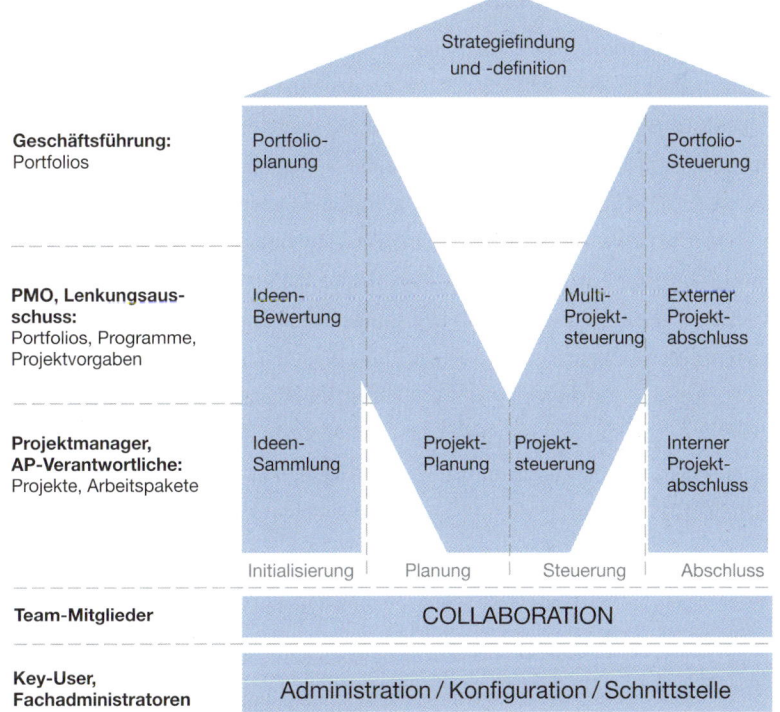

Abb. 2.7-3: Das M-Modell gliedert typische Funktionen moderner PM-Software nach Management-Ebenen und Projektphasen (vgl. Ahlemann 2009, S. 23; Meyer 2018, S. 46)

Leistungsfähige Software bietet typischerweise Funktionen in all diesen Bereichen an. Entlang eines idealisierten Projektlebenswegs fasst das M-Modell (Abbildung 2.7-3) sie in elf Themenfeldern zusammen (Ahlemann 2009, S. 23; Meyer 2018, S. 46). Als zwölftem Themenfeld wird zunehmend der Zusammenarbeit im Team eine größere Bedeutung beigemessen. Eine vollständige Beschreibung der Funktionen, die moderne PM-Software in diesen Themenfeldern erfüllt, ist im Internet unter www.pm-software.info zu finden. In diesem Abschnitt werden die wichtigsten Aspekte dieser Funktionen kurz beschrieben.

3.2.1 EINZELPROJEKTMANAGEMENT (EPM)

Für die Planung und Steuerung einzelner Projekte steht das magische Dreieck aus Leistung, Terminen und Kosten im Vordergrund. Die Projektstrukturplanung und das klassische vernetzte Gantt-Diagramm sind noch immer zentrale Werkzeuge, die faktisch jede Software bietet. Zunehmend unterstützt PM-Software auch agile Projektmanagement-Methoden durch Task-Boards, Backlogs und Sprint-Planungen. Damit sind hybride Vorgehensweisen möglich, in deren Rahmen Arbeitspakete oder ganze Phasen an ein sich agil organisierendes Team übergeben werden, welches die Aufgabe dann mittels Backlogs und Taskboards weiter detailliert aufteilt. Die agile und die klassische Planung lassen sich in vielen PM-Softwareprodukten miteinander verbinden (siehe Abbildung 2.7-4).

Funktionen zur Planung der Ressourcen und des notwendigen Personal-Aufwands bzw. der Kosten für die Projektaktivitäten sind ebenfalls weitverbreitet. Die meisten PM-Softwarepakete bieten viel mehr, als sich in der Praxis einsetzen lässt: Eine Ressourcenplanung auf Arbeitspaketebene ist anspruchsvoll und in dynamischen Projektumgebungen oft schon veraltet, und zwar kaum, dass sie erstellt worden ist. Um zu dokumentieren, wer für welche Aufgabe verantwortlich ist, eignet sie sich jedoch. Dafür bieten viele Systeme auch Aufgabenverwaltungen, mit denen die zahllosen Listen in Tabellenkalkulationen professionalisiert werden. Mit ihnen kann auch die Terminplanung verfeinert werden, ohne gleich Gefahr zu laufen, in zu umfangreichen Balkenplänen die Übersicht zu verlieren. Erstaunlicherweise ist die Fähigkeit, auch die Lieferobjekte des Projekts zu verwalten, noch immer nur in wenigen Softwarelösungen wirklich ausgeprägt. Dabei sind diese nicht nur in Quality-Gate-Vorgehensmodellen, wie zum Beispiel Stage-Gate, wichtig, sondern eignen sich allgemein dazu, um die Ergebnisse und den Nutzen eines Projekts zu dokumentieren und nachzuverfolgen. In PRINCE2 ist die Produktorientierung schon lange ein Grundprinzip (TSO 2009, S. 14).

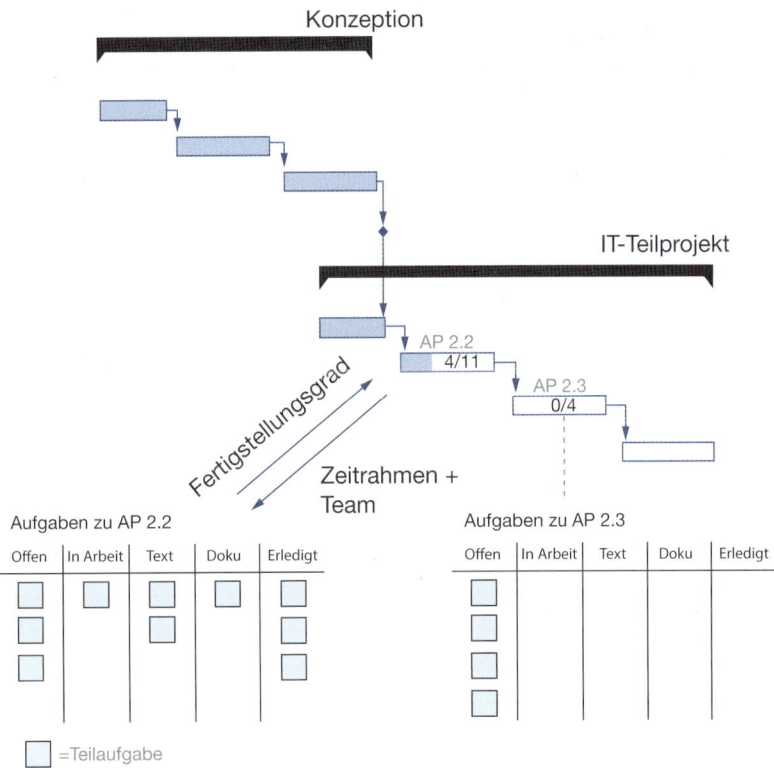

Abb. 2.7-4: Kopplung von PM-Funktionen

Eine professionelle Kostenplanung erlaubt es, die verschiedenen Kostenarten zu planen, ohne die Kosten zwingend an einzelne Arbeitspakete, wie es in der detaillierten Bottom-Up-Kostenplanung der Fall ist, binden zu müssen: Oft ist es einfacher, die Kosten eines Projekts lediglich nach Phasen zu unterscheiden oder sogar nur für das Gesamtprojekt zu ermitteln. Professionelle Systeme differenzieren dabei mindestens vier Kostenstufen:

- Die geplanten Kosten (Plankosten),
- die freigegebenen Plankosten (Budget),
- die zu einem gegebenen Zeitpunkt bereits angefallenen Kosten (Ist-Kosten) und
- die dem Leistungsfortschritt entsprechenden geplanten Kosten (Sollkosten),

die jeweils miteinander in Bezug gesetzt werden können.

Vor allem beim Budget gilt es häufig, den Rhythmus der periodischen Finanzplanung der Gesamtorganisation mit den Projektlaufzeiten in Einklang zu bringen. Auch hier kann PM-Software ihre Stärken ausspielen. Allerdings kommen damit neue Stakeholder mit der PM-Software in Berührung, die mit neuen Begriffen für bekannte Inhalte konfrontiert werden: Was für die Projektleitung das (Projekt-)Budget ist, stellt für das Finanzcontrolling möglicherweise der Planwert dar, der mit dem (Organisations-)Budget abzugleichen ist. Weil die entsprechenden Prozesse organisationsweit einheitlich sein sollten und für die

Ist-Kosten und Budgets zumeist Schnittstellen zu ERP-Systemen benötigt werden, sind weitreichende Kostenmanagement-Funktionen meist nur dann sinnvoll, wenn auch Multiprojektmanagement betrieben wird.

3.2.2 MULTIPROJEKTMANAGEMENT (MPM)

Wenn mehrere Projekte zu koordinieren sind, erfordert dies standardisierte Prozesse und damit einen recht hohen Projektmanagement-Reifegrad. Planungsvorlagen für neue Projekte erleichtern den Anwendern den Projektstart und sind so die sympathische Variante eines Standards. Solche Standards sind in Multiprojektumgebungen unentbehrlich, um Projekte miteinander vergleichen und ihre Eckdaten in Übersichten richtig interpretieren zu können. Vorlagen-Bibliotheken sind eine typische Funktion für MPM-Software; fortgeschrittene Software bietet die Möglichkeit, auch Ressourcenplanungen bereits in Vorlagen mittels Qualifikationsprofilen oder Rollen zu erstellen, die dann im konkreten Projekt durch namentliche Mitarbeiter oder auch ganze Teams ersetzt werden. Außerdem lassen sich oft Pflichtaktivitäten in der Vorlage definieren, die später nicht gelöscht werden können. So wird sichergestellt, dass Standard-Meilensteine wirklich in jedem Projektplan enthalten sind und in Multiprojektberichten ausgewertet werden können.

Um die Übersicht über viele Projekte zu behalten, ist es wichtig, sich auf standardisierte Kennzahlen und Berichte zu verständigen. Funktionen für organisationsspezifische Kennzahlen, Meilensteintrendanalysen und Earned-Value-Analysen finden sich daher in vielen Softwareprodukten. Eine bewährte Aufgabe wird allerdings noch immer nicht durchgängig unterstützt: Den Projektstatusbericht (→ Kapitel »Organisation, Information und Dokumentation«) versteht so manche Software noch als reine Momentaufnahme der aktuellen Projektdaten in der Datenbank. Für die Notwendigkeit, diese Daten von der Projektleitung noch kommentieren und bewusst als Bericht, z. B. an den Lenkungsausschuss und das PMO, freigeben zu lassen, sehen einige Systeme spezielle Funktionen vor. Manche PM-Software ermöglicht es sogar, Multiprojektberichte statt aus den neuesten Live-Projektdaten wahlweise auch auf Basis der jeweils letzten Statusberichte zu erstellen. Dann schlägt sich nicht jede kleine Änderung in den Berichten nieder, sondern die Projektleitung veröffentlicht bewusst seine geprüften Statusberichte.

2.7 – Digitalisierung im Projektmanagement

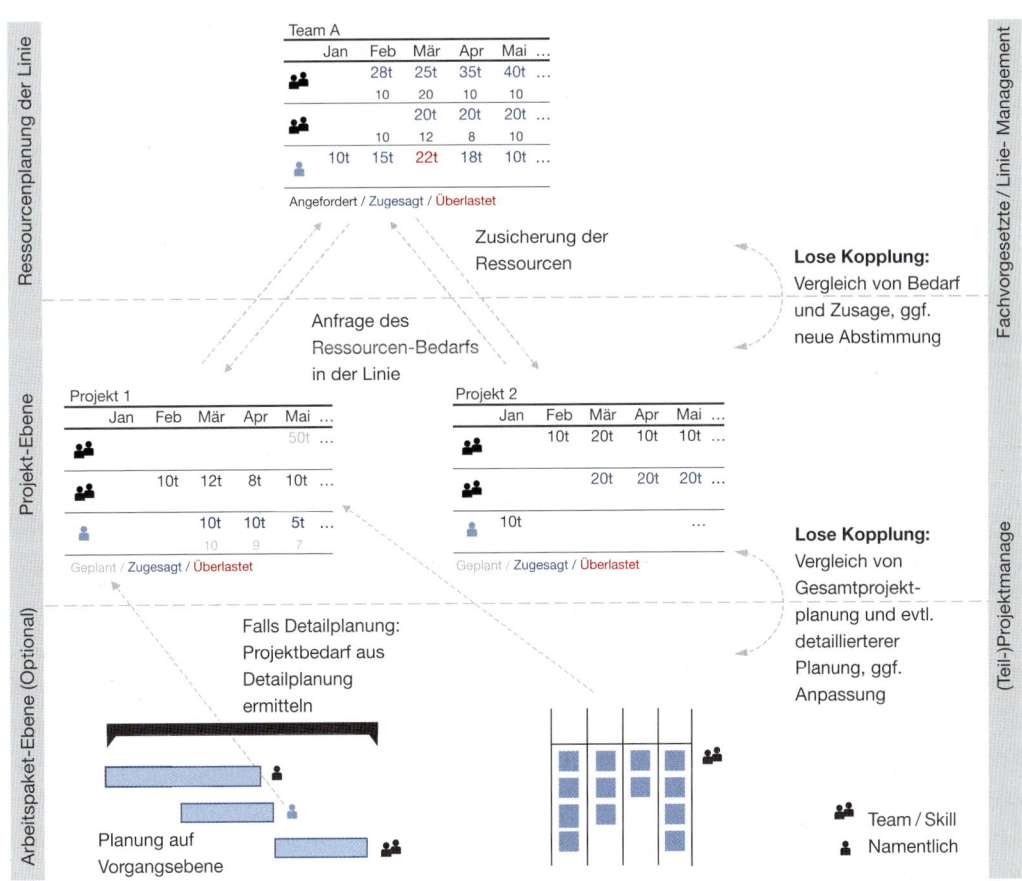

Abb. 2.7-5: Lose Kopplung im Ressourcen-Management

Solche »losen Kopplungen« werden in integrierten Multiprojektsystemen immer wichtiger. Die Komplexität steigt, der Versuch, alles mit allem widerspruchslos in einer Datenbank zu vernetzen, ist bei nicht rein-maschinell geführten Daten zum Scheitern verurteilt. Es gilt, gemäß dem Delegationsprinzip die Verantwortung für die Daten zu teilen. Auch wenn es sich um integrierte Systeme handelt, werden intern doch »Schnittstellen« vorgesehen, mit denen die Datenwelten der verschiedenen Nutzer (Projektleitung, Linienmanagement) miteinander verbunden werden. Widersprüchliche Daten werden bewusst zugelassen, aber verdeutlicht.

 Beispiel: Der Terminplan des Projekts enthält bereits neuere Daten für die Schlüssel-Meilensteine als der letzte freigegebene Statusbericht. Solange die Projektleitung diesen jedoch nicht offiziell aktualisiert, verwenden Portfolioübersichten weiter die Termine des letzten Statusberichts. Eine Prüfliste zeigt alle Projekte mit dem Datum ihrer letzten Statusberichte an. In ihr weist ein Warnsymbol auf die Projekte hin, in denen die aktuelle Terminplanung für mindestens einen Schlüssel-Meilenstein spätere Termine als der letzte Statusbericht vorsieht.

Lose Kopplungen sind in der Ressourcenplanung von entscheidender Bedeutung (Abbildung 2.7-5). Regelmäßig schlägt der Versuch fehl, mit vorgangsgenauen Ressourcenplanungen eine Personalplanung für die Linie aufzubauen, die Ressourcen bereitstellt: Jede Änderung in irgendeinem Projekt beeinflusst schließlich die Gesamtplanung und damit wieder zahlreiche andere Projekte. Moderne Software trennt die Ressourcenplanung im Projekt und in der Linie mittels Bedarf und Zusage.

Beispiel: Die Projektplanung liefert den Bedarf, den die Projektleitung bei den Fachvorgesetzten in der Linie anfragt. Diese sagen dem Projekt Ressourcen zu. Das Projekt bringt seine Ressourcenplanung mit der Zusage in Einklang, die Linie vergleicht ihre Zusagen mit der Abteilungskapazität. Kann eine der beiden Parteien diese Vereinbarungen nicht mehr einhalten, so ist es an ihr, einen erneuten Abstimmungsprozess einzuleiten. Die Software beschränkt sich darauf, solche Abweichungen anzuzeigen.

Bei der Einplanung von Mitarbeitern kann MPM-Software also wertvolle Dienste zur Analyse und Dokumentation leisten. Automatismen sind jedoch fehl am Platz, auch wenn einige Tools noch immer anbieten, die Ressourcenauslastung »zu optimieren«. Falls Projekte inhaltlich voneinander abhängig sind, kann dies zumeist – wie in einem vernetzten Gantt-Diagramm – mit Anordnungsbeziehungen in Form von Schnittstellen abgebildet werden. Einige Systeme erlauben es auch, Lieferobjekte zu definieren, die von einer Projektaktivität erzeugt oder benötigt werden. Dadurch werden die einzelnen Projektaktivitäten ebenso wie die Abhängigkeiten klarer beschrieben. Gerade in Entwicklungsprojekten schlagen die Lieferobjekte auch die Brücke zur Produktstruktur, sodass Produkt-Reifegrade messbar werden.

3.2.3 PROJEKTPORTFOLIO-MANAGEMENT (PPM)

Beim Portfoliomanagement als Spezialfall des Multiprojektmanagements sollte bezüglich der PM-Tools zwischen Portfolio-Planung und Portfolio-Controlling unterschieden werden. Im Portfolio-Controlling geht es vor allem darum, Auswertungen für Projektgruppen durchzuführen, um Entscheidungen über die laufenden Projekte vorzubereiten. Es werden beispielsweise die Gesamtkosten aller F&E-Projekte im laufenden Jahr ermittelt und mit den für das Portfolio budgetierten Werten verglichen. Eine Liste der Risiken und Chancen aller Projekte eines Geschäftsbereiches kann dazu dienen, systemische Risiken zu identifizieren. Solche Auswertungen liefern faktisch alle PM-Softwaresysteme. Es handelt sich dabei lediglich um Daten mehrerer Projekte, die anhand beliebiger Projekteigenschaften oder mittels von Hand vorgenommener Gruppierungen zusammengefasst werden. Dennoch bezeichnen einige Hersteller solche Funktionen bereits als »Portfoliomanagement«.

Diese Berichtsfunktionen für das Portfolio-Reporting sind vor allem Dashboards, mit denen Auswertungen interaktiv in übersichtlichen Grafiken aufbereitet werden. Immer mehr Anbieter geben dabei die Entwicklung eigener Auswertungsroutinen auf und setzen stattdessen auf integrierte Business-Intelligence-Lösungen von anderen Anbietern. Gegenüber proprietären Analysewerkzeugen bieten solche Produkte gleich zwei Vorteile:

- Weil sich deren Anbieter auf die Auswertung von Geschäftsdaten spezialisieren, sind sie zumeist deutlich leistungsfähiger als Eigenentwicklungen.
- BI-Lösungen (Business Intelligence) erlauben es, Daten aus mehreren Quellen zu integrieren. Das spart dann Schnittstellen, wenn zum Beispiel Daten potenzieller Projekte direkt mit Daten aus dem Vertrieb oder der strategischen Produktplanung angereichert werden.

Die aktive Planung eines Projektportfolios erfordert jedoch mehr als nur Auswertungsfunktionen. In ausgereifter PPM-Software lassen sich Projektideen schon in einem frühen Stadium und mit nur wenigen Informationen erfassen. Die Software unterstützt die allmähliche Präzisierung dieser Projektideen etwa mit Funktionen, wie Projektsteckbriefen, strategischen Bewertungen und Risikoabschätzungen. Weil in der frühen Phase einer Projektidee keine detaillierte Projektplanung vorliegt, müssen die erwarteten Ressourcenbedarfe und Kosten häufig abgeschätzt werden. Dazu können zum Beispiel Werte pro Kostenart bzw. Ressourcengruppe und Zeiteinheit (Monat oder Quartal) angegeben werden. Falls doch bereits eine genauere Planung vorliegt, lassen sich die Werte aus dieser Planung automatisch in die Ressourcen- und Kostenabschätzung aufsummieren. Der wesentliche Nutzen einer Software in dieser Phase ist die Funktion als zentrale Plattform, in der die Informationen zu potenziellen Projekten nach standardisierten Kriterien zusammengetragen werden. Oft unterstützen Workflows dabei, die Zuarbeit der Beteiligten zu koordinieren. Werden mehrere Portfolios eingerichtet, so müssen diese Prozesse in Abhängigkeit vom Projekttyp und damit vom Portfolio gestaltet werden: Sowohl die Bewertungskriterien als auch die Personalressourcen unterscheiden sich zum Beispiel bei einem internen IT-Projekt meist deutlich von einem Kundenprojekt oder einer internen Produktentwicklung. Mit der PPM-Software werden Projektideen systematisch analysiert und bewertet und zu Projektkandidaten im Portfolio entwickelt.

Integrierte Softwaresysteme decken sowohl Portfoliomanagement- als auch Projektmanagement-Funktionen ab. Dies ist für die Portfolioplanung deshalb unabdingbar, da bei Portfolioentscheidungen sowohl Projektkandidaten als auch laufende Projekte mit ihren aktuellen Planungsinformationen berücksichtigt werden müssen. Mit Szenariofunktionen werden verschiedene Portfoliozusammensetzungen ausprobiert und die von der Software daraus ermittelte Auslastung der begrenzten Ressourcen bewertet. Kennzahlen verdeutlichen die Konsequenzen der Portfolioentscheidung. Viele Systeme zeigen die Auswirkungen unmittelbar an, während der Anwender die Projekte im zukünftigen Portfolio auswählt oder zu Simulationszwecken verändert. Der strategische Gesamtnutzen des Portfolios, die Risiko-Summen, die Gesamt-Kapitalwerte, EBIT und die Bedarfe an investiven und konsumtiven Finanzmitteln sind typische Betrachtungsgrößen. Richtige Portfoliomanagement-Software bietet immer eine Szenario-Ebene: So eine »Sandkiste« erlaubt es, auch Änderungen an bereits laufenden Projekten durchzuspielen (Was wäre dann, wenn dieses Projekt abgebrochen würde?), ohne gleich die tatsächliche Projektplanung anpassen zu müssen und damit womöglich andere Anwender der Software mit dem Gedankenspiel zu irritieren.

High-End-Systeme können mehrere Portfolioszenarien parallel speichern und miteinander vergleichen. Das hilft bei der Entscheidung, aus einer Vielzahl möglicher Projekte diejenigen auszuwählen, welche die gegebenen Randbedingungen erfüllen und gleichzeitig die Ziele des Portfolios bestmöglich unterstützen. So kann beispielsweise das Portfolio mit einem optimalen Mix aus strategischem Nutzen und Rentabilität bei Einhaltung der Jahresbudgets geplant werden. Immer mehr Tools berücksichtigen optional auch sonstige Investitionen als Elemente im Portfolio, da Projekte in finanzieller Hinsicht oft auch mit Investitionen konkurrieren, die keine Projekte sind.

3.2.4 INFORMATIONS- UND COLLABORATIONSPLATTFORMEN

Lange konzentrierte sich die Projektmanagement-Software auf die vertikale, hierarchische Planung und Steuerung der Projekte: Die Gesamtaufgabe wird definiert, in Teilleistungen bis zu Arbeitspaketen hinunter zerlegt und als Hierarchie strukturiert, spezifiziert und über eine oft mehrstufig-hierarchische Organisationsstruktur, bestehend aus den Ebenen Projektleitung, Teilprojektleitung, Arbeitspaketverantwortliche und Aufgabenverantwortliche an einzelne Mitarbeiter delegiert. Diese melden die Ergebnisse wieder nach oben zurück. Dieses Prinzip der Vorauskommunikation hat sich bewährt. Im Projektalltag, vor allem bei agiler Arbeitsweise, ist allerdings die horizontale Feedback-Kommunikation zwischen den Beteiligten von großer Bedeutung (Ahlemann 2008). Es gilt, Informationen effektiv und effizient unter allen Beteiligten auszutauschen und rasch auf neue Faktenlagen zu reagieren. Details werden nicht langfristig vorausgeplant, sondern während der Projektumsetzung geklärt. Entscheidungen werden häufig dezentral getroffen und bringen kurzfristig zu erledigende Aufgaben mit sich.

Allein schon dadurch, dass PM-Software eine zentrale Quelle für alle Informationen rund um das Projekt bietet, fördert sie bereits solche Zusammenarbeit. Wenn die jeweils aktuelle Projektplanung an einem Ort verfügbar ist, den alle Beteiligten kennen, reduziert das den Bedarf an Rückfragen zum Status von Arbeitspaketen und die Ansprechpartner sind klar.

Das, was nicht durch die Planung beantwortet ist, wird heute meist über E-Mails und Besprechungsprotokolle geklärt. In der Folge müssen die Projektbeteiligten oft in einer Flut von CC-E-Mails zunächst die letzte Version eines Protokolls suchen, um darin die sie betreffenden Punkte zu finden. Software kann hier vielfältig mit Informations- und Collaborationsplattformen unterstützen:

| Dokumentenmanagement-Systeme (DMS) mit einer klar definierten Ordnerstruktur sowie Schlagworten und weiteren Metadaten sorgen dafür, dass Projektdokumente allen

Beteiligten zugänglich sind. Mehrere Versionen eines Dokuments werden archiviert. Manche PM-Software besitzt bereits einfache DMS-Funktionen. Hier müssen Dateien nach der Bearbeitung oft extra auf den Server hochgeladen werden. Um Dateien bequem direkt aus Desktop-Programmen heraus bearbeiten zu können und um größere Dateien an entfernten Standorten zu synchronisieren, eignen sich daher spezialisierte DMS besser. Viele PM-Softwareprodukte können sie einbinden.

- **Kleinaufgaben (To-Dos)** ermöglichen es, spontan eine Liste von Aufgaben anzulegen, die etwa in einer Besprechung vergeben werden. Sie werden nicht im Projekt-Terminplan vorgesehen, lassen sich aber mit einem Verantwortlichen und einem Fälligkeitsdatum versehen. Auf diese Weise können Projektleitung und Mitarbeiter ihre Aktivitäten aus unterschiedlichsten Projekten und Quellen in persönlichen Listen im Blick behalten und die Bearbeitung nachverfolgen. Solche Funktionen sind in PM-Software weitverbreitet. Sie machen die Software auch zum Werkzeug für die tägliche Arbeit im Projektteam und steigern so ihre Akzeptanz.

- **Micro-Blogging** – im Stil von Twitter – ist der Versuch, E-Mails und den mit ihnen verbundenen CC-Problemen zu begegnen. Anstatt sämtliche potenziell interessierten Teammitglieder in einen Verteiler aufzunehmen, werden Fragen, Anmerkungen und ergänzende Informationen direkt in Form von Diskussionsverläufen an den betroffenen Planungsobjekten diskutiert, etwa an einem Arbeitspaket oder einer Kleinaufgabe. Wer sich für das Arbeitspaket interessiert, findet den Austausch direkt dort dokumentiert. Das hilft, Diskussionen themenbezogen zu führen. Wenn doch einmal ein bestimmter Anwender gefragt ist, können Nachrichten mit Tags an bestimmte Teammitglieder gerichtet werden (»@Name«), damit diese den Beitrag direkt in ihrer persönlichen Nachrichtenübersicht finden. Auch wenn immer mehr PM-Softwareprodukte entsprechende Funktionen bieten, sind sie noch kein Standard. Zudem werden sie in der Praxis oft nicht genutzt; stattdessen wird weiter auf E-Mail-Verteiler gesetzt.

- **Besprechungsmanagement** beinhaltet Terminfindung, Festlegung der Tagesordnungspunkte und Einladungen an die Beteiligten. Das Protokoll wird in der Datenbank geführt, möglicherweise gleich während der Besprechung. Auf diese Weise versanden Informationen nicht in unstrukturierten Textdokumenten, sondern sind beispielsweise als Kleinaufgaben gleich den betreffenden Kollegen zugeordnet oder finden sich in einer leicht durchsuchbaren Entscheidungsdatenbank. Nur wenige PM-Tools bieten entsprechende Funktionen an.

- **Desktop-Sharing, Virtual Whiteboards** helfen vor allem verteilt arbeitenden Teams. Unabhängig vom Standort erlauben sie die gemeinsame Arbeit an Dokumenten im Rahmen eines Telefonats. Zwar bieten auch einige PM-Softwareprodukte Live-Funktionen, bei denen mehrere Anwender gleichzeitig an den Projektdaten arbeiten können und die Änderungen jeweils sofort synchronisiert werden. Typischerweise kommen hier aber Spezialprodukte zum Einsatz, die optional auch Videoübertragung erlauben und zur Moderation von Telefonkonferenzen genutzt werden. Sie fallen nicht unter PM-Software im engeren Sinne.

Funktionen für die Zusammenarbeit werden meistens von allen Anwendern genutzt. Oft beziehen sie auch die Nutzer mit ein, die ansonsten nicht mit Projektmanagement-Aufgaben befasst sind. Dadurch erhöht sich zumeist die Zahl der Anwender deutlich.

3.3 AKTUELLE ENTWICKLUNGEN UND TRENDS

Projektmanagement-Software folgt den allgemeinen Trends im Projektmanagement und nimmt ihre Umsetzung teilweise vorweg. Neue Methoden finden sich typischerweise zunächst in Spezialprodukten wieder. Sofern sie sich durchzusetzen beginnen, nehmen auch die Anbieter von integrierter Multiprojektmanagement-Software diese Methoden auf. Dies wiederum fördert die Akzeptanz der Methoden in der Praxis. So wurden für agiles Projektmanagement nach Scrum zunächst Speziallösungen entwickelt, die auch heute noch in diesem Bereich führend sind. Immer mehr große MPM-Lösungen bieten inzwischen eigene Funktionen, die in vielen Fällen ausreichen. Falls die Fähigkeiten spezialisierter Werkzeuge benötigt werden, kann ausgereifte PM-Software oft mit standardisierten Schnittstellen verbunden werden. Andere Methoden, beispielsweise Critical-Chain, werden bis heute kaum in den großen Softwareprodukten berücksichtigt, sodass hier weiter kleinere Spezialprodukte zum Einsatz kommen.

3.3.1 SCHNITTSTELLEN-STANDARDS

Praktisch jede größere Installation einer PM-Software wird heute mit bestehender Unternehmenssoftware vernetzt. Die PM-Software muss daher entsprechende Schnittstellen bieten. Echte Standardschnittstellen können Hersteller nur dann anbieten, wenn die anzubindenden Systeme ihrerseits entsprechende Standards nutzen. Als Standardtechnologien haben sich Online-Schnittstellen über Web-Services (REST, SOAP) etabliert. Online-Schnittstellen greifen live auf die Daten des angebundenen Systems zu. Aufgrund der sofortigen Rückmeldung kann die PM-Software reagieren – und etwa sofort die Zeitrückmeldung auf einen Kostenträger unterbinden, der gerade erst im ERP-System geschlossen wurde. Häufig erfolgt der Datenaustausch auch noch über Import- und Export-Datendateien. Dies reicht für Schnittstellen in einer Richtung meist aus, mit denen zum Beispiel sich nur selten ändernde Stammdaten übernommen werden.

Standardschnittstellen erfordern jedoch auch eine einheitliche Nutzung der beteiligten Softwaresysteme. Diese gibt es nur selten: Dank der Anpassung an individuelle Prozesse existieren zum Beispiel wohl keine zwei identischen Installationen der großen ERP-Systeme. Selbst spezialisierte Tools für agiles Projektmanagement mit vergleichsweise geringem Funktionsumfang werden von den verschiedenen Abteilungen innerhalb einer einzelnen Organisation unterschiedlich genutzt. Die abweichenden Prozesse, die in der Software umgesetzt sind, bedeuten, dass auch die PM-Software in unterschiedlicher Weise in die Prozesse integriert wird und damit die Schnittstellen angepasst werden müssen. Ein einfaches Beispiel ist der Import aus Microsoft Excel: Technisch ist das Datenformat klar definiert, sodass Anbieter hier Standards anbieten könnten. Weil der Aufbau z. B. einer Wirtschaftlichkeitsrechnung innerhalb so einer Datei aber flexibel ist, muss die tatsächliche Schnittstelle dann doch angepasst werden.

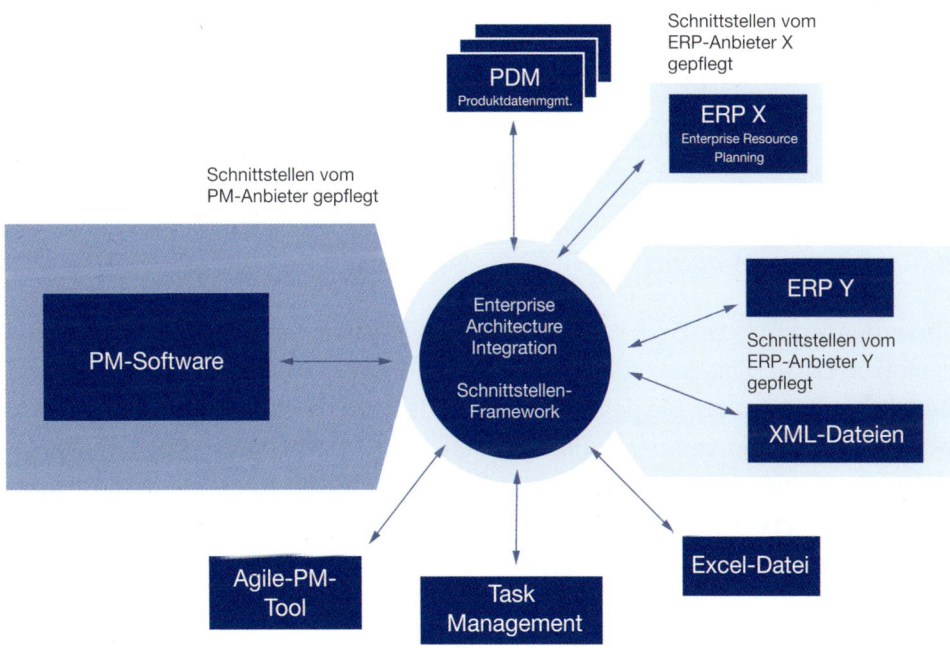

Abb. 2.7-6: Schnittstellen-Werkzeuge unterstützen beim Datenaustausch

Mit der bereits diskutierten zunehmenden Vernetzung von IT-Systemen nimmt auch der Bedarf an Schnittstellen zu. Immer häufiger kommt sogenannte Middle-Ware zum Einsatz: Diese »Werkzeugkästen« für Schnittstellen werden von Drittanbietern hergestellt und bieten eine Vielzahl von Verbindungspunkten zu unterschiedlichen Softwareprodukten – auch zu PM-Software. Sie beinhalten die technologischen Standards, um Software miteinander zu verbinden. Hersteller von PM-Software liefern lediglich eine Verbindung für ihre Software zur Middle-Ware, genauso wie die Anbieter der anderen Softwaresysteme. Dadurch entsteht eine Daten-Drehscheibe zwischen den diversen IT-Systemen (Abbildung 2.7-6). Die Logik der Schnittstelle lässt sich meist weitgehend konfigurieren, sodass keine oder nur eine geringe Programmierung erforderlich ist.

3.3.2 BEDIENBARKEIT

Die einfache Bedienbarkeit von PM-Software ist ein Dauerthema. Testinstallationen im Rahmen von Software-Auswahlprojekten zeigen immer wieder, dass die Bedienbarkeit und Nutzerfreundlichkeit sehr subjektiv wahrgenommen werden. Als gemeinsamer Nenner kann eine klar strukturierte und übersichtliche Oberfläche gelten, die sich an den gewohnten Standards moderner Weboberflächen orientiert, etwa zur Darstellung von Links, der Lage von Menüs und der Funktionsweise von Steuerelementen.

Während auf der einen Seite jeder Anbieter die gute Bedienbarkeit seiner Lösung betont (oft auch als Usability oder User-Experience bezeichnet), zeigt sich in Markterhebungen regelmäßig: Das Thema ist ein Dauerbrenner – fast jede neue Software-Version bringt hier Änderungen. Das Ziel einer vollständig intuitiv bedienbaren, selbst erklärenden Software ist allerdings anspruchsvoll, setzt es doch immer voraus, dass die Anwender die unterstützten Methoden, Prozesse und Regularien mit ihren Zusammenhängen verinnerlicht haben. Das fällt bei einer umfangreichen Portfolio-Budgetplanung schwerer als bei einem Brief in der Textverarbeitung. Bedienbarkeit bleibt somit bei der Digitalisierung ein Schlüsselthema.

3.3.3 ANPASSBARKEIT

Eng verbunden mit der Bedienbarkeit ist die Anpassung der Software an die Bedarfe der Nutzer. Diese hängen von den in der Organisation ablaufenden Prozessen und verwendeten Methoden ab. Sie richten sich außerdem nach den Anforderungen der Nutzer, die sowohl abhängig von deren Projektrollen als auch von individuellen Vorlieben sein können. Zunehmend entwickeln sich die Softwareprodukte zu anpassbaren Baukästen. Sie werden zwar in einer sinnvollen Vorkonfiguration ausgeliefert, sind allerdings in Bezug auf Prozesse, Planungsobjekte und Bedienoberflächen weitgehend flexibel. Variable Datenmodelle, Eingabemasken und Workflows eröffnen Administratoren fast schon die Möglichkeiten einer Software-Entwicklungsumgebung. Da in der Regel jedoch nicht programmiert, sondern konfiguriert wird, bleibt die Software »release-fähig«, das heißt: Die Anpassungen bleiben auch in zukünftigen Versionen des Standard-Kerns nutzbar. Die Endbenutzer wiederum können sich moderne Systeme mit persönlichen Favoriten und Dashboards sowie eigenen Ansichten auf ihre Anforderungen hin zuschneiden.

Mit der gegebenen Flexibilität lässt sich Software auf die tatsächlich genutzten Funktionen einschränken und in der Folge einfacher bedienen. Die zunehmende Vernetzung mit immer mehr Schnittstellen erfordert es, importierte Daten an geeigneten Stellen in der Software nutzen zu können. Beide Aspekte erfordern variable Softwarelösungen.

3.3.4 CLOUD-FIRST: SOFTWARE AS A SERVICE

In den 1970er Jahren dominierten Großrechner die IT-Landschaft. Anwender griffen über »dumme« Terminals auf diese Rechner zu, um beispielsweise Netzpläne zu erstellen. Mit dem Siegeszug des persönlichen Computers, des PC, wurde PM-Software auf dem persönlichen Arbeitsplatzrechner populär. Nach und nach wurden diese Rechner vernetzt, sodass Mehrbenutzer-Datenbanken für Multiprojektmanagement möglich wurden. Mit dem Aufkommen webbasierter Produkte, die heute de facto der Standard für Projektmanagement-Software verkörpern, konnte auf den Arbeitsplatzrechnern auf umfangreiche Installationen verzichtet werden – erforderlich ist heute für solche Systeme nur noch ein Browser: Der PC wird wieder zum »dummen Terminal«.

Für die Datenspeicherung und die Geschäftslogik der Software sind Server erforderlich. Viele Softwareanbieter betreiben diese im Auftrag der Kunden, die damit keine eigene Hardware mehr benötigen. Die Software läuft dann im Rechenzentrum des Anbieters, mystischer ausgedrückt »in der Cloud«. Statt Lizenzen zu erwerben, wird die Software als Dienstleistung angeboten (Software as a Service, SaaS) und es wird für die Möglichkeit, diese zu nutzen, ein regelmäßiger Betrag bezahlt. Dabei ist Cloud eher ein Marketing-Schlagwort und auch SaaS beschreibt keine klare technische Lösung. Cloud bedeutet in einigen Fällen lediglich, dass der Anbieter die erforderlichen Server inklusive der Software für seine Kunden bereitstellt. In anderen Fällen nutzen mehrere Kunden (Mandanten) die Systeme des Anbieters gemeinsam, in Abhängigkeit von der Benutzeranmeldung erhalten die Anwender nur Zugriff auf die Daten ihres Unternehmens, in den Datenbanken liegen allerdings die Daten aller Kunden.

Lange Zeit belasteten Bedenken wegen der Datensicherheit und des Datenschutzes das SaaS-Geschäft. Dass beispielsweise US-Geheimdienste auch wirtschaftspolitische Interessen verfolgen, ist ein häufig vorgebrachtes Argument. Gesetzesinitiativen, wie der »Cloud Act« (Clarifying Lawful Overseas Use of Data), in den USA lassen vermuten, dass das Thema noch für Jahre aktuell bleiben wird. Für den Umgang mit personenbezogenen Daten, um die es bei PM-Tools nahezu immer geht, gelten spezielle rechtliche Anforderungen. Diese Bedingungen haben dazu geführt, dass sich SaaS-Angebote in der »Cloud« zumindest in Deutschland nur zögerlich durchsetzten. Zunehmend tendieren jedoch selbst größere Technologie-Unternehmen zu Cloudlösungen. Vermeintlich geringere IT-Investitionen sind ein Aspekt. Dass die Verantwortlichen als Privatanwender oft längst intensiv Cloud-Dienste nutzen, dürfte ebenso zur Gewöhnung an das Konzept beitragen wie etwa die von Microsoft omnipräsenten Cloud-Funktionen in Windows 10 und Office 365.

3.4 ANBIETER VON PROJEKTMANAGEMENT-SOFTWARE

Am Markt tummeln sich zahlreiche Anbieter von PM-Software. Neben einer Vielzahl kleiner Start-ups, die spezialisierte Apps, Aufgaben-Manager und Einzelprojektmanagement-Lösungen anbieten, sind darunter auch etliche Hersteller umfangreicher Multiprojekt- und Portfolio-Software. Sie lassen sich grob in eine der drei folgenden Kategorien einteilen:

- **Spin-Offs/Neugründungen**: Trotz der bereits zahlreichen Produkte gibt es immer wieder neue Anbieter auf dem Markt. Start-ups entwickeln ihre Software allmählich zu leistungsfähigen Multiprojektmanagement-Paketen. Dazu kamen in der Vergangenheit gelegentlich auch Spin-Offs größerer Unternehmen, die ihre Software ursprünglich als Individuallösung entwickelt hatten. Dies Vorgehen wird weniger, hausinterne Eigenentwicklungen sind seit längerem nicht mehr sinnvoll. Neue Produkte greifen mitunter besondere PM-Methoden auf, etwa die besonderen Anforderungen für kapitalintensive EPC-Projekte im Großanlagenbau (»Engineering, Procurement, Construction«). Andere setzen auf spezielle Technologiekonzepte, wie die Idee eines cloudbasierten

PM-Baukastens. Darauf aufbauend, entwickeln sie dann neue Produkte. Diese sind naturgemäß funktional oft noch nicht breit aufgestellt und reifen erst nach und nach zu vollwertigen Multiprojektmanagement-Lösungen.

- **Spezialisten** sind Unternehmen, deren Kernprodukt PM-Software ist. Oft bieten sie nur ein einziges Produkt an und richten damit ihren gesamten Fokus auf praxisorientiertes Projektmanagement. Diese Anbieter besitzen in der Regel auch ein besonderes methodisches Verständnis für die spezifischen Projektsituationen bei ihren Kunden. Das kann allerdings durchaus den Blick auf die Bedeutung einzelner Softwarefunktionen verzerren, wenn der Kundenkreis des Anbieters überwiegend aus Organisationen mit speziellen Projekt-Anforderungen besteht.

- **Vervollständiger**: Dies sind Anbieter umfangreicher Software-Pakete, welche sie um ein Modul für Projektmanagement erweitern. Dieses Modul soll sich optimal in die übrigen Bestandteile des Softwarepakets integrieren. Oft handelt es sich um große Softwareunternehmen, wie etwa ERP-Hersteller. Projekte sind eine wichtige Form der Wertschöpfung, sodass heute kein großes Softwareunternehmen auf ein entsprechendes Werkzeug in seiner Produktpalette verzichten möchte.

In der Regel sind die Spezialisten kleine bis mittlere Unternehmen und die Vervollständiger große Softwarekonzerne. Betrachtet man allerdings jedoch die Anzahl der Mitarbeiter, die wirklich mit der PM-Software des Anbieters befasst sind, so werden selbst bei ganz großen Unternehmen die PM-Produkte letztlich mit dem Mitarbeiterstamm vom Umfang eines mittelständischen Unternehmens entwickelt. Die dortigen Teams profitieren einerseits von den Möglichkeiten eines Konzerns – leiden allerdings eventuell auch unter dessen Bürokratie – und stehen mitunter sogar mit internen Produkten im Wettbewerb. In puncto Investitionssicherheit oder Entwicklungspotenzial sind Produkte von großen Unternehmen daher nicht automatisch besser oder schlechter als die des Mittelstands. Das bestätigt ein Blick auf die Produktentwicklungen der vergangenen 20 Jahre.

Vervollständiger werben zumeist mit der besseren Integration ihrer Software in die übrigen Module. Wer die PM-Software eines ERP-Herstellers erwirbt, erwartet eine leichte Verbindung der PM-Software mit den Funktionen der Unternehmens-Finanzplanung, des Rechnungswesens und des Controllings. Die PM-Erweiterung einer Produktdaten-Managementsoftware verspricht die optimale Verbindung des Projektmanagements mit dem Produktmanagement.

Wenn bereits SW-Produkte eines Anbieters eingesetzt werden, liegt es nahe, sich zuerst auch dessen PM-Komponente anzuschauen. Allerdings stoßen solche PM-Module mitunter funktional dann an ihre Grenzen, wenn anspruchsvolle PM-Funktionen benötigt werden, wenn Portfoliomanagement ins Spiel kommt oder wenn verschiedene Projekttypen mit unterschiedlichen Methoden koordiniert werden sollen. Bei manchen dieser Produkte treten schon bei der Ressourcenplanung Probleme auf und die Produkte unterstützen beispielsweise keine Multiprojektplanung für die Linien-Manager. Auch wenn also Software vorhanden ist, gilt es daher, zunächst die Anforderungen aufzunehmen und die PM-Module der eingesetzten Software kritisch anhand dieser Anforderungen zu bewerten. Der Vergleich mit reinen PM-Anbietern sollte immer gezogen werden.

Zu den Anforderungen gehört es auch, die notwendige Vernetzung mit anderen Systemen zu skizzieren. Das zeigt, ob der vermeintliche Vorteil eines integrierten PM-Moduls wirklich so groß ist wie vermutet. Bei einer geringen Vernetzung, wenn beispielsweise nur Vorgabetermine für Lieferobjekte aus der Projektplanung in die Komponentendatenbank übernommen werden sollen und die PM-Software lediglich die aus der Stückliste resultierenden Gesamtkosten benötigt, sind Schnittstellen oft mit geringem Aufwand realisierbar.

Die Abwägung »internes Modul versus spezielle PM-Software« ist vor allem bei ERP-Systemen wichtig. Hier scheinen deren PM-Module regelmäßig mit einer tiefen Integration in die kaufmännischen Prozesse zu punkten. Schnittstellen für Forecasts, Budgets und Ist-Kosten sind aber für jede größere PM-Software eine Standardanforderung, sodass alle größeren Anbieter hier viel Erfahrung besitzen und auf vorbereitete Lösungen setzen können. Umgekehrt stellen auch die PM-Module der ERP-Anbieter beispielsweise für projektbezogene Bestellungen keine besondere Software zur Verfügung, sondern verzweigen lediglich in das entsprechende Standard-Modul des ERP-Systems. Das wäre auch beim Einsatz jeder anderen PM-Software möglich. Auch bei der technischen Integration sind die tatsächlichen Vorteile der Vervollständiger damit kritisch anhand klarer Integrationsziele zu prüfen.

4 HERAUSFORDERUNGEN IN DER PRAXIS

In der Praxis bleibt der Softwareeinsatz häufig weit hinter dem zurück, was technisch möglich und methodisch sinnvoll wäre. Digitale Werkzeuge sind allgegenwärtig, strukturierte Daten häufig vorhanden und mitunter wurde sogar spezielle PM-Software eingeführt und sogar bereits mit weiteren IT-Systemen vernetzt. Die Anwender allerdings dokumentieren weiterhin viele Projektinformationen in Präsentationsfolien und Tabellenkalkulationslisten. Die aufwendig ausgewählte und angepasste PM-Software wird womöglich nur dazu genutzt, um die Daten einzugeben, die für bestimmte Berichte zwingend erforderlich sind. Kurz: Die vorhandene Software wird nicht akzeptiert. Dieser Abschnitt diskutiert in kurzer Form einige Aspekte, die berücksichtigt werden sollten, um dieses Risiko zu verringern.

4.1 EINFÜHRUNG VON PM-SOFTWARE ALS ORGANISATIONSPROZESS

Mangelnde Akzeptanz von Softwareunterstützung im Projektmanagement rührt oft daher, dass die Software faktisch als reines IT-Projekt eingeführt wurde. Dabei müssen bereits im Zuge der Auswahl fast immer zahlreiche Fragen zu Prozessen und Methoden geklärt werden. Es ist sinnvoll, diese bereits im Vorfeld der Softwareeinführung zu klären und entsprechende Änderungen direkt vorzunehmen oder im weiteren Einführungsprozess vorzusehen.

Besonders in größeren Organisationen werden häufig auch unterschiedliche PM-Vorgehensweisen identifiziert. Obwohl es technisch meist möglich ist, bei begründetem Bedarf solche Varianten in einer Software zu berücksichtigen, sollte die Standardisierung als Nebenziel der Einführung von PM-Software mit verfolgt werden, damit Auswertungen über mehrere Projekte aussagekräftig sind. Allzu viele Varianten wird man nicht zulassen wollen. Daher gilt es, zumindest ähnliche Varianten jeweils zu einem Standard zusammenzufassen.

Zusammen mit den neuen technischen Möglichkeiten führt dies dazu, dass sich mit der Einführung der Software auch die Art zu arbeiten ändert. Zudem bedingt die mit der Software fast immer angestrebte Transparenz Änderungen an den Informationswegen und damit Verschiebungen im Machtgefüge der Organisation (Kühl 2011, S. 79). Zusätzlich zum reinen IT-Projekt ist dabei immer auch ein Organisationsprojekt zu starten (→ Kapitel »Change und Transformation«), um die Akzeptanz zu sichern. Dies ist den Projektbeteiligten in der Regel bewusst, gerät allerdings im Terminstress des Einführungsprojekts häufig in den Hintergrund. Die Digitalisierung des Projektmanagements wird häufig als drittrangig eingestuft: An erster Stelle stehen die produktiven Projekte, an der zweiten die operativen und strategischen Aufgaben des PMO. Erst an dritter Stelle kommen häufig die Optimierung des Projektmanagements und mit ihr die PM-Digitalisierung. Wenn das Auswahl- und Einführungsprojekt an Kapazitätsgrenzen stößt, fallen die Aufgaben, die sich mit der Organisationsentwicklung befassen, leicht unter den Tisch – Hauptsache, die IT-Anforderungen sind erst einmal erfüllt. Es ist dann die Aufgabe der Projektleitung, diesen Teil des Projekts zu verteidigen und einzufordern.

4.2 AUSWAHL UND EINFÜHRUNG VON PM-SOFTWARE

An dieser Stelle kann und soll keine ausführliche Beschreibung eines Softwareauswahlprozesses vorgenommen werden. Hierzu liegen sowohl allgemeine Literatur (Teich et al. 2008; Gronau 2001; Hanschke et al. 2016) als auch speziell auf PM-Software ausgerichtete Ausarbeitungen vor (Meyer 2017a; Meyer 2017b). Es sollen jedoch wichtige Punkte erwähnt werden, die bei der Auswahl und der anschließenden Einführung von PM-Software zu berücksichtigen sind. Dabei gilt vor allem, dass Auswahl und Einführung zusammengehören und die Einführung der Software bereits mit der Auswahl beginnt. Jeder Schritt im Auswahlprozess bereitet dabei bereits die spätere Einführung vor, indem jede Entscheidung auf die Konsequenzen für die Einführung hin geprüft wird und die Stakeholder frühzeitig und mit ihren konkreten Fachanforderungen in die Software-Spezifikation eingebunden werden. Auch nachdem die Software eingeführt worden ist, muss kontinuierlich daran gearbeitet werden, sie zu etablieren und ihre Akzeptanz zu sichern (Abbildung 2.7-7).

Abb. 2.7-7: Anforderungsermittlung, Auswahl und Einführung von PM-Software

4.2.1 TIPPS ZUM FINDEN DER RICHTIGEN SOFTWARE

| **Keine spontane Auswahl**: Die »naheliegenden« Produkte sind oft die Module der vorhandenen ERP-Software, als Einzelplatz-Lösung vorhandene PM-Tools oder Werkzeuge, die bei einem Messebesuch mehr oder weniger zufällig ins Auge fielen. Sie sollten in jedem Fall im Auswahlprozess mit fokussiert werden, insgesamt muss die Kandidatenliste allerdings anhand einer ausführlichen Recherche gefüllt werden.

| **Nutzen als Teil der Projektziele**: Zu Beginn des Projekts sind – wie in allen Projekten üblich – die Ziele zu formulieren. Diese beinhalten auch den angestrebten Nutzen der Software: Was soll durch die neue Software besser werden? Welche Risiken können durch eine Software zukünftig vermieden werden? Treten im weiteren Verlauf des Projekts Konflikte auf, etwa weil Anforderungen zu priorisieren sind oder eine Entscheidung zwischen zwei Produkten getroffen werden muss, dann dienen diese Ziele als Referenz.

| **Orientierung an PM-Prozessen**: Brainstorming bei der Anforderungssuche birgt das Risiko von Lücken in sich. Wer sich an den PM-Prozessen orientiert, stellt sicher, dass die Rolle der Software in jeder Phase der Projekte und für jede Projektmanagement-Aufgabe berücksichtigt wird. Dabei sind auch mögliche Änderungen an den aktuellen Vorgehensweisen – aufgrund der kommenden technischen Unterstützung ebenso wie wegen methodischer Trends und aktueller Prozessschwächen – zu berücksichtigen. Mittels einer Chancen-Risiko-Analyse für die Projektaktivitäten können ebenfalls wichtige fachliche Anforderungen identifiziert werden.

| **Geschäftsanforderungen vor Tool-Features**: Der Blick auf die Methoden und Prozesse führt zu Anwendungsfällen. Diese Aufgaben, die im Projektmanagement zu erle-

digen sind, werden aus fachlicher Sicht und zunächst ohne konkreten Softwarebezug formuliert. Im nächsten Schritt kann dann definiert werden, welche Unterstützung die Softwarelandschaft liefern soll. Dies ergibt die Anforderungen an die neue Software, die sich so immer auf konkrete Anwendungsfälle zurückführen und damit klar begründen lassen.

- **Zwang zum Konkreten**: Anforderungen werden gerne unscharf formuliert, das spart Zeit und mitunter Diskussionen. Dies kann allerdings zu einem Scheinkonsens führen, wenn die Beteiligten am Ende dann zum Beispiel doch etwas Unterschiedliches unter »Ressourcenmanagement« verstehen. Es ist daher notwendig, die zukünftige Arbeit mit der Software möglichst konkret durchzuspielen (nach S. Freud: »Denken ist Probehandeln«). Oft werden dabei unterschiedliche Sichtweisen deutlich, die dann diskutiert werden können. Spätestens bei der Einführung, wenn die Software angepasst und Schnittstellen entworfen werden, würden diese Fragen ohnehin gestellt werden.

- **Gesamtbild berücksichtigen**: Auch wenn es um die Einführung einer PM-Software geht, muss die komplette Landschaft der in den Projekten genutzten Software berücksichtigt werden. Eine Systemlandkarte hilft dabei zu entscheiden, welche Funktionen von welcher Software abgedeckt werden und welches System für welche Daten führend ist. Die Stakeholder-Analyse liefert eine weitere Perspektive, um die Zusammenhänge der neuen Lösung zu bewerten. So kann die neue Software gegen andere bestehende oder noch einzuführende Systeme abgegrenzt werden. Die Nichtziele und Schnittstellen des Projekts werden deutlich.

- **Abschätzung von Kosten**: Um Lizenzkosten abzuschätzen, sind die zukünftigen Nutzerzahlen zu ermitteln. Dabei sollte zumindest zwischen PMO (Multiprojektzugriffe), Projektplanern (Erstellung und Änderung der Projektpläne) und Teammitgliedern (Selbstorganisation, Rückmeldungen) unterschieden werden, da auch die Lizenzmodelle der meisten Anbieter typischerweise Lizenzen in zwei bis drei Stufen entsprechend der Rolle der Anwender und dem damit genutzten Funktionsumfang der Software unterscheiden. Das gesamte Kostengerüst muss auch Trainings sowie Anpassungen in Bezug auf die bestehende und die neue Software abdecken. Insbesondere Schnittstellen sind aufwendig. Eine genaue Schätzung oder gar ein Festpreis ist deshalb kaum möglich, weil dazu jedes einzelne Produkt sehr genau analysiert werden muss. Eine anfängliche überschlägige Schätzung definiert das Budget, das mit wachsender Kenntnis der wahrscheinlichen Lösung immer weiter präzisiert wird.

- **Teststellung**: Eine Teststellung ist ein elementarer Bestandteil der Auswahl. Hier wird das aussichtsreichste Produkt im Rahmen von Beispielprojekten in ca. 4 bis 6 Wochen intensiv vom Auswahlteam und ausgewählten späteren Anwendern getestet. Testläufe überprüfen nochmals die getroffene Auswahl und verhindern böse Überraschungen. Die Teststellung ist aufwendig – dennoch sollte sie in einzelnen Fällen auch mit mehreren Produkten mehrfach durchgeführt werden, falls ansonsten keine klare Entscheidung möglich ist. Im Anschluss an die Teststellung lässt sich auch die Kostenschätzung nochmals präzisieren.

4.2.2 TIPPS ZUR EINFÜHRUNG

Key-User und Fachadministratoren: Viele Anpassungen an der Software lassen sich auch ohne die Unterstützung des Anbieters und der eigenen IT-Abteilung direkt durch Fachadministratoren vornehmen. Sie können beispielsweise Workflows und Auswertungen definieren. Key-User sind interne Anwender, die für bestimmte Funktionsbereiche (wie die Arbeitspaketplanung oder das Ressourcenmanagement) oder aber Anwendergruppen (etwa den Bereich Entwicklung) zuständig sind. Sie verkörpern das Scharnier zwischen der IT und den Fachanwendern. Die Rolle als Key-User erfordert zwingend ein entsprechendes Zeitbudget. Eine umfangreiche PM-Software zu betreiben, ohne dafür Personal bereitzustellen, funktioniert nicht. Zu den Fachadministratoren gehört auch das PMO. Wo dieses noch nicht existiert, ist die Einführung einer PM-Software ein guter Grund, über die Einführung eines PMO oder einer vergleichbaren Organisationseinheit nachzudenken.

Kein »Big Bang«: Eine neue PM-Software wird am besten nicht auf einen Schlag, sondern in mehreren Wellen eingeführt. Ein abgestuftes Vorgehen stellt sicher, dass im PMO ausreichend Kapazität vorhanden ist, um Anwender in der intensiven ersten Phase zu unterstützen. Erfahrungen aus der ersten Einführungsstufe können direkt in den folgenden Schritten berücksichtigt werden. Bei der Planung der einzelnen Stufen können sowohl die Zahl der beteiligten Anwender als auch die genutzten Funktionen nach und nach ausgebaut werden (Abbildung 2.7-8). Die Planung wird nach dem Abschluss jeder Stufe erneut überprüft.

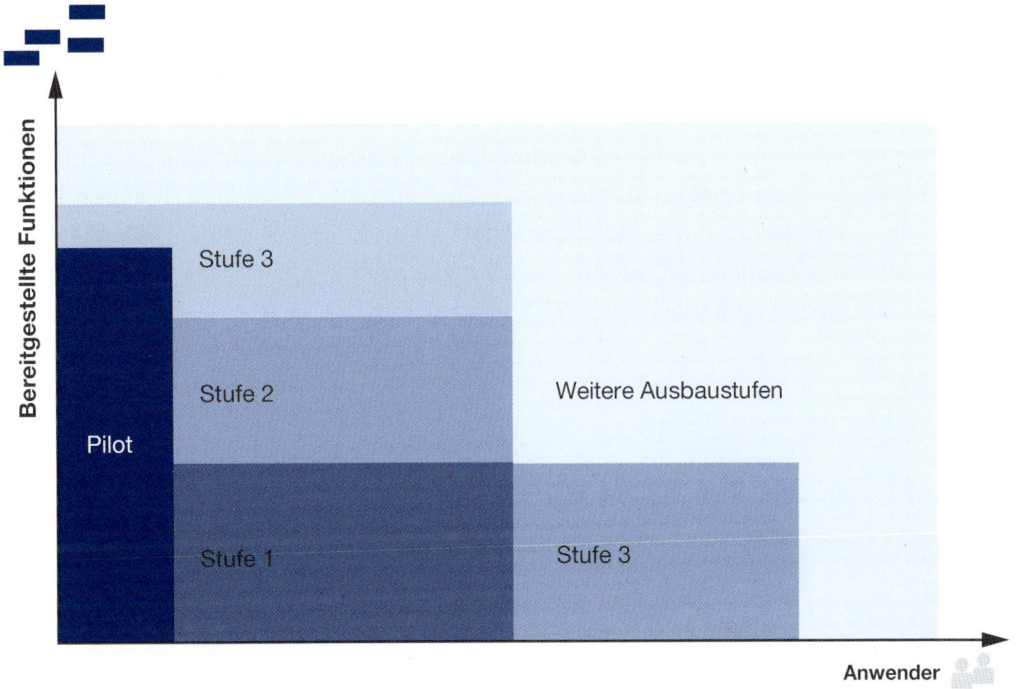

Abb. 2.7-8: Stufenweise Einführung

- **Pilotierung**: Bei der Pilotierung handelt es sich um die erstmalige Nutzung der Software mit produktiven Daten. Sie kann der ersten Einführungsstufe entsprechen. Häufig werden jedoch auch Anwender aus späteren Stufen mit einbezogen und Funktionen getestet, die erst im weiteren Verlauf vorgesehen sind: Ein Ressourcenmanagement ergibt zum Beispiel erst dann Sinn, wenn die Planungsqualität ausreichend ist, und wird daher oft erst zu einem späteren Zeitpunkt in Betrieb genommen. Im Rahmen der Pilotierung kann es dennoch mit einem kleinen Fachteam bereits genutzt werden. Auf eine Pilotierungsphase sollte nie verzichtet werden – und selbst dann, wenn die ausgewählte Software perfekt erscheint, sollten vertragliche Regelungen für einen Ausstieg nach der Pilotierung vorgesehen werden.

- **Prozessorientierte Trainings**: Mitarbeiter müssen beim Einstieg in die neue Software geschult werden. Diese Trainings erfolgen idealerweise anhand der PM-Prozesse und beantworten damit die Frage »Wie arbeiten wir in Projekten unter Verwendung der Software?«. Standard-Trainings der Anbieter beantworten die Frage »Welche Funktionen bietet die Software?«. Sie sind für Key-User interessant, damit diese die Möglichkeiten der Tools kennenlernen und in ihren Konzepten berücksichtigen können. »Normale« Anwender sollten dagegen möglichst direkt verwendbare Trainings anhand von realen Beispielen erhalten, die auf die konkrete Nutzung zugeschnitten sind. Dies erfordert Anpassungsaufwand für die Trainingsentwicklung, der auch in der Zeitplanung für die Einführung berücksichtigt werden muss.

- **Abschätzung von Kosten**: Die Erledigung dieser Aufgabe aus der Auswahlphase muss auch während der Einführung fortgesetzt werden. Die stufenweise Einführung bringt die nötige Flexibilität in das Projekt, Erfahrungen können unmittelbar genutzt werden. Eine zunächst vehement geforderte Schnittstelle erweist sich womöglich als nicht so dringend und eine geforderte wichtige Funktion für die Aufgabenplanung stellt sich in der Praxis vielleicht als zu umständlich heraus. Dies kann in den nächsten Einführungsschritten leicht korrigiert werden. Diese Flexibilität macht es jedoch unmöglich, einen genauen Leistungsumfang zum Festpreis zu definieren. Mit klaren Prioritäten für das Backlog sowie Aufwandsschätzungen für die einzelnen Teilpakete, mit transparenter Zusammenarbeit und idealerweise einem vereinbarten geteilten Risiko können die Kosten gesteuert werden (Opelt et al. 2014, S. 45 ff.).

WIEDERHOLUNGSFRAGEN

| Wie wird das Prinzip der losen Kopplung beim Design der IT-Unterstützung für das Projektmanagement beschrieben? Wo könnte es zur Anwendung kommen?

| Was sind die verschiedenen Arten von Software, die im Projektmanagement zum Einsatz kommen? Wie sollten die einzelnen Arten im Zuge der PM-Digitalisierung prinzipiell behandelt werden?

| Warum sollte bereits die Anforderungsermittlung für Softwareunterstützung im Projektmanagement als Beginn der Einführung der späteren Lösung verstanden werden? Welche Konsequenzen hat dies für den Auswahlprozess?

| Warum ist es bei der Digitalisierung des Projektmanagements wichtig, die PM-Prozesse und Methoden klar von den angrenzenden Fachdisziplinen und ihren Werkzeugen zu unterscheiden?

| Was sind die verschiedenen Schritte auf dem Weg zu einem digitalisierten Projektmanagement?

LITERATURVERZEICHNIS

Verwendete Literatur

Ahlemann, F. (2008): Social Software für das Projektmanagement: Grundlagen, Potenzialanalyse und Marktbewertung, in: Mayer, T.-L. (Hrsg.): Advanced Project Management: Herausforderungen – Praxiserfahrungen – Perspektiven, Berlin [u. a.], S. 33–52.

Ahlemann, F. (2009): Towards a conceptual reference model for project management information systems; in: International Journal of Project Management, 27, S. 19–30.

Dworatschek, S.; Hayek, A. (1992): Marktspiegel Projektmanagement Software, Verlag TÜV Rheinland, Köln.

Gronau, N. (2001): Industrielle Standardsoftware, Oldenbourg, München.

Hanschke, I.; Giesinger, G.; Goetze, D. (2016): Business Analyse einfach und effektiv, Hanser, München.

Kühl, S. (2011): Organisation – Eine sehr kurze Einführung, Wiesbaden, VS Verlag.

Meyer, M. M. (2016a), So finden Sie die passende PM-Software, Teil 1: Vom Softwarewunsch zur Longlist, in: projektmagazin.de, Ausgabe 20/2016, Teil 1 unter: https://www.projektmagazin.de/artikel/so-finden-sie-die-passende-pm-software-teil-1_1113363.)

Meyer, M. M. (2016b), So finden Sie die passende PM-Software, Teil 2: Von der Longlist zum Kaufabschluss, in: projektmagazin.de, Ausgabe 21/2016, unter: https://www.projektmagazin.de/artikel/so-finden-sie-die-passende-pm-software-teil-2_1114843.

Meyer, M. M. (2018): Software für Projektmanagement, 9. Auflage, BARC/GPM, Würzburg.

Opelt, A.; Gloger, B.; Pfarl, W.; Mittermayr, R. (2014): Der agile Festpreis, Hanser, München.

Shalev-Shwartz, S.; Ben-David, S. (2014): Understanding Machine Learning, University Printing House, Cambridge.

Teich, I.; Kolbenschlag, W.; Reiners, W; (2008): Der richtige Weg zur Softwareauswahl: Lastenheft, Pflichtenheft, Compliance, Erfolgskontrolle, Springer, Wiesbaden.

TSO The Stationary Office (2009): Managing Successful Projects with PRINCE2, Norwich.

3

KONTEXT-KOMPETENZEN (PERSPECTIVE)

Der Kompetenzbereich »Perspective« beschäftigt sich mit der Umgebung eines Projekts.

3.1 STRATEGIE

Autor: Steffen Scheurer
Prof. Dr. Steffen Scheurer lehrt an der Hochschule für Wirtschaft und Umwelt (HfWU) Nürtingen-Geislingen und ist dort Studiendekan des berufsbegleitenden MBA-Studienprogramms »Internationales Projektmanagement und Agiles Projekt- und Transformationsmanagement«. Er ist Autor zahlreicher Artikel und Mitautor eines Lehrbuches zum Thema »Projektmanagement«. Er hat über 20 Jahre Beratungserfahrung in den Bereichen Projektmanagement, Unternehmensführung und Controlling.

Co-Autor: Heinz Schelle
Prof. Dr. Heinz Schelle (1938) war nach dem Studium der Nationalökonomie als wissenschaftlicher Assistent tätig. Nach der Promotion wechselte er für sechs Jahre in die Industrie (Siemens AG). 1975 erhielt er einen Ruf auf eine Professur für BWL mit besonderer Berücksichtigung des Projektmanagements an der Universität der Bundeswehr München. 1979 gründete er zusammen mit Roland Gutsch und Prof. Dr. Reschke die GPM. Bis 1998 war er Mitglied des Vorstands. 30 Jahre lang war er für die Zeitschrift Projektmanagement aktuell verantwortlich.

INHALT

Strategie 306
Gegenstand und Aufgaben des Strategischen Managements 306
Ansätze des Strategischen Managements 308
Gestaltungsorientierte Modelle 308
Evolutionäre Ansätze 312
Strategisches Management und Projektmanagement 315
Projektmanagement als Führungskonzeption 316
Gestaltungsempfehlungen für ein Management durch Projekte 318

Strategische Planung 320
Strategische Zielbildung 322
Strategische Analyse 323
Umfeldanalyse 323
Unternehmensanalyse 325
SWOT-Analyse 325
Strategieentwicklung 326
Strategieumsetzung und -kontrolle 330

Strategieumsetzung mit Projekten 332
Multiprojektplanung 333
Qualitative Analyse 333
Quantitative Analyse 337
Nutzwertanalyse 341
Multiprojektumsetzung 342
Verknüpfung strategischer Erfolgsfaktoren mit den Projektzielen 343
Präzisierung der Projektziele mittels Key Performance Indikatoren (KPI) . . . 344

Wiederholungsfragen 346
Literaturverzeichnis 347

1 STRATEGIE

»Die Kompetenz Strategie definiert, wie Strategien verstanden und mithilfe von Projekten in handhabbare Elemente aufgeteilt werden. Diese Kompetenz definiert dafür ein leistungsstarkes Managementsystem, in dem Projekte bzgl. ihrer Ausrichtung an der Strategie und der Vision betrachtet und gesteuert werden, um sicherzustellen, dass sie möglichst stark mit der Mission und der Nachhaltigkeit der Organisation korrelieren.« (GPM 2017, S. 42).

Dieses Kompetenzelement wirft zunächst einen kurzen Blick auf die aktuellen Herausforderungen und Rahmenbedingungen der Strategieentwicklung. Darauf aufbauend, wird geklärt, was unter einer Organisationsstrategie zu verstehen ist und wie eine Organisation über das Durchlaufen eines strategischen Planungsprozesses zur Formulierung einer Strategie gelangt. In diesem Zuge wird darauf eingegangen, was strategische Erfolgsfaktoren sind und welche Rolle diese im Zuge einer Strategieumsetzung spielen.

Die Strategieumsetzung ist zugleich der wesentliche Anknüpfungspunkt für das Projektmanagement. Das Kapitel konkretisiert, welchen Beitrag das Projektmanagement im Rahmen der Strategieumsetzung eines Unternehmens leisten kann. Dafür wird das Projektmanagement als Führungskonzeption dargestellt. So verstanden, kommen dem Projektmanagement dann auch originäre strategische Aufgabenstellungen zu. Wie diese mittels Verknüpfung von strategischen Instrumenten und dem Projektmanagement bewältigt werden können, wird anhand des Beispiels der Balanced Scorecard (BSC) aufgezeigt. In diesem Zusammenhang wird auch veranschaulicht, wie strategische Erfolgsfaktoren über Projekte umgesetzt werden können und wie mit Key Performance Indicators (KPI) gemessen werden kann, ob die erwünschten strategischen Wirkungen tatsächlich erzielt werden.

1.1 GEGENSTAND UND AUFGABEN DES STRATEGISCHEN MANAGEMENTS

Die strategische Ausrichtung und somit die langfristige Entwicklung einer Organisation sind das zentrale Thema des Strategischen Managements: »Das Strategische Management befasst sich mit der zielorientierten Gestaltung von Unternehmen unter strategischen, d.h. langfristigen, globalen, umweltbezogenen und entwicklungsorientierten Aspekten« (Bea, Haas 2017, S. 23).

Die Aufgabe des Strategischen Managements besteht darin, eine Organisation erfolgreich in der Umwelt, insbesondere in ihrem Wirkungsbereich, zu positionieren sowie Potenziale und Kompetenzen in der Organisation aufzubauen, die nachhaltig zu Vorteilen gegenüber dem Wettbewerb führen (vgl. Bea, Haas 2017, S. 12).

Seit den Arbeiten von Ansoff (vgl. Ansoff, 1965 und 1979) besteht weitgehende Übereinstimmung dahin gehend, dass ein Erfolg versprechendes Strategisches Management einen Fit zwischen der Organisation und seinem Umfeld und den unternehmensinternen Führungssubsystemen herzustellen hat. Im unternehmerischen Umfeld lässt sich seit geraumer Zeit eine ganze Reihe von Trends ausmachen, die allesamt zu einer sich immer schneller wandelnden Welt in allen Lebensbereichen führen, damit natürlich auch zu einem schnelleren unternehmerischen Wandel (vgl. Bea, Haas 2017, S. 7 ff.).

Tab. 3.1-1: Makroökonomische, gesellschaftliche und technologische Trends

Makroökonomische Trends	Gesellschaftliche Trends	Technologische Trends
- Globalisierung bei gleichzeitiger Wahrung lokaler Zusammenhänge - Weltweite Verteilung von Expertenwissen - Herausbildung lokaler Wissenscluster, die über Ländergrenzen hinweg im Wettbewerb stehen - Erhöhte wirtschaftliche Dynamik durch wechselseitige Vernetzung der Volkswirtschaften - Globale Vernetzung des Wissens über gemeinsame Plattformen - Weltweiter Kampf um knappe Ressourcen	- Wachsende weltweite politische und gesellschaftliche Vernetzung - Kulturelle Vielfalt - Wachsende persönliche Mobilität - Zunehmende Individualisierung des Einzelnen - Mündiger und zeitnah informierter und engagierter Bürger, Konsument und Arbeitnehmer - Zunehmende Ausbildung von Spezialwissen - Industrie 4.0 und Digitalisierung führen zu neuen Arbeitsformen	- Informations- und Kommunikationstechnologie als Schrittmachertechnologie - Industrie 4.0 und Digitalisierung formieren die digitale Fabrik der Zukunft - Schnellere Produktlebenszyklen durch laufenden technologischen Fortschritt - Technologisches Expertenwissen liegt global verteilt vor - Technologische Innovationen bestimmen zunehmend über den Geschäftserfolg - Zunehmende Konvergenz von Technologien

Aus diesen Trends erwachsen steigende Anforderungen an die Fähigkeiten von Organisationen: Offenheit, Marktnähe und Kundenorientierung werden immer stärker gefordert. Die zentrale Herausforderung der strategischen Unternehmensführung muss vor diesem Hintergrund wohl als ein **proaktiver »Management des Wandels«** verstanden werden. Im Umgang mit dem Wandel spielen unternehmerische Kompetenzen, wie Flexibilität,

Kreativität, Innovationsfähigkeit und -bereitschaft, aber auch Geschwindigkeit und Entscheidungsfähigkeit, eine wichtige Rolle (→ Kapitel »Change und Transformation«).

Eine geschlossene Theorie des Wandels lässt sich in der Literatur nicht finden; stattdessen existiert eine Reihe von Ansätzen, die sich mit unterschiedlichen Aspekten des Wandels bzw. der Entwicklung von Organisationen befassen (vgl. Stetter 1994 sowie Gagsch 2002, S. 25 ff.). Im Folgenden werden Ansätze betrachtet, die sich schwerpunktmäßig mit dem Management des Wandels beschäftigen und die zugleich einen Bezug zum Projektmanagement zulassen: Die gestaltungsorientierten und die evolutionären Modelle der Unternehmensentwicklung. Auf der Grundlage der wichtigsten Aussagen dieser Ansätze lassen sich wichtige Anhaltspunkte ableiten, wie das Projektmanagement einen wertvollen Beitrag zur strategischen Ausrichtung von Organisationen leisten kann.

1.2 ANSÄTZE DES STRATEGISCHEN MANAGEMENTS

Grundsätzlich werden die Ansätze des strategischen Managements unterschieden in:

- **gestaltungsorientierte Ansätze** der Unternehmensentwicklung
- **evolutionäre Ansätze** der Unternehmensentwicklung

Diese Unterscheidung genügt, um die Bandbreite unterschiedlicher Gestaltungsempfehlungen im Umgang mit dem unternehmerischen Wandel zu verdeutlichen.

1.2.1 GESTALTUNGSORIENTIERTE MODELLE

Gestaltungsorientierte Modelle sehen die Entwicklung einer Organisation als Ergebnis eines formalen, rational planbaren und kontrollierbaren Steuerungsprozesses. Im Wesentlichen werden zwei grundlegende Gestaltungsansätze diskutiert, die jeweils völlig unterschiedliche Gestaltungsschwerpunkte für das Management vorschlagen.

Der »Market-based View of Strategy« versteht den unternehmerischen Erfolg als eine Funktion der Markt- bzw. Branchenstruktur sowie des auf diese Struktur abgestimmten Marktverhaltens des Unternehmens. Folglich kann ein Unternehmen dann mit einer dauerhaften strategiebezogenen Rendite rechnen, wenn es ihm gelingt, in einer attraktiven Branche eine nachhaltig verteidigbare Wettbewerbsposition zu beziehen und diese aufrechtzuerhalten. Der Hauptvertreter dieser Sichtweise ist Michael E. Porter. Nach Porter besteht die erste Aufgabe der wettbewerbsstrategisch sinnvollen Ausrichtung eines Unternehmens in der Analyse der Attraktivität der Branche, der das Unternehmen zuzurechnen ist. Nach der Analyse der Branchenattraktivität besteht die eigentliche Gestaltungsaufgabe in der Auswahl und Umsetzung der für die jeweilige Branchenstruktur geeigneten Wettbewerbsstrategie.

Somit ist eine nachhaltig erfolgreiche Unternehmensentwicklung aus dem Blickwinkel des »Market-based View of Strategy« das Resultat von rational geplanten Gestaltungshandlungen, die sich primär an externen Strukturen ausrichten und sich v. a. in Erfolg versprechenden Produkt-/Marktkombinationen zeigen. Der Erfolg der Unternehmensentwicklung zeigt sich in der Erzielung einer nachhaltigen Rendite und wird damit in rein monetären Größen ausgedrückt.

Nach dem »Resource-based View of Strategy« ergibt sich der Unternehmenserfolg nicht primär aus der Marktattraktivität, sondern vielmehr aus den spezifischen Ressourcen eines Unternehmens und aus den auf diese Ressourcen abgestimmten wettbewerbsstrategischen Verhaltensweisen. Diese Autoren sehen also die Gestaltungsaufgabe des Managements im Aufbau von besonderen Unternehmensressourcen, um sich so langfristig von anderen Unternehmen durch besondere organisationale Fähigkeiten abzuheben. Dabei wird angestrebt, dass sich die so aufgebauten besonderen Unternehmensfähigkeiten auch in einem überdurchschnittlichen unternehmerischen Erfolg niederschlagen.

Hamel/Prahalad haben die theoretischen Grundlagen des Resource-based View of Strategy in ein praktisch anwendbares Managementkonzept eingearbeitet. Sie führen eine langfristig erfolgreiche Unternehmensentwicklung auf die Schaffung einzigartiger Ressourcen im Unternehmen und auf deren besondere Kombination zu Kernkompetenzen zurück. Kernkompetenzen zeichnen sich aus Sicht dieser Autoren durch folgende Merkmale aus (vgl. Hamel/Prahalad 1996, S. 224 ff.):

- Kernkompetenzen müssen zu den von den Kunden wahrgenommenen Vorzügen des Endprodukts einen erheblichen Beitrag leisten.

- Kernkompetenzen müssen einzigartig sein und sich von den Kompetenzen der Wettbewerber nachhaltig abheben. Zudem dürfen Kernkompetenzen von Konkurrenten nur schwer imitierbar sein. Man spricht dann oft von einem Alleinstellungsmerkmal, erfasst durch den Begriff »USP«, Unique Selling Proposition.

- Kernkompetenzen müssen das Unternehmen dazu befähigen, neue Marktperspektiven über das Angebot neuer Produkte und Dienstleistungen auf dem vorhandenen Markt zu gewinnen oder einen Zugang zu neuen Märkten zu schaffen.

Hamel/Prahalad unterstellen gemäß der ressourcenorientierten Sichtweise, dass durch den Aufbau von Kernkompetenzen unternehmensinterne Wettbewerbsvorteile gegenüber der Konkurrenz geschaffen werden können, die eine nachhaltigere Wirkung erzielen als rein marktbezogene Wettbewerbsvorteile. Die Abbildung 3.1-1 stellt die grundlegenden Aussagen des Ansatzes übersichtlich dar.

Abb. 3.1-1: Wettbewerbsvorteile durch den Aufbau von Kernkompetenzen

Wettbewerb findet sowohl auf der Ebene der Kernkompetenzen, der Kernprodukte als auch schlussendlich auf der Ebene der Endprodukte statt. Eine langfristige Erfolgssicherung ergibt sich nun aber nicht allein durch eine herausragende Produkt-/Marktposition, sondern vielmehr durch den Aufbau und die Nutzung von Kernkompetenzen.

Während dieser Ansatz insgesamt noch stark an technologisch orientierten Kernkompetenzen ausgerichtet ist, gewinnt mittlerweile innerhalb der ressourcenorientierten Literatur die inhaltlich weiter gefasste Diskussion um »organizational capabilities« breiteren Raum.

Unter »organizational capabilities« werden organisationale Fähigkeiten, wie z. B. strukturelle Flexibilität oder Lernfähigkeit verstanden. Diese Fähigkeiten schlagen sich in organisationalen Routinen nieder und werden so zu Wissen der Organisation. Die Summe des relevanten Wissens in einem Unternehmen wird mit der organisationalen Wissensbasis umschrieben, die sich aus individuellen und personenunabhängigen Wissensbeständen zusammensetzt.

Diese Wissensbasis wird durch gezieltes organisationales Lernen strategisch verändert und weiterentwickelt (vgl. Probst, Raub, Romhardt 2006, S. 24).

Einige wichtige Punkte aus diesem Konzept des Wissensmanagements sind:

| Das Konzept des Wissensmanagements ist in die strategische Ausrichtung des gesamten Unternehmens eingebettet und dient der Generierung von zukünftigen Unternehmenskompetenzen, die für die Erzielung nachhaltig überdurchschnittlicher Renditen benötigt werden.

| Aus dem Abgleich von vorhandenem und zur strategischen Zielverfolgung benötigtem Wissen resultiert die Notwendigkeit zu externer Wissensbeschaffung und interner Wissensentwicklung. Als besonders wichtig wird dabei die Wissensentwicklung

in Form eines breit angelegten Innovationsmanagements gesehen, das nicht nur Produkt-, sondern auch Prozess- und Sozialinnovationen umfasst und das sich in neuen organisationalen Fähigkeiten niederschlägt. Als Voraussetzung für ein solches Innovationsmanagement sind durch eine entsprechende Kontextsteuerung Freiräume für individuelle und kollektive, in Teams stattfindende Wissensentwicklungen zu schaffen.

| Der Übergang von individuellem Wissen zu Teamwissen und zu personenunabhängigem Organisationswissen rückt in den Blickpunkt der Betrachtung. Die Verteilung des Wissens in der Organisation ist eine an den übergeordneten Zielsetzungen und den daraus abgeleiteten Kriterien orientierte Aufgabe. Bei der Wissensverteilung geht es um die Wissensmultiplikation durch eine schnelle Wissensübermittlung an eine Vielzahl von Mitarbeitern, um die Sicherung und Teilung vergangener Erfahrungen sowie um die Entwicklung neuen Wissens durch simultanen Wissensaustausch.

Insgesamt gesehen, liegt diesem Modell das Bestreben zugrunde, einerseits Wissen als eine zentrale strategische Ressource zu begründen und andererseits Erklärungsversuche zu unternehmen, welche Aktivitäten des Wissensmanagements notwendig sind, um über das Management der Ressource »Wissen« tatsächlich zu nachhaltigen Wettbewerbsvorteilen zu gelangen.

Die Ansätze des Resource-based View of Strategy erfahren mit dem Ansatz der »Dynamic Capabilities« von Teece nochmals eine deutliche Ausweitung und Akzentuierung im Hinblick auf deren konsequente Betrachtung vor dem Hintergrund der Umfelddynamik von Organisationen (vgl. Teece 2009, S. 3). Gemäß Teece reicht es in einem äußerst dynamischen Umfeld nicht mehr aus, nur schwer imitierbare intangible Ressourcen aufzubauen, vielmehr müssen zusätzlich schwer imitierbare »Dynamic Capabilities« aufgebaut werden. Im Grunde handelt es sich hierbei um Fähigkeiten, die es dem Unternehmen erlauben, sich ständig und fortlaufend zu erneuern, um so die unternehmerische Ressourcenbasis im Verhältnis zum Wettbewerb ständig einzigartig zu erhalten und sich flexibel an die sich verändernden Marktbedürfnisse anzupassen.

Mit der Betonung dieser Metafähigkeiten rückt Teece (vgl. Teece 2009, S. 65 ff.) auch die zentrale Rolle des Entrepreneurs im Management in den Vordergrund. Zum einen bedarf es eines im Schumpeterschen Sinne unternehmerisch denkenden Managements, um die Dynamic Capabilities zu pflegen und ständig weiterzuentwickeln. Zum anderen besteht die wesentliche Aufgabe eines unternehmerisch denkenden Managements darin, mithilfe der Dynamic Capabilities den Aufbau und die Weiterentwicklung von einzigartigen Ressourcen so zu steuern, dass durch ihre spezielle Rekombination oder Ausformung immer wieder von Neuem die dynamisch sich verändernden Marktbedürfnisse bedient werden können. Da einzigartige Ressourcen zunehmend aus Wissen bestehen, Wissen aber an die Wissensträger gekoppelt ist, betont Teece die wichtige Rolle dieser Wissensträger und die Bedeutung des konsequenten Managements dieser Wissensträger und deren Kombination in »virtuoso teams« (Teece 2009, S. 224 ff.). Diese sind außerordentlich produktive Teams mit herausragenden innovativen Ergebnissen.

Zusammenfassend kann festgestellt werden, dass aus der gestaltungsorientierten Perspektive jede Unternehmensentwicklung immer direkt auf die Gestaltungshandlungen des Managements zurückzuführen ist.

Hinsichtlich der Gestaltungsobjekte werden jedoch offensichtlich unterschiedliche Vorschläge formuliert. Als Gestaltungsschwerpunkt wird aus Sicht des »Market-based View of Strategy« der Aufbau von geeigneten Produkt-/Marktkombinationen genannt. Aus Sicht des »Resource-based View of Strategy« sollte der Gestaltungsschwerpunkt auf dem Aufbau und auf der Kombination einzigartiger Ressourcenpositionen liegen, insbesondere sollten »intangible assets«, also Wissen oder organisationale Metakompetenzen, entwickelt werden. Zugleich werden zunehmend die Bedeutung des Entrepreneur-Managers und die Bildung von Hochleistungsteams für die Kombination der Ressourcen hervorgehoben. Dabei spielt das Individuum als Träger oder Mittler der Ressource »Wissen« eine zunehmende wichtige Rolle in den ressourcenorientierten Ansätzen der Unternehmensführung.

Vom Management sollten folglich gleichermaßen beide Gestaltungsfelder, also sowohl die Marktstrukturen als auch die interne Ressourcenkombination, bei der Steuerung der Unternehmensentwicklung beachtet werden.

1.2.2 EVOLUTIONÄRE ANSÄTZE

Alle Evolutionsmodelle der Unternehmensentwicklung gehen letztlich auf Analogien zur Entwicklung von physikalischen oder biologischen Systemen zurück und stehen damit in direktem Bezug zum modernen evolutions- und systemtheoretisch geprägten Weltbild. Es wird unterstellt, dass sich die Evolutionsdynamik dieser naturwissenschaftlichen Systeme in modifizierter Weise auch auf Organisationen übertragen lässt. Es liegt somit die Vorstellung zugrunde, dass sich verschiedene Elemente einer Organisation im Rahmen der allgemeinen Entwicklungsdynamik autopoetisch, d.h. eigenständig und selbstreferenzierend, verändern und, parallellaufend, auf ihre Eignung für die zukünftige Entwicklung überprüft werden. Diejenigen Elemente, die zu positiven Eigenschaften für die zukünftige Organisationsentwicklung führen, werden beibehalten, die anderen Elemente werden ausselektiert. Demnach unterliegen aus dieser Sicht auch soziale Systeme dem evolutionären Dreischritt aus Variation, Selektion und Retention nach Darwin.

In den neueren Evolutionsmodellen der Organisationsentwicklung wird das Ergebnis des Evolutionsprozesses als Konsequenz einer inneren Kohärenz und zugleich als Konsequenz der Stimmigkeit des entstandenen Evolutionsergebnisses mit seiner Umwelt gesehen (vgl. Probst 1987). Die innere Kohärenz ist dabei als Ausdruck der Selbstorganisation des Systems zu verstehen. Damit werden externe Adaptionsmechanismen und interne Selbstorganisationsprozesse zunehmend als gleichgewichtige Entwicklungsursachen von Unternehmen qualifiziert.

So unterschiedlich die Betrachtungsobjekte der evolutionären Ansätze auch sein mögen, bezüglich der Gestaltungsmöglichkeiten der Unternehmensentwicklung besteht Einigkeit: Grundsätzlich verweist die Evolutionsdynamik auf eine offene Zukunft. Trotzdem ist eine Einflussnahme auf die Entwicklung der Organisation möglich, zwar nicht im Sinne einer unmittelbaren Gestaltung, sondern im Sinne einer Kanalisierung des evolutionären Entwicklungsverlaufs. Diese Position wird auch als begrenzter Voluntarismus bezeichnet, d. h., nur begrenzt vom Willen gesteuert (siehe Kirsch 1998, S. 115).

Begrenzt voluntaristische Evolutionsmodelle schließen eine direkte und unmittelbar zielorientierte Steuerbarkeit der Organisationsentwicklung zunächst aus. Sie räumen dem Management jedoch indirekte Gestaltungsmöglichkeiten ein, mit denen die Evolutionsprozesse zwar nicht beherrscht, jedoch immerhin kanalisiert werden können.

Dies wird anhand der Konzeptionen von Malik und Probst, Klimecki, Eberl, allesamt Vertreter der St. Gallener Managementschule, deutlicher.

Malik plädiert dafür, das Problem der Komplexitätsbeherrschung mithilfe eines systemisch-evolutionären Managementansatzes zu lösen, der sich an der Vorstellung einer spontanen, sich selbst organisierenden Ordnung ausrichtet, wie sie bei lebenden Organismen zu finden ist (vgl. Malik 1989, S. 38 f.). Dahinter steht die Vorstellung, dass eine Komplexitätsbeherrschung im Rahmen eines rein rational planenden menschlichen Handelns nicht möglich ist. Zwar entstehen durch ein solches Handeln auch Ordnungen, i. d. R. jedoch nicht die eigentlich beabsichtigten Ordnungen, sondern eher eine Mischung aus beabsichtigten und spontan entstehenden Ordnungen.

Malik präsentiert im Rahmen seiner Konzeption des Managements komplexer Systeme ein kybernetisches Gestaltungsmodell, das aus seiner Sicht die »optimalen Voraussetzungen für die Lösung des Problems der Komplexitätsbewältigung« schafft und zugleich Strukturen aufweist, »die für die Lebensfähigkeit eines jeden Systems notwendig und hinreichend sind« (Malik 1989, S. 175). Weiterhin versteht Malik (1989, S. 80) unter dem Begriff der Lebensfähigkeit folgende Systemeigenschaften:

- Fähigkeit zur Identitätswahrung
- Anpassungsfähigkeit
- Lernfähigkeit
- Entwicklungsfähigkeit

Strategisches Management besteht für Malik nicht mehr in der Lösung konkreter strategischer Steuerungsprobleme, sondern vielmehr in der bewussten und zweckorientierten Gestaltung einer Systemstruktur, die genügend Raum für den Ablauf spontaner Ordnungsprozesse lässt. Strategisches Management findet somit nicht auf der konkreten Objektebene, sondern auf einer Metaebene statt.

Während im Ansatz von Malik das Augenmerk vor allem auf die Fragestellung des Überlebens im Sinne der Aufrechterhaltung des Systems gerichtet ist, steht für Probst, Klimecki, Eberl in ihrem Ansatz des entwicklungsorientierten Managements die Steigerung der Veränderungsfähigkeit der Organisation im Mittelpunkt modernen Managements. Diese soll v. a. durch eine systemische und entwicklungsorientierte Ausrichtung des Managements erfolgen. Die Autoren betonen dabei die aktive und selbstbestimmende Rolle eines jeden Organisationsmitglieds als Initiator und Träger systemischer Veränderungsprozesse. Das Ziel des Managements »ist die Entwicklung des Systems. Diese ist gleichbedeutend mit einer Erhöhung des systemischen Problemlösungspotenzials« (Klimecki, Probst, Eberl 1994, S. 24).

Zusammenfassend kann festgestellt werden, dass evolutionäre Managementmodelle unternehmerisches Handeln vor dem Hintergrund sich fortlaufend dynamisch wandelnder Unternehmensumfelder begreifen. Das Unternehmen wird als evolvierendes und entwicklungsfähiges offenes System charakterisiert. Vor diesem Hintergrund sind gezielte Gestaltungseingriffe in die Unternehmensentwicklung zwar nicht sinnlos, es muss jedoch davon ausgegangen werden, dass die ursprüngliche Gestaltungsintention nicht voll zur Umsetzung gelangt. Hierfür sorgt die selbstorganisierende Eigendynamik des evolvierenden Unternehmens. Damit gewinnt das Verständnis der strategischen Unternehmensplanung, um die es hier zentral geht, eine Erweiterung im Sinne ihrer Planbarkeit und Umsetzungswahrscheinlichkeit.

Deshalb stehen bei den evolutionären Modellen der Organisationsentwicklung die indirekt ausgerichteten Steuerungsempfehlungen im Vordergrund. Die Steuerung der Organisationsentwicklung soll eher mittelbar über die sinnhafte und strukturelle Kanalisierung der ablaufenden Selbstorganisationsprozesse erfolgen. Damit ist nichts anderes gemeint als der Aufbau organisationaler Kompetenzen zur gezielten Steigerung der Entwicklungsfähigkeit der Organisation. Hierbei wird insbesondere auf den Aufbau von Metafähigkeiten, wie auf die Kommunikations- und auf die individuelle und organisationale Lernfähigkeit, verwiesen.

Der Aufbau von Kommunikationsfähigkeit, organisationaler Lernfähigkeit und strategischer Kompetenz setzt jedoch eine Demokratisierung der strategischen Steuerung voraus (vgl. Zahn 1999, S. 15). Strategische Steuerung so verstanden, ist partizipativ ausgerichtet und verlangt nach einer weitgehenden Entscheidungs- und Verantwortungsdezentralisierung. Hier liegt die Idee zugrunde, dass über die Förderung einer Vielzahl kreativer Selbstorganisationsprozesse eine proaktive Entwicklung der Organisation möglich wird. So soll nicht nur eine Anpassung der Organisation an das sich wandelnde Umfeld vorgenommen werden. Vielmehr soll über die kontinuierliche Entwicklung von Strategieinnovationen der Wandel der Organisationsumwelt aktiv geprägt werden, um so fortlaufend immer wieder neue Wettbewerbsvorteile zu generieren.

1.3 STRATEGISCHES MANAGEMENT UND PROJEKTMANAGEMENT

Die Unternehmensführung steht offensichtlich vor der Herausforderung, die sich immer schneller wandelnden Beziehungen zwischen Umwelt und Unternehmung möglichst frühzeitig wahrzunehmen und in die unternehmerischen Entscheidungen miteinzubeziehen. Flexibilität und Entwicklungsfähigkeit der Organisation müssen erhöht werden, um mit den sich immer wieder ändernden Situationen umzugehen.

Im Umgang mit Wandel spielen unternehmerische Kompetenzen, wie Flexibilität, Kreativität, Innovationsfähigkeit und Innovationsbereitschaft, aber auch Geschwindigkeit und Entscheidungsfähigkeit, eine wichtige Rolle. Dies bedingt den Aufbau einer breit in der Organisation verankerten organisationalen Lernfähigkeit sowie die Entwicklung einer breit angelegten strategischen Kompetenz. Genau hier schließt sich der Kreis zwischen Unternehmensführung und Projektmanagement.

Die Organisation des Geschäftes im Rahmen von Projekten verspricht einen adäquaten Umgang mit den ständig wachsenden Herausforderungen vonseiten der Umwelt und des Kunden. Mittels Projektmanagement ergibt sich praktisch automatisch eine Flexibilisierung der Organisation sowie der konkreten Arbeitssituation der benötigten Wissensträger. Projektmanagement benötigt eine eigenständige, flexiblere Sekundärstruktur und ermöglicht, aus Sicht des Multiprojektmanagements betrachtet, eine Flexibilisierung der strategischen Ausrichtung. Im Grunde kann die Gesamtstrategie einer Organisation mittels Multiprojektmanagement in eine Reihe konsistenter Strategiebündel zerlegt und somit flexibel gesteuert werden. Projektmanagement findet in dezentralen Projektteams statt, die nahe am jeweiligen Markt und Kunden arbeiten. Zudem können die im Projekt benötigten Wissensträger schnell, flexibel und weltweit miteinander vernetzt werden. Damit sind Projekte prädestiniert für eine frühe Wahrnehmung von Veränderungen. Dies macht sie zu einem idealen Nukleus für eine lernende Organisation.

Hinzu kommt die Tatsache, dass in der Praxis zunehmend höhere Umsatzanteile von Organisationen über Projekte abgewickelt werden. Folglich hängen zunehmend auch die Wertsteigerungspotenziale der Unternehmen vom Projektmanagement ab. Neben der Frage der Effizienz der Einzelprojektabwicklung stellt sich damit zunehmend auch die Frage nach der Effektivität der gesamten »Projektlandschaft« einer Organisation. Aus diesem Grunde ist es erforderlich, Projektmanagement neu im Kontext der Unternehmensführung zu interpretieren. Projektmanagement muss als Führungskonzeption gesehen werden (vgl. Bea, Scheurer, Hesselmann 2011, S. 5 ff.).

1.3.1 PROJEKTMANAGEMENT ALS FÜHRUNGSKONZEPTION

»Eine Führungskonzeption beschreibt die grundsätzliche Ausrichtung der Unternehmensführung bei der zielorientierten Gestaltung des Unternehmens. Sie äußert sich in den Zielen, den Aufgaben und den Methoden der Führung. Wird das Projektmanagement als Führungskonzeption verstanden, so bedeutet dies, dass die Ziele, die Aufgaben und die Methoden des Projektmanagements unmittelbar mit der strategischen Entwicklung des Unternehmens verknüpft werden müssen.« (Bea, Scheurer, Hesselmann 2011, S. 8).

Wenn Projektmanagement als Führungskonzeption verstanden wird, kann Projektmanagement nicht mehr nur als Abwicklung einzelner Projekte verstanden werden, vielmehr muss sich das Management einer Organisation auf den Weg zu einer projektorientierten Organisation machen. Welche Entwicklungsschritte auf diesem Weg grob abgegrenzt werden können, veranschaulicht Abbildung 3.1-2:

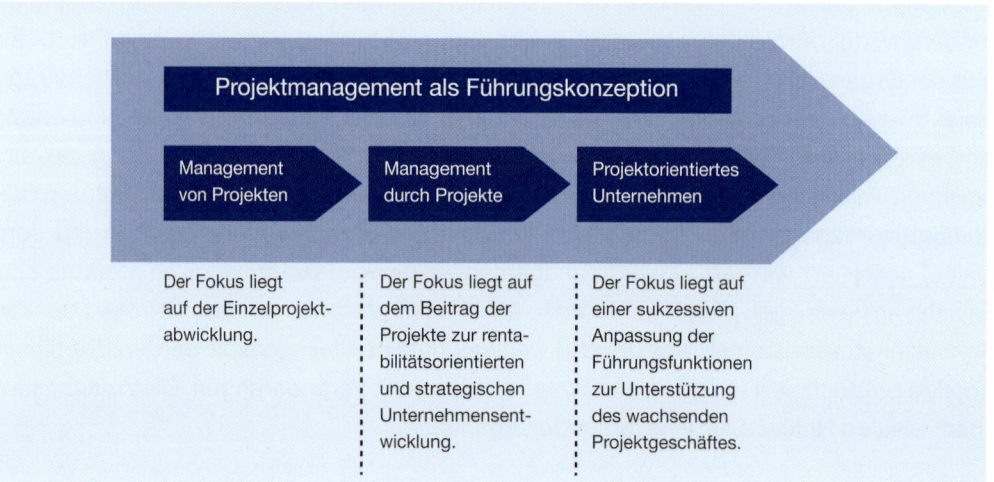

Abb. 3.1-2: Entwicklungsschritte des Projektmanagements (in Anlehnung an Bea, Scheurer, Hesselmann 2011, S. 24)

Hierbei handelt es sich nicht um klar abgrenzbare und eindeutig definierbare Entwicklungsschritte, sondern um eine sukzessive Entwicklung auf einem Kontinuum. Bestimmte Kennzeichen eines projektorientierten Unternehmens können beispielsweise bereits bei einem »Management durch Projekte« angelegt, aber noch nicht umfassend und mit voller Konsequenz umgesetzt worden sein. Die einzelnen Entwicklungsschritte lassen sich grob wie folgt skizzieren:

| Management **von** Projekten
  - Möglichst effiziente Abwicklung von Einzelprojekten

- Management **durch** Projekte
  - Planung, Umsetzung und Kontrolle einer Vielzahl von Projekten
  - Projektmanagement wird zum Bestandteil der Unternehmensführung
  - Projekte als Mittel der Unternehmensentwicklung und als Mittel der Steigerung des Unternehmenswertes
- Projektbasiertes Unternehmen
  - Projekte als »Kern« des Geschäftes
  - Projektorientierter Umbau der Führungssubsysteme
  - Projektorientierte Unternehmenskultur
  - Weitestgehende Entscheidungsdezentralisierung mit einem Empowerment der Projektteams
  - Hohe Bedeutung von organisationalem und persönlichem Wissensaufbau

Bereits im Hinblick auf die Ziele des Projektmanagements wird die neue Sichtweise deutlich: Die Ziele des Projektmanagements beschränken sich nicht mehr ausschließlich auf die effiziente Abwicklung von Einzelprojekten, vielmehr muss das Projektmanagement einen eigenständigen Beitrag zur strategischen Entwicklung des Unternehmens und zur Steigerung des Unternehmenswertes leisten. Aus einem reinen Management **von** Projekten wird ein Management **durch** Projekte.

Für ein **Management durch Projekte** ergeben sich somit folgende Ziele:

- **Strategische Unternehmensentwicklung**
  Über die Auswahl und Kombination der internen und externen Projekte einer Organisation ist sicherzustellen, dass die strategischen Entwicklungsziele der Organisation erreicht werden. An die Stelle einer eher zufallsbehafteten Abwicklung sukzessiv auftretender Projekte muss somit das gezielte Management eines Projektportfolios treten, das auf der Grundlage eines systematischen Prozesses gefüllt wird.

- **Steigerung des Unternehmenswertes**
  Dies bedeutet, dass das Projektportfolio mittel- bis langfristig zu einer Wertsteigerung der Organisation beitragen muss, die den Erwartungen des Kapitalmarktes an die Organisation entspricht.

Aus diesen Zielsetzungen ergeben sich nun unmittelbar die Aufgaben des Managements durch Projekte:

- Zusammenstellung eines Projektportfolios, das zum einen die strategische Ausrichtung des Unternehmens ausdrückt und verwirklicht, zum anderen die aus Sicht des Kapitalmarktes notwendigen Wertsteigerungen des Unternehmens ermöglicht.

- Umsetzung und Kontrolle der angestrebten strategischen Unternehmensentwicklung und Unternehmenswertsteigerungen durch ein systematisches Multiprojektmanagement.

Auf die Aufgaben, die sich aus der weiteren Entwicklung von Organisationen in Richtung einer projektorientierten Organisation ergeben, wird an dieser Stelle nicht weiter eingegangen.

1.3.2 GESTALTUNGSEMPFEHLUNGEN FÜR EIN MANAGEMENT DURCH PROJEKTE

Nachdem die Ziele und die Aufgaben eines Managements durch Projekte geklärt worden sind, stellt sich nun natürlich die Frage nach den konkreten strategischen Erfolgsfaktoren, die mittels Projekte umgesetzt werden sollen. Diese strategischen Erfolgsfaktoren leiten sich aus den Ansätzen des Strategischen Managements ab, die ja ihrerseits Empfehlungen abgeben, wie eine nachhaltig verteidigbare strategische Erfolgsposition für eine Organisation geschaffen werden kann. Dementsprechend sollte dann mittels Projekte an der Konkretisierung und Umsetzung dieser strategischen Erfolgspositionen gearbeitet werden.

Hier werden zunächst nochmals die verschiedenen strategischen Ansätze im Überblick zusammenfassend dargestellt und dahin gehend beleuchtet, welche strategischen Erfolgspositionen generell infrage kommen. Im Abschnitt 2 Strategische Planung beschäftigen wir uns dann mit der Ableitung konkreter strategischer Erfolgsfaktoren. In Abschnitt 3 Strategieumsetzung in Projekten zeigen wir auf, wie mittels Projekten zur Realisierung der strategischen Erfolgsfaktoren im Rahmen der Strategieumsetzung beigetragen werden kann.

Abbildung 3.1-3 veranschaulicht die verschiedenen strategischen Ansätze und die zugehörigen strategischen Erfolgspositionen. Wie aus dem Überblick deutlich wird, ergeben sich interessante Parallelen zwischen gestaltungsorientierten und evolutionären Managementansätzen. Je stärker die Unsicherheit und Dynamik der Unternehmensentwicklung mit in die Betrachtung einbezogen werden, desto eher setzen beide Managementrichtungen auf den Aufbau von organisationalen Kompetenzen zur Erhöhung der Flexibilität und der Entwicklungsfähigkeit des Unternehmens.

Von besonderer Bedeutung wird dabei die Thematik des organisationalen Lernens als Mechanismus zur Entwicklung von Organisationsressourcen und damit als zentrale Voraussetzung für die Entwicklungsfähigkeit des Unternehmens verstanden. Die evolutionären Ansätze sehen den Aufbau organisationaler Kompetenzen sogar als Form der indirekten, quasi strukturellen Steuerung zur Kanalisierung der Selbstorganisationsmechanismen der Organisation.

Auch hinsichtlich der Bedeutung einer echten unternehmerischen Einflussnahme im Hinblick auf die Strategieentwicklung, vor allem aber im Hinblick auf die Strategieumsetzung sind sich beide Managementausrichtungen im Grunde durchaus nahe. Allerdings konzentrieren sich die gestaltungsorientierten Ansätze mit der Betonung

Ansätze des Strategischen Managements

Gestaltungsmodelle

Unternehmensentwicklung wird als unmittelbare Folge der Gestaltungshandlungen des Managements verstanden. Die Unternehmensentwicklung kann somit im Grunde als formaler, rational planbarer und kontrollierbarer Steuerungsprozess begriffen werden.

Evolutionäre Modelle

Unternehmensentwicklung wird als Folge einer Mischung aus einem emergent ablaufenden Evolutionsprozess und Gestaltungshandlungen des Managements verstanden. Die Unternehmensentwicklung ist somit nur begrenzt durch direkte Steuerungseingriffe beeinflussbar.

Ansätze	Strategische Erfolgspositionen
Market-based View	- Auswahl der Branche mit einer attraktiven Branchenstruktur - Setzung erfolgsversprechender Produkt-/Marktkombinationen durch Kostenführerschaft oder durch Differenzierung - Verteidigung der Wettbewerbsvorteile durch Errichtung von Markteintrittsbarrieren
Resource-based View	- Aufbau von einzigartigen und schwer imitierbaren Ressourcen - Kombination dieser Ressourcen zu (Kern-) Kompetenzen

Knowledge-based View	- Konzentration auf den Aufbau von intangiblen Ressourcen, insbesondere in Form von:
	  - Wissen
	  - organisationalen Routinen

Dynamic Capabilities	- Aufbau von organisationalen Fähigkeiten und Managementfähigkeiten, die eine ständige umwelt- und marktadäquate Erneuerung der Unternehmenskompetenzen erlauben

Ansätze	Strategische Erfolgspositionen
Evolutionäres Management nach der St. Galler Schule (Malik, Probst)	- Strukturelle Steuerung zur Unterstützung und Kanalisierung der ablaufenden Selbstorganisationsprozesse - Symbolische Gestaltung zur Vermittlung eines Sinnrahmens als gemeinsame Grundlage einer spontanen Ordnungsbildung
Entwicklungsorientiertes Management (Klimecki, Probst, Eberl)	- Bereitstellen von Rahmen- und Prozessbedingungen für die selbstorganisatorische Ausbildung eines gemeinsamen Sinnzusammenhanges - Förderung des organisationalen Lernens - Dezentralisierung von Entscheidungsmacht Verantwortung mit loser Kopplung zwischen Subsystemen - Eröffnung von Interaktionsspielräumen zur Förderung der Selbstorganisation

Abb. 3.1-3: Ansätze des Strategischen Managements im Überblick (in Anlehnung an Bea, Scheurer, Hesselmann 2011, S. 497)

eines Entrepreneurs stärker auf eine zentrale Gestaltungsinstanz und fordern, diese Gestaltungsinstanz durch die Unterstützung mittels der zusätzlichen Autorität des Topmanagements möglichst handlungsfähig zu machen. Ergänzend wird durchaus die Bedeutung von Expertenteams thematisiert. Diese Teams haben jedoch einen stärker instrumentellen Charakter, als dies im Rahmen der evolutionären Managementansätze der Fall ist.

Evolutionäre Ansätze setzen vor allem auf eine dezentrale, in Teams organisierte strategische Kompetenz. Damit kommt diesen Teams gerade auch im Hinblick auf die Selbstorganisationsmechanismen einer Organisation eine eigenständige strategische Steuerungsbedeutung zu. Damit bleibt über den Aufbau bestimmter organisationaler Fähigkeiten und die Gestaltung von entwicklungsorientierten strukturellen Rahmenbedingungen ausreichend Raum für die Entwicklung emergenter Strategiemuster.

Zusammenfassend kann konstatiert werden, dass alle Autoren – und zwar unabhängig davon, ob aus gestaltungsorientierter oder aus evolutionärer Sicht – Steuerungsvorschläge unterbreiten, mit denen eine erfolgreiche Entwicklung der Organisation gesichert werden soll. Es lassen sich auf einer theoretisch gesicherten Basis keine eindeutigen Präferenzen hinsichtlich der Richtigkeit einzelner Steuerungsvorschläge ableiten. Aus diesen Gründen liegt es nahe, von einer möglichst umfassenden strategischen Steuerung auszugehen, der folgende Aufgaben zukommen:

- Entwicklung und Durchführung strategischer Steuerungsmaßnahmen, die zu direkten Wettbewerbsvorteilen über den Aufbau von nachhaltig Erfolg versprechenden Produkt-/Marktkombinationen führen.
- Entwicklung und Durchführung strategischer Steuerungsmaßnahmen, die zu indirekten Wettbewerbsvorteilen über den Aufbau von besonderen Ressourcenkombinationen oder zentralen organisationalen Fähigkeiten führen.
- Schaffung struktureller Rahmenbedingungen, die eine partizipative und entwicklungsorientierte strategische Steuerung zulassen.

2 STRATEGISCHE PLANUNG

Nachdem in Abschnitt 1 Strategie vor allem auf die unterschiedlichen Ansätze des Strategischen Managements und auf die veränderte Sichtweise des Projektmanagements als Führungskonzeption eingegangen worden ist, soll nun Abschnitt 2 Strategische Planung verdeutlichen, in welchen Schritten der Ablauf der Strategieformierung und die Gestaltung in Organisationen ablaufen und welche Rolle das Projektmanagement dabei spielen kann.

In der strategischen Planung geht es darum, ausgehend von der **Mission** des Unternehmens als erklärter Beitrag zum Wohle der Gesellschaft und auf der Basis der **Vision** einer langfristig angestrebten Position am Markt, die **strategischen Ziele** der Organisation, die konkreten Anforderungen aus der Umwelt sowie die grundlegenden Potenziale der Organisation zu analysieren. Aus dieser Analyse resultieren die Chancen und Risiken, die sich aus dem Markt- und Branchenumfeld ergeben, sowie die Stärken und Schwächen, die eine Organisation bzw. deren strategische Geschäftseinheiten (SGE) im Vergleich zu seinen wichtigsten Wettbewerbern aufweisen. Als SGE bezeichnet man einen Teil der Organisation, der eine eigenständige Produkt-Markt-Kombination aufweist und der ökonomisch selbstständig überlebensfähig ist.

Chancen, Risiken, Stärken und Schwächen werden im Rahmen der SWOT-Analyse (Strengths-Weaknesses-Opportunities-Threats) einander gegenübergestellt. Aus dieser Gegenüberstellung können dann für die betrachtete Organisation bzw. für die analysierte SGE konkrete Wettbewerbsstrategien formuliert werden. Dabei wird versucht, die Stärken der SGE möglichst mit den Chancen aus der Branche auf eine solche Weise zu strategischen Erfolgsfaktoren zu kombinieren, dass ein strategischer Fit entsteht, der zu einer erfolgreichen Weiterentwicklung der SGE bzw. zu einer Wertsteigerung führt.

Wenn eine Organisation aus mehreren SGEs besteht, wird versucht, über die SGEs eine möglichst vorteilhafte Mischung unterschiedlicher Produkt-Markt-Bereiche so zu realisieren, dass sich aus Gesamtorganisationssicht eine optimale Risiko-Rentabilitätskombination ergibt. Diese wird mithilfe der Portfoliomethode ermittelt und angestrebt. Dasselbe Prinzip kommt auf der Ebene der SGEs ebenfalls zum Einsatz. Eine SGE versucht, ihren Produkt-Markt-Bereich durch eine möglichst vorteilhafte Mischung unterschiedlicher Produkte oder Produktgruppen aufzubauen, sodass sich aus Sicht der SGE eine optimale Risiko-Rentabilitätskombination ergibt.

In einem letzten Schritt müssen diese Portfoliostrategien noch in Maßnahmenbündel überführt werden, um so konkrete Umsetzungswirkungen zu erzielen. Da Produkte oftmals durch Projekte entwickelt und vermarktet werden, spielen bei der konkreten Formulierung dieser Maßnahmenbündel Projektportfolios eine wichtige Rolle. Die Maßnahmen müssen sich an den für die jeweilige Produkt-Markt-Strategie relevanten kritischen Erfolgsfaktoren orientieren. Kritische Erfolgsfaktoren sind die Schlüsselgrößen, die für die Erreichung des Erfolgs der jeweiligen Produktstrategie von zentraler Bedeutung sind. Wenn die Strategie über ein Portfolio von Projekten umgesetzt wird, müssen diese kritischen Erfolgsfaktoren folglich von den jeweiligen Projekten aufgegriffen und mit umgesetzt werden. Ob und wenn ja, wie gut dies gelingt, kann im Rahmen der Strategieumsetzung und des Strategiecontrollings mithilfe einer Balanced Scorecard (BSC) überprüft werden.

Die Abbildung 3.1-4 zeigt die beschriebenen Zusammenhänge nochmals im Überblick:

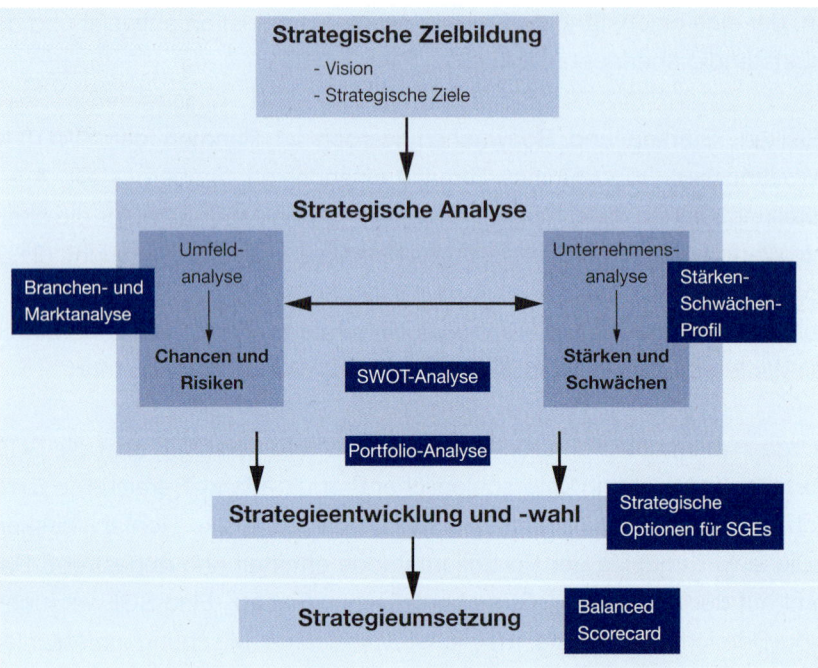

Abb. 3.1-4: Phasen der Strategieplanung und Strategieformulierung

Nachfolgend werden die einzelnen Phasen kurz beleuchtet. Die Phasen der Strategieentwicklung und -wahl sowie der Strategieumsetzung werden grundlegend betrachtet. Abschnitt 3 Strategieumsetzung mit Projekten beschäftigt sich dann ausschließlich und im Detail mit der Frage, was Projektmanagement in den Phasen der Strategieentwicklung und Strategieumsetzung als Beitrag leisten kann.

2.1 STRATEGISCHE ZIELBILDUNG

An der Spitze der strategischen Zielhierarchie steht in der Regel eine »... allgemein und grundsätzlich gehaltene Vorstellung von der künftigen Rolle des Unternehmens.« (Bea, Haas 2017, S. 74), also die Vision, die der Organisation eine weit in die Zukunft gerichtete Orientierung vermittelt.

Während sich die **Vision** eher am Umfeld der Organisation orientiert, gibt das **Unternehmensleitbild** mit Leitlinien für das Verhalten der Mitglieder der Organisation eine stärkere Orientierung nach innen. Oftmals bleiben diese Leitlinien noch relativ allgemein oder orientieren sich an generellen Grundsätzen, wie an Corporate Governance Richtlinien. Teilweise werden im Rahmen der Leitlinien auch Aussagen zum grundlegenden Unternehmenszweck und zu den Werten des Unternehmens getätigt. Die St. Gallener Managementschule spricht in diesem Zusammenhang von einem normativen Management und speziell dann von der Unternehmensmission und von der Unternehmenskultur.

Vision und Leitbild müssen weiter konkretisiert werden. Dies erfolgt mittels der Organisationsziele, die für die gesamte Organisation und damit auch für alle Einheiten wie SGEs gelten. Darüber hinaus können die Ziele weiter für die Geschäfts- und bis zur Funktionsbereichsebene der Organisation konkretisiert werden. Sofern die strategische Entwicklung der Organisation auf den verschiedenen Ebenen mit Projekten umgesetzt wird, sind diese Zielsetzungen dann natürlich auch für die Projekte bindend. Die nachfolgende Abbildung veranschaulicht nochmals die Zielhierarchie im Überblick:

Abb. 3.1-5: Zielhierarchie im Strategischen Management (in Anlehnung an Bea, Haas 2017, S. 74)

2.2 STRATEGISCHE ANALYSE

Im Rahmen der strategischen Analyse sollen mittels der Unternehmens- und Umfeldanalyse die notwendigen Informationen zur Formulierung der Organisation- und Geschäftsbereichsstrategien beschafft werden. mithilfe der Umfeldanalyse soll dabei eine Antizipation der Chancen und Risiken des Organisationsumfelds vorgenommen werden. Mithilfe der Organisationsanalyse sollen die Stärken und Schwächen der Organisation aufgedeckt werden.

2.2.1 UMFELDANALYSE

Im Zuge der Umfeldanalyse wird hier in eine weitere Organisationsumwelt, das globale Umfeld mit indirektem Bezug zur Organisationsaufgabe, sowie in eine engere Organisationsumwelt, das aufgabenspezifische Umfeld mit direktem Bezug zur Organisationsaufgabe, unterschieden. Auf die Analyse des globalen Umfelds wird hier nicht näher eingegangen (→ Kapitel »Stakeholder«).

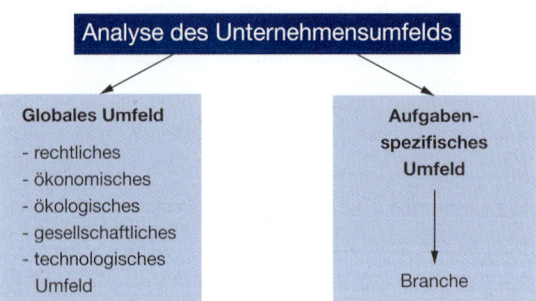

Abb. 3.1-6: Analyse des Unternehmensumfelds

An dieser Stelle wird exemplarisch anhand des Ansatzes von Michael. E. Porter aufgezeigt, nach welchen Kriterien eine Branchenanalyse ablaufen kann.

Nach Porter besteht die erste Aufgabe der wettbewerbsstrategisch sinnvollen Ausrichtung einer Organisation in der Analyse der Attraktivität der Branche, der die Organisation zuzurechnen ist. Als Grundlage für die Branchenanalyse schlägt er die Untersuchung von fünf Wettbewerbskräften vor, die in der folgenden Abbildung zu erkennen sind (vgl. Porter 1989):

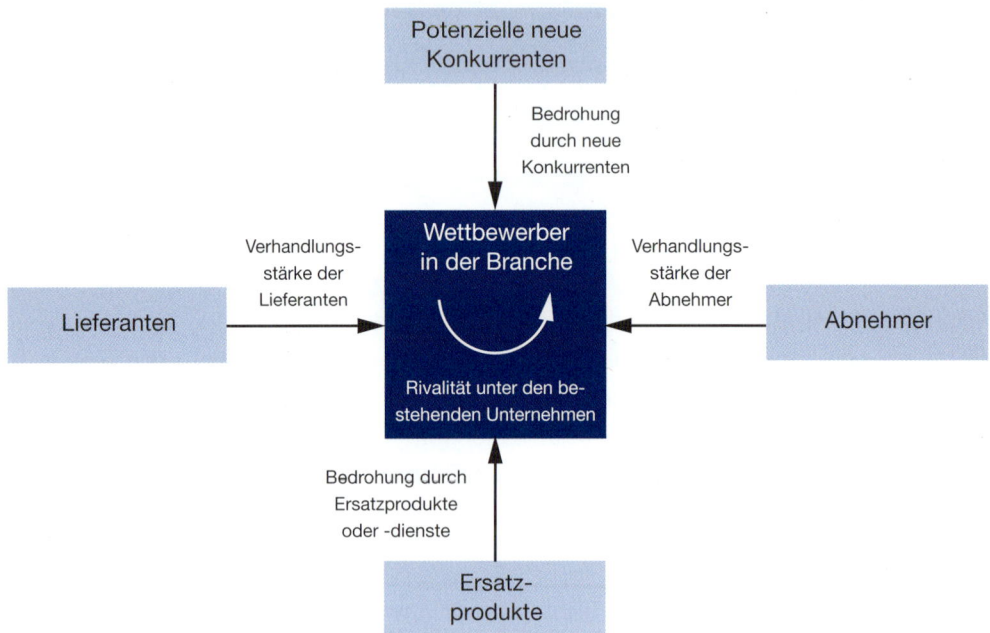

Abb. 3.1-7: Die fünf die Branchenrentabilität bestimmenden Wettbewerbskräfte nach Porter (in Anlehnung an Bea, Scheurer, Hesselmann 2011, S. 470)

Je nach Ausprägung dieser Wettbewerbskräfte ergeben sich eine höhere oder geringere Branchenattraktivität und damit unterschiedlich gute Chancen bzw. auch Risiken für die Entwicklung und Umsetzung erfolgreicher Wettbewerbsstrategien.

2.2.2 UNTERNEHMENSANALYSE

Mittels der Unternehmensanalyse wird durch das Aufdecken von Stärken und Schwächen des Unternehmens eine möglichst objektive Einschätzung der Unternehmenssituation vorgenommen. Diese Analyse kann entlang der Funktionsbereiche der Organisation oder gemäß dem Vorschlag von Porter auch entlang der Wertschöpfungskette des Unternehmens durchgeführt werden. Die Abbildung 3.1-8 zeigt die Wertkette nach Porter:

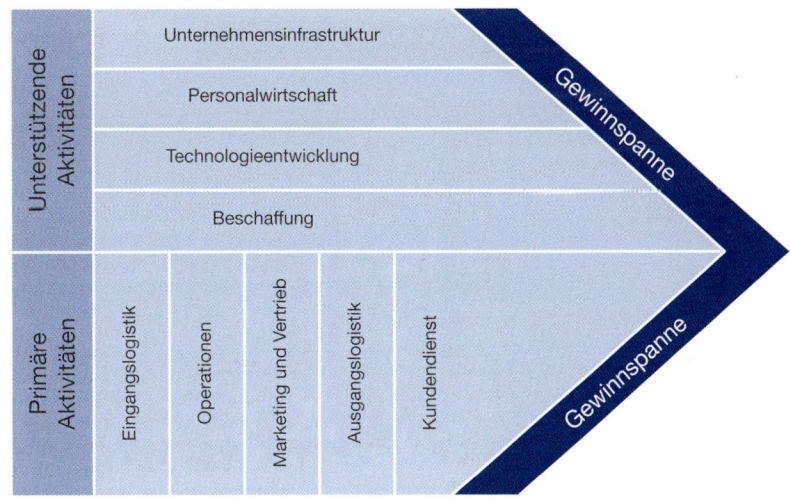

Abb. 3.1-8: Wertkette nach Porter (Bea, Haas 2017, S. 128)

Nachdem entschieden worden ist, nach welchem Analyseraster vorgegangen werden soll, werden die Leistungspotenziale der Organisation im Rahmen eines Benchmarkings mit den Leistungspotenzialen des stärksten Wettbewerbs verglichen. Hieraus ergibt sich, ob bei der Organisation eher Stärken oder Schwächen im Hinblick auf die untersuchten Leistungspotentiale vorliegen (→ Kapitel »Stakeholder«).

2.2.3 SWOT-ANALYSE

Aus der Umfeld- und Branchenanalyse werden die **Chancen und Risiken** für eine Organisation oder für eine SGE des Unternehmens abgeleitet, aus der Unternehmensanalyse ergeben sich die **Stärken und Schwächen** eines Unternehmens im Hinblick auf seine Leistungspotenziale. Diese Erkenntnisse bilden die Grundlage für die Strategieentwicklung. Chancen und Risiken und Stärken und Schwächen werden im Rahmen der SWOT-Analyse einander gegenübergestellt.

Im Rahmen der Strategieentwicklung sollten nun möglichst die Chancen, die sich aus dem Umfeld ergeben, so mit den Stärken eines Unternehmens gekoppelt werden, dass sich daraus konkrete strategische Erfolgspotenziale für die Organisation ergeben. Werden Chancen identifiziert, denen jedoch keine entsprechenden Stärken des Unternehmens gegenüberstehen, ist dies ein Hinweis auf den erforderlichen Aufbau entsprechender Unternehmensressourcen. Zugleich wird versucht, mögliche Risiken aus dem Unternehmensumfeld durch den Einsatz unternehmerischer Stärken zu begegnen oder diese besser noch zu vermeiden. Kritisch kann es für eine Organisation dann werden, wenn Risiken auf unternehmerische Schwächen treffen. Man versucht, diese Situation möglichst zu umgehen. Die grundlegende Vorgehensweise zeigt nochmals die folgende Abbildung:

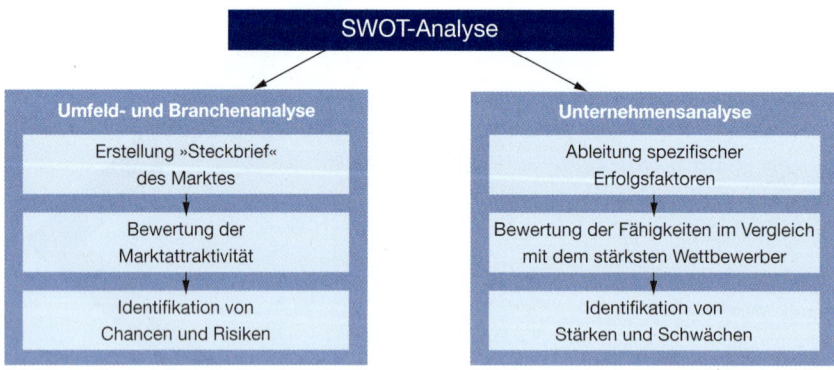

Abb. 3.1-9: SWOT-Analyse

2.3 STRATEGIEENTWICKLUNG

Nach der Analyse der Branchenattraktivität besteht die eigentliche Gestaltungsaufgabe in der Strategieentwicklung, nämlich in der Auswahl und Umsetzung der für die jeweilige Branchenstruktur geeigneten und der zu den eigenen Unternehmensstärken passenden Strategie.

Dabei sind aus strategischer Sicht zwei Ebenen zu unterscheiden: Die Gesamtunternehmensebene und die Ebene der SGE.

Aus der Perspektive des Gesamtunternehmens werden die SGEs als Investitions- bzw. Desinvestitionsobjekte eines Unternehmensportfolios aufgefasst. SGEs können also auch desinvestiert werden, sofern sie schlecht oder im Rahmen der Organisation falsch aufgestellt sind. Auf der Gesamtunternehmensebene kommt es darauf an, eine möglichst vorteilhafte Mischung unterschiedlicher Produkt-Markt-Bereiche zu erreichen, die aus Gesamtunternehmenssicht eine optimale Risiko-Rentabilitätskombination darstellen. Zudem wird versucht, SGEs mit unterschiedlichen Entwicklungsperspektiven so miteinander zu kombinieren, dass über das Gesamtunternehmen hinweg ein ausgeglichener Cashflow-Status erreicht wird. Hierfür können unterschiedliche Portfolios genutzt werden.

Allen Portfolios ist jedoch gemeinsam, dass in der zweidimensionalen Matrix des Portfolios die Wettbewerbsfähigkeit des Unternehmens in einer Unternehmensdimension sowie die Attraktivität des Marktes bzw. Marktsegments in einer Umfelddimension abgebildet werden. Je nach Ausprägung dieser beiden Dimensionen können unterschiedliche Portfolioansätze unterschieden werden. Die folgende Abbildung zeigt exemplarisch das Boston-Consulting-Group (BCG) Portfolio, in dem die unternehmerischen Stärken über die Dimension »relativer Marktanteil«, die Marktattraktivität dagegen über die Dimension »Marktwachstum« abgebildet werden:

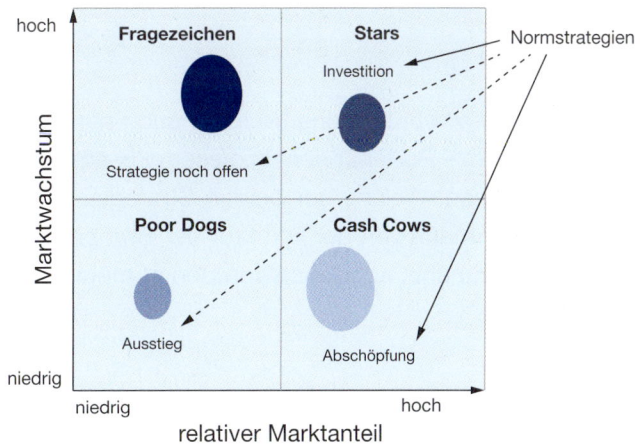

Abb. 3.1-10: BCG-Portfolio / BCG-Matrix

Ausgehend von der Positionierung der SGEs, können nun strategische Handlungsempfehlungen bzw. Normstrategien im Hinblick auf Investitions- oder Desinvestitionsentscheidungen für die jeweiligen SGEs aus Gesamtunternehmenssicht abgeleitet werden. Die Vorschläge sind in der obigen Abbildung zu sehen.

Damit ist allerdings noch wenig über die konkreten Wettbewerbsstrategien auf SGE-Ebene ausgesagt. Aus Sicht der SGEs ist über eine entsprechende Kombination von Produktgruppen und Marktsegmenten eine möglichst überdurchschnittlich rentable Position aufzubauen. Genau in diesem Zusammenhang spielen Projekte eine wichtige Rolle. Bevor jedoch hierauf im nächsten Kapitel detailliert eingegangen wird, sollen im Folgenden noch die grundlegenden strategischen Optionen auf SGE-Ebene aufgezeigt werden, welche die Vertreter der »Market-based-view of Strategy«, bzw. der »Resource-based-view of Strategy« vorschlagen.

Porter als Vertreter der Market-based-view of Strategy unterscheidet mit der **Kostenführerschaftsstrategie** und der **Differenzierungsstrategie** zwei grundlegende Basisstrategien:

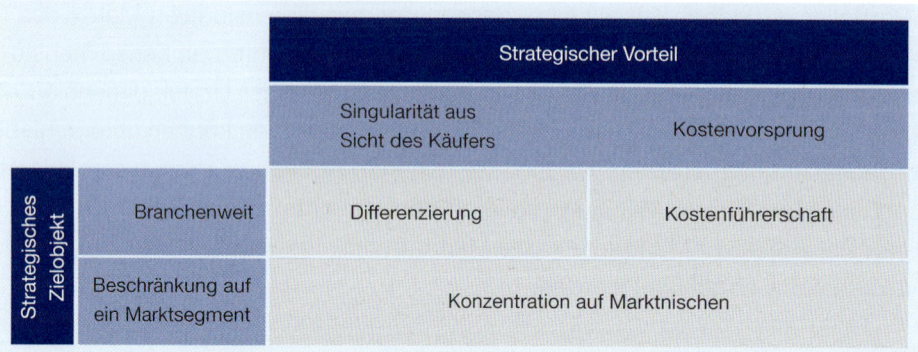

Abb. 3.1-11: Generische Wettbewerbsstrategien nach Porter

Beide Strategien können sowohl branchenweit als auch nur eingeschränkt auf ein bestimmtes Branchensegment – Porter spricht in diesem Zusammenhang von Nischenstrategie – zum Einsatz kommen. Welche der beiden Strategien zu wählen ist, hängt nach Porter in entscheidendem Maße von der Struktur der Branche und damit von der Wettbewerbssituation in der Branche, aber auch von den strategischen Unternehmensfähigkeiten ab.

Demgegenüber konzentrieren sich die Vertreter des Resource-based-view und des evolutionären Managements auf den Aufbau bestimmter Unternehmensfähigkeiten. Hier sollen nochmals stellvertretend die Vorschläge von Klimecki, Probst und Eberl (1994) zum entwicklungsorientierten Management in den Blick genommen werden.

Aus Sicht der Autoren entwickelt sich eine Organisation über eine fortschreitende Ausdifferenzierung einer überindividuellen organisationalen Wissensbasis zu einem kollektiven Gedächtnis. Es handelt sich hierbei um die kognitiven Strukturen der Organisation, in denen sowohl Wirklichkeitskonstruktionen über die Umwelt des Unternehmens als auch Problemlösungsschemata gespeichert sind. Der Übergang von einem Entwicklungsniveau zum nächsten erfolgt durch organisationales Lernen. Hierbei geht es um einen aktiven Entwicklungsprozess, der selbstorganisierend aus der inneren Dynamik des Systems resultiert.

Aus diesem Grundverständnis heraus leiten die Autoren ihre Gestaltungsempfehlungen für das Management ab. Diese Gestaltungsempfehlungen orientieren sich weniger an den direkten Eingriffsversuchen in die Unternehmensentwicklung, sondern an der Schaffung von veränderungsfreundlichen Kontexten, also letztlich von Freiräumen für die Entfaltung des Selbstentwicklungspotenzials von Organisationsmitgliedern und Organisation.

Abbildung 3.1-12 veranschaulicht die Gestaltungsempfehlungen von Klimecki, Probst, Eberl. Diese sind nicht isoliert voneinander zu betrachten, sondern stehen in wechselseitiger Abhängigkeit zueinander und bedingen sich gegenseitig in ihrer Wirksamkeit.

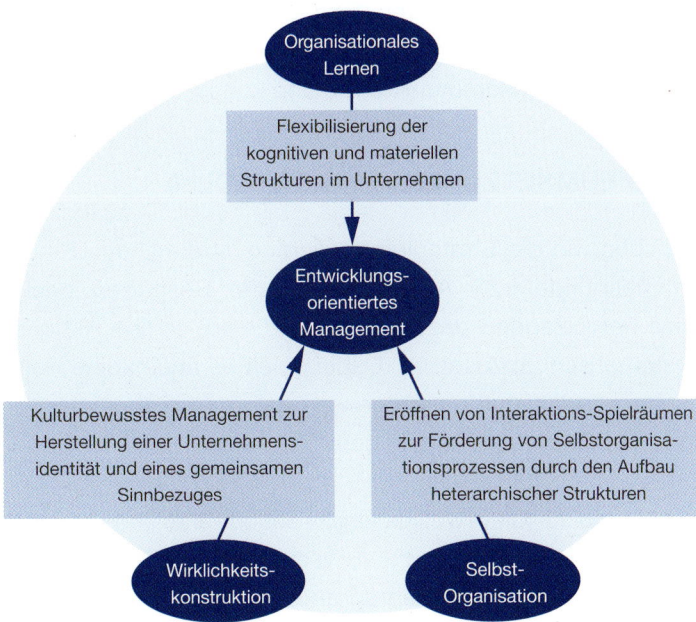

Abb. 3.1-12: Gestaltungsempfehlungen des entwicklungsorientierten Managements
(Bea, Scheurer, Hesselmann 2011, S. 494)

| **Kulturbewusstes Management**

Hierbei geht es um die Herstellung eines gemeinsamen Sinnzusammenhangs und einer gemeinsamen Unternehmensidentität über ein Netz von Werten, Glaubensvorstellungen sowie kognitiven und normativen Orientierungsmustern (→ Kapitel »Kultur und Werte«).

| **Flexibilisierung der kognitiven und materiellen Strukturen**

Die Flexibilisierung der kognitiven Strukturen von Organisationen und damit natürlich des Denkens und Handelns bildet eine entscheidende Grundbedingung für Entwicklungsprozesse. Dies wird nur durch eine vorbehaltslose Reflexion verschiedener Wirklichkeitskonstruktionen durch die Organisationsmitglieder möglich. Damit hat das Management die Aufgabe zu erfüllen, bei der Überwindung von Lernbarrieren mitzuhelfen und zugleich flexible Informationsstrukturen in der Organisation zu schaffen. Dies ist mit der Gewährung eines möglichst hohen Maßes an Autonomie zugunsten der Subsysteme zu koppeln.

| **Eröffnen von Interaktionsspielräumen**

Selbstorganisation verlangt die Eröffnung von Interaktionsspielräumen auf allen Ebenen des Unternehmens, indem hierarchische Strukturen durch heterarchische Strukturen ersetzt werden. »Heterarchische Organisationen benötigen lediglich zwei Ebenen: die

Ebene der Arbeitsteams und die der Koordination. Die Koordinationsebene stimmt die Ziele der einzelnen Arbeitsgruppen im Hinblick auf den Zweck des sozialen Systems ab und koordiniert Interaktions- und Austauschprozesse« (Klimecki/Probst/Eberl 1994, S. 88 f.). Allerdings kommt damit in heterarchischen Organisationen der Kommunikationsfähigkeit sowie der sozialen Kompetenz der Organisationsmitglieder eine zentrale Bedeutung zu. Besonders wichtig ist in diesem Zusammenhang die Fähigkeit zur gemeinsamen konstruktiven, kommunikativen und konsensorientierten Problemlösung.

2.4 STRATEGIEUMSETZUNG UND -KONTROLLE

Mindestens so wichtig wie die Strategieformulierung ist die Umsetzung der Strategie in konkrete Maßnahmenbündel bzw. Aktionsprogramme. Besonders geeignet hierzu sind Projekte, da diese hervorragend dazu in der Lage sind, solche Aktionsprogramme organisiert und systematisch umzusetzen. Dabei spielt es auch keine Rolle, ob es um die Umsetzung von eher kunden-markt-bezogenen oder um von eher intern auf Ressourcenaufbau fokussierten Maßnahmenbündeln geht.

In jedem Fall müssen die für die jeweilige Organisation relevanten strategischen Erfolgsfaktoren im Mittelpunkt stehen. Soll beispielsweise eine Strategie der Kostenführerschaft umgesetzt werden, müssen die Aktionsprogramme in allen Funktionsbereichen am strategischen Erfolgsfaktor der Kostenminimierung ausgerichtet werden, zudem werden dann Aktionsprogramme wichtig, die sich am strategischen Erfolgsfaktor Marktanteilsgewinnung orientieren. Hohe Marktanteile versprechen hohe Absatzmengen und damit wiederum Fixkostendegressionseffekte.

Eine Übersetzung von Strategien in Aktionsprogramme kann allerdings nur dann gelingen, wenn die Aktionsprogramme auch systematisch budgetiert werden. Dies bedeutet, dass die Bestandteile des Aktionsprogramms, die jeweils für das nächste Geschäftsjahr vorgesehen sind, auch auf den betroffenen Kostenstellen der Organisation finanziell eingeplant werden müssen. Ohne Budgets können erfahrungsgemäß keine Maßnahmen realisiert werden. Sollen die Aktionsprogramme mittels Projekten umgesetzt werden, müssen dementsprechend dafür Projektbudgets eingeplant werden.

Eine ganzheitlich formulierte Wettbewerbsstrategie kann sowohl Produkt-Markt-Kombinationen als auch den Aufbau unternehmerischer Kernkompetenzen umfassen. Um einen ganzheitlichen Blick für die Strategieumsetzung zu bekommen, wurde von Norton und Kaplan das Instrument der BSC vorgeschlagen (vgl. Norton, Kaplan 1997). Die Idee besteht darin, dass sich erfolgreiche Strategieumsetzung nicht nur an der Realisierung bestimmter Finanzkennziffern orientieren kann, sondern dass im Rahmen der Strategieumsetzung weitere unternehmerische Dimensionen betrachtet werden sollten. Aus der Analyse von erfolgreichen Unternehmen schlossen die Autoren, dass für eine erfolgreiche Strategieumsetzung neben der finanziellen Perspektive weitere Dimensionen des Unternehmens zu berücksichtigen sind. Die folgende Abbildung zeigt den idealtypischen Aufbau der BSC nach Kaplan und Norton.

Abb. 3.1-13: Aufbau der Balanced Score Card (BSC) nach dem Konzept von Kaplan und Norton

Im Mittelpunkt stehen immer die Vision und die daraus abgeleitete Strategie der Organisation oder der SGE. Für jede Perspektive werden nun die Ziele für die Strategieumsetzung definiert, zudem werden Kennzahlen (Key Performance Indicators oder auch KPIs) abgeleitet, mit denen der Fortschritt der Strategieumsetzung gemessen werden kann. Für die KPIs werden Vorgaben für das jeweils nächste Geschäftsjahr gemacht und die zugehörigen Maßnahmen bzw. Aktionsprogramme definiert, die zur Erreichung der KPIs notwendig sind.

3 STRATEGIEUMSETZUNG MIT PROJEKTEN

In diesem Abschnitt steht die Rolle des Projektmanagements bei der Strategieplanung und der Strategieumsetzung im Mittelpunkt. Es geht also nun nicht mehr um das Management **von** Projekten sondern um das Management **durch** Projekte. Hier wird nun detaillierter beschrieben, wie Projektmanagement als Führungsfunktion verstanden und konkret umgesetzt werden kann. Mit der Abbildung 3.1-14 wird der Gesamtzusammenhang im Überblick dargestellt.

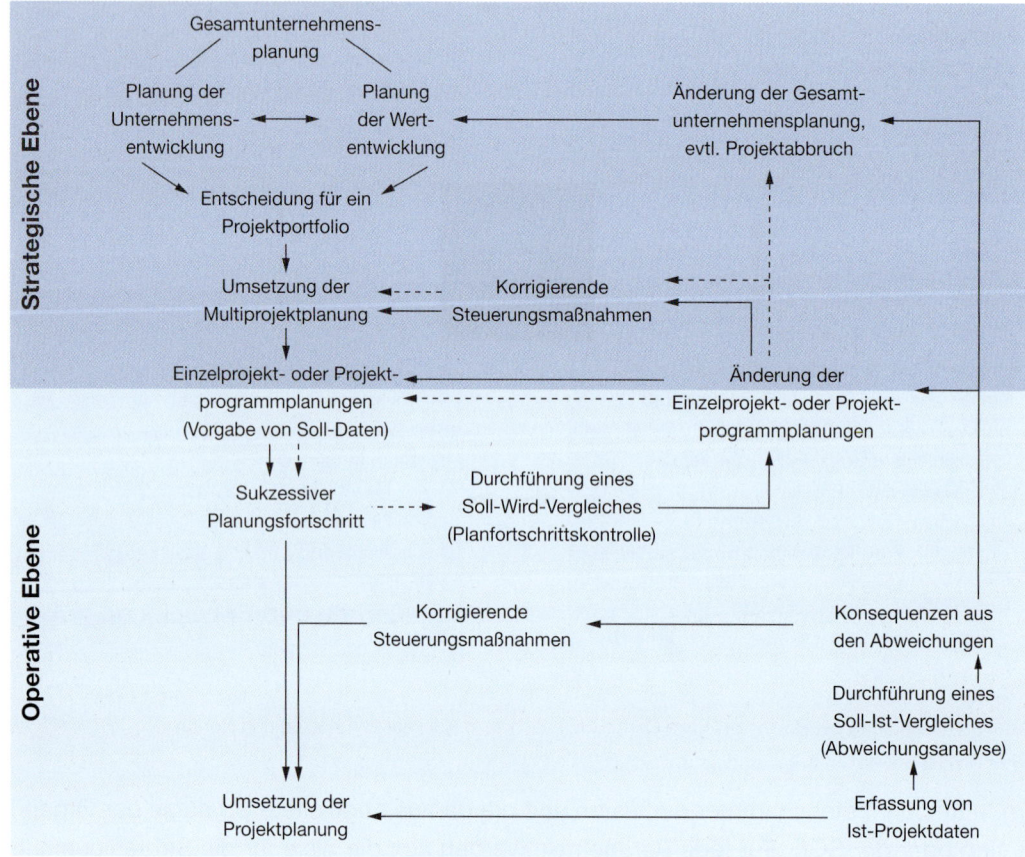

Abb. 3.1-14: Zusammenhang zwischen Unternehmensstrategie und Strategieumsetzung mittels Projekten (in Anlehnung an Bea, Scheurer, Hesselmann 2011, S. 20)

Auf der strategischen Ebene ist das Management **durch** Projekte zu erkennen. Wie bereits in Abschnitt 1.3 Strategisches Management und Projektmanagement beschrieben, besteht die wichtigste Aufgabenstellung in der Auswahl der »richtigen« Projekte. Dabei sind zwei Aspekte für die Bildung des Projektportfolios von entscheidender Bedeutung:

| Die Ausrichtung des Projektportfolios an der angestrebten Entwicklung des gesamten Unternehmens

| Die Ausrichtung des Projektportfolios an der angestrebten Wertsteigerung des Unternehmens

In einem weiteren Schritt muss dann die koordinierte Umsetzung dieses Projektportfolios auf der Multiprojektebene in eine Vielzahl von Projekten erfolgen. Damit findet zugleich der Übergang in das operativ angelegte Management von Projekten statt. Auf der operativen Ebene geht es dann um die effiziente Abwicklung jedes einzelnen Projekts.

Im Folgenden wird der Schwerpunkt auf die Multiprojektplanung und -umsetzung gelegt.

3.1 MULTIPROJEKTPLANUNG

Im Rahmen der Multiprojektplanung steht die Frage im Mittelpunkt, mit welchem Portfolio aus Projekten die erwünschte strategische Entwicklung sowie die erwünschte Wertsteigerung der Organisation erreicht werden können. Die Projekte müssen folglich eine qualitative und eine quantitative Prüfung durchlaufen. Die grundlegende Vorgehensweise ist in der Abbildung 3.1-15 dargestellt.

Abb. 3.1-15: Phasen der Multiprojektplanung

3.1.1 QUALITATIVE ANALYSE

Ausgehend von den betrachteten Ansätzen des Strategischen Managements und den daraus abgeleiteten Erkenntnissen, sollten sich eine erfolgreiche strategische Planung und Steuerung aus einer geeigneten Mischung von direkten und indirekten Steuerungseingriffen und somit natürlich auch aus einer geeigneten Mischung strategischer Projekte zusammensetzen. Folglich muss geklärt werden, welche Projekte überhaupt als strategische Projekte einzustufen sind, welche Art strategischer Projekte aus dem hier vertretenen Steuerungsverständnis heraus in einer strategisch ausgerichteten Multiprojektplanung kombiniert werden können, welche unterschiedlichen Konsequenzen diese Projekte hinsichtlich ihrer Operationalisierbarkeit, aber auch hinsichtlich ihrer Ertragswirksamkeit mit sich bringen, und schließlich, welches Instrumentarium sich zur Projektauswahl im Rahmen der Multiprojektplanung anbietet. Weitere Kriterien, die für eine Priorisierung von

Projekten und der Kombination zu einem Projektportfolio wichtig sind, werden detailliert im Kapitel »Projektselektion und Portfoliobalance« besprochen.

Als Objekte einer Multiprojektplanung werden hier ausschließlich strategische Projekte betrachtet. Diese können von den operativen Projekten durch eine ganze Reihe von Kriterien abgegrenzt werden. Ein strategisches Projekt lässt sich u. a. durch die Ausrichtung an übergeordneten Unternehmenszielsetzungen, durch seine Effektivitätsorientierung, durch seine anfangs oftmals mangelnde Operationalisierbarkeit der Projektaufgabenstellung als direkte Folge der hohen Komplexität und der starken Veränderungsdynamik des Projektproblems sowie durch seine starke Feed-forward-Ausrichtung und den hohen Bezug zum Projektumfeld charakterisieren. Dabei sei unter Feed-forward-Ausrichtung die Steuerung durch Inputs in Form der Vorgabe von Zielen, Ideen und Empfehlungen verstanden und nicht, wie bei einer Feedback-Ausrichtung, durch sich ergebende Fakten.

Welche Art von Projekten im Rahmen der Multiprojektplanung Berücksichtigung findet, hängt vom Steuerungsverständnis ab, das in der jeweiligen Organisation vorherrscht. Ausgehend von dem hier vertretenen Steuerungsverständnis, sollte eine Kombination aus unterschiedlichen strategischen Projekttypen in die Multiprojektplanung Eingang finden. Dies sollten sowohl direkt markt- und wettbewerbswirksame Projekte sein als auch Projekte, die sich stärker mit dem indirekt wettbewerbswirksamen Aufbau von internen Prozessen oder Entwicklungspotenzialen beschäftigen.

Direkt markt- und wettbewerbswirksame Projekte	Indirekt wettbewerbswirksame Projekte
- Projekte zur Etablierung der vorhandenen Produktpalette auf neuen Märkten - Produktneuentwicklungsprojekte - Projekte zur Entwicklung eines neuen Marktes durch den Aufbau regionaler Fertigungskapazitäten - Projekte zum Aufbau von Markteintrittsbarrieren für die Konkurrenten - Projekte zum Ausbau von Marktanteilen - Projekte zum Ausbau einer globalen Marktstellung - Marktforschungsprojekte - Projekte zur kostenorientierten Überprüfung der unternehmensinternen Prozesse und Strukturen - Projekte zur Qualitätssteigerung und Qualitätssicherung	- Projekte zur internen Entwicklung von (technologischen) Kernkompetenzen - Projekte zur kundenorientierten Ausrichtung und zur Beschleunigung interner Unternehmensprozesse - Projekte zum Aufbau und zur Umsetzung lern- und entwicklungsfördernder Führungssysteme und Organisationsstrukturen - Projekte zum Aufbau und zum zielorientierten Management einer organisationalen Wissensbasis - Projekte zur Schaffung einer lernfreundlichen Unternehmenskultur - Projekte zum Aufbau des erforderlichen Humankapitals - Projekte zur Institutionalisierung eines Innovationsmanagements

Abb. 3.1-16: Beispiele für unterschiedliche strategische Projekttypen (Bea, Scheurer, Hesselmann 2011, S. 562)

Anhand der Fülle der in Abbildung 3.1-16 exemplarisch aufgeführten Beispiele für strategische Projekte einerseits und des i. d. R. begrenzten Investitionsbudgets andererseits wird deutlich, dass für das Topmanagement bei der Durchführung der Multiprojektplanung und der Zusammenstellung eines geeigneten strategischen Projektportfolios ein komplexes Auswahl- und Optimierungsproblem besteht. Zum einen muss eine geeignete Kombination aus direkt und indirekt steuerungswirksamen strategischen Projekten gefunden werden, um eine effektive Unternehmensentwicklung sicherzustellen. Zum anderen spielen bei der Zusammensetzung eines strategischen Projektportfolios Fragen der Projektlaufzeiten und der unterschiedlichen Fristigkeiten der Projekte im Hinblick auf ihre Ertragswirksamkeit eine große Rolle. Vor allem die Schaffung eines Ausgleiches zwischen kurzfristig wirksam werdenden Steigerungen des Unternehmenswertes und mittel- bis langfristig wirksam werdenden Erfolgspotenzialen stellt eine komplexe Abstimmungsaufgabe dar.

Zur Lösung dieser Fragestellung kann an das Instrument der BSC angeknüpft werden, das bereits in Abschnitt 2.4 Strategieumsetzung und -kontrolle vorgestellt wurde. Aus Sicht der Strategieentwicklung kann mit diesem Instrument in einem ersten Schritt der mögliche strategische Entwicklungsrahmen des Unternehmens abgesteckt werden. In einem zweiten Schritt müssen dann die in die BSC eingebrachten strategischen Projekte nochmals durch eine Bewertung mittels Nutzwertanalyse in eine Umsetzungsreihenfolge gebracht werden, um so zu einem strategischen Projektportfolio zu kommen, das sowohl der strategischen Ausrichtung des Unternehmens gerecht wird als auch den begrenzten Investitionsbudgets Rechnung trägt.

Die BSC eignet sich besonders als Ausgangspunkt der Strategieentwicklung und Strategieumsetzung mittels Projekten, da gerade vor dem Hintergrund zunehmender Umwelt- und Wettbewerbsdynamik immer stärker Unternehmensfähigkeiten, wie Flexibilität, Mitarbeiter-Know-how oder Prozessfähigkeiten, als wettbewerbskritische Erfolgsfaktoren zu sehen sind. Projekte zum Aufbau dieser erfolgskritischen Ressourcen können gut über die interne Prozessperspektive, die Kundenperspektive sowie die Lern- und Entwicklungsperspektive der BSC abgebildet werden.

Der BSC liegt die Idee zugrunde, dass neben den Finanzkennzahlen, die das Ergebnis des abgelaufenen Geschäfts zeigen, auch Kennzahlen berücksichtigt werden müssen, die vorlaufend Auskunft über die strategischen Erfolgsfaktoren des zukünftigen Unternehmenserfolgs geben. Damit kann über die BSC und über die Auswahl entsprechender strategischer Projekte für die einzelnen Felder der BSC ein Ausgleich zwischen **kurzfristigen**, primär an Finanzkennzahlen orientierten Organisationszielen, und **langfristigen**, an der strategischen Unternehmensentwicklung ausgerichteten Zielen vorgenommen werden.

Ausgangspunkt bei der Ausformulierung der spezifischen BSC im Sinne eines strategischen Steuerungsinstruments sind somit die Vision des Unternehmens und das daraus abgeleitete strategische Steuerungsverständnis. Die Konkretisierung der übergeordneten

Unternehmensvision und der Unternehmensstrategie erfolgt dann durch eine Definition strategischer Ziele für die einzelnen Felder der BSC. In einem weiteren Schritt ist dann zu überlegen, welche strategischen Erfolgsfaktoren in den jeweiligen Feldern das Erreichen der strategischen Ziele sicherstellen sollen. Diese strategischen Erfolgsfaktoren sind nachfolgend soweit zu präzisieren, dass ihr Auf- oder Ausbau als Ziel für ein strategisches Projekt formuliert werden kann.

In Abbildung 3.1-17 werden mögliche strategische Projekte nach den BSC-Feldern angeordnet aufgeführt:

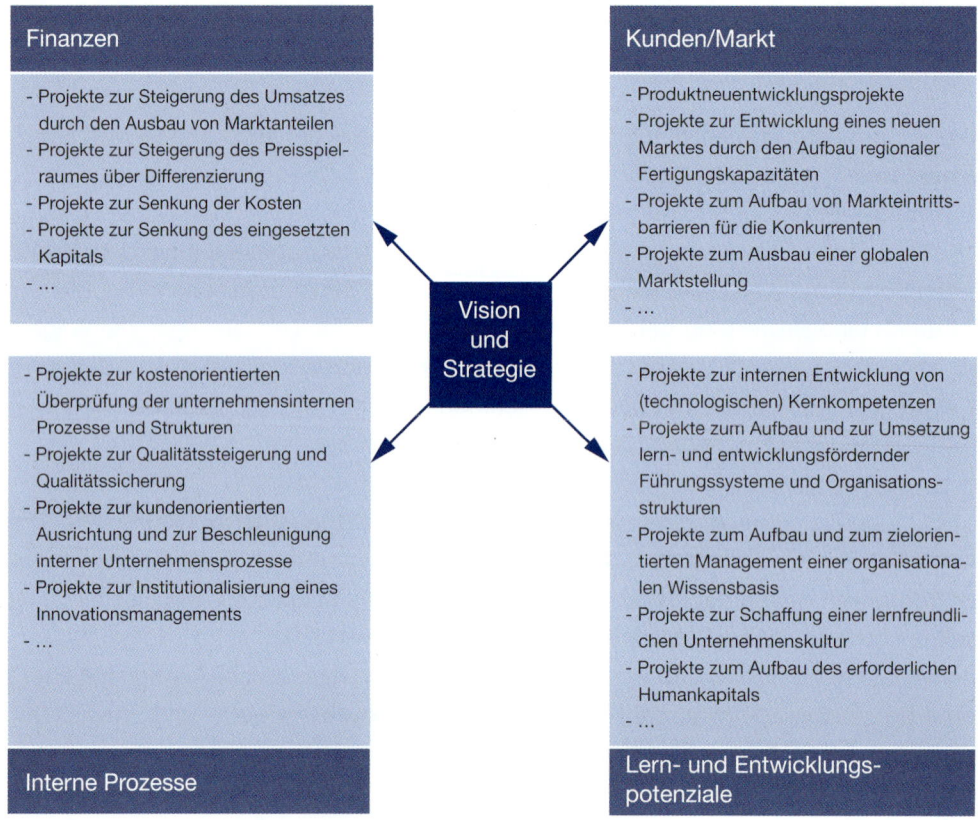

Abb. 3.1-17: Einordnung strategischer Projekte in der BSC (Bea, Scheurer, Hesselmann 2011, S. 564)

Vor der Einordnung strategischer Projekte in die BSC sollte allerdings geklärt werden, welche Ursache-Wirkungsbeziehungen bei der Umsetzung der verschiedenen strategischen Projekte auftreten. Im Folgenden werden exemplarisch zwei mögliche Ursache-Wirkungsbeziehungen veranschaulicht, die zu einer Verknüpfung strategischer Projekte über die verschiedenen Felder der BSC hinweg führen können:

Der Zusammenhang zwischen den verschiedenen Dimensionen der Balanced Scorecard

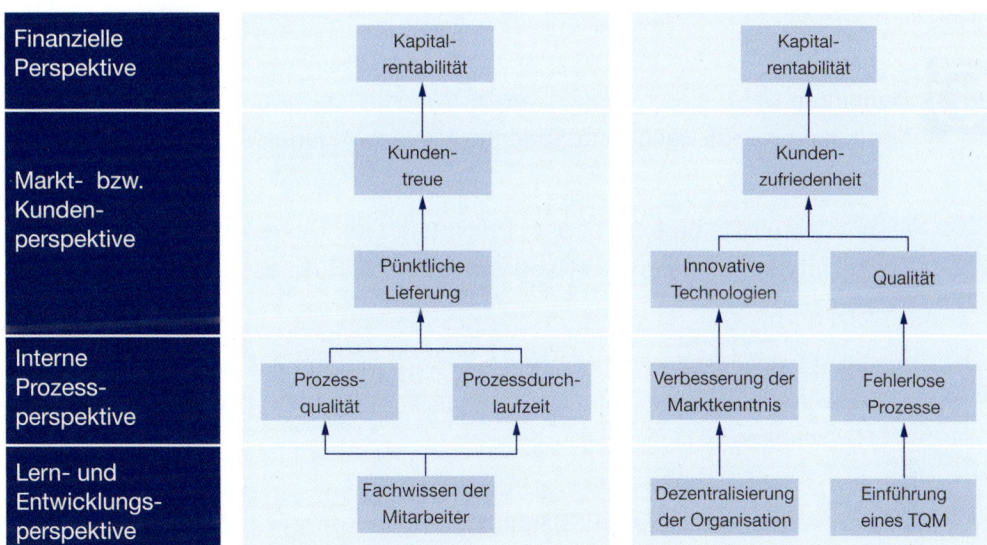

Abb. 3.1-18: Ursache-Wirkungsbeziehungen zwischen strategischen Projekten in unterschiedlichen Feldern der BSC (In Anlehnung an: Kaplan, Norton 1997, S. 29)

Im Hinblick auf die Fristigkeit der Erfolgserzielung zeigt die BSC einen grundlegenden Zusammenhang auf: Strategische Projekte, die im Markt- bzw. Kundensegment definiert werden, wirken sich meist unmittelbar und kurzfristig auf die Finanzkennziffern aus. Strategische Projekte, die sich mit der Gestaltung der internen Unternehmensprozesse befassen, wirken eher mittel- bis langfristig auf die Finanzkennziffern ein. Die mittelbarsten und zeitlich auch eher spätesten Auswirkungen auf die Finanzkennziffern resultieren aus Lern- und Entwicklungsprojekten. Zudem ist, ausgehend von Kunden- bzw. Marktprojekten, über interne Prozessprojekte, bis hin zu Lern- und Entwicklungsprojekten, von zunehmenden Quantifizierungsschwierigkeiten des Projekterfolgs auszugehen. Somit ergeben sich aus der Einordnung strategischer Projekte in die jeweiligen Felder der BSC zwar erste Hinweise im Hinblick auf die Operationalisierbarkeit und den zeitlichen Anfall der finanziellen Auswirkungen dieser Projekte, diese sind für eine konkrete Rangfolgeentscheidung strategischer Projekte unter der Prämisse begrenzter Investitionsbudgets aber noch nicht präzise genug.

3.1.2 QUANTITATIVE ANALYSE

Neben der strategischen Unternehmensentwicklung steht die Wertentwicklung der Organisation im Fokus. Ein Projekt lässt sich aus gesamtunternehmerischer Sicht nur dann rechtfertigen, wenn das Projekt einen Beitrag zum Gesamtunternehmenswert leistet, der mindestens gleich hoch oder höher ist als der Beitrag eines Alternativprojekts (Opportunitätsbetrachtung), oder wenn das Projekt für die zukünftige Entwicklung der Organisation von strategischer Bedeutung ist. Damit muss der Projektwertbeitrag den wirtschaftlichen Gesamterfolg des Projekts über alle Phasen des Projektlebensweges hinweg messen.

> **Definition:** Unter einem Projektwertbeitrag versteht man eine zukunftsorientierte, auf projektlebenszyklus-orientierten Planungsdaten basierende Steuerungsgröße,
>
> | mit deren Hilfe bereits vor dem Projektstart der Beitrag eines Projekts zum Gesamtunternehmenswert abgeschätzt wird (Business Case Betrachtung) und
>
> | die im weiteren Verlauf des Projekts als Sollgröße zur Sicherung der Projektwirtschaftlichkeit zugrunde gelegt werden kann (vgl. Bea, Scheurer, Hesselmann 2011, S. 531).

Der Projektwertbeitrag, der sich am Shareholder Value Konzept nach Rappaport orientiert, entspricht in seiner Grundstruktur dem Barwert der zukünftigen Projekt-Cashflows und wird wie folgt berechnet:

$$\text{Projektwertbeitrag (PWB)} = \sum_{t=0}^{T} \frac{\text{ProjektFCF}_t}{(1 + \text{WACC})^t}$$

Abb. 3.1-19: Projektwertbeitrag (Bea, Scheurer, Hesselmann 2011, S. 538)

Auf die detaillierte Erklärung des Projektwertbeitrags wird auf das Kapitel »Kosten und Finanzierung« verwiesen. An dieser Stelle soll nur etwas genauer auf die Ermittlung der Projekt-Free Cashflows eingegangen werden.

Unter Free Cashflows (FCF) versteht man die Zahlungsströme, die potenziell für eine Auszahlung an die Kapitaleigner zur Verfügung stehen. Entscheidend für die Berechnung eines Projektwertbeitrags sind die Höhe der geplanten Free Cashflows aus einem Projekt sowie deren zeitlicher Anfall. Bei der Diskontierung sind alle Projekt-Free Cashflows über den gesamten Lebensweg des Projekts zu berücksichtigen. Als Diskontierungszinssatz für den Projektwertbeitrag wird der kapitalstrukturgewichtete Gesamtkapitalkostensatz (Weighted Average Cost of Capital = WACC) herangezogen. Im WACC verstecken sich die Kapitalkosten für das anteilige Fremdkapital sowie die risikoadjustierten Kapitalkosten für das anteilige Eigenkapital.

	Betriebliche Einnahmen aus laufender Projekttätigkeit
−	Betriebliche Ausgaben aus laufender Projekttätigkeit
=	**Projekt Operating Cashflow**
−	Projektbezogene Ersatz- und Erweiterungsinvestitionen in das Anlagevermögen
+	Projektbezogene Desinvestitionen im Anlagevermögen
−	Projektbezogene Erhöhung des Working Capital
+	Projektbezogene Verringerung des Working Capital
=	**Projekt Free Cashflow** (aus laufender Unternehmenstätigkeit und vor Zinsen)

Abb. 3.1-20: Ermittlung des projektorientierten Free Cashflows

Schwierigkeiten bereitet bei dieser Ableitung der Free Cashflows vor allem die projektspezifische Zurechnung des Cashflows. Da die Cashflows in der Praxis oftmals mithilfe der Kostenrechnung ermittelt werden, ergeben sich die angesprochenen Probleme zum einen aus der verursachungsgerechten Zurechnung von Gemeinkosten auf die Projekte, zum anderen aus Verbundproblemen, die sich aus der gemeinsamen Nutzung gleicher Potenzialgüter durch mehrere Projekte ergeben können. Die Projekt-Free Cashflows können als die Schlüsselgröße für den Beitrag eines Projekts zum Gesamtunternehmenswert begriffen werden. Insofern kommt der Planung und der Erfassung der Einflussgrößen des Projekt Free Cashflows im Rahmen des Business Cases für das Projekt die zentrale Bedeutung bei der Ermittlung möglicher Projektwertbeiträge zu. Im Folgenden werden die wesentlichen Einflussgrößen auf den Projekt Free Cashflow als Projektwerttreiber bezeichnet. Detailliertere Informationen zur Definition und zu möglichen Projektwerttreibern finden Sie im Kapitel »Kosten und Finanzierung«.

Für die Ermittlung eines aussagefähigen Projektwertbeitrags kommt es insbesondere darauf an, die wesentlichen Projektwerttreiber im Rahmen des Business Cases des jeweiligen Projekts herauszukristallisieren und deren Wirkung auf die Projektzahlungsströme in den verschiedenen Phasen des Projektlebenswegs abzuschätzen. Die Wirkung der Projektwerttreiber auf die Zahlungsströme hängt wiederum von einer ganzen Anzahl von Einflussgrößen ab. Idealerweise sind diese Einflussgrößen gleich mit zu erfassen.

Die Frage, welche nun die wichtigsten Projektwerttreiber sind, kann nicht allgemeingültig beantwortet werden. Die relevanten Projektwerttreiber unterscheiden sich je nach Branche, nach Projekttyp, ja sogar innerhalb derselben Projekttypen nach den spezifischen vertraglichen Ausgestaltungen des Projekts. Beispielsweise weist ein Projekt zur Entwicklung neuer Komponenten eines Automobils vollkommen andere Werttreiber auf als ein

Projekt zur Entwicklung und zum Aufbau einer großen Raffinerie. Wenn für ein Projekt die spezifischen Werttreiber ermittelt sind, müssen diesen Werttreibern ihre jeweiligen Zahlungsströme zugerechnet werden.

Darüber hinaus bieten die Projektwerttreiber den idealen Ansatzpunkt für Sensitivitätsanalysen und eine Risikoabschätzung des Projekts. Gerade in dynamischen Umfeld- und Unternehmenssituationen kann die Szenarioanalyse eine Methode sein, welche die mit der Dynamik verbundene Unsicherheit der zukünftigen Projektentwicklung bei der Berechnung des Projektwertbeitrags erfassbar machen kann. Die Szenarioanalyse kann dann zur Anwendung kommen, wenn künftige Projektzustände zwar nicht bekannt sind, aber doch Annahmen über mögliche zusätzliche Entwicklungsmöglichkeiten des Projekts getroffen werden können. Im Grunde wird versucht, mithilfe der Szenarioanalyse eine Bandbreite möglicher und vorstellbarer Projektentwicklungen darzustellen.

Dabei muss klar sein, dass es sich bei der Erstellung von Szenarien nicht um Zukunftsbilder handelt, die mit irgendeinem Wahrheitsanspruch gekoppelt sind, sondern dass vielmehr versucht wird, » …bewusst mehrere alternative Zukunftsbilder …« zu entwerfen (Bea, Haas 2017, S. 304). Dies erfolgt auf der Basis alternativer, aber konsistenter Annahmebündel. Um die mögliche Bandbreite zukünftiger Entwicklungen, die sich mit zunehmendem Zeithorizont der Betrachtung in einem sich öffnenden Trichter immer weiter aufspannt, zu begrenzen, werden i. d. R. Extremszenarien mit Best Case und Worst Case konstruiert.

Bezogen auf die Erstellung von Projektszenarien, bedeutet dies, dass mithilfe der Projektwerttreiber versucht wird, Aufschluss über mögliche zukünftige Entwicklungen des Projekts zu erlangen. Zur Erstellung von Projektwertbeitragsszenarien sollte in drei Schritten vorgegangen werden (vgl. Bea, Haas 2017, S. 306):

Analysephase	Projektionsphase	Auswertungsphase
Identifizieren der wichtigsten Werttreiber des Projekts	Identifizieren der wichtigsten Einflussgrößen der Projektwerttreiber	Berechnung der Projektwertbeiträge der verschiedenen Szenarien
Zuordnung von Zahlungsstromgrößen zu den Werttreibern	Analyse möglicher Entwicklungen der Haupteinflussgrößen	Darstellung des Raumes möglicher Projektwertbeiträge und Interpretation der Ergebnisse
Abgrenzung von Verbundwirkungen mit anderen Projekten	Verdichtung möglicher Entwicklungen zu Szenarien	
Durchführung von Sensitivitätsanalysen im Hinblick auf die Projektwerttreiber	Berechnung der Zahlungsstromkonsequenzen aus den Szenarien	Prüfung der Stabilität der Ergebnisse durch Einführung von Störereignissen und Variation besonders sensitiver Einflussfaktoren

Abb. 3.1-21: Vorgehensweise zur Erstellung eines Projektwertbeitragsszenarios

Mittels der Szenariotechnik können zwar keine sicheren Projektwertbeiträge berechnet werden, es ergibt sich jedoch eine mögliche Bandbreite, in der sich der Beitrag eines Projekts zum Unternehmenswert bewegen wird.

3.1.3 NUTZWERTANALYSE

In den beiden vorangegangenen Abschnitten wurden mit der BSC und der Projektwertbeitragsrechnung Instrumente präsentiert, die sowohl die strategische Ausrichtung der Organisation mittels Projekten unterstützen als auch eine Planung der Projektwertentwicklung – und damit mittelbar auch der Unternehmenswertentwicklung ermöglichen. Damit decken diese Instrumente zugleich das qualitative und quantitative Spannungsfeld der Projektauswahl ab.

Um zu einer Reihenfolgeentscheidung zu gelangen, können neben dem Beitrag zur Unternehmensentwicklung und zur Steigerung des Unternehmenswertes weitere Bewertungskriterien definiert werden, anhand derer die strategischen Projekte mittels einer Nutzwertanalyse beurteilt werden sollen (vgl. detailliert Bea, Scheurer, Hesselmann 2011, S. 593 ff.). Es handelt sich um ein Bewertungsinstrument, mit dem sowohl quantitative als auch qualitative Bewertungskriterien sinnvoll miteinander kombiniert werden können. Diese Bewertungskriterien müssen in Übereinstimmung mit der Unternehmensvision und der strategischen Ausrichtung der jeweiligen Organisation stehen. Deshalb können an dieser Stelle auch keine allgemeingültigen Bewertungskriterien angegeben werden.

Stattdessen wird in Abbildung 3.1-22 eine Reihe möglicher Bewertungskriterien, nach unterschiedlichen Kategorien angeordnet, aufgezeigt. Aus der Abbildung wird deutlich, dass eine umfassende Bewertung der strategischen Projekte nur durch eine Mischung von quantitativen und qualitativen Kriterien erfolgen kann. Auf eine Darstellung der Nutzwertanalyse wird an dieser Stelle verzichtet. Die Nutzwertanalyse wird detailliert im Rahmen des Kapitels »Anforderungen und Ziele« **dargestellt.**

Kriterien für die Auswahl strategischer Projekte

Beitrag des Projektes zum Unternehmenserfolg
- Beitrag zur Steigerung des Unternehmenswertes
- Steigerung von Cashflow-Größen
- Steigerung GuV-orientierter Ertragsgrößen
- Steigerung von Umsatz- oder Kapitalrentabilitäten
- Steigerung von Marktanteilen
- Verringerung der Kapitalbindung
- Beschleunigung von Prozessen
- Senkung von Kostengrößen
- Steigerung der Mitarbeiterzufriedenheit
- Steigerung von Synergieeffekten
- ...

Projektkomplexität
- Technologische Komplexität
- Neuartigkeit des Projekts
- Einmaligkeit des Projekts
- Organisatorische Komplexität
- Zeitliche Komplexität
- Personelle Komplexität
- Dynamik des Projektumfeldes
- ...

Projektrisiken
- Zeitrisiken
- Umsatzrisiken
- Kostenrisiken
- Finanzierungsrisiken
- Technologische Risiken
- Risikoumfang:
  - Gesamtunternehmen
  - Teilbereiche des Unternehmens
  - Reine Projektrisiken
- Kundenunzufriedenheit
- Mitarbeiterunzufriedenheit
- ...

Ressourcenbelastung
- Investitionsvolumen
- Kapitalbindung in Anlagevermögen
- Kapitalbindung in Umlaufvermögen
- Bindung von Humankapital
- ...

Abb. 3.1-22: Mögliche Bewertungskriterien für strategische Projekte (Bea, Scheurer, Hesselmann 2011, S. 594)

3.2 MULTIPROJEKTUMSETZUNG

Als Ergebnis des Auswahlprozesses mittels BSC und Nutzwertanalyse im Rahmen der Multiprojektplanung resultiert eine nach Nutzwerten geordnete Reihenfolge von strategischen Projekten. Rein mechanistisch betrachtet, müssten nun die Projekte einfach in dieser Reihenfolge aufgesetzt und abgearbeitet werden, soweit dies die Rahmenbedingungen (Kapital, Kapazität, etc.) der Organisation zulassen.

Zuvor sollte aber die Summe der selektierten Projekte nochmals in einer Gesamtsicht auf die Vereinbarkeit mit der strategischen Ausrichtung der Organisation hin geprüft werden. Demnach sollte der konkrete Bezug zwischen den strategischen Erfolgsfaktoren der Organisation und den Projekten, die zur Umsetzung der jeweiligen Erfolgsfaktoren ausgewählt sind, hergestellt werden. Als Voraussetzung für eine erfolgreiche Umsetzung der strategischen Unternehmensziele müssen diese in Projektziele transformiert und mit Key Performance Indicators (KPIs) messbar gemacht werden. Diese Aktivitäten werden in den folgenden Kapiteln noch kurz konkretisiert.

3.2.1 VERKNÜPFUNG STRATEGISCHER ERFOLGSFAKTOREN MIT DEN PROJEKTZIELEN

In einem ersten Schritt ist nochmals zu prüfen, ob als Ergebnis des Auswahlprozesses mittels BSC und Nutzwertanalyse jene Projekte resultieren, die in Summe tatsächlich die gewünschte strategische Unternehmensentwicklung ergeben.

Dies könnte geprüft werden, indem die ausgewählten Projekte in einem Portfolio angeordnet werden. Hierbei könnten diese nochmals klassischerweise nach Risiko-Rentabilitätskriterien oder nach ihrem geleisteten Beitrag zur Wandlungsfähigkeit des Unternehmens untersucht werden (vgl. detaillierter bei Bea, Scheurer, Hesselmann 2011, S. 600 ff.).

Eine andere Möglichkeit besteht darin, die ausgewählten Projekte nochmals über die verschiedenen Dimensionen der BSC zu verteilen (siehe Abbildung 3.1-23). Heraus kommt dabei ein Netz von strategischen Projekten, das, im besten Fall durch Ursache-Wirkungsketten verknüpft, im Sinne der gemeinsamen Unternehmensentwicklung und Vision ausgerichtet ist. Zugleich zeigt die Verteilung des Projektnetzes über die BSC, welche strategischen Steuerungsschwerpunkte gesetzt werden. Während die linke BSC ein Projektnetz aufzeigt, dem eine Mischung aus direkter und indirekter strategischer Steuerung zugrunde liegt, zeigt die rechte BSC eine eher direkte, auf schnelle Markt- und Finanzkennzahlenwirksamkeit ausgerichtete strategische Steuerungsabsicht.

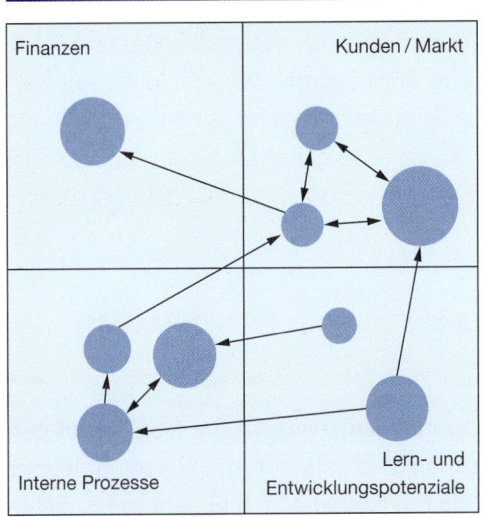 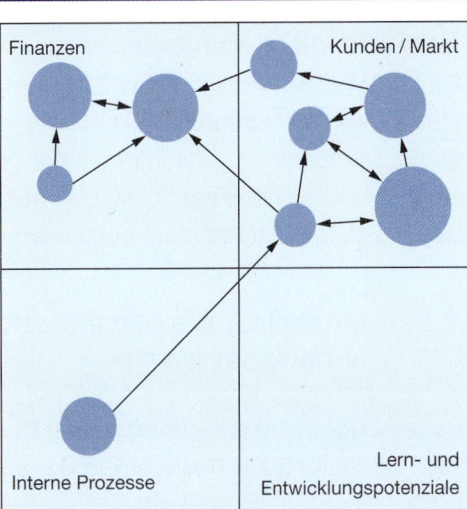

Abb. 3.1-23: Strategische Projektnetze (Bea, Scheurer, Hesselmann 2011, S. 599)

Wie in der Abbildung 3.1-23 bereits verdeutlicht wurde, bestehen noch zusätzliche Möglichkeiten, die strategischen Steuerungszusammenhänge zu visualisieren: Zum Beispiel können die Ursache-Wirkungsketten und damit natürlich auch die wechselseitigen Zusammenhänge zwischen den strategischen Projekten durch Verknüpfungspfeile dargestellt werden. Der Umfang der Kreise kann zudem den Budgetanteil des jeweiligen strategischen Projekts symbolisieren. Durch weitere Bezeichnungen der Projektkreise könnten die Projektprioritäten oder andere Informationen veranschaulicht werden.

Damit wird eine weitere zentrale Funktion der BSC ganz deutlich: Wenn strategisches Management durch Projekte wirklich als eine partizipative Form der strategischen Steuerung ernst genommen wird, verkörpert die BSC geradezu ein ideales Visualisierungs- und Kommunikationsinstrument. Es handelt sich um ein leicht verständliches strategisches Steuerungsinstrument, das über die Formulierung des strategischen Projektnetzes die gesamte Entwicklungsrichtung der Organisation aufzeigt und dem einzelnen Projektmitarbeiter über die Einordnung seines Projekts im Projektnetzwerk zugleich seine Rolle im Rahmen der strategischen Entwicklung der Organisation verdeutlicht.

Genau hieraus resultieren unmittelbar die strategische Begründung des Projekts sowie die Konkretisierung des strategischen Erfolgsfaktors, der mit dem jeweiligen Projekt umgesetzt werden soll. Dieser kann bspw. in der Entwicklung einer neuen Technologie im Rahmen des Projekts oder in einer strategischen Differenzierung des Unternehmens am Markt begründet liegen. Alternativ kann ein Projekt über die Verbesserung von Prozessfähigkeiten zur Flexibilisierung eines Unternehmens oder zur Verbesserung seiner Kostenposition einen wertvollen Beitrag leisten. Letztlich lassen sich aus der Einordnung des einzelnen Projekts in das strategische Projektnetz die wesentlichen Zielsetzungen für die Umsetzung eines Projekts aus dem Kontext der gesamten Unternehmensentwicklung erschließen.

Dies bildet zugleich eine geeignete Grundlage für einen laufenden Diskussions- und Feedbackprozess hinsichtlich der richtigen Ausrichtung der gesamten Organisation mit dem Management und anderen Stakeholdern. Vor dem Hintergrund eines dynamischen Unternehmensumfeldes muss immer wieder geprüft werden, ob die strategische Ausrichtung der Organisation noch passt und ob über die Projektumsetzung noch die richtigen strategischen Erfolgsfaktoren umgesetzt werden.

3.2.2 PRÄZISIERUNG DER PROJEKTZIELE MITTELS KEY PERFORMANCE INDIKATOREN (KPI)

Aus der Zuordnung der strategischen Projekte zu den Dimensionen der BSC ergibt sich deren Bedeutung zur Realisierung der strategischen Erfolgsfaktoren. Dies reicht jedoch für die Steuerung der konkreten Projektumsetzung noch nicht aus. Vielmehr muss die erwünschte Realisierung der strategischen Erfolgsfaktoren durch Projekte in ganz konkrete

Projektziele umgesetzt werden. Dies soll im Folgenden anhand eines Beispiels veranschaulicht werden.

Angenommen, der strategische Erfolgsfaktor für eine Organisation wäre das Erreichen eines Differenzierungsvorteils mit seinem Produkt am Markt, so könnte dies über verschiedene Projekte in unterschiedlichen Dimensionen der BSC realisiert werden. Es könnte Projekte in der Dimension »Lernen und Entwicklung« zum technologischen Kompetenzaufbau geben, es könnte Projekte in der Dimension »interne Prozessperspektive« geben, mit denen das Projektmanagement verbessert wird, um so zu einem schnelleren und effektiveren Entwicklungsprozess beizutragen, es könnte parallel in der Dimension »Markt und Kunde« bereits Projekte geben, die den Markteintritt des neuen Produkts vorbereiten.

Um nun eine konsequente und vor allem auch abgestimmte Unterstützung des strategischen Erfolgsfaktors durch die strategischen Projekte sicherzustellen, können Meilensteine der Entwicklung des Erfolgsfaktors festgelegt und diese Meilensteine den einzelnen strategischen Projekten zugeordnet werden. Auf Basis dieser Meilensteine können dann für die strategischen Projekte konkrete Projektziele formuliert werden. Diese Projektziele sollten in einem weiteren Schritt mit messbaren Indikatoren, den KPIs, hinterlegt werden.

So könnte bspw. ein Ziel für das Projekt zum technologischen Kompetenzaufbau darin bestehen, einen Prozess vom Technologiescouting bis hin zur Identifizierung der wichtigsten Technologien einzuführen. Ein weiteres Ziel könnte darauf ausgerichtet sein, den Kompetenzaufbau in der Organisation über Recruitingmaßnahmen oder über den Aufbau von Trainingskonzepten zu den Schlüsseltechnologien voranzutreiben. Als KPIs sollten dann Indikatoren vereinbart werden, die eine eindeutige und spezifische Messung des Umsetzungsgrads der durch das Projekt angestrebten Maßnahmen erlauben. So könnte in unserem Beispiel ein KPI wie folgt lauten: »%-Satz der Entwickler mit Know-how in den identifizierten Schlüsseltechnologien bis zum Zeitpunkt T«.

Die Zuordnung strategischer Projekte zu den Dimensionen der BSC erleichtert somit auch die Vorgabe von Zielen für einzelne strategische Projekte ebenso wie die sinngemäße Ableitung von Unterzielen für weitere aus den strategischen Projekten erwachsende operative Folgeprojekte. Darüber hinaus bietet die Kenntnis der Einordnung der eigenen Projektzielsetzung in den gesamten strategischen Entwicklungsrahmen der Organisation eine geeignete Grundlage für projektinterne Diskussionsprozesse und eigenverantwortliche situative Anpassungen im Rahmen einer zieladäquaten Projektabwicklung.

? WIEDERHOLUNGSFRAGEN

- Was ist eine Unternehmensstrategie?
- Was ist die Aufgabe des Strategischen Managements?
- Welche Ansätze des Strategischen Managements kennen Sie? Erläutern Sie den Grundgedanken dieser Ansätze kurz.
- Welche Zusammenhänge sehen Sie zwischen Strategischem Management und Projektmanagement?
- Wie erklären Sie Projektmanagement als Führungskonzeption?
- Welche Ziele hat ein Management durch Projekte?
- Welche Aufgaben hat ein Management durch Projekte?
- Welche Phasen der strategischen Planung kennen Sie? Beschreiben Sie diese kurz.
- Was ist eine SWOT-Analyse?
- Was ist eine strategische Geschäftseinheit (SGE)?
- Wie können Portfolios im Rahmen der Strategieentwicklung zum Einsatz kommen?
- Welche Wettbewerbsstrategien auf SGE-Ebene kennen Sie?
- Wieso eignet sich gerade das Projektmanagement besonders zur Strategieumsetzung?
- Was ist eine BSC?
- Wie funktioniert die qualitative Analyse im Rahmen der Multiprojektplanung?
- Wie funktioniert die quantitative Analyse im Rahmen der Multiprojektplanung?
- Was ist eine Nutzwertanalyse und wie kann diese im Rahmen der Multiprojektplanung eingesetzt werden?
- Wie funktioniert die Szenariotechnik? Erläutern Sie diese kurz anhand eines Projektwertbeitragsszenarios.
- Wie können strategische Erfolgsfaktoren mit konkreten Projektzielen verknüpft werden?
- Wie können die Projektziele mithilfe von KPIs präzisiert werden?

LITERATURVERZEICHNIS

Verwendete Quellen

Ansoff, H. Igor (1965): Corporate Strategy, McGraw-Hill Inc., New York.

Ansoff, H. Igor (1979): Strategic Management, Palgrave Macmillan, London.

Bea, F. X.; Scheurer, S.; Hesselmann, S. (2011): Projektmanagement, 2. Auflage, Konstanz und München.

Bea, F. X.; Haas, J. (2016): Strategisches Management. 9.Auflage, Konstanz, München.

Gagsch, B. (2002): Wandlungsfähigkeit von Unternehmen. Konzept für ein kontextgerechtes Management des Wandels. Verlag Peter Lang, Frankfurt/Main.

GPM (Hrsg.) (2017): Individual Competence Baseline für Projektmanagement – Version 4.0. Nürnberg: GPM Deutsche Gesellschaft für Projektmanagement e. V.

Hamel, G.; Prahalad, C. K. (1996): Competing for Future. Paperback Auflage, Harvard Business School Press, Boston 1996.

Kirsch, W. (1998): Betriebswirtschaftslehre. Eine Annäherung aus der Perspektive der Unternehmensführung. 5. A., München.

Klimecki, R.; Probst, G. J. B.; Eberl, P. (1994): Entwicklungsorientiertes Management. Stuttgart.

Malik, F. (1989): Strategie des Managements komplexer Systeme. Ein Beitrag zur Management-Kybernetik evolutionärer Systeme. 3. A., Bern, Stuttgart.

Kaplan, R. S.; Norton, D. P. (1997): Balanced Scorecard: Strategien erfolgreich umsetzen. Stuttgart.

Porter, M. E. (1989): Wettbewerbsvorteile. Spitzenleistungen erreichen und behaupten. Frankfurt, New York.

Probst, G. J. B.; Raub, S. (1987): Selbstorganisation. Berlin, Hamburg.

Probst, G. J. B.; Raub, S.; Romhardt, K. (2006): Wissen managen: wie Unternehmen ihre wertvollste Ressource optimal nutzen. 5. Auflage, Wiesbaden.

Stetter, T. (1994): Unternehmensentwicklung und strategische Unternehmensführung. München.

Teece, D. J. (2009): Dynamic Capabilities and Strategic Management. Oxford.

Zahn, E. (1999): Strategiekompetenz – Voraussetzung für maßgeschneiderte Strategien. In: Zahn, E.; Foschiani, S. (Hrsg.): Maßgeschneiderte Strategien – der Weg zur Alleinstellung im Wettbewerb. Stuttgart, S. 1–22.

Weiterführende Quellen

Patzak, G.; Rattay, G. (2017): Projektmanagement: Projekte, Projektportfolios, Programme und projektorientierte Unternehmen. 7. Auflage, Linde Verlag GmbH.

Schreyögg, G.; Koch, J. (2014): Grundlagen des Managements: Basiswissen für Studium und Praxis. Springer Gabler Verlag.

Welge, M. K.; Al-Laham, A. (2008): Strategisches Management. Grundlagen – Prozess – Implementierung. 5. Auflage. Gabler Verlag.

3.2 GOVERNANCE, STRUKTUREN UND PROZESSE

Autor: Andreas Frick
Andreas Frick studierte Elektrotechnik und Informatik in Paderborn. Er ist Trainer und Berater beim Projektforum, Lehrbeauftragter für Projektmanagement an der Hochschule Bochum, Zertifizierter Senior Projektmanager (IPMA Level B), Autorisierter Trainingspartner GPM, Verbandsgeprüfter Sachverständiger BDSH für Projekt- und Mehrprojektmanagement sowie Systemischer Organisationsberater IGST. Von 2004–2014 war er Vorstandsvorsitzender der GPM Deutsche Gesellschaft für Projektmanagement e. V. und ist heute Delegierter der GPM.

Co-Autor: Yvonne Schoper
Prof. Dr. Yvonne Schoper ist Professorin für Internationales Projektmanagement an der HTW Berlin Hochschule für Technik und Wirtschaft. Zudem hat sie eine Gastprofessur an der Tongji Universität in Shanghai und der Universität Reykjavik, Island. Von 2012 bis 2015 war sie Vorständin bei der GPM Deutsche Gesellschaft für Projektmanagement e. V., von 2016 bis 2017 Mitglied des Präsidialrats. Seit 2014 ist sie Mitglied des IPMA Research Management Boards und leitet dort die IPMA Research Conference.

Co-Autor: Alfred Oswald
Dr. Alfred Oswald, ist Geschäftsführer des Consulting Instituts IFST-Institute for Social Technologies GmbH für Agile Organisationen. Er ist Leiter der GPM Fachgruppe Agile Management. Sein Arbeitsgebiet ist die Transformation projektorientierter Organisationen zu Organisationen 4.0. Er ist Co-Autor der Collective Mind Methode sowie der Bücher »Projektmanagement am Rande des Chaos« und »Management 4.0 – Handbook for Agile Practices«.

INHALT

Governance, Strukturen und Prozesse 353

Definition von Governance 353

    Bestandteile von Governance 354

    Aufgaben der Projektleitung in Bezug auf Governance 356

Organisation 357

    Einleitung und Hintergrund 357

    Aufbauorganisation 358

        Stellen 360

        Arten von Stellen 362

        Strukturformen der Aufbauorganisation von Unternehmen 365

    Ablauforganisation 371

        Prozessmanagement und Prozessbeschreibung 373

        Prozessmodelle 374

Aufbauorganisatorische Strukturen in projektorientierten Organisationen   376

    Einleitung und Hintergrund 376

        Projektmanagement-Office (PMO) 376

        Projektportfoliomanagement 376

        Weitere Bezeichnungen für ein Projektmanagement-Office 379

Ablauforganisatorische Strukturen in projektorientierten Organisationen   381

    Einleitung und Hintergrund 381

    Projektorientierte Strategische Unternehmensführung 382

    Projektportfoliomanagement 383

    Programmmanagement 383

    Projektbeauftragung und Projektlenkung 384

    Das Projektmanagement 385

    Agile / Hybride Ansätze der Projektabwicklung 386

Das Controlling der Organisation und dessen Nutzen
für das Projekt-, Programm- und Projektportfoliomanagement (PPP) 387

Qualitätsmanagement der Organisation und PPP 388

Das Linienmanagement 389

Personalentwicklung der Organisation und deren Nutzen für PPP 390

Die IT-Abteilung der Organisation und deren Nutzen für PPP 391

Projektmanagement-Handbuch **391**

Wiederholungsfragen **393**

Literaturverzeichnis **395**

1 GOVERNANCE, STRUKTUREN UND PROZESSE

 »Die Kompetenz »Governance, Strukturen und Prozesse« definiert das Verständnis für und die Abstimmung mit den gewachsenen Strukturen, Systemen und Prozessen der Organisation, welche Unterstützung für Projekte bieten und Einfluss auf ihre Organisation, ihre Einführung und ihr Management haben.« (GPM 2017, S. 47)

Im Verlauf der Beschreibung des Kompetenzelements werden alle Aspekte zu den drei Themenfeldern Governance, Strukturen und Prozesse behandelt, die in einer modernen projektorientierten Organisation gefunden werden können, wie z. B. die Konzepte Projektmanagement, Programmmanagement und Projektportfoliomanagement. Aber ebenso sind alle Unterstützungsfunktionen, die eine Organisation für Projekte bereitstellen kann, aufgeführt, wie z. B. die Konzepte rund um das Themenfeld Projekt-Management-Office, die Aufgaben der Personalentwicklung, des Unternehmens-Controllings, des Qualitätsmanagements oder die Unterstützungsleistung der IT-Abteilung für Projekte und Projektmanagement.

Ebenso gilt es, die Führungs- und Entscheidungsstrukturen einer Organisation zu kennen, um die Projektsteuerung, darauf aufbauend, strukturieren zu können. Letztlich wird das wichtige Thema Governance behandelt. Hier geht es darum, Projekte in sicheren rechtlichen und organisatorischen Strukturen zu führen, Transparenz in Führungs- und Entscheidungsprozessen zu erlangen, aber auch die entsprechende Fairness im Umgang mit weiteren beteiligten Personen und Organisationen zu wahren und einen geeigneten Umgang gegenüber Umwelt und Gesellschaft zu pflegen.

2 DEFINITION VON GOVERNANCE

Der Begriff Governance ist ein englischer Begriff und beschreibt die Art und Weise des Regierungshandelns im Gegensatz zum Begriff Government, der die Regierung oder das Regieren selbst meint. Ende der 1970er Jahre tauchte der Begriff »Corporate Governance« in der US-amerikanischen Wirtschaftssprache im Sinne von **verantwortungsvoller Unternehmensführung** auf und etablierte sich weltweit.

In Deutschland hat eine vom Bundesministerium der Justiz eingesetzte Regierungskommission den Deutschen Corporate Governance Kodex veröffentlicht. In diesem sind die Corporate-Governance-Grundsätze definiert, die eine Darstellung der wesentlichen gesetzlichen Vorschriften zur Unternehmensführung beinhalten sowie zahlreiche Empfehlungen und Anregungen zur Leitung und Überwachung börsennotierter Gesellschaften aufführen (Schoppen 2015).

Später wurde durch die Weltbank der Begriff »Good Governance« im Sinne einer verantwortungsvollen Regierungsführung eingeführt (Schoppen 2015). Auch hier wird dargelegt, welche Institutionen, Prinzipien und Strukturen eine gute Regierungsführung beinhalten soll. Die Weltbank nutzt diese Beschreibung für ihr Wirken im Rahmen der zahlreichen Unterstützungsprogramme, die oft an Bedingungen für eine »Good Governance« geknüpft werden.

Nachdem der Begriff im Kontext Wirtschaft und Regierungshandeln eingeführt und genutzt worden ist, etablierten sich verschiedene Governance-Ansätze auch für spezifische Berufsgruppen, z. B. in der Pädagogik (Altrichter 2012), oder auch zu spezifischen Themen, wie z. B. Diversity, zum Umgang mit kultureller und religiöser Pluralität (Folke Schuppert 2017). Des Weiteren existieren für spezifische Themenfelder, z. B. in der Informationstechnik, Governance-Ansätze, die über die ISO Standards hinausgehende Regelungen und Verhaltenskodizes festlegen (vgl. ISO / IEC 38500 2015).

Und letztlich wurde und wird das Thema Governance durch Organisationen aufgegriffen, die eigene Governance-Ansätze formulieren, diese in ihre Organisation implementieren und zudem veröffentlichen.

Beispiel: Corporate-Governance-Grundsätze der Dätwyler Holding AG
Zeitgemäße Standards – für gewachsene Werte[1]
Klare und bewährte Corporate Governance.
Als Unternehmen, das der langfristigen Wertschöpfung verpflichtet ist, verfügt Dätwyler über klare und bewährte Organisations-, Führungs- und Kontrollgrundsätze. Diese sind in den Statuten sowie im Organisations- und Geschäftsreglement der Dätwyler Holding AG festgelegt und genügen den Anforderungen des modernen Corporate-Governance-Gedankenguts. Sie werden alljährlich im Geschäftsbericht gemäß der entsprechenden Corporate-Governance-Richtlinie der SIX-Swiss-Exchange veröffentlicht.

2.1 BESTANDTEILE VON GOVERNANCE

Allen Ansätzen ist gemeinsam, dass es zum einen um einen Ordnungsrahmen zur Führung und Steuerung von Organisationen geht, der alle relevanten rechtlichen Aspekte berücksichtigt, die es zu erfüllen gilt. Zum anderen geht es aber immer auch darum, das »richtige Handeln« im Sinne eines ethisch korrekten und fairen Umgangs mit den Partnern und sonstigen Interessengruppen zu beschreiben und hierzu Festlegungen zu treffen.

---

[1] In einem auf der Website der Dätwyler Holding AG zur Verfügung gestellten Dokument werden die Corporate-Governance-Grundsätze der Dätwyler Holding AG ausführlich dargestellt, https://www.datwyler.com/governance/

Bisher existiert weltweit noch kein einheitliches Verständnis und auch keine einheitliche Definition, was Governance oder Corporate Governance genau bedeutet oder umfasst.

Ganz allgemein kann Corporate Governance als die Gesamtheit aller Regelungen, Vorschriften, Werte und Grundsätze verstanden werden, die für eine Organisation gelten sollen und die bestimmen, wie diese Organisation geführt und überwacht wird. In der Literatur wird regelmäßig über gute Corporate Governance bzw. über eine Verbesserung der bestehenden Corporate Governance berichtet (vgl. Schoppen 2015).

Sieht man sich die vielen verschiedenen Definitionen, Interpretationen und Beispiele aus der Literatur und der Praxis an, so beinhalten die Beschreibungen für eine gute Governance immer ähnliche Aspekte, die sich in dem folgenden Governance-Dreiklang zusammenfassen lassen:

| **Gesetzliche Regelungen und rechtlicher Rahmen**
   Im Regelfall beinhaltet eine Governance-Beschreibung eine Aufführung aller zu berücksichtigenden Gesetze und Richtlinien zur Unternehmensführung sowie Empfehlungen oder Festlegungen zur Leitung und Überwachung einer Organisation.

| **Strukturen, Prozesse und Verantwortung**
   Des Weiteren beinhaltet eine Governance-Beschreibung auch Informationen zur Aufbau- und Ablauforganisation der Organisation, zu den Verantwortlichkeiten und Entscheidungsstrukturen (Responsibility) sowie zu den Rechenschaft- und Berichtspflichten (Accountability) einschließlich deren Offenheit (Transparency).

| **Ethische Grundsätze und Werte**
   Zuletzt finden sich Aussagen zu den ethischen Grundsätzen, Prinzipien, Werten und Verhaltenskodizes bis hin zu modernen Ansätzen eines verantwortlichen, nachhaltigen und fairen Umgangs mit den Partnern und der Umwelt.

Abb. 3.2-1.: Governance-Dreiklang

Der Begriff Governance ist im Projektmanagement relativ neu. In den aktuellen Standards der IPMA (OCB 1.1, ICB 4.0) wird der Begriff verwendet. Im Projektmanagement-Lexikon von Motzel und Möller wird zudem formuliert, dass die Begriffe Governance und Projekt-Governance synonym verwendet werden können. Dort wird der Begriff Governance wie folgt definiert:

Definition: »*Governance (Synonym: Projekt-Governance): Gesamtheit von strategischen Grundsätzen, Maßnahmen, Einrichtungen und operativen Regelungen zur optimalen Gestaltung und Durchführung komplexer Interaktionsprozesse, z. B. im Projekt-, Programm- und Portfoliomanagement. Governance ist zugleich strukturierend und handelnd: Regeln, Prozesse und Routinen sind Bestandteil von Governance und manifestieren sich in Strukturen*« (Motzel, Möller 2017, S. 108).

2.2 AUFGABEN DER PROJEKTLEITUNG IN BEZUG AUF GOVERNANCE

Welche Aufgaben lassen sich nun für die Projektleitung und für das Projektmanagement aus diesen Darstellungen ableiten?

Zunächst einmal ist es für die Projektleitung und das Projektmanagement wichtig, die Governance der Organisation, in der das Projekt durchgeführt wird, zu kennen. Zunehmend liegt diese explizit vor, wird also von der Unternehmensleitung schriftlich fixiert und veröffentlicht. Aber auch dann, wenn spezifische Beschreibungen zum Governance der Organisation nicht schriftlich fixiert sind, ist es wichtig, die Regelungen und Festlegungen zu kennen, die im Sinne einer »Good Governance« bzw. des zuvor aufgeführten Governance-Dreiklangs (Abbildung 3.2-1) zu berücksichtigen sind, um daraus die Konsequenzen für das Projekt und Projektmanagement zu ziehen.

Bei Projekten, die organisationsübergreifend durchgeführt werden, und insbesondere bei internationalen Projekten ist dieses Thema von besonderer Bedeutung. Hier ist es erforderlich, die Aussagen zum Governance der beteiligten Organisationen zu kennen, diese zu analysieren um aus dieser Analyse heraus, die entsprechenden Konsequenzen für die Projektleitung und das Projektmanagement abzuleiten. Hierbei kann es, insbesondere bei großen und international angelegten Projekten, sinnvoll sein, eigene Festlegungen zur Governance des Projekts – zur Projekt-Governance – zu entwickeln. Es gilt dann, diese im weiteren Projektverlauf mithilfe von geeigneten Maßnahmen bekannt zu machen und im Projektmanagement zu berücksichtigen. Ein geeigneter Ort für solche Festlegungen ist das Projekthandbuch (→ Kapitel »Projektdesign« und »Organisation, Information und Dokumentation«).

Auf die rechtlichen Aspekte von Governance wird in Kapitel »Compliance, Standards und Regularien« und »Beschaffung« näher eingegangen. Mit den ethischen Aspekten von Governance wird sich in Kapitel »Kultur und Werte« detailliert beschäftigt. Der dritte Bereich von Governance – Strukturen, Prozesse und Verantwortung – spielt im Projekt-, Programm- und Projektportfoliomanagement eine besondere Rolle. Aus diesem Grund wird in den folgenden Abschnitten darauf ausführlich eingegangen.

3 ORGANISATION

3.1 EINLEITUNG UND HINTERGRUND

 Die ICB 4 definiert in dem Element »Governance, Strukturen und Prozesse« die Aufgabe, Projekte mit den Entscheidungs- und Berichterstattungsstrukturen der Organisation in Einklang zu bringen. Hieraus ergibt sich für die Projektleitung und das Projektmanagement die Aufgabe, die jeweilige Organisationsform der am Projekt beteiligten Organisationen zu kennen und diese zu verstehen, um das Projekt daraufhin auszurichten und in die beteiligten Organisationen zu integrieren (GPM 2017).

Transparenz wird in Organisationen dadurch geschaffen, dass Regelungen und Festlegungen bezüglich ihres Aufbaus (Aufbauorganisation) und bezüglich ihrer Abläufe (Ablauforganisation) existieren, die in geeigneter Form beschrieben sind und die es den Beteiligten ermöglichen, eine kooperative und arbeitsteilige Zusammenarbeit herzustellen und aufrechtzuerhalten. Nachfolgend wird daher eine kurze Übersicht über die wesentlichen klassischen Elemente einer Aufbau- und Ablauforganisation vermittelt.

In projektorientierten Organisationen kommen, bedingt durch die Aufgaben, die sich aus dem Projekt-, Programm- und Projektportfoliomanagement ergeben, weitere aufbau- und ablauforganisatorische Festlegungen hinzu, die von der Projektleitung und vom Projektmanagement zu berücksichtigen sind. Hierauf wird im weiteren Verlauf des Kapitels detailliert eingegangen.

Doch was bedeutet eigentlich Organisation? Vom Wortursprung her ist der Begriff Organisation gemäß Duden (Drosdowski 1997) vom Verb organisieren abgeleitet (planmäßig ordnen, gestalten, einrichten, aufbauen). Es stammt aus dem Griechischen und ist ein Homonym, also ein Wort, das für verschiedene Begriffe steht. Der Begriff entfaltet seinen Sinn erst dann, wenn etwas hinzukommt, z. B. Stammorganisation, Aufbauorganisation, Ablauforganisation, Prozessorganisation, Projektorganisation etc. Für sich alleinstehend ist der Begriff mehrdeutig. Es muss im Kontext deutlich dargestellt werden, was organisiert werden soll oder organisiert ist.

Definition: Stammorganisation (Synonyme: Basisorganisation, Permanente Organisation, Parent Organization): Ständige (projektunabhängige) Organisation, z. B. eines Unternehmens, Betriebs oder einer Behörde, im Gegensatz zu Projektorganisation. Grundsätzlich sind darunter sowohl die Aufbauorganisation als auch die Ablauforganisation und alle diesbezüglichen, auf Dauer angelegten Regelungen zu verstehen. Der Begriff wird in der Praxis aber oft »nur« für Organisationen im institutionellen Sinne verwendet (Motzel, Möller 2017, S. 262).

3.2 AUFBAUORGANISATION

Die Aufbauorganisation eines Unternehmens, eines Betriebs oder einer Behörde ist eine projektunabhängige und auf Dauer angelegte, hierarchisch aufgebaute Struktur. Sie teilt eine Organisation in einzelne Organisationseinheiten, z. B. in Geschäftsführung, Vertrieb, Marketing, Entwicklung, Produktion, Versand, Controlling, Buchhaltung und Personalentwicklung. Für jede Organisationseinheit wiederum werden deren Aufgaben, Befugnisse und Verantwortlichkeiten festgelegt. So wird die arbeitsteilige Produktion einer auf Dauer angelegten Leistung in einem auf Dauer angelegten Regelbetrieb möglich. Die Aufbauorganisation wird in der Regel in einem Organigramm veranschaulicht. Das Organigramm wiederum bildet die hierarchische Struktur der Organisation ab.

Beispiel: Die Firma HighTec GmbH (Praxisbeispiel, Name der Firma geändert) produziert regelungstechnische Systeme, die in einer eigenen Entwicklungsabteilung entwickelt werden, die dann am Markt angeboten und vertrieben werden. Um diese Gesamtleistung zu erzeugen, benötigt sie ganz unterschiedliche Fähigkeiten, z. B. Entwicklungsingenieure, die in einer Entwicklungsabteilung die Regelungssysteme entwickeln, oder eine Buchhaltung, in der Betriebswirte und kaufmännische Angestellte Rechnungen schreiben und die Konten der Organisation führen. Insgesamt werden hierzu die bereits zuvor aufgeführten neun Organisationseinheiten benötigt, die hier Abteilungen genannt werden.
Um die neun Abteilungen sinnvoll zu strukturieren und um die Steuerung der Aufgaben in den einzelnen Abteilungen zu ermöglichen, werden drei Bereiche eingeführt, die den Abteilungen hierarchisch vorgelagert sind. Das sind die Bereiche Vermarktung, Entwicklung und Produktion sowie das Unternehmenscontrolling. Allen Bereichen ist die Geschäftsführung übergeordnet.

So ergibt sich eine in einer Hierarche angeordnete Aufbauorganisation (vgl. Abbildung 3.2-2.).

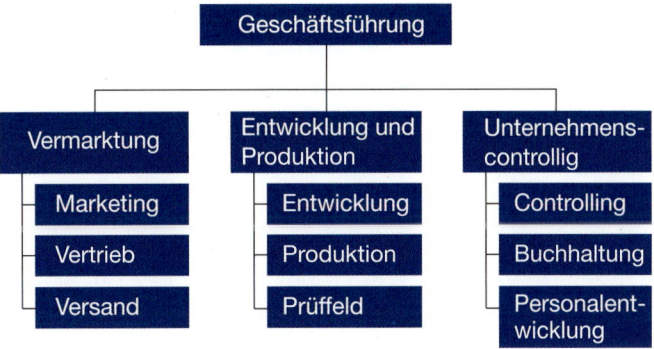

Abb. 3.2-2.: Organigramm zur Darstellung der Aufbauorganisation der HighTec GmbH

Die Kästchen im Organigramm repräsentieren die Stellen bzw. die Inhaber derselben, die Linien die Wege der Anordnungen bzw. die Berichtswege je nach Richtung. Anhand dieses einfachen Beispiels sollen nun weitere wesentliche Begriffe im Zusammenhang mit der Aufbauorganisation erläutert und definiert werden.

 Definition: Eine Aufbauorganisation ist eine auf Dauer angelegte und hierarchisch gegliederte Struktur eines Unternehmens, eines Betriebs oder einer Behörde. Sie gliedert eine Organisation in einzelne Organisationseinheiten. Für jede Organisationseinheit wiederum werden deren Aufgabenbereiche, Kompetenzen und Verantwortlichkeiten festgelegt (in Anlehnung an Vahs 2015, S. 32).

In Bezug auf das dargestellte Beispiel wären Organisationseinheiten die Geschäftsführung, die Abteilung Vermarktung und die Abteilung Entwicklung. In den jeweiligen Organisationseinheiten wiederum arbeitet Personal, das ganz unterschiedliche Aufgaben wahrnehmen kann, über unterschiedliche Kompetenzen verfügen muss und jeweils eine unterschiedliche Verantwortung trägt. Die kleinste Organisationseinheit ist die Stelle oder auch Position, die für einen bestimmten Aufgabenkomplex spezifische Aufgaben wahrnimmt, bestimmte Kompetenzen benötigt und spezifische Verantwortung trägt, das AKV-Prinzip.

3.2.1 STELLEN

 Definition: »Eine Stelle ist die kleinste Organisationseinheit. Sie ist das Grundelement (Basiselement) der Aufbauorganisation und entsteht durch die dauerhafte Zuordnung von Aufgaben auf eine oder mehrere gedachte Personen« (Vahs 2015, S. 61). Ein Synonym für Stelle ist Position.

Eine Stelle ist nicht das Gleiche wie ein Arbeitsplatz. In dem aufgeführten Beispiel wäre es durchaus möglich, dass in der Abteilung Prüffeld die Stelle Prüfingenieur existiert. Diese Stelle wäre dann über eine Stellenbeschreibung beschrieben, in der Aufgaben, Kompetenzen und Verantwortlichkeiten festgelegt sind. Es kann aber durchaus sein, dass in der Abteilung Prüffeld fünf Prüfingenieure tätig sind, also fünf Arbeitsplätze mit etwa der gleichen Stellenbeschreibung vorhanden sind.

Eine Stellenbeschreibung ist eine personenneutrale schriftliche Beschreibung einer Stelle, die Auskunft über ihre organisatorische Verortung in der Organisation, ihre Arbeitsziele, Arbeitsinhalte, Aufgaben, Kompetenzen und Verantwortung erteilt.

Aufgaben

Einer Stelle werden bestimmte Arbeitsziele, Arbeitsinhalte und Aufgaben dauerhaft zur Ausführung übertragen. Eine Stelle grenzt demnach die Zuständigkeit für einen definierten Aufgabenbereich auf längere Sicht von anderen Aufgabenbereichen ab.

Kompetenzen

Im Wortursprung steht der Begriff Kompetenz für Zuständigkeit bzw. Fähigkeit, die jemand aufweist (aus dem Lateinischen: competentia »die passende Fähigkeit«; competere »zusammentreffen«, »ausreichen«, »zu etwas fähig sein«, »zustehen«), unterschieden meist in die Kategorien Fachkompetenz, Methodenkompetenz, Sozialkompetenz und Selbstkompetenz. In diesem Sinne wird der Begriff Kompetenz auch in der Psychologie, Pädagogik und der Personalentwicklung verwendet.

Im Kontext der Organisationslehre und der Managementlehre bezeichnet der Begriff Kompetenz aber auch die Rechte und Befugnisse, die einem Stelleninhaber übertragen werden (vgl. Vahs 2015, S. 64). Der Kompetenzbegriff kann zudem weiter ausdifferenziert werden, z.B. in Verfügungskompetenz, Entscheidungskompetenz, Fremdentscheidungskompetenz, Vertretungskompetenz, Weisungskompetenz, Richtlinienkompetenz, Kontrollkompetenz. Mit diesen Begriffen ist letztlich die Idee verbunden, die Rechte und Befugnisse des Stelleninhabers konkreter zu beschreiben.

Angemessene Kompetenzen im letztgenannten Sinne sind einerseits die Voraussetzung für eine ordnungsgemäße Bewältigung von Aufgaben, andererseits grenzen sie auch den Handlungsspielraum des Stelleninhabers ein.

Verantwortung

Unter Verantwortung wird die Pflicht einer Person verstanden, für die Folgen ihrer Entscheidungen und Handlungen einzustehen (vgl. Vahs 2015). Mit der Zuweisung von Aufgaben und Kompetenzen wird ein Stelleninhaber dazu verpflichtet, diese richtig und verantwortungsbewusst wahrzunehmen. Für Misserfolge und Fehler bei der Aufgabenerfüllung und bei der Wahrnehmung seiner Rechte und Befugnisse muss er geradestehen, das bedeutet, er kann dafür zur Rechenschaft herangezogen werden und wird sich dazu erklären müssen.

Die hier beschriebenen Mindestfestlegungen zu einer Stellenbeschreibung, nämlich zu Aufgaben, Kompetenzen, Verantwortung, sind in der Praxis weit verbreitet. Es wird regelmäßig empfohlen, diese in einer sogenannten AKV-Matrix zu dokumentieren (vgl. Tabelle 3.2-1). Die AKV-Matrix ist eine Technik zur Analyse und Darstellung von Aufgaben, Kompetenzen und Verantwortlichkeiten einer Person bzw. einer Rolle oder auch einer Stelle. Auf den Begriff der Rolle wird in Kapitel »Organisation, Information und Dokumentation« ausführlich eingegangen.

Tab. 3.2-1.: Die AKV-Matrix

Stelle/Rolle/Person	Aufgaben	Kompetenzen	Verantwortung
Stellen-Rollenbezeichnung	Beschreibt konkrete Tätigkeiten nach Inhalt, Form und Umfang.	Beschreibt einerseits die Befugnisse, über die jemand für die Erfüllung der Aufgaben verfügt, andererseits die Fähigkeiten, die für die Erfüllung der Aufgaben erforderlich sind.	Beschreibt, worüber jemand Rechenschaft ablegen muss. Wofür jemand zur Rede gestellt werden kann.
	Was macht jemand?	**Was kann und darf jemand?**	**Wofür muss jemand »gerade stehen«?**

Hinweis: Zuvor wurde auf die Mehrdeutigkeit des Begriffs Kompetenz hingewiesen. Ein Personalentwickler versteht z.B. unter der Kompetenz einer Person eher deren Fähigkeiten: Was kann jemand bzw. sollte jemand können, um diese Stelle »kompetent« wahrnehmen zu können? Ein Manager hingegen versteht unter Kompetenz einer Person eher deren Befugnisse: Was darf jemand? Was darf jemand anordnen und entscheiden? Bedingt durch diese Mehrdeutigkeit wird empfohlen, den Begriff Kompetenz an dieser Stelle nicht mehr zu verwenden, sondern den Begriff zu unterteilen in Befugnisse (welche Rechte hat jemand?) und Fähigkeiten (was muss jemand können?). Dieser Ansatz etabliert sich zunehmend in der Praxis. Es kann dann entsprechend eine ABVF-Matrix (Aufgaben, Befugnisse, Verantwortung, Fähigkeiten) zum Einsatz kommen.

Tab. 3.2-2.: ABVF-Matrix

Stelle/Rolle/ Person	Aufgaben	Befugnisse	Verantwortung	Fähigkeiten
Stellen-Rollenbezeichnung	Beschreibt konkrete Tätigkeiten nach Inhalt, Form und Umfang.	Beschreibt die Weisungs- und Entscheidungsmacht, über die jemand für die Erfüllung der Aufgaben verfügt.	Beschreibt, worüber jemand Rechenschaft ablegen muss.	Beschreibt die benötigten unterschiedlichen Qualifikationen und Erfahrung.
	Was macht jemand?	Was kann und darf jemand?	Wofür muss jemand »gerade stehen«?	Was muss jemand können?

Kongruenzprinzip

Das Kongruenzprinzip ist in der Organisationslehre der Grundsatz, dass Aufgaben, Kompetenzen, und Verantwortung an Stellen deckungsgleich übertragen werden müssen. Aufgaben, Verantwortung und Kompetenzen müssen übereinstimmend sein, also kongruent sein (lat. deckungsgleich, übereinstimmend, vgl. Vahs 2015). Hat z. B. ein Mitarbeiter im Einkauf die Aufgabe zu erfüllen, Angebote einzuholen, diese zu bewerten und die Vertragsverhandlungen durchzuführen, dann muss er auch über die Befugnisse verfügen, Verträge im Rahmen definierter Grenzen abzuschließen. Er trägt dann die Verantwortung, diese Dinge sorgfältig durchzuführen (vgl. Vahs 2015, S. 65).

3.2.2 ARTEN VON STELLEN

Es lassen sich verschiedene Arten von Stellen unterscheiden. Eine Einteilung kann aufgrund der zugeteilten Kompetenzen in zwei Arten erfolgen. Das sind zum einen Linienstellen und zum anderen unterstützende Stellen.

Linienstellen
Linienstellen bilden die Hierarchie der Organisation ab und lassen sich in Leitungsstellen und Ausführungsstellen differenzieren. Eine **Leitungsstelle**, auch als Instanz bezeichnet, wird durch eine Führungskraft besetzt, z. B. einen Abteilungsleiter. Dieser wiederum führt seine Mitarbeiter in der Abteilung, ist ihnen vorgesetzt und im Regelfall mit umfangreichen

Kompetenzen ausgestattet, wie z. B. mit der disziplinarischen und fachlichen Weisungskompetenz und im Regelfall mit voller Entscheidungskompetenz in Bezug auf alle Angelegenheiten seine Abteilung. Eine **Ausführungsstelle** ist, wie der Name dies schon erkennen lässt, mit der Ausführung und Durchführung der ihr übertragenen Aufgaben beauftragt und erhält nur die Befugnisse, die zur Bearbeitung der übertragenen Aufgaben benötigt werden, wie z. B. die Befugnis zur Wahl der Mittel und Werkzeuge, die für die Bearbeitung erforderlich sind. Ausführungsstellen haben daher nur Entscheidungskompetenzen für ihren eigenen Handlungsbereich, nicht aber eine Weisungskompetenz in Bezug auf andere Stellen.

Unterstützende Stellen
Unterstützende Stellen lassen sich in Stabsstellen, Assistenzstellen und Dienstleistungsstellen unterscheiden. Eine Stabsstelle wird dazu eingerichtet, um eine Leitungsstelle bei ihren umfangreichen Aufgaben zu unterstützen. Die Mitglieder von Stabstellen sind meistens Spezialisten für bestimmte Gebiete. Sie haben die Aufgabe, die Leitungsstelle in bestimmten Fragen durch die Übernahme von Aufgaben und durch Beratung zu unterstützen und zu entlasten. Sie dienen der Informationsbeschaffung und -verarbeitung, der Wahrnehmung kontinuierlicher Aufgaben der Leitungsstelle, der Beratung und der Entscheidungsvorbereitung. Eine Stabsstelle wird daher auch als Leitungshilfsstelle bezeichnet. Stabsstellen können auf allen Ebenen der Organisation eingerichtet werden. Eine Stabstelle hat keine Weisungs- bzw. Leitungsbefugnis. Demnach bleiben die Hierarchieebenen und der Weg von Anweisungen und Informationen in der Organisation durch die Stabstellen unbeeinflusst. Sind Stabsstellen eingerichtet, wird auch von einer Stablinienorganisation gesprochen.

Beispiele für Stabsstellen in Organisationen sind:

- Der betriebliche Datenschutzbeauftragte
- Die Fachkraft für Arbeitssicherheit
- Der Qualitätsmanagementbeauftragte
- Die Unternehmensplanung der Geschäftsführung
- Die Presseabteilung des Unternehmens
- Die Marktforschung des Vertriebs
- Der oder die Gleichstellungsbeauftragte

Das Projektportfoliomanagement des Unternehmens kann ebenso als Stabsstelle eingerichtet sein. Weitere Informationen dazu erfolgen im späteren Verlauf.

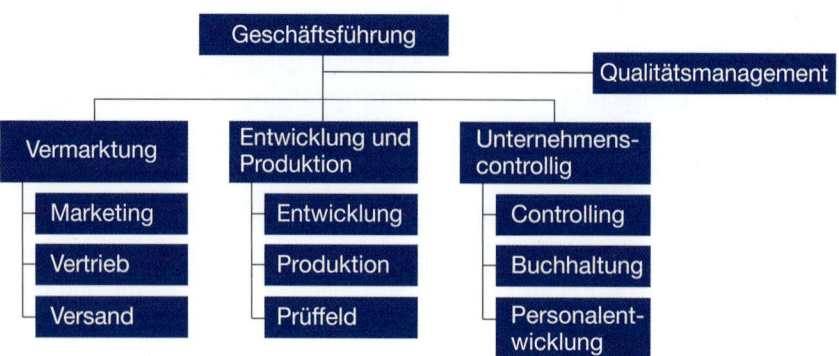

Abb. 3.2-3: Organigramm zur Aufbauorganisation der HighTec GmbH inklusive Stabstelle Qualitätsmanagement

Eine Assistenzstelle ist ebenso eine Leitungshilfsstelle mit spezifischen Aufgaben und im Regelfall ohne Weisungskompetenz. Für diese Form von Stellen gibt es meist kein fest vorgegebenes Aufgabengebiet. Es ist vielmehr so, dass eine Führungskraft für die Bewältigung ihrer umfangreichen Aufgaben eine direkte Unterstützung benötigt. Hierzu werden Assistenzstellen eingerichtet, z. B. die Assistenz der Geschäftsleitung.

Dienstleistungsstellen nehmen zentrale Unterstützungsaufgaben für verschiedene Organisationseinheiten wahr. Es kann unterschieden werden in Dienstleistungsstellen mit Weisungsbefugnis auf der einen Seite, wie z. B. Stellen in der Rechtsabteilung oder der Personalabteilung, das Unternehmenscontrolling oder Stellen in der IT-Abteilung. Auf der anderen Seite finden sich Dienstleistungsstellen ohne Weisungsbefugnis, wie z. B. in der Kantine oder am Empfang.

Gremien
Neben den hier aufgeführten, auf Dauer eingerichteten Stellen besteht in Organisationen oft der Bedarf, eine spezifische Aufgabenstellung nicht nur durch eine Abteilung oder Stelle bearbeiten zu lassen, sondern einer spezifischen Gruppe von Personen aus ganz unterschiedlichen Organisationseinheiten diese Aufgabe zu übertragen. Hier greift das Organisationskonzept des Gremiums oder ganz allgemein der Arbeitsgruppe.

Ein Gremium besteht aus einer Anzahl von Personen aus unterschiedlichen Organisationseinheiten, die über einen längeren Zeitraum hinweg in direkter Interaktion stehen. Die Mitglieder des Gremiums verfolgen eine gemeinsame Zielesetzung und nehmen dabei festgelegte Aufgaben wahr. Hierbei werden sie durch gemeinsame Werte und Normen getragen und gehen bei der Lösung ihrer Aufgaben arbeitsteilig vor (in Anlehnung an Vahs 2015, S. 80).

Beispiele für Gremien sind Arbeitskreise, die zu spezifischen Themen eingerichtet werden, oder Qualitätszirkel, die dazu zusammengestellt werden, um Aufgaben, die sich aus dem Qualitätsmanagement und dem Vorschlagswesen ergeben, zu lösen.

In der Praxis ist ein Gremium recht häufig anzutreffen, in dem ein Kreis von Führungskräften der Organisation sich regelmäßig trifft, um zusammen mit der Geschäftsführung die aktuelle Situation der Organisation zu bewerten und um das gemeinsame weitere Vorgehen festzulegen. Dieses Gremium berät und unterstützt damit regelmäßig die formale Geschäftsführung bei ihrer Entscheidungsfindung. Dieses Gremium wird aber oft ebenso als »Geschäftsführung« bezeichnet, obwohl nicht alle Mitglieder des Gremiums die formale Geschäftsführung im institutionalen Sinne innehaben. Es ist ein Kreis von Führungskräften, denen man zutraut, die Geschicke der Organisation zu leiten. Die Mitglieder dieses Gremiums werden oft dennoch als »Mitglied der Geschäftsführung« bezeichnet.

3.2.3 STRUKTURFORMEN DER AUFBAUORGANISATION VON UNTERNEHMEN

Die Struktur einer Organisation ist von vielerlei Faktoren abhängig. Die Struktur soll der Strategie der Organisation folgen – »Structure follows Strategy« – so lautet ein von Alfred J. Chandler jr. in den 1960er Jahren aufgestellter Leitsatz der Wirtschaftswissenschaft, der auch heute noch hohe Aktualität besitzt (Chandler 1962/1998). Doch wie sich in der weiteren Entwicklung zeigte, ist die Struktur einer Organisation ebenso von vielen weiteren Faktoren abhängig, z. B. von ihrem Alter, ihrer Größe, der Branche, der Dynamik des Umfelds und vielem mehr (→ Kapitel »Strategie«).

Der Management-Vordenker Henry Mintzberg erklärt die gegenseitige Abhängigkeit von Strategie und Struktur wie folgt: »Die Struktur folgt der Strategie nicht mehr als beim Laufen der linke Fuß dem rechten folgt. Beide sind voneinander abhängig und beeinflussen sich gegenseitig. In manchen Situationen geben sich Unternehmen eine neue Struktur, um eine veränderte Strategie umsetzen zu können. Allerdings wird die Auswahl einer neuen Strategie auch von den Gegebenheiten, Grenzen und Möglichkeiten der bestehenden Struktur bestimmt« (Mintzberg 2012).

Ein typisches Unternehmen ist auf Wachstum ausgelegt. Mit zunehmendem Alter wird die Organisation größer und versetzt sich damit in die Lage, immer spezialisiertere Strukturen auszubilden. Eine agile junge Organisation kommt mit einfachen Strukturen aus, während wachsende und größere Organisationen die zunehmende Komplexität ihrer Aufgaben und Herausforderungen, der Kundenanforderungen und der Anforderungen des Marktes nur noch durch spezialisierte Fachabteilungen und Arbeitsteilung bewältigen können. Mit weiterem Wachstum bilden sich im Regelfall zunächst funktionale Strukturen heraus, was zu professionelleren Lösungen führt (Effektivität) und ebenso zu wirtschaftlicheren Lösungen (Effizienz), aber auch zu einem erhöhten Koordinationsbedarf. Wachsen Organisationen weiter, so entwickeln sich meist ein differenziertes Produktspektrum und differenzierte Kundenstrukturen, was zu einer produktorientierten oder kundengruppenorientierten Strukturierung der Organisation führen kann. Wachsen Organisationen auch räumlich weiter, so finden sich geografisch orientierte Strukturmuster. Wachsen Organisationen noch weiter, so finden sich hybride Formen der Organisationsstruktur, also z. B. Formen, die sowohl eine produktorientierte als auch eine kundengruppenorientierte oder auch eine topologische Strukturierung aufweisen können (vgl. Mintzberg 2013).

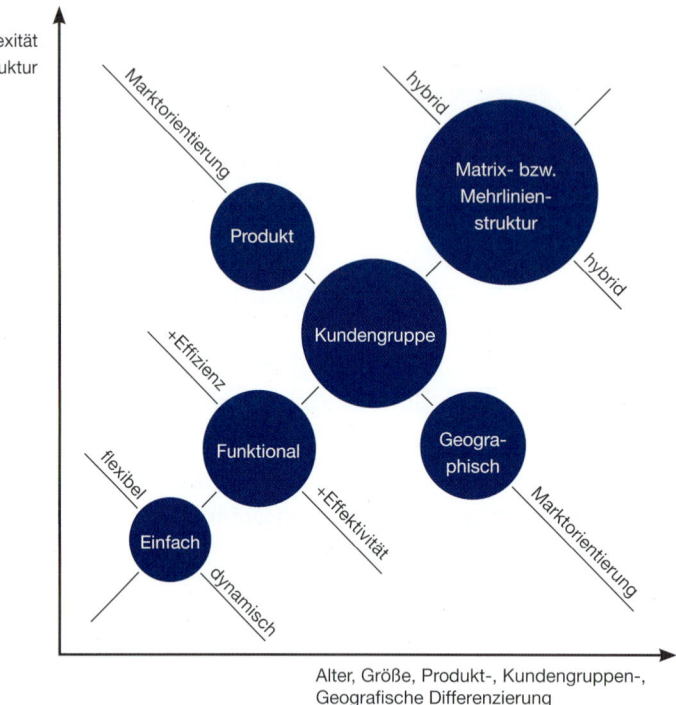

Abb. 3.2-4: Strukturierungsformen einer Organisation (abgeleitet aus Mintzberg 2013)

Im Folgenden werden die gebräuchlichsten Strukturierungsformen von Organisationen mit ihren Vor- und Nachteilen kurz vorgestellt.

Einfache Strukturierungsform
Bei Start-ups und Kleinunternehmen fehlen formelle Strukturen. Die gesamte Organisation wird durch den Inhaber oder durch ein kleines Managementteam gesteuert, der/das die erforderlichen Entscheidungen trifft. Diese Struktur ermöglicht eine hohe Flexibilität und ein agiles Agieren und begründet damit die wesentliche Stärke vieler Kleinunternehmen. Wenn die Organisation wächst, kann das Fehlen von Organisationsstrukturen zu Führungsproblemen führen, da das Management nicht mehr fachkundig alle Entscheidungen allein treffen kann.

Funktionale Strukturierungsform
Im zuvor angegebenen Beispiel der HighTec GmbH (Abbildungen 3.2-2 und 3.2-3) liegt eine funktionale Strukturierungsform vor. Das bedeutet, Organisationseinheiten werden nach der Art der Tätigkeit strukturiert, hier beispielsweise Entwickeln, Prüfen, Verkaufen etc. Der Fokus in der Führungsstruktur liegt dabei auf einer starken Konzentration der Führung auf eine möglichst professionelle und exakte Bearbeitung der fachlichen Aufga-

ben. Dies führt zu Steigerungen der Effizienz und Effektivität und damit zu einer erhöhten Produktivität.

Vorteile:

- Steigerung der Professionalität und damit der Wirksamkeit (Effektivität)
- Steigerung der Wirtschaftlichkeit (Effizienz)
- Höhere Spezialisierung und Aufbau von Experten-Know-how
- Die Leitung der Organisation kann zentral führen

Nachteile:

- Die Abstimmung zwischen den einzelnen Bereichen ist aufwendig.
- Die Verantwortung konzentriert sich auf die Unternehmensleitung.
- Abteilungsdenken entsteht und erschwert eine projektorientierte Zusammenarbeit.
- Der Blick auf den Kundennutzen und den Markt ist in den Abteilungen schwächer ausgeprägt.

Produktorientierte Strukturierungsform

Bei Organisationen, die über eine höhere Produktvarianz verfügen, kann es sinnvoll sein, eine produktorientierte Strukturierungsform zu wählen.

Beispiel: Große Wirtschaftsprüfungsgesellschaften bieten oft verschiedene Produktgruppen an: Unternehmensberatung, Wirtschaftsprüfung, Personalberatung, Finanzierungsberatung.

So kann für jeden Produktbereich/Dienstleistungsbereich ein eigener Organisationsbereich mit den dazu benötigten Abteilungen geschaffen werden. Der Fokus in der Führungsstruktur liegt hier auf der starken Konzentration und Führung, auf der optimalen Produktgestaltung und der Fokussierung auf das Alleinstellungsmerkmal/Unique Selling Proposition/Point (USP).

Vorteile:

- Die Geschäftsführung kann sich stärker auf die Produkte und Leistungen der Organisation konzentrieren.
- Jeder Geschäftsbereich kann seine Aktivitäten auf sein Kerngeschäft fokussieren.
- Jeder Geschäftsbereich hat einen direkten Bezug zum Markt aus Sicht des Produkts.
- Die Ergebnisverantwortung und Wirtschaftlichkeit können einfacher und direkt auf den Bereich und das Produkt bezogen werden.

Nachteile:

- Die in jedem Produktbereich liegenden Strukturen zur Realisierung der Produkte können sich stark voneinander unterscheiden. Es besteht die Gefahr der Doppelarbeit und des Mehrfachaufbaus von Ressourcen und Know-how.
- Synergien zwischen den Bereichen können nur schwer genutzt werden.
- Es kann ein Konkurrenzdenken zwischen den Bereichen entstehen (Profit-Center Denken).
- Hohe Abstimmungsaufwände und kontinuierliche Arbeit an dem Versuch einer konsistenten Gesamtdarstellung der Leistungen der Organisation.

Kundenorientierte Strukturierungsform

Bei Organisationen, die unterschiedliche Kundengruppen mit gleichen oder auch differenzierten Produkten ansprechen, kann eine kundenorientierte Strukturierungsform gewählt werden.

Beispiel: Große IT-Dienstleistungsunternehmen bieten oft kundenorientierte Dienstleistungsbereiche an: Energie, Chemie, Gesundheitswesen und öffentlicher Sektor.

So kann sich jeder Bereich auf die spezifischen Bedürfnisse seiner Kundengruppe einstellen und seine Leistungen daraufhin abstimmen. Der Fokus in der Führungsstruktur liegt hier auf der starken Konzentration und Führung zum Zweck des maximalen Nutzens und der Zufriedenheit des Kunden. Die Vor- und Nachteile entsprechen analog den Vor- und Nachteilen bei der produktorientierten Strukturierungsform.

Vorteile:

- Die Geschäftsführung kann sich stärker auf die Erwartungen des Kunden konzentrieren.
- Jeder Geschäftsbereich kann seine Aktivitäten auf den individuellen Bedarf der Kundengruppe ausrichten.
- Die Ergebnisverantwortung und Wirtschaftlichkeit können einfacher und direkt auf dem Markt im Sinne der Kundengruppe ermittelt werden.

Nachteile:

- Die in jedem Produktbereich liegenden Strukturen zur Realisierung des Kundennutzens können sich stark voneinander unterscheiden. Es besteht die Gefahr der Doppelarbeit und des Mehrfachaufbaus von Ressourcen und Knowhow.
- Die Synergien zwischen den Bereichen können nur schwer genutzt werden.

- Es kann ein Konkurrenzdenken zwischen den Bereichen entstehen (Profit-Center Denken).
- Hohe Abstimmungsaufwände und kontinuierliche Arbeit an dem Versuch einer konsistenten Gesamtdarstellung der Leistungen der Organisation.

Geografisch orientierte Strukturierungsform

Liegt eine gewisse Größe der Organisation vor und ist es erforderlich, auf regionale Unterschiede und Besonderheiten Rücksicht zu nehmen, so sind geografisch orientierte, d. h. topologische Strukturierungsformen, vorzufinden. Dies ist oft im Bereich der Banken und Versicherungen, aber insbesondere auch im Handel der Fall.

Beispiel: Die EDEKA Gruppe besteht aus ca. 3.800 regionalen selbstständigen Einzelhändlern, die über sieben regionale Großhandelsbetriebe versorgt werden und die strategisch über die EDEKA-Zentrale in Hamburg geführt werden.

Der Fokus in der Führungsstruktur liegt hier auf der starken Konzentration und Führung, auf der Nutzung und der Kenntnis der regionalen Besonderheiten und der Ausrichtung der Leistungen auf die Region.

Vorteile:

- Die Strategien können auf regionale Besonderheiten hin ausgerichtet sein.
- Die Kenntnisse der regionalen Besonderheiten können in der Angebots- und Preisstruktur genutzt werden.
- Die genauen Kenntnisse zu den Bedürfnissen des Kunden vor Ort können genutzt werden.
- Die Ergebnisverantwortung und Wirtschaftlichkeit können direkt regional ermittelt werden.

Nachteile:

- Die Zentrale hat große Mühe, aufgrund der Vielzahl der regionalen Besonderheiten einheitliche und unternehmensweite Standards zu setzen.
- Die in Regionen liegenden Strukturen zur Realisierung der Angebote können sich stark voneinander unterscheiden. Es besteht auch hier die Gefahr der Doppelarbeit und des Mehrfachaufbaus von Ressourcen und Know-how.
- Synergien zwischen den Bereichen können nur schwer genutzt werden.
- Hohe Abstimmungsaufwände und kontinuierliche Arbeit bei der konsistenten Gesamtdarstellung der Leistungen der Organisation.

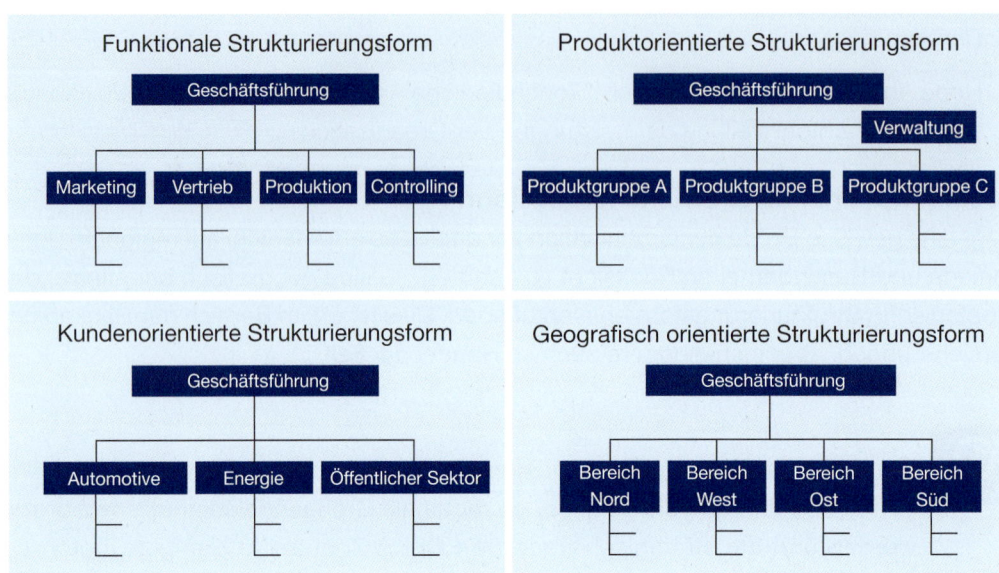

Abb. 3.2-5: Strukturierungsformen einer Aufbauorganisation

Hybride Strukturierungsformen

Werden Organisationen größer, dann kann es sinnvoll sein, mehr als nur eine Strukturierungsform zu wählen und die Strukturierungsformen zu kombinieren bzw. diese zu überlagern. In diesem Fall wird von einer Mehrlinienorganisation oder Matrixorganisation gesprochen.

 Beispiel: Die Big5-Wirtschaftsprüfungs- und Unternehmensberatungsgesellschaften gliedern ihre Organisation sowohl produktorientiert als auch kundenorientiert. Bei der Produktorientierung finden sich z. B. die Organisationseinheiten Unternehmensberatung, Steuerberatung und HR-Beratung, bei der Kundenorientierung finden sich z. B. die Organisationseinheiten Automotive, Energie, Finanzdienstleistungen, öffentlicher Sektor, IT und Telekommunikation.

Ebenso finden sich häufig bei Banken die produktorientierte Strukturierungsform mit z. B. den Organisationseinheiten Finanzierung, Wertpapiere, Versicherungen und gleichzeitig eine kundenorientierte Strukturierungsform mit z. B. den Organisationseinheiten Firmenkunden und Privatkunden. Hinter jeder der Strukturierungsformen verbergen sich eigene Organisationsbereiche mit eigenen Zielvorgaben, die dann auf gemeinsame Ressourcen der Organisation zugreifen und diese führen. Hierbei kommt es regelmäßig zu hohen Abstimmungsaufwänden und auch Zielkonflikten zwischen den Organisationseinheiten, aber auch zu Synergien, die genutzt werden können.

Vorteile:

- Sowohl die Produktsicht als auch die Besonderheiten des Kunden oder auch der Region werden unterstützt.
- Ermöglicht die Berücksichtigung weitergehender Zielsetzungen aus der Unternehmensstrategie.
- Durch die unterschiedlichen Anforderungen aus der Produktperspektive, der Kundenperspektive oder der regionalen Perspektive können Synergien genutzt und Innovationen erzeugt werden.
- Fördert die Entwicklung hoch spezialisierter funktionaler Organisationseinheiten.

Nachteile:

- Erfordert einen hohen Abstimmungsaufwand zwischen den Organisationseinheiten.
- In der Matrix werden unterstützende Organisationseinheiten, wie z. B. die IT-Abteilung oder die Produktentwicklung, durch mehrere Organisationseinheiten gesteuert.
- Die Abstimmungsprozesse sind komplex und schnelle Entscheidungen sind selten möglich.

Abb. 3.2-6: Mehrlinienorganisation

3.3 ABLAUFORGANISATION

Neben den Festlegungen zur Aufbauorganisation sind die Arbeitsabläufe und die hierzu erforderliche konkrete Zusammenarbeit der Mitarbeitenden auch abteilungs- und bereichsübergreifend von wesentlicher Bedeutung. Hier greift das Konzept der Ablauforganisation.

 Definition: Die Ablauforganisation bezeichnet in der Organisationstheorie den Ablauf der einzelnen Arbeitsschritte und damit das betriebliche Geschehen. Im Mittelpunkt steht hierbei die Reihenfolge der einzelnen Arbeitsschritte, die ggf. auch in einer abteilungs- und bereichsübergreifenden Zusammenarbeit erfolgen, um ein bestimmtes Ziel und/oder Ergebnis zu erreichen (vgl. Schulte-Zurhausen 2013, S. 13).

Ein weiterer Begriff, der analog zur Ablauforganisation verwendet wird, ist Prozess.

Definition: Unter einem Prozess wird die zielgerichtete Erstellung einer Leistung durch eine Folge von logisch zusammenhängenden Aktivitäten verstanden, die innerhalb einer Zeitspanne nach bestimmten Regeln durchgeführt werden (vgl. Vahs 2015, S. 214).

In einem Prozess wird ein »Input« über eine Bearbeitung »Prozess« zu einem »Output« gebracht.

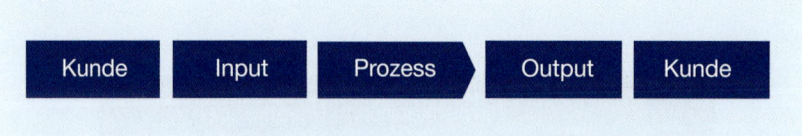

Abb. 3.2-7: Prinzipdarstellung Prozess (angelehnt an Vahs 2015, S. 223)

Beispiel: In der Vertriebsabteilung der Firma HighTec GmbH (Abbildung 3.2-3) geht eine Anfrage eines Kunden ein (Input), der spezifische Anforderungen an eine regelungstechnische Anlage stellt. Im Qualitätsmanagement der Firma ist die systematische Bearbeitung von Anfragen in einer Prozessbeschreibung geregelt. Dort sind die einzelnen Prozessschritte für derartige Aufgaben dokumentiert. Der Vertrieb muss zunächst die technischen Anforderungen mit der Entwicklungsabteilung klären, um die daraus erwachsenen zusätzlichen Entwicklungsleistungen abzuleiten. Zudem muss der Vertrieb mit der Produktion abklären, ob zu dem geforderten Termin entsprechende Produktionskapazitäten vorhanden sind. Zuletzt muss ein Angebot erstellt werden, das durch die Bereichsleitung geprüft und letztlich durch die Geschäftsführung freigegeben werden muss. Dann kann der Mitarbeiter des Vertriebs das Angebot der Firma HighTec GmbH an den Kunden weiterleiten (Output).

3.3.1 PROZESSMANAGEMENT UND PROZESSBESCHREIBUNG

Da in Organisationen oft sehr viele Menschen arbeitsteilig zusammenarbeiten müssen, macht es Sinn, die Arbeitsabläufe, die Prozesse, zu standardisieren und kontinuierlich weiterzuentwickeln. Hier greift das Konzept des Prozessmanagements.

Definition: Unter dem Prozessmanagement sind alle planerischen, organisatorischen und kontrollierenden Maßnahmen zur zielgerichteten Steuerung der Prozesslandschaft einer Organisation im Hinblick auf die Zielsetzungen Kosten, Zeit und Qualität, Innovationsfähigkeit und Kundenzufriedenheit zu verstehen (in Anlehnung an Vahs 2015).

Prozessbeschreibung

Ein wesentliches Element im Rahmen des Prozessmanagements ist die Prozessbeschreibung. Eine Prozessbeschreibung dokumentiert letztlich die Verabredungen zur Zusammenarbeit, um arbeitsteilig und auch abteilungs- und bereichsübergreifend die Ziele und Ergebnisse zu erreichen.

Folgende Bestandteile sind typischerweise Bestandteile einer Prozessbeschreibung:

- Ziele des Prozesses
- Prozessverantwortlicher
- Anwendungs- und Gültigkeitsbereich
- Prozessauslöser und Prozessende
- Interne Schnittstellen zu anderen Prozessen oder Organisationseinheiten
- Externe Schnittstellen zu Organisationseinheiten
- Bewertungsparameter
- Chancen und Risiken
- Interne Dokumente
- Externe Dokumente
- Beschreibung der Abläufe des Prozesses

Die Beschreibung der Abläufe erfolgt typischerweise in textueller, tabellarischer und auch ergänzt in grafischer Form. In aller Regel werden Prozessbeschreibungen heute durch geeignete Softwarewerkzeuge, die den Prozessplaner unterstützen, transparent dargestellt, sodass die Vereinbarungen zur Zusammenarbeit eindeutig und gut lesbar vorliegen.

3.3.2 PROZESSMODELLE

Ein geeignetes Strukturierungsmittel für die Vielzahl der Prozesse einer Organisation ist das Konzept des Prozessbereiches. Prozessbereiche gliedern die Prozesse eines bestimmten Aufgabenfelds, die in einem spezifischen Zusammenhang stehen. So findet sich in vielen Organisationen z. B. der Prozessbereich Qualitätsmanagement, der alle das Qualitätsmanagement betreffenden Prozesse beinhaltet. Ebenso findet sich vielleicht der Prozessbereich Buchhaltung, der alle die ordnungsgemäße Buchführung betreffenden Prozesse umfasst.

Alle Prozesse und Prozessbereiche werden wiederum auf der obersten Ebene in drei Prozessbereichen zusammengefasst dargestellt. Diese sind die Führungsprozesse, die Kernprozesse und die Unterstützungsprozesse. Nun wird von einem Prozessmodell oder auch Prozesshaus gesprochen (vgl. Abbildung 3.2-8).

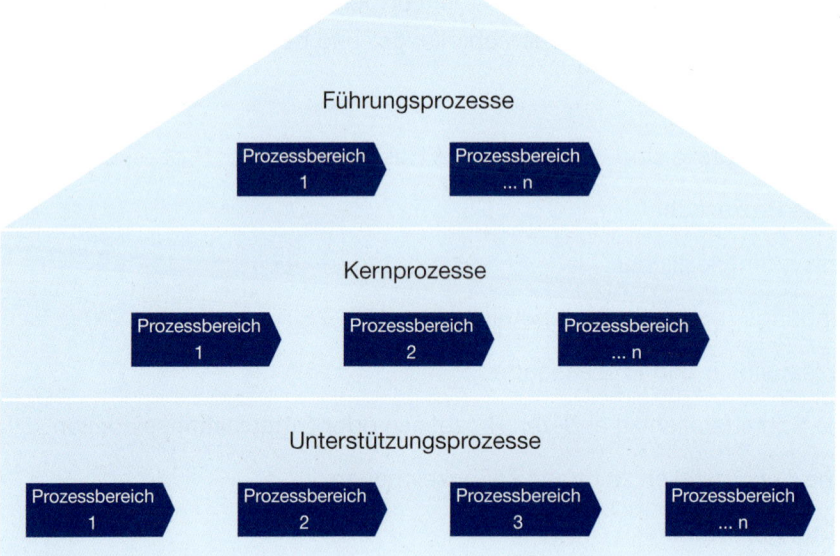

Abb. 3.2-8: Prinzipdarstellung Prozessmodell

Führungsprozesse sind diejenigen Prozesse, die das Management benötigt, um eine Organisation zu steuern. Dies können z. B. der Strategieentwicklungsprozess sein, die Erstellung der Jahreswirtschaftsplanung, das Management von Kooperationspartnern oder auch die Prozesse rund um die Jahreszielvereinbarungen.

Kernprozesse beschreiben diejenigen Prozesse, für welche die Organisation im Kern geschaffen wurde. Sie werden auch als wertschöpfende Prozesse bezeichnet, daher rührt auch der Begriff Wertschöpfungskette. Im Beispiel der HighTec GmbH wären das z. B. die

Vertriebsprozesse oder die Prozesse rund um die Entwicklung und Produktion der regelungstechnischen Anlagen.

Unterstützungsprozesse wiederum bilden die Basisfunktionen ab, die benötigt werden, um die Organisation überhaupt zu betreiben. Dies können z. B. die Buchhaltung (Prozesse im Finanz- und Rechnungswesen), die Personalentwicklung (Prozesse im Human Resource Management) oder das Qualitätsmanagement sein.

Systematisches Projekt-, Programm- und Projektportfoliomanagement
Wird in einer Organisation ein systematisches Projekt-, Programm- und Projektportfoliomanagement praktiziert, dann lassen sich die dazugehörigen Prozesse direkt in das zuvor beschriebene Prozessmodell zwischen der Ebene Führungsprozesse und Kernprozesse einfügen (vgl. Abbildung 3.2-9).

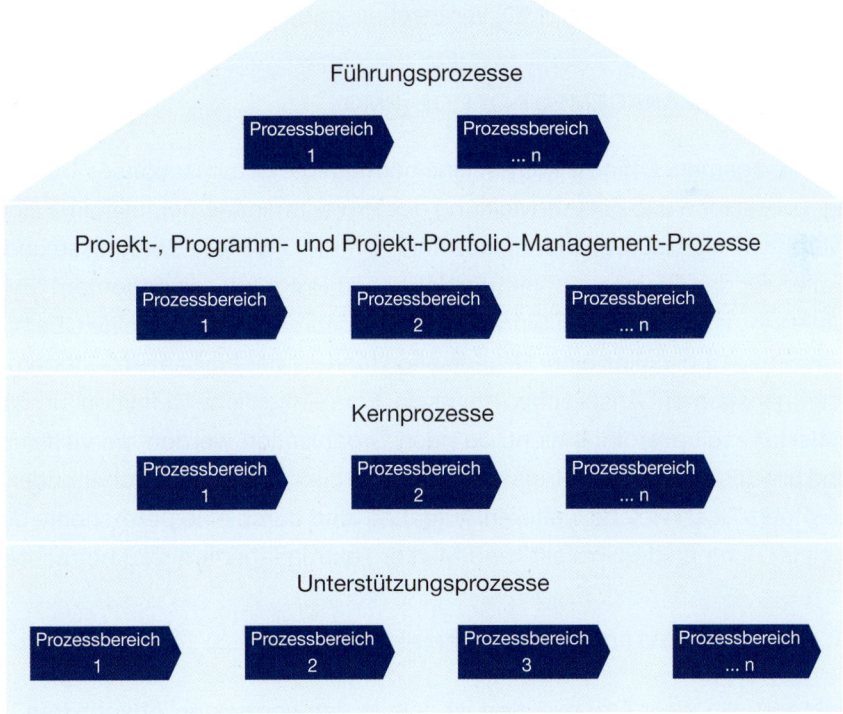

Abb. 3.2-9: Prinzipdarstellung des Prozessmodells einschließlich Projekt-, Programm- und Projektportfoliomanagement

4 AUFBAUORGANISATORISCHE STRUKTUREN IN PROJEKTORIENTIERTEN ORGANISATIONEN

4.1 EINLEITUNG UND HINTERGRUND

In Abschnitt 3.2 Aufbauorganisation wurden die auf Dauer angelegten und permanenten Strukturen einer Organisation vorgestellt. Praktiziert eine Organisation ein systematisches Projekt- und Multiprojektmanagement, finden sich weitere Organisationsstrukturen, die ebenso auf Dauer angelegt sind. Auch hier hat die Projektleitung die Aufgabe, das Projekt mit den Entscheidungs- und Berichterstattungsstrukturen in Einklang zu bringen.

Die Grundlagen des Projektmanagements wurden in den Kapiteln »Projekte und Projektmanagement« und »Projektmanagement auf Organisationsebene« ausführlich behandelt. Die weitergehenden Konzepte des Programmmanagements und des Projektportfoliomanagements sind ein wesentlicher Bestandteil des Kapitels »Projektselektion und Portfoliobalance« und können dort nachgelesen werden. Im Folgenden wird zunächst das Konzept des Projektmanagement-Office (PMO) veranschaulicht.

4.1.1 PROJEKTMANAGEMENT-OFFICE (PMO)

Ein Projektmanagement Office (PMO) ist eine permanente Organisationseinheit, die für die Erstellung, Umsetzung und Fortentwicklung des Projektmanagementsystems einer Organisation verantwortlich ist. Darüber hinaus kann ein PMO weitere Befugnisse und Verantwortlichkeiten für das Projekt-, Projektportfolio- und Programmmanagement der Organisation aufweisen, z. B. kann es im Sinne eines Portfoliomanagements eine Übersicht über das bzw. die Projektportfolios einer Organisation führen oder für das projektübergreifende Ressourcenmanagement Ansprechpartner sein. Eine einheitliche Definition für den Begriff PMO existiert derzeit allerdings nicht. Je nach Organisation werden die vielfältigen Aufgaben rund um das Themenfeld Projekt- und Multiprojektmanagement mehr oder weniger wahrgenommen. Doch welche weiteren Aufgaben sind durch eine permanente Organisationseinheit im Rahmen des Projekt- und Multiprojektmanagements zu betrachten?

4.1.2 PROJEKTPORTFOLIOMANAGEMENT

Das Projektportfolio einer Organisation ist, wie in den vorherigen Abschnitten konkretisiert, die Zusammenfassung aller identifizierten, definierten, vorgeschlagenen, geplanten, genehmigten, und laufenden Projekte und Programme einer Organisation, einer Organisationseinheit oder eines Geschäftsbereiches. Während das Projekt- und Programmmanagement eine zeitlich für die jeweilige Laufzeit befristete Aufgabe darstellt, ist das Projektportfoliomanagement eine auf Dauer angelegte Aufgabe einer Organisation oder einer Organisationseinheit.

Das Projektportfoliomanagement bewegt sich im Spannungsfeld zwischen strategischen und operativen Entscheidungen. Zum einen gilt es, aus der strategischen Sicht heraus das Projektportfolio »richtig« zusammenzustellen und die »richtigen« Projekte auszuwählen (Effektivität). Zum anderen sind die einzelnen Projekte »richtig« und wirtschaftlich durchzuführen (Effizienz). Hier werden durch das Projektportfoliomanagement die Projekte auf der operativen Ebene bewertet, etwaige Ressourcenkonflikte gelöst und zeitliche Engpässe gemeistert. Dem projektübergreifenden Ressourcenmanagement und der Steuerung der Mittel der Organisation kommen dabei eine besondere Stellung und Bedeutung zu.

Das Projektportfoliomanagement wird oft als Organisationseinheit verstanden, die alle Aufgaben zur Steuerung des Projektportfolios einer Organisation wahrnimmt. Weitere Bezeichnungen für solche Organisationseinheiten sind z. B. Projektmanagement-Office oder Projektmanagementbüro. Allerdings sind die Aufgaben, die im Rahmen eines Projektportfoliomanagements wahrgenommen werden können, recht unterschiedlicher Natur. In Abhängigkeit von der Größe einer Organisation und vom Grad der Projektorientierung können die Aufgaben des Projektportfoliomanagements durchaus auch durch ganz unterschiedliche Organisationseinheiten wahrgenommen werden. Es macht daher Sinn, das Projektportfoliomanagement nicht automatisch als eine Organisationseinheit zu verstehen, sondern als eine Funktion, die durch unterschiedliche Organisationseinheiten und auch Gremien wahrgenommen werden kann.

Im Kern lassen sich die Aufgaben des Projektportfoliomanagements in drei großen Blöcken darstellen (vgl. Abbildung 3.2-10).

Die steuernde Funktion
Da ist zum einen die strategische Steuerungsfunktion. In deren Rahmen gilt es, die Projekte, Programme und das gesamte Projektportfolio aus der strategischen Sicht heraus zu bewerten und zu steuern (→ Kapitel »Projektselektion und Portfoliobalance«). Es handelt sich daher um eine Unterstützungsfunktion für das Management der Organisation. Typischerweise werden hierzu Gremien definiert, wie das Projektportfolio-Board, oder, einfacher ausgedrückt, das Projektesteuerungsgremium oder Projekteführungsgremium. Die Meetings dieser Boards werden durch das Projektportfoliomanagement vorbereitet und unterstützt. In einer größeren Organisation kann es durchaus erforderlich sein, mehrere Projektportfolios zu steuern, zum Beispiel eines für alle IT-Projekte und eines für alle Produktentwicklungsprojekte. Daher können auch mehrere Gremien auf diese Unterstützungsfunktion angewiesen sein.

Die kontrollierende Funktion
Die Projekte und Programme einer Organisation werden regelmäßig ihren Status ermitteln und diesen an die Auftraggeber und die Lenkungsausschüsse berichten. Ebenso wird der Status auch dem Projektportfoliomanagement mitgeteilt, das die Berichte auswertet, um den Status mit Blick auf das gesamte Projektportfolio zu bewerten. In projektorientierten Organisationen kann die kontrollierende Funktion so weit ausgebaut sein, dass ein Pro-

jekt-Controlling aus dem Projektportfoliomanagement heraus erfolgt oder sogar direkt durch das Unternehmens-Controlling wahrgenommen wird.

Die unterstützende Funktion
Das Projektportfoliomanagement unterstützt Projekte und Programme oft dadurch, dass Standards, z. B. Leitfäden, Werkzeuge, Software, oder weitere Hilfestellungen, z. B. ein Coaching, zur Verfügung gestellt werden, die in den Projekten und Programmen genutzt werden. Es bietet generell Hilfestellung an, um Projekte und Projektleitungen im Projektmanagement zu unterstützen.

Diese drei unterschiedlichen Aufgabenbereiche, die steuernde, die kontrollierende und die unterstützende Funktion, zeichnen sich durch einen ganz unterschiedlichen Charakter aus. Dies alles in eine Organisationseinheit, in ein Büro zu legen, hat Nachteile. Denn ein Projektmanager wird sich genau überlegen, dann um Hilfe und Unterstützung zu bitten, wenn er weiß, dass der Projektportfoliomanager in der kommenden Sitzung des Projektesteuerungsgremiums über das Projekt berichten wird. In größeren Organisationen, in denen auch Erfahrungen im Bereich des Multiprojektmanagements vorliegen, sind diese drei Funktionen deshalb in unterschiedlichen Organisationseinheiten verortet. Eine Lösung wäre jedenfalls, die unterstützende Funktion einem PMO zu übertragen.

Beispiel: In einem IT-Unternehmen mit ca. 2.500 Mitarbeitenden werden kontinuierlich Projekte bearbeitet, die ein großes umfängliches Softwaresystem für Banken betreibt und kontinuierlich über Projekte weiterentwickelt. In diesem Unternehmen existiert ein Projektführungsgremium für die **steuernden** Funktionen, das durch eine Abteilung Projektportfoliomanagement, so wird die Organisationseinheit dort genannt, unterstützt wird. Für die **kontrollierende** Funktion ist ein Unternehmens-Controlling aufgebaut, das auch das Projekt-Controlling übernimmt und Steuerungsgremien und Lenkungsausschüsse, wie z. B. auch die Projektmanager, informiert. Das Unternehmens-Controlling lässt sich direkt durch die Mitarbeitenden auf der Ebene der Arbeitspakete informieren und ermittelt so den Status jedes Projekts in einer einwöchentlichen Rhythmik. Für die **unterstützende** Funktion ist ein Projektmanagementbüro aufgebaut, das den Projektmanagement-Leitfaden pflegt, für das Aufwandsschätzverfahren verantwortlich ist, die Projektmanagement-Software bereitstellt und auch Coachingangebote für die Projekte zur Verfügung stellt. Es sind für die drei unterschiedlichen Funktionen in dieser Organisation drei unterschiedliche Abteilungen verantwortlich.

Es macht daher Sinn, das Projektportfoliomanagement nicht als Organisationseinheit zu verstehen, sondern als Funktion, die aufgeteilt durch unterschiedliche Organisationseinheiten und auch Gremien wahrgenommen werden kann (vgl. Abbildung 3.2-10). Gerade in großen Unternehmen ist es schwerlich möglich, die Aufgaben des Projektportfoliomanagements in eine einzige Organisationseinheit zu legen, sind doch in den verschiedenen Ebenen, Bereichen und Gremien der Organisation ganz unterschiedliche Projekte, Projektgruppen oder Programme und Projektportfolios zu betrachten.

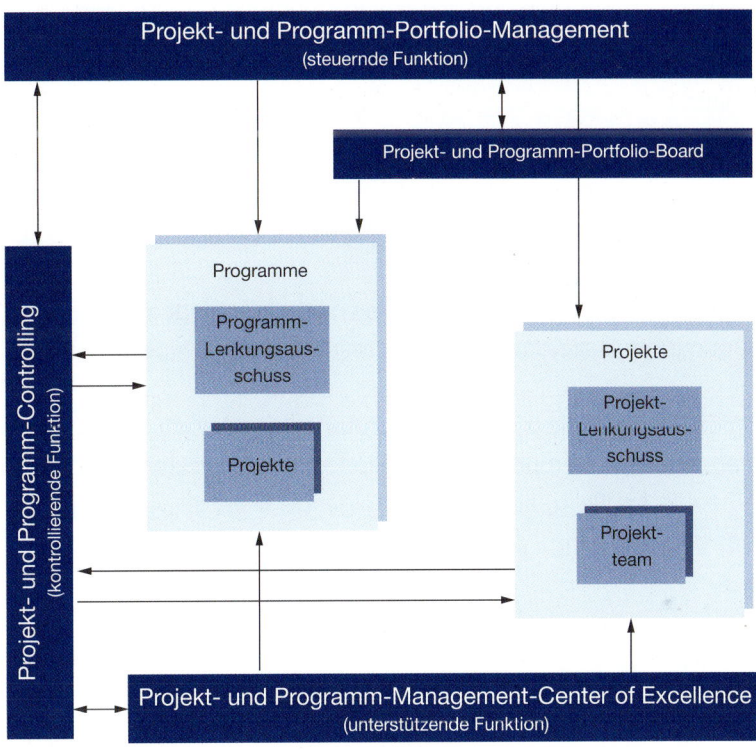

Abb. 3.2-10: Prinzipdarstellung Projektportfoliomanagement (vgl. Frick 2017)

Verfügt die Organisation über ein Projektportfoliomanagement, so kommen auf die Projektleitung weitere Aufgaben hinzu: Sie ist nun nicht nur dem Projektauftraggeber und dem Lenkungsausschuss gegenüber verantwortlich, sondern auch dem Projektportfoliomanagement in seinen unterschiedlichen Funktionen gegenüber verpflichtet, kann dabei aber für das eigene Projekt auch einen Nutzen generieren.

4.1.3 WEITERE BEZEICHNUNGEN FÜR EIN PROJEKTMANAGEMENT-OFFICE

Die englische Beratungsorganisation Axelos, die heute für die Weiterentwicklung des englischen Standards PRINCE2 (PRINCE2® 2015) zuständig ist, hat die Richtlinie »Project, Programme and Portfolio Offices« herausgegeben (P3O 2014). In dieser werden mehrere Ausprägungen von Organisationseinheiten unterschieden.

- Ein »Portfolio-Office« als eine Art Zentrale für das Projektportfoliomanagement der gesamten Organisation, in dem alle Fäden zusammenlaufen.

- Ein »Hub-Portfolio-Office«, das in größeren Unternehmen mehrfach dann vorkommen kann, wenn verschiedene Projektportfolios zu steuern sind. Beides wären Organisationseinheiten für die steuernde Funktion.
- Ein »Projekt-Office« und ein »Programm-Office« als Einheiten, die direkt das Projekt- bzw. Programmmanagement übernehmen bzw. Projekt- und Programmmanager bei ihren Aufgaben unterstützen und damit eine steuernde und prüfende Funktion erfüllen.
- Zuletzt wird ein »Centre of Excellence« vorgeschlagen, das die unterstützende Funktion wahrnimmt.

Auf die Verwendung des Begriffs Projekt Management Office (PMO) wird in dieser Arbeit deshalb bewusst verzichtet, da dieser Begriff heute mehrdeutig ist (P3O 2014).

An dieser Entwicklung ist zu erkennen, dass es nicht unbedingt sinnvoll sein muss, einfach ein neues Büro mit der Bezeichnung Projektmanagement-Office aufzumachen.

Es ist zu empfehlen, dass die steuernden, prüfenden und auch unterstützenden Funktionen auf bestehende Gremien und Organisationseinheiten verteilt werden, wie dies in der Praxis auch bereits häufig geschieht. Das folgende Beispiel veranschaulicht eine mögliche Vorgehensweise.

Beispiel: In einem großen Handelsunternehmen werden in verschiedenen Bereichen, die teilweise sogar als eigene GmbHs ausgegliedert sind, unterschiedliche Projekte abgewickelt. Eine GmbH ist für den Aufbau neuer Märkte im Sinne von Verkaufsstätten zuständig und benötigt ein darauf ausgerichtetes Projektportfoliomanagement. In der Zentrale existiert eine IT-Abteilung mit sehr vielen parallel laufenden Projekten. In der Zentrale sitzt auch die größte Einheit, das Logistikzentrum, mit eigenen Projekten. Über allem wacht der Vorstand, der auch sein Bild zur Projektlandschaft benötigt. Zudem thront darüber auch noch eine Genossenschaft, die ebenfalls Projekte in den Konzern einbringt, die konzernübergreifend zu koordinieren sind.
In dieser Organisation wurde die Funktion »Projektportfoliomanagement« durch die Stabsstelle Konzern-Prozess-Management im Sinne einer Dienstleistung zur Verfügung gestellt und in die bereits bestehenden Gremien eingebracht. Bereits bestehende Standard-Meetings, wie die Vorstandssitzung, wurden genutzt und in Bezug auf das Projektportfoliomanagement besonders informiert und vorbereitet.
Die unterstützende Funktion übernahm ebenso die Stabsstelle Konzern-Prozess-Management, hier war auch das Projekt zur Entwicklung und Einführung des Projekt- und Projektportfoliomanagements verortet. Die kontrollierende Funktion blieb in den Projekten und das Unternehmenscontrolling entwickelte zusätzliche Informationsdienstleistungen für die Projektmanager.

Das Beispiel zeigt, dass es besonders in großen Organisationen mit einem einfachen Projektmanagement-Office, von dem man jede Art der Leistung erwartet, nicht getan ist.

In kleinen und mittelgroßen Organisationen oder wenn in Organisationen nur wenige Erfahrungen mit dem Projekt- und Multiprojektmanagement vorliegen, macht es dennoch durchaus Sinn, ein zuständiges Büro für alle drei Funktionen des Projektportfoliomanagements (Steuern, Kontrollieren, Unterstützen) einzurichten.

5 ABLAUFORGANISATORISCHE STRUKTUREN IN PROJEKTORIENTIERTEN ORGANISATIONEN

5.1 EINLEITUNG UND HINTERGRUND

Neben den permanenten Organisationseinheiten rund um das Thema Projekt- und Multiprojektmanagement existieren auch ablauforganisatorische Strukturen in projektorientierten Organisationen, auf die ein Projekt auszurichten ist. Einen Überblick über die Aufgaben- und Prozessbereiche, die in Organisationen im Rahmen des Projekt- und Multiprojektmanagements vorliegen können, vermittelt Abbildung 3.2-11. Hier ist zu erkennen, dass weite Teile der Organisation von diesen Aufgaben und Arbeitsabläufen betroffen sein können und im Management der Projekte, Programme und des Projektportfolios berücksichtigt werden müssen.

Unter dem Gesichtspunkt »Governance, Strukturen und Prozesse« sind in einer Organisation die konkreten Strukturen und Prozesse in Bezug auf das Projekt- und Mehrprojektmanagement organisationsspezifisch zu gestalten. Ein integriertes Prozessmodell, wie in Abbildung 3.2-11 veranschaulicht, kann für Organisationen dabei hilfreich sein. Hiermit kann organisationsweit die Systematik der Zusammenarbeit im Bereich des Projekt- und Multiprojektmanagements verdeutlicht werden. In den einzelnen Prozessbereichen wiederum können dann, wie in Abschnitt 3.3 Ablauforganisation beschrieben, die Aufgaben und Abläufe in Prozessbeschreibungen festgehalten werden.

An dieser Stelle werden die typischen Aufgaben und Arbeitsabläufe anhand des dargestellten integrierten Prozessmodells aufgeführt. Hierbei wird insbesondere darauf eingegangen, welche Aufgaben die Projektleitung wahrzunehmen hat, um ein Projekt auf die unterschiedlichen Prozessbereiche hin auszurichten.

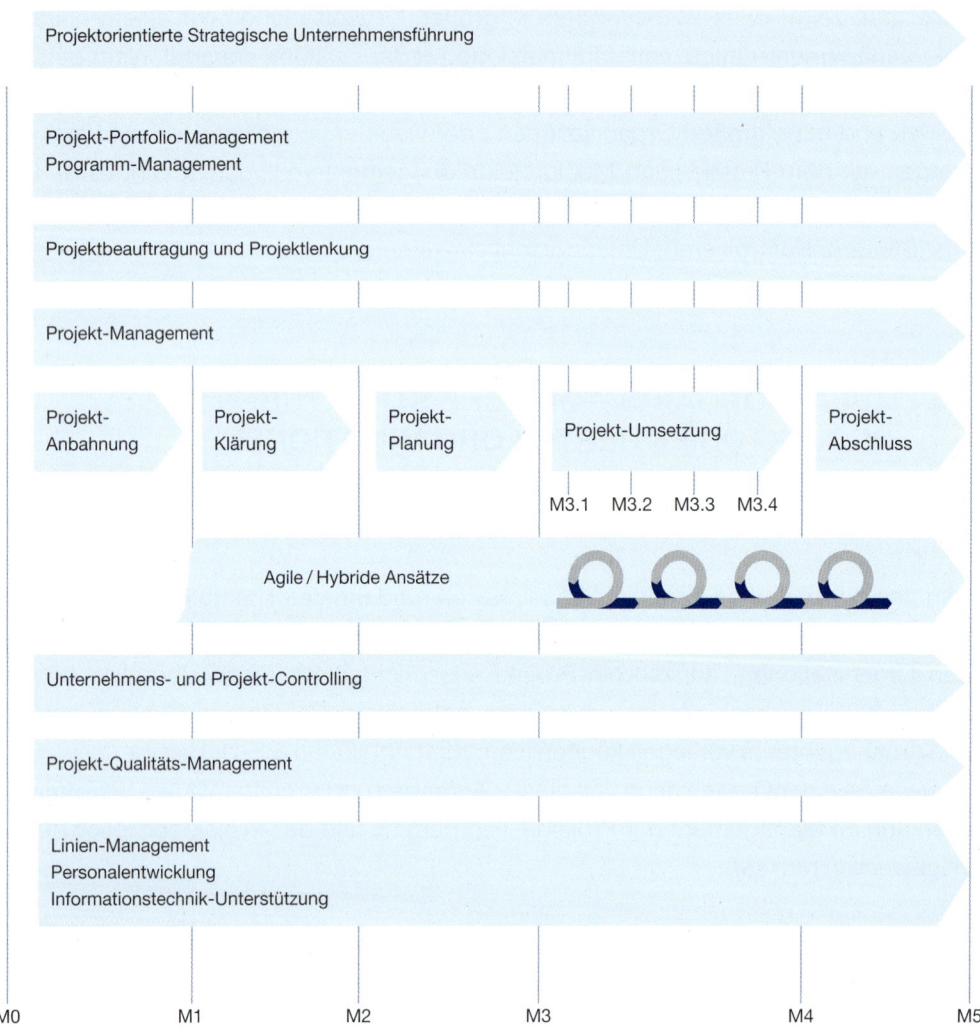

Abb.: 3.2-11: Integriertes Prozessmodell Projekt-, Programm- und Projektportfoliomanagement (vgl. Frick 2017)

5.2 PROJEKTORIENTIERTE STRATEGISCHE UNTERNEHMENSFÜHRUNG

In Abschnitt 1 Governance, Strukturen und Prozesse wurde auf den Zusammenhang zwischen der Organisationsstrategie und der Steuerung der Projektlandschaft einer Organisation ausführlich eingegangen. Eine projektorientierte strategische Organisationsführung zielt darauf ab, eine langfristige und geplante Verhaltensweise in allen Bereichen der Organisation zu etablieren, um mit Projekten Unternehmensziele zu erreichen. Wichtige Instrumente, mit denen eine Organisation diese erreichen kann, sind das Leitbild, die Strategie und die Mission der Organisation; ebenso die Formulierung der Unternehmensziele, wie die mittelfristigen Ziele, die Jahresziele und die Qualitätsziele der Organisation. Ein weiteres Instrument ist die Zielvereinbarung mit Führungskräften und Mitarbeitern.

Die Projektleitung muss insbesondere in der Projektinitialisierungs- und Definitionsphase diese Vorgaben berücksichtigen, um das Projekt auf die Strategie der Organisation hin auszurichten und um die Motivation der Mitarbeitenden auf der Grundlage ihrer individuellen Zielstellungen für das Projekt zu nutzen.

5.3 PROJEKTPORTFOLIOMANAGEMENT

In Kapitel »Projektselektion und Portfoliobalance« werden die Aufgaben des Projektportfoliomanagements ausführlich behandelt. Betreibt eine Organisation ein systematisches Projekt- und Multiprojektmanagement, so finden sich zu den Aufgaben des Projektportfoliomanagements zahlreiche Arbeitsabläufe, die durch die Projektleitung zu berücksichtigen sind.

Zu nennen sind hier:

- Der Projektanbahnungsprozess
- Der Projektbeauftragungsprozess
- Der Prozess der Projektklassifizierung und Priorisierung
- Das projektübergreifende Ressourcenmanagement
- Die Systematik des Berichtswesens in Richtung Projektportfoliomanagement
- Die Steuerungsprozesse des Projektportfolios
- Die Anforderungen für eine Projektabnahme, die das Portfoliomanagement an ein Projekt stellt

5.4 PROGRAMMMANAGEMENT

In Kapitel »Projektselektion und Portfoliobalance« werden die Aufgaben des Programmmanagements ausführlich behandelt. Betreibt eine Organisation ein systematisches Programmmanagement, so finden sich auch hierzu zahlreiche Arbeitsabläufe, die durch die Projektleitung zu erbringen sind. Programme stellen spezifische Anforderungen an das Projektmanagement, die in den zum Programm gehörigen Projekten erfüllt werden müssen. Ebenso werden besondere Anforderungen an das Berichtswesen und zusätzliche Abstimmungsaufgaben für die Zusammenarbeit und Kooperation mit den am Programm beteiligten Projekten gestellt.

Die Beauftragung der Projekte erfolgt bei Programmen im Regelfall durch die Programmleitung. Dort werden die besonderen Anforderungen festgehalten, die dann im Projektmanagement der am Programm beteiligten Projekte zu berücksichtigen sind.

5.5 PROJEKTBEAUFTRAGUNG UND PROJEKTLENKUNG

Die Projektbeauftragung ist ein entscheidender Faktor für den Projekterfolg. Konzeptionell wird vorgeschlagen, dass eine Projektbeauftragung grundsätzlich durch das Projektportfoliomanagement zu erfolgen hat. Dies scheint zunächst logisch und nachvollziehbar zu sein. Dennoch ist es so, dass insbesondere in größeren Organisationen eine Projektbeauftragung auch durch weitere Personen, wie etwa durch legitimierte Führungskräfte, erfolgen kann.

In Organisationen gibt es im Regelfall verschiedene Anlässe, die zu Projekten führen können. Projektaufträge können über Kunden und die Vertriebsabteilungen ausgelöst werden, aus internen Bedarfen der Abteilungen resultieren, aus dem Qualitätsmanagement oder dem Verbesserungsvorschlagswesen stammen und natürlich durch die Unternehmensleitung initiiert werden. Ist ein Projektportfoliomanagement etabliert, so gilt es hier, alle Projekte zu überblicken. Aber nicht immer muss das Projektportfolio-Board die einzige Instanz sein, die Projekte beauftragen kann.

Der Projektauftraggeber ist diejenige Person, die den Auftrag für das Projekt erteilt, die Zielsetzung und die Anforderungen an die Lieferungen und Leistungen des Projekts festlegt. Ebenso ist der Projektauftraggeber für die Mittelbeschaffung und die Unterstützung des Projekts und des Projektmanagers verantwortlich. Mit ihm wird der Projektauftrag im Einzelnen abgestimmt.

Hierbei sollte die Projektleitung auf das Folgende achten:

- Hinterfragen der Zielvorgaben und Abstimmung der durch das Projekt im Detail zu verfolgenden, vollständigen und aussagekräftigen Projektzieldefinitionen mit dem Auftraggeber.
- Erarbeitung eines vollständigen und aussagekräftigen Projektauftrags sowie Abstimmung des Projektauftrags mit dem Auftraggeber.
- Abstimmen der unterschiedlichen Informationsbedarfe und Aufbau eines darauf aufbauenden Berichtswesens.
- Kontinuierliche Verfolgung der Projektziele und des Projektauftrags in Abstimmung mit dem Auftraggeber.
- Aufzeigen und Abstimmung der benötigten finanziellen und personellen Mittel mit dem Auftraggeber.
- Vorbereiten und Durchführung der Abnahme- bzw. Freigabeprozesse der Projektergebnisse.

Wenn Projekte größer werden und wenn eine abteilungs-, bereichs- oder gar eine organisationsübergreifende Zusammenarbeit erforderlich ist, werden meist Lenkungsausschüsse eingesetzt (→ Kapitel »Organisation, Information und Dokumentation«). Die aufgeführten

Abstimmungsleistungen sind dann mit dem Lenkungsausschuss durchzuführen. Hierbei sollte darauf geachtet werden, dass eine Person im Lenkungsausschuss die Rolle des Projektauftraggebers übernimmt und der Projektleitung damit als zentraler Ansprechpartner zur Verfügung steht.

5.6 DAS PROJEKTMANAGEMENT

Betreibt eine Organisation ein systematisches Projekt- und Mehrprojektmanagement, so liegt im Regelfall ein abgestimmter Projektmanagement-Prozess vor. Für die Projektleitung ist es wichtig, diesen Prozess in geeigneter Form und mit Blick auf ihr konkretes Projekt zu adaptieren.

Im Regelfall wird der Projektmanagement-Prozess in Anlehnung an die DIN 69901-5:2009-01 in fünf Phasen abgebildet, wobei für die Phasen auch andere Bezeichnungen üblich sind:

- Projektinitialisierung / Projektanbahnung / Vorprojekt / Voruntersuchung
- Projektdefinition / Projektklärung / Auftragsklärung
- Projektplanung
- Projektsteuerung / Projektdurchführung / Projektumsetzung
- Projektabschluss

In den einzelnen Phasen sind nun die Aufgaben definiert, die zu den Projektmanagement-Ergebnissen führen. Dies geschieht unter Anwendung von Methoden, Hilfsmitteln und Techniken.

Aufgaben und Arbeitsergebnisse des Projektmanagements sind:

- Klärung aller offenen Punkte und Durchführung einer Projekt-Startanalyse
- Erstellen des Projektauftrags; Erstellung und Führung des Projektsteckbriefs bei Änderungen
- Erarbeiten eines Projekt-Business-Cases / Projekt-Geschäfts-Szenarios / einer Projekt-Wirtschaftlichkeitsbetrachtung
- Definieren der Lieferungen und Leistungen des Projekts in Lasten- und Pflichtenheften einschließlich Produktspezifikation
- Präzisieren und ggf. Entwickeln der Projekt-Zielebeschreibung, ausgehend von den Zielvorgaben
- Durchführung und kontinuierliche Weiterführung der Projekt-Umfeldanalyse
- Durchführung und kontinuierliche Weiterführung des Projekt-Stakeholdermanagements

- Durchführung und kontinuierliche Weiterführung des Projekt-Risikomanagements
- Aufbau und kontinuierliche Weiterführung der Projekt-Organisation
- Erstellen und Abstimmen einer Projekt-Phasenplanung
- Erstellen und Abstimmen einer Projekt-Strukturplanung/Aufgabenplanung/Arbeitspaketbeschreibung
- Erstellen und Abstimmen einer Projekt-Ablauf- und Terminplanung
- Erstellen und Abstimmen einer Projekt-Ressourcenplanung
- Erstellen und Abstimmen einer Projekt-Kostenplanung
- Erstellen und Abstimmen einer Projekt-Finanzierung
- Aufbau und Führung eines Projekt-Kommunikationssystems/Kommunikations- und Dokumentenmatrix
- Aufbau und Führung eines Projekt-Änderungsmanagements
- Aufbau und Führung eines Projekt-Konfigurationsmanagements
- Aufbau eines Berichtswesens und Erstellen von Projekt-Statusberichten
- Durchführen von Projektabnahmen und Freigaben
- Erstellen eines Projekt-Abschlussberichts
- Erstellen einer Projekt-Nachkalkulation
- Erstellen eines Projekt-Erfahrungsberichts

5.7 AGILE/HYBRIDE ANSÄTZE DER PROJEKTABWICKLUNG

In Kapitel »Vorgehensmodelle und Ordnungsrahmen« und ebenso in Kapitel »Projektdesign« wird über agile Ansätze berichtet und die Projektart »Hybrid« eingeführt. Hybrides Projektmanagement bezeichnet die Kombination agiler Ansätze und Methoden der Projektabwicklung mit den Methoden des Projektmanagements, um in einer schrittweisen Vorgehensweise die Projektziele in allen Zielkategorien zu erreichen.

Bei welchen Projekten können oder sollten agile Ansätze zum Einsatz kommen? Welche weiteren Planungsergebnisse resultieren? In welcher Weise sind die Planungsansätze des Projektmanagements einzusetzen? Und wie sollen klassische und agile Ansätze zu hybriden Ansätzen miteinander kombiniert werden?

Auch für diese Projektart können in einer Organisation Aufgaben und Prozessbeschreibungen geschaffen werden oder bereits vorhanden sein, die durch die Projektleitung zu berücksichtigen sind.

5.8 DAS CONTROLLING DER ORGANISATION UND DESSEN NUTZEN FÜR DAS PROJEKT-, PROGRAMM- UND PROJEKTPORTFOLIOMANAGEMENT (PPP)

Controlling (Anglizismus, abgeleitet vom englischen Verb to control, steuern, lenken) wird generell als Teilfunktion der Organisationsführung bzw. des Managements verstanden. Das Controlling unterstützt die Organisationsführung durch Koordinations- und Kontrollaufgaben und Aufbereitung notwendiger Informationen. Hierbei kann operatives von strategischem Controlling differenziert werden.

Nach der DIN 69901 steht Projektcontrolling für die »Sicherung des Erreichens der Projektziele durch: Soll-Ist-Vergleich, Feststellung der Abweichungen, Bewerten der Konsequenzen und Vorschlagen von Korrekturmaßnahmen, Mitwirkung bei der Maßnahmenplanung und Kontrolle der Durchführung«.

Das Projektcontrolling muss in einer definierten Rhythmik die Statusinformationen zu allen drei Zielgrößen eines Projekts erfassen: Zum Fortschrittsgrad, zu den Kosten und Arbeitsaufwänden und zur Terminsituation. Die zu betrachtende Einheit ist hier immer zunächst das Arbeitspaket/der Arbeitsauftrag und nicht unmittelbar das Gesamtprojekt. Der Status wird dann bis auf die Projektebene aggregiert und in der Folge dann auch auf die Programm- und die Portfolioebene.

In der Praxis ist es leider so, dass dies dem Projektmanager nicht immer oder nur schwerlich möglich ist, da ihm hierzu die Möglichkeiten fehlen. Denn die Organisation stellt die erforderlichen Möglichkeiten hinsichtlich der Datenerfassung häufig nicht bereit. Zudem: In vielen Organisationen werden die Arbeitsaufwände gar nicht erfasst, da dort das »Eh-da-Prinzip« gilt. Mitarbeiter sind »eh da« und deren Arbeitsaufwände werden daher nicht geplant und brauchen auch nicht erfasst zu werden. In solchen Situationen fallen die Projektsteuerung und damit auch die Überwachung der Zielerreichung schwer. In Organisationen mit auch nur mäßig ausgeprägter Projektorientierung finden sich aber sehr wohl Controlling-Instrumente und -Ansätze, welche die Datenerfassung auf der Ebene der Arbeitspakete zu allen drei Zielgrößen ermöglichen.

Es existieren grundsätzlich drei verschiedene Möglichkeiten, ein Projektcontrolling aufzubauen.

1. **Projektinternes Controlling – ohne Unterstützung des Unternehmens-Controllings**

   - Der Projektmanager baut über selbst entwickelte Instrumente, Berichte und Tabellenkalkulationen eine Systematik auf, um den Status der Arbeitspakete bezüglich der Zielgrößen Leistung, Termine, Aufwand bzw. Kosten, regelmäßig zu erfassen. Auf dieser Basis kann eine sichere Statusbestimmung erfolgen und das Projekt gesteuert werden. Hieraus lässt sich ein geeignetes Berichtswesen ableiten.

2. Projektinternes Controlling – mit Unterstützung des Unternehmens-Controllings

I Liegen die technischen Voraussetzungen in Form eines auch auf Projekte ausgerichteten Unternehmens-Controllings vor, so ist es möglich, dass Projekte und deren Arbeitspakete mit ihrem jeweiligen Leistungsfortschritt in ein Controlling-System eingegeben werden. Die Projektmitarbeiter können während des Projektverlaufs die Ist-Daten direkt in das Controlling-System eingeben. Ebenso können z. B. Rechnungen dem Projekt bzw. Arbeitspaket zugeordnet werden. So wird eine Auswertung jederzeit möglich.

I Innerhalb des Projekts wären nur noch die entsprechenden Regelungen für die Rhythmik und Zeitpunkte der Statuserhebung festzulegen. Das Unternehmens-Controlling kann den Projektmanager durch die Aufbereitung von Statusinformationen unterstützen.

3. Projektexternes Controlling durch das Unternehmens-Controlling

I Eine weitere Möglichkeit besteht darin, dass die Verantwortung für das Projektcontrolling direkt an das Unternehmens-Controlling übertragen wird, dass also ein vom Projekt unabhängiges Controlling erfolgt. Der Projektmanager ist für die Planung zuständig und übergibt die Plandaten dem Unternehmens-Controlling. Mitarbeiter des Unternehmens-Controlling erheben den Status direkt bei den Projektmitarbeitern am Ort der Leistungserbringung und bereiten Informationen und Berichte für Projektmanager, Programmleiter, Lenkungsausschüsse und für das Projektportfoliomanagement vor.

5.9 QUALITÄTSMANAGEMENT DER ORGANISATION UND PPP

Das Qualitätsmanagement ist in vielen Unternehmen ein etablierter und fest verankerter Bestandteil der Organisation, der oft durch eine eigene Abteilung wahrgenommen wird. Zudem wird das Qualitätsmanagement heute umfassend verstanden. Das Qualitätsmanagement kann in Anlehnung an die ISO 9001:2015 als das Leiten und Lenken einer Organisation verstanden werden, um eine definierte Qualität der Unternehmensleistung zu erreichen. Jeder Bereich kann mit einbezogen sein. So können auch das Projekt- und das Multiprojektmanagement als Bestandteile des Qualitätsmanagements der Organisation begriffen werden und so aufgebaut sein. In der Praxis finden sich hierzu zahlreiche Beispiele.

Zu den Aufgaben des Qualitätsmanagements im Rahmen des Projektmanagements, die durch die Projektleitung wahrgenommen werden, gehören insbesondere:

1. Festlegen aller konstruktiven Maßnahmen zur Sicherung der Qualität der Projektarbeit:
   – Definition des Projektmanagement-Prozesses
   – Definition der Verantwortlichkeiten für die Projektarbeit
   – Definition der einzusetzenden Methoden und Werkzeuge

- Definition der erwarteten Projektmanagement-Ergebnisse in einem Projekt-Management-Handbuch

2. Festlegen aller analytischen Maßnahmen zur Sicherung der Qualität der Projektarbeit in einem Projekt-, Programm oder im Projektportfoliomanagement. Dazu gehören insbesondere alle prüfenden Maßnahmen des Projektmanagements:
   - Führen eines Projekt-Handbuches
   - Festlegen eines Qualitätsbeauftragten im Projekt
   - Erstellen einer Qualitätsmanagementplanung für das Projekt
   - Festlegen von Qualitätssicherungsmaßnahmen, z. B. in Form von Reviews zu Ergebnissen der Projektarbeit oder in Form von Audits
   - Eine anspruchsvolle Maßnahme wäre ebenso die Beteiligung an einem extern durchgeführten Assessment, z. B. die Beteiligung an dem Deutschen Projekt-Management-Award

5.10 DAS LINIENMANAGEMENT

Die Bedeutung der Führungskräfte in der Stammorganisation ist für Projekte wesentlich. Stellen sie doch die Leistungsfähigkeit der Organisationseinheit in den einzelnen Funktionsbereichen sicher und sind ebenso für die Mitarbeiterentwicklung und Mitarbeiterführung verantwortlich. Das Linienmanagement spielt im Rahmen des Projekt- und Multiprojektmanagements daher eine zentrale Rolle.

Führungskräfte in der Linienorganisation können in vielfacher Hinsicht in die Lenkung oder Leitung von Projekten eingreifen oder eingebunden werden, zum Beispiel im Projektportfolio-Board, in den Lenkungsausschüssen oder auch in der Leitung von Projekten. Sie tragen aber ebenso dann Verantwortung, wenn ihre Mitarbeiter und nicht sie selbst in die Projektarbeit eingebunden sind. Zudem sind sie dann Ansprechpartner und Unterstützer von Projektmanagern, wenn es um fachliche Fragestellungen geht und um den Einsatz der Mitarbeiter und sonstiger Ressourcen aus ihrem Bereich.

Eine Führungskraft in der Linienorganisation kann für folgende Aufgaben, Projekte betreffend, verantwortlich sein:

- Übernimmt Aufgaben im Rahmen des Projektportfoliomanagements.
- Übernimmt Aufgaben in der Lenkung von Projekten, vor allem in Lenkungsausschüssen, Projekt-Startmeetings.
- Kann als Projektauftraggeber fungieren.
- Kann auch selbst als Projektmanager agieren (Diese Koinzidenz wird aber eher nicht empfohlen).

- Verfügt über einen Überblick über die zur Verfügung stehenden Ressourcen in seinem Bereich, die für Projektarbeiten eingesetzt werden können, und stellt diese Information dem Projektportfoliomanagement und auf Anfrage auch dem Projektmanager zur Verfügung.

- Stimmt auf Anfrage des Projektmanagers im Rahmen von Planungs- und Abstimmungsgesprächen den Ressourcenbedarf und Ressourceneinsatz für die jeweiligen konkreten Projekte und Arbeitsaufgaben ab.

- Steht dem Projektmanager für inhaltliche und fachliche Fragestellungen zur Verfügung.

- Vereinbart zusammen mit seinen Mitarbeitern und den Projektmanagern die jeweiligen Einsätze und Arbeitsaufgaben für Projekte und sorgt für die erforderlichen Freiräume.

- Stellt die Verfügbarkeit der benötigten Ressourcen sicher und stimmt sich bei Engpässen oder Ressourcenausfall mit den Projektmanagern ab.

- Steht bei Ressourcenkonflikten und sonstigen Konfliktsituationen beratend und moderierend seinen Mitarbeitern, aber auch den Projektmanagern zur Verfügung.

Die Führungskräfte in der Linie sind damit zentrale Ansprechpartner für die Projektleitung. Die Projektleitung sollte immer aktiv auf die Linienführungskräfte zugehen und auch dürfen.

5.11 PERSONALENTWICKLUNG DER ORGANISATION UND DEREN NUTZEN FÜR PPP

Das Personalmanagement und die Personalentwicklung sind von besonderer Relevanz für den Projekterfolg. Im Kern besteht die Aufgabe des Personalmanagements darin, ausreichend qualifiziertes Personal für die unterschiedlichen Bereiche und Aufgaben einer Organisation zu beschaffen oder diese zu entwickeln. Die Art und Weise, wie Personalarbeit von ihren Aufgabengebieten her praktiziert wird, ist in der Praxis allerdings sehr unterschiedlich. In kleinen bis mittelgroßen Organisationen reduzieren sich die Aufgaben der Personalabteilung oft auf Personalbeschaffung, Einstellungsverfahren und Weiterbildung. In großen Organisationen gehen die Aufgaben sehr viel weiter. Hier ist die Personalabteilung in die Prozesse der strategischen Weiterentwicklung der Organisation, in die Organisationsentwicklung, eingebunden. Die Aufgaben reichen dann von der Organisationsgestaltung über die Personalbestandsanalyse, Personalbedarfsbestimmung, Personalbeschaffung, Personalentwicklung in Aus-, Weiter- und Fortbildung, die Einstellungsverfahren und Personalfreisetzung bis hin zu den Personaleinsatzplanungen.

Die Aufgaben der Personalentwicklung lassen sich wie folgt zusammenfassen:

- Führungskräfteentwicklung für das Projekt- und Multiprojektmanagement
- Aus- und Weiterbildungsangebote für Projektauftraggeber, Projektmitarbeiter und Projektmanager

- Aus- und Weiterbildungsangebote zum Projektportfoliomanagement
- Entwicklung von Bewerbungs- und Einstellungsverfahren bis hin zu Assessment-Centern in Bezug auf Projekt- und Multiprojektmanagement
- Entwicklung oder Erweiterung der Konzepte zu den Zielvereinbarungen für Projektpersonal, Linienpersonal und Führungskräfte in der Linie in Bezug auf Projekt- und Multiprojektmanagement
- Entwicklung oder Erweiterung vorhandener Mitarbeiter-Beurteilungssysteme in Bezug auf Projekt- und Multiprojektmanagement
- Unterstützung beim Aufbau ggf. einzurichtender Organisationseinheiten, wie z. B. von Projektportfoliomanagement, Projekt-Controlling, Projektmanagement-Office oder einer ausgegliederten Projektorganisation
- Entwicklung und Einführung von Karrierepfaden für das Projektpersonal.
- Zertifizierung von Projektpersonal, Organisationsbereichen oder der gesamten Organisation, das Projektmanagement betreffend

Die Projektleitung sollte für ihr Projekt die zahlreichen Angebote der Personalentwicklung der Organisation intensiv nutzen und diese aktiv ansprechen.

5.12 DIE IT-ABTEILUNG DER ORGANISATION UND DEREN NUTZEN FÜR PPP

Die IT-Abteilung ist für die Projektarbeit in der Organisation wichtig. Sie stellt die IT-Systeme bereit, die für das Projektmanagement benötigt werden. Auch hierzu finden sich in den Regelwerken zum Projekt- und Multiprojektmanagement Aufgaben und Ablaufbeschreibungen, wie und in welcher Form die IT-Systeme für das Projektmanagement genutzt werden können und sollen.

Die Projektleitung muss auch hier bei einem konkreten Projekt die Nutzung der Informationstechnik in ihrem Projekt festlegen und die Ressourcen der IT-Abteilung hierzu nutzen.

6 PROJEKTMANAGEMENT-HANDBUCH

Wie in den vorlaufenden Abschnitten dargestellt, sind in einer Organisation, die ein systematisches Projekt- und Multiprojektmanagement betreibt, unter dem Gesichtspunkt Governance, Strukturen und Prozesse vielfältige organisatorische Regelungen erforderlich. Solche Regelungen kann eine Organisation nicht einfach aus einem Lehrbuch abschreiben. Es ist von sehr vielen Faktoren abhängig, welche konkrete Verfahren, Methoden und Richtlinien für das Projekt- und Multiprojektmanagement für eine Organisation geeignet sind; sie hängen ab z. B. von Größe, Projektarten, Erfahrungen, Branche, Kultur und von weiteren Faktoren der betreffenden Organisation.

Der Fachbegriff, der für solche Regelwerke auch heute noch in der Fachwelt und in den Lehrbüchern benutzt wird, lautet: Projektmanagement-Handbuch oder Projektmanagement-Leitfaden für Projekte, Programm- und Projekt-Portfolio-Management.

Definition: Ein Projekt- und Multiprojektmanagement-Handbuch ist ein Dokument, in dem das Projektmanagementsystem einer Organisation einschließlich der Politik, den Grundsätzen, Einrichtungen, Maßnahmen und Regelungen zur Planung, Überwachung und Steuerung einzelner und/oder mehrerer gleichzeitig laufender Projekte, Programme oder Projektportfolios verbindlich niedergelegt und beschrieben ist (Motzel, Möller 2017, S. 206).

Für die Praxis ist eine Bezeichnung, wie z. B. »Leitfaden für das Projekt- und Multiprojektmanagement«, durchaus ausreichend und für die Beteiligten verständlicher als der etwas sperrige Begriff »Projekt-, Programm- und Projekt-Portfolio-Management-Handbuch«.

Der Druck von dicken Handbüchern oder die Pflege von Ordnern ist aus der Praxis glücklicherweise weitgehend verschwunden. Im Regelfall werden solche Leitfäden den Nutzern über ein Intranet zur Verfügung gestellt. So können die Prozesse und Planungsergebnisse auch durch geeignete Softwaresysteme abgebildet werden.

Vollumfänglich kann ein Handbuch für das Projekt-, Programm- und Projektportfoliomanagement die nachfolgend aufgelisteten 19 Bausteine beinhalten, die sich in übersichtlicher Form in sechs Kapiteln gliedern lassen. Diese Gliederung hat sich in der Praxis deshalb bewährt, da sie jeweils ein in sich geschlossenes Themengebiet beinhaltet und zusammengefasst darstellt. Je nach individueller Ausprägung des Projekt- und Multiprojektmanagements können Abschnitte wegfallen und auch einzelne Kapitel anders strukturiert werden (vgl. Abbildung 3.2-12).

PROJEKT- UND MULTIMANAGEMENT-HANDBUCH

KAPITEL 1: VORWORT UND DEFINITIONEN
- Baustein 1: Vorwort der Geschäftsführung
- Baustein 2: Begriffe und organisatorische Verankerung
- Baustein 3: Projektarten, Projektklassifizierung, Projektpriorisierung

KAPITEL 2: STEUERUNG DER PROJEKTLANDSCHAFT
- Baustein 4: Projektorientierte Strategische Unternehmensführung
- Baustein 5: Multiprojektmanagement – Projektportfoliomanagement
- Baustein 6: Projekt- und Multiprojektmanagement – Project Management Office
- Baustein 7: Multiprojektmanagement – Programmmanagement
- Baustein 8: Beauftragung und Lenkung von Projekten und Programmen

KAPITEL 3: ORGANISATION DES PROJEKT- UND MULTIPROJEKTMANAGEMENTS
- Baustein 9: Projektorganisation – Rollen und Gremien

KAPITEL 4: PROJEKTMANAGEMENT-PROZESS
- Baustein 10.1: Projektmanagement-Prozess und Meilensteine
- Baustein 10.2: Projektinitialisierung/Projektanstoß
- Baustein 10.3: Projektdefinition/Auftragsklärung
- Baustein 10.4: Projektplanung
- Baustein 10.5: Projektsteuerung/Projektdurchführung/Projektumsetzung
- Baustein 10.6: Projektabschluss
- Baustein 11: Steuerung agiler Projekte durch hybride Ansätze

KAPITEL 5: PROJEKTMANAGEMENT-METHODEN UND DOKUMENTENVORLAGEN
- Baustein 12.1: Besondere Anforderungen bei der Methodenanwendung
- Baustein 12.2: Besondere Gestaltungsformen der Methodenanwendung
- Baustein 12.3-n: Templates für alle benötigten PM-Methoden

KAPITEL 6: UNTERSTÜTZUNG DURCH FACHBEREICHE
- Baustein 13: Projekt-Qualitätsmanagement
- Baustein 14: Unternehmens- und Projekt-Controlling
- Baustein 15: Linien-Management
- Baustein 16: Personalentwicklung/Organisationsabteilung
- Baustein 17: IT-Unterstützung/Projektmanagement-Software
- Baustein 18: Beschaffung
- Baustein 19: Vertragsmanagement/Rechtsabteilung

Abb. 3.2-12: Struktur eines umfänglichen Projekt- und Multiprojektmanagement-Handbuches (vgl. Frick 2017)

? WIEDERHOLUNGSFRAGEN

- Was bedeutet Governance?
- Was sind die drei Bestandteile von Governance?
- Welche Aufgaben hat die Projektleitung in Bezug auf Governance?
- Was ist eine Stammorganisation?
- Was kennzeichnet eine Aufbauorganisation?
- Was kennzeichnet eine Ablauforganisation?

- Was ist eine Stelle?
- Was beinhaltet eine Stellenbeschreibung?
- Was ist eine AKV-Matrix?
- Was ist eine ABVF-Matrix?
- Was verstehen Sie unter dem Kongruenzprinzip?
- Welche Arten von Stellen gibt es?
- Was kennzeichnet eine Stabsstelle?
- Was kennzeichnet eine funktionale Strukturierungsform?
- Was kennzeichnet eine produktorientierte Strukturierungsform?
- Was kennzeichnet eine kundenorientierte Strukturierungsform?
- Was kennzeichnet eine geografisch orientierte Strukturierungsform?
- Was kennzeichnet eine hybride Strukturierungsform?
- Was verstehen Sie unter einem Prozess?
- Was bedeutet Prozessmanagement?
- Was beinhaltet eine Prozessbeschreibung?
- Was verstehen Sie unter einem Prozessmodell?
- Was kennzeichnet Führungsprozesse?
- Was kennzeichnet Kernprozesse?
- Was kennzeichnet Unterstützungsprozesse?
- Welche Aufgaben hat ein Projektmanagement Office?
- Welche Funktionen kann ein Projektmanagement Office wahrnehmen?
- Nennen Sie alternative Bezeichnungen für ein Projektmanagement Office.
- Nennen Sie vier Prozessbereiche aus dem Bereich des Projekt-, Programm- und Projekt-Portfolio-Managements.
- Welche Aufgaben hat die Projektleitung in Bezug auf die Projektbeauftragung?
- In welcher Weise kann das Unternehmens-Controlling das Projekt-Controlling unterstützen?
- In welcher Weise ist das Linienmanagement in das Projektmanagement eingebunden?
- In welcher Weise kann die Personalabteilung das Projektmanagement unterstützen?
- Was ist Inhalt eines Projekt- und Multi-Projektmanagement-Handbuches?

LITERATURVERZEICHNIS

Verwendete Literatur

Altrichter, H. (2012): Educational Governance: Handlungskoordination und Steuerung im Bildungssystem, VS Verlag für Sozialwissenschaften.

Chandler, A. D. Jr. (1962/1998): Strategy and Structure: Chapters in the History of the American Industrial Enterprise (MIT Press).

DIN 69901-5 (2009): Projektmanagementsysteme, Beuth-Verlag.

Drosdowski, G. (Hrsg.) (1997): Duden, Etymologie: Herkunftswörterbuch der deutschen Sprache, Mannheim, Leipzig, Wien, Zürich, Dudenverlag.

Folke Schuppert, G. (2017): Governance of Diversity: Zum Umgang mit kultureller und religiöser Pluralität in säkularen Gesellschaften, campus.

Frick, A. (2017): Leitfaden 4.0 – Baukasten zur Entwicklung von Leitfäden für das Projekt-, Programm- und Projekt-Portfolio-Management zur Steuerung projektorientierter Unternehmen, Projektforum Verlag.

GPM (Hrsg.) (2017): Individual Competence Baseline für Projektmanagement – Version 4.0. Nürnberg: GPM Deutsche Gesellschaft für Projektmanagement e. V.

ISO 9001:2015, DIN EN ISO 9001:2015-11, Qualitätsmanagementsysteme – Anforderungen (ISO 9001:2015); Deutsche und Englische Fassung EN ISO 9001:2015.

ISO/IEC 38500, Information technology – Governance of IT for the organization, 2015.

Mintzberg, H.; Ahlstrand, B. (2012): Strategy Safari: Der Wegweiser durch den Dschungel des strategischen Managements, FinanzBuch Verlag.

Joseph B. Lampel, J. B.; Mintzberg, H.; Quinn, J; Ghoshal S. (2013): The Strategy Process: Concepts, Contexts, Cases, Taschenbuch, Peardon.

Motzel, E.; Möller, T. (2017): Projektmanagement-Lexikon. Referenzwerk zu den aktuellen nationalen und internationalen PM-Standards. 3. Auflage, Wiley-VCH Verlag, Weinheim.

OCB 1.1, Organisational Competence Baseline, IPMA 2016.

PRINCE2® 2015, PRINCE2® Projects in Controlled Environments, Alles was man wissen muss, PRINCE2® London, SERVIEW Verlag 2015.

P3O 2014, Portfolio, Programme and Project Offices (P3O), OGC P3O Manual 2014, ISBN 9780113314225.

Schoppen, W. (Hrsg.) (2015): Corporate Governance. Geschichte – Best Practice – Herausforderungen, Campus Verlag, Frankfurt am Main, New York.

Schulte-Zurhausen, M. (2014): Organisation, Vahlen Verlag, 6. Auflage 2013.

Vahs, D. (2015): Organisation, Ein Lehr- und Managementbuch, 9. Auflage, Schäffer Poeschel.

3.3 COMPLIANCE, STANDARDS UND REGULARIEN

Autor: Rolf Kaestner

Rolf Kaestner, Jahrgang 1952, hat an der Universität Hamburg als Diplom-Volkswirt sein Studium mit den Studienschwerpunkten »Planung und Organisation« und »Sozialpolitik« abgeschlossen. Seit 1988 ist er selbständig tätig in Projekten der Entwicklungszusammenarbeit und im Gesundheitswesen mit diversen Veröffentlichungen. Seit 2011 hat er einen Lehrauftrag zum Informations- und Wissensmanagement an der Fresenius Hochschule am Standort Hamburg.

Co-Autor: Dietmar Prudix

Dietmar Prudix ist IPMA Level B, zertifizierter Trainer der GPM, autorisierter Trainingspartner der GPM und Lehrgangsanbieter der GPM. Er hat Wirtschaftswissenschaften und Organisationspsychologie studiert, mit Master im Konfliktmanagement. Seit 2017 ist er der deutsche Vertreter in der Arbeitsgruppe »Agile Leadership« bei der IPMA. Er ist Vorstand einer Qualifizierungsgesellschaft für Projektmanagement.

INHALT

Dimensionen des Kompetenzelements Compliance 398

Darstellung der Compliance-Grundlagen und -Elemente 400

    Rechtsgrundlagen in Deutschland. 400

        Allgemeine rechtliche Regelungen 400

        Spezielle rechtliche Regelungen 402

    Weitergehende Compliance-Grundlagen in Deutschland. 405

        Sektor- und projektspezifische Regelungen 405

    International verbindliche Regeln und Erwartungen 409

        International wirksame Regelungen und Verträge 409

        Internationale Übereinkommen. 410

        Weitere internationale Trends und Positionen. 413

Signale zu erwartetem Compliance-Verhalten im und aus dem Projekt . . 415

    Nationaler Gestaltungsrahmen und Nachweismöglichkeiten 416

    Internationale Bezugsrahmen und Nachweismöglichkeiten 417

    Erkennen von Erwartungen an den Projektprozess und das Projektzielsystem 419

Praktizierte Compliance 419

    Identifizieren der zu beachtenden Compliance Dimensionen 420

    Aktive Compliance 421

    Passive und reaktive Compliance 423

    Zusammenwirken mit und in der Träger-/ Auftraggeberorganisation 424

    Ausprägungen des Projektmanagements
in der verantworteten Projektumgebung 425

Wiederholungsfragen. 426

Literaturverzeichnis. 427

1 DIMENSIONEN DES KOMPETENZELEMENTS COMPLIANCE

»Razzia wegen Senegal-Projekt, Fraport-Mitarbeiter unter Korruptionsverdacht« lautete am 13.12.2017 eine Überschrift in der FAZ, der Frankfurter Allgemeinen Zeitung. Ermittelt wurde wegen des Vorwurfs der Bestechung eines Amtsträgers im internationalen Geschäftsverkehr (vgl. Schwan 2017).

Im Bonner Generalanzeiger erschien am 09.01.2018 ein Artikel, in dem Folgendes zu lesen war »… Der Punkt, dass die damalige Sparkassen-Tochter für ihre erfolgreiche Vermittlung für das Projekt eine Provision erhielt, sei verwaltungsrechtlich zulässig« (Klees 2018). Es ging in dem Prozess um eine Verabredung zwischen dem damaligen Vorstand der Stadtsparkasse Köln und einem Bauunternehmer für einen Bauauftrag der Kölnmesse.

Die Beispiele ließen sich bis in die Gegenwart hinein mit jeweils unterschiedlichem Ausgang fortsetzen und verdeutlichen, auf welch dünnem Eis sich Projektmanager bewegen können.

Ausgehend von der Binnensicht eines Projekts mit seinem Projektzielsystem, müssen unter Compliance-Gesichtspunkten die rechtlichen und i. w. S. regulatorischen Hüllen bzw. die näheren und weiteren Umgebungen des Projekts betrachtet und in den gesamten Projektprozess integriert werden. Hierbei geht es bei den Aspekten von Compliance, Standards und Regularien um eine andere Perspektive als z. B. in der Stakeholderanalyse. Es geht letztlich schlicht um die Einhaltung der Gesetze, Normen und gesellschaftlich anerkannten Regeln – also eigentlich um eine Selbstverständlichkeit. Der Projektmanager ist hierfür nicht allein verantwortlich, sondern auf die verfügbare Fachkunde und das gesellschaftlich angemessene Verhalten von dritter Seite (z. B. Unterauftragnehmer, Berater, Kundenmitarbeiter) im Projekt angewiesen.

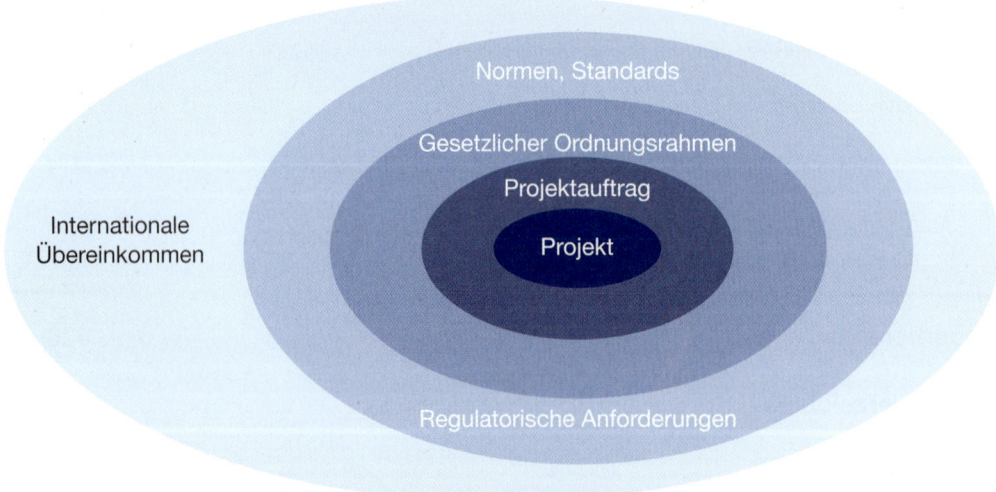

Abb. 3.3-1: Projekt und sein gesetzlicher (sanktionsfähiger) Ordnungsrahmen

Der aus dem Angelsächsischen übernommene Begriff »Compliance« steht wörtlich für »Regelbefolgung« bzw. »Folgebereitschaft« und weitere Synonyme (Hemetsberger 2018).

Ursprünglich über den internationalen Finanzsektor und das angelsächsische Rechtssystem in den europäischen Raum im Allgemeinen und in den deutschen Wirtschaftsraum im Besonderen hineingetragen, stellt der Begriff eigentlich eine Selbstverständlichkeit dar. Es geht um die Einhaltung der rechtsstaatlichen Regeln und die Bereitschaft, die staatlichen Organe bei der Durchsetzung dieser Regeln zu akzeptieren und – wenn nötig, wie z. B. bei der Geldwäschebekämpfung – zu unterstützen.

Nach Axel Mühlbacher (vgl. Mühlbacher 2009) wird Compliance sinngemäß mit Einhaltung von Gesetzen, Regeln und Normen erklärt und hat ihren Ursprung in der (amerikanischen) Bankwirtschaft und dieser unmittelbar folgend im Gesundheitswesen.

Schon bei dem Wechsel vom Bankensektor in das Gesundheitswesen hat der Compliance-Begriff dann eine erste Transformation vollzogen. Bereits die anfänglich noch gleichartige Verwendung von Compliance und Adhärenz (vgl. Seehausen, Hänel 2011) deutet die Sinnveränderung an.

Im Gesundheitswesen wurde so ursprünglich die folgsame Umsetzung der vom Arzt verschriebenen bzw. verordneten Therapien durch den Patienten bezeichnet. Inzwischen geht es bei der Compliance der Patienten um die konstruktive gemeinsame Gestaltung und Umsetzung von Therapien. Dies ist eine durchaus vergleichbare Situation in Bezug auf das Projektmanagement und den Projektauftraggeber.

Bis heute hat sich der Compliancebegriff dann weiter verbreitet. Die Literatur verweist z. B. auf IT-, Tax(Steuer)-, Customs(Zoll)- oder Datenschutz-Compliance und der Aufbau von Compliance Management Systemen ist eine beliebte Beratertätigkeit und damit auch bereits ein Projektthema.

Zusätzlich ist die Anforderung, die Compliance zu leben, ein regulatives Moment der aktuellen ICB 4 geworden. Es wird die Kompetenz »Compliance, Standards und Regularien« als die Fähigkeit des Projektmanagers definiert, sachgerecht zu interpretieren, wie externe und interne Einschränkungen und Regelungen, Standards und Vorschriften in einem Land, einem Sektor, einer Branche und/oder einer einzelnen Organisation anzuwenden bzw. einzuhalten sind.

2 DARSTELLUNG DER COMPLIANCE-GRUNDLAGEN UND -ELEMENTE

2.1 RECHTSGRUNDLAGEN IN DEUTSCHLAND

In Deutschland hat sich der Begriff in den 1990er Jahren etabliert und war hier ebenfalls ursprünglich nur auf den Banken- und Versicherungssektor bezogen. Die damit verbundenen gesetzlichen Regelungen zielten darauf ab, die Interessen der Arbeitgeber des Sektors und der Kunden vor den persönlichen Interessen der handelnden Insider zu schützen.

2.1.1 ALLGEMEINE RECHTLICHE REGELUNGEN

Die Grundvoraussetzung für ein funktionsfähiges Gesellschaftssystem besteht darin, dass die rechtlichen, formellen Festlegungen eingehalten werden. Bei diesen handelt es sich in der Regel in demokratisch verfassten Gesellschaften um vom Parlament als Volksvertretung gefasste Beschlüsse zu Gesetzen und Verordnungen, die Gesetzescharakter haben.

Um die Einhaltung dieser Regelungen und Festlegungen durchsetzen zu können, sind das »Gewaltmonopol des Staates« und damit auch dessen Fähigkeit, Verstöße gegen das Rechtssystem zu sanktionieren, von fundamentaler Bedeutung.

Die Gesamtheit aller geltenden demokratisch beschlossenen Gesetze bildet damit auch die Grundlage für das Handeln im Projekt. Eine erste Compliancehandlung im Projekt ist damit schon einmal das Ausschließen von Handlungen, die im Widerspruch zum Grundgesetz, Bürgerlichem Gesetzbuch und Strafgesetzbuch sowie den damit verbundenen einzelnen gesetzlichen Regelungen stehen.

Insbesondere die engen Grenzen einzelner Straftatbestände – wie etwa auf den Gebieten Bestechlichkeit und Vorteilsnahme – werden dabei noch häufig überschritten, ebenso wie Umweltdelikte häufig auch aus Unkenntnis heraus noch begangen werden. Mit der Kenntnis der wesentlichen Regeln in den relevanten Gesetzen und mit deren Einhaltung wäre bereits ein Teil der Complianceanforderungen an das Projektmanagement erfüllt.

Unabhängig von den einzelnen gesetzlichen Regelungen können verschiedene Perspektiven die Herausforderungen aus Compliance-Sicht für den Projektmanager illustrieren:

Ausgehend von der Spitze der gesetzlichen Regelungen, dem Grundgesetz, lässt sich eine Normenhierarchie darstellen. Diese Normenhierarchie umfasst in der zweiten Ebene die förmlichen vom Parlament, dem Deutschen Bundestag, verabschiedeten Gesetze, unter denen in der dritten Ebene die sonstigen materiellen Gesetzes des Bundes in Form von Rechtsverordnungen liegen.

Die Normenhierarchie verbreitert sich dann mit dem Landesrecht, ausgehend von den einzelnen Landesverfassungen über die von den Landesparlamenten verabschiedeten Gesetze bis hin zu den auch hier auf Landesebene möglichen sonstigen materiellen Gesetzen in Form von Rechtsverordnungen.

Erst in der untersten Ebene folgen dann die Verwaltungsvorschriften in den Ländern und schließlich die Einzelregelungen in Form von Verwaltungsakten oder Urteilen.

Abb. 3.3-2: Allgemeine Normenhierarchie oder Normenpyramide nach Rechtsquellen

> **Beispiel:** Für unterschiedliche Themenbereiche existieren weitere jeweils spezifisch ausgestaltete gesetzliche Hierarchien, die bei Projekten in dem jeweiligen Themenbereich tunlichst beachtet werden sollten, wie im folgenden Beispiel am Arbeitsschutz illustriert (vgl. Riesenberg-Mordeja 2013).

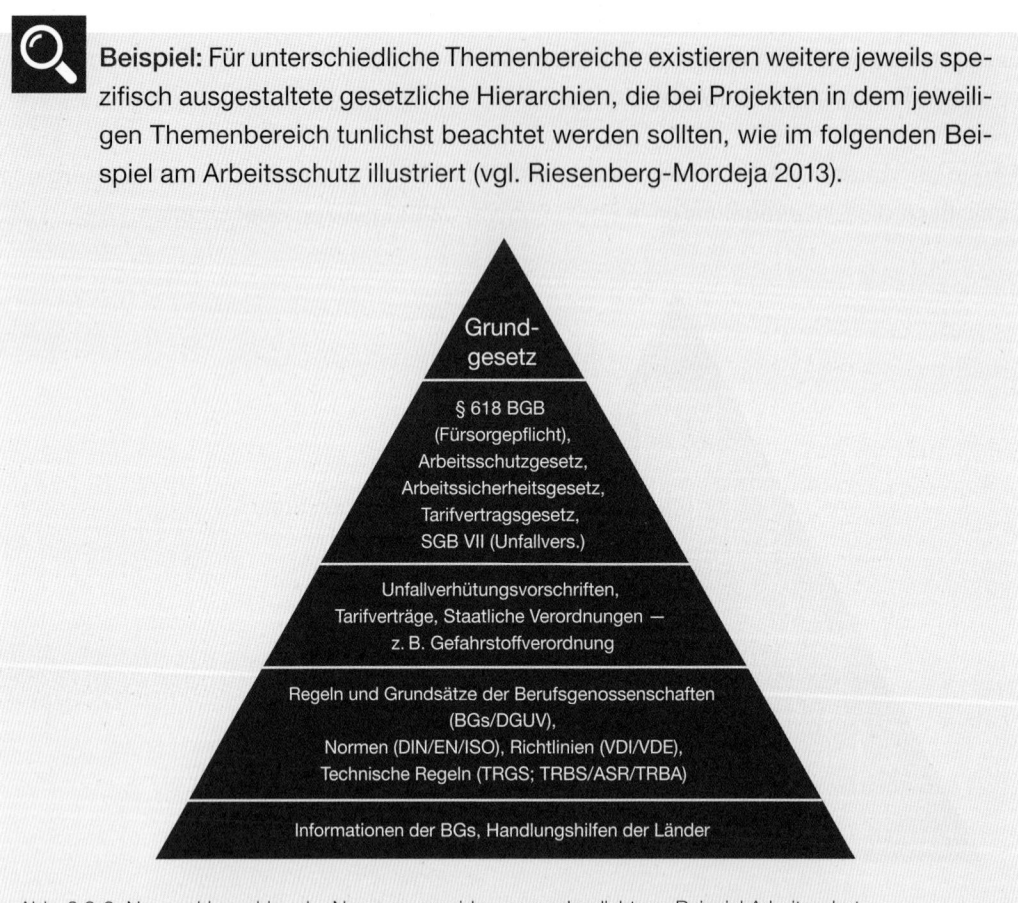

Abb. 3.3-3: Normenhierarchie oder Normenpyramide, veranschaulicht am Beispiel Arbeitsschutz

2.1.2 SPEZIELLE RECHTLICHE REGELUNGEN

Die Compliance-Fallen und -Schwierigkeiten werden dann deutlich sichtbar, wenn es in die detailliertere Betrachtung geht und in die jeweils zugrunde liegenden Tatbestände.

Weitere gesetzliche Regelungen und staatlich veranlasste, zwingend zu beachtende Festlegungen durch sogenannte beliehene Organisationen oder unmittelbar staatlich etablierte Organisationen sind zusätzlich zu betrachten.

Unabhängig von der Rechtsform oder der Größe der Organisation, für die oder in der ein Projekt realisiert wird, sollte sich der Projektmanager an den übergeordneten Grundsätzen des Deutschen Corporate Governance Kodex (Bundesministerium für Justiz und Verbraucherschutz, Abt. Regierungskommission 2017) orientieren. Dieser 20-seitige Kodex wurde zwar auf die Vorschriften zur Leitung und Überwachung deutscher börsennotierter Gesellschaften ausgerichtet, ermöglicht aber eine sehr gute allgemeine Orientierung hinsichtlich der anerkannten Standards guter und verantwortungsvoller Unternehmens- und damit auch Projektführung. Diese Standards verlangen sowohl Legalität als auch ethisch fundiertes, eigenverantwortliches Handeln, das sich am Leitbild des ehrbaren Kaufmanns orientiert.

Für den Finanzsektor belegt sind dazu explizit Regelungen zur Compliance im Wertpapierhandelsgesetz (WpHG §§ 31 ff. o. V./Bundesamt für Justiz, o. J.), verbunden mit den Anforderungen nach § 91 II AktG (Aktiengesetz/Bundesamt für Justiz), die auch bei Projekten in diesem Sektor – häufig handelt es sich um IT-Projekte – einzuhalten sind.

Weitere Compliance-Risikobereiche und direkte Compliance-Anforderungen nach den gesetzlichen Regelungen (s. einzelne Gesetze unter Bundesamt für Justiz, Gesetze im Internet, www.gesetze-im-internet.de) sind von dem Projektmanager als verantwortlicher Führungskraft zu berücksichtigen:

- im Arbeitsrecht mit den gesetzlichen Regelungen, insbesondere im
  - Arbeitszeitgesetz (ArbZG) – beachten der täglichen Höchstarbeitszeit
  - Mutterschutzgesetz (MuSchG) – Beschäftigungseinschränkungen bei Schwangerschaft
  - Sozialgesetzbuch (SGB IX) – besondere Belange bei Schwerbehinderung
  - Jugendarbeitsschutzgesetz – JarbSchG – schutzwürdige Belange Jugendlicher/Praktikanten
  - Bundesdatenschutzgesetz (BDSG) und der Datenschutzgrundverordnung (DSGVO) – Schutz der Mitarbeiterdaten
  - Betriebsverfassungsgesetz (BetrVG) sowie im öffentlichen Sektor nach BPersVG – also nach den Regelungen zur Personalvertretung) – Informationsund Beteiligungsrechte
  - Allgemeinen Gleichbehandlungsgesetz (AGG) – Vermeiden von Geschlechterdiskriminierung
  - Kündigungsschutzgesetz (KSchG) – Einhalten von Fristen bei Kündigungen
  - Mindestlohngesetz (MiLoG)
  - Gesetz zur wirksamen Befristung von Arbeitsverhältnissen (TzBfG)
  - Regelungen zur Elternzeit (BEEG)
  - Pflegezeit (PflegeZG, FamilienpflegeZG)
  - Urlaub (BUrlG)
  - Entgeltfortzahlungen (EntgeFzG)
  - Berufsausbildung (BBiG)
  - Arbeitnehmerüberlassung (AÜG)
  - Arbeitnehmerentsendung (AEntG)
  - Information des Arbeitnehmers über notwendige eigene Aktivitäten vor Beendigung des Arbeitsverhältnisses (§ 38 Abs.1 SGB II, § 2 Abs.2 Nr. 3 SGB III)

- im Sozialversicherungsrecht bezüglich
  - Vermeidung von Scheinselbstständigkeit freier Mitarbeiter
  - Meldepflicht zur Sozialversicherung für Arbeitnehmer (§ 28a SGB IV)
  - gegenüber der Mini-Job-Zentrale bei geringfügig Beschäftigten
- im Strafrecht

  natürlich in allen Fällen gesellschaftlich unerwünschter Handlungen, wie sie im StGB festgeschrieben sind – die beispielhaft vom
  - sexuellen Missbrauch (§§ 174 ff. StGB)
  - über das Vorenthalten und Veruntreuen von Arbeitsentgelt (§ 266 StGB)
  - bis hin zu Straftaten gegen den Wettbewerb (§§ 298 ff. StGB)
  - oder die Umwelt (§§ 324 ff. StGB) reichen

  sowie im sonstigen Strafrecht, soweit es auch in anderen gesetzlichen Regelungen dargelegt ist;
- im Steuerrecht

  bezüglich der projektbezogenen Erklärungen gemäß der Abgabenordnung (AO) und der jeweiligen fristgerechten Abführung aller Steuern;
- im Datenschutz

  gemäß aller Vorgaben des Bundesdatenschutzgesetzes (BDSG) und der Datenschutzgrundverordnung (DSGVO) zum Schutz der personenbezogenen Daten von Lieferanten, Kunden, Patienten und Mandanten;
- bei Arbeitsschutz und Arbeitssicherheit nach den Vorgaben von
  - Arbeitsschutzgesetz (ArbSG)
  - Arbeitssicherheitsgesetz (ArbSiG)
  - Arbeitsstättenverordnung (ArbStättV)
  - BetriebssicherheitsVO

  sowie den bereits auch unter dem Arbeitsrecht aufgeführten einzelnen gesetzlichen Regelungen und dazu den allgemeinen und besonderen Verkehrssicherungspflichten, wie nach der BrandschutzVO, den Räum- und Streupflichten im Winter nach jeweiligem Landesrecht, der Sicherung bei Baustellen nach der BaustellenVO einschließlich der Dokumentation der erforderlichen Maßnahmen und auch deren Umsetzung;
- beim Gesundheitsschutz

  neben den bereits für den Arbeitsschutz und die Arbeitssicherheit angeführten Regelungen auch noch nach den Vorgaben des
  - Infektionsschutzgesetzes (InfSG)
  - der Lebensmittelhygieneverordnung
  - den Unfallverhütungsvorschriften (§ 15 SGB VII)
  - der Verordnung zur arbeitsmedizinischen Vorsorge (ArbMedVV)

sowie der Benennung einer Fachkraft für Arbeitssicherheit, der Prävention arbeitsbedingter Gesundheitsstörungen und von Gefährdungsbeurteilungen bis hin zu arbeitsmedizinischen Vorsorgeuntersuchungen;

- im Umweltschutz

    gemäß den Anforderungen des Umweltschutzgesetzes (USG) einschließlich der Einhaltung gesetzlicher Grenzwerte bei Emissionen und der Einhaltung behördlicher Auflagen sowie in der allgemeinen Betriebsführung und den damit verbundenen Formalien, soweit sie das Projektmanagement betreffen, wie die Pflichtangaben auf Geschäftsbriefen und E-Mails, Genehmigungen, Anzeige- und Veröffentlichungspflichten und die Einhaltung vertraglich eingegangener Verpflichtungen.

2.2 WEITERGEHENDE COMPLIANCE-GRUNDLAGEN IN DEUTSCHLAND

2.2.1 SEKTOR- UND PROJEKTSPEZIFISCHE REGELUNGEN

Je spezieller der Bezugsrahmen gewählt wird, desto weiter entfernt man sich vom bisher dargestellten gesamtgesellschaftlichen Regelungs- und Gesetzesrahmen. Bereits mit dem Sektor- und Branchenbezug kommen nun weitere speziellere handlungsleitende bzw. -einschränkende Regelungen zum Tragen, um schließlich in der unmittelbaren Projektumgebung auf den engsten Handlungsrahmen, die Auftraggeber- oder Organisationssicht, begrenzt zu werden.

SEKTORREGELUNGEN

Die im Projekt zu beachtenden Sektorregelungen stellen für den um Compliance bemühten Projektleiter eine weitere wesentliche Hürde dar. Galt es noch, für die übergeordneten Regelungen auf die allgemeine institutionalisierte Fachkunde im Team oder im Unternehmen zurückgreifen zu können, wie die zuständigen betrieblichen Beauftragten für verschiedenste Themen, wie Arbeitsschutz und Sicherheit oder betriebliches Gesundheitsmanagement, bis hin zur Rechtsabteilung, so sind weitergehende Regelungen mit Sektor- oder Branchenbezug schon schwerer zu identifizieren oder einzuhalten.

Als Quellen kommen für die Identifizierung und Beachtung von Sektor- oder Branchenregelungen die jeweiligen Fachverbände oder der Katalog der DIN-Normen infrage (→ Kapitel »Normen und Standards im Projektmanagement«) oder es existiert eine fachkundige bzw. die Sektoraufsicht führende Stelle, die bezüglich zu beachtender Normen und Standards Auskunft erteilen kann. Diese können zudem regional unterschiedlich ausfallen, wie dies bei Baugenehmigungsverfahren deutlich wird.

Die folgende Übersicht verschafft eine beispielhafte Orientierung über die verschiedenen weiterführenden Quellen bezüglich der speziellen Compliance-Anforderungen in den einzelnen Wirtschaftssektoren.

Tab. 3.3-1: Beispiele sektorspezifischer Compliance-Besonderheiten und verfügbarer Informationsquellen

Sektor/ Branche	Compliance-Besonderheit	einige Quellen	Websites
Automotive	Zulassungs- und Betriebsvoraussetzungen in unterschiedlichen Ausprägungen – auch innerhalb der EU, Normen und Standards der Branche, Ergebnisse gemeinsamer vorwettbewerblicher Forschung, Schutzrechte und Patente	Verband der Automobilindustrie European Automobile Manufacturers Association	https://www.vda.de/de http://www.acea.be/industry-topics/tag/category/reach
Bau	Bekämpfung von Korruption und Preisabsprachen, Einhalten der Anforderungen und Auflagen von Baugenehmigungsverfahren	Zertifizierung Bau Compliance-Management-Broschüre	https://www.zert-bau.de/ https://www.zert-bau.de/fileadmin/user_upload/Content/Leistungen/Leistungsuebersicht/Informationsbrosch%C3%BCre_Compliance.pdf
IT/EDV	Beachtung der Telekommunikationsregelungen, Datenschutz und Datensicherheit	Im Gegensatz zu anderen Sektoren mehrere interessengeleitete Quellen: KPMG ADACOR Gruppe (Auswahl zufällig!)	https://home.kpmg.com/de/de/home/dienstleistungen/advisory/consulting/it-compliance.html https://blog.adacor.com/gesetzliche-anforderungen-it-compliance_1055.html
Gesundheitswirtschaft	Durchgehend regulierter Sektor mit sehr hohen »Compliance«-Anforderungen (i. S. dieses Kapitels) von der Leistungserbringung über Arzneimittel und Medizintechnik bis zur Verwaltungsabwicklung	Da Compliance im Gesundheitswesen inhaltlich auf Patientenkooperation bezogen wird, ist hier der Verweis auf die Hauptquellen regulatorischer Anforderungen wichtig: G-BA – Gemeinsamer Bundesausschuss KBV – Kassenärztliche Bundesvereinigung	https://www.g-ba.de/ http://www.kbv.de/html/

Sektor/ Branche	Compliance-Besonderheit	einige Quellen	Websites
Luft- und Raumfahrt	Sektor insbesondere mit formalisierten Nachweisverfahren für Material- und Produktqualität sowie Produkt-/Bauteile-Sicherheit	Ein wesentlicher Compliance-Aspekt im Sektor wird über das Qualitätsmanagement sichergestellt mit unterschiedlichen interessengeleiteten Quellen: Deutsche Gesellschaft für Qualität Deutsches Zentrum für Luft- und Raumfahrt	https://www.dgq.de/aktuelles/news/qm-in-luft-raumfahrt-und-verteidigung-revision-en-9100-das-aendert-sich/ http://www.dlr.de/dlr/desktopdefault.aspx/tabid-10253/
Maschinen- und Anlagenbau	Sektor mit hohen Compliance-Anforderungen, u. a. bezüglich der Konformitätsbewertung der Produkte	VDMA – Verband Deutscher Maschinen- und Anlagenbau	https://www.vdma.org/ueber-uns

Weitere Sektoren mit ihren speziellen Compliance Regelungen bestehen noch unter anderem in den Bereichen der öffentlichen Verwaltung, des Transports, der Logistik, Infrastruktur (Schiene, Straße) und des öffentlichen Personennahverkehrs mit jeweils eigenen Dachverbänden – ohne Anspruch auf Vollständigkeit.

Auf dieser Ebene kommt dann auch der zweite Blick aus der benachbarten Perspektive der Stakeholder zum Tragen (→ Kapitel »Stakeholder«), für die natürlich über den Compliance-Aspekt auch ein Hebel zur Durchsetzung der eigenen Interessen zur Verfügung steht.

PROJEKTSPEZIFISCHE BEDINGUNGEN

Wenn es gelungen ist, bis zur Projektebene die gesetzlichen Regelungen und die zu beachtenden Normen und Standards einzuhalten, stellt sich die letzte Herausforderung mit dem Identifizieren der Ansprüche seitens des Auftraggebers und der unmittelbaren Organisations-/Projektumgebung.

Die **Compliance-Herausforderung** besteht hier in dem Erkennen der Informations- und Beteiligungsansprüche der handelnden Personen in der Umgebung bis hin zur Erkenntnissicherung (also den Lessons Learned) aus dem Projekt sowie in der erwarteten Berücksichtigung der freiwilligen Regelungen, deren Einhaltung seitens des Auftraggebers bzw. der Organisation gewünscht wird, und wie deren Berücksichtigung angemessen durchgesetzt werden kann. Dazu gehört auch der Anspruch, welche Projektmanagementsystematik seitens des Auftraggebers verlangt wird.

Das Compliance-Thema ist damit also auch Gegenstand der Projektauftragsklärung und hat zumindest die folgenden Positionen zu klären:

Tab. 3.3-2: Compliance-Fragestellungen in der Projektauftragsklärung

Compliance-Aspekt	Fragestellung	Hintergrund
Organisationsgrundsätze	Gilt es besondere Werte zu beachten, die über den allgemeinen gesellschaftlichen Standard hinausgehen, wie z. B. anthroposophische Orientierung?	Die angenommenen Werte einer Organisation bestimmen die Art der Projektrealisierung auf der Metaebene und damit die erwartete Haltung und Einstellung seitens dem Projektmanager.
Führungs- und Entscheidungsregeln	Welche besonderen Entscheidungsvorbehalte bestehen seitens des Projektauftraggebers? Gilt es, besondere Unterstellungsregelungen von Projektmitarbeiterinnen/-mitarbeitern zu beachten?	Der Entscheidungsspielraum des Projektmanagers ist sowohl materiell als auch personell mit Sicherheit begrenzt und kann bei Offenlegung auch eingehalten werden.
Berichterstattung/Reporting	Welche Informationsansprüche bestehen regelmäßig und welche nur anlassbezogen?	Die explizite Klärung der Informationserwartungen ermöglicht eine organisationsgerechte Berichterstattung.
Zu beachtende weitergehende Rahmenbedingungen	Gibt es besondere Rahmenbedingungen bezüglich der einzusetzenden Arbeitsmittel oder gesellschaftliche Anforderungen, die zu beachten sind?	Neben den Organisationsgrundsätzen werden weitergehende Rahmenbedingungen ausdrücklich geklärt und können damit auch eingehalten werden.
Ergebnis-/Erkenntnissicherung	Wie sollen Erkenntnisse aus dem Projektverlauf für die Organisation dauerhaft gesichert werden?	Statt möglicherweise versteckter Erwartungen wird eine erfüllbare Vereinbarung über Lessons learnt getroffen.
Projektmanagement-Besonderheiten	Bestehen besondere Anforderungen bezüglich des Handlungsrepertoires und einzusetzender Werkzeuge (i. w. S.) im Projekt?	Der Projektprozess bleibt durch Eingliederung in den Hausstandard transparent und nachvollziehbar (s. auch Erkenntnis-/Ergebnissicherung).

Diese projektspezifischen Anforderungen sind natürlich leichter zu erkennen bzw. sind bereits dann bekannt, wenn der Projektmanager innerhalb der Organisation bzw. aus der Organisation heraus besetzt wird und damit auch bereits in der Organisation sozialisiert ist.

Auch auf dieser Ebene kommt dann nochmals der Blick aus der benachbarten Perspektive der Stakeholder zum Tragen (→ Kapitel »Stakeholder«).

2.3 INTERNATIONAL VERBINDLICHE REGELN UND ERWARTUNGEN

Mit dem Verlassen des nationalen Ordnungsrahmens vervielfachen sich die Herausforderungen an die zu beachtenden zwischenstaatlichen Übereinkommen, Regelungen, Normen, Standards und häufig auch noch an die weiteren kulturellen gesellschaftlichen Besonderheiten und die interkulturelle Zusammenarbeit. Dies gilt insbesondere bei internationaler Projektarbeit (→ Kapitel »Internationale Projektarbeit«), hat aber auch eine Bedeutung für die Compliance bei den Projekten, die eigentlich nicht im internationalen Kontext realisiert werden. Hierauf ist im Folgenden der Blick ausgerichtet.

2.3.1 INTERNATIONAL WIRKSAME REGELUNGEN UND VERTRÄGE

Die kleinste internationale Perspektive wird dann erreicht, wenn ein Projekt nach den vielen verschiedenen Compliance-Regelungen innerhalb der Europäischen Union (EU) realisiert werden soll. Dazu ist – auch dank der Verpflichtung zur europaweiten Ausschreibung – in vielen Fällen unvermeidlich eine internationale Compliance-Komponente mit zu berücksichtigen, ohne dass dies ausdrücklich über den bisher beschriebenen nationalen Compliance-Rahmen dargelegt ist. Das Compliance-Regelwerk in der EU ist vielfältig dokumentiert und basiert auch auf verschiedenen nationalen gesetzlichen Regelungen. Wenn dann zusätzlich noch Projektmittel der EU in Anspruch genommen werden – was viel häufiger der Fall ist, als vordergründig anzunehmen ist – werden zumindest mit dem Fördermittelbescheid, der dem Projektauftraggeber vorliegt, auch die erweiterten, zu beachtenden Compliance-Regularien benannt.

Ebenso gilt es, auch die außereuropäischen Regelungen und Standards zu beachten, die zumindest bei Projekten zur Produktentwicklung in verschiedenen Branchen wirksam werden können. Die Anforderungen an die Compliance eines Projektmanagers bedeuten also mit dem Blick über die nationalen Grenzen hinaus Antwort auf die nachfolgenden Fragen zu erhalten:

Tab. 3.3-3: Compliance-Fragestellungen im internationalen Zusammenhang

Fragestellung	Hintergrund	Hinweise
Welche Drittländerbezüge hat das Projekt durch Liefer- und Leistungsbeziehungen?	Sowohl seitens der EU als auch weiterer Dritter sind Einschränkungen bzw. Verbote in den Handelsbeziehungen zu einigen Staaten beschlossen worden. Außerdem bestehen in einzelnen Ländern auch international gültige Compliance-Anforderungen.	Es bestehen Handelsbeschränkungen und Verwendungsverbote für verschiedene Vorprodukte und Rohstoffe, die auf internationalen Beschlüssen beruhen. Einen Zugang zu diesen Regelungen bietet die Welthandelsorganisation (https://www.wto.org/).
In welchen Drittländern soll das Projektergebnis regelmäßig eingesetzt bzw. verkauft werden?	In den Absatzländern gültige Gesetze und Vorschriften sind bei der Projektrealisierung zu beachten.	Hier können nur die gesetzlichen Anforderungen der Einsatz- bzw. Absatzländer herausgesucht werden.
Welche weiteren besonderen Bedingungen, Regeln bzw. gesetzlichen Festlegungen müssen bereits während der Projektrealisierung beachtet werden?	Mit der Projektrealisierung verbundene weitere Regelungen insbesondere zur Projektfinanzierung können auch national besondere Compliance-Anforderungen darstellen.	Beispielhaft sei hier auf den UK Bribery Act hingewiesen sowie auf den Foreign Corrupt Practices Act (FCPA) als US-amerikanisches Anti-Korruptionsgesetz und die EU-Regelungen zum Thema.

Gerade bei der Frage nach der Projektfinanzierung seien dazu hier als Stichworte benannt der bereits in der vorstehenden Tabelle genannte Bribery Act im Vereinigten Königreich Großbritannien sowie die Veröffentlichungen und Verlautbarungen der Financial Action Task Force on Money Laundering (FATF), die gültigen EU-Geldwäscherichtlinien, die EU Antiterrorismusverordnung und der US-amerikanische Patriot Act.

2.3.2 INTERNATIONALE ÜBEREINKOMMEN

Eine Ebene über den internationalen Verträgen liegen dann die internationalen Übereinkommen, deren Nichtbeachtung nicht zwingend einen einzelnen Projekterfolg gefährdet oder direkte Sanktionen für den Projektmanager oder den Projektauftraggeber nach sich zieht. Trotzdem können sie vielfach für Projektentscheidungen einen eingrenzenden Rahmen darstellen oder deren Nichtbeachtung erfordert zumindest eine ausdrückliche Entscheidung von Auftraggeber und Projektmanager.

Beispiel: Als prominentes Beispiel ist dazu der Bau der Waldschlößchenbrücke in Dresden zu nennen, die seit 2013 für den Verkehr freigegeben ist (s. Hei/dpa, 2013) und deren Bau dazu geführt hat, dass das Dresdner Elbtal nicht mehr Teil des Welterbes Kulturlandschaft der UNESCO ist.

In nachstehender Tabelle 3.3-4 sind beispielhaft für Compliancefragen wichtige internationale Übereinkommen aufgeführt, die für Projektmanager von Bedeutung sein können.

Tab. 3.3-4: Fallbezogene Compliance-relevante internationale Übereinkommen

Übereinkommen	Thema	Quellen
Umweltabkommen	Weit mehr als 1.000 internationale Umweltabkommen betreffen Verabredungen zu Schutz von Klima und Erdatmosphäre, Biodiversität, Biotop- und Artenschutz, Vorteilsausgleich, Landschaftsschutz, Gentechnik, Nachhaltige Entwicklung, Desertifikationsbekämpfung, Meeresschutz, Flüsse und Seen, Gebirgsräume, Antarktis, Müll, Kernwaffen und Sicherheit von Kernkraftwerken, Chemikalien und Schadstoffe	Seitens der Bundesrepublik Deutschland erreichbar über http://www.bmub.bund.de/themen/strategien-bilanzen-gesetze/gesetze-verordnungen/links-zu-internationalen-umwelt-uebereinkommen/ sowie die Datenbank der UN-Umweltorganisation UNEP in Kooperation mit Partnerorganisationen https://www.ecolex.org/p/about/
Übereinkommen der Internationalen Arbeitsorganisation (ILO)	Direkte völkerrechtliche Vereinbarungen und Empfehlungen zu einem System von internationalen Arbeitsnormen	Direkter Zugang zur ILO ist möglich unter http://www.ilo.org/berlin/wir-uber-uns/lang--de/index.htm
Nukleare Sicherheit, Sicherung und Strahlenschutz	Internationale Übereinkommen zum Umgang mit Kernmaterial und zur Sicherung und Sicherheit	Seitens der Bundesrepublik Deutschland veröffentlicht http://www.bmub.bund.de/themen/atomenergie-strahlenschutz/nukleare-sicherheit/internationales/internationale-uebereinkommen/

Dazu kommen noch alle Menschenrechts- und Antidiskriminierungsvereinbarungen, die im Wesentlichen in Deutschland allerdings auch ins Grundgesetz ihren Eingang gefunden haben.

Die umfassendste völkerrechtliche Vereinbarung, die für viele Jahre gerade auch für das Projektmanagement national und international den Compliancerahmen absteckt, ist schließlich die globale »Agenda 2030 für nachhaltige Entwicklung« mit ihren 17 Zielen (s. BMZ 2017).

Diese Ziele in ihren unterschiedlichen Dimensionen – umgangssprachlich häufig mit SDGs (Sustainable Development Goals) abgekürzt – haben bei ihrer Beachtung, also bei praktizierter Compliance, teilweise direkte Auswirkungen auf die Realisierung von Projekten. Sie lauten

1. Armut in jeder Form und überall beenden.
2. Den Hunger beenden, Ernährungssicherheit und eine bessere Ernährung erreichen und eine nachhaltige Landwirtschaft fördern.
3. Ein gesundes Leben für alle Menschen jeden Alters gewährleisten und ihr Wohlergehen fördern.
4. Inklusive, gerechte und hochwertige Bildung gewährleisten und Möglichkeiten des lebenslangen Lernens für alle fördern.
5. Geschlechtergerechtigkeit und Selbstbestimmung für alle Frauen und Mädchen erreichen.
6. Verfügbarkeit und nachhaltige Bewirtschaftung von Wasser und Sanitärversorgung für alle gewährleisten.
7. Zugang zu bezahlbarer, verlässlicher, nachhaltiger und zeitgemäßer Energie für alle sichern.
8. Dauerhaftes, inklusives und nachhaltiges Wirtschaftswachstum, produktive Vollbeschäftigung und menschenwürdige Arbeit für alle fördern.
9. Eine belastbare Infrastruktur aufbauen, inklusive und nachhaltige Industrialisierung fördern und Innovationen unterstützen.
10. Ungleichheit innerhalb von und zwischen Staaten verringern.
11. Städte und Siedlungen inklusiv, sicher, widerstandsfähig und nachhaltig machen.
12. Für nachhaltige Konsum- und Produktionsmuster sorgen.
13. Umgehend Maßnahmen zur Bekämpfung des Klimawandels und seiner Auswirkungen ergreifen.
14. Ozeane, Meere und Meeresressourcen im Sinne einer nachhaltigen Entwicklung erhalten und nachhaltig nutzen.
15. Landökosysteme schützen, wiederherstellen und ihre nachhaltige Nutzung fördern, Wälder nachhaltig bewirtschaften, Wüstenbildung bekämpfen, Bodenverschlechterung stoppen und umkehren und den Biodiversitätsverlust stoppen.

16. Friedliche und inklusive Gesellschaften im Sinne einer nachhaltigen Entwicklung fördern, allen Menschen Zugang zur Justiz ermöglichen und effektive, rechenschaftspflichtige und inklusive Institutionen auf allen Ebenen aufbauen.

17. Umsetzungsmittel stärken und die globale Partnerschaft für nachhaltige Entwicklung wiederbeleben.

2.3.3 WEITERE INTERNATIONALE TRENDS UND POSITIONEN

Ebenso wie es im nationalen Rahmen schließlich auch noch die seitens des Auftraggebers bzw. des Unternehmens gewünschten zusätzlichen Anforderungen zu erfüllen gilt, gibt es auch international zu beachtende ergänzende Anforderungen. Wesentliche Organisationen, deren Anforderungen in eine Projektrealisierung einfließen könnten, wären je nach Handlungsorientierung oder Ergebnisorientierung Organisationen, wie Transparency International oder Greenpeace, die hier führend für eine Vielzahl von »Wächterorganisationen« in der internationalen Szene der Nichtregierungsorganisationen, kurz NGOs (Non-governmental organizations) genannt, stehen. Dabei ist ebenfalls abzugrenzen, inwieweit hier entweder die Stakeholder-Perspektive (→ Kapitel »Stakeholder«) oder die Compliance-Perspektive einzunehmen ist, da die jeweiligen Sichtweisen auch zu unterschiedlichen Managemententscheidungen, bezogen auf das Projekt, führen (können).

So ist der Wettlauf um die am weitestgehenden Ansprüche gegenüber einer Projektentwicklung bzw. -realisierung nur schwer rational einzuordnen und entzieht sich damit einer klaren Entscheidung, welche Anforderungen in welchen Dimensionen erfüllt werden sollten. Einige NGOs, die für einen Projektmanager möglicherweise regelüberwachende Bedeutung haben können, wären – hier dargestellt ohne Anspruch auf Vollständigkeit und ohne komplette Berücksichtigung aller Sektoren – eine Auswahl aus den fast 5.000 NGOs mit Konsultativstatus beim Wirtschafts- und Sozialrat der Vereinten Nationen mit deutschem Bezug (vgl. Horn 2007, S. 39):

Tab. 3.3-5: Auswahl Compliance-relevanter Nicht-Regierungsorganisationen mit Wächterfunktion (vgl. Horn 2007, S. 39)

Organisation	Schwerpunkt	Quellen
Amnesty International	Bekämpfung von Menschenrechtsverletzungen weltweit	www.amnesty.org www.amnesty.de
attac	Globalisierungs- und finanzmarktkritische Vereinigung mit öffentlichkeitswirksamen Aktionen	www.attac.org www.attac.de
BUND	Nach seinem Selbstverständnis die treibende Kraft für nachhaltige Entwicklung in Deutschland	www.bund.net

Organisation	Schwerpunkt	Quellen
CEE: Bankwatch Network	Themenschwerpunkte in der internationalen Finanzpolitik in den Bereichen Energie, Verkehr, EU-Erweiterung	www.bankwatch.org
Europäischer Verbraucherverband (BEUC – Bureau Européen des Unions de Consommateurs)	Dachorganisation der europäischen Verbraucherschutzverbände einschließlich der deutschen Verbraucherzentralen	www.beuc.eu
European Federation for Transport and Environment	Dachorganisation für nachhaltigen Personen- und Güterverkehr mit dem Verkehrsclub Deutschland und der Deutschen Umwelthilfe als Mitglieder	www.transportenvironment.org
Foodwatch	Öffentlichkeitsorientierte Organisation für Lebensmittelqualität	www.foodwatch.de
Germanwatch	Germanwatch engagiert sich für faire Handelsbeziehungen und einen verantwortlich agierenden Finanzmarkt	www.germanwatch.org
Greenpeace	Kampagnenorganisation zu einem breiten Spektrum an Umweltfragen	www.greenpeace.org
NABU	Der ursprüngliche Bund für Vogelschutz ist mit bald einer ½ Million Mitglieder für den Naturschutz aktiv	www.nabu.de
Robin Wood	Gewaltfreie Aktionsgemeinschaft für Natur und Umwelt	www.robinwood.de
WWF	Organisationsschwerpunkte in der EU sind die Agrarpolitik und der Habitatschutz	www.wwf.eu

Eine weitergehende Übersicht ist auch im Lexikon der Nachhaltigkeit der Aachener Stiftung Kathy Beys in Zusammenarbeit mit der IHK Nürnberg zum Stichwort NGOs enthalten (IHK Nürnberg 2015).

3 SIGNALE ZU ERWARTETEM COMPLIANCE-VERHALTEN IM UND AUS DEM PROJEKT

Solange es um Regelungen für das Projekt geht, deren Nichtbeachtung von gesellschaftlicher Seite her sanktionsbewehrt ist, sollte für den Projektmanager die Compliance überhaupt nicht infrage gestellt werden, da eine mehrjährige Unterbrechung der beruflichen Tätigkeit nach erfolgreicher Strafverfolgung sicher niemand erleben möchte. Daher müssen die sektor- und projektspezifischen Regelungen und Bedingungen genauer betrachtet werden. Hier werden die Maßstäbe für das Projekthandeln und damit die Maßstäbe für das erwartete erweiterte Compliance-Verhalten dargelegt.

Compliance-Themen sind selbst in der Retrospektive oft noch schwierig zu beurteilen. Man muss mindestens einerseits zwischen unternehmerischer und individueller Verantwortung differenzieren, andererseits zwischen dem real Geschehenen und dem, was jedem Einzelnen an Informationen zugänglich ist, ggf. vorgefiltert berichtet wurde oder nur widersprüchlich den Medien zu entnehmen ist.

Beispiel: Als kleine Übung zur Sensibilisierung für das Thema eignet sich eine Recherche im Fall Oliver Schmidt, eines Ex-VW-Managers, der 2017 in den USA zu einer mehrjährigen Gefängnisstrafe verurteilt wurde. Fragen Sie sich:

- Was ist passiert? Welcher Schaden ist wem entstanden?
- Wer hat wann, wie und warum gegen welche Gesetze verstoßen?
- Was wurde wann, wie und durch wen aufgedeckt und angeklagt?
- Wer trägt welche Verantwortung?
- Wer wurde wie, wann und von wem zur Rechenschaft gezogen?
- Welche Bedeutung hat die internationale Dimension des Falls?

Ebenso gilt es, bei einem Projekt mit internationalem Bezug zu identifizieren, welche Compliance-Anforderungen deshalb nicht verhandelbar sind, weil deren Grundlagen in zwischenstaatlichen Übereinkommen völkerrechtlich verbindlich festgelegt worden sind. Danach können dann in einem zweiten Schritt die Freiheitsgrade für das Handeln im Projekt herauskristallisiert werden.

Die wesentlichen Eckpunkte »gestaltbarer Regeltreue« unterhalb der nicht verhandelbaren gesellschaftlichen »Wohlverhaltensregeln« werden durch Vereinbarungen zwischen Projektauftraggeber und Projektmanager festgelegt.

Der Projektmanager – ob intern besetzt oder extern verpflichtet – hat demnach mit dem

Projektauftraggeber zu verabreden oder vertraglich zu vereinbaren, welche Normen, Regelungen und Standards unterhalb der gesetzlichen Ebenen einzuhalten sind, und alle Vorkehrungen zu treffen, die Einhaltung der getroffenen Verabredungen oder Vereinbarungen auch belegen zu können, um nicht im Zweifelsfall regresspflichtig zu werden.

Beispiel: Bei der Volkswagen AG heißt es beispielsweise dazu im Leitfaden »Anti-Korruption«: »Sie planen als Leiter für Projekte ein entsprechendes Engagement von Volkswagen in einem neuen Markt. Allerdings fehlt es Ihnen an geschäftlichen Erfahrungen in diesem Land, insbesondere sind Sie mit den kulturellen Besonderheiten, mit den Behördenabläufen und sonstigen Rahmenbedingungen nicht vertraut. Aus diesem Grund möchten Sie einen externen Projektleiter einschalten.«

Und weiter zu den zu beachtenden Besonderheiten dann, wenn keine interne Besetzung möglich ist »... Wählen Sie den Berater im Rahmen eines transparenten Verfahrens aus und dokumentieren Sie das Auswahlverfahren. Überprüfen Sie die Integrität des Beraters und halten Sie die Prüfung bitte schriftlich fest. Hierbei kann Ihnen Ihre zuständige Compliance-Abteilung mit dem Business Partner Check behilflich sein.« (Volkswagen AG, Abt. Compliance 2016, S. 10)

3.1 NATIONALER GESTALTUNGSRAHMEN UND NACHWEISMÖGLICHKEITEN

Seitens des Projektauftraggebers ist insgesamt vorzugeben bzw. ist mit diesem auszuhandeln, welche Branchen- bzw. Sektorstandards einzuhalten sind, welche Normen zu beachten sind und welche Projektmanagementsystematik anzuwenden ist. Damit ist gleichzeitig auch für den gesamten Projektprozess eine Reihe von Indikatoren festgelegt, deren Erreichen ein Teil des Projekterfolgs ist. Dieser vereinbarungsfähige Teil der Compliance lässt sich mit den Schwerpunkten Prozess- und Ergebnisqualität sowie Managementqualität bezeichnen.

Für das Management eines beauftragten Projekts reicht das Spektrum des Handlungsrepertoires je nach Unternehmensprägung vom amerikanisch geprägten PMBOK Guide über die britische Sicht von PRINCE2 mit seinem Ursprung in Projekten der Informationstechnik bis hin zu der Projektmanagementnorm DIN ISO 21500:2013 und schließlich der aktuellen ICB 4 der IPMA.

Der Grad der vereinbarten Regeltreue, bezogen auf eines der angesprochenen Projektmanagementsysteme, bestimmt den Handlungsspielraum des Projektmanagers bei der Wahrnehmung der Projektmanagementaufgaben. Eine Möglichkeit, ein hohes Maß an Verfahrenssicherheit und -verbindlichkeit zu gewährleisten, besteht dabei z. B. darin, zwischen Projektmanager und Projektauftraggeber die Teilnahme am deutschen Projekt Excellence Award der GPM zu vereinbaren (GPM 2017).

Im Dialog zwischen (designierter) Projektmanager und Projektauftraggeber werden dazu keine methodischen Details vereinbart, sondern es wird darum gehen, zu vereinbaren, welche Kontrollpunkte einzuhalten sind, sachlich-gegenständlich und zeitlich, welche Berichte in welcher Form mit welchen Inhalten in welchen Zeitabständen vorgelegt werden und welche Entscheidungsvorbehalte seitens des Auftraggebers bestehen.

Ähnlich stellt sich die Situation bezüglich der Qualitätsansprüche seitens des Projektauftraggebers dar. Entweder gibt es eine Vereinbarung über die Art der Darlegung der Projektprozesse und der Dokumentation der Projektergebnisse oder es gibt die Beschreibung von Indikatoren für die Projektprozessqualität und die erreichten Projektergebnisse.

Für die Projektergebnisqualität kann dabei ebenfalls die Teilnahme am deutschen Projekt Excellence Award eine sehr gute Orientierung bieten, basiert das Project Excellence Modell doch auf dem EFQM-Excellence Modell (GPM).

3.2 INTERNATIONALE BEZUGSRAHMEN UND NACHWEISMÖGLICHKEITEN

Analog zum nationalen Gestaltungsrahmen ist ebenfalls mit dem Projektauftraggeber zu klären, welche nicht zwingenden, da nicht unmittelbar sanktionsbewehrten internationalen Rahmenbedingungen aus Auftraggebersicht für das Projekt zusätzlich zu beachten sind und welche Indikatoren damit verbunden sind. Dies gilt auch für die Projekte, die im Inland realisiert und deren Ergebnisse im Inland eingesetzt werden.

Für Projekte, die in Deutschland bzw. der EU beauftragt werden, aber in Drittländern mit anderen Rechtsstandards umgesetzt werden, ist über die gesetzlichen Regelungen vor Ort hinaus auch die Frage zu stellen, welche Regelungen, die innerhalb Deutschlands bzw. der EU gelten, auch im Partnerland beachtet werden sollten (→ Abschnitt 2.1 Rechtsgrundlagen in Deutschland).

Insbesondere die in Deutschland strafrechtlich relevanten Handlungen sollten im weiteren Nicht-EU-Ausland als Versuchung oder als »Mittel zum Zweck« auch aus Opportunitätsgründen nicht in Erwägung gezogen werden. Beispielsweise sei hier das Thema »Beschleunigungszahlungen« oder »nützliche Aufwendungen« erwähnt, also aus unserem Rechtsverständnis heraus die Tatbestände »Bestechung« und »Korruption«. Darüber hinaus ist die Beachtung der nationalen Rechtstandards im Projekt-Partnerland die mindest einzuhaltende Compliance.

Für die Compliance-Dimensionen Arbeitsrecht, Arbeitsschutz und Arbeitssicherheit bieten die Standards der International Labour Organization (ILO) eine mögliche Orientierung für angemessenes, regelgerechtes Projektmanagement an Standorten außerhalb Deutschlands und der EU, auch wenn diese Standards dort gesetzlich nicht zwingend vorgesehen sind (ILO).

Für den Gesundheitsschutz im Projekt in Drittländern können zumindest zur Orientierung die Themen und Regionen bezogenen Empfehlungen der WHO (WHO) herangezogen werden. Diese können sich von den Regelungen zum Gesundheitsschutz bei Projekten innerhalb Deutschlands und der EU unterscheiden.

Im Umweltschutz ist der Regelungsrahmen für die Compliance bei Projekten an Standorten außerhalb Deutschlands und der EU am wenigsten allgemein vorzubestimmen, da ggf. auch regionale Abkommen existieren, die einer genaueren Recherche bedürfen. Hier bieten sich die international agierenden Umweltorganisationen als Quelle für zu beachtende Regelungen optional an (siehe Tabelle 3.3-5).

Für Projekte, die in Deutschland realisiert werden, ist ebenfalls ein internationaler Bezug leicht möglich. Dieser reicht von Rohstoffen, Vorprodukten und Werkzeugen i. w. S. (also auch technischen Systemen) bis hin zu Dienstleistungen, die entweder für den Projektprozess benötigt werden oder die ins Projektergebnis einfließen. Dafür sind Vereinbarungen im Projektauftrag sinnvollerweise zu treffen, und zwar hinsichtlich der Herkunftsländer, der Herstellungsform oder der zulässigen Dienstleister – und in welcher Form diese Herkünfte nachgewiesen werden.

Nachweismöglichkeiten, welche die Einhaltung der Complianceanforderungen unterstützen, sind dazu sowohl Einzelprüfungen durch fachkundige Stellen, wie die TÜV Gesellschaften, als auch Gütesiegel oder Prüfsiegel in unterschiedlicher Ausprägung (TÜV Rheinland 2018).

Allerdings gilt es stets zu bedenken, dass es für Güte- oder Prüfsiegel keine gesetzlichen Regelungen gibt, sodass es hier große Unterschiede bezüglich der Verlässlichkeit oder Bedeutung von Zertifikaten in dieser Form gibt. Die Nachweisformen reichen von einfachen Selbsterklärungen über detailliertere Darlegungen der zu zertifizierenden Produkte oder Prozesse durch die liefernde Organisation selbst, bis hin zu Prüfungen durch fachkundige (beauftragte) Dritte vor Ort.

3.3 ERKENNEN VON ERWARTUNGEN AN DEN PROJEKTPROZESS UND DAS PROJEKTZIELSYSTEM

So wie einerseits in der Projektauftragsklärung im Binnenverhältnis die »freiwillige« Festlegung auf den Handlungsrahmen für den Projektprozess stattfindet und die zu erreichenden Projektziele verabredet werden, werden andererseits von außen immer mögliche Erwartungen geäußert, die nicht planbar oder vorhersehbar sind. Um möglichst viele dieser Erwartungen zu antizipieren, ist auch unter Compliance-Gesichtspunkten die Stakeholderanalyse (→ Kapitel »Stakeholder«) durchzuführen, um auch auf deren Grundlage über das zu praktizierende Compliance-Verhalten zu entscheiden.

Unabhängig von den möglicherweise unabdingbar noch zu erfüllenden Anforderungen, die trotz aller Sorgfalt in der ersten Analyse der Rahmenbedingungen des Projekts übersehen wurden, ist eben auch mit weiteren Anforderungen zu rechnen, die eher der Stakeholdersphäre zuzurechnen sind. Für alle »von außen« an das Projekt herangetragenen Erwartungen ist jedenfalls ein dialogorientiertes Compliance-Verhalten hilfreich (diskursive Strategie).

Da es bei den Erwartungen, die an das Projekt herangetragen werden, passieren kann, dass es sehr wohl um einen Aspekt geht, der unbedingt zu berücksichtigen ist, wird es auch einen Empfänger oder Kontrolleur der Compliance-Leistung geben. Hier im Vorfeld nicht dialogorientiert und kommunikativ angemessen aufzutreten, kann für den weiteren Projektverlauf zu Störungen führen. Ebenso kann es Eskalationen abschwächen, wenn auch bei der Ablehnung von nicht zwingend zu erfüllenden Erwartungen diese Ablehnung zumindest im Dialog fundiert begründet wird. Die Botschaft lautet: Sei möglichst stets freundlich, auch wenn Du Forderungen von außen ablehnst!

4 PRAKTIZIERTE COMPLIANCE

Das Einhalten von gesetzlichen Regelungen, Normen und Standards im nationalen Rahmen und im internationalen Rahmen scheint so komplex zu sein, dass auch im Projektteam – zumindest bei umfangreicheren Projekten – der Wunsch nach einer Compliance-verantwortlichen Person vertretbar erscheint. Eine feste kalkulatorische Position »Compliance-Officer (m/w)« wird allerdings kaum durchzusetzen sein. Daher ist der Projektmanager gefragt, eine vertretbare Lösung für dieses Handlungsfeld zu finden – und muss im Zweifelsfall selbst tätig werden.

4.1 IDENTIFIZIEREN DER ZU BEACHTENDEN COMPLIANCE DIMENSIONEN

Im Rahmen des Projekt Start-ups – insbesondere bei der Identifikation der Anforderungen und Ziele – ist der Bezugsrahmen des Projekts zu betrachten, um das Ausmaß der über den Projektauftrag hinausgehenden regulatorischen Anforderungen zu erkennen. Dafür bietet sich eine Fragenfolge zur Orientierung an, die dabei hilft, einen stabilen Überblick über die zu beachtenden Compliance-Anforderungen zu gewinnen:

Tab. 3.3-6: Diagnosefragen(folge) zur Bestimmung des Compliance-Bedarfs

Frage	Antwort	Verwendung	Beispiel
Welche allgemeinen aktuellen gesetzlichen Regelungen sind unter Compliancegesichtspunkten zu beachten?	Zusammenstellung der wichtigsten Stichpunkte aus Zivil-, Vertrags- und Strafrecht	Erläuterung/Feststellung der rechtsstaatlichen Handlungsgrundsätze	Bestechung und Bestechlichkeit zur Durchsetzung bzw. Bewilligung von Vorteilen für die Projektrealisierung ausschließen
In welcher Branche/welchem Wirtschaftssektor ist das Projekt verortet?	Branchenbezeichnung/Wirtschaftssektor-Nennung	Liefert Stichwort für den folgenden Arbeitsschritt	Reicht vom Baubereich über Energie bis Gesundheitswesen und weiter zu den Sektorbezeichnungen
Welche ausdrücklichen gesetzlichen Regelungen zur Compliance gelten speziell für diese Branche/diesen Wirtschaftssektor?	Neben bestehenden Gesetzen sind auch gesetzesähnliche Regelungen von beliehenen Stellen zu beachten – nach Auskunft des jeweiligen Spitzenverbands der Branche	Vergewisserung bestehender spezieller gesetzlicher Regelungen und unbedingt/zwingend zu beachtender weiterer Auflagen	Nachweispflicht von Emissionsgraden bei der Anlagen-/Motorentwicklung im Genehmigungsverfahren
Welche Branchen-/Sektorstandards und Normen existieren über die gesetzlichen Regelungen hinaus?	Nach Auskunft des jeweiligen Spitzenverbands der Branche	Einhalten von Regeln, welche die Einpassung von Projektergebnissen in weitere Arbeitsumgebungen ermöglichen	Steckerkompatible Lösung bei elektrischen Komponenten – ggf. anzupassen an das Empfängerland

Frage	Antwort	Verwendung	Beispiel
Sind für die konkreten Projektziele zusätzliche Bedingungen von dritter Seite gesetzt – und wenn ja, welche?	Seitens des Auftraggebers bestimmte/bestätigte Bedingungen, die im Projekt einzuhalten sind – bsp. zu Qualität, Umweltbelastung	Ergänzen des unbedingt einzuhaltenden Regelwerks um weitere Anforderungen, Bedingungen seitens des AG	Verwenden von Bauteilen gelisteter Lieferanten
Wenn das Projekt im internationalen Rahmen realisiert wird, welche Bedingungen sind dazu als (zu beachtende) Standards identifiziert?	Identifizierte Regelungen und Standards im Entwicklungs- und/oder Empfängerland für das Ergebnis des Projekts	Ergänzen/Anpassen der Complianceanforderungen an die tatsächliche Projektumgebung und das Projektergebnis	Einhalten des Mindestabstands von der Küstenlinie bei einer Offshoreeinrichtung gem. den Bestimmungen des Anrainerstaates
Welche Bedingungen sind seitens des Auftraggebers individuell gesetzt | bezüglich des Projektprozesses? | der Ergebnisqualität?	Weitergehende Anforderungen des Auftraggebers an den Projektprozess und das Projektergebnis	Komplettieren des zu beachtenden Regelwerks um die freiwilligen Auflagen und Anforderungen des Auftraggebers – als Einengung oder Erweiterung des Handlungsspielraums	Umsetzen von zusätzlichen Grundwasserschutzmaßnahmen über die gesetzlichen Auflagen hinaus Vorgehen dem IPMA Kodex entsprechend

4.2 AKTIVE COMPLIANCE

Sofern formal begründete Ansprüche von dritter Seite auf aktiver Information, auf Einhaltung von Regeln oder gesetzlichen Anforderungen bestehen oder dem Projektmanager bekannt ist, dass sogar ein Genehmigungsprozess für einzelne Arbeitspakete oder Aktivitäten im Projekt erforderlich ist, ist frühzeitiges aktives Handeln erforderlich. Es gilt also, die Informations- bzw. Rechtstreue-Ansprüche der dritten Seite vorauseilend zu erfüllen, und zwar auch dann, wenn diese noch gar nicht geäußert wurden, oder sich über die Prozeduren der Antrags- oder Genehmigungsverfahren zu informieren und diese vor Beginn der betreffenden Aktivitäten zu durchlaufen.

Basis für die aktiven Compliancehandlungen bilden damit alle identifizierten Compliance Dimensionen, wie im Abschnitt 4.1 Identifizieren der zu beachtenden Compliance Dimensionen dargestellt. Für den Projektmanager besteht dabei die Herausforderung darin, die Regeltreue für das gesamte Projektteam zu verantworten und dafür auch die projektinternen Kontrollmechanismen entsprechend auszugestalten.

Mögliche Indikatoren für die Einhaltung der jeweiligen Compliance Dimension und deren Nachweis für den Projektmanager wären demnach:

Tab. 3.3-7: Compliance-Dimensionen, -Nachweise und -Hindernisse für Projektmanager

Compliance Dimension	Mögliche Indikatoren	Compliance Grenzen
Allgemeine aktuelle gesetzliche Regelungen	Handout der Rechtsabteilung (des Auftraggebers) betreffend zu beachtende Positionen im Zivil-, Vertrags- und Strafrecht Aussagen, Zusicherungen von Projektteam-Mitgliedern, Gutachten von dritter Seite	Unvollständige oder fehlerhafte Information der rechtskundigen Stelle, Täuschung durch Teammitglieder (**Beispiele**: unvollständiges Zitat, veraltete Fassung eines Gesetzes, Verschweigen von illegalen Handlungen)
Branchen/Wirtschaftssektor-Verortung	Benennung nach IHK-Standard oder Statistischem Bundesamt	Zuordnung zu Branche oder Wirtschaftssektor uneindeutig (**Beispiel**: IT-Projekt im Gesundheitswesen)
Ausdrückliche gesetzliche Regelungen speziell für diese Branche/diesen Wirtschaftssektor	Auskunft des jeweiligen Spitzenverbands der Branche, ggf. Handout der Rechtsabteilung (des Auftraggebers) Aussagen, Zusicherungen von Projektteam-Mitgliedern, Gutachten von dritter Seite	Unvollständige oder fehlerhafte Information der rechtskundigen Stelle, Täuschung durch Teammitglieder (**Beispiele**: unvollständige Fassung, veraltete Fundstelle eines Gesetzes, Verschweigen von illegalen Handlungen)
Branchen-/Sektorstandards und Normen über die gesetzlichen Regelungen hinaus	Dokumentationen der Normen und Standards, Aussagen, Zusicherungen von Projektteam-Mitgliedern, Prüfergebnisse, Nachweise, Gutachten	Nichteinhaltung durch Teammitglieder, Täuschung über Arbeitsausführung, Manipulation Dritter, fehlende Sachkunde (**Beispiele**: Verschweigen von illegalen Handlungen, Manipulationen von Prüfergebnissen, fehlerhafte Begutachtung)
Zusätzliche Bedingungen für konkrete Projektziele von dritter Seite	Projektauftragsdokumentation, Anforderungsprofile, Darlegungen Aussagen, Zusicherungen von Projektteam-Mitgliedern, Prüfergebnisse, Nachweise, Gutachten	Nichteinhaltung durch Teammitglieder, Täuschung über Arbeitsausführung, Manipulation Dritter, fehlende Sachkunde (**Beispiele**: Verschweigen von illegalen Handlungen, Manipulationen von Prüfergebnissen, fehlerhafte Begutachtung)

Compliance Dimension	Mögliche Indikatoren	Compliance Grenzen
Bedingungen, zu beachtende Standards im internationalen Rahmen	Dokumentationen der Normen und Standards, ggf. Handout der Rechtsabteilung (des Auftraggebers) Aussagen, Zusicherungen von Projektteam-Mitgliedern, Prüfergebnisse, Nachweise, Gutachten	Unvollständige oder fehlerhafte Information der rechtskundigen Stelle, Nichteinhaltung durch Teammitglieder, Täuschung über Arbeitsausführung, Manipulation Dritter, fehlende Sachkunde (**Beispiele:** Verschweigen von illegalen Handlungen, Manipulationen von Prüfergebnissen, fehlerhafte Begutachtung)
Bedingungen des Auftraggebers I bezüglich des Projektprozesses I der Ergebnisqualität	Projektauftragsdokumentation, Anforderungsprofile, Darlegungen Aussagen, Zusicherungen von Projektteam-Mitgliedern, Prüfergebnisse, Nachweise, Gutachten	Nichteinhaltung durch Teammitglieder, Täuschung über Arbeitsausführung, Manipulation Dritter, fehlende Sachkunde (**Beispiele:** Verschweigen von illegalen Handlungen, Manipulationen von Prüfergebnissen, fehlerhafte Begutachtung)

4.3 PASSIVE UND REAKTIVE COMPLIANCE

Bei der passiven oder reaktiven Compliance geht es dagegen darum, dann Kooperationsbereitschaft zu zeigen, wenn von einflussreicher (oder im Projektzusammenhang politisch bedeutsamer) Seite Anfragen zum Projekt gestellt werden oder bei eingeleiteten Verfahren, die den Projektkontext betreffen, aktive Mitarbeit zur Klärung eines Sachverhaltes erforderlich ist.

In diesen Fällen ist wieder zu trennen zwischen den Strategien zum Umgang mit den Stakeholdern, um deren negative Einflüsse möglichst zu begrenzen und den maximalen Projekterfolg für das eigene Projekt sicherzustellen (→ Kapitel »Stakeholder«), und der kooperativen Haltung, bei Anfragen zur gesamthaften Regeltreue im Projekt angemessen zu kommunizieren und glaubhaft darzulegen, dass alle zwingend erforderlichen Einschränkungen und Begrenzungen bei der Projektrealisierung eingehalten werden.

Sofern es um gesetzliche Regelungen geht, kann es nur darum gehen, die Anforderungen der zuständigen Stellen angemessen zu erfüllen und bei Bedarf dafür sich auch anwaltliche Unterstützung in Anspruch zu nehmen. Allen übrigen Stellen ist – in Abstimmung mit dem Auftraggeber über das zulässige Ausmaß der Information – zu dem jeweiligen Thema bzw. der jeweiligen Anfrage entsprechend zu antworten. Beispiele dazu sind:

Tab. 3.3-8: Compliance-Dimensionen, -Nachweise und -Argumente für Projektmanager

Compliance Dimension	Mögliche Fragestellungen	Antwortstrategien
Branchen-/Sektorstandards und Normen über die gesetzlichen Regelungen hinaus Zusätzliche Bedingungen für konkrete Projektziele von dritter Seite	Welche Maßnahmen ergreifen Sie, um zusätzlich ... zu reduzieren ... zu erhalten ... einzuhalten ... ?	Wir sind bereits in/seit den frühen Phasen bestrebt, die Anforderungen zu übertreffen ... ... gerne bereit, Sie im weiteren Verlauf des Projekts weiter regelmäßig zu informieren ... ... durch Ihre Organisation begutachten zu lassen ...
Bedingungen, zu beachtende Standards im internationalen Rahmen	Wie stellen Sie sicher, dass ... bei Ihnen ... Ihren Partnern ... Ihren Lieferanten diese Standards eingehalten werden?	Wir haben vertraglich sichergestellt, dass ... eingehalten werden. ... begutachten regelmäßig selbst vor Ort. ... haben als Partner ... für die Sicherstellung gewinnen können.

Generell gilt für die Compliance – also die Regeltreue – möglichst auf Dritte mit gutem Leumund verweisen zu können und damit nicht die Verantwortung – insbesondere auch bei Compliance-Verletzungen – auf sich zu nehmen. Für Nachfragen aus der unmittelbaren Sphäre des Auftraggebers ist der Verhaltensspielraum dagegen ebenso gering wie gegenüber staatlichen Stellen (insbesondere Strafverfolgern und Genehmigungsbehörden). »Wer zahlt, schafft an«, gilt hier als gesetzt und bedeutet hier ebenfalls, offene Antworten zu geben auf alle das Projekt betreffenden Fragen – zumindest soweit es die in Auftrag gebende Stelle betrifft. Bei allen übrigen Beziehungen innerhalb der Unternehmensorganisation ist es vom Projektauftrag und den Sprachregelungen der beauftragenden Stelle abhängig.

4.4 ZUSAMMENWIRKEN MIT UND IN DER TRÄGER-/AUFTRAGGEBERORGANISATION

Projekte im Sinne des vorliegenden Werks werden von Zweckgemeinschaften innerhalb von regelbasierten Organisationen realisiert oder zumindest von diesen beauftragt. Damit ist zwar eine gute Voraussetzung für die Compliance des Projektmanagers durch das Vorhandensein von erkennbaren Regeln gegeben, aber auch die individuell interessengeleiteten Beziehungen müssen – wie in allen sozialen Systemen – beachtet werden.

Neben der Erfüllung des Projektauftrags – in der Regel über einen längeren Zeitraum als Hauptaufgabe – ist der Projektmanager also auch in die weiteren Aktivitäten und Interaktionen des umgebenden Systems, die Träger- bzw. Auftraggeberorganisation eingebunden. Damit resultieren unvermeidlich Wechselwirkungen zwischen dem Projekt bzw. der Projektorganisation und der Träger- oder Auftraggeberorganisation, die dann unter dem Blickwinkel des Stakeholdermanagements genauer zu betrachten sind (→ Kapitel »Stakeholder«).

Unter Compliancegesichtspunkten – und damit unter der Prämisse der Einhaltung von Regelungen und Vereinbarungen – ist der Projektmanager dazu aufgefordert, disharmonische Entwicklungen im Träger-/Auftraggebersystem zu vermeiden oder bei dem Erkennen einer für diese Organisation störenden Entwicklung eine Lösung zu finden, um solche Störungen zu verhindern. Die Compliancefähigkeit des Projektmanagers bildet damit gleichzeitig Basis für Impulse zur Organisationsentwicklung in der Träger-/Auftraggeberorganisation. Das Aufgreifen und Umsetzen dieser Impulse liegen dazu allerdings in der Verantwortung des Auftraggebers oder direkt der Verantwortlichen in der Linienorganisation und sind kein zwingender Zusatzauftrag für einen Projektmanager.

4.5 AUSPRÄGUNGEN DES PROJEKTMANAGEMENTS IN DER VERANTWORTETEN PROJEKTUMGEBUNG

In Deutschland und teilweise auch im übrigen europäischen Raum arbeitet der Projektmanager in einer Organisationsumgebung, die häufig den Standards, Regularien und Normen der GPM/IPMA folgt oder den Ansprüchen einer anderen Fachgesellschaft für das Projektmanagement genügt.

Allerdings gilt es festzustellen, dass auch im Projektmanagement natürlich konkurrierende Ansätze, Ideologien und Vorgehensweisen anzutreffen sind, wie dies auch in anderen Managementlehren zu beobachten ist. Es existiert hier keine naturwissenschaftliche Eindeutigkeit. Damit gehören die Identifikation und zumindest die anfängliche Akzeptanz des tatsächlich gelebten Projektmanagementsystems zu einem der nicht zu unterschätzenden Complianceaspekte für einen Projektmanager.

Wenn im Rahmen der Auftragsklärung festgestellt werden konnte, welche Projektmanagementorientierung in der Organisation gelebt wird, kann im Projektprozess bei Projektfortschritt aufgezeigt werden, welche einzelnen Arbeitsschritte bzw. Aktivitäten gegenüber den in der Träger-/Auftraggeberorganisation bestehenden Ansätzen – zumindest aus dem aktuellen Projekt heraus – vorteilhafter sind bzw. gewesen wären. Ebenso resultiert hieraus im Sinne der »Best Practice« die Möglichkeit, bestehende Arbeitsmittel für das Projektmanagement den betrieblichen Gegebenheiten anzupassen und damit möglicherweise zu einer Verfahrensverbesserung im Projekt oder generell für künftige Projekte zu gelangen. Die Lessons Learned wären damit keine nachgelagerte Analyse des Projektverlaufs, sondern finden unmittelbar im Projektprozess und für diesen Nutzen stiftend statt.

WIEDERHOLUNGSFRAGEN

- Welches Verhalten wird bei dem Begriff »Compliance« erwartet?

- Welche Quellen stehen einem Projektmanager für sein Projekt zur Verfügung, um die zu beachtenden gesetzlichen Regelungen herauszufinden?

- Welche weiteren Themen »unterhalb« von Gesetzen gibt es, für welche die Regelungen und Vorschriften im Projekt unbedingt zu beachten sind?

- Welche gesellschaftlichen und/oder politischen Anforderungen können für ein Projekt zusätzlich von Bedeutung sein?

- Welche zu beachtenden Regeln müssen ausdrücklich im Rahmen des Projektauftrags geklärt und ggf. vereinbart werden?

- Welche unterschiedlichen Projektmanagement-Standards kennen gibt es?

- Welches Handlungsrepertoire ist für Ihre Projektarten und Ihre Projektaufgaben von besonderer Wichtigkeit?

LITERATURVERZEICHNIS

Verwendete Literatur

Horn, A. (2007): Vereinte Nationen – Akteure und Entscheidungsprozesse, Berlin, Frank & Timme.

Volkswagen AG, Abt. Compliance (2016): Leitfaden Anti-Korruption, Wolfsburg, Volkswagen AG.

Bundesministerium für Justiz und Verbraucherschutz, Abt. Regierungskommission (2017): Deutscher Corporate Governance Index, Berlin, Bundesministeriums der Justiz und für Verbraucherschutz.

Internetquellen

ADACOR – IT Security, IT Compliance: https://blog.adacor.com/gesetzliche-anforderungen-it-compliance_1055.html [abgerufen am 22.02.2018].

Aktiengesetz (§ 91 II AktG) (1966), Bundesamt für Justiz: Gesetze im Internet http://www.gesetze-im-internet.de/ [abgerufen am 20.02.2018].

Amnesty International: www.amnesty.org, www.amnesty.de www.amnesty.de [abgerufen am 13.03.2018].

Attac: www.attac.org, www.attac.de [abgerufen am 13.03.2018].

B. U. N. D.: www.bund.net [abgerufen am 13.03.2018].

Bundesamt für Justiz (2018): Gesetze im Internet http://www.gesetze-im-internet.de/ [abgerufen am 20.02.2018].

Bundesministerium für Umwelt, Naturschutz und nukleare Sicherheit (2018): Nukleare Sicherheit – Internationale Übereinkommen http://www.bmub.bund.de/themen/atomenergie-strahlenschutz/nukleare-sicherheit/internationales/internationale-uebereinkommen/ [abgerufen am 11.03.2018].

Bundesministerium für Umwelt, Naturschutz und nukleare Sicherheit (2018): Internationale Umweltübereinkommen http://www.bmub.bund.de/themen/strategien-bilanzen-gesetze/gesetze-verordnungen/links-zu-internationalen-umweltuebereinkommen/ [abgerufen am 11.03.2018].

Bundesministerium für wirtschaftliche Zusammenarbeit und Entwicklung: Agenda 2030 http://www.bmz.de/de/ministerium/ziele/2030_agenda/17_ziele/index.html [abgerufen am 27.01.2018].

BEUC – Bureau Européen des Unions de Consommateurs: www.beuc.eu [abgerufen am 13.03.2018].

CEE: Bankwatch Network: www.bankwatch.org [abgerufen am 13.03.2018].

DLR – Deutsches Zentrum für Luft- und Raumfahrt (2018): http://www.dlr.de/dlr/desktopdefault.aspx/tabid-10253/ [abgerufen am 22.02.2018].

DGQ – Deutsche Gesellschaft für Qualität (2018): QM in Luftfahrt, Raumfahrt und Verteidigung: Revision EN 9100 – das ändert sich, https://www.dgq.de/aktuelles/news/qm-in-luft-raumfahrt-und-verteidigung-revision-en-9100-das-aendert-sich/ [abgerufen am 22.02.2018].

European Automobile Manufacturers Association (2018): http://www.acea.be/industry-topics/tag/category/reach [abgerufen am 22.02.2018].

European Federation for Transport and Environment: www.transportenvironment.org [abgerufen am 13.03.2018].

Foodwatch: www.foodwatch.de [abgerufen am 13.03.2018].

G-BA – Gemeinsamer Bundesausschuss (2018): https://www.g-ba.de/ [abgerufen am 22.02.2018].

Germanwatch: www.germanwatch.org [abgerufen am 13.03.2018].

GPM (2017): Deutscher Project Excellence Award https://www.gpm-ipma.de/awards/deutscher_project_excellence_award.html [abgerufen am 27.03.2018].

GPM: Das Project Excellence Modell https://www.gpm-ipma.de/fileadmin/user_upload/ueber-uns/Awards/DPEA/GPM_Project_Excellence_Modell_DEUTSCH.pdf [abgerufen am 27.03.2018].

Greenpeace: www.greenpeace.org [abgerufen am 13.03.2018].

Hei/dpa (2013): Dresden eröffnet Waldschlösschenbrücke, Spiegel online http://www.spiegel.de/kultur/gesellschaft/dresden-umstrittene-waldschloesschenbruecke-eroeffnet-a-918363.html [abgerufen am 12.04.2018].

Hemetsberger, P. (2002–2018): Deutsch-Englisch Wörterbuch www.dict.cc/?s=compliance [abgerufen am 14.02.2018].

IHK Nürnberg (2015): Lexikon der Nachhaltigkeit https://www.nachhaltigkeit.info/suche/a-z/n/ngo_nichtstaatliche_organisationen_436.htm [abgerufen am 27.03.2018].

ILO – International Labour Organization: http://www.ilo.org/berlin/wir-uber-uns/lang--de/index.htm [abgerufen am 11.03.2018].

ILO – International Labour Organization: Arbeits- und Sozialstandards http://www.ilo.org/berlin/arbeits-und-standards/lang--de/index.htm [abgerufen am 28.03.2018].

Kassenärztliche Bundesvereinigung (2018): http://www.kbv.de/html/ [abgerufen am 22.02.2018].

Klees, N. (2018): Richter: Keine eindeutigen Beweise für Bestechung, General-Anzeiger http://www.general-anzeiger-bonn.de/news/wirtschaft/region/Richter-Keine-eindeutigen-Beweise-f%C3%BCr-Bestechung-article3742957.html [abgerufen am 14.02.2018].

KPMG (2018) Compliance https://home.kpmg.com/de/de/home/dienstleistungen/advisory/consulting/it-compliance.html [abgerufen am 22.02.2018].

Mühlbacher, A. (2009): Gabler Wirtschaftslexikon https://wirtschaftslexikon.gabler.de/definition/compliance-27721/version-114825 [abgerufen am 15.02.2018].

NABU: www.nabu.de [abgerufen am 13.03.2018].

Projektmagazin (2018): Themen https://www.projektmagazin.de [abgerufen am 28.04.2018].

Riesenberg-Mordeja, H. (2013): Arbeitsschutz Unfallversicherung, Verdi-Gefährdungsbeurteilung http://www.verdi-gefaehrdungsbeurteilung.de/page.php?k1=main&k2=aktiveinsetzen&k3=arbeitsschutz [abgerufen am 20.02.2018].

Robin Wood: www.robinwood.de [abgerufen am 14.03.2018].

Schwan, H. (2017): Fraport-Mitarbeiter unter Korruptionsverdacht, Frankfurter Allgemeine Zeitung, http://www.faz.net/aktuell/rhein-main/wirtschaft/fraport-razzia-wegen-verdacht-auf-bestechung-im-senegal-15338778.html [abgerufen am 14.02.2018].

Seehausen, M.; Hänel, P. (2011): Arzt-Patienten-Kommunikation: Adhärenz im Praxisalltag effektiv fördern, Ärzteblatt www.aerzteblatt.de/archiv/111070/Arzt-Patienten-Kommunikation-Adhaerenz-im-Praxisalltag-effektiv-foerdern [abgerufen am 17.02.2018].

TÜV Rheinland (2018): Produktprüfung https://www.tuv.com/de/deutschland/gk/produktpruefung/produktpruefung.html [abgerufen am 03.03.2018].

UNEP – United Nations Environment Program (2018): Information Service https://www.ecolex.org/p/about/ [abgerufen am 11.03.2018].

VDA – Verband der Automobilindustrie (2018): https://www.vda.de/de [abgerufen am 22.02.2018].

VDMA – Verband Deutscher Maschinen- und Anlagenbau (2018): https://www.vdma.org/ueber-uns [abgerufen am 22.02.2018].

Wertpapierhandelsgesetz (WpHG §§ 31ff) (2016), Bundesamt für Justiz: Gesetze im Internet http://www.gesetze-im-internet.de/ [abgerufen am 20.02.2018].

WHO – Weltgesundheitsorganisation: Health Topics http://www.who.int/topics/en/ [abgerufen am 08.03.2018].

WTO – Welthandelsorganisation: https://www.wto.org/ [abgerufen am 08.03.2018].

WWF – World Wide Fund For Nature: www.wwf.eu [abgerufen am 14.03.2018].

Zertifizierung Bau GmbH: https://www.zert-bau.de/ [abgerufen am 22.02.2018].

Zertifizierung Bau, Compliance-Management (2016): https://www.zert-bau.de/fileadmin/user_upload/Content/Leistungen/Leistungsuebersicht/Informationsbrosch%C3%BCre_Compliance.pdf [abgerufen am 22.02.2018].

3.4 MACHT UND INTERESSEN

Autor: Gero Lomnitz

Gero Lomnitz arbeitet seit über 40 Jahren als Berater, Trainer und Coach für namhafte Unternehmen und Organisationen im In- und Ausland. Seine Arbeitsschwerpunkte sind Projektmanagement, Teamentwicklung, Change Management und Konfliktberatung. Er hat zahlreiche Artikel, Buchbeiträge und Bücher über Soft Facts im Projektmanagement, Macht und Konfliktmanagement veröffentlicht. Er ist Member of Core Faculty ZfU.

INHALT

Bedeutung von Macht in der Projektarbeit ... 432

Was bedeutet Macht? ... 433

Definition von Macht ... 434
    Macht fördert – Macht hindert die Projektarbeit ... 435

Formen und Quellen der Macht ... 438
    Personelle und strukturelle Macht ... 438

Formelle und informelle Macht ... 440
    Machtbasen – Machtquellen nach French und Raven ... 441
    Zwang ... 443
    Das Wesen der Drohung verstehen ... 445
    Verführung, »Packen bei der Ehre« ... 447
    Für welche Machtausübungen bin ich empfänglich? ... 448

Täter-Opfer-Beziehung versus Interaktionsmodell ... 449

Autorität ... 450
    Fachautorität ... 451
    Rollenautorität ... 451
    Persönliche Autorität ... 451

Eskalation als Machtmittel in Projekten ... 454
    Eskalation – das Handwerkszeug ... 455
        Die eigenen Möglichkeiten wirklich ausschöpfen ... 455
        Interessen und Politik beachten ... 455
        Eine gute Präsentation ist die Basis für klare Entscheidungen ... 456
        Achten Sie auf klare und verbindliche Entscheidungen ... 456
        Konfliktverlagerung vermeiden ... 457

Wiederholungsfragen ... 459

Literaturverzeichnis ... 460

1 BEDEUTUNG VON MACHT IN DER PROJEKTARBEIT

Interessen und Machtprozesse spielen in Projekten eine bedeutende Rolle, Macht kann fördern und hindern. So können Entscheidungsträger die Arbeit des Projektteams durch klare Ziele mit eindeutiger Priorität, dem richtigen Budget oder durch die Freigabe von personellen Ressourcen intensiv fördern. Doch die Realität sieht leider häufig anders aus: Auftraggeber oder Steering Committee nehmen ihre Rolle nur unzureichend wahr. Interessenkonflikte zwischen Organisationseinheiten oder Ränkespiele einzelner Manager verhindern klare Entscheidungen. An dem Projektmanager vorbei werden im Team getroffene Entscheidungen von Linienmanagern durch informelle Absprachen verändert. Intransparente Entscheidungen in Gremien oder unrealistische Zeitvorgaben können die Projektarbeit erheblich erschweren. Auch einzelne Teammitglieder können durch ihre persönlichen Ambitionen oder durch dominantes Verhalten die Zusammenarbeit im Projektteam negativ beeinflussen. Diese Beispiele ließen sich leicht fortsetzen, doch die Quintessenz für professionelles Projektmanagement lautet: Die unterschiedlichen Formen von Machtprozessen müssen vom Projektmanager erkannt und beeinflusst werden.

Der Projektmanager muss sowohl die Machtverhältnisse in der Linienorganisation als auch die Machtverhältnisse in der Projektorganisation erkennen, verstehen und nutzen. Machtpromotoren müssen gewonnen werden, sie können Türen öffnen, Entscheidungen beschleunigen und helfen, Widerstände in der Linie und in der Projektorganisation abzubauen. Durch die Teilnahme des Auftraggebers am Kick-off Meeting kann die Priorität des Projekts unterstrichen werden. Die Beispiele zeigen, wie wichtig es ist, Entscheidungsträger als Bündnispartner zu gewinnen. Projektmanager, die in der Regel über geringe formale Rollenmacht (Positionsmacht) verfügen, sollten sich um Machtpromotoren bemühen.

> **ICB 4** »›Steakholder‹ haben persönliche Ambitionen und Interessen und sie werden häufig versuchen, ihren Einfluss geltend zu machen, um die Prozesse und / oder Ergebnisse des Projekts ihren Interessen entsprechend zu beeinflussen. Diese Aktionen können das Projekt vorantreiben oder es behindern. Das Verständnis für die informellen persönlichen Interessen und die daraus resultierende Strategie sowie die Fähigkeit, diese zu beeinflussen, sind entscheidend für den Projekterfolg« (GPM 2017, S. 58).

Stakeholder- und Kraftfeldanalyse sind bewährte Methoden, um Interessen und Einflüsse zu erkennen, zu analysieren und geeignete Maßnahmen durchzuführen.

Projektmanager müssen formelle und informelle Machtkonstellationen erkennen, um mit den vielfältigen Formen der Macht besser umgehen können. Dafür benötigen sie sowohl Rollen- als auch persönliche Autorität. Um die richtigen Entscheidungen zu fällen, muss der Projektmanager auch im Topmanagement Probleme deutlich kommunizieren. Er muss

Position beziehen, unabhängig davon, ob es jedem gefällt oder nicht. Mut und Selbstvertrauen sind dafür notwendig. Das Credo lautet: Ein guter Projektmanager ist ein unbequemer Projektmanager, wobei »unbequem« im Sinne von konstruktivem Ungehorsam zu verstehen ist.

Das Thema Macht, Autorität und Interessen steht in Verbindungen zu anderen Elementen der ICB 4: Der Bezug zu den Themen »Führung« und »Konflikte und Krisen« liegt auf der Hand. Das Kompetenzelement »Selbstreflexion und Selbstmanagement« ist eine fundamentale Voraussetzung zum souveränen Umgang mit Macht, denn der Projektmanager kann durch Selbstreflexion seine persönlichen Unsicherheiten erkennen und besser verstehen und mit Druck und Provokation gelassener umgehen. Auch die eigenen Werte, das eigene Menschenbild spielen eine große Rolle im Umgang mit Macht genauso wie bei der persönlichen und sozialen Kompetenz »Persönliche Integrität und Verlässlichkeit«.

Dieser Beitrag beschäftigt sich nicht mit dem Thema »wie übt der Projektmanager erfolgreich Macht im Projektteam aus?« Dieser Frage geht das Kapitel »Führung« nach. Es geht vielmehr um folgende Fragestellungen:

- Was bedeutet Macht?
- Wie kann ich Machtprozesse in Projekten erkennen, verstehen und beeinflussen?
- Welche Formen und Quellen der Macht gibt es?
- Wie unterscheidet sich formelle von informeller Macht?
- Wie gehe ich mit Macht um?
- Was bedeutet Autorität und wie kann ich meine Autorität stärken?
- Wie eskaliere ich professionell?

2 WAS BEDEUTET MACHT?

Macht ist ein zentrales Gestaltungselement in sozialen Systemen, unabhängig davon, ob es sich um Organisationen, Projekte, Gruppen oder professionelle Sportteams handelt. Entscheidungen im Steering Committee müssen eingefordert, Regeln im Team vereinbart und durchgesetzt, mangelnde Leistungen gegebenenfalls sanktioniert werden. Dafür ist Macht erforderlich, denn ohne Macht kann man nichts machen. Wenn in sozialen Systemen zu wenig Macht ausgeübt wird, bleiben am Ende des Geschehens nur zwei Möglichkeiten: Entweder das System zerfällt in einzelne Teile bzw. löst sich auf oder es bildet sich eine neue Macht heraus, ein anderer hat die Macht übernommen. Führt der Projektmanager zu wenig, gewinnt er keine Akzeptanz und über kurz oder lang wird ein anderer die Führung übernehmen, informell oder offiziell.

Wer mit Macht richtig umzugehen weiß, wird daraus für die Praxis erheblichen Nutzen ziehen können und das in zweifacher Weise:

1) Projektmanager finden Antworten auf die Frage:
   Wie verhalte ich mich, wenn Macht auf mich ausgeübt wird?
   Sie entwickeln ein Gespür für Machtprozesse und können besser verstehen, wer mit welchen Methoden Einfluss ausübt, um seine Interessen durchzusetzen. Wer mit Macht souveräner umgehen will, muss die Methoden und Mittel der Machtausübung verstehen und darüber hinaus seine eigene Einstellung und sein Verhalten reflektieren.

2) Projektmanager sollten sich mit der Frage auseinandersetzen:
   Wie kann ich Macht ausüben? Durch welche Verhaltensweisen gewinne ich Einfluss? Diese Fragen beziehen sich keineswegs nur auf das Team, sondern auch auf Auftraggeber, Entscheidungsgremien, Linienvorgesetzte oder externe Berater, die außerhalb des Teams und manchmal gezielt am Team vorbei Einfluss ausüben.

Aus diesen beiden Fragen ergeben sich weitere:

- Was bedeutet Macht für mich persönlich? Welches Verhältnis habe ich zur Macht?
- Welche Werte und welches Menschenbild beeinflussen mein Verhalten?
- Für welche Ziele und Interessen nutze ich Macht?
- Welche Machtmittel stehen mir zur Verfügung, um meine Ziele zu erreichen?
- Schöpfe ich das mir zur Verfügung stehende Machtrepertoire wirklich aus oder bin ich zu vorsichtig, zu defensiv?
- Wie wirke ich mit meinem Verhalten auf Projektmitarbeiter und Entscheidungsträger?
- Besitze ich die notwendige Autorität, um meine Rolle erfolgreich wahrzunehmen?

3 DEFINITION VON MACHT

Weit verbreitet in den Sozialwissenschaften ist Max Webers Definition von Macht:
»Macht bedeutet jede Chance, innerhalb einer sozialen Beziehung den eigenen Willen auch gegen Widerstreben durchzusetzen, gleichviel worauf diese Chance beruht.« (Popitz 1992, S. 17)

Diese Definition beinhaltet drei Kernpunkte:

1) Wer Macht besitzt, kann die Verhaltensspielräume anderer Personen, Gruppen oder Organisationen beeinflussen. Generell formuliert, lässt sich Macht auf eine einfache Formel bringen: »A« übt Macht über »B« aus, wenn »B« etwas tut, was »B« ohne den Einfluss von »A« nicht machen würde.

2) Der Mächtige kann seine Ziele auch gegen den Widerstand des bzw. der anderen durchsetzen. Allerdings müssen Machthaber in Unternehmen dafür oft einen hohen Preis zahlen, denn Mitarbeiter finden geeignete Wege, ihre Widerstände zu realisieren. Ein Projektmanager, der meint, er könnte sich über die Bedenken der Projektmitarbeiter autoritär hinwegsetzen, sollte sich nicht wundern, wenn ihm die Probleme in gehäufter Form wieder auf die Füße fallen. Kaum etwas ist so kreativ wie die Kreativität des Widerstands. Je bedeutsamer das Know-how, die Kreativität und die Bereitschaft, innovative Wege zu gehen, sind, desto weniger wird man mit autoritärem Verhalten Erfolg haben. An Stelle von Befehl und Anweisung treten Diskussion und Überzeugung. Statt von »oben nach unten« wird auf Augenhöhe miteinander gesprochen. Wer Macht ausübt, sollte sich über die Folgen seines Handelns im Klaren sein.

3) Die Aussage in der Definition »gleichviel worauf diese Chance beruht« (Popitz 1992, S. 17) weist auf das vielfältige Repertoire der Machtausübung hin. Die Methoden der Machtausübung reichen von

- Gewalt, Befehl, Anweisungen, über Drohung und Belohnung, bis zur Verführung, Überredung oder Intrige.

- Manipulation ist eine Methode der Machtausübung. Zu ihrem Wesen gehört die Intransparenz, die Verschleierung der Einflussnahme, die sich sowohl auf die Ziele als auch den Weg beziehen kann. Manipulation ist nicht nur eine subtile Form der Machtausübung, sondern sie ist auch perfide, weil der andere zum Zeitpunkt der Manipulation keine oder nur begrenzte Möglichkeit hat, diese als solche zu durchschauen. So können technische Daten als valide Ergebnisse ausführlicher wissenschaftlicher Untersuchungen vermittelt werden und andere haben keinen Zugang, diese Daten auf ihren Wahrheitsgehalt hin zu überprüfen. Manipulation führt über kurz oder lang zur Vertrauenserosion mit all ihren negativen Folgen für eine konstruktive Zusammenarbeit. Bei der Intrige lassen sich ähnliche Phänomene finden. Der Intrigant spielt den einen gegen den anderen aus, er täuscht durch falsche Behauptungen, arbeitet mit List und Tücke, er hofiert und brüskiert. Intrigen finden wir nicht nur bei Shakespeare oder Schiller, sondern auch in Organisationen.

- Autorität ist die höchste Form der Macht, denn wer Autorität gewonnen hat, dem folgt man. Wer Autorität gewonnen hat, braucht mit Zwang oder Drohungen nicht zu arbeiten. Die Autoritätsperson gewinnt Einfluss, indem die autoritätsabhängige Person den Einfluss zulässt oder gar sucht.

3.1 MACHT FÖRDERT – MACHT HINDERT DIE PROJEKTARBEIT

Macht ist per se weder gut noch schlecht. Sie wird jedoch in unserer Gesellschaft häufig zu einseitig negativ bewertet. Schnell stehen Begriffe, wie Machtmissbrauch, Unterdrückung, Einengung, Manipulation oder willkürliche Entscheidungen, im Raum. Das Verständnis und die Bewertung von Macht hängen vom Kulturkreis ab. So ist der Begriff Power im Amerikanischen positiver besetzt als bei uns der Begriff Macht. Keine Frage, Macht kann die Projektarbeit sowohl durch unrealistische oder unklare Ziele als auch durch die

Wahl der Mittel erheblich blockieren. Die Folgen wirken sich negativ auf das Projektergebnis und auf die betroffenen Personen aus.

Beispiel:
1) Wenn im Steering Committee fachlich ernstzunehmende Bedenken aus Rücksicht auf das politische Gleichgewicht nicht offen diskutiert werden, sind Fehlentscheidungen nicht weit entfernt.
2) Der Projektmanager schwächt dann seine Position, wenn er immer wieder ausufernde Diskussionen im Team nicht eingrenzt oder die mangelnde Verbindlichkeit eines Projektmitarbeiters nicht mit gebührendem Nachdruck anspricht.

Macht fördert die Projektarbeit. Welcher Projektmanager wünscht sich nicht einen Auftraggeber, der kraft seiner Entscheidungskompetenz und durch sein Interesse das Projekt in schwierigen Phasen unterstützt. Der ideale Auftraggeber vereinigt in seiner Rolle drei Elemente:

- Er hat Entscheidungsmacht aufgrund seiner hierarchischen Position.
- Er zeigt glaubhaft Interesse am Projekt (Management Attention).
- Er verfügt über persönliche Autorität.

Machen Sie sich ein Bild über den Einfluss von Entscheidungsträgern auf Ihre Projektarbeit und sprechen Sie, falls erforderlich, über Verbesserungsmöglichkeiten. Die folgende Übersicht bietet Ihnen einige Anhaltspunkte.

Tab. 3.4-1: Einflüsse von Entscheidungsträgern auf die Projektarbeit einschätzen
(Hansel, Lomnitz 2000, S. 103)

Positiv	Negativ
Projektleiter haben die notwendigen Entscheidungskompetenzen.	Entscheidungskompetenzen sind unklar.
Entscheidungsträger stimmen Ziele und Rahmenbedingungen des Projektes mit dem Projektleiter ab.	Bei der Bestimmung der Ziele und der Rahmenbedingungen werden Projektleiter zu oft vor vollendete Tatsachen gestellt.
Ziele, Zeiten oder Budget werden von Entscheidungsträgern nicht ohne Diskussion mit dem Projektmanager geändert.	Entscheidungsträger ändern ohne Abstimmung wichtige Komponenten.

Positiv	Negativ
Entscheidungen werden nach gründlicher Vorarbeit getroffen.	Entscheidungen werden ohne gründliche Analyse getroffen.
Entscheidungsträger arbeiten im Rahmen ihrer zeitlichen Möglichkeiten und ihrer Aufgabenstellung gut mit.	Entscheidungsträger lassen sich nicht zur Projektarbeit herab, auch wenn ihr Beitrag erforderlich ist.
Entscheidungsträger setzen klare Rahmenbedingungen, an denen sich der Projektmanager orientieren kann.	Entscheidungsträger lassen das Projektteam Lösungen ausarbeiten und Entscheidungen treffen, um anschließend ihre eigenen Lösungen aus der Schublade zu ziehen.
Entscheidungsträger sehen und akzeptieren ihre fachlichen Grenzen. Sie sehen sich nicht als die Projektspezialisten und geben dem Projektteam genügend Raum zum Arbeiten.	Entscheidungsträger meinen, sie müssten unbedingt etwas aus ihrem Erfahrungsschatz zur Sache beitragen, auch wenn dies mit dem aktuellen Diskussionsstand wenig zu tun hat.
Entscheidungsträger stimmen den Einsatz von externen Beratern vorher mit dem Projektmanager ab.	Entscheidungsträger setzen Externe ohne Abstimmung mit dem Projektleiter im Projekt ein.
Empowerment wird nicht nur gepredigt, sondern auch gelebt. Der Projektleiter und das Team haben großen Spielraum, um eigenständig arbeiten zu können.	Immer wieder müssen sich Projektmitarbeiter und Projektleiter bei ihren Vorgesetzten rückversichern. Der Handlungsspielraum für das Team ist viel zu gering, mit negativen Auswirkungen auf die Motivation.

Um das Projektteam zu führen, benötigt der Projektmanager strukturelle, formelle Macht. Klassisch würde man hier von Amtsautorität sprechen. Er darf die Aufgaben an die Projektmitarbeiter verteilen und den Grad der Zielerreichung kontrollieren. Ausdruck der formellen Macht des Projektmanagers sind die Entscheidungskompetenzen, die regeln, was er darf und was nicht. Doch das allein reicht sicher nicht aus, der Projektmanager muss seine Rolle durch Taten ausfüllen können, beispielsweise langatmige Diskussionen stoppen oder mangelnde Verbindlichkeit unmissverständlich ansprechen. Sind seine Machtmittel erschöpft, muss der Projektmanager die Probleme auf eine höhere Stufe eskalieren, um Entscheidungen zu erreichen. Deshalb gehört die Eskalation zwingend zum Thema Macht. Wer meint, Führung außerhalb der Linie bedeutet Führung ohne Macht, der unterliegt einem fatalen Irrtum. Von zentraler Bedeutung für den Projektmanager ist folgende Frage: Welche Probleme innerhalb und außerhalb des Teams kann und darf ich in meiner Rolle als Projektmanager eigenverantwortlich lösen und welche nicht? Zum souveränen Umgang mit Macht gehört auch, die eigenen Grenzen auszuloten und zu akzeptieren. Man sollte sich stets vor Augen halten: Verantwortung ist immer gebunden an Macht und korrespondiert mit dem Umfang der Macht. Diese Aussage ist zugleich entlastend für

Projektmanager, bedeutet sie doch nichts anderes als: Man braucht keine Verantwortung für etwas zu übernehmen, was man aufgrund struktureller Grenzen nicht entscheiden darf. Beispiel: Der Projektmanager hat die Verantwortung, Ressourcenprobleme zu lösen! Doch hat er die Verantwortung in der Matrix-Organisation wirklich? Sicherlich muss er die Ressourcenprobleme mit ihren Folgen für das Projekt deutlich aufzeigen, richtig adressieren und eine eindeutige Entscheidung einfordern. Die Entscheidungsmacht jedoch liegt letztlich beim Auftraggeber oder im Steering Committee. Daraus ergibt sich für die Praxis eine wichtige Empfehlung: Hüten Sie sich vor »Monkey Business«, lassen Sie sich nicht den »Affen auf die Schulter setzen«. Mit anderen Worten: Entlassen Sie andere nicht aus ihrer Rollenverantwortung. Auf diese Weise können Sie Macht ausüben.

4 FORMEN UND QUELLEN DER MACHT

Macht wird mit unterschiedlichsten Methoden und Mitteln ausgeübt – von plump autoritärem Verhalten über Manipulationstechniken bis zur Entstehung einer tiefen Autoritätsbeziehung. Ein nicht zu unterschätzender Teil des Einflusses entsteht durch informelle Einflussnahme, also jenen Teil der Macht, der nicht in formelle Rollen, Strukturen und Prozesse »gegossen« ist. Dahinter stehen häufig persönliche Ziele und Interessen, die mehr oder minder verdeckt sein können. Je klarer der Projektmanager das Instrumentarium der Macht versteht und praktiziert, desto sicherer kann sie mit Machtprozessen umgehen und selbst auf der Klaviatur der Machtprozesse spielen.

4.1 PERSONELLE UND STRUKTURELLE MACHT

Der Ursprung des Wortes Macht liegt nach Elias Canetti (Canetti 1986, S. 313) im Gotischen »magan« und bedeutet »können und dürfen«. Macht hat demnach sowohl eine personelle, qualifikatorische (»können«) als auch eine strukturelle (»dürfen«) Komponente. Auch der Begriff der Kompetenz beinhaltet diese beiden Elemente, zum einen Entscheidungskompetenz und zum anderen qualifikatorische Kompetenz.

Strukturelle Macht wirkt im Projektmanagement in den verschiedensten Formen: Durch ein klar geregeltes Reporting, durch definierte Prozesse mit festen Meilensteinen wird Macht ausgeübt. Eine clever initiierte Sitzordnung oder ein taktisch geschickt geplanter Zeitpunkt für ein Meeting können die gewünschten Ergebnisse positiv beeinflussen. Das Projektcontrolling übt in manchen Unternehmen erheblichen Einfluss aus, indem alle geplanten Projekte im Rahmen des Genehmigungsprozesses nach bestimmten Kriterien geprüft werden müssen. Die Macht des Genehmigungsverfahrens bekommt der Projektmanager spätestens dann zu spüren, wenn die vorgegebenen Schritte nicht eingehalten worden sind. Betriebsräte verfügen auf Basis der entsprechenden Gesetze über strukturelle Macht, die bei der Planung von organisatorischen Veränderungsprozessen beachtet werden muss.

Das Spektrum der personellen Macht, basierend auf dem Verhalten einer Person, ist groß: Wissen ist Macht. Die Abhängigkeit von Experten ist ein altes Thema im Projektmanagement. Die Bedeutung der Sprache als Machtmittel zieht sich wie ein roter Faden durch die Geschichte. War im Mittelalter Latein die Herrschaftssprache, so ist es heute Englisch. Menschen lassen sich durch autoritäres Verhalten – verbal und nonverbal – oder eine charismatische Ausstrahlung beeinflussen. Wer Gruppenprozesse erkennt und im richtigen Moment den richtigen Beitrag liefert, kann das Ziel in seine Richtung lenken. Wer die richtigen Personen auf seiner Seite weiß, kann seine Interessen besser durchsetzen. Heute spricht man von Networking. Unternehmen versuchen, Mitarbeiter über moralischen Druck oder Verführungen für ihre Ziele zu gewinnen. Die Aufzählung ließe sich mühelos fortsetzen. Tabelle 3.4-2 bietet eine kurze Übersicht über strukturelle und personelle Machtfaktoren.

Tab. 3.4-2: Strukturelle und personelle Machtfaktoren (Hansel, Lomnitz 2000, S. 98)

Strukturelle Macht	Personelle Macht
Hierarchische Position	Sprache
Erteilte Entscheidungskompetenzen des PL	Experten Know-how
Kennzahlen, Key Performance Indicators	Erfahrung
Prozessbeschreibungen	Soziale Kompetenz
PM Regeln	Gruppendruck
Berichtswesen	Moralischer Druck
Informationsregeln und -mittel	Autoritäres Verhalten
Budget und Verteilung des Budgets	Informationsmacht
Definierter Zeitrahmen	Ausstrahlung
Zusammensetzung des Teams oder des Steering Committees	Gelassenheit

Um Machtprozesse zu verstehen, müssen sowohl die strukturellen Machtfaktoren als auch das Verhalten beachtet werden. Machtprozesse und deren Auswirkungen einseitig auf das Verhalten zu reduzieren, geht an der Realität des Projektmanagements vorbei. So dürfen beispielsweise bei fehlendem Commitment im Projektteam nicht nur das Verhalten und die Einstellung der Beteiligten betrachtet werden, sondern es müssen auch die strukturellen Bedingungen für das Projektteam analysiert werden. Hierzu einige Fragen aus der Praxis:

| Wie werden moving targets, die vom Management verursacht und entschieden worden

sind, an der Projektmanager kommuniziert? Wird der Projektmanager einbezogen und, wenn ja, rechtzeitig genug?

- Darf der Projektmanager Leistungen externer Lieferanten bis zu einem gewissen Betrag eigenständig bestellen oder müssen alle Bestellungen von einer anderen Stelle entschieden bzw. mitentschieden werden?
- Inwieweit dürfen fachliche Entscheidungen des Projektteams von Linienmanagern ohne Abstimmung mit dem Team verändert werden?
- Dürfen Projektmitarbeiter ohne Zustimmung des Projektmanagers vom Linienvorgesetzten aus dem Projekt abgezogen werden?
- Werden Entscheidungen im Steering Committee zeitnah getroffen oder muss der Projektmanager fehlenden Entscheidungen ständig hinterherlaufen?

Bei diesen Fragen handelt es sich um strukturelle Faktoren der Macht. Niemand darf sich wundern, wenn das Commitment des Projektmanagers und der Projektmitarbeiter nachlässt, wenn die strukturellen Voraussetzungen fehlen bzw. missachtet werden.

Projektmanager benötigen sowohl strukturelle als auch personelle Macht. Eine klare Rollenbeschreibung, in der die Aufgaben, Verantwortungen und Entscheidungskompetenzen für alle Projektbeteiligten definiert sind, fördert die Projektarbeit erheblich. Mit Projektbeteiligten sind keineswegs nur der Projektmanager und die Projektmitarbeiter gemeint, sondern auch die Auftraggeber, das Steering Committee sowie die Linienmanager in ihrer Funktion als Ressourcenmanager und weitere Stellen, die im Projektmanagement mitwirken. Klare Entscheidungskompetenzen als struktureller Machtfaktor sind eine notwendige, aber keine hinreichende Bedingung für erfolgreiches Projektmanagement. Spätestens dann, wenn Regeln nicht eingehalten werden oder Informationen nicht so fließen, wie sie fließen sollten, kommt es auf das Verhalten an. Der Projektmanager muss Position beziehen, Rückgrat zeigen, Durchsetzungsvermögen zeigen.

5 FORMELLE UND INFORMELLE MACHT

Der Projektmanager kann sowohl über formelle und als auch über informelle Macht Einfluss ausüben. Diese Unterscheidung ist wichtig, um die Einflussmöglichkeiten richtig einschätzen zu können. Formelle Macht basiert auf offiziell verliehenen Befugnissen, die jemand aufgrund seiner Rolle seiner Position besitzt. Durch die Zuweisung der formellen Macht wird das »Dürfen« geregelt. Amtsautorität beruht auf formeller Macht. Durch klare Entscheidungskompetenzen erhält der Projektmanager formelle Macht. So ist beispielsweise in einem mittelständischen Unternehmen die formelle Macht des Projektmanagers eindeutig geregelt: »Der Projektmanager wirkt bei der Auswahl von Projektmitarbeitern in Abstimmung mit dem Linienvorgesetzten mit. Die Ressourcenverantwortung liegt beim Linienvorgesetzten. Wenn sich der Projektmanager und der Linienvorgesetzte nicht über die Benennung eines Mitarbeiters einigen können, dann entscheidet der Sponsor.« »Der Linienvorgesetzte darf ohne Abstimmung mit dem Projektmanager keinen Mitarbeiter aus dem Projekt abziehen«. Die formelle Macht (Entscheidungskompetenz des Projektmanagers) muss im Projektmanagement als notwendige, jedoch keineswegs hinreichende Bedingung angesehen werden, denn was nutzt die Entscheidungskompetenz, wenn es an fachlicher und persönlicher Kompetenz mangelt. Erfolgreiches Projektmanagement hängt wesentlich von der sozialen Kompetenz ab, das ist die Grundlage informeller Macht. Einfluss üben diejenigen aus, die über informelle Macht verfügen, sie nutzen und pflegen ihr Netzwerk innerhalb und außerhalb der Organisation. Das hat Vorteile, denn Entscheidungsträger haben ein offenes Ohr für ihre Meinung und Machtpromotoren sind gerne bereit, den Projektmanager in schwierigen Situationen zu unterstützen. Um es klar zu formulieren: Projektmanager dürfen sich nicht nur auf ihre formelle Macht stützen, sondern sie müssen durch kluge Kommunikation ihre Interessen durchsetzen.

Die folgende Tabelle bietet Ihnen eine kurze Übersicht über das Wesen formeller und informeller Macht in Organisationen:

Tab. 3.4-3: Gegenüberstellung von formeller und informeller Macht

Formelle Macht	Informelle Macht
Entscheidungskompetenzen des Projektmanagers (PM)	PM hat gute Beziehungen zum Geschäftsleiter.
PM darf eigenständig über das vereinbarte Budget entscheiden.	PM wird bei schwierigen Themen um Rat gefragt.
PM entscheidet bei Zusammensetzung des Projektteams mit.	PM hat sehr gute Kontakte zu wichtigen Kunden.
PM darf bei der Beurteilung der Projektmitarbeiter mitwirken.	PM ist Teil eines einflussreichen Netzwerks, weil er in verschiedenen Organisationseinheiten erfolgreich gearbeitet hat.
PM vertritt das Projektteam im Lenkungsausschuss und nicht die Linienvorgesetzten.	PM verfügt über Insiderwissen.

5.1 MACHTBASEN – MACHTQUELLEN NACH FRENCH UND RAVEN

Es gibt eine Reihe von Ansätzen, Machtquellen (Machtbasen) zu klassifizieren. Wie zuvor beschrieben, kann Macht in strukturelle und personelle Macht gegliedert werden. Eine andere, bekannte Klassifizierung wurde von den beiden Sozialpsychologen J. French und B. Raven in ihrer Studie »The Bases of Social Power« (1959) veröffentlicht. Sie unterscheiden fünf Kategorien, um die Quellen der Macht einzuordnen, die Machtinhaber nutzen können.

Später wurde das Schema um die sechste Kategorie Informationsmacht (informational power) erweitert.

1) Legitime Macht oder Positionsmacht (Legitimate power)

Personen und Gruppen lassen sich beeinflussen, weil sie meinen, der Beeinflussende ist legitimiert, über sie zu bestimmen. Legitime Macht (Legitimate power) hängt von der Position eines Stelleninhabers ab. So kann der Linienmanager aufgrund seiner Position Aufgaben verteilen und Mitarbeiter beurteilen. Legitime Macht kann mit Amtsautorität gleichgesetzt werden, es handelt sich um strukturelle Macht. Die legitime Macht des Projektmanagers kommt in seinen Entscheidungskompetenzen zum Ausdruck, die klar beschreiben, was er darf und was nicht. Doch diese allein reichen sicher nicht aus, denn um legitime Macht zu nutzen, kommt es letztlich auf einen guten Führungsstil an, denn nur so gewinnt man »Follower«. Entscheidend ist, wie der Projektmanager seine Rolle ausfüllt, ansonsten nutzt ihm die legitime Macht im Projektumfeld herzlich wenig.

2) Macht durch Belohnung (Reward Power)

Wer Einfluss über Belohnungsmacht (Reward Power) gewinnen will, muss etwas zu bieten haben. Dabei kann es sich um finanzielle Belohnungen handeln oder um psychologische Belohnungen, wie Anerkennung, Zuwendung oder Teilhabe. Der Projektmanager sollte sich darüber im Klaren sein, welche Möglichkeiten zur Belohnung ihm in der Praxis wirklich zur Verfügung stehen. Die Wirksamkeit von Belohnungsmacht hängt generell von folgenden Faktoren ab:

1) Der Projektmanager muss über ein Angebot verfügen, das für andere attraktiv genug ist.
2) Die Projektmitarbeiter müssen Interesse an den gebotenen Belohnungen haben.
3) Belohnungsmacht ist nicht weit entfernt von Manipulation. Deshalb kommt es entscheidend auf Glaubwürdigkeit und echten Respekt an.

3) Macht durch Bestrafung oder Zwang (Coercive power)

Macht durch Zwang (Coercive power) basiert auf Druck und negativen Einflüssen, wie Ausgrenzung innerhalb eines Teams oder Kürzung der Bonifikation bis hin zu Entlassung. Mitarbeiter sollen durch Angst vor Nachteilen gefügig gemacht werden. Zwang funktioniert allerdings nur dann, wenn sich jemand in einem physischen oder psychischen Abhängigkeitsverhältnis befindet und sich in der Situation von demjenigen, der Zwang ausübt, nicht befreien kann. Zwang ist sicher kein probates Mittel, um ein Projektteam erfolgreich zu führen.

4) Macht durch Identifikation (Referent power)

Wer Macht durch Identifikation (Referent power) ausüben will, der muss bei anderen ein Gefühl der Verbundenheit wecken können. Die Geführten identifizieren sich mit dem Mächtigen, mit seinen Werten, Zielen und den Wegen der Zielerreichung. Sie bewundern die Durchsetzungskraft oder die Rhetorik. Entscheidend ist die Ausstrahlung des Machtinhabers, oft wird in diesem Zusammenhang von Charisma gesprochen. Die Geführten wollen sich mit dem Machtinhaber identifizieren und etwas von seinen Sonnenstrahlen abbekommen. Sie gewinnen Befriedigung aus ihrer Akzeptanz als Mitläufer und Nachfolger. Im Abschnitt 5 wird dieses Thema detailliert beschrieben. Macht durch Identifikation kann nie durch formale Macht erreicht werden, sondern sie steht und fällt mit personeller Macht.

5) Macht durch Wissen (Expert power)

Wissen ist Macht, dieser Spruch ist heute gültiger denn je. Diese Macht entsteht durch Erfahrung oder ein ganz spezielles Know-how. Die Macht des Key Players beruht auf seinen Fähigkeiten, komplexere Probleme lösen zu können. Macht durch Wissen (Expert power) ist in der Zusammenarbeit auf diejenigen Themen beschränkt, in denen der Know-how Träger über Wissen verfügt, das andere nicht haben. Demnach ist Macht durch Wissen eine spezielle Form der Informationsmacht. Selbstverständlich können auf diese Weise erhebliche Abhängigkeiten entstehen.

6) Macht durch Informationsvorsprung (Informational power)

Wer über relevante Informationen verfügt, kann bekanntlich ein soziales System erheblich beeinflussen, sowohl im positiven als auch im negativen Sinne (Informational power). Die Realität zeigt uns, dass es nicht immer auf den Wahrheitsgehalt der Information ankommt. Die Begriffe »Fake News« oder »Bullshit« gehören mittlerweile zum festen Wortschatz. Das gilt für die Politik, Unternehmen oder Gruppen gleichermaßen. Informelle Macht basiert in aller Regel auf einem Informationsvorsprung, der dadurch entsteht, dass jemand Zugang zu relevanten Informationen hat sowie die geeigneten Kommunikationskanäle nutzen kann. Für den Projektmanager stellen sich folgende Fragen:

- Wer verfügt über welche Informationen?
- Ist der Wahrheitsgehalt der Informationen geprüft worden?
- Wer erhält welche Informationen wann und von wem?
- Warum verfügt die Person über die Informationen und andere nicht?
- Wie werden die Informationen aufbereitet?
- Wie sind die Informationen zugänglich?
- Welche Informationskanäle stehen zur Verfügung und welche werden von wem genutzt?

Für den Projektmanager stellt es eine permanente Herausforderung dar, den Informationsfluss im Projekt zu erkennen und zu beeinflussen. Das gilt für den Informationsfluss innerhalb und außerhalb des Teams. Durch die virtuelle Zusammenarbeit über Kontinente und Kulturkreise hinweg sind diese Herausforderungen deutlich gestiegen.

5.2 ZWANG

Der Einsatz von Zwang gehört neben der puren Gewalt zu den primitiven Formen der Macht, was nicht mit weniger wirksam verwechselt werden darf. Das Prinzip ist einfach: »Wenn Sie das nicht sofort erledigen, müssen Sie mit erheblichen Konsequenzen rechnen«. Das funktioniert allerdings nur dann, wenn jemand über die Möglichkeit der Bedrohung und Bestrafung verfügt. Auch Projektmanager können Bedrohungs- und Bestrafungsmacht zu spüren bekommen, nicht zuletzt in solchen Kundenprojekten, in denen ein rauer Wind weht. Ein kleines Beispiel: Der Kunde verlangt nicht vereinbarte Zusatzleistungen, die einen erheblichen Mehraufwand bedeuten. Auf den Einwand, dass dieser Mehraufwand weder in den Zeit- noch in den Budgetrahmen passt, antwortet der Kunde: »Wenn Sie das nicht schaffen, brauchen wir über weitere Projekte nicht mehr zu reden!« Hier ist nicht nur der Projektmanager gefordert, sondern auch sein Management.

Folgende Punkte müssen vom Projektmanager beobachtet werden, wenn Druck oder gar Zwang ausgeübt wird:

- Wie stark sind wir vom Kunden abhängig? Welche Formen der Abhängigkeiten bestehen?
    - Wirtschaftliche Abhängigkeiten
      Es handelt sich um einen Großkunden, mit dem der größte Teil des Geschäfts gemacht wird.
    - Technologische Abhängigkeiten
      Es gibt eine gemeinsame Produktentwicklung und man ist auf die Versuchseinrichtungen oder Produktionsverfahren des Kunden angewiesen.
    - Qualifikatorische Abhängigkeiten
      Der Kunde verfügt über Know-how und das Unternehmen ist im Rahmen der gemeinsamen Projektarbeit darauf angewiesen.
    - Strategische Abhängigkeiten
      Neue Märkte können durch die Kooperation mit dem Kunden erschlossen werden.
    - Rechtliche Abhängigkeiten
      Die Verträge lassen den sofortigen Abbruch der Arbeitsbeziehung nicht zu oder das wäre mit erheblichen finanziellen Nachteilen verbunden.
    - Politische Abhängigkeiten
      Der Kunde verfügt über hervorragende Beziehungen zum Topmanagement des Projektmanagers. Auf dieser Ebene werden erfahrungsgemäß Entscheidungen getroffen, die der Projektmanager nicht beeinflussen kann. In diesem Fall liegt das Problem eindeutig im Unternehmen, in dem der Projektmanager arbeitet. Hier sollte der Projektmanager über die Themen Abstimmung, Rollenklärung und Zusammenarbeit mit dem Topmanagement reden.
- Besteht innerhalb des Unternehmens des Projektmanagers eine gemeinsame Sichtweise über die Art und Stärke der Abhängigkeiten? Besteht Klarheit über das Vorgehen gegenüber dem Kunden? Merke, die Innenpolitik bestimmt die Außenpolitik. Prüfen Sie genau, inwieweit Sie die Rückendeckung Ihres eigenen Managements haben. Rückendeckung kann sich auf folgende Punkte beziehen:
    - Inhaltliche Rückendeckung: Die Bewertung des Problems wird geteilt.

- Prozedurale Rückendeckung: Die weitere Vorgehensweise gegenüber dem Kunden ist gemeinsam verabschiedet worden. Es ist klar, wer, was, wie und wann mit dem Kunden bespricht. Achten Sie auf jeden Fall auf die Rollenklärung im eigenen System, denn unklare Rollen führen häufig zu Machtverlusten.

| Wie ernst ist die Drohung des Kunden gemeint? Möglicherweise handelt es sich nur um einen Test, wie weit der Kunde gehen kann. Versuchen Sie deshalb herauszufinden, wie ernst die Drohung zu nehmen ist.
  - Arbeitet der Kunde (das Unternehmen, die Organisationseinheit) häufiger mit Drohungen?
  - Lässt der Kunde seinen Worten auch Taten folgen? Welche Erfahrungen haben wir und andere gemacht?

| Was könnte dem Kunden passieren, wenn der Projektmanager nach interner Rücksprache die Forderungen des Kunden ablehnt?
  - Welche Nachteile sind für den Kunden damit verbunden?
  - Verfügt der Kunde überhaupt über Alternativen?

| Besteht auf Kundenseite Geschlossenheit oder handelt es sich bei der Drohung um die Meinung einer Person bzw. einer Gruppe?
  - Welchen Einfluss hat die Person bzw. die Gruppe innerhalb des Kundensystems?
  - Gab es in der Vergangenheit Probleme, die zur Verärgerung des Kunden geführt haben? Möglicherweise handelt es sich dabei um Probleme, die mit der aktuellen Forderung des Kunden nicht unmittelbar etwas zu tun haben. So kann beispielsweise der Ärger über mangelnde Informationen oder schlechte Beziehungen in inhaltliche Forderungen umgeleitet werden.

Welchen Einfluss hat der Projektmanager, um solchen Drohungen in der Praxis zu begegnen? Es müssen sowohl die formellen als auch die informellen Machtfaktoren betrachtet werden. Der formelle Einfluss besteht über die Projektaufbauorganisation. Wenn es ein Steering Committee gibt, in dem sowohl die Kunden- als auch die Lieferantenseite vertreten sind, kann der Projektmanager das Thema dort ansprechen. Wesentliche Voraussetzung ist die interne Abstimmung in der Organisation des Projektmanagers. Informelle Einflussnahme kann der Projektmanager über bilaterale Gespräche mit einflussreichen Personen des Kunden ausüben oder Vorgesetzte des Projektmanagers lassen im Hintergrund ihre Beziehungen spielen.

5.3 DAS WESEN DER DROHUNG VERSTEHEN

Das Grundprinzip einer Drohung beruht auf dem einfachen Mechanismus von Sanktion bzw. Sanktionsverzicht: »Wenn Du nicht das machst, was ich von Dir verlange, dann werde ich Dich persönlich bestrafen oder ich werde dafür sorgen, dass Du bestraft wirst. Wenn Du folgsam bist, passiert Dir nichts« (vgl. Popitz 1992, S. 80 ff). Eine Drohung beruht auf folgenden Bausteinen:

- Der Entscheidungsspielraum des Bedrohten wird auf zwei Möglichkeiten eingeengt: Ja oder nein? Das funktioniert jedoch nur dann, wenn der Bedrohte dieses Spiel mitspielt bzw. mitspielen muss. Daraus ergibt sich für die Praxis eine entscheidende Frage: Was passiert mir, wenn ich mich auf das »Ja- oder Nein-Spiel« nicht einlasse, mich nicht erpressen lasse? Was passiert, wenn ich dem anderen anbiete, über andere Möglichkeiten nachzudenken, um den bisherigen Handlungsrahmen zu modifizieren?

- Wer A sagt, muss auch B sagen! Das umfasst Können und Wollen. Wer eine Drohung ausspricht, legt sich fest, will er seine Glaubwürdigkeit nicht verlieren. Wer droht, macht sich demnach von den Reaktionen anderer abhängig. Wenn der andere nicht tut, was man von ihm fordert, ist man selbst wieder am Zuge. Wer droht, versucht also, nicht nur Macht auszuüben, sondern er riskiert auch, Macht zu verlieren, wenn der Drohung im Ernstfall keine Taten folgen. Diese Konsequenz muss man sich stets vor Augen führen, um nicht zu scheitern.

- Eine erfolgreiche Drohung ist zwingend an zwei Voraussetzungen gebunden:
  1) Sie muss für den anderen eine Drohung darstellen.
  2) Man muss die Drohung im Ernstfall ausführen können und wollen.
  Der Projektmanager kann einem fachlich hoch qualifizierten Projektmitarbeiter, der ständig seine Termine nicht einhält, zwar mit dem Ausschluss aus dem Projektteam drohen, wenn dieser jedoch genau weiß, dass man im Projektteam auf sein Know-how angewiesen ist, dann hätte der Projektmanager sich besser eine andere Maßnahme überlegt. Drohungen sollten also sehr gut überlegt sein.

- Die Berufung auf höhere Mächte ist ein weit verbreitetes Spiel in Organisationen. »Der Vorstand«, »die Holding, «der Sponsor», «der Kunde», «der Markt», ... erwartet ›von uns‹ und ich muss die Challenge an das Projektteam weiterleiten und es wird vom Team erwartet, das «Unmögliche möglich zu machen«, so oder so ähnlich klingt es in der Praxis. Es stellt sich die Frage, inwieweit es sich dabei um Fiktion oder Realität handelt. Wie kann der Projektmanager mit solchen Drohungen umgehen? Versuchen Sie den Aussagen auf den Grund zu gehen:

- Wer möchte was konkret erreichen? Wer ist der Initiator der Forderung? Von wem geht der Druck aus? Gibt es Personen, die im Hintergrund wirken?

- Was ist mit Begriffen, wie »der Markt«, »die Holding«, »der Kunde« oder »strategische Relevanz«, konkret gemeint? Vorsicht vor Schlagworten! Auf den Wahrheitsgehalt kommt es leider nicht immer an, sondern es werden Aussagen in den Raum gestellt, um Druck zu produzieren oder um partielle Interessen durchzusetzen. Fragen Sie gründlich nach. Lassen Sie sich die Prämissen der Aussagen erklären. Hinterfragen

Sie, welchen »empirischen Härtegrad« solche Aussagen haben. Nur so haben Sie die Chance zu prüfen, ob es sich um Aussagen mit Substanz oder um heiße Luft handelt.

- Wann und in welchem Kontext ist die Entscheidung getroffen worden?
- Gibt es ein Protokoll und wer hat es geschrieben?
- An wen kann sich der Projektmanager wenden, um inhaltliche Fragen zu klären?

5.4 VERFÜHRUNG, »PACKEN BEI DER EHRE«

Bei der Bedrohung oder Bestrafung kommt es nicht darauf an, andere zu überzeugen. Ganz anders sieht es bei der Verführung aus. In seinem Buch Mythos Motivation beschreibt R. Sprenger die »Grammatik der Verführung« (Sprenger 1992, S. 50). Ausgangspunkt ist die von ihm im Sinne einer Aufklärung provokant gemeinte Frage eines Vorgesetzten: »Wie kann ich einen Mitarbeiter dazu bringen etwas zu tun, was er allein aus sich heraus nicht tun will?« (Sprenger 1992, S. 50). »Der Mitarbeiter soll das Gefühl entwickeln, dass das, was er tut, für ihn gut ist. Die Ziele der Organisation, des Projektes oder von bestimmten Personen sollen in die Persönlichkeit des Mitarbeiters gleichsam eingeschleust werden, ohne dass dieser es bemerkt« (Sprenger 1992, S. 52). Die Einflussnahme läuft subtil ab. In der Praxis klingt das so: »Wenn Sie dieses Ziel erreichen, werden Sie erkennen, was Sie noch alles schaffen können. Es warten noch höhere Aufgaben auf Sie«. »Yes you can – you are member of the core team!« Gearbeitet wird mit moralischem Druck: »Ich habe gerade Sie deshalb als Projektmanager ausgewählt, weil ich mich auf Sie besonders verlassen kann, und der Erfolg hängt von Ihnen ab. Ich weiß, Sie werden mich nicht enttäuschen! Sie werden mit Ihren Leistungen auch vom Vorstand gesehen«. »Honig ums Maul schmieren«, »Packen bei der Ehre«, »Schuldgefühle einpflanzen«, so nennt der Volksmund solche Beeinflussungsversuche. Diese Spiele sind mehr oder minder dann schnell zu Ende, wenn man die dahinterliegende Absicht erkennt und nicht bereit ist, sich verführen zu lassen.

Hierzu einige Fragen, die sich der Angesprochene stellen sollte:

- Stimme ich den vermittelten Zielen zu und will ich den Werten folgen?
- Handelt es sich bei einer besonderen Herausforderung wirklich um einen Ausnahmefall oder eher um den Normalfall? Achtung, Provisorien haben die Tendenz, sich zu verewigen.
- Wie oft habe ich solche Parolen schon gehört? Haben sie mich überzeugt und überzeugen sie mich immer noch? Wenn ja, was ist mir daran wichtig?
- Welchen Preis muss ich dann bezahlen, wenn ich mich auf solche Verführungen einlasse? Dabei ist eine »Vollkostenrechnung« dringend zu empfehlen. Einbezogen werden müssen neben beruflichen Aspekten auch die zur Verfügung stehende Zeit und Energie für die Partnerschaft, Familie, Freunde und Freizeitaktivitäten. Auch die Gesund-

heit muss berücksichtigt werden. Hier besteht eine direkte Verbindung zum Thema Burnout.

- Bin ich bereit, diesen Preis zu bezahlen?
  - Wenn ja, wie lange?
  - Wenn nein, was kann ich tun, um mich aus diesen Fängen zu lösen?

Moralischer Druck, Verführungen und Schuldgefühle funktionieren bei vielen Menschen hervorragend, denn wer gefragt wird, fühlt sich attraktiv. Entscheidend ist, dass man sich darüber bewusst ist, auf wen und was man sich einlässt und welchen Preis man dafür bezahlen muss. Je klarer man diese Muster durchschaut, desto eher ist man dagegen gewappnet. Am Ende ist es eine persönliche Entscheidung, die auf Selbstverantwortung beruht.

5.5 FÜR WELCHE MACHTAUSÜBUNGEN BIN ICH EMPFÄNGLICH?

Macht wird, wie ausgeführt, in Projekten mit unterschiedlichen Methoden und Mitteln ausgeübt, offensichtlich und verdeckt. Über den Zeitdruck als Machtfaktor wird offen gesprochen und geklagt. Der Einsatz von Geld, Statussymbolen oder autoritärem Verhalten kann leicht erkannt werden. Beim Packen bei der Ehre, bei Schuldgefühlen oder beim Helfersyndrom lassen sich die Methoden der Machtausübung nicht so einfach erkennen. Eine kurze Erläuterung zum Begriff Helfersyndrom: Manche Menschen machen sich hilflos und bitten in infantiler Weise »ich weiß nicht, wie das geht, kannst Du mir das nicht zeigen?«. Und ehe man sich versieht, übernimmt man die Arbeit des anderen. Manche Menschen sind wahre Meister der Rückdelegation. In ausgereifter Form hat es der »Hilflose« geschafft, beim anderen Schuldgefühle zu produzieren, wenn man nicht bereit ist zu helfen. Unterstützung und Hilfe sind sicher notwendig und kollegial, doch wer zu viel unterstützt, entlässt den anderen aus seiner Selbstverantwortung und davor sollte man sich hüten.

Die Reflexion des eigenen Umgangs mit Machtprozessen ist ein notwendiger Weg, um die eigene Souveränität zu entwickeln und sich bewusster abzugrenzen. Reflektieren Sie deshalb von Zeit zu Zeit Ihre Einstellung und Ihr Verhalten: Worauf muss ich achten, um bewusster Einflüssen zu begegnen? Fragen Sie sich, für welche Einflüsse Sie besonders empfänglich sind. Die folgende Abbildung bietet Ihnen dafür Anhaltspunkte:

Abb. 3.4-1: Für welche Einflüsse bin ich empfänglich? (Hansel, Lomnitz 2000, S. 108)

6 TÄTER-OPFER-BEZIEHUNG VERSUS INTERAKTIONSMODELL

Der Projektmanager muss sich selbstkritisch mit der Frage auseinandersetzen: Was hat die Macht des anderen mit meinem Verhalten, meiner Unsicherheit und meinen Blockaden zu tun? Mit anderen Worten: Wie passiert es, dass andere Macht über mich gewinnen können? Der Unterschied zwischen dem Täter-Opfer-Modell und dem Interaktionsmodell ist gravierend. Im ersten Fall brauche ich keine Verantwortung für mein Verhalten zu übernehmen, denn ich bin Opfer des ständig unter Zeitdruck stehenden Auftraggebers, der mir keine Gelegenheit gibt, über die Probleme zu reden. Im Interaktionsmodell muss ich mich mit meinen eigenen persönlichen Defiziten auseinandersetzen: Warum lasse ich mich so stark unter Zeitdruck setzen? Habe ich alle Möglichkeiten, mündlich und schriftlich, ausgeschöpft, um einen Termin zu erhalten? Der Projektmanager stellt im Interaktionsmodell seine eigene Einstellung und seine Konfliktfähigkeit auf den Prüfstand und nur so können Selbstsicherheit und Selbstvertrauen gewonnen und weiterentwickelt werden. Wer dagegen mit der Täter-Opfer-Beziehung liebäugelt, landet häufig in der Resignation oder sucht sich Bündnispartner zum Lamentieren. Dies ist keine Option für professionelles Projektmanagement.

Handlungsspielräume für Projektmanager und Projektmitarbeiter werden vor allem durch rechtliche, technologische oder organisatorische Rahmenbedingungen sowie durch Regeln und Entscheidungskompetenzen begrenzt. Sie können bewusst oder unbewusst unklar gehalten werden. Sie können eindeutig oder widersprüchlich sein, nach dem Motto: »Sie haben die Verantwortung und ich entscheide«. Bringen Sie Ihre Ideen ein, doch die Entscheidungen sind bereits getroffen. In der Kommunikationspsychologie spricht man in solchen Situationen von einem Double Bind. Diese Ungereimtheiten führen zu Orientierungsproblemen, Verunsicherung und Verärgerung: Es ist nicht eindeutig, welche Entscheidungen im Projektteam getroffen werden dürfen und welche Punkte dem Steering Committee vorgelegt werden müssen. Die festgelegte Projektaufbauorganisation entspricht längst nicht immer der Realität. Der Projektmanager muss deshalb seine Handlungsspielräume auszuloten, ausprobieren, welche Entscheidungen er bzw. das Team treffen kann und welche nicht. Das ist ein zentrales Element von Empowerment im Sinne von Selbstverantwortung übernehmen. Drei Fragen müssen immer wieder neu gestellt werden (Hansel, Lomnitz 2000, S. 96):

| Wie weit muss ich gehen?
| Wie weit kann ich gehen?
| Wie weit darf ich gehen?

Letztlich kann Ihnen diese drei Fragen kein Dritter beantworten, sondern nur Sie selbst.

Zum professionellen Umgang mit Macht gehört, die eigenen Spielräume kontinuierlich auszuloten. Was gestern nicht möglich war, kann heute funktionieren. Doch für viele ist es allzu bequem, sich auf die einmal gemachten Erfahrungen zu berufen, denn dann muss man seine Komfortzone nicht verlassen. Die kritische Auseinandersetzung mit eigener Unsicherheit und Vorurteilen findet dann nicht statt, denn die Schuld liegt bei den anderen.

7 AUTORITÄT

Wenn von Autorität gesprochen wird, kann es sich um unterschiedliche Arten von Autorität handeln. Der Begriff umfasst Fachautorität, Rollenautorität (Autorität basierend auf der Position) und persönliche Autorität. Bereits beim römischen Philosophen und Politiker Marcus Tullius Cicero findet man die Unterscheidung zwischen Potestas und Auctoritas. Mit Potestas ist die Amtsautorität (Positionsmacht) gemeint, das bedeutet, jemand kann kraft seiner Position etwas durchsetzen. Das entspricht bei French und Raven (1959). der legitimen Macht. Auctoritas dagegen kann mit Würde, Ansehen, und Ausstrahlung umschrieben werden und wer sie besitzt, kann durch seine Überzeugungskraft beeinflussen. Je anspruchsvoller die Herausforderungen im Unternehmen sind, desto weniger wird man erfolgreich mit Amtsautorität führen können, sondern durch gute Argumente, Respekt, Glaubwürdigkeit und Vertrauen. Schwerpunkt dieses Kapitels ist die persönliche Autorität.

7.1 FACHAUTORITÄT

Dem Experten folgt man aufgrund seines Wissens und seiner Erfahrung. Fachautorität ist immer gebunden an die Aufgabenstellung. Der Projektmanager besitzt häufig keine Fachautorität, er benötigt vor allem soziale und methodische Qualifikation, um das Projekt erfolgreich zu führen.

7.2 ROLLENAUTORITÄT

Projektmanager benötigen Rollenautorität (vgl. Lomnitz 2014, S. 4), die sie auf unterschiedliche Weise erhalten können:

- Aufgaben, Verantwortungen und Entscheidungskompetenzen der Projektmanager sind klar definiert und im Unternehmen akzeptiert.
- Der Eskalationsprozess ist eindeutig geregelt.
- Projektmanager beeinflussen die Mitarbeiterbeurteilung.

7.3 PERSÖNLICHE AUTORITÄT

Rollenautorität als struktureller Machtfaktor ist eine notwendige, aber sicher keine hinreichende Bedingung. Die Entscheidungskompetenzen für den Projektmanager und der Eskalationsprozess können eindeutig beschrieben sein, doch was nutzt es, wenn der Projektmanager diese Möglichkeiten nicht mit Leben füllt, wenn sie über zu geringe persönliche Autorität verfügt. Zur persönlichen Autorität gehört die Fähigkeit, den eigenen Standpunkt zu vertreten und, wenn nötig, auch anzuecken. Beliebt sein ist nicht identisch mit geachtet werden, sprich: Everybody´s darling is everybody´s fool.

Um persönliche Autorität zu gewinnen, ist es hilfreich, sich mit dem Wesen von Autorität zu beschäftigen. Oft wird über Autorität gesprochen, doch ist oft nicht klar, was Autorität bedeutet. Je besser man das Wesen von Autoritätsbeziehungen versteht, desto bewusster kann man mit Autoritäten umgehen. Zunächst eine fundamentale Unterscheidung: Autorität darf auf keinen Fall mit autoritärem Verhalten verwechselt werden. Autoritäres Verhalten üben diejenigen aus, die gerade keine Autorität besitzen. Bekannt ist der Spruch: »Solange Du die Füße unter meinem Tisch stellst, hast Du das zu tun, was ich von Dir verlange«. Wenn ein Vater oder eine Mutter es nötigt haben, diesen Spruch anzuwenden, ist es ein sicheres Zeichen, dass sie keine Autorität besitzen. Es handelt sich vielmehr um einen Ausdruck der Hilflosigkeit.

Im Folgenden finden Sie einige Erklärungen, um das Wesen der Autorität besser zu verstehen. Dabei beziehe ich mich auf die Ausführungen über die Autorität von H. Popitz (Popitz 1992, S. 104 ff.).

- Autoritätsbeziehungen stellen eine besondere Form der Macht dar. Je stärker man sich emotional und mental an die Autoritätsperson bindet, desto mehr gewinnt die Autoritätsperson Einfluss auf die Einstellung und das Verhalten. Autoritätsbeziehungen beeinflussen unsere Kommunikation, unseren Umgang mit Konflikten und das Entscheidungsverhalten.

- Man hat keine Autorität, sondern man erhält sie. Die Autoritätsperson erwartet außergewöhnliche Leistungen und der Autoritätsabhängige will die Erwartungen erfüllen oder gar übertreffen, um von der Autoritätsperson geschätzt zu werden. Die Reflexion von Autoritätsbeziehungen ist ein wichtiges Element des persönlichen Wachstums. Reflektieren Sie deshalb Ihre Autoritätsbeziehungen:
  - Von welchen Personen lasse ich mich besonders beeinflussen?
  - Was kennzeichnet diese Personen?
  - Warum sind mir die Bewertungen und die Anerkennung dieser Personen besonders wichtig?

- Wer Autorität gewonnen hat, kann Maßstäbe setzen. Der Autoritätsabhängige ist fixiert auf die Urteile der Autoritätsperson; er hofft auf Anerkennung und fürchtet Missachtung. Um das Selbstvertrauen weiterzuentwickeln, müssen die vermittelten Maßstäbe und Werte kritisch hinterfragt werden:
  - Habe ich die Werte und Erwartungen der Autoritätsperson kritisch überprüft?
  - Hinterfrage ich die von der Autoritätsperson vermittelten Inhalte, Zahlen und Statements oder interpretiere ich diese Aussagen bloß, statt diese kritisch zu prüfen?
  - Will ich die Erwartungen wirklich erfüllen und welchen Preis muss ich dafür bezahlen?

- Die Hoffnungen und Befürchtungen werden umso intensiver sein, je mehr der Abhängige glaubt, dass die Autoritätsperson auf sein Verhalten oder seine Leistung reagiert. So ist die Fixierung auf verbale und nonverbale Reaktionen der Autoritätsperson typisch für Autoritätsbeziehungen. Auch die Sprache der Autoritätsperson kann unbewusst übernommen werden.
  Überprüfen Sie sich selbst oder bitten Sie Kollegen Ihres Vertrauens um Feedback:
  - Fixiere ich mich beispielsweise im Rahmen einer Präsentation oder eines Meetings zu stark auf die Autoritätsperson?
  - Frage ich deutlich genug nach, wenn ich Zweifel habe, ob meine Aussagen verstanden worden sind?
  - Habe ich bestimmte Begriffe, Slogans oder Redewendungen der Autoritätsperson in meine Sprache übernommen?
  - Habe ich mir den Tonfall oder die Körpersprache angeeignet?
  - Achte ich bei der Auswahl meiner Kleidung darauf, was der Autoritätsperson gefallen könnte?

- Der Autoritätsabhängige akzeptiert die Überlegenheit des anderen. Das kann sich auf bestimmte Punkte, wie Wissen, Erfahrung, Auftreten, Bildung, Sprache oder Geschmack beziehen, in manchen Fällen auf mehrere Punkte und im Extremfall auf alles. Diese Bindung an die Autoritätsperson ist mehr als bedenklich, bedeutet sie doch nichts anderes, als sich bei Entscheidungen stets auf die Autoritätsperson zu beziehen. Auf diese Weise bleibt die Selbstverantwortung auf der Strecke.

| Autorität ist weder gut noch schlecht. »Unser Bedürfnis nach Autorität ist elementar.« (Sennett 1985, S. 19). Die Anlehnung an eine Autoritätsperson kann für die berufliche und persönliche Weiterentwicklung ausgesprochen förderlich sein (Lomnitz 2014, S. 6). Man sollte jedoch darauf achten, dass man in einem gewissen Zeitraum auf eigenen Füssen stehen kann. Das bedeutet, wer sich auf Autoritäten einlässt, muss sie auch wieder infrage stellen können, um Selbstverantwortung und persönliche Souveränität zu entwickeln. Wer genügend Autorität besitzt, ist dazu in der Lage, eigenständig zu denken und zu entscheiden. Man braucht keine Bilder zu übernehmen, sondern man macht sich lieber ein eignes Bild von einer Situation oder einer Person. »Enttäuschung« ist notwendig, um sich vom Einfluss anderer zu befreien. Die rosarote Bewunderungsbrille muss abgelegt werden, um eine differenzierte Betrachtung zu erreichen. Das setzt voraus, dass die eigene Wahrnehmung reflektiert wird.

Reflektieren Sie Ihre Einstellungen, Werte und Verhalten:

- Was macht mich unsicher und was kann ich tun, um meine Unsicherheit abzubauen?
- Kenne und schätze ich meine Stärken?
- Mache ich mir wirklich ein differenziertes Bild über die Leistung und das Verhalten der Autoritätsperson oder fixiere ich mich zu einseitig auf die Stärken?
- Neige ich dazu, die Autoritätsperson gegen Kritik anderer zu verteidigen, ohne zu prüfen, inwieweit die Kritik berechtigt ist?

Tab. 3.4-4: Mein Verhalten gegenüber Macht und Autorität im Unternehmen (Hansel, Lomnitz 2000, S. 110)

Mein Verhalten gegenüber Macht und Autorität im Unternehmen					
1 = stimmt auf jeden Fall / 2 = stimmt im Allgemeinen / 3 = teils, teils / 4 = stimmt eher nicht / 5 = stimmt auf keinen Fall					
1. In Anwesenheit von Führungskräften aus dem oberen Management fühle ich mich unsicher und gehemmt. Da halte ich mich lieber zurück.	1	2	3	4	5
2. Es fällt mir schwer, in Konferenzen meine Meinung gegenüber Führungskräften zu sagen, wenn ich weiß, dass sie eine andere Position vertreten.	1	2	3	4	5
3. Ich habe mich schon häufiger darüber geärgert, dass ich in einer Besprechung meine Meinung nicht klar und deutlich geäußert habe.	1	2	3	4	5

Mein Verhalten gegenüber Macht und Autorität im Unternehmen

1 = stimmt auf jeden Fall / 2 = stimmt im Allgemeinen / 3 = teils, teils / 4 = stimmt eher nicht / 5 = stimmt auf keinen Fall

4. Wenn mich in einer Sitzung ein Vorgesetzter unterbricht, weise ich ihn darauf hin und rede dann zu Ende.	1	2	3	4	5
5. Manchmal habe ich Unklarheit über eine Entscheidung und würde gerne nachfragen, um sie besser zu verstehen. Zu häufig traue ich mich aber nicht.	1	2	3	4	5
6. In Meetings fokussiere ich mich zu stark auf die nonverbalen Reaktionen anderer.	1	2	3	4	5
7. Der Gedanke, vor der Geschäftsführung zu präsentieren, bereitet mir Unbehagen, obwohl ich das Thema fachlich beherrsche.	1	2	3	4	5
8. Wenn ich eine andere Meinung vertrete, dann fühle ich mich zu oft unsicher, was andere über mich denken.	1	2	3	4	5

8 ESKALATION ALS MACHTMITTEL IN PROJEKTEN

Eskalation wird häufig negativ verstanden, im Sinne von der Konflikt eskaliert, wird stärker und unkontrollierbarer. Dieses Verständnis ist mit Eskalation im Rahmen des Projektmanagements definitiv nicht gemeint. Vielmehr handelt es sich um eine mehr oder minder geregelte Vorgehensweise, um Probleme mit Entscheidungsvorlagen »nach oben, eine Stufe höher« zu kommunizieren, und zwar dann, wenn Entscheidungen im Team nicht getroffen werden können oder dürfen. Der Projektmanager trägt beispielsweise deshalb den Prioritätenkonflikt die Treppe hinauf ins Steering Committee, weil der Prioritätenkonflikt weder vom Projektteam noch von dem Projektmanager geklärt werden kann. Manche Projektmanager interpretieren Eskalation deshalb als persönliche Schwäche, weil sie die Probleme oder Konflikte nicht selbst lösen können und auf die Entscheidungsmacht des oberen Managements angewiesen sind. Diese Betrachtungsweise ist falsch, denn sie verkennt die strukturellen Machtverhältnisse. Projektmanager müssen die strukturell bedingten Grenzen ihrer Einflussmöglichkeiten erkennen und deshalb eskalieren. Das setzt voraus, dass er seine eigene Rolle und die Rolle der Entscheidungsträger – Auftraggeber, Lenkungsausschuss – versteht und entsprechend handelt. »Erfolgreiches Projektmanagement steht und fällt mit Rollenbewusstsein«, d. h. der Projektmanager darf den Auftraggeber, die Mitglieder des Steering Committees oder die Führungskräfte der Projektmitarbeiter nicht aus ihrer Rollenverantwortung entlassen (Lomnitz 2007, S. 3).

Rollenbewusstsein ist nichts Abstraktes, sondern es lässt sich durch folgende Fragen, die als Beispiele zu verstehen sind, konkretisieren:

- Können im Team auftretende Interessenkonflikte zwischen zwei Organisationseinheiten oder Prioritätenkonflikte innerhalb des Teams überhaupt gelöst werden? Wenn nein, wer hat die Verantwortung, diese zu lösen?

- Wer hat im Projekt die Rollenverantwortung, einen Konflikt zu lösen?
  Die Frage bezieht sich auf die Verantwortung im Projekt und nicht im Projektteam. Setzen Sie nicht Projekt gleich mit Projektteam, denn das Projektteam ist ein Subsystem des Projekts. Der Auftraggeber oder das Steering Committee sind Teil des Projekts, gehören aber nicht zum Projektteam.

8.1 ESKALATION – DAS HANDWERKSZEUG

Eskalation gehört zum professionellen Projektmanagement. Das Eskalationsverfahren im Projektmanagement regelt, an wen sich der Projektmanager mit welchen Themen, wann und in welcher Form wenden muss. Doch das allein reicht nicht aus. Er muss das Handwerk der Eskalation auch beherrschen. Hier kommt es vor allem auf das »social standing« an.

Worauf sollten Sie achten, um gekonnt zu eskalieren?

8.1.1 DIE EIGENEN MÖGLICHKEITEN WIRKLICH AUSSCHÖPFEN

- Bevor Sie eskalieren, die eigenen und die Möglichkeiten des Teams ausreizen.

- Fragen Sie sich selbst: »Habe ich alles unternommen, bevor ich eskaliere?« Diese Frage sollten Sie mit einem eindeutigen »Ja« beantworten können.

- Diskutieren Sie im Team die gleiche Frage: »Haben wir alles getan, was in unserer Macht steht, um das Problem zu lösen?« Auch diese Frage sollte im Team mit einem eindeutigen »Ja« beantwortet werden.

- Klären Sie die Meinungen der Projektmitarbeiter bezüglich des Problems. Haben alle das gleiche Problemverständnis oder gibt es unterschiedliche Sichtweisen? Möglicherweise werden Zielkonflikte nur von einigen gesehen, andere sehen das Problem nicht. Eine Konsens-Dissens-Analyse bietet dem Projektmanager die Chance, die Sichtweisen und die Rückendeckung der Projektmitarbeiter zu klären. Je eindeutiger sich das Team positioniert, desto besser kann der Projektmanager die Probleme eskalieren.

8.1.2 INTERESSEN UND POLITIK BEACHTEN

- Wählen Sie den richtigen Ansprechpartner aus.

- Normalerweise ist der Adressat für die Eskalation bekannt, das ergibt sich aus dem Eskalationsverfahren. Trotzdem bleibt die Frage nach dem richtigen Ansprechpartner in Entscheidungsgremien. Wer hat die formelle Entscheidungsmacht und wer besitzt informellen Einfluss? Der Projektmanager muss die richtigen Personen zum richtigen Zeitpunkt ansprechen.

- Achten Sie auf die stufengerechte Eskalation.

- Bevor sich der Projektmanager bei personellen Ressourcenproblemen an das Steering Committee wendet, sollte er zunächst mit dem Linienvorgesetzten des Projektmitarbeiters sprechen. Es gehört zum guten Stil, Eskalation anzukündigen.

- Es ist ratsam, im Vorfeld informelle Beziehungen zu nutzen. Die Unterstützung eines Opinion Leaders kann den Entscheidungsprozess im Steering Committee in die gewollte Richtung lenken.

- Die Rückendeckung des eigenen Linienmanagements klären. Der Projektmanager sollte sich auf die Unterstützung des eigenen Vorgesetzten verlassen können. Deshalb sollte er im Vorfeld der Eskalation die Ziele und gegebenenfalls auch das Vorgehen mit dem Vorgesetzten besprechen.

8.1.3 EINE GUTE PRÄSENTATION IST DIE BASIS FÜR KLARE ENTSCHEIDUNGEN

- Eine prägnante Präsentation mit den relevanten Informationen erwarten Entscheidungsträger. Zugegeben, die rechte Balance zwischen zu detaillierten und zu oberflächlichen Inhalten ist nicht immer einfach zu finden. Die Faustregel lautet: So kurz wie möglich, jedoch nicht so kurz, dass die Kernaussagen auf der Strecke bleiben. Selbstverständlich müssen Sie die Konsequenzen des Problems aufzeigen und Empfehlungen ausarbeiten. Bei allem Verständnis für ein Management Summary, lassen Sie sich nicht so stark methodisch einzwängen, dass die Inhalte darunter leiden.

- Erläutern Sie die Gründe und Ziele der Eskalation. Erklären Sie gegebenenfalls, warum das Problem im Team nicht geklärt werden kann.

8.1.4 ACHTEN SIE AUF KLARE UND VERBINDLICHE ENTSCHEIDUNGEN

- Prüfen Sie, welche Ergebnisse Sie dem Projektteam mitteilen können.

- Achten Sie auf den gruppendynamischen Prozess im Entscheidungsgremium:
  - Gerade bei heiklen Themen sollten Sie auf die Reaktionen der beteiligten Personen achten. Wer stimmt zu? Wer schüttelt den Kopf? Wer stellt besonders kritische Fragen?
  - Wer ist am Klärungsprozess interessiert und wer nicht?
  - Wird über das Kernthema gesprochen oder gerät man immer wieder in thematische Nebenstraßen?
  - Konsens und Dissens im Steering Committee herausarbeiten:
    - Welche Probleme oder Lösungen werden von den Mitgliedern des Steering Committees geteilt und wo gibt es konträre Meinungen?
    - Beziehen sich unterschiedliche Sichtweisen auf Inhalte oder auf das Vorgehen?
    - Erläutern Sie die Konsequenzen der bestehenden Unterschiede für das Projekt.

- Bieten Sie gegebenenfalls Unterstützung, um die bestehenden Unterschiede zu überwinden.
- Klären Sie, bis wann Sie mit einer klaren und verbindlichen Entscheidung rechnen können. Versuchen Sie, einen festen Termin zu vereinbaren. Wer die Zeit beeinflusst, der übt Macht aus.

8.1.5 KONFLIKTVERLAGERUNG VERMEIDEN

- Der Projektmanager eskaliert nur dann, wenn die eigenen Möglichkeiten ausgeschöpft sind. So sollte es jedenfalls sein. Er kann von Entscheidungsträgern erwarten, dass sie verbindlich entscheiden, ansonsten werden sie ihrer Aufgabe nicht gerecht. Die Praxis sieht manchmal anders aus. Statt zu entscheiden, werden die Probleme wieder auf den Projektmanager und die Projektmitarbeiter zurückdelegiert. Das geschieht in unterschiedlicher Weise:
  - »Entscheidungen werden verschoben. Weisen Sie auf die Folgen für das Projekt hin. Entlassen Sie die Entscheidungsträger nicht aus ihrer Verantwortung.« (Lomnitz 2007, S. 6)
  - Man erwartet vom Projektmanager Lösungen, die er in seiner Rolle nicht bieten kann. Erklären Sie, warum es Ihnen in Ihrer Funktion als Projektmanager nicht möglich ist, das Problem zu lösen bzw. die Entscheidung zu treffen.
  - Das Steering Committee fordert noch weitere Informationen und bittet den Projektmanager um eine vertiefte Analyse – eine bewährte Taktik, um Entscheidungen zu vertagen. Prüfen Sie, welche Informationen konkret fehlen oder ob die Fakten nicht längst auf dem Tisch liegen. Wenn Sie der Meinung sind, dass die relevanten Informationen für die Entscheidung vorhanden sind, müssen Sie es klar zum Ausdruck bringen.
  - Verständnis ist gut, Handeln ist besser. Einzelne Mitglieder des Steering Committees zeigen in informellen Gesprächen tiefes Verständnis für die schwierige Situation des Projektmanagers. Gerne würde man die Entscheidung herbeiführen, doch die politischen Verhältnisse in der Geschäftsführung verhindern leider eine schnelle Entscheidung. Dafür muss der Projektmanager doch Verständnis haben, schließlich kennt er doch die Praxis. Vorsicht Fallgrube! Der Projektmanager soll eingelullt werden, indem man ihn ganz im Vertrauen in die politischen Ränkespiele einweiht. Das ehrt, aber unter dem Strich hat der Projektmanager nichts gewonnen. Zu viel Verständnis ist manchmal ein hervorragender Weg, um Probleme zu stabilisieren. Entlassen Sie deshalb die Entscheidungsträger nicht aus ihrer Verantwortung.

- **Flüchten oder standhalten?**
  Wird im Steering Committee keine klare Entscheidung getroffen, stehen Sie vor einer Grundsatzentscheidung. Zunächst müssen Sie die zu erwartenden Konsequenzen für das Projekt unmissverständlich kommunizieren, und zwar mündlich und schriftlich. Des Weiteren müssen Sie selbst entscheiden, ob Sie unter diesen Voraussetzungen das Projekt weiter leiten können und wollen. Zugegeben, es ist wirklich nicht einfach,

hier eine eindeutige Position zu beziehen. Das hängt von vielen Faktoren ab, von den beteiligten Personen, von der Rückendeckung der Vorgesetzten, von Ihren beruflichen Alternativen, von Ihrer wirtschaftlichen Situation oder von der moralischen Unterstützung durch die Partnerin bzw. den Partner. Doch wenn auf den oberen Ebenen des Managements keine klare Entscheidung getroffen wird, könnte man Ihnen später die Verantwortung in die Schuhe schieben. Sie stehen also letztlich vor der Kernfrage: Flüchten oder standhalten? Wie immer Sie sich entscheiden, Sie wissen, es ist nicht möglich, sich nicht zu entscheiden!

WIEDERHOLUNGSFRAGEN

- Wie kann Macht definiert werden?
- Welche Bedeutung hat Macht im Rahmen der Projektarbeit? Bitte nennen Sie drei Situationen, in denen der Projektmanager sich mit Machtprozessen auseinandersetzen muss!
- Welche Kernfragen stellen sich für den Projektmanager dann, wenn Macht als Interaktionsprozess betrachtet wird?
- Was ist der Unterschied zwischen formeller und informeller Macht?
- Bitte nennen Sie je vier Beispiele für personelle und für strukturelle Macht!
- Welche Machtbasen können nach French und Raven unterschieden werden?
- Wodurch unterscheidet sich Macht durch Wissen von Macht durch Informationsvorsprung?
- Welche Abhängigkeiten können in Kundenprojekten auftreten? Bitte nennen Sie mindestens vier Punkte!
- Eine Drohung kann nur dann wirken, wenn …
- Wodurch unterscheidet sich Macht durch Zwang von Macht durch Verführung?
- Welche Möglichkeiten haben Sie, um der »Verführung durch Packen bei der Ehre« nicht auf den Leim zu gehen?
- Welche Bedeutung hat die Unterscheidung zwischen der Täter-Opfer-Beziehung und dem Interaktionsmodell?
- Was kennzeichnet persönliche Autorität?
- Bitte nennen Sie mindestens fünf Punkte, auf die der Projektmanager achten muss, wenn er ein Problem eskaliert!

LITERATURVERZEICHNIS

Verwendete Literatur

Canetti, E. (1986): Masse und Macht; Frankfurt am Main: S. Fischer Verlag.

French, J. R. P., Jr., & Raven, B. (1959). The bases of social power. In D. Cartwright (Ed.), Studies in social power (S. 150–167). Oxford, England: Univer.

GPM (Hrsg.) (2017): Individual Competence Baseline für Projektmanagement – Version 4.0. Nürnberg: GPM Deutsche Gesellschaft für Projektmanagement e. V.

Hansel, J.; Lomnitz, G. (2000): Projektleiter-Praxis, Berlin, Heidelberg, New York: Springer Verlag.

Lomnitz, G. (2003a): Macht in Projekten-Motor oder Bremse? PM-Magazin 05/2003.

Lomnitz, G. (2007): Eskalation statt Resignation. PM-Magazin 22/2007.

Lomnitz, G. (2014): Autorität – mehr als ein Schlagwort. PM-Magazin 09/2014.

Popitz, H. (1992): Phänomene der Macht. Tübingen: Mohr Siebeck.

Sennett, R. (1985), Autorität, Frankfurt am Main: S. Fischer Verlag.

Sprenger, R. (1992): Mythos Motivation – Wege aus einer Sackgasse. Frankfurt am Main, New York, Campus Verlag.

Weiterführende Literatur

Ameln, H. (2016): Macht in Organisationen: Denkwerkzeuge für Führung, Beratung und Change Management (Systemisches Management), Schäffer, Pöschel, 10/2016.

Anter, A. (2012): Theorien der Macht, Junius Verlag.

Canetti, E. (1986): Masse und Macht. Frankfurt am Main: S. Fischer Verlag GmbH.

Doppler, K. (1999): Dialektik der Führung – Opfer und Täter. München: Gerling Akademie Verlag.

Frankfurt, H. G. (2006): Bullshit. Frankfurt am Main: Suhrkamp Verlag.

Greene, R. (1999): Power – die 48 Gesetze der Macht. München, Wien: Carl Hanser Verlag.

Lomnitz, G. (2003b): Nicht-Entscheiden hat System – Ursachen erkennen und richtig reagieren, Projektmagazin, 16/2003.

Luhmann, N. (2013): Macht im System, Frankfurt am Main: Suhrkamp Verlag.

Machiavelli, N. (2016): Der Fürst, Anaconda, 2016.

McClelland, D. (1978): Macht als Motiv. Stuttgart: Klett-Cotta.

Morgan, G. (2006): Images of Organization. London, California: SAGE Publications Ltd., 4. Auflage.

Neuberger, O. (1988): Spiele in Organisationen, Organisationen als Spiele. In: Küpper, W.; Ortmann, G. (1988): Mikropolitik – Rationalität, Macht und Spiele in Organisationen. Opladen: Westdeutscher Verlag GmbH.

Pfeffer, J. (1992): Managing with Power – Politics and Influence in Organizations. USA: HBS Press.

3.5 KULTUR UND WERTE

Autor: Clemens Drilling

Clemens Drilling (Jahrgang 1961) ist seit 25 Jahren im internationalen Projektmanagement tätig. Als Projekt-, Programm- und Portfoliomanager führte er multikulturelle Projektteams und beschäftigt sich seit 15 Jahren mit der Integration der harten PM-Methoden und den sogenannten weichen Faktoren. Heute begleitet er als Geschäftsführer der newTrust GmbH – dem Pionier im Integralen Projektmanagement – Unternehmen in ihrer kulturellen und organisatorischen Transformation. Er ist Vorsitzender des Präsidialrats der GPM und Assessor für PM-Zertifizierungen.

Co-Autor: Nino Grau

Prof. Dr. Nino Grau absolvierte ein Studium der Informatik und Wirtsch.-Ing. mit der Promotion »Entscheidungsfindung im Team«. Consultingtätigkeit in Industrie und Hochschulen im Bereich IT, Projekt- und Prozessmanagement. Initiator des ersten Studiengangs »Dipl. PM« sowie nationale und internationale (Welt-)kongresse, PM Excellence Award. Mitglied im Redaktionsbeirat »PMaktuell«, GPM Vorstand, IPMA-Vice President im Executive Board sowie Ehrenmitglied der GPM und PM-Gesellschaft von Nepal und Mitglied ISO und DIN Normenausschuss PM.

Co-Autor: Alfred Oswald

Dr. Alfred Oswald, ist Geschäftsführer des Consulting Instituts IFST-Institute for Social Technologies GmbH für Agile Organisationen. Er ist Leiter der GPM Fachgruppe Agile Management. Sein Arbeitsgebiet ist die Transformation projektorientierter Organisationen zu Organisationen 4.0. Er ist Co-Autor der Collective Mind Methode sowie der Bücher »Projektmanagement am Rande des Chaos« und »Management 4.0 – Handbook for Agile Practices«.

INHALT

Das Kompetenzelement **464**

Definition und nahestehende Begriffe **465**
    Zweck 469
    Einordnung / Bezüge zu anderen Elementen 469

Theorien, Konzepte und Modelle **469**
    Das Ebenenmodell der Unternehmenskultur nach Edgar Schein 469
    Das Integrale Modell 472
    Das Werte-Entwicklungsmodell Spiral Dynamics 476
    Die Kulturdimensionen von Hofstede 482
    Die Kultur- und Führungsdimensionen der GLOBE Studie 484

Praxis **489**
    Spannungsfeld Organisations- und Projektkultur 489
    Der Ethik-Kodex der GPM 491
    Die Kernwerte der GPM 493

Wiederholungsfragen **494**

Literaturverzeichnis **495**

1 DAS KOMPETENZELEMENT

Menschen arbeiten in Projekten zusammen, deren soziale Projektumwelten durch Individuen, interessierte Parteien, Organisationen geprägt sind, ja sogar durch Nationen und Gesellschaften, in denen sie durchgeführt werden. Bereits Cooke-Davies stellte fest: »… es sind die Menschen, die Projektergebnisse liefern, nicht Prozesse und Systeme.« (Cooke-Davies 2002) und so beziehen erfolgreiche Projekte deren Kultur und Werte in ihr Management mit ein (Nohria 2000).

Gesellschaften und Organisationen verkörpern soziale Systeme, in denen das persönliche Verhalten in einen sozialen Kontext gemeinsamer Werte, Visionen, Normen, Symbole, Überzeugungen, Gewohnheiten, Ziele usw. – d. h. in eine gemeinsame Kultur – eingebettet ist. Kultur ist dabei der über die Zeit gewachsene Bestand an gemeinsamen grundlegenden Überzeugungen, der das Verhalten der Organisationsmitglieder meist unsichtbar, unbewusst und unreflektiert steuert. Diese Kultur hat formelle, explizite Ursprünge und Aspekte (wie das Leitbild der Organisation und die Unternehmenswerte) sowie informelle, eher implizite Aspekte (wie Überzeugungen, gängige Praktiken usw.). Darüber hinaus agiert jede Organisation in einer Gesellschaft, die ebenfalls eine bestimmte Kultur (und möglicherweise Subkulturen) hat, und zwar mit eigenen Werten, Normen, Symbolen, Überzeugungen, Gewohnheiten usw. Alle diese kulturellen Aspekte beeinflussen die Art und Weise, wie Menschen innerhalb der Gesellschaft, Organisation und den Projekten miteinander und mit allen weiteren internen und externen Stakeholdern interagieren. Projekte sind oft wichtige Bestandteile der Stammorganisation. Gleichzeitig sind Projekte temporäre Organisationen, deren interne Kultur zunächst gebildet und dann mit den externen Kulturen und Werten abgestimmt werden muss.

> **ICB 4** Das Kapitel »Kultur und Werte« beschreibt die Herangehensweise, um Kulturen und Werte der Organisation und der Gesellschaft, in denen das Projekt angesiedelt ist, zu verstehen und zu berücksichtigen. Dabei muss der Einzelne auch erkennen, welche Auswirkungen diese kulturellen Einflüsse auf das Projekt haben und wie dieses Wissen in das Management des jeweiligen Projekts einfließen kann (GPM 2017).

Während des gesamten Projektverlaufs – beginnend mit der Initialisierung – muss der Einzelne die relevanten Kulturen, die intern und extern auf das Projekt einwirken, erkennen, ihre Einflüsse auf das Projekt einschätzen und geeignete Maßnahmen ergreifen können, um die Projektziele auf möglichst effizientem und effektivem Weg zu erreichen.

Dies geschieht mitunter durch die bewusste Gestaltung der eigenen Projektkultur. Sie wird maßgeblich durch die projektauftraggebende Organisation und die Projektleitung gestaltet. Beide übernehmen Verantwortung für die Strukturen im Projekt mit ihren Wahrnehmungs- und Verteilungssystemen und prägen die Kultur auf den sichtbaren Ebenen der Werte, Normen und Symbole. Über die systematische Auswahl jener Vorgänge, denen besondere Aufmerksamkeit zukommt, sowie durch die bewusste und unbewusste Beeinflussung der Wert- und Denkmuster innerhalb des Projekts wird Kultur geschaffen.

Das Projektmanagement hat sich in den letzten Jahrzehnten grundlegend weiterentwickelt, von einem Werkzeugkasten für Methoden und Techniken hin zu einem Führungsinstrument für Innovation und Wandel in Wirtschaft, Staat und Gesellschaft. Die Projektgovernance beinhaltet die dazu benötigten Verantwortlichkeiten, Regelwerke, Managementprozesse und Wertesysteme. Damit wird die Bildung einer geeigneten Kultur, in der erfolgreiches Projektmanagement stattfinden kann, zur wesentlichen Aufgabe von Projektgovernance.

2 DEFINITION UND NAHESTEHENDE BEGRIFFE

Der Versuch, Kultur greifbar zu machen und zu definieren, füllt sowohl in den Sozial- als auch den Geisteswissenschaften ganze Bücher (z. B. Lüddemann 2010; Larise 2009). Die Resultate reichen dabei von der These, dass Kultur überhaupt nicht definiert werden solle (Segall 1984), bis zu sehr differenzierten Begriffsbestimmungen (Straub 1999).

Als Ausgangspunkt für die Bestimmung kultureller Unterschiede und im Hinblick auf die Verbesserung der Zusammenarbeit zwischen Menschen aus unterschiedlichen Kulturen scheint eine anwendungs- und handlungsbezogene Definition hilfreich zu sein (Schein 2018). Solche Definitionen unterscheiden sich oft in starkem Maße voneinander. Schein (1985) versteht Kultur als »Ansammlung gemeinsamen Lernens einer Gruppe, die Probleme der externen Anpassung und der internen Integration löst.« Hofstede wiederum bezeichnet Kultur als »the collective programming of the mind« (Hofstede 2010).

Die Autoren sehen in der Definition von Thomas die wirksamste Kulturdefinition für das Projektmanagement. Thomas (1993) entwirft eine anwendungsbezogene und doch differenzierte Definition von Kultur: »*Kultur ist ein universelles, für eine Gesellschaft, Organisation und Gruppe aber sehr typisches Orientierungssystem. Dieses Orientierungssystem wird aus spezifischen Symbolen gebildet und in der jeweiligen Gesellschaft usw. tradiert. Es beeinflusst das Wahrnehmen, Denken, Werten und Handeln aller ihrer Mitglieder und definiert somit deren Zugehörigkeit zur Gesellschaft. Kultur als Orientierungssystem strukturiert ein für die sich der Gesellschaft zugehörig fühlenden Individuen spezifisches Handlungsfeld und schafft damit die Voraussetzungen zur Entwicklung eigenständiger Formen der Umweltbewältigung.*« (Thomas 1993, S. 380)

Kultur entsteht mit der Bildung einer menschlichen Gemeinschaft, sie bestimmt die Einstellung dieser Gemeinschaft zur Außenwelt, zu ihren Mitgliedern und ihr Selbstverständnis. Sie markiert die Grenzen der Zugehörigkeit und ist damit auch ein Teil des individuellen Identitätsverständnisses der Mitglieder. Als kollektive Identität schafft sie nicht hinterfragte Rahmenbedingungen des Wahrnehmens, Entscheidens und Handelns und bestimmt den Raum der Möglichkeiten einer Gemeinschaft.

Für das Verständnis des weiteren Textes in diesem Kapitel sind die folgenden Definitionen deshalb wichtig, weil sie entweder Teil der vorgestellten Konzepte sind (Schein, Hofstede, Wilber, Graves) oder einen direkten Bezug zum Projektmanagement haben.

Kulturdimensionen
Das Konzept der Kulturdimensionen basiert auf der grundlegenden Idee, dass es Themen oder Wertvorstellungen gibt, mit denen sich alle Kulturen dieser Welt auseinandersetzen und für die sie Antworten entwickeln müssen. Diese Annahme impliziert, dass alle Kulturen miteinander vergleichbar sein müssen, sobald deren Antworten und Positionen zu den jeweiligen Wertfragen bekannt sind. Damit kann diese Herangehensweise auch als universalistisch bezeichnet werden, weil sie kulturübergreifende allgemeine Gültigkeit für sich beansprucht. Ausgehend von diesen Überlegungen, wurden im Laufe der vergangenen Jahrzehnte verschiedenste Konzepte entwickelt (Hofstede 2001; Trompenaars 1993; Schwartz 1994), wobei der wohl bekannteste Vertreter und Pionier der wissenschaftlichen Untersuchung kultureller Wertorientierungen der Niederländer Geert Hofstede ist (→ Abschnitt 3.4 Die Kulturdimensionen von Hofstede).

Werte
Werte können als eine Reihe von Konzepten definiert werden, welche die Grundlage für die Handlungen der Mitglieder einer Gemeinschaft bilden. »Das, was uns wichtig ist.« Werte spiegeln kulturspezifische, gefühlsmäßige Einstellungen sowie wertende Aussagen bezüglich gut/böse etc. wider. Auch verdeutlichen sie die wünschenswerten Ziele einer Gesellschaft oder Organisation. Viele Organisationen beschreiben in ihrer Strategie auch Unternehmenswerte. Explizite Definitionen von Werten sind verstärkt auch in Ethik-Kodizes von Organisationen enthalten (GPM 2015).

Klima
Dies ist das Gefühl, das in einer Gruppe durch räumliche Gestaltung und die Art entsteht, wie die Mitglieder der Organisation untereinander, mit Kunden und mit der Gruppe der Nichtzugehörigen interagieren. Das Klima wird teilweise als kulturelles Artefakt verstanden, aber auch als eigenes Phänomen, das es zu analysieren gilt (Schein 2018).

Identität und Selbstbild
Es geht hierbei darum, wie die Organisation sich selbst sieht, und zwar in Bezug auf »Wer sind wir?«, »Was ist unser Ziel?« oder »Wie machen wir das?« (Hatch und Schultz 2004). Im Projektkontext wirkt die Formulierung einer Projektvision, und zwar oft in Form der Projekt-Change-Story oder des Projekt-Elevator-Pitches, für die Projektmitglieder identitätsstiftend.

Rituale

Darunter ist die Art und Weise zu verstehen, wie eine Gruppe Schlüsselmomente, die wichtigen Werte oder auch »Übergänge« ihrer Gruppe feiert, beispielsweise den Abschluss eines wichtigen Projekts sowie weitere Meilensteine (Trice, Beyer 1993; Deal, Kennedy 1999). In Projekten kann auch die Aufnahme bzw. das Verabschieden von Projektmitgliedern ritualisiert sein. Wesentliche Rituale im Projektverlauf sind die wichtigsten (regelmäßigen) Zusammenkünfte der Projektbeteiligten, wie beispielsweise das Projekt-Kickoffmeeting, das Jour-fixe Meeting im Projektteam, die Meilenstein-Besprechungen mit den Lenkungsgremien und das Projektabschlusstreffen mit seinen Lessons learned. Rituale transportieren gemeinsamen Sinn und dokumentieren Zugehörigkeit.

Metaphern und Symbole

Es handelt sich dabei um die Art und Weise, wie sich eine Gruppe entwickelt und selbst charakterisiert, die durch die Architektur, die Büroraumkonzepte und andere materielle Artefakte der Gruppe verkörpert wird. Diese kulturelle Ebene bezieht sich auf die emotionalen und ästhetischen Reaktionen der Mitglieder. Für Projekte können in diesem Zusammenhang Artefakte des Projektmarketings, wie Projektlogo, projektspezifische Dokumentenvorlagen oder projektspezifisch ausgestattete (teilweise virtuelle) Projekträume, angeführt werden.

Branchenkultur

Unternehmen eines bestimmten Industriezweigs können aufgrund des gleichen Einsatzes von Technologien, gleicher Produkte oder Vertriebsarten eine eigene professionelle Kultur, eine Branchenkultur, bilden. Dabei handelt es sich um die kulturellen Standards einer Branchengemeinschaft, in der eigene Interpretations- und Wertmuster zu verzeichnen sind, die sich in Form von bestimmten Standesregeln und Berufsbildern manifestieren. Beispielsweise können Unternehmen der IT-Branche kollektive Spezifika herausbilden. Nach Bleicher (1992) ist unter Branchenkultur die Summe der kulturellen Standards einer Branche zu verstehen. Sie ist als Teil des kulturellen Unternehmensumfelds anzusehen (Vieregg 2009).

Projektkultur

Motzel und Möller (Motzel, Möller 2006) beschreiben Projektkultur als die Gesamtheit der von Wissen, Erfahrung und Tradition beeinflussten Verhaltensweisen der Projektbeteiligten und der generellen Einschätzung der Projektbeteiligten durch das Projektumfeld.

Die Projektkultur zeigt sich u. a. in spezifischen Projektorganisationen, Führungs- und Arbeitsstil, Erscheinungsbild des Projektteams nach außen, Teamauswahl, Art und Weise der Kommunikation und des Umgangs miteinander, Aufmachung und Gestaltung von Dokumenten (z. B. Projekt-Handbuch), Räumlichkeiten, Entscheidungs- und Problemlösungsprozesse sowie in der allgemeinen Leistungsbereitschaft der Projektbeteiligten. Jedes Projekt entwickelt seine eigene Kultur.

Eine Projektkultur ist immer vorhanden und zeigt ihre Wirkung, und zwar ungeachtet der Tatsache, ob ein Team bereit ist, sich mit diesem Phänomen bewusst und explizit auseinanderzusetzen (Pradel 2013).

Projektkulturen bilden sich aufgrund der interdisziplinären Zusammensetzung des Projektteams einschließlich des Einflusses der eingebrachten Unternehmenskulturen externer Leistungsträger als – in bestehende Unternehmenskulturen eingebettete – Subkulturen aus. Projekte entwickeln eine eigenständige, charakteristische Kultur, welche die Persönlichkeit des Projekts in Form eines gelebten Wertesystems zum Ausdruck bringt. Die herrschende Projektkultur übt entscheidenden Einfluss auf die Sichtweise der Projektaufgabe, Art der Lösungssuche, Risikobereitschaft, allgemeine Leistungsmotivation etc. aus, d. h.: Die **Projektkultur prägt ein Projekt** und vice versa.

Eine bewusst gestaltete, auf Vertrauen, Kommunikation, Engagement und Freiräumen für selbstständiges Handeln basierende Projektkultur birgt entscheidende Erfolgspotenziale für das Projekt. Eine starke Projektkultur kann somit als Fundament einer erfolgreichen Projektrealisierung charakterisiert werden. Kultursymbole, z. B. Festivitäten, Informationsveranstaltungen, und Aktionssymbole, wie regelmäßige Zusammenkünfte im Projekt, repräsentieren das Zugehörigkeitsgefühl und unterstützen das »Wir-Gefühl« der Projektgruppe.

Projektmanagementkultur

Das Projektmanagement Lexikon (Motzel, Möller 2006) definiert die Projektmanagementkultur als organisatorische, ethische, soziale, wertorientierte, personal- und unternehmenspolitische Rahmenbedingungen einer Organisation zur Einführung und bei der praktischen Durchführung, Weiterentwicklung und ständigen Verbesserung des Projektmanagements.

Eine positive PM-Kultur zeichnet sich u. a. durch folgende Elemente aus:

- Verpflichtung und Aufmerksamkeit der obersten Leitung der Organisation zum Projektmanagement
- Einrichtungen und Maßnahmen zum Projekt-, Programm- und Portfoliomanagement
- Personalentwicklungs- und Qualifizierungsprogramme sowie Vergütungs- und Anreizsysteme für das Projektmanagement-Personal
- Bewahrung der erprobten und bewährten Projektkultur
- Projektbasierte Erfahrungssicherung und Wissensmanagement
- Die Wertschätzung der Projektarbeit innerhalb eines Unternehmens
- Bereitschaft zur Abgabe von Macht aus der Organisation an das Projekt
- Kooperationsbereitschaft zwischen Personen und Abteilungen
- Kommunikations- und Konfliktfähigkeit der Projektbeteiligten und Linienverantwortlichen

2.1 ZWECK

Um das Verhalten von Personen zu erkennen und zu verstehen, sind die Kenntnis ihrer Zugehörigkeit zu Gruppen (Organisation, Branche, Nation) und die Kultur dieser Gruppen wichtig. Diese Kenntnis versetzt den Einzelnen dazu die Lage, die kulturellen Aspekte in das Projektdesign, die Projektziele und alle Projektprozesse mit einzubeziehen und damit gleichermaßen sowohl die Erreichung der Projektziele als auch die Nachhaltigkeit der Arbeitsergebnisse sicherzustellen.

Der Projektmanager erlangt zudem die Fähigkeit, Projekte im multikulturellen Kontext unter Einbeziehung der unterschiedlichen Kulturen dadurch zu führen, dass er eine wirksame Projektkultur gestaltet.

2.2 EINORDNUNG / BEZÜGE ZU ANDEREN ELEMENTEN

Es bestehen starke Beziehungen zu den Kapiteln »Governance, Strukturen und Prozesse«, »Stakeholder«, »Führung«, »Teamarbeit« und »Selbstreflexion und Selbstmanagement«, »Change und Transformation« und vor allem zum Kapitel »Internationale Projektarbeit«.

Darüber hinaus Links zu allen Persönlichen und Sozialen Kompetenzen.

3 THEORIEN, KONZEPTE UND MODELLE

3.1 DAS EBENENMODELL DER UNTERNEHMENSKULTUR NACH EDGAR SCHEIN

Die Kultur eines Unternehmens ist deshalb wichtig, weil Entscheidungen, die in Unkenntnis der kulturellen Mechanismen getroffen werden, unerwartete und unwillkommene Folgen haben können. Man muss also Unternehmenskultur ernst nehmen, zumal sich ihre Auswirkungen antizipieren lassen und man entscheiden kann, ob man sie will oder nicht (Schein 2003).

Nach Schein resultiert Kultur aus den kollektiven Erfahrungen von Menschengruppen, insbesondere Organisationen. Kultur ist die Summe aller gemeinsamen, selbstverständlichen Annahmen, die eine Gruppe in ihrer Geschichte erlernt hat. In seinem Drei-Ebenen-Modell der Kultur erläutert Schein seine Vorstellung in Bezug auf die Eigenschaften und Beziehungen verschiedener Kulturelemente.

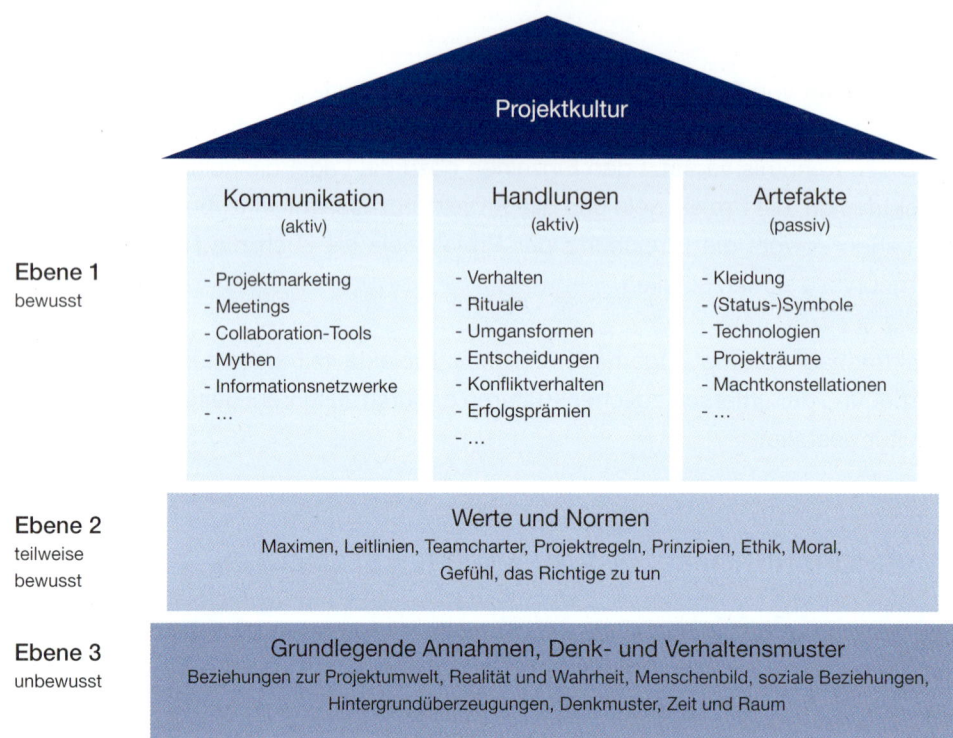

Abb. 3.5-1: Projektkultur – Elemente und Beziehungen (in Anlehnung an Schein 1985)

Die unbewussten, als gegeben hingenommenen grundlegenden Annahmen, Denk- und Verhaltensmuster bilden die Basis der Kultur (Ebene 3). Es bedarf vieler Informationen von und Gespräche mit den »Insidern« einer Organisation zur Artikulation dieser Kulturelemente, denn sie bestimmen wesentlich die Kulturelemente der Ebenen 2 und 1. Die Besonderheit der Basisannahmen sieht Schein darin begründet, dass diese sich durch eine Tendenz zur Selbstverstärkung auszeichnen.

Die oberste Ebene der Kultur bilden die Artefakte als sichtbare Elemente, Strukturen und Prozesse. Diese sind zwar leicht zu beobachten, aber sehr schwer zu entziffern. Es werden hierunter alle sichtbaren und hörbaren Objekte, wie Architektur, Technologie, Produkte, Verhaltensweisen, Sprache, sowie Schöpfungen, wie Mythen, Geschichten, Rituale, Zeremonien etc., verstanden (Ebene 1). In der Abbildung 3.5-1 sind diese für Projektkulturen gruppiert in »Kommunikation«, »Handlungen« und »Artefakte«.

Die Werte und Normen als mittlere Ebene des Modells vermitteln zwischen den Grundannahmen und den konkret beobachtbaren Elementen der Organisations- bzw. Projektkultur (Ebene 2).

Zwischen den Ebenen wirken die folgenden Mechanismen:

1) Neue Artefakte können neue Werte hervorrufen.

2) Werte rufen Artefakte hervor bzw. leiten Artefakte an.
3) »Erfolgreiche Werte« diffundieren zu Grundannahmen.
4) Grundannahmen »überprüfen« neue Werte.

Das 3-Ebenen-Modell gilt für Makrokulturen, wie Nationen, Branchen und teilweise globale Unternehmen, ebenso wie für Mikrokulturen, wie Abteilungen, Arbeitsteams, Projektorganisationen, die Schein als offene kulturelle Inseln im Rahmen einer Organisation qualifiziert. Die Abbildung zeigt typische Elemente der drei Ebenen in Projekten.

Projektmanager wirken in vielfacher Hinsicht prägend auf die Kultur ihres Projekts dadurch, dass sie sich auf bestimmte Themen fokussieren, sie regelmäßig beobachten, messen und kontrollieren,

- durch die Art und Weise, wie sie auf kritische Ereignisse und Krisen im Projekt reagieren,
- durch die beobachtbare Anwendung von Kriterien, nach denen sie knappe Ressourcen allozieren,
- durch bewusstes Vorbildverhalten, Mentoring und Coaching von Projektteammitgliedern,
- durch die beobachtbare Anwendung von Kriterien, nach denen sie Projektteammitglieder rekrutieren, auswählen, befördern oder aus dem Projekt ausschließen,
- durch die Art und Weise der Kommunikation und die Organisation der Zusammenarbeit,
- durch die Art und Weise, wie sie Fehler messen und daraus Konsequenzen ziehen.

Das wichtigste Mittel zur Erarbeitung von Wissen über die Kultur ist der Dialog, der in Form von möglichst vielen persönlichen Gesprächen sowohl mit einzelnen Personen als auch Gruppen zu führen ist. Der Prozess der Kulturanalyse erfolgt in mehreren Schritten über die drei Ebenen, ausgehend von den Artefakten, über die Werte, bis hin zu den Grundannahmen. Die ersten beiden Ebenen sind als explizite, »sichtbare« Ebenen relativ leicht zu beobachten und zu analysieren.

Durch Beobachtung, Dokumentenstudium und persönliche Gespräche mit Einzelnen oder in Gruppen können beispielsweise die folgenden zehn Fragen beantwortet werden, um eine **Kulturanalyse** auf der Ebene der Artefakte (Ebene 1) durchzuführen:

1. Welche Kleidungsvorschriften gibt es? Bis zu welchem Grad halten sich die Projektbeteiligten daran?
2. Wie formal sind die Autoritätsbeziehungen? In welcher Projektorganisation findet das Projekt statt?
3. Welche Regelungen existieren zur Strukturierung der Arbeitszeit und in der Abgrenzung zur Freizeit? Werden Überstunden und Arbeit an Wochenenden als höherer Einsatz für das Projekt bewertet oder als Vernachlässigung der notwendigen Life-Work-Balance?
4. Welche Projektbesprechungen finden statt und in welcher Form (Frequenz, Grad der

Formalisierung (Einladung/Agenda/Protokoll/Timing), Art der Moderation)? Berücksichtigen diese Regelungen die bei den Projektteammitgliedern vorhandenen unterschiedlichen Kulturen?

5. Wie werden Entscheidungen getroffen? Stehen dokumentierte Prozesse und Erfolgskriterien dafür zur Verfügung? Sind diese den Projektteammitgliedern bekannt? Zu welchem Grad werden diese in der Praxis angewendet? Gibt es ein Entscheidungslogbuch?

6. Kommunikation: Wie erfährt man was? Existiert ein Kommunikationsplan? Wird dieser umgesetzt?

7. Welcher Sprachjargon wird im Projekt verwendet? Wird er den Kulturen im Projekt gerecht?

8. Welche Symbole der Projektidentität existieren? Sind sie rein formaler Natur oder stiften sie bei den Projektmitgliedern tatsächlich Identität und Zugehörigkeit?

9. Welche Rituale werden im Projekt praktiziert? Wie wird mit Erfolgen und Misserfolgen umgegangen? Wie werden Fehler behandelt?

10. Meinungsverschiedenheiten und Konflikte: Wie wird damit umgegangen?

Prinzipiell führt der Weg zu den tieferen Schichten der Kultur über die Identifizierung der Widersprüche und Konflikte zwischen offenem Verhalten, Maßnahmen, Regeln und Praktiken (den Artefakten) der Ebene 1 und den öffentlich bekundeten Werten und Normen, die in Aussagen zu Mission, Vision und Strategie sowie Politik und anderen Leitlinien des Managements formuliert werden (Ebene 2).

Die dritte Ebene der unbewussten Glaubenssätze hingegen erweist sich als schwer zugänglich und analysierbar. Diese »unsichtbare« Schicht gilt als die eigentliche mächtige Instanz einer Kultur. Um eine Kultur zu verstehen oder gar zu verändern, muss man sich auf diese tiefste Ebene ihrer unausgesprochenen Grundannahmen begeben.

3.2 DAS INTEGRALE MODELL

Das Integrale Modell (Wilber 2000) erweitert das 3-Ebenen-Modell der Kultur von Schein, indem es einerseits neben den kulturellen auch alle anderen Artefakte von Gesellschaft und Organisationen aufnimmt und andererseits über die Kultur hinaus auch die Persönlichkeit der Einzelpersonen verortet. Damit ist es ein umfassenderes Modell, das auch die Verbindung von methodischem Projektmanagement und Führung beschreibt und in seinen dynamischen Elementen (Wilber 2000; Drilling 2016) zudem die Verbindung zwischen Projektmanagement und Change Management berücksichtigt.

Das integrale Modell umfasst insgesamt vier Perspektiven, mit deren Hilfe eine Gesellschaft, eine Organisation, aber auch eine Projektorganisation oder ein Projektteam und auch die Sicht auf die Welt (auf Organisationen, Projekte, ...) untersucht und dargestellt werden können.

Abb. 3.5-2: Die 4 Perspektiven des Integralen Projektmanagements (in Anlehnung an Barrett 2016, S. 65)

Die vier Perspektiven unterteilen horizontal die subjektive (Innen-) und die objektive (Außen-)Sicht auf das »System« sowie vertikal das Individuelle und das Kollektive:

- Die **subjektive Innensicht des Individuums (P1)** umfasst seine individuelle Geisteshaltung, sein Denken und seine Emotionen, seine Motivation und die individuellen Werte (seine Persönlichkeit). Diese steht in Wechselbeziehung mit der Kultur derjenigen Gruppen, denen er angehört (Familie, Freunde, Berufskollegen usw.).

- Die **objektive Außensicht des Individuums (P2)** im Projekt umfasst seine Kompetenz, die Fertigkeiten und seine Leistungsfähigkeit, aber auch das individuelle Verhalten (die individuellen Artefakte von Scheins Ebene 1).

- Die **subjektive Innensicht des Kollektivs (P3)** betrifft die Team-, Projekt- und Unternehmenskultur, die sich in gemeinsamen Wertvorstellungen und in gelebten Werten sowie der Qualität der Kommunikation und Zusammenarbeit äußert (einschließlich der Grundannahmen der Gruppe aus Scheins Ebene 3).

- Die **objektive Außensicht des Kollektivs (P4)** umfasst beispielsweise den Projektprozess (Initiieren, Planen, Durchführen, Kontrollieren, Beschließen), die Projektorganisation mit ihren Aufgaben, die Kompetenzen (im Sinne von Befugnissen) und Verantwortungen, aber auch den Projektgegenstand mit seinen Zielen und Werkzeugen sowie die Strategien und Systeme (die kollektiven Artefakte aus Scheins Ebene 1 genauso wie die gewählten Werte und Normen aus Ebene 2).

Diese vier Perspektiven existieren nicht unabhängig voneinander, sondern wirken aufeinander ein. Beispielsweise prägt die Geisteshaltung des Individuums in ganz außerordentlicher Weise sein Verhalten in der Gegenwart anderer (Perspektive 1 wirkt auf Perspektive 2 ein). Das Verhalten der einzelnen Teammitglieder – und davon insbesondere derjenigen mit formeller Macht oder informellem Einfluss – bestimmt die Kultur der Zusammenarbeit und die tatsächlich gelebten Werte (Perspektive 2 wirkt auf Perspektive 3 ein). Schließlich erzeugt die jeden Tag emergierende Kultur die tatsächlich gelebte Ausprägung der Prozesse, Strukturen und Systeme. Hier sind auch Scheins gewählte Werte zu verorten (Perspektive 3 wirkt auf Perspektive 4 ein).

Das Modell begreift Kultur und insbesondere Werte als essenziellen Teil einer umfassenden Betrachtung des Projektmanagements und kann sowohl für das Design eines Projekts eingesetzt werden als auch für dessen Steuerung, Fortschrittsüberwachung (z. B. Meilensteinreviews) oder Problemdiagnose.

Das folgende Beispiel präsentiert eine Problemdiagnose mithilfe des Integralen Modells. Gegeben sei das Problem, dass Meilensteinergebnisse (immer wieder) nicht zum geplanten Termin vorliegen. Welche Ursachen können dafür verantwortlich sein? Abbildung 3.5-3 beschreibt Aspekte für das Meilensteinkonzept in allen vier Perspektiven.

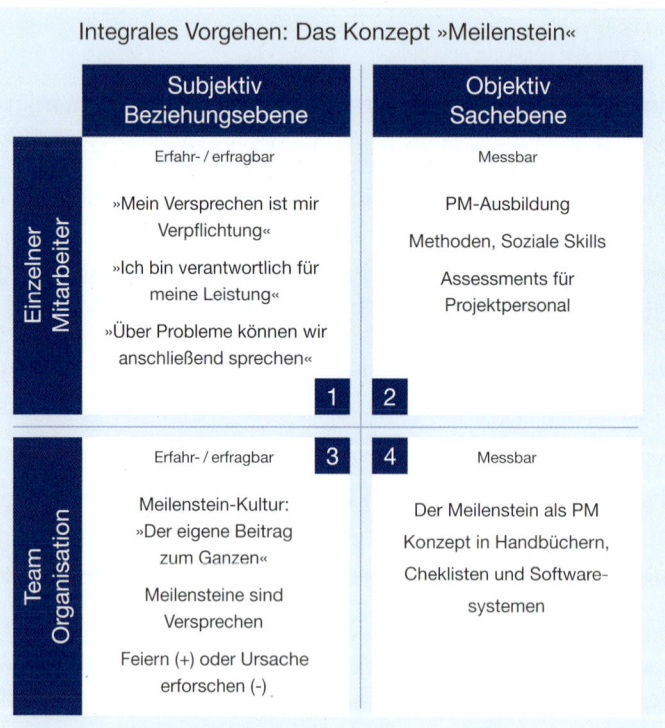

Abb. 3.5-3: Erfolgsfaktoren für das Konzept Meilenstein

In Perspektive 1 ist die notwendige innere Haltung der Projektteammitglieder beschrieben, damit sie Ergebnisse zum geplanten Meilensteintermin tatsächlich liefern. »Mein Versprechen ist mir Verpflichtung« und »Ich bin verantwortlich für meine Leistung« sind beispielsweise solche inneren Haltungen. Zur Problemdiagnose können folgende Fragen dienen: »Inwieweit ist die notwendige Haltung bei meinen Mitgliedern vorhanden?«, »Wie können wir rational und emotional noch einmal die Wichtigkeit von Meilensteinen verdeutlichen?«

Individuelle Haltungen führen in Perspektive 2 zu individuellem Verhalten. Der Einzelne muss das Wissen über die Bedeutung von Meilensteinen als ausgezeichnete Messpunkte im Projekt, an denen die Erreichung wichtiger Ergebnisse gemessen wird, haben und anwenden können. Zur Problemdiagnose in Perspektive 2 können folgende Fragen dienen: »Kennt jedes einzelne Mitglied die Bedeutung von Meilensteinen?«, »Durch welche Weiterbildungsangebote kann das Wissen darüber erworben bzw. vertieft werden?« Welche Maßnahmen erhöhen die Fertigkeit der Mitglieder im Umgang mit Meilensteinen?«

Das Verhalten des Einzelnen, insbesondere der Führungskräfte im Projekt und der Autoritätspersonen sowohl in der formellen Hierarchie als auch in den informellen Netzwerken der Organisation, prägt entscheidend die tatsächlich gelebten Werte und die Kultur im Projekt (Perspektive 2 wirkt auf Perspektive 3 ein). Zur Problemdiagnose können folgende Fragen dienen: »Welche Rituale praktiziert die Organisation, um das erfolgreiche Erreichen der Meilensteinergebnisse anzuerkennen?«, »Welche Konsequenzen hat das Nichterreichen von Meilenstein-Ergebnissen?« oder auch »Wie ausgeprägt ist die Fehlerkultur in der Organisation?«.

Die gelebte Kultur einer Organisation in Perspektive 3 prägt auch die verschriftlichte Zusammenarbeit in Form von Prozess- und Rollenbeschreibungen sowie die Verteilung von Befugnissen und Verantwortungen (Perspektive 4). Zur Problemdiagnose in dieser Perspektive können folgende Fragen dienen: »Sind in den Prozessbeschreibungen die Meilensteine und ihre Wichtigkeit für die Projektfortschrittsmessung ausreichend beschrieben?«, »Sind diesbezügliche Rollen mit ihren Verantwortungen und Befugnissen schriftlich dokumentiert und werden diese auch angewendet?«, »Muss die Dokumentation verbessert werden?«.

Das **Integrale Modell ist dynamisch**, dass bedeutet: In jeder Perspektive kann Entwicklung stattfinden. Entwicklungen sind dann nachhaltig, wenn sie ausbalanciert in allen vier Perspektiven stattfinden.

3.3 DAS WERTE-ENTWICKLUNGSMODELL SPIRAL DYNAMICS

Spiral Dynamics stellt ein Modell zur Entwicklung von Werten und Kulturen in Gesellschaften und Organisationen dar. Es wurde von Don Beck und Chris Cowan (Beck, Cowan 2007) auf der Grundlage der Forschungen von Clare W. Graves entwickelt.

Graves beschreibt mit Spiral Dynamics die Kulturentwicklung seit dem Beginn menschlicher Gesellschaften. Er fand in seinen empirischen Studien folgende **Gesetzmäßigkeiten der Werte- und Kulturentwicklung** heraus:

- Kulturentwicklung findet nicht kontinuierlich, sondern in einem schrittweisen Prozess von einer Kulturstufe (er bezeichnet sie als Ebene) zur nächsten statt.

- Jede Entwicklungsebene bietet eine wirksame Anpassung an die jeweilige Umwelt. Es gibt keine schlechtere oder bessere Ebene, sondern nur eine bessere oder schlechtere Anpassung an die Umwelt.

- In jeder Entwicklungsebene bilden sich spezifische Kulturelemente (Grundannahmen, Denkmuster, Werte, Kulturartefakte im Sinne Scheins) aus.

- Auf jeder Entwicklungsebene existieren positive und potenziell limitierende Ausprägungen der Kulturelemente nebeneinander.

- Der Übergang von einer Entwicklungsebene zur nächsten findet dann statt, wenn die gegenwärtigen Kulturelemente nicht mehr zur geeigneten Anpassung an die Umwelt ausreichen.

- Die jeweils nächste Entwicklungsebene schließt die vorhergehende im Sinne zunehmender Komplexität ein. Daher finden sich in einer gegenwärtigen Kultur immer auch Elemente vorheriger Kulturen.

- Jede einzelne Kulturebene wird von einer Gesellschaft in ihrer Entwicklung durchlebt, es kann keine »übersprungen« werden.

Die Reihenfolge ist zwingend und leitet sich aus dem historisch ersten Auftreten der jeweiligen Kulturebene ab. Beck und Cowan gaben jeder Ebene einen Farbcode, der auch im Folgenden verwendet wird (Beck, Cowan 2007).

Das Modell ordnet einer Kulturebene auch eine Menge an (typischen) Werten einer bestimmten Organisationsform zu und unterstützt dadurch sowohl die Wissensgenerierung über die aktuell vorhandene Kultur als auch das Herausarbeiten von Maßnahmen zur gezielten Einflussnahme auf diese Kultur. Es verbindet darüber hinaus – wie Schein – die Wertesysteme und Grundannahmen jeder Ebene mit den in dieser Ebene vornehmlich auftretenden Artefakten, wie Strukturen, Strategien und Prozessen. Das macht es außerordentlich wertvoll für das Verständnis von Kultur und ihrer Gestaltungskraft. Zudem gibt es – als Erweiterung des Modells von Edgar Schein – auch Hinweise auf mögliche Kulturebenen aus der Vergangenheit und für die Zukunft und fügt damit eine zeitliche Dimension hinzu.

Damit unterstützt das Modell Spiral Dynamics den Einzelnen darin, die Werte der projekttragenden Organisation und des Projektumfelds zu verstehen und das Projekt an diese Werte möglichst optimal anzupassen.

Die folgende Auswahl beschränkt sich auf diejenigen Ebenen, die heute in Organisationen gegenwärtig sind. In den folgenden Abschnitten sind Ideen von Krumm et al. (2014), Laloux (2014) und Oesterreich (2016) mit aufgenommen und nach einheitlichen Gesichtspunkten strukturiert worden.

Organisationen mit einer Machtkultur (Spiral Dynamics Farbcode: Rot)
Rote Organisationen, sogenannte Einzelkämpfer-Unternehmen (vgl. Krumm 2014), vermitteln ihren Mitgliedern Sicherheit durch machtvolles Handeln (Machtkultur). Eine autoritäre Hierarchie von Individuen handelt, indem sie mit entsprechenden Befehlsketten eine Aufgabenteilung bewirken.

Unternehmen oder Einheiten, in denen Rot vorherrscht, zeichnen sich durch starke Kämpfe um die Rangordnung und Machtverteilung aus. Aufgrund der »Ellenbogen-Mentalität« werden Nachteile für andere billigend in Kauf genommen oder sogar zum eigenen Vorteil herbeigeführt. Wir finden dieses Verhalten heute oft in Unternehmen mit einem aggressiven Vertrieb, der auf Ausbeutung der einzelnen Person abzielt.

Tab. 3.5-1: Kennzeichen von Organisationen mit einer Machtkultur (in Anlehnung an Krumm 2014, S. 68; Beck, Cowan 2007, S. 343 ff.)

Metapher	**Macht (Spiral Dynamics Farbcode: Rot)**
Grundthema/ Kultur	Sei, was du bist, und mach, was du willst, sofort und ohne jede Rücksichtnahme!
Individuelle Haltung	»Wer die größte Macht hat, setzt sich durch.«, »Ich will alles … jetzt!«, »Wer nicht für mich ist, ist gegen mich (und wird platt gemacht)«.
Typische Werte	Marktmacht, Unabhängigkeit, Bewunderung, Respekt, Macht, der eigene Vorteil zählt, Vermeidung von Schande, Egoismus, Ausbeutung
Strukturen	Strenge Hierarchien, geringe funktionale Gliederung, eine autoritäre Führungspersönlichkeit oder kleine Führungsgruppe
Prozesse	Ganz wenige Prozesse, keine Prozesse der Planung oder Steuerung
Strategie	Erobern neuer Märkte, schneller Ertrag, Machtgewinn
Organisationsbeispiele	Strukturvertriebe; Organisationen, die nach dem Akkord-Lohn-System arbeiten; oft auch Organisationen, die sich in einer radikalen Veränderung befinden.

Organisationen mit einer Loyalitätskultur (Spiral Dynamics Farbcode: Blau)
Blaue Organisationen verschaffen ihren Mitgliedern durch für alle Gesetze und Regeln ein hohes Maß an Sicherheit (Loyalitätskultur). Sie sind konformistisch gekennzeichnet: Jeder hat sich an die Gesetze zu halten. Die Gesetze wiederum werden von einer Hierarchie gestaltet und durchgesetzt. Die Macht obliegt aber nicht mehr einzelnen Individuen, sondern wird durch die Rollen und Ränge in der Hierarchie definiert. Nur der jeweilige Rollenträger hat die Macht und das auch nur so lange, wie er diese Rolle innehat.

Tab. 3.5-2: Kennzeichen von Organisationen mit einer Loyalitätskultur (in Anlehnung an Krumm 2014, S. 71 und Beck, Cowan 2007, S. 364 ff.)

Metapher	**Wahrheit, Loyalität (Spiral Dynamics Farbcode: Blau)**
Grundthema	Das Leben hat einen Sinn und eine Richtung mit vorherbestimmtem Ausgang.
Individuelle Haltung	»Regeln sind einzuhalten und werden nicht hinterfragt.«, »Ordnung und Struktur sind wichtig und Selbstzweck.«, »Gehorsam und Disziplin geben Sicherheit und werden in ferner Zukunft belohnt.«
Typische Werte	Loyalität, Ordnung, Sicherheit und Klarheit, Gerechtigkeit, Disziplin, Ehre und Titel, Status
Strukturen	Streng hierarchisch, Überreglementierung, Bürokratie; Führung eher autoritär, geringe Förderung von selbstständigem Denken, Projekte in Einfluss-Organisation
Prozesse	Klar geregelte und wiederholbare Prozesse, sequenziell und geordnet, auch planende und steuernde Prozesse; Projektmanagement als Prozess mit klaren Aufgaben und einem ebenso klaren Rollenmodell.
Strategie	Existenz und Größe des Unternehmens sichern, langfristige Handlungsperspektiven
Organisationsbeispiele	Ämter und Behörden, wie Polizei, Finanzämter, die katholische Kirche, viele deutsche Großunternehmen, traditionell Banken und Versicherungen

Organisationen mit einer Leistungskultur (Spiral Dynamics Farbcode: Orange)
Diese Unternehmen stellen die individuelle Leistung(-sfähigkeit) ihrer Mitglieder in den Mittelpunkt (Leistungskultur).

Individuelle Zielvereinbarungen, eine hohe Leistungsorientierung, strategisches Handeln und ganz allgemein ein ausgeprägter Materialismus sind Kennzeichen dieser Organisationen.

Unternehmen der Leistungskultur sind bis heute stark vertreten. Mithilfe ihres Leistungsprinzips bringen sie viele Innovationen hervor. Der unbedingte Leistungsanspruch scheint für den Einzelnen jedoch auch Legitimation dafür zu sein, korrumpierende Handlungen zu begehen bzw. sich korrumpieren zu lassen.

Tab. 3.5-3: Kennzeichen von Organisationen mit einer Leistungskultur (in Anlehnung an Krumm 2014, S. 73 und Beck, Cowan 2007, S. 387 ff.)

Metapher	Leistung und Erfolg (Spiral Dynamics Farbcode: Orange)
Grundthema	Handle im eigenen Interesse und spiele, um zu gewinnen.
Individuelle Haltung	»Ich will ganz oben stehen. Platz 1 ist mein Platz.«, »Erfolg, insbesondere finanzieller, ist alles!«, »Mit teuren Autos und teuren Uhren bin ich der Gewinner im System.«, »Karriere ist wichtig, ebenso die Zugehörigkeit zu den Reichen und Schönen.«
Typische Werte	Leistung (insbesondere die individuelle), Erfolg, Wertschöpfung, Zielorientierung, Umsatz-Wachstum, Fokussierung, Prinzip der Selbstverantwortung, Freiheit und Herausforderung, unternehmerische Verantwortung, Kundenorientierung
Strukturen	Projekte in Autonomer- oder Matrix-Organisation, prozessorientiert, bereichsübergreifende Vernetzung, Integration von Partnern zur Sicherung von Wettbewerbsvorteilen
Prozesse	Projektmanagement, Reife, übergreifende Prozesse, insbesondere Planungsprozesse, Prozesse der Strategieumsetzung, Kennzahlensysteme, messbare Ziele, starke IT-Unterstützung, (Multi-)Projektmanagement
Strategie	Streben nach Erfolg, Sicherung oder Verbesserung der Marktposition
Organisationsbeispiele	Viele Dienstleistungs- und Sachleistungsunternehmen, multinationale Unternehmen, börsennotierte Unternehmen

Organisationen mit einer Teamkultur (Spiral Dynamics Farbcode: Grün)
Bei Organisationen mit einer Teamkultur steht die Gemeinschaft im Vordergrund, Individuen dürfen sich nur hervorheben, soweit sie von der Gemeinschaft dazu ermächtigt werden. Sicherheit resultiert aus den sozialen Beziehungen innerhalb der Gemeinschaft, diese sind wichtiger als die erbrachte Leistung. Autorität basiert auf der sozialen Verlässlichkeit, starker Werteorientierung und hoher fachlicher Expertise. Grüne Organisationen sind explizit kulturorientiert mit Leitbildern und Werte-Kodizes.

Tab. 3.5-4: Kennzeichen von Organisationen mit einer Teamkultur (in Anlehnung an Krumm 2014, S. 76 und Beck, Cowan 2007, S. 413 ff.)

Metapher	Team und Gemeinschaft (Spiral Dynamics Farbcode: Grün)
Grundthema	Betone die Leistung der Gruppe und sei aufmerksam für menschliche Bedürfnisse.
Individuelle Haltung	»Lass uns reden, das ist wichtig.«, »Wir diskutieren, bis wir alle der gleichen Meinung sind.«, »Hauptsache gemeinsam, dann kommt der Erfolg schon.«
Typische Werte	Gemeinschaft, Flexibilität, persönliches und menschliches Wachsen; Wertschätzung, gemeinsam mehr erreichen, als der Einzelne es kann, Konsens, Fehlerkultur
Strukturen	Projekte in Matrix- und Netzwerk-Organisationen
Prozesse	Reife Planungs-, Steuerungs- und Wertschöpfungsprozesse, Fokus auf werteorientiertes Projektmanagement
Strategie	Streben nach Erfolg, welcher ökonomische Komponenten gleichwertig mit Nachhaltigkeit und menschlichen Komponenten umfasst.
Organisations-beispiele	Moderne Dienstleistungs- und Sachleistungsunternehmen, Non-Profit-Organisationen

Organisationen mit einer Innovationskultur (Spiral Dynamics Farbcode: Gelb)
Organisationen mit Innovationskultur sehen ihren Erfolg in ihrer Wirksamkeit, ihre Werte und ihren Sinn zu verbreiten und einen Beitrag zum Gemeinwohl zu leisten. Geld ist hier auch relevant, aber nur als Mittel zum Zweck. In ihnen werden eigenmächtige Entscheidungen getroffen, die allerdings kooperativ, konsultierend und an gemeinsamen Prinzipien ausgerichtet sind. Konsultative Einzelentscheidungen und nebenläufige Entscheidungsverfahren sind hier typisch.

Tab. 3.5-5: Kennzeichen von Organisationen mit einer Innovationskultur (in Anlehnung an Krumm 2014, S. 79 und Beck, Cowan 2007, S. 438)

Metapher	Innovation (Spiral Dynamics Farbcode: Gelb)
Grundthema	Finde einen pragmatischen Weg, um Synergien zu schaffen, nicht auf Kosten von anderen.
Individuelle Haltung	»Wissen ist wichtig«, »Vernetzung bringt uns weiter.« »Es geht darum, Synergien zu schaffen, lebenslang zu lernen, und das für die jeweilige Situation Sinnvollste zu tun.«, »Neues und Veränderung sind grundsätzlich attraktiv.«

3.5 – Kultur und Werte

Metapher	**Innovation (Spiral Dynamics Farbcode: Gelb)**
Typische Werte	Wachstum, Innovation, Integration, Flexibilität, Offenheit, Eigenverantwortung, Kompetenz, Selbst-Management, Ganzheitlichkeit, Sinnhaftigkeit
Strukturen	Netzwerkstrukturen, situationsspezifisches Einsetzen aller Strukturen der vorhergehenden Kulturstufen; Projektmanagement in vernetzten Partnerstrukturen
Prozesse	Sehr reife und optimierte Prozesse, alle Prozesse und Strukturen gelten der Schaffung von Mehrwert durch die eingesetzten Ressourcen; Projekt-Governance als Führungsinstrument
Strategie	Netzwerk des Gebens und Nehmens, Produkt- bzw. Dienstleistung stehen im Vordergrund, nicht die Organisation
Organisationsbeispiele	Schnell wachsende Organisationen, die ihre Tochtergesellschaften in Netzwerken organisieren, Think Tanks, Wissensnetzwerke

Entwicklungsebenen:	Werte in Projekten und ihren Umwelten	
Ebene	Projektumwelten	Projekt
Innovation (gelb)	Führung durch kooperative Eigenermächtigung Prinzipienorientiert Sicherheit durch evolutionäre Entwicklung und Sinn	**Möglichkeiten und Ko-Kreation** Projektleiter entwickelt Prozesse und Strukturen situationsgerecht mit dem Projektteam.
Gleichheit (grün)	Führung als ermächtigte Dienstleistung Gemeinschaftsorientierung Sicherheit durch soziale Beziehungen	**Wissen und Kompetenz** Projektleiter als Kommunikator, der die fachlichen Kompetenzträger moderiert.
Leistung (orange)	Führung durch individuelle Ziele Leistungsorientiert Sicherheit durch Materialismus	**Individuelle Leistung** Projektleiter als Macher, starke Ergebnisorientierung an Zielen und Auftraggebern.
Wahrheit (blau)	Führung durch gemeinsame Regeln Hierarchieorientiert Sicherheit durch Gesetze	**Klarheit und Effizienz** Projektleiter als Herr der PM-Prozesse, die stets und genau anzuwenden sind.
Macht (rot)	Führung durch autoritäre Anweisungen Persönlichkeitsorientiert Sicherheit durch machtvolles Handeln	**Überleben** Projektleiter als Held und »Feuerwehrmann«, der im Modus Notfall-/Krisenbewältigung arbeitet.

Abb. 3.5-4: Ebenen der Werteentwicklung. (in Anlehnung an Oesterreich 2016, S. 17 f.)

3.4 DIE KULTURDIMENSIONEN VON HOFSTEDE

Die internationale Zusammenarbeit in Projekten, seien es länderübergreifende Projektaufgaben oder multikulturelle Projektteams, führt dazu, dass verschiedene Kulturen aufeinandertreffen. Der Einzelne sollte daher das Modell unterschiedlicher Kulturdimensionen nach Hofstede kennen, um die zunehmende kulturelle Diversität in Projekten zu bewältigen.

Hofstede benennt in seinem Modell fünf Dimensionen, mit denen sich Kulturen beschreiben und unterscheiden lassen (Hofstede 2006):

1. **Machtdistanz:** Akzeptanz von Macht- und Autoritätsunterschieden innerhalb einer Kultur aus der Perspektive der Nichtmächtigen. So akzeptieren z. B. Menschen aus asiatischen Kulturen, dass Ungleichheit existiert und zu Abhängigkeiten von Machtinhabern führt, während Menschen aus westlichen Ländern eher die Beseitigung von sozialer Ungleichheit fordern.

2. **Individualismus versus Kollektivismus:** Ausprägungen sind hier ein niedriger (Individualismus) oder hoher (Kollektivismus) Grad der Einbindung des Einzelnen in gesellschaftliche Gruppen. Menschen in den USA haben traditionell hohe Individualismus-Werte, Menschen aus Lateinamerika die stärksten Werte im Blick auf Kollektivismus.

3. **Maskulinität versus Femininität:** Bedeutung von Werten, wie z. B. Härte, Erfolg, Durchsetzungsvermögen und Karrierestreben, werden als maskulin etikettiert; Werte, wie Bescheidenheit, Sensibilität, oder Lebensqualität, als feminin.

4. **Unsicherheitsvermeidung:** Grad, bis zu dem Menschen uneindeutige oder unbekannte Situationen, in denen keine Regeln erkennbar sind, als bedrohlich empfinden und mit Stress reagieren.

5. **Langzeit- versus Kurzzeitorientierung:** Ausrichtung auf künftigen Erfolg (Langzeitorientierung) oder gegenwärtigen Erfolg (Kurzzeitorientierung). Kurzzeitorientierung betont Werte, wie Freiheit, Rechtssicherheit, Leistung und Selbständigkeit; Langzeitorientierung dagegen Anpassung, Ehrlichkeit, Selbstdisziplin oder lebenslange Einbindung in soziale Netze. Konfuzianische Kulturen, wie China, Japan, Taiwan und andere, sind von Langzeitorientierung geprägt, westliche Länder dagegen in starkem Maße durch Kurzzeitorientierung gekennzeichnet.

Es ist wichtig zu erwähnen, dass Hofstede in keiner seiner Dimensionen eine absolute Bewertung (»gut« versus »schlecht«) vornimmt. Er beschreibt vielmehr stets eine relative Bewertung im Sinne von Ähnlichkeit beziehungsweise Unähnlichkeit zweier Kulturen.

Dementsprechend ist das Verständnis von Projekten und Projektmanagement kulturell verschieden. Begriffe werden unterschiedlich interpretiert. Zudem bestehen zusätzlich oftmals differente Vorstellungen hinsichtlich der Projektmanagement-Kompetenzen. Die Kontext-, Persönliche und Soziale Kompetenzen sowie die im Blick auf das Projektmanagement Technischen Kompetenzen sind zwar kulturunabhängige Bestandteile des Projektmanagements, werden jedoch kulturbedingt unterschiedlich interpretiert und umgesetzt. Dies hat zur Folge, dass die inhaltliche Ausgestaltung, z. B. von Projektorganisationen, Konfliktmanagement oder Risikomanagement, entsprechend variiert. Um ein gemeinsames Vorgehen in einem multikulturellen Projektteam zu vereinbaren, wird insofern mehr Zeit benötigt, um Einigungen über Definitionen, Vorgehensweisen und Erwartungen zu erzielen. Die schriftliche Dokumentation der erzielten Ergebnisse und Vereinbarungen beispielsweise in einer Team Charter ist eine wesentliche Unterstützung über den gesamten Projektverlauf hinweg.

Die Dynamik der Projektumwelten nimmt seit Jahren stetig zu. Damit steigt auch der Grad an Unsicherheit, in dem Entscheidungen getroffen und Probleme gelöst werden müssen. Deswegen wird hier die Dimension der Unsicherheitsvermeidung exemplarisch detailliert beschrieben. Für die Dimension Unsicherheitsvermeidung sind die Werte des Unsicherheitsvermeidungsindex (UVI) für ausgewählte europäische Länder in folgendem Diagramm dargestellt (je höher der UVI-Wert ist, desto stärker ist die Unsicherheitsvermeidung):

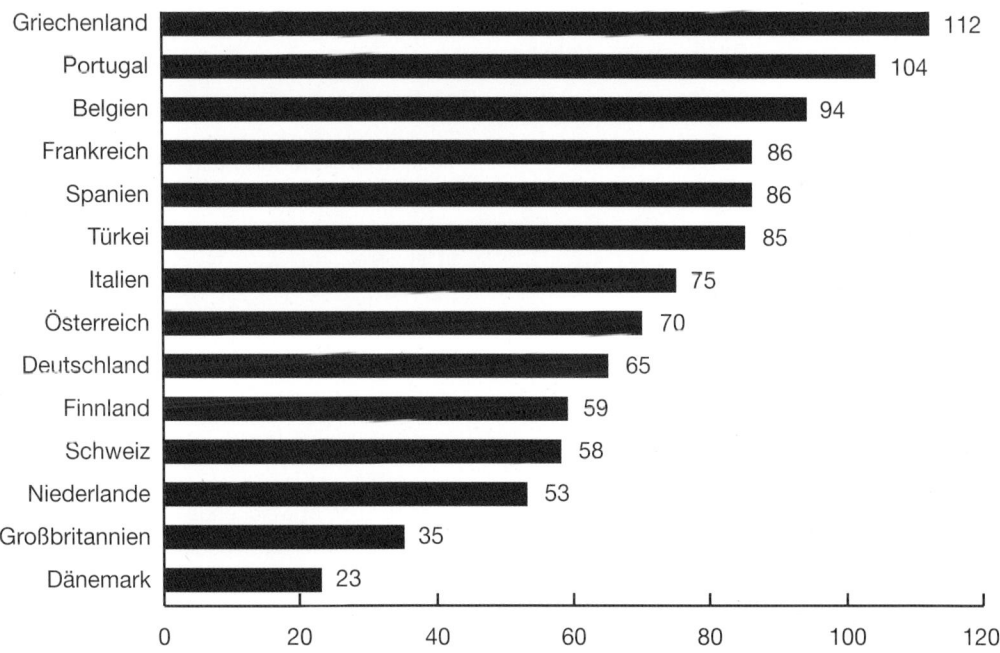

Abb. 3.5-5: Unsicherheitsvermeidungsindex (UVI) ausgewählter europäischer Länder (Hofstede 1993, S. 133)

Die unterschiedlichen UVI-Werte haben auf multikulturelle Projekte Auswirkungen, die es zu erkennen und im Projektkontext zu berücksichtigen gilt.

Gerade bei Beteiligung von Projektmitgliedern aus Ländern mit stark voneinander abweichenden UVI-Werten gilt es, diese Unterschiede möglichst frühzeitig im Projekt zu thematisieren und einen wirksamen und für die Beteiligten akzeptablen Umgang damit zu finden und zu praktizieren.

Die in der folgenden Tabelle aufgelisteten exemplarischen Unterschiede zwischen schwacher und starker Unsicherheitsvermeidung können beim Umgang mit Unsicherheiten in Projekten eine Hilfe sein:

Tab. 3.5-6: Hauptunterschiede zwischen europäischen Gesellschaften in Bezug auf Unsicherheitsvermeidung (Hofstede 1993, S. 146)

Schwache Unsicherheitsvermeidung	Starke Unsicherheitsvermeidung
Unsicherheit (Ungewissheit) ist eine normale Erscheinung im Leben und wird täglich hingenommen, wie sie gerade kommt.	Die dem Leben innewohnende Unsicherheit wird als ständige Bedrohung empfunden, die es zu bekämpfen gilt.
Geringer Stress; subjektives Gefühl des Wohlbefindens.	Großer Stress; subjektives Gefühl der Angst.
Aggression und Emotionen darf man nicht zeigen.	Aggression und Emotionen können bei Bedarf und Gelegenheiten herausgelassen werden.
Uneindeutige Situationen mit unbekannten Risiken werden akzeptiert.	Akzeptanz bekannter Risiken; Angst vor uneindeutigen Situationen und unbekannten Risiken.
Es sollte nicht mehr Regeln geben als unbedingt notwendig.	Emotionales Bedürfnis nach Regeln, und selbst dann, wenn diese nicht funktionieren.
Zeit ist ein Orientierungsrahmen.	Zeit ist Geld.
Wohlbefinden bei Müßiggang; harte Arbeit nur dann, wenn erforderlich.	Bedürfnis nach Geschäftigkeit; innerer Drang nach harter Arbeit.
Präzision und Pünktlichkeit müssen erlernt werden.	Präzision und Pünktlichkeit sind natürliche Eigenschaften, sie liegen vor oder nicht vor.
Toleranz gegenüber abweichenden und innovativen Gedanken.	Unterdrückung abweichender Gedanken und Verhaltensweisen; Widerstand gegen Innovation.
Beispiele sind Großbritannien und Dänemark.	Beispiele sind Griechenland und Portugal.

3.5 DIE KULTUR- UND FÜHRUNGSDIMENSIONEN DER GLOBE STUDIE

Das internationale Forschungsprogramm zu »Global Leadership and Organizational Behavior Effectiveness (GLOBE)« hat sechs Führungsdimensionen als wesentliche Bestandteile der Kultur von Organisationen identifiziert, die in jeder Kultur als mehr oder weniger erstrebenswert erachtet werden (House, Hanges, Javidan, Dorfmann, Gupta 2004). Zu diesen gehören charismatische Führung, teamorientierte Führung, partizipative Führung, menschliche Führung, autonome Führung und defensive Führung (siehe Tabelle 3.5-7).

Tab. 3.5-7: Führungsdimensionen nach GLOBE (in Anlehnung an House et al. 2004, S. 235 ff.)

Führungs-dimension	Beschreibung	Beschreibende Merkmale
Charismatische Führung	Das Ausmaß, in dem Mitarbeiter auf der Basis positiver Werte und mit hohen Leistungserwartungen inspiriert und motiviert werden.	Vision Inspiration Motivation Selbstaufopferung Entscheidungsfreudigkeit Erfolgsorientierung
Teamorientierte Führung	Das Ausmaß, in dem gemeinsame Ziele implementiert und Arbeitseinheiten (Teams) entwickelt werden.	Orientierung am Erfolg des gesamten Teams Integration der Teammitglieder Diplomatisch Verwaltungstechnisch kompetent Gemeinsames Verständnis Gemeinsame Ziele
Partizipative Führung	Das Ausmaß, in dem andere an Entscheidungen beteiligt werden.	Einbindung von Teammitgliedern bei der Vorbereitung von Entscheidungen Einbindung von Teammitgliedern bei der Umsetzung von Entscheidungen Delegation von Aufgaben
Menschliche Führung (human-orientiert)	Das Ausmaß, in dem zwischenmenschlich unterstützend, fair, höflich und umsichtig agiert wird.	Unterstützung Aufmerksamkeit Mitgefühl Generosität
Autonome Führung	Das Ausmaß, in dem unabhängig von anderen und in individueller Art und Weise agiert wird.	Unabhängigkeit Individualistisch Autonom
Defensive Führung (selbstschützende)	Das Ausmaß, in dem selbst schützend und statusbewahrend agiert wird.	Selbstbezogen Statusorientiert Konfliktverursachend Sicherheitsorientiert

Die Ausprägungen der 6 Dimensionen variieren zwischen den untersuchten Ländern. Die Tabelle 3.5-8 listet die Ergebnisse für verschiedene Ländergruppen auf.

Tab. 3.5-8: Ergebnisse von GLOBE für ausgewählte Kulturgruppen (nicht numerische Darstellung der Ergebnisse, in Anlehnung an House et al. 2004, S. 235 ff.)

Kulturgruppe	Charismatische Führung	Teamorientierte Führung	Partizipative Führung	Menschliche Führung	Autonome Führung	Selbstschützende Führung
Deutschsprachiges Europa	Hoch	Niedrig	Hoch	Mittel	Hoch	Niedrig
Nördliches Europa	Hoch	Mittel	Hoch	Niedrig	Mittel	Niedrig
Östliches Europa	Mittel	Mittel	Niedrig	Mittel	Hoch	Hoch
Lateineuropa	Hoch	Mittel	Mittel	Mittel	Niedrig	Mittel
Lateinamerika	Hoch	Hoch	Mittel	Mittel	Niedrig	Hoch
Nordamerika und englischsprachiges Europa	Hoch	Mittel	Hoch	Hoch	Mittel	Niedrig
Konfuzianisches Asien	Mittel	Hoch	Niedrig	Hoch	Mittel	Hoch
Südliches Asien	Hoch	Hoch	Niedrig	Hoch	Mittel	Hoch
Südafrika	Mittel	Mittel	Mittel	Hoch	Niedrig	Mittel
Mittlerer Osten	Niedrig	Niedrig	Niedrig	Mittel	Mittel	Hoch

Bestimmte Merkmale von Führungspersönlichkeiten werden kulturunabhängig als positiv bewertet. Führungspersönlichkeiten, die als vertrauenswürdig, gerecht und aufrichtig wahrgenommen werden und die positiv, dynamisch, ermutigend, motivierend und Zuversicht ausstrahlend auftreten, werden als effektive Führer wahrgenommen. Negativ werden in allen Kulturen einzelgängerisches und unkooperatives Verhalten sowie gereiztes und auffahrendes Verhalten bewertet.

Insbesondere internationale Projekte zeichnen sich durch erhöhte kulturelle Unterschiede aus. Diese können zu besonderen Herausforderungen führen, wie beispielsweise bei der Bewältigung von kulturbedingten teamdynamischen Einflüssen, zu Unsicherheiten der Teammitglieder im Umgang miteinander, zu Scheu vor der Nutzung fremder Sprachen bei persönlichen und/oder kulturellen Themen, zu Missverständnissen aufgrund fehlgeschlagener Kommunikation, zu Konflikten und Entstehung von Misstrauen.

Trotz aller Unterschiede zwischen Ländern bzw. Regionen finden sich auch Ähnlichkeiten zwischen ihnen, die eine internationale Zusammenarbeit zwischen manchen Nationen leichter und erfolgreicher machen als zwischen anderen. Die Bildung von Kulturclustern ist daher ein naheliegender Schritt, der in der kulturübergreifenden Forschung seit Mitte des letzten Jahrhunderts bereits mehrfach, ausgehend von den unterschiedlichen Kulturmerkmalen, vorgenommen wurde.

Die folgenden Ergebnisse sind für den Einzelnen im Projektkontext wichtig:

1. Die Vorstellung über effektive Führung hängt von der Gesellschaftskultur ab.
2. Es ist wichtig, Informationen der eigenen Kultur und den Wissensstand über die anderen am Projekt beteiligten Kulturen an die Projektteammitglieder zu kommunizieren und darüber einen Diskurs im Sinne von Erkennen, Akzeptieren und damit einen wirksamen Umgang zu starten.
3. Die Bereitschaft, fremde Kulturen zu verstehen und zu akzeptieren, bedeutet nicht automatisch, andere Kulturen nachzuahmen, sondern vielmehr in einem Prozess des Ausbalancierens das »richtige« Maß der Anpassung zu finden.
4. Die Erfolg versprechenden Eigenschaften »Globaler Projektmanager« beinhalten: Globales Denken, Fähigkeit, mehrdeutige Situationen und widersprüchliche Handlungsweisen zu ertragen (Ambiguitätstoleranz), kulturelle Anpassungsfähigkeit und Flexibilität.
5. Die Effektivität der Führung steigt dann enorm, wenn die Eigenschaften und die Vorstellungen über effektive Führung der Führungskraft den Vorstellungen der Geführten über effektive Führung entsprechen.
6. Die drei höchstbewerteten Führungsmerkmale der GLOBE-Studie sind Vertrauenswürdigkeit, Ehrlichkeit und Integrität.

Projektmanager, die mit unterschiedlichen Kulturen in Projekten umgehen müssen, benötigen vor diesem Hintergrund für den Projekterfolg eine offene Geisteshaltung, um die Vielzahl an Kultur- und Führungsparadigmen zu verstehen. Daher wird zunehmend die Toleranz von Unsicherheit zu einer der Hauptvoraussetzungen von Projektmanager interkultureller Projektteams. Da jede Organisation und jedes Land, mit der/dem das Projekt konfrontiert ist, ihre/seine spezifischen Eigenarten haben, muss der Projektmanager dazu bereit sein, kontinuierlich dazuzulernen. Dies ermöglicht ihm im Umkehrschluss, die Gemeinsamkeiten und Unterschiede zu erkennen und sich kulturell anzupassen. Kulturelle Anpassungsfähigkeit bedeutet, andere Kulturen zu verstehen, durch das eigene Verhalten die Erreichung der Projektziele zu unterstützen und positive Beziehungen zu den Beteiligten anderer Kulturen aufzubauen. Die Fähigkeit, sich an verschiedene kulturelle Kontexte anzupassen, wird somit zur kritischen Anforderung an Projektmanager interkultureller Projekte.

Vertrauen aufbauen
Eine wesentliche Aufgabe des Projektmanagers besteht in der Vertrauensentwicklung im Team. Vertrauen in multikulturellen Projektteams ist vor allem deswegen wichtig, weil es die soziale Komplexität reduziert (Niklas Luhmann), die Unsicherheit mindert, die Kommunikation und das Problemlösungsverhalten verbessert und die Beziehungen unter den Teammitgliedern stabilisiert.

Die komplexitäts- und unsicherheitsreduzierende Wirkung von Vertrauen beruht vor allem darauf, dass zukünftige Handlungen seitens der Projektbeteiligten und deren Ergebnisse vorweggenommen werden, sodass die grundsätzliche Freiheit reduziert wird, sich in jeder beliebigen Art und Weise zu verhalten. Das Verhalten des Projektpartners gewinnt dadurch an Verlässlichkeit, sodass sich die Beziehungen zwischen den Beteiligten stabilisieren.

Darüber hinaus fördert Vertrauen den offenen und ehrlichen Informationsaustausch und motiviert zu intensiverer Kooperation der Teammitglieder. Die Bereitschaft, Informationen weiterzugeben sowie Informationen von anderen zu akzeptieren, steigert und begünstigt so zum einen die Überwindung von Missverständnissen und zum anderen die Bewältigung von Problemsituationen.

Wie eine Studie von Müthel (2006) belegt, wird kulturunabhängig vor allem zuverlässiges, ehrliches und glaubwürdiges Verhalten als vertrauensfördernd wahrgenommen. Dieses wird anhand der Übereinstimmung von vereinbartem und erfolgtem Verhalten überprüft. Vor diesem Hintergrund gilt es für die einzelnen Projektbeteiligten während des Projektablaufs vor allem, den anderen Projektmitgliedern ausreichend Informationen dahin gehend zu überbringen, dass dieser entweder eine Übereinstimmung zwischen der vereinbarten und der erfolgten Handlung erkennt oder aber aufgrund der Argumente des Vertrauensnehmers nachvollziehen kann, warum es zu einer Abweichung kam. In beiden Fällen steht der Austausch von Informationen im Mittelpunkt. Regularisierte Feedbacksysteme ermöglichen einerseits dem Vertrauensnehmer eine diesbezügliche Darstellung seiner Sichtweise (Eigensicht) sowie andererseits dem Vertrauensgeber die Darlegung der seinigen (Fremdsicht). Die konsequente Nutzung von Feedbacks gibt den beteiligten Personen die Gelegenheit, den Bereich der Übereinstimmung zwischen Eigen- und Fremdwahrnehmung zu erhöhen.

Da Konflikte in multikulturellen Projekten zum Alltag gehören, ist das »Verzeihen von Fehlern« deshalb wichtig für die Stärkung des Vertrauens, weil es den Konfliktpartnern ermöglicht, das »Gesicht« zu wahren.

Die Komplexität und Dynamik des Umfelds, in dem multikulturelle – meist internationale und/oder virtuelle – Projektteams vielfach arbeiten, führen unter Umständen dazu, dass der Vertrauensnehmer eine vorher vereinbarte Handlung nicht wie besprochen durchführen kann. Da teilweise Zielkonflikte zwischen den Parteien vorliegen, kann es dazu kommen, dass auch der Vertrauensgeber dessen Argumentation nicht nachvollziehen kann und deswegen letztlich die von ihm wahrgenommene Vertrauenswürdigkeit des Vertrauensnehmers nach unten korrigiert. Wie Krystek (1993) festgestellt hat, ist nach einem Einbruch der Vertrauensbeziehung eine Rückkehr zum vorherigen Vertrauensniveau wesentlich schwieriger zu erreichen als bei einer kontinuierlichen positiven Vertrauensentwicklung. Insofern bedarf es eines von beiden Seiten akzeptierten »Heilungsprozesses«, und zwar im Sinne eines »Händereichens«, der es beiden Partnern ermöglicht, schneller und auf einem gesicherten Weg (Absicherung vor dem Abrutschen in eine Misstrauensspirale) zu einem stabilen Vertrauensniveau zurückzufinden. Grundvoraussetzung, um einen solchen Heilungsprozess einzuleiten, ist eine authentische (= glaubwürdige) und offene Darlegung aller relevanten Fakten (= Ehrlichkeit). In diesem Zusammenhang gilt es, die kulturell unterschiedlichen Ansprüche zwischen den Projektpartnern in Bezug auf die Offenheit im Umgang miteinander auszubalancieren.

4 PRAXIS

4.1 SPANNUNGSFELD ORGANISATIONS- UND PROJEKTKULTUR

In der Startphase eines Projekts wird das Projektteam benannt. Die Mitglieder des Projektteams kommen aus einer oder mehreren Stammorganisationen, von dort bringen sie ihre Denk- und Verhaltensmuster sowie ihre Wertvorstellungen mit. Die Projektkultur ist damit nicht unabhängig von den Kulturen der Stammorganisationen. Eine wesentliche Aufgabe für die Projektleitung in dieser ersten Projektphase besteht darin, die kulturellen Unterschiede allen Beteiligten transparent zu machen, den Dialog darüber zu fördern und eine gemeinsame Vorstellung für die Qualität der Zusammenarbeit im Projekt zu entwickeln.

Dies kann beispielsweise in einem Werte-Workshop (eventuell im Rahmen des Projekt-Kickoff-Workshops) mit den Mitgliedern des Projektteams stattfinden. Enroth (2017) beschreibt dazu ein geeignetes Vorgehen:

- In einem ersten Schritt wird jedem Teammitglied eine Liste mit etwa 100 Werten ausgehändigt und die Aufgabe erteilt, die drei wichtigsten Werte für die Zusammenarbeit im Projekt auszuwählen.

- Im zweiten Schritt erarbeitet jedes Teammitglied für sich eine Definition für jeden der gewählten Werte und beschreibt zudem, welche Verhaltensweisen im Projektalltag aus seiner Sicht den Wert unterstützen (»günstige« Verhaltensweisen) bzw. ihm entgegenwirken (»ungünstige« Verhaltensweisen).

- Im dritten Schritt tauschen sich die Teammitglieder in Teilgruppen über ihre Arbeitsergebnisse aus, erklären sie den anderen Teilgruppenmitgliedern und treten in einen Dialog ein. An dessen Ende entscheidet sich jede Teilgruppe für insgesamt drei Werte der Teilgruppe, die aus ihrer Sicht wichtig für das Projekt sind.

- In einem vierten und letzten Schritt tauschen sich dann die Teilgruppen in der Gesamtgruppe in gleicher Art und Weise aus. Dieser Dialog im Plenum führt schließlich zur Festlegung von drei Werten, die von allen Teammitgliedern als wichtig für die Zusammenarbeit im Projekt angesehen werden und auf deren Anwendung die Teammitglieder sich verpflichten. Über die Nennung der Werte hinaus werden auch deren Definitionen abgeglichen (in diesem Zusammenhang entwickeln sich in der Regel außerordentlich wertvolle Dialoge über die verschiedenen Kulturen, aus denen die Teammitglieder kommen) und je ein Satz von »günstigen« und »ungünstigen« Verhaltensweisen hinsichtlich dieser Werte erarbeitet.

Das so entstehende Wertesystem kann insbesondere mit der Nennung der Verhaltensweisen im Projektalltag handlungsleitend sein.

Nicht selten werden die Vereinbarungen für die Zusammenarbeit im Projekt in einer sogenannten Team Charter schriftlich dokumentiert. Für die Erarbeitung der Team Charter bietet sich auch die Projekt-Kickoff Veranstaltung an.

Team Charter		
Mission		**Scope**
»Warum gibt es uns als Team?«		»Wo sind die Grenzen der formalen Autorität im Projektteam?«
»Wie heißt unsere Projektmission?«		»Wo endet unser Einflussbereich?«
»Wie trägt das Projekt zum Zweck unserer Stammorganisation(en) bei?«		»Was können wir selbst entscheiden, welche Entscheidungen haben wir (an wen?) weiterzugeben?«
»Warum will ich im Projekt dabei sein?«		
Wissen und Fähigkeit		**Rollen und Verantwortungen**
»Welche besonderen Fähigkeiten hat jedes Teammitglied?«		»Wer übernimmt welche Rolle im Projekt?«
»Was sind unsere Stärken als Team?«		»Welchen persönlichen Beitrag leistet jede(r) für den Projekterfolg?«
»Welches Wissen und welche Fertigkeiten brauchen wir noch im Team?«		»Wer übernimmt für was die Verantwortung?«
»Welche Schwächen im Team sollten wir berücksichtigen?«		
		Rituale und Feiern
		»Mit welchen Teamevents feiern wir Erfolge und auch Niederlagen?«
Werte		»Welches sind unsere Rituale für Teamentwicklung?«
»Was ist für die Qualität unserer Zusammenarbeit wichtig?«		
»Welche drei Werte bestimmen unserer Projektkultur?«		**Regeln und Vereinbarungen**
»Welche Kultursymbole geben wir uns?«		»Nach welchem Ethik-Kodex handeln wir?«
»Was ist unser Projektteam-Slogan?«		»Wie treffen wir Entscheidungen?«
»Was sind unsere gemeinsamen Überzeugungen?«		»Wie lösen wir (fachliche) Probleme?«
»Wie wollen wir uns und unsere Stakeholder behandeln?«		»Wie lösen wir Konflikte konstruktiv«
		»Welche Regeln für Besprechungen geben wir uns?«

Abb. 3.5-6: Team Charter (Grau, Drilling 2018)

Durch die meist enge Zusammenarbeit im Projekt entwickelt sich mit der Zeit eine spezifische Projektkultur, die allen Beteiligten Orientierung und Halt vermittelt. Sie stabilisiert und standardisiert die Projektdurchführung. Sie kann erheblich von den einzelnen Organisationskulturen der Projektteammitglieder abweichen. Im positiven Fall können die Stammorganisationen sich dadurch weiterentwickeln, denn werden in einem Projekt beispielsweise neue Formen der Zusammenarbeit oder neue Werthaltungen – wie in einem zeitlichen begrenzten Laborversuch – erfolgreich angewendet, können sie in die Stammorganisationen übernommen werden.

Nicht selten entsteht aber dann ein Spannungsfeld, wenn die Projektkultur sich stark von der Kultur der Stammorganisation unterscheidet. Oft sind die Kooperationsstrukturen in Projekten von einer partizipativen Haltung geprägt, das Projektteam in Entscheidungsprozesse und Problemlösungen direkt und aktiv mit einbezogen. In Projekten werden typische Werthaltungen, wie Vertrauen, Respekt, Flexibilität, Anpassungsfähigkeit, offene Kommunikation und ganzheitliches Denken (Verantwortung fürs Ganze), wirksam, die im Widerspruch zur bestehenden Organisationskultur stehen können. In autonomen Projektorganisationen bedeutet das gegebenenfalls nach dem Ende des Projekts eine schwierigere Rückführung der Projektteammitglieder in die Stammorganisation. In Matrixorganisationen leben die Projektteammitglieder im schlechtesten Fall in zwei Kulturen, der Projektkultur auf der einen Seite und der Kultur der Linienorganisation auf der anderen.

4.2 DER ETHIK-KODEX DER GPM

Im Folgenden ist der Ethik-Kodex der GPM Deutsche Gesellschaft für Projektmanagement e. V. (GPM 2015b) abgedruckt (beispielhaft für andere Großprojekte oder projektorientiert arbeitende Organisationen):

Präambel
Bei ihrer Berufsausübung beeinflussen Projektmanager die Lebensqualität jedes einzelnen Menschen in der Gesellschaft. Wegen dieses weitreichenden Einflusses müssen Projektmanager ihre Handlungen und Entscheidungen an den Grundwerten ausrichten: **Verantwortung**, **Kompetenz** und **Integrität**.

Die Einhaltung der moralisch-ethischen Handlungsmaximen ist Wertmaßstab aller Tätigkeiten der Projektmanager. In diesem Bewusstsein fordert die GPM als Fach- und Berufsverband von allen Projektmanagern, und im erweiterten Sinn von allen im Projektmanagement tätigen Personen, die Einhaltung des folgenden Ethik-Kodexes:

Verantwortung
Jeder Projektmanager räumt dem Gemeinwohl sowie der Gesundheit und Sicherheit jedes einzelnen Menschen hohe Priorität ein. Er trachtet nach Verbesserung der Lebensver-

hältnisse und der Umweltqualität. Weltoffenheit und Toleranz gegenüber anderen Kulturen bestimmen seine Haltung.

Der Projektmanager richtet seine Handlungen und Entscheidungen zielorientiert auf den Projekterfolg aus, den er für seinen Auftraggeber sicherzustellen hat. Das Vertrauen seines Auftraggebers und der anderen Projektbeteiligten achtet er als hohes Gut.

Durch seine Handlungen und Entscheidungen wird der Projektmanager dem Ansehen des Berufsstands gerecht. Da Projekterfolg auf Teamarbeit basiert, berücksichtigt er die Interessen der Teammitglieder, der übrigen Projektbeteiligten und der Berufskollegen.

Kompetenz

Der Projektmanager betreibt nur Projekte, deren Komplexität und Folgen er im Wesentlichen überschaut. Er wägt kritisch Alternativen ab, um gesellschaftlichen Werten gerecht zu werden. Er achtet auf seine Handlungsfreiheit und orientiert seine Entscheidungen am Gemeinwohl.

Der Projektmanager strebt ein Optimum an Wirtschaftlichkeit an. Um die geforderten Funktionen und Qualitäten, Termine und Kosten zu sichern, wendet er Methoden, Verfahren und Systeme nach dem neuesten Wissensstand an. Er übernimmt nur Aufgaben, die seiner Erfahrung und Sachkunde entsprechen. Rechtzeitig ergreift er Maßnahmen, um Projektstörungen abzuwenden. Über Zielkonflikte und Projektprobleme berichtet er offen und wahrheitsgetreu.

Um seine eigenen Fähigkeiten zu verbessern und um auf dem neuesten Wissensstand zu bleiben, bildet sich der Projektmanager ständig weiter. Entsprechend eröffnet er auch Teammitgliedern und Mitarbeitern die Möglichkeit zur eigenen beruflichen Weiterentwicklung und Ausbildung. Bei sich selbst, bei Teammitgliedern und bei den übrigen Projektbeteiligten achtet er auf faire Kooperation und auf sachliche Kritik. Gleichzeitig nimmt er Teammitglieder und Projektbeteiligte vor unberechtigter Kritik in Schutz. Sein Verhalten ist stets sachlich und auf Ausgleich bedacht.

Integrität

Der Projektmanager beachtet die Gesetze und die allgemein anerkannten gesellschaftlichen Werte, wo immer er auf der Welt tätig ist. Bei seinen Handlungen und Entscheidungen strebt er stets danach, Schaden vom Wohlergehen der Gesellschaft abzuwehren. Er ist bereit, Rechenschaft für sein Tun abzulegen.

Bei all seinen Handlungen und Entscheidungen bewahrt sich der Projektmanager seine Unabhängigkeit und Neutralität und ist loyaler Sachwalter seines Auftraggebers. Er hält die Vertraulichkeit von Informationen ein und schützt die Urheberrechte. Jede Form unlauterer Beeinflussung lehnt er strikt ab. Gleichzeitig verzichtet er selbst auf jede unlautere Interessenbeeinflussung.

Der Projektmanager übernimmt die volle Verantwortung für seine Handlungen und Entscheidungen. Seine berufliche Position ist auf eigene Leistungen gegründet. Er tritt nicht in unfairer oder unlauterer Weise mit anderen in Wettbewerb.

Mit der Einhaltung dieser Grundsätze bestimmen jeder einzelne Projektmanager und der gesamte Berufsstand seinen Rang und seine gesellschaftliche Anerkennung.

4.3 DIE KERNWERTE DER GPM

Im Jahr 2015 hat die GPM in einem außerordentlich partizipativen Prozess mit allen Vereinsmitgliedern ihr neues Leitbild einschließlich eines neuen Wertekanons (Kernwerte der GPM) erarbeitet (GPM 2015a). Dort heißt es:

Werte: Professionalität und offene Kommunikation
Die GPM pflegt eine Kultur, in der alle Menschen, seien sie ehrenamtlich tätige Mitglieder oder hauptamtlich Beschäftigte, konstruktiv zusammenwirken können. Fundament dieser Kooperation sowie des Auftretens gegenüber allen Anspruchsgruppen sind unverrückbare Werte, an denen sich jedes Tun der GPM messen lässt. Unsere Professionalität verbinden wir deshalb mit einer offenen Kommunikation, die es uns ermöglicht, stets über den Tellerrand unserer eigenen Interessen hinauszuschauen und miteinander ganzheitlich zu denken. Als Experten kombinieren wir unsere umfassenden Kenntnisse und Erfahrungen im Team, weil wir wissen, dass wir zusammen mehr erreichen als allein und uns auf diese Weise am besten gegenseitig fördern und entwickeln können.

WIEDERHOLUNGSFRAGEN

- Welche wesentlichen Elemente der informellen Kultur einer Organisation kennen Sie?
- Welche Methoden würden Sie anwenden, um nicht sichtbare Kulturelemente zu identifizieren?
- Welche Schlüsse ziehen Sie dann, wenn Leitbild und tatsächlich gelebte Werte in der Organisation nicht miteinander übereinstimmen?
- Welche Sicherheiten bietet eine Loyalitätskultur ihren Mitgliedern?
- Welche möglichen Handlungen können Sie dann ableiten, wenn Sie erkannt haben, dass eines Ihrer Projektmitglieder in eine Innovationskultur passt?
- Welche wesentlichen Elemente enthält das Leitbild einer Organisation?
- Was verstehen Sie unter der sozialen Verantwortung einer Organisation?
- Welche wesentlichen Inhalte umfasst der Ethik-Kodex einer Organisation?
- Welches sind günstige und ungünstige Verhaltensweisen, wenn eine Organisation Vertrauen als einen ihrer Kernwerte definiert?
- Welches Vorgehen wählen Sie für die Erarbeitung eines Leitbildes für Ihr Projekt?
- Mit welchen Werten können Sie in einer Gesellschaft mit vorwiegender Leistungskultur rechnen?
- Wie würden Sie die Wichtigkeit der Berücksichtigung von Werten in einem Projekt erklären?
- Welche Möglichkeiten haben Sie, Ihr Projektmanagementsystem an die vorherrschende Kultur des Projektumfelds anzupassen?
- Wie kann Ihnen das Verständnis von Kulturdimensionen für Ihr Projektdesign hilfreich sein?
- Wie gleichen Sie Ihre eigenen Wertvorstellungen mit denen in Ihrem Projekt ab?

LITERATURVERZEICHNIS

Verwendete Literatur

Ang, S., Van Dyne, L. (Hrsg.) (2008): Handbook of cultural intelligence. Armonk, NY: M. E. Sharpe.

Barrett, R. (2016): Werteorientierte Unternehmensführung, Springer-Verlag.

Beck, D. E.; Cowan C. C. (2007): Spiral Dynamics – Leadership, Werte und Wandel, Verlag Kamphausen.

Bleicher, K. (1992): Unternehmenskultur und strategische Unternehmensführung. In: Hahn, D.; Taylor, B. (Hrsg.): Strategische Unternehmensplanung – strategische Unternehmensführung, Heidelberg, S. 85.

Brodbeck, F. C. (2015): Internationale Führung: Das GLOBE-Brevier in der Praxis. Springer Verlag.

Cooke-Davies, T. (2002): The »real« success factors on projects. In: International Journal of project management, 20, S. 185–190.

Deal, T. E.; Kennedy, A. A. (1999): The new corporate cultures. New York, NY: Perseus.

Drilling, C. (2016): »Mit Werten Projekte erfolgreich machen«. In: projektManagement aktuell, 5.2016, S. 47–56.

Genkova, P.; Ringeisen, T.; Leong, F. T. L. (Hrsg.) (2013): Handbuch Stress und Kultur, Springer VS.

GPM (Hrsg.) (2017): Individual Competence Baseline für Projektmanagement – Version 4.0. Nürnberg: GPM Deutsche Gesellschaft für Projektmanagement e. V.

Hatch,, M. J.; Schultz, M. (Hrsg.) (2004): Organizational identity: A reader. Oxford, UK: Oxford University Press.

Hofstede, G. T. (1993): Interkulturelle Zusammenarbeit, Kulturen-Organisationen-Management, Springer Verlag.

Hofstede, G. (2001): Culture's consequences: comparing values, behaviors, institutions, and organizations across nations, SAGE Publications.

Hofstede, G. (2006): Lokales Denken, globales Handeln, Interkulturelle Zusammenarbeit und globales Management, dtv Verlag.

Hofstede, G.; Hofstede, G. J.; Minkov, M. (2010): Cultures and Organizations, Software of the mind, New York, McGraw Hill.

House, R. J.; Hanges, P.; Javidan, M.; Dorfman, P. W.; Gupta, V. (Hrsg.): Culture, leadership and organizations: The GLOBE study of 62 countries. Thousand Oaks, CA: Sage Publications.

Hyvari, I. (2006): Project management effectiveness in project oriented business organisations. In: International Journal of Project Management, 24, S. 31–41.

Krumm R.; Bar-Sieber, M.; Wiehle, H. (2014): Unternehmen verstehen, gestalten, verändern, Springer Gabler.

Krystek, U.; Müller-Stewens, G. (1993): Frühaufklärung für Unternehmen. Identifikation und Handhabung zukünftiger Chancen und Bedrohungen, Schäffer-Poeschel Verlag.

Laloux, F. (2015): Reinventing Organizations: Ein Leitfaden zur Gestaltung sinnstiftender Formen der Zusammenarbeit, Vahlen.

Larise, D. (2009): Mythos Kultur. Eine Kritik des postmodernen Kulturkonzepts., Praesens Verlag, Wien.

Lüddemann, S. (2010): Kultur – Eine Einführung, Springer VS.

Motzel, E.; Möller, T. (2006): Projektmanagement Lexikon. Wiley-VCH Verlag.

Müthel, M.; Högl, M. (2011): Führen in internationalen Projekten. In: Gessler, M. (Hrsg.): Kompetenzbasiertes Projektmanagement (PM3). 4. Auflage. S. 1977–1998.

Müthel, M. (2006): Erfolgreiche Teamarbeit in deutsch-chinesischen Projekten, Springer.

Norhia, N.; Joyce, W.; Roberson, B. (2000): What really works, Harvard Business Review, July, pp. 43–52 [Vier Erfolgsfaktoren für Projekte: Strategie, Kultur, Struktur und Ausführungsexcellence].

Oesterreich, B. (2017): Das kollegial geführte Unternehmen: Ideen und Praktiken für die agile Organisation von morgen, Vahlen.

Pradel, M. (2013): Dynamisches Kommunikationsmanagement. Springer.

Schein, E. H. (1985): Organizational Culture and Leadership. San Francisco: Jossey-Bass Publishers.

Schein, E. H. (1999): The Corporate Culture Survival Guide. Sense and Nonsense of Culture Change, Josses Bass Inc., Publishers, San Francisco.

Schein, E. H. (2003): Organisationskultur, EHP – Edition Humanistische Psychologie, Bergisch Gladbach.

Schein, E.H.; Schein, P. (2018): Organisationskultur und Leadership, Verlag Franz Vahlen, München.

Scheller, T. (2017): Auf dem Weg zur Agilen Organisation, Verlag Franz Vahlen, München.

Schwartz, S. H. (1994): Are There Universal Aspects in the Structure and Contents of Human Values? In: Journal of Social Issues, Volume 50, Issue 4, S. 19–45.

Segall, M. H. (1984): More than we need to know about culture, but are afraid not to ask. In: Journal of Cross-Cultural Psychology, 15, S. 153–162.

Thomas, A. (1993): Kulturvergleichende Psychologie. Eine Einführung. 2. überarbeitete und erweiterte Auflage. Hogrefe, Göttingen.

Thomas, A.; Utler, A. (2012): Handbuch Stress und Kultur. Kultur, Kulturdimensionen und Kulturstandards, Springer VS.

Trice, H. M.; Beyer, J. M. (1993): The cultures of work organizations. Engelwood Cliffs, NJ: Prentice Hall.

Trompenaars, F. (1993): Riding the Waves of Culture: Understanding Diversity in Global Business: Understanding Cultural Diversity in Business, Nicholas Brealey Publishing.

Vieregg, S. (2009): Kulturelle Faktoren in der internationalen Geschäftsentwicklung, Gabler Verlag.

Wilber, K. (2000): A theory of everything: An Integral Vision for Business, Politics, Science and Spirituality, Shambhala Publications Inc., Boston.

Internetquellen

Enroth, Tor et al. (2017): Get Connected – Praxisleitfaden zur Entwicklung einer gewünschten Teamkultur, S. 123–128. https://www.valuescentre.com/resources/get-connected/get-connected-book [abgerufen am 22.03.2018].

GPM (2015a): Das Leitbild der GPM Deutsche Gesellschaft für Projektmanagement e. V. https://www.gpm-ipma.de/ueber_uns/organisation.html [abgerufen am 22.03.2018].

GPM (2015b): Ethik-Kodex der GPM Deutsche Gesellschaft für Projektmanagement e. V. https://www.gpm-ipma.de/ueber_uns/organisation.html [abgerufen am 22.03.2018].

Projektmagazin (2018): Das Glossar zu Projektkultur. https://www.projektmagazin.de/glossarterm/projektkultur [abgerufen am 18.03.2018].

4

PERSÖNLICHE UND SOZIALE KOMPETENZEN (PEOPLE)

Der Kompetenzbereich »People« behandelt die persönlichen und sozialen Kompetenzen der Einzelnen.

4.1.1 SELBSTREFLEXION UND SELBSTMANAGEMENT

Autor: Roland Straube

Roland Straube ist Systemischer Therapeut (SG), Supervisor (SG), Traumatherapeut, Mediator und Ausbilder für Mediation BM und Unternehmer. Seine Schwerpunkte sind Transformative Methoden im systemischen Kontext, die Konstruktion von Wirklichkeit und Bedürfniskompensation in Konflikt- und Krisensituationen von Mensch sowie Projekt und Organisation. Er arbeitete 14 Jahre als Leiter des Multiprojektmanagements einer Non-Profit-Organisation und ist Verfasser u. a. von »Konfliktmanagement für Projektleiter« (2. Auflage 2017). Gründungsmitglied der GPM Fachgruppe »Kooperative Konfliktlösung in Projekten«.

INHALT

Selbstreflexion, Selbstmächtigkeit und Selbstmanagement 503
Definitionen. 505
Ursache und Wirkung fehlender Selbstreflexion. 508
Die Stressreaktion 509

Die Grundlagen der Selbstreflexion 511
Wirklichkeitsorientierung. 511
Ressourcenorientierung 512
Bedürfnisorientierung 513

Die Fragestellungen zur Wirklichkeitsorientierung. 515
Wer bin ich?/Wie bin ich?. 515
Umgang mit der eigenen Rolle und den Rollen im Team 516
Bin ich richtig?. 518
Umgang mit geringem Selbstwert und Fehlern 518
Handle ich richtig? 520
Umgang mit Schwierigkeiten 520

Die Fragestellungen zur Ressourcenorientierung 521
Was kann ich? 522
Umgang mit eigenem Entwicklungsbedarf 522
Was bewirke ich?. 522
Umgang mit verstörendem Verhalten von Stakeholdern 522

Die Fragestellungen zur Bedürfnisorientierung 523
Bin ich? Spüre ich mich und meine Bedürfnisse? 524
Umgang mit zu vielen Aufgaben (Stress-Prävention) 524
Umgang mit Überforderung (Stress-Bewältigung) 533
Umgang mit sich selbst (Regeneration und Burnout-Prävention) 533

Bin ich sicher?	542
Umgang mit Gefühlen von Stakeholdern	542
Umgang mit eigenen Gefühlen	543

Wiederholungsfragen 545

Literaturverzeichnis 546

1 SELBSTREFLEXION, SELBSTMÄCHTIGKEIT UND SELBSTMANAGEMENT

Selbstmanagement setzt Selbstmächtigkeit voraus, also die intrapersonale Möglichkeit zur Selbstbeeinflussung. Selbstmächtigkeit wiederum entsteht durch Selbstreflexion. Selbstreflexion ist einerseits deshalb nötig, um herauszufinden, welche inneren Prozesse die Klarheit über sich selbst behindern, den Mut vertreiben oder versuchte Strategien verpuffen lassen, sodass die Möglichkeit zur Selbstbeeinflussung eingeschränkt ist. Andererseits braucht es Selbstreflexion, um die Klarheit zu vergrößern, den Mut wachsen zu lassen und Strategien sinnvoll einzusetzen, sodass die Möglichkeiten zur Selbstbeeinflussung wachsen.

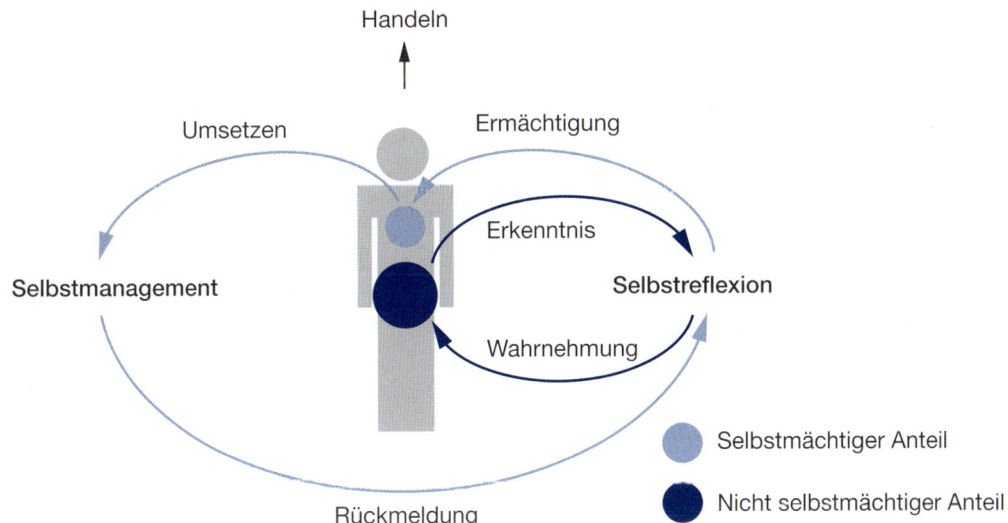

Abb. 4.1.1-1: Verhältnis von Selbstreflexion, Selbstmächtigkeit und Selbstmanagement

Wenn Selbstreflexion also die Selbstmächtigkeit erhöht, so ist Selbstmanagement die Nutzung dieser Selbstmächtigkeit, gleichsam die Umsetzung der Erkenntnisse aus der Reflexion. Dadurch schrumpft der nicht selbstmächtige Anteil, während sich der selbstmächtige Anteil des Menschen erhöht und der Mensch kontrollierter handeln kann.

Von Selbstreflexion und Selbstmanagement begleitetes Handeln verfolgt das Ziel,

1. eine Sache besser zu machen, das heißt:
   - ein Projekt besser zu leiten
   - Mitarbeitende besser zu führen
   - Schwierigkeiten besser zu bewältigen
   - ...

Um das erreichen zu können, ist es nötig, in den eigenen Aktionen und Reaktionen selbstmächtig, also soweit wie möglich, emotional unabhängig von überraschenden Ereignissen und vom Verhalten anderer Menschen zu sein. Nur dann kann (weitestgehend) sachorientiert an den unter 1. genannten Verbesserungen des Projektergebnisses und der Kooperation mit anderen gearbeitet werden.

Um diesen Stand von Selbstmächtigkeit zu erlangen, sind die folgenden Ziele wichtig – dieses Mal aus dem Bereich Selbstreflexion:

2. Sich selbst besser zu verstehen, statt den eigenen Emotionen ausgeliefert zu sein:
    - Warum handele ich, wie ich handele?
    - Was treibt und motiviert mich?
    - Wo sind meine persönlichen Grenzen?
    - Wie kann ich meine persönlichen Grenzen beachten oder überwinden?
    - ...

3. Den Anderen in der Interaktion besser zu verstehen, statt sein Verhalten auf Grundlage meiner eigenen emotionalen Betroffenheit nur zu deuten:
    - Was treibt die Person an, so zu handeln?
    - Warum versteht sie mich nicht?
    - Was hindert sie daran, für das gemeinsame Projektziel zu arbeiten?
    - Was hindert mich daran, die Sache mit der Person konstruktiv zu klären?
    - ...

Ziel 1 ist eine nicht ganz so emotionale Angelegenheit und deshalb für selbstmächtige Projektmanager leicht durchzuführen. Selbstmächtigkeit bedeutet in diesem Zusammenhang vor allem, als Projektmanager die eigene Fehlbarkeit zu akzeptieren, statt nur im Außen nach Verbesserungsbedarf zu suchen und die Verbesserung dann aufgrund von unveränderlichen Rahmenbedingungen aufzugeben. Ein typisches Zeichen mangelnder Selbstmächtigkeit ist ein überhöhter Bedarf an Selbstschutz: »Ich mache meine Sache schon immer toll, also bin ich toll und brauche nichts zu verändern. Wenn sich hier etwas ändern muss, dann sind das die anderen und die Zustände.«

Ziel 2 setzt die Bereitschaft voraus, sich selbst infrage zu stellen und ist damit das schwierigste der drei Ziele. Denn dabei entsteht persönliche Instabilität und je instabiler zum Beispiel die berufliche Zukunft eines Projektmanagers ist (fehlendes Anschlussprojekt, gefährdeter Projekterfolg und möglicher Reputationsverlust, ...), desto weniger zusätzliche Instabilität ist aushaltbar.

Reflektiert werden müssen Fragen, wie:

| Vertrete ich die zu meiner Funktion passenden Wertvorstellungen?
| Bin ich in meinem Handeln souverän oder von Emotionen oder Mustern getrieben?

- Bin ich in meiner Arbeit am Projekt und an den Kollegen orientiert oder bin ich mit mir und meinen Bedürfnissen verhaftet?
- Will ich das tun, was ich tue?
- Weiß ich, was ich tue, und kann ich fachlich und emotional, was ich tue?
- Sind mir meine Funktion und damit meine Aufgabe klar?
- Passt meine innere Haltung zu meiner Funktion?

Ein typisches Ergebnis von unerträglicher Instabilität ist es, den schon zuvor beschriebenen Selbstschutz dadurch abzusichern, dass, statt zu reflektieren, lieber ein Symptomträger gebildet wird, also ein Schuldiger dafür gesucht wird, dass man sich so oder so verhalten muss: »Solange sich dieser andere oder dieser Zustand nicht ändert, habe ich gar keine andere Möglichkeit, als genau so zu handeln, wie ich es richtigerweise tue.«

Ziel 3 setzt eine andere Bereitschaft voraus, nämlich die, Toleranz zu entwickeln. Und zwar in zweierlei Hinsicht:

a) Toleranz verhaltensbezogen: Nur wer das Verhalten des Kollegen oder des Auftraggebers als zwar nicht seinen eigenen Wertvorstellungen entsprechend, aber als zulässig anerkennt, kann sich wirklich auf die Person einlassen und mit ihr kooperieren.

b) Toleranz wirklichkeitsbezogen: Nur wer akzeptiert, dass der Kollege oder Auftraggeber möglicherweise eine völlig andere Wahrnehmung der Realität (fachsprachlich: »Wirklichkeitskonstruktion«) in seinem Kopf hat und dass diese (möglicherweise sogar sehr destruktive) Wirklichkeitskonstruktion im entscheidenden Moment handlungsbestimmend für diese Person ist, kann einen Zugang zu dieser Person finden und dann mit ihr daran arbeiten, Schwierigkeiten auszuräumen, Kooperation zu ermöglichen und Lösungen zu finden.

1.1 DEFINITIONEN

In der ICB 4 sind Selbstreflexion und Selbstmanagement wie folgt definiert:

»Selbstreflexion ist die Fähigkeit, die eigenen Emotionen, Verhaltensweisen, Präferenzen bzw. Vorlieben und Werte sowie deren Einfluss zu erkennen, zu reflektieren und zu verstehen.

Selbstmanagement ist die Fähigkeit, sich persönliche Ziele zu setzen, den Fortschritt zu überprüfen und anzupassen und die tägliche Arbeit systematisch zu erledigen. Es schließt den Umgang mit sich verändernden Bedingungen und den erfolgreichen Umgang mit Stress ein« (GPM 2017, S. 66).

Einige weitere Begriffsklärungen sind wichtig:

Definition: Selbstmächtigkeit ist ein Zustand, in dem eine Person unabhängig von sachfremden inneren und äußeren Einflüssen genau dasjenige Verhalten planen und umsetzen kann, das ein optimales emotionales und sachliches Ergebnis ermöglicht. Selbstmächtigkeit bedeutet nicht, alles selbst zu machen, alles zu kontrollieren, sich selbst immer »im Griff« zu haben. Selbstmächtigkeit ist vielmehr auch dadurch gekennzeichnet, rechtzeitig fachliche, methodische oder persönliche Hilfe in Anspruch zu nehmen, statt dem inneren sachfremden Einfluss: »Ich darf mich niemals schwach zeigen.« oder dem äußeren sachfremden Einfluss: »Ich erwarte, dass Sie das alleine hinkriegen.« nachzugeben. Selbstmächtigkeit ist die Folge von Selbstreflexion und die Voraussetzung für Selbstmanagement.

Definition: Toleranz (von lat. tolerare = ertragen, aushalten, erdulden) sinngemäß: Ich leide an dem, was Du tust, aber ich lasse es Dich tun, weil es in den Bereich des (rechtlich/ethisch/menschlich) Zulässigen (des zu Tolerierenden) fällt.

Tab. 4.1.1-1: Toleranz als einer von sechs Modi der Interaktion

Verbundenheit	Zustand	Wir sind uns einig in Ziel und Umsetzung.
Akzeptanz	aktiv	Ich erlebe Dein Handeln als positiven Ausdruck von Vielfältigkeit. Ich mache es nicht wie Du, aber ich finde es gut, dass Du es so tust, und ich unterstütze Dich dabei.
Toleranz	passiv	Ich leide an dem, was Du tust, aber ich lasse es Dich tun, weil es in den Bereich des (rechtlich/ethisch/menschlich) Zulässigen (des zu Tolerierenden) fällt.
Intoleranz	passiv	Ich ziehe mich von Dir zurück, weil ich Dein Handeln für unzulässig halte und mich davor schütze.
Ablehnung	aktiv	Ich richte mich im Fühlen, Denken und Handeln gegen Dich aus und will Dich loswerden.
Konflikt	Zustand	Ich fühle mich von Dir bedroht und wir kämpfen miteinander.

Definition: Wirklichkeitskonstruktion/eigene Wirklichkeit: Menschen fühlen, denken und handeln nicht auf Grundlage der tatsächlichen Realität, sondern auf Grundlage dessen, was sie für die Realität halten. Dieses »was sie für die Realität halten« wird als die »eigene Wirklichkeit« bezeichnet (Straube 2009, S. 1955).

Die funktionale (»richtige«) Konstruktion von Wirklichkeit erfolgt, fortwährend sich wiederholend, in sechs Schritten (Straube 2016, S. 192):

1. In der schon zuvor konstruierten »eigenen Wirklichkeit« wird ein Bedürfnis wahrgenommen.
2. Es wird eine Erwartung an die Welt gerichtet, dieses Bedürfnis zu befriedigen bzw. die Zielerreichung zu ermöglichen.
3. Es wird festgestellt, dass zwischen der Reaktion der Welt und der eigenen Erwartung ein Unterschied besteht.
4. Dieser Unterschied führt zu einer Bewertung der Situation.
5. Diese Bewertung ermöglicht eine konstruktive Erkenntnis.
6. Aus dieser Erkenntnis wird eine veränderte eigene Wirklichkeit abgeleitet.

Diese funktionale Konstruktion von Wirklichkeit führt dazu, dass sich die eigenen Wirklichkeiten der Systemmitglieder immer mehr aneinander annähern, nämlich so lange, bis nach dem Schritt »Erwartung« kein störender »Unterschied« zwischen Erwartung und Reaktion mehr besteht. Das bedeutet aber nicht, dass diese Wirklichkeiten der Systemmitglieder der Realität entsprechen, sie sind lediglich funktional zueinander. Es kann beispielsweise ausreichend sein, wenn alle Projektteam-Mitglieder davon ausgehen, dass der Auftraggeber persönliche Kommunikation statt Statusberichte will, und sie daher entsprechend direkt und erfolgreich mit ihm kommunizieren, während der Auftraggeber eigentlich ganz besonders ernst und wichtig genommen werden will und deshalb mit Statusberichten per E-Mail nicht zufrieden ist.

Wirklichkeitskonstruktion wird dann dysfunktional (»gestört«) …

- … wenn in Schritt 2 statt einer Erwartung eine Unmöglichkeit angenommen wird. Menschen gehen dann in die Ersatzbefriedigung.
- … wenn in Schritt 5 statt einer konstruktiven Erkenntnis nur eine Symptomträgerbildung erfolgt. Menschen suchen dann einen Schuldigen, statt ihre eigenen Erwartungen oder Handlungen zu überdenken.

Wirklichkeitskonstruktionen ändern sich nicht durch den Hinweis: »Hallo, du denkst falsch.« Die Veränderung von Wirklichkeitskonstruktion verursacht Verunsicherung. Um diese Verunsicherung aushalten zu können, braucht es ein gewisses Maß an »gefühlter Stabilität«. Je emotionaler das Thema ist, desto sicherer muss der äußere Zustand sein, damit kein zusätzlicher Selbstschutz durch Symptomträgerbildung: »Ich bin richtig, ich brauche mich nicht verunsichern, der andere ist schuld.« (siehe Abbildung 4.1.1-2) nötig ist. Ungünstige dysfunktionale Wirklichkeitskonstruktionen bei Stakeholdern sind deshalb die größte und schwierigste Herausforderung für Projektmanager, weil sie sachorientiertes Arbeiten und Problemlösen durch mangelnde Selbstmächtigkeit aufseiten der Stakeholder enorm erschweren.

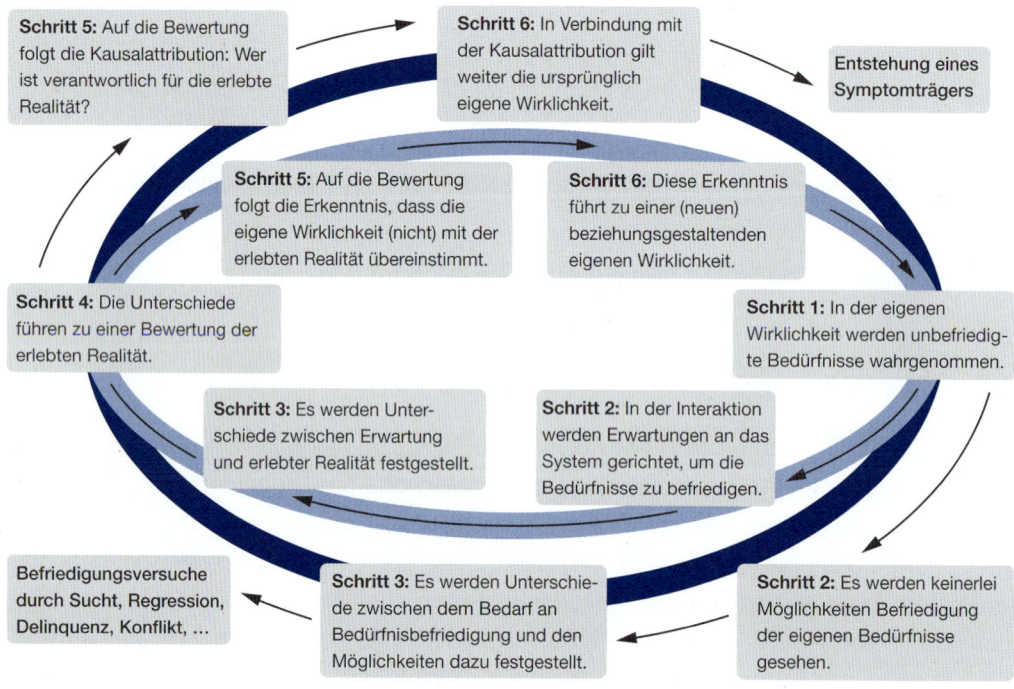

Abb. 4.1.1-2: Konstruktion von Wirklichkeit

1.2 URSACHE UND WIRKUNG FEHLENDER SELBSTREFLEXION

Praktische Erfahrungen und theoretische Kenntnisse leiten das Handeln immer dann in förderlicher Weise, wenn die vorgefundene Situation unseren Erfahrungen entspricht oder zu unseren Kenntnissen passt. Hier lässt es sich gut im »Autopilot« unterwegs sein.

Doch was passiert, wenn wir auf verstörende, neue, strittige oder bedrohliche Situationen treffen? Auf Situationen also, die wir vermeintlich nicht zu bewältigen glauben? In diesen Fällen versagt der konstruktive Automatismus. Wir reagieren ebenfalls »automatisch«, aber möglicherweise völlig destruktiv und unpassend. Das passiert deshalb, weil unser autonomes (vegetatives) Nervensystem in bedrohlichen Situationen unseren Erfahrungsschatz nach ähnlichen Erlebnissen durchsucht und die damals (erfolgreich) angewandten Verhaltensweisen in der aktuellen Situation einfach wiederholt. In der Folge kann es sein, dass wir auf schwierige Projektzustände oder anspruchsvolle Mitarbeitende »wie im Kindergarten« reagieren, z. B. mit Rückzug in einen anderen Raum, weil uns das Vorgehen im Kindergarten immer außer Gefahr gebracht hat, oder mit Trotz und Bockigkeit, weil dann immer jemand kam und sich um uns gekümmert hat.

Wer lange den hohen Anforderungen im Projektmanagement ausgesetzt ist, kennt diese Reaktionen. Sie sind unproduktiv und trotzdem passieren sie immer wieder. Und erst nachher – wenn die (gefühlte) akute Bedrohung weg ist – merken wir, dass diese »traditionelle« Reaktion in der aktuellen Situation heute eigentlich keine sinnvolle Reaktion war.

Glücklicherweise liegt all diesen verschiedenen Gefühlen und den unterschiedlichen Arten unproduktiver Reaktion der immer gleiche physiologische Prozess zugrunde: Die Stressreaktion.

1.2.1 DIE STRESSREAKTION

Der Begriff »Stress« wird umgangssprachlich und in mancher Ratgeber-Literatur sehr undifferenziert gebraucht. Tatsächlicher Stress ist eine echte Gefahr für den betroffenen Menschen und auch für die Aufgabe, mit der er befasst ist.

Nicht verwechselt werden darf Stress beispielsweise mit »Flow«, dem motivierten intensiven Arbeiten. Flow ist kein Problem, jedenfalls nicht bezogen auf Stress. Aus Flow wird dann Stress, wenn das Ziel bedrohlich unerreichbar wird. Nicht verwechselt werden darf Stress auch mit der Aufregung, z. B. vor einer Präsentation. Diese Aufregung kann beflügeln. Aber sobald sich die bevorstehende Präsentation nicht mehr »aufregend«, sondern für den Projektmanager bedrohlich anfühlt, beginnt der Stress mit all seinen negativen Folgen. Stress bedeutet auch nicht, viel Arbeit zu haben. Stress entsteht vielmehr dann, wenn Menschen eine (vermeintlich) nicht zu bewältigende Bedrohung wahrnehmen. Früher war das die Begegnung mit einem wilden Tier oder mit den todbringenden Menschen vom Nachbarstamm. Heute kann die Befürchtung, eine wichtige Aufgabe nicht rechtzeitig zu schaffen, ein solches Bedrohungsgefühl auslösen. Aber auch die Wahrnehmung, von der Chefin nicht mehr respektiert und folglich nicht mehr gefördert zu werden, ist als mögliche Ursache denkbar, genauso wie beispielsweise die Befürchtung, von den Teammitgliedern nicht mehr wie bisher bewundert zu werden.

Erleben Menschen Situationen – warum auch immer – als Bedrohung, dann wird die Stressreaktion gestartet, und zwar so, als sei der Verursacher wie seinerzeit ein wildes Tier oder ein mörderisch dreinblickender Konkurrent vom Nachbarstamm.

Phase 1: Wahrnehmung der Bedrohung (Alarmreaktion)
Phase 2: Aktivierung aller körperlichen Ressourcen für Kampf oder Flucht (Gegenreaktion)
Phase 3: Wiederherstellung des chemischen Gleichgewichts im Körper (Regeneration)

Die Phase 2 der Stressreaktion verdeutlicht, warum

- Menschen in Prüfungssituationen einen Blackout bekommen,
- in kritischen Projektsituationen unsinnige Entscheidungen treffen und
- in Konflikten zu Eskalationsschritten greifen, die vor allem ihnen selbst schaden.

Das Denken kommt bei der Gegenreaktion nämlich gar nicht vor. Bei der Begegnung mit dem wilden Tier hätte gründliches Nachdenken (»Wo kommt das Tier jetzt eigentlich her? Ist es ein Männchen oder Weibchen? Darf es sich eigentlich hier aufhalten? Warum habe ich meine Axt in der Höhle gelassen?«) die Gegenreaktion gefährlich verzögert. Aber es kommt noch schlimmer: Wer unter Stress gerät, dessen Denken bleibt nicht nur ungenutzt, sein Denkvermögen reduziert sich sogar (Gleiches gilt übrigens für Verdauung und Sexualität), da alle Energie für Kampf oder Flucht gebraucht wird.

Die von Hans Selye 1975 in die populärwissenschaftliche Diskussion eingeführte (Jackson 2012, S. 13 ff.) und bis heute oft zu lesende Unterscheidung von Eu-Stress und Dys-Stress (griechisch: gut/schlecht) ist also, medizinisch gesehen, schon deshalb nicht sinnvoll, weil Stress eben immer das Denkvermögen einschränkt und den Menschen in einen möglicherweise – auf das eigentliche Problem bezogen – völlig destruktiven Autopilot-Modus versetzt.

Zum anderen führt Stress immer dann zu echten gesundheitlichen Problemen ...

- ... wenn die Gegenreaktion nicht ausgelebt werden kann, der Kraftaufbau also ins Leere läuft und
- ... wenn die Regeneration nicht stattfindet, also das chemische Gleichgewicht im Körper nicht wiederhergestellt wird.

Typische Folgen, wie Hörsturz, Ohrgeräusche, Konzentrationsschwäche, Impotenz, psychosomatische Schmerzen usw., sind aktiven Projektmanagern oft nicht fremd.

Nebenbei: Nicht zur Stressreaktion gehört die **Erstarrung,** die oft als dritte Reaktionsform neben Flucht und Kampf genannt wird. Die Erstarrung tritt durchaus in bedrohlichen Situationen auf, aber nicht aufgrund der Stressreaktion, sondern weil das autonome (vegetative) Nervensystem keine Situationen im Erfahrungsschatz findet, aus denen es passende Kampf- und Flucht-Handlungen ableiten kann, also »nicht weiß«, was es jetzt tun soll, und deshalb gar nichts tut und in Erstarrung verfällt. Die Erstarrung ist also ein Scheitern der Stressreaktion mangels verfügbarer Gegenreaktion.

Für Projektmanager ist es ein glücklicher Umstand, dass für fast jedes destruktive Verhalten die Stressreaktion ursächlich ist. Das gilt sowohl für den eigenen Unsinn als auch für den von Mitarbeitenden und sonstigen Stakeholdern. Denn dadurch kann mit gutem Stressmanagement vielem destruktivem unsinnigem Tun vorgebeugt werden.

Gutes Stressmanagement bedeutet:

1. **Rechtzeitig herausarbeiten:** Wann gerate ich eigentlich unter Stress? (Selbstreflexion)
2. **Prüfen:** Muss mir das wirklich Stress bereiten, ist es wirklich eine Bedrohung?
    a) **Falls nein:** Wie kann ich mich vom unnötigen Bedrohungsgefühl unabhängig machen? (Selbstmächtigkeit)
    b) **Falls ja:** Was kann ich tun, um diese Bedrohung zu vermeiden? (Selbstmanagement)
3. **Trainieren:** Wie kann ich mich in bedrohlichen Situationen so verhalten, dass die Gegenreaktion rechtzeitig abgefangen wird und meine Denkfähigkeit erhalten bleibt? (Selbstmanagement)
4. **Zulassen:** Wie kann ich mir auch in arbeitsintensiven Situationen Regeneration erlauben und wie kann ich sie erreichen? (Selbstmächtigkeit, Selbstmanagement)

2 DIE GRUNDLAGEN DER SELBSTREFLEXION

Um die vorher genannten Ziele »2« (sich selbst besser verstehen) und »3« (andere besser verstehen) erreichen zu können, ist eine Grundhaltung erforderlich, die auf drei Säulen ruht: Wirklichkeitsorientierung, Ressourcenorientierung und Bedürfnisorientierung.

2.1 WIRKLICHKEITSORIENTIERUNG

Wirklichkeitsorientierung bedeutet, wie schon zuvor geschrieben, zwischen »echter Realität« und »eigener Wirklichkeit« zu unterscheiden und sich bewusst zu sein, dass alle Menschen ihr Fühlen und Handeln an ihrer jeweiligen »eigenen Wirklichkeit« ausrichten. Entscheidungen beruhen nicht auf Tatsachen, sondern darauf, was Menschen in ihrer eigenen Wirklichkeit für eine Tatsache halten.

Beispiel: Wenn die Projektmitarbeiter glauben, dass der Projektassistent ein Verhältnis mit der Projektmanagerin hat und nur deshalb auf seine Position gekommen ist, wird das ihr Verhalten gegenüber dem Projektassistenten beeinflussen, und zwar unabhängig davon, ob die beiden tatsächlich ein Verhältnis miteinander haben und ob, falls ja, dieses Verhältnis für die Stellenbesetzung ausschlaggebend war.

> **Beispiel:** Wenn der Auftraggeber darauf besteht, hinsichtlich des Fertigstellungstermins im Recht zu sein, weil der Termin vertraglich vereinbart wurde, so gibt es in seiner Wirklichkeit keinen Zweifel daran. Für den Projektmanager hingegen gibt es keinerlei Zweifel, dass aufgrund der Nachträge und Zusatzwünsche der vereinbarte Termin hinfällig ist, da ja auch der Vertragsgegenstand aus dem Pflichtenheft inzwischen längst erweitert wurde.

Beim letzten Beispiel zeigt sich, dass es auch für Außenstehende und deshalb vermeintlich objektive Beobachter schwierig ist, die »echte Realität« festzustellen. Beide Beteiligten haben aus ihrer Sicht recht.

Fazit: Es lohnt sich überhaupt nicht, unreflektiert an der eigenen Wirklichkeit festzuhalten und auf dem vermeintlichen Rechthaben zu beharren. Stattdessen wäre es nötig, die Wirklichkeit des anderen als »in seiner Welt zulässig« hinzunehmen und auf Basis der beiden Wirklichkeiten eine konstruktive Lösung zu suchen.

2.2 RESSOURCENORIENTIERUNG

Im psychosozialen Kontext kann der Begriff Ressourcen ebenso wie im Projektmanagement als die **für** eine Person (im Projektmanagement: für ein Projekt) verfügbaren Einsatzmittel »Personal«, »Sachmittel«, »Finanzmittel« verstanden werden und meint dann das Netzwerk dieser Person. Der Begriff kann aber auch als die **in** einer Person verfügbaren »Einsatzmittel« verstanden werden (von Schlippe, Schweitzer 2012, S. 209 f.) und meint dann die Fähigkeiten dieser Person und unterteilt diese in »Kraft/Mut«, »Erfahrungen/Wissen (Klarheit)« und »Handlungsmöglichkeiten/Strategien«. Ressourcenorientierung im letztgenannten Sinne bedeutet, dass in jedem eigenen (oder fremden) problematischen Verhalten eigentlich eine Fähigkeit steckt, die nur gerade an der falschen Stelle genutzt wird (Straube 2018, S. 410 f.).

> **Beispiel:** Der Projektmitarbeiter sitzt an der Überarbeitung des »Kritischen Pfades« und hat festgestellt, dass er sich auf die vom Kollegen geplante Abfolge der Arbeitspakete nicht verlassen kann. Er rechnet deshalb selbst nach, was eine zeitfressende und mühsam-langweilige Arbeit ist. Irgendwann wird es ihm zu viel und er schätzt die Werte nur noch grob über den Daumen und belässt es dann doch bei den Planungen des Kollegen, Hauptsache, er wird endlich fertig.

Keine Frage, der Projektmitarbeiter in dem Beispiel zeigt ein für das Projekt problematisches Verhalten. Doch in diesem Verhalten – mal Fünfe grade sein lassen, es nicht übergenau nehmen – stecken auch wichtige Ressourcen, nämlich:

| Bei sich selbst spüren, wann es zu viel ist, und dann rechtzeitig aufhören.
| Vertrauen in die Welt, dass schon alles irgendwie gut wird.

Wichtig in der Betrachtung ist dabei, dass er sich nicht bewusst für einen situativen Ansatz, wie z. B. »Muddling through«, entschieden hat (Gross 2016, S. 209 f.), sondern dass es ihm »passiert« ist. Er hat eine persönliche Ressource genutzt, die eigentlich nicht passte, denn er war in seiner »eigenen Wirklichkeit« zur Auffassung gelangt, sein Verhalten passe jetzt doch.

Fazit: Ausgehend von ihrer eigenen Wirklichkeit, kann es Projekt-Stakeholdern passend erscheinen, ein bestimmtes Verhalten zu zeigen, das gleichwohl aus Sicht anderer Stakeholder ein problematisches Verhalten ist. Dieses Verhalten abzuwerten, würde bedeuten, eine Fähigkeit abzuwerten und in Streit über die richtige eigene Wirklichkeit zu treten. Nötig ist stattdessen, die Wahrnehmung des Betroffenen zu schärfen, sodass er seine Wirklichkeit flexibilisieren und funktionaler konstruieren kann und die passende Fähigkeit zur Bewältigung der Aufgabe wählt – und die andere Fähigkeit an ebenfalls passender Stelle einsetzt.

Ressourcenorientierung bedeutet nicht, wie oft falsch verstanden: Er hat zwar keine Geduld im Umgang mit Planungstools, aber er hat eine schöne Ressource, nämlich er kann Geige spielen. Ganz sicher ist das Geigespielen eine schöne Fähigkeit, das Wissen darum nutzt uns nur überhaupt nichts für das Projekt. Wir müssen stattdessen …

a) … die beschriebenen selbstschützenden und weltvertrauenden Fähigkeiten im ungeduldigen Verhalten des Projektmitarbeiters wertschätzen und einen Platz für sie finden, und

b) … für den Umgang mit den Planungstools bei ihm eine andere passendere Fähigkeit aktivieren, wie beispielsweise sein Verantwortungsbewusstsein.

2.3 BEDÜRFNISORIENTIERUNG

Bedürfnisorientierung bedeutet die Erkenntnis, dass Menschen niemals aus Sacherwägungen heraus handeln, sondern immer, um gute Gefühle zu haben und schlechte Gefühle zu vermeiden. Gute Gefühle kommen nur dann zustande, wenn unsere Bedürfnisse befriedigt werden. Bedürfnisse im Defizit verursachen schlechte Gefühle (Rosenberg 2011, S. 165 f.). Viele Menschen, vor allem sich rational fühlende Projektmanager, gehen davon aus, nur Sachzwängen zu folgen und deshalb auch nur genau diese eine bestimmte Entscheidung treffen zu können. Doch die Prämisse stimmt nicht. Es gibt keine übergeordneten Sachzwänge. Es verbirgt sich hinter jedem vermeintlichen Zwang der persönliche Wunsch, eine sich schlecht anfühlende Konsequenz vermeiden zu wollen. Diese Konsequenz fühlt sich deshalb schlecht an, weil hinter ihr ein bedrohtes Bedürfnis steht.

> **Beispiel:** »Wir müssen bis Sonntag durcharbeiten, denn der Fertigstellungstermin am Montag muss gehalten werden, sonst zahlen wir eine Vertragsstrafe in sechsstelliger Höhe.«
> Was wäre, wenn wir nicht durcharbeiten würden?
>   Wir würden die Strafe zahlen müssen.
> Was wäre daran so schlimm?
>   Wir würden pleitegehen.
> Was wäre daran so schlimm?
>   Wir würden uns total blamieren. ⇨ Gefühl: Peinlichkeit
> Woran würdest Du merken, dass das schlimm für Dich ist, wenn Du Dich blamierst?
>   Ich würde meine Reputation unter den Kollegen verlieren. ⇨ Bedürfnis: »seinen Platz haben« und eventuell auch »Ressourcenzugriff« (Geld verdienen).

Hinter dem vermeintlichen Sachzwang stehen ein oder mehrere Bedürfnisse. Diese Bedürfnisse werden deshalb als bedroht erlebt, weil die Beteiligten (hier der Projektmanager) in ihrer eigenen Wirklichkeit davon ausgehen, dass diese Bedürfnisse im Falle der Nichterfüllung des »Sachzwangs« ins Defizit geraten. Das ist nicht zwangsläufig der Fall. Es könnte – rein theoretisch – auch sein, dass der Auftraggeber es besonders schätzt, wenn die Mitarbeitenden nicht seines Termins wegen am Wochenende durcharbeiten müssen. Falls der Projektmanager die im Beispiel beschriebene Ansage auch noch brüllend gegenüber den Kollegen geäußert hat, ist ihm womöglich wegen des von ihm gefühlten Stresses – Bedürfnisbedrohung verursacht Stress – die Reflexionsfähigkeit über die anzuwendende Fähigkeit entglitten und er hat seine Ressource, »als Trainer laut schreien können«, vom Fußballplatz im Büro genutzt.

Fazit: Hinter jedem Verhalten und Fordern steht der Antrieb, eigene Bedürfnisse zu befriedigen. Es lohnt deshalb nicht, auf Sachebene zu streiten. Wenn die Forderungen sich widersprechen, kommt bestenfalls ein Kompromiss zustande und im schlechtesten Fall beginnt ein energievernichtender Kampf. Nötig ist stattdessen, die eigenen und die fremden Bedürfnisse als Antreiber wahrzunehmen und Wege zur Befriedigung zu suchen, die ohne problematisches oder dysfunktionales Verhalten auskommen, zu den eigenen Wirklichkeiten passen und dabei die Fähigkeiten / Ressourcen der Beteiligten nutzen.

Tab. 4.1.1-2: Bedürfnisse als Lösungsebene

Forderungsebene	Keine Einigungsmöglichkeit
Interessenebene	Kompromiss möglich
Bedürfnisebene	Win-Win-Lösungen möglich

3 DIE FRAGESTELLUNGEN ZUR WIRKLICHKEITSORIENTIERUNG

Um nun handlungsfähig oder auch selbstmanagementfähig zu werden, müssen Projektmanager mit den Aspekten Wirklichkeitsorientierung, Ressourcenorientierung und Bedürfnisorientierung umgehen können.

Auf der Ebene Wirklichkeitsorientierung bedeutet das, Klarheit über folgende Fragen zu gewinnen:

1. Selbst-Bewusstsein

    a) Wer bin ich?

    b) Wie bin ich?

2. Selbst-Sicherheit

    a) Bin ich richtig?

    b) Handle ich richtig?

Dabei steht, um es in den Worten des Werte- und Entwicklungsquadrats von Schulz von Thun auszudrücken (→ Kapitel »Persönliche Integrität und Verlässlichkeit«), die Tugend: »Ich suche intensiv nach Klarheit über mich« in direkter Verbindung zur Tugend: »Ich lasse mich gelassen ein auf das, was andere in mir sehen« (Schulz von Thun 2001, S. 38 ff.). Die passende Untugend zur Suche nach Klarheit wäre dann die andauernde narzisstische Selbstbespiegelung und die Untugend zur Gelassenheit die Selbstverleugnung. Die Fragen 1a und 1b sowie 2a und 2b lassen sich durch folgende Methoden mehr oder weniger gut beantworten:

3.1 WER BIN ICH? / WIE BIN ICH?

Alle Fragen nach dem »Wer bin ich?« und »Wie bin ich?« bergen die Gefahr von sowohl ethisch als auch (projekt-)praktisch unzulässiger Vereinfachung in sich, wenn daraus die Fragen »Wer bist du?« und »Wie bist du?« abgeleitet werden. Alle Persönlichkeitsmodelle, von DISG über MBTI bis zu den Big Five, bergen die Gefahr in sich, Menschen in Schubladen zu packen und aus ihrem beobachteten Verhalten auf ihre Eignung für das Projektteam zu schließen.

Viel sinnvoller für die Zusammenstellung eines Teams und viel spannender im Sinne der Selbstreflexion ist es, statt auf Persönlichkeitstypen lieber auf übernommene Rollen zu achten. Wichtig ist dabei, dass die von der Person gelebte Rolle auch zu der Funktion passt, in der die Person im Projekt tätig sein soll. So wird jemand, der sich als Umsetzer/Ausführer sieht, vermutlich nicht gut in einer Führungsrolle sein, die eher Koordination und Delegation erfordert.

Der Unterschied zwischen Persönlichkeitstyp und sich selbst zugeschriebener Rolle besteht darin, dass sowohl die eigene Rollenzuschreibung als auch die Art der Rollenausführung stets Ergebnisse von Wirklichkeitskonstruktion sind: Die gleiche Person wird bei veränderter eigener Rollenzuschreibung oder gründlicher Reflexion der Rollenausführung in Verbindung mit der auszufüllenden Funktion auch dazu in der Lage sein, andere zur Funktion passende Ressourcen (Fähigkeiten) in sich zu aktivieren, vorausgesetzt, die Person will das und ist ggf. bereit, sich zusätzlich nötige Fähigkeiten anzueignen.

Beispiel:
Unterscheide:

| Persönlichkeitstyp: Dieser Mensch ist ein Umsetzer.

| Rolle: In diesem Projekt übernimmt dieser Mensch die Rolle des Umsetzers bzw. er sieht sich in der Rolle des Umsetzers.

| Funktion: Diesem Menschen wird die Aufgabe »umsetzen« zugewiesen, die eigene Rollenbeschreibung und Funktion passen damit zusammen.

Unter der Voraussetzung, dass Rollen nicht als »so ist er/sie«, sondern als »diese Rolle übernimmt er/sie gerade jetzt« verstanden werden, können zwei Methoden Projektmanagern sowohl bei der Selbstreflexion und beim Selbstmanagement als auch bei der Bildung ihres Teams helfen.

3.1.1 UMGANG MIT DER EIGENEN ROLLE UND DEN ROLLEN IM TEAM

Robert Dilts hat eine Methode entwickelt (Dilts 1993, S. 219 ff.), die in leichter Abwandlung dazu genutzt werden kann, um die eigene aktuelle Rollenbeschreibung zu entdecken. Ist sie entdeckt, kann überlegt werden, wie diese Rollenbeschreibung und die übernommene Funktion in Übereinstimmung gebracht werden können.

Praxistipp: Gehen Sie so vor:

1. Erinnern Sie sich an eine Situation (wann auch immer oder was auch immer), in der es Ihnen gut ging und in der Sie gut waren. Beschreiben Sie für sich die äußeren Umstände dieser Situation (drin/draußen, laut/leise, alleine/mit anderen, usw.).

2. Notieren Sie nun, was Sie ganz konkret in dieser Situation getan haben, oder auch, was Sie ganz explizit unterlassen haben. Wenn Sie also beispielsweise unter 1. eine Arbeitsbesprechung ausgewählt haben, bei der Sie aufgrund eines Stromausfalls keinerlei Technik nutzen konnten, so könnten Sie als Tätigkeit »improvisieren«, »anstrengen«, »direkt kommu-

nizieren« und als Nichttätigkeit beispielsweise »Kekse essen« notieren, wenn Sie sonst in Besprechungen immer viele Kekse essen. Es wäre hingegen nicht sinnvoll, wenn Sie als Nichttätigkeit »Zähneputzen« erwähnen, weil Sie das auch sonst in Besprechungen eher nicht tun, es also keinen Unterschied zwischen dieser und anderen Situationen darstellt. Legen Sie den Schwerpunkt darauf, was Sie tatsächlich in der Situation getan haben.

3. Überlegen Sie nun und schreiben Sie jeweils dazu, welche Fähigkeiten Sie genutzt haben, um genau diese Tätigkeiten ausführen zu können. Suchen Sie gründlich und lassen Sie sich ggf. dabei auch helfen, damit Sie keine Fähigkeiten übersehen.

4. Fragen Sie sich nun, warum Sie diese Fähigkeiten eingesetzt haben. Was »lohnte den Aufwand«? Welche Ziele haben Sie, die Sie motivierten, die Fähigkeiten aus Schritt 3 einzusetzen?

5. Leiten Sie aus den Zielen Wertvorstellungen und Glaubenssätze ab. Das können beispielsweise sein: »Freundschaften erhalten ist wichtig.« oder »Wer das Problem sieht, muss sich kümmern.«

6. Suchen Sie nun eine Rollenbeschreibung, zu der diese Wertvorstellungen passen. Als erste Idee können Sie versuchen, in einem typischen märchenhaften Königshaushalt die passende Rolle zu finden, um nicht zu schnell in den üblichen Projekt- und Business-Kategorien zu denken. Schauen Sie eher nach leicht archetypischen Rollenbildern, wie »Helfer«, »Heiler«, »Lotse«, »Steuermann«, »Mutter« usw. Prüfen Sie für sich, wie es Ihnen mit der gefundenen Rollenbeschreibung geht und ob Sie sich darin wiederfinden. Und entwickeln Sie dann einen Satz, der Ihre Rolle beschreibt, wie z. B. »Ich lasse gelingen.« oder »Ich ermögliche Ankommen.« oder »Ich sorge für Bedürftige.«

Die Schritte 1 bis 6 gehören zur Selbstreflexion. Ab Schritt 7 beginnt das Selbstmanagement:

7. Analysieren Sie für sich, welche Anforderungen Ihre aktuelle Funktion an Sie stellt, ob Sie diesen Anforderungen genügen wollen und wie Sie auf Grundlage Ihrer Rollenbeschreibung diesen Anforderungen ganz konkret genügen können. War Ihre Rollenbeschreibung beispielsweise »Mutter« und sind Sie Projektmanager, dann fragen Sie sich, wie eine »Mutter« die für die Projektleitung typischen Aufgaben von Koordination und Steuerung usw. ausführen würde, und übertragen Sie das auf Ihren Arbeitsalltag.

8. Schauen Sie sich um, wer in Ihrem Umfeld eine ähnliche Rolle lebt und wie Sie mit dieser Person in Kontakt kommen können. Und schauen Sie, wer andere Rollen lebt und wie Sie mit diesen anderen Rollen zum gegenseitigen Nutzen und zum Besten des Projekts interagieren können. Um nun zu prüfen,

> welche Funktionen im Team besetzt werden müssen und welches Rollenbild dazu passt, hilft das Belbin Team Inventory von Meredith Belbin (Reichert 2009, S. 135). Vermeiden Sie aber den Fehler, zu sagen, Mitarbeiter X ist »Macher« und Mitarbeiter Y ist »Perfektionist«, sondern erarbeiten Sie mit den Teammitgliedern deren eigene aktuelle Rolle mit den Diltschen Ebenen und prüfen Sie dann, wer welche Funktion derzeit am besten ausfüllen kann. Vermeiden Sie auch den Fehler, die Rollenbeschreibung von Belbin als abschließend zu betrachten. Möglicherweise werden in Ihrem Team zusätzliche Funktionen gebraucht, möglicherweise entfallen manche Rollen.

3.2 BIN ICH RICHTIG?

3.2.1 UMGANG MIT GERINGEM SELBSTWERT UND FEHLERN

Selbstwert in der Selbstreflexion hängt vor allem damit zusammen, wie wertvoll und »richtig« wir für unser Umfeld in Kindheit und Jugend waren. Selbstwert in Bezug auf Selbstmanagement hängt damit zusammen, wie wertvoll und »richtig« wir uns selbst heute sehen. Das Lösen von den Zuschreibungen durch Eltern oder Schule ist dabei der erste Schritt, der Umgang mit Fehlern und Unzulänglichkeiten der zweite.

Der Umgang mit Fehlern läuft häufig wie folgt ab:

1. Den Schuldigen suchen.
2. Den Schuldigen bestrafen.
3. Den Schuldigen den Fehler ausbaden lassen.

Wenn es dabei um uns selbst geht, dann fördert dieses Vorgehen die Selbstabwertung, da wir uns schuldig fühlen, uns dafür Strafe zusprechen und versuchen, alles selbst wieder geradezubiegen.

Viel hilfreicher ist folgender Umgang mit Fehlern:

1. Den Fehler gemeinsam ausbaden.
2. Aus dem Fehler etwas lernen.
3. Dem Schuldigen danken für den Lernanlass.

Es zeugt von Führungsstärke, wenn wir eigene Fehler zugeben und um Hilfe bei der Folgenbeseitigung bitten. Es hilft allen, wenn dann aus diesem Fehler gelernt wird, beispielsweise durch die Anpassung von QM-Prozessen oder Prüfroutinen in der Software. Und dann dürfen wir uns danken, weil wir selbst etwas lernen konnten und auch für die Kollegen ein Lernanlass waren. Nebenbei haben wir die Kollegen dazu ermutigt, ebenfalls offen mit Fehlern umzugehen und dadurch Vertuschung und Folgefehler zu vermeiden (Straube 2017b, S. 29 ff.).

Dass der Fehler gleichzeitig eine Unzulänglichkeit bei uns selbst aufdeckt, ist dann kein emotionales Problem, wenn wir die Feedback-Regel beherzigen. Aber nicht dieses oft zu lesende Regel-Missverständnis »erst das Gute, dann das Schlechte«.

Feedback richtig zu geben, bedeutet, nicht vom Ziel her zu denken und den aktuellen Entwicklungsstand als »noch nicht erreichte Schritte hin zum Ziel« (defizitorientiert) zu beschreiben, sondern vom Ausgangspunkt her die bisherigen Leistungen (leistungsorientiert) wahrzunehmen, dann sich auf das Ziel zu einigen und die nächsten Schritte hin zum Ziel (potenzialorientiert) zu definieren (Straube 2017a, S. 29 ff.).

Beispiel: Sie haben einen Abgabetermin in einem Teilprojekt nicht überwacht und der Kunde beklagt die fehlende Zuarbeit.

Umgang mit dem Fehler:

1. Gemeinsam zügig eine Lösung finden, um den Kunden zufriedenzustellen.
2. Den Teil-Projektmanagern eine Schulung im Umgang mit den Tools anbieten und die Teilprojektziele als Reporting-Aufgabe für die Meilenstein-Treffen definieren.
3. Sich bei sich selbst bedanken, dass das Projekt nun noch besser organisiert ist und die Teil-Projektmanager noch besser in ihre Aufgaben eingewiesen sind.

Selbstfeedback:

1. Ich habe dieses Projekt auf allen Ebenen organisiert und habe alle ergebnisrelevanten Termine im Blick (Leistung).
2. Damit der Kunde auch im Detail zufrieden ist (Ziel),
3. ist es als nächster Schritt (statt »habe ich leider bisher noch nicht ...«) wichtig, die Teil-Projektmanager besser im Umgang mit den Tools zu schulen und die Teilprojektziele als Reporting-Aufgabe festzulegen (Potenzial).

Feedback gegenüber Teil-Projektmanager, in dessen Zuständigkeit der Termin fiel:

1. Sie haben in Ihrem Teilprojekt bereits Leistung A und Leistung B erbracht (Leistung).
2. Damit der Kunde uns weiterhin vertraut (Ziel),
3. ist es als nächster Schritt wichtig, die Teilprojektziele stärker an die Termine zu binden und gegenüber dem Kunden rechtzeitig zu kommunizieren (Potenzial).

Selbstmanagement an dieser Stelle bedeutet also, die Dinge richtig zu sehen, statt selbstabwertend nur den Mustern zu folgen, die uns früher – beispielsweise in der Schule – vorgelebt wurden.

3.3 HANDLE ICH RICHTIG?

3.3.1 UMGANG MIT SCHWIERIGKEITEN

Zuerst ist die Paul Watzlawick, Mark Twain und den weisen Chinesen zugeschriebene und wahrscheinlich von Abraham H. Maslow (Maslow 1970, S. 15) stammende Erkenntnis wichtig, dass nicht jede Schwierigkeit ein »Nagel« ist, auch wenn man zufällig nur einen »Hammer« als Werkzeug zur Verfügung hat. Deshalb ist der erste Schritt zur Selbstreflexion die Frage, in welcher Art von Schwierigkeit ich oder mein Projekt gerade stecken:

ARTEN VON SCHWIERIGKEITEN UND ZUGEHÖRIGER LÖSUNGSWEG

Sperre (verstörend)
Bei Sperren ist allen Beteiligten der Zustand des Projekts klar, sie sind sich über das nächste Ziel einig, wissen auch den Weg zum Ziel, aber trotzdem werden sie nicht aktiv.

Lösungsweg: Das Beseitigen einer Sperre erfordert einen inneren Klärungsprozess bei den Beteiligten, um das persönliche gedankliche Hemmnis zu finden und dann damit umgehen zu können.

Problem (unbekannt)
Bei Problemen ist allen Beteiligten der Zustand des Projekts klar, sie sind sich über das nächste Ziel einig, kennen aber den Weg zum Ziel nicht.

Lösungsweg: Problembeseitigung erfordert einen strukturierten und moderierten Analyse-, Lern- und Planungsprozess.

Konflikte (strittig)
Bei Konflikten ist allen Beteiligten der Zustand des Projekts klar, über das nächste Ziel gibt es unterschiedliche Ansichten und deshalb ist auch der Weg zum Ziel offen.

Lösungsweg: Konfliktlösung gelingt dann, wenn die Bedürfnisse hinter den Forderungen in den Blick genommen werden (→ Kapitel »Konflikte und Krisen«).

Krisen (bedrohlich)
Bei Krisen ist den Beteiligten der aktuelle Zustand des Projekts unklar, es existieren keine Vorstellungen in Bezug auf das nächste sinnvolle Ziel und ein Ausweg scheint unmöglich, die Beteiligten sind hinsichtlich der eigentlichen Aufgabe wie gelähmt.

Lösungsweg: Krisen können durch Stabilisierung, die Reaktivierung von Ressourcen und mit einem anschließenden Problembeseitigungsprozess bewältigt werden (Straube, Leuschner, Müller 2016, S. 4 ff.).

Tab. 4.1.1.-3: Arten von Schwierigkeiten und deren Merkmale

	Zustand klar	Ziel einig	Weg bekannt	Umsetzung möglich
Sperre	X	x	x	—
Problem	X	x	—	.
Konflikt	X	—	.	.
Krise	—	.	.	.

Aus der Tabelle 4.1.1-3 lassen sich zugleich die Stufen der Handlungsfähigkeit ableiten. Erst dann, wenn Sie sich über den Zustand (des Projekts) im Klaren sind, können Sie ein sinnvolles Veränderungsziel definieren. Erst dann, wenn das Ziel klar ist, lohnt sich das Nachdenken über den Weg zur Zielerreichung. Und erst dann, wenn der Weg und die nötigen Werkzeuge verfügbar sind, sollten Sie losgehen. Erst dann, wenn Sie losgegangen sind, wird sich etwas verändern.

4 DIE FRAGESTELLUNGEN ZUR RESSOURCENORIENTIERUNG

Nach den Fragestellungen und Methoden zur Wirklichkeitsorientierung folgen nun die zur Ressourcenorientierung. Auf dieser Ebene ist es wichtig, **geeignete Strategien** für herausfordernde Situationen und Menschen zur Hand zu haben und sich deshalb folgende Fragen zu stellen:

3. Selbst-Kompetenz

    a) Was kann ich?

4. Selbst-Wirksamkeit

    a) Was bewirke ich?

Dabei steht die Tugend: »Ich kann etwas geben./Ich kann etwas bewirken.« in direkter Verbindung zur Schwestertugend: »Ich kann etwas annehmen./Ich kann etwas an mir bewirken lassen.« Und die zugehörigen Untugenden wären (übertriebener) Altruismus (leer werden) und Egoismus (leer saugen). Die Fragen 3a und 4a lassen sich durch folgende Methoden mehr oder weniger gut beantworten:

4.1 WAS KANN ICH?

4.1.1 UMGANG MIT EIGENEM ENTWICKLUNGSBEDARF

Im Abschnitt 3.2.1 Umgang mit geringem Selbstwert und Fehlern wurde beschrieben, warum der Bedarf an Weiterentwicklung nicht als Mangel zu sehen ist, sondern tatsächlich (und nicht nur euphemistisch) als Potenzial. Zu den Wegen dahin gehört es auch, die beliebte SWOT-Analyse (→ Kapitel »Strategie«) richtig einzusetzen.

Beispiel: Während wir im Feld S (Strengths = Stärken) durchaus unsere persönlichen Fähigkeiten notieren können, gehören in das Feld W (Weaknesses = Schwächen) nicht etwa unsere persönlichen Schwächen, sondern, ressourcenorientiert gedacht, diejenigen Situationen und Fähigkeiten, die wir zusammen einsetzen, die aber nicht zusammenpassen. Unter O (Opportunities = Chancen) würden wir dann schauen, welche unserer anderen Fähigkeiten wir für die unter W genannten Situationen aktivieren müssen und in welchen anderen Situationen wir die unter W genannten, aber unpassenden Fähigkeiten nützlicher einsetzen können. Im Feld T (Threats = Risiken) wäre dann zu schauen, welche divergierenden Ziele oder destruktiven Glaubenssätze uns hindern könnten, die Chancen aus Feld O zu nutzen und natürlich, wie wir – selbst oder mithilfe – diese Risiken beseitigen oder sie umgehen können.

4.2 WAS BEWIRKE ICH?

4.2.1 UMGANG MIT VERSTÖRENDEM VERHALTEN VON STAKEHOLDERN

Bei der Bildung von Hypothesen über Stakeholder im Projekt ist es wichtig, kausale Hypothesen zu vermeiden. Direkte »Weil A – Deshalb B«-Beziehungen führen leicht in die Falle »Symptomträger-Bildung« (siehe Abbildung 4.1.1-2) und hindern Projektmanager daran, ihren eigenen Anteil und Änderungsbedarf zu erkennen. Selbstmanagement an dieser Stelle bedeutet vielmehr, sich selbst »zur Ordnung« zu rufen und einseitige Schuldzuweisungen zu vermeiden. Denn auch dann, wenn diese Schuldzuweisung aus Sicht der Projektleitung eindeutig ist: Schon aus Sicht des vermeintlich Schuldigen ist das nicht mehr so. Und wer garantiert, dass die Projektleitung mehr recht hat, die einzig richtige Wirklichkeit konstruiert hat? Aus ihrer jeweiligen Wirklichkeit heraus können durchaus beide Seiten recht haben. Hypothesen sollten deshalb immer noch die Ursache hinter der Ursache suchen und zirkulär dabei auch die Folge in den Blick nehmen.

> **Beispiel:**
>
> | **Kausale Hypothese:** Ich bin deshalb genervt von Klaus, weil er niemals mit Lösungsvorschlägen kommt, sondern nur mit Problembeschreibungen.
>
> | **Kausale Hypothese mit der Ursache hinter der Ursache:** Ich bin deshalb genervt von Klaus, weil er niemals mit Lösungsvorschlägen kommt, sondern nur mit Problembeschreibungen. Das liegt daran, dass er sehr selbstunsicher ist.
>
> | **Zirkuläre Hypothese:** Ich bin deshalb genervt von Klaus, weil er niemals mit Lösungsvorschlägen kommt, sondern nur mit Problembeschreibungen. Das liegt daran, dass er sehr selbstunsicher ist. Diese Selbstunsicherheit speist sich aus meinem genervten Umgang mit ihm. Ich bin deshalb genervt von Klaus, weil … usw.

Die besonders hohe Kunst des Selbstmanagements wäre nun, beim letzten »weil …« nicht wieder mit »er niemals mit Lösungen …« einzusetzen, sondern zum Beispiel mit »weil ich mich durch seinen Ton an meinen Vater erinnert fühle und dieses Gefühl offensichtlich nicht von meiner Arbeit trennen kann.« Auch hier könnte ein weiteres »weil« folgen. Grundsätzlich bietet jedes »weil« einen Ansatzpunkt. »Weil er niemals mit Lösungsvorschlägen kommt« bietet den Ansatzpunkt, ihn zu Lösungsvorschlägen zu zwingen. »Weil er selbstunsicher ist« bietet den Ansatzpunkt, ihm ein Selbstsicherheits-Coaching zu verschaffen. »Weil ich mit ihm genervt umgehe« bietet den Ansatzpunkt, mein Verhalten zu ändern, genauso wie meine Wahrnehmung in Bezug auf die Vermischung von Vater und Mitarbeiter. Es ist, insgesamt gesehen, deutlich hilfreicher, die eigenen »weils« herauszugreifen. Denn sich selbst im Sinne des Selbstmanagements weiterzuentwickeln, ist einfacher steuerbar, als zu hoffen, dass sich bei einem Dritten etwas tut, dessen Denken und Fühlen unserem Zugriff entzogen sind.

5 DIE FRAGESTELLUNGEN ZUR BEDÜRFNISORIENTIERUNG

Die dritte Gruppe von Fragen gehört zur Bedürfnisorientierung. Auf dieser Ebene bedeutet das, Mut zu haben, Dinge trotz unklarer Folgen und potenzieller Bedürfnisverletzung anzupacken und zu bearbeiten. Deshalb ist es nötig, sich folgende Fragen zu stellen:

5. Selbst-Erleben

   a) Bin ich? Spüre ich mich und meine Bedürfnisse?

6. Selbst-Vertrauen

   a) Bin ich sicher?

Dabei steht die Tugend »etwas tun« in direkter Verbindung zur Tugend »etwas lassen«. Und die zugehörigen Untugenden wären »leichtsinniger Spieler« und »blockierender Hasenfuß«. Die Fragen 5a und 6a lassen sich mithilfe der folgenden Methoden mehr oder weniger gut beantworten.

5.1 BIN ICH? SPÜRE ICH MICH UND MEINE BEDÜRFNISSE?

Wie vorher bereits beschrieben, ist – von wissensbedingten Fehleinschätzungen abgesehen – immer Stress aus Bedürfnisbedrohung ursächlich für ungünstiges Verhalten bei der Leitung von Projekten. Im Sinn einer zirkulären Hypothesenbildung stellt sich dann die Frage, welche Bedrohung als stressauslösend wahrgenommen wird und ob diese Verbindung bestehen bleiben muss.

Praxistipp: Gehen Sie so vor:

1. Notieren Sie, wann Sie Situationen als bedrohlich erleben. Das kann Zeitdruck genauso sein wie das Verhalten von Stakeholdern.

2. Prüfen Sie für sich, ob Sie auch »vom Kopf her« diese Situation als bedrohlich einschätzen würden oder ob es »nur« eine gefühlte Bedrohung ist.

   a) Wenn es nur eine gefühlte Bedrohung ist: Suchen Sie sich einen guten Coach oder Therapeuten, mit dem Sie dieses Gefühl auflösen und Ihre Gelassenheit zurückgewinnen können. Je bedrohlicher das Gefühl, desto geringer die Chance, dass Sie das alleine hinbekommen. Quälen Sie sich nicht unnötig lange damit.

   b) Wenn es eine echte Bedrohung ist, wählen Sie unter den folgenden Methoden, um den Stress zu vermeiden, damit umzugehen und sich davon zu erholen.

5.1.1 UMGANG MIT ZU VIELEN AUFGABEN (STRESS-PRÄVENTION)

Eine große Schwierigkeit bei der Nutzung von Zeit- und Aufgabenplanungstools ist ihre weitgehende Ausrichtung auf vertikal/konvergent orientierte Menschen. Diese beiden von Edvard de Bono (Nöllke 1998, S. 17 f.) und Joy Paul Guilford (Seiwert, Müller, Labaek-Noeller 2001, S. 14 f.) geprägten Begriffe stehen für konsequentes Abarbeiten von Aufgaben ohne Ablenkung in vorgeplanten Zeitrastern. Menschen dieser Art fragen sich: »Was ist jetzt zu tun?« Es gibt aber auch noch die Gruppe von Menschen, die eher lateral/divergent orientiert ist.

Beispiel: Laterale oder divergente Projektmanager bearbeiten Aufgaben eher nach assoziativer Auswahl und nach ihrer momentanen körperlichen und emotionalen Verfassung. Sie fragen sich: »Was ist jetzt spannend?« Auch solche Projektmanager können sehr erfolgreich sein, da sie mit der Vielfältigkeit von Störungen und der Gleichzeitigkeit von Aufgaben besser zurechtkommen. Auch gelingt ihnen durch ihre Flexibilität die Mitarbeiterführung oft gut, weil sich Mitarbeitende und sonstige Stakeholder eben nicht immer »regelgerecht« logisch verhalten.

Bezogen auf William Ross Ashbys Gesetz von der notwendigen Vielfalt (Ashby 1956), würde der vertikal denkende Projektmanager versuchen, die Zahl der Steuerungsmittel vorab an die zu erwartende Zahl der Störungen anzupassen. Der lateral denkende Projektmanager würde sich um die Störung kümmern, sobald sie auftaucht und sofern sie ihm wichtig erscheint. Im Sinne von Selbstreflexion ist es nötig, die eigene Orientierung zu kennen und dann die nicht so bevorzugte Seite zu trainieren. Denn Projektmanager brauchen beides: Spielerische Spontanität und stringente Struktur. Für die Zeit- und Aufgabenplanung aber wählen Sie bitte Methoden, die Ihrer Orientierung am nächsten kommen, oder passen Sie die Methoden entsprechend an.

BEACHTUNG DER STANDARDMOTIVATIONSKURVE / UMGANG MIT BLOCKADEN

Machen Sie sich bewusst, dass Sie bei allen schwierigen und neuen Aufgaben ein Opfer der Standard-Motivationskurve werden können (Bischof, Bischof 2001, S. 40 ff.). Diese besagt, dass auf eine Phase von Interesse und Euphorie eine Phase von Ernüchterung und Demotivation folgt, weil die Aufgabe deutlich schwieriger zu erledigen ist, als anfangs zunächst angenommen. Erst wer dieses »Tal der Tränen« durchwandert und dabei für die Aufgabe gelernt hat, kann in die Leistungsphase kommen.

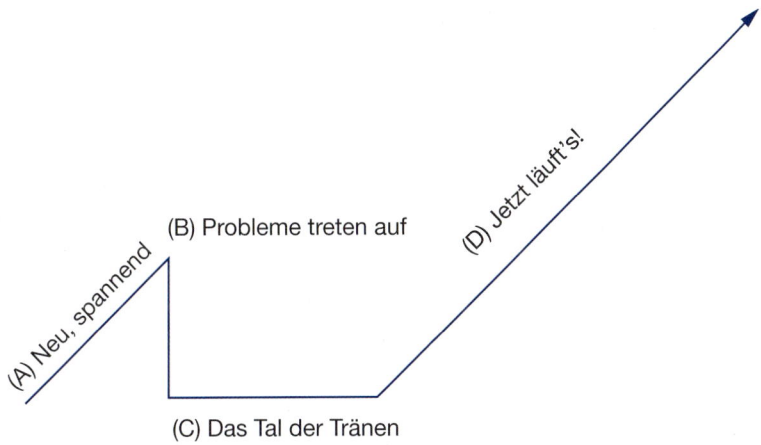

Abb. 4.1.1-3: Standardmotivationskurve (nach Bischof 2001, S. 40 ff.)

Das Erleben der Ernüchterung kann zur Destruktivität und damit zum Abbruch des Projekts führen: »Die Trauben sind sowieso sauer. Lassen wir es also« (Aesop). Sie kann auch zu schlechtem Gewissen führen: »Ich müsste eigentlich …!« Beides ist nicht nötig. Es geht auch anders:

- Der **vertikal orientierte Projektmanager** bleibt dran, beißt sich durch und verschreckt Kollegen, Freunde und Familie durch sein mürrisches Gesicht.

- Der **lateral orientierte Projektmanager** macht erstmal was Interessanteres und verschreckt einige Zeit später die Kollegen mit der Botschaft, dass die Aufgabe leider nicht fertig geworden ist.

- Der **reflektierte Projektmanager** wird prüfen, wie lange er für diese Aufgabe noch Zeit hat und wann er sich spätestens dransetzen muss. Dann wird er erstmal was Interessanteres machen und zwischendurch – **lateral denkend** – Informationen und Bausteine für die ursprüngliche Aufgabe sammeln, sodass er sie schließlich rechtzeitig und ohne viele Tränen erledigen kann. Der reflektierte Projektmanager verspürt weder zeitlich noch emotional ausgelösten Stress. Denn er kennt die Standardmotivationskurve und er kennt seine bevorzugte Arbeitsorientierung mit ihren Fallen.

BEACHTUNG VON LEISTUNGSTIEFS UND LEISTUNGSHOCHS

Es scheint so einfach zu sein: Sie legen Aufgaben mit hohem Denkbedarf in Zeiten des persönlichen Leistungshochs und E-Mails beantworten Sie in der Zeit des Leistungstiefs. Tatsächlich funktioniert das aber nur begrenzt, denn die Zeitpunkte für Leistungshoch und Leistungstief sind nicht täglich gleich. Sie hängen von der Ernährung ab (»Suppenkoma«), vom Schlaf der vorherigen Nacht, von den Anstrengungen der gerade erledigten Aufgabe, von der Luft im Büro, vom persönlichen Typ (früh fit / abends fit) usw.

Soweit es Ihnen möglich ist, sollten Sie deshalb bei Beginn eines Leistungstiefs zehn Minuten Pause einlegen. Das bedeutet nicht zwingend, dass Sie sich zum Power-Napping niederlegen müssen. Eine Pause kann auch sein, an die Fenster zu gehen, sie zu öffnen und durchzuatmen. Auch der Weg zum Assistenz-Büro, zum Drucker oder zum Kollegen nebenan kann eine Pausenwirkung haben. Hilfreich sind auch einige unauffällige Dehn- und Streckübungen, die Sie auf dem Weg machen können. Lassen Sie sich von einem Physiotherapeuten beraten, welche Bewegungen Ihren Körper wieder in Spannung bringen und Ihren Kopf wieder frischer werden lassen. Vermeiden Sie, Leistungstiefs regelmäßig durch Aufputschmittel, wie Kaffee, zu überspielen. Sie verschieben die Müdigkeit damit nur auf später, z.B. auf den Feierabend oder aufs Wochenende. Das bringt keine Vorteile, da eine schlecht gelaunte Familie oder Trennungsphasen besonders negative Auswirkungen auf die Leistungsfähigkeit haben.

VERTREIBEN VON ZEITKILLERN / NOT-TO-DO-LISTE

Finden Sie heraus, welche Aufgaben Sie viel Zeit kosten, ohne dass daraus kurzfristiger Nutzen (vertikaler Denker) oder mittelfristiger Nutzen (laterale Denker) resultiert. Als Nutzen gilt, was entweder Ihr Projekt voranbringt oder Ihre Arbeitsfreude erhält. Alle diejenigen Aufgaben, die Sie als unerwünschte Zeitkiller identifiziert haben, kommen nun auf Ihre Not-to-do-Liste. Das kann das Lesen eines Newsletters sein, die Teilnahme an Befragungen, die Verhandlungen über ein sowieso aussichtsloses oder unwirtschaftliches Projekt: Dinge also, die einfach nicht mehr stattfinden. Es können aber auch Aufgaben sein, die Sie zwar nicht mehr erledigen wollen, stattdessen dann aber delegieren müssen. Manchmal kann es hilfreich sein, die potenziellen Delegationsopfer selbst auswählen zu lassen, welche der Aufgaben von Ihrer Not-to-do-Liste sie übernehmen wollen.

Legen Sie sich die Not-to-do-Liste monatlich auf Wiedervorlage, bis Sie alle unnötigen Zeitkiller entdeckt und aufgeschrieben haben. Vermeiden Sie dabei aber unbedingt – vor allem dann, wenn Sie ein lateral orientierter Mensch sind –, die zwar sinnlosen, aber sehr schönen und den Arbeitsalltag bereichernden Dinge ebenfalls auf dieser Liste zu notieren. Seien Sie besser reflektiert genug, auch diesen Dingen eine gewisse Zeit einzuräumen, ohne sich von ihnen vereinnahmen zu lassen.

STILLE STUNDE

Wenn Sie ungestört sind, schaffen Sie oft deutlich mehr in wesentlich kürzerer Zeit. Manche Projektmanager bleiben deshalb bis lange nach Feierabend im Büro, obwohl sie schon früh am Morgen die Ersten waren. Tagsüber koordinieren und reagieren, abends in Ruhe arbeiten. Für den Familienzusammenhalt und im Sinne der Burnout-Prävention ist das keine gute Strategie. Die »Stille Stunde« tagsüber einzuplanen, scheitert oft nicht so sehr an den Kollegen, sondern an der Wahrnehmung, ständig gebraucht zu werden und ansprechbar sein zu müssen. Tatsächlich kommt alle paar Minuten jemand rein, klingelt das Telefon, piept eine E-Mail, … Doch ist Ihnen schon aufgefallen, dass es auch ohne all das geht, wenn Sie gerade in einem Kundentermin sind, beim Zahnarzt sitzen oder im Flugzeug nicht ins Netz dürfen? Dann kommen Mitarbeitende ein paar Stunden ohne Rückfragen zurecht, bleiben E-Mails eine Weile unbeantwortet, gehen die Mailbox oder die Sekretärin ans Telefon. Es ist möglich, wenn Sie es wollen, wenn Sie sich entsprechend organisieren und wenn sie die »Stille Stunde« konsequent durchsetzen.

Welche Stunde dafür am besten geeignet ist, hängt sehr von Ihrem Projekt ab. Oft ist es gut, am Anfang des Tages eine »stille Stunde« einzuplanen und dann noch einmal eine am frühen Nachmittag. Sind Sie eher lateral orientiert, können Sie die »Stille Stunde« an manchen Tagen überhaupt nicht und anderen Tagen sehr intensiv nutzen. Das hängt davon ab, welche weiteren spannenden Themen Ihnen gerade durch den Kopf gehen. Beobachten Sie sich und nehmen Sie wahr, welche positiven Erfahrungen Sie durch die Nutzung machen, und rufen Sie sich diese Erfahrungen dann in Erinnerung, wenn Sie die »Stille Stunde« beginnen.

NEIN-SAGEN

Zur Stress-Prävention trägt auch das Nein-Sagen bei. Wirklich? Das kommt darauf an: Sind Sie ein Mensch, der gern gemocht werden will und Angst davor hat, als schlecht wahrgenommen zu werden, dann entsteht durch das Nein-Sagen emotional ausgelöster Stress in Ihnen. Um Nein sagen zu können, bräuchten Sie zunächst ein ausführliches Coaching oder gar eine Therapie, in der Sie das Gemocht-Werden-Wollen und die Angst vor Falschwahrnehmung auf die wirklich relevanten Menschen richten: Der Chef gehört mit Sicherheit nicht dazu. Er ist Ihnen nur auf Zeit an die Seite gestellt. Ob er Sie mag oder nicht, hat dann keine Bedeutung, wenn Sie im Privatleben Menschen haben, von denen Sie sich gemocht fühlen.

Sind Sie hingegen ein Mensch, der seinen Wert sehr klar kennt und auch kommunizieren kann, dann ist die Kombination von einem Nein mit einem Vorschlag ein guter Weg für Sie, Stress zu vermeiden: »Ich kann diese Aufgabe nicht übernehmen, es sei denn, ich lasse jene Aufgabe für zwei Wochen liegen. Es wäre aber auch möglich, Tom mit dieser Aufgabe zu betrauen.«

GUT STATT PERFEKT

Dieses Prinzip (Koenig, Roth, Seiwert 2001, S. 19 ff.) ist schwierig. Es hat die sogenannte Pareto-Regel zum Hintergrund, die aus der gefühlten Wahrnehmung von viel Aufwand für wenig Ertrag ableitet, man solle sich lieber auf die 20 % des Tuns konzentrieren, mit denen man bereits 80 % der Wirkung erzielt. Abgesehen davon, dass diese Regel keine wissenschaftliche Grundlage für all ihre heutigen Anwendungsbereiche hat (bei der ursprünglichen Untersuchung ging es um das gezielte Marketing im Bankenwesen): Es gibt Dinge, bei denen reichen 80 % Erfüllung nicht aus. Würden Sie gern von einem Arzt operiert werden, der nach 80 % Erledigung aufhört, weil es so aufwendig ist, auch den letzten Rest noch rauszuschneiden oder auszurichten? Würden Sie gern Auftraggeber eines Projektmanagers sein wollen, der die Mitarbeiter nach 80 % Fertigstellung von der Baustelle abzieht?

Statt also blind der Pareto-Regel zu folgen oder sich selbst des eigenen Perfektionismus wegen zu geißeln, reflektieren Sie lieber Ihre Ziele (für die konkrete Aufgabe, für das Projekt, für Ihr Leben) und entscheiden Sie dann, wie gut oder wie perfekt Sie die vor Ihnen liegende Aufgabe erledigen müssen. Treffen Sie die Entscheidung bei jeder Aufgabe neu, und zwar vor Beginn der Aufgabe und nicht etwa erst dann, wenn Sie gerade im Tal der Tränen sind (siehe »Standardmotivationskurve« weiter vorne).

DAS DIREKT-PRINZIP

Ein lauter Widerspruch zu vielen Methoden der Aufgabenorganisation ist das Direkt-Prinzip (Koenig, Roth, Seiwert 2001, S. 9 ff.). Und es ist trotzdem nicht falsch. Es verlangt, bei allen neu eingehenden Aufgaben sofort eine Entscheidung über das weitere Verfahren zu fällen:

a) direkt erledigen

b) direkt wegschmeißen

c) direkt delegieren oder ablegen

d) direkt auf einen Zeitpunkt legen und dort dann erledigen

Dabei steht besonders Punkt a) (direkt erledigen) im Mittelpunkt. Die Ideen dahinter sind, Dinge nur einmal anzufassen (statt sie hin und her zu sortieren), durch die schnelle Erledigung kleiner Aufgaben einen direkten Erfolg zu verspüren und die bei erster Wahrnehmung der Aufgabe zwangsweise beginnenden Denkprozesse nicht zu unterbrechen, sondern effizient und effektiv zu Ende zu führen. Das Direkt-Prinzip eignet sich gut für die »Stille Stunde« am Morgen, während die »Stille Stunde« am Nachmittag für umfangreichere Arbeiten genutzt werden kann, sofern Sie vorher nicht zu viel gegessen haben. Es kann sowohl von lateral als auch von vertikal denkenden Projektmanagern erfolgreich genutzt werden. Für Punkt d) (direkt auf einen Zeitpunkt legen und dann erledigen) hilft die folgende Methode.

ARBEIT MIT WIEDERVORLAGEN

Alle folgenden Schritte (Straube 2004, S. 26 ff.) können Sie sowohl gegenständlich (mit Fächern und Mappen) als auch in Ordnern Ihres Mailprogramms als auch in vielen Aufgabenverwaltungstools nachbilden. Wenn es sich nur um Ihre persönliche Aufgabenorganisation handelt, auf die niemand sonst Zugriff haben soll, führt eine gegenständliche Gestaltung meist zur konsequenteren Nutzung. Prüfen Sie, was für Sie gut ist.

1. Legen Sie sich Wiedervorlage-Mappen an und verfahren Sie damit wie folgt:

    a) Für jeden Arbeitstag einer Woche

    Am Vorabend hineinschauen und für morgen bereitlegen oder in andere WV-Mappe vertagen.

    b) Für Wochenbeginn

    Am letzten Wochentag hineinschauen und für die nächste Woche in Mappen sortieren oder für die übernächste Woche dort belassen.

    c) Für jeden Monat des Jahres

    Am letzten Arbeitstag des Monats hineinschauen und in die WV-Mappen »Arbeitstage« und »Wochenbeginn« einsortieren.

d) Für Jahresbeginn

   Am letzten Arbeitstag des Jahres hineinschauen und in die Monate des nächsten Jahres einsortieren oder für übernächstes Jahr dort belassen.

2. Legen Sie sich Aufgabenfächer an und zwar:

   a) Eingang

   Dinge drei Mal täglich herausnehmen und wegsortieren in WV oder sofort erledigen.

   b) Sofort erledigen

   Muss abends leer sein, bevor Neues für morgen hineingelegt wird, ggf. Unerledigtes sinnvoll in WV sortieren.

   c) Bald erledigen

   Für Dinge, die wahrscheinlich sowieso nie gemacht werden, aber doch noch nicht weggeworfen werden sollen.

   d) Wartet auf Ereignis

   Für Dinge, bei denen auf die Rückmeldung eines Dritten gewartet werden muss, bevor eine weitere Bearbeitung möglich ist. Am letzten Arbeitstag der Woche durchsehen und entweder dort belassen oder – wenn Nachfassen nötig – in die passende Wiedervorlage legen (oder dann entsorgen, wenn bereits erledigt)

   e) Ausgang (mehrere Fächer nach Bedarf: Ausgang Poststelle, Ausgang Sekretariat, Ausgang nach Hause, Ausgang Teamsitzung, ...)

Die Wiedervorlagen und Fächer funktionieren erfahrungsgemäß nur dann, wenn sie in direkter Armreichweite von Ihrem Schreibtisch aus stehen und wenn sie offen sind (also nicht in einem Schubfach versteckt). Konsequent genutzt, helfen sie vertikal orientierten Projektmanagern bei der zügigen Bearbeitung dessen, was tatsächlich »dran« ist, und lateral orientierten Projektmanagern durch das Vermeiden von Ablenkung.

MINDMAP, ALPEN, GTD (GETTING THINGS DONE)

Die folgenden Methoden stehen deshalb im Widerspruch zum »Direkt-Prinzip«, weil sie vor den Arbeitsbeginn die Gesamtplanung setzen. Während im klassischen Projektmanagement und selbst im agilen Projektmanagement die Planung das Erkennen von Abweichungen ermöglicht und damit die Risiken minimieren soll, liegt der Fokus beim Umgang mit allgemeinen Aufgaben auf dem gedanklich »freien Kopf«, was eine gewisse Planung erfordert.

Wichtigstes Ziel ist es, die Aufgaben aus dem Kopf zu bekommen, um dort das Chaos des fortwährenden Bedenkens und Erinnerns und Sortierens dieser Aufgaben zu beenden. Nur ganz wenige Menschen können fünfzig Aufgaben mit unterschiedlicher Bedeutung so geordnet im Kopf behalten, dass sie sich davon nicht überfordert fühlen. Je größer der Druck in Ihrem Kopf im Hinblick auf gefühltes Chaos und erlebte Unübersichtlichkeit ist (»Was um alles in der Welt ist eigentlich noch zu tun und womit muss ich anfangen?!«), desto eher sollten Sie sich für eine der folgenden Methoden entscheiden und das »Direkt-Prinzip« auf einzelne Arbeitsphasen, wie die »Stille Stunde«, beschränken.

Für lateral orientierte Menschen eignet sich die Methode Mindmap zum Aufschreiben und Detaillieren von Aufgaben und Unteraufgaben. Für eher vertikal orientierte Projektmanager ist die ALPEN-Methode deshalb geeignet (Bischof, Bischof 2001, S. 56 ff.), da sie zusätzlich zum Aufschreiben (A) auch die Länge der Aufgabenbearbeitung schätzt (L), Pufferzeiten – eigentlich Reserven – einplant (P), Entscheidungen über Prioritäten trifft (E) und an die Nachkontrolle erinnert (N). Genau wie die Eisenhower-Matrix löst sie aber das Problem der Priorisierung von Dringlichem und Wichtigem nicht. Auch die Methode GTD (Getting Things Done®) von David Allen nutzt dieses Prinzip des Kopffreimachens durch Verschriftlichung, ohne das Priorisierungs-Problem zu lösen. Allerdings verbindet er die Verschriftlichung mit dem »Direkt-Prinzip«, indem er dazu auffordert, alle Aufgaben, die nicht mehr als zwei Minuten Arbeitsbedarf erfordern, sofort zu erledigen (Allen 2011, S. 52 ff.).

EISENHOWER-MATRIX

Um nun die Aufgaben des Tages zu sortieren, könnte die Eisenhower-Matrix angewandt werden. Abgesehen von der Kritik an dieser Methode, sie sei nur für militärische Führungsaufgaben geeignet, und weiterhin abgesehen davon, dass sich auch mit dieser Methode nicht vermeiden lässt, dass sich im Feld A (wichtig und dringend) die Aufgaben häufen, hat sie noch einen weiteren grundsätzlichen Mangel nach heutigem Führungsverständnis:

Die Eisenhower-Matrix geht davon aus, dass wir wichtige und dringende Dinge selbst erledigen müssen, während wir unwichtige Dinge getrost delegieren dürfen (Bischof, Bischof 2001, S. 46 f.). Dahinter steht die Vorstellung, dass man nur selbst der oder die Richtige für die wichtigen Dinge ist. Im Rahmen des Selbstmanagements zeugt es aber von Professionalität, gerade für die wichtigen Dinge die jeweils besten Spezialisten auszuwählen, und das sind nicht unbedingt wir selbst. »Führen« bedeutet nicht »Ausführen«, sondern dafür zu sorgen, dass ausgeführt wird, und zwar auf möglichst sinnvolle Weise im Hinblick auf Ergebnis, Zeit und Geld. Sinnvoll an der Eisenhower-Matrix ist ihr Hinweis darauf, über den vielen dringenden Aufgaben die wichtigen Aufgaben nicht zu vergessen. Gelöst wird die Frage des Umgangs mit Wichtigem und Dringlichem mit der folgenden Methode:

VFAP – VIER-FELDER-ARBEITSPLAN

Für die Aufgaben, die Sie heute und in den nächsten ein bis zwei Tagen selbst ausführen müssen (Führungsaufgaben) oder wollen (Ausführungsaufgaben), bietet sich eine andere, viel einfachere Form an, die sich nicht im Priorisieren versucht (es ist ja auch kaum möglich, zwischen Wichtigem und Dringendem sinnvolle Prioritäten zu vergeben), sondern die auf das Festlegen einer praktikablen Reihenfolge abstellt:

1. Teilen Sie ein DIN-A4-Blatt in vier Teile (oder legen Sie entsprechende Ordner in Ihrem Aufgaben-Tool an). Überschreiben Sie die vier Teile mit »im Büro« – »zu Hause« (denken Sie an die Work-Life-Balance, besser Job-Home-Balance) – »unterwegs« und z. B. »beim Kunden«.

2. Tragen Sie alle offenen dienstlichen und privaten Aufgaben des Planungszeitraums (i. d. R. heute und morgen) in die passenden Felder ein, also z. B. »Kunde anrufen« unter Büro, »Paket abholen« unter unterwegs, »Partner küssen« unter zu Hause usw.

3. Prüfen Sie, ob Aufgaben delegierbar sind. Vergessen Sie nicht, die Kontrolle der Erledigung ebenfalls als Aufgabe zu notieren. Bestimmte Aufgaben, wie z. B. »Partner küssen«, sollten Sie nicht delegieren.

4. Vergeben Sie Zahlen in der sinnvollsten Erledigungsreihenfolge, und zwar über alle Felder hinweg. Vergeben Sie maximal die Zahlen 1 bis 15, weil sich bis dahin sowieso wesentliche Änderungen ergeben.

5. Erledigte Aufgaben streichen und ggf. Erledigung dokumentieren. Hinzukommende Aufgaben notieren und alle Aufgaben neu nummerieren.

Ergebnis / Nutzen:

a) Es werden nur unwesentlich weniger Aufgaben (durch das Delegieren), aber die Aufgaben sind aus dem Kopf raus und auch neu hinzukommende Aufgaben verursachen keine Alarmreaktion (siehe »Stress«) durch den Gedanken: »Oh wie soll ich das bloß schaffen?!«, sondern führen zu einer sinnvollen Neusortierung / Neu-Nummerierung der noch ausstehenden Aufgaben.

b) Außerdem: Wenn für heute die Aufgaben 1 bis 12 geplant waren und 13 erst für morgen früh, dann können Sie nach der Aufgabe 12 ganz entspannt Feierabend machen, obwohl noch zwanzig Aufgaben auf dem Zettel stehen oder in den Mappen liegen, denn die sind – beginnend mit Nummer 13 – erst morgen früh dran. Das ist zugegebenermaßen ein Trick, aber es ist ein sinnvoller und wirksamer Trick, um Selbstüberforderung zu vermeiden.

c) Sie tricksen auch Ihre Ablenkungsmuster und damit die Prokrastination (das Aufschieben von anstehenden Aufgaben) aus, weil Sie nach Erledigung von Nummer 10 einfach an Nummer 11 weiterarbeiten, statt sich (bewusst oder unbewusst) ablenken zu lassen und lange zu überlegen, was Sie denn als Nächstes machen könnten.

d) Wenn Sie erledigte Aufgaben ganz bewusst und »mit Genuss« durchstreichen, vermittelt das Ihnen ein gutes Gefühl und Sie sehen direkt den Fortschritt Ihres Tuns auf dem Papier.

18-MINUTEN-REGEL

Als letzte Methode aus der Gruppe der persönlichen Planungsmethoden sei auf die 18-Minuten-Regel von Peter Bregman (Bregman 2016, S. 13 ff.) hingewiesen. Er schlägt vor, bei

Arbeitsbeginn fünf Minuten über die Tageseinteilung nachzudenken, dieses Nachdenken jede Stunde eine Minute lang zu wiederholen und am Ende des Tages rückschauend und vorausschauend noch einmal fünf Denk-Minuten zu investieren. Dabei können Sie sich Fragen stellen, wie:

- Was tue ich gerade und warum mache ich das?
- Funktioniert es, so wie ich es tue?
- Tut es auch mir und dem Erreichen meiner Ziele gut, das jetzt und auf diese Weise zu tun?

5.1.2 UMGANG MIT ÜBERFORDERUNG (STRESS-BEWÄLTIGUNG)

Wenn die Gegenreaktion (siehe die drei Stressphasen) ausgelöst wurde, muss sie so schnell wie möglich wieder eingefangen werden, um das dadurch reduzierte Denkvermögen wieder zu erhöhen und das Ins-Leere-Laufen der physiologischen Reaktion weitestgehend zu verhindern. Nun ist es leider nicht möglich, durch bloße Anweisung an den Körper »Sei nicht mehr gestresst!« oder »So beruhige dich doch!« einen zweckmäßigen Umgang mit Überforderung herbeizuführen. Denn solche Willensbekundungen wirken nur auf das zentrale Nervensystem. Das autonome (vegetative) Nervensystem reagiert hingegen ausschließlich auf der Grundlage von Erfahrungswissen.

Das können Sie sich aber zunutze machen. Verschaffen Sie Ihrem autonomen Nervensystem die Erfahrung eines Zustands, in dem Sie sowohl entspannt als auch fokussiert/konzentriert sind. Und binden Sie diesen Zustand an ein Körpersignal. Diese Erfahrung müssen Sie trainieren. Haben Sie das eine Weile lang gemacht, können Sie in überfordernden Situationen das Körpersignal auslösen (z. B. das Einatmen kurz bewusst spüren) und Ihr autonomes Nervensystem wird sich an den guten, entspannt-fokussierten Zustand erinnern und Sie mittels Sympathikus und Parasympathikus nahe an diesen Zustand bringen. Damit sind Sie besser arbeits- und lebensfähig. Wenn Sie Unterstützung brauchen, um einen solchen Zustand von Entspannung und Fokussierung als Erfahrung zu trainieren, suchen Sie sich einen Lehrer für autogenes Training und besprechen Sie mit ihm, dass Sie genau **eine** derartige Übung und genau **für diesen Zweck** (entspannter und fokussierter Zustand) erlernen und trainieren wollen.

5.1.3 UMGANG MIT SICH SELBST (REGENERATION UND BURNOUT-PRÄVENTION)

Regeneration erfahren Menschen nur in einem stressfreien Zustand. Stressfrei setzt voraus, dass alle Bedürfnisse gut befriedigt sind. Eine solche umfassende Bedürfnisbefriedigung ist – im Unterschied zur bloßen Kompensation von Bedürfnissen – zugleich die Voraussetzung, um Burnout zu vermeiden. Denn Burnout entsteht nicht durch zu viel Arbeit und daraus folgende Erschöpfung, Burnout entsteht auch nicht durch schlechte Arbeitsbedingungen. Burnout ist die Folge von Dekompensation, also der nicht mehr möglichen Kompensation von Bedürfnisdefiziten, was dann zu den bekannten Gefühlen von Sinnlosigkeit und unerklärlicher Hoffnungslosigkeit führt.

Maslow geht in seiner Bedürfnispyramide von einer hierarchisch abgestuften Bedeutung der Bedürfnisse aus. Eine solche Hierarchie der Bedürfnisse aber gibt es nicht. Denn wäre es so, würde niemand mehr als Krankenschwester arbeiten oder sich als Terrorist in die Luft sprengen. In beiden Fällen stehen ideelle Bedürfnisse über den sogenannten »Basis-Bedürfnissen«. Zweckmäßiger im Hinblick auf Selbstmanagement und Burnout-Prävention ist die Darstellung der menschlichen Bedürfnisse in drei gleichrangigen Kreisen nach dem Modell Bedürfnis-Duodecim® (Straube, Leuschner, Müller 2008, S. 89).

Die Bedürfniskreise lassen sich wie folgt beschreiben (Straube 2009, S. 1969; Straube, Leuschner, Müller 2016, S. 80 ff.)

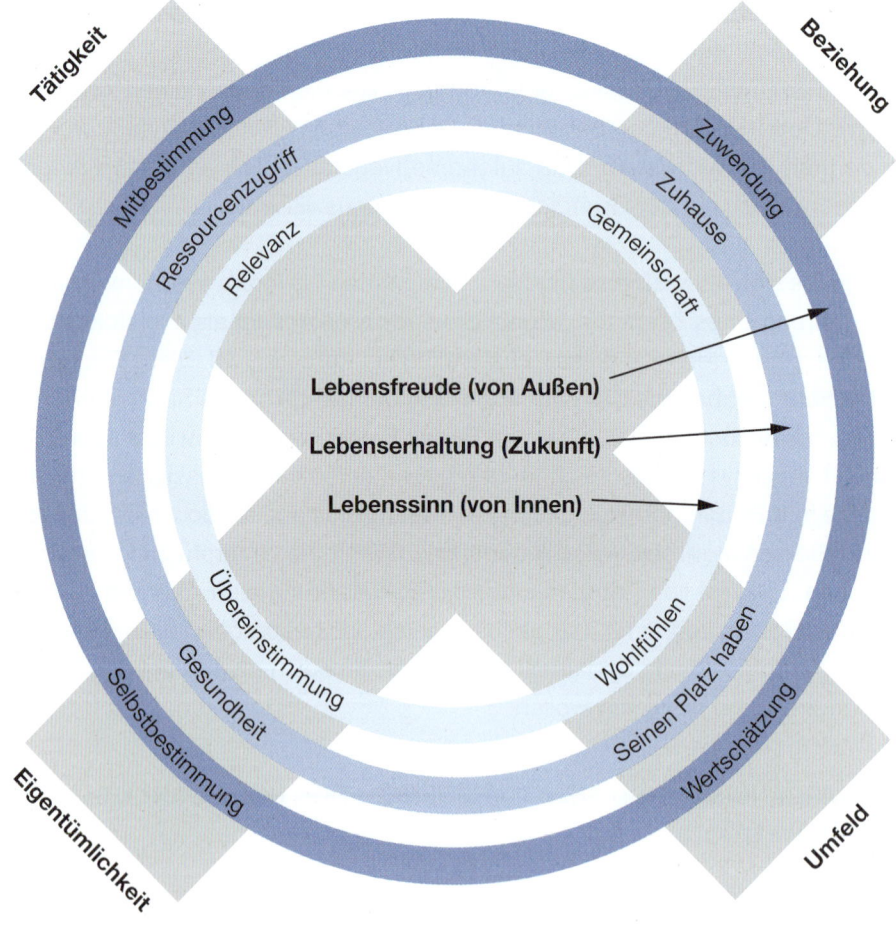

Abb. 4.4.1-4: Darstellung der menschlichen Bedürfnisse nach dem Modell Bedürfnis-Duodecim® (Straube, Leuschner, Müller 2008, S. 89)

BEDÜRFNISSE DES RINGS VON LEBENSFREUDE IM MODELL BEDÜRFNIS-DUODECIM

Mitbestimmung:

»Ich will nicht nur Anweisungen ausführen. Ich will Einfluss darauf haben, was ich tue und was hier getan wird.«

Sie können ein Bedürfnisdefizit dann bei Mitbestimmung vermuten, wenn Sie folgende oder ähnliche Sätze hören:

- Er hält sich für den Einzigen, der von der Sache Ahnung hat.
- Wenn er mich vorher gefragt hätte, …!
- Ich fühle mich übergangen!

 Beispiel: Erwin Wolter hat das Büro umgeräumt, als Petra Kleinschuh im Urlaub war. Die ist nun sauer; sie verlangt, dass alles wieder so steht wie zuvor. »Was fällt dir ein, hier alles umzuräumen, gerade dann, wenn ich nicht da bin?!« Denn Petra will mitbestimmen, was in ihrem Büro passiert.

Zuwendung:

»Ich will nicht abgelehnt werden. Ich will geliebt, geachtet und verstanden werden.«

Sie können ein Bedürfnisdefizit bei Zuwendung dann vermuten, wenn Sie folgende oder ähnliche Sätze hören:

- Ich bin für die ja nur der Trottel, der die Arbeit macht.
- Niemand hat Zeit für mich.
- Also … wird ständig bemuttert!

 Beispiel: Hans Marlow ist anstrengend. Seit seine Frau gegen seinen Willen in die Steuerungsgruppe nach Dubai geschickt wurde, kommt er ständig in deren Firma, um stundenlang mit dem Golfstaat zu telefonieren. Das Telefonieren war zwar vereinbart, aber nicht in diesem Ausmaß. »Wenn meine Frau hier wäre, würde ich noch viel mehr Zeit mit ihr verbringen!«, widerspricht er allen Vorhaltungen. Hans braucht die Stimme seiner Frau, ihm fehlt ihre Zuwendung.

Wertschätzung:

»Ich will nicht übersehen werden. Ich will Beachtung und Anerkennung für meine Worte und Taten.«

Sie können dann ein Bedürfnisdefizit bei Wertschätzung vermuten, wenn Sie folgende oder ähnliche Sätze hören:

- Bei allem, was ich für euch getan habe, …
- Ein bisschen was könntest du auch tun!
- Das habe ich auch schon gesagt!

Beispiel: Gustaf Kranich hat schon zum dritten Mal hintereinander das Projektmeeting mit sinnlosen Berichten über seinen Bereich in die Länge gezogen. Es mag ja sein, dass er ordentliche Arbeit leistet, aber langsam nervt es nur noch. Nun verlangt er auf der Besprechung der Abteilungsleiter sogar einen festen Tagesordnungspunkt für seine sogenannten »Sachstandsmeldungen«. Keiner hat Lust darauf und das lassen die Kollegen Gustav auch spüren. Eines Tages bricht es aus ihm heraus: »Ihr könntet wenigstens zur Kenntnis nehmen, was ich hier alles für euch mache!« Gustav hat das Gefühl, von niemandem für seine Arbeitsleistung wertgeschätzt zu werden.

Selbstbestimmung:
»Ich will nicht von Menschen oder Umständen abhängig sein. Ich will frei sein in meinen Entscheidungen und meinem Handeln.«

Sie können dann ein Bedürfnisdefizit bei Selbstbestimmung vermuten, wenn Sie folgende oder ähnliche Sätze hören:

- Das geht dich nix an!
- Das ist meine Sache, nicht deine.
- Ich will in Ruhe gelassen werden.

Beispiel: Inka Heilig hat vom Chef Dienstwagen, Telefon, Heimarbeitsplatz, Sekretärin und Konto bekommen. Sie leitet das Projektoffice und keiner steht über ihr. Nicht einmal der Chef. Der lässt sie deshalb machen, weil sie so gut ist. Rund um die Uhr war Inka bisher ansprechbar, doch plötzlich, mitten in der heißen Phase von drei wichtigen Projekten, will sie für zwei Monate in Urlaub gehen. Auf jeden Fall und ohne Diskussion und ab nächster Woche. »Das ist meine eigene Entscheidung«, sagt sie, »zum ersten Mal seit zehn Jahren entscheide ich etwas, das ich für mich will.« Bisher hat die Arbeit Inkas Leben dominiert, jetzt will sie (wodurch auch immer so plötzlich ausgelöst) selbst über sich bestimmen.

BEDÜRFNISSE DES RINGS VON LEBENSERHALTUNG IM MODELL BEDÜRFNIS-DUODECIM

Ressourcenzugriff:

»Ich will nicht verzichten müssen. Ich will bekommen (mir nehmen können), was ich brauche und was mir zusteht.«

Sie können dann ein Bedürfnisdefizit bei Ressourcenzugriff vermuten, wenn Sie folgende oder ähnliche Sätze hören:

| Er glaubt, alles gehöre ihm!
| Das kann ich mir nicht leisten!
| Und wovon soll ich leben?!

Beispiel: Paul Garbe setzt den Auftrag des Chefs knallhart um. Alle Überstunden im Team werden gestrichen, auch bei Tim Finger und Monika Bergmann, ohne deren Einsatz letztes Wochenende ein wichtiger Kunde verloren gegangen wäre. Paul macht alles, was der Chef sagt. Er braucht sein Gehalt, um seinen teuren Lebensstil aufrechtzuerhalten. »Widerspruch kann ich mir nicht leisten.« Paul hat Angst um seine Stelle, er hat Angst, seinen Zugriff auf finanzielle Ressourcen zu verlieren.

(Ein) Zuhause (haben):

»Ich will nicht heimatlos/ungeschützt sein. Ich will wissen, wo ich meinen Lebensmittelpunkt habe.«

Sie können ein Bedürfnisdefizit dann bei ein Zuhause haben vermuten, wenn Sie folgende oder ähnliche Sätze hören:

| Ich gehöre nirgends hin.
| Ich weiß nicht, wer ich bin.
| Ich bin haltlos.

Beispiel: Susanne Kleinfeldt kann nicht klar denken. Im Büro macht sie ständig Fehler, hat den ganzen Tag Kopfschmerzen und vergisst die einfachsten Regeln bei der Computereingabe. Als ihr Chef sie kritisiert, reagiert sie schnippisch und verlangt mehr Einfühlungsvermögen. Vor zwei Wochen hat sie ihren Mann verlassen und zieht seitdem bei Freundinnen von Sofa zu Sofa. Das Geld reicht nicht für die Wohnungen, die zurzeit am Markt sind. Sie wird immer ruheloser, sie hat keinen Ort, der ihr gehört und an dem sie ihren Kopf ruhig betten

> kann. »Nirgends gehöre ich richtig hin, nirgends kann ich bleiben«, klagt sie ihrer Mutter am Telefon. Ihr fehlt das Zuhause.

Seinen Platz haben:
»Ich will nicht ziellos/überflüssig sein. Ich will in meiner Rolle wahrgenommen und akzeptiert werden.«

Sie können dann ein Bedürfnisdefizit bei seinen Platz haben vermuten, wenn Sie folgende oder ähnliche Sätze hören:

- Ich muss mir das von dir nicht bieten lassen.
- Was glaubst du, wer du bist?
- Ich habe keine Lust, mich da zu blamieren.

 Beispiel: Karin Spanne weiß, wo es langgeht. Sie ist seit zwanzig Jahren im Verein und es gibt keinen, der sich besser auskennt. Einer muss schließlich den Weg zeigen, wenn der Chef selbst schon seit drei oder vier Jahren zu krank ist, um die Richtung vorzugeben. Karin beklagt sich über die Mehrbelastung und schließlich erreicht sie, dass ein neuer Chef angestellt wird. Der wird sofort aktiv und zieht auch die Zeichnungsberechtigung für den Zahlungsverkehr wieder an sich. Jetzt ist Karin sauer: Erst wird sie gebraucht und jetzt ist sie plötzlich überflüssig. Karin fordert, dass sie in Zukunft niemandem gegenüber Rechenschaft ablegen muss, wenn sie im Interesse des Vereins öffentlich tätig wird. »Das muss ich mir wirklich nicht bieten lassen!« Karin verlangt eine Sonderstellung, sie will ihren Platz als wichtigste Person des Vereins behalten.

Gesundheit:
»Ich will nicht hilflos/krank sein. Ich will allen Anforderungen gewachsen sein.«

Sie können dann ein Bedürfnisdefizit bei Gesundheit vermuten, wenn Sie folgende oder ähnliche Sätze hören:

- Ich will das nicht auch noch!
- Ich kriege schon beim Zuhören Kopfschmerzen.
- Mir ist das zu viel!

 Beispiel: Silva Gardner verlangt mehr Geld, wenn sie in der Schulprogrammkommission mitarbeiten soll. Dabei weiß jeder, dass das absurd ist. Doch Silva bleibt hart: »Entweder mehr Geld oder ich stecke nicht noch mehr Zeit in die

Schule. Ich arbeite so schon jeden Tag zwölf Stunden, damit wir die Sekundarstufe im Herbst eröffnen können. Und wenn ich dann nach Hause komme, falle ich ins Bett und kann trotzdem nicht schlafen. Seit Wochen lebe ich an der Grenze meiner Kraft.« Silva hat Angst um ihre Gesundheit.

BEDÜRFNISSE DES RINGS VON LEBENSSINN IM MODELL BEDÜRFNIS-DUODECIM

Relevanz:

»Ich will nicht sinnlos tätig sein. Mein Tätigsein und mein Leben sollen sich lohnen und nachhaltig wirksam sein.«

Sie können dann ein Bedürfnisdefizit bei Relevanz vermuten, wenn Sie folgende oder ähnliche Sätze hören:

- Das interessiert sowieso keinen.
- Ich jedenfalls habe alles richtig gemacht!
- Das ist alles so sinnlos!

Beispiel: Sarah Dressel hat drei Tage an der Präsentation gesessen. Dann hat Paul Wagner, der neben seiner Schmierstoffe-Firma noch eine kleine Zauberbühne betreibt, sich umentschieden: Er will die Kunden statt mit einer Präsentation lieber mit einer Zaubershow gewinnen. Jetzt verlangt Sarah einen neuen, schnelleren Computer. Dann müsse sie nicht mehr so lange an Präsentationen sitzen, die nachher sowieso nicht gebraucht würden, begründet sie. Sarah geht es deshalb schlecht, weil sie sinnlos gearbeitet hat. Sie will, dass das Relevanz hat, was sie tut.

Gemeinschaft:

»Ich will nicht auf mich allein gestellt sein. Ich will mich auf andere verlassen können und Austausch haben.«

Sie können dann ein Bedürfnisdefizit bei Gemeinschaft vermuten, wenn Sie folgende oder ähnliche Sätze hören:

- Auf die kann man sich nicht verlassen.
- Früher bei euch war es schöner.
- Ich fühle mich ausgeschlossen.

Beispiel: Theo Fürtig soll das neue Büro im Osten aufbauen und leiten. Nach drei Wochen ist er zurück und will seine alte Stelle als Projektassistent wieder, obwohl diese viel schlechter bezahlt und außerdem relativ unsicher ist. »Dort drüben kenne ich keinen und keiner ist so wie ihr!«, klagt er. Er sehnt sich zurück nach der Gemeinschaft der alten Kolleginnen und Kollegen.

Wohlfühlen:
»Ich will nicht traurig/unzufrieden/unwohl sein. Ich will glücklich sein und mein Leben genießen können.«

Sie können dann ein Bedürfnisdefizit bei Wohlfühlen vermuten, wenn Sie folgende oder ähnliche Sätze hören:

- Ich komme nicht zur Ruhe.
- Ich wäre lieber in …!
- Mir geht es schlecht!

Beispiel: Margit Hecker darf im Büro nicht mehr rauchen. Ihre Finger zittern, sie fühlt sich müde und ihr Hals ist trocken. Seit am Montag das allgemeine Rauchverbot auch auf die Raucherecken ausgedehnt wurde, macht ihr die Arbeit keinen Spaß mehr. Sie nimmt sich vor, keine Überstunden mehr zu leisten. »Ich bin lieber rechtzeitig zu Hause.« Margit Hecker fühlt sich im Büro nicht mehr wohl.

Übereinstimmung:
»Ich will nicht gegen meine Überzeugungen leben. Ich will leben, wie es mir gefällt und richtig erscheint.«

Sie können dann ein Bedürfnisdefizit bei Übereinstimmung vermuten, wenn Sie folgende oder ähnliche Sätze hören:

- Das haben andere so entschieden, nicht ich!
- Das liegt mir überhaupt nicht.
- Also, ich würde das anders machen.

Beispiel: Seit die Softwareschmiede von der Konkurrenz übernommen wurde, kommt Thorsten Radtke morgens nur noch mit Mühe aus dem Bett. Er hat beim Betriebsrat schon die Verschiebung der Kernarbeitszeit angeregt, bis

> jetzt allerdings ohne Erfolg. Aber wenn er nachts nach seinem Absacker endlich im Bett liegt, ist es fast schon wieder Zeit zum Aufstehen. Und ohne den abendlichen Alkohol kommt er nicht mehr in den Schlaf, seit sie in der Firma statt Lernsoftware Panzersteuerungen programmieren. »Das ist nicht mehr meine Sache!«, hat er seiner Ex-Freundin erklärt. Was Thorsten Radtke jetzt tagtäglich tun muss, stimmt nicht mehr mit seiner Lebensphilosophie überein.

Jeder Mensch braucht für jedes Bedürfnis 100-prozentige Befriedigung, wobei das, was 100 % bedeutet, für jeden Menschen unterschiedlich ist. Wird nun ein Bedürfnis nicht ausreichend befriedigt, kann es dem Modell nach durch ein anderes Bedürfnis auf dem gleichen Ring kompensiert werden. Problematisch wird es dann, wenn die Kompensation sich immer nur auf dieses eine Bedürfnis konzentriert, denn die Überkompensation eines Bedürfnisses führt gleichzeitig zur Reduktion der Bedürfnisbefriedigungsmöglichkeiten bei den drei anderen Bedürfnissen des Ringes.

Wenn beispielsweise der Projektmanager sein defizitäres Bedürfnis nach Gemeinschaft (»nicht alleine sein, sich auf andere verlassen können und Austausch haben«) mit Relevanz (»gute und wirkungsvolle Arbeit machen«) kompensiert, weil er, von seiner Familie getrennt, auf der Baustelle des Kunden campiert, dann wird er viel Zeit in die Arbeit investieren und folglich noch weniger Zeit fürs Telefonieren mit seiner Familie aufwenden. Auch wird er eher nicht auf die Idee kommen, mit den Kollegen eine schöne gemeinsame Zeit zu verbringen, weil er ja noch was für die Arbeit erledigen muss. Je mehr er arbeitet, desto weniger Zeit hat er auch fürs Wohlfühlen (»genießen können«), denn: Erst die Arbeit, dann das Vergnügen. Auch hat er sich wahrscheinlich sein Leben nicht so vorgestellt, dass er Tag und Nacht auf der Baustelle verbringt und an Projektzahlen rechnet: Das Bedürfnis nach Übereinstimmung zwischen Lebensplan und Lebenssituation gerät ebenfalls ins Defizit, weil die Arbeit ja nötig ist – denn allein aus der Arbeit zieht er die Kompensation für seine fehlende Bedürfnisbefriedigung bei Gemeinschaft. Ursache für diese einseitige Ausrichtung ist das von Paul Watzlawick beschriebene menschliche Muster »mehr vom Gleichen« (Watzlawick 2003, S. 51 ff.), das in jedem von uns steckt.

Für das Projekt ist ein solches Verhalten des Projektmanagers vordergründig gut. Aber nur bis zu dem Punkt, an dem etwas – und sei es eine Kleinigkeit – schiefgeht. Normalerweise würde der Projektmanager dieses momentane Defizit von Relevanz dann bei Gemeinschaft (»Hey Leute, also heute ist mir was passiert ...«) oder bei Wohlfühlen (»Ach was, jetzt lege ich erstmal die Füße hoch und ...«) oder bei Übereinstimmung (»Ja, ist blöd, aber mein Leben ist trotzdem gut, denn ...«) kompensieren. Nur dummerweise: All das steht ihm deshalb nicht mehr zur Verfügung, weil er sich in den letzten Wochen und Monaten nur auf Relevanz (= sinnvolles und wirkungsvolles Arbeiten) konzentriert hat. Und dann kommt es zur Dekompensation, der Unmöglichkeit, die klitzekleine schiefgegangene Kleinigkeit zu kompensieren. Dann ist das Burnout da und mit ihm die Vorstellung, nicht einmal die Arbeit mehr im Griff zu haben, also das Denken, dass alles sinnlos ist usw.

Dem kann nur vorbeugen, wer – unter Umständen ganz planmäßig und organisiert – dafür sorgt, dass alle seine Bedürfnisse auf allen drei Ringen halbwegs befriedigt werden und dass keine einseitige Kompensation erfolgt. Wie Sie das tun?

1. Prüfen Sie, welche Ziele Sie für jeden Tag Ihres Lebens haben und welche Bedürfnisse Sie damit befriedigen wollen.

2. Prüfen Sie, ob alle Bedürfnisse in Ihren Zielen vorkommen oder ob Sie einige innerlich bereits ad acta gelegt haben und nur noch kompensieren. Aktivieren Sie dann die verlorenen Bedürfnisse wieder.

3. Prüfen Sie, welche Maßnahmen und Tätigkeiten Sie zur Bedürfnisbefriedigung ausführen, ob Sie damit erfolgreich sind (waren) und welche anderen Maßnahmen und Tätigkeiten ggf. stattdessen das gleiche Bedürfnis befriedigen.

4. Planen Sie diese Maßnahmen und Tätigkeiten gleichrangig zu den beruflichen Tätigkeiten in Ihrer Aufgabenliste ein.

5. Geben Sie Aufgaben zurück, wenn die zu befürchtende Konsequenz weniger schlimm ist als die zu befürchtende Konsequenz aus der Nichtbefriedigung von Bedürfnissen auf persönlicher Ebene.

Übrigens: Wer einmal im Burnout drinsteckt, kann aufhören zu planen. Jede Planung oder jede verhaltenstherapeutische Unterstützung führen deshalb zwangsläufig zum Scheitern, weil die innere Motivation mangels fehlender Hoffnung auf Besserung nicht vorhanden ist und folglich auch keine (ohnedies begrenzte) Kraft aktiviert wird. Vielmehr braucht, wer im Burnout steckt, verständnisvoll zugewandte nicht fordernde Mitmenschen und Kollegen, das eigene Verständnis dafür, dass sich da tatsächlich was biochemisch im Kopf verändert hat und sich erst wieder normalisieren muss, und das Wissen darum, dass das jetzt beträchtliche Zeit erfordert, und zwar mindestens neun Monate voller Ruhe und ganz langsam wieder von außen her erlebter Bedürfnisbefriedigung. Wer früher wieder arbeiten geht, handelt fahrlässig, sowohl für sich als auch für das Unternehmen und das Projekt.

5.2 BIN ICH SICHER?

5.2.1 UMGANG MIT GEFÜHLEN VON STAKEHOLDERN

Gefühle Dritter können dann bedrohlich werden, ...

| ... wenn sie als Handlungsaufforderung erlebt werden und wenn
| ... wenn sie überwältigend sind.

Beiden Schwierigkeiten kann leicht vorgebeugt werden, indem Projektmanager bewertungsfreies Einfühlen (Empathie), statt bewertendes Mitfühlen trainieren. Mitfühlen bedeutet, sich genauso zu fühlen wie der Kunde, Kollege oder Geschäftspartner oder, wenn das nicht aushaltbar ist, sich davon bewertend abzugrenzen, also ein Gefühl abzuwehren. Doch das Gefühl gehört weder im Mitfühlen noch in der Abwehr zu uns, sondern es gehört zum Gegenüber. Deshalb können wir uns auf die Wirklichkeitskonstruktion besinnen und erinnern, dass unser Gegenüber eine eigene Wirklichkeit hat, die ihn genau dieses Gefühl genau jetzt erleben lässt, also völlig unabhängig von uns. Und wenn wir wissen, dass sein Gefühl mit uns nichts zu tun hat, dann können wir ihn einfühlsam bedauern, denn ganz egal, ob sein Gefühl aus unserer Sicht zu Recht besteht oder nicht: Er hat es jetzt und es geht ihm schlecht und dafür tut er uns leid.

Dass wir sein Gefühl wahrnehmen, uns also in ihn einfühlen, ist auch für ihn viel wohltuender, als wenn wir ebenfalls mit Weinen oder Schimpfen anfangen oder als wenn wir sein Gefühl als falsch abtun. Einfühlsam zu sein, kostet uns nichts, nur wahrzunehmen, wie es dem Anderen gerade geht, und ihm zu zeigen, dass wir es wahrgenommen haben und ernstnehmen (allerdings als sein Gefühl).

Praxistipp: Trainieren Sie das in Situationen, die Sie nicht direkt betreffen, z. B. wenn Sie sehen, dass Dritte sich streiten, wenn Sie Diskussionen oder Filme im Fernsehen verfolgen, wenn Sie im Straßenverkehr unterwegs sind usw. Also statt: »Was hupt dieser Trottel denn da so bescheuert!« lieber »Aha, der Herr da drüben ist offenbar sehr wütend und irgendwie unter Druck.« Sie werden merken, das macht richtig Spaß!

5.2.2 UMGANG MIT EIGENEN GEFÜHLEN

Problematischer sind diejenigen Gefühle, die bei der Begegnung mit Stakeholdern in uns aufkeimen. Solange es positive Gefühle sind und sie keinen Compliance-Richtlinien widersprechen, mag das trotz der auch dabei eingeschränkten Selbstmächtigkeit noch angehen. Handelt es sich aber um negative Gefühle, müssen wir die möglichst schnell auflösen, um konstruktiv zusammenarbeiten zu können.

Dabei helfen zwei Methoden:

1. Reframing

Definition:

Die Technik »Reframing« bedeutet, eine Situation oder ein Verhalten mit einem anderen Deutungsrahmen zu versehen, um durch die neue Sichtweise eine konstruktivere eigene Reaktion zu ermöglichen.

Statt Verhalten negativ zu bewerten: »Der ist zu faul, um auch nur einmal eine halbe Stunde länger zu bleiben.«, versuchen wir, das Bedürfnis oder Interesse des Gegenübers hinter dem Verhalten zu verstehen (»Er will keinen Ärger mit seiner Frau.«) (Von Schlippe, Schweitzer 2012, S. 315). In diesem neuen Deutungsrahmen wird das Verhalten dann verständlich, wenn auch nicht automatisch entschuldigt oder akzeptierbar. Wir müssen uns ab jetzt aber nicht mehr mit »Frechheit« oder »Faulheit« herumärgern, sondern können überlegen, wie wir den Kollegen zur Arbeit veranlassen können, ohne dass er demnächst in einen Scheidungskrieg verwickelt ist. Im Sinne der Fürsorgepflicht als Führungskraft gehört übrigens nicht nur »wie wir den Kollegen zur Arbeit bewegen können«, sondern auch »ohne eine Scheidung zu provozieren« zu unseren Aufgaben.

Den Kollegen können Sie methodisch durch die Formel über den Umgang mit Widerstand einbinden (Straube, Leuschner, Müller 2008, S. 162 ff.):

a) Ich nehme wahr, dass du jetzt nicht hierbleiben willst, weil du Angst um deine Beziehung hast.

b) Das möchte ich nicht, dass du Angst um deine Beziehung haben musst.

c) Gleichzeitig muss heute Abend das Claim noch geschrieben werden und ich selbst kann mich nicht darum kümmern und Bernd auch nicht.

d) Bitte mache mir einen Vorschlag, wie das Claim heute Abend noch fertig werden kann und du trotzdem keine Angst um deine Beziehung haben musst.

2. **Wahrnehmung eigener wunder Punkte**

Manches Verhalten bringt uns deshalb so »auf die Palme«, weil wir uns dieses Verhalten selbst in seiner abgeschwächtesten und positivsten Form niemals erlauben würden. Das ist manchmal ziemlich frustrierend, z. B. dann, wenn noch zwei Stücke Kuchen auf dem Teller liegen, wir aber deshalb nicht mehr zugreifen, weil es ja nur noch so wenige sind, und es könnte ja noch ein anderer welche wollen. Und dann kommt einer daher und nimmt gleich alle zwei. Maßlos, unverschämt, gierig! Das tut dann weh, wenn da einer gleich beide Stücke nimmt und wir uns gar keines mehr genommen haben. Dieser wunde Punkt aber (im Beispiel: für sich nicht gut sorgen können), der liegt bei uns. Dafür kann der andere nichts. Er kann zwar etwas dafür, ohne Rücksicht auf andere Gäste gleich zwei Stücke zu nehmen, aber er kann nichts dafür, dass wir keines genommen haben und dass uns das jetzt so weh tut. Wenn wir uns das klar machen, dann erkennen wir, dass auch er das Recht auf ein Reframing seines in unseren Augen unsozialen Verhaltens hat.

❓ WIEDERHOLUNGSFRAGEN

- Wie reflektiert man seine eigenen Werte und wie operationalisiert man sie für Führungsprozesse?
- Wie kommuniziert und formuliert man seine Prinzipien und Bedürfnisse?
- Wie geht man mit eigenen Erfahrungen und Werten in der Begegnung mit Stakeholdern um und wie gelingt es, mit völlig anderen Werten und Erfahrungen umzugehen?
- Wie stellt man Hypothesen über Menschen und Situationen auf?
- Wie findet man die eigenen Stärken und seinen Entwicklungsbedarf heraus?
- Wie gelingt es, in Stress-Situationen aktiv und konstruktiv zu bleiben?
- Wie geht man mit Rückschlägen um?
- Wie ermittelt man die eigene Motivation?
- Wie entscheidet man, was für einen selbst wichtig ist?
- Wie sorgt man dafür, dass auch die eigenen persönlichen Ziele erreicht werden und dass die eigenen Bedürfnisse ausreichend befriedigt sind? Wie hält man den Fokus auf die persönlichen und beruflichen Ziele aufrecht?
- Wie vermeidet man Ablenkung?
- Wie geht man mit (gegenüber sich selbst/gegenüber Dritten) eingegangenen Verpflichtungen um?
- Wie geht man mit unsicheren Situationen um?
- Wie plant und priorisiert man seine Arbeitszeit und die Anforderungen/Aufgaben?
- Wie erfasst man seine Arbeitszeit?
- Wann muss man »nein« sagen?
- Wie setzt man Ressourcen zur Maximierung der Lieferergebnisse ein?
- Wie passt man seine Ausdrucksweise und Taktiken an die Situation an?
- Wie geht man mit Fehlern um und wie setzt man Feedback ein?
- Wann sucht man sich Beratung?
- Wie misst man die eigene Leistung?
- Wie gelingt einem die ständige Verbesserung seiner Arbeit und seiner Kompetenzen?

LITERATURVERZEICHNIS

Verwendete Literatur

Allen, D. (2011): Wie ich die Dinge geregelt kriege: Selbstmanagement für den Alltag, Piper: München.

Ashby, W. R. (1956): An introduction to Cybernetics, New York: Wiley.

Bischof, A.; Bischof, K. (2001): Taschenguide: Selbstmanagement effektiv und effizient, 2. überarbeitete und erweiterte Auflage, Planegg: Haufe.

Bregman, P. (2016): Four Seconds: All the Time You Need to Replace Counter-Productive Habits with Ones That Really Work, New York: Harper One.

Dilts, R. (1993): Die Veränderung von Glaubenssystemen: NLP-Glaubensarbeit, Junfermann: Paderborn.

GPM (Hrsg.) (2017): Individual Competence Baseline für Projektmanagement – Version 4.0. Nürnberg: GPM Deutsche Gesellschaft für Projektmanagement e. V.

Gross, B. (2016): Management in komplexen Lagen. In: Journal für Anästhesie und Intensivbehandlung 2/2016, S. 205–212.

Jackson, M. (2012): The pursuit of happiness: The social and scientific origins of Hans Selye's natural philosophy of life. In: History of the Human Sciences 25 (5), S. 13–29.

Koenig, D.; Roth, S.; Seiwert, L. J. (2001): 30 Minuten für optimale Selbstorganisation, Offenbach: Gabal Verlag.

Nöllke, M. (1998): Taschenguide: Kreativitätstechniken, Planegg: STS Verlag.

Maslow, A. H. (1970): The Psychology of Science: A Reconnaissance, Chicago: Gateway books.

Reichert, T. (2009): Projektmanagement, Freiburg: Haufe.

Rosenberg, M. (2011): Gewaltfreie Kommunikation: Eine Sprache des Lebens, Paderborn: Junfermann.

Seiwert, L. J.; Müller, H.; Labaek-Noeller, A. (2001): 30 Minuten Zeitmanagement für Chaoten, 3. Aufl., Offenbach: Gabal Verlag.

Straube, R. (2004): Nur kein Stress! Vom guten Umgang mit Zeit und Aufgaben. Schulmanagement. In: Die Zeitschrift für Schulleitung und Schulpraxis 4/2004, S. 26–28.

Straube, R.; Schmidt, C. (2009): Konflikte. In: Gessler, M. (Hrsg.): Kompetenzbasiertes Projektmanagement (PM3). Nürnberg: GPM Deutsche Gesellschaft für Projektmanagement e. V., S. 1915–2015.

Straube, R. (2017a): Waschen ohne Nassmachen, Feedback geben. Welt des Kindes. In: Die Fachzeitschrift für Kindertageseinrichtungen 1/2017, S. 29–31.

Straube, R. (2017b): Fehler sind zum Lernen da. Welt des Kindes. In: Die Fachzeitschrift für Kindertageseinrichtungen 2/2017, S. 29–31.

Straube, R. (2018): Ressourcenorientierung. In: Bassarak, H. (Hrsg.): Lexikon der Schulsozialarbeit. Baden-Baden: Nomos.

Straube, R.; Leuschner Dr., H.; Müller, P. (2008): Konfliktmanagement für Projektleiter: Strategien zur Lösung und Vermeidung von Konflikten, München: Haufe.

Straube, R.; Leuschner Dr., H.; Müller, P. (2016): Konfliktmanagement für Projektleiter, 2. überarb. Aufl., Brooklyn: Ratgeber Literatur Verlag.

Schulz von Thun, F. (2001): Miteinander reden 2: Stile, Werte und Persönlichkeitsentwicklung, Reinbek: Rowohlt Taschenbuch.

Von Schlippe, A.; Schweitzer, J. (2012): Lehrbuch der systemischen Therapie und Beratung I: Das Grundlagenwissen, Göttingen: Vandenhoeck & Ruprecht.

Watzlawick, P.; Weakland J. H.; Fisch, R.: Lösungen: Zur Theorie und Praxis menschlichen Wandels, 6. Auflage, Bern: Verlag Hans Huber.

4.1.2 PERSÖNLICHKEITS-MODELLE UND TESTVERFAHREN

Autor: Dietmar Prudix

Dietmar Prudix ist IPMA Level B, zertifizierter Trainer der GPM, autorisierter Trainingspartner der GPM und Lehrgangsanbieter der GPM. Er hat Wirtschaftswissenschaften und Organisationspsychologie studiert, mit Master im Konfliktmanagement. Seit 2017 ist er der deutsche Vertreter in der Arbeitsgruppe »Agile Leadership« bei der IPMA. Er ist Vorstand einer Qualifizierungsgesellschaft für Projektmanagement.

INHALT

Grundlagen 550

Selbst- und Fremdbild 550

Typologien generell 552

Modelle 553

    MBTI 553

    Insights Discovery 557

    DISG 558

    HBDI 560

Nutzen für den Projektmanager 561

Wiederholungsfragen 562

Literaturverzeichnis 563

1 GRUNDLAGEN

In diesem Abschnitt geht es um Modelle zur Erfassung von Persönlichkeitstypen durch Persönlichkeitsmodelle, das heißt um Typologiemodelle des Menschen als Persönlichkeitsinventar samt den dazugehörigen Testverfahren.

Neutrale Testverfahren sind interessant, anregend und können bei der Selbsterkenntnis im Hinblick auf eine persönliche Ist-Analyse genauso helfen wie bei der Zusammensetzung und Führung von Projektteams. Weiterhin werden solche Verfahren auch dazu eingesetzt, um im Rahmen der Leistungs- und Potenzialbeurteilung Mitarbeiter besser kennenzulernen bzw. an besser geeigneter Stelle in Projekten einzusetzen. Typische Instrumente einer umfassenden Mitarbeiterbeurteilung sind standardisierte Interviews, Assessment Center, Arbeits- und Projektproben.

Alle Verfahren zeichnen sich durch Vor- und Nachteile aus und sind zunächst natürlich Wahrnehmungs-, Beurteilungs- und Bewertungsfehlern ausgesetzt. Es scheint leichter zu fallen, Menschen zu beschreiben und einzuordnen, denn durch einige dieser Modelle wird das Schubladendenken geradezu gefördert. Deswegen sind Tests auf der Basis der nachfolgend diskutierten Modelle als alleinige Quelle, Informationen über die eigene Persönlichkeitsstruktur herauszufinden, nicht leistungsfähig genug. Aber als unterstützende Instrumente sind sie unbedingt sinnvoll.

Von besonderer Bedeutung bei allen Verfahren ist daher zumindest immer der Abgleich von Selbstbild und Fremdbild.

2 SELBST- UND FREMDBILD

Eine hohe Prognosesicherheit in Bezug auf relevante Eigenschaften und Merkmale der eigenen Person oder dritter Personen ist nur durch das parallele Durchführen, Berücksichtigen und Abgleichen von Selbstbild und Fremdbild zu erreichen:

> **Definition: Selbstbild** bezeichnet die Vorstellung über die eigene Person. Es spielt hier der Begriff der personalen Identität mit hinein.

> **Definition: Fremdbild** ist das Bild, das sich andere über uns machen, beziehungsweise das Bild, das sich eine Person über andere macht. Es setzt sich aus den Wahrnehmungen, Bewertungen und Gefühlen zusammen, die andere der Person gegenüber haben.

Tab. 4.1.2-1: Wechselseitiger Zusammenhang von Selbstbild und Fremdbild

Selbstbild	Fremdbild
Das Selbstbild beinhaltet die Vorstellung der eigenen Person aus eigener Sicht. Sie steht im Vergleich zum idealisierten Wunschbild und umfasst die Eindrücke über die eigenen Charakterzüge und Persönlichkeit. Durch das Selbstbild, das wir von uns haben, werden unser Denken, Fühlen und Handeln beeinflusst. Wir denken z. B., dass wir für eine Besetzung einer Position als Projektmanager deshalb besonders geeignet sind, weil wir glauben, über Qualitäten zu verfügen, die andere an uns möglicherweise nicht wahrnehmen.	Das Fremdbild beinhaltet die Vorstellung von einer Person aus Sicht einer anderen Person, die durch Erfahrungen, Einstellungen und Stereotypen des Außenstehenden beeinflusst wird. Entscheidungsträger treffen vielleicht eine andere Entscheidung, die wir nicht nachvollziehen können. Wir interpretieren in ihr Handeln Absichten hinein, die sie womöglich gar nicht hatten.
Feedback verbindet	
Beide Bilder stehen in wechselseitigem Zusammenhang und verändern sich gegenseitig. Wenn die beiden Wahrnehmungen deutlich voneinander abweichen, spricht man daher von einer Selbstbild-Fremdbild-Inkongruenz.	

Grundsätzlich gilt, dass das Selbstbild unmittelbaren Einfluss auf das eigene Verhalten ausübt. Doch wie hängen Selbstbild und Fremdbild zusammen? Welche Aspekte spielen dabei eine Rolle? Welche Auswirkungen hat dieser Einfluss?

1. **Vergleiche mit anderen**
   Das Bedürfnis, Fähigkeiten und Meinungen mit jenen anderer Menschen zu vergleichen, z. B. »Rennlisten« im Verkauf.

2. **Selektive Erinnerung**
   Informationen über die eigene Person werden im Allgemeinen differenzierter, besser und präziser erinnert als Erlebnisse, die sich auf andere Menschen beziehen.

3. **Bevorzugung bestimmter Erklärungsmöglichkeiten**
   Bei der Bewertung des eigenen Verhaltens werden eher positive Aspekte herangezogen. Erfolge werden auf eigene Kompetenzen zurückgeführt, an Misserfolgen sind eher die Umstände oder andere Menschen schuld.

4. **Rückmeldung durch andere Personen**
   Die eigene Außenwirkung ist umso sicherer, je offener und differenzierter die Rückmeldung anderer Personen ist.

Testverfahren erfreuen sich in den Unternehmen auch deswegen zunehmend größerer Beliebtheit, weil dabei insgeheim die Hoffnung mitwirkt, durch Tests schnelle fundierte Einblicke vor allem in die persönlichen Voraussetzungen von Menschen zu bekommen und daraus sichere Rückschlüsse im Hinblick auf eine berufliche Eignung ziehen zu können. Fachleute sind der Auffassung, dass Tests mit vielen anderen nützlichen Instrumenten der Eignungsdiagnostik kombiniert werden müssen, um zu einem realistischen Bild einer Persönlichkeit zu gelangen. Ein Beispiel hierfür bildet das Johari Fenster, welches in Abbildung 4.1.2-1 beschrieben wird.

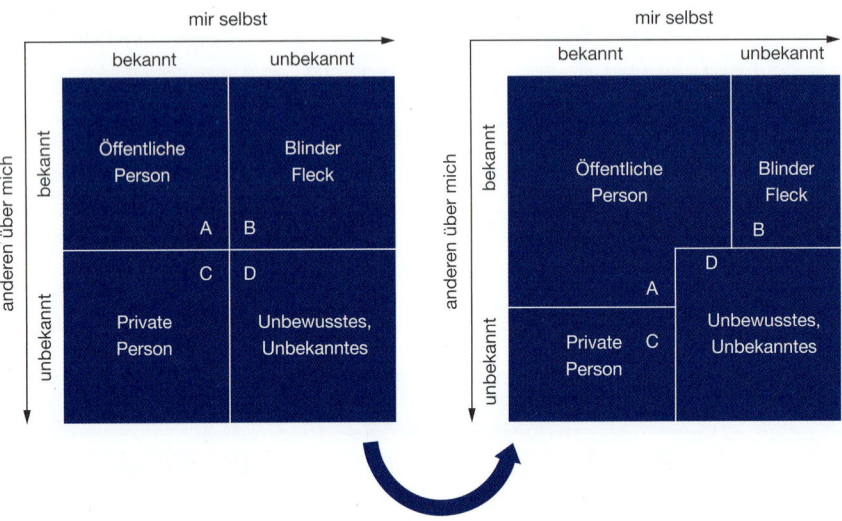

Abb. 4.1.2-1: Johari Fenster: Durch Feedback verstehen wir die Entscheidung der Anderen besser und können sie nachvollziehen (Ingham Luft 1955)

Es existieren im Einzelnen zahlreiche wissenschaftlich anerkannte und in der Praxis bewährte Testverfahren, die sinnvoll unterstützend zur Entwicklung des Selbst- und Fremdbildes eingesetzt werden können. Zu empfehlen ist eine Reihe von Verfahren hinsichtlich der Seriosität, des Aufforderungscharakters, der Handhabung und der Aussagekraft. Dabei handelt es sich u. a. um den auf C. G. Jung basierenden MBTI (Myers-Briggs-Typen-Indikator), das DISG Modell und den HBDI (Herman Brain Dominance Indicator).

3 TYPOLOGIEN GENERELL

Mittlerweile gibt es eine Reihe von Persönlichkeitsmodellen, die jeweils aus einem bestimmten Blickwinkel heraus versuchen, einen Menschen zu beschreiben. Alle Theorien verfolgen zum Ziel, die Struktur der Persönlichkeit zu verstehen und aus der Persönlichkeit heraus Vorhersagen über das zukünftige Verhalten des Individuums abzuleiten.

Dabei werden diese Eigenschaften der Menschen (traits) als Bausteine der Persönlichkeit betrachtet. Aber welche Eigenschaften beschreiben am besten die Persönlichkeit eines Menschen? Anerkannt sind die »Big Five«, beschrieben von Amelang und Bartussek (2001):

Extraversion	(extraversion)	gesellig
Verträglichkeit	(agreeableness)	kooperativ, freundlich, mitfühlend
Gewissenhaftigkeit	(consentiousness)	effektiv, organisiert
Emotionale Stabilität	(emotional stability)	emotional, verletzlich
Offenheit für Erfahrungen	(openess to experience)	erfinderisch, neugierig

Eine Typologie von Menschen ist hilfreich für die Zusammensetzung von Teams. So kann erreicht werden, dass benötigte Kompetenzen sichergestellt werden und sich so gegenseitig ergänzen können.

Genauso hilfreich ist es, Meinungen und Einstellungen zu bestimmten Themen zu verstehen und vorherzusagen. So kann eine Einschätzung erfolgen, wie verlässlich sich jemand verhält oder agiert.

4 MODELLE

Aktuell werden weltweit über 300 Modelle zur Persönlichkeitsanalyse gezählt, von denen knapp 200 auch wissenschaftlich untermauert sind.

Doch es wird auch Kritik geäußert: In einer Stellungnahme des Berufsverbands deutscher PsychologInnen zu einem Gutachten zum Modell Insights wird deutlich gemacht, »dass die Typenlehre nach C. G. Jung in Fachkreisen als «antiquiertes Modell ohne empirische Belege» gilt. Der Ansatz von Marston wird […] als «typologischer Ansatz ohne empirische Forschung» bezeichnet«. Die Empfehlung der Stellungnahme in Bezug auf Insights lautet: »… es basiert auf theoretisch veralteten und wissenschaftlich ungesicherten Modellen. Von seinem Einsatz bei Personalauswahl und -entwicklung, Coaching und Training muss daher abgeraten werden.« Auch das HBDI (»Hirndominanzinstrument«) berufe sich auf veraltete Theorien und gehe von falschen Annahmen aus.
In der Folge werden nachfolgend vier unterschiedliche Persönlichkeitsmodelle beschrieben.

4.1 MBTI

Der MBTI, der Myers-Briggs-Typenindikator, ist ein wissenschaftlich anerkanntes Testverfahren, das auf der psychologischen Typenlehre des Schweizer Arztes und Psychoanalytikers C. G. Jung basiert. Dieses Modell ist international weit verbreitet und wird daher gerne eingesetzt. Es kommt bevorzugt im Bereich Coaching und Personalwesen deshalb zum Einsatz, da charakteristische Korrelationen zwischen MBTI-Typus und präferierter Verhaltensweise und damit beruflicher Eignung festzustellen sind.

Der MBTI, der von Katharine Briggs und ihrer Tochter Isabel Myers in Anlehnung an die Jungschen Theorien entwickelt und 1962 zum ersten Mal gemeinsam mit dem zugehörigen Handbuch veröffentlicht wurde, hat sich zum Ziel gesetzt, mithilfe eines Fragebogens die individuellen Persönlichkeitspräferenzen eines Menschen zu herauszufinden, um sich ein genaueres Bild vom Einstellungstypus (Extraversion oder Introversion) und den Präferenzen für Wahrnehmung (sinnliches Wahrnehmen oder intuitives Wahrnehmen) und für Beurteilung (analytisches Beurteilen oder gefühlsmäßiges Beurteilen) machen zu können.

Zu den **Hypothesen** des MBTI-Modells zählen:

- Menschliches Verhalten ist **nicht zufällig,** auch wenn es manchmal so scheint. Es existieren Muster. Jeder Mensch hat bevorzugte Verhaltensweisen.
- Menschliches Verhalten ist **klassifizierbar**: Es kann beschrieben werden, wie Menschen Informationen bevorzugt aufnehmen und Entscheidungen treffen. Menschliches Verhalten ist **unterschiedlich**, weil es immer bestimmte Neigungen und Präferenzen gibt.

Das Modell basiert auf den beiden Kategorien

- Psychische Funktionen
- Einstellungen

die jeweils zwei charakteristische Ausprägungen in bipolarer Form aufweisen.

Generell ist festzuhalten, dass es sich um Merkmale mit kontinuierlicher Ausprägung handelt und dass somit Zwischenlagen ebenfalls möglich sind!

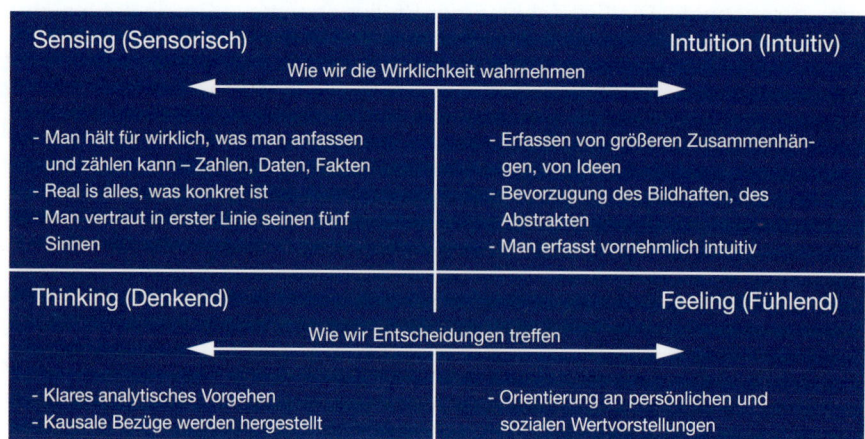

Abb. 4.1.2-2: Psychische Funktionen im MBTI-Modell (1962)

Damit ergeben sich durch Kombination die folgenden **vier Grundtypen** mit jeweils idealtypischen Verhaltensweisen:

- ST-Typ: Sensorisch (Sensing) – Denkend (Thinking)
- NT-Typ: Intuitiv (Intuitive) – Denkend (Thinking)
- SF-Typ: Sensorisch (Sensing) – Fühlend (Feeling)
- NF-Typ: Intuitiv (Intuitive) – Fühlend (Feeling)

(Das Symbol N steht irreführend für Intuitiv, da I für Introvertiert bereits belegt ist.)

Der **ST-Typus** (Sensing – Thinking):
Er repräsentiert den Rationalisten, Argumentierer, er betont die Fakten, Genauigkeit, Kontrolle, unpersönliche Analyse, das logische geordnete Denken. Er bevorzugt quantitative Analysen, mathematische Abhängigkeiten, exakte Messung von Daten unter kontrollierten Bedingungen. Für ihn ist alles, was der quantitativen Analyse (derzeit) nicht zugänglich ist, für eine wissenschaftliche Bearbeitung nur bedingt geeignet. **Schlagworte:** Traditionalist, Stabilisator, Konsolidator, rechnender Analytiker

Der **NT-Typus** (Intuitive – Thinking):
Er bevorzugt Konzepte und Konstrukte und verzichtet dabei auf quantifizierte, messbare Daten, da ihn die Ganzheit mit allen qualitativen Aspekten interessiert und weniger die Details; er liebt Taxonomien, Gliederungen, Prinzipmodelle. Dabei geht er (wie der ST-Typus auch) möglichst sachorientiert und unpersönlich, objektiviert vor, er betont ebenfalls Variable und deren Relationen, allerdings eher auf konzeptioneller, grafischer bzw. verbaler Ebene und nicht formalisiert. Seine Problemlösungen sind eher abstrakte Konzepte, Kategorien und Typologien, bei welchen der Mensch ausgeklammert bleibt. **Schlagworte:** Visionär, Architekt, Gestalter, Generalist (die zukunftsgerechte Gesamtschau)

Der **SF-Typus** (Sensing – Feeling):
Er bildet das Gegenstück zum NT-Typus, allerdings weisen beide Typen sowohl qualitative als auch quantitative Aspekte in ihrem Vorgehen auf und sind daher nicht diametral zu sehen. Der ST-Typus verlässt sich bei der Wahrnehmung immer auf das, was er selbst mit seinen Sinnen erkennen kann, zeigt aber eine starke Personenorientierung. **Schlagworte:** Verhandler, Krisenmanager, Feuerwehrmann, Technokrat mit Herz (zügiges taktisches Vorgehen)

Der **NF-Typus** (Intuitive – Feeling):
Er ist das Gegenteil zum ST-Typus; die Art der Informationsaufnahme und der Entscheidungsprozess stehen diametral zum ST-Verhalten. Der NF-Typus repräsentiert die Extremform des qualitativen Vorgehens im Management, die im Gegensatz zum quantitativen Ansatz des ST-Typus steht. Die NF-Auffassung ist praktisch die Antithese zum Scientific Management, Operations Research, Arbeitsstudium etc. Er besitzt eine langfristige Zukunftsperspektive für eine menschenwürdige Organisation. **Schlagworte:** Katalysator, Sprecher, Vermittler, Generalist mit Herz (die Dinge am Laufen halten)

Wird zusätzlich im Detail unterschieden in folgende typische Präferenzen

Motivation:	Extraversion E	vs.	Introversion I
Aufmerksamkeit:	Intuition N	vs.	Sensorik S
Entscheidung:	Denken T	vs.	Fühlen F
Lebensstil:	Wahrnehmung P	vs.	Beurteilung J

so ergeben sich vier mal vier, somit 16 Persönlichkeitstypen.

Zur Illustration sei beispielhaft der Typus E N F P erläutert. Dieses Ergebnis der Persönlichkeitsanalyse ist dann so interpretierbar:

E ... bevorzugt extrovertiert sich bei Informationsaufnahme und Aufmerksamkeit verhaltend
N ... bevorzugt intuitiv und nicht faktenbasiert die Umwelt wahrnehmend und bewertend
F ... bevorzugt emotional und nicht rational Entscheidungen treffend
P ... bevorzugt auf Wahrnehmungen und nicht Urteilen basierend mit seiner Umwelt umgehend

ENFP-Stärken: ENFP-Menschen springen häufig von Projekt zu Projekt und sind bereit, jede sich nur bietende Möglichkeit in Betracht zu ziehen. Oft entwickeln sie gleich mehrere Lösungen für ein einziges Problem. Ihre Energie beziehen sie aus neuen Menschen und Erfahrungen.

Potenzielle Entwicklungsbereiche für ENFP-Typen: ENFP-Menschen ziehen Entscheidungen oder Projekte nicht immer bis zum Ende durch und riskieren ein Burnout, indem sie sich zu sehr einsetzen oder jede Möglichkeit verfolgen. Auch das Setzen von Prioritäten fällt ihnen manchmal schwer.

Typische Charaktereigenschaften des ENFP-Typs: ENFP-Menschen sind meistens freundlich und ausdrucksstark sowie innovativ und stecken voller Energie.

ENFP-Berufe und Ideen für die Berufswahl: Die ideale Arbeitsumgebung eines ENFP-Typs fördert und belohnt Kreativität, unterstützt Teamarbeit und bietet Gelegenheiten, mit unterschiedlichen Menschen zu arbeiten, vor allem, um diese zu unterstützen und in ihrem Wissen zu fördern. ENFP-Menschen neigen zu Tätigkeiten im Bereich Coaching und persönliche Entwicklung sowie in Lehr- und religiösen Berufen oder künstlerisch-kreativen Berufen.

Mit den dargelegten 16 Persönlichkeitstypen nach MBTI ergibt sich eine Analogie zu den empirisch bzw. phänomenologisch gesammelten Teamrollen nach Belbin, besprochen in **Kapitel** »Teamarbeit«.

4.2 INSIGHTS DISCOVERY

Insights Discovery ist die Basis eines umfangreichen, persönlichen Entwicklungsprogramms. Das Insights Discovery System baut ebenfalls auf dem Persönlichkeitsmodell des Schweizer Psychologen C. G. Jung auf und bietet auf der Grundlage der Jungschen Typologie einen Rahmen für Selbsterkenntnis und persönliche Weiterentwicklung. Nach C. G. Jung hat jeder Mensch Präferenzen, wie er seine Umwelt wahrnimmt, sie beurteilt, Entscheidungen trifft und entsprechend handelt. Ergebnisse aus der Verhaltensforschung haben herauskristallisiert, dass die erfolgreichsten Menschen diejenigen sind, die sich selbst in ihren Präferenzen sowie Stärken und Schwächen gut kennen. Dadurch sind sie dazu in der Lage, Strategien und Verhaltensweisen zu entwickeln und so den Anforderungen ihres Umfeldes besser gerecht zu werden.

Dabei hilft es,

- die eigene einzigartige Persönlichkeit zu verstehen.
- die eigene Sozialkompetenz weiterzuentwickeln.
- die eigene Kommunikationsfähigkeit (und die des Projektteams) auszubauen.
- bessere persönliche und geschäftliche Beziehungen aufzubauen

Insights Discovery hilft, sich selbst besser kennenzulernen und sich effektiver auf andere einzustellen. Das tiefere Verständnis für sich selbst und die Wirkung auf andere Menschen können richtungsweisende Veränderungen hervorbringen. Die Unterstützung des Einzelnen in seiner Entwicklung oder eines Teams als Ganzes ist ebenso möglich wie die Verbesserung von Führungsqualität – die Ansatzpunkte sind vielfältig.

Wie funktioniert das Modell?
Insights Discovery nutzt ein Vier-Farben-Modell, um die individuellen Präferenzen zu erklären. Gemessen werden die Präferenzen mithilfe eines schnell beantwortbaren Online-Evaluators. Das Ergebnis wird in einem 20- bis 40-seitigen persönlichen Report zusammengefasst, in dem wertvolle Hinweise zu Stärken, möglichen Schwächen und persönlicher Weiterentwicklung enthalten sind. Es können nicht nur Einzelpersonen, sondern auch Teams – insbesondere Projektteams – evaluiert werden.

Das Modell ist ideal, um

- die Stärken und Herausforderungen Ihres Teams zu analysieren.
- Raum für einen offenen und ehrlichen Dialog im Team zu schaffen.
- die Hindernisse in der Zusammenarbeit eines Teams zu beseitigen.
- die kontinuierliche Weiterentwicklung des Teams zu gewährleisten.

Insights Team Effectiveness hilft Teams dabei, kritische Situationen oder Gegebenheiten, wie beispielsweise den Wechsel einer Führungskraft, hohe Arbeitsbelastung, veränderte

Herausforderungen oder einfach nur fehlende neue Ideen, erfolgreich zu meistern. Ihr Team wird dazu in der Lage sein, Schwierigkeiten lösungsorientiert und positiv entgegenzutreten und sie zu bewältigen.

Das Farb-Modell von Insights Discovery umfasst:

- eisblau **(Beobachter)**
- feuerrot **(Initiator)**
- sonnengelb **(Inspirator)**
- erdgrün **(Unterstützer)**

Diesen Farben symbolisieren typenbezogene Verhaltensweisen und Eigenschaften. In jedem von uns sind alle vier Farbenergien vertreten. Jedoch sind diese in unterschiedlich starker Ausprägung vorhanden. Durch die Überlappung der aneinandergrenzenden Farben entstehen dann die sogenannten acht Haupttypen. Zu den vier Grundtypen kommen damit noch der **Motivator**, **Berater**, **Koordinator** und **Reformer** dazu.

Um zu bestimmen, wo die Präferenzen in welcher Ausprägung vorliegen und welchem Typus jemand zugeordnet werden kann, wurde das Insights Discovery Rad entwickelt.

Besonders zu der Neuzuordnung von Aufgaben, der Besetzung interner Stellen oder der Bildung von Projektteams können die Profile der Mitarbeiter herangezogen werden.

4.3 DISG

Der DISG-Test ist ein Diagnoseinstrument, das Folgendes ermöglicht:

- Erkennen von persönlichen Stärken
- Analyse des eigenen Arbeitsstils
- Lieferung von Anregungen zur Schaffung einer Umgebung, die den Erfolg am meisten fördert

Damit lässt sich jeweils Ihre individuelle, private und berufliche Situation präzise bewerten und analysieren. Die Kenntnisse über Ihr eigenes Profil helfen Ihnen dabei, sich selbst und andere besser zu verstehen.

Hintergrund: Das Verfahren basiert auf der Psychologie des Amerikaners William M. Marston (DiSG® Persönlichkeitsmodell). Danach werden Personen durch die Dimensionen Extroversion/Introversion und Aufgabenorientierung/Menschenorientierung beschrieben. Durch die Kombination der vier Eigenschaften ergeben sich die vier Typen dominant, initiativ, stetig und gewissenhaft.

Für die Einschätzung der eigenen Stärken und Schwächen ist das Verfahren sinnvoll und nützlich. Durch die nur grobe Differenzierung der Ergebnisse liefert das Verfahren allerdings nur wenig Unterstützung bei Einstellungsentscheidungen.

Persönliche Stärken und Schwächen
Typ D = Dominantes Verhalten
Typ I = Initiatives Verhalten
Typ S = Stetiges Verhalten
Typ G = Gewissenhaftes Verhalten

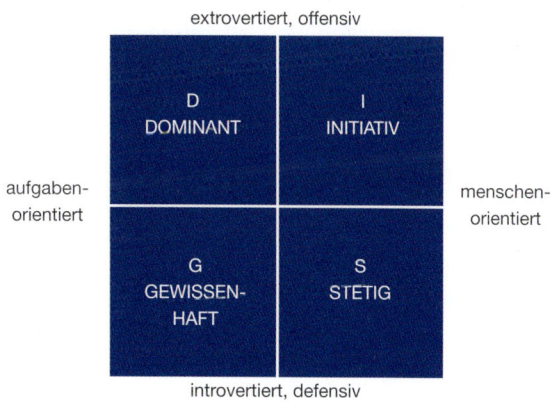

Abb. 4.1.2-3: Die vier Verhaltensstile im DISG-Modell (1928)

Für die Arbeit mit dem DISG-Modell steht für Führungskräfte eine Reihe von Anwendungsmöglichkeiten zur Verfügung:

| Selbsteinschätzung meiner eigenen Verhaltenswirkung: »Wie wirke ich?«

| Einschätzung meiner Teamzusammensetzung: »Welchen Typen benötige ich und welche habe ich?«

| Entscheidung über Aufgabenvergabe: »Welche Aufgaben passen zu wem am besten?«

| Vorbereitung der Mitarbeitergespräche: »Wie muss ich meine Botschaften versenden?«

| Justierung des Kooperationsstils: »Wie verhalten wir uns am besten?«

| Vorbereitung der Gespräche mit meinem Chef: »Wie kann ich meine Ziele besser erreichen?«

4.4 HBDI

Vom Amerikaner Ned Herrmann wurde das sog. HBDI-Modell entwickelt. Es orientiert sich an den Erkenntnissen der damaligen Hirnforschung und verknüpft diese miteinander. Bestandteile dieses Ansatzes sind auch die Erkenntnisse von Paul McLean (im Hirnstamm die Basisfunktionen, im limbischen System die Emotionen und im Großhirn die Vernunft), zum anderen der Ansatz der Hirnhemisphären von Roger Sperry (rechte Hirnhälfte: emotional und intuitiv, linke Hirnhälfte sequenziell und ordentlich). Daraus wird dann abgeleitet, welcher Bereich die Vormacht hat und welchen Bereich Menschen sogar möglicherweise verdrängen. Es versteht sich als metaphorisches Modell zur Unterscheidung von vier Denk- und Verhaltensstilen, welche in vier Quadranten (A, B, C, D) eingeteilt und grafisch dargestellt werden. Diesen 4 Quadranten werden zahlreiche Schlüsselworte zugewiesen, die den jeweiligen Quadranten am treffendsten charakterisieren. Hinter jedem Quadranten stehen darüber hinaus jedoch umfassende weitere Begriffsgruppen.

Die Quadranten stehen für:
A = Logisch, kontrolliert (rational)
B = Strukturiert, geplant (organisatorisch)
C = Emotional, sozial (fühlend)
D = Kreativ, innovativ (experimentell)

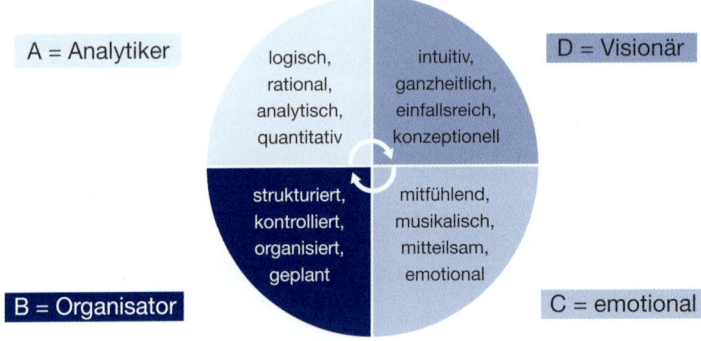

Abb. 4.1.2-4: HBDI-Modell (basierend auf einer Typologie von Wiliam Moulton Marsten aus dem Jahr 1928)

So ergibt sich nach Durchführung der Analyse und Beantwortung eines Fragebogens ein deutliches Persönlichkeitsprofil. Je nach Stärke der Ausprägung innerhalb des jeweiligen Quadranten spricht man vom Vermeidungs-, Nutzungs- oder Präferenzbereich.

Anhand dieser Auswertung können Sie grafisch erkennen, wo Ihre eigene Stärken (Präferenzbereich) oder Schwächen (Vermeidungsbereich) begründet liegen – dies sogar explizit auch für die eigene Reaktion unter »Stress«. Wurde diese Art der Potenzialfindung und Persönlichkeitsanalyse zunächst primär von Unternehmen und Organisationen genutzt, so kann heute jeder Interessierte sich sein persönliches HBDI-Profil bei einem zertifizierten HBDI-Trainer bzw. HBDI-Coach erstellen lassen.

HBDI beruht auf der eigenen Selbsteinschätzung und hilft dabei, ein tieferes Verständnis für das eigene Verhalten, persönliche Problemlösungsstrategien und Aufdeckung von vorhandenen Potentialen zu entwickeln.

5 NUTZEN FÜR DEN PROJEKTMANAGER

Der Projektmanager hat sich auch für die HR (Human Ressources)-Belange zu interessieren. Er lebt während der gesamten Projektlebensdauer mit den vornehmlich gleichen Teammitgliedern zusammen. Dort, wo es möglich ist, sollte er auf die Zusammensetzung des Teams Einfluss nehmen können.

Diese Überlegungen helfen bei der Zusammensetzung des Teams, erklären aber auch bestimmte Reaktionen von Teammitgliedern in spezifischen Situationen. Der Projektmanager versteht besser und schneller seine Teammitglieder und kann sich so besser auf sie einstellen.

Es kann auch die Möglichkeit genutzt werden, um offene Stellen besser und effizienter zu besetzen und Mitarbeiter bei ihrer eigenen persönlichen Entwicklung zu unterstützen. Unternehmen setzen heute verstärkt Tests dazu ein, um zielgerichtet und weniger willkürlich Stellen zu besetzen. Hier dominiert ein deutlicher Trend zur vielseitigen Verwendung von unterschiedlichen diagnostischen Testverfahren.

Praktische Relevanz liegt zum Beispiel bei der Teambesetzung vor. Wenn für einen Projektmanager die Aufgabe darin besteht, im Rahmen eines Organisationsprojekts zur Neuausrichtung eines Unternehmens ein Team zusammenzustellen, so benötigt er erst einmal Kriterien, die aus seiner Sicht erfüllt sein müssen. Gegen diese Anforderungen ermittelt er die einzelnen Ist-Profile der Kandidaten oder Bewerber.

Vor folgender Fehlinterpretation und falscher Verwendung der gebrachten Methoden der Erfassung von Typologien des Menschen sei abschließend gewarnt:

1. Die Modelle liefern nur bedingt Aussagen über das Verhalten des Menschen als denkendes Individuum in bestimmten Situationen. Vielmehr geben sie allgemein gehaltene Auskunft über generelles bevorzugtes Verhalten.

2. Die Modelle bieten keinerlei Ausrede für jegliches Fehlverhalten und unpassendes Benehmen, etwa in der Art: »Jeder weiß, dass ich der Typus XY bin, daher ist mein aktuelles Verhalten vorhersehbar und gerechtfertigt – so bin ich eben«.

WIEDERHOLUNGSFRAGEN

- Was ist der Unterschied zwischen Selbstbild und Fremdbild?
- Was versteht man unter dem wechselseitigen Zusammenhang von Selbstbild und Fremdbild?
- Welchen Nutzen bieten Persönlichkeitsmodelle und Testverfahren für Projektleiter?
- Welche Aussagekraft bieten Persönlichkeitsmodelle und Testverfahren für Projektleiter?
- Welche Risiken beinhalten Persönlichkeitsmodelle und Testverfahren für Projektleiter?
- Was sind bekannte Beispiele für Persönlichkeitsmodelle und Testverfahren?

LITERATURVERZEICHNIS

Verwendete Literatur

Amelang, M.; Bartussek, D. (2001): Diffentielle Persönlichkeitsforschung. 5. Aufl. Stuttgart. Kohlhammer. S. 370.

Luft, J.; Ingham, H. (1955): The Johari window - A graphic model of interpersonal awareness, In: Proceedings of the western training laboratory in group development. Los Angeles. UCLA.

Internetquellen

HBDI-Profil. https://www.hbdi.de [abgerufen am 07.10.2018].

Insights Discovery. https://www.insights.com/us/products/insights-discovery/ [abgerufen am 07.10.2018].

Myers & Briggs: My MBTI® Personality Type. https://www.myersbriggs.org/my-mbti-personality-type/ [abgerufen am 07.10.2018].

Schwertfeger, B. (2004): Mit Gütesiegel. https://www.welt.de/print-welt/article294811/Mit-Guetesiegel.html [abgerufen am 29.12.2018].

Wiley: DiSC Overview. https://www.discprofile.com/what-is-disc/overview/ [abgerufen am 07.10.2018].

4.2 PERSÖNLICHE INTEGRITÄT UND VERLÄSSLICHKEIT

Autor: René Schanz
René Schanz absolvierte das Studium zum Diplom-Restaurateur/Hotelier an der Hotelfachschule Belvoirpark Zürich. Er ist Vorstandsmitglied des Vereins zur Zertifizierung von Personen im Management (VZPM) und Lead-Assessor IPMA Level A und B. Seinen Abschluss als Master of Advanced Studies in Project-Management erhielt er an der Universität Klagenfurt. Heute ist er verantwortlicher Bereichsleiter für die Weiterentwicklung und Schulung des Projektmanagements und der Schriftgutverwaltung in der Schweizer Armee.

Co-Autor: Clemens Drilling
Clemens Drilling (Jahrgang 1961) ist seit 25 Jahren im internationalen Projektmanagement tätig. Als Projekt-, Programm und Portfoliomanager führte er multikulturelle Projektteams und beschäftigt sich seit 15 Jahren mit der Integration der harten PM-Methoden und den sogenannten weichen Faktoren. Heute begleitet er als Geschäftsführer der newTrust GmbH – dem Pionier im Integralen Projektmanagement – Unternehmen in ihrer kulturellen und organisatorischen Transformation. Er ist Vorsitzender des Präsidialrats der GPM und Assessor für PM-Zertifizierungen.

INHALT

Einleitung **566**

    Das Kompetenzelement Persönliche Integrität und Verlässlichkeit 566

    Zuordnung der Kompetenz zu anderen Elementen 567

    Begriffsklärungen 567

Ethik und Moral – für den Projektmanager von zentraler Bedeutung **569**

Voraussetzung für gelebte Integrität und Verlässlichkeit **572**

    Was die Integrität und Verlässlichkeit beinhalten 572

    Das 5 K-Modell 573

    Sorgfalt und Vertrauen im kulturellen Kontext 575

Der Ethik-Kodex – Handlungsmaxime in Projekten **576**

    Die Ethik-Kodizes der IPMA, der GPM und des PMI 576

        Der Ethik-Kodex der IPMA 576

        Der Ethik-Kodex der Deutschen Gesellschaft für Projektmanagement 577

        Der Ethik-Kodex des PMI (The Project Management Institute) 581

    Die Ethik-Beurteilung von Projekten 581

    Ethik-Beurteilung in internationalen Projekten 582

    Die Ethik-Beurteilung von Zielen 584

    Das Wirkungsmodell 586

    Das Drei-Säulen-Modell der Nachhaltigkeit 587

Wiederholungsfragen **588**

Literaturverzeichnis **589**

1 EINLEITUNG

1.1 DAS KOMPETENZELEMENT PERSÖNLICHE INTEGRITÄT UND VERLÄSSLICHKEIT

Projekte suggerieren auf den ersten Blick innovative Freiheiten und beträchtliche Möglichkeiten, um Einmaliges zu schaffen. Bei näherem Betrachten ist aber zu erkennen, dass Restriktionen und Rahmenbedingungen diese Potenziale einschränken. Allerdings sind es ethische Grundsätze, die oftmals – und glücklicherweise – einen Riegel dem freien Tun und Lassen vorschieben. Die Berücksichtigung ethischer Grundsätze ist in erster Linie die Aufgabe des Projektmanagers. Er führt und handelt dazu moralisch nach verbindlichen Normen, Werten und Grundsätzen, die das zwischenmenschliche Verhalten in der Gesellschaft regulieren.

Ein Projektmanager wird früher oder später mit seinem Projekt identifiziert. Diese Feststellung unterstreicht, wie wirkungsvoll seine Worte und Taten für die Einschätzung und Wahrnehmung eines Projekts von außerhalb oder innerhalb des übergeordneten Programms oder Projektportfolios sind. Im Projektalltag zählt Verlässlichkeit zu den Maximen eines Projektmanagers:

Beispiel: Das dem Steuerungsausschuss vorgelegte Nutzungskonzept für eine neuartige Grundwasserförderanlage hat er zur Freigabe eines Meilensteins selbstredend auf Akzeptanz, Vollständigkeit und Richtigkeit inspiziert. Dabei hat er auch sorgfältig die Einhaltung des Leitbildes der Stammorganisation überprüft. So vermeidet er bei der Umsetzung eine negative Auswirkung und senkt das Folgerisiko eines Konflikts mit dem Kunden. Mit diesem selbstverständlichen Handeln unterstreicht er sein Vertrauen in das Produkt und wird als überzeugend, zuverlässig und integer wahrgenommen.

ICB 4 »*Integrität und Zuverlässigkeit bauen auf widerspruchsfreien Werten, Emotionen und Handlungen auf. Man sagt was man tut, und tut was man sagt. Ethische Standards und moralische Prinzipien als Handlungs- und Entscheidungsgrundlage zusammen mit dem Übernehmen von Verantwortung für individuelle Handlungen und Entscheidungen ermöglichen und fördern Vertrauen: Der Einzelne ist eine Person, auf die man sich verlassen kann*« (GPM 2017, S. 70).

Die auf der Moral gründenden Begriffe »Werte« und »Kultur« sind im Kompetenzelement »Kultur und Werte« erklärt, der der Integrität nahestehende Begriff »Vertrauen« wird im Kompetenzelement »Beziehungen und Engagement«, vertieft behandelt.

1.2 ZUORDNUNG DER KOMPETENZ ZU ANDEREN ELEMENTEN

In vielerlei Hinsicht bestehen enge Zusammenhänge mit anderen Kompetenzbereichen und den darin festgelegten Kompetenzen. Namentlich im Kompetenzbereich Kontext bestehen unter den Kompetenzelementen »Compliance, Standards und Regularien«, »Macht und Interessen« sowie »Kultur und Werte« maßgebende Abhängigkeiten. So kann unmoralisches Verhalten eines Projektmanagers der Reputation einer ganzen Organisation schaden oder die Nichteinhaltung von Gepflogenheiten und Werten entlang eines Firmenleitbildes kann an der Integrität eines Projektmanagers zweifeln lassen. Im Kompetenzbereich der Praktiken ist die Verlässlichkeit deshalb von zentraler Bedeutung, da unter dem Kompetenzelement »Organisation, Information und Dokumentation« die Informanten unverfälschte Informationen und Daten zur Verfügung stellen müssen, wenngleich dieselben auch Missstände aufzeigen. Im Rahmen der »Chancen und Risiken« ist der Tragweite einer Veränderung (Projektresultat) im Fokus der Auswirkungen nach der Einführung oder nach dem Projektabschluss Rechnung zu tragen. Nicht jedes erfolgreich abgeschlossene Projekt ist auch für den Kunden oder die Organisation von Vorteil.

1.3 BEGRIFFSKLÄRUNGEN

Die nachfolgenden Begriffserklärungen stehen in engem thematischem Zusammenhang. Zunächst werden die vier Kernbegriffe des Themas erläutert, danach weitere vertiefende Begriffe in alphabetischer Reihenfolge:

Integrität
Das Wort stammt vom lateinischen Wort »integritas« und bedeutet unversehrt, intakt oder vollständig. Personen sind dann integer, wenn sie treu gegenüber sich selbst und in Übereinstimmung mit der Stammorganisation die Maßstäbe, Ideale und Werte dauerhaft und unabbringlich einhalten (Pollmann 2005, S. 77). Insofern hängt Integrität zum Beispiel auch vom Verhalten der Mitmenschen und von den gesellschaftlichen Lebensbedingungen in internationalen Projekten ab.

Verlässlichkeit
Eigenschaft eines Individuums, das vertrauenswürdig ist, da dieses beispielsweise seine Worte, Zusagen oder Termine einhält. Verlässlichkeit zeigt man am besten dadurch, dass man das umsetzt, das man versprochen hat (Ehrlichkeit und Vertrauen) und auf das sich andere verlassen können (Mistele 2007, S. 37).

Verlässlichkeit ist ganz allgemein und für beliebige Systeme definiert als die Wahrscheinlichkeit, dass ein System seine ihm zugedachte Funktion fehlerfrei innerhalb einer definierten Zeitspanne erfüllt.

Im vorliegenden Zusammenhang lässt sich obige Definition auf den Menschen wie folgt übertragen: Verlässlichkeit des Menschen ist die (möglichst hohe) Wahrscheinlichkeit, dass eine Person für eine zumutbare Zeitspanne eine Aussage, Leistungszusage, Entscheidung vollinhaltlich einhält und erfüllt.

Ethik
Lehre vom sittlichen Wollen und Handeln des Menschen in verschiedenen Lebenslagen (Duden). Dabei geht es um das Nachdenken über Fragen in Bezug auf das gute Leben, das gerechte Zusammenleben und das verantwortliche Handeln, das auf diese Weise gelingendes Leben ermöglicht (Weber-Berg 2007, S. 24). Ethik wird als eines der großen Gebiete der Philosophie unterschieden in:

- Deskriptive Ethik: beschreibt und begründet Verhalten, Sitten, Werte und Moral von Kulturen.
- Normative Ethik: prüft und bewertet die geltende Sitte und Moral und gibt Handlungsanweisungen. In diesem Sinne gibt es z. B. Ethik-Kommissionen für verschiedene Fragestellungen, die Grundsätze für zukünftiges Handeln und bisweilen auch für die Gesetzgebung entwerfen.

Moral
Ein Set von Werten, Normen und Prinzipien, das in der Gesellschaft eine gegenwärtige lokale Ausprägung von Ethik beinhaltet, wobei der Verstoß gegen die Moral in der Regel gesellschaftlich sanktioniert wird (Düwell 2002, S. 12).

Authentizität
Als authentisch wird ein Projektmanager bezeichnet, der zu sich selbst mit all seinen Stärken und Schwächen steht und im Einklang mit sich selbst handelt (Joseph 2017, S. 63). Er wirkt auf die Mitmenschen unverfälscht und wird als ehrlich, stimmig und ursprünglich wahrgenommen (Fremdbild). So ist beispielsweise ein authentischer Führungsstil meist wirksamer und wird vom Team viel eher akzeptiert als ein aufgesetzter, den individuellen Charaktermerkmalen des Führenden nicht entsprechender, bewusst ausgewählter und verfolgter und damit vorgespielter Führungsstil.

Gesinnung
Grundhaltung oder Denkweise eines Menschen, der Handlungen, Zielsetzungen, Aussagen und Urteilen zugrunde liegen (Dietzfelbinger 2015, S. 55).

Glaubwürdigkeit
Die Übereinstimmung zwischen Reden und Handeln sowie die Berechenbarkeit des Handelns schaffen die Voraussetzung dafür, dass der Projektmanager mitsamt dem Projektteam Glaubwürdigkeit zugesprochen bekommt. Transparenz ist das Mittel zur Beförderung von Glaubwürdigkeit (Kirchner 1997, S. 75).

Kalkül

Berechnendes Verhalten aus rationalen, taktischen Gründen. Der Situation angepasste, teils unübliche oder überraschende Vorgehensweisen. Gängige Anwendungen sind Ablenkung (Ändern des Wahrnehmungsfokus), Zurückhalten von Informationen, Umbenennung (Neue Bezeichnung), Domination (Überflügeln der Macht durch Mächtigere), Öffnen (Zugang zu Personen verschaffen), Tauschen (Rollen), Umgehen (Risikoprävention) und Zwickmühle (Erzwingen von Entscheidungen).

Sorgfalt

Dieser umgangssprachliche Begriff deutet auf die Genauigkeit der übertragenen Arbeiten und Rücksichtnahme bei deren Ausführung hin. Ein sorgfältiger Projektmanager handelt gewissenhaft.

Widerspruchsfreiheit

Wenn sich aus einer bestimmten Menge von schriftlichen oder mündlichen Aussagen (z. B. in Anforderungskatalogen oder bei Interviews) kein Widerspruch ableiten lässt, sind die Inhalte konsistent oder widerspruchsfrei.

2 ETHIK UND MORAL – FÜR DEN PROJEKTMANAGER VON ZENTRALER BEDEUTUNG

Ethik ist bei jeder Entscheidung in Projekten, Programmen und Portfolios ein zentrales Thema und macht deren Führung anspruchsvoll. Ethische Überlegungen verlangen Mut, langfristige Strategien zu beachten, Möglichkeiten des rechtlich Erlaubten nicht auszunutzen, sondern Grenzen zu setzen (sofern legitime Interessen anderer es einfordern), und nicht zuletzt in neuen Kategorien zu denken. Projektführungsverantwortung verpflichtet dazu, die gesetzten Ziele zu erreichen, dabei aber zugleich die fundamentalen Werte, die menschliche Würde und spezifische Verhaltensregeln zu beachten. Ein Projektmanager kann dann in ein Dilemma geraten, wenn er z. B. im Kontext des wirtschaftlichen Vorgehens zwischen humanen Werten und marktwirtschaftlicher Logik entscheiden muss. Gerade in Grenzsituationen (z. B. Wahrung der Loyalität, Abbau und Verlust von Arbeitsplätzen) stehen die eigenen Prinzipien oder Werte auf dem Prüfstand.

In dieser Situation muss der Projektmanager abwägen, was zu den Fragen »Was hält mich?« bzw. »Was zieht mich« vor allem aus Sicht der Integrität, Authentizität, Sorgfalt und Ethik zählt. Es lässt sich unschwer feststellen, dass die Antworten den üblichen Pro- und Contra-Aufstellungen deutlich überlegen sind. Der Grund dafür ist, dass die Fragen neben der rationalen auch die emotionale Ebene ansprechen.

Im Bereich des Projektportfolio-Managements spielen persönliche Integrität und Verlässlichkeit ebenso eine tragende Rolle. Einesteils muss sich das PMO auf die erhaltenen

Kennzahlen aus dem Reporting verlassen können, andererseits muss der Projektmanager auf das integre Verhalten und Handeln des Programm- oder Projektportfolio-Managers vertrauen können.

Eine weitere Tatsache im Projektmanagement besteht darin, dass stärker als alle Fakten und Methoden, sprichwörtlich als »harte Faktoren« bezeichnet, die »weichen Faktoren« letztlich zum Projektanwendungserfolg (Produkt) und Projektabwicklungserfolg (Vorgehen) einen wesentlichen Beitrag leisten. Die wesentlicheren und wirksamen Einflüsse in Projekten liegen auf einer anderen Ebene, wie die Abbildung 4.2-1 zeigt.

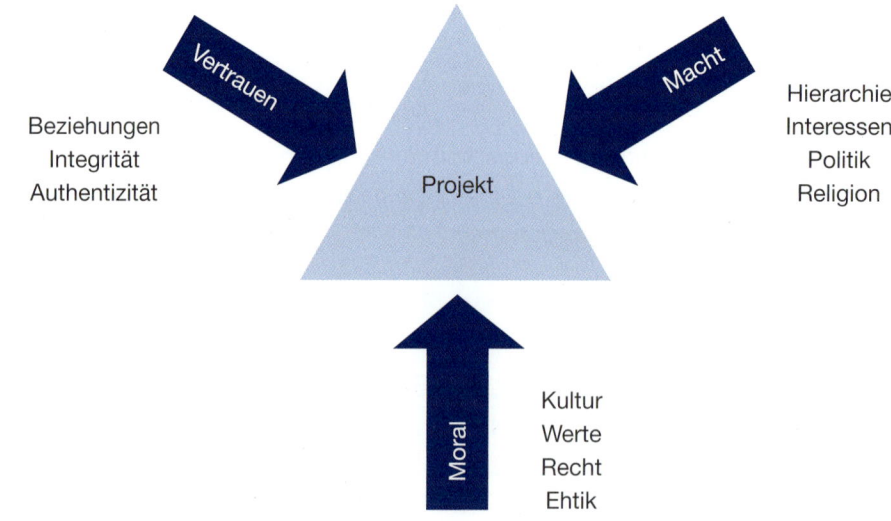

Abb. 4.2-1: Weiche Faktoren, wie Vertrauen, Macht und Moral, beeinflussen den Projektmanager

Ethisches Verhalten gelingt nur dann, wenn ein Projektmanager zu seinen emotionalen Verhaltensmustern, Führungs- und Sozialkompetenzen Abstand gewinnt und die Fähigkeit zur reflexiven Selbstwahrnehmung entwickelt. Diese Grundkompetenz, die gute Führungskräfte als Grundeigenschaft besitzen, ist die Fähigkeit zum Perspektivenwechsel.

Projektmanagement ist in der Regel ein Supportprozess für Organisationen, um komplexe Vorhaben zusätzlich zu den Linienaufgaben zu lösen. Die Abbildung 4.2-2 veranschaulicht, dass das Thema Ethik vor und nach der eigentlichen Projektphase besonders aktuell ist.

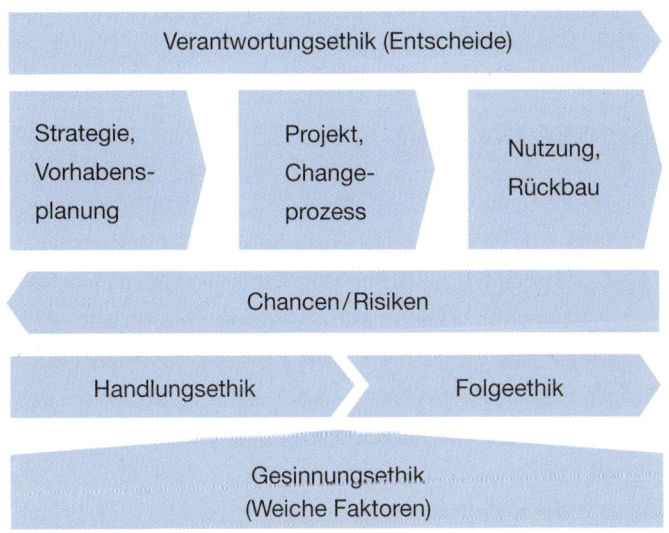

Abb. 4.2-2: Ausprägung der Ethikformen als Teil aller Lebensweg-Phasen eines Produkts

Mit Phrasen, wie »Das Geradlinige versagt in der Kurve« oder »der Zweck heiligt die Mittel«, werden die Grenzübertritte zum unmoralischen Verhalten oftmals rhetorisch legitimiert. Inwiefern und wann ist Kalkül jedoch erlaubt bzw. wann ist Kalkül abzulehnen? Sind Notlügen, Übertreibungen, unvollständige Informationen, Druck, Fehlinterpretationen ethisch vertretbar oder nicht? Es scheint so, als ob Institutionen Projekte initialisieren, um außerhalb der Stammorganisation und der geordneten Bahnen von Ethik und Gesetz auf »legale« Weise Alternativen zu sondieren. Bleiben negative Reaktionen der Kunden und Stakeholder aus, lässt sich auf dieser Strategie aufbauen.

Noch ein Wort zu den »Projektschummeleien«. Für die harmlose Form einer Notlüge findet der Projektmanager dann Verständnis, wenn aus Höflichkeit, Rücksicht, Schutz, Sorgfalt und Mitleid dazu gegriffen wird. Ein typisches Beispiel aus dem Projektalltag sind die Statusberichte. Oftmals wird eine Status-Ampel, die eigentlich in Rot oder Gelb leuchten müsste, entgegen den Fakten und im Einverständnis mit den zuständigen Führungskräften auf »Grün« gestellt, und zwar in der Überzeugung, die Angelegenheit projektintern (noch) regeln zu können und somit kritischen Fragen (vorerst) aus dem Weg zu gehen. Dagegen sind absichtliche Vertuschungen grenzgängig, um dem Karrieremuster des »unfehlbaren Projektmanagers« zu schmeicheln.

3 VORAUSSETZUNG FÜR GELEBTE INTEGRITÄT UND VERLÄSSLICHKEIT

3.1 WAS DIE INTEGRITÄT UND VERLÄSSLICHKEIT BEINHALTEN

Grundlegend für diese Kompetenzen ist, dass sich die Stammorganisation in den vereinbarten Unternehmensleitlinien zu einem Verhaltenskodex bekennt. Im Projektmanagement wird dieser Kodex in der Regel durch den Ethik-Kodex (→ Abschnitt 4 Ethik-Kodex) ergänzt bzw. heruntergebrochen. Dieses zumeist gegen außen zum Ausdruck gebrachte Bekenntnis alleine genügt allerdings nicht. Ein Ethik-Kodex lässt sich nicht nur intuitiv einhalten, sondern erfordert vom Projektmanager auch Raum und Zeit, die es erlauben, ethische Probleme und Missstände anzusprechen und aufzuzeigen. Und dies ist dann wiederum kein Selbstläufer, wenn die Personen im Projekt für ihre Verlässlichkeit und Integrität keine Wertschätzung erhalten. Konsequenterweise braucht es dazu eine Überprüfung der Integritätskultur, damit es nicht bei Lippenbekenntnissen bleibt.

Was aber, wenn doch ein Fehler passiert, wie ist damit persönlich umzugehen? Niemand ist davor gefeit, sich bewusst oder unbewusst moralisch falsch zu verhalten, zu entscheiden oder zu handeln. Hier muss ein Projektmanager aufgrund seiner Sorgfaltspflicht integer und sofort kommunizieren und sich dem Konflikt stellen. Letztlich geht es um sein Projekt und die Reputation der gesamten Organisation.

Zusammengefasst muss ein Projektmanager das Moralbewusstsein entlang der vier Komponenten der Integrität sicherstellen.

Abb. 4.2-3: Die vier Komponenten der Integrität

3.2 DAS 5 K-MODELL

Gelebte Integrität von Personen, Gruppen (zu denen Projektteams gezählt werden) und Organisationen (z. B. Programme und Projektportfolios) bedingt ein Vorhandensein der Integritätsanforderungen Kooperation, Kohärenz, Konsistenz, Kontinuität und Kommitment (5 K-Modell). Integrität entsteht dann, wenn einerseits ein Selbstverständnis im Sinne von »für etwas einstehen« und andererseits im Sinne von »um danach zu streben« die Maxime für das Tun und Lassen ist. Diese Sinngebung für ein Projektresultat sorgt dafür, dass Individuen und Teams Höchstleistungen erbringen, und verringert den Respekt von komplexen Aufgaben.

Mit diesem Verhalten fördert der Projektmanager ein positives Fremdbild seitens der Interessengruppen. Für den Kunden entsteht eine solide Vertrauensbasis, die auch bei in Projekten üblicherweise auftretenden Problemen Bestand hat (→Abschnitt 7 Vertrauen – die Basis für erfolgreiche Zusammenarbeit, Kapitel »Beziehungen und Engagement« **sowie das gesamte Kapitel** »Beziehungen und Engagement«).

Ebenso muss der Projektmanager so geartet sein, dass man sich auf ihn in jeder Situation verlassen kann, ja sprichwörtlich »auf ihn bauen« kann. Verlässlichkeit kann aber auch negativ verstanden werden, wenn z. B. ein Statusbericht stets zu spät vorgelegt wird oder Vereinbarungen nur nach Eskalation eingehalten werden.

Das Bewusstsein in Bezug auf die Bedeutung von Integrität und Verlässlichkeit sowie deren interne und externe Wirkung macht ein gezieltes Leitungshandeln (Integritätsmanagement) erforderlich. Integritätsmanagement ist auf die Förderung und Sicherstellung der fünf vorgenannten K ausgerichtet.

In sich konstituierenden Projektteams führt der Entstehungsprozess zur Integrität über die fünf K, indem beispielsweise in Workshops über Werte, Regeln, Verlässlichkeit, Emotionen, Vertrauen, usw. diskutiert wird und das übereinstimmende Selbstverständnis in sozialen Zielen festgehalten wird.

Die Abbildung 4.2-4 veranschaulicht den Wirkungskreis bei gelebter Integrität. Die fünf K stehen in gegenseitiger Abhängigkeit zueinander und bereits eine geringfügige Abweichung unseres Handelns oder Tuns kann als Inkonsequenz, Opposition, Ausreißer oder gar Verrat verstanden werden.

Kompetenzbasiertes Projektmanagement (PM4)

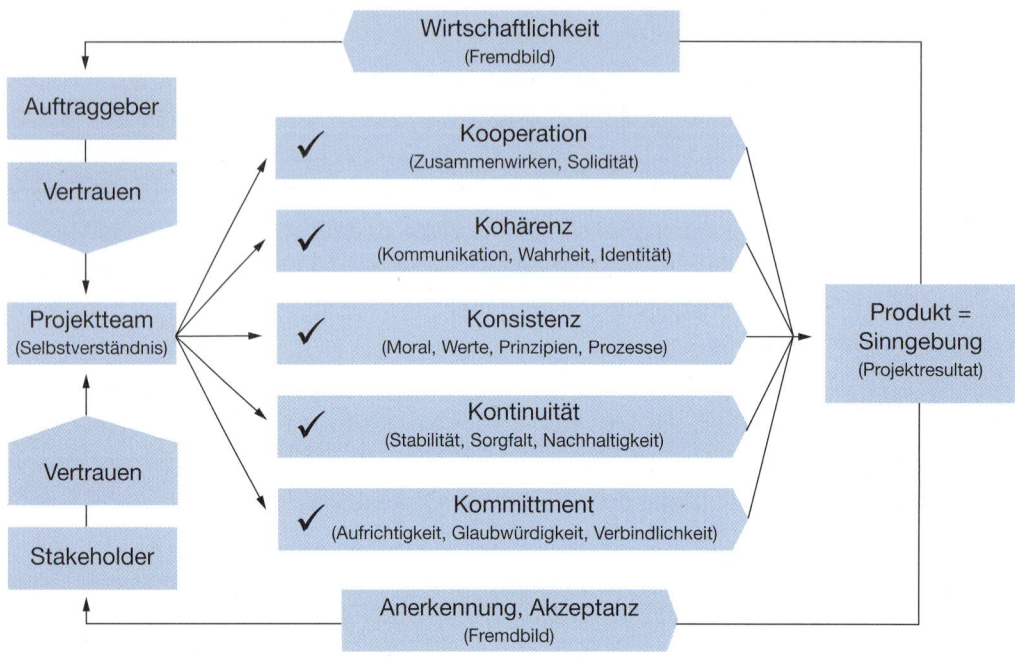

Abb.4.2-4 : Die 5 K der persönlichen Integrität im Projektmanagement

Kooperation
Das zweckgerichtete Zusammenwirken von Fachgruppen (Nutzen von Synergien) in einem Entwicklungsprojekt ist deshalb unerlässlich, damit der Projektmanager zusammen mit dem Projektteam erfolgreich die Ergebnis- und Vorgehensziele erfüllen kann. In Beschaffungs-, Informatik- und Reorganisationsprojekten achtet der Projektmanager auf durchgängige Prozesse unter den externen Kooperationspartnern, um einen optimierenden Effekt zu erzielen (Klärung der Zuständigkeiten, Finanzierung von länderübergreifenden Projekten).

Kohärenz
Integrität setzt Übereinstimmung zwischen den grundlegenden Prinzipien (Ethik und Werthaltungen), der Kommunikation dessen, was wie und warum getan oder nicht getan wird, sowie dem konkreten Handeln voraus (→ Kapitel »Persönliche Kommunikation«). Reden und Handeln müssen widerspruchsfrei mit den erklärten Prinzipien übereinstimmen, sonst ist jedes verbale Integritäts- und Verantwortungsbekenntnis von vornherein lächerlich. Der Projektmanager stellt sicher, dass keine gegenteiligen Aussagen oder moralisch kontroversen Handlungen getätigt werden.

Konsistenz
Die Prinzipien einer Organisation stimmt der Projektmanager mit jenen seines Projekts widerspruchsfrei aufeinander ab. Divergieren diese zu weit, resultiert eine Spaltung zwischen den normativen Ansprüchen und der Realität. Eine solche Spaltung führt zur Aushöhlung

von Integrität oder verhindert deren Entstehung. Integritätsmanagement umfasst auch die regelmäßige Prüfung sämtlicher Tätigkeiten und Vorkommnisse auf Abweichungstendenzen.

Kontinuität
Stabilität und Nachhaltigkeit setzen ein lückenloses und beständiges Handeln eines verlässlichen Projektmanagers entlang den Prinzipien voraus. Gezielte Interaktionen des Projektmanagers mit den Stakeholdern dürfen sich nicht nur auf die Mächtigen und Einflussreichen beschränken, sondern müssen sich nach all jenen Personen und Institutionen richten, die begründete Ansprüche erheben (→ Kapitel »Macht und Interessen«).

Kommitment
Integrität setzt ein klares Einverständnis hinsichtlich der Prinzipien voraus. Es geht darum, allseits vorbehaltslos zu wollen, was man vernünftigerweise tun sollte. Gerade dieser prinzipientreue Weg wirkt integritätsbildend. Das Ausmaß an Identifikation, das ein Projektmanager einem Auftraggeber entgegenbringt (er vertraut sich an) wird erwidert, indem ihm ein bestimmtes Projekt überlassen wird.

3.3 SORGFALT UND VERTRAUEN IM KULTURELLEN KONTEXT

Im Rahmen der von der Globalisierung betroffenen Projekte ist das internationale Netz an Verhaltensnormen vielfältiger. Im Umfeld von internationalen Projekten beachtet der Projektmanager, dass sich die Moral grundlegend nach der herrschenden Kultur definiert. Ein Projektmanager im Ausland muss berücksichtigen, dass die europäische normative Moral nicht zwingend der Gesinnung anderer Kulturen entspricht. Moral und Sitte sind die Menge an gelebten und praktizierten Verboten und Geboten sowie der als gut und schlecht oder passend/unpassend geklärten und bewerteten Handlungsweisen und -muster.

Dies betrifft insbesondere die Themen Sorgfalt und Vertrauen. Je nach der Kultur der Kunden (z. B. im englischen Sprachraum) muss der Projektmanager z. B. eine Sache nach der anderen machen, auf Pünktlichkeit, Pragmatismus, Aufgabenorientierung und Zurückhaltung bedacht sein, um als integer wahrgenommen zu werden. Im lateinischen Sprachraum und in der arabischen Welt ist der Projektmanager dagegen dazu angehalten, viele Sachen gleichzeitig zu machen, sich einzumischen, personenorientiert zu handeln, zeitlich flexibel zu sein und auch improvisieren zu können, um zuverlässig zu wirken.

Unabhängig von den Kulturunterschieden (→ Abschnitt 3.4 Die Kulturdimensionen von Hofstede, Kapitel »Kultur und Werte«), muss ein Projektmanager seine Arbeiten stets mit großer Achtsamkeit und Genauigkeit erfüllen. Gedankenlosigkeit, Unachtsamkeit, Gleichgültigkeit und Leichtsinn verhindern ein akkurates, gewissenhaftes und ordentliches Handeln. Insofern ist Sorgfalt im Projektmanagement selbstverständlich dann zwingend, wenn z. B. klassifizierte Daten und Informationen (Security) verwendet und/oder weitergegeben werden, sicherheitsrelevante Anforderungen und Standards (Safety) einzuhalten sind, komplexe Planungsarbeiten ganzheitlich (auf Risiken, Folgen und Konsequenzen bedacht) vollzogen oder Prüfergebnisse (Praxistests) exakt validiert werden müssen. In der Regel wird im Dokument »Projektauftrag« die gegenseitige Sorgfaltsplicht zwischen Projektmanager und Kunde in den Vorgehenszielen beschrieben (→ Abschnitt 4.4 Die Ethik-Beurteilung von Zielen).

4 DER ETHIK-KODEX – HANDLUNGSMAXIME IN PROJEKTEN

4.1 DIE ETHIK-KODIZES DER IPMA, DER GPM UND DES PMI

4.1.1 DER ETHIK-KODEX DER IPMA

Der Ethik-Kodex der IPMA sinngemäß aus dem Englischen übersetzt lautet: Wir anerkennen, dass unsere Projekte, Programme und Portfolios die Menschen, die Gesellschaft und die natürliche Umwelt auf verschiedene Weise, und zwar sowohl lokal als auch global, beeinflussen. Die Bedeutung des Projekt-, Programm- und Portfoliomanagements wird in der zunehmend globalisierten Welt weiter zunehmen. Dadurch werden wir mit neuen Herausforderungen sowohl in unserem persönlichen Streben als auch als Profis konfrontiert werden. Wir glauben, dass wir durch unser ethisches Verhalten unsere Projekte, Programme und Portfolios besser und unseren Berufsstand attraktiver machen. Der »IPMA® Code of Ethics and Professional Conduct« legt die Grundsätze sowie unsere minimalen Pflichten sowohl gegenüber dem Eigner des Projekts, des Programms oder des Portfolios, als auch gegenüber den Teams, den Stakeholdern, der Gesellschaft und der natürlichen Umwelt fest.

Grundlegende Prinzipien der IPMA
Wir anerkennen, dass unsere Community sowie die Beziehungen zwischen den Profis und deren Kunden vom Vertrauen, gegenseitigen Respekt und der Wertschätzung unserer Vielfalt abhängen. Wir anerkennen, dass wir als Mitglieder dieser Community und als Profis in Umgebungen arbeiten, die unterschiedlich heikle politische, kulturelle und moralische Herausforderungen mit sich bringen. Wir glauben, dass wir dadurch am besten dafür gerüstet sind, diese Herausforderungen anzunehmen und zu bestehen, dass wir offen für unsere Unterschiede sind und respektvoll mit diesen umgehen. Wenn wir mit Kunden, Eignern und anderen Stakeholdern arbeiten, handeln wir integer, verantwortungsbewusst und transparent. Wir wissen, dass uns unsere Arbeit im Projekt-, Programm- oder Portfoliomanagement vor eine Vielzahl von ethischen Herausforderungen stellen kann, und wir glauben, dass wir mit diesen Werten am besten dazu in der Lage sind, diese Herausforderungen zu meistern.

Dieser Ethik-Kodex der IPMA beschreibt 6 Maximen:

1. Die Ethik unseres Berufsstands
2. Unser Kommitment gegenüber den Eignern und anderen Stakeholdern
3. Unser Kommitment gegenüber Mitarbeitenden
4. Unsere Verantwortung gegenüber der Gesellschaft
5. Unser Kommitment für Nachhaltigkeit und den Schutz der Umwelt
6. Unser Bildungsauftrag

4.1.2 DER ETHIK-KODEX DER DEUTSCHEN GESELLSCHAFT FÜR PROJEKTMANAGEMENT

Der Ethik-Kodex der GPM lässt sich vom Ethik-Kodex der IPMA ableiten und beschränkt sich auf 3 Grundwerte. Bei ihrer Berufsausübung beeinflussen die Projektmanager die Lebensqualität jedes einzelnen Menschen in unterschiedlichem Ausmaß. Wegen dieses weitreichenden Einflusses müssen die Projektmanager ihre Handlungen und Entscheidungen an den Grundwerten ausrichten:

- Verantwortung
- Kompetenz und
- Integrität

Die Einhaltung der moralisch-ethischen Handlungsmaximen ist grundlegender Wertmaßstab aller Tätigkeiten der Projektmanager. In diesem Bewusstsein fordert die GPM als Fach- und Berufsverband von allen Projektmanagern, und im erweiterten Sinn von allen im Projektmanagement tätigen Personen, die Einhaltung des folgenden Ethik-Kodexes:

1. Verantwortung
Jeder Projektmanager räumt dem Gemeinwohl sowie der Gesundheit und Sicherheit jedes einzelnen Menschen hohe Priorität ein. Er trachtet nach Verbesserung der Lebensverhältnisse und der Umweltqualität. Weltoffenheit und Toleranz gegenüber anderen Kulturen bestimmen seine Haltung.

Beispiel: Ein Projektmanager entwickelte mit seinem Team eine innovative, aber risikoreiche Lösung im Bereich mobile Energieversorgung, um die geforderten Umsatzzahlen der Stammorganisation zu erreichen. Dabei verlief die Projektabwicklung unter Zeitdruck, was z. B. nur oberflächliche Betriebstests erlaubte. Trotz technischer Vorbehalte wurde das Produkt ausgeliefert. In den ersten Wochen war das Projektprodukt (ein Hybrid-Generator) im internationalen Markt ein Renner. Nach kurzer Betriebszeit aber stellten sich Reklamationen über mechanische Defekte, austretende Schmiermittel (Umweltver-

> schmutzungen), Rauchentwicklung und sogar Brand- und Schnittverletzungen an den Händen ein. Das vermeintlich erfolgreiche Projekt wurde zum Reputationsrisiko für die Stammorganisation.

Der Projektmanager richtet seine Handlungen und Entscheidungen zielorientiert auf den Projekterfolg aus, den er für seinen Auftraggeber sicherzustellen hat. Das Vertrauen seines Auftraggebers und der anderen Projektbeteiligten achtet er als ein hohes Gut.

> **Beispiel:** Die den misstrauischen Stakeholdern zum Anreiz zugesicherten nichtfunktionellen Anforderungen wurden letztlich aus Kostengründen kaum erfüllt. Das Vertrauen des Auftraggebers, dass der Projektmanager eine konsensfähige, breit akzeptierte Lösung ausarbeiten würde, wurde aufgrund verfälschter Berichte missbraucht. Die betroffenen Nutzer lehnten das Produkt ab und konnten nachweislich den in Aussicht gestellten Mehrwert widerlegen.

Durch seine Handlungen und Entscheidungen wird der Projektmanager dem Ansehen seines Berufsstands gerecht. Da Projekterfolg auf Teamarbeit basiert, berücksichtigt er die Interessen der Teammitglieder, der übrigen Projektbeteiligten und der Berufskollegen.

> **Beispiel:** Gegen außen und gegenüber den übergeordneten Stellen wirkt und tritt ein zertifizierter Projektmanager selbst überzeugt und rhetorisch geschickt auf. Fakt ist jedoch, dass er aus Gleichgültigkeit gegenüber den sozialen und methodischen Handlungsprinzipien egozentrisch agiert, nur dank des Teams die Projektvereinbarungen einhalten kann und längst sein Stellvertreter die Führung übernehmen musste. Sein Fremdbild (aus der Sicht des Projektteams) ist negativ, aber auch dem professionellen Projektmanagement gegenüber sind die Betroffenen mittlerweile skeptisch eingestellt.

2. Kompetenz

Der Projektmanager leitet nur solche Projekte, deren Komplexität und Folgen er im Wesentlichen überschaut. Er wägt kritisch Alternativen ab, um den gesellschaftlichen Werten gerecht zu werden. Er achtet auf seine Handlungsfreiheit und orientiert seine Entscheidungen am Gemeinwohl.

Beispiel: Es geht darum, dass risikoreiche Projekte nur dann gestartet werden, wenn der Mehrwert (z. B. Return-on-Invest, Verbesserung der Sicherheit) nachgewiesen werden kann, die Ressourcen die Machbarkeit erlauben, die strategische Ausrichtung der Stammorganisation im Einklang mit dem Projektergebnis steht, ein Abschluss voraussehbar ist und die Werte der Stakeholder respektiert bleiben. Der Projektmanager beurteilt sein Projekt und dessen Resultat immer in Bezug auf die Auswirkungen und Sinngebung in der Nutzung (Folgeethik, siehe Abbildung 4.2-2)!

Der Projektmanager strebt ein Optimum an Wirtschaftlichkeit an. Um die geforderten Funktionen und Qualitäten, Termine und Kosten zu sichern, wendet er Methoden, Verfahren und Systeme nach dem neuesten Wissensstand an. Er übernimmt nur solche Aufgaben, die seiner Erfahrung und Sachkunde entsprechen. Rechtzeitig ergreift er Maßnahmen, um Projektstörungen abzuwenden. Über Zielkonflikte und Projektprobleme berichtet er offen und wahrheitsgetreu.

 Beispiel: Ein Projektmanager wird mit einer Reorganisation und Fusion zweier Unternehmungen beauftragt. Hinsichtlich der zu erwarteten Reaktionen der Betroffenen (Ängste, Widerstand) legt er von Beginn weg die Vorgehensweise transparent dar. Um möglichst unvoreingenommen zu wirken, zieht er für den bevorstehenden Stellenumbau und -abbau sowohl Unternehmensentwickler (für die Ablauf- und Aufbauorganisation) als auch Personalberater (z. B. für ein Job-Center) hinzu.

Um seine eigenen Fähigkeiten zu verbessern und um auf dem neuesten Wissensstand zu bleiben, bildet sich der Projektmanager ständig weiter. Entsprechend eröffnet er auch Teammitgliedern und Mitarbeitern die Möglichkeiten zur eigenen beruflichen Weiterentwicklung und Ausbildung. Bei sich selbst, bei Teammitgliedern und bei den übrigen Projektbeteiligten achtet er auf faire Kooperation und auf sachliche Kritik. Gleichzeitig nimmt er Teammitglieder und Projektbeteiligte vor unberechtigter Kritik in Schutz. Sein Verhalten ist stets sachlich und auf Ausgleich bedacht.

 Beispiel: Ein Projektmanager entwickelt und vereinbart gemeinsam mit seinem Team soziale Ziele. Diese Maßnahme ist für die Integritätskultur im Projekt von entscheidender Bedeutung. Konflikte haben fortan Vorrang und werden offen angesprochen. Zur Erhöhung der Arbeitsqualität (z. B. in Meetings und Workshops) setzt er zielführende Methoden ein. Durch seine Authentizität vermag er zu begeistern und findet hohe Gefolgschaft.

3. Integrität

Der Projektmanager beachtet die Gesetze und die allgemein anerkannten gesellschaftlichen Werte, wo auch immer er auf der Welt tätig wird. Bei seinen Handlungen und Entscheidungen strebt er stets danach, Schaden vom Wohlergehen der Gesellschaft abzuwenden. Er ist bereit, Rechenschaft für sein Tun abzulegen. Bei all seinen Handlungen und Entscheidungen bewahrt sich der Projektmanager seine Unabhängigkeit und Neutralität und ist loyaler Sachwalter seines Auftraggebers. Er hält die Vertraulichkeit von Informationen ein und schützt die Urheberrechte. Jede Form unlauterer Beeinflussung lehnt er strikt ab. Gleichzeitig verzichtet er selbst auf jede unlautere Interessenbeeinflussung.

Beispiel: Im Vorfeld von richtungsweisenden Entscheidungen holt sich der Projektmanager die Einschätzung aller betroffenen Parteien ein. Er wägt die Voten sorgfältig gegeneinander ab und schlägt eine übereinstimmende, rechtskonforme Lösung vor. Dieses Selbstverständnis fördert die Integrität eines Projektmanagers. Er wird von allen Seiten vorbehaltlos als ehrlich und vertrauensvoll taxiert, was ihm in der Projektabwicklung in Bezug auf die Zielerreichung zweifelsohne beschleunigend hilft. Auf seine Worte und Taten ist Verlass und somit löst sich manch möglicher Dissens von alleine auf.

Der Projektmanager übernimmt die volle Verantwortung für seine Handlungen und Entscheidungen. Seine berufliche Position ist auf seinen eigenen Leistungen gegründet. Er tritt nicht in unfairer oder unlauterer Weise mit anderen in Wettbewerb.

Beispiel: Der Projektmanager bewertet im Rahmen der Risikoanalyse sowohl den Aspekt der Handlungsethik während der Projektabwicklung als auch den Aspekt der Folgenethik als Wirkung aus dem Projektresultat.

4.1.3 DER ETHIK-KODEX DES PMI (THE PROJECT MANAGEMENT INSTITUTE)

Vergleichsweise verfügt auch die PM-Organisation PMI über sogenannte »Ethikrichtlinien und Maßstäbe für professionelles Verhalten«. Berufsvertreter der globalen Projektmanagement-gemeinschaft wurden darum gebeten, diejenigen Werte zu benennen, auf deren Basis sie ihre Entscheidungen treffen und handeln. Die folgenden Werte wurden von ihnen als am wichtigsten eingestuft: Verantwortlichkeit, Respekt, Fairness und Ehrlichkeit. Der PMI Ethik-Kodex bestätigt diese vier Werte als die Grundlage, auf der er beruht. Diese obligatorischen Standards legen die verbindlichen Anforderungen fest, die in manchen Fällen das Verhalten von Projektmanagern beschränken oder verbieten. Die Berufsvertreter, die sich nicht im Einklang mit diesen Standards verhalten, können vom Ethics Review Committee des PMI mit Disziplinarmaßnahmen belegt werden. Entgegen den vorgenannten Kodizes der IPMA und GPM verstehen sich die Ethikrichtlinien der PMI als moralische Vorgaben, da diese entsprechend sanktioniert werden (→ Abschnitt 1.3 Begriffsklärungen).

4.2 DIE ETHIK-BEURTEILUNG VON PROJEKTEN

In der Praxis hat sich die nachstehende Beurteilungstabelle bewährt. Die hier demonstrierte Ethik- Beurteilung sollte der Stakeholder- und Risiko-Analyse (→ Kapitel »Chancen und Risiken« sowie »Stakeholder«) vorausgehen und in diese Analysen mit einfließen sowie im späteren Projektverlauf weitergeführt werden. Zur Verdeutlichung der Anwendung wurde ein imaginäres Entwicklungsprojekt »Olivetta« gewählt:

Tab. 4.2-1: Beurteilungstabelle der Auswirkungen eines Projektresultats im Vorfeld der Risikoanalyse

Beurteilungskriterium	Beurteilung: Veranschaulichung anhand eines Beispielprojekts
Zielsetzung	Oliven-Pflückmaschine entwickeln
Analogie(n) zum Markt	Kirschenernte
Relevanz für	Arbeitsmarkt, Botanik, Überproduktion, Nachhaltigkeit
Rechtliche und ethische Grundlagen	Recht auf Arbeit, Artenschutz, Kontingentierung, langfristige Ertragssicherung
Soziale und ökologische Risiken	Verlust oder Verlagerung von Arbeitsplätzen durch Automation (provoziert Angst und Widerstand) Zerstörung der Baumwurzeln durch Rütteln, dadurch Verursachung von irreversiblen Schäden an der Natur Marktbeeinflussung, d. h. das Angebot übersteigt die Nachfrage, dadurch sinken die Handelspreise, Schaffung von Monokulturen und Ausbeutung der Böden

Beurteilungskriterium	Beurteilung: Veranschaulichung anhand eines Beispielprojekts
Mögliche Folgewirkungen	Einkommensverluste, gezielte Vernichtung von Ernten zwecks Preisstabilisierung, Vernichtung von Kulturland
Mögliche Interventionen durch Interessengruppen	Umweltschutzorganisationen, Grundeigentümer, Gewerkschaften
Präventive Maßnahmen im Projekt, um die Risiken/Schäden zu begrenzen	Schrittweise Markteinführung der neuen Maschine (Expertisen einholen), Systematische Kultivierung von Jungbäumen (dadurch Budgeterweiterung des Projekts) Kontrollierter Einsatz der neuen Maschine Vermeidung von Bodenerosionen durch Streuung von Bodengare und Mulch
Einfluss auf die Risikoanalyse	Ja
Handlungsethik für den Projektmanager	Transparenz, Sorgfalt, Glaubwürdigkeit und Verlässlichkeit nach den 5 K der Integrität sicherstellen

4.3 ETHIK-BEURTEILUNG IN INTERNATIONALEN PROJEKTEN

In internationalen Projekten trifft der Projektmanager auf sehr unterschiedliche Moralvorstellungen (moralisches Bewusstsein, sittliches Empfinden), deren Nichtbeachtung Konfliktpotenzial in sich birgt und schlussendlich die Lebensfähigkeit (Viability) der Lösung gefährdet. Die folgende Tabelle veranschaulicht die Ethik- und Moral- Beurteilung in typischen, internationalen Projektarten. Dabei wurden auch der Kreativitäts- und der Innovationsanspruch mit einbezogen:

Tab. 4.2-2: Ethische und moralische Beurteilung von internationalen Projektarten

Projektart	Kreativitäts- und Innovationsanspruch	Moralische (M) und/oder Ethische (E) Vorhalte	Konfliktpotenzial seitens/durch	Gefährdung der Viability
Infrastruktur-Projekt Beispiele: Staudammbau, Flugpistenerweiterungen, Umnutzung von Agrarflächen zu Golfanlagen, Schnellstraßen- und Eisenbahn-Erschließungen	mittel	▎ Geduldete Schwarzarbeit (M) ▎ Versuchte Täuschung (E) ▎ Bewusste, aber verdeckte Mehrkosten (M) ▎ Vertreibung der Bevölkerung (E) ▎ Befangenheit bei Vergaben und Aufträgen (M)	▎ Eigentümer ▎ Ortsbildschutz ▎ Naturschutz ▎ Enteignung Zwangsumzug ▎ Unterschiedliche Mentalitäten ▎ Mangelnde Verständigung ▎ Missachtung der Verhaltensregeln und Gepflogenheiten	▎ Konkurs (Baustopp) ▎ Korruption ▎ Reputationsverlust ▎ Ausstehende Entschädigungsleistungen ▎ Boykottierung
Forschungs- und Entwicklungs-Projekt Beispiele: Medikamente, Flugzeuge, Fangmethoden, Proteinalternativen	hoch	▎ Missbräuchliche Verwendung eines Produkts (M) ▎ Profitgier (E) ▎ Gezielte Abhängigkeiten (M)	▎ Tierschutz ▎ Unfälle/Tote ▎ Intransparente Testresultate ▎ Verletzte Patentrechte ▎ Nachahmung ▎ Exorbitante Kostenentwicklung	▎ Skandale ▎ Genmanipulationen ▎ Spionage ▎ Falsche Umweltschutzangaben ▎ Rückzug vom Markt ▎ Versorgungsängste ▎ Intrigen
Reorganisations-Projekt Beispiele: Unternehmens-Fusionen, Übernahmen von Konkurrenzfirmen, Prestige- und Profilierungsprojekte	gering	▎ Entlassungen (E) ▎ Beispiellose Bürokratie (M) ▎ Nichtbeachtung von Minderheiten (E) ▎ Machtspiele (M) ▎ Falsche Kommunikation (M)	▎ Besitzstandswahrung ▎ Streikandrohung ▎ Mangelnde Identifikation der Belegschaft ▎ Verwehrung der Integration Silobildung Sparmaßnahmen	▎ Wissensverlust ▎ Fehlende Zeit für die Konsolidierung ▎ Kündigungen ▎ Lethargie bei weiteren Veränderungen ▎ Dienst nach Vorschrift ▎ Kein nachweisbarer Mehrwert ▎ Lohnkürzungen

4.4 DIE ETHIK-BEURTEILUNG VON ZIELEN

Einen zentralen Stellenwert nimmt die Ethik- Beurteilung bei der Formulierung der Projektziele ein (→ Kapitel »Anforderungen und Ziele«). Auf Basis des Ethik- Codex ist es geboten, die Zielentwürfe inhaltlich und aussagekräftig im Hinblick auf die Aspekte von Ethik und Moral zu ergänzen:

Tab. 4.2-3: Projektzielgruppen unter ethisch-moralischen Aspekten

	Ergebnisziele	Vorgehensziele	Soziale Ziele
Ethische Aspekte	Wahrhaftigkeit der Lieferergebnisse Reputationsgewinn Folgen/Wirkung des Produkts Fairness gegenüber Konkurrenz Imageerhalt	Freigebigkeit Intuition Respekt Loyalität Gesunder Menschenverstand	Umgang miteinander Gegenseitiges Vertrauen Verständnis und Solidarität zueinander Verhalten in Krisen Gesinnung
Moralische Aspekte	Einhalten des Leitbildes Einhaltung der Rechtsgrundlagen Integrität Ehrlichkeit gegenüber den Kunden Sicherheit Nachhaltigkeit	Einhalten des Leitbildes Transparenz des Handelns gegenüber den Stakeholdern Auftragstreue Eskalationsweg Plausibilität Sorgfaltspflicht	Einhalten des Leitbildes Kapazitätstreue Verlässlichkeit Informationspflicht Sittliches Verhalten Entscheidungstreue Gesundes Führen

In der Projektpraxis bewährt sich die Erweiterung der Methode SMART durch die Ziel-Formeln PURE und CLEAR. Diese Formeln beinhalten mehrere ethisch relevante Prüfkriterien. Diese sind nachfolgend grau hinterlegt. Gleichzeitig kann mit diesen Ziel-Formeln auch die Umsetzbarkeit der Ziele überprüft werden.

Tab. 4.2-4: Sinngemäße Projektzielformulierung im Kontext von Integrität und Verlässlichkeit (Niermeyer 2007, S. 45)

Kürzel	Erklärung	Kürzel	Erklärung
P	Positively Stated (im Sinne von positiv formuliert)	C	Challenging (im Sinne von herausfordernd)
U	Understood (im Sinne von verständlich formuliert)	L	Legal (im juristischen Sinne von rechtmäßig)
R	Relevant (im Sinne von Gewicht haben, von Belang oder von Wert sein)	E	Environmentally Sound (im Sinne von umweltverträglich und nachhaltig)
E	Ethical (im Sinne von ethisch korrekt, übereinstimmend, vertretbar sein)	A	Agreed (im Sinne von vereinbart/akzeptiert)
		R	Recorded (im Sinne von protokolliert/nachvollziehbar)

4.5 DAS WIRKUNGSMODELL

Diese Betrachtungen verdeutlichen, dass die ethische Beurteilung von Projekten nicht nur die erfolgreiche Projektabwicklung bis hin zur Fertigstellung des Produkts (Time to market, Output) einschließt, sondern auch die Implementierung und Anwendung des Projektergebnisses im »Betrieb« und die Wirkungen des Projektergebnisses auf die Gesellschaft (Impact) und auf die Zielgruppe, z. B. auf die späteren Nutzer (Outcome). Diese umfassende ethische Beurteilung wird durch das folgende Wirkungsmodell veranschaulicht:

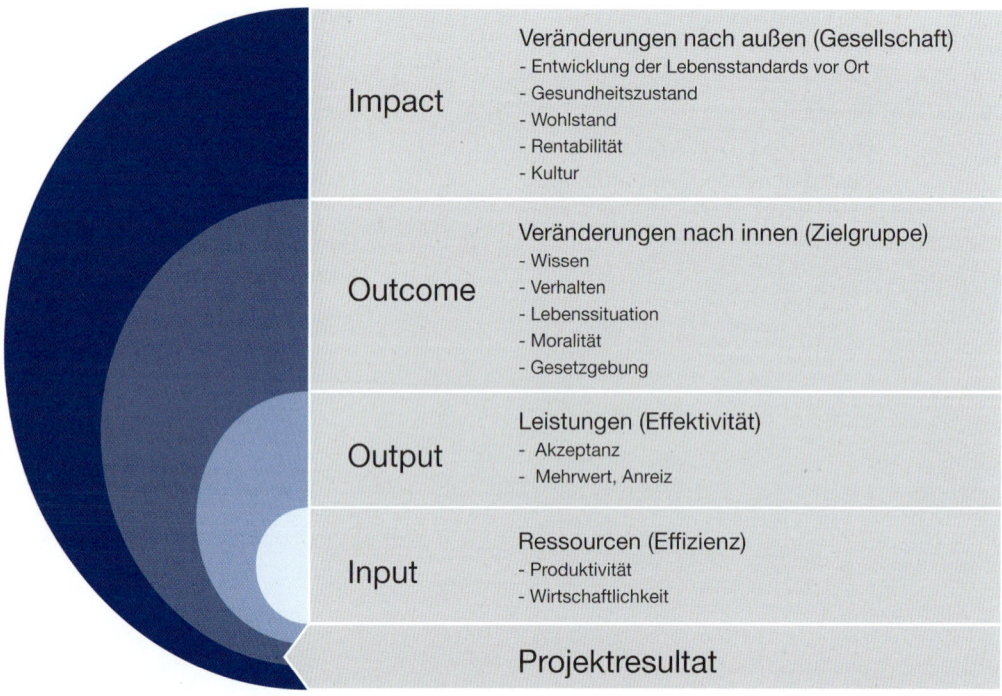

Abb. 4.2-5: Wirkungsmodell von Projekt und Projektresultat

Die Entscheidung selbst sowie auch die Folgen oder Konsequenzen seiner Entscheidung muss aber letztlich allein der Projektmanager verantworten (→ Kapitel »Ergebnisorientierung«).

Das Fazit des Ethik-Kodexes der GPM lautet: Mit der Einhaltung dieser Grundsätze beeinflussen jeder einzelne Projektmanager und der gesamte Berufsstand ihren Rang und ihre gesellschaftliche Anerkennung.

4.6 DAS DREI-SÄULEN-MODELL DER NACHHALTIGKEIT

Die Verpflichtung zur Nachhaltigkeit ist im Projektmanagement eine unabdingbare Aufgabe, damit ethische Konfliktsituationen adäquat bewältigt werden können. Profit und Moral können im Widerspruch zueinanderstehen, müssen aber jedenfalls im Zusammenhang gesehen werden. Für dauerhaft erfolgreiche Stammorganisationen ist das eine ebenso bedeutsam wie das andere. Wer die Wirtschaftlichkeit vernachlässigt, der gefährdet das Unternehmen. Und wer Werte in seinem Verhalten und Handeln geringschätzt, der untergräbt die Fundamente erfolgreichen Wirtschaftens. Diese umfassende Sicht von »Nachhaltigkeit« wird in dem folgenden Drei-Säulen-Modell veranschaulicht:

Nachhaltigkeit in Projekten		
Ökologie	**Ökonomie**	**Soziales**
Projektziele	Projektziele	Projektziele
- Ressourcenschonung - Erhöhung der Energieeffizienz - Einsatz von erneuerbarer Energie - Schutz von Trinkwasser und Materialien - Vermeidung von Verschwendung - Reduktion physischer Dokumente und Ablagen - Folgenethik: Impact und Outcome eines Produktes auf die Natur	- Dauerhaftigkeit und Beständigkeit - ausgewiesener Mehrwert - Verantwortungsbewusstsein im Denken und Handeln nach dem Leitbild (Werte) - faire Rentabilität - Folgenethik: Impact und Outcome eines Produktes in der Arbeitswelt	- Diversität beachten - Miteinbezug der Interessengruppen - Management der Veränderung (Mind Change) - Gerechtigkeit - Transparenz - Einhaltung von Restriktionen (Gesetze und Regularien) - Folgenethik: Impact und Outcome eines Produktes auf den Mensch

Abb. 4.2-6: Wesentliche Ausprägungen der drei Säulen der Nachhaltigkeit in Projekten

WIEDERHOLUNGSFRAGEN

- Was ist der Unterschied zwischen Ethik und Moral?
- Durch welche Verhaltensweisen fördern Sie Ihre Authentizität im Projektumfeld?
- Unter welchen Bedingungen sind der Verlässlichkeit Grenzen gesetzt?
- Welche Zusammenhänge bestehen zwischen Projektethik und Kalkül?
- Was ist in Bezug auf Ethik und Moral in internationalen Projekten zu beachten?
- Wann ist ein Kompromiss betreffend Wahrhaftigkeit moralisch gerechtfertigt?
- Wie beurteilen Sie die gleichzeitige Forderung nach Nachhaltigkeit und Rentabilität?
- Wie wird die Fähigkeit der am Projekt Mitarbeitenden gefördert, Lösungen ganzheitlich zu betrachten?
- Weshalb werden Verstöße gegen die Moral in Projekten sanktioniert bzw. Verstöße gegen die Ethik eher toleriert?
- Wie entscheiden Sie sich als Projektmanager im Konflikt zwischen einer Überlastung der Mitarbeitenden oder einer Verlängerung der Gesamtprojektdauer?
- Was ist bei der Aufstellung von Zielen unter dem Gesichtspunkt von Ethik und Moral zu berücksichtigen?
- Wie formulieren Sie ein soziales Ziel, um die Verlässlichkeit in der Projektabwicklung festzulegen?
- Wie würden Sie entscheiden, wenn, unabhängig davon, welche Entscheidung getroffen wird, ethische Werte verletzt werden müssen?
- Welches Verhalten ist angezeigt, wenn in einem Projekt undurchsichtige Aktivitäten beobachtet werden?
- Welcher Zusammenhang besteht zwischen der Folgenethik und den Projektrisiken?
- Was bedeutet es im ethischen Kontext, »integer« zu handeln?
- Unter welchen Umständen sind Notlügen ethisch legitim?
- Welche Gemeinsamkeiten weisen die Ethik-Kodizes der IPMA und der GPM auf?

LITERATURVERZEICHNIS

Verwendete Literatur

Dietzfelbinger, D. (2004): Aller Anfang ist leicht, Unternehmens- und Wirtschaftsethik für die Praxis, 4. Auflage. München: Herbert Utz Verlag.

Dietzfelbinger, D. (2015): Praxisleitfaden Unternehmensethik. 2. Auflage. Wiesbaden: Springer Verlag.

Düwell, M.; Hübenthal, C.; Werner, M. H. (2002); Handbuch Ethik. 3. Auflage. Stuttgart/Weimar: Metzler Verlag.

Fischer, A.; (2017): Manipulation: Zur Theorie und Ethik einer Form der Beeinflussung Berlin: Suhrkamp Verlag.

GPM (Hrsg.) (2017): Individual Competence Baseline für Projektmanagement – Version 4.0. Nürnberg: GPM Deutsche Gesellschaft für Projektmanagement e. V.

Heintel, P.; Krainer L.; Ukowitz M. (2006): Beratung und Ethik – Praxis, Modelle, Dimensionen. Berlin: Ulrich Leutner Verlag.

Kirchner, A.; Kirchner, B. (1999): Rhetorik und Glaubwürdigkeit: Überzeugen durch eine neue Dialogkultur. Wiesbaden: Gabler Verlag.

Kyora, S. (2001): Unternehmensethik und korporative Verantwortung. Hamburg: Rainer Hampp Verlag.

Küpper, H.-U. (2006): Unternehmensethik, 5. Auflage. Konstanz: UVK Verlagsgesellschaft.

Maak, T.; Ulrich, P. (2007): Integre Unternehmensführung. Stuttgart: Schäffer-Poeschel Verlag.

Mistele, P. (2007): Faktoren des verlässlichen Handelns. Wiesbaden: Deutscher Universitätsverlag.

Motzel, E.; Möller, T. (2006): Projektmanagement Lexikon. 3. Auflage. Weinheim: WILEY-VCH Verlag.

Niermeyer, R. (2007): Coaching: Ziele setzen, Selbstvertrauen stärken, Erfolge kontrollieren. 4. Auflage. Freiburg/Berlin/München: Haufe Mediengruppe.

Noll, B. (2002); Wirtschafts- und Unternehmensethik in der Marktwirtschaft. 2. Auflage. Stuttgart: Kohlhammer Verlag.

Osterloh, M.; Weibel, A. (2006); Investition Vertrauen. Wiesbaden: Betriebswirtschaftlicher Verlag Dr. Th. Gabler.

Rietsch, J. (2015): Projektportfolio-Management. Freiburg: Haufe-Lexware GmbH & Co.

Ruh, H.; Gröbly, T. (2006): Die Zukunft ist ethisch – oder gar nicht, Wege zu einer gelingenden Gesellschaft. Frauenfeld: Waldgut Verlag.

Schopenhauer, A. (2013): Über die Freiheit des menschlichen Willens/Über die Grundlage der Moral. Wiesbaden: Verlagshaus Römerweg.

Josepf, S. (2017): Authentizität: Die neue Wissenschaft vom geglückten Leben. München: Kailash Verlag.

Pierer, H. von; Homann, K.; Lübbe-Wolff, G. (2003): Zwischen Profit und Moral, Für eine menschliche Wirtschaft. München / Wien: Carl Hanser Verlag.

Thommen, J.-P. (2003): Glaubwürdigkeit und Corporate Governance. 2. Auflage. Zürich: Versus Verlag.

Waxenberger, B. (2001); Integritätsmanagement. 1. Auflage. Bern / Stuttgart / Wien: Haupt Verlag.

Weber-Berg, C. A. (2007): Mehrwert Ethik, Added Values in Wirtschaft und Management. Zürich: Versus Verlag.

Internetquellen

Ethik- Codex der IPMA (IPMA® Code of Ethics and Professional Conduct) unter: http://www.ipma.world/assets/IPMA-Code-of-Ethics-and-Professional-Conduct [abgerufen am 26.04.2018].

Ethik- Codex der GPM unter: https://www.gpm-ipma.de/fileadmin/user_upload/ueber-uns/Ethik-Kodex_GPM [abgerufen am 14.03.2018].

Ethikrichtlinien und Maßstäbe für professionelles Verhalten der PMI unter: https://www.pmi.org/about/ethics/code [abgerufen am 01.06.2018].

Weiterführende Quellen

Hentze, Joachim; Thies, Björn (2012): Unternehmensethik und Nachhaltigkeitsmanagement. Bern / Stuttgart / Wien: Haupt Verlag.

Kant, I. (1795): Zum ewigen Frieden, Ein philosophischer Entwurf. Königsberg.

Krug, G. (2008): Tarnen, Tricksen, Täuschen. Reinbek bei Hamburg: Rowohlt Verlag GmbH.

Pollmann, A. (2005): Integrität: Aufnahme einer sozialphilosophischen Personalie. Bielefeld: Transcript Verlag.

Renz, P. S.; Frischherz, B.; Wettstein, I. (2015): Integrität im Managementalltag, Ethische Dilemmas im Managementalltag erfassen und lösen. Berlin / Heidelberg: Springer Verlag.

4.3 PERSÖNLICHE KOMMUNIKATION

Autoren:

Florian Dörrenberg

Prof. Dr. Florian Dörrenberg (IPMA Level B) leitet das Lehrgebiet Internationales Projektmanagement und Kompetenztransfer an der Fachhochschule Südwestfalen (Stiftungsprofessur). Umfangreiche Erfahrungen als Projektmanager und Projektleiter; Unterstützer internationaler Unternehmen und Organisationen als Berater, Trainer und Projektbegleiter. Aktiv in der GPM seit über 25 Jahren (u. a. IPMA-Council, Kuratorium, Fachgruppen, Assessor der PM-ZERT).

Martin Goerner

Dr. Martin Goerner ist Sozialwissenschaftler, Zertifizierter und akkreditierter Projektmanagement-Trainer der GPM, Systemischer Organisationsberater und Coach (WIBK Prof. König), Metaplan-Professional. Arbeitsschwerpunkte sind: Konzeption und Durchführung von Organisationsentwicklungs-Projekten, Einführung und Optimierung von PMO. Er hat zahlreiche Artikel zu Projektmanagement, Beratungsmethodik, Weiterbildungskonzepte sowie sozialwissenschaftliche Forschung veröffentlicht.

INHALT

Einleitung 596

    Bedeutung und Bezüge innerhalb der ICB 4 596

    Kommunikationssituationen im Projekt 596

Modelle und Theorien zum Thema Kommunikation 597

    Gesagt ist nicht gehört 597

    Das »klassische« Sender-Empfänger-Modell 598

    Das Kommunikationsmodell Paul Watzlawicks 599

        Sach- und Beziehungsebene 599

        Die fünf Axiome der Kommunikation 601

    Das Kommunikationsquadrat – Vier Seiten einer Nachricht 602

    Kommunikationskanäle 606

    Verbale und nonverbale Kommunikation im Wechselspiel 608

    Die »innere Landkarte« 609

    Selektive Wahrnehmung 611

    Kommunikationsstile oder -präferenzen 612

        Schriftliche versus mündliche Kommunikation 612

        Aktives versus passives Kommunikationsverhalten 613

Grundlegende Kommunikationstechniken 613

    Zuhör-Probleme und Kommunikationsbarrieren 614

    Aktives Zuhören als Gesprächstechnik 615

    Mit Fragetechniken das Gespräch steuern 616

        Offene und geschlossene Fragen 616

        Alternativfragen: Hilfreich und problematisch zugleich 618

        Das Trichtermodell: Antwortspielräume im Gespräch gestalten 618

        Der Dreischritt zum Einsatz von Fragen im Gespräch 619

- Klare Selbstaussagen durch Ich-Botschaften 621
  - Eskalierende Aussagetypen vermeiden 621
  - Drei Schritte zur konstruktiven Ich-Botschaft 622
  - Vorsicht vor »falschen Ich-Botschaften« 623
- Feedback geben und annehmen 623
  - Feedback geben 624
  - Feedback annehmen 625

Kommunikationssituationen im Projekt 626

- Besprechungen im Projekt 626
  - Schritte zu besseren Besprechungen 627
  - Verschiedene Arten von Besprechungen 629
  - Protokollierung als wichtige Kommunikationsaufgabe 630
- Moderation als Technik für Besprechungen und Workshops 632
  - Stellenwert von Moderation im Projekt 632
  - Die Ebenen von Moderation 633
- Präsentationen im Projekt 637
  - Die Bedeutung und die Wirkung von Präsentationen 637
  - Die Zielgruppenanalyse 638
  - Eine Präsentation vorbereiten 638
  - Aufbau einer Präsentation 639
  - Mediengestaltung bei Präsentationen 642
- Schriftliche Kommunikation 643
  - Auch schriftliche Kommunikationsprozesse beinhalten Sach- und Beziehungsebene 643
  - Schriftliche Kommunikationssituationen im Projekt 645
  - Besonderheiten von E-Mails in der Kommunikation 645

Effektive Kommunikation in virtuellen Teams 647

Mit Humor und Perspektivenwechsel die Kommunikation erleichtern ... 647

    Humor 648

    Perspektivenwechsel 649

    Einen hab' ich noch 650

Wiederholungsfragen 652

Literaturverzeichnis 653

1 EINLEITUNG

1.1 BEDEUTUNG UND BEZÜGE INNERHALB DER ICB 4

Kommunikation nimmt im Projekt einen zentralen Stellenwert ein, denn zwischen allen Projektbeteiligten müssen Informationen ausgetauscht werden. Innerhalb der Sozialkompetenzen (People) bildet das Element »Persönliche Kommunikation« die Grundlage für alle anderen sozialen Kompetenzen. Die meisten technischen Kompetenzen der ICB 4 liefern bzw. beinhalten Informationen, die wiederum kommuniziert werden müssen. Ihre Beherrschung würde ohne effektive Kommunikation wenig für den Projekterfolg bringen. Gleichzeitig stellt die Kommunikation für alle Kontext-Kompetenzen der ICB 4 die Werkzeuge für erfolgreichen Informationstransfer und -austausch bereit.

In vielen Studien über Erfolgsfaktoren im Projektmanagement (siehe u. a. GPM 2008) rangiert das Thema »Kommunikation« regelmäßig auf den vordersten Plätzen, wobei die kommunikativen und psychosozialen Faktoren gerade in den letzten Jahrzehnten zunehmend höher gewichtet werden.

1.2 KOMMUNIKATIONSSITUATIONEN IM PROJEKT

Immer dann, wenn im Projekt Menschen interagieren, handelt es sich um Kommunikationsprozesse. Die Arbeit im Projektteam sowie mit den anderen Stakeholdern geschieht weitgehend im Rahmen von Kommunikationsprozessen. Wenn Planungen gemeinsam zu erarbeiten, Absprachen zu treffen, gemeinsame Entscheidungen zu fällen und »einsame« Entscheidungen zu begründen und zu verteidigen sind, muss kommuniziert werden. Darüber hinaus sind Rückmeldungen aufzunehmen und richtig zu verstehen, Steuerungsmaßnahmen sind zu erklären und Feedback ist wertvoll. Die Kommunikation erfolgt dabei in verschiedensten Formen: Mündlich, schriftlich oder auch durch Handlungen, Unterlassungen, Mimik, Gestik usw.

Dabei ist Kommunikation selten »eindeutig«. Missverständnisse oder versteckte persönliche Angriffe in scheinbar oder tatsächlich »sachlichen« Beiträgen erschweren die Arbeit im Team. Um die geltenden Prinzipien der Kommunikation erkennen und beurteilen zu können, ist die Kenntnis der grundlegenden Kommunikationsmodelle notwendig. Darauf aufbauend, ist die Beherrschung der verschiedenen Kommunikationsformen unerlässlich. Darüber hinaus sind spezielle, in der Projektarbeit typische Kommunikationssituationen zu verstehen und, mit dem nötigen »Handwerkszeug« ausgestattet, besser zu bewältigen.

2 MODELLE UND THEORIEN ZUM THEMA KOMMUNIKATION

Sobald wir über Kommunikation nachdenken, haben wir immer schon ein Bild im Kopf, wie ein Kommunikationsprozess ablaufen könnte oder ablaufen sollte. Dies ist insbesondere dann der Fall, wenn wir erleben, dass unsere Kommunikationsversuche scheitern.

Typischerweise hören wir die Klage: »Ich habe es ihm doch deutlich gesagt, er muss es also wissen ... Warum tut er jetzt so, als habe er es nicht gehört? ...«. Aus diesen Zeilen ist erkennbar, dass ein Denkmodell zur Kommunikation im Spiel ist: »Wenn ich etwas sage und der andere es (akustisch ...) hört, dann hat die Kommunikation funktioniert ...« oder so ähnlich. Im vorliegenden Beispiel ist das zugrundeliegende Modell offensichtlich zu einfach und reicht nicht aus, um die Wirkungsweise von Kommunikation zu erklären, und vor allem nicht, um einen Weg für die Verbesserung der Kommunikation zu weisen.

Unser Verständnis darüber, wie Kommunikation »funktioniert«, beeinflusst also die Art und Weise, wie wir kommunizieren und wie wir Kommunikation erleben. Deshalb ist es wichtig, über Kommunikationsmodelle nachzudenken. Dieser Abschnitt stellt einige Modelle vor, die helfen können, Kommunikationsprozesse bewusster wahrzunehmen und effektiver zu gestalten.

2.1 GESAGT IST NICHT GEHÖRT ...

Ein bekannter Spruch, der dem Verhaltensforscher Konrad Lorenz (1903-89) zugeschrieben wird, verdeutlicht, wie weit der Weg zu einer gelungenen Kommunikation und zu einer Verhaltensänderung ist:

> »Gesagt ist nicht gehört.
> Gehört ist nicht verstanden.
> Verstanden ist nicht einverstanden.
> Einverstanden ist nicht behalten.
> Behalten ist nicht gekonnt.
> Gekonnt ist nicht angewendet.
> Angewendet ist nicht beibehalten.«

Eine Lösung dieses Problems könnte eine Weisheit bieten, die vermeintlich auf den chinesischen Denker Konfuzius zurückgeht:

> »Erkläre mir und ich werde vergessen,
> Zeige mir und ich werde mich erinnern,
> Beteilige mich und ich werde verstehen.«

Die beiden Weisheiten machen ein grundlegendes Dilemma von Kommunikation deutlich: Die Frage, ob wirklich eine Verständigung stattfindet oder schlimmstenfalls nur ein doppelter Monolog. Vielfach reduziert sich ein Kommunikationsvorgang lediglich auf das Aussenden von Informationen, die Wirkung wird stillschweigend vorausgesetzt oder nicht überprüft. In der Projektarbeit besteht aber eine wesentliche Herausforderung gerade in der »empfängerorientierten Kommunikation«. Es geht also darum, die Kommunikation so zu gestalten, dass ein Verständigungsprozess zustande kommt.

2.2 DAS »KLASSISCHE« SENDER-EMPFÄNGER-MODELL

Die Informationstheoretiker Shannon und Weaver entwickelten 1948 das »klassische« Sender-Empfänger-Modell (vgl. Abbildung 4.3-1). Dieses Übertragungsmodell war grundlegend für die Entwicklung des elektronischen Informationsaustausches, jedoch wiesen bereits seine Urheber darauf hin, dass es technisch orientiert ist und den spezifischen Charakter von menschlicher Kommunikation nur sehr ungenügend erfasst (vgl. Shannon, 1948).

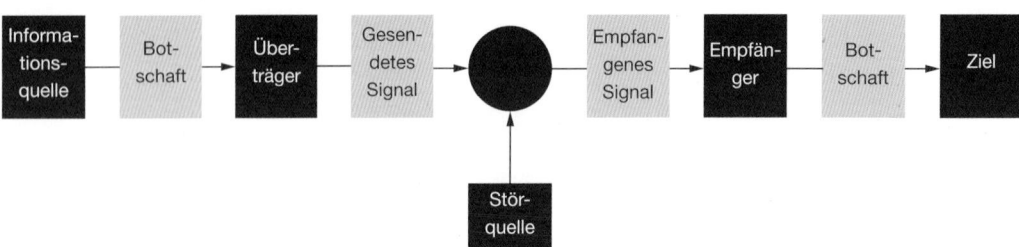

Abb. 4.3-1: Kommunikations-Übertragungsmodell von Shannon und Weaver (in Anlehnung an Shannon, 1948, S. 2)

Das Sender-Empfänger-Modell verdeutlicht vielmehr den grundlegenden Unterschied zwischen technischer und menschlicher Kommunikation. Diese beruht zum großen Teil auf innerpersonellen, also psychischen Prozessen sowie auf der wechselseitigen Reaktion zwischen den beteiligten Personen (Interaktion). Deshalb ist die Sender-Empfänger-Logik auch kaum dazu geeignet, eine Hilfestellung für die Behebung von menschlichen Kommunikationsproblemen zu bieten. Sie erfasst auch nicht die komplexen Zusammenhänge zwischen den kommunizierenden Personen.

Dieses Modell ist in der Praxis wohl am bekanntesten und gilt als »Klassiker«. Das Sender-Empfänger-Modell lässt jedoch Kommunikation einerseits viel zu optimistisch als eine Art technische Informationsübermittlung erscheinen, andererseits vernachlässigt es die vielfältigen menschlichen Möglichkeiten und Hindernisse jenseits des »Austausches von Schallwellen oder Schriftzeichen«.

Dieses Modell bildet eine »naive«, aber weitverbreitete Sicht auf Kommunikation ab, denn es blendet die Vielzahl der psychosozialen Faktoren aus, die gerade die »persönliche

Kommunikation« prägen. Diese Vielschichtigkeit menschlicher Kommunikation bringt der berühmte Satz von Niklas Luhmann am besten auf den Punkt:

> »*Kommunikation ist unwahrscheinlich. Sie ist unwahrscheinlich,*
> *obwohl wir sie jeden Tag erleben, praktizieren*
> *und ohne sie nicht leben würden.*«
> (Luhmann 2001, S. 78)

2.3 DAS KOMMUNIKATIONSMODELL PAUL WATZLAWICKS

2.3.1 SACH- UND BEZIEHUNGSEBENE

Die moderne Kommunikationswissenschaft wurde in starkem Maße von den Forschern des Mental Research Institute (MRI) in Palo Alto, Kalifornien geprägt. Bekannt sind insbesondere die Schriften von Paul Watzlawick, die von der Philosophie Gregory Batesons inspiriert worden sind. Watzlawick unterscheidet zwei Ebenen der Kommunikation (vgl. Watzlawick 1969, S. 53 ff.):

1. **Sachebene:**
   Auf der Sachebene wird ein Inhalt kommuniziert, werden Fakten und Argumente genannt. Die Kommunikation erfolgt auf dieser Ebene **digital**, d. h. über kulturell vereinbarte und mehr oder weniger eindeutige Zeichensysteme, wie gesprochene Sprache (d. h. das System der Phoneme, also der Laute einer Sprache) oder Schrift (d. h. das System der Schriftzeichen). Daraus setzen sich Worte, Sätze, Absätze bzw. Sequenzen etc. zusammen. Diese Zeichensysteme müssen zum Verständnis dekodiert werden, d. h. der Empfänger muss das Zeichensystem – die Sprache – des Senders beherrschen, um die Inhalte verstehen zu können.

2. **Beziehungsebene:**
   In jedem menschlichen Kommunikationsprozess wird zugleich immer auch kommuniziert, wie ein bestimmter Inhalt aufzufassen ist und wie das Verhältnis zwischen den Kommunikationspartnern gesehen wird, z. B. symmetrisch oder komplementär. Die Beziehungsebene »trägt« deshalb die Sachebene, bildet also die Grundlage für einen Verständigungsprozess.

Der Kommunikationsprozess auf der Beziehungsebene erfolgt **analog**, d. h. nicht auf der Grundlage von fest vereinbarten Zeichensystemen, sondern über die Deutung bzw. Interpretation, also über den Abgleich unserer Beobachtungen mit unserem kulturellen Wissen und unseren Erfahrungen. Mimik, Gestik, Raumverhalten, Wortklang etc. lassen sich in der Regel keinen konkreten Inhalten zuordnen, es sei denn, ihnen ist ein »digitaler« Zeichencharakter kulturell zugeordnet (wie z. B. bei einem erhobenen Zeigefinger). Gleichwohl löst ein bestimmtes Verhalten im Gespräch – meist spontan – bestimmte Gefühle und Reaktionen aus. Diese Analogien werden also – meist unbewusst – über Deutungsprozesse erschlossen.

Beziehungsebene trägt Sachebene – das »Eisberg-Modell«
Der Beziehungsaspekt ist in der Kommunikation im Allgemeinen der weit überwiegende und ausschlaggebende. Beim Eisberg schiebt die große Eismasse unter Wasser die kleine Spitze nach oben und wenn das Eis unter Wasser abschmilzt, sinkt auch die Spitze ein (vgl. Abbildung 4.3-2 Eisberg-Modell). Beziehungsebene trägt Sachebene – diese Formel und das Bild des Eisbergs veranschaulichen daher das zweite Axiom Watzlawicks (s. u., der Beziehungsaspekt bestimmt den Inhaltsaspekt in der Kommunikation).

Wenn also die »Atmosphäre« nicht stimmt, d. h. die Beziehung zwischen den Kommunikationspartnern gestört oder unklar ist, werden die Nachrichten auf der Sachebene nicht transportiert oder gehen verloren: Meine Worte werden überhört, umgedeutet, missverstanden etc. Wenn meine sachlichen Aussagen nicht zu meinen Körpersignalen – auch zu den versteckten – oder kurz: zu meiner »Ausstrahlung« passen, sende ich widersprüchliche Signale, werde ich vom Gesprächspartner nicht als »authentisch« erlebt und provoziere Misstrauen, Ablehnung, Heiterkeit etc. Umgekehrt wird ein nonverbales Verhalten, das vom Partner als nicht authentisch wahrgenommen wird, den Sachinhalt deshalb unglaubwürdig erscheinen lassen, weil ein Widerspruch zwischen der verbalen Sachaussage und dem nonverbalen Körperausdruck besteht.

Sach- und Beziehungsebene stehen miteinander in engem Zusammenhang: Gerade dann, wenn die Gesprächsbeziehung noch nicht vollständig geklärt ist, wird z. B. eine Sachäußerung vom Partner bewusst oder unbewusst darauf hin wahrgenommen, welchen Einfluss sie auf die Beziehungsgestaltung nimmt. Entscheidend für eine gute Kommunikation ist deshalb, den Beziehungsaspekt vorrangig zu beachten und sich erst dann auf die Sachaussage zu konzentrieren: Die Beziehungsebene trägt die Sachebene.

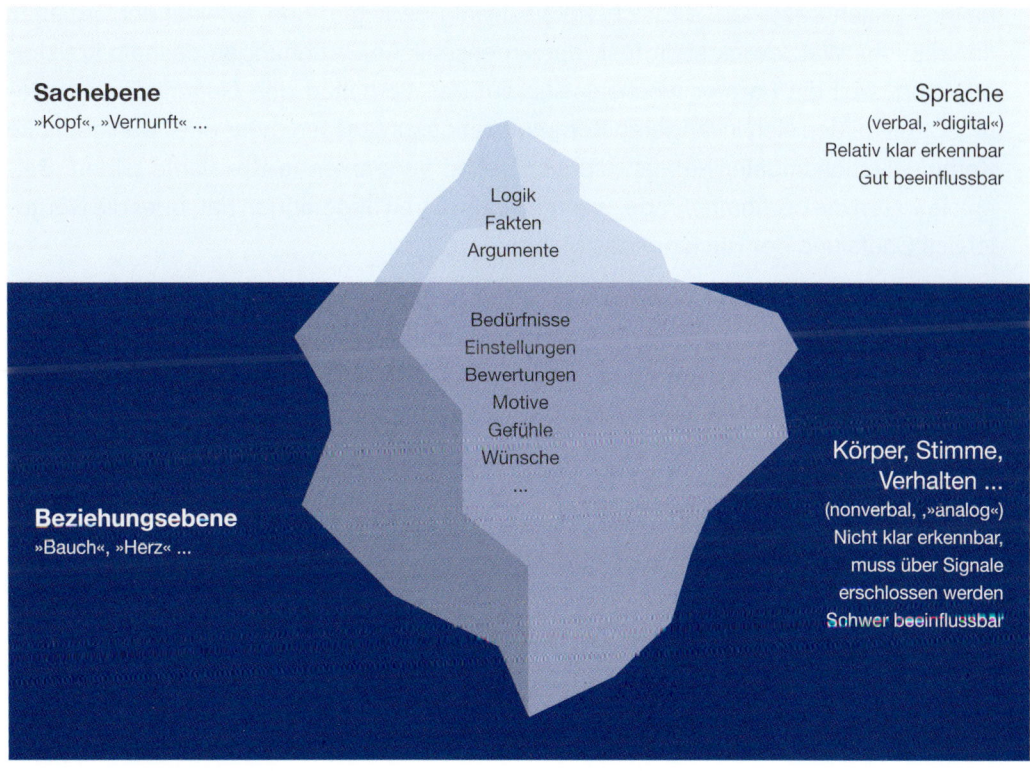

Abb. 4.3-2: Eisberg-Modell zur Veranschaulichung von Sach- und Beziehungsebene in Verhandlungsgesprächen

2.3.2 DIE FÜNF AXIOME DER KOMMUNIKATION

Die Unterscheidung von Sach- und Beziehungsebene sowie der digitalen und analogen Kommunikation gehen zurück auf die fünf Axiome der Kommunikation von Paul Watzlawick (1969, S. 50–71), die sich vereinfacht wie folgt beschreiben lassen:

1. **Man kann nicht NICHT kommunizieren.**
   Kommunikation findet immer statt und ist nicht vermeidbar. Selbst das Ausbleiben von Kommunikation über ein Thema provoziert Deutungen, ermöglicht Hinweise und stellt damit wieder einen Kommunikationsprozess dar. Auch die Abwesenheit eines Kommunikationspartners wird zwangsläufig gedeutet und erlangt damit eine Be-Deutung.

2. **Jede Kommunikation hat sowohl einen Inhalts- als auch einen Beziehungsaspekt.**
   »Jede Kommunikation hat einen Inhalts- und einen Beziehungsaspekt, derart, dass letzterer den ersteren bestimmt und daher eine Metakommunikation ist.« (Watzlawick, 1969, S. 56; Erläuterung vgl. Beschreibung der Kommunikationsebenen).

3. **Die Natur einer Beziehung ist durch die Interpunktion der Kommunikationsabläufe seitens der Partner bedingt.**
   Hiermit ist gemeint, dass Kommunikationsprozesse immer aus einer Abfolge von Ver-

haltensweisen bestehen, die sich wechselseitig bedingen und aufeinander beziehen (Interaktion). Watzlawick stellt fest, dass menschliche Beziehungen deshalb kreisförmig sind, weil die Partner wechselseitig auf das Verhalten des Gegenübers reagieren. Damit bilden sich in längeren Kommunikationsprozessen mehr oder weniger feste Kommunikationsmuster heraus, die sich selbst verstärkende Kreisläufe bilden. Beispiele wären die berühmte Frage, wer mit einem Streit angefangen hat, oder die Nörgelei des Chefs und der Rückzug des Mitarbeiters.

4. **Menschliche Kommunikation erfolgt sowohl digital als auch analog.**
   (Erläuterung vgl. Beschreibung der Kommunikationsebenen). Watzlawick schreibt hierzu, »dass der Inhaltsaspekt digital übermittelt wird, der Beziehungsaspekt dagegen vorwiegend analoger Natur ist.« (Watzlawick 1969, S. 64)

5. **»Zwischenmenschliche Kommunikationsabläufe sind entweder symmetrisch oder komplementär**, je nachdem, ob die Beziehung zwischen den Partnern auf Gleichheit oder Unterschiedlichkeit beruht.« (Watzlawick 1969, S. 70)

2.4 DAS KOMMUNIKATIONSQUADRAT – VIER SEITEN EINER NACHRICHT

Das Kommunikationsmodell von Watzlawick wurde von dem Kommunikationswissenschaftler Friedemann Schulz von Thun durch Kombination mit den Theorien des Sprachwissenschaftlers Karl Bühler (Bühler, 1934) erweitert zum sog. Kommunikationsquadrat. Schulz von Thun unterscheidet auf der Beziehungsebene nochmals zwischen drei Hauptaspekten, woraus schließlich ein viergliedriges Kommunikationsmodell (vgl. Tabelle 4.3-1) resultiert (vgl. Schulz von Thun 1999, Bd. 1, S. 13 ff.).

Tab. 4.3-1: Die Kommunikationsmodelle von Watzlawick und Schulz von Thun im Vergleich (in Anlehnung an Watzlawick 1969, und Schulz von Thun 1999)

Ebenen nach Watzlawick	Seite im Kommunikationsquadrat	Erläuterung
Sach-Ebene	1. Sache	Was wird inhaltlich (in Worten) ausgedrückt?
Beziehungs-Ebene	2. Beziehung	Wie wird die Beziehung zwischen den Kommunikationspartnern gesehen? Wie werden der Kontext und das Status-Verhältnis gedeutet? Ist die Beziehung symmetrisch oder komplementär?
	3. Selbstoffenbarung (Ich-Aussage)	Indem ein Sprecher kommuniziert, teilt er zugleich mit dem Inhalt immer eine Information über sich selbst mit. Dies betrifft seine Haltung zu sich selbst, seinen Informationsstand, seine Sicht der Dinge etc. Diese Information kann beabsichtigt sein, der Sprecher gibt aber gerade durch sein nonverbales Verhalten auch immer unbewusst Informationen über sich preis, die er nicht kontrollieren kann.
	4. Appell	Meist will der Sprecher (oder Schreiber) durch seine Äußerung etwas beim Partner erreichen, diesen zu einer Handlung oder zu einem Gedanken bewegen. Äußerungen erfüllen in der Regel eine bestimmte Funktion und dienen damit einem Zweck.

Jede Nachricht enthält demnach neben den expliziten Sachinformationen auch immer implizite Botschaften über den Sprecher selbst, die Sicht auf die Beziehung zwischen den Gesprächspartnern sowie über die Handlungsimpulse des Sprechers, und zwar unabhängig davon, ob diese Botschaften beabsichtigt sind oder nicht.

Diese vier Aspekte lassen sich bildlich in Form eines Quadrats darstellen (vgl. Abbildung 4.3-3). Wenn man von einer Kommunikation zwischen einem Sprecher und einem Hörer ausgeht, ergibt sich ein Modell mit jeweils vier Mündern und vier Ohren, welche die jeweiligen Kommunikationsaspekte repräsentieren sollen. Deshalb wird dieses Modell bisweilen auch als das »Vier-Ohren-Modell« bezeichnet. Die Bezeichnung »Ohren« ist allerdings irreführend, denn sowohl das Senden als auch das Empfangen der Signale der unteren Kommunikationsaspekte (Appell, Ich-Aussage, Beziehung) geschehen weniger über Mund und Ohren, sondern weitgehend über die analoge Kommunikation.

Die »Vier Ohren« und das »Hören« von Botschaften auf verschiedenen Kanälen können aber deutlich machen, dass sich das »Zuhören« oder Empfangen von Botschaften nie auf den rein akustischen Vorgang beschränkt, sondern eine Selektion von vielfältigen Signalen von allen fünf Sinnen sowie die vorbewusste Interpretation der ausgewählten Signale beim Empfänger darstellt.

Schulz von Thun verdeutlicht das Kommunikationsquadrat an seinem »klassischen« Beispiel eines Paares im Auto (Schulz von Thun 1999, Bd. 1, S. 25):

Beispiel: Eine Frau sitzt am Steuer und ihr männlicher Beifahrer sagt: »Da vorne ist grün!« Sie antwortet darauf: »Fährst Du oder fahre ich?!«
Aufgrund ihrer Reaktion lässt sich vermuten, welche Botschaften bei der Frau angekommen sind. Dabei ist unerheblich, was der Sprecher tatsächlich gemeint hat, denn die Bedeutung der Botschaft bestimmt der Empfänger:

1. **Sachinformation:** »Die Ampel ist grün. Die Ampel ist nicht rot.« Diese Information ist offenbar für die Reaktion der Frau unerheblich. Ihre Reaktion »Fährst Du oder fahre ich?!« bezieht sich offensichtlich nicht auf die Sache.

2. **Beziehungsinformation:** Aufgrund ihrer Reaktion könnte die Empfängerin folgende Beziehungsaussagen empfangen haben: »Du bist eine Anfängerin und kannst nicht selbstständig fahren; Du brauchst meine Hilfe. Ich bin der Experte und du die Schülerin.«
Eine grundsätzlich andere Beziehungsbotschaft, die eine symmetrische Kommunikation (siehe das Axiom 5 von Watzlawick) unterstellen würde, wäre etwa: »Wir sind beide gute Fahrer, achten gemeinsam auf den Verkehr und geben uns wechselseitig Hinweise.« Diese Deutung hat die Frau jedoch nicht vorgenommen.

3. **Selbstoffenbarung:** In den Augen der Frau könnte die Selbstdarstellung des Mannes lauten: »Ich bin aufmerksam, ich bin ungeduldig, ich bin ein guter Fahrer, ich merke sofort, wenn Du einen Fehler machst« usw.

4. **Appell:** Das Appell-Ohr könnte in diesem Fall wahrgenommen haben: »Fahr schnell los, sonst wird es gleich wieder rot!« und »Höre auf mich.«

In der folgenden Abbildung 4.3-3 ist das Kommunikationsquadrat anhand des Beispiels veranschaulicht. In der Mitte steht die verbale Nachricht, während die verschiedenen Botschaften jeweils den vier Seiten einer Nachricht zugeordnet sind.

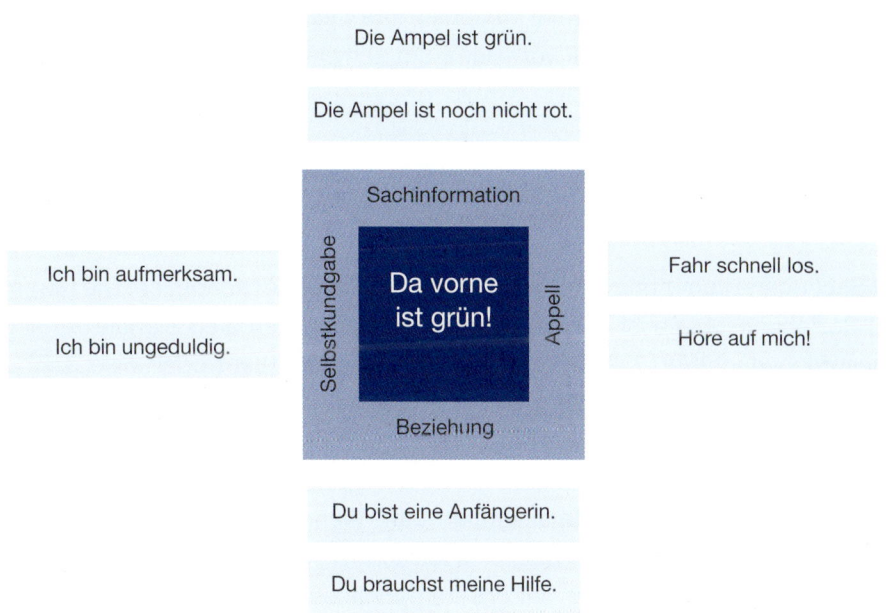

Abb. 4.3-3: Das Kommunikationsquadrat – die vier Seiten einer Nachricht (in Anlehnung an Schulz von Thun 1999, Bd. 1, S. 30 ff.)

Das Beispiel macht auch deutlich, dass die Sachebene oder die Sachinformation in der Regel **explizit**, also eindeutig, verbal und digital über das gesprochene oder geschriebene Wort, gegeben wird (digital), während die Informationen über die Beziehung, die Selbstaussage und der Appell meist über Deutungsprozesse vom Empfänger interpretiert werden. Diese Informationen sind daher **implizit**. Wir sprechen folglich von den **Implikationen** einer Aussage. Dies ist insbesondere für die Fragetechnik wichtig, weil Fragen in besonderem Maße Implikationen enthalten (→ Abschnitt 3.3 Mit Fragetechniken das Gespräch steuern). Die Interpretationen der impliziten Botschaften erfolgen u. a. durch Deutung der analogen Signale (→ Abschnitt 2.5 Kommunikationskanäle), weshalb die persönlichen Prägungen und die Kultur der kommunizierenden Menschen einen hohen Einfluss hierauf ausüben (→ Kapitel »Kultur und Werte«). Dieses Faktum wird schnell deutlich, wenn ein höflich formulierter Appell eines englischen Managers (»you might think about …«), von einem deutschen Mitarbeiter als unverbindlicher Vorschlag gedeutet wird oder wenn ein deutscher IT-Manager in einer flachen Hierarchie aufgrund seiner zurückhaltenden und auf die »Symmetrie« der Beziehung ausgerichteten Status-Signale (Selbstoffenbarung und Beziehungsaussage) von einem Team-Mitglied aus einer Kultur mit hoher Machtdistanz, z. B. China, nicht als Vorgesetzter wahrgenommen wird.

Neben der reinen Sachinformation senden wir immer zugleich drei andere Informationen, und zwar über unsere Auffassung der Beziehung, über unsere Absicht und über uns selbst. Wenn wir anderen zuhören, deuten wir ebenfalls diese drei Informationsebenen. Der Kontext einer Äußerung ermöglicht es, die realen Absichten und Botschaften genauer zu interpretieren. Je professioneller wir kommunizieren, desto eher sind wir dazu in der Lage, wahrzunehmen, welche Deutungen wir auf den vier Seiten vornehmen, aber es ist auch nicht notwendig, jede Nachricht immer auf ihre vielfältigen Botschaften hin zu durchleuchten. Hilfreich ist das Modell vor allem, um schwierige Kommunikationssituationen und Missverständnisse zu klären.

2.5 KOMMUNIKATIONSKANÄLE

Auf der Sachebene kommunizieren wir verbal, mündlich oder schriftlich. Die Kommunikation auf Beziehungsebene ist vielfältig gestaltet: Die paraverbalen Signale vermitteln mit dem (gesprochenen) Wort die Emotionen des Sprechers: Laut oder leise, schnell oder langsam, vielleicht ein Zögern bei bestimmten Worten usw. Nonverbal zeigen Sprecher und Hörer weitgehend unwillkürlich durch Mimik und Gestik, durch die Bewegungscharakteristik usw., wie sie zueinander stehen, ob der Sprecher von seiner Sache überzeugt ist und ob der Hörer das Gesagte akzeptiert usw. Während wir die Sachebene und das gesprochene Wort – weitgehend – beeinflussen können, entzieht sich der paraverbale und nonverbale Kanal zumindest zum Teil unserem Einfluss. Die Stimme zittert unwillkürlich bei Unsicherheit und selbst bei geübten Lügnern wird die Körpersprache hölzern, sobald sie ihre Geschichte aufsagen. In gleicher Weise deutet der Hörer meist unwillkürlich seine Wahrnehmungen auf paraverbaler und nonverbaler Ebene und reagiert darauf, ohne dass er alle Signale, die sein Körper sendet, beeinflussen kann.

Ein subtiler Kommunikationskanal ist der Kontext: Was ging dem Gesagten voraus, was soll folgen? Wo findet das Gespräch statt? Zum Kontext gehören auch die Artefakte. Dieser Begriff aus der Kulturwissenschaft beschreibt, dass fast alles, was uns umgibt, Ergebnis menschlicher Handlungen ist und unwillkürlich Botschaften an uns sendet: Wie ist der Raum gestaltet: Freundlich und einladend oder abweisend? Warum ist der Besucherstuhl des Mitarbeiters niedriger und härter als der imposante Ledersessel des Chefs? Viele dieser Artefakte sind bewusst gestaltet, wie in der beschriebenen Szene, viele aber auch das Ergebnis von Gedankenlosigkeit oder Zufall, wie vielleicht der abweisende Raum. Dennoch wirken sie auf uns ein und verändern die Kommunikation. Vor allem die analoge Kommunikation ist in hohem Maße durch die Kultur der kommunizierenden Menschen geprägt, denn die Interpretation der Signale geschieht vor dem Hintergrund unserer gemeinsamen Erfahrungen und kulturellen Prägungen (→ Kapitel »Kultur und Werte«). Tabelle 4.3-2 verschafft einen Überblick über die wichtigsten Kommunikationskanäle. Der Einfachheit halber wird alles, was nicht zur verbalen Ebene gehört, zusammenfassend als »nonverbale Kommunikation« bezeichnet.

Tab. 4.3-2: Kommunikationskanäle im Überblick

Digital:	Zeichensysteme, Codierung / Decodierung:
Verbale Ebene	Worte (mündlich oder schriftlich), Themen, Logik, Fakten, Argumente etc.; Der inhaltliche Gesprächsverlauf
Analog:	**Typische Signale, Selektion und Deutung:**
Paraverbale Signale:	Stimmklang, Stimmführung, Lautstärke, Sprechtempo, Betonung, Satzmelodie, Pausen, Räuspern, »Ähm«, Atemrhythmus (gedehnt oder gehetzt etc.), Festigkeit der Stimme …
Nonverbale Signale:	Gestik, Mimik, Blickkontakt, Körperreaktionen, Körperbewegung und Körperhaltung, Gestik, Mimik, Blickkontakt, Augenbewegungen, Augenausdruck, Raumverhalten, Distanz
Kontext räumlich, zeitlich etc. Artefakte	Zeitlich: Was ging dem Gesagten voraus? Was soll folgen? Räumlich: Wo findet das Gespräch statt? Wer ist noch dabei? Institutionelles Umfeld (z. B.: »Flurgespräch« oder »Vorladung« etc.) Status-Verhältnis der Sprecher (symmetrisch / gleichrangig oder komplementär / hierarchisch. Wie ist die Umgebung gestaltet? Welche Wirkung übt sie auf Sprecher und Hörer aus? Welche kulturellen Signale sind wahrnehmbar? Kleidung, Outfit etc.

Es ist wichtig, auf die Signale auf allen diesen Kanälen zu achten, besonders dann, wenn wir Widersprüchlichkeiten zwischen den gesprochenen Worten und den anderen Signalen feststellen. Um den Hintergrund einer Sachaussage zu verstehen und um eine Aussage richtig einordnen zu können, ist es deshalb unerlässlich, den Sprecher als ganze Person wahrzunehmen und auch den Kontext seiner Äußerung zu beachten. Dies ist auch ein Grund, warum es z. B. in internationalen Projekten wichtig ist, dass sich das Team gerade zu Beginn ausreichend lange persönlich trifft, anstatt E-Mails auszutauschen oder Web-Konferenzen mit relativ geringer Wirkung zu veranstalten.

Bei ironischen Äußerungen widerspricht die digitale der analogen Kommunikation. Sie verdeutlichen deshalb gut, wie die analoge Metakommunikation auf der Beziehungsebene die Inhalte, die digital auf der Sachebene gesendet werden, definiert:

Beispiel: Die Äußerung: »Ihre Arbeitspakete kommen ja immer pünktlich, Herr Meier!« verdeutlicht auf der verbalen Ebene lediglich die Aussage, dass Meiers Arbeitspakete immer pünktlich sind (siehe Tabelle 4.3-3). Die paraverbalen und nonverbalen Signale sowie der Kontext lassen aber vermuten, dass der digitale Inhalt genau entgegen seiner Wortbedeutung zu verstehen ist:

Tab. 4.3-3: Beispiel für Widersprüche zwischen Kommunikationskanälen

Verbale Ebene	»Ihre Arbeitspakete kommen ja immer pünktlich, Herr Meier!«
Paraverbale Signale	Ein »ironischer« Tonfall, eine bestimmte Betonung
Nonverbale Signale	Ein distanzierter Blick, eine amüsierte Mimik, eine abweisende Körperhaltung
Kontext	Eine Teamsitzung mit mehreren Mitgliedern, Meier »doziert« hier regelmäßig über Termintreue, alle anderen wissen, dass er selbst meist zu spät dran ist, Meier fällt oft durch mangelnde Selbstkritik auf (Interpunktionen; siehe Watzlawick-Axiom 3)
Artefakte	Alle »verschanzen« sich in den Sitzungen hinter ihren geöffneten Laptops und erledigen nebenbei E-Mails; üblicherweise wird eine unvollständige und nichtssagende To-Do-Liste verteilt, der Projektplan wird nicht aktualisiert, obwohl alle wissen, dass das Projekt im Verzug ist …

Der Sprecher kann sich in diesem Fall auch jederzeit auf die reine Wortbedeutung seiner Äußerung zurückziehen, denn die analogen Signale sind ja mehrdeutig und erlangen erst über die Interpretation ihre Bedeutung: »Ich habe es doch gesagt, dass Sie immer pünktlich sind. Was haben Sie denn?« – während z. B. alle anderen lachen.

2.6 VERBALE UND NONVERBALE KOMMUNIKATION IM WECHSELSPIEL

Nonverbale Kommunikation wird gerne vereinfachend als »Körpersprache« bezeichnet. Dazu gehören aber auch der Kontext, die Artefakte, also die »Sprache der Gegebenheiten«, und die »paraverbale Kommunikation«: Stimmklang, Stimmführung, Satzmelodie, Lautstärke usw. Gerade zu Beginn von Kommunikationssituationen entscheiden wir aufgrund der nonverbalen Kommunikation darüber:

… ob wir bereit sind zuzuhören,
… ob wir den Partner als kompetent einschätzen,
… ob er uns sympathisch ist oder gar bedrohend für uns sein könnte,
… ob die Kommunikationssituation wichtig oder relevant für uns ist usw.

Diese frühe »Bauchentscheidung« wird meist unbewusst und blitzschnell gefällt. Sie wird im späteren Gesprächsverlauf kaum noch korrigiert, vielmehr suchen wir oft nur noch nach Bestätigungen für unsere erste Urteilsbildung. Deshalb ist es gerade zu Beginn von Gesprächen von großer Bedeutung, auf alle Signale zu achten, die jenseits der gesprochenen Worte wahrnehmbar sind, und sich mit Bewertungen zurückzuhalten.

Hier einige Beispiele, die insbesondere die ersten vier Axiome von Watzlawick illustrieren:

Beispiel: Beim Kick-off eines Forschungsprojekts im Pharma-Bereich sind viele promovierte Wissenschaftler unter den Teilnehmern, die sich gegenseitig bisher kaum kennen. Die Namensschilder zeigen »der Einfachheit halber« aber nur die Nachnamen ohne Titel. Ein Vorstand eröffnet die Sitzung, auf seinem Namensschild ist jedoch der Doktorgrad verzeichnet. In der Vorstellungsrunde erwähnen die meisten Wissenschaftler ihre Promotion und betonen ihr wissenschaftliches Profil. In der folgenden Pause werden die Worte des Vorstands (»Unsere flache Hierarchie macht uns flexibel!«) in den Gesprächsgrüppchen ironisch kommentiert. Der Vorstand macht sich gegenüber seinem Assistenten bei einem Kaffee über die »Titelgläubigkeit« seiner Mitarbeiter lustig.

Beispiel: In einer E-Mail bedankt sich ein Projektleiter bei seinem Mitarbeiter für die gute Arbeit und betont seine Wertschätzung für den Mitarbeiter. Die knappe E-Mail enthält viele Tippfehler, die Sätze sind unvollständig, als Grußformel stehen nur Kürzel: »LG, DF«. Der Mitarbeiter reagiert auf die E-Mail nicht wie sonst innerhalb eines Tages, sondern antwortet nach einer Woche betont formvollendet. Im Portfolio-Board klagt der Projektleiter später abstrakt über den »geringen Reifegrad seiner Mitarbeiter bei der virtuellen Kommunikation«.

Die Beispiele lassen erkennen: Auch Signale, die jenseits aller Worte durch scheinbar nebensächliche oder selbstverständliche Gegebenheiten oder Anordnungen gesendet werden, setzen Kommunikationsprozesse in Gang. Diese geben den verbalen Inhalten jeweils eine »Be-Deutung«, die durchaus im Widerspruch zu den reinen Worten stehen kann. Kommunikationsprobleme deuten sich meist im nonverbalen Bereich an. Wenn ich als Kommunikationspartner nicht wahrnehmen kann, welche Signale ich – auch unbeabsichtigt durch mein Verhalten, durch den Kontext etc. – sende und welche Dynamik ich dadurch in Gang setze, kann schnell ein offener Konflikt ausbrechen.

2.7 DIE »INNERE LANDKARTE«

»Die Welt ist das, wofür wir sie halten« (Havener 2009). Wie schon beim Sender-Empfänger-Modell deutlich wurde, haben in der menschlichen Kommunikation – anders als auf der technischen Ebene – die selektive Wahrnehmung und die innere (psychische) Wirklichkeit beim Sprecher und beim Hörer eine hohe Bedeutung für das Gelingen von Verständigung.

Das Neurolinguistische Programmieren (NLP) hat zur Veranschaulichung der inneren (psychischen) Wirklichkeit die Metapher der »Inneren Landkarte« geprägt (vgl. Mohl 2006, S. 60 ff.). Gemeint sind damit das Weltbild, die Einstellungen und Glaubenssätze (d. h. die Überzeugungen, festen Annahmen über die Welt) und die Annahmen über die Kommunikationssituation und den Kommunikationspartner. Kommunikation gelingt demnach nur dann, wenn auf beiden Seiten – beim Sender und beim Empfänger – die jeweiligen »inneren Landkarten«, die Überzeugungen und Annahmen, zumindest punktuell zusammenpassen.

Die Metapher macht auch deutlich: Die Landkarte ist nicht das Gebiet, sondern eine Vereinfachung, ein Abbild der Landschaft im Hinblick auf einen bestimmten Zweck. Dieser Vergleich beschreibt ziemlich genau, was die konstruktivistische Psychologie (vgl. hierzu u. a. Watzlawick 1969) aussagt: Mental gesehen, gibt es keine »Realität«, sondern immer nur mehr oder weniger angenäherte und ausschnitthafte innere Bilder der äußeren Welt.

Ein Kommunikationsprozess stellt sich nach diesem Modell wie folgt dar (Tabelle 4.3-4):

Tab. 4.3-4: Die »innere Landkarte«

Sender	Empfänger
I Sendet Informationen immer auf der Grundlage seiner »inneren Landkarte«. **I** Wie nimmt er die Situation und seinen Kommunikationspartner wahr? **I** Was für ein Kommunikationsprozess ist vor diesem Hintergrund für ihn sinnvoll? **I** Was legt er angesichts dieser Wahrnehmung als Ziel für seine Kommunikation fest?	**I** Kann diese Informationen aber wiederum nur dann aufnehmen, wenn er dazu in der Lage ist, sie in seine eigene »innere Landkarte« sinnvoll zu integrieren: **I** Wie sieht die innere Landkarte des Empfängers aus? **I** Kann er die gesendete Information auf seiner »inneren Landkarte« einordnen? **I** Erscheint die Information für ihn sinnvoll oder nicht? **I** Was schließt der Empfänger aus der Information über die »innere Landkarte« des Senders? **I** Wie bezieht sich deshalb der Empfänger bei seiner Antwort auf das, was er für die »innere Landkarte« des Senders hält? usw.

In der Regel gehen wir stillschweigend davon aus, unser Kommunikationspartner müsse die Welt genau so sehen wie wir selbst, also die gleiche »innere Landkarte« haben wir selbst. Auf diese Weise kommt es zu Kommunikationsproblemen, die teilweise erst im Nachhinein als solche erkannt werden. Die Grundlage für eine gelungene Verständigung bildet vielmehr das Denken, sich zunächst zu verdeutlichen, wie meine eigene »innere Landkarte« aussieht, und dann zu testen, wie die »innere Landkarte« des Kommunikationspartners aussieht und an welchen Stellen eine Übereinstimmung besteht. Vereinfacht formuliert: Versuchen Sie immer auch, die Dinge durch die »Brille« Ihres Kommunikationspartners zu betrachten.

2.8 SELEKTIVE WAHRNEHMUNG

Die Psychologie hat herausgefunden, dass wir dazu neigen, unsere einmal vorgefassten »Inneren Landkarten« und Weltbilder (Meinungen, Interpretationen, Annahmen) selbst dann nicht infrage zu stellen, wenn wir deutlich abweichende Informationen erhalten (selektive Wahrnehmung, vgl. Tabelle 4.3-5).

Diese abweichenden Informationen werden – ohne dass dies uns bewusst wird – entweder so weit umgedeutet, bis sie in das bereits vorhandene Bild passen. Oder nur diejenigen Informationen werden durch den Filter der Wahrnehmung hindurchgelassen, welche die bereits gefasste Meinung bestätigen. Die abweichenden Informationen werden dagegen herausgefiltert. Schließlich werden die Informationen, die aufgenommen wurden, aber der »inneren Landkarte« widersprechen, so umgedeutet, dass sie wiederum in das Bild passen.

Oft wird eine bestimmte Information beispielsweise in der Kommunikationssituation selbst allenfalls noch akustisch aufgenommen, in der Erinnerung fehlt sie jedoch dann, wenn sie nicht in die »innere Landkarte« gepasst hat (zum Thema Wahrnehmung vgl. Wittstock, Triebe 2004).

Tab. 4.3-5: Faktoren der selektiven Wahrnehmung (in Anlehnung an Wittstock, Triebe 2004, S. 283–290)

Assimilation	Menschen verarbeiten vorzugsweise nur solche Reize und Ereignisse, die in vorhandene Schemata passen, und blenden andere aus. Das komplementäre Prinzip zur Assimilation ist Akkommodation.
Akkommodation	Wenn für eine Wahrnehmung kein passendes Schema zur Verfügung steht und es nicht möglich ist, die Wahrnehmung zu ignorieren, erzeugen wir ein neues Schema, welches möglichst zu unseren schon vorhandenen Überzeugungen passt. Dies kann zu Lernprozessen führen, aber auch zur Erzeugung von Vorurteilen.
kognitive Dissonanz	Aufgrund von widersprüchlichen Wahrnehmungen, von Widersprüchen zwischen den eigenen Entscheidungen und den Überzeugungen oder wenn eine Handlung dem inneren Selbstbild widerspricht usw., entstehen innere Konflikte. Um diese Konflikte aufzulösen, werden die widersprüchlichen Kognitionen harmonisiert (z. B. durch Umdeutung). Auch fehlender Sinn wird deshalb nachträglich als »sinnvoll« uminterpretiert.

Diese Prozesse laufen dann verstärkt ab, wenn es sich nicht um einzelne Personen handelt, sondern wenn diese einer bestimmten Gruppendynamik unterliegen (Group Think,

Not Invented Here-Syndrom etc. (→ Kapitel »Teamarbeit« sowie Denisow, 2004). Dies betrifft auch die in allen größeren Organisationen anzutreffenden unterschiedlich verfestigten »Abteilungslogiken«, z. B. »tickt« die Produktionsabteilung meist anders als das Marketing oder wiederum als die Entwicklungsabteilung.

Fazit: Menschliche Wahrnehmung ist immer selektiv und gelungene Kommunikation setzt demnach – verallgemeinert – voraus, dass uns die kommunizierten Inhalte bereits in gewissem Maße bekannt oder plausibel sind.

2.9 KOMMUNIKATIONSSTILE ODER -PRÄFERENZEN

Unterschiedliche Menschentypen (→ Kapitel »Persönlichkeitsmodelle«) haben unterschiedliche Kommunikationsstile oder Kommunikationspräferenzen, sie kommunizieren also auf unterschiedliche Art. Für das Gelingen einer Kommunikation ist es deshalb wichtig, den Stil bzw. die Präferenz des Kommunikationspartners zu kennen und dessen Erwartungen nach Möglichkeit »zu bedienen«. Anderenfalls besteht die Gefahr, aneinander vorbei zu kommunizieren. Beispielhaft werden im Folgenden zwei Stile herausgegriffen, um typische Unterschiede zu veranschaulichen:

- Schriftliche versus mündliche und
- aktive versus passive Kommunikationspräferenz.

Bei der virtuellen Kommunikation wirken sich die unterschiedlichen Verhaltenspräferenzen und Kommunikationsstile noch stärker aus als in der direkten Interaktion »Face-to-Face«.

2.9.1 SCHRIFTLICHE VERSUS MÜNDLICHE KOMMUNIKATION

Menschen mit einer Präferenz für schriftliche Kommunikation (Typus Leser/Schreiber) sind eher über Texte zu erreichen. Gespräche haben für sie eine geringere Wertigkeit. Demgegenüber hegen Menschen mit mündlicher Kommunikationspräferenz eine Abneigung gegen (insbesondere lange) Texte. Sie ignorieren gerne Papier, lesen keine E-Mail-Anhänge und bevorzugen ein Gespräch oder Telefonat.

Menschen mit Neigung zu schriftlicher Kommunikation wollen oft umfangreichere Texte mit Hintergrundinformationen erhalten, während der mündlich orientierte Typus meist kurze Zusammenfassungen bevorzugt (»One-Pager«) und sich alles andere mündlich erläutern lässt.

Wenn ein Vorgesetzter oder Projektmanager mündlich orientiert ist, wird es wenig Sinn machen, ihm eine lange schriftliche Ausarbeitung vorzulegen. Er wird sie beiseitelegen und zum Telefonhörer greifen. Deshalb tun Mitarbeiter in diesem Falle gut daran, von vornherein das Gespräch mit ihm zu suchen und ihm nur kurze übersichtliche Schriftstücke zukommen zu lassen.

Leser/Schreiber befinden sich bei einer Kooperation über Texte oder E-Mails und Plattformen im Vorteil. Anders ist das bei Meetings oder in Video- und Telefonkonferenzen. Hier können die Fähigkeiten der durchsetzungsfähigen, vielfach schneller reagierenden sprach-orientierten Teilnehmer (Typus Sprecher/Hörer) diesen Vorteilen verschaffen. Diese Problemlage wird dann noch zusätzlich verstärkt, wenn nicht alle Teilnehmer in ihrer Muttersprache teilnehmen können, beispielsweise bei den vielfach üblichen internationalen Telefonkonferenzen in der »selbstverständlichen« Arbeitssprache Englisch.

Bei »normalen« Sitzungen kann es schon eine Herausforderung für einen Moderator bedeuten, alle Teilnehmer gleichermaßen am Kommunikationsprozess zu beteiligen, in virtuellen Kommunikationsprozessen wird dies Vorhaben noch deutlich schwieriger.

2.9.2 AKTIVES VERSUS PASSIVES KOMMUNIKATIONSVERHALTEN

Ein weiteres, vielfach unterschätztes Problem zeigt sich weniger in der Zweier-Kommunikation, sondern vor allem in Gruppen. Hier ist zu beobachten, dass einige Menschen eher aktiv, zuweilen auch dominant an Kommunikationsprozessen teilnehmen, während sich andere Menschen eher passiv oder reflexiv an Diskussionen beteiligen und allenfalls nonverbal reagieren oder sich nur dann äußern, wenn sie direkt angesprochen werden.

Dies ist in Präsenz-Meetings der Fall, das Problem zeigt sich aber noch ausgeprägter in der virtuellen Kommunikation. Die Einbeziehung passiver oder reflexiver Teilnehmer erfordert deshalb gerade bei der virtuellen Kommunikation die besondere Aufmerksamkeit des Moderators.

In virtuellen Meetings kann passives Verhalten aber auch andere Gründe haben. So werden nebenbei andere Aufgaben erledigt (z. B. E-Mails abgearbeitet, Protokolle gelesen), die Prioritäten sind verschoben.

3 GRUNDLEGENDE KOMMUNIKATIONSTECHNIKEN

Aus den vorangehenden Abschnitten geht bereits hervor, dass menschliche Kommunikation nicht einfach in »Informationsaufnahme« und »Informationssendung« o. Ä. unterteilt werden kann. Ein ganzheitlicher, auf das System gerichteter Blick verdeutlicht vielmehr, dass Senden und Empfangen im Kommunikationsprozess eng miteinander verbunden sind. Wir können keine Informationen empfangen, ohne zugleich welche zu senden (»Man kann nicht NICHT kommunizieren«). Wenn wir Informationen senden (wollen), werden wir zugleich auch zum Empfänger. Auch der noch so monologische Vortrag gewinnt seine Wirkung und seine Bedeutung durch die Reaktion der Zuhörer und sei es durch ihr Schweigen oder ihre Ignoranz. Der Einfachheit halber wird jedoch im Folgenden die Informationsaufnahme getrennt von der Informationsabgabe behandelt.

Dieser Abschnitt beschäftigt sich mit den grundlegenden Kommunikationstechniken, welche die Basis für effektive Kommunikation bilden. Hierzu gehört es, ...

- Kommunikationsbarrieren und eskalierende Aussagetypen zu erkennen und zu vermeiden.
- durch Aktives Zuhören eine gute Arbeitsbeziehung zu schaffen und Informationen aufzunehmen und zu strukturieren.
- Fragetechniken zielgerichtet und produktiv einzusetzen.
- Selbstaussagen klar zu formulieren und eskalierende Aussagetypen zu vermeiden
- Feedback zu geben und zu empfangen.

3.1 ZUHÖR-PROBLEME UND KOMMUNIKATIONSBARRIEREN

Ein ungeübter Zuhörer schweift gewöhnlich mit seiner Aufmerksamkeit ab, während der Partner spricht. Nonverbal werden vielleicht noch Bestätigungssignale gesendet, aber gedanklich bereitet er bereits den eigenen Gesprächsbeitrag vor oder er »hakt« die Gesprächsinhalte des Partners innerlich ab. Damit wird das wichtigste Verhandlungs- und Überzeugungspotenzial verschenkt: Die unmittelbaren Worte und Signale des Partners!

Die menschliche Wahrnehmung ist eng mit einem permanenten mentalen Auswahl- und Bewertungsprozess verbunden. Die Äußerungen oder Verhaltensweisen des Sprechers werden deshalb laufend vom Hörer mit eigenem Wissen und eigenen Vorerfahrungen verglichen und bewertet. Als Folge fallen wir vom Zuhören schnell in andere Kommunikationsformen, die kontraproduktiv für das Gespräch sind.

Als typische Kommunikationsbarrieren (vgl. Junge, Junge, 1995, S. 105 ff.) lassen sich ausmachen:

- **Werten und urteilen:** Eine Äußerung wird mit einem Etikett versehen (z. B.: »Das ist zu allgemein.«) und Zustimmung oder Ablehnung wird dokumentiert (noch bevor der Zuhörer die Chance hatte, die Äußerung insgesamt zu hören oder die Befindlichkeit des Partners zu ermitteln).
- **Sondieren**: Der Sprecher stellt Fragen »suggestiv« aus seinem eigenen Bezugsrahmen heraus und lenkt den Gesprächspartner auf sein Thema, statt durch »offene Fragen« das Thema des Partners durch Nachfragen weiter zu vertiefen.
- **Interpretieren**: Der Hörer deutet die Äußerungen des Gesprächspartners im Bezugsrahmen seiner eigenen Vermutungen.
- **Beraten**: Der Hörer erteilt vorschnelle Ratschläge: »Da müssen Sie ...,« »Ich an Ihrer Stelle ...«.

3.2 AKTIVES ZUHÖREN ALS GESPRÄCHSTECHNIK

Um diese Probleme zu vermeiden, wurde die Technik des »Aktiven Zuhörens« entwickelt. Dabei geht es nicht nur darum, möglichst exakt den Inhalt der Äußerungen zu erfassen, sondern auch die Befindlichkeit des Partners und Zwischentöne zu ermitteln.

Voraussetzung für gutes Zuhören ist weniger eine Technik, als vielmehr eine innere Haltung. Diese umfasst das Interesse, die Konzentration und die Bereitschaft zuzuhören, den bewussten Verzicht auf einen eigenen Gesprächs-»Beitrag« und Empathie: Ich versetze mich in die »Welt« des Gesprächspartners. Ich zeige Verständnis, aber nicht immer Einverständnis!

Für »aktives Zuhören« werden vier Schritte empfohlen:

1. Zuhören:	Was sagt der Partner? Welche Worte benutzt er?
2. Beobachten:	Wie verhält sich der Partner? Welche körpersprachlichen Signale sendet er, ggf. unfreiwillig?
3. Verstehen:	Welche Zusammenhänge stelle ich zwischen den Äußerungen her? Was teilt der Partner als Gesamtbotschaft mit?
4. Rückmelden:	Was habe ich verstanden? (Sachebene) Welche Botschaft kam bei mir an? (Beziehungsebene)

Aktives Zuhören bedeutet auf **verbaler Ebene**, den Partner ausreden zu lassen und kurze Zusammenfassungen (besonders nach Sinnabschnitten) zu formulieren und dabei möglichst Schlüsselworte aufzugreifen. Wenn ein grundlegendes Verständnis hergestellt ist, können (zurückhaltend) Verständnisfragen gestellt werden. Erweiterte Techniken des Aktiven Zuhörens umfassen das »Spiegeln« oder »Doppeln«: Die beobachteten nonverbalen Gefühlsäußerungen, welche die Worte des Partners begleiten, werden verbalisiert, z.B.: »Sie ärgern sich, wenn ...« oder »Und das ärgert Sie ...«.

Auf der **nonverbalen Ebene** bedeutet dies, eine offene, zugewandte Körperhaltung einzunehmen, einen angemessenen Blickkontakt zu halten, Mimik und Gestik dem Inhalt folgen zu lassen, z.B. Bestätigung durch Kopfnicken, kurze paraverbale Äußerungen und Bestätigungssignale (»Aha, ach so, verstehe« ...) zu senden, sowie die Angleichung an Körperhaltung, Stimmlage des Partners (»Pacing«) vorzunehmen.

Beim »Aktiven Zuhören« sollten vermieden werden …

… auf der verbalen Ebene:

- Unterbrechen
- Eigene Erfahrungen, Mitteilungen hineinbringen (»Ja, das kenne ich auch. Neulich …«),
- Wertung, Urteil, Meinung, Rat, Argument, Analyse
- Steuernde und suggestive Fragen (statt reiner Verständnisfragen)
- Versteckte Lenkung, Manipulation
- Zweifel oder Desinteresse signalisieren
- Thema wechseln

… auf der nonverbalen Ebene:

- Unruhe, Nervosität, Desinteresse
- Sich abwenden
- Kein Blickkontakt
- Versteinerte Mimik
- »Bedeutungsvolles« Verhalten als nonverbaler Eigenbeitrag (Stirnrunzeln, Räuspern, skeptische Haltung …), vor allem wenn dies im Widerspruch zu den Aussagen des Gesprächspartners steht.

3.3 MIT FRAGETECHNIKEN DAS GESPRÄCH STEUERN

Fragen sind ein machtvolles Werkzeug zur Steuerung der Gesprächsführung: »Wer fragt, der führt.« Aber gerade aufgrund dieser Macht müssen Fragen vorsichtig und verantwortungsvoll gestellt werden, denn wie mit einem scharfen Messer kann man mit Fragen gute Ergebnisse bewirken, aber auch großen Schaden anrichten. Genauso kann mit unpassender oder manipulativer Fragetechnik eine Verhandlung schnell verdorben werden. Dies gilt auch interkulturell: In vielen Kulturen gilt es als unverschämt oder beleidigend, dem Partner zu direkte Fragen zu stellen. Nur ein wohldosierter und kulturell angepasster Frageneinsatz ist deshalb förderlich.

3.3.1 OFFENE UND GESCHLOSSENE FRAGEN

Fragen lassen sich grundsätzlich in zwei Typen einteilen: Offene und geschlossene Fragen. Dies betrifft u. a. den grammatischen Aufbau, den Antwortspielraum, die kommunikative Wirkung, das Rederecht, die Erlaubnisebene (»Ist es höflich oder angemessen, diese Frage jetzt zu stellen?«) und die Verwendung im Gespräch:

Tab. 4.3-6: Offene und geschlossene Fragen

	Offene Fragen:	**Geschlossene Fragen:**
Beispiel	»Wie beurteilen Sie die Sitzungskultur?«, »Was wurde besprochen?«	»Hat die Besprechung stattgefunden?«, »Sind Sie zufrieden mit dem Verlauf?«
Wort am Beginn	Beginnen mit einem Fragewort (Wie, was, wann, wo, wer, womit, welche …).	Beginnen mit einem Verb.
Antwortoptionen	Geben keine spezielle Antwort vor.	Grenzen die Antwortmöglichkeiten auf »ja« oder »nein« ein.
Erwartung an Antwort	Aktivieren den Gesprächspartner und laden ihn zu einer ausführlichen Antwort ein.	Signalisieren, dass eine kurze und eindeutige Antwort erwartet wird.
Bezugsrahmen	Lenken auf den Bezugsrahmen des Partners (»wie er die Dinge sieht«).	Fokussieren auf den Bezugsrahmen des Sprechers (»wie ich die Dinge sehe«).
Rederecht	Räumen dem Partner das Rederecht ein, Inhalt und Form der Mitteilung weitgehend zu bestimmen.	Das Rederecht und die Gesprächssteuerung verbleiben beim Fragesteller.
Vorstrukturierung der Antwortmöglichkeiten	Keine Vorstrukturierung der Antwortmöglichkeit ist notwendig.	Inhaltliche Vorstrukturierung auf die Ja-Nein-Antwortmöglichkeit ist notwendig.
Erlaubnisebene	Benötigen aber vom Partner eine hohe Erlaubnisebene, denn sie können schnell bedrängend oder indiskret wirken.	Benötigen eine geringe Erlaubnisebene, denn der Partner kann entscheiden, ob und wie er darauf antwortet.
Einsatzgebiete	Um detaillierte Informationen zu komplexen Sachverhalten zu erhalten, Interessen und Sichtweisen zu ermitteln, Für Sammlungen und Brainstormings, Um den Partner auf ein neues Thema zu lenken.	Um eindeutige und vorstrukturierte Informationen gezielt zu erfragen, z. B. in Checklisten, Fragebögen, Formularen. Für den Gesprächseinstieg, um die Gesprächsbereitschaft zu testen und zu stärken. Als (Zwischen-)Check, bevor das Gespräch weitergeht. Um zum Abschluss daran Kontrakte/Vereinbarungen zu schließen und abzusichern.

3.3.2 ALTERNATIVFRAGEN: HILFREICH UND PROBLEMATISCH ZUGLEICH

Eine wichtige Sonderform zwischen den offenen und geschlossenen Fragen ist die Alternativfrage:

- Passt Ihnen der Termin besser am Freitag oder lieber am Dienstag?
- Möchten Sie die Ausführung lieber in Chrom oder in Messing?

Diese Fragen spitzen Entscheidungen auf eine vorgegebene Alternative (auch drei Optionen sind möglich) zu. Sie sind dann hilfreich, wenn im Laufe eines Gespräches Optionen ausgewählt und reduziert werden sollen (siehe Fragetrichter).

3.3.3 DAS TRICHTERMODELL: ANTWORTSPIELRÄUME IM GESPRÄCH GESTALTEN

In Verhandlungsgesprächen ergeben sich oft »trichterförmige« Fragen-Sequenzen (siehe Abbildung 4.3-4 Trichtermodell), die veranschaulichen, wie der Antwortspielraum (symbolisiert durch die Breite des Trichters) das Rederecht und damit auch die Frageform je nach Gesprächsfortschritt variiert:

1. Zum Gesprächseinstieg eignen sich besonders gut geschlossene Fragen, weil sie eine geringe Erlaubnisebene verlangen. Über geschlossene Fragen werden die Beziehung getestet und aufgebaut sowie ein »Rahmenkontrakt« geschlossen (»Es ist in Ordnung, dass wir dieses Gespräch jetzt führen«). Der Antwortspielraum ist zunächst gering, der Trichter eng.
2. Eine Ich-Botschaft schafft Orientierung für die folgende offene Frage und »weitet« den Antwortspielraum im Gespräch.
3. Eine offene Frage leitet die Informationssammlung ein (breiter Antwortspielraum = Trichter-Öffnung).
4. Für die Auswahl, Zuordnung etc. wird der Trichter wieder zunehmend enger.
5. Eine Vereinbarung oder ein Aktionsplan kann jetzt erarbeitet werden.
6. Am Ende wird mit einer geschlossenen Frage ein Kontrakt über das vereinbarte Gesprächsergebnis herbeigeführt (enger Antwort-Spielraum = Trichter-Mündung).

Einstieg:
Vor-Kontakt / Ja-Straße
Bereitschaft testen und schaffen:
Haben Sie gut zu uns gefunden?
Trinken Sie Kaffee?
Können wir anfangen?

Ich-Aussage
Ziel setzen/Orientierung/Erlaubnisgrundlage schaffen:
Ich möchte gerne Ihren Bedarf kennenlernen
und Ihnen dann zeigen, was wir derzeit erarbeiten,
um ein passendes Angebot für Sie zu erstellen.

Sammeln
Welche Maschinen setzen Sie derzeit ein?
Wo sehen Sie Optimierungsbedarf?
(... weitere Sammlung ...)

Auswählen
Welche der gesammelten Punkte sind besonders wichtig?
Welche davon müssen wir heute klären?
(...)

Zuordnen
Was müssen wir bis wann geklärt haben?
(Aktionsplan)

Entscheiden / Aktionsplan
Wer schickt uns die benötigten Informationen?
Wie lange brauchen Sie dafür?

Kontrollieren
Sind jetzt noch Punkte offen?
Ist die Aufgabenverteilung klar?
Ist die Kostenübernahme gesichert?

Kontrakt
Können wir diese Vorgehensweise
dann vertraglich vereinbaren?

Abb. 4.3-4: Trichtermodell für Fragetechnik

3.3.4 DER DREISCHRITT ZUM EINSATZ VON FRAGEN IM GESPRÄCH

Der reine Einsatz von Fragen im Gespräch bewirkt eine Verhörsituation. Rederecht, Erlaubnisebene und Bezugsrahmen sind dann extrem zum Sprecher hin verschoben. Die Gesprächssituation ist asymmetrisch und wird als nicht partnerschaftlich empfunden. Für die kooperative Gesprächsführung ist eine symmetrische Gesprächssituation notwendig.

Dafür müssen Fragen mit anderen Gesprächselementen »eingebettet« werden. Um dem Partner offenzulegen, aus welchem Bezugsrahmen eine Frage gestellt wird, was also der Hintergrund, die »Implikation« der Frage ist, und um beim Partner Akzeptanz für die Frage zu schaffen, sollte das Frage-Setting mit einer Ich-Botschaft eröffnet werden. Besonders offene Fragen, aber auch geschlossene Fragen nach sensiblen Informationen benötigen diesen Rahmen. Hilfreich ist die Dreischritt-Fragetechnik (vgl. Tabelle 4.3-7):

Tab. 4.3-7: Dreischritt-Fragetechnik

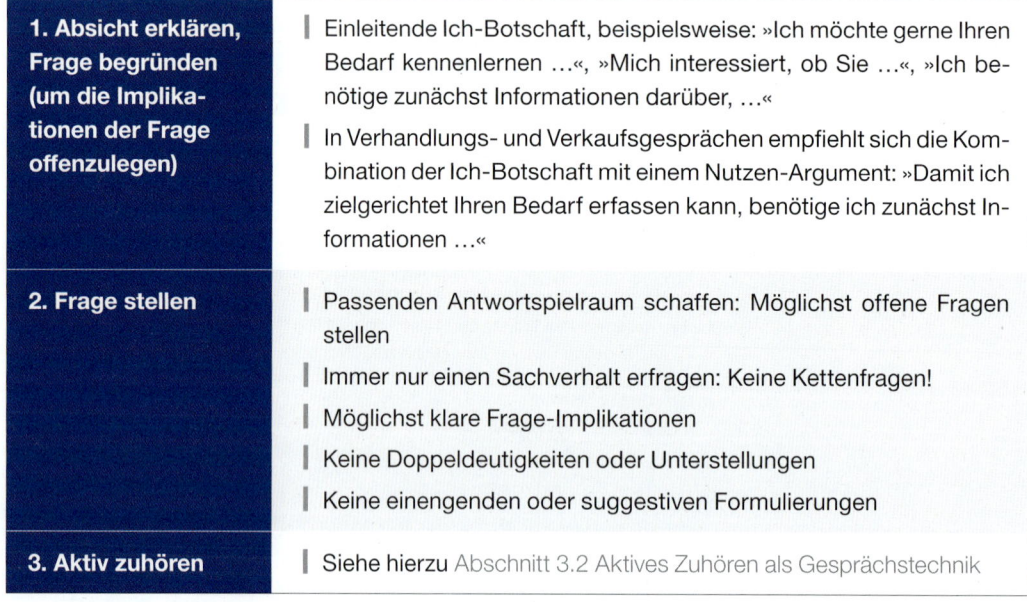

1. Absicht erklären, Frage begründen (um die Implikationen der Frage offenzulegen)	⦁ Einleitende Ich-Botschaft, beispielsweise: »Ich möchte gerne Ihren Bedarf kennenlernen …«, »Mich interessiert, ob Sie …«, »Ich benötige zunächst Informationen darüber, …« ⦁ In Verhandlungs- und Verkaufsgesprächen empfiehlt sich die Kombination der Ich-Botschaft mit einem Nutzen-Argument: »Damit ich zielgerichtet Ihren Bedarf erfassen kann, benötige ich zunächst Informationen …«
2. Frage stellen	⦁ Passenden Antwortspielraum schaffen: Möglichst offene Fragen stellen ⦁ Immer nur einen Sachverhalt erfragen: Keine Kettenfragen! ⦁ Möglichst klare Frage-Implikationen ⦁ Keine Doppeldeutigkeiten oder Unterstellungen ⦁ Keine einengenden oder suggestiven Formulierungen
3. Aktiv zuhören	⦁ Siehe hierzu Abschnitt 3.2 Aktives Zuhören als Gesprächstechnik

Nun können weitere Fragen gestellt werden. Nicht vor jeder Frage ist eine Ich-Botschaft notwendig, aber zu Gesprächsbeginn und sobald ein neuer Themenkomplex angesprochen wird, vor allem dann, wenn das Thema »sensibel« ist. Hier gilt wieder die Regel: Je konfliktreicher und je »interkultureller« die Gesprächssituation ist, desto feiner sind die Kommunikationswerkzeuge zu justieren.

Die Dreischritt-Technik ist vor allem im interkulturellen Kontext wichtig. In einigen Kulturen (z. B. in vielen asiatischen Ländern) gilt es als unhöflich, Fragen zu stellen. Dies betrifft vor allem offene Fragen, denn diese benötigen eine hohe Erlaubnisebene (→ Abschnitt 3.3.1 Offene und geschlossene Fragen). Auf offene Fragen erhalten Sie in diesen Kulturen allenfalls ausweichende Antworten, weil der Gefragte befürchtet, durch eine falsche oder der Erwartung widersprechende Antwort sein Gesicht zu verlieren. Achten Sie deshalb im interkulturellen Kontext immer darauf, eine gute Beziehungsebene zu schaffen und Ihre Absichten gut zu erklären, ehe Sie eine Frage stellen. Überlegen Sie, wie Sie auch ohne Fragen Informationen erhalten können, z. B. indem Sie Aussagen treffen, die dann verbal oder nonverbal durch Ihren Gesprächspartner bestätigt werden.

3.4 KLARE SELBSTAUSSAGEN DURCH ICH-BOTSCHAFTEN

Das notwendige Gegenstück zum Zuhören sind Selbstaussagen, sogenannte Ich-Botschaften. Besonders dann, wenn es darum geht, ein eigenes Bedürfnis, ein Interesse und vor allem die eigene Gefühlslage (z. B. Ärger oder Unzufriedenheit) mitzuteilen, verstecken wir uns gerne hinter Formulierungen, die leicht Missverständnisse provozieren oder eskalierend wirken. Saubere Ich-Botschaften wirken dagegen deeskalierend. Schulz von Thun führt die Technik der Ich-Botschaften weiter über sein 4-Ohren-Modell (vgl. Schulz von Thun 1999, Bd. 1). Die folgenden Ausführungen beziehen sich sowohl auf die Selbstoffenbarungs- als auch auf die Appell-Seite dieses Modells.

3.4.1 ESKALIERENDE AUSSAGETYPEN VERMEIDEN

Es gibt eine Reihe von Formulierungstypen, die durch Nichtbeachtung der Kommunikationsregeln Konfliktpotenzial erzeugen:

- **Du-Botschaften** sind das Gegenteil der Ich-Botschaft. Wir urteilen über den Partner und versehen ihn mit einem klassifizierenden »Etikett«, Beispiel
»Sie sind faul, zerstreut, …«, »Sie sind ein Überflieger« etc.

- **Killerphrasen** versuchen, den Partner mit Pauschal-Aussagen »abzuwürgen« oder ins Unrecht zu setzen, Beispiel
»Das funktioniert doch in der Praxis gar nicht«, »Das ist doch längst veraltet« etc.

- **Verallgemeinerungen** suggerieren eine Regelhaftigkeit, statt den konkreten Fall zu beachten, Beispiel:
»Immer müssen Sie Bedenken haben!«, »Keiner hilft uns«, »Alle wissen doch längst …«, »Niemand kann bezweifeln …«

- **Gedankenlesen** und Unterstellungen sollen den Partner entblößen, Beispiel:
»Nun wollen Sie uns weismachen …«, »Sie haben sich gedacht …«, »Sie fürchten jetzt …«

- **Beziehungsspitzen** sind deshalb besonders problematisch, weil sie versteckte negative Gefühle mit vermeintlich sachlichen Aussagen vermengen, z. B. durch abwertende Adjektive, Beispiele:
»Ihre unsachlichen Einwände sind …«, »Dieser abwegige Vorschlag …« etc.

- **Nonverbale und paraverbale Begleitbotschaften**, die Ihrer Sach-Aussage widersprechen, senden auch starke Ich-Aussagen. Sie wirken eskalierend, denn sie werden indirekt wahrgenommen und meist auch indirekt, d. h. mit scheinbar sachlichen Argumenten, »beantwortet«. So lautet der Subtext vieler vermeintlich sachlicher Aussagen beispielsweise: »Ich bin genervt, dass Sie das immer noch nicht verstehen. Sie haben keine Ahnung!«

Um in diesen Kommunikationssituationen zu deeskalieren, müssen Sie jeweils durch (Selbst-)Beobachtung klären, welche Situation vorliegt und welche Emotionen bei Ihnen oder Ihrem Partner zutage treten. Sie müssen entscheiden, ob eine Störung vorliegt und es notwendig ist, diese Emotionen in angemessener Form anzusprechen, oder ob Sie über andere Möglichkeiten verfügen. Beispielsweise lassen sich viele Störungen über eine Änderung des Kontextes beheben (siehe Nonverbales Verhalten). Um Emotionen oder Störungen anzusprechen, sollten Sie die folgende Dreischritt-Technik beachten.

3.4.2 DREI SCHRITTE ZUR KONSTRUKTIVEN ICH-BOTSCHAFT

Besonders in Problemsituationen ist es wichtig, klare Ich-Botschaften zu senden. Hierfür hat sich deshalb ein Vorgehen in drei Schritten bewährt, das zugleich den Charakter der Ich-Botschaft verdeutlicht:

1. Beschreiben Sie die Situation oder das Verhalten des Partners:
Mit der sogenannten »Reportertechnik« (Weidenmann 2003, S. 120 ff.) beschreiben Sie zunächst möglichst neutral und objektiv die Situation, wie ein Außenstehender oder ein Reporter: »Vor zwei Wochen war Abgabetermin und Sie haben mir noch kein Arbeitsergebnis vorgelegt.«

Dabei ist zu beachten:

- Möglichst objektive Beschreibung der beobachteten Tatsachen: Was nehmen Sie konkret wahr?
- Keinerlei versteckte Wertungen einfließen lassen (»noch immer nicht« …)
- Keine Vergleiche (»beim letzten Projekt war es das Gleiche«, »alle anderen haben schon abgegeben«)
- Keine Verallgemeinerungen (»immer sind Sie der Letzte«, »schon wieder«, »es ist jedes Mal das Gleiche« etc.)

2. Beschreiben Sie das Gefühl, das durch die Situation ausgelöst wird:
»Ich bin ärgerlich«, »ich bin unter Zeitdruck«, »ich bin ratlos« etc. Dies ist die eigentliche Ich-Botschaft.

- Offenheit: Beschreiben Sie klar das eigene Gefühl oder die eigene Befindlichkeit.
- Keine »Abschwächer«: »Ich bin ein bisschen ärgerlich, weil Sie manchmal …«
- Konsequent bei sich selbst bleiben, denn:
- Einer guten Ich-Botschaft kann nicht widersprochen werden: Sie selbst sind der einzige Mensch, der einschätzen kann, ob Sie ärgerlich sind oder nicht.

3. Beschreiben Sie die Konsequenzen:
»Wir werden den Meilenstein nicht mehr rechtzeitig erreichen.« »Die Kollegen werden Ihre Arbeit mit erledigen müssen.«

| Beschreiben Sie nur die Konsequenzen.

| Schreiben Sie dem Partner nicht vor, wie er jetzt handeln sollte.

| Damit geben Sie dem Partner die Verantwortung für seine Reaktion, statt ihn »an die Wand zu reden«.

Im normalen Gesprächsverlauf ist meist kein vollständiger Dreischritt notwendig. Sobald es konflikthaft wird oder wenn Ihr Gesprächspartner aus einer fremden Kultur stammt, ist es ratsam, Ich-Botschaften und Selbstaussagen sorgfältig »einzubetten« und zu justieren. Für Verhandlungsgespräche sind Ich-Botschaften besonders wichtig, denn nur so können Sie unmissverständlich Ihre eigenen Interessen und Bedürfnisse mitteilen.

Klare Ich-Botschaften erfordern allerdings:

| Ich beobachte die Situation und den Partner genau.

| Ich beobachte mich selbst genau, welche Gefühle mich beherrschen.

| Ich kläre, welche Interessen und Bedürfnisse ich habe.

Und das bedeutet, dass Sie vor dem Sprechen nachdenken sollten ...

3.4.3 VORSICHT VOR »FALSCHEN ICH-BOTSCHAFTEN«

Wenn Ich-Botschaften sich nicht konsequent auf das eigene Gefühl beziehen, sondern Gefühle mit Urteilen oder Beschreibungen etc. verbinden, liegt ebenfalls ein Eskalationstyp vor.

Beispiel: »Ich bin ärgerlich, weil Sie so faul sind«, »Ich merke genau, dass Sie mich täuschen wollen«, »ich spüre, dass Sie gemein sind«, »mich interessiert, woher Sie diesen Unsinn« ...

3.5 FEEDBACK GEBEN UND ANNEHMEN

In vielen Kapiteln dieses Buches ist von Feedback die Rede. Das Wort wird oft verwendet und selten definiert. Feedback, wörtlich »Zurückfüttern«, bedeutet, einer Person eine Rückmeldung über ihr Verhalten zu geben. Dies kann sich auf sprachliches Verhalten (Worte), auf nonverbales Verhalten oder auf einen Beitrag, ein Arbeitsergebnis u. v. m. beziehen. Der Begriff Feedback wird teilweise etwas inflationär verwendet, doch längst nicht jede Kommunikationssituation ist ein Feedback.

Feedback ist eine sehr persönliche Kommunikationssituation, die Statusfragen und die persönliche Würde in starkem Maße betrifft (→ Kapitel »Verhandlungen«). Dies ist besonders dann der Fall, wenn der Feedback-Geber einen höheren Status hat als der Empfänger, z. B. in Führungssituationen. Feedback ist deshalb ein zentrales Führungsinstrument, es ist aber auch wichtig für Konfliktmanagement, für die Gestaltung von Beziehungen und für Verhandlungsführung. Stakeholdern soll ebenfalls Gelegenheit zu Feedback gegeben werden. Bisweilen tituliert ein Sprecher seine Rückmeldungen als »Feedback«, aber seine Äußerungen sind vermischt mit seinen Urteilen, Wertungen eigenen Ansichten. Wenn das der Fall ist, kann nicht mehr von Feedback gesprochen werden, schlimmstenfalls handelt es sich um einen – als Feedback getarnten – Schlagabtausch.

Für ein erfolgreiches Feedback sind ein passendes und »geschütztes« Arbeitsklima Voraussetzung sowie die innere Bereitschaft des Feedback-Empfängers, die Rückmeldung entgegenzunehmen. Bevor Feedback gegeben wird, soll daher erfragt werden, ob der Empfänger bereit ist, eine Rückmeldung entgegenzunehmen (Kontraktfrage). Sodann sind die Gesprächssituation und der Kontext zu beachten. In einem kurzen »Flurgespräch« unter Zeitdruck, z. B. direkt vor einer Sitzung oder in Anwesenheit anderer – womöglich sogar konkurrierender – Gesprächspartner, ist gerade ein kritisches Feedback nicht angebracht. Ein konstruktives Feedback beachtet deshalb eine Reihe von Regeln, deren strikte Einhaltung die Professionalität ausmacht. Ein unsauberes oder unprofessionelles Feedback verletzt und bewirkt häufig eine Eskalationsdynamik.

3.5.1 FEEDBACK GEBEN

- Feedback soll nicht unter Zeitdruck gegeben werden. Planen Sie genügend Zeit dafür ein und führen Sie keine Ad-hoc-Gespräche.

- Feedback verlangt einen »Kontrakt«, d. h. einen »kommunikativen Vertrag« über das Einverständnis zwischen den Partnern. Erfragen Sie vor dem Feedback, ob der Empfänger für Ihre Rückmeldung bereit ist und ob es der richtige Zeitpunkt für ihn ist.

- Geben Sie Ihr Feedback zeitnah, also nicht erst Tage oder Wochen später.

- Äußern Sie Ihre konkreten Beobachtungen, Fakten und Ihre eigenen Gefühle und keinesfalls Interpretationen oder Wertungen und Vorwürfe. Sagen Sie beispielsweise: »Ich ärgere mich, dass Sie mir erst die Verantwortung für dieses Projekt übertragen haben und nun schon zum wiederholten Mal Dinge auf eigene Faust durchführen, ohne mich zu informieren oder um Rat zu fragen«, und nicht: »Sie sind autoritär« oder »Sie wollen immer alle Dinge an sich reißen« etc.

- Verstecken Sie sich nicht hinter »Man«-Aussagen (»Man macht/sollte …«) oder »Du«-Appellen (»Du könntest …«), sondern formulieren Sie Ihr Feedback stets als Angebot und in der Ich-Perspektive, etwa: »Ich hatte den Eindruck …«, »Ich habe beobachtet, dass …«, »Mir missfällt, dass …«.

- Trennen Sie vor allem bei kritischem Feedback die Person und ihr Verhalten: Die Person an sich ist in Ordnung – ihr Verhalten in einer bestimmten Situation ist jedoch verbesserungswürdig. Der Feedback-Geber hat nicht das Recht, die Person zu beurteilen. Was er wahrnehmen und beurteilen kann, ist das gezeigte Verhalten in der bestimmten Situation. Es gilt, dieses möglichst konkret anzusprechen.
- Feedback soll verantwortlich gegeben werden und soll die persönliche Entwicklung fördern. Beginnen Sie deshalb stets mit positiven Dingen, zum Beispiel »Gut gefallen hat mir …«. Bedenken Sie: Ihre Wahrnehmung und Wertung sind subjektiv und jede Münze hat zwei Seiten.
- Sprechen Sie den Feedback-Nehmer direkt an (z. B. mit Namen, statt – in einer Gruppe – »Er hat …«)
- Optional: Teilen Sie Ihren Verhaltenswunsch oder Ihre Vorstellung für die Zukunft mit.
- Beenden Sie eine Feedback-Situation mit einer offenen Frage an den Gesprächspartner, um die Wirkung Ihres Feedbacks besser einschätzen zu können, z. B.: »Was sagen Sie zu meiner Rückmeldung?«

3.5.2 FEEDBACK ANNEHMEN

- Betrachten Sie ein konstruktives Feedback als ein Geschenk und als eine Chance für Ihre persönliche Entwicklung: Sie hatten die Gelegenheit, in einen Spiegel zu schauen, Sie konnten wahrnehmen, wie Sie auf andere Menschen in einer konkreten Situation wirken, und der Spiegel kann nichts für das Bild, das Sie im Spiegel erkennen.
- Beachten Sie, dass jede Wahrnehmung subjektiv ist. Sie erhalten aber durch Feedback interessante Informationen darüber, wie Sie (Ihr Verhalten) von einer anderen Person gesehen werden.
- Wenn Sie Informationen zu einer konkreten Situation oder einem konkreten Verhalten haben möchten, können Sie Ihren Feedback-Geber gezielt darum bitten.
- Hören Sie ihm aktiv und aufmerksam zu und fallen Sie ihm nicht ins Wort.
- Rückfragen sind erlaubt. Fragen Sie nach, wenn Ihnen etwas unklar ist, etwa: »Haben Sie das am Anfang beobachtet oder eher gegen Ende?«, »Wie oft ist das geschehen?«, »Habe ich Sie richtig verstanden …?« oder »Sie meinen damit sicher, dass …?«.
- Rechtfertigen und verteidigen Sie Ihr Verhalten nicht. Überdenken Sie lieber, inwieweit die Kritik berechtigt war und was Sie davon annehmen möchten und was nicht. Sobald Sie in ein Feedback-Gespräch Rechtfertigungen oder Begründungen Ihres Verhaltens einfließen lassen, machen Sie es Ihrem Feedback-Geber schwer, weiter sauber Feedback zu geben. In der Regel entsteht dann sofort eine Debatte und die Feedback-Situation ist zerstört.

| Betrachten Sie Feedback nicht als persönliche Kränkung oder Maßregelung: Nehmen Sie an, womit Sie etwas anfangen können und was Sie für berechtigt halten, und lassen Sie Äußerungen stehen, die Sie für ungerechtfertigt halten. Sie wissen nun, wie Ihr Gesprächspartner Sie sieht, und Sie haben die Chance, in Zukunft eine andere Wirkung bei ihm zu erzielen.

Zum Schluss noch ein Hinweis: Gerade in emotional erregten Situationen wird Feedback oft nicht sauber gegeben. Urteile und Interpretationen fließen ein, Ratschläge werden gegeben und der Feedback-Geber beginnt, von sich selbst zu erzählen etc. Maßregeln Sie Ihren Gesprächspartner nicht, sondern helfen Sie ihm durch offenes Nachfragen, Ihnen weiter Feedback zu geben, etwa: »Was haben Sie beobachtet?« »Wie ging es Ihnen dabei?«. Bedenken Sie: Feedback-Situationen, auch ungerechtfertigte oder unsaubere, wirken oft wie ein »reinigendes Gewitter«. Danach besteht meist die Chance, konstruktive Gespräche zu führen.

4 KOMMUNIKATIONSSITUATIONEN IM PROJEKT

Nach den grundlegenden Kommunikationstechniken werden in diesem Abschnitt die wichtigsten Kommunikationssituationen im Projekt vorgestellt.

4.1 BESPRECHUNGEN IM PROJEKT

Meetings oder Besprechungen dienen vor allem dem direkten Austausch von Informationen. In jedem Projekt bilden die gemeinsamen Besprechungen den Kernbereich der direkten Kommunikation unter den Projektbeteiligten, sie fungieren als das primäre Kommunikationsforum. Dabei können formelle (z. B. Besprechungen, Meetings, Verhandlungen usw.) und informelle (z. B. Vier-Augen-Gespräch, Telefonate usw.) Besprechungssituationen unterschieden werden. Die folgenden Ausführungen beziehen sich vorwiegend auf die formellen Besprechungen. Diese sind in den meisten Organisationen und Projekten ein enormer »Zeitfresser« und »Motivationskiller«. Methoden für effektive und effiziente Besprechungen sind daher erfolgsrelevant (vgl. Dörrenberg 2004, S. 1149 ff.).

Oft wird über die Ineffektivität von Besprechungen geklagt, aber der »heimliche Gewinn«, den die Teilnehmer aus ineffizienten Besprechungen ziehen, führt dazu, dass eingeschliffene kontraproduktive Muster sich lange Zeit stabil halten. Hierzu drei typische Beispiele:

 Beispiel: Der Projektmanager müsste für die Straffung der Besprechungskultur geeignete Moderationstechniken beherrschen. Dafür wäre aber eine Fortbildung notwendig. Der vermeintliche Zeitaufwand dafür wird jedoch gescheut, zumal der Projektmanager sich dann als Moderator exponieren müsste und zunächst auch Schwächen zeigen würde. Stattdessen mogelt er sich lieber mit ineffizienten Techniken durch.

Beispiel: Eine straffe Projektmoderation und Visualisierung führen dazu, dass jedes Teammitglied klar und für alle sichtbar auf seine Aufgaben verpflichtet wird. Auch Versäumnisse von festgelegten Aufgaben werden dann sofort für alle erkennbar. Diese Verbindlichkeit und Transparenz scheuen jedoch oftmals die Teammitglieder, weshalb sich viele Projektteams im Stillen darüber einig sind, dass weiterhin um die harten Fakten »herumgeschwätzt« wird (»Ich kümmere mich dann also so schnell wie möglich darum« etc. …).

Beispiel: Gerade in Gremien fürchten viele Teilnehmer um ihre schwer erkämpfte inoffizielle Macht, wenn über Moderationstechniken eine gleichmäßige Partizipation sichergestellt wird. Deshalb finden sich immer Gründe, um an eingeschliffenen Gremien-Ritualen festzuhalten.

Im Folgenden werden einige Ansätze vorgestellt, um Besprechungen effektiver und effizienter zu gestalten und die Kommunikation zwischen den Beteiligten bestmöglich zu unterstützen.

4.1.1 SCHRITTE ZU BESSEREN BESPRECHUNGEN

Eine Besprechung erfordert eine gründliche Vorbereitung (sowohl vonseiten des Besprechungsleiters als auch der Teilnehmer), ein gezieltes Management und eine solide Nachbereitung. Hierzu bietet die Abbildung 4.3-5 eine einfache Checkliste.

1. Vorbereitung

- [ ] Stellen Sie eine Tagesordnung auf und verteilen Sie diese.

- [ ] Organisieren Sie geeignete Räumlichkeiten, welche die vorgesehene Sitzordnung und den Einsatz geeigneter Medien ermöglichen.

- [ ] Ermitteln Sie die Themen der Besprechung und pro Thema die jeweilige Zielstellung (Information, Diskussion, Entscheidung etc.).

- [ ] Legen Sie die erforderlichen Teilnehmer fest, fragen Sie sich pro Teilnehmer, warum genau er teilnehmen soll.

- [ ] Legen Sie fest, welche Vorbereitungen notwendig und sinnvoll sind, wer eine spezielle Vorbereitungsaufgabe zu erfüllen hat und welche Vorarbeiten von allen geleistet werden müssen.

- [ ] Planen Sie für jedes Thema ein Zeitfenster, je nach Themen-Umfang, Ziel, Vorgehensweise bzw. Moderationsmethode und Teilnehmerzahl.

2. Während der Besprechung

- [ ] Sorgen Sie für eine klare und informative Besprechungs-Eröffnung: Nennen Sie das Ziel, die Themen und die Tagesordnung. Wenn die Teilnehmer sich nicht kennen, ist eine gegenseitige Vorstellung erforderlich. Klären Sie offene Fragen zu Beginn und legen Sie ggf. Änderungen zur Tagesordnung fest.

- [ ] Moderieren Sie den Besprechungs-Ablauf: Sorgen Sie dafür, dass alle Teilnehmer interagieren, bremsen Sie Vielredner und ermuntern Sie passivere Teilnehmer.

- [ ] Halten Sie sich an den Zeitrahmen für das jeweilige Thema, regeln Sie die Zeit-Regie im Einverständnis mit den Teilnehmern.

- [ ] Halten Sie die Ergebnisse, Verpflichtungen und offenen Punkte fest, am besten auf einem für alle Teilnehmer sichtbaren Medium (z. B. Flipchart, White-Board).

- [ ] Lassen Sie die Teilnehmer in der Schlussrunde den Verlauf und die Ergebnisse der Besprechung beurteilen.

3. Nachbereitung

- [ ] Verteilen Sie die Besprechungsprotokolle zeitnah, ggf. mit den erforderlichen Ergänzungen.

- [ ] Resümieren Sie für sich den Besprechungsverlauf und halten Sie fest, was Sie bei der nächsten Besprechung besser machen möchten/müssen.

- [ ] Verfolgen Sie die Einhaltung der getroffenen Verpflichtungen.

Abb. 4.3-5: Checkliste zur Gestaltung von Besprechungen

4.1.2 VERSCHIEDENE ARTEN VON BESPRECHUNGEN

Vor einer Sitzung sollte sich der Sitzungsleiter darüber klar werden, welchem Zweck diese Besprechung eigentlich primär dienen soll. Je nach Inhalt und Ziel lassen sich verschiedene Arten von Besprechungen unterscheiden (vgl. Tabelle 4.3-8). Hierbei kommen auch verschiedene Kommunikationsarten zum Tragen, vielfach in Vermischung. Je mehr verschiedenen Zwecken eine Besprechung dienen soll, desto schwieriger wird es, sie erfolgreich zu gestalten:

Tab. 4.3-8: Typische Ziele von Besprechungen

Ziel der Besprechung	Besprechungen, für die diese Zielstellung typisch ist
Informationssammlung	Erhebung von Anforderungen an ein Projektergebnis
Entscheidung über Maßnahmen	Meilenstein-Entscheidung, Management-Review
Informationsaustausch	Kick-Off Meeting
Einbezug von Teilnehmern und Sicherstellung von Unterstützung	Stakeholder Workshop
Erarbeitung von Ergebnissen	Start-Up Workshop, Lessons-Learned-Workshop

Beachten Sie, dass die unterschiedlichen Besprechungsteilnehmer auch verschiedene Rollen und Aufgaben in der Besprechung haben. Diese gilt es, zu kommunizieren und aufeinander abzustimmen. Bei manchen Besprechungen verfolgen die Teilnehmer sehr unterschiedliche Ziele. Hierzu ein Beispiel:

Beispiel: Im Rahmen eines Ausschreibungs- und Vergabeverfahrens findet eine Bieterkonferenz statt. Der Besprechungsleiter wird primär informieren wollen, während die anwesenden Vertreter der anbietenden Firmen eher daran interessiert sind, ihre Angebote darzustellen und zu erfahren, was die konkurrierenden Anbieter bieten bzw. beabsichtigen.

Einige Alternativen zu Besprechungen werden im Kapitel »Arbeit in virtuellen Teams« besprochen, diese Alternativen hängen vom Ziel der Besprechung ab. Viele Aktivitäten, die oft in Besprechungen erfolgen, können jedoch aus der Besprechung ausgelagert werden:

| Eine Informationssammlung kann beispielsweise häufig vorab elektronisch erfolgen, ggf. mit Nacharbeit in der Besprechung selbst.
| E-Mails und Papierdokumente sowie Berichte können für die Verteilung von Informationen im Vorfeld oder im Nachgang effektiv sein.

| Ein wirklicher Meinungsaustausch und gemeinsame Entscheidungen lassen sich aber nach wie vor am effektivsten und effizientesten nur mit Besprechungen erreichen.

4.1.3 PROTOKOLLIERUNG ALS WICHTIGE KOMMUNIKATIONSAUFGABE

PROTOKOLLFÜHRER UND PROTOKOLLIERUNG

Der Protokollführer einer Besprechung sollte explizit benannt werden und nicht mit dem Besprechungsleiter identisch sein. Nur so können sich beide Personen (Besprechungsleiter und Protokollführer) auf ihre jeweilige Aufgabe konzentrieren – meist sind beide ja auch gleichzeitig noch »normale« Besprechungsteilnehmer.

Der Protokollführer hat während der Protokollierung insbesondere folgende Aufgaben zu erfüllen:

| Besprechungsergebnisse und Beschlüsse sowie Gegenmeinungen festhalten (ggf. stichwortartig).

| Alle notwendigen Anlagen und Beilagen sammeln und zuordnen.

| To-Do-Liste mit dem Vermerk »Erledigung durch/bis« aufbauen bzw. aktualisieren.

| Beschlossene Aktionen (»action items«) formulieren, sodass eine nachfolgende Ergebniskontrolle möglich ist.

| Verteilung des Protokolls sicherstellen.

Statt im Nachhinein das Geschehene quasi als Gedächtnisübung zu rekapitulieren, ist es dringend angeraten, bereits während der Besprechung einen handschriftlichen und stichwortartigen Protokoll-Rohentwurf (Simultanprotokoll) zu erstellen. Der Protokollführer hält die Zwischenergebnisse fest, verliest sie, soweit erforderlich, bittet um Formulierungsvorschläge, holt sich die Zustimmung der Teilnehmer ein und kann so zu einem ergebnisorientierten Verlauf der Zusammenkunft beitragen (Bergfeld 1994).

Ein Protokoll, das, wie dargestellt, noch während der Sitzung verfasst und zum Schluss in den wesentlichen Punkten verlesen wird, bietet folgende Vorteile (siehe Bergfeld, 1994):

| Die Qualität des Protokolls ist nicht von der reinen Gedächtnisleistung des Protokollführers abhängig.

| Es wird keine zusätzliche Zeit für nachträgliche Korrekturen und Interpretationen benötigt.

| Eine Manipulation des Textes wird verhindert.

| Missverständnisse werden vermieden.

Alle wichtigen Fragen (Wann, Was, Wer, Wie, Warum, Womit usw.), die einen wirksamen Transfer ermöglichen, werden frühzeitig geklärt.

Die Verteilung des Protokolls sollte möglichst schnell erfolgen (Faustregel: Spätestens drei Werktage später). Einwände gegen beschlossene Maßnahmen sollen möglichst umgehend dem verantwortlichen Besprechungsleiter mitgeteilt werden, alle übrigen Unklarheiten und Änderungswünsche werden in der nächsten Sitzung möglichst als erster Tagesordnungspunkt (TOP) geklärt.

KENNZEICHEN GUTER PROTOKOLLIERUNG

Ein Besprechungsprotokoll sollte – mindestens – folgende Inhalte umfassen bzw. Angaben enthalten (vgl. Abbildung 4.3-6):

- Besprechungstermin
- Beginn und Ende (Uhrzeit)
- Besprechungsort
- Anlass und Thema
- Teilnehmerkreis
- Moderator bzw. Besprechungsleiter
- Protokollführer
- Verteiler
- Tagesordnung
- Ergebniszusammenfassung sowie
- (evtl.) erläuternde Anhänge

Abb. 4.3-6: Mindestinhalte eines Besprechungsprotokolls (in Anlehnung an Burghardt 2018, S. 552)

Eine weitere Möglichkeit zur systematischen und standardisierten Darstellung der Ergebnisse von Besprechungen sind sogenannte To-Do-Listen (vgl. Abbildung 4.3-7). Hier werden die vereinbarten zu erledigenden Aufgaben (auch »offene Punkte« genannt) personenbezogen dokumentiert und erlauben im Rahmen der Tätigkeitsverfolgung in der folgenden Besprechung eine schnelle Kontrolle der Aufgabenerledigung. Diese Aufzeichnungen werden häufig auch als LOP-Liste (Liste offener Punkte) bezeichnet.

Projekt:		
Besprechung vom:		
Seiten: .... von:		

To-Do-Liste

WER	macht WAS	bis WANN

Abb. 4.3-7: Formular »To-Do-Liste« (Anhalt)

4.2 MODERATION ALS TECHNIK FÜR BESPRECHUNGEN UND WORKSHOPS

4.2.1 STELLENWERT VON MODERATION IM PROJEKT

Eine zentrale Aufgabe im Projekt, die vom Projektmanager oder auch von Teammitgliedern wahrgenommen werden muss, ist die Moderation von Besprechungen und Workshops. Die Moderationsmethode wurde bereits in den 1970er Jahren entwickelt und bewirkt bei sachgerechter Anwendung eine deutlich verbesserte Zeit- und Ergebnis-Effizienz für die Arbeit in Gruppen. Die Methode ist relativ einfach gestaltet, verlangt jedoch einige Kenntnis und Übung, eine gute Materialausstattung und ist für die Teilnehmer am Anfang etwas gewöhnungsbedürftig. Obwohl sich durch Moderation viel Zeit und Kosten einsparen lassen, hat sie sich in einigen Branchen noch immer nicht durchgesetzt.

Eigentlich alle Planungsergebnisse des Projektmanagements – vom Steckbrief über den Phasenplan und Strukturplan bis zum Kommunikationsplan – sollten idealerweise in der Projektgruppe mithilfe von Moderationsmethoden erstellt werden. Dadurch wird sichergestellt, dass das Expertenwissen der Projekt-Teammitglieder optimal in die Ergebnisse einfließen kann. Zugleich wird erreicht, dass die Ergebnisse von allen Beteiligten akzeptiert werden und die Gruppendynamik positiv gestaltet wird, was für die weitere Zusammenarbeit eine wichtige Basis schafft.

Moderation hilft dem Projektmanager, seine Rolle als Manager und Organisator von Experten wahrzunehmen (Prozessgestaltung) und der Versuchung zu widerstehen, selbst die inhaltliche Arbeit als Experte an sich zu reißen. Ohne Moderation kann es schnell geschehen, dass der Projektmanager mehr oder weniger einsam erstellte Produkte seinen Teammitgliedern vorstellt und dann um Akzeptanz für »seine« Lösungen ringen muss.

Ein Projektstartworkshop (→ Kapitel »Planung und Steuerung«) sollte grundsätzlich moderiert werden. Die unterschiedlichen Stakeholder-Gruppen – das Team, Kunden, Lieferanten, Promotoren und Kritiker etc. – werden in den verschiedenen Phasen am wirksamsten über moderierte Besprechungen und Workshops am Projekt beteiligt. Anderenfalls besteht schnell die Gefahr, dass Projektkommunikation – gerade in kritischen Situationen – Einweg-Charakter annimmt und schlimmstenfalls in »Grabenkämpfen« endet.

Natürlich entfaltet eine Moderation dann ihre optimale Wirkung, wenn sie mit Moderationsmedien durchgeführt wird: mit Pinnwänden und Karten. Aber schon ein Flipchart oder auch ein geeignetes Computerprogramm (z. B. für Mindmapping) und ein Beamer reichen aus, um bei sauberer Anwendung der Verhaltensregeln für den Moderator die Leistung einer Gruppe deutlich zu steigern oder ein Gespräch – zumal wenn es schwierig oder konflikthaft ist – produktiver zu gestalten.

Das zu bearbeitende Thema und auch die Gruppengröße bestimmen die einzusetzenden Moderationsmethoden. Bei kleinen Gruppen reichen oft schon ein Flipchart und die saubere Handhabung der Moderatorenrolle aus. Ab einer Gruppengröße von ca. 7 Personen wird es mehr oder weniger zwingend, Moderationsmethoden und geeignete Medien einzusetzen, wenn eine strukturierte Arbeit für alle Beteiligten stattfinden soll. Ab Gruppen von ca. 30 Personen werden spezielle Verfahren notwendig, die sogenannte Großgruppenmoderation. Mithilfe von Großgruppen-Methoden lässt sich dann sogar die Zusammenarbeit von Hunderten von Personen gut strukturieren.

4.2.2 DIE EBENEN VON MODERATION

Das Gebiet der Moderation lässt sich in drei verschiedene Ebenen aufteilen, von denen im folgenden Abschnitt die Ebenen 1 und 3 näher beschrieben werden. Für Ebene 2 wird auf das Kapitel »Vielseitigkeit« verwiesen:

1. Ebene 1: Die Haltung des Moderators und die grundsätzlichen Moderations-Aktivitäten
2. Ebene 2: Die Techniken der Moderation
3. Ebene 3: Die Regie von Workshops und moderierten Beteiligungs-Prozessen

EBENE 1: DIE HALTUNG DES MODERATORS UND DIE AKTIVITÄTEN IN DER MODERATION

Die Grundlage für wirksame Moderation ist die Haltung des Moderators. Der Moderator versteht sich nicht als Leiter, sondern als »Dienstleister« der Gruppe. Es geht nicht um die Meinung des Moderators, sondern die Moderation soll der Gruppe helfen, das explizite und auch das »stille Wissen« der Beteiligten für ein gemeinsam zu findendes Ergebnis zu ermitteln, zu dokumentieren und nutzbar zu machen. Im Kern geht diese Technik auf die Fragetechnik des Sokrates zurück. Mit seiner berühmten Aussage »Ich weiß, dass ich NICHT weiß«[1] steht er für die sogenannte »Hebammen-Technik« (Mäeutik). Durch Fragen führt er in seinen Dialogen seinen Schüler Platon zu dessen eigener Erkenntnis. Dies ist im Coaching und in der Verhandlungsführung u. a. in die »Columbo-Technik« eingeflossen (→ Kapitel »Verhandlungen«).

Grundsätze für die Haltung des Moderators. Der Moderator …

- … ist verantwortlich für den Prozess, nicht für das Ergebnis.
- … ist inhaltlich neutral (hält eigene Interessen zurück). Er handelt im Allgemeininteresse und vernachlässigt keine Teilnehmer-Interessen.
- … ist transparent in seiner Rolle (legt ggf. seine verschiedenen Rollen offen und trennt sie deutlich von der Moderatoren-Rolle; ggf. Technik des »Hut-Wechsels«).
- … handelt »demokratisch«: Stellt sicher, dass Verfahrensweisen und Ergebnisse die notwendige Zustimmung finden (mindestens einfache Mehrheit).
- … betreibt Konflikt-Management und klärt im Konfliktfall seine Rolle (»Vertrauensfrage«).

---

[1] Gemäß Platon: Apologie des Sokrates 21d; eine andere mögliche Übersetzung wäre: »ich weiß als Nicht-Wissender«; der Satz wird häufig falsch zitiert: »Ich weiß, dass ich nichts weiß«.

Aktivitäten des Moderators:

Tab. 4.3-9: Aktivitäten des Moderators

Themenbezogen	Strukturbezogen
❙ Klärt Thema ab und achtet auf Einhaltung des Themas. ❙ Sammelt inhaltliche Vorschläge. ❙ Kann eigene inhaltliche Vorschläge unterbreiten und erfragt die Zustimmung. ❙ Sorgt für Klärung von Begriffen und Unklarheiten. ❙ Formuliert ggf. eine Wortmeldung/einen Vorschlag neu. ❙ Stellt Fragen, um neue Fakten einzubringen. ❙ Hält Zwischenergebnisse fest. ❙ Schluss-Zusammenfassung: Erfolge, Ergebnisse, offene Fragen, weiteres Vorgehen	❙ Macht Verfahrensvorschläge und klärt Verfahrensfragen. ❙ Schlägt Zeit-Struktur vor und achtet auf Einhaltung der Zeit und des Verfahrens. ❙ Achtet auf Wortmeldungen, erteilt das Wort an Teilnehmer (Rednerliste), achtet auf Einhaltung der Redezeiten. ❙ Achtet darauf, dass keine persönlichen Angriffe erfolgen. ❙ Klärt Konfliktstrukturen durch Metakommunikation und unterbreitet entsprechende Schlichtungsvorschläge. ❙ Hält Feedback-Regeln ein und achtet auf ihre Einhaltung.

Grundregeln für die Moderation:

❙ Erst dann, wenn die Form/Struktur geklärt und akzeptiert ist, kann der Inhalt geklärt (und die Lösung akzeptiert) werden.

❙ Der Moderator klärt das methodische Vorgehen ab und wacht laufend darüber, stellt es ggf. zur Diskussion (im Besprechungsbetrieb: »Antrag zur Geschäftsordnung« hat Vorrang).

❙ Ergebnissicherung (laufend und am Ende): Eindeutige Formulierung der (Zwischen-) Ergebnisse und explizite Zustimmung aller Beteiligten; sonst »versteckter Dissens« (scheinbares Einverständnis)

❙ Aus der Einhaltung dieser Regeln ergeben sich die Akzeptanz und Autorität des Moderators.

EBENE 2: DIE TECHNIKEN DER MODERATION

Hierzu gehören Brainstorming, Kartenabfragen, Thesen-Fragen, Skalenfragen, To-Do-Listen, u. v. m. Diese und weitere Moderationstechniken sind im Kapitel »Vielseitigkeit« beschrieben. Für die weiterführende Vertiefung siehe z. B. das Standardwerk zu Moderation (Klebert, Schrader, Straub 2006).

EBENE 3: DIE REGIE VON WORKSHOPS UND MODERIERTEN BETEILIGUNGS-PROZESSEN

Bereits kurze moderierte Besprechungen kommen nicht ohne eine vorherige Zielklärung und eine gute Regie aus. Bei Workshops von einem oder zwei Tagen ist es essenziell, ein Drehbuch für den Moderations-Ablauf zu erstellen, welches möglichst auch einen Plan B enthält. Längere Beteiligungsprozesse, wie z. B. eine Strategie-Entwicklung, die sich über mehrere Monate mit mehreren Workshops, Interviews usw. hinzieht, benötigen außerdem eine fundierte Regie über den gesamten Prozess hinweg (siehe hierzu z. B. Königswieser, Exner 2008).

Grundsätzlich ist zu fragen, in welcher Situation Moderation – also der Einbezug einer Gruppe – Sinn macht und wann schlicht Vorgaben notwendig sind. Wenn in der falschen Situation moderiert wird – also die Sichtweisen der Beteiligten erfragt werden – entstehen falsche Erwartungen oder resultiert eine »Scheinbeteiligung«, die zu Ärger und Motivationsverlust führt.

In vielen Situationen ist der Projektmanager selbst an enge Vorgaben gebunden. In diesen Situationen muss er die Umsetzung der Entscheidungen veranlassen. Doch selbst in diesen Situationen ist es wichtig, das Team einzubeziehen und die Konsequenzen durchzusprechen. In anderen Situationen gibt es nur einen groben Orientierungsrahmen und der Projektmanager ist für die Umsetzung auf den Input seiner Spezialisten angewiesen. Hier muss er sein Team fragen, um alle Meinungen einzuholen und festzuhalten. Es ist also immer zu fragen, wann eher die Präsentation von Vorgaben angebracht ist und wann Moderation notwendig ist. Das Modell des Führungs- oder Delegations-Kontinuums veranschaulicht die unterschiedlichen Beteiligungsgrade, die je nach Situation möglich sind.

Grundregel für den Moderator und gleichermaßen für den Projektmanager in der Situation des Moderators sollte stets sein:

1. Er muss erkennen, wieviel Handlungsspielraum für ihn und sein Team / die moderierte Gruppe in einer spezifischen Situation gegeben ist.
2. Er muss der Gruppe transparent machen, welche Vorgaben existieren und welcher Entscheidungsspielraum vorhanden ist, anderenfalls entsteht »Scheinbeteiligung«.
3. Er muss sein Team / die moderierte Gruppe so weit als möglich einbeziehen, denn nur dadurch entstehen Motivation, Kreativität und Bereitschaft zur Übernahme von Verantwortung.

Tabelle 4.3-10 veranschaulicht, welche Spielräume und damit Beteiligungs-Chancen je Situation gegeben sind.

Tab. 4.3-10: Führungs- oder Delegations-Kontinuum: Beteiligungs-Grade je nach Projekt-Situation

Vorgegebene Entscheidung	Spielraum / Beteiligungs-Chancen für die Gruppe
Aktivität des Projektmanagers: Führung, Präsentation	**Aktivität des Projektmanagers:** Fragetechnik, Moderation
Es ist noch nichts entschieden.	Moderation, ob etwas gemacht werden soll.
Es ist entschieden, dass etwas gemacht werden soll.	Präsentation der Entscheidung, gemeinsame Klärung, was gemacht werden soll.
Es ist entschieden, was geschehen soll.	Gemeinsame Klärung, wie es umgesetzt werden soll.
Auch die Umsetzung ist entschieden.	Gemeinsame Klärung, wann, wo, mit wem die Umsetzung erfolgen soll etc.
Alles ist bereits detailliert entschieden.	Information über die Details, gemeinsame Klärung der Konsequenzen der Entscheidung für die Beteiligten. Gemeinsame Klärung, wer wann was im Detail umsetzt. Gemeinsame Klärung, wer wie wann etwas checkt etc.

4.3 PRÄSENTATIONEN IM PROJEKT

4.3.1 DIE BEDEUTUNG UND DIE WIRKUNG VON PRÄSENTATIONEN

Es gehört zu den grundlegenden Aufgaben im Projektmanagement, Arbeitsergebnisse, Ideen oder Vorschläge zu präsentieren. Vor allem bei Präsentationen sind die Absicht und Wirkung der Kommunikation genauestens zu bedenken, da es meist um die Herbeiführung von Entscheidungen geht. Bei Präsentationen – egal ob am Flipchart, mit Beamer oder an der Metaplan-Wand – geht es darum, mithilfe wirkungsvoller und sprachlicher und bildhafter Mittel einen bestimmten Inhalt für eine bestimmte Zielgruppe darzustellen. Gute Arbeitsergebnisse können durch eine schlechte Präsentation schnell zunichte gemacht werden.

Deshalb ist der Dramaturgie und Ausgestaltung einer Präsentation hohe Aufmerksamkeit zu widmen. Jeder hat wohl selbst schon schlechte Präsentationen erlebt: Zu viel Text, schlecht lesbare Grafiken, langatmige Vorträge, zu hohes Tempo, schlechtes Beamer-Bild, zu viel »Fachchinesisch«, fehlender Bezug zum eigentlichen Thema etc.

Dazu kommt der geringe »Behaltenswert« eines Vortrags. Experimente haben nachgewiesen, dass bereits eine Stunde nach einem Vortrag mehr als die Hälfte aller Informationen nicht mehr abrufbar ist. »Durch Präsentationstechniken, die mehrere Wahrnehmungskanäle (Sehen und Hören, Mitarbeiten, Visualisierung) ansprechen, kann man diesen Anteil beträchtlich erhöhen. Die Behaltenswahrscheinlichkeit nimmt mit dem Eigenanteil am Erarbeiten von Informationen zu. Aus diesem Grund sollte die Präsentation so aufgebaut sein, dass die Zuhörer zwischen den einzelnen Präsentationsphasen aktiviert und zum ›Mitmachen‹ angeregt werden. Verschiedene Möglichkeiten kann man dazu nutzen« (in Anlehnung an Grimm 2004, S. 480). Die meisten der folgenden Vorschläge eignen sich für Präsentationen zur Wissensvermittlung, sie können in Variation auch für Präsentationen in Entscheidungsgremien eingesetzt werden.

| Das Vorwissen der Teilnehmer aktivieren und daran anknüpfen (Wie Sie alle wissen …).

| Zwischenfragen zu einem noch nicht präsentierten Ergebnis stellen (Was glauben Sie, wie die Entscheidung ausgefallen ist? Was denken Sie, wie wir das gemacht haben?).

| Fragen stellen nach den Meinungen oder Ideen der Zuhörer (Wie ist Ihre Meinung zu dieser Sache? Welche Ideen haben Sie?).

| Dabei können ggf. Flipchart oder Kartentechnik zur Visualisierung der Beiträge eingesetzt werden.

4.3.2 DIE ZIELGRUPPENANALYSE

Da die Teilnehmer an Präsentationen häufig über sehr unterschiedliches Fachwissen und verschiedene Erfahrungen verfügen, ist eine rechtzeitige Analyse der Teilnehmergruppe sehr ratsam. Dabei kann auf das bekannte Repertoire der Stakeholder-Analyse zurückgegriffen werden (→ Kapitel »Stakeholder«).

Ausgehend von der Zielgruppen-Analyse und von anderen Vorgaben, sollten nun die Ziele für die Präsentation entwickelt werden. Sie sollten eindeutig formuliert sein und – wenn es um Projekt-Inhalte geht – von allen Mitgliedern der Projektgruppe mitgetragen werden. Je nach Anlass der Präsentation sollen …

| das Wissen,

| das Verständnis oder

| das Verhalten (z. B. eine Entscheidung)

der Zielgruppe zielgerichtet beeinflusst werden. Dazu sind folgende Fragen zu beantworten:

| Was sollen die Teilnehmer nach der Präsentation wissen?

| Wofür sollen sie nach der Präsentation Verständnis aufbringen?

| Welches Verhalten wird von ihnen erwartet oder welche Entscheidung soll getroffen werden?

4.3.3 EINE PRÄSENTATION VORBEREITEN

Oft meinen wir, dann auf eine Präsentation gut vorbereitet zu sein, wenn wir den Fachinhalt gut erschlossen und auf vorbereiteten Medien dargestellt haben. Zeiteinteilung und Dramaturgie werden dabei gerne vernachlässigt. Aber bereits der fachliche Inhalt muss gut auf den Bedarf und die Erwartungen der Zuhörerschaft abgestimmt sein. Die klassische Rhetorik unterscheidet fünf Produktionsstadien für eine Rede (vgl. Tabelle 4.3-11).

Tab. 4.3-11: Die fünf Produktionsstadien für eine Rede

Stadium	Aktivität
1. Die inhaltliche Vorbereitung (inventio)	Was soll dargestellt werden? Vortragsthemen festlegen; Inhalte auswählen. Was ist aus der Sicht der Zielgruppe wichtig bzw. unwichtig? Wie umfangreich und wie detailliert müssen die Inhalte präsentiert werden?
2. Die Gliederung (dispositio)	Wie sind die Inhalte aufzubereiten, im Umfang abzugrenzen und in sinnvolle Abschnitte zu zerlegen?
3. Die Stilisierung (elocutio)	Auf das Wesentliche beschränken – Mut zur Lücke haben. Schwerpunkte und Fakten auflisten. Roten Faden der Präsentation sichtbar machen (das sog. »Storylining«).
4. Das Einprägen (memoria)	Das Auswendiglernen spielt im Projekt eine untergeordnete Rolle, denn Präsentationen erfolgen meist mit Medien-Unterstützung. Dennoch sollte man seine Medien gut kennen und möglichst wenig ablesen.
5. Der Vortrag (actio)	Die Vortrags-Situation bildet den letzten Schritt. Siehe hierzu den Abschnitt 2.6 Verbale und nonverbale Kommunikation im Wechselspiel.

4.3.4 AUFBAU EINER PRÄSENTATION

Präsentationen benötigen einen stringenten Aufbau, der einer Reihe von Regeln folgt. Der Fisch in Abbildung 4.3-8 symbolisiert ein einfaches Drei-Phasen-Konzept für den Aufbau von Präsentationen. In jeder Phase stellt sich für den Präsentator die Aufgabe, die beiden zentralen Kommunikationsebenen, die Sach- und die Beziehungsebene, in geeigneter Weise anzusprechen. Dafür sind in der Abbildung 4.3-8 jeweils Eisberg-Symbole eingezeichnet.

1. Einleitung:
Zuerst sollte sich der Vortragende um einen guten Kontakt zu seinem Publikum und um Interesse für seine Präsentation bemühen. Hierfür empfiehlt sich die emotionale Ansprache der Zuhörer über sprachliche Bilder, Beispiele, Anekdoten, Reizworte (z. B. »Ressourcen-Überlastung«) usw. Nach dem zielgerichteten Einstieg (siehe das schmale Maul des Fisches) soll die Präsentation zunehmend Energie entwickeln (der Fisch-Kopf verbreitert sich).

Sodann ist es wichtig, den Zuhörern Orientierung zu vermitteln. Dafür müssen das Thema und der Rahmen, in dem es behandelt wird, genannt werden. Dies symbolisiert das Auge des Fisches.

2. Hauptteil:

Der Hauptteil der Präsentation benötigt eine gute und nachvollziehbare Gliederung. Dies symbolisieren die Gräten des Fisches, die das Fleisch (den Inhalt) zusammenhalten.

Es empfiehlt sich, die Gliederung immer sichtbar auf einem Medium zu zeigen, z.B. an einem Flipchart, während z.B. die Folien der Präsentation am Projektor wechseln. So wissen die Zuhörer immer, wo sie gerade sind.

Sodann ist es wichtig, die Gliederung hörbar zu machen: Nonverbal, durch Pausen und Akzentsetzung, und verbal, durch Gliederungsworte, wie erstens, zweitens …

Es gibt viele Gliederungsschemata für unterschiedliche Situationen, die teilweise bereits aus der antiken Rhetorik stammen. Für den Business-Bereich finden sich bei Hierhold (2005) viele nützliche Beispiele. Das einfachste Gliederungsschema ist die zweigliedrige Argumentation, die aus These und Antithese besteht, und die von den beiden Hälften des Fisch-Bauches symbolisiert wird, z.B.:

- Pro und Contra
- Vorteile und Nachteile
- Aufgaben Management und Aufgaben Mitarbeiter
- Was wurde schon erreicht, und was steht für die Zukunft an?
- Usw.

Für umfangreichere Gliederungen empfiehlt sich ein »Modulares Konzept«: Je Gliederungspunkt werden eine oder mehrere Leit-Folien angelegt, die jeweils mit mehreren Backup-Folien hinterlegt werden. Die Backup-Folien sollten aber nur selektiv gezeigt werden, d.h. nur einzelne Folien für den Fall, dass bestimmte Vertiefungsfragen von den Zuhörern gestellt werden.

Die Gliederung und die Inhalte sollen die Sachebene der Zuhörer ansprechen. Gleichermaßen muss jedoch auch die Beziehungsebene angesprochen werden, um die dargestellten Inhalte emotional bei den Zuhörern zu verankern. Hierfür eignen sich Bilder, visuelle und sprachliche, Beispiele aus dem Alltag der Zuhörer usw.

3. Schluss:

Der Fisch verdeutlicht die Aufgaben in der Abschlussphase einer Präsentation: Zunächst ist es wichtig, dass der Vortrag am Ende auf den Punkt kommt: Die Zusammenfassung der wichtigsten Inhalte und die logische Ableitung eines Fazits sind deshalb notwendig, um die Sachebene der Zuhörer anzusprechen. In der klassischen Dialektik wird aus These und Antithese an dieser Stelle die Synthese entwickelt, die den Gegensatz auf einer anderen Betrachtungsebene aufhebt.

Aber nachhaltigen Eindruck hinterlässt die Präsentation nur durch die abschließende Ansprache der Beziehungsebene: Ein gut gewählter Appell motiviert die Teilnehmer zum Handeln, das letztlich das Ziel der meisten Präsentationen ist. Dies symbolisiert der Fisch-Schwanz. Denn meist geht es nicht nur um Information, sondern um konkrete Aktionen, wie z. B. die Bewilligung eines Budgets.

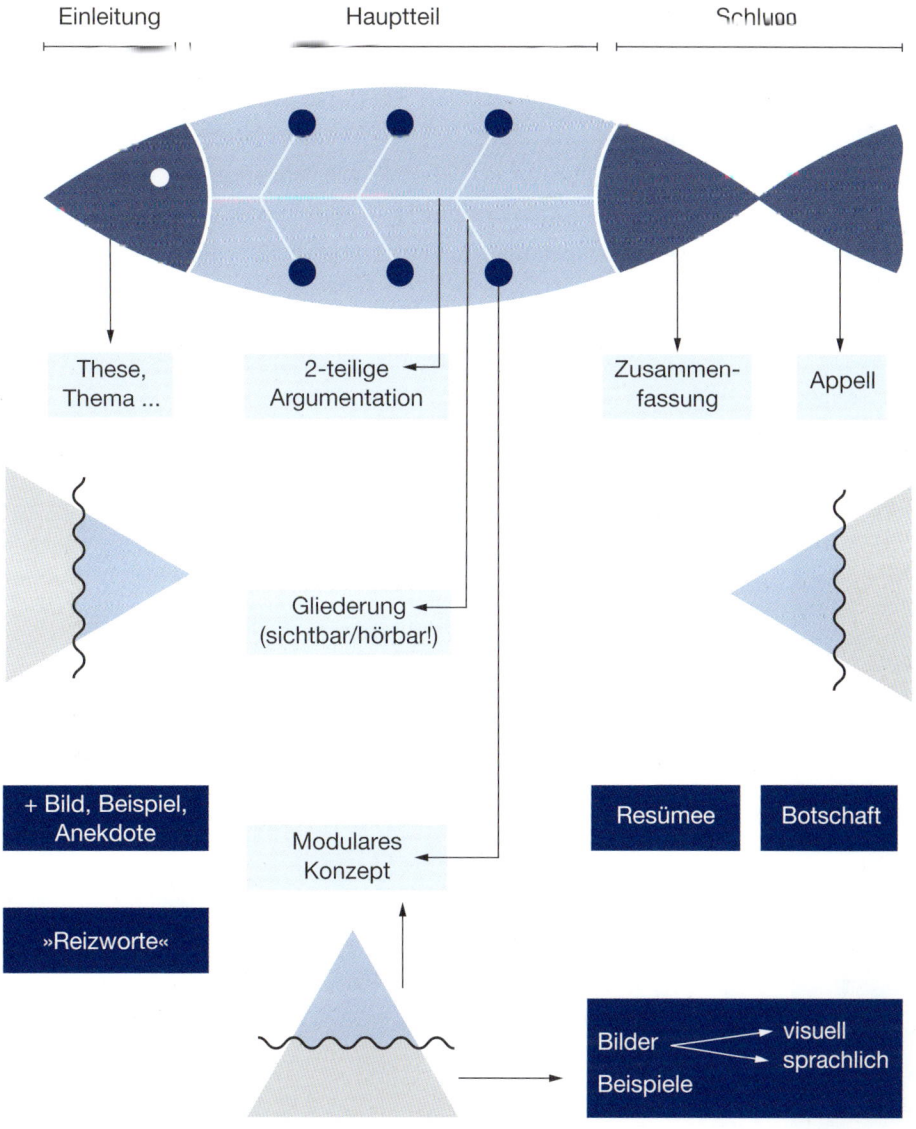

Abb. 4.3-8: Fisch-Modell für den Aufbau einer Präsentation

4.3.5 MEDIENGESTALTUNG BEI PRÄSENTATIONEN

Die Vermittlung der fachlichen Inhalte kann durch angemessene und geeignete (technische) Hilfsmittel (Video, Plakate, Poster, elektronische Präsentationen usw.) unterstützt bzw. vereinfacht werden. Dabei kommt es auf den dosierten Einsatz (statt »Medienzirkus« oder »Folienschlacht«) und die Beherrschung der eingesetzten Technik durch den Bediener an.

Beim Einsatz vorbereiteter Visualisierungen (z. B. PowerPoint- oder PREZI-Dateien) ist darauf zu achten, dass diese nicht überladen werden, dass die Übersicht und Lesbarkeit gewährleistet bleiben und die Grafiken leicht zu interpretieren sind. Zur richtigen Mediengestaltung stehen ausführliche Literatur sowie spezielle Trainings zur Verfügung. Beim Einsatz vorbereiteter Visualisierungen (z. B. PowerPoint- oder PREZI-Dateien) ist darauf zu achten, dass diese nicht überladen werden, dass die Übersicht und Lesbarkeit gewährleistet bleiben und die Grafiken leicht zu interpretieren sind. Zur richtigen Mediengestaltung stehen ausführliche Literatur sowie spezielle Trainings zur Verfügung. Tabelle 4.3-12 bietet eine Zusammenstellung wichtiger Hinweise. bietet eine Zusammenstellung wichtiger Hinweise. bietet eine Zusammenstellung wichtiger Hinweise. bietet eine Zusammenstellung wichtiger Hinweise.

Tab. 4.3-12: Hinweise zur empfängergerechten Gestaltung von Visualisierungen – hier am Beispiel von Präsentationen mittels Beamer (nach Grimm 2004, S. 483)

Formate	- Querformate bieten sich an, wenn viele Grafiken verwendet werden. - Hochformate empfehlen sich bei weniger Grafiken und bei Textzeilen.
Layout	- Texte nie ausschließlich in Großbuchstaben schreiben. - Gleiche Farben oder Symbole für gleiche Sachverhalte benutzen. - Nicht mehr als vier Farben verwenden: Eine Textfarbe, eine Malfarbe, eine Überschriftenfarbe, eine Farbe für Besonderheiten. - Nie mehr als zwei Aussagen pro Darstellung treffen. - Bildhafte Darstellungen (Grafiken) verwenden. - Text und Grafik gut mischen. - Aufwendige Aussagen pro Bild konzentrieren. Vergleiche nebeneinander anordnen; Wichtige Aussagen im Zentrum platzieren. Fläche gut ausnutzen. - Einfache Darstellungsweise anstreben. - Möglichkeiten der Hervorhebung nutzen: Farbakzente, Unterstreichungen, Einrahmungen. Unterlegung mit Farben und Raster, Wechsel zwischen Klein- und Großschreibung.
Anzahl der Zeilen	- Wenn möglich, nicht mehr als 10 Zeilen auf einer Seite

Schriftarten und -grade	| Auf einer Seite sollten nicht mehr als zwei verschiedene Schriftarten verwendet werden. | Schriftgrad auf Raumgröße und Anzahl der Zuhörer abstimmen, dazu wenige definierte Schriftgrade (z. B. Titel und Hauptüberschriften 36 Punkt, jede Gliederungsebene 10 Punkt geringer anlegen) | Große Schriftgrade: Helvetica oder Arial | Längere Fließtexte: Garamond oder Times | Der Einsatz verschiedener Hervorhebungen (fett, kursiv, unterstrichen sowie deren Kombination) auf einer Seite ist nicht ratsam.
Farbgebung	| Die Farbgebung sollte harmonisch sein und nicht zu dunkle Farbtöne enthalten, da sonst die Lesbarkeit der Texte nicht mehr gewährleistet ist.
Inhaltliche Gestaltung	| Visualisierungen sollten nicht als Romanvorlage gestaltet sein, sondern höchstens vier Hauptschwerpunkte bzw. Aspekte enthalten.

Es gilt grundsätzlich das bekannte Prinzip »Qualität vor Quantität«.

In vielen Präsentationssituationen bietet es sich auch an – oder ist es üblich – eine vorbereitete Unterlage auszuhändigen («Handout»).

4.4 SCHRIFTLICHE KOMMUNIKATION

4.4.1 AUCH SCHRIFTLICHE KOMMUNIKATIONSPROZESSE BEINHALTEN SACH- UND BEZIEHUNGSEBENE

Vielfach wird angenommen, dass sich die in Abschnitt 2 und 3 dargestellten Modelle und Sachverhalte und die »psychosozialen« Dimensionen in Kommunikationsprozessen auf die mündliche Kommunikation beziehen. Natürlich entfallen in der schriftlichen Kommunikation die paraverbalen Bestandteile der Nachricht, aber allein die Art und die Umstände eines schriftlichen Kommunikationsprozesses kommunizieren auf nonverbaler Ebene oder über Artefakte – beispielsweise dann, wenn ein wichtiger Text in letzter Minute geliefert oder ein vorgegebenes Formular nicht verwendet wird (→ Abschnitt 2.5 Kommunikationskanäle).

Auf der Sachebene werden in Texten die Inhalte mehr oder weniger eindeutig sprachlich »digital« kodiert dargestellt. Die Beziehungsebene oder die drei »unteren« Seiten des Kommunikationsquadrats (Beziehung, Selbstaussage und Appell) werden analog kommuniziert, die Botschaften entstehen also über Deutung/Interpretation beim Empfänger. Hierfür ist es unerheblich, ob ein gesprochenes oder geschriebenes Wort gedeutet wird. Daher sind diese Dimensionen bei einem schriftlichen Kommunikationsprozess genauso präsent wie bei einem rein mündlichen. Allein die Umstände des Kommunikationsprozesses, die Auswahl der Themen, die Wichtigkeit, die der Schreiber einer gegebenen Information beimisst, die Reaktion oder Handlung, die implizit vom Leser erwartet wird, die Voraussetzungen, die für das Verständnis des Textes notwendig sind und die beschrieben oder gerade nicht beschrieben sind, erschließen sich aus dem Text und senden Beziehungs-Botschaften.

Oft lassen sich schriftliche Kommunikationen auch gar nicht von mündlichen trennen, denn einem Bericht oder einer E-Mail gehen Gespräche oder Telefonate voraus oder folgen ihm/ihr, sodass weitere Wahrnehmungen der Kommunikationspartner einfließen. Interessanterweise lösen gerade sehr knappe schriftliche Kommunikationen, z. B. eine sehr knapp gehaltene E-Mail, besonders intensive Deutungsprozesse aus. Denn die Psyche des Empfängers ergänzt unwillkürlich alle durch die Schrift nicht gegebenen Informationen durch eigene Deutungen (Interpretationen). Zugleich muss bei schriftlicher Kommunikation darauf geachtet werden, welche Kommunikationspräferenz der Empfänger hat (→ Abschnitt 2.9 Kommunikationsstile oder -präferenzen). Gerade die Formulierung eines kurzen Schriftstücks (»One-Pager«), wie es der mündliche Kommunikationstyp bevorzugt, verlangt vom Schreiber besonders intensive Überlegungen, welche Missverständnisse durch eindeutige Formulierungen ausgeschlossen werden müssen.

Diese Situation verschärft sich dann, wenn damit gerechnet werden muss, dass ein kurzes Schriftstück, in welchem viele Informationen vorausgesetzt werden, vom Empfänger kommentarlos an andere Personen weitergegeben wird, die nicht über sein Vorverständnis verfügen. Gleichermaßen neigt der mündliche Kommunikationstyp dazu, durch flüchtig und unvollständig formulierte Texte mit vielen unausgesprochenen Implikationen bei seinen Lesern Missverständnisse zu produzieren. Wenn kulturelle Unterschiede zwischen Leser und Schreiber gegeben sind, verstärken sich diese Probleme ebenfalls. Aus alledem resultiert, dass schriftliche Informationen möglichst explizit und eindeutig formuliert werden sollten und alle möglichen Missverständnisse oder Fehlinterpretationen aufseiten des Empfängers beim Schreiben antizipiert und durch möglichst klare Informationen ersetzt werden müssen.

Praxistipp: Geben Sie einen Textentwurf (beispielsweise eine E-Mail) in einer schwierigen Kommunikationssituation, wie einem Konflikt, noch vor der Weitergabe an den beabsichtigten Empfänger einer anderen Person (beispielsweise einem Arbeitskollegen) zum Lesen. Dies gilt insbesondere für kurze Texte. Gerade Personen, die in die jeweilige Sache nicht involviert sind, können sehr wichtige Hinweise über implizite oder unbeabsichtigte Aussagen oder fehlende Informationen geben. Damit kommt zugleich das Grundprinzip des Perspektivwechsels zur Anwendung.

Grundsätzlich ist bei jedem schriftlichen Kommunikationsprozess – insbesondere bei E-Mails – immer zu fragen, ob die Voraussetzungen für eine gelingende schriftliche Kommunikation bereits gegeben sind oder ob zum »richtigen« Verständnis – also zur gewünschten Interpretation – des Textes zuvor ein mündlicher Kommunikationsprozess notwendig ist. Ein gut geführtes Telefonat oder ein gut moderiertes »Face-to-Face«-Meeting kann die Basis für einen langen erfolgreichen E-Mail-Verkehr oder auch für virtuelle Meetings schaffen. Umgekehrt kann eine flüchtig geschriebene E-Mail ohne diese mündliche Basis einen Kommunikationsprozess – und eine Arbeitsbeziehung – für lange Zeit »vergiften«.

4.4.2 SCHRIFTLICHE KOMMUNIKATIONSSITUATIONEN IM PROJEKT

Die wichtigsten Anlässe und Formen schriftlicher Kommunikation im Projekt werden vor allem im Kapitel »Organisation, Information und Dokumentation« beschrieben. Eine Vertiefung dieser Themen bietet u. a. Peipe / Kärner (2010):

- **Protokolle** von Besprechungen, Verhandlungen, Telefonaten usw. werden im Abschnitt 4.1.3 Protokollierung als wichtige Kommunikationsaufgabe dieses Beitrags beschrieben.
- Zu **E-Mails** siehe den folgenden Abschnitt 4.4.3 Besonderheiten von E-Mails in der Kommunikation.
- Zu **Präsentationen**, die häufig **Handouts** für die Zuhörer beinhalten, siehe Abschnitt 4.3 Präsentationen im Projekt dieses Beitrags.
- **Berichte** sind Gegenstand des Abschnitts 4 Information, Kapitel »Organisation, Information und Dokumentation«
- **Dokumentationen,** wie z. B. das Projekt- und Projektmanagement-Handbuch, das Projektlogbuch oder Projekttagebuch, werden im Kapitel »Organisation, Information und Dokumentation« beschrieben.

4.4.3 BESONDERHEITEN VON E-MAILS IN DER KOMMUNIKATION

Auch in Projekten erfolgt die schriftliche Kommunikation weitgehend über E-Mails. Meist entstehen über E-Mails sogar längere Dialoge zwischen verschiedenen Mail-Sendern und -Empfängern. In der Praxis führt dies aus den beschriebenen Gründen häufig zu unbefriedigenden Ergebnissen und der Vorteil einer »schnellen und unkomplizierten« Kommunikation verkehrt sich eher in eine zeitraubende Belastung. Dem kann oftmals bereits durch die Beachtung einiger grundlegender Hinweise entgegengewirkt werden:

Tab. 4.3-13: Hinweise für die E-Mail-Kommunikation

Eindeutige Betreff-Zeilen	Vergewissern Sie sich, dass die Kopfzeile bzw. das Thema den Inhalt zutreffend identifiziert. Beginnen Sie ggf. alle Mails zu einem bestimmten Projekt mit einem vereinbarten Kurzwort im Betreff, um diese Mails gut sortieren bzw. filtern zu können.
Knappe Auswahl der Empfänger	Schicken Sie Texte nur denen, die sie benötigen. Lassen Sie unnötige Teilnehmer weg, verzichten Sie auf überflüssige CC-oder gar BCC-Verteiler.

Antworten auf eingegangene E-Mails	Um klar zu kommunizieren, müssen Sie verdeutlichen, worauf genau sich Ihre jeweiligen Äußerungen beziehen (»Referenzierung«). Mündlich lässt sich dies über Rückfragen schnell klären, die Referenzierung geht aber gerade im E-Mail-Austausch schnell verloren. Nutzen Sie deshalb den Eingangstext als Bezugsbasis und schreiben Sie Ihre Antworten gekennzeichnet (mit anderer Farbe oder Formatierung, z. B. eingerückt) direkt hinter die jeweiligen Textpassagen, auf die Sie Bezug nehmen. Sie erleichtern damit dem Leser das Verständnis!
Regeln für die Beantwortung	Vereinbaren Sie klare Regeln, wie mit Eingangstext und vorherigem E-Mail-Wechsel umgegangen werden soll, sonst wird der Kommunikationsfluss unklar. Nichts ist schlimmer als wechselseitig am Anfang und am Ende fortgeschriebene E-Mail-Fortsetzungen. Manche Empfänger wünschen, dass der gesamte jeweilige E-Mail-Verkehr immer in der Antwort mitgeschickt wird, andere vereinbaren, dass der alte Austausch in der neuen Antwort gelöscht wird.
Medienvielfalt beachten	Kommunikationen ausschließlich über E-Mail-Wechsel können über längere Zeit schnell missverständlich werden. Rufen Sie an oder vereinbaren Sie ein direktes Gespräch, statt nur E-Mails auszutauschen.
Beabsichtigte Reaktion klar formulieren	Schreiben Sie klar und deutlich, was Sie vom Empfänger wollen und welche Handlung Sie von ihm erwarten. Soll er eine Entscheidung treffen oder einfach nur eine Hintergrund-Information erhalten?
Beantwortungszeitraum	Je nach Kultur sind die Erwartungen dahin gehend sehr unterschiedlich, wie schnell eine E-Mail beantwortet werden soll. Bisweilen wird eine Antwort am gleichen Tag oder sogar innerhalb weniger Stunden als »Selbstverständlichkeit« erwartet. Klären Sie diese Erwartungen vorab (z. B. bei den Spielregeln für die Zusammenarbeit im Projekt) und schicken Sie ggf. zunächst eine schnelle Empfangsbestätigung, um später ausführlich zu antworten.
Datei-Anhänge	Wenn Sie mit der Nachricht auch Dokumente versenden wollen, hängen Sie zuerst das Attachement an, damit es nicht vergessen wird. Klären Sie am besten vorher ab, ob Ihr Partner Datei-Anhänge empfangen darf oder will und welche Größenordnung bzw. welches Format er bevorzugt. Klären Sie ggf. vorab, ob das Firmen-Netzwerk, der Spam-Filter oder Virenscanner des Empfängers Ihre Anhänge akzeptiert.
Kontaktdaten	Setzen Sie in alle E-Mails Ihre Kontaktdaten, am besten automatisiert als »Signatur«, damit Sie eindeutig identifizierbar und erreichbar sind.

Diese Hinweise scheinen selbstverständlich zu sein, dennoch bietet das tägliche Erleben ein ganz anderes Bild. Sie sind besonders dann wichtig, wenn sich Sender und Empfänger nicht persönlich kennen oder nicht örtlich zusammensitzen. Hier wirkt sich eine weitere Eigenart der schriftlichen Kommunikation via E-Mail aus: Der fehlende Kontextbezug. Vielfach werden E-Mails unter Zeitdruck verfasst und die zum Verständnis notwendigen

Hintergrund-Informationen werden nicht mit übermittelt. Damit sind Missverständnisse geradezu vorprogrammiert.

Es empfiehlt sich daher, zusätzlich folgende Punkte vor der schnellen Versendung einer E-Mail zu beherzigen:

- Bleiben Sie höflich, auch wenn die Zeit drängt.
- Verzichten Sie auf Anspielungen, Ironie und Sarkasmus. Drücken Sie auch Ihre Gefühle deutlich und direkt aus oder lassen Sie Ihre Emotionen ganz aus dem Spiel.
- Formulieren Sie sorgfältig bei angemessener Wortwahl.
- Beugen Sie Fehlinterpretationen vor, indem Sie mögliche Missverständnisse direkt ansprechen.
- Schreiben Sie nicht in einem emotionalen Ausnahmezustand (z. B. Lassen Sie die E-Mail möglichst einige Zeit im Postausgang liegen und lesen Sie Ihren Text erneut, ehe Sie die Mail abschicken.)
- Achten Sie auch bei E-Mails auf die Rechtschreibung. Stil- und Flüchtigkeitsfehler werden schnell als Beziehungsaussagen gedeutet (vgl. Abschnitt 2.4 Das Kommunikationsquadrat – Vier Seiten einer Nachricht).

Immer mehr Organisationen reduzieren den E-Mailverkehr bereits dadurch, dass sie alternative, digitale Kommunikationsmöglichkeiten nutzen (→ Kapitel »Digitalisierung im Projektmanagement«).

5 EFFEKTIVE KOMMUNIKATION IN VIRTUELLEN TEAMS

Die Kommunikation in virtuellen Teams beinhaltet zusätzliche Herausforderungen. Der Key Competence Indikator »Mit virtuellen Teams effektiv kommunizieren« der ICB 4 wird im Kapitel »Arbeit in virtuellen Teams« gesondert behandelt.

6 MIT HUMOR UND PERSPEKTIVENWECHSEL DIE KOMMUNIKATION ERLEICHTERN

Beschreibung

Die Arbeit in Projekten erweist sich oft als stressig. Situationen, Probleme und sogar die eigene Arbeit aus unterschiedlichen Perspektiven betrachten zu können, ist eine wichtige Fähigkeit. Humor eröffnet den Menschen die Möglichkeit, ein Gefühl für den Kontext zu entwickeln – eine Möglichkeit, um zu beurteilen, wie gut, schlecht oder wichtig etwas im

Vergleich zu anderen Dingen ist. Der Abbau von Spannungen durch Humor fördert häufig die Kooperation und erleichtert das Treffen von Entscheidungen.

Humor ist ein wirkungsvolles Werkzeug, um Spannungen in Situationen abzubauen, in denen Konflikte drohen. Wenn Humor zum richtigen Zeitpunkt und respektvoll eingesetzt wird, kann er auch die Kommunikation erleichtern.

Messgrößen

| Wechselt den Blickwinkel in der Kommunikation.
| Reduziert Spannungen durch den Einsatz von Humor.

6.1   HUMOR

Beispiel: Das Sinnbild des nicht mehr ganz gefüllten Wasserglases ist allgemein bekannt und wird gerne bei der Lagebeurteilung herangezogen. Bekannte Positionen dazu sind:
Entwickler: »Das Glas ist noch halb voll«
Controller: »Das Glas ist bereits halb leer«
Projektleiter: »Wie viele Flaschen haben wir noch im Regal?«

Humor erleichtert die Zusammenarbeit. Gerade in kritischen und schwierigen Situation kann er helfen, die Situation aufzulockern, Verkrampfungen zu lösen und alle Beteiligten ein Ventil zum Ablassen des aufgestauten emotionalen Drucks anzubieten.

Zitat: »Humor ist auch entwaffnend, er ist ein Zeichen der Kraft.«
Gottlieb Duttweiler (1888–1962), Schweizer Unternehmer

Auch die Stimmung im Projektteam, die mitunter unabdingbare »Lockerheit« der Zusammenarbeit, wird wesentlich vom Humor der Einzelnen geprägt (Beispiel siehe Abbildung 4.3-9).

Zitat: »Humor ist der Knopf, der verhindert, dass uns der Kragen platzt.«
Joachim Ringelnatz (1883–1934), Deutscher Schriftsteller

Somit ist Humor ein wichtiger Aspekt in der Kommunikation, er kann auch gezielt als Instrument eingesetzt werden. Aber man darf ihn nicht übertreiben, und vor allem sollte Ironie vermieden werden, weil das häufig zu Missverständnissen führt.

Humor ist wichtiger Bestandteil einer Projektkultur. Humor ist auch eine der hilfreichsten und wichtigsten Kompetenzen zur Stressbewältigung. Er sorgt nämlich nachweislich für die persönliche »Entstressung« bzw. für eine beruhigende Gelassenheit. Die nachfolgenden

Tipps sollen den Einsatz des Humors als effizientes und effektives Führungsmittel sowie die Erweiterung des eigenen emotionalen Repertoires unterstützen (vgl. Schaden 2017).

Abbildung 4.3-9: Ausdruck von Eigenhumor (Beispiel)

| Fördern Sie das Lachen während der Arbeitszeit.
| Achten Sie auf die Qualität! Niveauvoller, wertschätzender Humor ist niemals deplatziert.
| Verpacken Sie Kritik mit einem Funken Humor! Humor vereinfacht das direkte Kommunizieren.
| Trainieren Sie Ihren eigenen Humor! Humor ist erlernbar bzw. muss immer wieder trainiert werden. Beispielsweise durch Schärfung der (Selbst-)Wahrnehmung. Denn Humor ist vor allem eine Lebenseinstellung, daher gilt es, die eigenen Werte und die Art des Denkens zu kennen und regelmäßig – durchaus auch mit externer Unterstützung – zu reflektieren.
| Nehmen Sie sich selbst nicht zu ernst!

6.2 PERSPEKTIVENWECHSEL

Projektarbeit bedeutet auch, dass Menschen mit verschiedenen Sichtweisen an einem Tisch sitzen. Da können Arbeits- und Gesprächssituationen schnell ins Stocken geraten. Mitunter entwickelt sich ein beharrlicher Mischmasch aus verfestigten Standpunkten, Nichtzuständigkeiten, Motivationslücken und vermeintlich sicherer Rechtsposition. Jede beteiligte Partei versucht, aus ihrer Position heraus den anderen zu überzeugen; die Argumente verändern sich jedoch nicht und das Resultat ist am Ende unbefriedigend.

In einer solchen Situation ist jedoch statt Beharrlichkeit das Gegenteil erforderlich: Mentale Bewegung. Statt eine eingefahrene Situation zu beklagen, sollte der Versuch unternommen werden, den eigenen Blickwinkel – durchaus radikal – zu verändern. Denn im Grunde gibt es für jeden Kommunikationsanlass drei Perspektiven: Die eigene, die des Partners sowie eine neutrale.

Durch einen gezielten Perspektivenwechsel wird eine sachliche Diskussion auf Basis der Bedürfnisse ermöglicht.

> **Beispiel:** Ein (Streit-)Gespräch ist »festgefahren«, beide Parteien kommen nicht mehr weiter. Hier können zwei Schritte helfen:
>
> 1. Metakommunikation: Im Gespräch auf die Meta-Ebene wechseln und den Eindruck »festgefahren« verdeutlichen: »Ich habe den Eindruck, dass wir uns aktuell festgefahren haben …«
>
> 2. Die Perspektive wechseln, um das Problem aus Sicht des Gesprächspartners zu betrachten: »Wenn ich mal durch Ihre Brille schaue, dann …«
>
> 3. Frage stellen, um die Perspektive des Gesprächspartners einzufangen: »Entspricht das auch Ihrer Wahrnehmung oder sehe ich das völlig falsch?«

Dieses Vorgehen befruchtet die Kooperationsbereitschaft und das Verständnis bei den Parteien für die jeweilige Gegenseite und reduziert damit den Verteidigungsreflex. Durch den Perspektivenwechsel von »wir gegeneinander« zu »wir gegen das Problem« wird ein Teamgefühl zwischen den Parteien erzeugt, auf dessen Basis sich ein neuer Anlauf zur Lösungsfindung deutlich einfacher gestaltet.

Es ist nicht neu, Situationen und Probleme auch aus anderen Perspektiven zu betrachten. Einige Beispiele:

- **Kreativität**: Sechs Denkhüte nach Edward de Bono (→ Kapitel »Vielseitigkeit«)
- **Verhandlungsführung**: Die Position und Verhaltensweisen des Gegenübers antizipieren.
- **Konfliktlösung**: Auch eine andere Perspektive zulassen.
- **Führung**: Ambiguitätstoleranz
- **Angebotserstellung**: Was könnte der Kunde gerne hören wollen?
- **Moderation**: Benutzt häufig Techniken der Meta-Kommunikation und des Perspektivwechsels.
- **Strategisches Management:** Gesamtheitliche Betrachtung der Situation aus einer Hubschrauber-Perspektive

6.3 EINEN HAB' ICH NOCH …

Für eine humorvolle Lebenseinstellung braucht man vor allem eines: Die Bereitschaft, Dinge, die man selbst nicht beeinflussen kann, so anzunehmen, wie sie sind, und dann das Beste daraus zu machen. Wenn ich Dinge bewusst aus einem anderen Blickwinkel betrachte, verlieren sie an Größe und Gewicht. Sie lasten dann nicht mehr so schwer auf den eigenen Schultern. Stattdessen verändere ich meine Einstellung zu ihnen. Dazu gehört auch, die eigene Wahrnehmung zu schulen: Mit dem Denken im Hier und Jetzt sein und nicht bereits drei Schritte in der Zukunft.

Das eingangs angeführte Beispiel des nicht mehr ganz gefüllten Wasserglases lässt sich – aus verschiedenen Perspektiven neu betrachtet – fröhlich weiterentwickeln (siehe Abbildung 4.3-10).

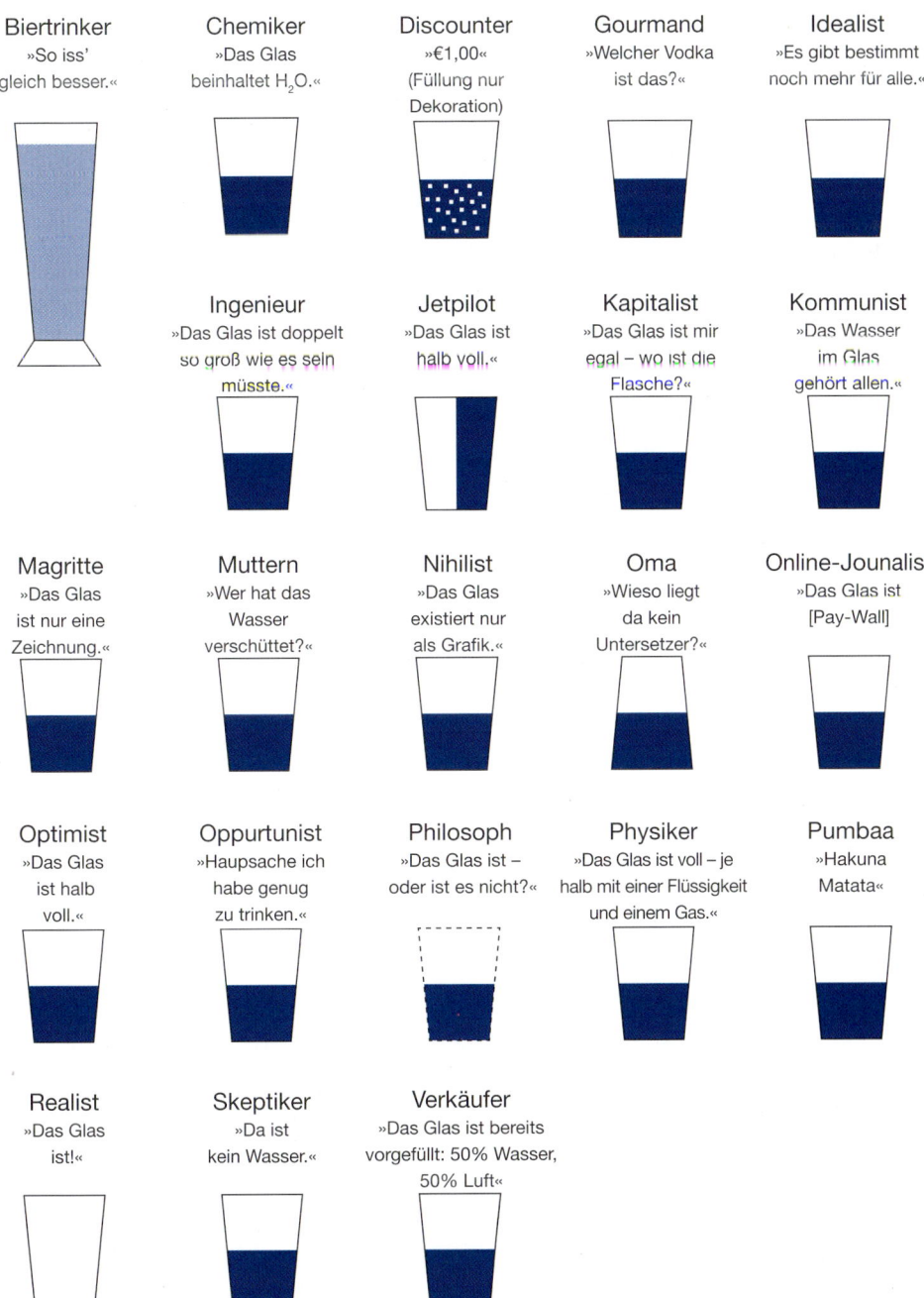

Abb. 4.3-10: Ein vermeintlich bekanntes Motiv bietet bei geschicktem Wechsel der Perspektive fast unendliche Facetten des Humors

Man sollte es immer wieder ausprobieren und trainieren: In vielen Situationen kann sich eine stressige Situation oder ein Problem aus einem anderen Blickwinkel völlig neu darstellen.

? WIEDERHOLUNGSFRAGEN

- Was sind die Schwächen des Sender-Empfänger-Modells?
- Was sind typische Vorurteile über Kommunikationsprozesse?
- Was unterscheidet die Sach- und die Beziehungsebene voneinander? Demonstrieren Sie das anhand einer typischen Kommunikationssituation im Projekt.
- Was sagen die fünf Axiome von Watzlawick aus? Weshalb spielen diese Aussagen für die Zusammenarbeit im Projekt eine Rolle?
- Welches sind die vier Seiten einer Nachricht? Demonstrieren Sie diese an einem Beispiel.
- Was sagt die Metapher der »Inneren Landkarte« aus?
- Wie funktioniert der Selektionsprozess der menschlichen Wahrnehmung?
- Was umfasst die nonverbale Kommunikation und auf welche Faktoren muss neben dem Inhalt in Kommunikationssituationen geachtet werden?
- Was macht gutes Zuhören aus und was ist aktives Zuhören?
- Was sind typische Kommunikationskiller bzw. Zuhör-Barrieren?
- Welche Elemente können in Aussagen eskalierend wirken und wie werden konstruktive Selbstaussagen (Ich-Botschaften) formuliert?
- Was sind die wichtigsten Merkmale und die Einsatzfelder von offenen und geschlossenen Fragen?
- Was ist beim Fragen zu beachten?
- Welche Regeln sind beim Feedback zu beachten?
- Was kann ein Projektmanager tun, um Besprechungen effizient zu gestalten?
- Welche Regeln sollte ein Moderator beachten?
- Welche Leitfragen sind zur Vorbereitung einer Präsentation hilfreich?
- Nach welchen Regeln sollte eine Präsentation aufgebaut werden?
- In welchen Projektsituationen kann Humor ein geeignetes Kommunikationswerkzeug sein und worauf sollte man dabei achten?

LITERATURVERZEICHNIS

Verwendete Literatur

Bergfeld, H. (1994): Effektive Projektarbeit. In: Rationalisierungs-Kuratorium der Deutschen Wirtschaft e.V. (RKW)/Deutsche Gesellschaft für Projektmanagement e.V. (GPM) [Hrsg.]: Projektmanagement-Fachmann (Band 2), zweite überarbeitete Auflage, S. 949–1027. RKW-Verlag, Eschborn.

Bühler, K. (1934): Sprachtheorie. Jena.

Burghardt, Manfred (2018): Projektmanagement. Leitfaden für die Planung, Überwachung und Steuerung von Entwicklungsprojekten, 10. überarbeitete und erweiterte Auflage. Publicis Publishing, München.

Denisow, K. (2004): Soziale Strukturen, Gruppen und Team. In: Rationalisierungs-Kuratorium der Deutschen Wirtschaft e.V. (RKW)/Deutsche Gesellschaft für Projektmanagement e.V. (GPM) (Hrsg.): Projektmanagement-Fachmann (Band 1), 8. Auflage, S. 339–366. RKW-Verlag, Eschborn.

Dörrenberg, F. (2004): Informations- und Berichtswesen. In: Rationalisierungs-Kuratorium der Deutschen Wirtschaft e.V. (RKW)/Deutsche Gesellschaft für Projektmanagement e.V. (GPM), (Hrsg.): Projektmanagement-Fachmann (Band 2), 8. Auflage, S. 1123–1157. RKW-Verlag, Eschborn.

GPM (2008) [Hrsg.]: Ergebnisse der Projektmanagement Studie 2008 »Erfolg und Scheitern im Projektmanagement«. Gemeinsame Studie der GPM Deutsche Gesellschaft für Projektmanagement e.V. und PA Consulting Group; Claus Engel, Alexander Tamdjidi, Nils Quadejacob.

Grimm, E. (2004): Spezielle Kommunikationssituationen. In: Rationalisierungs-Kuratorium der Deutschen Wirtschaft e.V. (RKW)/Deutsche Gesellschaft für Projektmanagement e.V. (GPM) [(Hrsg.): Projektmanagement-Fachmann (Band 1), 8. Auflage, S. 467–490. RKW-Verlag, Eschborn.

Havener, T. (2009): Ich weiß, was du denkst: Das Geheimnis, Gedanken zu lesen. Rowohlt Verlag Reinbek, 25. Auflage, hier zitiert: Kindle Edition.

Hierhold, E. (2005): Sicher präsentieren – wirksamer vortragen. Siebte aktualisierte Auflage; Verlag REDLINE; Wien.

Junge, M./Junge, W. H. C. (1995): Verkaufen mit offenen Ohren. Verhandlungserfolge durch aktives Zuhören. Gabler-Verlag, Wiesbaden.

Klebert, K./Schrader, E./Straub, W. (2006): ModerationsMethode: Das Standardwerk. Dritte Auflage; Verlag Windmühle, Hamburg.

Königswieser, R./Exner, A. (2008): Systemische Intervention: Architekturen und Designs für Berater und Veränderungsmanager; neunte Auflage. Schäffer-Poeschel, Stuttgart.

Luhmann, N. (2001): Aufsätze und Reden; Herausgegeben von Oliver Jahraus. Reclam-Verlag, Stuttgart.

Mohl, A. (2006): Der große Zauberlehrling: Das NLP-Arbeitsbuch für Lernende und Anwender. 2 Bände, 3. Auflage. Junfermann-Verlag, Paderborn.

Peipe, S. / Kärner, M. (2010): Projektberichte – Statusreports – Präsentationen. Zweite Auflage. Haufe-Lexware, Freiburg.

Schulz von Thun, F. (1999): Miteinander reden. 3 Bände: 1: Störungen und Klärungen, 2: Stile, Werte und Persönlichkeitsentwicklung, 3: Das »innere Team« und situationsgerechte Kommunikation. Rowohlt Taschenbuch Verlag, Reinbek bei Hamburg.

Schaden, B. (2017): Lachen gegen Stress: Ein Plädoyer für mehr Humor im Projekt!. Blogeintrag vom 28. Juli 2017 unter www.projektmagazin.de, unter: https://www.projektmagazin.de/meilenstein/projektmanagement-blog/lachen-gegen-stress-ein-plaedoyer-fuer-mehr-humor-im-projekt_112166.

Shannon, C. E. (1948): A mathematical theory of communication. The Bell System Technical Journal, vol. 27 (October 1948), S. 379–423 und S. 623–656.

Watzlawick, P. / Beavin, J. H./Jackson, D. D. (1969): Menschliche Kommunikation: Formen, Störungen, Paradoxien. Huber Verlag; Bern Stuttgart Wien.

Weidenmann, B. (2003): Gesprächs- und Vortragstechnik: Für alle Trainer, Lehrer, Kursleiter und Dozenten. Beltz-Verlag, Weinheim.

Wittstock, M. / Triebe, J. (2004): Soziale Wahrnehmung. In: Rationalisierungs-Kuratorium der Deutschen Wirtschaft e.V. (RKW)/Deutsche Gesellschaft für Projektmanagement e.V. (GPM) [Hrsg.]: Projektmanagement-Fachmann (Band 1), 8. Auflage, S. 273–293. RKW-Verlag, Eschborn.

4.4 BEZIEHUNGEN UND ENGAGEMENT

Autor: Johannes Voss
Dipl.-Ing. (FH) Johannes Voss ist Geschäftsführer des auf Projekt- & Prozessmanagement spezialisierten Beratungs- und Weiterbildungsanbieters VOSS CONSULTING GmbH in Würzburg und München. Mehr als 20-jährige Projekt-, Führungs-, Beratungs- und Trainingserfahrung. IPMA Level B zertifiziert, zertifizierter Projektmanagement-Trainer (GPM), Autorisierter Trainingspartner der GPM.

Co-Autor: René Schanz
René Schanz absolvierte das Studium zum Diplom-Restaurateur/Hotelier an der Hotelfachschule Belvoirpark Zürich. Er ist Vorstandsmitglied des Vereins zur Zertifizierung von Personen im Management (VZPM) und Lead-Assessor IPMA Level A und B. Seinen Abschluss als Master of Advanced Studies in Project-Management erhielt er an der Universität Klagenfurt. Heute ist er verantwortlicher Bereichsleiter für die Weiterentwicklung und Schulung des Projektmanagements und der Schriftgutverwaltung in der Schweizer Armee.

INHALT

Das Kompetenzelement Beziehungen und Engagement 658
    Warum Beziehungen für die Projektarbeit wichtig sind 659
    Bezüge zu anderen Kompetenzelementen 660

Wie Sie Beziehungen aufbauen, nutzen und pflegen 660

Netzwerktheorien – oder warum Netzwerke endliche Größen haben 664
    Reziprozität – warum »erst Geben, dann Nehmen« wichtig sind 665

Humor – was Sie für andere anziehend macht 666

Bedürfnisse – wonach Menschen verlangen 670

Motivation – warum sich Menschen engagieren 672
    Die Zwei-Faktoren-Theorie von Herzberg 673
    Sprenger – der Unterschied zwischen Motivation und Motivierung 676

Vertrauen – die Basis für erfolgreiche Zusammenarbeit 678

Respekt und Empathie – wie Wertschätzung
    die Motivation beeinflusst 680

Wiederholungsfragen 682

Literaturverzeichnis 683

1 DAS KOMPETENZELEMENT BEZIEHUNGEN UND ENGAGEMENT

Projekte sind per Definition (→ Kapitel »Projektdesign«) auf die Zusammenarbeit von Menschen angewiesen. Zusammenarbeit wiederum wird beeinflusst durch das Vorhandensein, die Intensität und durch die Güte der Beziehungen von Menschen untereinander. Eine Beziehung ist im Duden definiert als »Verbindung, Kontakt zu Einzelnen oder Gruppen«.

Positive und belastbare Beziehungen erhöhen die Motivation zur gegenseitigen Unterstützung und fördern das Engagement des Einzelnen. Sie bilden die Grundlage für das positive und intensive Engagement der Stakeholder und damit auch für eine erfolgreiche Projektarbeit.

Die folgende Situation aus dem Projektalltag verdeutlicht die Notwendigkeit dieses Vorgehens: Sie benötigen in Ihrem Projekt eine Person mit bestimmten Kompetenzen, zu der Sie bisher noch keinen direkten Kontakt hatten. Diese Person ist viel beschäftigt und gefragt. Einer Ihrer Bekannten hat bisher schon mehrfach mit dieser Person zusammengearbeitet und hat einen sehr guten Kontakt zu der Person. Wie gehen Sie nun vor, um diese Person anzusprechen? Vermutlich werden Sie zuerst mit Ihrem Bekannten sprechen, um dessen gute Beziehung zu nutzen. Aufgrund der Beziehung zu Ihrem Bekannten wird es der Person schwerer fallen, Ihr Anliegen zu ignorieren oder Ihnen gar eine Absage zu einem ersten Gespräch zu erteilen. Wählen Sie jedoch den direkten Weg, so ist die Wahrscheinlichkeit sehr hoch, dass Sie bei der Person beim ersten Kontaktversuch scheitern. Grund hierfür ist die fehlende Beziehung.

Das vorliegende Kompetenzelement beschreibt die notwendigen Voraussetzungen und hilft Ihnen dabei, persönliche Beziehungen zu Mitmenschen aufzubauen, zu pflegen und auszubauen.

> **ICB 4** Persönliche Beziehungen werden von einem ernsthaften Interesse für andere Menschen ausgelöst. Um eine Beziehung aufzubauen, sind immer zwei Seiten nötig. Es geht um den Aufbau von Eins-zu-Eins-Beziehungen sowie das Schaffen und Unterstützen sozialer Netzwerke. In beiden Situationen muss der Einzelne in der Lage sein, offen mit anderen zu interagieren. Wenn die Beziehungen einmal aufgebaut wurden, müssen diese durch das Zeigen von Vertrauen, respektvollem Miteinander sowie einer offenen Kommunikation gepflegt und verbessert werden. Kulturelle Unterschiede können das Interesse und die Attraktivität steigern, aber auch die Wahrscheinlichkeit für Missverständnisse, die die Qualität von Beziehungen gefährden können. Wenn persönliche Beziehungen bestehen, ist es wesentlich einfacher, andere zu motivieren, wenn die eigenen Visionen, Ziele und Aufgaben enthusiastisch kommuniziert werden. Eine weitere Möglichkeit andere zu motivieren und zu verpflichten ist, sie aktiv in Diskussionen, Entscheidungen sowie Handlungen einzubinden. Im All-

> gemeinen tendieren Menschen dazu, sich leichter für Ziele und Aufgaben zu engagieren, wenn sie vorab gefragt werden.

1.1 WARUM BEZIEHUNGEN FÜR DIE PROJEKTARBEIT WICHTIG SIND

Durch den frühzeitigen Aufbau von positiven Beziehungen zu Mitmenschen lassen sich schwierige und herausfordernde Situationen im Leben und damit auch in Projekten leichter bewältigen. Personen, die eine Beziehung zu einer anderen Person wahrnehmen, mit dieser Beziehung zufrieden sind und somit eine gewisse Nähe und Verpflichtung spüren, werden den Beziehungspartner engagierter unterstützen (Auhagen, von Salisch 1993, S. 26 ff). Auch lassen sich auftretende Konflikte in der Regel dann leichter lösen, wenn die Sachebene von der Beziehungsebene getragen wird (→ Kapitel »Persönliche Kommunikation«). Begreifen sich Menschen als Partner, Gemeinschaft oder Team, so lassen sich die Kompetenz und Leistungsfähigkeit der Beziehungspartner bündeln. Hierdurch können dann auch Situationen erfolgreich gemeistert werden, deren Bewältigung der einzelnen Person nur sehr schwer gelingen würde oder alleine unmöglich wäre. Aus diesem Grund sind der Aufbau und die Pflege von Beziehungen zu Stakeholdern vor dem Projekt, während dessen sowie im Nachgang wichtig und nötig. Hierbei ist darauf zu achten, dass der Nutzen von Beziehungen für die jeweils in Kontakt zueinander stehenden Personen zumindest über einen längeren Zeitraum ausgeglichen und positiv ist (siehe Abbildung 4.4-1).

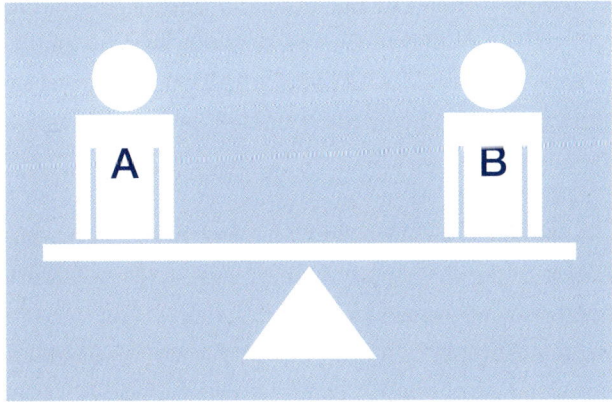

Abb. 4.4.-1: Die Nutzen-Waage in Beziehungen

Sofern positive Beziehungen zu direkten Stakeholdern bestehen, erleichtern diese in der Regel die Kontaktaufnahme zu den indirekten Stakeholdern. Weiterhin erleichtern sie den Aufbau und die Nutzung von Kontakten im entfernteren Projektumfeld.

Zu berücksichtigen ist, dass der heute weitverbreitete Aufbau von Beziehungen in virtuellen sozialen Netzwerken durch einmalige Kontaktaufnahme selten zu den gewünschten Ergebnissen führt. Nutzbare und tragfähige Beziehungen entstehen nicht durch den reinen Austausch von Kontakten oder Adressen, sondern durch ein ehrliches Interesse am Gegenüber sowie eine systematische Pflege der Beziehung.

1.2 BEZÜGE ZU ANDEREN KOMPETENZELEMENTEN

Das Kompetenzelement »Beziehungen und Engagement« besitzt Querverbindungen und Beziehungen zu allen Kompetenzelementen im Kompetenzbereich People. Weiterhin ist es mit den Kompetenzelementen »Macht und Interessen« und »Kultur und Werte« aus dem Kompetenzbereich Perspective verbunden sowie mit den Elementen »Organisation, Information und Dokumentation« und »Stakeholder« aus dem Bereich Practice.

2 WIE SIE BEZIEHUNGEN AUFBAUEN, NUTZEN UND PFLEGEN

Um Menschen für Projekte zu gewinnen und ihr volles Engagement zu entfalten, ist es nötig, positive Beziehungen zu den betreffenden Menschen aufzubauen. Wer der Auffassung ist, es wäre ausreichend, am Anfang eines Projekts auf Personen zuzugehen, mit ihnen zu sprechen und damit eine Beziehung aufzubauen, wird meist enttäuscht. Um Beziehungen erfolgreich in Projekten nutzen zu können, ist es sinnvoll, diese schon vor Projektbeginn aufzubauen und zu pflegen. Hand aufs Herz: Würden Sie sich für einen Fremden, der Sie anspricht und um Hilfe bittet, genauso ins Zeug legen wie für eine Person, die Sie schon länger kennen, zu der Sie eine positive Verbindung haben und die Sie als Person schätzen? Wohl kaum. Genau deshalb ist es wichtig, frühzeitig positive Beziehungen zu Menschen im eigenen Umfeld aufzubauen – sei es beruflich oder privat. Nur wer wie ein Landwirt das Feld frühzeitig bestellt und regelmäßig kultiviert, wird das Ergebnis seiner Arbeit auch ernten können.

Nutzen Sie daher die alltäglichen Möglichkeiten, um mit anderen Menschen in Kontakt zu treten, beispielsweise in der Pause am Arbeitsplatz, im Projektstart-Workshop, außerhalb der Organisation und im privaten Umfeld. Entwickeln Sie dabei ehrliches Interesse. Es geht nicht darum, sein Adressbuch oder seinen Facebook Account zu füllen, sondern darum, Menschen für sich selbst und für eigene sowie fremde Anliegen zu gewinnen.

Nicht erst seit der Erfindung des Internets werden Netzwerke genutzt. Schon immer haben Menschen untereinander Beziehungen aufgebaut und sich durch das Knüpfen von Kontakten miteinander vernetzt. Lediglich die Geschwindigkeit, mit der heute Kontakte geknüpft werden können, hat aufgrund der modernen Kommunikationsmedien zugenommen. So ist es heute über Netzwerkplattformen im Internet problemlos möglich, mit Personen in anderen Ländern oder auf anderen Kontinenten sehr schnell einen ersten Kontakt zu knüpfen.

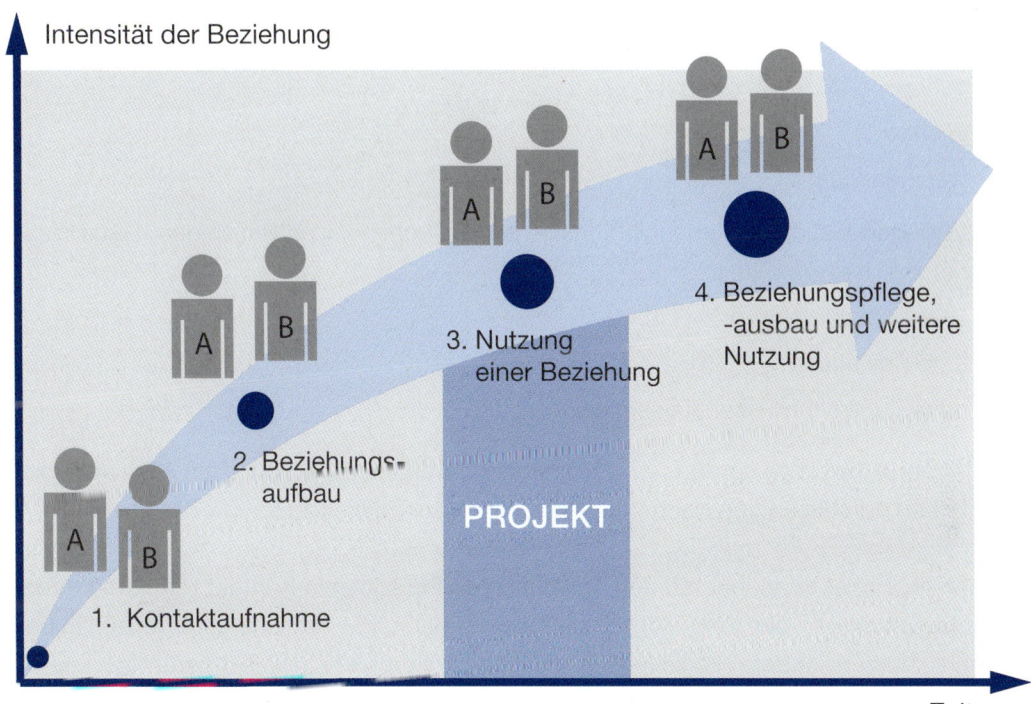

Abb. 4.4-2: Der Beziehungszeitstrahl

Erfolgreiche Projektmanager beginnen frühzeitig damit, sich ihr persönliches Netzwerk in der Organisation und im privaten Umfeld, zum Beispiel durch ehrenamtliches Engagement, aufzubauen. Sie überlassen die Entstehung von Kontakten nicht nur dem Zufall. Durch systematische Betrachtung der bestehenden oder noch zu knüpfenden Kontakte wird ein persönliches Netzwerk aufgebaut. Eine schriftliche Analyse und Erfassung der Daten sorgen für die Nachvollziehbarkeit der Ergebnisse.

Um die bereits vorhandenen oder noch zu knüpfenden Kontakte zu erfassen, kann zum Beispiel ein Mindmap auf dem Papier, in elektronischer Form oder bei größeren Datenmengen eine Datenbank eingesetzt werden. Für den Einsatz in Organisationen eignen sich CRM-Systeme (Customer Relation Management) oder die daraus weiterentwickelten xRM-Systeme (Any Relationship Management), um professionell Kontakte zu pflegen.

| Zuerst werden dabei alle Personen eingetragen, zu denen persönlicher Kontakt besteht. Die Kontakte können dabei zum Beispiel in die folgenden Gruppen eingeteilt werden:
  - Kontakte innerhalb der eigenen Organisation
  - Kontakte zu Kunden und Lieferanten
  - Kontakte zu Verbänden und Organisationen
  - Kontakte aus dem privaten Umfeld

- Im Anschluss daran werden die Kontakte im Hinblick auf die Wichtigkeit zur Erreichung der eigenen Ziele klassifiziert, zum Beispiel in:
  - sehr wichtig
  - wichtig
  - weniger wichtig
- Abschließend ist die Beziehungsintensität anzugeben, beispielsweise durch eine Klassifizierung der Kontakte in:
  - sehr gute Beziehung
  - gute Beziehung
  - haben uns schon einmal gesehen

Nachdem ersichtlich geworden ist, wer schon zum eigenen persönlichen Netzwerk gehört, können nun diejenigen Kontakte geknüpft werden, die es zu knüpfen gilt.

Wie man als Projektmanager mit den gewünschten Personen in Kontakt tritt, kann dabei sehr unterschiedlich sein. Eine Möglichkeit besteht darin, das tägliche Mittagessen in der Kantine zu nutzen. Andere Möglichkeiten bieten sich durch ein bewusst geführtes Telefonat, den Besuch eines Vortrags oder einer Veranstaltung im beruflichen Umfeld, die Organisation von Veranstaltungen, z. B. im Rahmen der GPM Regional- oder Fachgruppen, den Aufbau eigener Netzwerke, z. B. als Interessengruppe oder als Verein, sowie das Knüpfen der Kontakte im privaten Bereich, z. B. auf einer Party oder bei sportlichen Aktivitäten. Hierbei sollte deshalb die Gunst des Augenblicks genutzt werden, da sich Chancen zum Knüpfen von Kontakten zu interessanten Personen oft nur spontan und häufig nur einmal ergeben. Deshalb ist es wichtig, den richtigen Zeitpunkt zu erkennen, aktiv zu nutzen und mit der jeweiligen Person in Kontakt zu treten.

Beim Knüpfen der Kontakte ist es wichtig, nicht zuerst an den eigenen Vorteil zu denken, sondern sich ehrlich für das Gegenüber zu interessieren und ihm aktiv zuzuhören. Networking bedeutet nicht Verkaufen (Lutz, Wolff 2016, S. 10). Es geht nicht darum, seine eigene Person oder Produkte anzubieten. Ziel ist es vielmehr, die Bedürfnisse und die Interessen seiner Mitmenschen zu ermitteln, um diesen einen Nutzen zu bieten. »Dienen kommt vor verdienen, so lautet die Empfehlung von Jürgen Hauser in seinem Buch «Networking für Verkäufer« (Hauser 2008, S. 90). Diese Devise gilt auch für nicht kommerzielle Beziehungen.

Durch wirkliches Interesse an Mitmenschen und die Darbietung von Nutzen entstehen intensive und langfristig nutzbare Beziehungen. Als Nutzen definiert der Duden den »Gewinn, Ertrag oder Vorteil, den man durch die Anwendung seines Könnens oder den Gebrauch von etwas«, zum Beispiel einer Beziehung oder einer Tätigkeit, hat.

Ein erstes Gespräch kann sich auf Gemeinsamkeiten beziehen, welche die eigene Person mit einer anderen Person verbinden. Die Gemeinsamkeiten können beruflicher Natur sein, z. B. ein Studium an derselben Universität, oder aber auch privater Natur sein, z. B. »Sie fahren doch auch ein Motorrad vom Typ xy oder?«. Handelt es sich um einen Erstkontakt, so ist es wichtig, mit dem Gesprächspartner gegen Ende des Gespräches eine Visitenkarte auszutauschen. Hierbei sollte man dem Gesprächspartner nicht die eigene Visitenkarte aufdrängen, sondern höflich um eine Visitenkarte des Gegenübers bitten und anschließend die eigene Visitenkarte anbieten. Der Austausch der Visitenkarten ermöglicht die spätere Kontaktpflege und die Aufnahme der Kontaktdaten in die persönliche Kontaktdatenbank.

Beziehungen funktionieren nur auf der Basis des gegenseitigen Gebens und Nehmens. Beziehungen, die nur einseitig aufgebaut sind, sind dauerhaft nicht erfolgreich. Damit nun das Geben und Nehmen funktionieren kann, muss der Netzwerker mehr über sein Gegenüber wissen als nur dessen Namen und Adresse. Als Netzwerker benötigt man Informationen über das berufliche Umfeld, in dem das Gegenüber aktiv ist, und Informationen über die Interessen, welche die Person vertritt.

Bei der Sammlung und Speicherung von Informationen ist der Datenschutz zu beachten. In der Datenbank werden alle Informationen über die Netzwerkpartner abgelegt. Die gesammelten Informationen dienen als Grundlage für die Überlegung »Was kann ich meinem Netzwerkpartner bieten.« (Wikner 2000, S. 127). Es ist nicht ratsam, darauf zu warten, dass der Netzwerkpartner aktiv wird, sondern es ist wichtig, selbst aktiv zu werden und sich zu überlegen, was für die jeweilige Person von Mehrwert ist. Dies können zum einen fachliche Informationen sein, die per E-Mail weitergeleitet werden, da sie für den Netzwerkpartner wichtig sind. Zum anderen könnten es Einladungen zu Vorträgen und Veranstaltungen oder ein Angebot zu einem gemeinsamen Mittagessen in der Kantine, bei dem ein zwangloser Austausch stattfindet, sein. Dabei muss der Nutzen, den man bietet, individuell für die jeweilige Person ermittelt und individuell auf die Person abgestimmt sein. Sofern im Rahmen des Beziehungsaufbaus oder der Beziehungspflege Absprachen getroffen werden, zum Beispiel »Die besprochenen Unterlagen sende ich Ihnen morgen zu.«, ist darauf zu achten, dass diese Absprachen auch eingehalten werden. Für den Fall, dass Anfragen an die eigene Person gestellt werden, beispielsweise per E-Mail, sind diese zeitnah, also innerhalb eines Tages, zu beantworten. Ist die umgehende Beantwortung nicht möglich, ist der Absender darüber zu informieren, bis wann die Beantwortung erfolgt, um ihm zu zeigen, dass man ein ehrliches Interesse an der Kontaktpflege hat.

Zugegeben, im ersten Moment hört sich diese Vorgehensweise sehr aufwendig an, jedoch wird sich das eigene Netzwerk bei dieser Art der Beziehungspflege bereits nach kurzer Zeit ausweiten. Somit verfügt man im richtigen Moment über die für das Projekt oder die für die eigene Person wichtigen Kontakte und kann die Ziele des Projekts oder aber die persönlichen Standpunkte an entsprechender Stelle, ggf. unter Einschaltung von Mittelsmännern, durchsetzen.

3 NETZWERKTHEORIEN – ODER WARUM NETZWERKE ENDLICHE GRÖSSEN HABEN

Der US-amerikanische Sozialpsychologe Stanley Milgram fand 1967 in einem klassischen Experiment heraus, dass jeder Mensch über durchschnittlich sechs Personen mit jedem anderen Menschen in einem zuvor festgelegten Bereich der USA bekannt ist. Er nannte diese Erkenntnis das »Small World Phenomenon« (Milgram 1967, S. 61–67). Diese Erkenntnis nutzen heute u. a. soziale Netzwerke, wie Xing oder Facebook, im Internet. Durch die Nutzung dieser Plattformen können Beziehungen im virtuellen Raum auch hierarchieübergreifend entstehen und genutzt werden. Vor dem Entstehen der sozialen Netzwerke bildeten sich früher vertikale Beziehungen zwischen Personen in einer Organisation meist nur von einer Hierarchiestufe zur nächsten. Heute besteht hingegen zum Beispiel die Möglichkeit, dass der frisch gebackene Junior Projektmanager zu dem Vorstand eine Beziehung im virtuellen Raum aufbaut und eventuell auch nutzen kann. Die so entstandene Beziehung ist meist jedoch von deutlich geringerer Qualität als eine persönliche Beziehung.

Wie bereits erwähnt, geht es bei Beziehungen und Netzwerken nicht um die schiere Ansammlung von Adressen und Kontakten, sondern um das ehrliche Interesse und die für alle Beteiligten gewinnbringende Interaktion mit Mitmenschen zum gemeinsamen Vorteil der Beziehungspartner. Der britische Anthropologe Robin Dunbar schätzte die maximale Anzahl der Personen, die man persönlich kennt, denen man vertraut und zu denen man eine Beziehung mit relativ umfassendem Wissen unterhalten kann, auf 150 (Dunbar 2010, S. 4). Er begründet diese Größe des sozialen Netzwerks auf Basis der Evolution und der damit verbundenen Kapazität des menschlichen Gehirns.

Beziehungen zwischen Menschen entstehen durch ein Zusammengehörigkeitsgefühl und dessen Bewertung in den Köpfen der Beteiligten. Informationen, die für die Interaktion der Beteiligten benötigt werden, werden in den Gehirnen der Personen gespeichert. Je bedeutender die emotionale Bewertung der Beziehung ist, desto mehr Informationen werden über die andere Person gesammelt und im Gehirn gespeichert. Hieraus ergibt sich eine natürliche Größenbegrenzung von persönlichen sozialen Netzwerken.

Durch die Nutzung der modernen Medien kann diese Grenze verschoben bzw. aufgehoben werden. So ist es zum Beispiel möglich, in Xing mehrere Tausend Beziehungen oder Kontakte zu unterhalten. Hierbei ist jedoch zu bedenken, dass sich eine intensive Beziehung nur durch passgenaue Kommunikation und Darbietung von Nutzen gestalten und aufrechterhalten lässt. Dies ist jedoch mit einem entsprechenden Aufwand verbunden und für die meisten arbeitenden Menschen rein kapazitiv nicht zu schaffen.

3.1 REZIPROZITÄT – WARUM »ERST GEBEN, DANN NEHMEN« WICHTIG SIND

Das menschliche Zusammensein und die Zusammenarbeit werden geprägt durch das uralte Prinzip der Reziprozität. Der Begriff Reziprozität ist im Duden definiert als Gegenseitigkeit, Wechselseitigkeit und steht für Austauschprozesse, die laut Erlei (Erlei, 2018) sowohl positiven als auch negativen Inhalts sein können. Stark vereinfacht ausgedrückt, lässt sich sagen: »Wie Du mir, so ich Dir«. Positive Reziprozität steht dabei für ein überlebenswichtiges Prinzip (Stegbauer 2010, S. 11 ff.), da zahlreiche Bedürfnisse des Menschen von ihm alleine nicht befriedigt werden können. Geben und Nehmen bilden die Grundlage menschlichen Miteinanders. Der Vollständigkeit halber sei gesagt, dass es hierbei nicht um Klüngel oder um die Herbeiführung von einseitiger Vorteilsnahme geht – hiervor kann nur gewarnt werden (→ Kapitel »Compliance, Standards und Regularien« sowie Kapitel »Persönliche Integrität und Verlässlichkeit«), sondern um eine für das Überleben notwendige Austauschbeziehung von Gütern und Informationen. Dieser Austauschprozess lässt Beziehungen entstehen und fördert das Vertrauen der Beteiligten untereinander. Zahlreiche Studien haben sich mit diesem Phänomen auseinandergesetzt. Eine der bekanntesten ist die Untersuchung von Malinowski über den Kularing auf den Trobriand-Inseln. Es handelt sich hierbei um den Austausch von Muschelketten und Muschelarmbändern, der zur Intensivierung der Bindung zwischen den Bewohnern entfernter Inseln im südlichen Pazifischen Ozean führte.

Was hat dieses Prinzip mit der Abwicklung von Projekten zu tun?
Auch in Projekten kommt es zu für das Projekt lebensnotwendigen Austauschbeziehungen. Hierbei sei explizit der Kauf von Gütern und Ressourcen ausgeschlossen, da dieser in der Regel anderen Gesetzmäßigkeiten unterliegt. Gemeint sind hier eher die für das Projekt lebensnotwendigen Informationen, welche die Beteiligten offen und freiwillig untereinander austauschen. Stakeholder, zu denen der Projektmanager eine positive Beziehung pflegt, werden ihnen bekannte Informationen nicht bewusst zurückhalten, um dem Projektmanager oder dem Projekt zu schaden. Sie werden vielmehr, sofern es ihnen bewusst ist und sie es dürfen, die Informationen aktiv weitergeben.

Der Volksmund kennt den Spruch »Wie man in den Wald hinein ruft, so schallt es heraus«. Diese Volksweisheit sagt viel darüber aus, wie Reziprozität zu verstehen ist und wie Netzwerken funktioniert: Ein Wald besteht nicht aus einem Baum, sondern immer aus vielen Bäumen. Das Sprichwort lautet ganz bewusst NICHT: »Wie ich in den einzelnen Baum hineinrufe, so schallt es heraus«. Wer sein Vertrauen und seine Energie auf einen einzelnen Menschen richtet, der kann im Einzelfall enttäuscht werden. Wer aber den Menschen, mit denen er täglich zu tun hat, seinen Freunden, Bekannten und anderen Menschen, denen er begegnet, Vertrauen entgegenbringt und gerne hilft, der gewinnt mit hoher Wahrscheinlichkeit viel für sich selbst. Zwar bekommen wir nicht immer eine Gegenleistung von den Menschen, von denen wir es konkret erhoffen, dafür aber umso überraschender oft von denjenigen Menschen, von denen wir das gar nicht erwartet hätten.

Für Reziprozität im engeren Sinne gilt die Regel »do, ut des« (lat.: ich gebe dir etwas, damit du mir etwas gibst). Dies gilt auch für die Zusammenarbeit in Projekten. Warum sollte eine Person, zu der ich keine Beziehung habe, mir einen Gefallen tun? Würden Sie dies tun? Und wenn ja, was löst es aus, wenn Sie als Erster geben? Vermutlich wird sich Ihr Gegenüber durch Ihr »Geschenk« verpflichtet fühlen und sich bei nächster Gelegenheit erkenntlich zeigen. Stellen Sie sich vor, Sie kommen einem Projektmitarbeiter bei seinem Wunsch, an einem bestimmten, für ihn wichtigen Tag Urlaub zu bekommen, entgegen. Ein paar Tage oder Wochen später benötigen Sie genau diesen Mitarbeiter für ein Arbeitspaket, das nur mit einem Engagement über die reguläre Arbeitszeit hinaus zu schaffen ist. Wie wird sich dieser Mitarbeiter entscheiden? In den meisten Fällen, sofern es eine echte und positive Beziehung zwischen ihnen gibt, wird er Sie unterstützen und nicht hängen lassen. Genau aus diesem Grund ist es hilfreich, sich an das Prinzip der Reziprozität zu erinnern und dieses anzuwenden.

4 HUMOR – WAS SIE FÜR ANDERE ANZIEHEND MACHT

Der Duden definiert Humor als Fähigkeit und Bereitschaft, auf bestimmte Dinge heiter und gelassen zu reagieren. Humor führt zu Gefühlsregungen und hilft, vielfältige Situationen, speziell dann, wenn sie herausfordernd und schwierig sind, erfolgreich zu meistern. Gerade in schwierigen Situationen und bei Konflikten hilft angemessener Humor, negative Emotionen zu regulieren und Situationen zu entspannen. Humor wirkt deeskalierend und entkrampfend. Lachen oder Lächeln ist dabei ein Ausdruck der Gefühlsregung und signalisiert eine innere Haltung, die im Einklang oder auch im Widerspruch zur umgebenden Situation stehen kann (Schwarz 2008, S. 28). Schwarz beschreibt das Lachen oder Lächeln aus stammesgeschichtlicher Sicht als den Versuch, auf Menschen freundlich und nicht böse zu wirken (Schwarz 2008, S. 28). Wissenschaftler gehen ferner davon aus, dass Humor sich im Laufe der Evolution, zum Beispiel bei der Partnerwahl, als überlebenswichtig erwies. Welche Bedeutung Humor für das Image hat, zeigt die Studie von Daniel Howrigan (Howrigan, 2008) an der Universität von Colorado im Jahr 2008. Er analysierte die Persönlichkeit und die Intelligenz von Studenten mit dem Ergebnis, dass die Studenten, die im Intelligenztest gut abgeschnitten hatten, auch überdurchschnittlich humorvoll waren.

In Anlehnung an Romero, Cruthirds teilt Lotze (Lotze 2018, S. 69) Humor in positiven und negativen Humor ein. Positiver Humor ist dadurch gekennzeichnet, dass in ihm keine negative Bedeutung mitschwingt, keine Abwertung anderer Personen erfolgt, er positive Gefühle freisetzt, selbstaufwertend und sozial ist, sodass über ihn alle Beteiligten bzw. Betroffenen lachen können. Negativer Humor, wie er in Hohn und Spott, Sarkasmus oder Zynismus zu finden ist, ist hingegen abwertend, mit negativen Gefühlen verbunden, kann das Selbstwertgefühl der Beteiligten oder Betroffenen negativ beeinflussen oder sogar schädigen und kann somit blockierend, destruktiv und aggressiv wirken.

Nach Auswertung der englischsprachigen Fachliteratur im Hinblick auf negative und positive Humorwirkungen in Organisationen gelangt Lotze zu folgender Zusammenfassung (Lotze 2018, S. 70):

Tab. 4.4-1: Negative und positive Humorwirkungen in Organisationen nach Lotze (Lotze 2018, S. 70)

Positiv	Negativ
Höhere Gruppenkohäsion	Ethnischer/Genderbezogener Humor
Höheres Vertrauen in der Gruppe	Hierarchiestatus entscheidet, wer wann Humor nutzen darf« (signalisiert Gruppennormen): Humor ist Privileg der Mächtigen
Bessere Beziehungen	Humor von Statushöheren im Kontakt zu Statusniederen häufiger verwendet
Erhöhte Solidarität in Teams	Kann Hierarchien stützen, Statusunterschiede betonen
Subversive Funktion (Kritik an Führenden kann indirekt geäußert werden)	Befürchtung des Kontrollverlusts der »Leader«
Besseres Betriebsklima	Ist immer zweischneidig (gerade bei Konfliktlösungen)
Weniger Schamangst/Strafangst	Irritation in Arbeitsgruppe, wenn Humor von oben bei Stress angewendet wird
Kann Statusdifferenzen vermindern (»Egalisierung«), soziale Distanz verringern	Man muss Publikum genau kennen vor Nutzung (gemeinsame Normen/Kultur ist Voraussetzung für Gelingen)

Welche Aussagen und Handlungen als positiv oder negativ eingestuft werden, ist hierbei kulturell unterschiedlich und ist entsprechend zu beachten. Humor hat zum Beispiel in England eine höhere Bedeutung als in Deutschland. Engländer erachten den Humor einer Person als fast ebenso wichtig wie ihre Intelligenz und ihr Aussehen. In Gesprächen mit Engländern gibt es oft Ironie, Sticheleien und Spott über die eigene Person. Seriosität ist oft unerwünscht (Ternès, Towers 2016, S. 43). Engländer sind stolz auf ihre Ironie und das damit verbundene Understatement und verweisen gerne darauf, dass Amerikaner die feine Ironie nicht wahrnehmen bzw. verstehen.

Besondere Vorsicht ist dann geboten, wenn über Moral, Sitten, Bräuche und im Speziellen über religiöse Bräuche gesprochen wird. Die Vorstellungen hierüber sind zum Beispiel in

Europa, Amerika, Asien oder auch in islamischen Ländern unterschiedlich. Aus diesem Grund ist gerade in internationalen Projekten darauf zu achten, dass die kulturspezifischen Dos and Don'ts bekannt sind und die Gefühle von Personen nicht verletzt werden. Humor in kulturell unterschiedlichen Beziehungen ermöglicht, Fehler im Verhalten und in der Kommunikation mit Toleranz zu betrachten – sowohl bei sich als auch bei anderen. Humorvolles Verhalten ist wertschätzend, fehlertolerant und für die interkulturelle Verständigung hilfreich. Gerade in Situationen, in denen man mit beiden Füßen in den Fettnapf getreten ist, ist Humor nützlich und unterstützt den Aufbau positiver Beziehungen. Statt Fehler zu vertuschen, ist es ratsamer, sich für Missgeschicke zu entschuldigen und die Situation humorvoll zu meistern.

Jumi Vogler empfiehlt in seinem Buch »Erfolg lacht! – Humor als Erfolgsstrategie«, »Entschuldigen Sie sich mit einer tiefen Verbeugung, weil Sie nicht wussten, dass das Unkraut, auf das Sie gerade Ihren Laptop abstellten, ein 2000 Jahre alter Bonsai-Kirschbaum war, der seit Generationen im Besitz der Familie Ihres japanischen Geschäftspartners war.« (Vogler 2012, S. 210).

Die Art des Humors und der angemessene Umgang mit ihm sind Ausdruck der eigenen Persönlichkeit. Für den Aufbau von Beziehungen und die Förderung des Engagements von Menschen ist positiver Humor wichtig. Humor äußert sich dabei »in einer seelischen Grundhaltung heiterer Gelassenheit, die den Menschen die Gegebenheiten des Lebens von einer höheren Warte aus betrachten lassen«. »Echter Humor« wird von Wohlwollen und Sympathie genährt und entsteht aus einer Mischung von warmer Anteilnahme und heiterer Distanz.« (Kirchmayr 2006; Frittum 2009, S. 34).

Beispiel: Stellen Sie sich vor, Sie wollen mit Ihrem Team Ihr Projekt planen. Ein Teil Ihrer Teammitglieder hält dabei die Planung der Aktivitäten für gänzlich überflüssig und für reine Zeitverschwendung. Die bisher gute Stimmung droht zu kippen und es kommt zum Streit zwischen den »Pragmatikern« und den »Theoretikern«. Um die Situation zu entspannen, erzählen Sie an passender Stelle und mit heiterer Stimme von Ihrem kleinen Missgeschick beim Aufhängen eines Bildes im Rahmen eines Ihrer letzten Umzüge und enden mit den Worten »erst grübeln, dann dübeln«. Vermutlich werden die meisten der Anwesenden ähnliche Situationen kennen, schmunzeln und den Nutzen der gedanklichen Vorwegnahme der Zukunft erkennen. Die Schilderung der Situation in humorvoller Weise sowie die prägnante und witzige Zusammenfassung des Gelernten tragen sicher eher zur Entspannung der Situation bei als besserwisserische Rechthaberei.

Humor als positive Form des Komischen ist abzugrenzen von Ironie, Schadenfreude, Spott und Hohn sowie Sarkasmus und Zynismus. Der Unterschied zwischen Humor und den anderen Formen des Komischen beziehungsweise der Komik besteht darin, dass eine Sache oder Situation erst durch eine bestimmte soziale Situation oder Betrachtungsweise komisch wird. Humor hingegen ist die Fähigkeit, einer Sache oder Situation, die nichts Komisches an sich hat, eine heitere Seite abzugewinnen (Schwarz 2008, S. 31). Oder um es mit den Worten des deutschen Schriftsteller Otto Julius Bierbaum zu sagen »Humor ist, wenn man trotzdem lacht«.

Ironie definiert der Duden als feinen, verdeckten Spott, mit dem jemand etwas dadurch zu treffen sucht, dass er es unter dem augenfälligen Schein der eigenen Billigung lächerlich macht. Ironie setzt beim Empfänger ein feines Gespür für Kritik voraus (Schwarz 2008, S. 44), um die darin enthaltene Botschaft zu entschlüsseln.

Schadenfreude ist wiederum laut Duden die boshafte Freude über ein Missgeschick oder ein Unglück eines anderen. Spott und Hohn sind Äußerungen oder Verhaltensweisen, mit denen sich jemand über jemanden oder dessen Gefühle lustig macht und seine Schadenfreude ausdrückt. Schwarz vermutet, dass diese als destruktiv angesehenen Formen des Lustigen auf einem archaischen Muster beruhen, das den Selektionsdruck verstärkt. »Wer den Schaden hat, braucht sich um den Spott nicht zu sorgen.« (Schwarz 2008, S. 44).

Das lateinische Wort Sarkasmus geht nach Schwarz über Ironie oder Spott noch hinaus, zeigt Konsequenzen auf und enthält einen Handlungsappell. Sarkasmus nutzt die bewusste Übertreibung oder Verfremdung und zeigt den Weg auf, der zu beschreiten ist, um das der Situation zugrunde liegende Problem zu lösen. Durch Sarkasmus besteht nach Schwarz die Möglichkeit, emotionale Distanz zu schaffen und eine Situation, die einem sehr nahegeht, als »Fremder« zu betrachten. Hierdurch lassen sich neue Erkenntnisse gewinnen und Schlüsse ziehen.

Zynismus (Griechisch) geht zurück auf die Lebensphilosophie der Kyniker. Die Schüler von Diogenes von Sinope fielen wie ihr Lehrer durch provozierendes Verhalten auf und machten sich vor allem dadurch unbeliebt, dass sie jede Wahrheit in ihr Gegenteil verkehren konnten (Schwarz 2008, S. 52). Zynismus ist deutlich stärker als Ironie oder Sarkasmus und ist nach Schwarz immer dann sinnvoll und angebracht, wenn Personen oder Gruppen nur eine Seite einer Wahrheit bevorzugen und die Gefahr besteht, dass die zweite Seite nicht beachtet wird. Als Beispiel beschreibt Schwarz die folgende Situation: »Ein reicher Athener stellt sich in einer engen Gasse dem Diogenes in den Weg und sagt: «Ich weiche keinem Schurken aus!» «Ich schon», sagte Diogenes und ging um ihn herum.« (Schwarz 2008, S. 53).

In Projekten ist darauf zu achten, dass die unterschiedlichen Formen des Komischen und im Speziellen die negativen Formen mit Bedacht eingesetzt werden. Vor dem Einsatz ist über die gewünschte Wirkung und die wahrscheinlich entstehende Wirkung gezielt nachzudenken. Nur so lassen sich unnötige Konflikte verhindern und Stakeholder für das Projekt oder die eigenen Anliegen gewinnen.

5 BEDÜRFNISSE – WONACH MENSCHEN VERLANGEN

Ein Bedürfnis ist ein Gefühl des Mangels, das eine Person empfindet, und zwar mit dem Streben, diesen zu beseitigen (Olfert, Rahn 2004, S. 127). Bedürfnisse bestimmen unser Handeln und sind bei Menschen nahezu unbegrenzt vorhanden. Kaum ist das eine Bedürfnis befriedigt, entsteht ein neues. Für den Aufbau von Beziehungen und für die Zusammenarbeit mit seinen Mitmenschen ist es wichtig und hilfreich, die jeweils aktuell vorherrschenden Bedürfnisse zu kennen, um gezielt auf diese eingehen zu können. Gerade zur Entwicklung von Lösungen in Verhandlungssituationen, bei Konflikten oder aber auch im Rahmen des Selbstmanagements sind die Kenntnis und Berücksichtigung von Bedürfnissen wichtig und hilfreich (→ Kapitel »Selbstreflexion und Selbstmanagement« sowie → »Konflikte und Krisen« und → »Verhandlungen«)

Bedürfnisse können unterschiedlich klassifiziert werden. Die wohl bekannteste, wenn auch zugleich nicht unumstrittene Darstellung der Bedürfnisse ist die Einteilung der Bedürfnisse von Maslow. Der US-amerikanische Psychologe Abraham Maslow veröffentlichte 1954 seine hierarchische Einteilung der Bedürfnisse als Bedürfnispyramide (siehe Abbildung 4.4-3).

Maslow unterscheidet in die zwei Klassen: Defizitbedürfnisse und Wachstumsbedürfnisse. Er geht davon aus, dass zuerst die Defizitbedürfnisse befriedigt werden müssen und erst danach die Wachstumsbedürfnisse zur Geltung kommen.

Defizitbedürfnisse werden von Maslow in folgende vier Ebenen unterteilt: Physiologische Bedürfnisse, Sicherheitsbedürfnisse, soziale Bedürfnisse und Anerkennungsbedürfnisse. Bedürfnisse dieser Klasse treten nach Maslow erst dann auf, wenn ein Defizit festgestellt wird. Ferner zeichnen sie sich nur durch zwei Zustände aus: Befriedigt oder nicht befriedigt.

Wachstumsbedürfnisse bilden die fünfte Ebene der Pyramide und setzen sich ausschließlich aus Bedürfnissen der Selbstverwirklichung zusammen. Nach Maslow sind dies die Bedürfnisse, die fortwährend vorhanden sind und die sich während ihrer Befriedigung weiter vergrößern (Maslow 1970, S. 35).

Nach Maslow erfolgt die Bedürfnisbefriedigung von unten nach oben. Das bedeutet, hierarchisch höhere Bedürfnisse werden erst dann aktiviert, wenn die darunterliegenden Bedürfnisse bereits erfüllt sind. Ferner setzt Maslow das Modell auch in Beziehung zu den einzelnen Lebensphasen des Menschen. Eine jüngere Person wird nach Maslow vorwiegend nach Befriedigung ökonomischer Bedürfnisse streben. Personen in fortgeschrittenem Lebensalter, so Maslow, wollen sich eher selbst verwirklichen. Genau hier setzt die Kritik am Modell von Maslow an. Es gibt durchaus Menschen, die eine hohe Bedürfnisebene erreicht haben, obwohl die hierarchisch niedrigeren Bedürfnisse nicht vollständig befriedigt worden sind, zum Beispiel Künstler oder Freelancer. Beide kön-

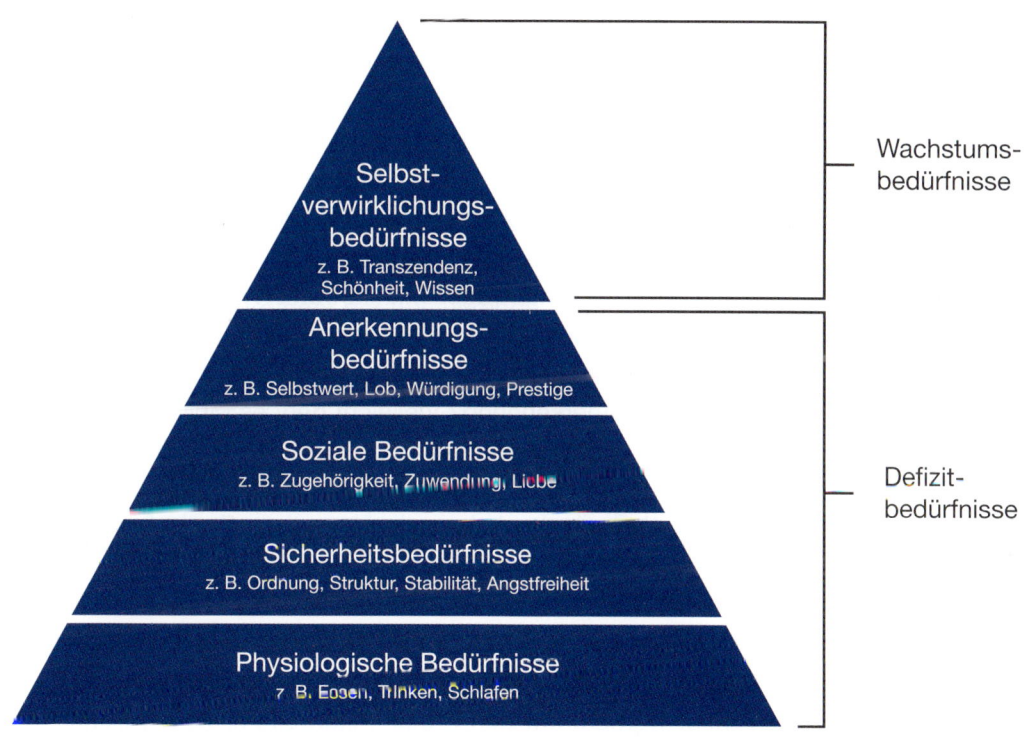

Abb. 4.4-3: Bedürfnispyramide nach Maslow (in Anlehnung an Olfert; Rahn 2004, S. 128)

nen sich in der Regel selbst verwirklichen, haben aber gegebenenfalls eine unsichere Einkommenssituation. Ein weiterer Kritikpunkt ist, dass die Bedürfnisklassen und deren Ebenen nicht scharf voneinander abgrenzbar sind. Bedürfnisse können sich überlagern. So wird jemandem das Essen und Trinken in einer unsicheren Situation, in der er vom Tode bedroht ist, wohl kaum alleine Befriedigung verschaffen. Das menschliche Handeln wird vielmehr durch mehrere Bedürfnisse beeinflusst. Die von Maslow entworfene streng hierarchische Anordnung und das stufenweise Vorgehen bei der Bedürfnisbefriedigung konnten bisher empirisch nicht nachgewiesen werden (Bartscher, Stöckl, Träger 2012, S. 76).

Wie bei allen Erklärungsmodellen handelt es sich auch bei der Bedürfnispyramide um ein Modell, das die Realität vereinfacht, um komplexe Systeme, in diesem Fall das menschliche Miteinander, zu beschreiben.

Welche Bedeutung hat ein solches Modell für die Projektarbeit und die Führung von Mitarbeitern? Im Projektalltag ist es wichtig, seine Mitmenschen genau zu beobachten, ihre Aussagen und Handlungen zu analysieren, um zu erkennen, welche Bedürfnisse gerade bei ihnen vorherrschen. Nur durch genaues Hinsehen und aktives Zuhören lassen sich die Bedürfnisse der Mitmenschen ergründen.

- **Leistungserfolg**, zum Beispiel Erfolgserlebnisse des Mitarbeiters
- **Anerkennung**, zum Beispiel Lob der Führungskraft für gute Arbeit
- **Verantwortung**, zum Beispiel aufgabenentsprechende Verantwortung
- **Aufstieg**, zum Beispiel Weiterentwicklungsmöglichkeiten
- **Entfaltung**, zum Beispiel Möglichkeiten der Selbstentfaltung

Die Faktoren, die Unzufriedenheit auslösen, wenn sie fehlen oder nicht ausreichend vorhanden sind, bezeichnete Herzberg als Hygienefaktoren. Diese Begrifflichkeit verdeutlicht die dahinter liegende Logik: Hygiene alleine schafft keinen »Wert«, aber fehlende Hygiene schafft soziale Probleme und Gesundheitsrisiken, sodass keine Wertschöpfung mehr möglich ist. Zu den Hygienefaktoren zählen laut der Studie:

- **Organisationspolitik**, zum Beispiel interne Organisation
- **Personalführung**, zum Beispiel Art der Mitarbeiterführung
- **Arbeitsbedingungen**, zum Beispiel physische Bedingungen am Arbeitsplatz
- **Bezahlung**, zum Beispiel faire Entlohnung des Mitarbeiters
- **Personelle Beziehungen**, zum Beispiel zu Vorgesetzten und Kollegen
- **Sicherheit**, zum Beispiel Sicherheit des eigenen Arbeitsplatzes

Nach Herzberg üben die beiden Gruppen von Faktoren die folgende Wirkung aus:
Die Hygienefaktoren werden von den Mitarbeitern als selbstverständlich angesehen. Ihr Vorhandensein nimmt keinen Einfluss auf die Motivation, ihr Fehlen führt jedoch zu Unzufriedenheit und dadurch zu Demotivation. So wirkt eine Gehaltserhöhung oder Leistungsprämie zwar zunächst kurzfristig als Motivator, wird aber bald als selbstverständlich und damit als Hygienefaktor angesehen.

Motivatoren entfalten hingegen ihre Wirkung nur dann, wenn die Hygienefaktoren überwiegend vorhanden sind. Hygienefaktoren bilden damit den Humus für das Entstehen von Motivation. Sofern diese vorhanden sind, kann Motivation entstehen. Dieser Vorgang ähnelt der menschlichen Hygiene, die, sofern sie berücksichtigt wird, Probleme und Krankheiten verhindern kann und somit die Grundlage für Gesundheit bildet.

Auch dieses Modell vereinfacht das komplexe System des Miteinanders und kann nur Denkanstöße vermitteln. Motivatoren und Hygienefaktoren lassen sich nicht in allen Fällen trennscharf voneinander unterscheiden.

Welche Relevanz hat die Zwei-Faktoren-Theorie für den Projektmanager?
Im Projektalltag gibt es zahlreiche Möglichkeiten, um Demotivation zu verhindern und Motivation zu fördern. Als erfolgreicher Projektmanager wissen Sie, dass Sie die Motivation Ihrer Teammitglieder positiv beeinflussen können, indem Sie …

- den Sinn und Nutzen eines Projekts oder einer Aufgabe aufzeigen.
- Zukunftsszenarien entwickeln und Perspektiven aufzeigen.
- dafür sorgen, dass Aufgaben kompetenzorientiert zugeteilt werden.
- Freiheitsgrade einräumen, damit sich die Mitarbeiter entfalten können.
- Feedback geben und erbrachte Leistungen würdigen.
- die Weiterentwicklung der Mitarbeiter fördern.
- Erfolge gemeinsam feiern.

Der Gefahr der Demotivation begegnen Sie, indem Sie …

- dafür sorgen, dass die Projektmitarbeiter zu einem Team zusammenwachsen und sich der gemeinsamen Zielerreichung verpflichtet fühlen.
- im Rahmen des Projektstarts die Ziele klären, die Rollen eindeutig beschreiben (Aufgaben, Befugnisse, Verantwortlichkeiten) und nachvollziehbare Strukturen schaffen.
- Routinen schaffen, die den Mitarbeitern Sicherheit vermitteln, zum Beispiel regelmäßige Besprechungen (jour fixe) und Statusmeetings.
- ein ausgewogenes Verhältnis von Anspannung (Stress) und Entspannung (Regeneration) anstreben und die grundlegenden physiologischen Bedürfnisse berücksichtigen.

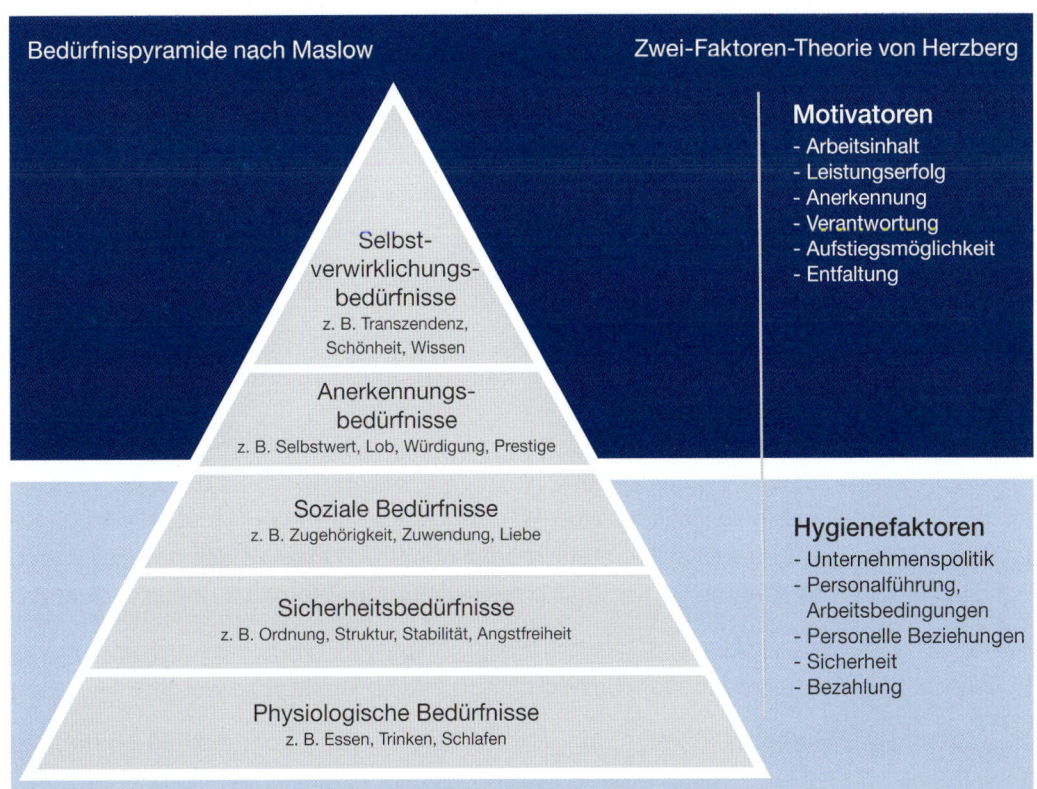

Abb. 4.4-4: Gegenüberstellung Maslow – Herzberg (Lippold 2015, S. 23)

- sich als zuverlässiger und vertrauenswürdiger Partner erweisen.

Der Vergleich der beiden in diesem Kapitel genannten Motivationstheorien in Anlehnung an Lippold (2015, S. 23) veranschaulicht die Überschneidungsbereiche der beiden Theorien (siehe Abbildung 4.4-4).

6.2 SPRENGER – DER UNTERSCHIED ZWISCHEN MOTIVATION UND MOTIVIERUNG

Die Begriffe Motivation und Motivierung werden fälschlicherweise häufig synonym verwendet. Doch bestehen gravierende Unterschiede zwischen ihnen. Unter Motivation sind die Beweggründe zu verstehen, die eine Person von innen heraus antreiben, um eine Entscheidung zu treffen oder Handlungen zu vollziehen. Motivierung ist die von außen herbeigeführte »Ver-Führung« (Sprenger 2007, S. 54), und zwar mit dem Ziel, eine Person dazu zu veranlassen, etwas zu tun, was sie aus eigenem Antrieb erst einmal nicht will.

Bei Motivierung handelt es sich also um Manipulation und sie soll zu Handlungen anregen, die den Unterschied zwischen dem, was eine Person von sich aus für erstrebenswert hält, und dem, was eine führende Person anstrebt oder die Situation erfordert, reduzieren. Genau hier liegt auch das Problem begründet. Menschen, die Dinge nur deswegen tun, weil ein anderer sie ihnen abverlangt, werden in der Regel halbherzig agieren und, sofern der von außen herbeigeführte Reiz nachlässt, ihren wahren Motiven nachgehen. Dies gilt es zu berücksichtigen bei der Anwendung der »Großen fünf B«. Hinter den fünf B steht die Grammatik der Ver-Führung (Sprenger 2007, S. 54). Hierunter versteht Sprenger die folgenden Verhaltensweisen von Führungskräften:

- Belohnen
- Belobigen
- Bestechen
- Bedrohen
- Bestrafen

Diese fünf Verhaltensweisen werden von Führungskräften je nach Situation und angestrebter Wirkung als Motivierungsstrategien ganz offen oder eher verdeckt angewendet, um das Verhalten der Mitarbeiter nachhaltig zu beeinflussen. Sprenger unterscheidet dabei die vier Strategien (Sprenger 2007, S. 55):

- Zwang: Die Mitarbeiter arbeiten, um nicht bedroht oder bestraft zu werden.
- Ködern: Die Mitarbeiter arbeiten, um indirekt belohnt oder nicht indirekt bestraft zu werden.

| Verführung: Die Mitarbeiter werden bestochen, belohnt oder belobigt.

| Vision: Die Mitarbeiter werden mit einer »Idee« manipuliert und werden verdeckt belohnt beziehungsweise bestraft.

Dabei werden zwei unterschiedliche Zielsetzungen verfolgt:

| Wie bringe ich Mitarbeiter dazu, das zu tun, was sie eigentlich nicht möchten?

| Wie bringe ich Mitarbeiter dazu, das zu tun, was ich als Führungskraft möchte?

Die Abbildung 4.4-5 veranschaulicht die möglichen Ausprägungen.

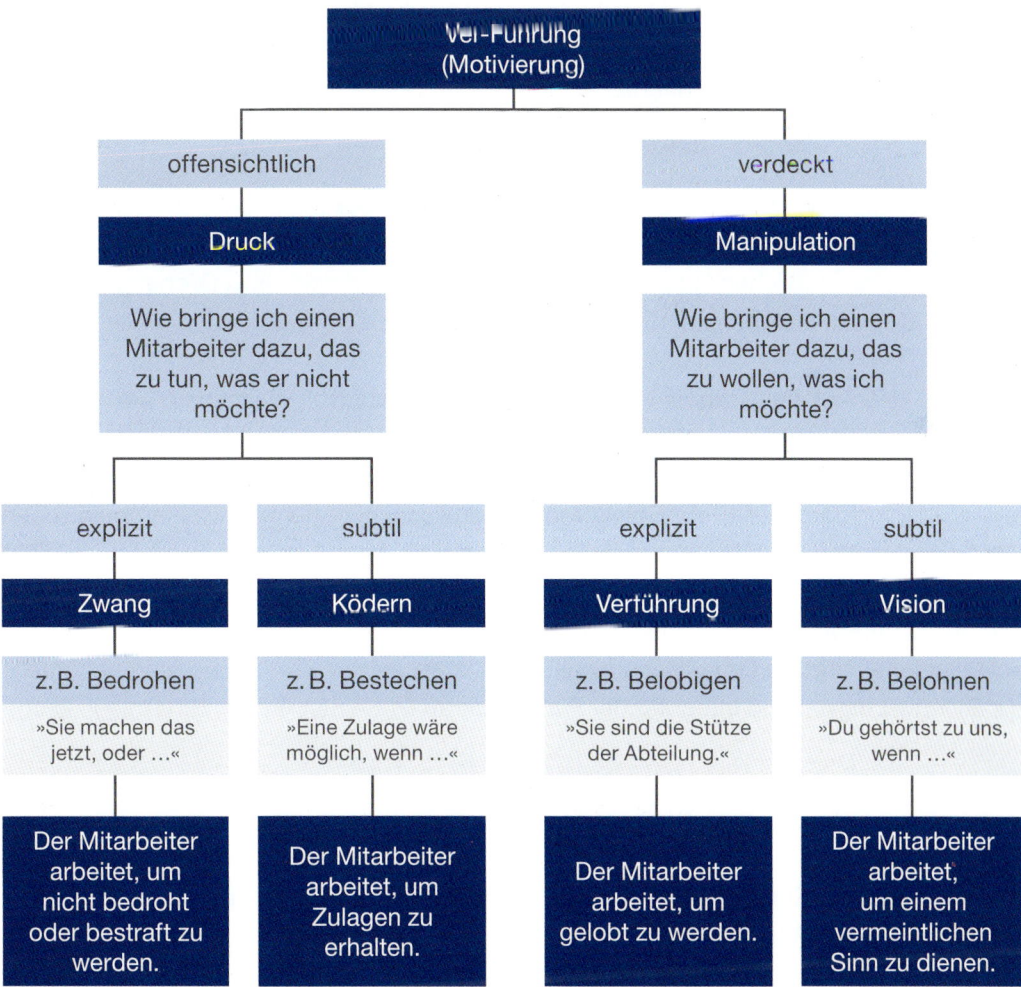

Abb. 4.4-5: Grammatik der Ver-Führung (Gessler/Sebe-Opfermann/Derwort 2018, S. 807 in Anlehnung an Sprenger 2007)

Unter Motivation versteht Sprenger die aktive Verhaltensbereitschaft eines Mitarbeiters, weil er sich für die Arbeit selbst interessiert. Damit liegen intrinsische Motive vor (Sprenger 2007, S. 22). Durch den Einsatz von Motivierungsstrategien im Sinne der Ver-Führung werden dagegen die extrinsischen Motive angesprochen und obendrein wird versucht, zu manipulieren (Sprenger 2007, S. 23). Der Mitarbeiter handelt beziehungsweise arbeitet nur deshalb, weil er die Folgen seiner Handlung im Blick hat, im negativen Fall zum Beispiel die Abmahnung und im positiven Fall zum Beispiel die Prämie.

Bevor der Projektmanager mit dem Gedanken spielt, diese Strategien einzusetzen, sollte darüber nachgedacht werden, wie wirkungsvoll und nachhaltig sie tatsächlich sind. Durch Einsatz von Strategien der Ver-Führung werden die extrinsischen Motive angesprochen, dem Esel wird also die Möhre hingehalten, in der Hoffnung, ihn zu motivieren. Extrinsische Motive sind bekanntermaßen nicht so lange anhaltend wie intrinsische Motive. Sprenger leitet daraus ein Gesetz ab, das er das Sisyphos-Dilemma der Motivierung nennt, und kommt zu dem Schluss »Alle Motivierung zerstört die Motivation«. Aus diesem Grund ist es sinnvoll, sich mit den in den nächsten beiden Kapiteln beschriebenen Aspekten zu beschäftigen und der Frage nachzugehen »Warum Menschen motiviert sind« und nicht primär über die Frage nachzudenken »Wie Menschen motiviert werden können«.

Um nun kein falsches Bild zu erzeugen, sei der Vollständigkeit halber gesagt, dass ein ehrlich gemeintes Lob für eine gute Arbeitsleistung und eine faire Aufteilung eines damit verbundenen wirtschaftlichen Nutzens unter den Beteiligten durchaus in Ordnung sind. Das Erste gehört nach Herzberg zu den Motivatoren und das Zweite zu den Hygienefaktoren.

Sprenger definiert den Begriff »Motivierung« als absichtsvolles Handeln eines Vorgesetzten oder Funktionieren von Anreizsystemen und bezeichnet es als Fremdsteuerung oder Ver-Führung (Sprenger 2007, S. 24). Mit der Grammatik der Ver-Führung zeigt Sprenger, wie zuvor dargestellt, die Spielarten unmoralischen beziehungsweise unethischen Führungsverhaltens auf. Die Ver-Führung ist somit, da sie nur bedingt wirksam ist, nicht nur eine Illusion vieler Führungskräfte, sondern sie läuft in einigen Fällen organisationsinternen Compliance-Regeln zuwider (→ Kapitel »Compliance, Standards und Regularien«), schädigt langfristig die Organisationskultur (→ Kapitel »Kultur und Werte«), und untergräbt die Glaubwürdigkeit und Integrität der Führungskraft (→ Kapitel »Persönliche Integrität und Verlässlichkeit«).

7 VERTRAUEN – DIE BASIS FÜR ERFOLGREICHE ZUSAMMENARBEIT

»Die Energie des Vertrauens«, so nennt Frederic Laloux ein Kapitel in seinem Buch »Reinventing Organizations« (Laloux 2014, S. 82) und schildert darin ein eindrucksvolles Fallbeispiel für Motivation, Teamarbeit und Engagement in der Automobilzulieferindustrie. Er beschreibt ein Produktionsteam, das sich eigenverantwortlich und ohne langwierige Rücksprache organisiert, um durch zusätzliche Wochenendschichten den plötzlich aufkommenden Zusatzbedarf eines Kunden zu decken. Das ist Motivation ganz ohne Motivierung.

Vertrauen ist die Grundlage für jegliches menschliches Miteinander. Vertrauen Menschen einander, so entsteht Motivation für gemeinsames Handeln. Und genau darum geht es in Projekten.

Vertrauen bedeutet, darauf zu setzen, dass man sich selbst (Selbstvertrauen) oder anderen zutraut, verlässlich und glaubhaft zu handeln, berechenbar zu sein und das Wohl des Teams vor die Interessen des Einzelnen zu stellen. Dies bedeutet weiterhin, dass man darauf baut, dass die Person, die einen führt, ein sozialisiertes Machtmotiv hat. Machtmotive lassen sich nach McClelland (1978) in zwei Motivtypen einteilen:

- Personalisiertes Machtmotiv
- Sozialisiertes Machtmotiv

Personen mit einem personalisierten Machtmotiv handeln aus der Motivation heraus, sich selbst stark zu fühlen und eigene Vorteile zu erzielen. Ihr Ziel ist es, asymmetrische Beziehungen aufzubauen, in denen es Gewinner und Verlierer bzw. ein Oben und ein Unten gibt. Sie setzen auf Motivierung und verwenden hierzu Druck und Manipulation.

Personen mit einem sozialisierten Machtmotiv bevorzugen die Unterstützung anderer Personen, um gemeinsam Ziele zu erreichen. Sie verfügen über ein hohes Maß an Selbstkontrolle und achten darauf, ihre Bedürfnisse in sozial verträglicher Weise zu befriedigen. Personen mit einem sozialisierten Machtmotiv berücksichtigen vorrangig die Motivation ihrer Mitmenschen.

Als erfolgreicher Projektmanager wissen Sie, dass der Aufbau von Vertrauen Zeit benötigt und man sich das Vertrauen seiner Umgebung durch zuverlässiges Verhalten erst erarbeiten muss. Ist das Vertrauen gewonnen, gilt es, darauf zu achten, dass man das Vertrauen nicht durch unbedachte Aussagen, Entscheidungen oder Handlungen wieder zerstört. Ein Vertrauensverlust oder ein mangelndes Vertrauen in andere Personen kann gravierende Auswirkungen auf die Motivation der betroffenen Personen haben. Zerstörtes Vertrauen ist nicht leicht wieder aufzubauen!

Vertrauen entsteht, indem man als Projektmanager

- offenherzig ist und anderen Menschen vorbehaltlos gegenübertritt sowie eigene Überzeugungen hinterfragt,
- Diversität akzeptiert, gesellschaftliche und kulturelle Aspekte kennt und bei der Zusammenarbeit berücksichtigt,
- Zugang gewährt zu Ressourcen personeller, materieller und informationeller Art sowie diese mit anderen teilt,
- Sicherheit bietet, damit sich die Personen frei von Angst entfalten und handeln können,

- verbindlich ist und zu einmal gemachten Aussagen steht, somit Verlässlichkeit beweist, Vertraulichkeit gewährt und Informationen vor dem Zugriff anderer schützt,
- und nicht zuletzt Vertrauen in die eigenen Fähigkeiten und die eigene Intuition besitzt (→ Kapitel »Selbstreflexion und Selbstmanagement« sowie Kapitel »Persönliche Integrität und Verlässlichkeit«)

8 RESPEKT UND EMPATHIE – WIE WERTSCHÄTZUNG DIE MOTIVATION BEEINFLUSST

Respekt oder Wertschätzung, so beschreibt der Duden, ist die auf Anerkennung oder Bewunderung beruhende Achtung.

Der Begriff Respekt oder Wertschätzung wird im Alltag im Zusammenhang sowohl mit sozialen als auch mit sachlichen Systemen verwendet. Wir respektieren die Meinung unseres Gegenübers, die Regeln der Organisation oder auch die Besonderheiten der Natur.

Ebert und Pastoors unterscheiden Respekt in Anlehnung an den amerikanischen Autor Stephen Darwall in anerkennenden Respekt und wertschätzenden Respekt (Ebert, Pastoors 2018, S. 36).

Im Folgenden wird der Begriff Respekt erst einmal als Anerkennung im Zusammenhang mit Menschen und damit im Hinblick auf soziale Systeme betrachtet. Respekt ist dabei die Fähigkeit, Menschen unabhängig von ihrer Herkunft, ihren Einstellungen, Verhaltensweisen und Handlungen zu begegnen, sie als humane Wesen mit Bedürfnissen zu begreifen und sich mit ihnen auseinanderzusetzen. Dabei ist darauf zu achten, dass der wahre und eigentliche Wert eines Menschen unabhängig von seinen Denkweisen, Handlungen und Erfahrungen besteht. Dies gilt im Besonderen für die menschliche Diversität im Hinblick auf die ethnische Herkunft oder den kulturellen Hintergrund. Der anerkennende Respekt ist nach Ebert und Pastoors frei von Bedingungen.

Mangelnder Respekt gegenüber Mitmenschen, egal ob im privaten oder beruflichen Kontext, wirkt abwertend, verletzend und kann zu Demotivation, Konflikten und im schlimmsten Fall zu Krisen führen (→ Kapitel »Konflikte und Krisen«). Der Begriff Respekt ist eng verbunden mit den Begriffen Aufmerksamkeit und Vertrauen (Ebert, Pastoors 2018, S. 19).

Aufmerksamkeit bildet eine wichtige Grundlage für das Gelingen von Kommunikation. Wer während eines Gespräches zeitgleich eine E-Mail, WhatsApp oder Slack Nachricht beantwortet, schenkt seinem Gegenüber nicht seine ungeteilte Aufmerksamkeit und zeigt damit einen Mangel an Interesse an seinem Gesprächspartner und seinen Ausführungen. Bedingt durch die fehlende Aufmerksamkeit, werden verbale und nonverbale Reize und Signale des Gesprächspartners nur unzureichend wahrgenommen und ausgewählt. Ebert und Pastoors definieren in Anlehnung an den Psychologen Jochen Müsseler den Begriff »Aufmerksamkeit« als »die Fähigkeit, aus dem vielfältigen Reizangebot der Umwelt einzelne Reize oder Reizaspekte auszuwählen und bevorzugt zu betrachten, andere dagegen zu übergehen und zu unterdrücken« (Ebert, Pastoors 2018, S. 19). Gelungene Kommunikation basiert somit auf aktivem Zuhören (→ Kapitel »Persönliche Kommunikation«). Nur wer ohne Ablenkung und damit aufmerksam kommuniziert, wirkt respektvoll und wertschätzend.

Durch Aufmerksamkeit kann Vertrauen entstehen. »Vertrauen ist ein wichtiger Faktor für das Gelingen einer Kommunikation und den Erfolg unseres Handelns« (Ebert, Pastoors 2018, S. 52). Vertrauen bezieht sich nach Dießel immer auf zukünftige Handlungen oder Entscheidungen und ist gekennzeichnet durch die Erwartung, dass das Gegenüber sich wohlwollend verhalten wird, sowie durch Aspekte der Ungewissheit oder das Vorhandensein eines Risikos und den Verzicht auf Kontrolle (Ebert, Pastoors 2018, S. 52). Welche Bedeutung Vertrauen für die Zusammenarbeit im Allgemeinen und in der Projektarbeit im Spezifischen hat, wurde im vorangegangenen Kapitel bereits ausgeführt.

Respekt, bezogen auf sachliche Systeme, bedeutet zum Beispiel das Anerkennen beziehungsweise das Wertschätzen von Meinungen, Erfahrungen, Regeln oder Rahmenbedingungen. Der Begriff Wertschätzen setzt sich dabei aus zwei Worten zusammen, aus Wert und aus Schätzen. Damit man nun Werte schätzen und respektieren kann, muss man sie erst einmal kennen und sich mit ihnen beschäftigen. Aus diesem Grund ist Empathie im Umgang mit Mitmenschen nötig. Empathie ist die Fähigkeit, die Dinge mit den Augen des anderen zu sehen und die Perspektive des Gegenübers einzunehmen, um dadurch andere Wahrheiten anzuerkennen sowie festzustellen, welche Wirkung die eigene Person auf Mitmenschen ausübt (Ebert, Pastoors 2018, S. 24).

Nur allzu oft wird unterstellt, dass wir alle ähnliche oder gleiche Werte, Erfahrungen oder Betrachtungsweisen vertreten. Dem ist natürlich nicht so. Werte können kulturell sehr unterschiedlich sein, durch Sozialisation unterschiedlich verinnerlicht werden und selbst dann, wenn sie gleich sind, sehr unterschiedlich priorisiert und gelebt werden. Erfahrungen sind in der Regel abhängig vom Lebensalter und den Möglichkeiten einer Person. Wahrnehmungen sind abhängig von der Perspektive. Um Probleme oder Gefahren zu minimieren und Fehler auszuschließen, ist es wichtig, andere Personen zu ermutigen, ihre Sichtweisen, Meinungen oder Bedenken zu äußern. Dabei ist erstens darauf zu achten, dass man die Meinungen und Bedenken der Mitmenschen nur dann aufnehmen kann, wenn man ihnen Aufmerksamkeit schenkt, zweitens darauf, dass Menschen ihre Meinungen und Bedenken meistens nur dann äußern, wenn sie darauf vertrauen können, dass die gemachten Aussagen wohlwollend aufgenommen werden und keine gravierenden Nachteile oder Risiken für die eigene Person erzeugen. Auch hier zeigt sich wieder die hohe Bedeutung von Vertrauen für eine erfolgreiche Zusammenarbeit. Wer Angst haben muss, den Kopf deshalb zu verlieren, weil er dem König die schlechte Nachricht gebracht hat, wird lieber darauf verzichten.

Eigene Visionen und Ziele können dann leichter vermittelt werden, wenn ein respektvoller Umgang gepflegt wird. Ein aufmerksamer und vertrauensvoller Umgang, die aktive und gezielte Einbeziehung von Stakeholdern im Rahmen der gegenseitigen Beratung oder der Entscheidungsfindung sowie die Delegation von Aufgaben an Mitarbeiter beflügeln das Miteinander und helfen, das Engagement und Commitment der benötigten Personen zu erhalten. Eine angstfreie Kommunikation bildet dabei die Grundlage für gegenseitige Inspiration, ermöglicht eine abgestimmte und gemeinsame Sicht auf die Zukunft und erhöht die Motivation aller Beteiligten. Somit entsteht durch Wertschätzung Wertschöpfung (Härtl-Kasulke 2017, S. 51).

? WIEDERHOLUNGSFRAGEN

- Warum ist ein berufliches Netzwerk für Sie und für den Projekterfolg wichtig?
- Welches sind die wesentlichen Aspekte für ein gutes berufliches Netzwerk?
- Was versteht man unter dem Small World Phenomenon und wie kann man es im Alltag anwenden?
- Durch welche Verhaltensweisen können Sie als Projektmanager das Vertrauen in Ihre Person fördern?
- Welche Verhaltensweisen können Vertrauen mindern oder zerstören? Nennen Sie Beispiele!
- Welcher Zusammenhang besteht zwischen aktivem Zuhören, Vertrauen und persönlichen Netzwerken?
- Welche Bedeutung hat das Prinzip der Reziprozität für den Aufbau und die Pflege von Beziehungen?
- Welche Bedeutung hat Humor für den Aufbau von Beziehungen und das Erlangen von Engagement?
- Erklären Sie die Bedürfnispyramide von Maslow und erläutern Sie, warum Sie für die Zusammenarbeit in Projekten interessant sein kann!
- Was ist der Unterschied zwischen Motivation und Motivierung?
- Welche Bedeutung hat Vertrauen in Bezug auf die Zusammenarbeit in Projekten? Erklären Sie dies an einem Beispiel!
- Welche Auswirkung kann fehlender Respekt gegenüber Mitmenschen auf die Projektarbeit haben?

LITERATURVERZEICHNIS

Verwendete Literatur

Auhagen, Ann Elisabeth; Salisch, Maria von (1993): Zwischenmenschliche Beziehungen. 1. Auflage. Göttingen: Hogrefe Verlag für Psychologie.

Bartscher, Thomas; Stöckl, Juliane; Träger, Thomas (2012): Personalmanagement – Grundlagen, Handlungsfelder, Praxis. 1. Auflage. München: Pearson Verlag.

Dunbar, Robin (2010): How Many Friends Does One Person Need? Dunbar's Number and Other Evolutionary Quirks. 1. Auflage. London: Faber and Faber Limited.

Ebert, Helmut; Pastoors, Sven (2018): Respekt – Wie wir durch Empathie und wertschätzende Kommunikation im Leben gewinnen. 1. Auflage. Wiesbaden: Springer.

Frittum, Markus (2009): Die Soziale Arbeit und ihr Verhältnis zum Humor. 1. Auflage. Wiesbaden: VS Verlag für Sozialwissenschaften.

Gessler, Michael; Sebe-Opfermann, Andreas; Uerwort, Stefan (2015): Motivation und Engagement In: Kompetenzbasiertes Projektmanagement (PM3). 7. Auflage. Nürnberg: GPM Deutsche Gesellschaft für Projektmanagement e. V.

Hauser, Jürgen (2008): Networking für Verkäufer. 3. Auflage. Wiesbaden: Springer Gabler.

Härtl-Kasulke, Claudia (2017): Mit Wertschätzung Wert schöpfen – Das Praxishandbuch für achtsame Organisationen. 1. Auflage. Weinheim: Beltz Verlag.

Kirchmayr, Alfred (2006): Witz und Humor: Vitamine einer erotischen Kultur. 1. Auflage. Klosterneuburg: EDITION VA bENE.

Laloux, Frederic (2014): Reinventing Organizations – Ein Leitfaden zur Gestaltung sinnstiftender Formen der Zusammenarbeit. München: Verlag Franz Vahlen GmbH.

Lippold, Dirk (2015): Theoretische Ansätze der Personalwirtschaft. 1. Auflage. Wiesbaden: Springer Gabler.

Lotze, Eckhard (2018): Humor und Führung – Gesundheitsförderndes Potential in Organisationen? 1. Auflage. Frankfurt am Main: Mabuse-Verlag.

Lutz, Andreas; Wolff, Constanze (2016): Praxishandbuch Netzworking – Einfach gute Beziehungen aufbauen. Von Adressmanagement bis Social Media. 1. Auflage. Wien: Linde Verlag.

Maslow, Abraham (1970): Motivation and personality. 2. Auflage. New York: Harper & Row.

McClelland, D. C. (1978): Macht als Motiv. Entwicklungswandel und Ausdrucksformen. Stuttgart: Klett-Cotta.

Milgram, Stanley (1967): Psychology Today, Vol. 1, No. 1, S. 61–67.

Olfert, Klaus; Rahn, Horst-Joachim (2004): Lexikon der Betriebswirtschaftslehre. 5. Auflage. Ludwigshafen: Friedrich Kiehl Verlag.

Rahn, Horst-Joachim (2002): Unternehmensführung. 5. Auflage. Ludwigshafen: Friedrich Kiehl Verlag.

Schwarz, Gerhard (2008): Führen mit Humor. 2. Auflage. Wiesbaden: Springer Gabler.

Sprenger, Reinhard K. (2007): Mythos Motivation – Wege aus der Sackgasse. 18. Auflage. Frankfurt am Main: Campus Verlag.

Stegbauer, Christian (2010): Reziprozität – Einführung in soziale Formen der Gegenseitigkeit. 2. Auflage. Wiesbaden: VS Verlag für Sozialwissenschaften.

Ternès, Anabel; Towers, Ian (2017): Interkulturelle Kommunikation – Länderporträts-Kulturunterschiede-Unternehmensbeispiele. 1. Auflage. Wiesbaden: Springer Gabler.

Vogler, Jumi (2012): Erfolg lacht! – Humor als Erfolgsstrategie. 1. Auflage. Offenbach: Gabal Verlag.

Wikner, Ulrike (2000): Networking die neue Form der Karriereplanung. 1. Auflage. Lexika Verlag, Krick Fachmedien.

Internetquellen

Duden (2018): Definition Respekt, Duden, unter: https://www.duden.de/rechtschreibung/Respekt [abgerufen am 28.04.2018].

Howrigan, Daniel (2008): Humor as a Mental Fitness Indicator, Research Gate, unter: https://www.researchgate.net/publication/237444452_Humor_as_a_Mental_Fitness_Indicator [abgerufen am 28.04.2018].

Erlei, Mathias (2018) : Definition Reziprozität, Gabler Wirtschaftslexikon, unter: https://wirtschaftslexikon.gabler.de/definition/reziprozitaet-42530 [abgerufen am 22.04.2018].

Lernpsychologie (2018): Intrinsische Motivation, unter: http://www.lernpsychologie.net/motivation/intrinsische-motivation [abgerufen am 16.05.2018].

4.5 FÜHRUNG

Autor: Erwin Weitlaner
Erwin Weitlaner ist Vice President for HVDC Project Coordination bei der Siemens AG, Energy Management Division, Transmission Solutions. Nach Abschluss als Elektro-Ing., Inbetriebsetzer, später Ibs-Leiter, Bau-, Projekt-, Geschäftszweig- und PMO-Leiter mit langjährigen Einsätzen in Afrika, dem Nahen Osten, Asien und Südamerika. Seine Schwerpunkte sind im PM, PgM und PfM von Investitionsprojekten, auch als Coach, Mentor und Lean Business Expert.

Co-Autor: Sonja Ellmann
Dr. Sonja Ellmann leitet die Abteilung Lean Project Management bei der Siemens AG, Energy Management Division, Large Transmission Solutions. Nach dem Wirtschaftsstudium in Deutschland, den USA und UK folgte die Promotion am Institut für Projektmanagement und Innovation (Bremen) in Kooperation mit der Siemens AG und Projekteinsätze in Deutschland und Schottland und ein dreijähriger Aufenthalt als Projektleiterin für das Baggage Handling/Belt System am Dubai International Airport.

INHALT

Führung (Leadership), Einleitung und Definitionen 689

    Führung 689

    Zweck von Führung 690

    Management versus Leadership 691

    Ownership und Commitment 693

    Initiative ergreifen 694

    Führungsrollen im Competing Values Framework nach Quinn 695

    Macht und Einfluss 699

    Prinzipien der Entscheidungsfindung 700

    Zusammenfassung 701

Das Menschenbild als Grundlage für Führungsverständnis 702

    Economic Man, Taylorismus – der Mensch als Kostenfaktor 702

    Social Man, Selfactualizing Man – der Mensch als soziales Wesen 703

    Theorie X oder Y, und Z – der Mensch ist faul oder intrinsisch, motiviert und lean   703

    Complex Man – der Mensch wird als komplexes Ganzes systemisch betrachtet   704

Führungstheorien 704

    Personenzentrierte Führungsansätze 705

        Great-Man-Theorie nach Carlyle 705

    Verhaltensorientierte Führungsansätze 706

        Klassische Führungsstile nach Lewin 706

        Verhaltensgitter (Managerial Grid) nach Blake und Mouton 706

    Situationsabhängige Führungsansätze 708

        Führungskontinuum nach Tannenbaum und Schmidt 708

        Situative Führungstheorie nach Hersey und Blanchard 710

        Emotionale Führung nach Goleman 716

    Beziehungsorientierte Führungsansätze 717

      Servant Leadership nach Greenleaf 717

      The Full range of Leadership (FRL) Model nach Bass und Riggio 717

   Systemorientierte Führungsansätze 719

      Systemisches Führen nach Pinnow 720

Führungskonzepte, Führungstechniken 721

   Management-by-Objectives (MbO) nach Drucker 721

   Gesundes Führen nach Lohmer et al. 723

   Führen in agilen Teams nach Gloger und Rösner 724

   Laterale Führung, Führen ohne Macht 725

   Führen aus der Distanz, virtuelle Führung nach Remdisch 726

   Die Dunkle Triade nach Paulhus und Williams 727

Fehlerkultur, Umgang mit Fehlern und Scheitern 728

Wiederholungsfragen 729

Literaturverzeichnis 730

1 FÜHRUNG (LEADERSHIP), EINLEITUNG UND DEFINITIONEN

Führung ist erfahrungsgemäß untrennbar mit Projektmanagement verbunden. Führungsansätze erweisen sich als so unterschiedlich wie die Menschen, die versuchten, effektive Führung zu beschreiben.

Zu Beginn dieses Kapitels sollen deshalb **Definitionen** die Basis für die weitere Betrachtung bilden. Die **Menschenbilder** im zweiten Abschnitt stehen in Bezug zu den **Führungstheorien** des dritten Abschnitts und werden durch die **Führungskonzepte** im vierten Abschnitt ergänzt. Als Querschnittsthema im Projektmanagement wird die **Fehlerkultur** im fünften Abschnitt dem Kompetenzelement Führung zugeordnet.

Laut Duden Etymologie (vgl. Duden 2014, S. 307) ist »führen« ein altes Kausativ (Veranlassungswort) zu »fahren« und bedeutet eigentlich »in Bewegung setzen, fahren machen, dann »bringen« und »leiten«. Die neuhochdeutsche Hauptbedeutung ist »leiten, die Richtung bestimmen«. Ableitungen davon sind »Führung« und »Führer«. Dieses personenzentrierte Bild von »führen« und »Führung« scheint nach wie vor weitverbreitet zu sein. Sprenger schreibt hierzu: »Was sich als Effekt von Führung zeigt, wird einem Individuum zugerechnet. Die Führungskraft wird gedacht als aktiv-gebend-treibend, der Mitarbeiter als passiv-empfangend-angetrieben.« (Sprenger 2012, S. 36). Dies lässt nach Sprenger zwei wichtige Zusammenhänge außer Acht. Erstens die Wechselwirksamkeit zwischen den Individuen und zweitens den institutionellen Rahmen einer Organisation, in dem sich die Interaktionen vollziehen. Sprenger weiter: »Und dieser Rahmen prägt das Verhalten weit mehr, als die meisten Führungskonzeptionen anzuerkennen bereit waren. Führung ›passiert‹ eben auch unpersönlich.« (Sprenger 2012, S. 37). Dabei versteht Sprenger unter »Institutionen« auch deren kulturelle Traditionen und mentale Kollektivprogramme (vgl. Sprenger 2012, S. 36 ff.). Nachfolgend ist dieser Zusammenhang grafisch dargestellt:

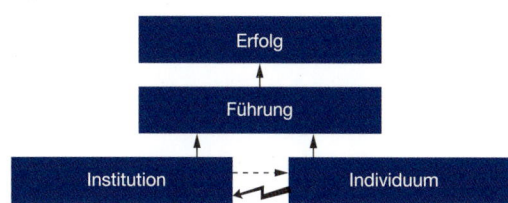

Abb. 4.5-1: Institution und Individuum (nach Sprenger 2012, S. 37)

1.1 FÜHRUNG

»Führung wird allg. als psychologische und soziale Fähigkeit einer Person im Umgang mit Menschen betrachtet. Neben Persönlichkeitseigenschaften der Führungskraft haben weitere Faktoren[,] wie die fachliche Autorität, die situativen Bedingungen, der Einsatz von Führungstechniken und die sozialen Beziehungen[,] eine entscheidende Bedeutung *für eine erfolgreiche Führung, die dadurch zu einem komplexen sozialen Prozess wird«* (Gabler Wirtschaftslexikon, Führung 2018).

»Führung« definiert das Projektmanagement Lexikon wie folgt:

1) »Steuerung der verschiedenen Einzelaktivitäten in einem Projekt im Hinblick auf die übergeordneten Projektziele […].

2) Handlung, die ein soziales System aufbaut, in dem Führende und Geführte zusammen eine Aufgabe oder ein Problem mit einem Minimum an finanziellem, zeitlichem, emotionalem, sozialem Aufwand optimal lösen oder zu lösen versuchen …« (Motzel, Möller 2017, S. 101).
Die »Systemische Perspektive« ist in Abschnitt 3.5 Systemorientierte Führungsansätze enthalten.

Insgesamt gibt es nahezu unzählige Definitionen von Führung. Bereits 1974 stellte Stogdill fest, dass es fast so viele unterschiedliche Definitionen gibt, wie Personen, die versucht haben, diese zu definieren (vgl. Stogdill 1974, S. 7).

Diese Vielfältigkeit berücksichtigend, schlägt Silva vor: »Es wurde gezeigt, dass Führung ein sich entwickelndes Konzept ist, aber es könnte befriedigend definiert werden als »der Prozess des interaktiven Einflusses, der auftritt, wenn in einem bestimmten Kontext manche Menschen jemanden als ihren Führer akzeptieren, um gemeinsame Ziele zu erreichen« (eigene Übersetzung) und er hebt damit, ähnlich wie eingangs geschrieben, drei Hauptparameter der Führung hervor: »Führer«, »Individuum« und »Kontext« (vgl. Silva 2016, S. 4).

1.2 ZWECK VON FÜHRUNG

Im Projektkontext dient die Führung dazu, Projekte erfolgreich abzuschließen (vgl. Abbildung 4.5-1). Zumindest soll damit die Ausrichtung auf die Zielsetzung erreicht werden. Die DIN ISO 21500 definiert »Leitlinien Projektmanagement« folgendermaßen: »Ein Projekt besteht aus einer einzigartigen Gruppe von Prozessen, die auf eine Zielsetzung ausgerichtete, koordinierte und gesteuerte Vorgänge mit Beginn- und Fertigstellungsterminen umfassen.« (DIN ISO 21500 2016, S. 10).

Die Projekte stehen in einer Wechselwirkung mit der strategischen Ausrichtung einer projektorientierten Organisation. Durch Projekte wird die Organisationsstrategie umgesetzt und gleichzeitig beeinflussen die Projekte auch diese Strategie (vgl. Huemann 2015, S. 69). Ähnlich einem Organismus sind die Organe (analog Projekt, Organisation, …) auf Kooperation angewiesen. Dieses koordinierte, orchestrierte Zusammenwirken unterschiedlicher Stakeholder wird ebenfalls wesentlich durch die Führung beeinflusst – und zwar sowohl **positiv als auch negativ** (→ Kapitel »Anforderungen und Ziele« **sowie** »Stakeholder«).

Nachdem eingangs die Herkunft von »führen« und »Führung« beschrieben wurde, ist auch jene von »Manager« und »Management« von Bedeutung. Sowohl »Manager« als auch »Manege« gehen auf das italienische »maneggiare« »handhaben, bewerkstelligen« zurück und stammen vom lateinischen Wort »manus« »Hand« ab. Neben »Manager« wurden aus dem Amerikanischen auch das Verb »managen« und das Substantiv »Management« entlehnt (vgl. Duden 2014, S. 539 f.).

Im Arbeitsalltag werden jedoch häufig »Führung« bzw. »Leadership« und »Management« synonym zueinander verwendet. Hier helfen die englischsprachigen Begriffe, die wesentliche Unterschiede erkennen lassen, wie die nachfolgende Gegenüberstellung verdeutlicht.

1.3 MANAGEMENT VERSUS LEADERSHIP

Bereits 1977 stellte Zaleznik die rhetorische Frage »Managers and Leaders. Are They Different?« und veröffentlichte 2004 eine erneute Zusammenfassung mit einer Retrospektive: »In diesem wegweisenden Artikel von 1977 stellte Abraham Zaleznik die traditionelle Sicht des Managements in Frage. Diese Ansicht, so argumentierte er, lässt wesentliche Elemente der Führung, Inspiration, Vision und menschliche Leidenschaft aus, die den Unternehmenserfolg fördern.

»Manager und Leaders sind […] verschieden […]. **Leader**, wie Künstler, tolerieren Chaos und Strukturmangel. Sie halten Antworten in der Schwebe und verhindern dadurch einen voreiligen Abschluss wichtiger Themen. **Manager** suchen Ordnung, Kontrolle und schnelle Lösungen von Problemen.
Unternehmen brauchen sowohl Manager als auch Leader, um sich zu profilieren. Aber zu oft schaffen sie nicht das richtige Umfeld für die Entfaltung von Leaders.« (Zaleznik 2004, S. 1, eigene Übersetzung).

Leadership und Management beschreiben unterschiedliche Dimensionen. Kotter hat diese Unterschiede in den folgenden Beispielen verdeutlicht:

Tab. 4.5-1: Vergleich von Management und Leadership (nach Kotter 1990, S. 6, 52, 64, eigene Übersetzung)

Management	Leadership
Planen und Kalkulieren – Festlegung detaillierter Schritte und Zeitpläne für das Erreichen der benötigten Ergebnisse und anschließende Zuteilung der dafür erforderlichen Ressourcen.	**Richtungsweisen** – Entwicklung einer Vision der Zukunft, oft der fernen Zukunft, und Strategien zur Erzeugung der Veränderungen, die zur Erreichung dieser Vision erforderlich sind.

Management	Leadership
Organisieren und Personal besetzen – Erstellen einer Organisation, die Pläne implementieren kann und so dazu beiträgt, vorhersehbare Ergebnisse in wichtigen Dimensionen (z. B. Kosten, Liefertermine, Produktqualität) zu erzielen.	**Mitarbeiter ausrichten** – Mitarbeiter für eine Vision begeistern und eine Reihe von Strategien entwickeln, um den Wandel zu unterstützen, der notwendig ist, um mit einer sich verändernden Umwelt fertig zu werden (z. B. neue Produkte, neue Ansätze für Arbeitsbeziehungen).
Steuern und Problemlösen – um Abweichungen vom Plan zu minimieren und somit zu vorhersehbaren Ergebnissen bei wichtigen Dimensionen zu führen.	**Motivieren und Anregen** – um Menschen dazu zu veranlassen, die größten Hindernisse auf dem Weg zu einer Vision zu überwinden und so dazu beizutragen, die Veränderungen herbeizuführen, die erforderlich sind, um mit einer sich verändernden Umwelt fertig zu werden.

Die grundlegende Funktion von Management ist laut Kotter homöostatisch: Durch Sicherstellung, dass kritische Variablen im Rahmen erlaubter Grenzwerte bleiben, dient es dazu, ein System am Leben zu halten – vergleichbar mit der Regelung unserer Körpertemperatur. Wesentliche Aspekte dafür sind Kontrolle und Steuerung. Deshalb ist ein hochmotiviertes oder ein inspiriertes Verhalten deshalb nahezu irrelevant, da »Control« eine so zentrale Bedeutung für Management hat.

Leadership hingegen ist anders. Um eine große Vision trotz Hindernissen zu erreichen, wird kurzfristig viel Energie benötigt. Die dafür nötige Motivation und Inspiration werden nicht durch Vorantreiben erreicht, wie es häufig das Management versucht, sondern durch Befriedigung menschlicher Grundbedürfnisse, wie Leistungsorientierung, Zugehörigkeit, Anerkennung, Selbstwertgefühl, das Gefühl, Kontrolle über sein Leben zu haben und seinen Idealen gerecht zu werden (vgl. Kotter 1990, S. 62 f.).

Der Unterschied zwischen Management und Leadership wird auch in dem Antoine de Saint-Exupéry zugeschriebenen Zitat deutlich: »Wenn Du ein Schiff bauen willst, so trommle nicht Männer zusammen, um Holz zu beschaffen, Werkzeuge vorzubereiten, Aufgaben zu vergeben und die Arbeit einzuteilen, sondern lehre die Männer die Sehnsucht nach dem weiten endlosen Meer« (vgl. de Saint-Exupéry 1951, S. 214).

Je nach der Komplexität der Aufgabenstellung, der Klarheit der Zielstellung – um nur zumindest zwei wichtige Aspekte zu nennen – wird sich das ideale Verhältnis von erforderlichem Management und Leadership verändern. Deshalb müssen Management und Leadership immer zusammen in den Blick genommen werden (vgl. Apello 2011, S. 156).

Praxistipp: Insbesondere bei Change-Projekten (→ Kapitel »Change und Transformation«) ist der Aspekt »Leadership« von herausragender Wichtigkeit für den Erfolg. Speziell in den Organisationen, die stärker durch eine »Management«-Kultur geprägt sind, gilt es, hierbei den Aspekt »Leadership« gebührend zu gewichten.

1.4 OWNERSHIP UND COMMITMENT

Der größere Rahmen von »Ownership übernehmen und Commitment zeigen« (GPM 2017, S. 82) kann »Handle stets so, als wäre es dein eigenes Unternehmen.« (Kaeser 2014, S. 23) lauten und wird auch als »Intrapreneurship« bezeichnet, das bedeutet, ein unternehmerisches Denken auch in einem Angestelltenverhältnis zu praktizieren.

Diese Wahrnehmung der Eigenverantwortung und das engagierte Wirken werden als wichtige Grundvoraussetzungen für nachhaltig erfolgreiches Führen erachtet. Sind diese vorhanden, ergeben sich weitere wichtige Themen fast von selbst – werden in diesem Geist beziehungsweise »Mindset« getragen.

Praxistipp: Eine häufige Frage an das Projektteam kann deshalb lauten: Stellen Sie sich vor, Ihnen gehört diese Firma – es wird Ihr eigenes Geld eingesetzt. Wie würden Sie in diesem Falle entscheiden?
Der Fokus sollte hier vor allem auf das Denken in größeren Zusammenhängen gelegt werden, also über das eigene Projekt hinaus, und zwar unter Einbeziehung des Business Cases des Kunden, der Shareholder und der langfristigen Organisationsstrategie (→ Kapitel »Strategie«). Ohne Kalibrierung kann es erfahrungsgemäß bei Geldbeträgen, die deutlich das eigene Einkommen übersteigen, leichter passieren, eine gewisse Großzügigkeit walten zu lassen.

Das Festlegen von Messgrößen und Leistungsindikatoren (→ Kapitel »Strategie«) sollte gemeinsam und einvernehmlich mit dem Team erfolgen, damit Ownership dafür übernommen wird. Die große Kunst besteht bei diesen Festlegungen darin, Größen und Indikatoren zu finden, welche leicht und zweifelsfrei erfasst werden können und deren Abweichung auf einen Handlungsbereich hinweist.

Ownership soll auch bei der pragmatischen Behandlung von Projektprozessen gezeigt werden: Entweder geht es darum, als Führungskraft mit gutem Beispiel voranzugehen, anzuwenden und einzufordern, oder, falls dies nicht wertschöpfend möglich ist, die Prozesse zu verbessern, bzw. deren Verbesserung oder Abschaffung zu veranlassen.

Praxistipp: Manchmal empfiehlt es sich, das Zitat des Dalai Lama zu beherzigen: »Lerne die Regeln, damit du weißt, wie du sie sinnvoll brechen kannst« (Gyatso 2018). Klar, das entbindet nicht von einem verantwortungsbewussten und gesetzeskonformen Umgang, aber es eröffnet andererseits den Freiraum, sinnfreie Vorgaben zumindest zu hinterfragen.

ICB4 Messgrößen zu Ownership:

- Lebt Verantwortung und Engagement in Verhalten, Ausdrucksweise und Haltung vor.
- Sprecht positiv über das Projekt.
- Zieht andere mit und erzeugt Enthusiasmus für das Projekt.
- Legt Messgrößen und Leistungsindikatoren fest.
- Sucht nach Möglichkeiten zur Verbesserung der Projektprozesse.
- Fördert Lernen.

(GPM 2017, S. 82)

1.5 INITIATIVE ERGREIFEN

Unter »Initiative ergreifen und proaktiv mit Rat und Tat zur Seite stehen« (GPM 2017, S. 82) wird kein Aktionismus erwartet – humoristisch gesehen, gilt nicht das Motto »Ich entscheide, also bin ich (Projektmanager)«. Vielmehr gilt es, zuerst den Kontext der Situation zu erfassen, zu analysieren, gegebenenfalls die Sinnhaftigkeit der vorhandenen Analysen zu hinterfragen. Anschließend folgen die Abwägung der Optionen, Risiken und Chancen und erst dann das vorausschauende Agieren. Die Initiative zu ergreifen, erfordert Mut und birgt das Risiko in sich, im Falle des Scheiterns Einfluss oder Status einzubüßen. Andererseits stellt sich nach erfolgter Initiative im Nachhinein eher selten heraus, dass Abwarten die bessere Lösung gewesen wäre (→ Abschnitt 1.8 Prinzipien der Entscheidungsfindung).

Praxistipp: Erfahrungsgemäß ist der Kontext als Herausforderung des Problems häufig kompliziert oder sogar komplex und zusätzlich liegen zu wenige Daten für eine sichere Entscheidung vor. Speziell in solchen Fällen hilft die Beratung in einem vielfältig (im Sinne von »Diversity«) und interdisziplinär besetzten Team. Bilden sich dabei Subgruppen (»Inseln«), so kann eine Ausrichtung auf die gemeinsamen Ziele dabei helfen, den Fokus zu wahren.

Als Führungskraft oder Kollege unaufgefordert Hilfe oder Ratschläge anzubieten, sollte möglichst unter Berücksichtigung des individuellen Kompetenzprofils, also der Kenntnisse, Erfahrungen und Fähigkeiten des Empfängers, erfolgen. Sonst kann dies Vorgehen schnell als Bevormundung oder Misstrauen interpretiert werden. Daher sollte im Zweifelsfall besser zuerst über offene Fragen ergründet werden, ob überhaupt ein Bedarf an Hilfestellung oder Ratschlägen vorliegt.

Praxistipp: Es hat bereits das Markieren von Textstellen in einem Projektbericht den Berichtsempfänger, einen CEO mit über 20.000 Mitarbeitern, dazu veranlasst, verärgert anzumerken, dass er keine Vorgaben vom Autor erwarte, was er lesen solle.

Das Gegenteil davon, nämlich zu warten, bis sich der Betroffene selbst meldet, ist in der Regel auch nicht zu empfehlen, da zum Beispiel entweder unbewusstes Unwissen vorliegen kann und damit ein Risiko nicht gesehen wird oder, getrieben durch die Angst, sich zu blamieren, nicht gefragt wird. Deshalb erscheint es besser, einleitend zu erläutern, aus welchem Grund, aus welcher Veranlassung heraus man hier Hilfe anbieten möchte.

ICB4 Messgrößen:

- Schlägt Handlungen vor oder führt diese aus.
- Bietet unaufgefordert Hilfe oder Ratschläge an.
- Denkt und handelt zukunftsorientiert, d. h. denkt einen Schritt voraus.
- Wägt Initiative und Risiko ab.

(GPM 2017, S. 82)

1.6 FÜHRUNGSROLLEN IM COMPETING VALUES FRAMEWORK NACH QUINN

Das »Rahmenwerk konkurrierender Werte« (engl. Competing Value Framework) fußt primär auf der Beobachtung scheinbar diametraler Begriffe. Quinn verweist zum Beispiel auf die Unterschiede zwischen Managers und Leaders (→ Abschnitt 1.3 Management versus Leadership), Theory X und Theory Y (→ Abschnitt 2.3 Theorie X oder Y, und Z der Mensch ist faul oder intrinsisch, motiviert und lean) sowie transaktionaler versus transformationaler Führung (→ Abschnitt 3.4.2 The Full range of Leadership (FRL) Model nach Bass und Riggio) (vgl. Quinn 1988, S. 79 ff.).

Das im Folgenden beschriebene Rahmenwerk will potenzielle Wahrnehmungsverzerrungen deutlich machen, die dann zustande kommen können, wenn scheinbare Gegensätze wechselseitig ausschließend betrachtet werden, wie zum Beispiel »Entrepreneur« und »Monitor« laut Abbildung 4.5-2. Das Framework will explizite Werte aufzeigen und eine dynamische Fokussierung anregen. Anstatt des traditionellen Entweder-oder-Ansatzes hin zu einem Sowohl-als-auch-Ansatz (vgl. Quinn 1988, S. 85).

Nachfolgend wird die überarbeitete Begrifflichkeit des Rahmenwerks nach Cameron, Quinn, Degraff und Thakor verwendet (vgl. Cameron 2014, S. 30 ff.).
Beim »Competing Values Framework« spannen zwei Dimensionen vier Quadranten auf: Horizontal die interne versus externe Orientierung als eine Dimension. Vertikal sind dies einerseits Stabilität und Kontrolle, andererseits Individualität und Flexibilität als zweite Dimension.

Die Quadranten sind nach wertschöpfenden Tätigkeiten benannt: »Zusammenarbeiten« (engl. collaborate), »Erstellen« (engl. create), »Konkurrieren« (engl. compete) und »Kontrollieren« (engl. control). In den Diagonalen ergänzen die Antagonisten »inkrementelle Veränderung« versus »transformationale Veränderung« und »langfristige Veränderung« versus »schnelle Veränderung« das Rahmenwerk.

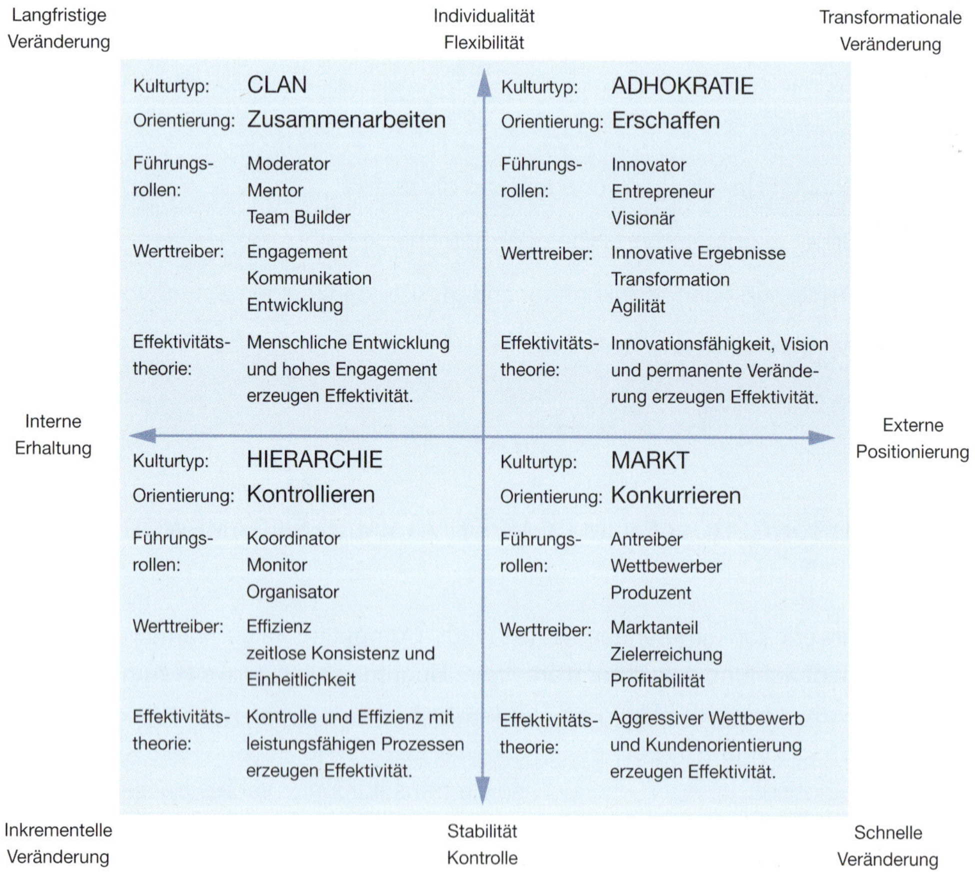
Langfristige Veränderung
Individualität Flexibilität
Transformationale Veränderung
Kulturtyp: CLAN
Orientierung: Zusammenarbeiten
Führungs-rollen: Moderator Mentor Team Builder
Werttreiber: Engagement Kommunikation Entwicklung
Effektivitäts-theorie: Menschliche Entwicklung und hohes Engagement erzeugen Effektivität.
Kulturtyp: ADHOKRATIE
Orientierung: Erschaffen
Führungs-rollen: Innovator Entrepreneur Visionär
Werttreiber: Innovative Ergebnisse Transformation Agilität
Effektivitäts-theorie: Innovationsfähigkeit, Vision und permanente Veränderung erzeugen Effektivität.
Interne Erhaltung
Externe Positionierung
Kulturtyp: HIERARCHIE
Orientierung: Kontrollieren
Führungs-rollen: Koordinator Monitor Organisator
Werttreiber: Effizienz zeitlose Konsistenz und Einheitlichkeit
Effektivitäts-theorie: Kontrolle und Effizienz mit leistungsfähigen Prozessen erzeugen Effektivität.
Kulturtyp: MARKT
Orientierung: Konkurrieren
Führungs-rollen: Antreiber Wettbewerber Produzent
Werttreiber: Marktanteil Zielerreichung Profitabilität
Effektivitäts-theorie: Aggressiver Wettbewerb und Kundenorientierung erzeugen Effektivität.
Inkrementelle Veränderung
Stabilität Kontrolle
Schnelle Veränderung

Abb. 4.5-2: The Competing Values Framework – culture, leadership, value drivers and effectiveness (vgl. Cameron, et al. 2014, S. 32; eigene Übersetzung)

- Wertschöpfende Aktivitäten im »**Kontrollieren**«-Quadrant beinhalten Effizienzverbesserungen und die Implementierung von Prozessverbesserungen. Das Mantra in diesem Quadranten könnte »besser, kostengünstiger und sicherer« lauten und dass Scheitern keine Option ist. Statistische Vorhersagbarkeit, regelkonforme und einheitliche Vorgehensweisen werden als wichtig erachtet. Die dominierenden Rollen in diesem Quadranten tendieren zum Administrieren sowie Organisieren und zeichnen sich durch Beharrlichkeit aus. Häufig sind dies gut informierte, technische Experten.

- Wertschöpfende Aktivitäten im »**Konkurrieren**«-Quadrant beinhalten das energische und aggressive Streben nach Wettbewerbsfähigkeit, wofür Schnelligkeit eine wichtige Voraussetzung ist. Die Ausrichtung erfolgt auf Shareholder Value und die Kunden. Die Führungskräfte in diesem Bereich werden an den Ergebnissen gemessen, nicht an den Anstrengungen oder den verwendeten Methoden.

- Wertschöpfende Aktivitäten im »**Erschaffen**«-Quadrant sind ausgerichtet auf Innovationen von Produkten und Dienstleistungen. Organisationen in diesem Quadranten sind effektiv bei Veränderungen, Diskontinuität und Risiken. Gedankenfreiheit und Handlungsspielräume helfen bei dem Bemühen, Hindernisse zu überwinden, Unternehmertum, Ausrichtung auf die Zukunft und kontinuierliche Veränderungen zeichnen diese Organisationen aus. Dies bedingt Experimentierfreude und das schnelle und frühe Lernen aus Fehlern. Die Führungskräfte sind risikoaffin, sehen unerschrocken in die Zukunft und verkörpern begnadete Visionäre.

- Wertschöpfende Aktivitäten im »**Zusammenarbeiten**«-Quadrant zielen auf die Mitarbeiterentwicklung, die Schaffung von Kompetenz und auf eine kollaborative Kultur ab. Veränderungen sind erwünscht und basieren auf Konsens und allgemeinen Regeln. Hier könnte das Mantra »menschliche Entwicklung, Empowerment und Commitment« heißen. Das menschliche und das soziale Kapital werden höher bewertet als das finanzielle Kapital. Ziel ist ein Arbeitsumfeld ohne Konflikte und Spannungen. Die Mitarbeiter sind loyaler zum Team und der Organisation als in den anderen Quadranten. Nachhaltige Partnerbeziehungen werden sowohl innerhalb als auch außerhalb der Organisation gefördert. Führungskräfte in diesem Bereich nehmen die »Elternrolle« oder jene eines Facilitators, Mentors oder Team-Builders ein.

Eine Führungskompetenzanalyse bei 80.000 Managern erbrachte folgende Ergebnisse (vgl. Cameron 2014, S. 113 f.):

- Die höchst effektiven Führungskräfte haben mittlere Kompetenzen in allen vier Quadranten, also keine »Blinden Flecken« und keine wesentlichen Schwächen.

- Die höchst effektiven Führungskräfte haben sehr gut entwickelte Kompetenzen in jenem Quadranten, welcher der Kultur ihrer Organisation am ehesten entspricht.

- Sowohl unterentwickelte als auch überbetonte Kompetenzen in einzelnen Bereichen behindern die Effektivität der Führungskräfte.

| Führungskompetenzen korrelierten bei 57.000 Managern positiv mit zwei Messgrößen für die Leistung ihrer Organisation.

Auf die Rolle des Mentors und die Rolle des Coaches wird besonders eingegangen, auch, da der Kompetenzindikator 4.4.5.3 der ICB 4 »Durch Vorgeben der Richtung, durch Coaching und Mentoring die Arbeit von Einzelpersonen und Teams leiten und verbessern« (GPM 2017, S. 83) heißt, und in der Praxis die beiden Begriffe Mentoring und Coaching kaum unterschieden, sondern sogar synonym verwendet werden, obwohl sie unterschiedliche Definitionen aufweisen.

Mentor: Der Begriff »Mentor« leitet sich vom griechischen Eigennamen Méntōr ab und bedeutet »Denker«. »Méntōr« hieß auch der Freund von Odysseus, der während seiner Abwesenheit auf seinen Sohn Telemach aufpasste. Im Wesentlichen wird unter Mentor ein »väterlicher Freund und Berater, Lehrer, Erzieher« verstanden (vgl. Duden 2014, S. 556 f.). Damit zeichnet sich ein Mentor durch eine gewisse Seniorität und ein wohlwollendes Verhalten gegenüber seinem sogenannten Mentee aus. Der Mentor hilft mit seinem Netzwerk, seinen Kenntnissen, Erfahrungen und Fähigkeiten, berät und bestärkt den Zweifelnden, erweitert seinen Horizont und hat die weitere Entwicklung des Mentees im Fokus.

Coach: Der Begriff »Coach« kommt von Kutsche – um leichter zum Ziel zu kommen: »to coach« hat sich bei den englischen Studenten des frühen 19. Jahrhunderts als umgangssprachlicher Ausdruck für Tutoren entwickelt – »im übertragenen Sinne als intellektuelles Fortbewegungsmittel« (Günsch 2017). Coaching, so wie es heute verstanden wird, stammt aus dem Sport »und meint eine intensive physische und psychische Vorbereitung auf einen Wettkampf« (Staehle 1999, S. 950). Im Bereich der Personal- und Organisationsentwicklung sollte ein Coach über gründliche psychologische und betriebswirtschaftliche Kenntnisse und Erfahrungen verfügen. Ursprünglich und zunächst ist »Coaching […] eine Beratung unter vier Augen, im Kontext der Rollen und Aufgaben einer Führungskraft« (Pinnow 2005, S. 282). Und weiter »Coaching ist Beratung im Dialog. Ein Coach weiß im Prinzip nichts besser als sein Kunde, aber er weiß, mit welchen Methoden er seinen Kunden im Gespräch dazu verhilft, selbst eine Lösung zu finden« (Pinnow 2005, S. 284). Kurz: Hilfe zur Selbsthilfe. Dadurch wird eine Herausforderung sehr deutlich: Einerseits wird dem Vorgenannten nur eine unabhängige, häufig externe Person mit entsprechenden Skills gerecht werden, andererseits sollte sich eine Führungskraft an den Methoden eines Coaches orientieren – durch zum Beispiel das Stellen von zirkulären Fragen, wie »Wenn über Nacht ein Wunder geschehen würde und das Problem wäre verschwunden, woran würden Sie den Unterschied zuerst merken?« (Pinnow 2005, S. 285). Aber Coach der eigenen Mitarbeiter sollte im engeren Sinne von Coaching die Führungskraft laut Pinnow nicht sein (vgl. Pinnow 2005, S. 283). Zumindest stellt es für die Führungskraft eine besondere Herausforderung dar, als Coach jene Neutralität und Distanz zu wahren, die es dem Coachee ermöglicht, selbst und ohne empfundene Manipulation zur Erkenntnis und Problemlösung zu kommen.

Messgrößen:

- Bietet Orientierung für Personen und Teams an.
- Coacht und bietet Mentoring für Teammitglieder an, um deren Kompetenzen weiterzuentwickeln.
- Entwickelt Vision und Werte und führt gemäß diesen Prinzipien.
- Stimmt die individuellen Ziele mit den gemeinsamen Zielen ab und beschreibt, wie diese erreicht werden können.

(GPM 2017, S. 83)

1.7 MACHT UND EINFLUSS

Die ICB 4 Langform lautet »Macht und Einfluss angemessen auf Dritte ausüben, um die Ziele zu erreichen« (GPM 2017, S. 83). Die detaillierte Darstellung erfolgt im Kapitel »Macht und Interessen«. Diese Machtbasen werden im Abschnitt 3.3.2 Situative Führungstheorie nach Hersey und Blanchardy und Blanchard referenziert.

Machtbasen
Die nachfolgenden Ausführungen basieren auf den grundlegenden Arbeiten von French und Raven seit Ende der 1950er Jahre zur Basis der Macht (vgl. Raven 1993). Das von Raven als das »am besten bekannte Rahmenwerk« (engl. best known framework) bezeichnete Modell führt sechs Machtbasen auf:

Bestrafungsmacht (engl. coercive power) und **Belohnungsmacht** (engl. reward power): Beide Formen (Belohnung und Bestrafung) sind besonders dann wirkungsvoll, wenn sie von Personen praktiziert werden, die wir als Geführte mögen.
Positionsmacht (engl. legitimate power): Eine von der Hierarchie abgeleitete Macht. **Expertenmacht** (engl. expert power) und **Identifikationsmacht** (engl. referent power) in ihrer positiven und negativen Ausprägung. Wir tun etwas deshalb, weil wir meinen, dass es der Experte am besten weiß oder weil wir die Person bewundern oder wertschätzen. Die negative Ausprägung entstand durch Beobachtungen, dass manchmal genau das Gegenteil von dem gemacht wird, was empfohlen wurde. Vielleicht vertrauen wir dem Experten nicht oder befürchten, dass er uns aufgrund seines überlegenen Wissens übervorteilen will. Oder wir mögen die Person nicht, möchten uns von ihr distanzieren.
Informationsmacht (engl. information power), direkt und indirekt. Wir verwenden Informationen oder logische Argumente, um zum Beispiel andere von einer Veränderung zu überzeugen. Die indirekte Variante durch Hinweise und Vorschläge kann manchmal mehr erreichen, als wenn die Information direkt präsentiert wird, speziell aus einer hierarchisch niedrigeren Position heraus.

Hersey und Blanchard ergänzten eine siebte Macht – die **Verbindungsmacht** (engl. connection power): Diese geht von der Vermeidung einer Bestrafung oder der Aussicht auf Belohnung durch die Führungskraft aus – der Ausrichtung der Mitarbeiter auf mächtige Führungskräfte (vgl. Hersey 2013, S. 149 ff.).

Manipulation und Gewalt gehören hingegen nicht zu den vorgenannten Machtbasen, da deren Ausübung nicht vom Willen der Zielperson abhängig ist.

> **ICB4** Messgrößen:
>
> | Setzt unterschiedliche Arten von Einfluss und Macht ein.
> | Setzt Einfluss und/oder Macht rechtzeitig ein.
> | Wird von den Stakeholdern als LeiterIn des Projekts oder Teams wahrgenommen.
>
> (GPM 2017, S. 83)

1.8 PRINZIPIEN DER ENTSCHEIDUNGSFINDUNG

Die ICB4 fordert von Projektmanagern, Entscheidungen zu treffen, diese durchzusetzen und zu überprüfen (GPM 2017, S. 84). Die Grundprinzipien der Entscheidungsfindung werden nachfolgend erläutert:

FORDEC: Sind die Fakten erfasst, Optionen abgewogen, Risiken und Chancen analysiert, wird die beste Handlungsoption entschieden, ausgeführt und kontrolliert – kurz zusammengefasst im englischen Akronym FORDEC (Facts; Options; Risks & Benefits; Decision; Execution; Check). Das Akronym kommt aus der Luft- und Raumfahrt und hilft bei dem Bemühen, auch in einer Krisensituation schnell und faktenbasiert vorzugehen (vgl. ProjektMagazin 2018).

Drei Varianten der Entscheidungsfindung
Demokratisch bzw. nach der Mehrheitsregel: Was in Demokratien die Standardabstimmungsregel ist, sollte im Projektgeschäft eher die Ausnahme bilden. Warum? Zu leicht können dabei zum Beispiel einzelne (Spezialisten) im wahrsten Sinne des Wortes überstimmt werden, was sich später als fatal herausstellen kann. Es erfolgt auch keine Verhandlung in der Entscheidungssituation und es gibt nur Ja/nein- bzw. Entweder/-oder-Entscheidungen.

Konsens und Kompromiss: Beim Konsens (lat. Consensus – Übereinstimmung; Zustimmung) (vgl. Duden 2014, S. 474) erfolgt eine Einigung als Ergebnis der Verhandlung – ohne Widerspruch. Beim Kompromiss (Übereinkunft; Ausgleich; ursprünglich von lat. compromittere »sich gegenseitig versprechen« → die Entscheidung eines Rechtsstreits einem selbstgewählten Schiedsrichter überlassen, vgl. Duden 2014, S. 471) erfolgt die Einigung durch Verhandlung unter Aufgabe einzelner Forderungen.

Beide Formen, Konsens und Kompromiss sind der Alltag im Projektgeschäft (→ Kapitel »Verhandlungen« sowie »Konflikte und Krisen«).

ICB 4 Messgrößen:
- »Geht angemessen mit Unsicherheit um.
- Fordert rechtzeitig und auf angemessene Weise zur Meinungsäußerung und Diskussion auf, bevor Entscheidungen getroffen werden.
- Erklärt die Gründe für Entscheidungen.
- Beeinflusst Entscheidungen von Stakeholdern durch das Anbieten von Analysen und Interpretationen.
- Kommuniziert Entscheidung und Absicht klar.
- Überprüft und verändert Entscheidungen aufgrund neuer Fakten.
- Reflektiert frühere Situationen, um die Entscheidungsprozesse zu verbessern.«

(GPM 2017, S. 84)

1.9 ZUSAMMENFASSUNG

Die vorangegangenen Ausführungen vermitteln einen ersten Eindruck in Bezug auf die mannigfaltigen Herausforderungen an eine Führungskraft, um in komplexen Systemen erfolgreich zu agieren. Analog zu Watzlawick »Man kann nicht nicht kommunizieren« (Watzlawick et al. 2017, S. 60) stellt auch ein »Nichtführen« eine Führung dar – vgl. Laissez-faire in Abschnitt 3.2.1 Klassische Führungsstile nach Lewin und Abschnitt 3.4.2 The Full range of Leadership (FRL) Model nach Bass und Riggio. Somit ist die Führung allgegenwärtig und es gilt, in Abhängigkeit von den Aufgaben, den Stakeholdern und der Führungskultur einen adäquaten Führungsansatz zur Erreichung der Ziele zu finden und anzuwenden.

Aufgrund dieser Vielschichtigkeit des Themas Führung werden in der ICB viele Bezüge zu weiteren Elementen gesehen. Im PM4 sind dies alle weiteren persönlichen und sozialen Kompetenzelemente (People), ergänzt um alle technischen Kompetenzelemente (Practice), verbunden mit den beiden Vertiefungsthemen »Macht und Interessen« sowie »Kultur und Werte«.

2 DAS MENSCHENBILD ALS GRUNDLAGE FÜR FÜHRUNGSVERSTÄNDNIS

Die nachfolgend aufgeführten Menschenbilder (vgl. GPM; RKW 1998, S. 321 ff. und Özdemir 2016, S. 14 ff.) bilden die Grundlage für Führungstheorien, Führungsstile und Führungsverhalten. Menschenbilder entwickelten sich vornehmlich im letzten Jahrhundert. Trotz Weiterentwicklung sind tradierte Sichtweisen, wie zum Beispiel der »economic man«, nach wie vor in Organisationen anzutreffen. Der Spruch, »Mitarbeiter kommen wegen des Jobs und gehen wegen des Chefs« kommt nicht von ungefähr und sollte zur Reflexion des eigenen Führungsverständnisses anregen (vgl. Kestel 2015).

Die später beschriebenen Führungstheorien Abschnitt 3 stehen in Bezug zu den hier aufgeführten Menschenbildern. So passt zum Beispiel zu dem Menschenbild »complex man« ein systemischer Führungsansatz. Und eine Führungskraft, die im Menschen eher einen Kostenfaktor sieht, wird kaum einen beziehungsorientierten Ansatz für ideal erachten.

2.1 ECONOMIC MAN, TAYLORISMUS – DER MENSCH ALS KOSTENFAKTOR

Es handelt sich hierbei um ein technisch-nüchternes Menschenbild mit Motivierung durch monetäre Anreize, verbunden mit Kontrolle. Um die Wende zum 20. Jahrhundert entwickelte der US-Amerikaner Frederick Winslow Taylor ein Konzept, das heute unter dem Begriff »Taylorismus« vor allem als negatives Beispiel für die Ausbeutung der Menschen verwendet wird – der Mensch wird auf ein optimal einzusetzendes Produktionsmittel und einen Kostenfaktor reduziert. Dabei wurde in die Kopf- und Handarbeit aufgeteilt, Letztere in kürzeste repetitive Ablaufschnitte zerlegt, was zu einer monotonen Tätigkeit und zu minutiösen Zeitvorgaben für die Arbeitnehmer führte. Die Abtrennung der geistigen Arbeit führte darüber hinaus zu einer Wissensenteignung der Ausführenden durch das Management. Die Maschinenwelt um die vorletzte Jahrhundertwende kann mit der Digitalisierung des 21. Jahrhunderts verglichen werden. Die Wissenskonzentration einzelner Großkonzerne wird durch Big Data unterstützt und führt möglicherweise zu einer neuen Form des Taylorismus. So fragt sich zum Beispiel das Munich Center for Internet Research in seinem Zwischenbericht vom 16.03.2016 über die »Organisations- und Führungskonzepte in einem Cloud-Unternehmen der ersten Stunde«, ob wir »Auf dem Weg in einen Taylorismus 2.0?« sind (vgl. Munich Center for Internet Research 2016, S. 13).

2.2 SOCIAL MAN, SELFACTUALIZING MAN – DER MENSCH ALS SOZIALES WESEN

Am Ende der 1920er, zu Beginn der 1930er Jahre wurde unter Beibehaltung der tayloristischen arbeitsorganisatorischen Strukturen das neue Menschbild des Social Man entworfen, das den Menschen als soziales Wesen betrachtet und versucht, durch zum Beispiel ein angenehmes Betriebsklima und ergonomische Arbeitsplätze die Arbeitsmotivation zu stärken.

Zu einer weiteren Entwicklung des Menschenbildes trugen die beiden amerikanischen Psychologen Maslow und Herzberg in den 1950er Jahren bei. Sie fanden motivierende Einflüsse, wie Selbstverwirklichung und psychologisches Wachstum, heraus und prägten damit den Begriff »Self-actualizing man«. Herzberg entwickelte die sogenannte »Zwei-Faktoren-Theorie der Arbeitszufriedenheit« (auch »Motivation-Hygiene-Theorie« genannt). Im Kernpunkt dieser Theorie wird zwischen intrinsische Motivation (Motivation durch die Tätigkeit selbst) und extrinsischer Motivation (durch den Effekt der Tätigkeit, zum Beispiel der in Aussicht gestellten Belohnung) unterschieden. Job Rotation, Job Enlargement, Job Enrichment und die Abkehr von Taylor waren die Weiterentwicklungen dieser Forschungsarbeiten.

Praxistipp: Intrinsische Motivation kann durch extrinsische Motivatoren zerstört werden. Letztere können auch genau das Gegenteil der beabsichtigten Wirkung begünstigen (→ Abschnitt 4.1 Management-by-Objectives (MbO) nach Drucker).

2.3 THEORIE X ODER Y, UND Z – DER MENSCH IST FAUL ODER INTRINSISCH, MOTIVIERT UND LEAN

McGregor hat 1960 in »The Human Side of Enterprise« zwei gegensätzliche Menschenbilder beschrieben – »Theorie X« und »Theorie Y«.

»**Theorie X**« präsentiert ein tayloristisches, von Pessimismus geprägtes Bild – der Mensch ist von Grund auf faul und muss durch »Zuckerbrot und Peitsche« sowie strenge Kontrolle und von oben gesetzte Ziele angetrieben werden. Autoritäre Führungskräfte neigen bewusst oder unbewusst zu diesem Menschenbild, zeigen sehr geringes Verständnis für andere Meinungen und haben eine minimale Toleranz für Abweichungen.

Diametral anders sehen dies die Anhänger der »**Theorie Y**«. Sie verfolgen einen partizipativ-kooperativen Führungsstil und gehen von einer Selbstmotivation der Menschen aus, die keiner Anreize von außen bedarf. Die Leistungsorientierung motiviert und führt zu einem kreativen, verantwortungsbewussten Verhalten zur Erreichung der vereinbarten Ziele. Bezeichnend für beide Modelle ist eine gewisse »self-fulfilling prophecy« – eine »Theorie-X-Führungskraft« wird unbewusst passives Arbeitsverhalten fördern, welches, der Theorie folgend, noch stärkere Vorgaben und Kontrollen für die Zielerreichung erfordert, jene der »Theorie Y« hingegen fördern das Engagement für die Arbeit selbst und beide fühlen sich aufgrund der Ergebnisse darin bestätigt.

1981 veröffentlichte William Kouchi sein Buch »**Theory Z**: How American Management Can Meet the Japanese Challenge« und führte die »Theorie Y« mit der japanischen Managementphilosophie zusammen. Eckpunkte sind unter anderem konsensorientierte Entscheidungen, individuelle Verantwortung und Selbstdisziplin. Die Leistungsorientierung wird gefördert und die Ergebnisse bewertet. Verhaltensregeln sind Teil der Kultur und bedürfen nicht der Schriftform. Mitarbeiter pflegen kooperative Beziehungen, und zwar auch zu ihren Vorgesetzten und anderen in der Organisation. Soziale und materielle Werte vermitteln den Mitarbeitern Orientierung. Das Toyota-Produktionssystem (vgl. Liker 2006) und das Lean Organisationskonzept basieren zum Beispiel auf diesem Menschenbild (vgl. Pautsch; Steininger (2014): Lean Project Management).

2.4 COMPLEX MAN – DER MENSCH WIRD ALS KOMPLEXES GANZES SYSTEMISCH BETRACHTET

Seit den 1970er Jahren entwickelt sich das Bild des »Complex Man« weiter: Beispielhafte Ausprägungen sind die Selbstregulierung in der Arbeitsgruppe und das Bild des Vorgesetzten als Koordinator. Es wird nicht mehr versucht, die Komplexität des Menschen zu reduzieren, sondern den Menschen mit seinen individuellen Ausprägungen zu fördern; Diversität wird als Chance verstanden. Je nach Kontext können unterschiedliche Motivatoren wirken. Insgesamt wird damit versucht, die früheren Menschenbilder zu integrieren (vgl. Kirchler 2011, S. 128).

Systemorientierte Führungsansätze werden nachfolgend in Abschnitt 3.5 behandelt.

3 FÜHRUNGSTHEORIEN

Definition und Herleitung des Begriffs »Führung« wurden bereits in der Einleitung behandelt. Es hilft, hier auch die Herkunft des Begriffs »Theorie« näher zu betrachten. Laut Duden Etymologie (vgl. Duden 2014, S. 854) wird darunter eine »abstrakte Betrachtungsweise«, ein »System wissenschaftlich begründeter Aussage zur Erklärung bestimmter Erscheinungen« verstanden.

Bei diesen »wissenschaftlich begründeten Aussagen« sind große Unterschiede in den Betrachtungsweisen festzustellen. Auf den ersten Blick könnte der Eindruck entstehen, dass diese Unterschiede im Wesentlichen dem jeweiligen Stand der Forschung entsprachen. So sind frühe Ansätze eher **personenzentriert** (→ Abschnitt 3.1) – wie die »Great

Man Theorie«, spätere **verhaltensorientiert** (→ Abschnitt 3.2) – zum Beispiel das »Managerial Grid«, woraus **situationsabhängige** Ansätze (→ Abschnitt 3.3), wie die »Situative Führungstheorie«, entstanden. Eine weitere Entwicklung **beziehungsorientierte** Ansätze (→ Abschnitt 3.4), wie »Transformationaler Führungsstil«, und die in den letzten Jahrzehnten entwickelte **systemorientierten** Ansätze (→ Abschnitt 3.5). Zur leichteren Einordnung werden diese fünf Ansätze in der aufgeführten Reihenfolge als Gliederung im weiteren Verlauf verwendet. Es existieren noch viele weitere Theorien. Eine kompakte Zusammenfassung der Ansätze, Entwicklungen und Trends zur Führung bietet Stippler (2011). In der Literatur werden die vorgenannten ersten drei auch als klassische Führungstheorien bezeichnet, die letzteren beiden können als neuere Führungstheorien qualifiziert werden (vgl. Rieder 2014, S. 157; Stippler 2011).

3.1 PERSONENZENTRIERTE FÜHRUNGSANSÄTZE

Diese Theorien rücken die Eigenschaften der Führungskräfte für den Führungserfolg in den Vordergrund und berücksichtigen deshalb weder die Eigenschaften der Geführten, die Führungsaufgaben, noch die Interaktionen der Beteiligten. Sie sind statisch bezüglich des zeitlichen Verlaufs in der Entwicklung zur Führungskraft und des Führens. In der Praxis zeigte sich, dass das Vorliegen sogenannter »führungsrelevanter Eigenschaften, wie Intelligenz, Initiative, Gerechtigkeitssinn, Humor etc., keinesfalls universell einsetzbar und in jedem Fall erfolgreich sein muß, denn erfolgreiche Führer im Sinne der Eigenschaftstheorie versagen häufig bei neuartigen Führungssituationen oder ungewohntem Gruppenverhalten (der Geführten). [...] Trotz dieser Erkenntnis und der mangelnden empirischen Evidenz für die Eigenschaftstheorie wird sie in der Praxis der Unternehmungsführung nach wie vor sehr geschätzt, vor allem von denjenigen, die Führungspositionen innehaben.« (Staehle 2008, S. 333 f.)

3.1.1 GREAT-MAN-THEORIE NACH CARLYLE

Die Great-Man-Theorie ist eine der bekanntesten Theorien aus dem Bereich der personenzentrierten Führungsansätze. Hierbei wird das tradierte Bild »großer Männer« mit angeborenen Führungsfähigkeiten als primär relevant für den Führungserfolg erachtet. Thomas Carlyle schrieb 1842 in »On Heroes, Hero-worship, and the Heroic in History« sechs Essays über die zu verehrenden »Great Men«, die Helden der Geschichte. Ein Auszug aus »The Hero as King«: »Der Kommandant über die Menschen; derjenige, dem unser Wille untergeordnet werden soll und dem wir uns treu ergeben und dabei ihr Wohlergehen finden, kann als der Wichtigste der Großen gelten. [...] um über uns zu herrschen, uns ständig praktische Lehren zu geben, um uns für den Tag und die Stunde zu sagen, was wir zu tun haben« (Carlyle 1842, S. 165, eigene Übersetzung).

Es wurde bereits Mitte des 19. Jahrhunderts Kritik von Herbert Spencer an der »Great Man Theorie« geäußert. Spencer erachtete diese »great men« als ein Produkt der Gesellschaften und hielt damit bereits damals eine systemische Betrachtungsweise für geeigneter: »Diejenigen, welche die Geschichte der Gesellschaften als die Geschichte ihrer großen Männer betrachten und glauben, dass diese großen Männer die Schicksale ihrer Gesellschaften formen, übersehen die Wahrheit, dass solche großen Männer die Produkte ihrer Gesellschaften sind« (Spencer 1861, S. 268, eigene Übersetzung).

3.2 VERHALTENSORIENTIERTE FÜHRUNGSANSÄTZE

Im Gegensatz zum vorher beschriebenen personenzentrierten Ansatz wird hier angenommen, dass das Verhalten der Führungskraft ausschlaggebend für den Führungserfolg ist. Dabei gehen die darin enthaltenen Führungsstile – im Unterschied zu den situationsabhängigen Führungsansätzen (→ Abschnitt 3.3) beschriebenen situationsabhängigen Ansätzen – von einem langfristigen, relativ stabilen und situationsunabhängigen Verhaltensmuster aus, damit überhaupt von einem »Stil« gesprochen werden kann. Damit sind diese Stile letztendlich an eigenschaftsorientierte Ansätze angelehnt. (vgl. Staehle 2008, S. 334). Einen optimalen Führungsstil gibt es nach Staehle nicht. Lediglich für die Erzielung von Einstellungsänderungen bringt ein kooperativer Führungsstil gewisse Vorteile (vgl. Staehle 2008, S. 341). Ausprägungen von verhaltensorientierten Führungsansätzen werden im Folgenden besprochen.

3.2.1 KLASSISCHE FÜHRUNGSSTILE NACH LEWIN

Kurt Lewin, der in Berlin wirkte und 1933 in die USA emigrierte, forschte mit seinen Mitarbeitern an der Universität von Iowa über die Auswirkung des Führungsverhaltens auf die Aggressivität und das feindselige Verhalten von Schülern (Lewin 1939), also nicht über den Zusammenhang zwischen Führungs- und Leistungsverhalten, wie angenommen werden könnte. Trotzdem werden die drei nachfolgenden Ausprägungen gemeinhin als die klassischen Führungsstile bezeichnet. Und die beiden Eckpunkte des in Abschnitt 3.3.1 Führungskontinuum nach Tannenbaum und Schmidt beschriebenen »Führungskontinuums«, nämlich »autoritär« und »demokratisch« (auch als »kooperativ« bezeichnet), sind hiervon abgeleitet. Der dritte Stil, »laissez faire« (gewähren lassen), kam bei den Experimenten in Iowa zufällig zustande, als ein »demokratischer« Leiter, dem die Führung über seine Gruppe entglitt, den Auftrag erhielt, die Gruppe einfach laufen zu lassen. Bei »laissez faire« lag somit kein Beeinflussungsversuch mehr im ursprünglichen Sinne von Führung vor (vgl. Staehle 2008, S. 339 f.).

3.2.2 VERHALTENSGITTER (MANAGERIAL GRID) NACH BLAKE UND MOUTON

Mitte der 1960er Jahre entwickelten Blake und Mouton ein Modell zur situativen Führung mit den beiden Achsen »Betonung der Menschen« (engl. concern for people) und »Betonung der Ergebnisse« (engl. concern for production), das ein GRID (dt. Rastermuster) mit im Wesentlichen fünf Ausprägungen aufspannt, welches in nachfolgender Abbildung dargestellt ist:

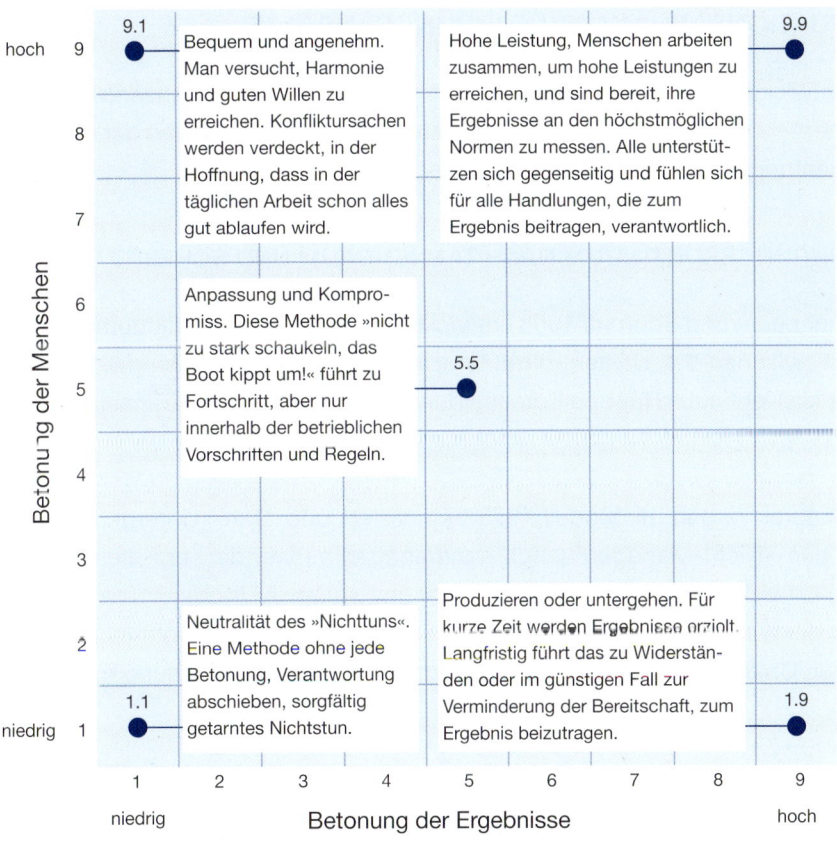

Abb. 4.5-3: Das Managerial Grid (nach Blake, Mouton 1978, S. 6)

Die beiden Autoren führen am Ende des Buches an, wie sich ein Vorgesetzter unter Berücksichtigung von vier Bedingungen ändern kann:

1. Positive und negative Verhaltensmuster und die GRID-Theorie kennen;
2. Ehrliche Selbstwahrnehmung;
3. Delta zwischen erstrebtem und aktuellem Zustand feststellen und
4. Kollaborative Unterstützung beim Bemühen um eigene Veränderung durch Vorgesetzte, Kollegen und Mitarbeiter (vgl. Blake, Mouton 1978, S. 133 f.).

Kritisiert wird am Verhaltensgitter vor allem die fehlende Berücksichtigung der Organisationsstruktur auf die Führungsprozesse und der »Führungserfolg hängt keineswegs linear zusammen mit Beziehungsorientierung und/oder Aufgabenorientierung und wird wahrscheinlich moderiert durch intervenierende Variablen, wie etwa das Organisationsklima«. Trotz dieser Kritik beruht »eine Vielzahl praxisorientierter Führungskonzepte« auf diesem Modell (vgl. Staehle 2008, S. 344).

3.3 SITUATIONSABHÄNGIGE FÜHRUNGSANSÄTZE

Eine Weiterentwicklung der beiden vorgenannten Ansätze – personenzentriert und verhaltensorientiert – sind situationsabhängige Führungsansätze, bei denen der Führungsstil aus der momentanen Führungssituation resultiert.

3.3.1 FÜHRUNGSKONTINUUM NACH TANNENBAUM UND SCHMIDT

Das von Tannenbaum und Schmidt 1958 entwickelte Modell, auch Kontinuum-Theorie genannt, spannt zwischen den beiden Extremen eines autokratischen und demokratischen Führungsstils ein Kontinuum für den Entscheidungsspielraum auf (vgl. Tannenbaum 1958, S. 96).

Die beiden Autoren haben ihr Modell 1973 aktualisiert und statt »Untergebener« (engl. subordinate) nun »Nicht-Manager« (engl. nonmanager) verwendet, um die Konnotation der Abhängigkeit bei »Untergebener« abzulegen, und sahen ihr Modell nun in einem größeren Zusammenhang und in einer Wechselwirkung mit dem organisatorischen und gesellschaftlichen Umfeld verortet (vgl. Tannenbaum 1973) – siehe Abbildung 4.5-4.

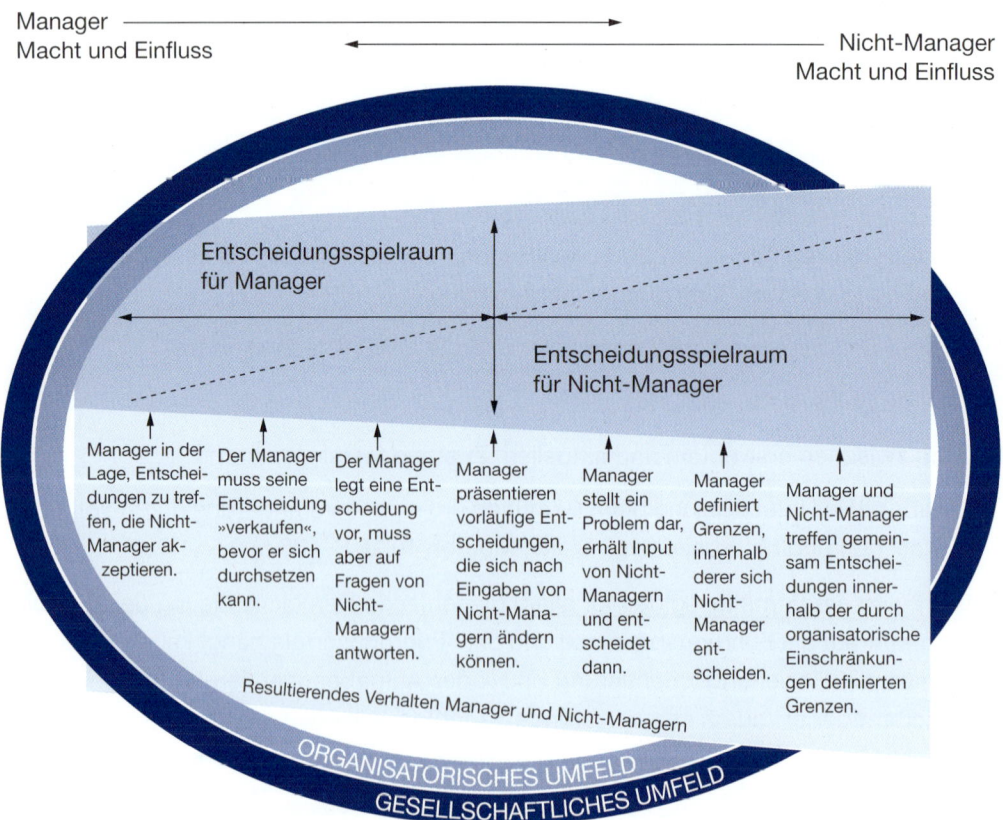

Abb. 4.5-4: Führungskontinuum: Manager – Nicht-Manager nach Tannenbaum; Schmidt 1973, S. 167, eigene Übersetzung

Um im Führungskontinuum ein zweckmäßiges und erstrebenswertes Führungsverhalten zu finden, empfehlen Tannenbaum und Schmidt (Tannenbaum, 1958, S. 98–101, eigene Übersetzung) die Berücksichtigung folgender drei Faktoren oder Kräfte (vergleiche Charakteristika von »Führung« in Abschnitt 1 Führung (Leadership), Einleitung und Definitionen und 1.1 Führung):

1. **»Charakteristika des Vorgesetzten«** (engl. forces in the manager)
   - »deren Wertsystem«
   - »ihr Vertrauen in die Mitarbeiter«
   - »ihre führungsbezogenen Neigungen«
   - »ihre gefühlte Sicherheit in einer unsicheren Situation«. Die **Ambiguitätstoleranz** – vergleiche »VUCA«, Punkt 5 – wird von Psychologen immer stärker als die Schlüsselvariable in der persönlichen Herangehensweise bei Problemlösungen charakterisiert. Sich dessen bewusst zu werden, also die wirkenden Kräfte auf das eigene Führungsverhalten zu erkennen, kann häufig die eigene Effektivität erhöhen.

2. **»Charakteristika der Mitarbeiter«** (engl. forces in the subordinates)
   - »inwieweit die Mitarbeiter selbstständig sein wollen«
   - »inwieweit die Mitarbeiter bereit sind, Verantwortung für Entscheidungen zu übernehmen«
   - »inwieweit sie eine relativ hohe Toleranz für Ambiguität haben«
   - »inwieweit sie interessiert am Problem sind und dieses für wichtig erachten«
   - »inwieweit sie die Ziele der Organisation verstehen und sich mit diesen identifizieren«
   - »inwieweit sie das nötige Wissen und die Erfahrung für die Problembehandlung haben«
   - »inwieweit sie gelernt haben, bei der Entscheidungsfindung mitzuwirken«, das heißt, inwieweit sie gelernt haben, mehr oder weniger selbstständig zu entscheiden – je nachdem, welche Erfahrungen vorliegen, kann ein Veränderung des Freiheitsgrades für Entscheidungen zu Irritationen bei den Mitarbeitern führen.

3. **»Charakteristika der Situation«** (engl. forces in the situation)
   - »Art der Organisation«
   - »Effektivität der Gruppe«: Die Führungskraft sollte hier vor einer Übertragung von Verantwortung für selbstständige Entscheidungen an die Gruppe deren Effektivität beachten. Aspekte sind hierbei unter anderem die Dauer der bisherigen Zusammenarbeit der Gruppenmitglieder, der Grad an Vertrauen als Gruppe in Problemlösungen sowie Variable, wie Gruppenzusammenhalt, Toleranz und Gemeinsamkeit, welche subtile, aber starke Faktoren für das Gruppenverhalten darstellen.
   - »Die Art des Problems«: Die Übertragung von Entscheidungen auf die Gruppe ist nicht

per se die bessere Herangehensweise. Hat der Manager alle Hintergründe vorliegen, kann er selbst das Problem durcharbeiten, anstatt zu versuchen, umfangreiche Hintergrundinformation dem Team zu vermitteln.

- »Die zeitliche Dringlichkeit«: Unter Beachtung, dass diese auch eingebildet sein kann. In Organisation mit anhaltendem Krisenzustand werden Führungskräfte eher selbst entscheiden wollen, was nicht unbedingt zu besseren Ergebnissen führt.

Insgesamt sind laut den Autoren jene Führungskräfte am erfolgreichsten, welche die beschriebenen Kräfte verstehen und ein für den konkreten Fall adäquates Führungsverhalten richtig analysieren und sich auch entsprechend verhalten können. (vgl. Tannenbaum 1973, S. 173 ff.; Staehle 2008, S. 338). Mit dieser Interpretation gehört das Führungskontinuum zu den situationsabhängigen Führungsansätzen.

Praxistipp: In der Praxis kann dieses Modell in verschiedener Weise dienlich sein. Die Autoren empfehlen hier im Sinne einer »Ownership Culture« laut Abschnitt 1.4 Ownership und Commitment ein mutiges Vorgehen zur Verantwortungsübertragung. Gegenüber der Linienorganisation sind häufig die Pflichten der Projektleitung und des Projektteams relativ detailliert ausformuliert, die Rechte jedoch eher unspezifisch beschrieben, dies gilt auch für Teilprojektmanager und Kernteammitglieder in größeren Projekten.

- Zwischen der Stammorganisation beziehungsweise dem Linienmanager und der Projektleitung können zum Beispiel die Entscheidungen für Personalführung im Rahmen einer Projektzielvereinbarung festgelegt werden. Enthalten sein können Themen, wie Personalauswahl- und Einstellungsgespräche, Verantwortlichkeiten für die Einarbeitung, Weiterbildung, Förderung und Mitwirkung im Personalbeurteilungsprozess, die Gehaltsfindung und gegebenenfalls die Prämien- oder Incentive-Regelungen.

- Im Projekt kann die Projektleitung zusammen mit dem Kernteam festlegen, welche Fälle im Sinne des Führungskontinuums laut Abbildung 4.5-4 und unter Berücksichtigung des Kompetenzniveaus der Beteiligten und der Gepflogenheiten in der Organisation zu entscheiden sind.

3.3.2 SITUATIVE FÜHRUNGSTHEORIE NACH HERSEY UND BLANCHARD

Gegen Ende der 1970er Jahre entwickelten Hersey und Blanchard vier situative Führungsstile (engl. Situational Leadership, S1 bis S4). Die Stile der situativen Führungstheorie werden nach Mitarbeiterfokus- und Aufgabenfokus (engl. Relationship and Task Behavior) unterschieden und berücksichtigen die Leistungsbereitschaft der Geführten (engl. Performance Readiness). Die beiden Hauptparameter der Leistungsbereitschaft sind die Fähigkeiten und die Bereitschaft des Einzelnen oder der Gruppe. Die Fähigkeiten werden durch Wissen, Können und Erfahrung bestimmt. Das Selbstvertrauen, das Engagement und die Motivation bilden die Bereitschaft ab, die Aufgabe auszuführen.

Diese Leistungsbereitschaft ist jedoch nicht absolut, sondern bezüglich der gestellten Aufgabe zu sehen. So kann ein Mitarbeiter oder die Gruppe durchaus in einer Konstellation eine hohe, bei einer anderen Aufgabe hingegen nur eine niedrige Leistungsbereitschaft besitzen. Die Führungskraft soll aktiv bei der Entwicklung der Leistungsbereitschaft mitwirken (vgl. Hersey 2013, S. 113 ff.).

Hersey und Blanchard postulieren einen Zusammenhang zwischen der aufgabenspezifischen Leistungsbereitschaft der Mitarbeiter, dem Führungsverhalten und der Effektivität – siehe Abbildung 4.5-5. Mit zunehmender Leistungsbereitschaft (R1 → R2) soll die Führungskraft den Aufgabenfokus reduzieren und den Mitarbeiterfokus stärken (S1 → S2). Sobald die Leistungsbereitschaft weiter steigt (R3, R4), können sowohl die Aufgaben- als auch die Beziehungsorientierung der Führungskraft reduziert werden. In nachfolgender Abbildung 4.5-5 sind zudem Tendenzen ersichtlich (siehe Pfeile): Ist Stil S4 dominant, kann es bei Problemen sinnvoll sein, »monitoren« zu erhöhen. Bei einem Übergang von S3 nach S4 wird demnach »beobachten« ausgebaut.

Als Fokus für die Führungskräfte und als angemessenes Führungsverhalten in den vier Quadranten empfehlen Hersey et al. Folgendes (Hersey 2013, S. 124–129., eigene Übersetzung):

Stil S1 »Instruieren«

- »Spezifizierung – wer, was, wann, wo und wie
- Rollendefinition
- Vorwiegend Einwegkommunikation
- Von den Entscheidungsträgern getroffene Entscheidungen
- Enge Überwachung und Verantwortlichkeit
- Inkrementelle Anweisungen
- KISS – Halten Sie es einfach und spezifisch«

Im Falle eines unsicheren und unfähigen »R1«:

- »Gib Aufgabeninformationen in verdaulichen Mengen
- Achte darauf, den Mitarbeiter nicht zu überwältigen
- Reduziere die Angst vor Fehlern
- Hilf Schritt für Schritt
- Fokussiere auf Anweisungen«

Kompetenzbasiertes Projektmanagement (PM4)

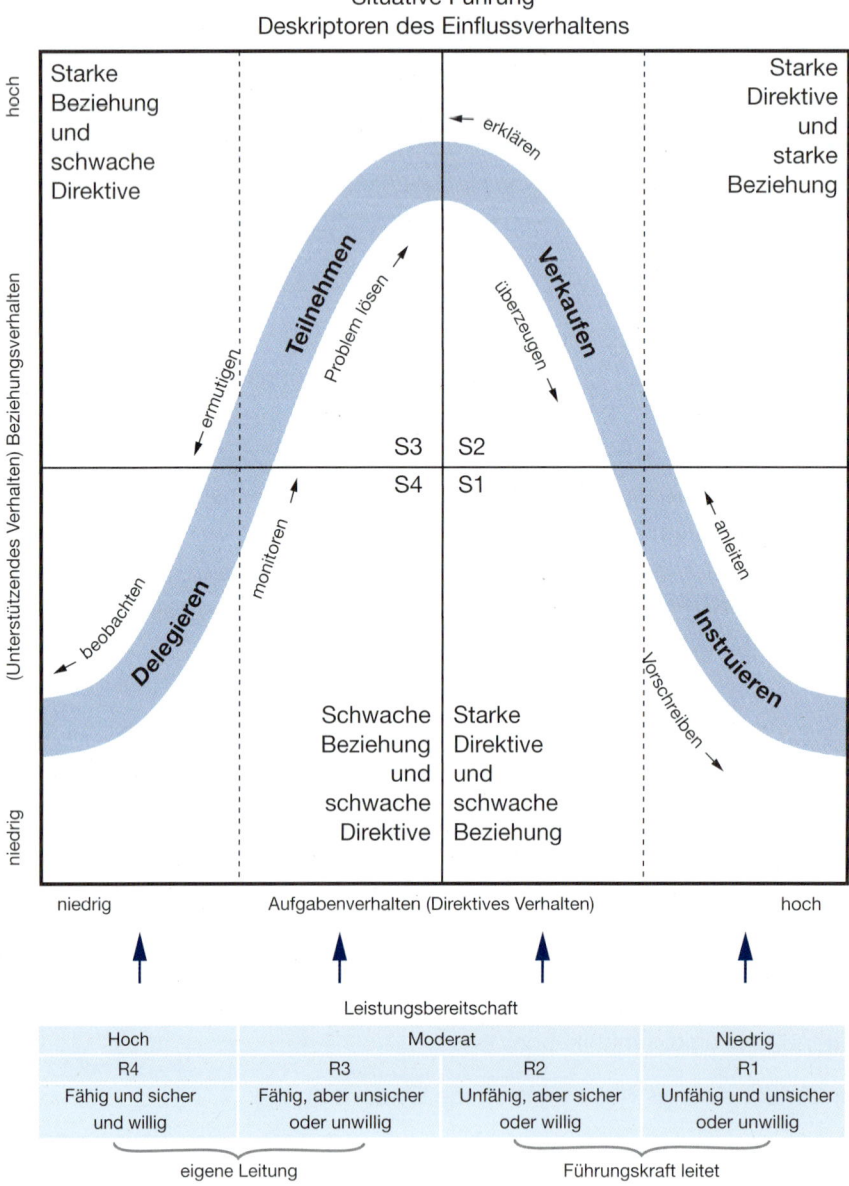

Abb. 4.5-5: Situational Leadership Model (nach Hersey 2013, S. 124, eigene Übersetzung)

Bei einem unwilligen und unfähigen »R1«:

- »Gib direkt bestimmte Fakten an
- Verstärke kleine Verbesserungen positiv
- Berücksichtige die Konsequenzen bei Nichterfüllung
- Halte die Emotionen in Schach«

Stil S2 »Verkaufen«

- »Bereitstellung von wer, was, wann, wo, wie und warum
- Erkläre Entscheidungen und erlaube Chancen zur Klärung
- Zwei-Wege-Dialog
- Triff Entscheidungen selbst
- Erkläre die Rolle des Mitarbeiters
- Stelle Fragen, um das Fähigkeitsniveau zu klären
- Verstärke kleine Verbesserungen«

Im Falle eines unfähigen, aber willigen, oder unfähigen, aber selbstsicheren »R2«:

- »Suche ›Buy-In‹ durch Überreden
- Überprüfe das Verständnis der Aufgabe
- Rege Fragen an
- Bespreche Einzelheiten
- Entdecke verwandte Fähigkeiten
- Erkläre »warum«
- Gebe dem Mitarbeiter inkrementelle Schritte (nicht »mit ihm laufen«)
- Betone, ›wie‹ es geht«

Stil S3 »Teilnehmen«

- »Ermutige Input
- Höre aktiv zu
- Entscheidungen durch Mitarbeiter
- Unterstütze die Risikobereitschaft
- Erkenne die Arbeit an
- Baue Lob und Vertrauen auf«

Im Falle eines fähigen aber unsicheren »R3«:

- »Kombiniere Führungskraft-Mitarbeiter-Entscheidungen
- Bestimme den nächsten Schritt
- Ermutige und unterstütze
- Bespreche Befürchtungen«

Bei einem fähigen aber unwilligen »R3«:

- »Teile die Verantwortung für die Entscheidungsfindung mit dem Mitarbeiter
- Versorge den Mitarbeiter mit dem nötigen Wissensbedarf
- Fokussiere auf Ergebnisse
- Beziehe den Mitarbeiter in die Konsequenzen der Aufgabe ein, um das Engagement und die Motivation zu erhöhen«

Stil S4 »Delegieren«

- »Delegiere Aufgaben
- Big Picture
- Entscheidungen durch Mitarbeiter
- Überwache relativ wenig
- Monitore Aktivitäten
- Verstärke Ergebnisse
- Bleibe erreichbar«

Im Falle eines fähigen und willigen oder sicheren »R4«:

- »Höre auf Updates
- Vermeide Überfrachtung
- Ermutige Autonomie
- Praktiziere insgesamt Hands-off-Management; beobachte
- Verstärke die mitarbeitergeführte Kommunikation
- Stelle Support und Ressourcen bereit
- Delegiere Aktivitäten
- Ermutige die Freiheit, Risiken einzugehen« (Hersey 2013, S. 124–129, eigene Übersetzung)

Nachfolgende Abbildung 4.5-6 zeigt effektive (+) wie auch unpassende (–) Führungsausprägungen, jeweils in Abhängigkeit von der Leistungsbereitschaft.

Situative Führung
Deskriptoren des Einflussverhaltens

Stil S3
- + **Teilnehmen**
- + Ermutigen
- + Anvertrauen
- + Fördern
- + Unterstützen
- + Involvieren
- + Ermächtigen
- + Problemlösen

Stil S2
- + **Verkaufen**
- + Mentoring
- + Überreden
- + Coachen
- + Beibringen
- + Überzeugen
- + Erklären
- + Ausbilden

- – Bevormunden
- – Herablassend
- – Beschwichtigen
- – Beruhigen
- – Verstricken
- – Umgarnen
- – Wankend
- – Abwürgen
- – Manipulieren
- – Betrügen
- – Predigen
- – Verführen
- – Täuschen
- – Rationalisierung
- – Verteidigen
- – In die Ecke treiben

Stil S4
- + **Delegieren**
- + Beobachten
- + Überwachen
- + Anvertrauen
- + Aufgaben/Verfolgen
- + Teilnehmen
- + Einteilen
- + Ermächtigen

Stil S1
- + **Instruieren**
- + Leiten
- + Strukturieren
- + Informieren
- + Etablieren
- + Formen
- + Instruieren
- + Lenken

- – Abdanken
- – Vermeiden
- – Abladen
- – Loslassen
- – Aufgeben
- – Zurückziehen
- – Ignorieren
- – Resignieren
- – Verlangen
- – Erniedrigen
- – Attackieren
- – Herrschen
- – Kontrollieren
- – Schreien
- – Belästigen
- – Nötigen

Achsen: (Unterstützendes Verhalten) **Beziehungsverhalten** (niedrig – hoch) / **Aufgabenverhalten** (Direktives Verhalten) (niedrig – hoch)

Leistungsbereitschaft

Hoch	Moderat		Niedrig
R4	R3	R2	R1
Fähig und sicher und willig	→ Fähig, aber unsicher oder unwillig ←	Unfähig, aber sicher oder willig →	← Unfähig und unsicher oder unwillig

eigene Leitung | Führungskraft leitet

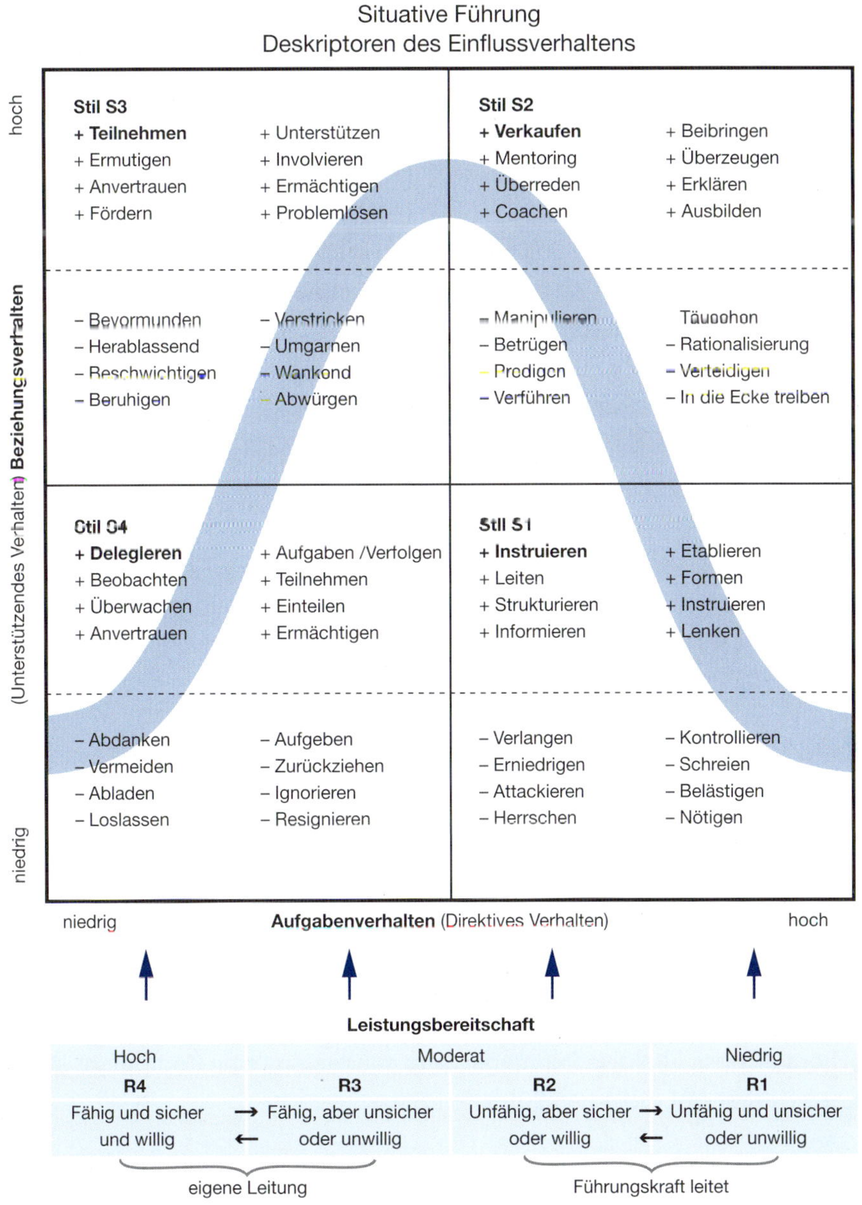

Abb. 4.5-6: Erweitertes situatives Führungsmodell (vgl. Hersey 2013, S. 131, eigene Übersetzung)

Zur Umsetzung können sich die Vorgesetzten laut Hersey et al. auf unterschiedliche Machtgrundlagen in Abhängigkeit der Leistungsbereitschaft stützen:

- R1 → Bestrafungsmacht (engl. coercive power)
- R1 – R2 → Verbindungsmacht (engl. connection Power)

- R2 → Belohnungsmacht (engl. reward power)
- R2 – R3 → Positionsmacht (engl. legitimate power)
- R3 → Identifikationsmacht (engl. referent power)
- R3 – R4 → Informationsmacht (engl. information power)
- R4 → Expertenmacht (engl. expert power)

(Hersey 2013, S. 149 ff.; → Abschnitt 1.7 Macht und Einfluss)

Obwohl dieses Konzept in der Führungspraxis weitverbreitet ist, werden die theoretischen und empirischen Evidenzen von Kritikern als wenig fundiert erachtet. Kritisiert wird auch, dass außer der Leistungsbereitschaft keine weiteren Situationsvariablen berücksichtigt werden. Außerdem kommt der Führungskraft eine überragende Rolle zu, die dem Ansatz personenzentrierter Führungsansätze (→ Abschnitt 3.1 Personenzentrierte Führungsansätze) ähnelt (vgl. Rieder 2014, S. 156 f.).

3.3.3 EMOTIONALE FÜHRUNG NACH GOLEMAN

Daniel Goleman vertritt die Meinung, dass Führungskräfte nur dann erfolgreich sind, wenn es ihnen gelingt, die Emotionen ihrer Mitarbeiter zielgerichtet zu lenken. Vor allem, wie sie es tun, ist für den Erfolg der Führungskräfte ausschlaggebend (vgl. Goleman 2003, S. 19).

Goleman unterteilt die vier »Domänen emotionaler Intelligenz und der damit verbundenen Fähigkeiten« in die beiden Gruppen »Persönliche Kompetenzen« und »Soziale Kompetenzen«. Der persönlichen Kompetenz gehören die Domänen »Selbstwahrnehmung« und »Selbstmanagement« an, der sozialen Kompetenz das »Soziale Bewusstsein« und das »Beziehungsmanagement«. Sie umfassen insgesamt 19 Kompetenzen, die laut Goleman erlernbar sind. Jedoch verfügte laut Goleman keine der bisher beobachteten Führungskräfte, auch nicht die besten, über alle Kompetenzen. Bereits rund ein halbes Dutzend macht sie bereits zu sehr effektiven Führungskräften. Bei der Verteilung der Kompetenzen stellte sich heraus, dass effektive Führungskräfte mindestens eine Kompetenz in jeder der vier Domänen besitzt (vgl. Goleman 2003, S. 60 ff.).

Von den sechs von Goleman definierten Führungsstilen »visionär«, »coachend«, »gefühlsorientiert«, »demokratisch«, »fordernd« und »befehlend« erzeugen die ersten vier eine leistungssteigernde Resonanz. Die letzteren beiden können dienlich sein, sind aber mit Vorsicht anzuwenden. Bei seinen Untersuchungen stellte Goleman eine deutlich positive Korrelation zwischen den Führungskräften, welche die ersten vier Stile praktizierten, und deren finanziellen Ergebnissen fest, im Vergleich zu weiteren Führungskräften, bei denen dies nicht erkennbar war. Die besten Ergebnisse erbrachten Führungskräfte, die nicht nur einen bestimmten Stil verwendeten, sondern nahtlos, je nach Situation, zwischen den Stilen wechselten (vgl. Goleman 2003 S. 61, 79 ff.).

»Auf den Punkt gebracht[,] lautet unsere zentrale Aussage: Emotional intelligente Führung funktioniert am besten mit emotional intelligenten Führungskräften, die Resonanz erzeugen.« (Goleman 2003, S. 60), wobei unter »Resonanz« das Erzeugen von Response bei den Empfängern der Information verstanden wird; je länger und intensiver diese anhält, desto besser. Dafür stellt sich die emotional intelligente Führungskraft auf die Gefühle der anderen ein. Erzeugt eine Führungskraft keine Resonanz, wird vielleicht die Arbeit erledigt, aber persönliche Spitzenleistungen sind eher nicht zu erwarten (vgl. Goleman 2003, S. 39 ff.).

3.4 BEZIEHUNGSORIENTIERTE FÜHRUNGSANSÄTZE

Bei beziehungsorientierten Führungsansätzen werden die Beziehungen und Interaktionen der Führungskraft mit den Geführten in den Vordergrund gestellt – Führung als Beziehungsphänomen (vgl. Stippler 2011, S. 50).

3.4.1 SERVANT LEADERSHIP NACH GREENLEAF

Die in Abschnitt 1.1 Führung beschriebene Definition von Führung hebt drei Hauptparameter hervor: »Führer«, »Individuum« und »Kontext«. Ähnlich Abbildung 4.5-1 wird damit auch die Rolle des Individuums betont, ohne die es keines Führers bedarf. Aus diesem Blickwinkel heraus sollte sich die Führungskraft selbst nicht zu wichtig nehmen und Demut üben.

»Demut«, das Wort kommt vom althochdeutschen Wort diomuoti »dienstwillig« (vgl. Duden 2014, S. 214), passt gut zu einer modernen Auffassung von Führung – der »dienenden Führung« (engl. servant leadership). Robert Greenleaf prägte diesen Begriff 1977, der sich an den Interessen der Geführten ausrichtet, und stellte sich somit »gegen das Paradigma der Führung durch Macht und Zwang von oben«. Die Führungskraft sollte als Ziel Erster unter Gleichen (lat. primus inter pares) sein. Ihre »legitime Autorität« entsteht »durch die Erfüllung der Bedürfnisse der Geführten« (Stippler 2012, S. 50).

3.4.2 THE FULL RANGE OF LEADERSHIP (FRL) MODEL NACH BASS UND RIGGIO

Burns beschrieb Ende der 1970er Jahre ein neues Paradigma zum Thema Führungsstil. Führung ist entweder **transaktional** oder **transformational** (vgl. Bass; Riggio 2006, S. 3).

In ersten Fall findet eine Transaktion statt, wie Belohnung – beziehungsweise Disziplinierung – je nach erbrachter Leistung des Mitarbeiters oder zum Beispiel in Form von Anreizen (Incentives) für eine Zielerreichung, im zweiten Fall eine Transformation der Geführten – von lat. transformare »umformen, verwandeln« (vgl. Duden 2014, S. 863).

Transformationale Führungskräfte stimulieren und inspirieren ihre Anhänger und erzielen damit zweierlei – herausragende Ergebnisse und eine Weiterentwicklung ihrer eigenen

Führungskompetenz. Sie haben viele Gemeinsamkeiten mit charismatischen Führern, aber Charisma ist nur ein Element des transformationalen Führungsstils. Zu beachten sind andererseits die Folgen böser Charismatiker in der Weltgeschichte (vgl. Bass, Riggio 2006, S. 3, 5)

Die vier Hauptelemente des transformationalen Führungsstils (engl. Four I's) sind:

- **II: Vorbildfunktion** (engl. idealized influence)
  Die Führungskraft wird bewundert, respektiert und als glaubwürdig wahrgenommen. Die Mitarbeiter sind Anhänger (engl. Follower), versuchen, den Führungskräften nachzueifern, und sehen in ihnen Vorbilder. Die Leader sind bereit, Risiken einzugehen, und sind konsistent statt willkürlich.

- **IM: inspirierende Motivation** (engl. inspirational motivation)
  Transformationale Führungskräfte motivieren und inspirieren das Umfeld, indem sie Sinn stiften und Herausforderungen für die Arbeit formulieren. Es herrscht ein aufgeweckter Teamgeist, Enthusiasmus und Optimismus werden gezeigt. Sie kommunizieren klar ihre Erwartungen, die von den Mitarbeitern getragen werden, und verpflichten sich zu Zielen und einer gemeinsamen Vision.

- **IS: intellektuelle Anregung** (engl. intellectual stimulation)
  Die Führungskraft stimuliert die Mitarbeiter, innovativ und kreativ zu sein, hinterfragt Annahmen und sieht bestehende Situationen in neuem Licht. Fehler werden nicht öffentlich kritisiert, ebenso nicht andere Meinungen der Mitarbeiter. Mitarbeiter werden dazu ermuntert, neue Wege zu gehen.

- **IC: individuelle Unterstützung** (engl. individualized consideration)
  Transformationale Führer kümmern sich um die unterschiedlichen Anliegen jedes einzelnen Mitarbeiters und helfen durch Coaching oder Mentoring. Die Förderung der Mitarbeiter und Kollegen ist ihnen ein zentrales Anliegen. Es herrscht ein unterstützendes Klima. Ein »management by walking around« wird praktiziert; die wechselseitige Kommunikation gefördert. Aufgaben werden delegiert, um die Mitarbeiter zu fördern, dabei wird die Aufgabenerfüllung nicht außer Acht gelassen, ohne dass der Mitarbeiter den Eindruck gewinnt, überwacht zu werden; gegebenenfalls wird helfend eingegriffen. Außerdem nehmen sich die Führungskräfte Zeit, die Mitarbeiter zu fördern und weiterzuentwickeln.

Zum gesamten Führungsmodell gehören auch transaktionale Komponenten bis hin zu Laissez-faire.

- **CR: Leistungsorientierte Belohnung** (engl. Contingent Reward) hat sich als einigermaßen effektiv herausgestellt, um gute Ergebnisse zu erreichen, aber ist bei weitem nicht so effektiv im Vergleich zu transformationalen Ansätzen, außer es werden statt materieller Boni psychologische verteilt, wie Lob und Anerkennung.

- **Führung durch Ausnahmeregelung** (engl. **Management by Exception**, MBE-A (Aktiv), MBE-P (Passiv): MBE-Ansätze sind weniger effektiv als eine leistungsorientierte Belohnung. In der ersteren Variante achtet die Führungskraft aktiv auf Abweichungen in der Aufgabenerfüllung und leitet gegebenenfalls Korrekturmaßnahmen ein (beispielsweise bei Themen der Arbeitssicherheit), in der zweiten Variante wartet die Führungskraft passiv, bis eine Abweichung zu verzeichnen ist und leitet dann, falls nötig, Korrekturmaßnahmen ein (beispielsweise dann, wenn eine große Gruppe an Mitarbeitern disziplinarisch geführt wird). MBE-A wird im Vergleich zu MBE-P als die effektivere Herangehensweise angesehen. (→ Abschnitt 4.1 Management-by-Objectives)

| **LF: Laissez-Faire** ist per Definition nicht aktiv – eine »Nichttransaktion« – und zeigt die geringste Effektivität von allen Ansätzen (→ Abschnitt 3.2.1 Klassische Führungsstile nach Lewin).

(vgl. Bass; Riggio 2006, S. 6 ff.)

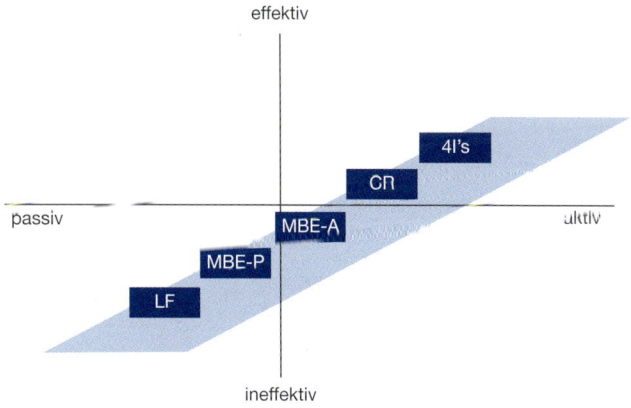

Abb. 4.5-7: The model of the Full Range of Leadership (nach Bass; Riggio 2006, S. 9, eigene Übersetzung)

Stippler (vgl. Stippler 2011, S. 58) verweist auf Kritiker, denen beim »vollständigen Führungsmodell« (engl. Full Range Leadership) die konzeptuelle Klarheit fehlt und diese Kritiker sehen die Gefahr der Fokussierung auf die Führungskraft und damit der Nähe zu personenzentrierten Ansätzen (→ Abschnitt 3.1 Personenzentrierte Führungsansätze).

3.5 SYSTEMORIENTIERTE FÜHRUNGSANSÄTZE

»Allen (…) systemorientierten Führungsansätzen zu Führung ist gemeinsam, dass sie die Organisation als soziales System betrachten, das sich durch Selbstorganisation (Autopoiese) selbst reguliert und nicht von außen direkt steuerbar ist.« (Stippler 2011, S. 33).

Die Grundlagen der systemischen Ansätze wurden vor allem in Deutschland entwickelt und gehen auf die Systemtheorie von Niklas Luhmann zurück (vgl. Stippler 2011, S. 34).

Nachfolgend ein praxisorientierter Ansatz von Pinnow.

3.5.1 SYSTEMISCHES FÜHREN NACH PINNOW

»Systemisch zu führen bedeutet, individuell zu führen, einen eigenen flexiblen Stil zu haben und diesen den Gegebenheiten, der Organisation und den Menschen, die man führt, jederzeit anpassen zu können, statt nur schematisch mit standardisierten Tools zu arbeiten.« (Pinnow 2005, S. 160)

Dabei hilft die **systemische Perspektive** – in Zusammenhängen zu denken, zu betrachten, ohne zu bewerten und Fragen zu stellen, ohne vordefinierte Antworten parat zu haben: »Wozu ist das gut? Was steckt dahinter? Wo liegt der Sinn? Was hängt davon ab? Auf welchen verschiedenen Ebenen spielen sich bestimmte Prozesse und Handlungen ab? Welche Wechselbeziehungen gibt es?« (Pinnow 2005, S. 160). Siehe hierzu auch die Rolle des Coaches nach Pinnow in Abschnitt 1.6 Führungsrollen im Competing Values Framework nach Quinn. Systemisch zu führen, bedeutet auch die Akzeptanz immanenter Unbestimmtheit und Unsicherheit komplexer Systeme (vgl. Pinnow 2005, S. 165).

Pinnow weist mit seinem **Eisbergmodell** darauf hin, dass vor allem der Fokus für übliche Führung auf den »sichtbaren«, rational beobachtbaren Aspekten der Sachebene gelegt wird, wie Strategie, Planung und Controlling, Organigramme, Stellenbeschreibungen und Prozesse, dass diese jedoch nur circa 15 % ausmachen. Die restlichen circa 85 % der Bestandteile von guter Führung liegen in dem unter der Oberfläche »verborgenen« Bereich, der Beziehungsebene begründet, und beinhalten weiche Aspekte, wie Machtverteilung, Gruppendynamik, Interaktionen, Wertegefüge, Rollen, Bedürfnisse, Erwartungen, Ängste, Motivationen, Konfliktpotenziale und Unternehmenskultur (vgl. Pinnow 2005, S. 156 ff.).

Das Managen von Beziehungen steht im Zentrum guter Führung. Das Spannungsfeld eines **magischen Dreiecks** mit den Polen »Ich/die Persönlichkeit der Führungskraft« – »die Mitarbeiter« – »die Organisation« bildet laut Pinnow den Rahmen dieser erlernbaren Kunst erfolgreicher Führung.

Dazu gehören auch Selbst(er)kenntnis, Authentizität, Kommunikation (auf allen Ebenen – »was« und »wie«; dialogisch Führen; aktives Zuhören; Körpersprache und Wissensmanagement); loslassen (»Pareto« anwenden statt »Mikromanagement«), Freiräume erobern und geben, dirigieren statt diktieren, Gegensätze aushalten, Veränderungen managen, akzeptierte Führungsmacht gewinnen durch Sinnstiftung (Macht durch Visionskraft, Kontaktstärke und Ausstrahlung), Orientierung geben und Entscheidungen treffen, Menschen begeistern und lieben – Führung ist für Pinnow ein **Lebensstil** (vgl. Pinnow 2005, S. 171 ff.).

4 FÜHRUNGSKONZEPTE, FÜHRUNGSTECHNIKEN

Aus einer ganzen Reihe von weiteren Führungsaspekten, die teilweise auch als Führungstechniken oder Managementtechniken bezeichnet werden, werden nachfolgend einige relevante Themen behandelt. Es liegt dabei vor allem am Grad der Ausführung, ob es sich dabei nur um eine »Technik« oder doch eher um ein »Führungskonzept« handelt. So könnte zum Beispiel bei oberflächlicher Betrachtung das nachfolgend besprochene »Management-by-Objectives« als Management-Technik bezeichnet werden (→ Abschnitt 1.3 Management versus Leadership), nach näherem Studium wird jedoch dahinter eine Führungskonzeption von zentraler Bedeutung sichtbar (vgl. Staehle 2008, S. 853). In diesem Sinne kann sich eine intensivere Auseinandersetzung mit den nachfolgenden Themen zwecks eigenen Erkenntnisgewinns lohnen.

4.1 MANAGEMENT-BY-OBJECTIVES (MBO) NACH DRUCKER

Transaktionales »Führen durch Zielvereinbarung« oder auch Management-by-Objectives (MbO) wurde erstmals 1954 von Peter Drucker vorgestellt. Es wird kein spezifischer Führungsstil bevorzugt, sondern ein prozedurales Vorgehen zur Erarbeitung akzeptabler Ziele empfohlen. Übergeordnete Ziele werden dabei auf operationale Ziele heruntergebrochen und vereinbart. Das relevante Menschenbild ist jenem der »Theorie Y« ähnlich (→ Abschnitt 2.3 Theorie X oder Y, und Z der Mensch ist faul oder intrinsisch, motiviert und lean). Es wird deshalb auch davon ausgegangen, dass die Mitwirkung der Mitarbeiter an der Zielvereinbarung zu einer deutlich höheren Akzeptanz der Ziele führt, im Vergleich zu einer autoritären Vorgabe ohne jede Diskussion (vgl. Staehle 2008, S 852 ff.).

Es hilft, die Ziele »SMART« zu formulieren. »SMART« steht für **s**elbst initiierbar, **m**essbar, **a**ktiv beeinflussbar, **r**ealistisch und **t**erminiert. Es gibt hier jedoch weitere verwandte Langformen des Akronyms. Der mündlich überlieferte Spruch »Nicht getroffene Vereinbarungen werden durch Annahmen ersetzt« weist ebenso auf die Wichtigkeit von »SMART« hin. Damit das Konzept wirksam wird, sind mehrere Faktoren, wie die z. B. Übereinstimmung der Einzelziele mit den strategischen Zielen der Organisation, zu beachten.

Diese Ziele sollten genau überlegt und durchdacht werden, damit nicht das Gegenteil gefördert wird.

Beispiel:
1. Incentivierung (Setzen von Anreizen) bei Unterschreitung eines definierten Schwellwerts an Project-Non-Conformance Costs (NCC), bezogen auf den Umsatz: Genau genommen, wird hierbei das Melden von möglichst geringen NCC belohnt. Dies kann zur Verschleierung von NCC führen,

> wie ein Gegenrechnen mit nicht kausal verbundenen Verbesserungen, zur Umschichtung von NCC in andere Kostenarten oder zu einer angepassten Übersetzung des englischen Originaltextes einer Prozessvorgabe, wodurch weniger NCC gemeldet werden konnten.
>
> 2. Incentivierung des Projekt-Auftragseingangsvolumens im Sales Department: Es werden die Voraussetzungen für eine erfolgreiche Abwicklung und ein bewältigbares Risikoportfolio in der Incentivevereinbarung nicht berücksichtigt, was sich später durch entsprechende hohe NCCs äußern kann.
>
> 3. Projektincentivierung über Projekt-Profit versus Geschäftswertbeitrag (GWB): In einem Fall wurde übergeordnet das Ziel der GWB-Optimierung (also vereinfacht ausgedrückt: neben dem Projekt-Profit auch die Optimierung des Projekt-Cash-Flows) ausgegeben, aber die Projekt-Incentivevereinbarung auf Basis Projekt-Profit abgeschlossen (da dies einfacher zu ermitteln war). Der Projektmanager hat nun bei einem Unterlieferanten eine ungewöhnlich hohe Anzahlung zugunsten einer kleinen Profit-Verbesserung akzeptiert und damit den GWB reduziert. Darauf angesprochen, wollte er die Projektleitungsaufgabe zurückgeben, da er seiner Meinung nach genau das incentivierte Ziel verfolgte. Diese Diskrepanz konnte einvernehmlich gelöst werden und war eine wertvolle Erfahrung für den Autor.

Management-by-Exception (MbE)

»Führung durch Ausnahmeregelung« oder auch Management-by-Exception (MbE) wird in Abschnitt 3.4.2 Full Range of Leadership Model (FRL) Model nach Bass und Riggio näher beschrieben und gehört ebenso zu den Management-by-Konzepten Kapitel »Teamarbeit«.

MbE (Management-by-Exception) ist wesentlicher Bestandteil der sieben Grundprinzipien von PRINCE2 (vgl. ProjektMagazin 2018). Das Ampelsystem für die Status-Visualisierung beruht auf MbE.

> **Praxistipp:** Bewährt hat sich folgende Zuordnung der Ampelfarben:
>
> | Rot: Problem kann im Projekt intern nicht gelöst werden; Hilfe von außen nötig.
>
> | Gelb: Problem vorhanden; kann im Projektteam gelöst werden.
>
> | Grün: Vorgehen wie geplant; keine Hilfe nötig.

Management-by-Delegation (MbD)

Für die effektive Anwendung von »Management durch Delegation« helfen die grundsätzlichen Überlegungen zur Delegation des »Führungskontinuums« (→ Abschnitt 3.3.1 Führungskontinuum nach Tannenbaum und Schmidt) und des bereits erwähnten FRL-Modells.

Management-by-Vision (MbV)
Eine Weiterentwicklung des klassischen »Management-by-Objectives«-Konzepts stellt »Management-by-Vision« dar. Diese Sinnorientierung durch MbV soll vor allem Organisationen und das Management in einem volatilen Umfeld unterstützen (Turnheim 1993, S. 65 ff.).

4.2 GESUNDES FÜHREN NACH LOHMER ET AL.

Warum »Gesundes Führen« immer wichtiger wird, beschreiben Lohmer, Sprenger und von Wahlert in ihrem Buch »Gesundes Führen, Life-Balance versus Burnout im Unternehmen« (2018):

Dies wegen der Arbeitsverdichtung, der obsolet gewordenen Work-Life-Balance (da eine Trennung der Begriffe immer schwerer wird) und dem »Arbeiten 4.0« (analog Industrie 4.0), wie dem Abschaffen von Hierarchieebenen, dem Arbeitsleben ohne festen Schreibtisch und Zeiterfassung sowie mehr Autonomie (vgl. Lohmer 2018, S. v. f.).

Die Führungskraft ist hierbei besonders exponiert: Sie muss sich um sich selbst und ebenso um ihre Mitarbeiter kümmern und beide vor Überlastungen schützen.

Die Begriffe »Stress« und »Burnout« wurden aus der Technik übernommen. Ersterer aus der Materialforschung, um das Verhalten unter Belastung zu prüfen, und Burnout aus der Kernforschung, um ursprünglich das Durchbrennen eines Reaktorkerns in Kernkraftwerken zu bezeichnen (vgl. Lohmer 2018, S. 8, 12).

Für eine erfolgreiche Life-Balance und ein gesundes Führen sind sowohl Verhältnisprävention – sodass die Arbeitsverhältnisse nicht zu einem Burnout führen – als auch eigenverantwortliche Verhaltensprävention – Gesunderhaltung und Erhaltung der Arbeitskraft – nötig. Führungskräfte sind dabei für beide Präventionen verantwortlich – für ihre Mitarbeiter und für sich selbst. Eine Verhältnis- und eine Verhaltensprophylaxe sind also seitens der Führungskraft nötig. Das eigene Verhalten der Führungskraft verdeutlicht den Mitarbeitern dabei die Glaubwürdigkeit des Ansinnens (vgl. Lohmer 2018, S. 17, 48).

Im Rahmen der Gesunderhaltung wird vor dem Präsentismus dann gewarnt, wenn Mitarbeiter zwar anwesend, aber wegen einer Krankheit nicht voll einsatzfähig sind. Dadurch entstehen weit höhere Kosten als durch Absentismus (Abwesenheit ohne ernsthafte Erkrankung) (vgl. Lohmer 2018, S. 26).

Lohmer empfiehlt, das nachfolgend abgebildete »Dreieck der gesunden Führung« stets in der Balance zu halten.

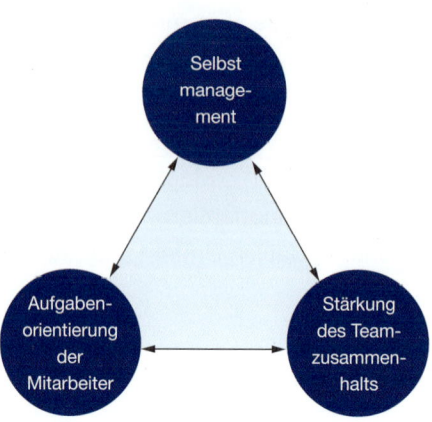

Abb. 4.5-8 »Dreieck der gesunden Führung« (vgl. Lohmer 2018, S. 38)

Für eine gute Zusammenarbeit ist die Sachorientierung (Aufgabenorientierung) eng mit der Beziehungsorientierung (Teamorientierung) zu verbinden, wodurch auch das Wohlbefinden der Führungskraft gefördert wird. Die Führungskraft kümmert sich um ihr Selbstmanagement, ihre Selbstführung und Selbstfürsorge (vgl. Lohmer 2018, S. 47, 71 ff., 112).

4.3 FÜHREN IN AGILEN TEAMS NACH GLOGER UND RÖSNER

»Agile Organisationen brauchen Management und Führung genauso wie traditionelle Organisationen« (Gloger 2014, S. 89) schreibt Boris Gloger im Kapitel »Führen in agilen Organisationen« und liefert Hinweise und Anregungen für die Umsetzung zum Thema Führen in agilen Teams. Gloger weiter: »Ohne Führung kann es gar keine Selbstorganisation geben.« (Gloger 2014, S. 90). In Anlehnung an die Strategiepyramide von Jay Lorsch, Professor an der Harvard Business School, zeigt Gloger:

Am Fuße der Pyramide stehen die »**Stars**« (talentierte Mitarbeiter), von der darüber liegenden Führung eingestellte Mitarbeiter, welche zur Kultur und den Zielen der Organisation passen. Diese Führungsebene, beziehungsweise das **Leadership-Team**, leitet gemäß den **Zielen** der Organisation und vermittelt das »Warum«, wie es Simon Sinek nennt. Die Führung fördert damit die auf der nächsthöheren Ebene liegende **Kultur**. Diese vom Leadership-Team geprägte Kultur soll es ermöglichen, dass unterhalb der obersten Ebene **sich selbst organisierende Strukturen und Prozesse** entstehen können (im Original »Structure and Governance« genannt – Lorsch 2002, S. 61). An der Spitze der Pyramide stehen **Anerkennungssysteme**, die sowohl zur Struktur als auch Kultur der Organisation passen.

Diese sechs Aspekte sollen im Zusammenspiel den strategischen Weg der Organisation zum Ziel bilden, wobei Lorsch sich auf die Strategiedefinition von Kenneth R. Andrews bezieht »Andrews definiert Strategie als eine Reihe von Entscheidungen, die im Laufe der Zeit getroffen wurden, diese spiegeln die Ziele des Unternehmens und die Mittel, mit denen das Unternehmen diese Ziele erreicht, wieder.« (Gloger 2014, S. 91; Lorsch 2002, S. 35, eigene Übersetzung).

Manager sorgen nach Gloger für eine sinnstiftende Tätigkeit, sodass sich die Menschen erfolgreich wahrnehmen, und sorgen ebenso dafür, dass die Menschen in der Organisation Anerkennung finden. Dabei hilft es, vor dem »Wie« (engl. how) und »Was« (engl. what) zuerst das »Warum« (engl. why) für die vorgenannten Ziele der Organisation zu vermitteln (vgl. Gloger 2014, S. 108 f.) und auf den »Goldenen Kreis« (engl. golden circle) von Simon Sinek (vgl. Sinek 2009) zu verweisen.

4.4 LATERALE FÜHRUNG, FÜHREN OHNE MACHT

Das Meistern der lateralen (lat.: seitlichen) Führung ohne direkte Weisungsbefugnis ist nicht nur heute eine häufig anzutreffende Herausforderung, sie wird voraussichtlich in der Zukunft deshalb noch präsenter werden, da sich feste Organisationsstrukturen immer mehr abbauen. Damit wird der Status weniger von der hierarchischen Zuordnung als vielmehr von den sozialen Prozessen geprägt. Lehner und Ötsch sprechen deshalb von einem »Hierarchie-Paradoxon«. Status, Hierarchie und Macht sind vom eigenen Verhalten abhängig und deshalb – je nach Kontext – auch beeinflussbar (vgl. Lehner; Ötsch 2015, S. 11 ff.).

Besonders anspruchsvoll wird es dann, wenn unterschiedliche Zielrichtungen vorliegen – zum Beispiel zwischen einerseits der vom Projektgeschäft abgekoppelten Linienrolle, die einen hohen Auslastungsgrad anstrebt und froh ist, bloß die »B-Mannschaft« ins Projekt delegieren zu können, und andererseits dem Projektmanager, der vor schier unlösbaren Aufgaben steht und Spezialisten der »A-Mannschaft« benötigt.

 Praxistipp: Als Erfolgsfaktoren für eine laterale Führung haben sich folgende Aspekte in der eigenen Praxis herauskristallisiert:

- Frühzeitige Einbindung und regelmäßige Information der relevanten Stakeholder über Wichtiges im Projekt, nicht erst dann, wenn es »brennt«.
- Begegnung mit den Geführten »auf Augenhöhe«. Das bedeutet vor allem, ohne unnötig Druck aufzubauen oder zu drohen, die angestrebten Lösungen sachlich voranzubringen.
- Zuhören und Verständnis für die Anliegen der Kooperationspartner zeigen; Win-Win-Lösungen anstreben; sich in die Lage des anderen versetzen; kooperieren.
- Vertrauen aufbauen und informellen Austausch jenseits der Hierarchie pflegen.

> Hilft dies alles nicht, ist eine Eskalation die Ultima Ratio. Aber Vorsicht: Nicht umsonst gibt es zu dieser Situation passende Sprichwörter, wie »man sieht sich immer zwei Mal« oder »die Schlacht gewinnen, aber den Krieg verlieren«; diese deuten an: Beim nächsten Mal, bei dem die Bedingungen vielleicht nicht mehr so günstig sind, wird man möglicherweise verlieren, was dann umso mehr schmerzt, als im aktuellen Fall nachzugeben. Eine Eskalation zum nächsten gemeinsamen Manager empfiehlt sich hingegen dann, wenn widersprüchliche Ziele oder sogar Incentivregelungen vorliegen, die eine Win-Win-Situation behindern. Dies kann im internationalen Projektgeschäft leicht dann auftreten, wenn sich ein Land, ein Beteiligter, zulasten des Gesamtergebnisses zu optimieren sucht. Ein einfaches Beispiel mag dies verdeutlichen: Wurden die Montagehelfer in Land A kalkuliert und die Montage-Supervisoren in Land B, kann eine Kostenoptimierung durch billige und deshalb wenig erfahrene Hilfskräfte zu deutlich höheren Mehraufwänden durch die Montage-Supervisoren führen im Vergleich zu einem von Land A und B gemeinsam getragenen Konzept ohne Suboptimierungen.

4.5 FÜHREN AUS DER DISTANZ, VIRTUELLE FÜHRUNG NACH REMDISCH

Prof. Dr. Sabine Remdisch hat die »Grundvoraussetzungen der virtuellen Führungskraft« wie folgt aufgelistet:

- »Niedriges Kontrollbedürfnis bzw. hohe Vertrauensbereitschaft
- Partizipative Orientierung, Mitarbeiter beteiligen
- Sensibel sein, Bedürfnisse erkennen – auch ohne face-to-face Kontakte
- Technische sowie Medienkompetenz
- Motivierende Vision und klare Zielsetzungen
- Konstruktives Feedback geben – auch auf Distanz
- Offenheit gegenüber unterschiedlichen Kulturen«

(Remdisch 2005, S. 14)

Praxistipp: Aus eigener Erfahrung erweist sich gegenseitiges Vertrauen als einer der großen Erfolgsfaktoren für das Führen virtueller Teams und Führen aus der Distanz, das allerdings meist erst aufgebaut werden muss. Für den Aufbau und die Pflege einer vertrauensvollen Zusammenarbeit scheinen persönliche Treffen zu Beginn der Kollaboration und gelegentlich zwischendurch unumgänglich zu sein. Diese sind sehr effektiv im Vergleich zu IT-basierter Kommunikation

> auf Distanz. Bei Letzterer sollten möglichst Ton und Bild der Gesprächspartner mit übertragen werden, um verbale und auch nonverbale Kommunikation zu ermöglichen. Ohne den anderen zu sehen und zu hören, entstehen leicht Missverständnisse, auch durch mangelnde Aufmerksamkeit oder Ablenkung infolge von Multitasking, welches ohne Bildübertragung kaum auffällt.

4.6 DIE DUNKLE TRIADE NACH PAULHUS UND WILLIAMS

Die Führung hat auch ihre dunklen Seiten. Diese zu kennen, reduziert das Risiko, dass sich selbst oder anderen Schaden zugefügt wird, und kann auch der Selbstreflexion dienen, da Grundzüge der dunklen Triade vor allem bei Führungskräften häufiger anzutreffen sind (vgl. Externbrink 2018, S. v, 34 ff.).

Der eigenständige Begriff »Dunkle Triade« geht auf einen Artikel der beiden Psychologen Paulhus und Williams aus 2002 zurück und beschreibt die ungute Kombination aus

- **Narzissmus** – »Die anderen sind dazu da, mich zu bewundern«,
- **Machiavellismus** – »Der Zweck heiligt die Mittel« (siehe auch Machiavelli 2001) und
- **Psychopathie** – »Der andere als Objekt«

(vgl. Paulhus; Williams 2002).

Kai Externbrink und Moritz Keil beschreiben in ihrem Buch »Narzissmus, Machiavellismus und Psychopathie in Organisationen« den aktuellen Stand des evidenzbasierten Wissens und liefern Hinweise für die Praxis. Eine Gemeinsamkeit bei den drei Konstrukten ist der antisoziale Kern, »der sich am besten durch konsequentes Eigeninteresse, manipulatives Verhalten und Empathielosigkeit charakterisieren lässt«. Das gleichzeitige Auftreten von eigenständigen und gegenläufigen Komponenten erfordert deshalb eine differenzierte Auseinandersetzung. »So zeichnet sich Machiavellismus z. B. durch kühle Berechnung und langfristiges Taktieren aus, während Psychopathie durch impulsive Nonkonformität geprägt ist.« (Externbrink 2018, S. 3). Deutlich geworden ist: »Dass Personen mit hohen Werten auf der dunklen Triade zwar auf den ersten Blick charmant, charismatisch und durchsetzungsstark erscheinen, wobei dahinter allerdings eine dunkle und destruktive Seite liegt, die sehr schädlich für die Organisation sein kann; insbesondere […] wenn Führungskräfte mit diesen Eigenschaften «ausgestattet» sind«. (Externbrink 2018, S. 94).

Den größten Hebel zur Prävention sehen die Autoren bei der Personalabteilung (im Human Resource Management) aufgrund ihres organisationalen Einflusses. Im Rahmen der Personaldiagnostik helfen zum Beispiel differenzierte Anforderungsanalysen, strukturierte Interviews und kognitive Leistungstests. In der Personalentwicklung sind unter anderem 360-Grad-Feedbacks und regelmäßige Personalbeurteilungen dienlich (Externbrink 2018, S. 66 ff.).

5 FEHLERKULTUR, UMGANG MIT FEHLERN UND SCHEITERN

Wesentliche Elemente guter Führung sind Fehlerkultur, Umgang mit Fehlern und Scheitern. Davon ausgehend, dass sich agiles Vorgehen immer stärker durchsetzen wird, auch als Reaktion auf steigende Volatilität, Unsicherheit, Komplexität und Mehrdeutigkeit, (zusammengefasst im engl. Akronym »VUCA« – Volatility, Uncertainty, Complexity und Ambiguity (ProjektMagazin 2018)) sowie als Folge der Digitalisierungsbestrebungen, erweist sich die Fehlerkultur als ein wichtiger Eckpfeiler zur Zukunftssicherung einer lernenden Organisation, die wesentlich durch die Führung beeinflusst wird: Eine »Speak-up«-Kultur fördert die positive Entwicklung Richtung lernender Organisation, eine Angstkultur (»Shut-up-Kultur«) unterbindet sie. Liker empfiehlt: »Machen Sie aus Ihrem Unternehmen durch unermüdliche Reflexion (Hansei) und kontinuierliche Verbesserung (Kaizen) eine wahrhaft lernende Organisation« (vgl. Liker 2006, S. 349 ff., S. 397 ff.). Kurzzyklisches Vorgehen, schnelle Lernschleifen und rasche Entscheidungen, auch auf Basis von Datenströmen, prägen dieses Szenario. »Fehler«, solange sie nicht bestandsgefährdend sind, sind ausdrücklich willkommen als Treibstoff für die kontinuierliche Verbesserung und für die Weiterentwicklung.

Eine erfolgreiche Führung geht mit Fehlern auf konstruktive Weise um, sie zerstört nicht die Motivation der Geführten bei Auftreten von Fehlern durch das Äußern bloßer Kritik, sondern versucht, in gemeinsamen Überlegungen Maßnahmen zu finden, um den Fehler in Zukunft zu vermeiden.

 Praxistipp: War es vor Jahren noch gute Praxis, in mehrjährigen Kundenprojekten zum Projektende einen Lessons Learned Workshop (→ Kapitel »Teamarbeit«) anzusetzen, so herrscht heute eher die Meinung vor, dass die Organisation dadurch viele frühe Lernmöglichkeiten verpassen würde. Insofern werden nun oftmals Workshops nach einzelnen Projektphasen propagiert und die Lessons Learned werden – sofern sinnvoll – unmittelbar implementiert.
Aus eigener Erfahrung hat sich eine positive Sprache der Führung als wirksamer herausgestellt – so sind zum Beispiel »Abweichungen (negativer oder positiver Art) Lernchancen, die es zu nutzen gilt«.

? WIEDERHOLUNGSFRAGEN

- Wozu dient Führung?
- Welche unterschiedlichen Ausrichtungen haben Management und Leadership?
- Welches Prinzip verfolgt die Ownership-Culture?
- Wie unterscheidet sich ein Mentor von einem Coach?
- Welche Prinzipien der Entscheidungsfindung sind für Projekte relevant?
- Was wird unter Taylorismus verstanden?
- Was verbirgt sich hinter Theorie X, Y, Z?
- Von welcher Annahme geht die Great-Man-Theorie aus?
- Was wird unter den klassischen Führungsstilen nach Lewin verstanden?
- Wozu kann das Managerial Grid dienen?
- Was zeichnet das Führungskontinuum nach Tannenbaum und Schmidt aus?
- Welche Parameter betrachtet die Situative Führungstheorie nach Hersey und Blanchard?
- Was bedeutet Servant Leadership nach Greenleaf?
- Wie unterscheidet sich transaktionaler vom transformationalen Führungsstil?
- Was wird unter systemischer Führung verstanden? Was sind die wesentlichen Aspekte?
- Was wird unter den Management-by-Konzepten verstanden und was ist zu berücksichtigen?
- Welche Aspekte hat Gesundes Führen?
- Welche Besonderheiten ergeben sich bei der Führung agiler Teams?
- Wodurch zeichnet sich laterale Führung aus?
- Was wird unter der »Dunklen Triade« verstanden?
- Wobei kann eine gute Fehlerkultur helfen und wie kann sie beeinflusst werden?

LITERATURVERZEICHNIS

Verwendete Literatur

Appelo, J. (2011): Management 3.0. Boston: Addison-Wesley.

Bass, B. M.; Riggio, R. E. (2006): Transformational Leadership. New York: Taylor & Francis Group.

Blake, R. R.; Mouton, J. S. (1978): Besser führen mit GRID – Führungsprobleme lösen mit dem GRID-Konzept. Recklinghausen: Econ Verlag.

Cameron, K. S.; Quinn, R. E.; DeGraff, J.; Thakor, A. V. (2014). Competing values leadership. Edward Elgar Publishing.

Carlyle, T. (1842): On Heroes, Hero-worship, and the Heroic in History, Six Lectures Reported.

de Saint-Exupéry, A.; Oswalt von Nostitz, O. (1951): Die Stadt in der Wüste. Düsseldorf: Rauch Verlag

DIN ISO 21500:2016-02, Leitlinien Projektmanagement (ISO 21500:2012)

Duden (2014): DUDEN – Das Herkunfts-Wörterbuch. Berlin: Bibliographisches Institut.

Externbrink, K.; Keil, M. (2018): Narzissmus, Machiavellismus und Psychopathie in Organisationen: Theorien, Methoden und Befunde zur dunklen Triade. Wiesbaden: Springer-Verlag.

Gloger, B.; Rösner, D. (2014): Selbstorganisation braucht Führung. München: Carl Hanser Verlag.

Goleman, D.; Boyatzis, R.; McKee, A. (2003): Emotionale Führung. Berlin: Ullstein Buchverlage.

GPM Deutsche Gesellschaft für Projektmanagement e.V.; RKW Rationalisierungs- und Innovationszentrum der Deutschen Wirtschaft e. V. (Hrsg.) (1998): Projektmanagement-Fachmann Band 1. Eschborn. RKW-Verlag.

GPM (Hrsg.) (2017): Individual Competence Baseline für Projektmanagement – Version 4.0. Nürnberg: GPM Deutsche Gesellschaft für Projektmanagement e.V.

Günsch, S. (2017): Führungskraft als Coach:-Coaching Methoden-. Neobooks.

Hersey, P.; Blanchard, K. H.; Johnson, D. E. (2013, 10th Edition): Management of Organizational Behavior. Pearson Education, Inc.

Huemann, M. (2015): Human resource management in the project-oriented organization. Farnham: Gower Publishing.

Kotter, J. P. (1990): A force for change – how leadership differs from management. New York: A Division of Macmillan.

Lehner, J. M.; Ötsch, W. O. (2015): Jenseits der Hierarchie. Weinheim: Wiley-VCH Verlag.

Liker, J. K. (2006): Der Toyota Weg. München: FinanzBuch Verlag.

Lewin, K.; Lippitt, R.; White, R. K. (1939, 10. Jg., Nr. 2) Patterns of aggressive behavior in experimentally created »social climates«. The Journal of social psychology, S. 271–299.

Lohmer, M.; Sprenger, B.; von Wahlert, J. (2012): Gesundes Führen, Life-Balance versus Burnout im Unternehmen. Stuttgart: Schattauer Verlag.

Lorsch, J. W.; Tierney, T. J. (2002): Aligning the stars: How to succeed when professionals drive results. Harvard Business Press.

Machiavelli, N. (2001): Der Fürst. Frankfurt am Main: Insel Verlag.

Motzel, E.; Möller, T. (2017): Projektmanagement Lexikon: Referenzwerk zu den aktuellen nationalen und internationalen PM-Standards. Weinheim: Wiley-VCH Verlag & Co. KGaA.

Özdemir, H. (2016): Situativer Führungsstil – Das Reifegrad Modell. Vornheim-Walberberg: Lindemann Verlag.

Paulhus, D.; Williams, K. (2002): The Dark Triad of Personality: Narcissism, Machiavellianism, and Psychopathy. Journal of Research in Personality. 36. S. 556–563.

Pautsch, P.; Steininger, S. (2014): Lean Project Management. München: Carl Hanser Verlag.

Pinnow, D. F. (2012): Führen, Worauf es wirklich ankommt. Wiesbaden: Springer-Verlag.

Quinn, R. E. (1988): Beyond rational management: Mastering the paradoxes and competing demands of high performance. Jossey-Bass.

Raven, B. H.: (1993, 49. Jg., Nr. 4): The bases of power: Origins and recent developments. Journal of social issues, S. 227–251.

Silva, A. (2016): What is Leadership? Keiser University: Journal of Business Studies Quarterly 8(1). S. 1–5.

Spencer, H. (1860): The Social Organism. The Westminster Review for January, 1860.

Sprenger, R. K. (2012): Radikal führen. Frankfurt am Main: Campus Verlag.

Staehle, W. H. (1999) Management: Eine verhaltenswissenschaftliche Perspektive, 8. Auflage. München: Verlag Franz Vahlen.

Stippler, M.; Moore, S.; Rosenthal, S.; Dörffer, T. (2011): Führung – Überblick über Ansätze, Entwicklungen, Trends. Gütersloh: Verlag Bertelsmann-Stiftung.

Stogdill, R. M. (1974): Handbook of leadership: A survey of theory and research. New York: Free Press.

Tannenbaum, R.; Schmidt, W. H. (1958): How to choose a leadership pattern. Harvard Business Review, Ed. March-April 1958, S. 95–101. Boston, MA.

Tannenbaum, R.; Schmidt, W. H. (1973): How to choose a leadership pattern. Harvard Business Review, Ed. May-June 1973, S. 163–180. Boston, MA.

Turnheim, G. (1993): Chaos und Management. Wiesbaden: Springer-Verlag

Watzlawick, P.; Beavin, J. H.; Jackson, D. D. (2017): Menschliche Kommunikation. Bern: Hogrefe Verlag.

Zaleznik, A. (2004): Managers and Leaders. Are They Different? Harvard Business Review, Ed. January 2004. Boston, MA.

Internetquellen

Gabler Wirtschaftslexikon: Führung unter https://wirtschaftslexikon.gabler.de/definition/fuehrung-33168/version-256695 [abgerufen am 12.08.2018].

Gyatso, T. (2018): Die Lebensweisheiten des Dalai-Lama unter: https://www.simplify.de/sie-selbst/spiritualitaet/artikel/die-lebensweisheiten-des-dalai-lama/ [abgerufen am 12.08.2018].

Kaeser, J. (2014): Vision 2020, Strategie im Überblick. https://www.siemens.com/about/pool/strategy/vision2020_strategie_im-ueberblick_de_0916.pdf [abgerufen am 12.08.2018].

Kestel, C. (2015): Bindung steigt, Leidenschaft dümpelt. http://www.harvardbusinessmanager.de/blogs/gallup-index-mitarbeiterbindung-steigt-a-1022614.html [abgerufen am 12.08.2018].

Kirchler, E. (2011): Arbeits- und Organisationspsychologie. Wien: UTB (3. Auflage) https://ppcms.univie.ac.at/fileadmin/usermounts/kirchle3/VL_WP_1_Folien_Original.pdf [abgerufen am 12.08.2018].

Munich Center for Internet Research (2016): Organisations- und Führungskonzepte in einem Cloud-Unternehmen der ersten Stunde http://mcir.digital/wp-content/uploads/2016/03/160309_ZwischenberichtMCIR_final.pdf [abgerufen am 12.08.2018].

ProjektMagazin, Management by Exception, https://www.projektmagazin.de/glossarterm/management-exception [abgerufen am 12.08.2018].

ProjektMagazin, FORDEC, https://www.projektmagazin.de/methoden/fordec [abgerufen am 12.08.2018].

ProjektMagazin, VUCA, https://www.projektmagazin.de/glossarterm/vuca [abgerufen am 12.08.2018].

Remdisch, S. (2005): Forschungsprojekt Distance Leadership – Universität Lüneburg http://www2.leuphana.de/distanceleadership/download/dl_praesentation-uni.pdf [abgerufen am 12.08.2018].

Rieder, A.: (2014, Bd. 3, Nr. 2) Führungsstile – Reflexion und Erörterung wesentlicher Führungstheorien. Perspektive Bibliothek, S. 144–164 http://nbn-resolving.de/urn:nbn:de:bsz:16-pb-168108 [abgerufen am 12.08.2018].

Sinek, S. (2009): »Golden Circle« https://youtu.be/u4ZoJKF_VuA [abgerufen am 12.08.2018].

Weiterführende Literatur

Gloger, B.; Rösner, D. (2014): Selbstorganisation braucht Führung. München: Carl Hanser Verlag.

Kahneman, D. (2011): Schnelles denken, Langsames denken. New York: Verlagsgruppe Random House.

Lehner, J. M.; Ötsch, W. O. (2015): Jenseits der Hierarchie. Weinheim: Wiley-VCH Verlag.

Liker, J. K. (2006): Der Toyota Weg. München: FinanzBuch Verlag.

Lohmer, M.; Sprenger, B.; von Wahlert, J. (2012): Gesundes Führen, Life-Balance versus Burnout im Unternehmen. Stuttgart: Schattauer Verlag.

Thaler, R. H.; Sunstein, C. R. (2011): Nudge – Wie man kluge Entscheidungen anstößt. Berlin: Ullstein Buchverlage.

Pautsch, P.; Steininger, S. (2014): Lean Project Management. München: Carl Hanser Verlag.

Pinnow, D. F. (2012): Führen, Worauf es wirklich ankommt. Wiesbaden: Springer-Verlag.

Sprenger, R. K. (2012): Radikal führen. Frankfurt am Main: Campus Verlag.

4.6.1 TEAMARBEIT

Autor: Dietmar Prudix

Dietmar Prudix ist IPMA Level B, zertifizierter Trainer der GPM, autorisierter Trainingspartner der GPM und Lehrgangsanbieter der GPM. Er hat Wirtschaftswissenschaften und Organisationspsychologie studiert, mit Master im Konfliktmanagement. Seit 2017 ist er der deutsche Vertreter in der Arbeitsgruppe »Agile Leadership« bei der IPMA. Er ist Vorstand einer Qualifizierungsgesellschaft für Projektmanagement.

INHALT

Dimensionen und Bedeutung der Teamarbeit 737
    Warum ist das Thema von Bedeutung? 737

    Definitionen. 738

Grundlagen zu Teamarbeit. 741
    Wann Teamarbeit sinnvoll ist. 741

    Vorteile und Nachteile von Teamarbeit 741

        Vorteile von Teamarbeit 741

        Nachteile von Teamarbeit 742

    Typen von Teams. 743

    Leitungsspanne 744

Team-Zusammensetzung und Team-Entwicklung 745
    Auswahl der Teammitglieder 745

    Teamregeln. 746

    Teamentwicklung: Die Teamphasen nach Tuckman 747

        Der Ablauf der Phasen 747

        Stärken und Schwächen des Modells der Teamentwicklung 751

Rollen im Team 752
    Rolle des Projektmanagers 752

    Rollen im Team nach Belbin 754

Erfolgsfaktoren für Teamarbeit 762
    Fünf Dysfunktionen eines Teams 763

Methoden der Teamarbeit 765
    Teamfähigkeit als Basis für Kommunikation und Entscheidungsfindung in Teams 765

    Delegation 766

Besondere Teameffekte 768
Groupthink 768
Social Loafing 769
Risk Shifting 770

Die Kompetenzindikatoren der ICB 4 770
Das Team zusammenstellen und entwickeln 770
Zusammenarbeit und das Netzwerken zwischen Teammitgliedern fördern . . 771
Die Entwicklung des Teams und der Teammitglieder ermöglichen, unterstützen und überprüfen. 771
Teams durch das Delegieren von Aufgaben und Verantwortlichkeiten stärken 771
Fehler erkennen, um das Lernen aus Fehlern zu ermöglichen 772

Wiederholungsfragen. 773

Literaturverzeichnis. 774

1 DIMENSIONEN UND BEDEUTUNG DER TEAMARBEIT

In diesem Beitrag werden insbesondere sowohl die Teamzusammensetzung, Wechselwirkungen und Entwicklungen im Team als auch die Sondereffekte beschrieben. In der Projektpraxis wird manchmal angenommen, dass ein fachlich guter Mitarbeiter auch automatisch ein guter Projektmanager ist. Entsprechend werden die Stellenbesetzungen vorgenommen und das Projektteam wird nach dem gleichen Prinzip besetzt. So wundert es nicht, wenn Teammitglieder mit unterschiedlichem Hintergrund und unterschiedlichen Interessen ein Projekt unterschiedlich bewerten und verschiedene Ideen für die Umsetzung eines Projekts entwickeln.

Dazu kommt noch die Tatsache, dass die Arbeitsorganisation einem ständigen Wandel unterliegt. Auch dieser hat Folgen für die Projektarbeit. Es wird die unüberhörbare Forderung nach Handlungsflexibilität und Handlungsspontaneität erhoben, die sich darin zeigt, dass Menschen selbstbestimmter und autonomer handeln sollen und wollen. Dies führt auch zu neuen Überlegungen und Formen der Zusammenarbeit: Die Forderung nach agilem Projektmanagement ist geboren.

Bei einem Team handelt es sich um eine Gruppe von Menschen, die gemeinsam an einem oder mehreren Zielen arbeiten und sich für diese gemeinsam engagieren. Dazu übernehmen sie verschiedene Rollen, in denen sie jeweils miteinander kommunizieren und interagieren, und zwar mit dem Ziel, ihre Anstrengungen erfolgreich zu koordinieren.

Ein Projektteam wird deshalb gebildet, weil den Teammitgliedern die Umsetzung eines Projekts zugetraut wird. Möglicherweise kennen sie sich mit ihren unterschiedlichen Kompetenzen zu Beginn noch gar nicht. Dabei sollen sich die Teammitglieder mit ihren Fähigkeiten und Erfahrungen gegenseitig ergänzen. Benötigt werden in jedem Projektteam qualifizierte Mitarbeiter, deren fachliche Kompetenzen sich ergänzen, ein herausforderndes Projekt als Aufgabe und eine gemeinsame, in der Organisation gestützte Wertebasis, von allen akzeptierten Grundregeln des Verhaltens und die Bereitschaft zu individueller und wechselseitiger Verantwortung. Genau hier liegt bereits eine Herausforderung begründet: Es zählt darin vor allem fachliche Kompetenz (die ja einfach zu beschreiben ist); was ist aber mit der Führungsfähigkeit und der Unterordnungsfähigkeit? Wo kann ich diese lernen? Welche Kompetenzen sind das?

1.1 WARUM IST DAS THEMA VON BEDEUTUNG?

Die Fähigkeit zur Zusammenarbeit ist ein Schlüsselfaktor in der menschlichen Kommunikation und hat sich bis heute bewährt, z. B. von den Erfindungen in der Luft- und Raumfahrt bis hin zur Entschlüsselung des menschlichen Genoms, die erst durch die weltweite Vernetzung von Spezialisten möglich wurden. Somit ermöglichen Teams meist erfolgreichere Prozesse in Produktion oder Entwicklung.

Die Arbeit und Erfahrung im Team tragen auch zur individuellen Persönlichkeitsentwicklung bei. In und bei der Teamarbeit lernen Menschen, eigene Interessen zurückzustellen und sich gegenseitig zu helfen. Diese Erfahrung steht im Spannungsfeld unserer kulturell bedingten patriarchalischen Denkweise, in der bevorzugt Einzelleistungen erwünscht sind und entsprechend gewürdigt werden. Wir lernen weiterhin, im Team effektiv zu kommunizieren, und häufig müssen wir Wege finden, um Konflikte zu lösen. Dabei bekommen wir Anregungen durch die Ideen der anderen, können unsere eigenen Fehler korrigieren (»lernen«) und uns gegenseitig vor Irrtümern bewahren.

Teamarbeit findet heute in allen Bereichen statt und ist nicht mehr aus dem Arbeitsleben wegzudenken. Seit den 1990er Jahren ist geradezu ein Boom zu erkennen. Ob dieser Trend zur Teamarbeit allerdings aus rationalen Erwägungen heraus erfolgte, bezweifelt Antoni (1994). Er geht deshalb von einer einsetzenden Modeerscheinung aus, weil die Manager glaubten, so besser die Wünsche von Mitarbeitern und Kunden befriedigen zu können. Aber auch die strukturellen Veränderungen von Verkäufermärkten hin zu Käufermärkten spielen eine Rolle, z. B. die immer schnellere Entwicklungsspirale mit neuen Modellen in der Automobilindustrie. Gerade das agile Management führt Organisationen zu einem Belastungstest: Wie weit kann z. B. Selbstorganisation überhaupt zugelassen werden? Wie wirkt die VUCA-Entwicklung (die Zunahme von Unsicherheit in Gestalt von Volatility, Uncertainty, Complexity, Ambiguity) auf die Teamarbeit? Sowohl bei der klassischen Projektarbeit als auch beim agilen Vorgehen ist der Teamgedanke unterschiedlich ausgeprägt. Z. B. ist im SCRUM das Team explizit benannt. Dort, wo Teamarbeit erfolgreich ist, wird der Begriff Team interpretiert als:

- **T**oll
- **E**ndlich
- **A**lle
- **M**iteinander!

Bei eher negativer Einstellung lautet die Interpretation der Akronyme dagegen:

- **T**oll
- **E**in
- **A**nderer
- **M**acht's!

1.2 DEFINITIONEN

Definition Team
Zunächst sollen einige Begriffe geklärt werden. Als etablierte Teamdefinition kann angesehen werden: »Ein Team ist eine Gruppe von Individuen, die wechselseitig voneinander

abhängig und gemeinsam verantwortlich sind für das Erreichen spezifischer Ziele für die Organisation« (Thompson 2004). Damit sind alle Arten von Teams beschrieben, auch solche im Sport. Für Teams in Arbeitskontexten gelten darüber hinaus noch weitere Eigenschaften:

- Teammitglieder haben mehr oder weniger klar definierte Rollen
- Teams haben innerhalb der Organisation eine klare Identität und Zuordnung
- Teams sind weder zu klein noch zu groß (3-20 Mitglieder)

Dabei haben die Teammitglieder:

- gemeinsam verfolgte Ziele
- sind für deren Erreichung gemeinsam verantwortlich
- sind wechselseitig abhängig von der Leistung der anderen Teammitglieder, die enge Zusammenarbeit beeinflusst ihre Ergebnisse durch Interaktion untereinander
- gemeinsame Werthaltungen, befolgen gemeinsame Regeln (z. B. Offenheit, Pünktlichkeit; Hilfsbereitschaft, rotierende Moderation)
- betreiben Selbstorganisation
- entwickeln ein Wir-Gefühl

Weil das Team als Ganzes für das Endergebnis seiner Arbeit verantwortlich ist, besteht eine der zentralen Aufgaben für jedes Teammitglied in der Vernetzung mit den anderen Mitgliedern des Teams. Diese Herausforderung der selbstorganisierten Arbeit und der eigenverantwortlichen Organisation ist im agilen Management von hoher Bedeutung und bildet damit gleichzeitig einen Engpass. Projekte im agilen Umfeld sind dann erfolgreich, wenn agiles Management erlaubt und ermöglicht wird.

Definition Teamarbeit
Um überhaupt von Teamarbeit sprechen zu können und sie als wirkungsvoll wahrzunehmen, hat Hackman 1987 folgende Richtlinien veröffentlicht:

- Die Tätigkeit muss für Teamarbeit geeignet sein.
- Die Teammitglieder sehen sich selbst als Team und das Team wird von anderen innerhalb der Organisation auch als Team wahrgenommen.
- Das Team verfügt über Entscheidungsbefugnisse in Bezug auf die Bewältigung der Aufgaben.
- Die Teamstruktur, und zwar inklusive der Aufgabe, der Mitglieder und der Normen, muss Teamarbeit fördern.
- Die Organisation muss die Bedürfnisse des Teams durch Routinen und Richtlinien unterstützen.

- Rückmeldung und Coaching durch Experten sind dann verfügbar, wenn die Teammitglieder diese benötigen und einfordern.

Die drei im Zentrum der Betrachtung stehenden Säulen der Teamarbeit sind demgemäß

- das Individuum
- die innere Struktur
- der Kontext

Definition Teamfähigkeit

Das Konstrukt der Teamfähigkeit erscheint vielschichtig und uneinheitlich, es existiert keine einheitliche Definition. An dieser Stelle sollen zwei Definitionsversuche unternommen werden:

Bürger beschreibt Teamfähigkeit als »die individuelle Bereitschaft und Fähigkeit zur effektiven und solidarischen Kooperation in kleinen Lerngruppen einer Größe zwischen 3 bis 6 Teilnehmern«.

Kleinmann versteht darunter »die Kompetenz des Einzelnen zur geeigneten, effektiven, zielgerichteten und letztlich positiv erlebbaren Zusammenarbeit mit anderen«.

So wird deutlich, dass ein teamfähiges Gruppenmitglied dazu in der Lage sein muss, mit anderen zu kommunizieren und zu kooperieren. Diese Gesamtanforderung kann durch mehrere Teilaspekte konkretisiert werden, vor allem durch:

- Kommunikationsfähigkeit
- Interaktionsfähigkeit/Kontaktfähigkeit
- Kooperationsfähigkeit
- Konfliktfähigkeit
- Integrationsfähigkeit
- Konsensfähigkeit

Die Kommunikationsfähigkeit ist allein nicht ausreichend, jedoch eine zwingende Vorbedingung. Eine gute Leistung im Team kommt nicht alleine deshalb zustande, weil die Mitglieder gut miteinander kommunizieren, sondern vor allem gut kooperieren.

2 GRUNDLAGEN ZU TEAMARBEIT

2.1 WANN TEAMARBEIT SINNVOLL IST

Teamarbeit ist nicht für jede Art von Aufgabenstellung immer die beste Wahl. Es wird allgemein angenommen, dass die Art der Aufgabe die Leistung in der Gruppe beeinflusst. Deshalb ist es spannend, aber gleichzeitig auch fraglich, ob sich Aufgabenarten klassifizieren lassen und welche Beziehung zwischen Aufgabenart und Gruppenleistung besteht. Will man Aufgaben klassifizieren, so muss zunächst gefragt werden, ob sie in Unteraufgaben eingeteilt werden können. Weiter ist zu klären, ob Qualität oder Quantität von höherer Bedeutung ist. In welchem Verhältnis stehen die Einzelleistungen der Individuen zum Gruppenergebnis?

- Additive Aufgaben (erlauben Summierung der Einzelleistung der Mitglieder, die Leistung aller Teammitglieder ist wichtig)
- Kompensatorische Aufgaben (die Gruppenleistung ist der gebildete Mittelwert durch Einzelschätzung)
- Disjunktive Aufgaben (Auswahl einer individuellen Entscheidung durch die Gruppe, es kommt besonders auf eine Leistung an, die benötigt wird)
- Konjunktive Aufgaben (Übereinstimmung aller Gruppenmitglieder ist erforderlich, dabei bestimmt das schwächste Mitglied das Tempo. Besonders stark im Bereich »politischer« Aufgaben)
- Aufgaben mit Ermessensspielraum (die Gruppe hat die Wahl, selbst zu bestimmen, wie sie die Aufgaben durchführen will)

Bei diesen Aufgaben-Typen bringt Teamarbeit Vorteile. Sind diese Merkmale bei einer Aufgabe nicht gegeben, sollten diese Aufgaben besser an Einzelne, z. B. an Experten mit Spezialwissen, statt an ein Team vergeben werden.

2.2 VORTEILE UND NACHTEILE VON TEAMARBEIT

2.2.1 VORTEILE VON TEAMARBEIT

Hier einige Aspekte, an denen die Innovationskraft von teambasierten Organisationen deutlich wird:

- Flache, teambasierte Strukturen können deshalb einfacher koordiniert werden, da weniger Hierarchiestufen zu beachten sind.
- Flache Organisationen erleichtern es, Strategien schneller umzusetzen. Teamstrukturen erlauben es, flexibel auf Veränderungen zu reagieren und neue Strategien nach unten schneller und effizienter zu kommunizieren.

- Teams ermöglichen das organisationale Lernen. Selbst dann, wenn ein Teil der Teammitglieder das Team verlässt, bleibt das Wissen in der Organisation erhalten.
- Cross-functional Teams (abteilungsübergreifende Teams) fördern ein verbessertes Qualitätsmanagement. Wenn die Standpunkte der heterogenen Teams gut integriert werden können, dann führt genau diese Unterschiedlichkeit zu mehr Qualität und Innovation.
- Cross-functional Teams ermöglichen und unterstützen radikalen Wandel. Eingefahrene Prozesse können aufgedeckt und infrage gestellt werden. Damit werden neue Prozesse und Produkte unterstützt.
- Prozesse können parallel ablaufen, bei Einzelpersonen ist dies nur sequentiell möglich.
- Teammitglieder regen sich gegenseitig mehr und besser an. Dadurch werden Kreativität und Innovation gefördert.
- Mitarbeiter arbeiten gerne im Team: Commitment, Identifikation und Wohlbefinden steigen.
- Individuelles Lernen wird gefördert.

Cross-functional Teams arbeiten über mehrere betriebliche Funktionen/Abteilungen hinweg, z.B. Finanzen, Marketing, Produktion, Personal, IT, Logistik. Sie müssen über die Fähigkeit verfügen, über Abteilungsgrenzen hinaus zu arbeiten. Dieser interdisziplinäre Gedanke ist ein Projekt-Indikator.

2.2.2 NACHTEILE VON TEAMARBEIT

Die Teamarbeit hat jedoch auch Grenzen. Da selbst ein Team eine gewisse Vorlaufzeit und Erfahrung benötigt, um alle Vorteile ausschöpfen zu können, kann in manchen Situationen ein schnellerer Ablauf gewährleistet werden, wenn sich der Projektmanager eines einzelnen Experten bedient, sofern dies fachlich möglich ist.

Weiterhin kann die enge Zusammenarbeit unter einem nicht zu unterschätzenden Leistungsdruck ein enormes Konfliktpotenzial bei den Teammitgliedern zutage fördern. Nicht alle Menschen mögen es, sehr eng mit anderen zusammenzuarbeiten. Dieser Wunsch nach Distanz ist zu berücksichtigen. Sind die Konflikte zu stark oder werden wegen der Stimmung in der Gruppe eher Kompromisslösungen erzielt, verliert das Team an Leistungsfähigkeit.

Zusammenfassend kann gesagt werden, dass es Pro und Contra für Teamarbeit gibt. Wo es gelingt, sie effektiv einzusetzen, sind die Ergebnisse unschlagbar. Hier die Gegenüberstellung der wichtigsten Argumente:

Tab. 4.6.1-1: Pro und Contra Teamarbeit

Pro	Contra
Teams reagieren schnell	Teams benötigen Vorlaufzeit
Teams sind innovativ	Die Führungsebene hat kaum Möglichkeiten, den Fortschritt der Arbeit zu überprüfen
Synergien durch die Gruppe	Gute Einzelkämpfer werden ausgebremst

2.3 TYPEN VON TEAMS

Brodbeck et al. (1994) haben im Rahmen von empirischen Untersuchungen herausgefunden, dass Teams nach Aufgaben- und Personenbezogenheit unterschieden werden können. Dabei sind auch das Arbeitsklima und die Dauer einer wirksamen Zusammenarbeit beschrieben worden. Daraus ergeben sich vier unterschiedliche Typen von Teams.

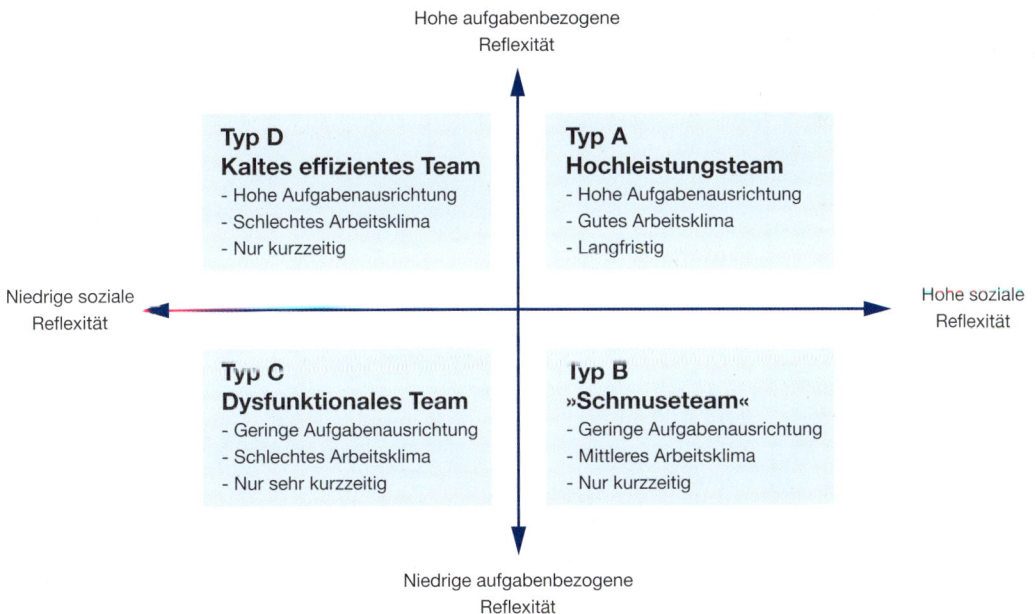

Abb. 4.6.1-1: Kategorisierung von Gruppen in Abhängigkeit von Reflexivitätsausprägungen (vgl. Beck, Fisch 2003, S. 150)

2.4 LEITUNGSSPANNE

Ein weiterer, häufig diskutierter Punkt ist die Leitungsspanne (»span of control«). Diese Bezeichnung, die in der militärischen Organisationstheorie und in der Unternehmensführung verwendet wird, beschreibt die Zahl der Mitarbeiter, die einem Vorgesetzten unterstellt sind und an diesen berichten.

Die Kontrollspanne (synonym zur Leitungsspanne) legt fest, wie weit sich der Bereich der Kontrollkompetenz für den Inhaber einer Führungsposition erstreckt, wenn die Wirksamkeit der Kontrolle gewährleistet sein und bleiben soll. In der Praxis muss hier eine Balance in der Distanz zwischen dem Vorgesetzten und den Mitarbeitern gefunden werden.

Wenn die Distanz zu groß ist, so ist es nicht mehr möglich, eine exakte Überwachung und Steuerung durchzuführen. Die Kontrolle bleibt dann anonym und die Sanktionen bleiben unwirksam. Ist dagegen der Abstand zu gering, dann wird die Kontrolle als Störung der formellen und informellen Beziehung empfunden.

Die Festlegung der Kontrollspanne hängt von mehreren Faktoren ab und kann sich zwischen 5 und 100 Personen bewegen (Peemöller 2005).

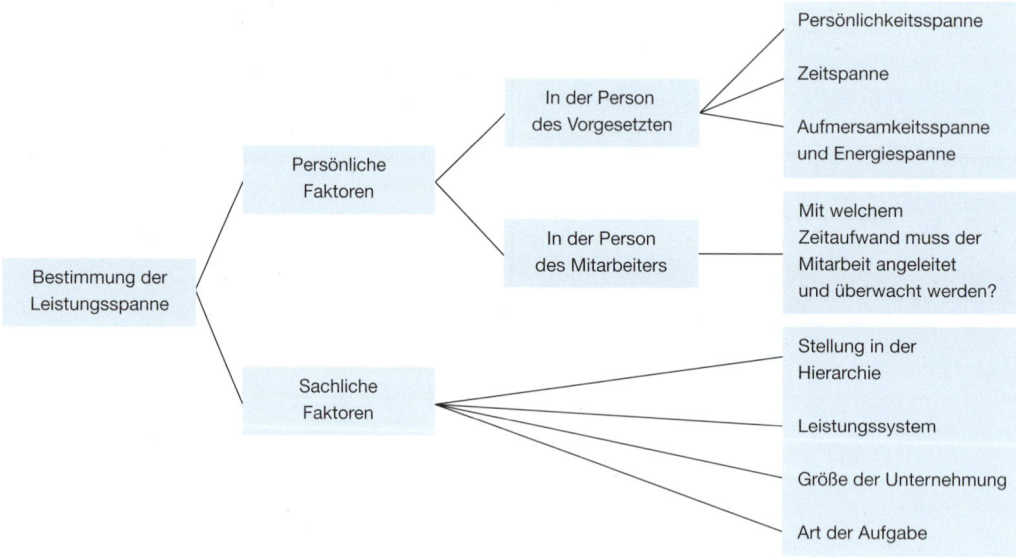

Abb. 4.6.1-2: Einflussfaktoren Leitungsspanne

3 TEAM-ZUSAMMENSETZUNG UND TEAM-ENTWICKLUNG

3.1 AUSWAHL DER TEAMMITGLIEDER

Eine alte Projektmanager-Weisheit lautet: Zeige mir, wie du ein Projekt beginnst, und ich sage dir, wie es endet. Dieser allgemeine Projektmanagementsatz macht deutlich, dass die Qualität der Umsetzung bereits am Anfang festgelegt wird.

> Die ICB 4 geht davon aus, dass zu Beginn des Projekts das Projektteam gezielt und bewusst zusammengestellt wird (GPM 2017, S. 86).

Dies ist in der Praxis jedoch längst nicht immer der Fall. Wer hat es als Projektmanager nicht schon einmal erlebt: Mit dem Projektauftrag erfolgt manchmal sofort die Benennung des Projektteams, und zwar ohne Möglichkeit für den Projektmanager, die Zusammensetzung des Teams mitzubestimmen. Wie kann hier ein Projektmanager seine Interessen durchsetzen? Wenn er schon die Ergebnisverantwortung zu tragen hat, warum darf er dann nicht das Team zusammenstellen? Ist z. B. in einer Matrixorganisation nicht geklärt, welche Befugnisse wer hat?

Für die Einschätzung der Leistungsfähigkeit eines Teams ist es hilfreich, die benötigten Kompetenzen in drei Bereiche zu untergliedern. Zu der Fachkompetenz gehören die berufliche Erst- und Zusatzausbildungen. Zu der methodischen Kompetenz gehört das 4-L-Konzept aus der IPMA. Unter der persönlichen (oder synonym auch sozialen) Kompetenz werden gerade die Kompetenzen verstanden, welche die Teamfähigkeit und Führungsfähigkeit zum Gegenstand haben.

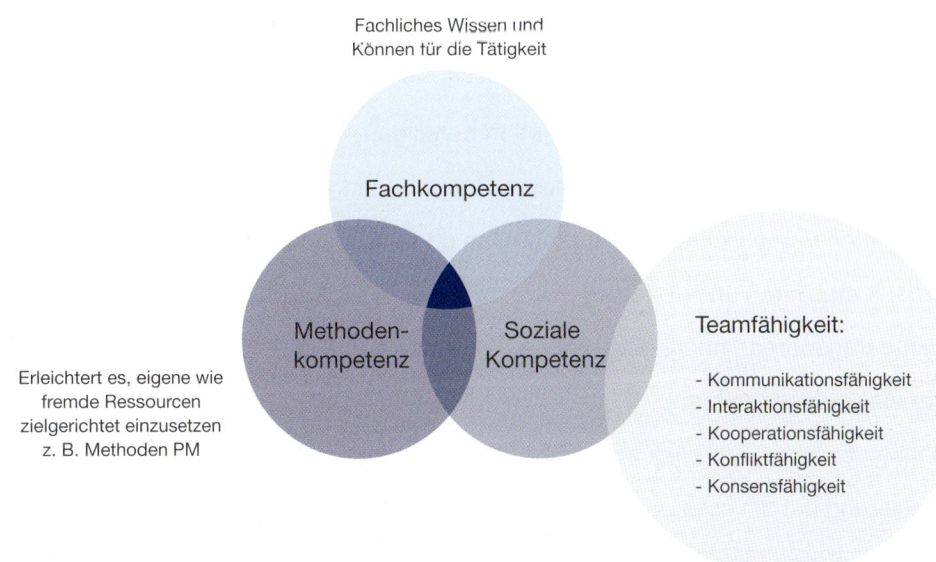

Abb. 4.6.1-3: Kompetenzmodell (vgl. Roth 1971)

Eine Typologie von Menschen ist für die Zusammensetzung von Teams hilfreich. So kann erreicht werden, dass benötigte Kompetenzen sichergestellt werden und sich so ergänzen können. Genauso hilfreich ist es, präferierte Einstellungen und präferiertes Handeln zu bestimmten Themen zu erkennen.

Daraus können allgemeine Empfehlungen für die Zusammensetzung von Teams abgeleitet werden:

1. Beachte bei der Gruppenzusammensetzung alle Möglichkeiten und Auswirkungen, die durch diese Teamzusammensetzung entstehen können.
2. Isoliertes Talent ist meist vergeudetes Talent.
3. Sorge für hinlängliche Wissensheterogenität bei anspruchsvollen Entscheidungs- und Problemlösungsaufgaben.
4. Beachte die verschiedenen Effekte, die von den Persönlichkeitsmerkmalen der Gruppenmitglieder ausgehen oder auf ihnen beruhen.

Mit Hinblick auf den Anfang der Zusammenarbeit zeigt sich in der Praxis und in Untersuchungen, dass homogene Gruppen zunächst bessere Gruppenleistungen erzielten und die Interaktion effizienter erlebten. Jedoch deutet sich im Bezug auf das Ende an, dass nun die heterogenen Gruppen bessere Ergebnisse erzielen.

3.2   TEAMREGELN

Für die Zusammenarbeit im Team hat es sich bewährt, dass das Team sich zum Start seiner Arbeit eine Reihe von Regeln formuliert. Diese sollten im Verlauf der Zusammenarbeit regelmäßig, z. B. zu erfolgten Meilensteinen, überprüft und ggf. angepasst werden. Jedes Team muss dabei seine individuellen Regeln finden. Typische Teamregeln wären etwa die folgenden:

- Jeden mit einem hohen Maß an Interaktion beteiligen
- Den Leisen und Schwächeren besondere Unterstützung zukommen lassen
- Die einzelnen Persönlichkeiten wertschätzen und deren Leistung anerkennen
- Feedback etablieren und vorleben
- Konflikte transparent, nachhaltig und wertschätzend klären
- Fehler als Chancen nutzen
- Gedanken ordnen, Überblick entwickeln, Vernetzungen aufzeigen
- Fokussierung auf die erfolgskritischen Faktoren
- Visualisierung von Zielen und Aufgaben
- Zweifel und Widerstände thematisieren

- Fakten von Meinungen und Wünschen unterscheiden
- Erzeugung von Verbindlichkeit und Nachhaltigkeit
- Die nächsten Schritte in Maßnahmenplänen festhalten
- Neue Teammitglieder in die Kultur/in die Regeln des Teams einführen
- Usw.

3.3 TEAMENTWICKLUNG: DIE TEAMPHASEN NACH TUCKMAN

Teamentwicklung hat zwei relevante Bedeutungen: Zum einen entwickeln sich Teams über die Zeit hinweg, zum anderen wird der Ansatz des »team development« und »team building« verstanden als aktive Maßnahme, die beim Start der Zusammenarbeit durchzuführen ist. Die aktive Teamentwicklung verfolgt das Ziel, dass die Gesamtleistung des Teams optimiert wird, die Teammitglieder motiviert werden, die Identifikation mit dem Projekt und den Zielen erreicht werden und so ein positives Arbeitsklima entsteht.

Die Phasen der Teamentwicklung von Tuckman können verwendet werden, um die Faktoren zu identifizieren, die für das Aufbauen und das Entwickeln von zunächst Gruppen, die unbefristet zusammenarbeiten, kritisch sind. Tuckman's Teamentwicklungs-Modell versucht zu erklären, wie sich ein Team über die Zeit entwickelt. Die fünf Phasen der Entwicklung sind: Forming, Storming, Norming, Performing und Adjourning. Das Adjourning-Stadium wurde später im Jahr 1977 hinzugefügt, als erkannt wurde, dass sich manchmal Teams nur befristet zusammenfinden. Laut Tuckman sind alle Phasen notwendig und unumgänglich – damit das Team wachsen, sich Herausforderungen stellen, Probleme bewältigen, Lösungen finden, Arbeit planen und Ergebnisse liefern kann.

Ursprung und Geschichte der Stadien der Teamentwicklung: Bruce Wayne Tuckman veröffentlichte 1965 einen kurzen Artikel »Developmental Sequence in Small Groups« (Stages of Small Group Development Revisited).

Gebrauch und Anwendung der Phasen:
- Aufbauen und Entwickeln von Teams
- Analysieren des Verhaltens von Teams
- Lösung von Problemen

3.3.1 DER ABLAUF DER PHASEN

Forming. Projektteam-Anfangsphase
Das zukünftige Projektteam verkörpert zunächst bloß eine Gruppe und ist anfangs mit der Orientierung beschäftigt, hauptsächlich erreicht durch Abtasten und Ausprobieren. Solches Testen dient dazu, die Grenzen des zwischenmenschlichen Verhaltens und des

Aufgaben-Bearbeitens zu identifizieren. Mit dem Testen im zwischenmenschlichen Bereich fallen zusammen die Ermittlung und Feststellung von möglichen Abhängigkeitsverhältnissen zu anderen leitenden Personen, zu anderen Gruppenmitgliedern oder zu vorhandenen Standards.

Teammitglieder verhalten sich ziemlich unabhängig. Sie können motiviert sein, sind aber normalerweise verhältnismäßig uninformiert über die Probleme und Ziele des Teams, was demotivierend wirken kann. Bei einigen Teammitgliedern können Ungewissheit und Angst beobachtet werden.

Der Projektmanager muss das Team zusammenstellen und in der Folge daran arbeiten, dass sich die Teammitglieder vertrauen, indem geklärt wird, was von jedem Einzelnen erwartet wird; und er muss die Fähigkeit mitbringen, ein Arbeitsverhältnis zu entwickeln. Dabei nutzt er idealerweise den richtungweisenden oder »erklärenden« Stil. Er gibt seinem neuen Team eine »soziale Heimat«, heißt es willkommen und würdigt seinen jeweiligen Beitrag.

Storming. Verschiedene Personen konkurrieren, und zwar manchmal auf schärfste Weise, um Berücksichtigung, um Position im Team, um Anerkennung. Das Projektteam gewinnt Vertrauen, aber es kommt zu Konflikten und Polarisierung bei zwischenmenschlichen Themen.

Die Teammitglieder zeigen jetzt ihre eigenen Persönlichkeiten, während sie sich mit den Ideen und Perspektiven jedes anderen Mitglieds auseinandersetzen. Frustration oder Meinungsverschiedenheiten über Ziele, Erwartungen, Rollen und Verantwortlichkeiten werden öffentlich ausgedrückt und Konflikte ausgetragen. Es findet ein Gerangel um Plätze statt, die Ellenbogen werden ausgefahren. Es geht darum, Selbstbewusstsein zu zeigen.

Die Projektmanager führen das Projektteam durch diese turbulente Übergangsphase im Coaching-Stil. Die Toleranz jedes Teammitgliedes und die bestehenden Differenzen müssen hervorgehoben werden. In dieser Phase entscheidet sich, ob und wie ein Projektmanager als Führungspersönlichkeit wahrgenommen und akzeptiert wird. Was ein Projektmanager in dieser Phase nicht klären kann, schleppt sich bis zum Ende des Projekts durch und wirkt solange als Unklarheit. Bereits in diesem Zusammenhang entscheidet sich, ob ein Teammitglied sich innerlich verabschiedet (innere Kündigung) und nur noch körperlich anwesend ist, aber nichts weiter inhaltlich beiträgt.

Norming. Das Team schafft sich Normen, Richtlinien, Methoden, Werkzeuge usw. Gemeinsame Werte kristallisieren sich heraus. Die Wirksamkeit im Projektteam erhöht sich und das Team beginnt, eine Identität und ein Wir-Gefühl zu entwickeln.

Die Teammitglieder stimmen ihr Verhalten aufeinander ab, während sie Vereinbarungen entwickeln, um die Teamarbeit koordiniert und flüssiger zu gestalten. Dabei handelt es sich um bewusste Bemühungen, Probleme zu beheben und Gruppenharmonie zu erzielen, die Motivationsniveaus erhöhen sich.

Der Projektmanager erlaubt dem Team, deutlich autonomer zu werden, und nutzt überwiegend den partizipativen Stil. Er ist der Garant für geltende und funktionierende Regeln – und, dass es überhaupt welche gibt. Er wird auch daran gemessen, ob er selbst die Regeln einhält und ob er das Einhalten gegenüber der Hierarchie durchsetzen kann.

Performing. Die gegenseitig vereinbarte Aufgabenstruktur wird zum Leistungsträger im Projektteam. Die Rollen werden flexibel und funktionell ausgeübt und Gruppenenergie wird in die Aufgabe geleitet. Das Projektteam kann nun als eine Einheit agieren. Es erledigt die Arbeit reibungslos und effektiv, und zwar ohne unangebrachte Konflikte oder das Bedürfnis nach externer Überwachung.

Die Teammitglieder besitzen ein klares Verständnis davon, was von ihnen auf der Aufgabenebene gefordert wird. Sie sind jetzt kompetent, autonom und dazu in der Lage, den Entscheidungsprozess ohne Überwachung zu handhaben. Eine »kann ich machen« Haltung ist sichtbar. Angebote, die anderen Teammitglieder zu unterstützen, werden gemacht.

Der Projektmanager lässt das Team die meisten der notwendigen Entscheidungen eigenständig treffen und nutzt überwiegend den delegierenden Stil. Hier wird der Projektmanager keine großen Veränderungen mehr vornehmen oder neue Regeln vereinbaren. Er stellt sicher, dass ein hoher Leistungserbringungsgrad gehalten wird.

Adjourning. Das Projekt wird beendet und das Team löst sich auf. Das Projektteam durchlebt jetzt eine schwierige Phase. Einige Autoren beschreiben dieses Stadium fünf sogar als »Deforming and Mourning«, indem sie das Gefühl des Verlustes der Gruppenmitglieder erkennen. Aufgrund der Ungewissheit über die Zukunft kann das Motivationsniveau der Teammitglieder sinken.

Das Verhalten der einzelnen Mitglieder kann in dieser Phase sehr unterschiedlich sein: Manche wollen auf Grund des Zusammengehörigkeitserlebnisses das Team möglichst noch weiter aktiv erhalten, finden möglicherweise noch Aufgaben über das Projekt hinaus, manche sind dem gegenüber im Gedanken schon intensiv mit Nachfolgeaufgaben beschäftigt und haben möglicherweise schon länger die vorliegende Teamarbeit aufgekündigt.

Tab. 4.6.1-2: Phasen der Teamentwicklung nach Tuckman

Begriff	Ausprägungen	Projektrelevanz	Rolle des PM	Typische Probleme	Lösungen/ Innovationen für PM
1 Forming	Höflich, gegenseitiges Testen, wenige reden viel, einige sind ruhig, Distanz	Projektmanager bestimmen Projekt definieren Projektmitarbeiter auswählen Rollen erarbeiten	Gastgeber	Auswahl falscher Mitglieder Keine Beteiligung bei der Teamauswahl, die Absicht, Phasen zu schnell zu durchlaufen bzw. zu überspringen, keine klaren Vorgaben	Beteiligung des PM bei der Teamauswahl
2 Storming	Konflikte, Konfrontation von Ansprüchen, Widerstand gegen Rollen- und Aufgabenverteilung, geringes Vertrauen, Aktionen gegen Kollegen	Eskalationswege erarbeiten Projektorganisation festlegen Rollen erarbeiten	Katalysator	Chaotische Teammeetings keine Beachtung von Konflikten	Aufstellen von Eskalationswegen Konfliktlösungskompetenz des PM, z. B. Mediator
3 Norming	Gruppe beginnt, ein Team zu werden, Team legt Rollen fest, Regeln der Zusammenarbeit, konstruktive Kommunikation	Organisatorische Arbeit, Voraussetzungen für Leistung werden jetzt erbracht; Effizienz steigt;	Partner	Keine Kommunikationsmatrix Keine Regeln Keine klaren Rollen liegen vor	Kommunikationsmatrix entwickeln, Teamregeln verabschieden
4 Performing	Konsolidierung, Selbstorganisation, Wir-Gefühl, Genuss, Spaß, ausgeprägtes gegenseitiges Vertrauen	Eigentliche Arbeit, Jetzt sind alle Parameter grün; Wichtige Leistungen werden jetzt erbracht; Effizienz steigt; Ein guter Abschluss ist in Sicht	Unterstützer	Schwache Leistungserbringung Kein Spaß	Aspekte der »Norming« Phase verbessern Erfolge feiern

Begriff	Ausprägungen	Projektrelevanz	Rolle des PM	Typische Probleme	Lösungen/ Innovationen für PM
5 Adjourning	Das Team geht auseinander; Verabschiedungsrituale werden benötigt; formales und persönliches Beenden	Abschiedsrituale, einige Teammitglieder gehen schon vorher von Bord; Lessons Learned, Verabschiedung des Teams; Bewertung der Leistung; Verabredung für die Zukunft	Coach	Keine Würdigung der erbrachten Leistungen	Gemeinsames Abschlussfeedback To-do-Liste für offene Punkte erarbeiten Hilfestellung beim Re-entry-Problem

3.3.2 STÄRKEN UND SCHWÄCHEN DES MODELLS DER TEAMENTWICKLUNG

Dieses Modell stellt eine brauchbare Anleitung zur Teamentwicklung zur Verfügung. Es existieren aber auch Einschränkungen und Nachteile des Modells.

Es ist zu beachten, dass das Modell dazu entworfen wurde, um Phasen in **kleinen** Gruppen zu beschreiben. In großen Gruppen können Entwicklungsprozesse anders verlaufen. Außerdem vollziehen sich in Wirklichkeit Gruppenprozesse nicht linear, sondern sie treten eher zyklisch und phasenweise wiederholend auf. Es werden jedenfalls Phasen bei Veränderung der Team-Zusammensetzung erneut durchlaufen.

Die Eigenschaften jeder Phase dürfen nicht zu dogmatisch betrachtet werden. Da der Projektmanager es mit unterschiedlichen Menschen und Interessen zu tun hat, ist nicht immer eindeutig feststellbar, wann sich ein Team von einer Phase in ein andere bewegt hat. Es kann Überlappungen und auch Wiederholungen zwischen den Phasen geben. Es erscheint reizvoll, aus z. B. Kostengesichtspunkten heraus, Phasen zu überspringen. In der Praxis ist jedoch zu beobachten, dass alle Phasen tatsächlich durchlebt werden müssen. Der Versuch des bewussten Überspringens führt dazu, dass diese Phase später aufbricht und trotz vorheriger Unterdrückung durchlebt wird, dann aber mehr Zeit in Anspruch nimmt.

 Praxistipp: Ein erfolgreicher Projektmanager erkennt die einzelnen Phasen und lernt, sie für die Weiterentwicklung des Teams aktiv zu nutzen. Dabei geht er bewusst in jeder Phase unterschiedlich vor und spielt jeweils eine unterschiedliche Rolle. Auch sein Verhalten und die genutzten Methoden und Techniken sind unterschiedlich.

4 ROLLEN IM TEAM

Eine Rolle ist definiert als das »Bündel von Erwartungen«, das die Umwelt an das Verhalten des Inhabers einer Position als Rollenträger stellt. Bestandteile der Beschreibung einer Rolle sind:

- die zu erfüllende Aufgabe
- die geforderte Verhaltensweise
- die mitzubringenden Kompetenzen
- die einzuhaltenden Spielregeln und Handlungsfreiräume
- die Zuständigkeiten und Verantwortungen

Die Rollen werden in der Organisation definiert, durch Ausgestaltung spezifiziert und mittels RASCI Matrix (Responsibility, Accountability, Support, Consulted, Informed) oder in Form der AKV-Beschreibung (Aufgaben-Kompetenzen-Verantwortung) festgehalten. Die Rollen werden untereinander nach disziplinaren oder fachlichen Abhängigkeiten vernetzt. Diese Vernetzung wird im Rahmen der Aufbauorganisation als Organigramm dargestellt.

4.1 ROLLE DES PROJEKTMANAGERS

In formalen Organisationen existieren Hierarchien, die unterschiedlich ausgeprägt sind. Es ist jedoch immer eine Vorgesetztenposition vorgesehen, die in einer Linienorganisation auf Dauer angelegt ist und in einem Projekt temporär besetzt wird. Insofern ist diese Rolle von besonderer Bedeutung und wird beschrieben. Damit kann sie auch ein besseres Verständnis für die Position und Aufgabe des Projektmanagers schaffen.

Projektmanager haben bei der teambasierten Arbeit eine Schlüsselstellung inne. Sie können Teamarbeit erfolgreich machen, indem sie Rückmeldung geben, Ziele setzen oder Konflikte lösen. In der folgenden Übersicht werden die verschiedenen Rollen der Projektmanager erläutert.

Die Rolle eines Projektmanagers beinhaltet mehrere generell definierte Rollen in Organisationen:

Tab. 4.6.1-3: Rollen und Aufgaben der Teamleitung (vgl. West 2005)

Rolle	Aufgaben	Fähigkeiten
Koordinator	Ziele klären und vereinbaren, Arbeitsteilung und Prozesse organisieren auf Zeiten achten, Abstimmungen mit anderen vornehmen	Verzichtet auf Dominanz, muss verbindlich, aber hartnäckig sein
Moderator	Jeden zu Wort kommen lassen, Probleme in der Kommunikation erkennen und lösen. Zwischenergebnisse festhalten	Visualisieren können, neutral bleiben können, zusammenfassen und den roten Faden behalten können
Berater	Klären von Beziehungsproblemen zwischen Teammitgliedern, Fach- und Methodenfragen klären	Gesprächsführungstechniken beherrschen (z. B. aktives Zuhören). Alternativen aufzeigen können
Konfliktmanager	Rollenkonflikte lösen helfen	Kommunikationsstrukturen und -probleme analysieren können, Grundverständnis von Mediationstechniken
Repräsentant	Teaminteressen gegenüber Organisationen und anderen Teams vertreten	Selbstbewusstsein
Verhandlungsführer	Über Ressourcen, wie Zeit, Geld, Ausstattung, mit der Organisation verhandeln	Realistisch sein können, Verhandlungsstrategien beherrschen
Darsteller	Ergebnisse und Erfolge des Teams nach außen darstellen	Visualisieren, sprechen und überzeugen können

Aus diesen Erwartungen an die Rollen lassen sich die Aufgaben eines Projektmanagers detaillierter beschreiben und dann sogar in Form einer Stellenbeschreibung ableiten.

Die wichtigsten Aufgaben und Verhaltensweisen eines Projektmanagers (PM) im Überblick:

Tab. 4.6.1-4: Aufgaben und Haltungen eines Projektmanagers

Aufgaben des Projektmanagers	Verhaltensweisen des Projektmanagers
PM sorgt dafür, dass die zentrale Aufgabe, Ziele und Strategie klar bleiben	PM hält gewissen Abstand zum Team, bewahrt Geduld bei Entscheidungen
PM fördert Engagement und Zuversicht seiner Teammitglieder	PM verzichtet auf Druck und Einschüchterung, fördert optimistisches WIR-Gefühl

Aufgaben des Projektmanagers	Verhaltensweisen des Projektmanagers
PM sorgt für Entfaltung des Skill-Potenzials der Mitglieder	Übernimmt immer wieder Aufgaben, die Neues bringen
PM ist für die Außenpolitik des Teams zuständig	Vertritt das Team nach außen, beseitigt externe Hindernisse
PM gibt Teammitgliedern Raum zur Entfaltung	Zeigt gewisse Selbstlosigkeit, Grundsatz: Nur so viel Autorität wie nötig
PM beteiligt sich an der täglichen Arbeit	Beteiligt sich an der inhaltlichen Arbeit, sein Führungsinstrument ist seine Vorbildfunktion

Der Projektmanager ist für die Umsetzung des Projektauftrags verantwortlich und verrichtet im Hinblick auf die Zielerreichung (Qualität, Zeit, Kosten) die Kernaufgaben Projektplanung, Projektcontrolling, Kundenmanagement, Teammanagement und Projektmarketing. Daraus erwächst seine Verantwortung für die umfassende operative Steuerung des Projekts. Er ist eine »Führungskraft auf Zeit« (Project Leadership). Aus den Kernaufgaben leiten sich die Qualitätsanforderungen an die Rolle des Projektmanagers und die Erfolgsfaktoren ab.

4.2 ROLLEN IM TEAM NACH BELBIN

Meredith Belbin hat auf Basis empirischer Studien an Teams aus Kursteilnehmern am Henley Management College in den 1970er Jahren eine Methode zur optimalen Team-Zusammensetzung und -Steuerung entwickelt, welche die Basis für eine gewünschte Vorhersehbarkeit von Team-Verhalten bildet. Gerade in temporär zusammenwirkenden Projektteams sollte der Projektmanager ein Interesse daran haben, die Rollen zu erkennen, die für den Erfolg eines Projekts vorteilhaft sind.

Dabei gelangte Belbin zu folgenden Schlüssen:

| Das Verhalten der Team-Mitglieder lässt sich neun verschiedenen Rollen zuordnen.
| Das Verhalten ist einigermaßen konsequent.
| Das Rollenverhalten im Team ist aufgrund von Testergebnissen vorhersehbar.
| Die optimal abgestimmte Kombination von Team-Rollen macht Teams schlagkräftiger.
| Eine individuelle Teamrolle entspricht nicht notwendigerweise ihrer funktionalen / organisatorischen Zuordnung.

Erfolgreiche Manager erkennen selbst ihre beste Rolle und ihren Beitrag zum Team und verhindern, dass ihre Schwächen die Leistung des Teams schmälern.

Die neun von Belbin identifizierten Teamrollen ergeben sich aus den Verhaltensmustern der Teammitglieder, die durch ihre Persönlichkeit und Charakterzüge bestimmt werden. In dieser Kombination sollten sich die Teammitglieder durch ihre verschiedenen Fähigkeiten optimal gegenseitig ergänzen. Jedes Teammitglied weiß, in welcher Situation es etwas Besonderes zur Teamleistung beitragen und wann es auf die Stärken der anderen aufbauen kann. Fast alle Menschen haben eine dieser Rollen als ihre dominante Rolle inne – ihr Denken, Fühlen und Handeln bestehen aber meistens aus einem Mix verschiedener Rollen.

Belbins Theorie wird seit über 20 Jahren in Projekten erfolgreich angewendet und es konnte wiederholt die Erfahrung gemacht werden, dass bei gleichen Projektzielen Teams mit optimaler Rollen-Kombination messbar bessere Projektergebnisse liefern. Das Faszinierende an diesem Modell besteht darin, dass durch geeignete Tests die Rollen-Schwerpunkte der einzelnen Teammitglieder ermittelbar sind und somit durch die Projektleitung eine individuelle Förderung Einzelner ermöglicht wird, und zwar mit dem Ziel, im Team eine möglichst ideale Rollen-Zusammenstellung herzustellen.

Belbins Teamrollen im Überblick

Belbin selbst beschreibt sein Rollenmodell mit diesen Inhalten. Die folgende Übersicht stellt zunächst die neun Teamrollen mit ihren Eigenschaften und Schwächen vor. Danach werden die Details der möglichen Funktionen und Beiträge im Team beschrieben.

Tab. 4.6.1-5: Teamrollen (vgl. Belbin 1981, 1993)

Teamrolle	Rollenbeitrag	Charakteristika	zulässige Schwächen
Neuerer/Erfinder	bringt neue Ideen ein	unorthodoxes Denken	oft gedankenverloren
Wegbereiter/ Weichensteller	entwickelt Kontakte	kommunikativ, extrovertiert	oft zu optimistisch
Koordinator/ Integrator	fördert Entscheidungsprozesse	selbstsicher, vertrauensvoll	kann als manipulierend empfunden werden
Macher	hat Mut, Hindernisse zu überwinden	dynamisch, arbeitet gut unter Druck	ungeduldig, neigt zu Provokation
Beobachter	untersucht Vorschläge auf Machbarkeit	nüchtern, strategisch, kritisch	mangelnde Fähigkeit zur Inspiration
Teamarbeiter/ Mitspieler	verbessert Kommunikation, baut Reibungsverluste ab	kooperativ, diplomatisch	unentschlossen in kritischen Situationen

Teamrolle	Rollenbeitrag	Charakteristika	zulässige Schwächen
Umsetzer	setzt Pläne in die Tat um	diszipliniert, verlässlich, effektiv	unflexibel
Perfektionist	vermeidet Fehler, stellt optimale Ergebnisse sicher	gewissenhaft, pünktlich	überängstlich, delegiert ungern
Spezialist	liefert Fachwissen u. Information	selbstbezogen, engagiert, Fachwissen zählt	verliert sich oft in technischen Details

Der »Neuerer/Erfinder« (Plant)

| Charakteristika:

Der Erfinder ist introvertiert, kreativ, fantasievoll und praktiziert ein unorthodoxes Denken. Er bringt neue Ideen und Strategien in die Diskussion ein und sucht nach alternativen Lösungen.

| Stärken:

Seine besonderen Fähigkeiten liegen u. a. darin begründet, auch für schwierige Problemstellungen Lösungen zu finden.

| Schwächen:

Indem er dazu neigt, Details und Nebensächlichkeiten zu ignorieren, unterlaufen ihm als Folge Flüchtigkeitsfehler. Darüber hinaus ist er nur mäßig kritikfähig.

| Einsatzbereich:

Erfinder sollten sich auf ihr hohes Problemlösungspotenzial und die Fähigkeit, neue Strategien zu entwickeln, konzentrieren und dabei auch die Ideen der übrigen Teammitglieder berücksichtigen.

Der »Wegbereiter/Weichensteller« (Resource Investigator)

| Charakteristika:

Der Wegbereiter/Weichensteller ist extrovertiert, enthusiastisch und kommunikativ. Er schließt schnell Freundschaften, ist sozial und gesellig.

| Stärken:

Es fällt ihm leicht, nützliche Kontakte zu Quellen außerhalb des Teams aufzubauen und zu nutzen. Des Weiteren findet er neue Möglichkeiten und Lösungsalternativen.

| Schwächen:

Weichensteller sind oft zu optimistisch und verlieren nach anfänglichem Enthusiasmus leicht das Interesse. Auch neigen sie dazu, sich mit Irrelevantem zu beschäftigen, weshalb sie vom Kernthema abschweifen.

- Einsatzbereich:
  Wegbereiter sollten die Kontakte zur Welt außerhalb des Teams intensiv pflegen und die so gefundenen Quellen intensiv für ihre Ideenfindung nutzen.

Der »Koordinator/Integrator« (Co-Ordinator)

- Charakteristika:
  Der Koordinator ist selbstsicher, entschlusskräftig und kommunikativ und ein guter Zuhörer. Er koordiniert den Arbeitsprozess, setzt Ziele und Prioritäten, erkennt relevante Problemstellungen und delegiert Aufgaben an jene Kollegen, die zu deren Erledigung am besten geeignet sind. Er achtet auf die Einhaltung externer Ziel- und Zeitvorgaben.

- Stärken:
  Zuversichtlichkeit sowie die Fähigkeit Talente zu erkennen zeichnen den Koordinator aus. Weiterhin ist er derjenige, der Ziele erklärt und Aufgaben wirksam delegiert.

- Schwächen:
  Seine Kollegen können ihn oft als manipulierend empfinden. Dies kann dazu führen, dass sie sich insbesondere auf der persönlichen Ebene vom Koordinator entfernen. Verstärkt wird dieses Gefühl noch durch den Umstand, dass er dazu neigt, auch persönliche Aufgaben zu delegieren.

- Einsatzbereich:
  Menschen mit den Eigenschaften eines Koordinators sind u. a. als Teamleiter geeignet, dessen Aufgaben in der Koordination und Zuweisung der Sachbereiche liegen sollten.

Der »Macher« (Shaper)

- Charakteristika:
  Der Macher ist dynamisch, energiegeladen und steht ständig unter Druck, er lehnt unklare und ungenaue Angaben und Aussagen ab und konzentriert sich auf die wesentlichen Kernprobleme.

- Stärken:
  Er fordert seine Kollegen heraus und übernimmt schnell die Verantwortung. Er formuliert Teilziele, sucht Strukturen, sorgt für rasche Entscheidungsfindung und veranlasst, dass Aufgaben sofort erledigt werden.

- Schwächen:
  Macher neigen zu Provokation und geraten leicht in Streit mit ihren Teamkollegen, sind jedoch nicht nachtragend. Sie werden insbesondere von teamexternen Beobachtern als arrogant empfunden. Auch verursachen sie durch ihr hektisches Auftreten Unruhe im Team.

- Einsatzbereich:
  Macher fühlen sich in einem Team von Gleichgestellten am wohlsten. Sobald sie eine Führungsposition übernehmen müssen, sind verstärkte Kontrolle und Koordination

notwendig, welche gerade diesem Rollentyp ein hohes Maß an Selbstdisziplin abverlangen. Auch in diesem Fall sind die Konzentration und das Nutzen der Stärken sinnvoll.

Der »Beobachter« (Monitor Evaluator)

- Charakteristika:
  Der Beobachter ist nüchtern, strategisch, analytisch. Er verschafft sich aus der Distanz einen guten Überblick, ist eher introvertiert und ergreift selten ohne Aufforderung das Wort.

- Stärken:
  Der Monitor Evaluator berücksichtigt alle relevanten Möglichkeiten und verfügt über ein gutes Urteilsvermögen.

- Schwächen:
  Er ist aufgrund mangelnder Begeisterung kaum dazu in der Lage, andere zu motivieren, neigt dazu, das Interesse nach erfolgter Kritik gänzlich zu verlieren, und kann von Teamkollegen als taktlos und herablassend empfunden werden.

- Einsatzbereich:
  Der Beobachter sollte darauf achten, dass seine Meinung auch gehört wird. Dies gelingt, indem er versucht, weniger zynisch und skeptisch zu sein.

Der »Teamarbeiter / Mitspieler« (Teamworker)

- Charakteristika:
  Teamarbeiter / Mitspieler sind sympathisch, beliebt, kommunikativ, diplomatisch und kennen oft die privaten Hintergründe ihrer Kollegen.

- Stärken:
  Sie sorgen für ein angenehmes Arbeitsklima und Harmonie, weshalb man sie auch als die »soziale Seele« des Teams charakterisieren kann. Teamarbeiter vermeiden Rivalität und verfügen über die Fähigkeit, auch introvertierte Kollegen zu aktiverer Teilnahme zu motivieren.

- Schwächen:
  Sie sind in kritischen Situationen unentschlossen und tendieren dazu, Entscheidungen anderen zu überlassen.

- Einsatzbereich:
  Die Anwesenheit von Teamarbeitern ist besonders in Konfliktsituationen von Bedeutung, da sie in solchen Fällen ihre diplomatischen Fähigkeiten zur Bereinigung von Meinungsverschiedenheiten einsetzen können. Sie agieren oft helfend aus dem Hintergrund und sind für den Beitrag sozialer Leistungen verantwortlich.

Der »Umsetzer« (Implementer)

- Charakteristika:
  Der Umsetzer ist zuverlässig, konservativ und diszipliniert. Er arbeitet effizient, systematisch und methodisch.

- Stärken:
  Umsetzer setzen Konzepte in durchführbare Arbeitspläne um, benötigen stabile Strukturen und arbeiten daher auch an deren Aufbau.

- Schwächen:
  Sie stehen Umweltveränderungen kritisch gegenüber und reagieren auf neue Lösungsvorschläge oft unflexibel.

- Einsatzbereich:
  Umsetzer sollten für die Definition einer klaren Zielsetzung, praktischer Ansätze und das Strukturieren der Vorgehensweise verantwortlich sein.

Der »Perfektionist« (Completer)

- Charakteristika:
  Der Perfektionist ist perfektionistisch, genau, pünktlich, zuverlässig, ängstlich.

- Stärken:
  Er vermeidet Fehler und sorgt für eine genaue Einhaltung von Zeitvorgaben und achtet auch auf Details.

- Schwächen:
  Aus Angst, dass etwas übersehen wird, überprüft und kontrolliert er lieber persönlich, als dass er delegiert. Er ist oft überängstlich und zu genau, wodurch er den Überblick verlieren kann.

- Einsatzbereich:
  Perfektionisten leisten u. a. dann einen wichtigen Beitrag, wenn das Team Gefahr läuft, zu oberflächlich zu arbeiten oder Zeitvorgaben nicht einzuhalten.

Der »Spezialist«, (Specialist), der zusätzlich ergänzte Charakter

- Charakteristika:
  Der Spezialist ist selbstbezogen, engagiert und auf den technischen/fachlichen Teil eines Themas konzentriert. Er verfügt über umfangreiches Expertenwissen, Hintergrundinformationen und Fähigkeiten, an denen es den anderen Teammitgliedern mangelt.

- Stärken:
  Er formuliert generelle Aussagen in technisch korrekte Bezeichnungen um und leistet den professionellen Beitrag zum jeweiligen Thema.

- Schwächen:
  Spezialisten neigen dazu, sich in technischen Einzelheiten zu verlieren, und leisten daher eher nur informative Beiträge.

- Einsatzbereich:
  Die Funktion der Spezialisten besteht darin, die Informationsdefizite des Teams auszugleichen und das notwendige Fachwissen beizusteuern.

Allgemein kann man feststellen:

- Die Abwesenheit einer Teamrolle schwächt ein Team, da nicht alle Kompetenzen vertreten sind.
- Mehr als ein Macher und Neuerer/Erfinder führt zu vorhersehbaren Störungen, mit zu vielen Neuerern/Erfindern wird nichts fertig.
- Ein Team nur aus Neuerer/Erfinder und Macher wirkt brillant, versagt aber immer gegenüber Teams mit guter Verteilung.
- Bei weniger als acht Leuten im Team muss der zweitrangige Rollen-Schwerpunkt aktiviert werden.
- Effektive Teams können bereits mit vier Teilnehmern gebildet werden.

Ausdrücklich sollte betont werden, dass Belbin nicht behauptet, alle identifizierten Teamrollen müssten im Team vorhanden sein; auch gibt es keine ausdrückliche Teamgröße, die für dieses Modell gefordert ist.

Schlussfolgerungen

- Je nach Verhalten können den Teammitgliedern neun verschiedene Rollen zugeordnet werden.
- Das Rollenverhalten einer Person im Team ist aufgrund von Testergebnissen vorhersehbar.
- Die richtige Kombination von verschiedenen Teamrollen macht Teams effizienter.
- Die falsche Kombination von verschiedenen Teamrollen schwächt Teams.
- Eine individuelle Teamrolle entspricht nicht notwendigerweise ihrer funktionalen/organisatorischen Zuordnung.
- Die Abwesenheit einer der neun Rollen muss ein Team nicht unbedingt schwächen.
- Es gibt Teamrollen, die für den Erfolg wichtiger sind als andere.

Als Fazit kann festgehalten werden:

Natürlich ist auch diese Theorie nur so viel wert, mit welcher Flexibilität und Toleranz sie in der Realität tatsächlich angewandt wird. Das bedeutet, dass bei der Umsetzung weiterhin die tatsächlichen Gegebenheiten berücksichtigt werden müssen. In der Regel ist die Teamgröße immer unterschiedlich und andere Faktoren, wie etwa bestehende oder sich entwickelnde persönliche Zu/Abneigungen, beeinflussen zusätzlich die Zusammenarbeit.

Entscheidend ist jedoch der Ansatz, dass die Teammitglieder erkennen, mit welchen Stärken sie zum Teamziel beitragen und dass diejenigen mit bislang missachteten oder verachteten Charaktereigenschaften im Team sehr wertvolle Beiträge leisten können, die man selbst bislang unterschätzt hat. Auch begreift man vielleicht, welche eigenen Charakterzüge im jeweiligen Team weniger zielführend sind.

Als Projektmanager kann dieses Rollenverständnis wie folgt genutzt werden:

- Keine Auswahl der Mitarbeiter wie üblich aufgrund ihrer Passung zur funktionalen Aufgabe, sondern vielmehr nach den informellen Bedürfnissen und Neigungen.
- Individuelle Eigenschaften und Vorlieben prädestinieren einen Mitarbeiter bereits für manche der Rollen mehr und für andere Rollen weniger, denn die Teamrollen stellen individuelle Präferenzen dar, nicht die Erwartungen anderer.
- Individuen übernehmen in der Praxis recht schnell eine oder zwei der beschriebenen Rollen, vergl. auch mit Storming Phase der Teamentwicklung.
- Persönlichkeitstests und -modelle können die Einschätzung nach Belbin unterstützen und schneller die neun Rollen besetzen. Da einige Teammitglieder auch Doppelrollen ausüben können, kann ein Team auch kleiner sein.
- Beurteilung, Auswahl und Zuordnung von Mitarbeitern zu Teams sind klassische Managementaufgaben.

Darüber hinaus kann der verantwortliche Projektmanager dieses Modell so nutzen, dass er dieses Rollenverständnis anwendet und bei seinen Teammitgliedern die benötigten und beobachteten Stärken unterstützt und weiter ausbaut, und zwar in der Erwartung, dass so weitere Synergien eintreten.

Belbins Ansatz wurde auch kritisiert. Vor allem wurde an ihm bemängelt, dass die Art der Aufgaben keine Beachtung findet, dass sein Fragebogen zur Erfassung der Rollenvorlieben sehr vage formuliert und sehr subjektiv ist.

Der Teamrollenansatz ist dennoch wichtig für das Verständnis der grundlegenden Prozesse im Team. Er kann Führungskräften Anhaltspunkte für die Verteilung von Aufgaben bieten und dabei helfen, Konflikte zu verstehen und Lösungen zu finden.

Es geht immer um Unterstützung bei der Beantwortung der Fragen:

- Wie sollte ein gutes Team zusammengesetzt sein?
- Was tun, wenn zu viele gleiche Typen im Team sind?

5 ERFOLGSFAKTOREN FÜR TEAMARBEIT

Wie bringe ich ein Team von Menschen dazu, gemeinsam mit anderen Höchstleistung zu erbringen? Hierfür gibt es einige Ratschläge:

1) **Eine gemeinsame Vision**
   Die Ziele werden von jedem Teammitglied als bedeutsam und wichtig erachtet. Nur dann, wenn alle auf dasselbe Ziel hinarbeiten, mit dem sie sich auch identifizieren können, entsteht ein Gefühl der Zusammengehörigkeit.

2) **Gute Organisation**
   Ein erfolgreiches Team läuft nicht blind drauflos. Jedem Teammitglied sollte klar sein, auf welches Ziel hingearbeitet wird – und wo die Arbeit beginnt. Auf dem Weg zu großen Zielen kann es hilfreich sein, auch Teilziele zu benennen, auf die das Team sich im Alltag fokussieren kann.

3) **Gemeinsame Verantwortung**
   Auch der Faktor der gemeinsamen Verantwortung hat mit der Arbeitsmoral im Team zu tun: Fühlt sich wirklich jedes einzelne Mitglied für den Gesamterfolg des Teams verantwortlich?

4) **Eine klare Rollenverteilung**
   In einem exzellenten Team greifen die einzelnen Zahnräder im Getriebe optimal ineinander. Jedes Teammitglied nimmt die übertragenen Aufgaben für sich an und versucht, den Erwartungen der anderen zumindest gerecht zu werden – oder sie sogar noch zu übertreffen.

5) **Transparente, ehrliche Kommunikation**
   In erfolgreichen Teams gibt es keine Eigenbrötelei. In der Regel werden Entscheidungen gemeinsam getroffen, zumindest aber untereinander abgestimmt. Wenn das nicht sinnvoll oder gar möglich ist, werden die Mitglieder des Teams zumindest rechtzeitig darüber informiert. Es gibt auch keine Wissensmonopolisierung.

6) **Feedback, Feedback, Feedback**
   Um sich weiterzuentwickeln, braucht jeder Feedback – eine gute Feedback-Kultur gehört daher unbedingt zu den Faktoren erfolgreicher Teamarbeit.

7) **Erfolge feiern!**
   Auch das Feiern von Erfolgen ist eine Art von Feedback, allerdings auf der Ebene des gesamten Teams: Das Zelebrieren erreichter Milestones oder besonderer Errungenschaften ist eine gute Teambuilding-Maßnahme. Es fördert die persönliche Bindung der Teammitglieder untereinander.

5.1 FÜNF DYSFUNKTIONEN EINES TEAMS

Was macht ein Team weniger leistungsfähig und was stört gute Zusammenarbeit? Die 5 Dysfunktionen eines Teams hat Patrick Lencioni eindrücklich in einem Beitrag zur Teamentwicklung beschrieben (2014). Er beschreibt in seinem Modell, warum Teams nicht funktionieren und was dagegen getan werden kann.

Im Verständnis von Lencioni ist ein Team mit umso höherer Wahrscheinlichkeit dysfunktional, je häufiger man die folgenden Fragen mit einem »Nein« beantworten muss:

| Finden regelmäßig leidenschaftliche, aber sachliche Diskussionen statt?
| Weiß jeder im Team, was die anderen jeweils beitragen?
| Entschuldigt sich jemand, wenn er etwas Unpassendes gesagt oder getan hat?
| Tauschen sich die Teammitglieder untereinander auch über Privates aus?
| Hinterfragen die Teammitglieder das, was ihre Kollegen vorhaben oder tun?
| Herrscht eine Kultur, in der jeder die Leistung des anderen anerkennt?
| Steht das ganze Team hinter einer gemeinsam getroffenen Entscheidung, und zwar auch dann, wenn einzelne Mitglieder anfangs dagegen waren?
| Stehen die Teammitglieder zu ihren eigenen Schwächen?
| Herrscht ein Klima allgemeiner Hilfsbereitschaft?

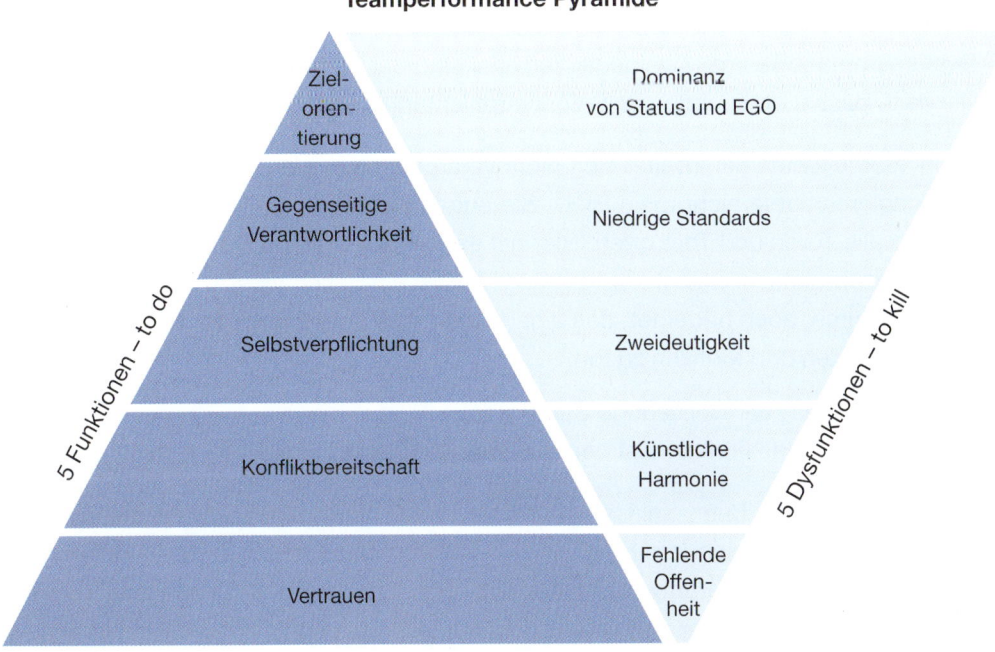

Abb. 4.6.1-4: Dysfunktionen und Funktionen (Lencioni 2014)

Lencioni beschreibt 5 Haupttypen von Dysfunktionen, die er einzeln behandelt und beschreibt. Zu jeder Dysfunktion benennt Lencioni eine Funktion, um so die Teamleistung wieder ins Gleichgewicht zu bringen.

Dabei bedeutet:

1. Dysfunktion des Teams: Fehlende Offenheit.
   Die dazu passende produktive Funktion ist Vertrauen.

Nur dann, wenn Menschen offen miteinander umgehen, ihre Stärken leben können, aber auch über Schwächen sprechen dürfen, entsteht Vertrauen. Um Vertrauen aufzubauen, braucht es deshalb vor allem eine gute Kenntnis der Stärken – sowohl der eigenen als auch der von anderen.

Bei dem Phänomen der Offenheit handelt es sich nicht um einmalige Sache, sondern um einen andauernden Prozess. Es ist wichtig, eine offene Fehlerkultur aufzubauen. Fehler müssen nicht nur erlaubt, sondern sogar erwünscht sein. Sie müssen gesehen und begriffen werden als Chance zum gemeinsamen Lernen.

2. Dysfunktion des Teams: Mangelnde Konfliktbereitschaft und künstliche Harmonie.
   Die dazu passende produktive Funktion ist Konfliktbereitschaft.

Meinungsverschiedenheiten sind wichtig, ohne sie gibt es kein Querdenken und kreative Ideen können sich nicht durchsetzen. Um Konfliktbereitschaft aufzubauen, ist es nötig, das Bewusstsein darüber zu schärfen, wie aus Konflikten Potenziale entstehen können. Die Steigerung der Reflexivität im Team ist eine weitere Maßnahme, eventuell auch die Stärkung der Selbstverantwortung der Mitarbeiter.

3. Dysfunktion des Teams: Zweideutigkeit als Feind der Verantwortung.
   Die dazu passende Funktion ist Selbstverpflichtung.

In vielen Teams fühlen Mitarbeiter sich nicht verantwortlich. Sie denken: »Warum soll ich mich engagieren, ist ja nicht mein Bier.« Sie engagieren sich nicht verbindlich im Team, halten sich alle Türen und Tore offen. Hier gilt es, die Selbstverpflichtung zu stärken, das eigene Commitment, die Selbstverpflichtung. Das ist ein Bekenntnis zu der gemeinsamen Sache, was immer auch bedeutet, das eigene Interesse unterzuordnen. Dieses Verhalten hat viel mit Werten und Motiven zu tun.

4. Dysfunktion des Teams: Niedrige Standards.
   Die dazu passende Funktion ist gegenseitige Verantwortlichkeit.

Wer sich nicht auf das Team einlässt, nimmt sich auch nicht gegenseitig in die Verpflichtung. »Warum soll ich mich in die Arbeit des anderen einmischen« – diese Haltung dominiert. Dabei ist jeder verantwortlich für sich selbst, aber auch für die anderen. Das bedeutet, dass der Blick über den Tellerrand jederzeit notwendig ist – und keinesfalls eine Einmischung darstellt.

5. Dysfunktion des Teams: Dominanz von Status und Ego.
   Die dazu passende Funktion ist Zielorientierung.

Wenn es wichtiger ist, die eigene Stellung zu sichern, als das Unternehmensziel zu erreichen, wirkt die 5. Dysfunktion. Je klarer und eindeutiger die Ziele sind, desto geringer können Status und Ego wuchern.

6 METHODEN DER TEAMARBEIT

6.1 TEAMFÄHIGKEIT ALS BASIS FÜR KOMMUNIKATION UND ENTSCHEIDUNGSFINDUNG IN TEAMS

Teamkommunikation und Kommunikationsfähigkeit können verstanden werden als notwendige, aber nicht hinreichende Voraussetzungen für Teamfähigkeit.

Die Fähigkeit zu effizienter Kommunikation ist ein Merkmal, das von einer teamfähigen Person zu fordern ist. Damit sind die Fähigkeit und Bereitschaft gemeint, dem Gegenüber zuzuhören, sich auf den verbalen Austausch mit dem anderen einzulassen und möglichst ohne vorgefertigte Bilder aufzunehmen, was vom Kommunikationspartner eingebracht wird (Janisch 1994). Dabei spielen verbale und nonverbale Kommunikationsfähigkeiten eine wichtige Rolle im Zusammenhang mit der Teamfähigkeit.

In betrieblichen Kontexten bei jeglicher Form der Zusammenarbeit ist Kommunikation immer von großer Bedeutung. In Bezug auf Teams hat Blakar (1985) fünf Aspekte hervorgehoben:

1. Die Teammitglieder müssen dazu motiviert sein, miteinander zu kommunizieren.
2. Sie müssen eine gemeinsame »Realität« haben (d. h. sie müssen ein gemeinsames Grundverständnis vertreten und eine gemeinsame Sprache sprechen).
3. Teammitglieder müssen die Fähigkeit besitzen, die Perspektive der anderen zu übernehmen (bzgl. sowohl Sachverständnis als auch Erleben).
4. Teams benötigen gemeinsam vereinbarte Regeln: Wie kommuniziert wird und welche Konsequenzen Regelverstöße haben.
5. Fehler und Schwierigkeiten sind zu erkennen, wenn eine der vorhergehenden Bedingungen nicht erfüllt ist.

Für ein Team gibt es vielfältige Formen der Arbeitsweise, Abstimmung und des Informationsaustausches, häufig unterstützt durch technische Rahmenbedingungen oder sogar basierend auf einer bestimmten Technik.

Ein erwünschtes Ergebnis im Rahmen der Teamarbeit sind das Finden und die verbindliche Formulierung von Entscheidungen. Diese können auf unterschiedliche Weise getroffen werden. Die folgende Zusammenstellung verdeutlicht, wann Konsens-Entscheidungen sinnvoll sind und wann besser abgestimmt werden sollte. Außerdem können Entscheidungen durch Teilgruppen oder von Einzelpersonen getroffen werden:

| **Entscheidung im Gesamt-Team:**

- **Konsens:**
  Wenn Entscheidungen wichtig sind
  Wenn Gruppen klein sind (10 Mitglieder oder weniger)
  Wenn ein intensiver Austausch an Ideen benötigt wird
  Wenn die Gruppe gut informiert ist
  Wenn die einzelnen Teammitglieder »auf Augenhöhe« arbeiten

- **Abstimmung:**
  Wenn bekannt ist, dass Konsens in der zur Verfügung stehenden Zeit nicht möglich ist
  Wenn alle Teilnehmer gleich gut informiert sind und die jeweiligen Standpunkte bekannt sind
  Wenn sichergestellt ist, dass die Minderheit die Mehrheit unterstützt
  Wenn es Überlegungen gibt, wie die Minderheit nach der Abstimmung behandelt wird

| **Entscheidung durch Teilgruppe:**
  Wenn die Teilgruppe über die nötigen Informationen und Expertise für die Entscheidungsfindung verfügt
  Wenn eine Teilgruppe die einzige Einheit ist, die von der Entscheidung betroffen ist
  Wenn die Gesamtgruppe die Entscheidung auf die Teilgruppe delegiert

| **Entscheidung durch Einzelperson:**
  Wenn es dringend ist
  Wenn eine Person über alle nötigen Informationen verfügt
  Wenn die Entscheidung einer Einzelperson durch die Gesamtgruppe zugetraut wird
  Wenn das Ergebnis nur die Einzelperson betrifft

Praxistipp: Ein erfahrener Projektmanager entwickelt, aufbauend auf seiner Erfahrung, eine Balance zwischen Team- und Einzelarbeit. Er ist sich der Teamdynamik bewusst und unterstützt sein Team mindestens durch Feedback.

6.2 DELEGATION

Das Thema Delegation ist im Kern kein Team-Thema, sondern gehört zum Thema Führung. Jedoch wird es von der ICB 4 deshalb dem Thema Team zugeordnet, weil es im Aufgabenbereich des Teamleiters begründet liegt.

Delegation bedeutet Aufgaben, Verantwortung und Kompetenzen an andere – in der Regel die Mitarbeiter – zu übertragen. Dies ist deshalb sinnvoll, weil keiner alles kann – weder gleichzeitig, noch alles gleich gut. Deshalb hilft Delegation dabei, effizienter und effektiver zu arbeiten.

Wer Aufgaben abgibt, profitiert gleich mehrfach davon:

- Man kann sich auf wesentlichere Aufgaben konzentrieren.
- Die Ergebnisse werden deshalb besser, weil die Kräfte fokussiert werden.
- Sie werden aber auch deshalb besser, weil die Arbeit jetzt von entsprechenden Spezialisten erledigt wird.
- Delegation erzeugt weniger Stress.
- Es werden gleichzeitig Sozial- und Führungskompetenzen trainiert.

Eigene Größe, Mut und Vertrauen – alle drei Eigenschaften sind für das Übertragen von Aufgaben und Kompetenzen essenziell und bilden eine zwingende Voraussetzung.

Dabei sind zwei Grundtypen zu unterscheiden:

- Delegation von konkreten Einzelaufträgen, die bis zu einem bestimmten Zeitpunkt erledigt werden müssen.
- Delegation von generellen Zuständigkeiten und Verantwortlichkeiten unter Vereinbarung von Zielen mit den Mitarbeitern. Nur in zuvor definierten Ausnahmefällen greift die Führungskraft ein.

Bei der Umsetzung hat sich ein Vorgehen nach der 6-W-Formel bewährt.

- Was ist zu tun? (Inhalt)
- Wer soll es tun? (Person)
- Warum soll er/sie es tun? (Motivation/Ziel)
- Wie soll er/sie es tun? (Umfang, Details)
- Womit soll es gemacht werden? (Arbeitsmittel)
- Wann soll es erledigt werden? (Zwischen- und Endziel)

Im Folgenden einige Praxistipps, was bei Delegation beachtet werden muss:

- Festlegen von Standards für Verfahren, Prozesse, Kommunikation
- Bewusste Entscheidung für das Übertragen einer Aufgabe an eine andere Person, unter Abwägen des dafür nötigen Aufwands
- Kommunizieren, welche Vorteile eine Delegation hat, sowie den erwarteten Gesamtnutzen

- Die zu delegierende Aufgabe muss möglichst eindeutig beschrieben und mit messbaren Kriterien versehen sein

- Transparenz über den Gesamtzusammenhang deutlich machen (»Big Picture«)

- Sicherstellen, dass der übernehmende Mitarbeiter alle Ressourcen und Mittel bekommt, um die Aufgabe erledigen zu können

- Nur an ausreichend qualifizierte Personen (d.h. mit passendem Reifegrad) delegieren

- Übertragen werden sollten nicht nur die Aufgabe an sich, sondern auch der dazu gehörende Entscheidungs- und Kompetenzrahmen

- Zur Lösung der Aufgabe sollte der Mitarbeiter möglichst freie Hand im Vorgehen haben, um ihn dadurch zu motivieren

- Zusage der Unterstützung, falls bei der Erledigung der Aufgabe unerwartet Hindernisse auftreten.

- Klarstellen, dass die Letztverantwortung für das Arbeitsergebnis beim Delegierenden verbleibt

Von Rückdelegation spricht man dann, wenn der Entscheidungsträger die von ihm erwartete Entscheidung nicht trifft oder keine Verantwortung hierfür übernimmt, sondern genau diese Entscheidung wieder auf die nächst höhere Hierarchieebene verlagert. Eine Rückdelegation ist damit eine vertikale Eskalation von Entscheidungen. Das muss dann vermieden werden, wenn Delegation wirkungsvoll genutzt werden soll.

7 BESONDERE TEAMEFFEKTE

7.1 GROUPTHINK

Irving Janis führte Untersuchungen über die Entscheidungsfindung in Gruppen durch und entwickelte ein Konzept, genannt »Groupthink«-Theorie (1982). Sie basiert auf dem menschlichen Sozialverhalten, in dem das Beibehalten von Gruppenzusammenhalt und -solidarität als wichtiger erachtet wird als das neutrale Betrachten von Tatsachen. Janis formuliert die folgende Definition von Groupthink:

 Definition: Groupthink ist ein Phänomen des Denkens, wenn Teammitglieder sehr intensiv in eine geschlossene Gruppe einbezogen sind, wenn das Streben der Mitglieder nach Einstimmigkeit ihr Verhalten außer Kraft setzt, Handlungsalternativen realistisch zu bewerten. Es ist der Zusammenhalt im Team deutlich stärker ausgeprägt als das sachliche und rationale Verhalten.

Verhindern von Groupthink:

- Ernennen Sie einen Advocatus Diaboli: Bewusstes Schaffen einer Rolle, die ausschließlich die Position des Schlechtmachens von Lösungen einnimmt.
- Regen Sie jeden an, kritische Gutachter zu sein.
- Der Leiter sollte nicht sofort eine Präferenz festlegen.
- Stellen Sie unabhängige Gruppen auf.
- Teilen Sie das Team in Untergruppen.
- Besprechen Sie, was mit anderen außerhalb der Gruppe geschieht.
- Laden Sie andere Personen in die Gruppe ein, um frische Ideen zu holen und den Teamzusammenhalt etwas aufzubrechen.
- Sammeln Sie anonyme Reaktionen mittels Vorschlagskasten oder Onlineforum.

Eine interessante Ausprägung des Group Think ist das **Abilene Paradoxon**: Ein Team trifft eine Gruppenentscheidung, die nachweislich kein einziges Teammitglied befürwortet, aber die trotzdem von allen getragen und umgesetzt wird.

7.2 SOCIAL LOAFING

Bei der Betrachtung der Leistung von Gruppen wird unter dem Aspekt »social facilitation« beobachtet, dass es allgemein zu einer Verbesserung der individuellen Performance durch die Anwesenheit anderer kommt. Zuerst wurde dieser Effekt bei Rennradfahrern beobachtet, die in einer Gruppe bis zu 30 Prozent schneller fahren als jeder Einzelne (Triplett 1898). Aber auch eine Verschlechterung der Performance wurde erstmals durch Ringelmann beobachtet. Beim Tauziehen hat er festgestellt, dass die Produktivität des Einzelnen mit steigender Gruppengröße oft abnimmt. Wenn Personen allein ziehen mussten, konnten sie 63 kg bewegen, zwei Personen entwickelten nur die Kraft für das Ziehen von 118 kg, 3 Personen schafften nur 160 kg.

Bezogen auf die Arbeit in einem Projektteam, bedeutet dieser Effekt, dass bei einem Einsatz von einer zweiten Person die Leistung in gewissen Situationen nicht 2 x 100 Prozent beträgt, sondern lediglich 2 x 93 Prozent; bei 3 Personen 3 x 85 Prozent und bei 8 Personen 8 x 49 Prozent.

Diese Beobachtung widerspricht der Aussage, dass 1 plus 1 in der Regel mehr als 2 ergibt! (oder auch: ein System ist mehr als die Summe der Elemente!)

Wie sind denn nun diese widersprüchlichen Ergebnisse zu erklären? Die Verringerung der Gruppenleistung kann einmal über Motivationsverluste mit der Tendenz, andere die Arbeit tun zu lassen, erklärt werden. Neben dem »Free Riding« (mangelnde Anreizmotivation) ist dies das Phänomen des Social Loafing.

 Definition: »Social Loafing« wird als soziales Faulenzen definiert. Es wird eine Abnahme der individuellen Anstrengungen aufgrund der Anwesenheit anderer Menschen und deren Mitarbeit angenommen, da der eigene Beitrag nicht erkennbar und sanktionierbar ist.

Wenn in einer späten Phase eines Projekts zusätzliche Ressourcen ins Team eingebaut werden, kann es gerade deshalb zu weiteren Verzögerungen kommen, da z. B. der Aufwand für die Einarbeitung sehr groß sein kann und sich gerade dann bewährte Mitarbeiter deshalb zurückziehen, weil sie den neuen Ressourcen Raum zur Entfaltung geben wollen. Man kann dies als kontraintuitives Verhalten eines Teams bei Ressourcenerhöhung bezeichnen.

7.3 RISK SHIFTING

Es soll hierbei die zentrale Fragestellung beantwortet werden: Sind Gruppen risikofreudiger als der Einzelne?

Das Ergebnis der Untersuchungen ist bekannt geworden als Risk-Shifting (Risikoschub-Phänomen). Es ist beobachtet worden, dass Gruppen im Allgemeinen risikofreudiger entscheiden als Einzelpersonen. Dabei scheint eine Art gedankliche Abwälzung auf andere Gruppenmitglieder stattzufinden. Weiterhin fallen die in Gruppen getroffenen Urteile nach Diskussionen in ihrer Ausprägung extremer aus als von Einzelpersonen gefällte Urteile. Somit findet eine Polarisation statt. So wird ein Team offensiver reagieren als Einzelpersonen. In einem Projekt mit hohem Innovationsanteil, etwa in der Grundlagenforschung, bei dem der Druck erhöht wird, endlich Ergebnisse zu produzieren, können die Risiken im Team eher ausgeblendet werden. Ohne Absprache und Abstimmung mit dem Projektmanager kann so ein falscher Weg verfolgt werden oder es entstehen höhere Kosten.

8 DIE KOMPETENZINDIKATOREN DER ICB 4

8.1 DAS TEAM ZUSAMMENSTELLEN UND ENTWICKELN

Zusammengefasst kann erfolgreiche Teamarbeit dann gewährleistet sein, wenn die richtigen Ressourcen zur richtigen Zeit, in der richtigen Zusammensetzung am richtigen Ort wirken können; das schließt die Person des Projektmanagers eindeutig mit ein, der dafür sorgt, dass zwischen den Mitgliedern die Chemie stimmt. Spätestens im Start-Workshop müssen die Teammitglieder ein gemeinsames Verständnis hinsichtlich der zu erledigenden Aufgabe entwickelt haben: Dem »Big Picture«, also der gemeinsamen Vision, müssen alle zustimmen.

Der Projektmanager stellt die fortlaufende Entwicklung des Teams sicher, die sich je nach der verändernden Teamreife anders darstellt. Ein erfolgreicher Projektmanager berücksichtigt individuelle Kompetenzen genauso wie Normen und Regeln fürs Team.

8.2 ZUSAMMENARBEIT UND DAS NETZWERKEN ZWISCHEN TEAMMITGLIEDERN FÖRDERN

Der erfolgreiche Projektmanager regt die Zusammenarbeit an und motiviert alle Teammitglieder dazu, effizient zusammenzuarbeiten, um so zum Nutzen des Projekts ihren Beitrag leisten zu können. Dabei kommt es immer wieder zu unterschiedlichen Meinungen und Einschätzungen; es kommt auf die produktive Atmosphäre an. Sollte ein Teammitglied spaltend oder kontraproduktiv wirken, muss die Teamleitung eingreifen und korrigieren.

Ein erfolgreicher Projektmanager schafft Gelegenheiten für Diskussionen, Meinungsaustausch und teilt die Erfolge mit dem gesamten Team.

8.3 DIE ENTWICKLUNG DES TEAMS UND DER TEAMMITGLIEDER ERMÖGLICHEN, UNTERSTÜTZEN UND ÜBERPRÜFEN

Wie schon bei der Diskussion der Teamdynamik erläutert, gehört zu den wichtigsten Aufgaben des Projektmanagers, das ihm anvertraute Team kontinuierlich zu entwickeln, zu motivieren und dabei zu unterstützen, neues Wissen zu erwerben und einzusetzen. Dazu gehört auch der Austausch von Wissen im Team und mit anderen Teams.

Ein erfolgreicher Projektmanager fördert kontinuierliches Lernen und teilt Wissen in der Gruppe. Dazu gehört auch »Lessons Learned« im Rahmen von Wissensmanagement.

8.4 TEAMS DURCH DAS DELEGIEREN VON AUFGABEN UND VERANTWORTLICHKEITEN STÄRKEN

Verantwortung erzeugt Commitment. Ein erfolgreicher Projektmanager verbessert die Einbindung über das individuelle und kollektive Empowerment, in dem z. B. Aufgaben an das Team delegiert werden. Je nach Reifegrad der übernehmenden Person können die delegierten Aufgaben groß oder sogar herausfordernd gestaltet sein.

Das Ergebnis der delegierten Aufgaben sollte gemessen werden; regelmäßige Feedbackrunden stellen dabei den Lernerfolg sicher.

8.5 FEHLER ERKENNEN, UM DAS LERNEN AUS FEHLERN ZU ERMÖGLICHEN

Damit alle Projektmitglieder aus Fehlern oder besser Erfahrungen lernen können, sollten die Instrumente dieses Kapitels bekannt sein, dazu gehören insbesondere das Fördern einer Fehlerkultur; regelmäßige Feedbackrunden ohne Schuldzuweisungen; Lessons Learned Workshops; KVP Workshops, regelmäßige Teamentwicklungsmaßnahmen und besonders das Delegieren von Aufgaben.

? WIEDERHOLUNGSFRAGEN

- Wie kann ein Team definiert werden?
- Was spricht für und was gegen Teamarbeit?
- In welchen Phasen verläuft eine Teamentwicklung nach Tuckman?
- Welche Voraussetzungen für effektive Teamergebnisse gibt es?
- Was bedeutet »Social Loafing«?
- Was bedeutet »Groupthink«?
- Was sind die wesentlichen Charakteristika eines Teams?
- Wann ist eine Person teamfähig?
- Wie können Team und Teamarbeit definiert werden?
- Welche Aufgaben hat der Projektmanager jeweils in den einzelnen Phasen der Teamentwicklung zu erfüllen?
- Welche typischen Probleme treten in den einzelnen Phasen auf?
- Wie sollten Teams zusammengesetzt werden?
- Sollte der Projektmanager an der Zusammensetzung des Projektteams beteiligt werden?
- Was sind Rollen?
- Welche Anforderung und Inhalte an die Rolle eines Projektmanagers gibt es?
- Was ist bei der Delegation von Aufgaben zu beachten?
- Welche Rahmenbedingungen von Delegation sind zu beachten?
- Wie sollte ein Feedback aussehen?
- Was sind Lessons Learned Workshops?
- Was kann alles delegiert werden?
- Wie kann die Zusammenarbeit im Team gefördert werden?
- Welche Teamrollen definiert Belbin?
- Worauf ist bei der Teamzusammensetzung zu achten?
- Was sind Dysfunktionen in einem Team?

LITERATURVERZEICHNIS

Verwendete Literatur

Antoni, C. H. (1994): Gruppenarbeit — mehr als ein Konzept. Darstellung und Vergleich unterschiedlicher Formen der Gruppenarbeit. In: Antoni, C. H. (Hrsg.): Gruppenarbeit in Unternehmen. Weinheim: Beitz.

Beck, D.; Fisch, R. (2003): Zusammenarbeit in Organisationen – eine sozialpsychologische Perspektive. In: Globale und monetäre Ökonomie: Festschrift für Dieter Duwendag (S. 263–281). Heidelberg: Physica Verlag.

Blakar, R. M. (1985): Towards a theory of communication in terms of preconditions: A conceptual framework and some empirical explorations. In: Giles, H.; St. Clair, R. N. (Hrsg.): Recent advances in language, communication, and social psychology (pp. 10–40). London: Lawrence Erlbaum.

Brodbeck, F. C.; Anderson, N.; West, M. A. (2000): Das Teamklima-Inventar. Heidelberg: Hogrefe.

Belbin, R. M. (1981): Management Teams: Why they succeed or fail. Butterworth-Heinemann, sowie Team Roles at Work. Butterworth-Heinemann.

GPM (Hrsg.) (2017): Individual Competence Baseline für Projektmanagement – Version 4.0. Nürnberg: GPM Deutsche Gesellschaft für Projektmanagement e. V.

Hackman, G. R. (1987): The design of work teams. In: Lorsch, J. W. (Hrsg.): Handbook organizational behavior. Englewood Cliffs: Prentice Hall.

Janis, L. (1982): Victims of groupthink (2fld edition). Boston: Houghton Mifflin.

Janisch, W. (1994): Team-fähig sein. Personzentriert.

Lencioni, P. M.; Schieberle, A. (Übersetzer) (2014): Die 5 Dysfunktionen eines Teams. Wiley Verlag.

Peemöller, V. H. (2005): Controlling – Grundlagen und Einsatzgebiete (5. Aufl.). Herne, Berlin: Verlag Neue Wirtschafts-Briefe.

Roth, H. (1971): Pädagogische Anthropologie. Band II: Entwicklung und Erziehung. Hannover: Schroedel.

Thompson, L. L. (2004): Making the Team: Guide for Managers.

Triplett, N. (1898): The dynamogenic factors in pacemaking and competition. The American journal of psychology, 9(4).

Tuckman, B. W. (1965): Development sequence in small groups. Psychological Bulletin. Vol. 63, 6.

West, M. A.; Dick, R. v. (2005): Teamwork, Teamdiagnose, Teamentwicklung. Göttingen: Hogrefe Verlag.

Weiterführende Literatur

Karau, J.; Williams, K. D. (1993): Social loafing: a meta-analytic review and theoretical integration. Journal of Personality and Social Psychology, Vol. 65, No. 4.

Stumpf, S.; Klaus, C.; Süßmuth, B. (2003): Gruppenreflexivität als Determinante der Effektivität und Weiterentwicklung von Arbeitsgruppen. In: Stumpf, S.; Thomas, A. (Hrsg.): Teamarbeit und Teamentwicklung (S. 143–165). Göttingen: Hogrefe Verlag.

Wagner, K. W.; Patzak G. (2007): Performance Excellence. Carl Hanser Verlag. München.

4.6.2 ARBEIT IN VIRTUELLEN TEAMS

Autoren:

Florian Dörrenberg

Prof. Dr. Florian Dörrenberg (IPMA Level B) leitet das Lehrgebiet Internationales Projektmanagement und Kompetenztransfer an der Fachhochschule Südwestfalen (Stiftungsprofessur). Umfangreiche Erfahrungen als Projektmanager und Projektleiter; Unterstützer internationaler Unternehmen und Organisationen als Berater, Trainer und Projektbegleiter. Aktiv in der GPM seit über 25 Jahren (u. a. IPMA-Council, Kuratorium, Fachgruppen, Assessor der PM-ZERT).

Martin Goerner

Dr. Martin Goerner ist Sozialwissenschaftler, zertifizierter und akkreditierter Projektmanagement-Trainer der GPM, Systemischer Organisationsberater und Coach (WIBK Prof. König), Metaplan-Professional. Arbeitsschwerpunkte sind: Konzeption und Durchführung von Organisationsentwicklungs-Projekten, Einführung und Optimierung von PMO. Er hat zahlreiche Artikel zu Projektmanagement, Beratungsmethodik, Weiterbildungskonzepten sowie sozialwissenschaftlicher Forschung veröffentlicht. www.dr-goerner.de

Gerold Patzak

Univ. Prof. Dipl.-Ing. Dr. Gerold Patzak hat an der Technischen Universität Wien Maschinenbau- und Betriebswissenschaften studiert. Seit 1985 ist er Universitätsprofessor für Systemtechnik und Projektmanagement an der TU Wien. Er war Gastprofessor am Georgia Institute of Technology, Atlanta, am Virginia Polytechnic Institute and State University, Blacksburg VA, an der Purdue Univ., Indiana, und an der Univ. of Colorado, Boulder. Er ist Autor zahlreicher Fachbücher sowie Mitbegründer der PRIMAS Consulting, Zivilingenieur für Wirtschaftsingenieurwesen im Maschinenbau, Gründungs- und Vorstandsmitglied der AFQM und Assessor für Projektmanagement-Zertifizierungen.

INHALT

Grundlagen der Zusammenarbeit in virtuellen Teams 778
    Wesen und Bedeutung virtueller Teams 779
    Relevante Definitionen, Begriffe und Begriffsinhalte 780
    Erfolgsfaktoren virtueller Teams 781

Anforderungen an die Kompetenzen virtueller Teams 782
    Anforderungen an den Projektmanager virtueller Teams 783
    Anforderungen an die Mitglieder virtueller Teams 784

Vor- und Nachteile der virtuellen Teamarbeit 784

Bedeutung von Vertrauen 786

Handlungsanleitungen und Vorschläge zur Führung virtueller Teams 790
    Generelle Anleitungen 790
    Umgang mit unterschiedlichen Kulturen und Sprachen 791
    Aufbau der Kommunikationskultur in virtuellen Teams 792
    Die Startphase bei virtuell abgewickelten Projekten 793

Effektive Kommunikation in virtuellen Teams 793
    Formen und Medien der virtuellen Kommunikation 796
        Besondere Anforderungen bei Webkonferenzen 797
        Virtuelle Projekträume, Collaboration-Tools und Cloud-Computing 798
    Besondere Herausforderungen in virtuellen Kommunikationssituationen 798
    Erfolgreiche Gestaltung der virtuellen Kommunikation 801
        Kommunikationsgrundsätze für virtuelle Teams 801
        Regeln für Web-Meetings 802

Wiederholungsfragen 805

Literaturverzeichnis 806

1 GRUNDLAGEN DER ZUSAMMENARBEIT IN VIRTUELLEN TEAMS

Das vorliegende Thema »Arbeit in virtuellen Teams« hat mehrfache Beziehungen zu anderen Bereichen des Projektmanagements. Primär baut dieser Beitrag direkt auf dem Kapitel »Führung« auf und versteht sich als Erweiterung des Kapitels »Teamarbeit«, indem es auf die speziellen Ausprägungen der Arbeit in nicht real existierenden Teams eingeht. Außerdem bestehen erhebliche Schnittstellen zum Kapitel »Persönliche Kommunikation«, sodass hier ein gesonderter Abschnitt zur Kommunikation in virtuellen Teams eingefügt wurde. Weitere intensive fachliche Beziehungen bestehen zu den Kapiteln »Digitalisierung im Projektmanagement«, »Internationale Projektarbeit«, »Compliance, Standards und Regularien«, »Kultur und Werte«, »Persönliche Integrität und Verlässlichkeit«, »Planung und Steuerung« und »Stakeholder«. Da Projektmanagement als ein komplexes vernetztes System zu verstehen ist, bestehen in naheliegender Weise jedoch Beziehungen zu allen Aspekten, Prozessen und Methoden des Managements von Projekten.

Andere, sich mit der Überschrift zum Teil deckende Begriffe sind:

- Führung in virtuellen Teams
- Führung auf Distanz, Führung verteilter Teams
- Virtuelle Zusammenarbeit, virtuelle Führung von Teams

Letztere Bezeichnung wird in diesem Beitrag fallweise verwendet, ist jedoch, genau besehen, dem Sinn nach nicht korrekt: Die Führung bzw. die Zusammenarbeit ist keineswegs virtuell, sondern sehr real, es ist das zu führende Team, das bloß virtuell existiert.

Für Unternehmen und Organisationen wird die internationale Zusammenarbeit immer wichtiger. Wenn die für ein Projekt benötigten Personen über mehrere Länder verteilt sind und gedanklich zu einem Team zusammengefasst werden, um in gemeinsamer Arbeit Ziele zu verfolgen, so spricht man von virtueller Teamarbeit.

Was ist ein virtuelles Team?
Teams und deren Charakteristika und Eigenschaften wurden ausführlich in mehreren Beiträgen diskutiert – die Grundlage hierfür sind allerdings durchweg Teams, die ein reales, auf physischen Kontakten basierendes Teamleben entwickeln. Bei **virtuellen Teams** kann man nicht von einem realen Team sprechen, obwohl praktisch alle Phänomene der Teamarbeit ebenfalls zu verzeichnen sind, diese jedoch in gewandelter Form und Betonung. Im vorliegenden Beitrag geht es um die **Arbeit in virtuellen Teams**, also von Teams, die keine echten Teams sind und damit geänderte Voraussetzungen für eine Zusammenarbeit mit sich bringen.

1.1 WESEN UND BEDEUTUNG VIRTUELLER TEAMS

 Definition: Virtuell bedeutet, dass etwas scheinbar existiert, in Wirklichkeit jedoch nicht vorhanden ist, obwohl es dem Betrachter echt erscheint. Der Begriff »**virtuell**« steht dem Begriff »**real**« gegenüber.

Durch die immer weiter voranschreitende Globalisierung der Wirtschaft sowie die vermehrte Dezentralisierung von Aufgaben in vielen Organisationen, wie zum Beispiel durch die örtliche Trennung von Entwicklung, Produktion und Verwaltung, was insbesondere auf Projekte zutrifft, besteht die Notwendigkeit, als Projektmanager das gesamte Projektteam oder Teile davon vermehrt oder sogar vollständig aus der Ferne zu leiten. Diese örtlich verteilten Projektteams, die keine Möglichkeit haben, persönlich (face to face) zusammenzuarbeiten, werden deshalb als »virtuelle Teams« bezeichnet, da die Teammitglieder nicht mehr, wie bei konventionellen Teams, an einem Ort physisch kooperieren und miteinander kommunizieren können, sondern auf elektronische Kommunikationsmittel angewiesen sind und sich damit wegen des Fehlens von persönlichem Kontakt kein echtes Zusammengehörigkeitsgefühl (Teamgeist) entwickeln kann.

Was ist besonders zu beachten, wenn es darum geht, verteilte oder virtuelle Teams zu führen, das heißt, zusammenzustellen, zu organisieren, zu motivieren, die Arbeitsfreude aufrechtzuerhalten und letztlich optimale Projektergebnisse zu erzielen?

Es wird allgemein bestätigt, dass folgende Faktoren bei der virtuellen Teamarbeit als dominant anzusehen sind:

- Eine angepasste Kommunikation über Distanzen, Zeitunterschiede und Kulturen hinweg.
- Der Aufbau eines gesunden Vertrauensverhältnisses sowohl zwischen Projektleitung und Teammitarbeitern wie auch zwischen den verteilten Teammitgliedern.
- Ein zumindest einmaliges physisches Zusammentreffen, vornehmlich beim Projektstart, mit persönlichem Kennenlernen, verbunden mit einem sozialen Event.

Die nachfolgenden Ausführungen sollen dies erhärten.

1.2 RELEVANTE DEFINITIONEN, BEGRIFFE UND BEGRIFFSINHALTE

Merkmale eines realen Teams

Für die Entwicklung einer Gruppe von Individuen, d. h. einer Zusammenfassung von sich möglicherweise untereinander nicht kennenden Personen, zu einem realen Team sind folgende Voraussetzungen von wesentlicher Bedeutung. Diese beziehen sich zunächst auf Präsenzteams:

- Das Vorliegen eines von allen Teammitgliedern akzeptierten und verfolgten Zielsystems.
- Persönliche physische Kontakte bei der Zusammenarbeit und beim Informationsaustausch.
- Das Durchleben der typischen Teamentwicklungsphasen in unterschiedlicher Ausprägung, wodurch sich ein Teamzusammenhalt und Teamgeist entwickelt.

Merkmale eines virtuellen, verteilten Teams

Bei virtuellen Teams sind vor allem die als wesentlich erkannten physischen Kontakte nur in unterschiedlich vermindertem Ausmaß, im Extremfall sogar überhaupt nicht gegeben. Dies ist auch die Begründung, weswegen man sich des aus dem Lateinischen stammenden Begriffs »virtuell« bedient:

Virtus: Die Kraft, die Tüchtigkeit, die Vorstellungskraft
virtuell: Nur aufgrund unserer Vorstellungskraft existierend, nicht in Wirklichkeit vorhanden, imaginär, nur scheinbar existierend, aber als real behandelt.

Virtuelle Teams können in die folgenden drei Ausprägungen unterteilt werden:

1. Kernteam-Mitglieder eines Projekts und sonstige punktuell mitarbeitende Teammitglieder befinden sich in unterschiedlichen Räumen, sie besitzen keinen gemeinsamen Projektraum, in dem sie zumindest teilweise physisch zusammenarbeiten und auf der Basis laufender persönlicher Kommunikation die Projektziele verfolgen können. Die Teammitglieder arbeiten weiterhin in ihren Stammabteilungen. Diese Form von verteilter Teamarbeit tritt insbesondere bei der Projekt-Einflussorganisation auf.

2. Die Teammitglieder befinden sich an unterschiedlichen Orten innerhalb eines überschaubaren Gebiets, wobei die geografische Distanz zur Projektleitung ein mehrmaliges Zusammentreffen, etwa in Form eines monatlichen Jour fixe, zulässt. Der Aufwand für die Reisen fällt nicht stark ins Gewicht, das Kommunikationssystem muss aber gut geplant und sowohl vom Team als auch dem Teamleiter genutzt werden. Man spricht hier von einem **verteilten, dislozierten Team.**

3. Die Teammitglieder arbeiten in unterschiedlichen Regionen, Ländern, Kulturen in möglicherweise stark differierenden Zeitzonen mit versetzten Arbeitszeiten und sind gefordert, über große Distanzen eine Zusammenarbeit in teilweise synchroner Abstimmung

zu bewerkstelligen. Bestenfalls haben sich die Mitglieder eines derartigen Teams vielleicht einmal persönlich getroffen, und zwar beim Projektstart. Sprachprobleme und das Aufeinanderprallen von Kulturen kennzeichnen diese Ausprägung von verteilten Teams des Weiteren. Auf derartige Projektmitarbeiter trifft der Ausdruck eines virtuellen Teams in vollem Maße zu.

1.3 ERFOLGSFAKTOREN VIRTUELLER TEAMS

Damit Personen in Form eines virtuellen Teams vereinbarte Ziele verfolgen und **effizient** zusammenarbeiten können, müssen einige Erfolgsfaktoren speziell berücksichtigt werden:

- **Teamfähigkeit der beteiligten Personen**
  - Fähigkeit der Selbstorganisation, Übernahme von Eigenverantwortung.
  - Fach-, Methoden- und soziale Kompetenz bei allen Teammitgliedern vorhanden.
  - Kommunikationswille und -fähigkeit sind gegeben.
  - »Chemie« untereinander passt.

- **Definierte Ziele der gemeinsam vom Team zu leistenden Aufgabe**
  - Gleiches Verständnis hinsichtlich der von den Teammitgliedern akzeptierten Ziele.
  - Interdependente Aufgaben bei klarer Abgrenzung zueinander.
  - Konkrete Ergebnisdefinition für jede Einzelaufgabe, für jedes Arbeitspaket.

- **Aufbau und Pflege persönlicher Beziehungen untereinander**
  - Auf Vertrauen aufbauende Beziehungen bestehen.
  - Teamidentifikation (Zugehörigkeit, Abgrenzung nach außen) liegt vor.
  - Kommunikation, Interaktion funktioniert.
  - Technologien, Medien werden beherrscht.

- **Geklärte Rollen**
  - Geteilte Führung auf Distanz ist akzeptiert.
  - Rollendefinition der Beteiligten (Unternehmensleitung, Projektmanager, Teammitglieder) ist klar.
  - Unterstützung durch das Management ist gegeben.

2 ANFORDERUNGEN AN DIE KOMPETENZEN VIRTUELLER TEAMS

Ein virtuelles Team besteht somit aus einer Gruppe von Personen, die zum Zweck der Verfolgung einer gemeinsamen Aufgabe interagieren, dies jedoch im Gegensatz zum konventionellen Team über **Raum-, Zeit-** und **Organisationsgrenzen** hinweg.

Die Zusammenarbeit in virtuellen Teams stellt damit erhöhte Anforderungen an die Qualifikation der Teammitglieder hinsichtlich:

- **Methoden-Kompetenz**
  Grundvoraussetzung ist ein Mindestmaß an Kompetenz im Umgang mit den Methoden des Projektmanagements.

- **Soziale Kompetenz**
  Einer der wichtigsten Faktoren sozialer Kompetenz für die Zusammenarbeit in virtuellen Projektteams ist die Bereitschaft zu **offener und aufrichtiger Kommunikation**. Dabei ist es erforderlich, dass die einzelnen Teammitglieder teamfähig und kooperativ sind. Dies äußert sich durch Hilfsbereitschaft, Konfliktlösungsfähigkeit, hohe Motivation, selbstverantwortliches Arbeiten und kulturelle Offenheit.

- **Selbstkompetenz**
  Die starke Dezentralisierung der Arbeit in virtuellen Projektteams erfordert bei allen Mitarbeitern die hohe Bereitschaft, ihr umfangreiches Wissen einzubringen, auch ohne dabei an den persönlichen Nutzen zu denken. Offenheit für Neues, das Berücksichtigen von Aspekten, die über den Horizont der eigentlichen Aufgabenbereiche hinausgehen, und eine hohe Fortbildungsbereitschaft sind gefordert.

- **Kommunikations- und IT-Kompetenz**
  Mit den modernen Informations- und Kommunikationstechnologien erfolgreich in virtuellen Teams umgehen zu können, stellt eine Grundanforderung an den einzelnen Projektmitarbeiter dar, aber auch das Wissen, welche Kommunikationsinstrumente sich für die verschiedenen Aufgaben am besten eignen. Außerdem ist der verantwortungsvolle Umgang mit Daten unter Einhaltung der Anwendungsregeln wichtig.

- **Proaktiver Umgang mit Diversität**
  Von Mitgliedern virtueller Teams wird gefordert Diversität, also die Unterschiede der Kulturen, Religionen, der gesellschaftlichen Sitten und Gebräuche nicht nur zu akzeptieren, sondern diese möglichst als Vorteile in der gemeinsamen Arbeit zu sehen und zu nutzen. Ein Wille zur Akzeptanz mangelhafter Sprachkenntnisse beim Partner ist dabei inkludiert. Die Kenntnis von Fremdsprachen, vornehmlich von Englisch, ist in einem internationalen Kontext jedoch eher selbstverständlich.

2.1 ANFORDERUNGEN AN DEN PROJEKTMANAGER VIRTUELLER TEAMS

Durch die Dezentralisierung bei virtuellen Projektteams wird vom Projektmanager eine hohe, zusätzliche Schwerpunkte setzende Führungskompetenz erwartet. Mitarbeiterführung beinhaltet im Wesentlichen, die beteiligten Personen dazu zu gewinnen, dass sie ihre Fähigkeiten in den Dienst der gemeinsamen Aufgabe und Ziele stellen können und wollen. Genau diese Aufgabe erfordert in dislozierten Teams eine erhöhte Anstrengung.

Der Projektmanager in der Rolle des Teamleiters bildet das wichtigste Bindeglied zwischen der Projektzentrale und den verteilt arbeitenden Teammitgliedern. Seine Aufgabe besteht darin, relevante Informationen an das Team weiterzuleiten. Der Projektmanager hat in virtuellen Teams in der Regel hoch kompetente Mitarbeiter auf Distanz zu führen, was die Aufgabe interessanter, zugleich auch möglicherweise herausfordernder und schwieriger gestaltet. Zu den selbstverständlichen Aufgaben der Teamführung kommen neue Aufgabenfelder hinzu, wie vor allem, die passenden Kommunikationstools zu implementieren und je nach Anlass und Zweck auszuwählen. Es geht darum, bewusst zu jedem einzelnen Teammitglied ein Vertrauensverhältnis aufzubauen und dieses etwa durch Nachfrage nach dem persönlichen Befinden – anstelle des persönlichen Small Talks in realen Teams – zu pflegen. An Stelle einer subjektiv beobachtbaren, verhaltensorientierten Einschätzung der Mitarbeiter tritt bei der Führung auf Distanz eine objektive, ergebnisorientierte Kontrolle durch den Projektmanager. Die Qualität gemeldeter Daten und die Verbindlichkeit von Zusagen weisen gefühlsmäßig einen höheren Grad an Unsicherheit auf, was durch verstärktes Nachfragen zu kompensieren ist. Der Leistungsfortschritt und die gemeldeten Aufwände des einzelnen Mitarbeiters müssen stärker hinterfragt und überprüft werden. Zugleich ist mangelnde Kompetenz aufseiten des Ausführenden schwieriger zu erkennen, womit ein zusätzliches Projektrisiko entsteht.

Trotz der vorhin angesprochenen Ergebnisorientierung bildet jedoch das Vertrauen in die Mitarbeiter und in ihre menschlichen Werte eine wichtige Voraussetzung erfolgreicher virtueller Arbeit. Die Aufgabe des Projektmanagers ist es deshalb, die Autonomie der Beteiligten zu fördern, die Ziele zu entwickeln, die Aufgaben und den Zeitrahmen festzulegen und vor diesem Hintergrund ein Team aus sich selbst organisierenden Teilnehmern aufzubauen. Ziel ist es, Verbindlichkeit herzustellen. Der Projektmanager muss eine speziell hohe Sensitivität hinsichtlich des Erkennens sich aufbauender oder schwelender Konflikte entwickeln.

Er muss klare Regeln der persönlichen Kommunikation vorschlagen, vereinbaren und auch selbst strikt einhalten und vorleben. Weiterhin muss sich der Projektmanager auf die Diversitäten innerhalb des virtuellen Teams einlassen und daraus, wenn möglich, Nutzen ziehen.

Er sollte eine auf Respekt basierende Kooperation mit dem sich vor Ort befindenden disziplinären Vorgesetzten aufbauen und pflegen und sollte gute Leistungen – noch mehr als in Präsenzteams – zumindest durch Erwähnung belohnen. Minderleistungen sollten unmittelbar angesprochen werden, da sonst die anderen Teammitglieder auch schwache Leistung als akzeptabel betrachten, was sich demotivierend auf die übrigen Teammitglieder auswirkt.

2.2 ANFORDERUNGEN AN DIE MITGLIEDER VIRTUELLER TEAMS

Die sogenannten »virtuellen Werte« sind für die Zusammenarbeit in virtuellen Teams ein sehr wichtiger Erfolgsfaktor. Virtuelle Beziehungen erfordern aufgrund ihrer Fragilität ein weit höheres Maß an Vertrauen, als dies in konventionellen Projektteams der Fall ist.

Vertrauen betrifft:

- **Vertrauen in die Arbeitskollegen und deren zuverlässiges Verhalten**
  Es ist schwieriger, die Sozialkompetenz der Teammitglieder über eine Entfernung hinweg zu überprüfen, als dies im direkten Kontakt möglich ist. Was sich auf dem Papier gut liest, würde sich womöglich bei einem persönlichen Kennenlernen nicht bestätigen.
- **Vertrauen in das Funktionieren von zwischenmenschlichen Beziehungen**
- **Vertrauen in den Zweck und in die Sinnhaftigkeit der Arbeit**

Die Aspekte des persönlichen Vertrauens begleiten virtuelle Teamarbeit vom Projektstart über den gesamten Projektlebensweg hinweg. Wegen des Fehlens all jener Informationen, die sich sonst aus dem täglichen persönlichen Kontakt ergeben, ist es jedoch schwer, Vertrauen aufzubauen und es kann zugleich leichter wieder verloren gehen. Dieses wichtige Thema wird in Abschnitt 4 Bedeutung von Vertrauen eingehend besprochen.

3 VOR- UND NACHTEILE DER VIRTUELLEN TEAMARBEIT

Für die zunehmend international verflochtene Wirtschaft bietet die Arbeit in virtuellen Teams zahlreiche Vorteile, die ein entscheidender Grund dafür sind, dass die Zahl solcher Teams international weiter zunimmt. Die wesentlichen Vor- und Nachteile sind nachfolgend aus der Sicht des Unternehmens, der Teammitglieder und der Führungsinstanz aufgelistet.

Vorteile/Chancen der virtuellen Teamarbeit aus **Organisationssicht**:

- Flexibilität: Organisationen können virtuelle Teams je nach Bedarf vergleichsweise sehr kurzfristig formieren, umbesetzen und auflösen. Die Kooperation mit externen Beratern und Dienstleistern gestaltet sich flexibel, ebenso die Teamgröße, Intensität der Zusammenarbeit und die Dauer.
- Der Zugriff auf Wissen und personelle Ressourcen unterliegt keinen geografischen

Beschränkungen: Wenn etwa eine sehr spezifische Expertise zu einem bestimmten Thema nur in einem Land verfügbar ist, so kann dieser Wissensträger problemlos in das virtuelle Team als Mitglied aufgenommen werden.

- International agierende Organisationen können auf Ressourcen in den unterschiedlichen Märkten zurückgreifen, ohne dort eine aufwendige physische Niederlassung aufbauen zu müssen.

- Durch die unterschiedlichen Zeitzonen bedingt, kann ein dezentral aufgestelltes Team möglicherweise deshalb produktiver sein als ein klassisches Team, da in weltumspannender Weise innerhalb einer Organisation 24 Stunden am Tag Projektarbeit geleistet wird.

- Einsparungen bei Reisezeiten, Reisekosten und Bürokosten: Die heutigen kostengünstigen Möglichkeiten der internationalen Vernetzung auf digitalem Wege liefern einen wesentlichen Faktor der Kostenreduktion. Dabei sollte aber auf einige wenige Präsenztreffen, zumindest in der Startphase, nicht verzichtet werden.

- In internationalen Projekten mit ihren verteilten Teams wird die Präsenz von Teammitgliedern vor Ort als motivationsfördernd und als akzeptanzsteigernd empfunden, wodurch das Zusammenwachsen der Organisationsteile gefördert wird.

Nachteile/Risiken der virtuellen Teamarbeit aus **Organisationssicht**:

- Reibungsverluste, die durch die gegebene eingeschränkte Kommunikationsbreite entstehen, da alle elektronischen Kommunikationsmedien in unterschiedlichem Maße Filterfunktionen aufweisen, wie etwa der Wegfall nonverbaler Informationskanäle. Dadurch erhöht sich das Risiko von Missverständnissen und Fehlinterpretationen. Das gleiche Problem liegt bei internationalen Projekten dann vor, wenn Teammitglieder die vereinbarte Arbeitssprache nur beschränkt beherrschen und sich bei Besprechungen bewusst zurückhalten oder ihre Beiträge unklar formulieren.

- Aus Gründen der Heterogenität des Teams, von Sprachproblemen, Missverständnissen aufgrund der eher unpersönlichen Kommunikation, verzögert erkannten Konflikten und Ähnlichem ergibt sich eine Verminderung der Produktivität virtueller Teams.

- Es ist für die verteilt arbeitenden Mitarbeiter schwerer, sich mit der Organisation und dem Projekt zu identifizieren.

Vorteile/Chancen der virtuellen Teamarbeit aus **Mitarbeitersicht**:

- Virtuelle Teamarbeit erfordert eine erhöhte Selbstorganisation bei den Teammitgliedern, was von vielen Projektmitarbeitern als weniger Zwang und damit als erstrebenswerter Vorteil empfunden wird.

- Es stehen mehr Möglichkeiten offen, an interessanten Projekten mitzuarbeiten.

- Es bestehen höhere Chancen der persönlichen Weiterentwicklung, meist sind auch die Verdienstmöglichkeiten gehoben.

Nachteile / Risiken der virtuellen Teamarbeit aus **Mitarbeitersicht**:

- Bei nur geringer Unterstützung durch andere Teammitglieder kann leicht das Gefühl der Isolation und der Unsicherheit auftreten.
- Bei aus unterschiedlichen Gründen verschwiegener geringer Medienkompetenz führt die resultierende eingeschränkte Kommunikation zu sinkender Arbeitszufriedenheit und letztlich zu Minderleistung.
- Die erhöhte Anforderung an Selbststeuerung und Selbstmotivation führt bei jenen Mitarbeitern, die dies ihrer Kultur entsprechend nicht gewohnt sind und strikte Vorgaben erwarten (vgl. Führungsstil »telling« nach Blanchard), zur Überforderung.
- Die »Rund um die Uhr«-Erreichbarkeit wird in virtuellen Teams oft erwartet und vielfach auch gelebt, was zu Stress und Verminderung der Lebensqualität führt.
- Es besteht eine hohe Abhängigkeit von der Informations- und Kommunikationstechnologie bis hin zu Ausfällen und Störungen.

4 BEDEUTUNG VON VERTRAUEN

Vertrauen ist ein wesentlicher Erfolgsfaktor in virtuellen Teams.

- Ein neu zusammengesetztes virtuelles Team braucht ein gewisses Maß an Ausgangsvertrauen, um mit seiner Arbeit beginnen zu können (Forming / Storming-Phase).
- Vertrauen ist die Basis für eine kontinuierliche effiziente Arbeit des Teams. Dies gilt für die Beziehungen sowohl zwischen den Mitgliedern untereinander als auch zu der Projektleitung (Performing Phase).
- Wenn ein Projektteam seine Arbeit beendet, hinterlässt es der organisatorischen Umgebung, aus der heraus es entstanden ist, zumeist ein Vertrauensvermächtnis, das weiter genutzt werden sollte (Adjourning Phase).

Bei virtuellen Teams muss es dem Projektmanager gelingen, über die Kanäle der elektronischen Kommunikation **Vertrauen aufzubauen,** zu motivieren und Konflikte zu bearbeiten.

- In virtuellen Teams entwickeln sich nur sehr **eingeschränkte persönliche Kontakte**, da der Informationsaustausch über Telekommunikation und neue Medien geführt wird. Ein Team im eigentlichen Sinne kann sich daher nicht bilden.
- Direktes **Face-to-Face-Feedback fehlt** bei virtuellen Projektteams wegen des Fehlens nonverbaler Anteile der Kommunikation in der persönlichen Zusammenarbeit.

Teams mit einem Mindestmaß an Vertrauen wachsen schneller zusammen, organisieren ihre Arbeit rascher und kommen insgesamt besser zurecht. Wenn der Vertrauenspegel niedrig ist, wird es schwierig, erfolgreiche organisationsübergreifende und distanzüberwindende Teams zu schaffen und aufrechtzuerhalten, d. h., Vertrauen stellt eine unverzichtbare Voraussetzung für produktive Beziehungen dar. Ohne Vertrauen wird jeder Teil danach trachten, seine eigenen, unmittelbaren Interessen zu schützen – dies jedoch zu seinem eigenen langfristigen Nachteil und zum Nachteil des gesamten Systems.

Die Hauptgefahr bei der Einführung und dem Betrieb virtueller Unternehmens- und Projektformen besteht darin, dass virtuelle Strukturen der **Zusammenarbeit lediglich als informations-technisches Problem** gesehen werden. Neue Technik und neue Strukturen alleine werden dann scheitern, wenn sich nicht gleichzeitig die Einstellungen und Verhaltensweisen aller Beteiligten ändern. Als erfolgreich wird sich letztlich nur jenes Projekt erweisen, das sich noch stärker als in realen Teams an den beteiligten Menschen ausrichtet. Deshalb stehen neben den informationstechnischen Aspekten die sogenannten **welchen Aspekte** (soft facts) im Vordergrund.

Als Ausgangspunkt sei hier ein Ansatz in Form der Ausprägung von zwei extremen Menschenbildern nach der Theorie von McGregor (1960) gewählt: Menschenbilder steuern nicht nur, mehr oder minder unbewusst, das Verhalten des Führenden, sie wirken in allen menschlichen Beziehungen auf die Grundeinstellungen des Menschen ein und prägen damit das Verhalten aller im Team.

Die Theorie X besagt, dass die Führungskraft von einem Menschenbild ausgeht, das von Misstrauen geprägt ist und somit eine strikte Kontrolle die Richtschnur für das Führen der Person darstellen muss. Es wird angenommen, dass jeder Mitarbeiter die Führung hintergehen möchte.

Die Theorie Y geht demgegenüber als Grundannahme für das Verständnis des Partners von einem Menschenbild aus, das Vertrauen dem Partner entgegenbringt, das den Teamgeist betont, Respekt und emotionale Anteilnahme zeigt.

Die Realität wird auf diesem Wertekontinuum zwischen Konzept X und Y eher nicht auf den Extremausprägungen liegen, aber eine Beurteilung der Vorliebe und Neigung des Einzelnen erkennen lassen. Ein Projektmanager als Anhänger der Theorie X wird im Setting von virtuellen Teams kaum erfolgreich arbeiten können, er muss ein Mindestmaß an Vertrauen jedem Teammitglied vom Start weg zunächst einmal entgegenbringen.

An dieser Stelle soll ein Missverständnis ausgeräumt werden, das sich im folgenden Sprichwort manifestiert: »Vertrauen ist gut, Kontrolle ist besser«. Dieses Sprichwort ist irreführend und entspricht nicht dem heutigen Verständnis von Zusammenarbeit. Es geht nicht darum, was besser ist, sondern dass immer ein ausgewogenes Maß von beidem erforderlich ist:

- Vertrauen ist in jeder Form der Projektarbeit von ganz wesentlicher Bedeutung, genauso aber auch eine richtig verstandene Kontrolle, besser mit dem Begriff Überwachung erfasst, der eine menschenfreundlichere Konnotation besitzt.

- Ein **Fehlen von Vertrauen** wirkt sich demotivierend aus, wobei sich je nach Entwicklung des Mitarbeiters ein breites Spektrum an Intensität der Kontrolle anbietet.

- Ein **Fehlen von Kontrolle** hat ebenfalls negative Auswirkung: Wie demotivierend ist es doch, wenn im Sinne von »laissez faire« der mit verantwortungsvoller Arbeit betraute Ausführende nie erlebt, dass sich der Projektmanager um das Vorankommen und den Fortschritt in kollegialer Weise kümmert, wenn nie die kurze Frage »wie geht es dir und deiner Aufgabe?« an ihn gestellt wird, wenn er sich allein gelassen fühlt?

- Das Erfassen des Arbeitsfortschritts in einvernehmlicher Weise vermittelt Sicherheit und damit Motivation für beide, sowohl für den Ausführenden als auch den Beauftragenden. Diese Erkenntnis gilt in verstärkter Weise für die Arbeit mit und in virtuellen Teams!

Das Menschenbild und das entgegengebrachte Ausmaß an Wertschätzung dem Mitarbeiter gegenüber wirken sich auf die Erwartung eines verlässlichen Verhaltens aus.

 Definition: Dabei sei die Verlässlichkeit des Menschen als die Wahrscheinlichkeit der Einhaltung von Zusagen und verbindlichen Abmachungen über eine bestimmte Zeitspanne hinweg definiert. Diese Definition ist für beliebige Systeme, also sowohl soziale als auch technische, gültig, wobei im letzteren Fall das Wort Zusagen durch zugedachte Funktionen zu ersetzen ist!
Wird ein durch Verlässlichkeit geprägtes Verhalten angenommen, so liegt Vertrauen vor.

Beim Projektstart ist somit von jedem im virtuellen Team gegenüber den Partnern ein Grundvertrauen als Basis, quasi als Vertrauensvorschuss, entgegenzubringen. Im Verlaufe der Projektarbeit kann durch Fehlverhalten dieses Vertrauenskonto verspielt werden und praktisch auf null absinken oder durch hohe Verlässlichkeit bestätigt oder erhöht werden. Es ist durchaus möglich, aber sicherlich nicht einfach, danach ein positives Vertrauensverhältnis wieder aufzubauen, das sich einem gewissen, wahrscheinlich geringeren Niveau gegenüber vorher nähert. Sollte in Form einer abermaligen Enttäuschung auch dieses aufgebaute Vertrauen zerstört werden, ist mit permanentem Vertrauensverlust bei den Partnern zu rechnen.

Wie kann ein Projektmanager es erreichen, eine vertrauensvolle Beziehung zwischen den virtuellen Teammitgliedern sowie zu ihm selbst aufzubauen, wenn es selten oder vielleicht nie zu persönlichen Kontakten kommt?

Folgende Ratschläge werden dafür geliefert (in Anlehnung an Malhotra et al. 2007):

- Klare Regeln für die Kommunikation hinsichtlich Art, Häufigkeit, Medium vereinbaren.
- Anpassung der Regeln bei Weiterentwicklung des Teams, ständige Verbesserung.
- Arbeitsfortschritte für alle Teammitglieder sichtbar machen.
- Meetingzeiten über alle Zeitzonen rotierend anberaumen, um Nachteile auszugleichen.
- Virtuelle Meetings immer mit Beziehungspflege beginnen. Diese beinhaltet etwa:
- Nachfrage nach persönlichem Befinden, Stimmung, Kinder, Urlaubsplänen, Geburtstagswünsche und anderer Small Talk.
- Während der Audiokonferenz bzw. Videokonferenz jedes anwesende Teammitglied ansprechen, einbeziehen, Meinungen nachfragen.
- Das Protokoll zeitnah auf die Teamplattform stellen, für Mitarbeit danken, nächste Schritte ankündigen.
- Auch virtuelle Erfolgsfeiern einplanen.
- Auf schwache Signale bezüglich sich entwickelnder Streitpunkte und Konflikte achten.
- Kulturelle und nationale Unterschiede ansprechen, sie als Bereicherung der Projektarbeit akzeptieren und damit das Konfliktpotenzial verringern.

Vertrauensbildende Maßnahmen:

- Informationen proaktiv zur Verfügung stellen.
- Eigene Ziele offen darlegen, Absichten und Interessen aufzeigen, gemeinsame Interessen herausarbeiten.
- Zugeständnisse machen / einhalten.
- Überprüfbare Handlungen setzen, Sicherheiten bieten, Kontrollmöglichkeiten zulassen.
- Zeitrahmen bekannt geben.
- Auf das Ganze statt auf Teilbereiche konzentrieren und trotzdem für wesentliche Details sensibel sein.
- Augenmerk auf die Lösungen in der Zukunft richten (statt auf die Rechtfertigung der Vergangenheit).
- Auf Ausgeglichenheit achten (keine Gewinner und Verlierer).
- Interpretationen vermeiden, besser nachfragen. Nur auf Beobachtetes beziehen, sachliche Zwänge von Persönlichem trennen.
- Sich in die Situation des anderen versetzen, Fehler eingestehen bzw. beim Partner nicht nachtragen.

- Den anderen das Gesicht wahren lassen (»Goldene Brücke« bauen), Kontakt-, Gesprächsbereitschaft aufrechterhalten (nicht abbrechen), nach Vorschlägen bzw. Rat fragen.
- Stärken des Gesprächspartners ansprechen, positive Grundhaltung zeigen/beim Gegenüber annehmen.
- Mit gutem Beispiel vorangehen, Unterstützung anbieten.
- Toleranz in schwierigen Situationen und schwierigen Partnern gegenüber zeigen.

(Patzak, Rattay 2017)

5 HANDLUNGSANLEITUNGEN UND VORSCHLÄGE ZUR FÜHRUNG VIRTUELLER TEAMS

5.1 GENERELLE ANLEITUNGEN

Nachfolgend werden als Zusammenfassung der besprochenen Themen und Probleme Hinweise gegeben, worauf bei virtueller Zusammenarbeit in Projekten das besondere Augenmerk gerichtet werden sollte.

Kommunikation und Information

Kommunikation ist der elementare Bestandteil jeder Form von Teamarbeit. Wie häufig, wie offen und wie formell im Team kommuniziert und Information ausgetauscht wird, beeinflusst direkt die Teamleistung. Kommunikation und Informationsaustausch im Projektteam werden, durch eine Vielzahl von Studien bestätigt, als der wesentliche Erfolgsfaktor im Projekt betrachtet.

Kooperation bedeutet Kommunikation! Eine gut funktionierende Kommunikation, im Sinne von

- sich verstehen wollen und sich verstehen,
- alle relevanten Informationen, wenn benötigt, verfügbar zu haben.

Alle Abstimmungsprozesse zielorientiert, effektiv und effizient vorzunehmen, ist einer der wichtigsten Erfolgsfaktoren eines virtuell abgewickelten Projekts.

Detaillierte Ausführungen zur Kommunikation in virtuellen Teams beinhaltet Abschnitt 6 dieses Beitrags.

Aufgabenkoordination

Bei Teamarbeit handelt es sich um kollektive Aufgabenerfüllung; dazu muss die Kooperation bezüglich einzelner Teilaufgaben entsprechend auch über Distanzen hinweg koordiniert werden.

Gegenseitige Unterstützung

Die einzelnen Teammitglieder dürfen sich nicht in Konkurrenz zueinander sehen. Das bedeutet, sie teilen ihre Informationen, respektieren die Beiträge anderer Teammitglieder und unterstützen sich gegenseitig. »Was kann ich mitteilen, was dem anderen nützlich sein könnte?« Dieses Vorgehen ist vom Leiter eines virtuellen Teams besonders zu fördern.

Arbeitseinstellung

Dieses Thema betrifft die gemeinsam getragenen Erwartungen bezüglich bestimmter Verhaltensweisen der Teammitglieder. Dazu gehören Aspekte wie Arbeitseinsatz, persönliches Engagement für die Ziele und Priorisierung von Teamaufgaben gegenüber anderen Aufgaben. Diese Einstellung ist in virtuellen Teams anzusprechen und zu klären.

Kohäsion

Hierbei geht es um den Stellenwert, den die Teammitglieder der Teamaufgabe beimessen, und um ihren Glauben an die Leistungsfähigkeit des Teams auch über Distanzen hinweg. Der Zusammenhalt wird durch die persönliche Sympathie der Teammitglieder unterstützt, deren Bildung auch über Distanzen hinweg zu fördern ist.

5.2 UMGANG MIT UNTERSCHIEDLICHEN KULTUREN UND SPRACHEN

- Die Sensibilität für die kulturellen Unterschiede und die Bereitschaft, darauf einzugehen, sind auszubauen.

- Es ist Aufwand in die Klärung und Behandlung der Kulturunterschiede zu investieren.

- Die Bildung einer eigenen Projektkultur sollte unterstützt werden, mit der sich alle Teammitglieder identifizieren können. Die Kultur der Muttergesellschaft sollte nicht automatisch als die bestimmende Kultur angenommen werden.

- Die englische Sprache, auf die man sich in internationalen Teams in der Regel einigt, kann bei allen Teilnehmern nicht in gleicher Perfektion vorausgesetzt werden. Es ist auf Teammitglieder, die der Sprache weniger mächtig sind, Rücksicht zu nehmen.

- Unterschiede der Mentalitäten zeigen sich vor allem im Zuge der Zeit- und Aufwandsplanung und im Verhalten in Konfliktsituationen. Der Projektmanager sollte auf diese Situationen vorbereitet sein.

- Die Teambesetzung ist insbesondere bei internationalen Projekten ein kritischer Erfolgsfaktor.

Es sind Faktoren, wie Sprachkompetenz, emotionale Kompetenz und Kulturangehörigkeit, besonders wichtig, die Fachkompetenz rückt dabei als Voraussetzung eher in den Hintergrund.

Bei interkulturellen Teams, wie es verteilte virtuelle Teams meistens sind, ist oft die Unkenntnis nationaler Symbole, Rituale und Werte eine Ursache für Probleme und Konflikte. Projektmitglieder solcher Teams sollten die unterschiedlichen verbalen und nonverbalen Kommunikationsverhaltensweisen der am Projekt beteiligten Kulturen kennen, um diese richtig interpretieren zu können. Erreicht wird dies etwa durch das Studium von Literatur zum Thema, durch Vorträge von Länderexperten, Filme, Bearbeitung von Fallbeispielen, Rollenspiele, Sensitivity Trainings und Ähnliches.

5.3 AUFBAU DER KOMMUNIKATIONSKULTUR IN VIRTUELLEN TEAMS

In jedem Projektteam gehören die Etablierung eines effizienten Informationssystems und die persönliche Kommunikation zu den wichtigsten Erfolgsfaktoren. In virtuellen Teams ist dem Erfolgsfaktor Kommunikationskultur, der durch die räumliche Distanz und die unterschiedlichen Zeitzonen erschwert wird, jedoch besondere Aufmerksamkeit zu widmen.

Bei der IT-unterstützten Kommunikation ist zwischen synchroner und asynchroner Kommunikation zu unterscheiden:

Als **synchron** wird diejenige Kommunikation bezeichnet, bei der die Teilnehmer zur gleichen Zeit kommunizieren (wie Telefongespräch, Telefonkonferenz, Videokonferenz oder Chat), als **asynchron** die Kommunikation, wenn die Kommunikation zeitlich unabhängig verläuft (wie typischerweise E-Mail). Mehr hierzu in Abschnitt 6 Effektive Kommunikation in virtuellen Teams.

Für eine erfolgreiche Kommunikation in einem verteilt arbeitenden Team ist es daher wichtig zu wissen:

- Ist die Nachricht angekommen?
- Wurde sie verstanden?
- Wird die Nachricht bearbeitet?
- Wann kann eine Reaktion erwartet werden?

Bei einem Face-to-Face-Gespräch kann der Sender die Körpersprache des Empfängers selbst interpretieren. Bei synchroner Kommunikation per Telefon kann der Empfänger den Empfang und das Verständnis der Nachricht noch hinterfragen. Bei asynchroner Kommunikation ist das nicht möglich.

Regeln für alle Arten der Kommunikation
Existieren im Team keine gemeinsam aufgestellten und abgestimmten Kommunikationsregeln, die den Prozess »Senden/Empfangen/Bestätigen« regeln, sind Aggression, Frust und Konflikte vorprogrammiert. Regeln der Kommunikation sollten daher bereits in der

Projektstartphase für alle Arten der verwendeten Kommunikation erstellt und schriftlich festgehalten werden.

5.4 DIE STARTPHASE BEI VIRTUELL ABGEWICKELTEN PROJEKTEN

Die Projektstartphase ist besonders in virtuellen Projektteams kritisch, d. h. dass vom Start eines Projekts der Erfolg oder Misserfolg wesentlich abhängt. Die Aufgabe in der Startphase besteht vor allem darin, **optimale Rahmenbedingungen** für ein Arbeiten in virtuellen Projektteams zu schaffen.

Die speziellen Aufgaben und Schwerpunkte in der Startphase umfassen insbesondere:

- Personenauswahl, Teamzusammensetzung, Persönlichkeitstypenwahl (Kriterien der Auswahl sind: niedriges Kontrollbedürfnis, hohe Vertrauensbereitschaft, hohe Selbstorganisationsfähigkeit)
- Kennenlernen des Umfelds, Einstellungen, Erwartungen
- Bildung von Vertrauen ins Verhalten der anderen
- Information über die Aufgabe
- Akzeptanz und Identifikation des Teams mit der Aufgabe, mit dem Projekt
- **Spielregeln** für den Austausch von Information, Befolgung der vereinbarten Kommunikationsregeln: regelmäßig, rechtzeitig, häufiger als üblich, zeitgerechtes Feedback, dabei aber trotzdem keine Informationsüberfrachtung

Um obige Punkte in der virtuellen Projektarbeit zu ermöglichen, ist es unbedingt anzuraten, in der Startphase des Projekts ein gemeinsames, nicht virtuelles Treffen zu organisieren, in dessen Rahmen auch die persönlichen Kontakte aufgebaut werden sollten. Entsprechender Platz ist durch den Projektmanager einzuplanen.

6 EFFEKTIVE KOMMUNIKATION IN VIRTUELLEN TEAMS

Durch die immer weiter voranschreitende Globalisierung sowie die vermehrte Dezentralisierung von Projektaufgaben in vielen Organisationen, wie zum Beispiel der Entwicklung, der Produktion und des Vertriebs, entsteht die Notwendigkeit für den Projektmanager, das gesamte Projektteam oder Teile davon vermehrt oder sogar vollständig aus der Ferne zu leiten. Diese verteilten Projektteams werden deshalb als »virtuelle Teams« bezeichnet, da die Teammitglieder nicht mehr, wie bei konventionellen Teams, an einem Ort physisch miteinander kommunizieren können, sondern auf elektronische oder auch virtuelle Kommunikationsmittel angewiesen sind (Kärner, 2005).

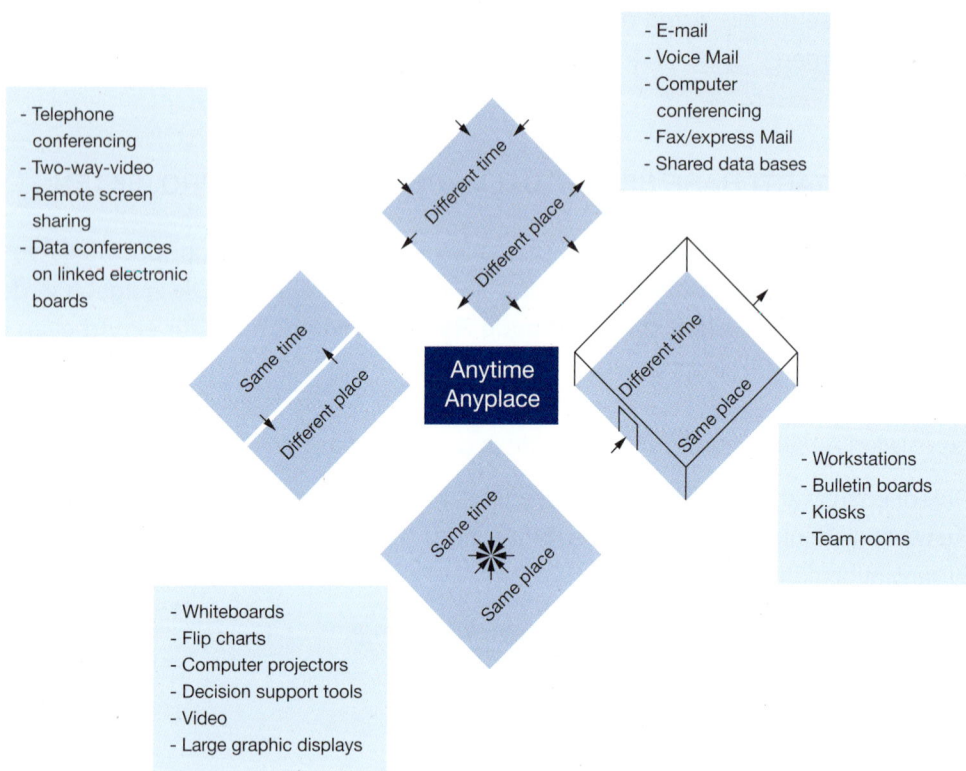

Abb. 4.6.2-1: Die Anytime-Anyplace-Matrix der virtuellen Kommunikation (Reichwald, Möslein 1996, S. 4)

In der »Anytime-Anyplace-Matrix« in Abbildung 4.6.2-1 sind die verschiedenen Arbeitsweisen bei der Projektarbeit aufgezeigt. Die Matrix unterscheidet im Generellen zwischen der zeitlichen und räumlichen Zusammenarbeit und definiert dadurch vier verschiedene Felder:

| Gleicher Ort zur gleichen Zeit;

| Verschiedene Orte zur gleichen Zeit;

| Gleicher Ort zu unterschiedlichen Zeiten;

| Verschiedene Orte zu verschiedenen Zeiten.

Die virtuelle Zusammenarbeit in Projektteams ist nicht auf ein Feld beschränkt, sondern erstreckt sich über alle Varianten der Zusammenarbeit hinweg. Virtuelle Zusammenarbeit kann überall und jederzeit angewendet werden (Reichwald, Möslein 1996). Die folgende Abbildung 4.6.2-2 verdeutlicht, dass mit zunehmender »Diffusität« der Führungsreichweite die Kommunikation sich komplexer gestaltet.

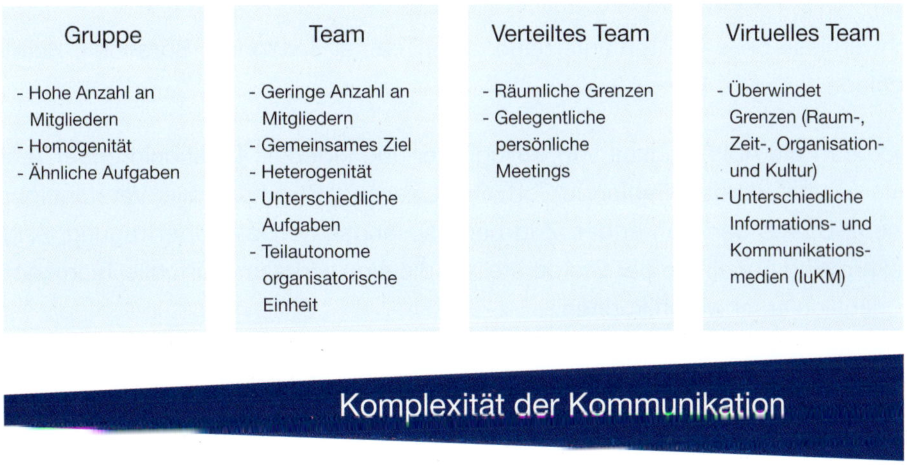

4.6.2 – Arbeit in virtuellen Teams

Gruppe	Team	Verteiltes Team	Virtuelles Team
- Hohe Anzahl an Mitgliedern - Homogenität - Ähnliche Aufgaben	- Geringe Anzahl an Mitgliedern - Gemeinsames Ziel - Heterogenität - Unterschiedliche Aufgaben - Teilautonome organisatorische Einheit	- Räumliche Grenzen - Gelegentliche persönliche Meetings	- Überwindet Grenzen (Raum-, Zeit-, Organisation- und Kultur) - Unterschiedliche Informations- und Kommunikationsmedien (IuKM)

Komplexität der Kommunikation

Abb. 4.6.2-2: Komplexität der Kommunikation und Reichweite der Führung

Was aber bedeutet dies in der Praxis? Gemäß Duden ist »Virtualität« definiert als » ... nicht echt, nicht in Wirklichkeit vorhanden, aber echt erscheinend, dem Auge, den Sinnen vortäuschend.« Dies bedeutet in der Realität, dass Virtualität bedeutet, dass man Dinge nur begrenzt und nicht in all ihren Dimensionen wahrnehmen kann! Der Mensch ist also quasi für die Kommunikation einiger »Sinne« beraubt. Das bekannte »klassische« Kommunikationsmodell erfährt eine Substitution, die Regelkommunikation muss mithilfe von technischen Hilfsmitteln und elektronischen Medien i. w. S. gestaltet werden (siehe Abbildung 4.6.2-3).

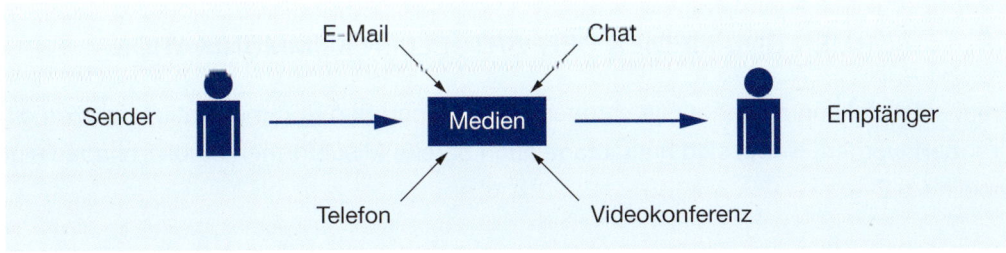

Abb. 4.6.2-3: Bedeutung von Medien und Hilfsmitteln für »virtuelle Kommunikation«

Für den Projektmanager ergibt sich daraus eine Reihe von Besonderheiten, die in Präsenzteams nicht so deutlich zum Tragen kommen, wie z. B.:

- Besondere Anforderungen an den Datenschutz;
- Kurzlebigkeit von Informationen;
- Schwierigkeiten der virtuellen Arbeitssteuerung (z. B. KANBAN-Board)

- Schwächer ausgeprägtes und aktivierbares Teamgefühl;
- Erschwernisse bei verteilten (internationalen) Teams: Zeitzonen, Sprachen, Kulturunterschiede.

Zusätzlich darf die Abhängigkeit von verfügbarer und jederzeit funktionierender Technik nicht unterschätzt werden. Fehlende Software-Lizenzen, Stromausfälle, Verständigungsprobleme (z. B. aus dem fahrenden Zug heraus), langsame Datenübertragung, Angriffe von Hackern sind nur einige der Stolperstellen, die eine wirksame virtuelle Teamkommunikation deutlich erschweren können.

Als Hauptaufgaben für den Projektmanager lassen sich folgende »Big Six« ableiten (in Anlehnung an Thomas 2014, S. 33–46):

1. Identitäten stiften.
2. Mitarbeiter vernetzen und Entfernungen überbrücken.
3. Spielregeln festlegen und überwachen.
4. Isolation bekämpfen.
5. Vertrauen aufbauen.
6. Entscheidungen durchsetzen.

Aus diesen Gründen sollte der Projektmanager eines virtuellen Teams die Bedeutung der Kommunikationssituation in jedem Fall genau prüfen und entsprechend sorgsam für entsprechende Strukturen Sorge tragen.

6.1 FORMEN UND MEDIEN DER VIRTUELLEN KOMMUNIKATION

Grundsätzlich kann zwischen synchronen und asynchronen Kommunikationsmedien differenziert werden, wobei sich heutzutage auch bereits Mischformen etabliert haben (vgl. Tabelle 4.6.2-1).

Tab. 4.6-1: Morphologie der Kommunikationsmedien für virtuelle Kommunikation

Synchron	Asynchron
I Telefonkonferenzen	I Informations-Tools (z. B. E-Mail oder SMS)
I Chat/Elektronisches Whiteboard	I Plattformen (z. B. Wikis, Sharepoint)
I Instant Messaging	I Foren, Wikis
I Konferenzssysteme (z. B. für Webkonferenzen oder Videokonferenz)	I Webinare
	I Soziale Netzwerke (z. B. XING, LinkedIn)
I Application-/Document Sharing	I ...
Mischformen	
I Internetbasierte PM-Tools (z. B. Projectplace, Jira)	
I Messaging Systeme (z. B. WhatsApp)	

6.1.1 BESONDERE ANFORDERUNGEN BEI WEBKONFERENZEN

Dank schneller Internetverbindungen und preisgünstiger Kameras für die Arbeitsplätze wird zunehmend mittels Bildübertragung in Kommunikationssituationen gearbeitet (Stichwort: »Skypen« oder Web-Konferenz). Wenngleich die technischen Möglichkeiten für eine gute Zusammenarbeit auf Distanz gegeben sind, werden immer noch Fehler in der Anwendung dieser Möglichkeiten gemacht. Es ist zweckmäßig, speziell auf die folgenden Anforderungen (bekannt bereits aus den Anfangszeiten der Web- oder Videokonferenzen) zu achten:

I Es findet eine geeignete Moderation statt.

I Die Teilnehmer können sich auch wirklich gegenseitig sehen und nicht nur winzige Bilder mit Ausschnitten.

I Die Teilnehmer sollten die Augenbewegungen und Gesichtsausdrücke der Gesprächspartner gut erkennen können.

I Zu detaillierte Großaufnahmen können jedoch kontraproduktive Übertreibungs- und Entblößungseffekte produzieren.

I Vor dem Start der Aufnahme sollte der Aufnahmebereich der Kamera sorgfältig geprüft und getestet werden, dass keine privaten, vertraulichen oder kompromittierenden Details des Raumes erfasst werden. Dies könnten beispielsweise Wand-Terminkalender mit vertraulichen Informationen, Unordnung im Büro, private Fotos usw. sein.

Es steht bereits eine Highspeed-Videokonferenz-Technik mit mehreren Bildschirmen und gut platzierten Kameras zur Verfügung, die nahezu den Eindruck erwecken, dass sich alle Personen im selben Raum aufhalten. Dies kann Kommunikationsergebnisse erbringen, die einer realen Sitzung sehr nahekommen. Allerdings sind es nicht nur die Sitzungen, die den Erfolg einer virtuellen Zusammenarbeit beeinflussen. Weitere Informationen zu virtueller Kommunikation finden sich bei Bartsch-Beuerlein (2007).

6.1.2 VIRTUELLE PROJEKTRÄUME, COLLABORATION-TOOLS UND CLOUD-COMPUTING

»Virtuelle Projekträume sind internetbasierte Datenablagen (Stichwort: Cloud) für geschlossene Benutzergruppen, welche häufig mit zahlreichen Zusatzfunktionen zur Projektkommunikation ausgestattet sind. Bei neu eingestellten Informationen werden die betroffenen Teilnehmer über Benachrichtigungsautomatismen (Push-Prinzip), wie E-Mail, Fax oder SMS, informiert. Der Zugriff (Pull-Prinzip) auf diese Projektdaten erfolgt dann über sichere Authentifizierungsverfahren und rollenbasierte projekt- und personenspezifische Zugriffsmechanismen. Über entsprechende Such-Systeme können sowohl strukturierte als auch unstrukturierte Informationen und Dateien zeitaktuell abgerufen werden.

Zum Teil bieten Hersteller von Projekträumen auch die Möglichkeit, über so genannte Kollaborations-Funktionen Informationen in Echtzeit mit anderen Online-Teilnehmern interaktiv via Internet zu betrachten oder zu bearbeiten. Viele Projektraum-Systeme verfügen darüber hinaus über (…) weitere Funktionen wie z.B. Dokumenten-Management, Wiki, Blog oder Workflow-System, und ergänzen sie um zusätzliche Module, die den Anwender bei den anfallenden Projektmanagement-Tätigkeiten unterstützen« (Geckler 2011, S. 645 f.).

Vertiefende Informationen hierzu bietet speziell das Kapitel »Digitalisierung im Projektmanagement«.

6.2 BESONDERE HERAUSFORDERUNGEN IN VIRTUELLEN KOMMUNIKATIONSSITUATIONEN

Es wurde bereits dargestellt, dass durch die zunehmende Virtualität der Arbeitsbeziehungen auch die Komplexität der Projektkommunikation zunimmt. Projektmanager und Teammitglieder müssen den Inhalten und Prozessen ihrer Kommunikation sehr aufmerksam gegenüberstehen, um sicherzugehen, dass sie korrekt interpretiert werden. Es ist wesentlich schwieriger, eine angemessene Kommunikation in Situationen aufrechtzuerhalten, in denen die Teilnehmer nicht die Möglichkeit haben, die Kontextinformationen mit aufzunehmen.

Beispiel: In einem virtuellen Projektteam werden Sie per E-Mail gefragt: »Sind Sie sicher, dass Sie das bis Ende des Monats schaffen?«
Für die richtige Interpretation und Handhabung der Frage wäre es sehr hilfreich, die nonverbale Kommunikation wahrzunehmen, gestresste Stimmen zu erkennen oder die sprechenden Augenbewegungen zu sehen, wenn man Sie fragt.

> Auch der Bezug, was konkret geschafft werden soll (also die Referenzierung des Wortes »das«) wird mündlich in der Regel durch Blicke, Gesten oder die Betonungen im Satzgefüge hergestellt. Im Zweifelsfall wird über eine Rückfrage (Was genau? Was nicht ...?) geklärt, worauf sich die Äußerung genau bezieht, oder ein fragender Blick verdeutlicht, dass noch Klärungsbedarf besteht. Durch die knappe, informelle Formulierung in der E-Mail, die den mündlichen Sprachgebrauch aufgreift, können sich aber schnell Missverständnisse einschleichen, die durch die weitere Kommunikation eher noch verstärkt werden. Jeder liest aus den folgenden Äußerungen die Bestätigung seiner eigenen Sichtweise heraus.

Deshalb sollten virtuelle Projektteams – besonders solche, an denen mehrere Länder oder gar Mitarbeiter unterschiedlicher Nationalität beteiligt sind – nicht starten, bevor nicht zumindest das Kernteam in einem Raum zu einer ersten Sitzung persönlich zusammengekommen ist. Die zeitliche Investition zum Aufbau persönlicher Beziehungen (sowohl während des Treffens als auch bei einem passenden Social Event) ist in jedem Fall eine gute Investition. Die dabei aufgebauten Beziehungen können durchaus für einige Monate als Basis für eine erfolgreiche Kooperation und Kommunikation über Distanzen hinweg dienen. Es ist aber darauf zu achten, die persönlichen Kontakte in nicht zu großen Abständen aufzufrischen. Mögliche Anlässe für eine erneute Zusammenkunft der Teammitglieder können beispielsweise Phasen-Reviews oder auch Meilenstein-Entscheidungen sein. Weitere Informationen hierzu, speziell für interkulturelle Projektteams, finden sich bei Hoffmann, Schoper, Fitzsimons (2004).

Problembereiche computergestützter Kommunikation
In virtuellen Teams ist eine Zusammenarbeit ohne digitale Unterstützung heutzutage kaum mehr vorstellbar. Diese Art der durch elektronische Hilfen vermittelten Kommunikation ist in technischer und sozialer Hinsicht komplizierter und deshalb auch anfälliger für Störungen als die konventionelle Kommunikation.

Die am häufigsten auftretenden Probleme in der computervermittelten Kommunikation, die sich zum Teil auch wechselseitig bedingen oder überschneiden, sind (ohne Rangfolge):

1. Mangel an sozialer Präsenz
2. Mangelhaftes Kommunizieren der gemeinsamen Wissensgrundlage
3. Schwierigkeiten bei der Interpretation der Bedeutung von Nachrichten
4. Schwierigkeiten bei der Interpretation von Kommunikationsstilen
5. Ungleichmäßige Verteilung von Informationen
6. Informationsüberlastung der Mitglieder
7. Fehlender Bezug der ausgetauschten Nachrichten
8. Fehlende Gruppenkoordination

Dazu kommt noch eine Reihe weiterer Erschwernisse hinsichtlich der Gestaltung von Arbeitsbeziehungen hinzu, die vom Projektmanager antizipiert werden sollten:

Tab. 4.6.2-2: Erschwernisse bei der Arbeit mit virtuellen Teams

Erschwernis	Hinweise
Der remote Projektmitarbeiter ist an seinem Standort alleine.	Es gibt keine informellen Gespräche, zufällige Treffen oder auch »Kaffeeküchengespräche«. Ein spontaner inhaltlicher Austausch mit anderen Projektmitgliedern ist nur sehr eingeschränkt virtuell möglich. Die Möglichkeit des »aufeinander Zugehens« ist eingeschränkt, seine virtuelle Umsetzung muss erst erlernt werden.
Fehlende Sichtbarkeit	Das Team ist nicht als Ganzes sichtbar. Für Einzelne besteht die Gefahr, dass sie nicht wahrgenommen werden (speziell bei kommunikationspassiven Menschen). Es besteht die Gefahr, dass bei Entscheidungen oder Diskussionen einzelne Menschen vergessen werden.
Erschwerte Priorisierung der eintreffenden Nachrichten	Die Abhängigkeit von technischen Medien (Internet) führt dazu, dass Nachrichten überwiegend in elektronischer Form eintreffen. Dadurch wird es für den Empfänger sehr schwierig, die jeweilige Relevanz und Priorität der Nachrichten einzuschätzen. Der Aufwand zur Bearbeitung aller Nachrichten ohne richtige Priorisierung ist unverhältnismäßig hoch.
Feedback funktioniert in der virtuellen Welt nicht so wie beim Livekontakt.	Remote-Teammitglieder sind nicht unmittelbar erreichbar, Feedback via Mailbox verfehlt jedoch seine Wirkung. Es fehlen wichtige Wahrnehmungskanäle (Gestik, Mimik, Verhalten, Konnotationen). Die Möglichkeit einer Rückkopplung des Feedbacks ist bei asynchroner Kommunikation genommen.

Zur Erleichterung beim Umgang mit diesen Erschwernissen sollte sich der Projektmanager frühzeitig mit der Gestaltung entsprechender Organisationsstrukturen und –prozesse beschäftigen. Dies Vorgehen kann dazu beitragen, die Verschwendung von Projektenergie zu senken, die Klärungsbedarfe zu reduzieren und insgesamt das Frustrationspotenzial im virtuellen Projektteam deutlich zu verringern.

6.3 ERFOLGREICHE GESTALTUNG DER VIRTUELLEN KOMMUNIKATION

Kommunikation kann synchron oder asynchron stattfinden. Der Anteil an asynchroner Kommunikation steigt bei virtueller Zusammenarbeit erheblich an und liefert damit größere Risiken und Herausforderungen. Synchrone Kommunikation findet z. B. bei einem direkten Gespräch zwischen den Kommunikationspartnern statt. Diese können unmittelbar aufeinander reagieren. Bei der asynchronen Kommunikation erfolgt die Reaktion auf die gesendete Nachricht zeitverschoben zum Sendezeitpunkt. Ein Beispiel dafür wäre die E-Mail-Kommunikation (vgl. Bohinc 2011).

6.3.1 KOMMUNIKATIONSGRUNDSÄTZE FÜR VIRTUELLE TEAMS

Aus der Praxis heraus können die folgenden Grundsätze für die Gestaltung der Kommunikation in virtuellen Teams abgeleitet werden:

1. Das Team sollte in einem realen (also nicht virtuellen) Face-to-Face-Kontakt (z. B. Kick-off-Meeting) auf die Zusammenarbeit vorbereitet werden.
2. Vor Arbeitsbeginn sollte ein direkter persönlicher Kontakt der Teammitglieder stattgefunden haben; mindestens jedoch zwischen Projektmanager und jedem einzelnen Teammitglied.
3. Jedes einzelne Teammitglied muss sichtbar werden können und bleiben.
4. Feste Zeitfenster der gemeinschaftlichen Kommunikation erleichtern die Zusammenarbeit.
5. Die Nutzung mehrerer Kommunikationsmedien und -wege ist hilfreich.
6. Der Projektmanager muss eine **verlässliche Erreichbarkeit** schaffen, Nachfragen beantworten und Feedbacks gegenüber seinen Teammitgliedern geben.
7. Kommunikation braucht feste Rituale.
8. Es empfiehlt sich, auch hinreichend Zeit in die persönliche Kommunikation ohne Arbeitsbezug zu investieren.
9. Es gibt Situationen, in denen ein direkter persönlicher Kontakt unverzichtbar ist.
10. Zu Beginn eines Web-Meetings sollten Regeln festgelegt werden, wie bei technischen Problemen vorzugehen ist: Wie soll vorgegangen werden für den Fall, dass ein oder mehrere Teilnehmer aufgrund von Verbindungsproblemen nicht mehr präsent sind? Dürfen Beschlüsse dann auch in deren Abwesenheit gefasst werden? Wie sollen die fehlenden Teilnehmer informiert werden? usw.

6.3.2 REGELN FÜR WEB-MEETINGS

Unter dem Oberbegriff »WebCon« oder »Web-Meeting« wird vielfach jegliche gemeinschaftliche Kommunikation über computergestützte Medien zusammengefasst. Doch gerade in diesen Anwendungsumgebungen sind Disziplin, Vor- und Nachbereitung sowie Anpassung an die Besonderheiten der Medientechnik für alle Teilnehmer unabdingbar, damit die investierte Zeit optimal genutzt und nicht als ein ergebnisarmes, unbefriedigendes Zeitopfer wahrgenommen wird.

Es hat sich in der Praxis eine Reihe von Do's and Dont's, von bewährten Praktiken und besonderen Anforderungen für Einzelne herausgebildet. Diese werden im Folgenden vorgestellt. Sie gelten grundsätzlich für alle Arten der virtuellen Begegnung.

ROLLE DES MODERATORS IN VIRTUELLEN KOMMUNIKATIONSSITUATIONEN

Gerade in virtuellen Kommunikationssituationen (oftmals: Web-Meeting) ist der Erfolg in hohem Maße von der Leistung des Moderators abhängig, diese Rolle ist daher unbedingt zu besetzen und gewissenhaft und konsequent auszuüben – auch dann, wenn dies lästig **erscheint** (vgl. Abschnitt 4.2 Moderation als Technik für Besprechungen und Workshops, Kapitel »Persönliche Kommunikation«). **Gerade dann, wenn bei Onlinekonferenzen nicht alle Teilnehmer mit Kameras sichtbar gemacht werden können, muss der Moderator ein akustisches Bild der Situation zeichnen und immer wieder auf die Teilnehmerkonstellation referenzieren.**

Die Aufgaben des Moderators in den drei wesentlichen Abschnitten eines Web-Meetings listet Tabelle 4.6.2-3 im Überblick auf.

Tab. 4.6.2-3: Rolle des Moderators in den drei Phasen eines Web-Meetings

Vorbereitung

- Klärung: Wer hat administrative Rechte?
- Anforderungen und Verfügbarkeiten der technischen Infrastruktur klären.
- Im Vorfeld: Agenda abstimmen und allen zur Verfügung stellen.
- Alle nicht relevanten, ggf. geheimen Themen entfernen.
- Rechtzeitige Einladung aller Teilnehmer mit aktuellen Zugangsdaten (ggf. an Alternativen denken)
- Klärung der Frage, was mit Aufzeichnungen gemacht wird (Recht am Bild).
- Die Technik muss bereits vor Sitzungsbeginn laufen (ca. 10 Minuten vorab aktivieren)

Durchführung

- Begrüßung
  - Wer ist da? Wer fehlt noch bzw. kommt noch hinzu?
  - Vorstellung der Agenda, Einverständnis mit der Agenda sicherstellen, ggf. Änderungswünsche erfassen.
- Gesprächsführung durch …
  - namentliche Ansprache der Teilnehmer
  - kleinschrittige Fragen
  - explizite Fragen
  - Rekursion auf Agenda
  - aktives Zeitmanagement
- Teilnehmer durch Fragen gezielt aktivieren, besonders dann, wenn Entscheidungen getroffen werden sollen (Schweigen ist keine automatische Zustimmung).
- Für klare Gesprächsergebnisse bzw. Einigungen sorgen.
- Zum Abschluss: Stimmungsabfrage (Blitzlicht)
  - Feedback von den Teilnehmern einholen (an jeden; über Tool ↑ → ↓ BLITZ.)

Nachbereitung

- System deaktivieren / abmelden.
- Verwaltung der ggf. angefertigten Aufzeichnungen.
- Ergebnisprotokoll zeitnah erstellen und versenden.

VERHALTEN ALS TEILNEHMER

Gute Vorbereitung (z. B. Bereithalten wichtiger Dokumente, Informationsbeschaffung vorab), Gesprächsdisziplin und Ergebnisorientierung (Zeitmanagement) sind Anforderungen, die alle Teilnehmer eines Onlinemeetings erfüllen müssen. Anderenfalls wird die gemeinsame Zeit in einem akustischen Durcheinander verschwendet.

Darüber hinaus kann jeder Teilnehmer dadurch zum Gelingen beitragen, dass einige einfache Regeln beachtet werden:

- Jeder Teilnehmer sollte vorab die eigene Technik testen (Kamera, Ton, Beleuchtung, …).
- Höfliches, kurzes An- und Abmelden der Teilnehmer.
- Die Agenda beachten.
- Nur diejenigen Themen ansprechen, die für alle interessant sind.
- Andere ausreden lassen, nicht direkt ins Wort fallen.
- Redebeiträge vorab anzeigen.
- Name vorab nennen.
- Wer gerade nicht spricht, sollte sein eigenes Mikrofon stumm schalten.
- Keine störenden Nebengeräusche produzieren (z. B. Papier rascheln, Radio im Hintergrund, Essensgeräusche, Kinderschreien).
- Nicht nebenbei die E-Mails prüfen oder gar beantworten.
- Zum Abschluss: Technik abschalten (u. U. Kamera und Mikrofon physisch vom Computer trennen).

STOLPERSTEINE UND HINDERNISSE

Die folgenden Stolpersteine und Hindernisse sollten allen Teilnehmern bewusst sein und in geeigneter Form rechtzeitig berücksichtigt werden:

- Zugang zum Web-Meeting vorab ausprobieren. (Wie wähle ich mich ein?)
- Teilnehmer kennen sich vielfach nicht persönlich. (Was ist notwendig, um einen ausreichenden Kontakt herzustellen?)
- Die Körpersprache ist nicht wahrnehmbar.
- Unterschiedliche Zeitzonen
- Unterschiedliche kulturelle Hintergründe und unterschiedliches Vorverständnis

? WIEDERHOLUNGSFRAGEN

- Was sind die typischen Probleme beim Verfassen von Texten und E-Mails unter Zeitdruck?
- Nennen Sie drei (technische) Mittel für die virtuelle Kommunikation.
- Beschreiben Sie die Grundformen der virtuellen Kommunikation, deren Anwendungsgebiete und Erfolgsfaktoren.
- Nennen Sie drei Erfolgsfaktoren für die virtuelle Teamarbeit.
- Nennen Sie drei Kriterien für die Unterscheidung virtueller Teams von realen Teams.
- Nennen Sie drei erforderliche Kompetenzen des Projektmanagers virtueller Teams.
- Nennen Sie drei Vorteile virtueller Teamarbeit.
- Nennen Sie drei kritische Probleme bei virtueller Teamarbeit.
- Nennen Sie drei Maßnahmen zum Aufbau von Vertrauen in virtuellen Teams.
- Nennen Sie drei Problembereiche, mit denen in internationalen Projekten mit virtuellen Teams zu rechnen ist.
- Welche Probleme können bei virtueller Kommunikation entstehen?
- Worauf sollte bei der Veranstaltung von Web-Meetings geachtet werden?
- Was sind sinnvolle Regeln für das Verhalten in einem Web-Meeting
   a) als Moderator?
   b) als Teilnehmer?

LITERATURVERZEICHNIS

Verwendete Literatur

Bartsch-Beuerlein, A. M.(2007): Virtuelle Projektorganisationen: Technologische, organisatorische, soziale und ökonomische Aspekte der Kooperation in verteilten Projektgruppen. Verlag Mensch & Buch, Berlin.

Burghardt, M. (2018): Projektmanagement. Leitfaden für die Planung, Überwachung und Steuerung von Entwicklungsprojekten, 10. überarbeitete und erweiterte Auflage, Publicis Publishing, München.

Fitzsimons, C. J.; Hoffmann, H.-E.; Schoper, Y.-G. (2004): Internationales Projektmanagement: Interkulturelle Zusammenarbeit in der Praxis; dtv Verlagsgesellschaft; München.

Geckler, D. (2011): Information und Dokumentation. In: GPM Deutsche Gesellschaft für Projektmanagement. In: Gessler, M. (Hrsg.): Kompetenzbasiertes Projektmanagement (PM3).; 4. Auflage, Nürnberg.

Herrmann, D.; Hüneke, K.; Rohrberg, A.(2012): Führung auf Distanz, mit virtuellen Teams zum Erfolg, 2.Auflage, Springer Gabler.

Hesse, F. W.; Garsoffky, B.; Hron, A. (2002): Interface-Design für computerunterstütztes kooperatives Lernen. In: Issing, L. J.; Klimsa, P. (Hrsg.): Information und Lernen mit Multimedia. Beltz; 3. Vollständig überarbeitete Auflage, Weinheim.

Madauss, Bernd-J. (2018): Projektmanagement: Theorie und Praxis aus einer Hand; Springer Vieweg; Stuttgart.

Malhotra, A.; Majchrzak, A.; Rosen, B. (2007): Leading Virtual Teams; Academy of Management Perspectives.

Patzak, G.; Rattay, G. (2017): Projektmanagement. Projekte, Projektportfolios, Programme und projektorientierte Unternehmen, 7. Auflage, Linde Lehrbuch, Wien.

Thomas, G. (2014): Die virtuelle Katastrophe – So führen Sie Teams über Distanz zur Spitzenleistung. assist Publishing, Paderborn.

Internetquellen

Bohinc, T. (2011a): Kommunikation in virtuellen Teams – Teil 1: Herausforderungen und Lösungsansätze. *Projektmagazin* (13 / 2011). https://www.projektmagazin.de/artikel/kommunikation-virtuellen-teams-teil-1_918460 [abgerufen am 06.06 2015].

Bohinc, T. (2011b). Kommunikation in virtuellen Teams – Teil 2: Medien richtig einsetzen. *Projektmagazin* (14 / 2011). https://www.projektmagazin.de/artikel/kommunikation-virtuellen-teams-teil-2_918956 [abgerufen am 06.06 2015].

Reichwald, R.; Möslein, K. (1996). Auf dem Weg zur virtuellen Organisation. Arbeitsbericht, Technische Universität München, Allgemeine und Industrielle Betriebswirtschaftslehre, München. http://www.aib.wiso.tu-muenchen.de/neu/eng/content/publikationen/arbeitsberichte_pdf/TUM-AIB%20WP%20011%20Reichwald%20Moeslein%20Virtuelle%20Organisation.pdf [abgerufen am 10.06.2015].

4.7 KONFLIKTE UND KRISEN

Autor: Benedict Gross
Benedict Gross ist Experte für Projekt- und Krisenmanagement. Nach einem Diplomstudium in Wirtschaftsrecht hat er zwei Masterabschlüsse in Katastrophenmanagement und Forensischer Psychologie absolviert. Er hat Erfahrung als Projektmanager und Berater in verschiedenen Branchen gesammelt, z. B. Filmproduktion, Produktionsindustrie, Sondermaschinenbau, Softwareentwicklung, Versicherungen, Gesundheitswesen. Von 2014 bis 2018 war er Leiter des Deutschen Project Excellence Awards.

1 DAS KOMPETENZELEMENT

1.1 HINFÜHRUNG

Konfliktsituationen und Krisen sind die Nagelprobe für Projektmanager und Führungskräfte in Projekten. Solche Situationen sind nicht einfach nur unangenehm, in ihnen kann der Fortbestand des gesamten Projekts auf der Kippe stehen. Sie binden Kraft, Aufmerksamkeit und Mittel – die Kosten können unkalkulierbar hoch werden.

In gewissem Maße sind Konflikte aber auch ein Treiber für Kreativität und Weiterentwicklung, sie können den Anstoß für wichtige Klärungen geben. Konflikte und Krisen kategorisch als schlecht und zu vermeiden abzutun, wäre genauso falsch, wie sie als Quell der Erneuerung zu feiern. Sie sind schlicht Teil der Managementrealität und in jedem Fall eine besondere Herausforderung.

Konflikte und Krisen können sehr unterschiedliche Ursachen und Ausprägungen haben. Solche Situationen entstehen beispielsweise durch den erwarteten oder unerwarteten Eintritt von Risiken, aufgrund persönlicher Konflikte, aus Situationen mit hohem Stresslevel oder durch andere Gefahren und Bedrohungen.

Beispiel: Der Ausfall eines wichtigen Dienstleisters kann die komplette Projektplanung wertlos machen und den Erfolg des Projekts gefährden. Wenn etwa der Auftraggeber auf dem vereinbarten Fertigstellungstermin besteht und der Projektmanager feststellen muss, dass er ihn unmöglich einhalten kann. Die drohende Vertragsstrafe würde die eigene Organisation ruinieren, aber auch der Auftraggeber gerät dann in große Not, wenn das Projekt nicht fertig wird. Eine handfeste Krise liegt vor, bei der plötzlich viel mehr auf dem Spiel steht als nur das eigentliche Projekt.
Ebenso schnell und unvermittelt kann ein Konflikt ein Projekt lähmen: Zwei Beschäftigte, eine Mitarbeiterin und ein Mitarbeiter, die bislang zwar nicht beste Freunde waren, aber professionell zusammengearbeitet haben, beginnen, um eine technische Lösung zu streiten. Wenige Tage später stellt einer beiden Beteiligten den Projektmanager vor die Wahl »Er oder ich«. Hinter beide Konfliktparteien haben sich schon Allianzen von Kollegen gestellt, die ihre bzw. seine Position unterstützen. Ein Graben hat sich durch das Projektteam gezogen. Im Nachhinein stellt sich heraus, dass sich der Konflikt lange angebahnt hatte, aber nur zum Teil erkennbar gewesen wäre: Unsichtbar war, dass die Mitarbeiterin privat zurzeit hoher Belastung ausgesetzt ist. Erkennbar wäre aber gewesen, dass sie in letzter Zeit öfter ruppig gegenüber Kollegen aufgetreten ist. Auch kein Geheimnis war, dass der andere Mitarbeiter im Konflikt deshalb um seinen Job bangt, weil er nur einen befristeten Arbeitsvertrag hat und seine Aufgaben so unscharf formuliert sind, dass sie sich mit dem Verantwor-

> tungsbereich seiner Kollegin überschneiden. Das geht fast allen Mitarbeitern im Projektteam so, schon länger macht sich deswegen Unmut breit. In diesem Konflikt geht es längst nicht mehr um die Sache.

Jeder Projektmanager muss über ein Verständnis hinsichtlich der fundamentalen Mechanismen und Prinzipien von Konflikten und Krisen verfügen, um sie schon in ihrer Anbahnung erkennen und darauf reagieren zu können. Die Reaktionsmöglichkeiten auf Konflikte sind vielfältig, sie reichen von Kompromissen und einvernehmlichen Schlichtungen bis hin zu harten Entscheidungen, Eskalation und dem Einsatz von Macht. Nicht jeder Konflikt kann von den Beteiligten selbst oder innerhalb des Projektteams gelöst werden, in solchen Fällen ist es unumgänglich, eine externe Partei einzuschalten.

1.2 DEFINITION KONFLIKT

Ein Konflikt ist eine Spannungssituation, die dann entsteht, wenn unterschiedliche Meinungen, Interessen und Erwartungen aufeinanderprallen. Dabei kann ein Konflikt, ein psychologisches und ein soziales Phänomen sein: Ein intrapersoneller Konflikt spielt sich im Inneren einer Person ab, ein interpersoneller Konflikt wird zwischen zwei oder mehr Personen bzw. Gruppen ausgetragen.

1.3 DEFINITION KRISE

In einer Krise steht der Fortbestand des Projekts auf der Kippe. Es ist eine Situation, in der unklar ist, ob die Ziele noch erreicht werden können. Es sind allerdings beide Optionen offen: Scheitern des Projekts oder Erfolg.

Eine Krise kann entstehen, wenn Konflikte überhandnehmen und auf das gesamte Projekt übergreifen. Ebenso kann das Projekt durch externe Faktoren oder Veränderungen in seinem Umfeld bedroht werden. Das erfordert eine schnelle und entschiedene Reaktion. Dazu ist eine belastbare Einschätzung unerlässlich: Was ist das Ausmaß der Krise, welche Szenarien ihrer weiteren Entwicklung sind denkbar, welche Maßnahmen zu ihrer Bewältigung sind möglich und wie kann bzw. muss die Situation innerhalb der Organisation bzw. an den Auftraggeber eskaliert werden?

Zur Abgrenzung: Eine Katastrophe ist ein Status, bei dem bereits ein krasses Missverhältnis zwischen den verfügbaren Mitteln und dem Bedarf zur Bewältigung der Lage besteht. Hier liegt »das Kind schon im Brunnen« und die Situation kann aus eigenen Kräften heraus nicht mehr bewältigt werden. Meist kann der Schaden nur noch begrenzt werden, lässt sich aber nicht mehr komplett abwenden. In einer Krise ist das noch möglich.

1.4 SIND KONFLIKTE UND KRISEN IMMER SCHLECHT?

Den Begriffen Konflikt und Krise haftet etwas Negatives an, das allerdings zu Unrecht. Der Übergang von Wetteifer oder Konkurrenz zu Konflikten ist fließend. Der Wetteifer mit Kollegen oder anderen Unternehmen spornt zu Höchstleistungen an, der spielerische Trieb im Menschen wird angesprochen. Das kann sich anregend auf die Projektperformance auswirken und sogar qualitätssichernd sein, es stiftet zudem Identität für eine Gruppe. Erst dann, wenn ein Konflikt negative Auswirkungen hat oder droht, sich dahin zu entwickeln, muss er behandelt werden.

Als Projektmanager braucht es ein gewisses Augenmaß, erkennen zu können, wann ein Konflikt »behandlungsbedürftig« ist. Zum einen sind Konflikte abhängig von subjektiver Bewertung: Nicht jeder nimmt beispielsweise Meinungsverschiedenheiten als unangenehm wahr. Zum anderen kann zu frühes oder häufiges Eingreifen Mitarbeiter ihrer Mündigkeit berauben und in Phasen der Teamfindung die Rollenklärung behindern (→ Abschnitt 3.3 Phasen der Teamentwicklung nach Tuckman, Kapitel »Teamarbeit«). Harte Checklisten kann es hier leider nicht geben, sondern es braucht Gespür und Fingerspitzengefühl, die mit der Erfahrung als Projektmanager entwickelt werden.

Auch Krisen können großen Nutzen haben. Sie bieten seltene Möglichkeiten, um bestehende Strukturen und Muster aufzubrechen und neue Lösungsansätze oder Ideen auszuprobieren. In diesem Zusammenhang wird gelegentlich das Zitat »Der Krieg ist der Vater aller Dinge« frei nach Heraklit angeführt. Doch vor dieser Haltung müssen Führungskräfte gewarnt werden. Wer leichtfertig Konflikte in einem Projekt provoziert oder auch nur ignoriert, braucht sich nicht zu wundern, wenn sie überhandnehmen und zu unkontrollierbaren Krisen werden.

2 KONFLIKTE

2.1 KATEGORISIERUNG VON KONFLIKTEN

Organisationen und insbesondere Projekte sind Konstrukte, die besonders konfliktträchtig und konfliktanfällig sind (Bierhoff, Frey et al. 2006). Hier treffen jeden Tag Menschen mit ihren ganz individuellen Ideen, Zielen und Werten auf materielle bzw. finanzielle Ressourcenverfügbarkeit. Sie sind dabei eingerahmt von einem ganzen Set sozialer Regeln, Hierarchien und Zielen in einer übergeordneten Organisation. Schließlich müssen sie mit anderen Persönlichkeiten interagieren, die vielleicht einen ganz anderen Ausschnitt der Organisation sehen und individuell gerade andere Prioritäten verfolgen. Das Konfliktpotenzial ist umso höher, je mehr die Parteien

- unvereinbare Ziele anstreben,
- Situationen unterschiedlich einschätzen,

- gegenseitig Achtung und Anerkennung verletzen oder auch einfach andere kulturelle Hintergründe haben,

- um knappe Ressourcen konkurrieren, die nicht angemessen verteilt sind.

So zeigt sich, dass Konflikte im Projektalltag nicht etwa die Ausnahme bilden, sondern die Regel. Die hier folgenden Kategorisierungen von Konflikten nach Arena, Motiven, Ebenen oder Eskalationsstufen helfen, sie zu verstehen und zu beschreiben. Doch ist eine Unterscheidung in diesem Bereich immer auch etwas künstlich, denn Konflikte sind komplexe psycho-soziale Vorgänge: Ein intrapersoneller Konflikt wird bald auch auf das soziale Umfeld ausstrahlen, sodass ein interpersoneller Konflikt entsteht. Ein Verteilungskonflikt kann einen Beurteilungs- und Interessenskonflikt nach sich ziehen. Bald lässt sich nicht mehr unterscheiden, was zuerst da war.

Tab. 4.7-1: Kategorisierung von Konflikten nach Arena und Motiven

Konfliktarena Ort eines Konflikts im sozio-psychologischen Raum (vgl. Bierhoff, Frey et al. 2006)	**Konfliktmotive** Wurzeln und Anlässe für Konflikte (vgl. Bierhoff, Frey et al. 2006, vgl. Moore 2014)
Intrapersonelle Konflikte finden innerhalb einer Person statt. Hierbei kann es sich um Zweifel hinsichtlich Entscheidungen oder um Rollen-, Werte- und Zielkonflikte handeln. Ein innerer Konflikt liegt dann vor, wenn eine Person mindestens zwei Tendenzen erfährt, die sie entweder gleichzeitig nicht realisieren kann oder für unvereinbar hält. **Beispiel:** Ein liebevoller Vater, der Zeit mit seinen Kindern verbringen möchte, kann einen inneren Konflikt erfahren, wenn er als gewissenhafter Projektmanager am Freitagnachmittag noch eine dringende Bitte seines Auftraggebers erhält. Soll er seine Kinder enttäuschen oder seinen Auftraggeber? (Rollen und Ziele) Eine junge engagierte Projektmitarbeiterin möchte Karriere machen und bekommt ein gutes Jobangebot einer konkurrierenden Organisation, die an ihrem Know-how interessiert ist. Soll sie loyal zu ihrem Projektleiter sein oder die Chance ergreifen? (Entscheidungszweifel und Wertekonflikt)	**Interessenskonflikte** durch empfundene oder tatsächlich konkurrierende Ziele hinsichtlich Inhalten, Ergebnissen, Prozessen oder persönlichen Bedürfnissen. **Beispiel:** Der Auftraggeber möchte möglichst viele Funktionen und eine lange Nutzungsdauer eines Projektergebnisses sicherstellen. Das Projektteam möchte deutlich unter dem veranschlagten internen Aufwand fertig werden. **Informations- und Beurteilungskonflikte** durch mangelnde Informationen, Fehlinformationen, unterschiedliche Auswahl oder Interpretation von Daten. **Beispiel:** Der Projektmanager ist zuversichtlich hinsichtlich des Fortschritts auf Basis des Reportings. Ein Zulieferer erkennt in seinen Testergebnissen aber ungewöhnliche Schwankungen, die auf grobe Mängel hinweisen.

Konfliktarena

Interpersonelle Konflikte entstehen zwischen zwei Personen oder Gruppen. Dabei geht es z.B. um Bewertungen, Beurteilungen, Beziehungen oder Verteilung (siehe Konfliktmotive rechte Spalte). Ein sozialer Konflikt liegt dann vor, wenn zwei oder mehr Akteure durch gegensätzliche oder unvereinbare Handlungen einander behindern. Die Arena kann nur zwei Personen umfassen, aber auch mehrere Gruppen oder ganze Organisationen.

🔍 **Beispiel:** Die Sales-Abteilung drängt auf einen schnellen Produktionsstart, die Entwicklungsingenieure im Projekt wollen lieber noch länger mit Tests verbringen. (Bewertung und Beurteilung)

Der Auftraggeber ist durch klassische Konzernstrukturen mit formalisierten Entscheidungswegen geprägt, er fordert Dokumentationen ein und braucht lange Zeit für interne Abstimmungen. Das Projektteam arbeitet agil und selbstorganisiert, es fordert Geschwindigkeit und will Fragen im persönlichen Gespräch klären. (Beziehung und Verteilung der Entscheidungskompetenz)

Konfliktmotive

Strukturelle Konflikte durch unklare Verantwortungs- und Rollenklärung, unfaire Verteilung von Macht und Autorität oder geografische und physische Faktoren, die eine Zusammenarbeit verhindern.

🔍 **Beispiel:** Der Unternehmensgründer greift immer wieder in die Entscheidungen der Projektmanagerin ein.

Ein Teil des Projektteams sitzt in einem anderen Gebäudeteil und ist daher an den informellen Teambesprechungen am Kaffeeautomaten nicht beteiligt.

Verteilungskonflikte um knappe Ressourcen, die nicht gleichmäßig verteilt werden können oder sollen.

🔍 **Beispiel:** Für das Projekt werden gute Mitarbeiter dringend benötigt, die Anforderungen und der Zeitdruck sind hoch. Alle High-Potentials in der Organisation werden aber gerade einem strategischen Wunschprojekt des Vorstands zugeordnet.

Beziehungskonflikte, die sich um gegenseitige Achtung und Anerkennung, Verhaltensmuster oder die Verletzung von Emotionen drehen.

🔍 **Beispiel:** In wichtigen Entscheidungen berät sich der Projektmanager mit einem alten, nicht dem Projektteam angehörenden Kollegen. Zwei Teilprojektleiter fühlen sich übergangen.

Interkulturelle Konflikte können dann entstehen, wenn unterschiedliche Moralen, Normen, Werte und Grundannahmen aufeinanderprallen. Dabei müssen nicht unbedingt Vertreter verschiedener Nationen zusammentreffen, auch Organisationskulturen können sich fundamental unterscheiden.

Konfliktarena	Konfliktmotive
	🔍 **Beispiel:** Die Projektmanagerin hat eine lange Karriere in der Organisation gemacht und wurde nun mit der Leitung des teuersten Projekts der Firmengeschichte betraut. Die jungen Mitarbeiter eines Dienstleisters kommen zu einem Geschäftstermin in Jeans und duzen die Projektmanagerin. Sie fühlt sich respektlos behandelt.

2.2 KONFLIKTEBENEN UND -AUSWIRKUNGEN

Eine weitere Unterscheidung von Konflikten ist nach den Ebenen möglich, auf denen sie ihren Ursprung haben und sich abspielen. Grob können drei Ebenen unterschieden werden:

- Auf der **Sachebene** können relativ einfach aufzudeckende Dinge Aufhänger für Konflikte sein, wie etwa konkurrierende Ziele oder die unterschiedliche Einschätzung oder Bewertung einer Faktenlage. So können z. B. aus Sicht einer Marketingabteilung andere Merkmale eines Produkts herausragend sein, als dies nach Ansicht des Entwicklungsingenieurs der Fall ist – vollkommen zu Recht, und zwar auf beiden Seiten aus unterschiedlichen Gründen. Kommt es hier zu Spannungen und ist der Konflikt noch rein auf der Sachebene verortet, hilft ein Gespräch, um den Konflikt frühzeitig zu lösen.

- Schwieriger zu behandeln sind Konflikte, die auf einer **persönlichen Ebene** entstanden sind oder bereits von der Sachebene dorthin übergeschlagen sind. Die Ursachen können im Zwischenmenschlichen der Akteure begründet liegen. Sei es z. B., dass es sich um eine alte Fehde zwischen zwei Kollegen handelt, sei es, dass die Sympathie füreinander fehlt. Nun sollte der Erfolg eines Projekts nicht an solchen Dingen scheitern müssen, auch wenn es viel Mut und Überwindung kosten kann, Konflikte dieser Art zu thematisieren und zu lösen.

- Am schwierigsten zugänglich sind solche Konflikte, die aus **Bedürfnissen und Emotionen**, Angst oder Unbehagen geboren sind und nur vordergründig auf der Sachebene oder persönlichen Ebene ausgetragen werden. Dort finden dann große Stellvertreterkriege in Gremien und bezüglich weit entfernter Themen in der Organisation statt, die ihren Ursprung an ganz anderer Stelle haben. Man muss zu den Wurzeln eines solchen Konflikts vordringen, um ihn verstehen zu können.

2.3 EISBERGMODELL

Mit den verschiedenen Ebenen eines Konflikts geht das Problem der Wahrnehmbarkeit einher. Wenn Konfliktparteien sich streiten, sieht man von außen nur einen kleinen Ausschnitt. Die wahre Tragweite und die Hintergründe sind schwer zu ergründen. Anhand eines Eisbergmodells lässt sich erklären, dass die Themen, zu denen sich Konflikte manifestieren und ausgetragen werden, häufig nur Schauplätze sind und die wahren Ursachen im Verborgenen liegen.

Die Sachebene ist eine Bühne, auf der viele Konflikte ausgetragen werden. Es geht dabei beispielsweise um Konzepte, Prozesse, Regeln oder Zuständigkeiten. Die Sachebene ist sichtbar und auf ihr wird gerne mit sehr rationalen Mitteln nach Lösungen gesucht – oder ein Konflikt nicht ernst genommen, weil es doch nur um Nebensächlichkeiten gehen würde. Unter der Sachebene liegt die Persönlichkeitsebene und, um im Bild des Eisbergs zu bleiben, diese befindet sich etwa in Höhe der Wasseroberfläche. Man sieht sie dann teilweise, wenn sie zwischen den Wellen kurz freigelegt wird. Auf der Persönlichkeitsebene geht es nicht mehr um die Sache, es geht um das Gegenüber als Person, Zu- und Abneigungen, gemeinsame Geschichte und Gruppenzugehörigkeiten spielen hier etwa eine Rolle.

Doch das dicke Ende im Bild des Eisbergs liegt unterhalb der Wasseroberfläche und ist verborgen. Es sind die Emotionen, die in den Konfliktparteien arbeiten. Diese Gemütsbewegungen haben ihre Wurzeln tief in unseren Werten und Erfahrungen, der Kultur, in der wir aufgewachsen sind, in den ganz individuellen Ängsten und Bedürfnissen eines Menschen.

Projektmanager müssen sich bewusst sein, dass sie immer nur »die Spitze des Eisberges« sehen, wenn sie auf einen Konflikt treffen. Das wahre Ausmaß ist oft nicht ohne weiteres sichtbar und die Hintergründe sind nur teilweise zugänglich.

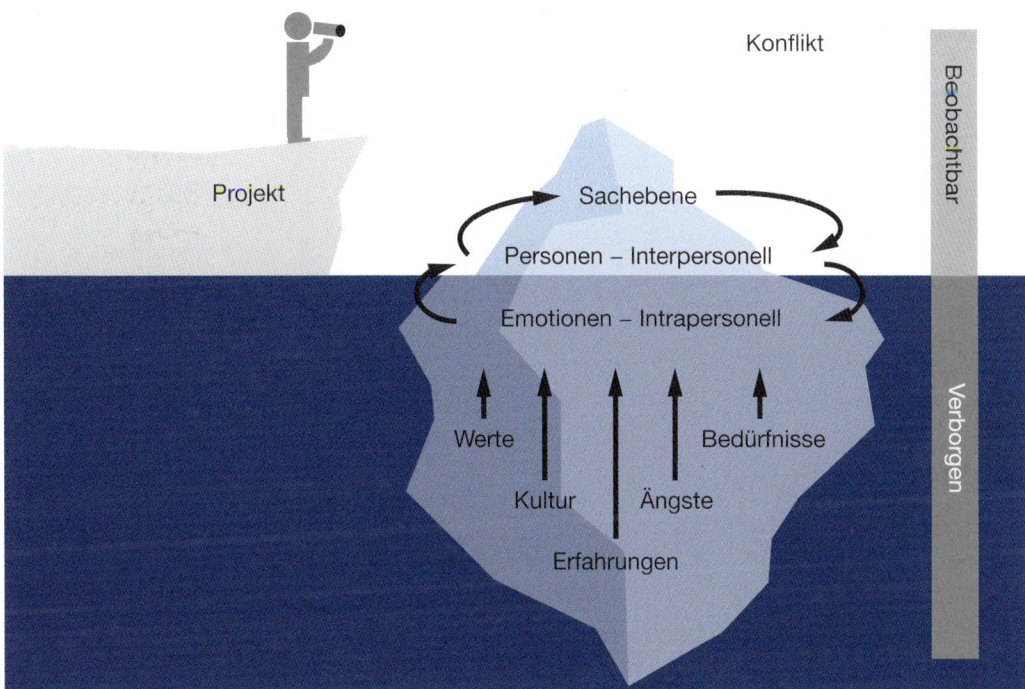

Abb. 4.7-1: Ebenen eines Konflikts im Eisbergmodell

2.4 PHASEN DER KONFLIKTESKALATION

Konflikte eskalieren nicht plötzlich und unvermittelt. Ihnen gehen Phasen der Entstehung voraus, die beobachtet werden können und für eine Weile auch noch die Chance zum Eingreifen bieten. So mancher Schaden kann von einem Projekt noch abgewendet werden, wenn rechtzeitig reagiert wird. Das Aussitzen von Konflikten ist nur selten von Erfolg gekrönt.

Es gibt verschiedene Theorien der Konfliktforschung, doch zusammengefasst lassen sich drei Kategorien von Konfliktsituationen beschreiben:

I **Latente Konflikte** schlummern, sie sind bislang noch nicht sichtbar oder auffällig. Das kann dann der Fall sein, wenn Individuen oder Gruppen Differenzen haben, die aber noch nicht so stark sind, dass ein Beteiligter aktiv wird, um die Situation zu ändern.

Beispiel: In Projekten kann ein latenter Konflikt dadurch auffallen, dass zwei Mitarbeiter oder Teams nicht mehr die Abstimmung suchen, auch wenn das naheliegend oder notwendig wäre. Stattdessen fordern sie Entscheidungen oder Freigaben für jeweils ihre Ergebnisse vom Projektmanager ein. Dieser sollte hinterfragen: warum? Wird der Weg zu ihm oder ihr vielleicht als einfacher wahrgenommen als die direkte Abstimmung? Empfinden sich die Kollegen gegenseitig als kompliziert oder unverständig?

I **Emergente Konflikte** sind sichtbar, werden aber noch rational ausgetragen. In dieser Situation kann sich beispielsweise ein Streit um ein Thema entzünden. Noch sind die Parteien im Gespräch miteinander und können Lösungswege rational diskutieren.

Beispiel: Wenn hart über eine vorgeblich bessere technische Lösung diskutiert wird, aber keiner der Beteiligten versucht zu verstehen, warum die andere Partei von ihrem Vorschlag überzeugt ist, ist das ein deutliches Zeichen dafür, dass es hier nicht nur um die Sache allein geht. In dieser Situation kann der Projektmanager noch vergleichsweise einfach intervenieren, indem er seine Aufmerksamkeit auf die Entstehungsgeschichte der vorgestellten Lösungen bzw. Positionen der Parteien richtet und gleichzeitig auslotet, ob noch weitergehende Konflikte eine Rolle spielen könnten.

I **Eskalierte Konflikte** werden unmaskiert und hemmungslos ausgetragen. In dieser Situation befinden sich die Parteien im offenen und emotionalen Widerspruch zueinander und sind einem rationalen Austausch über Lösungswege nicht mehr zugänglich. Andere Personen werden in den Streit hineingezogen und er eskaliert weiter.

Beispiel: Hier brennt die Luft und die Sache ist erst einmal zweitrangig. Der Projektmanager muss schnell wieder sozialen Frieden in sein Team bzw. seine Stakeholder bringen, bevor das gesamte Projekt scheitert.

Der Konfliktforscher Friedrich Glasl hat ein Modell der Eskalation von Konflikten entwickelt, das noch detaillierter wird. In neun Stufen beschreibt er, wie ein Konflikt typischerweise verläuft (Glasl 2008, 2010). Dieses Stufenmodell gliedert die Schritte der Eskalation in drei Phasen – ganz ähnlich wie zuvor dargestellt. Während der ersten Phase befindet sich der Konflikt in einer noch frühen Entstehung und kann geklärt werden, sodass alle Beteiligten davon profitieren (Win-Win-Situation). In der zweiten Phase ist der Konflikt schon so manifestiert, dass es keine Lösungsoptionen mehr gibt, aus denen nicht eine der Parteien als Verlierer herausgehen wird (Win-Lose-Situation). Ab der dritten Phase trifft das auf alle Beteiligten zu: Der Konflikt ist so verfahren, dass alle Parteien darin Schaden nehmen und Verlierer sind (Lose-Lose-Situation).

Entlang der Stufen der Konflikteskalation setzt sich eine **Spirale der Konfliktentwicklung** in Gange, in der sich die Parteien gegenseitig hochschaukeln. Auf eine Aktion folgt eine Gegenreaktion, die noch ein Stück härter ist. So entsteht ein sich selbst verstärkender Prozess und, ohne es zu wollen oder zu bemerken, sind die Konfliktparteien in einem Strudel der Eskalation gefangen (von Französisch »escalier« = Treppe).

Diese Stufen der Konflikteskalation passen ebenso auf die alltäglichen Streitigkeiten und Scharmützel im geschäftlichen Umfeld wie auf all die großen und kleinen Kriege, die sich im Lauf der Menschheitsgeschichte ereignet haben. Übertragen auf Projekte, zeigt das Modell: Je früher der Projektmanager (sich anbahnende) Konflikte erkennt und je mutiger und beherzter er eingreift, desto besser lassen sie sich noch lösen. Konflikte beginnen sich an relativ kleinen Punkten zu manifestieren, die sich mit geringem Aufwand einrenken bzw. klären lassen. Sie tendieren jedoch schnell dazu, in einen Teufelskreis der Selbstverstärkung einzutreten: Auf einen bösen Blick folgt ein Kommentar, auf den Kommentar eine Handlung, auf die Handlung eine Gegenreaktion … Bald machen sich auch körperliche Empfindungen bemerkbar (»Somatisierung«; Umwandlung von seelischen Belastungen in körperliche Symptome): »Bloß beim Gedanken an Frau X werde ich schon ganz angespannt« oder »Wenn Herr Y bei einem Meeting dabei ist, habe ich Druck im Magen.«. Der Schaden, der dann entsteht, wenn Konflikte ignoriert und ausgesessen werden, bis sie eskalieren, kann den kompletten Projekterfolg gefährden. Er kann sich bis zu einer Projektkrise auswachsen und beträchtliche Kosten für die beteiligten Organisationen verursachen.

Tab. 4.7-2: Eskalationsstufen eines Konflikts nach Glasl

Phase 1   (Win-Win-Lösung): Klärung des Konflikts ist noch möglich. Beide Parteien können gewinnen.

1. Verhärtung: Fronten bilden und verhärten sich. Es droht Ärger, noch herrscht aber die Überzeugung, dass Gespräche Lösungen bringen können.

2. Debatte, Polemik: Es gibt Diskussionen, die zunehmend unnachgiebiger geführt werden. Es wird polarisiert, aber noch so getan, als ginge es um rationale Argumente.

3. Taten statt Worte: Die Parteien werden ungeduldig. Sie mögen nicht mehr länger diskutieren. Es werden Fakten geschaffen, die vorher so nicht besprochen wurden. Pessimistische Erwartungen werden zu selbst erfüllenden Vorhersagen. Meinungsdruck durch Wir-Gefühle und Gruppenbildung.

Phase 2   (Win-Lose-Lösung): Eine Seite wird verlieren, weil zu viel passiert ist.

4. Images und Koalitionen: Die Parteien suchen sich Verstärkung. Sie gehen Koalitionen mit bisher Außenstehenden ein. Feindbilder entstehen, Image-Kampagnen und Gerüchte kommen in Umlauf.

5. Gesichtsangriff und Gesichtsverlust: Die Diskussionsmoral kippt. Man nutzt jede Gelegenheit dazu, der Gegenseite zu schaden und sie in ein schlechtes Licht zu rücken. Um die Sache allein geht es längst nicht mehr. Der Kampf wird auch unter der Gürtellinie ausgetragen. Bisher kleine Differenzen werden zu Kämpfen um Ideologie, Werte und Prinzipien.

6. Drohstrategien: Es folgen Drohszenarien, Machtdemonstrationen und Forderungen, die realistisch nicht mehr erfüllbar sind. Die Parteien manövrieren sich selbst in Handlungszwänge und Sackgassen hinein.

Phase 3   (Lose-Lose-Ergebnis): Beide Parteien nehmen Schaden, weil sie zu tief im Konflikt stecken und zu weit gegangen sind.

7. Begrenzte Vernichtungsschläge: Man freut sich, wenn die andere Partei Schaden nimmt. Der Gegner wird nicht mehr als Mensch anerkannt.

8. Zersplitterung: Soziale Regeln gelten nicht mehr. Psychoterror und Angriffe auf die Existenzgrundlage der anderen Partei finden statt.

9. Gemeinsam in den Abgrund: Es geht nur noch um die Vernichtung der anderen Partei, auf den eigenen Sieg kommt es nicht mehr an. Der eigene Untergang wird in Kauf genommen, um dieses Ziel zu erreichen. Jedes Mittel ist dabei recht.

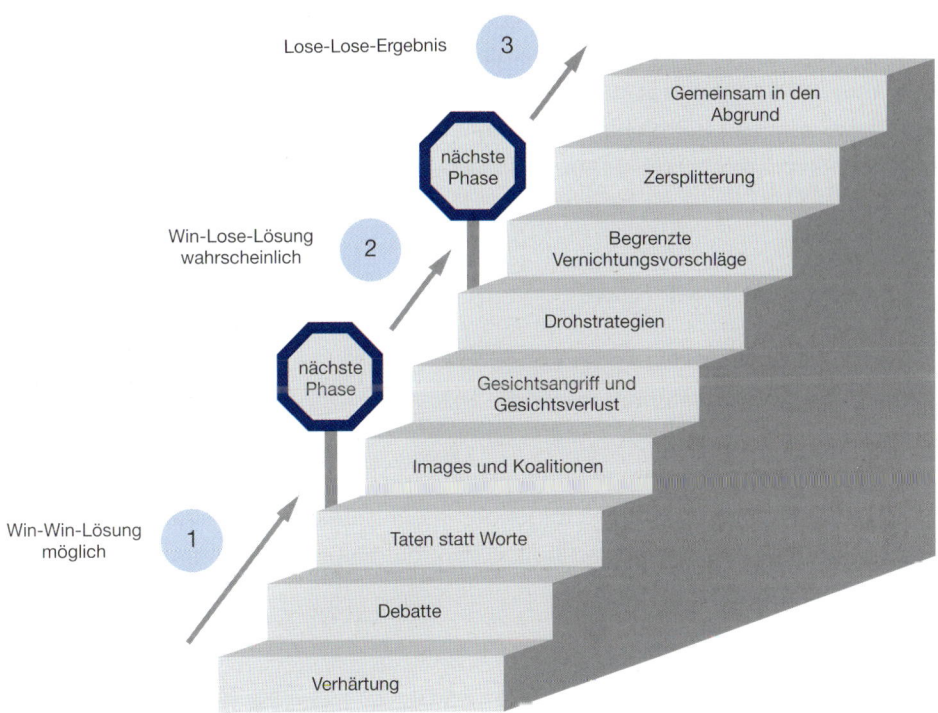

Abb. 4.7-2: Eskalationsstufen eines Konflikts nach Glasl

3 ANTIZIPATION UND VORBEUGUNG VON KONFLIKTEN UND KRISEN

Ein sorgfältig erstelltes und regelmäßig weiterentwickeltes Projektmanagement-System ist unerlässlich, um Konflikte und Krisen zu vermeiden, aber auch, um auf ihren Eintritt vorbereitet zu sein. Sechs Bereiche können in diesem Zusammenhang besonders hervorgehoben werden:

- Ein funktionierendes und wachsames **Risikomanagement** bildet eine Grundvoraussetzung, um bedrohliche Ereignisse frühzeitig zu identifizieren.

- **Stakeholdermanagement** und eine gute **Projektkommunikation** sind Werkzeuge, um Konflikte schon frühzeitig zu identifizieren oder noch besser zu verhindern.

- Sorgfältige **Zieldefinition** bei Projektstart und ein systematisches Änderungsmanagement helfen, Zielkonflikte zu erkennen und zu vermeiden.

- **Vertragsmanagement** hilft, rechtliche Konfliktsituationen zu verhindern.

- Überlegte **Personalauswahl** und die Weiterentwicklung von Mitarbeitern helfen, inter- und intrapersonelle Konflikte im Team zu vermeiden.

- Die bewusste Gestaltung der **Teambildungsphasen** hilft, Rollenkonflikte früh zu erkennen und auszutragen und die Beziehungsebene im Projekt zu stärken.

Diese Aufzählung macht deutlich, dass viele Projektmanagement-Methoden zugleich auch Grundlagen für die Konflikt- und Krisenprävention bilden. Die beste Krise ist eine, deren Kommen erkannt und abgewendet wird, bevor sie ausbrechen kann. Die Frühwarnzeichen zu erkennen und Projektmanagement-Methoden mit Sorgfalt auch als präventive Systeme zu installieren, ist daher sinnvoll investierter Aufwand.

3.1 KONFLIKTSYMPTOME

Wenn zwischen zwei Personen oder Gruppen ein Konflikt entsteht, lassen sich die Symptome meist schon wahrnehmen, bevor die Eskalation eingesetzt hat. Konflikte in Organisationen zeigen sich auf viele unterschiedliche Arten. Das können offene und aktive Angriffe sein, aber auch verdeckte Schläge und stille Reaktionen. Nur ein Teil findet verbal statt, vieles läuft nonverbal ab. Die folgenden neun Bereiche sind eine Anregung für beobachtbare Verhaltensweisen oder Indikatoren, die einen Projektmanager wachsam für potenzielle Konflikte machen sollten.

Auf Personenebene:

- **Ärger**, **Wutausbrüche**, **Aggression** und **Kritik**: Einzelne Personen machen ihrer Unzufriedenheit Luft und sagen laut, dass sie etwas stört. Ein Konflikt kann jetzt offen angesprochen werden.

- **Sarkasmus**, **Ironie**, **Anspielungen**: Hinter mehr oder weniger feinen Zwischentönen zeigt sich, dass etwas im Argen liegt. Ein Konflikt kann dahinterstecken, muss aber erst explizit gemacht werden.

- **Leistungsabfall von Mitarbeitern**, **Rückzug**: Nicht jeder will im Arbeitsumfeld kämpfen. Sind Mitarbeiter durch Konflikte belastet, kann ihre Arbeitsleistung bewusst oder unbewusst abfallen. Sie können zudem mit Rückzug (innerer Kündigung) reagieren.

In der Projektarbeit:

- **Frustrierende Meetings**: Besprechungen und Workshops führen zu keinen konstruktiven Ergebnissen mehr. Immer dieselben Teilnehmer dominieren die Diskussion, andere zeigen sich genervt oder unbeteiligt.

- **Blockadehaltung von Gruppen oder Funktionsträgern**, **Formalismus**: Einzelne Funktionsträger oder ganze Gruppen verhalten sich nicht mehr kooperativ, sie beharren auf formalisierten Wegen der Kommunikation und Zusammenarbeit.

- **Nebenkriegsschauplätze in der Organisation**: Der Projektmanager wird in Konflikte verwickelt, die in einem anderen Bereich der Organisation ausgetragen werden und vordergründig nichts mit seinem Projekt zu tun haben.

In der Teamstimmung:

| **Angst und Absicherung**: Das Vertrauen in die Zusammenarbeit sinkt. Alle Mitarbeiter versuchen, sich abzusichern, wollen keine eigenen Entscheidungen mehr treffen, die E-Mailverteiler werden immer größer.

| **Gruppenbildung**: Es formen sich Cliquen, die sich stark über Abgrenzung von anderen Gruppen definieren.

| **Mittelbare Kennzahlen**, z. B. **Krankenstand, Kündigungsrate, Überstunden, Fehlerraten**: An Kennzahlen zeigen sich Veränderungen. Mitarbeiter sind häufiger krank oder verlassen das Projekt oder die Organisation. Auch steigende Überstunden oder zunehmende Fehlerraten können Indizien für Konflikte sein.

3.2   ANSÄTZE ZUR KONFLIKTPRÄVENTION

Perspektivenübernahme und Kommunikation sind zwei wichtige Schlüssel, um Konflikte zu verhindern. Es geht einerseits darum, Verständnis für andere Personen zu entwickeln, und andererseits darum, so zu kommunizieren, dass andere auch Verständnis für einen selbst entwickeln können. Die Beschäftigung mit Kommunikationstechniken kann bei der Entwicklung dieser Kompetenz helfen. Letztlich ist sie aber Ausdruck einer inneren Haltung. Nur wer wirklich daran interessiert ist, wie es anderen Personen geht, und auch Wert darauf legt, dass sie ihn selbst verstehen, wird als authentisch zugewandt wahrgenommen und kann Konflikte vermeiden.

Perspektivenübernahme bedeutet, die Sichtweise eines Gegenübers einnehmen zu können, um zu verstehen, was sie oder ihn bewegt. Das können rationale Bedingungen sein, die der anderen Person als gegeben und völlig selbstverständlich erscheinen, wie etwa die Organisationsstruktur, ein Zuständigkeitsbereich und der Handlungsspielraum. Vollständig wird das Bild aber erst dann, wenn auch die Emotionen und Bedürfnisse des Gegenübers in Betracht gezogen werden.

 Beispiel: Will der forsche Controller den Projektmanager mit den schrecklichen Excel-Berichtsformularen regelmäßig gängeln? Aus seiner Perspektive sieht es so aus: Er muss für 60 Projekte quartalsweise dem Vorstand berichten. Häufig bekommt er Daten zu spät oder unvollständig und wird zudem noch als Pedant bezeichnet. Er hat das Gefühl, dass seine Arbeit nicht wertgeschätzt wird. Schon vor Jahren hat er deshalb angeregt, auf eine moderne Projektmanagement-Software umzustellen, die manuelle Reports obsolet macht. Doch der Vorstand hat das brüsk abgelehnt. Der Controller fühlt sich nicht ernstgenommen.

In Kommunikation liegt einerseits die Ursache, andererseits aber auch die Lösung vieler Konflikte. Aussagen, wie »Du machst das falsch«, können beispielsweise große negative Wirkung entfalten, und zwar auch dann, wenn sie nie als Affront gedacht waren (→ Abschnitt 3.4.1 Eskalierende Aussagetypen sowie Abschnitt 2.4 Das Nachrichtenquadrat, »Persönliche Kommunikation«). Das Konzept der Gewaltfreien Kommunikation empfiehlt daher, zwischen vier Schritten zu unterscheiden (Rosenberg 2016):

a) Der **Beobachtung** einer konkreten Handlung oder auch eines Unterlassens,
b) dem Bewusstmachen meiner **Gefühle**, die diese Beobachtung in mir auslösen,
c) der Artikulierung meines **Bedürfnisses**, das damit in Verbindung steht,
d) einer respektvoll und höflich formulierten **Bitte**.

Diese vier Schritte in einem Satz wären: »Wenn ich a) sehe, dann fühle ich b), weil ich c) brauche. Deshalb möchte ich jetzt gerne d).« (→ Abschnitt 3.4.2 Drei Schritte zur konstruktiven Ich-Botschaft, Kapitel »Persönliche Kommunikation«).

Beispiel: Der Projektmanager könnte den Controller ansprechen: »Jedes Quartal fordern Sie sehr viele Projektdaten bei mir an. Das bedeutet großen Aufwand für mich und ich fühle mich deshalb etwas hilflos, weil ich nicht verstehe, warum ich die Daten alle mühsam zusammenstellen muss. Ich würde gerne verstehen, wie Sie damit weiterarbeiten, und mich mit Ihnen enger abstimmen. Wären Sie bereit, mich in Ihr System einzuführen? Vielleicht finden wir ja gemeinsam einen Weg, unsere Zusammenarbeit zukünftig einfacher zu gestalten.«

3.3 FEHLERKULTUR

Mit Blick auf die beindruckende Sicherheitsbilanz der Luftfahrt wurde das Konzept der »High Reliability Organisations« (HRO) entwickelt. Es beschreibt Organisationen, die in einem riskanten Umfeld operieren, aber dennoch eine geringere Zahl gefährlicher Zwischenfälle und Unfälle aufweisen, als zu erwarten wäre (Reason 1997, 2000). Eine Erkenntnis aus der Erforschung fataler Unfälle lautet, dass ihnen häufig das Versagen gleich mehrerer Level von präventiven Barrieren vorausgeht und dass sich die Ursachen für diese Fehler an vorderer Front bis in tiefe Ebenen der Organisation hinein zurückverfolgen lassen. HROs vermeiden dieses fatale Systemversagen.

Ausschlaggebend dafür ist eine besondere Fehlerkultur: Fehler eines Einzelnen gehören selbstverständlich zum Erwartbaren und Unvermeidbaren. Ziel ist es allerdings, sie rechtzeitig aufzudecken und einzudämmen. Eine Kausalkette bis hin zu einem gefährlichen Zwischenfall soll sich nicht in Gang setzen dürfen, diese gelten als »avoidable adverse events«. Schlüsselwort ist »avoidable«, es handelt sich also um »vermeidbare« Ereignisse.

Eine HRO weist daher vor allem eine gute Organisation auf, durch die Schäden vermieden werden, und zwar auch dann, wenn Umfeld und Situation widrig sind. Kern ist eine Fehlerkultur, in der jeder Mitarbeiter offen über Fehler sprechen kann und sogar dazu ermutigt wird, diese zu melden. Ziel ist es, dass kein Fehler ein zweites Mal passieren darf und die technischen und organisatorischen Systeme kontinuierlich weiterentwickelt werden. Wichtig ist dafür ein Umfeld, in dem man nicht dafür bestraft wird, einen Fehler zu melden, sondern in dem freie Kommunikation über eigene Fehler, Schwächen oder Zweifel ermöglicht und sogar unterstützt wird.

3.4 SZENARIOANALYSE ALS WERKZEUG ZUR KRISENPRÄVENTION/-REAKTION

In Konfliktsituationen, vor allem aber in Krisen, ist ein Projekt mit großen Veränderungen im Projekt selbst oder in seinem Umfeld konfrontiert. Entscheidungen können weitreichende Auswirkungen haben und wiederum neue Abhängigkeiten und Probleme schaffen oder sie aufdecken. Nichtsdestotrotz müssen viele Entscheidungen schnell getroffen werden. In solchen Situationen ist es notwendig, einen Blick in die Zukunft werfen zu können. Hier kann eine Szenarioanalyse helfen, mögliche zukünftige Entwicklungen zu antizipieren.

Grundlage ist das Verständnis, dass Zukunft nicht etwas Festbestimmtes ist und auch nicht klar vorhersehbar ist. Von jedem Zeitpunkt aus sind mehrere alternative »Zukünfte« denkbar. Szenarien verfolgen den Zweck, den Raum dieser möglichen Entwicklungen zu beschreiben. Es handelt sich bei Szenarien nicht um harte Vorhersagen, sondern um Modelle für mehrere Alternativen der Entwicklung.

Verschiedene Szenariotechniken wurden in unterschiedlichen Disziplinen entwickelt und eingesetzt. Der Morphologische Kasten ist ein Beispiel für eine sehr strukturierte Methode (› Abschnitt 8.6 Morphologischer Kasten, Kapitel »Vielseitigkeit«). Zusammenfassend lässt sich in vier Phasen ein genereller Prozess beschreiben, dem alle Szenariotechniken folgen. (Kosow, Gaßner et al. 2008)

1) Szenariofeldbestimmung
Im ersten Schritt wird definiert, was der Gegenstand ist, für den Szenarios entwickelt werden. Das Untersuchungsfeld wird dadurch abgesteckt. Geht es beispielsweise um ein Projekt oder die gesamte Organisation? Geht es um interne Faktoren oder externe Einflüsse, um die technische Entwicklung oder soziale Faktoren?

Beispiel: Ein wichtiger Zulieferer eines Projekts scheint in wirtschaftliche Schieflage zu geraten. Noch erfüllt er seine Verpflichtungen, doch besteht das ernstzunehmende Risiko, dass er ausfallen wird. Das Szenariofeld wird bestimmt als die Wechselwirkung zwischen Projekt und Zulieferer inklusive dessen wirtschaftlicher Lage.

2) Identifikation der Schlüsselfaktoren

Ist das Szenariofeld bestimmt, können die Schlüsselfaktoren beschrieben werden, die auf das Feld einwirken und es bestimmen: Die Variablen, Parameter, Trends, Entwicklungen und möglichen Ereignisse.

 Beispiel: Als Schlüsselfaktoren werden bestimmt: Die individuelle Auftragslage des Zulieferers samt historischer Entwicklung, die Geschwindigkeit und Auswirkung seiner Insolvenz, der allgemeine Personalmarkt, die wirtschaftliche Entwicklung der Branche.

3) Analyse der Schlüsselfaktoren

Für jeden der Schlüsselfaktoren wird analysiert, wie er sich zukünftig weiterentwickeln kann und welche Ausprägungen vorstellbar sind. Methodisch kann in dieser Phase die volle Bandbreite der Workshopmethoden und Schätztechniken ausgeschöpft werden. Wichtig sind nicht nur Erfahrung und Intuition hinsichtlich des Szenariofelds bzw. -gegenstands, sondern auch die Bereitschaft, unterschiedliche Sichtweisen und Positionen in die Analyse einfließen zu lassen.

 Beispiel: Die Auftragslage des Zulieferers wird als tendenziell rückläufig eingeschätzt, aufgrund der branchenüblichen langen Akquisephasen ist auch nicht mit einer Erholung zu rechnen. Die Wahrscheinlichkeit einer Insolvenz innerhalb des nächsten Jahres wird mit 50/50 angenommen. Der allgemeine Personalmarkt ist absehbar leergefegt und die wirtschaftliche Entwicklung ist positiv prognostiziert.

4) Szenario-Generierung

Schließlich wird ein Projektionszeitpunkt in der Zukunft gewählt. Für diesen Zeitpunkt werden verschiedene Szenarien erarbeitet. Es gilt, verschiedene Alternativen einander gegenüberzustellen, die möglichst alle vorstellbaren Räume der Entwicklung abdecken. Die Auswahl dieser Szenarioalternativen kann nur individuell sinnvoll bestimmt werden, um zu den Herausforderungen des Projektmanagers zu passen. Als grundlegendes Schema bietet es sich an, mindestens zwei Dimensionen mit insgesamt vier Optionen zu betrachten:

| Betreffend des eigenen Handelns: Keine Entscheidungen bzw. Maßnahmen treffen und abwarten versus viele Entscheidungen bzw. Maßnahmen treffen und aktiv werden.

| Betreffend der Entwicklung des Umfelds: Umfeldfaktoren entwickeln sich negativ versus Umfeldfaktoren entwickeln sich positiv.

Beispiel: Als Projektionszeitpunkte werden 6, 12 und 24 Monate gewählt.
Option A, Abwarten: Bei Eintritt der Pleite des Zulieferers trifft das Projekt ein schwerer Schlag, der nicht kompensierbar ist.
Option B, Aktiv werden: Know-how und Personal können im eigenen Projektteam oder in der Organisation aufgebaut werden oder ein zweiter Zulieferer unter Vertrag genommen werden. Mit dem bestehenden Zulieferer können eine engmaschige Kommunikation und eine inkrementelle Abnahme der fertigen Leistungsteile vereinbart werden. Für die Projektionszeitpunkte kann zudem geschätzt werden, welche internen Kompetenzen inwieweit aufgebaut werden können.
Option C, Negative Umfeldentwicklung: Der Zulieferer fällt aus, der eigene Personalaufbau bzw. die Entwicklung eines zweiten Zulieferers verläuft schleppend.
Option D, Positive Umfeldentwicklung: Der Zulieferer übersteht seine wirtschaftliche Schieflage und profitiert von einem günstigen gesamtwirtschaftlichen Umfeld.

Auf Basis einer Szenarioanalyse können Maßnahmen entwickelt werden, die nicht nur heute Sinn machen, sondern angesichts der möglichen Entwicklungen auch in Zukunft nicht falsch sind. Bei ungewisser Entwicklung kann es klüger sein, eine robuste Planung aufzustellen, die in vielen verschiedenen Szenarien funktioniert, als eine optimale Planung, die sich nur bei Vorliegen ganz spezieller Bedingungen realisieren lässt.

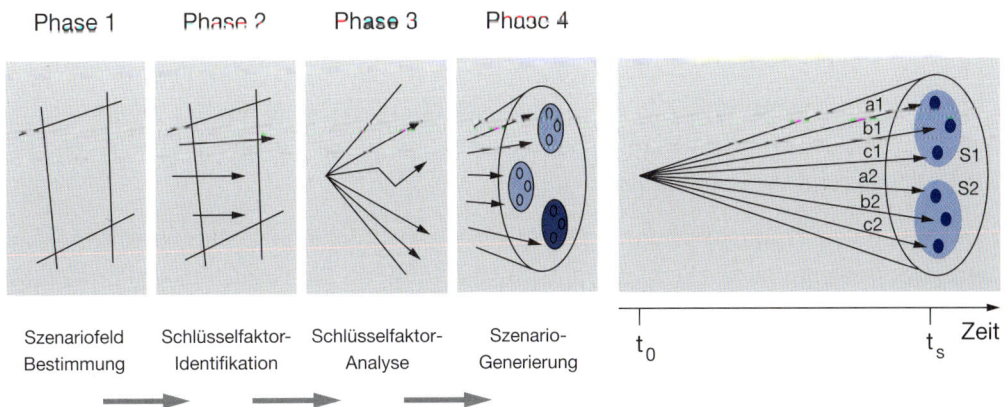

Abb. 4.7-3: Schritte der Szenarioanalyse (in Anlehnung an Gaßner et al. 2008)

Ebenso wie auch das klassische Risikomanagement, finden Szenarioanalysen dann ihre Grenzen, wenn es um Ereignisse geht, die entweder komplett unbekannt sind oder deren Eintritt für praktisch nicht möglich gehalten wird. Um auf solche Ereignisse vorbereitet zu sein, muss präventives Krisenmanagement im Sinne eines Continuity Managements betrieben werden.

Dazu werden die kritischen Funktionen bzw. Services des Projekts identifiziert. Auf diese konzentriert sich die Vorsorge und es werden Alternativpläne entwickelt, die darauf abzielen, die Kernfunktionen des Projekts aufrechtzuerhalten – und zwar unabhängig davon, was die Ursache oder der Auslöser einer Krise ist.

4 IN KONFLIKTEN VERMITTELN

Im Angesicht eines Konflikts können sehr grundlegende Verhaltensmuster aktiviert werden, die tief in der Verhaltensbiologie von Mensch und Tier verankert sind:

- Erstarren: Stillhalten und Aussitzen eines Konflikts.
- Kampf: Angriff auf das Gegenüber, schnelle und laute Eskalation.
- Flucht: Rückzug und Abwendung von dem Konfliktthema und der anderen Partei.

In einem zivilisierten und produktiven Arbeitsumfeld müssen solche Muster überwunden werden. Das kann entweder eine Einigung in der Sache und eine Zuwendung zur Person bedeuten (z. B. kooperative Konfliktlösung) oder zumindest die Einigung auf einen Prozess der Konfliktlösung (z. B. Mediation oder Delegation der Entscheidung an eine höhere Entscheidungsinstanz).

4.1 DAS KONFLIKT-GRID: STRATEGIEN FÜR DEN UMGANG MIT KONFLIKTEN

Es gibt vier klassische Konzepte zur Konfliktlösung, die in aufgeklärten Gesellschaften praktiziert werden. Alle vier Varianten haben allerdings gemein, dass am Ende eines Konflikts Gewinner und Verlierer stehen.

- Bei rationalen Fragestellungen kann eine wissenschaftliche Untersuchung herausarbeiten, welche Partei Recht hat und welche Unrecht. Ein Experiment mit mehreren Optionen kann eine »beste« Alternative aufzeigen.
- Auch die Politik bietet einen Konfliktlösungsmechanismus, indem demokratisch abgestimmt und nach dem Willen der Mehrheit entschieden wird.
- Wenn Rechtsfragen in einem Konflikt betroffen oder alle anderen Wege zur Beilegung gescheitert sind, kann ein Gericht angerufen werden. Nach dem Urteil werden die Mechanismen des Justizsystems bis hin zur Durchsetzung mit Polizeigewalt wirksam.
- In Organisationen der Wirtschaft, öffentlichen Verwaltung, Bildung, sogar in Freizeitvereinen und Familien gibt es Hierarchien oder Ränge. Wenn es zum Konflikt zwischen zwei Parteien kommt, kann sich die Person mit dem höheren Rang durchsetzen oder es wird die nächsthöhere Instanz für die Entscheidung angerufen.

Alle vier Konzepte sind tauglich, um Konflikte beizulegen. Wer aber unterliegt, durch Rechtsprechung und Staatsgewalt gezwungen oder durch ein Machtwort des Vorgesetzten überstimmt wird, der wird das Ergebnis weder verstandesmäßig noch emotional als richtig empfinden. Er ist der Unterlegene und fühlt sich als Verlierer.

Blake und Mouton (1970) haben vor diesem Hintergrund ein fünftes Konzept formuliert. Ihnen geht es dabei um die Entwicklung einer Problemlösungskultur, in der Differenzen direkt zwischen den Akteuren kooperativ beigelegt werden. Jedermann soll verstehen, wie die Wurzeln von Konflikten entstehen sowie über die Kompetenzen verfügen, Differenzen mit anderen zu klären.

Das Managerial Grid nach Blake und Mouton ist ein einfaches Werkzeug, das angewendet werden kann, um Konfliktsituationen zu analysieren und eine Strategie zur Lösung des Konflikts zu entwickeln. Dieses Verhaltensgitter wird auch im Kapitel »Führung« beschrieben, dort aber unter dem Gesichtspunkt der Führungsstile (»zweidimensionales Modell«). Im Kapitel »Verhandlungen« wird eine ähnliche Grafik beschrieben. Dort geht es jedoch um die Interessen der Parteien A und B.

Wer sich in einer Konfliktsituation befindet, hat zwei grundlegende Aspekte zu bedenken: Zum einen die Personen, mit denen er sich im Konflikt befindet, und zum anderen die Ergebnisse, die er anstrebt. Sein weiteres Vorgehen in dem Konflikt ist davon abhängig, wie viel Wert er diesen beiden Aspekten in Relation beimisst. Abbildung 4.7-4 zeigt einige mögliche Kombinationen.

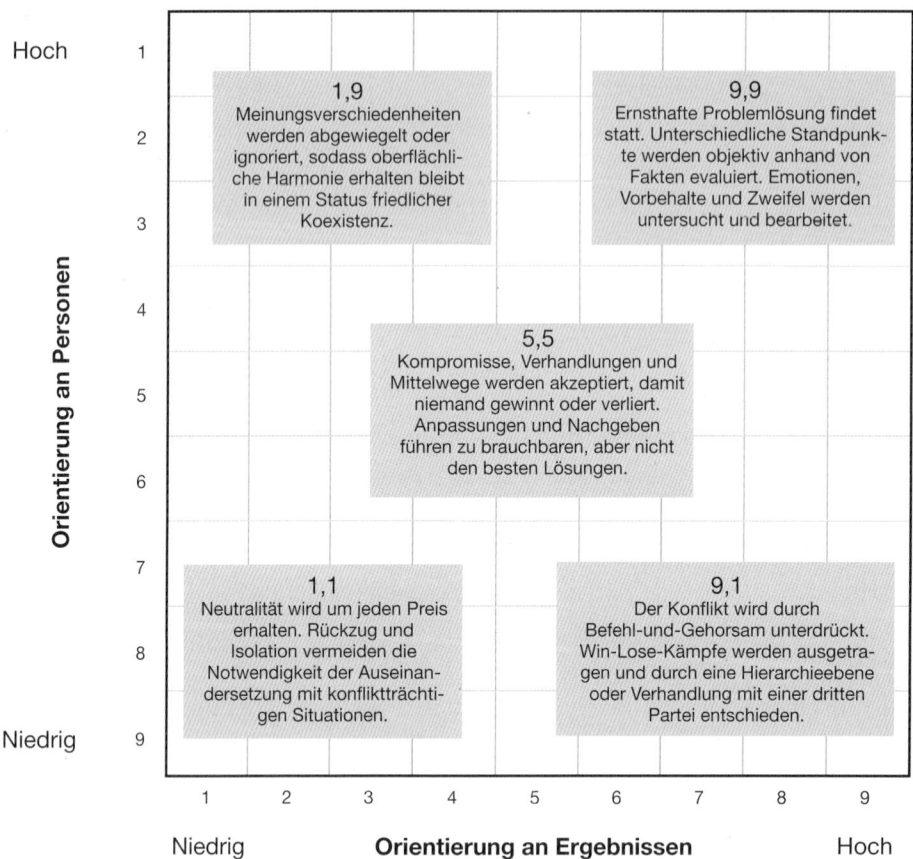

Abb. 4.7.4: Das Conflict Grid nach Blake und Mouton (1970)

Im oberen linken Feld (1,9) liegt der Ansatz, der viel Wert auf Personen und geringen Wert auf Ergebnisse legt. In Projekten, in denen diese Konfliktstrategie gepflegt wird, wird es vermieden, Meinungsverschiedenheiten auszutragen. Eine heile Welt wird aufrechterhalten, alle sollen sich wohlfühlen und niemand soll kritisiert werden, auch wenn das zu Lasten der Ergebnisse geht. Weil keine Konfliktlösungskultur existiert, können Schwierigkeiten, Mängel und Schlechtleistung nicht angesprochen werden.

Das genaue Gegenteil (9,1) wäre der Ansatz, bei dem sich alles um Ergebnisse dreht und die Befindlichkeit der Personen nicht beachtet wird. Konflikte werden per Hierarchie oder Machtkampf ausgetragen, dabei wird keine Rücksicht auf die Emotionen von Kollegen und Mitarbeitern genommen. Was zählt, sind allein Leistung und Ergebnisse.

Der Ansatz im linken unteren Feld (1,1) ist gekennzeichnet von Vermeidung. Hauptsache kein Streit! – lautet die Devise. So werden Störungen auf der Beziehungsebene zwar vermieden, aber die Sache wird nicht vorangetrieben. Alle Parteien ziehen sich zurück und versuchen, sich möglichst wenig zu exponieren.

Häufig propagiert werden Kompromisslösungen, im Konflikt Grid sind das Ansätze im mittleren Feld (5,5). Dabei soll niemand verlieren, »man trifft sich in der Mitte« und jeder rückt ein Stück von seiner Position ab. Das Ergebnis sind Mittelwege, mit denen jede Partei leben kann, die aber aus keiner Perspektive heraus wirklich die beste Lösung verkörpern. Diese Lösungen sind akzeptabel, aber im Interesse des Projekts oder der Organisation nicht die optimalen.

4.2 KOOPERATIVE KONFLIKTLÖSUNG

Der Ansatz mit hoher Personen- und gleichzeitig hoher Ergebnisorientierung im rechten oberen Feld (9,9) gilt als kooperative Konfliktlösung (siehe Abbildung 4.7-4). Differenzen sind hier anerkannt als unausweichliche Gegebenheit, wenn willensstarke Menschen unterschiedliche Überzeugungen dazu vertreten, was der richtige Weg ist. Doch willigen alle Parteien ein, sich gegenseitig anzuerkennen und die Emotionen hinten anzustellen. Dieser Ansatz kann im Sinne einer Konfliktkultur eines Projekts etabliert werden, um Konflikte auf niederschwelliger Ebene zu lösen, bevor sie in die Eskalationsspirale eintreten.

Ein pragmatischer Ablauf im Rahmen eines Projekts könnte folgendermaßen aussehen:

- **Feststellung** »Wir haben einen Konflikt«.
- Was sind die Argumente auf der **Sachebene** und wie kommen wir hier zu einer Entscheidung?
- Wie geht es uns auf der **Beziehungsebene**? Was müssen wir tun, ändern oder einfach mal aussprechen, damit wir weiter gut zusammenarbeiten können?
- **Einigung und Umsetzung** der Maßnahmen.

Ein typisches Statement für einen 9,9 Ansatz in einer Konfliktsituation unter Kollegen könnte sein: »Wir haben offensichtlich unterschiedliche Meinungen in der Sache. Nichts ist unantastbar. Was sind die Fakten? Was sind die Ursachen? Welche Schlüsse ziehen wir daraus?« Solch ein Ansatz kann zwar, kurzfristig gesehen, zeitaufwendiger sein als z. B. der Einsatz von hierarchischer Entscheidung. Langfristig zahlt er sich aber aus, weil er alle Beteiligten dazu veranlasst, Differenzen zwar zuzulassen, aber nicht zu Konflikten auswachsen zu lassen. Gegenseitiges Verständnis wächst und die Problemlösungskultur in der Organisation wird entwickelt.

Die dahinterstehende Haltung entspricht dem Harvard Prinzip der Verhandlung: Interessen und Positionen sollen dabei getrennt voneinander betrachtet werden (→ Kapitel »Verhandlungen«). Ein kleiner Unterschied liegt im Ansatz der kooperativen Konfliktlösung, denn dabei wird angenommen, dass es tatsächlich eine Art von übergeordnetem Interesse z. B. des Projekts oder Unternehmens gibt, an dem die Konfliktparteien die Sachentscheidung ausrichten können. Beim Harvard Prinzip geht es um den Ausgleich widerstreitender Interessen. Zur Trennung von Sach- und Beziehungsebene siehe auch das Kapitel »Persönliche Kommunikation«.

4.3 DEESKALATION UND VERTRAUEN WIEDERHERSTELLEN

Wenn zwei Parteien im Konflikt zueinander stehen, können Emotionen die Wahrnehmung, die Einschätzung und die Fähigkeit, Entscheidungen zu treffen vernebeln. Wir sehen im Gegner Stereotype und keine individuellen Personen mehr (Bodenhausen, Sheppard et al. 1994).

Deeskalation bedeutet, die Spirale der Konfliktentwicklung zu stoppen. Es wäre blauäugig anzunehmen, dass ein bereits eskalierter Konflikt unmittelbar geklärt werden kann. Im ersten Schritt ist es notwendig, die weitere Eskalation zu verhindern. Die Konfliktparteien sollen den Teufelskreis aus Aktion und Reaktion durchbrechen.

Ansätze dazu sind:

- **Konflikteskalation bewusst machen:** Anhand einer Darstellung der Konflikteskalationsstufen kann den Parteien beispielsweise gezeigt werden, wie weit ihr Konflikt schon fortgeschritten ist und welcher Schaden noch droht, wenn er weiter eskaliert. Sind die Parteien einsichtig und können sie ihre Situation reflektieren, bildet das einen Ausgangspunkt für eine Konfliktmoderation (→ Abschnitt 4.4 Konfliktmoderation).
- **Kommunikation entschärfen:** Durch Ich-Botschaften und entlang des Modells der gewaltfreien Kommunikation (→ Abschnitt 3.2 Ansätze zur Konfliktprävention) kann die Kommunikation entschärft werden. Achtung: Schon hier ist Unparteilichkeit geboten, wenn der Projektmanager später als Moderator auftreten möchte.
- **Abkühlen lassen:** Wenn die Emotionen hochgekocht sind, kann es sinnvoll sein, die Konfliktparteien erst einmal zu trennen und abkühlen zu lassen.

Erlebt der Projektmanager einen Konflikt unvermittelt, hilft dieses Set von Sofortmaßnahmen. Anschließend kann in Einzelgesprächen eruiert werden, was der Anlass des Konflikts war und eine Vereinbarung zum weiteren Lösungsprozess getroffen werden.

Eines der ersten Opfer eines Konflikts ist das gegenseitige Vertrauen. Vertrauen ist jedoch eine Grundvoraussetzung für Zusammenarbeit und ist wichtig, um aus Konflikten wieder in die Normalität zu kommen. Im Organisationskontext resultiert Vertrauen aus einigen Formen, die bewusst dazu genutzt werden können, um es wiederherzustellen oder zu stärken (Kramer, 1999).

- **Persönliches Naturell:** Menschen unterscheiden sich darin, ob sie anderen Menschen generell eher vertrauen oder misstrauen. Dies ist eine Persönlichkeitseigenschaft von Kollegen und Mitarbeitern, die ein Projektleiter nicht beeinflussen kann.

 Beispiel: Auch wenn die Personen in ihrem Naturell nicht geändert werden können, können sie dennoch Verständnis füreinander entwickeln. Teambuilding-Maßnahmen zu Projektbeginn können gezielt dazu eingesetzt werden, um Vertrauen im Team zu entwickeln.

| **Historisches Vertrauen:** Die Wahrnehmung von Vertrauenswürdigkeit ist ein stark vergangenheitsabhängiger Prozess. Das Vertrauen wird stärker, je länger und je öfter Akteure miteinander positiv interagieren. Sie lernen so die Eigenschaften, Intentionen und Motive der Gegenseite kennen und können Annahmen über ihr zukünftiges Verhalten treffen.

Beispiel: Durch mehrere kleine gemeinsame Aufgaben und Erfolge kann eine gemeinsame Geschichte entwickelt werden, aus der (wieder) Vertrauen erwächst.

| **Dritte als Überträger von Vertrauen**: So wichtig Informationen über die Vertrauenswürdigkeit einer anderen Partei sind, so schwer sind sie dann zu erlangen, wenn keine gemeinsame Historie existiert. In solchen Situationen können Dritte als Überträger von Vertrauen agieren, indem sie relevante Informationen weitertragen. Doch dieses »Second-hand«-Wissen kann dann gefährlich sein, wenn es nur bruchstückhaft oder verfälscht ist.

Beispiel: Ehemalige Kollegen oder Auftraggeber können Empfehlungen geben.

| **Kategorie- oder rollenbasiertes Vertrauen**: Es wird vorhergesagt über die Mitgliedschaft des Gegenübers in einer sozialen oder organisationalen Kategorie oder über die spezielle Rolle des Gegenübers.

Beispiel: Berufsbezeichnungen, wie Qualitätsmanager, Sicherheitsfachkraft oder Justiziar, klingen beispielsweise vertrauenerweckend. Ebenso die Mitgliedschaft in einem Fachverband oder wenn ein Mitarbeiter bei einem bekannten Unternehmen oder Behörde gearbeitet hat.

Diese Kategorien können helfen, Ansatzpunkte zu finden, um nach – besser aber vor – einem Konflikt Vertrauen zwischen Personen und Organisationen zu stärken. Achtung: Vertrauen kann viel einfacher zerstört als aufgebaut werden.

4.4 KONFLIKTMODERATION

Bei Konflikten in Projekten kommt dem Projektmanager als Erstem eine vermittelnde Rolle zu, sofern er noch neutral ist und nicht selbst Partei des Konflikts geworden ist. In frühen Eskalationsphasen kann er noch als Moderator fungieren und auf einen Ausgleich der Interessen hinwirken. In späteren Phasen muss er die Optionen in Betracht ziehen, durch eigene Autorität einzugreifen oder den Konflikt an höhere Managementlevel bzw. an seinen Auftraggeber zu eskalieren. Auch der Einsatz eines professionellen Mediationsverfahrens oder rechtliche Maßnahmen können erwogen werden.

Für den Umgang mit Konflikten aus Managementperspektive gibt es kein starres Handlungsschema, aber einige Empfehlungen (Wall und Callister 1995).

Frühes Eingreifen und Eindämmung

- **Moderation muss zügig einsetzen:** Konflikte müssen früh gelöst werden, bevor sie sich weiter aufbauen und verstärken (siehe Eskalationsstufen). Durch Abwarten gehen sie meist nicht vorüber. Je eher ein Projektmanager eingreift, desto geringerer Schaden kann entstehen und desto weniger Aufwand kostet ein Konflikt.

- **Das Umfeld darf die Konflikteskalation nicht weiter anfeuern:** Projektmanager und andere Führungskräfte dürfen nicht durch ihre Haltung und Aussagen Konflikte fördern, etwa unter der Annahme, dass Konflikte gut und Konkurrenz gesund wären.

- **Organisatorische Treiber abschalten:** Wenn offensichtlich widerstreitende Ziele, Aufträge oder unklare Rollen Nährstoffe für Konflikte zwischen zwei Parteien bieten, müssen diese treibenden Faktoren abgestellt werden. Sie werden sonst einer Moderation zwischen den Konfliktparteien im Wege stehen.

Moderation

- **Die Sachebene herausarbeiten:** Um in einem Konflikt zu vermitteln, sollte versucht werden, die Kernthemen des Konflikts zu identifizieren. Dann werden sie in einem Set handhabbarer Punkte beschrieben und strukturiert. Auf der Basis kann zwischen den Parteien im Sinne eines Interessenausgleiches nach dem Harvard-Prinzip »gehandelt« werden (→ Kapitel »Verhandlungen«) oder es kann ein übergeordnetes Interesse gefunden werden nach dem Ansatz der kooperativen Konfliktlösung.

- **Emotionen behandeln:** Zu dem Zeitpunkt, an dem ein Konflikt erkennbar wird, kann er schon so weit fortgeschritten sein, dass es nicht mehr ausreicht, bloß den ursprünglichen Anlass zu bereinigen. Zusätzlich müssen auch diejenigen Auswirkungen angegangen werden, die aus dem Konflikt entstanden sind, etwa Misstrauen, negative Gefühle und die Folgen einer Eskalation. Die Emotionen und die Beziehungsebene der Konfliktparteien müssen in die Konfliktmoderation miteinbezogen werden.

- **Methoden und Prozess anpassen:** Der Moderator übernimmt die Verantwortung für den Prozess der Konfliktlösung. Welche Technik des Konfliktmanagements im Einzelfall wirkt, welche Person als Moderator akzeptiert wird und wie ein Konflikt letztendlich gelöst werden kann, ist individuell unterschiedlich und abhängig z. B. von den beteiligten Personen, vom Gegenstand des Konflikts und der Eskalationsstufe. Weil Konflikte so vielfältig ausgeprägt sein können, ist ein pragmatisch-experimenteller Ansatz eher Erfolg versprechend als ein starres Set von Guidelines zur Vorgehensweise. Zu Beginn können einfache Moderations- bzw. Workshopmethoden eingesetzt werden. Es ist wichtig dabei, nach strukturellen Gründen zu suchen (z. B. Ziel- oder Rollenkonflikte), anstatt den beteiligten Personen Fehler vorzuwerfen. Führt ein Moderations- bzw. Lösungsansatz nicht weiter, so analysiert der Moderator, was bisher hilfreich war und was nicht, und probiert einen neuen Ansatz aus (siehe z. B. Tit for Tat oder Harvard-Prinzip, → Kapitel »Verhandlungen«).

Haltung und Professionalität

- **Unparteilichkeit und Neutralität des Moderators:** Wichtige Voraussetzungen für die Auswahl eines Moderators sind seine Unparteilichkeit und Neutralität. Nur dann werden sich die Kontrahenten auf ihn einlassen. Er muss ausreichend Distanz zum Thema und den Parteien wahren, sodass er nicht nur die vordergründige Ebene des Konflikts sieht, sondern auch die Hintergründe, Zusammenhänge und vor allem die Emotionen der Beteiligten wahrnehmen kann. Wer selbst Teil eines Konflikts ist, kann ihn nicht mehr moderieren. Ausnahme ist die kooperative Konfliktlösung (→ Abschnitt 4.2 Kooperative Konfliktlösung), hier arbeiten beide Parteien gemeinsam an einer Lösung und moderieren sich quasi selbst.

- **Transparenz des Prozesses:** Der Prozess der Konfliktmoderation liegt in der Hoheit der Beteiligten. Sie akzeptieren einen Moderator nur dann, wenn ihnen verständlich ist, wie seine Vorgehensweise ist, und wenn sie mit dieser einverstanden sind. Er darf sich nicht zu sehr auf den Konflikt und dessen Lösung selbst konzentrieren, sondern muss immer auch den Konfliktparteien das Gefühl vermitteln, dass sie fair behandelt werden und auch über den Prozess der Konfliktlösung mitbestimmen dürfen. So wird erreicht, dass sie sich auf die Konfliktmoderation einlassen, und vermieden, dass der Konflikt zwischen Parteien ersetzt wird durch einen Konflikt mit dem Moderator.

- **Selbstreflexion der eigenen Rolle:** Der Moderator muss seine eigene Rolle und den Einfluss seines Handelns auf die Konfliktbeteiligten reflektieren. So kann er die Mechanismen des Konflikts und bislang unentdeckte Punkte erkennen. Außerdem schützt er sich so davor, selbst Teil des Konflikts zu werden (→ Kapitel »Selbstreflexion und Selbstmanagement«). Zur Selbstreflexion gehört auch die Entscheidung, ob und wie weit man eine Konfliktmoderation selbst übernehmen will und realistisch auch leisten kann oder ab wann der Zeitpunkt gekommen ist, um externe Unterstützung in Anspruch zu nehmen. Die Aufgabe, einen Konflikt zu moderieren, kann viel Zeit und Ressourcen binden.

4.5 MEDIATION UND RECHTSSTREIT

Lässt sich ein Konflikt nicht mit eigenen Bemühungen oder durch einen Moderator beilegen, bleibt der Weg zu einer externen Streitbeilegung. Gerichtsverfahren dauern allerdings mehrere Monate bis Jahre, bergen immer das Risiko, ganz oder teilweise zu unterliegen, und können hohe Kosten verursachen. Der Rechtsweg sollte daher nur als Ultima Ratio betrachtet werden – je kürzer das Projekt läuft, umso weniger kann der Ausgang eines Gerichtsverfahrens abgewartet werden.

Eine Alternative kann ein Mediationsverfahren sein. Mediation ist ein strukturierter Prozess, der von einem externen Mediator angeleitet wird. Die Parteien eines Konflikts müssen sich freiwillig darauf einlassen und auch den Willen zu einer konstruktiven Beilegung haben. Der Mediator fällt keinen Richterspruch, seine Aufgabe besteht darin, ein Verfahren zu gestalten, in dem beide Parteien sich wieder auf eine Einigung zubewegen.

Die methodischen Grundlagen einer Mediation sind die bis hierher schon vorgestellten Konzepte: **Die Trennung von Person und Sache** (→ Abschnitt 2 Verhandlungstheorien: Harvard-Konzept, Kapitel »Verhandlungen«), **die Muster der Eskalation von Konflikten** (→ Abschnitt 2.4 Phasen der Konflikteskalation) **und die Bedürfnisse und Emotionen auf den verschiedenen Ebenen eines Konflikts** (→ Abschnitt 2.3 Eisbergmodell). In diesem Sinne ist eine Mediation eine externe Konfliktmoderation.

Wie auch diese kann eine Mediation nur dann gelingen, wenn der Mediator in den Augen aller Beteiligten Glaubwürdigkeit besitzt und akzeptiert wird. Ein Indiz für die Qualifikation eines Mediators kann sein, dass er seine Qualifikation durch ein Zertifikat nach dem Mediationsgesetz (MediationsG) nachweisen kann. Entscheidend ist jedoch in jedem Fall, dass ihn alle Parteien als kompetent, unabhängig und vertrauenswürdig wahrnehmen.

4.6 LERNEN AUS KONFLIKTEN

Nach Bewältigung von Konflikten oder Krisen muss der Weg zurück zum Alltag gefunden werden. Die Situation ist bewältigt, nun muss die Beziehung stabilisiert werden. Dazu gehört auch eine Analyse des Konflikts bzw. der Krise: Wie konnte es dazu kommen? Welche Warnzeichen gab es, welche Mechanismen haben versagt? Was muss geändert werden, damit es nicht ein zweites Mal so weit kommt? Aber auch: Was hat bei der Bewältigung geholfen und muss erhalten bzw. ausgebaut werden?

Das kann relativ informell **im Rahmen eines Workshops** stattfinden. Die Beteiligten und Betroffenen versuchen zu ergründen, wo die Wurzeln des Konflikts bzw. der Krise begründet lagen. Dabei muss streng moderiert werden: Es geht nicht um Schuldzuweisungen und noch weniger um anschließende Bestrafung. Vielmehr lautet die Frage: Wie konnte es so weit kommen? Zum Beispiel anhand eines Ishikawa Diagramms (→ Abschnitt 5.3 Systemisches Denken, Kapitel »Vielseitigkeit«) werden dann die Faktoren beschrieben. Diese können etwa gefunden werden in der Planung und Überwachung des Projekts, der Kommunikation, Führung und Unternehmenskultur, Motivation bzw. Anreizsystemen, Arbeitsmittel etc. Am Ende des Workshops stehen klare Vereinbarungen und Maßnahmen, um zukünftige Konflikte bzw. Krisen dieser Art zu vermeiden und die Reaktionsfähigkeit des Projektteams zu stärken.

Ein selbst durchgeführter Workshop kann nach einem Konflikt auch einen Beitrag zur Befriedung des Teams leisten und den Weg zur weiteren Zusammenarbeit ebnen. Gut moderiert, verfestigt sich bei den Teilnehmern das erleichternde Gefühl, dass nicht einzelne Menschen aus heiterem Himmel einen Konflikt vom Zaun gebrochen haben, sondern dass ein ganzes Set von Faktoren im Umfeld diesen zumindest genährt hat. Die vereinbarten Maßnahmen bedeuten wieder ein Stück Kontrolle und Verantwortung für die gemeinsame Arbeitsumgebung.

Wenn die Beteiligten und Betroffenen nicht dazu in der Lage sind, sich zu solch einem Workshop zu treffen – oder möglicherweise auf Wunsch des Auftraggebers – kann auch eine formelle **externe Ursachenuntersuchung** durchgeführt werden. Ein neutraler Experte führt dazu ein Assessment des Projekts durch und arbeitet anhand von Unterlagen und Interviews die Ursachen heraus. Im Fokus stehen keine Schuldzuweisungen an Personen, sondern das Projekt und sein Umfeld als System. Der Abschlussbericht der Untersuchung sollte Empfehlungen für die Zukunft aussprechen.

Eine externe Untersuchung nimmt die Beschreibung und Deutungshoheit über die Ereignisse aus der Hand der Beteiligten: Der Projektmanager und das von ihm geschaffene Managementsystem werden von einem Externen untersucht. Das kann helfen, den blinden Fleck zu vermeiden und gravierende Mängel aufzudecken, bringt aber eine neue Form der Unsicherheit für das Team mit sich und kann wiederum Konflikte nähren. Der Einsatz eines externen Gutachtens sollte daher mit Bedacht gewählt und nur kompetente Experten damit beauftragt werden.

Siehe Lessons Learned Workshops als Methode (→ Kapitel »Planung und Steuerung«) und Lernende Organisation (→ Kapitel »Change und Transformation«).

5 KRISEN

5.1 KATEGORISIERUNG VON KRISEN

Krisen in Projekten können nach zwei Dimensionen geordnet werden, dem Ausmaß des Schadens, der im schlimmsten Fall entstehen kann, und der Geschwindigkeit, mit der sich die Krise entwickelt (siehe Abbildung 4.7-5).

Je nach Schadenspotenzial bleiben Projektkrisen nicht beschränkt auf das Projekt, in dem sie entstehen. Durch technische oder inhaltliche Abhängigkeiten können sie auf das ganze Portfolio übergreifen oder so hohe Kosten verursachen, dass der Fortbestand des gesamten Unternehmens gefährdet ist. Die Bedrohung der Gesundheit oder gar des Lebens von Menschen ist die höchste Stufe der möglichen Krisen in Projekten, und zwar ungeachtet des wirtschaftlichen Schadens.

Die Entwicklungsgeschwindigkeit von Krisen kann sich deutlich unterscheiden. Manche Situationen entwickeln sich wie ein Flächenbrand schnell weiter, andere nehmen nur langsam Fahrt auf und lassen sich gut beobachten. Die Anfänge und Ursachen können schon lange vor ihrem Ausbruch schleichend in einer Organisation beginnen, bevor eine Krise sichtbar wird.

In der Praxis ist die Einschätzung einer Krisensituation entsprechend dieser Dimensionen wichtig. Bei Krisen mit langsamer Entwicklung steht genügend Zeit für ausführliche Analysen und Abstimmung der Gegenmaßnahmen zur Verfügung. Bei geringem Schadenspotenzial kann die beste Reaktion im Trial-and-Error Verfahren gefunden werden und auch ein unerfahrener Projektmanager kann sich im Krisenmanagement beweisen. Doch bei hohem Schadenspotenzial und hoher Entwicklungsgeschwindigkeit muss ein professionelles Krisenteam seine Aufmerksamkeit voll auf die Bewältigung der Situation richten.

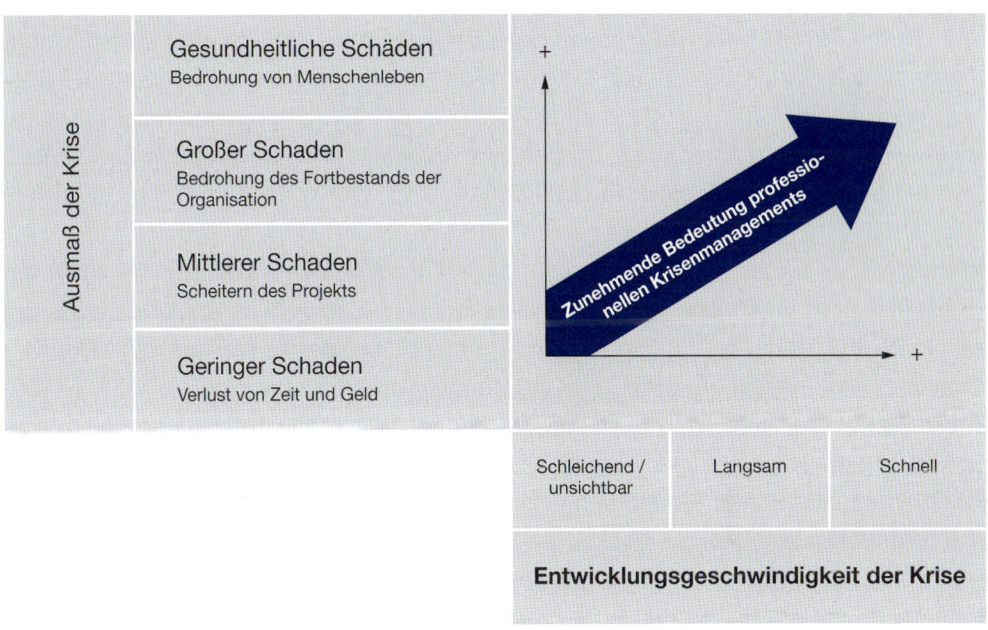

Abb. 4.7-5: Kategorisierung von Krisen

5.2 PHASEN DES KRISENMANAGEMENTS

Das Krisenmanagement folgt einem Phasenmodell, das nahtlos an das Risikomanagement anschließt (→ Kapitel »Chancen und Risiken«). Im Risikomanagement werden mögliche Ereignisse analysiert, ihre potenzielle Auswirkung gemindert oder begrenzt sowie deren Entwicklung kontinuierlich überwacht und für die Zukunft prognostiziert.

Zunächst gehört die Krisenprävention zu den grundsätzlichen Aufgaben des Projektmanagers. Siehe dazu die Szenarioanalyse (→ Abschnitt 3.4 Szenarioanalyse als Werkzeug zur Krisenprävention/-reaktion). Vorausschau und Vorsorge sollten nach Möglichkeit den Eintritt einer Krise verhindern.

Tritt ein krisenhaftes Ereignis ein, beginnt das Krisenmanagement mit einer Analyse der Situation und versucht, die **Auswirkungen abzuschätzen**: Was bedeutet das Ereignis hinsichtlich Zeit, Kosten und Leistungsfortschritt des Projekts? Wie sind das Projektteam und die Stakeholder betroffen? Gibt es Folgerisiken oder Abhängigkeiten über das Projekt hinaus in die Stammorganisation? Ist das Ereignis schon abgeschlossen oder dauert der schädliche Einfluss noch an?

Daran schließen **Sofortmaßnahmen** an, die der Herstellung der eigenen Handlungsfähigkeit und der Stabilisierung der Situation dienen: Wie kann der evtl. noch andauernde schädliche Einfluss beendet werden? Sind alle Informationen vorhanden, um kontinuierlich ein aktuelles Lagebild zu haben? Welche grundlegenden Entscheidungen müssen jetzt sofort getroffen werden? Sind die Befugnisse ausreichend, um reaktionsfähig zu sein? Was muss jetzt getan oder schon beauftragt werden, um auch über die Sofortmaßnahmen hinaus handlungsfähig zu bleiben? Aber auch: Geht es dem Team gut? Diese Phase kann wenige Stunden oder mehrere Tage dauern. Sie verlangt den Akteuren viel ab, wird aber entscheidend dafür sein, ob sich eine Krisensituation zu einem großen Schaden ausweitet oder noch gemeistert werden kann.

Die letzten Phasen des Krisenmanagements sind die **Wiederherstellung der normalen Arbeitsfähigkeit** im Projekt oder der Organisation und schließlich die **Überführung in den Normalbetrieb**. Im Angesicht eines Notfalls oder einer Krise wachsen viele Menschen über sich hinaus und vollbringen Leistungen, die sie selbst nicht von sich erwartet hätten. Sie kommen mit wenig Schlaf aus, treffen weitreichende Entscheidungen und zeigen Mut und große persönliche Verantwortung. Was während der Sofortmaßnahmen von großem Wert ist, kann aber nicht lange durchgehalten werden. Sobald das Feuer einer Krise gelöscht ist, müssen alle Funktionen oder Fähigkeiten des Projektteams für die normale Arbeitsfähigkeit wiederhergestellt werden und Team und Projekt in einen gesunden Arbeitsbetrieb überführt werden.

Abb. 4.7-6: Phasen des Krisenmanagements

Zum Übergang in den Normalbetrieb gehört auch eine gründliche Analyse der Krise und ihrer Bewältigung: Wie konnte es überhaupt so weit kommen? Warum wurden die Auslöser im Rahmen des Risikomanagements nicht identifiziert oder abgewendet? Was hat im Krisenmanagement gut funktioniert, was muss für die nächste Krise vorbereitet oder verbessert werden?

5.3 KRISENURSACHEN

Die Ursachen von Krisen in Projekten können darin begründet liegen, dass ein schon bekanntes Risiko eintritt. Das stellt insofern eine komfortable Situation dar, als ein Plan zur Krisenreaktion schon ausgearbeitet werden konnte. Doch nicht immer lassen sich die Krisenursachen einfach nach dem Motto »Die Krise von heute ist das Risiko von gestern« verorten.

| Höchst seltene und höchst unwahrscheinliche Ereignisse, sogenannte »Black-Swan-Events«, erscheinen nicht auf dem Monitor des klassischen Risikomanagements. Sie treten plötzlich ein und ohne dass sie das Projektteam für möglich gehalten oder erkannt hätte (Taleb 2010) (→ Abschnitt 3.4 Szenarioanalyse als Werkzeug zur Krisenprävention/-reaktion).

Beispiel: Die weltweite Finanzkrise ab 2007. Im Nachhinein sind die Ursachen klar, doch wurden vor der Krise die Zeichen nicht erkannt. In Projekten kann das beispielsweise eine geheim gehaltene Firmenübernahme sein, die plötzlich bekanntgegeben wird. Auch kriminelle Akte (z. B. Industriespionage, Sabotage) werden in vielen Projekten als Risiko kaum für möglich gehalten.

| Interdependenzen zwischen Projekten, Organisationen, Technologien und dem politischen Weltgeschehen überschreiten den Horizont des planbaren Dreischritts des Risikomanagements aus Event/Eintrittswahrscheinlichkeit/Auswirkung. Solche komplexen Wirkgefüge sind dann nachvollziehbar, wenn sie einmal eingetreten sind, erscheinen vorher aber als so gut wie ausgeschlossen.

Beispiel: Globale Lieferketten kommen ins Stocken durch unvorhergesehene Ereignisse. So kam es beispielsweise im Jahr 2010 gleich zu mehreren Ereignissen, deren Folgen im Waren- und Wirtschaftsverkehr jeweils spürbar waren: Vulkanausbruch in Island (April 2010), Waldbrände in Russland (Juni 2010), politische Umwälzungen (sog. »Arabischer Frühling« ab Dezember 2010). Auch eine mehrfach abgesicherte Technologie kann ausfallen: Im April 2018 wurde ein Teil des deutschen Internets für mehrere Stunden lahmgelegt, nachdem im größten weltweiten Internetknoten DE-CIX in Frankfurt a. M. gleich mehrere Notstromsysteme versagt hatten.

| Während ein Projektmanager im Idealfall ein Projekt von der Idee, über die Durchführung, bis hin zur Fertigstellung verantwortet, muss er in der Praxis häufig mit Entscheidungen und Vorleistungen arbeiten, die andere Akteure vor ihm getroffen haben. So gibt es Konstruktionsfehler in Projekten, die in einer frühen Phase vermeidbar gewesen wären, aber zu diesem Zeitpunkt noch nicht im Einflussbereich des heute Verantwortlichen lagen.

Beispiel: Ein Auftraggeber hat sich aus politischen Gründen für eine Technologie oder einen Partner entschieden, ohne eine neutrale Vorstudie bzw. Auswahlentscheidung durchzuführen.

Tab. 4.7-3: Kategorisierung von Krisenursachen in Projekten

Krisenursachen, die im Risikomanagement vorhersehbar und präventiv planbar sind	Krisenursachen, die im Risikomanagement kaum identifizierbar sind
Externe Einflüsse z. B. Naturbedingungen, höhere Gewalt, Veränderungen im Projektumfeld	Soziale Faktoren z. B. intra- oder interpersonelle Konflikte, Zielkonflikte von Unternehmen, vorsätzliche Bedrohung bzw. kriminelle Akte
Technische Bedingungen und inhaltliche Abhängigkeiten im Projektgegenstand z. B. aufeinander aufbauende Infrastrukturen oder abhängige Datenflüsse in IT-Systemen eines Unternehmens	Komplexe Gefüge, bei denen mehrere Faktoren zusammenkommen z. B. ein interner Konflikt entzündet sich an einem politischen Ereignis oder ein Naturereignis trifft auf eine technische Schwachstelle, für deren Behebung momentan das Know-how im Team fehlt

5.4 FÜHRUNG IN KRISENSITUATIONEN

Je akuter und schneller eine Krisensituation sich entwickelt, desto stringenter muss die Führungsorganisation sein, desto effizienter müssen die Informationsflüsse und desto kürzer die Entscheidungswege sein. Ziel muss es sein, dass Entscheidungen schneller getroffen werden können, als die Krisensituation sich gerade fortentwickelt. Ein stringent organisiertes Projektmanagementsystem ist eine gute Voraussetzung dafür. Wenn es im Alltagsbetrieb schon Transparenz über das Projekt und Handlungsfähigkeit ermöglicht, kann es für den Einsatz in Projektkrisen weiterentwickelt werden.

Krisensituationen erfordern schnelle Zyklen von Informationsgewinnung, Bewertung, Planung und Entscheidung. Zeitdruck und Ungewissheit können eine große Belastung für Entscheider bedeuten.

1) Führungsorganisation: In solchen Situationen erweisen sich die angestammten Linien- und Prozessorganisationen des Alltags als zu träge. Es wird dann in der Regel viel Entscheidungsmacht auf eine Person gebündelt, die als Krisenmanager mandatiert wird. Ob das der Projektmanager ist bzw. sein soll, hängt davon ab, ob er dazu qualifiziert ist und ihm sein Auftraggeber die Führung in der Krise zutraut oder ob er ihn als Teil der Ursache wahrnimmt. Wird dem Krisenmanager ein Stab zur Seite gestellt, sollten in diesem Spezialisten und Entscheidungsträger versammelt sein, die zur Steuerung des Projekts bzw. Unternehmens notwendig sind.

2) Führungsperson: In Krisensituationen kochen Emotionen hoch, Stress und Ängste vernebeln die klare Entscheidung. Führungskräfte sind davon selbst betroffen, dennoch kommt ihnen die Aufgabe zu, Ruhe zu bewahren, diese auszustrahlen und auch in den Führungsvorgang zu bringen. Diese Eigenschaften und Fähigkeiten können durch gute Vorbereitung und regelmäßiges Training bzw. Übung erlernt und erhalten werden. Dennoch ist nicht jeder dazu geeignet, in Stresssituationen als Führungskraft zu agieren. Übungen und Selbstreflexion können helfen zu ergründen, ob man sich dieser Verantwortung gewachsen fühlt.

5.5 DIE EIGENE RESSOURCE UND STRESSBELASTUNG

In Konflikten und Krisen ist die eigene Ressource die wichtigste. Nur dann, wenn der Projektleiter bzw. Krisenmanager selbst bei Kräften ist, kann er die Belastung aushalten und auch seinem Team und Auftraggebern als Ruhepol gegenüberstehen. Die Faktoren, die Menschen am häufigsten als Gründe für psychische Belastung am Arbeitsplatz wahrnehmen, sind »verschiedene Arbeiten gleichzeitig betreuen«, »starker Termin- und Leistungsdruck«, »ständig wiederkehrende Arbeitsvorgänge«, »bei der Arbeit gestört oder unterbrochen werden« und »sehr schnell arbeiten müssen« (Lohmann-Haislah 2012). Das alles sind Faktoren, die in Projekten auftreten können. Krisensituationen sind durch diese Faktoren immer gekennzeichnet.

Warum brennen dann nicht alle Projektmanager – und erst recht nicht alle Krisenmanager aus? Nach dem sogenannten Anforderungs-Kontroll-Modell sind die Handlungsspielräume entscheidend dafür, ob ein Arbeitsplatz mit hohen Anforderungen Stress verursacht (Karasek 1979). Hohe Anforderungen am Arbeitsplatz können dann sehr belastend sein, wenn die Handlungsspielräume zu ihrer Erfüllung klein sind und die Kontrolle hoch. Wer dagegen hohe Anforderungen spürt, aber gleichzeitig auch viel Handlungsfreiheit hat und mit der Unterstützung von Kollegen und Vorgesetzten rechnen kann, nimmt weniger Stress wahr.

Was für den Projektmanager in einer Krisensituation zutreffen mag, kann für sein Projektteam ganz anders aussehen. Hier hat er trotz – oder wegen – der besonderen Umstände eine Fürsorgepflicht für die ihm anvertrauten Mitarbeiter. Sechs Aspekte der Arbeitsumgebung und Führung sind besonders zu beachten, um die Belastungen für ein Projektteam auf einem gesunden Niveau zu halten (HSE 2017):

| **Individuelle Anforderungen** durch Arbeitslast, Arbeitsmuster und Arbeitsumgebung

- **Kontrolle und Gestaltungsfreiheit:** Wieweit können die Mitarbeiter beeinflussen, wie sie arbeiten?
- **Unterstützung** durch Motivation und Ressourcen, die durch die Organisation, Führungskräfte und Kollegen bereitgestellt werden
- **Beziehungen**, persönlicher Austausch und Förderung einer positiven Arbeitsatmosphäre, aber auch stringenter Umgang mit inakzeptablem Verhalten
- **Rollenklärung**, sodass jeder weiß, was seine Rolle und Aufgaben innerhalb des Teams und in der Organisation sind
- **Veränderungen** in der Organisation bzw. im Projekt, egal wie groß oder klein, müssen bewusst gestaltet und kommuniziert werden

Für Projekte kann das wichtige Implikationen bedeuten. Wenn der Projektmanager in schwierigen Projektsituationen als Einziger über Handlungs- und Entscheidungsfreiheit verfügt, den Druck aber das gesamte Team spürt, kann sich das zu starker Stressbelastung ausweiten. Stress zu verringern, ist eine Fürsorgepflicht des Projektmanagers seinen Mitarbeiter gegenüber. Darüber hinaus hat es auch präventiven Nutzen, denn Konflikte und Krisen können durch Emotionen und Fehler, die unter hoher Arbeitsbelastung unweigerlich entstehen, ausgelöst werden.

? WIEDERHOLUNGSFRAGEN

- Wie ist ein Konflikt definiert?
- Wie ist eine Krise definiert?
- Welche Motive und Ursachen gibt es für Konflikte?
- Was ist der Unterschied zwischen intra- und interpersonellen Konflikten?
- An welchen Frühwarnzeichen bzw. Symptomen kann ein Konflikt erkannt werden?
- Wie werden die Stufen der Konflikteskalation beschrieben?
- Wozu können Szenariotechniken eingesetzt werden?
- In welchen Schritten werden Szenarien generiert?
- Welche Aufgabe hat ein Konfliktmoderator zu erfüllen?
- Beschreiben Sie das Konflikt-Grid. Was ist der Unterschied zwischen einer 5,5 und einer 9,9 Lösung?
- Was bedeutet Deeskalation in Konflikten?
- Welche Sofortmaßnahmen zur Deeskalation können ergriffen werden?
- Wie sollte im Sinne einer guten Fehlerkultur damit umgegangen werden, wenn ein Mitarbeiter einen Fehler meldet?
- Welche Phasen des Krisenmanagements kennen Sie?
- Warum lassen sich nicht alle Krisenursachen im Risikomanagement erkennen?
- Welche Aspekte der Arbeitsumgebung müssen beachtet werden, um die Belastung von Mitarbeitern auf einem gesunden Niveau zu halten?

LITERATURVERZEICHNIS

Verwendete Literatur

Bierhoff, H.-W.; Frey, D.; Bengel, J. (Hrsg.) (2006) Handbuch der Sozialpsychologie und Kommunikationspsychologie. Göttingen: Hogrefe.

Bodenhausen, G. V; Sheppard, L. A.; Kramer, G. P. (1994) Negative affect and social judgment: The differential impact of anger and sadness. In: European Journal of Social Psychology: Jg. 24 (1) S. 45–62.

Glasl, F. (2008) Konflikt, Krise, Katharsis und die Verwandlung des Doppelgängers. 2. Aufl. Stuttgart: Verl. Freies Geistesleben.

Glasl, F. (2010) Konfliktmanagement: Ein Handbuch für Führungskräfte, Beraterinnen und Berater. 9., aktualisierte und ergänzte Auflage. Bern Stuttgart Wien: Haupt.

HSE (2017) Tackling work-related stress using the Management Standards approach. Merseyrail, UK: Health and Safety Executive, No. WBK1.

Karasek, R. A. (1979) Job Demands, Job Decision Latitude, and Mental Strain: Implications for Job Redesign. In: Administrative Science Quarterly: Jg. 24 (2) S. 285–308.

Kosow, H.; Gaßner, R.; Erdmann, L. (2008) Methoden der Zukunfts- und Szenarioanalyse: Überblick, Bewertung und Auswahlkriterien. Berlin: IZT.

Kramer, R. M. (1999) Trust and Distrust in Organizations: Emerging Perspectives, Enduring Questions. In: Annual Review of Psychology: Jg. 50 (1) S. 569–598.

Lohmann-Haislah, A. (2012) Stressreport Deutschland 2012: psychische Anforderungen, Ressourcen und Befinden. Dortmund: Bundesanstalt für Arbeitsschutz und Arbeitsmedizin.

Moore, C. W. (2014) The mediation process: practical strategies for resolving conflict. 4th edition. San Francisco, CA: Jossey-Bass.

Reason, J. (1997) Managing the risks of organizational accidents. Ashgate.

Reason, J. (2000) Human error: models and management. In: BMJ: British Medical Journal: Jg. 320 (7237) S. 768.

Rosenberg, M.I B. (2016) Gewaltfreie Kommunikation: Eine Sprache des Lebens. 10. Auflage. Paderborn: Junfermann Verlag.

Taleb, N. N. (2010) The Black Swan: the impact of the highly improbable. revised edition. London: Penguin Books.

Wall, J. A.; Callister, R. R. (1995) Conflict and Its Management. In: Journal of Management: Jg. 21 (3) S. 515–558.

Weiterführende Literatur

Seifert, J. W. (2011) Moderation und Konfliktklärung: Leitfaden zur Konfliktmoderation. 2. Aufl. Offenbach: GABAL-Verlag.

Redlich, A. (2009) Konflikt-Moderation in Gruppen: eine Handlungsstrategie mit zahlreichen Fallbeispielen und Lehrfilm auf DVD. 7. Auflage, erweiterte Neuauflage. Hamburg: Windmühle.

Knapp, P. (Hrsg.) (2017) Konfliktlösungs-Tools: klärende und deeskalierende Methoden für die Mediations- und Konfliktmanagement-Praxis. 5. Auflage. Bonn: managerSeminare Verlags GmbH.

Roselieb, F.; Dreher, M. (Hrsg.) (2008) Krisenmanagement in der Praxis: von erfolgreichen Krisenmanagern lernen. Berlin: Erich Schmidt Verlag.

4.8 VIELSEITIGKEIT

Autor: Yvonne Schoper

Prof. Dr. Yvonne Schoper ist Professorin für Internationales Projektmanagement an der HTW Berlin Hochschule für Technik und Wirtschaft. Zudem hat sie eine Gastprofessur an der Tongji Universität in Shanghai und der Universität Reykjavik, Island. Von 2012 bis 2015 war sie Vorständin bei der GPM Deutsche Gesellschaft für Projektmanagement e. V., von 2016 bis 2017 Mitglied des Präsidialrats. Seit 2014 ist sie Mitglied des IPMA Research Management Boards und leitet dort die IPMA Research Conference.

Co-Autor: Andreas Frick

Andreas Frick hat Elektrotechnik und Informatik in Paderborn studiert. Er ist Trainer und Berater beim Projektforum und Lehrbeauftragter für Projektmanagement bei der Hochschule Bochum. Weiterhin ist er Zertifizierter Senior Projektmanager (IPMA Level B), Autorisierter Trainingspartner GPM, Verbandsgeprüfter Sachverständiger BDSH für Projekt- und Mehrprojektmanagement und Systemischer Organisationsberater IGST. Er war Vorstandsvorsitzender der GPM Deutsche Gesellschaft für Projektmanagement e. V. von 2004–2014 und ist heute Delegierter der GPM.

INHALT

Das Kompetenzelement Vielseitigkeit 851
Definitionen. 851
Zweck und Bedeutung von Vielseitigkeit im Projekt. 855
Einordnung und Bezug zu anderen Kompetenzelementen
des Projektmanagements 855

Zusammenfassende Darstellung der Kompetenz »Vielseitigkeit« 855
Aspekte und Weiterentwicklung der Vielseitigkeit 856

Schaffen eines offenen, kreativen Projektumfelds 857
Organisatorische Maßnahmen 857
Offene Kommunikations- und Besprechungskultur 857
Moderationstechniken 859

Förderung einer ganzheitlichen Sichtweise 864
Ganzheitliche Erfassung des Projektumfelds 865

Förderung spezifischer Denkrichtungen 868
Konzeptionelles Denken 868
Strategisches Denken 869
Systemisches Denken 870

Problemlösungsprozess 871
Hypothesenbildung 872
Der systematische Problemlösungsprozess. 872

Methoden und Techniken der Problem-/ Ursachenanalyse 873

Methoden und Techniken der Problemlösung:
Kreativitätsfördernde Maßnahmen 882
Die Phasen des Kreativitätsprozesses. 883
Intuitive Techniken/Techniken der freien Assoziation 885
Techniken der strukturierten Assoziation 887

    Analogietechniken 890

    Konfrontationstechniken 891

    Konfigurationstechniken 893

    Analytisch-diskursive Techniken 895

    Weitere Kreativitätstechniken 899

    Zusammenfassende Darstellung der Kreativitätstechniken 903

Methoden und Techniken der Bewertung, Auswahl und Entscheidung . . 904

Wiederholungsfragen 908

Literaturverzeichnis 910

1 DAS KOMPETENZELEMENT VIELSEITIGKEIT

Das Kompetenzelement »Vielseitigkeit« in der ICB 4 basiert auf den ICB 3 Kompetenzelementen »Problemlösung« und »Kreativität«. Es geht jedoch wesentlich über diese beiden Kompetenzaspekte hinaus, indem es eine Einstellung und Denkweise (oder ein Mindset) beschreibt, die Diversität im Denken und Handeln im Projekt als wesentlichen Erfolgsfaktor von effektiven Projektmanagern voraussetzt (Oswald 2017). Im Management 4.0 besagt eine Faustregel: Management = Mindset x Governance x Arbeitstechniken. Bezogen auf das Kompetenzelement Vielseitigkeit, sollten sowohl das Mindset (also die Einstellung und Denkweise) als auch die Arbeitstechniken eines Projektmanagers möglichst vielseitig sein.

In der englischen Originalfassung der ICB 4 trägt dieses Kompetenzelement die Bezeichnung »Resourcefulness«, die auf Deutsch eigentlich mit »Einfallsreichtum« oder »Findigkeit« übersetzt wird. Doch trifft dies nur einen Aspekt der Vielseitigkeit. Daher verwendet die deutsche Übersetzung den Begriff Vielseitigkeit. Die ICB 4 schreibt, dass »Vielseitigkeit eine der wichtigsten Kompetenzen für den Projekterfolg ist«, da Vielseitigkeit hilft, Probleme zu überwinden und Lösungen zu erarbeiten. Hierbei bieten analytische, konzeptionelle und kreative Fähigkeiten Hilfestellung für den richtigen Umgang mit der Informationsflut, für die Informationsauswahl und Präsentation.

Erfolgreiches Projektmanagement erfordert Persönlichkeiten, die sich insbesondere durch »Vielseitigkeit« auszeichnen. Projektmanager sind in der Regel keine engen Fachexperten oder Spezialisten, sondern Generalisten mit einer breiten Bildung und umfangreicher Erfahrung, die vielfältige Kompetenzen aufweisen, eine ganzheitliche Sicht auf das Umfeld besitzen und ein umfassendes Interesse an allen relevanten Projektbereichen, angefangen beim einzelnen Individuum, über Technik, Politik, Gesellschaft, Wirtschaft, Kultur und Umwelt, aufweisen. Vielseitigkeit beschreibt die Kompetenz eines Projektmanagers, die unterschiedlichen Projektmanagement- und Problemlösungs-Methoden zu kennen, zu analysieren, welche Methode für den jeweiligen Anlass die geeignete ist, und diese dann entsprechend anzuwenden. Dabei existieren keine Vielseitigkeitstechniken im eigentlichen Sinn, sondern Vielseitigkeit fördernde Denkweisen und Maßnahmen, die im nachfolgenden Kapitel beschrieben werden.

Insbesondere beinhaltet Vielseitigkeit die Fähigkeiten:

| Breite und Tiefe von Wissen, Können und Erfahrung
| Vielfalt und Vielfältigkeit im Denken, in der Einstellung und im Verhalten

1.1 DEFINITIONEN

Vielseitigkeit
Die ICB 4 definiert die Kompetenz Vielseitigkeit als die »Fähigkeit, verschiedene Techniken und Denkweisen für die Definition, Analyse, Priorisierung, die Suche nach Alternativen für

den Umgang mit oder die Lösung von Herausforderungen und Problemen anzuwenden. Das erfordert häufig ein originelles und einfallsreiches Denken und Handeln und regt die Kreativität von Einzelnen und die kollektive Kreativität des Teams an. Vielseitigkeit und Einfallsreichtum sind nützlich, wenn Risiken, Chancen, Probleme und Schwierigkeiten eintreten.«

Vielseitigkeit bedeutet:

- die unterschiedlichen Aspekte der Umwelt wahrzunehmen und zum Projekt bzw. Problem in Beziehung setzen zu können.
- eine ganzheitliche Sicht auf die Umwelt / das Umfeld zu haben und Probleme in ihrem vielfältigen Zusammenhang zu sehen, ohne sich in Details zu verlieren, sowie diese kritisch bewerten zu können, indem alle wesentlichen Aspekte Beachtung finden.
- auf dieser Basis neuartige Lösungen zu generieren, indem fachfremde, auch auf den ersten Blick nicht relevante Wissensbestände und Erfahrungen auf ihre Anwendbarkeit hin überprüft werden.

Konzeptionelle Kompetenz

Konzeptionelle Kompetenz ist die Fähigkeit, Probleme im Zusammenhang zu erkennen, sich nicht im Detail zu verlieren, sondern die Übersicht über das große Ganze zu behalten und verschiedene Lösungsprinzipien zu entwickeln. Konzeptionelle Kompetenz verlangt aber auch die Fähigkeit, ein Problem aus verschiedenen Perspektiven zu betrachten (vgl. Wirtschaftslexikon24).

Kreativität

Kreativität ist die Fähigkeit, neue Lösungen zu entwickeln. Auf die Projektarbeit angewendet, bedeutet dies sowohl individuelle Kreativität des Einzelnen als auch kollektive Kreativität des Projektteams dadurch, dass durch die unterschiedlichen Teammitglieder unterschiedliche Wissensbereiche zueinander in Beziehung gesetzt werden und so neue Sichtweisen und Problemlösungen resultieren.

Divergentes Denken

Divergentes Denken bedeutet nicht-lineares, offenes, intuitives, verzweigendes gedankliches Beschäftigen mit einem Problem, wobei Randbedingungen und Beschränkungen sowie kritische Einwände negiert und konventionelle Denkmuster infrage gestellt werden.

Es beschreibt die Denkhaltung, die bei kreativen Prozessen benötigt wird, indem Denkblockaden ausgeschaltet werden. Divergentes Denken bildet die Voraussetzung, um zu neuen Ideen und Herangehensweisen zu gelangen. Divergentes Denken ist eng verbunden mit dem Begriff des lateralen Denkens und kommt in allen kreativen Prozessen zur Anwendung.

Konvergentes Denken

Konvergentes Denken bedeutet, aus einer Vielzahl von Ideen diese zu bündeln und auf eine konkrete Umsetzung hin zu prüfen. Konvergentes Denken ist zusammenführend, analysierend, und zielt darauf hin, eine tragfähige Lösung für ein Problem zu generieren. Konvergentes Denken dient dazu, Ideen, Vorschläge oder Möglichkeiten zu bewerten und auszuwählen. Es entspricht dem linearen, rational-logischen Denken, das zu einer Lösung kommt.

Problem
Umgangssprachlich ist ein Problem eine schwierige Aufgabe, die gelöst werden oder bewältigt werden soll. Dabei werden einfache, komplizierte und komplexe Probleme unterschieden. Im Projektmanagement ist ein Problem eine Abweichung vom Ist oder Soll. Diese Abweichung kann nicht mit einfachen Mitteln oder altbekannten Konzepten behoben werden.

Problemlösung
Problemlösen ist das Finden eines vorher nicht bekannten Weges, um, vom Istzustand ausgehend, den gewünschten Sollzustand durch intelligentes, denkbestimmtes Handeln zu erreichen. Allen Wissenschaften ist der Regelkreis der Problemlösung gemein: Der Regelkreis beginnt mit der Definition des Zielzustands, dann folgen die Analyse des Problems, die Synthese von Ideen zu Lösungsansätzen und zuletzt die Bewertung.

Analyse
Unter Analyse versteht man eine systematische Untersuchung, bei der das Untersuchungsobjekt (hier also das Ausgangsproblem bzw. der Sachverhalt) in seine Bestandteile (z. B. in die möglichen Ursachen) zerlegt wird. Diese Einzelteile werden erfasst, geordnet, untersucht und ausgewertet.

Bei der systemorientierten Analyse werden die Beziehungen und Wechselwirkungen zwischen den einzelnen Elementen untersucht, um deren Verhalten und damit das Gesamtproblem besser verstehen zu können. Der Vorgang der Analyse endet in neuen Erkenntnissen, z. B. über die Ursache eines Problems und dessen Zusammenhänge. Die Analyse beinhaltet noch nicht den Lösungsweg oder die Lösung, fördert aber bei richtiger Anwendung die Suche sehr stark.

Synthese
Unter Synthese versteht man das Zusammensetzen der einzelnen Ergebnisse und Erkenntnisse, die in der Analyse gefunden wurden, zu einem neuen Gesamtbild an Erkenntnissen. Die Synthese stellt somit die Umkehr des Analysevorgangs dar. Die Analyse und Synthese bedingen sich gegenseitig: Ohne Analyse keine Synthese und ohne Synthese keine Analyse – sie sind die zwei Seiten derselben Medaille.

Methode
Eine Methode ist eine systematische, planmäßige, nachvollziehbare Vorgehensweise, um ein Ziel in Form von wissenschaftlichen Erkenntnissen oder praktischen Ergebnissen zu erreichen. Das Wort »methodos« kommt aus dem Griechischen und bedeutet »der Weg zu etwas hin«.

Beispiel: Eine Methode im Projektmanagement ist die Projektstrukturplanung, um eine komplexe Aufgabenstellung in ihre Teilaufgaben und Arbeitspakete zu untergliedern.

Technik

Eine Technik ist gemäß der VDI-Richtlinie 3780 entweder ein nutzenorientiertes, künstliches, gegenständliches Artefakt oder Sachsystem oder die Menge menschlicher Handlungen und Einrichtungen, in denen Sachsysteme entstehen oder verwendet werden. Technik bezeichnet also sowohl die von Menschen gemachten Gegenstände als auch die Entstehung und Verwendung der technischen Systeme und das dafür erforderliche Können und Wissen.

 Beispiel: Eine Technik im Projektmanagement ist das Gantt-Balkendiagramm zur Visualisierung der zeitlichen Folge der Arbeitspakete im Projekt.

Werkzeug (Tool)

Ein Werkzeug ist ein Instrument und damit ein Bestandteil einer Technik, dies können ein spezifisches Mittel oder eine Abfolge an Schritten sein, um ein bestimmtes Ergebnis zu erreichen. Das richtige Werkzeug unterstützt den Projektmanager bei seinem Bemühen, eine Aufgabe oder ein Problem effizient und effektiv zu lösen. Auch Softwareprogramme können als Werkzeuge gesehen werden. Mit den richtigen Werkzeugen lassen sich Projekte effektiver und effizienter umsetzen. Ein Projektmanager sollte sich immer wieder fragen, welche Werkzeuge ihm bei der Erreichung seiner Ziele in welcher Phase des Projekts nützlich sein können.

 Beispiel: Ein Werkzeug im Projektmanagement ist ein Softwaretool zur Terminplandarstellung.

Hilfsmittel

Ein Hilfsmittel ist ein Bestandteil eines Werkzeugs oder einer Technik. Das richtige Hilfsmittel hilft dabei, den Prozess transparent und für jeden am Projekt beteiligten Mitarbeiter nachvollziehbar zu machen. Hilfsmittel eines Projektmanagers können Vorlagen (Templates) sein, aber auch Kommunikationstools, wie Instant-Messaging-Dienste für das Durchführen von Projektbesprechungen an verschiedenen Standorten oder das Austauschen von Textnachrichten, Bild-, Video- und Ton-Dateien.

 Beispiel: Ein Hilfsmittel im Projektmanagement ist z. B. der farbige Ausdruck des Terminplans auf einem DIN A1 Papier.

1.2 ZWECK UND BEDEUTUNG VON VIELSEITIGKEIT IM PROJEKT

Erfolgreiche Projektmanager sind in der Regel keine Fachexperten oder Spezialisten in einem spezifischen Fachgebiet, sondern vielseitige Generalisten mit einem breit gefächerten Wissen, die sich in der Folge schnell in neue Aufgabenstellungen und Probleme einarbeiten und aufgrund ihrer vielseitigen Kompetenzen wirksame, von allen Beteiligten getragene Lösungen herbeiführen können.

Vielseitigkeit ist ein wesentliches Kompetenzmerkmal von Projektmanagern aller Spezialisierungsrichtungen. Dies gilt sowohl für Projektmanager agiler Projekte in der IT-Branche oder für Projektmanager von Megaprojekten in der Baubranche, für Eventmanager als auch für Projektmanager in der öffentlichen Verwaltung. Aufgrund dieser Vielseitigkeit ist Projektmanagement sogar eine der wenigen Tätigkeiten in der heutigen hoch spezialisierten Zeit, die branchenübergreifend arbeiten können, da Projektmanager sich auf Basis ihrer vielseitigen Projektmanagement- und Problemlösungs-Methoden schnell in ein neues, auch branchenfremdes Umfeld einarbeiten können. Diese relative Branchenferne kann ein Vorteil sein, da zu detailliertes Fach-Know-how oder Branchenkenntnisse auch hinderlich sein können.

1.3 EINORDNUNG UND BEZUG ZU ANDEREN KOMPETENZELEMENTEN DES PROJEKTMANAGEMENTS

Vielseitigkeit ist insbesondere für die Kompetenzmessung von Projektmanagern ein wichtiges Kompetenzelement. Vielseitigkeit erfordert von einem Projektmanager, dass er sich ständig weiterbildet, um aktuelles Wissen über neue Methoden, Werkzeuge und Hilfsmittel zu erwerben.

Da Vielseitigkeit eine Querschnittskompetenz ist, hat sie einen engen Bezug zu vielen Kompetenzelementen in der ICB 4, insbesondere zu den Elementen Strategie, Persönliche Kommunikation, Kultur und Werte, Führung, Teamarbeit, Anforderungen und Ziele, Projektdesign, Ergebnisorientierung, Planung und Steuerung, Stakeholder, Chancen und Risiken, Konflikte und Krisen, Qualität und Change und Transformation.

2 ZUSAMMENFASSENDE DARSTELLUNG DER KOMPETENZ »VIELSEITIGKEIT«

Vielseitigkeit entspricht dem humboldtschen Bildungsideal, das Wilhelm von Humboldt Anfang des 19. Jahrhunderts für das Schulsystem in Preußen entwickelte. Darunter wird eine breite Allgemeinbildung und, darauf aufbauend, eine in Ausbildung bzw. Studium auf Fachwissen und Detaillierung ausgerichtete Vertiefung verstanden. Die Ziele waren zum einen, jedem Einzelnen ein breites Bildungsfundament unabhängig von der späteren

Berufstätigkeit zu geben, sowie zum anderen der Aufbau einer Bürgergesellschaft, in der lebenslanges Lernen möglich ist. Dieses Bildungsprinzip ist in der heutigen Wissensgesellschaft wichtiger denn je.

Doch wie erwirbt man als Projektmanager Vielseitigkeit? Gute Voraussetzungen sind eine breite Allgemeinbildung und ein ausgeprägtes Interesse an vielen möglichst unterschiedlichen Themen. Diese können Kunst, Geschichte, Politik oder Musik sein. Aus den Hobbys kann man ableiten, ob ein Mensch vielseitig interessiert ist und sich entsprechend betätigt und weiterbildet. Vielseitigkeit im Denken ist gekennzeichnet durch Kreativität, Querdenken und die Fähigkeit, unterschiedliche Perspektiven, bezogen auf ein Thema, einnehmen zu können. Vielseitigkeit im Denken bedingt zudem Offenheit und Neugier. Ein weiteres Merkmal vielseitiger Menschen ist die Fähigkeit, beide Gehirnhälften bewusst zu nutzen und diese gezielt weiterzuentwickeln. Der Nebeneffekt sehr unterschiedlicher Tätigkeiten besteht darin, dass dadurch beide Gehirnhälften trainiert und somit die Vielseitigkeit gefördert wird. Zudem tragen möglichst unterschiedliche Denk- und Handlungsweisen dazu bei, dass wir nicht so schnell ermüden. Erfolgreiche Projektmanager strukturieren ihren Tagesablauf bewusst als Kombination vielseitiger Denk- und Handlungsweisen. So kann es für eine sonst eher analytisch arbeitende Projektmanagerin entspannend sei, in der Freizeit als Jazzmusikerin zu improvisieren, zu malen oder einen Garten zu gestalten.

2.1 ASPEKTE UND WEITERENTWICKLUNG DER VIELSEITIGKEIT

In der ICB 4 werden mit den folgenden fünf Kompetenzindikatoren

- offenes, kreatives Umfeld schaffen,
- konzeptionelles Denken zur Situations- und Lösungsanalyse,
- analytische Techniken zur Ist-Analyse,
- kreative Techniken zum Finden von Lösungen,
- ganzheitliche Sichtweise ganz generell und zur Entscheidungsfindung,

die wesentlichen Aspekte von Vielseitigkeit aus der Sicht eines Projektmanagers beschrieben.

Für die individuelle Weiterentwicklung von Vielseitigkeit gilt, dass jeder Mensch entsprechend seiner Veranlagung unterschiedliche Präferenzen für den Umgang mit Vielseitigkeit hat und somit nicht alle Methoden, Techniken und Werkzeuge gleich gut beherrschen kann. Jedoch sollte ein Projektmanager die wesentlichen Techniken und ihre Einsatzbereiche kennen und anwenden können. Wichtig ist für einen Projektmanager zu erkennen, welche Präferenzen und Stärken er selbst mitbringt, um dann bewusst Teammitglieder auszuwählen, die über andere Fähigkeiten und Stärken verfügen, um dadurch ein möglichst vielseitiges Team zusammenzustellen.

Nachfolgend werden die fünf Aspekte der Vielseitigkeit eingehend besprochen.

3 SCHAFFEN EINES OFFENEN, KREATIVEN PROJEKTUMFELDS

Eine wichtige Basis für den Aufbau einer vertrauensbasierten Projektarbeit ist das Schaffen einer offenen, wertschätzenden, fehlertoleranten Projektkultur, in der sich die Teammitglieder gut kennen und wertschätzen, jeder sich optimal seinen Fähigkeiten entsprechend einbringen und dadurch sein Bestes geben kann. Voraussetzung dafür ist der Aufbau einer Projektkultur, welche die Diversität der Teammitglieder und der unterschiedlichen Kulturen als Chance begreift und jeden fair behandelt. Zur Unterstützung beim Aufbau einer solchen Projektkultur dienen die folgenden Maßnahmen:

3.1 ORGANISATORISCHE MASSNAHMEN

Eine offene Raumgestaltung mit Platz für alle Kernteammitglieder auf einer gemeinsamen Projektfläche und eine Politik der offenen Tür beim Projektmanager sind probate organisatorische Mittel, um eine offene, vertrauensbasierte Projektkultur zu schaffen. Darüber hinaus sind regelmäßige Teamentwicklungsworkshops wichtige Maßnahmen, um aus einer Gruppe von Menschen ein Hochleistungsteam zu formen. Teamevents, wie z. B. ein indianisches Tipi bauen oder Wildwasserrafting, tragen dazu bei, dass eine Gruppe durch die neuen Herausforderungen in die sog. Konfliktphase (→ Kapitel »Teamarbeit«) kommt. Dadurch lernen sich die Teammitglieder insbesondere in Stresssituationen besser kennen und können gemeinsam Normen der Zusammenarbeit vereinbaren, die zu einem offenen, konstruktiven Projektumfeld beitragen, in dem sich die Teammitglieder gegenseitig auch in Krisenzeiten unterstützen.

3.2 OFFENE KOMMUNIKATIONS- UND BESPRECHUNGSKULTUR

Gerade in größeren, räumlich verteilten Projektteams sind regelmäßige Kommunikation und in der Folge das so entstehende Vertrauen der Klebstoff, der ein Team auch über große Entfernung zusammenhält. Alle Projekterfolgsforschungen kommen zu dem Ergebnis, dass effektive Kommunikation einer der wesentlichen Erfolgsfaktoren von Projektteams ist. Dabei kommt der Kommunikationsplanung und -umsetzung eine wichtige Bedeutung zu, denn es müssen alle Betroffenen so schnell wie möglich z. B. über eine Änderungsentscheidung im Projekt informiert werden.

Doch eine offene, vertrauensvolle Kommunikations- und Besprechungskultur ist in keinem Projektteam von Anfang an gegeben, sondern muss erst langsam aufgebaut und entwickelt werden. Dabei ist zu beachten, dass das Kommunikationsverhalten von Teammitgliedern sehr kulturabhängig ist und stellt somit gerade für interkulturelle Projektteams eine besondere Herausforderung dar: Faktoren, wie Status und Hierarchie, Machtdistanz, Individualismus vs. Kollektivismus, Unsicherheitsvermeidung und hohe bzw. niedrige Kontextorientierung, üben einen sehr großen Einfluss auf das Kommunikationsverhalten der einzelnen Teammitglieder aus. Es ist die Aufgabe eines Projektmanagers, diese Unterschiede zu kennen und eine spezifische Kommunikationskultur, welche die Bedürfnisse aller Teammitglieder berücksichtigt, gemeinsam aufzubauen.

Nachfolgend werden einige Techniken darstellt, die beim Aufbau einer offenen Kommunikationskultur im Team helfen können.

STAND-UP MEETING
Ziel: Ziel der 15-minütigen, formlosen Besprechungen im Stehen ist die Kommunikation von aktuellen Themen im Projektteam. Durch das Stehen kommen die Teammitglieder schneller auf den Punkt, die Besprechungen ziehen sich nicht in die Länge. Stand-up Meetings stammen aus dem Lean Management. Tägliche Stand-up Meetings haben sich dann bewährt, wenn es darum geht, den regelmäßigen Austausch im Projekt sicherzustellen und alle Beteiligten effizient in kurzer Zeit auf den aktuellen Projektstand zu bringen.

Anwendungsgebiet der täglichen bzw. wöchentlichen Stand-up Meetings in Projekten ist jede Phase im Projekt. Im Gegensatz zum Jour Fixe ist das Stand-up Meeting eine Ergänzung bzw. spezielle Ausprägung des regelmäßig wiederkehrenden Regelbesprechungstermins.

Vorteile der Besprechungsform Stand-up Meeting sind: Kurze, regelmäßige Meetings, einfach in den Projektalltag zu integrieren, Verbesserung der Zusammenarbeit im Team, da so ein häufigerer Austausch zwischen den Teammitgliedern stattfindet, mehr sozialer Austausch und weniger Anspannung, da Meetings im Stehen eher informell und lockerer sind und zudem gesünder durch die bessere Körperhaltung und auch kreativer, da das Gehirn dann besser arbeitet, wenn wir uns bewegen.

Teilnehmerzahl: 4–8 Personen
Dauer: 15 Minuten
Materialien: Whiteboard-Wand

Ablauf: Die Meetings finden zu einem regelmäßigen Termin und immer zur gleichen Zeit (am besten morgens) statt. Alle Teilnehmer stehen. Der Zeitrahmen ist fest vorgegeben, Standard sind 15 Minuten. Nach Ablauf der Zeit ist das Meeting beendet. Die Agenda ist immer gleich: Was habe ich gestern erledigt? Woran arbeite ich gerade? Was behindert meine Arbeit? Jeder Teilnehmer kommt gut vorbereitet zum Meeting. Jeder Teilnehmer kommt zu Wort. Es wird nicht diskutiert. Das Protokoll wird direkt vor Ort an das Whiteboard in Stichpunkten geschrieben: Wer hat was bis wann zu erledigen und dies wird als Fotoprotokoll sofort an alle Teammitglieder geschickt.

INNOVATIVE KOMMUNIKATIONSTOOLS
Bei der Planung der Kommunikationstools gilt, dass diese Tools möglichst vielseitig sein sollten. Mehr und mehr Projektteams kommunizieren bereits komplett ohne E-Mails mittels anderer Instant Messaging-Dienste. Es gibt eine Vielzahl alternativer Kommunikationstools auf dem Markt für alle Arten von Projekten für die interne Abstimmung in Gruppen in Echtzeit nicht nur in Textform, sondern auch in Bildern und Videos. Dabei übernehmen diese Tools Funktionen, wie Anrufe, Gruppenchats und Video-Konferenzen, Terminmanagement, Funktionen zum Bildschirm-Teilen, es stehen klassische Projektmanagement- und Aufgabenverwaltungs-Tools, Dokumentenspeicher und ein eigenes soziales Netzwerk zur Verfügung (innovative Kommunikationstools). Die Tools helfen dabei, die Teamkommunikation und Produktivität des Projektteams zu verbessern. Auswahlkriterien für die Tools sind die Art der Verschlüsselung, der Eigentümer des Servers und der Serverstandort, die Konformität mit internen Datensicherheitsvorschriften und Compliance-Regeln, die Kosten, Funktionen und Leistungsfähigkeit des Systems, die Integrierbarkeit mit anderen Services und die Möglichkeit, Dritte, z. B. Kunden oder Lieferanten, in das System zu integrieren.

Feedback
Das Thema Feedback-Geben und -Nehmen wird umfangreich im Kapitel »Persönliche Kommunikation« behandelt.

3.3 MODERATIONSTECHNIKEN

In einem Projekt arbeiten Spezialisten aus verschiedenen Fachrichtungen mit unterschiedlichen Berufskulturen und mit verschiedenen Fähigkeiten und Kenntnissen zusammen. Die richtige Haltung und die Grundlagen der Kommunikation werden im Kapitel »Persönliche Kommunikation« behandelt. Die richtige Wahl der Moderationstechnik und ihre sachgerechte Anwendung durch den Projektmanager bzw. Moderator bewirken eine deutlich verbesserte Zeit- und Ergebniseffizienz für die Arbeit in Gruppen. Eine gute Moderation hilft dem Projektmanager, seine Rolle als Manager und Organisator eines Teams aus unterschiedlichen Experten erfolgreich wahrzunehmen.

Dabei sollte ein guter Projektmanager möglichst viele unterschiedliche Moderationstechniken kennen und beherrschen, da die Anwendung der immer gleichen Technik bei den Teammitgliedern Langeweile und Monotonie auslösen kann. Mit der Auswahl der für die jeweilige Situation am besten geeigneten Moderationstechnik wird ein wesentlicher Grundstein für kreative und effektive Problemlösungen im Projekt gelegt.

METAPLAN-METHODE
Die Metaplantechnik ist die gängigste Moderationsform von Projektteams in allen Projekt-

phasen. In der Metaplan-Methode geht es um eine Form der schriftlichen, visualisierten Diskussion mit dem Hilfsmittel Pinnwand in Projektteams. Die Pinnwand wird dabei nicht nur zur Präsentation verwendet, sondern unterstützt auch die Interaktion der Teilnehmenden.

Ziel: Die Metaplan-Methode ist eine Möglichkeit, um ein Themengebiet, eine Aufgabe oder ein Problem in einer Gruppe strukturiert darzustellen. Durch die gemeinsame Analyse kann ein Thema in kurzer Zeit ganzheitlich dargestellt werden.

Anwendungsgebiete der Metaplan-Methode in Projekten sind die Ideenfindung, die Aufgabenanalyse, z. B. für die Generierung eines Projektstrukturplanes, der Beginn einer neuen Phase im Projekt und ganz allgemein die Problemanalyse.

Teilnehmer: 8–30 Personen
Dauer: 30–60 Minuten
Materialien: Metaplanwände, Moderations-koffer, Moderationskarten, Flipchartmarker

Regeln: max. 2 Zeilen pro Karte in leserlicher Druckschrift, stichpunktartig nur einen Gedanken pro Moderationskarte schreiben.

Ablauf: Der Moderator/Projektmanager legt das Thema fest und konkretisiert die Aufgabenstellung, indem er wichtige Fragen formuliert, auf große Moderationskarten schreibt und an eine Pinnwand heftet. Die Teilnehmer schreiben ihre Sichtweise, z. B. zu Ursachen/Lösungsansätzen oder Meinungen, zum Thema auf Moderationskarten, die an der Pinnwand den Themen zugeordnet werden. Am Ende werden die Ergebnisse zusammengefasst und jedem Teammitglied zugänglich gemacht (z. B. durch Fotografieren der Ergebnisse). Eventuell werden Hausaufgaben verteilt und ein weiteres Meeting vereinbart.

KARTENABFRAGE
Ziel: Die Kartenabfrage ist die an der häufigsten angewendeten Version innerhalb der Metaplan-Methode, um auf strukturierte Weise Beiträge von Teammitgliedern zu sammeln und diese anschließend in eine Ordnung (Gruppierung/Cluster) zu bringen.

Anwendungsgebiete der Kartenabfrage in Projekten sind das Sammeln von Ideen, Risiken, Widerständen, Vorschlägen und die Bedarfsanalyse, Ursachenanalyse und Problemlösung.

Teilnehmerzahl: 4–15 Personen
Dauer: 20–30 Minuten
Materialien: Pinnwand/Metaplanwand, Karten, Flipchartmarker, Stecknadeln.

Ablauf: Zunächst ist die zentrale Fragestellung zu visualisieren. Am besten eignen sich offene Fragen, die mit »Welche«, »Wie« oder »Was« beginnen. Dann werden an jeden Teilnehmer Karten verteilt. Die Bearbeitung erfolgt einzeln und bei komplexeren Fragen in Kleingruppen. Durch eine Begrenzung der Karten auf max. 3 pro Teilnehmer bzw. Kleingruppe erfolgt eine Fokussierung auf die wichtigsten Beiträge. Als Nächstes werden die max. 20–30 Karten an die Metaplanwand vom Autor der Karten an die Pinnwand geheftet, der dazu 1–2 Sätze erläutern kann. Methodisch besser ist es, die Karten erst ungeordnet anzuheften und sie dann auf einer anderen Pinnwand zu ordnen. Da dies zeitintensiv ist, können das Sammeln und Ordnen in einem Schritt erfolgen. Nun werden von allen Beteiligten gemeinsam Gruppierungen/Cluster mit Überschriften gebildet.

Variante: Nominal Group Technique:
Die Nominal Group Technique (NGT) ist ein Verfahren zur Entscheidungsfindung in Gruppen und besteht aus den Phasen: stille Ideenfindung, Ideenvorstellung, klärende Besprechung und Abstimmung. NGT kann auch als Kreativitätstechnik eingesetzt werden zur Ideengenerierung und -bewertung. NGT kann ebenso zur Problemlösung angewendet werden, indem die Probleme identifiziert, Lösungen gefunden und präzisiert werden.
Der Methodenname besagt, dass die Gruppe nur nominal (also dem Namen nach) existiert. Während des gesamten Prozesses interagieren die Teilnehmer in keiner Phase miteinander.

ZURUF-TECHNIK
Alternativ zur Kartenabfrage können Beiträge im Rahmen der Metaplan-Methode auch durch Zuruf (Zuruf-Technik) erfolgen. Der Projektmanager schreibt die durch Zuruf der Teammitglieder erfolgenden Beiträge auf Karten, die an die Pinnwand geheftet werden. Alternativ kann auch das Thema auf ein Whiteboard/Flipchart geschrieben werden.

Punkte-Gewichtung
Diese Punkte-Gewichtungstechnik wird dann angewendet, wenn die Teammitglieder ihre Meinung äußern sollen. Ziel ist Bewertung bzw. die Erfassung von Standpunkten durch Kleben eines Punkts auf eine Skala oder in ein Koordinatenkreuz.

Ziel: Durch eine Punkteabfrage können Argumente oder Gruppen/Cluster priorisiert und gewichtet werden.

Anwendungsgebiet der Punkte-Gewichtung in Projekten sind alle Arten subjektiver Bewertungen, Verortungen von Standpunkten oder Stimmungsbild-Abfrage im Projektteam.

Teilnehmerzahl: 4–15 Personen
Dauer: 5 Minuten
Materialien: Pinnwand/Metaplanwand, Flipchartmarker, Klebepunkte (evtl. auch farbige Boardmarker)

Ablauf: Die Priorisierungsfrage sollte für alle gut lesbar visualisiert und besprochen werden, um ein einheitliches Verständnis der Priorisierung bei allen Teilnehmern zu erzielen. Die Skala bzw. das Koordinatenkreuz wird auf einem Flipchart vorbereitet. Jeder Teilnehmende erhält einen/mehrere Klebepunkte und soll mit diesen seinen Standpunkt sichtbar machen. Die Anzahl der Punkte, die jeder Teilnehmer erhält, beträgt = (n+1) / 2, wobei n = die Anzahl der Cluster ist.

THESENBILDUNG

Eine These ist eine zu beweisende oder widerlegende Behauptung oder ein Leitsatz. Sie beschreibt das Thema und die möglichen Ziele, macht neugierig und aktiviert die Beteiligten. Die Thesen sollten vom Projektmanager oder vom Projektauftraggeber vorgetragen werden.

Anwendungsgebiet für den Einsatz von Thesen in Projekten sind Projektteambesprechungen oder Projektpräsentationen beim Auftraggeber, die mit einer oder mehreren, auch kontroversen Thesen beginnen können, aus denen strukturierende Fragen abgeleitet werden. Thesen können auch in Projektbesprechungen als ausdruckskräftige Zusammenfassung eines Diskussionsergebnisses oder zur Einschätzung der Projektsituation verwendet werden. Ein weiteres Anwendungsgebiet von Thesen ist bei der Fehler- und Risikoanalyse in Projekten.

VISUELLE DARSTELLUNG

Ziel: »Ein Bild sagt mehr als tausend Worte«, insbesondere deshalb, da durch den Prozess des Visualisierens durch Bilder und Symbole ein Unikat entsteht, an das sich die Projektteammitglieder besser erinnern als an ein Protokoll. Gerade in der heutigen komplexen Welt helfen visuelle Darstellungen in Form von Skizzen, Zeichnungen, Foto-Kollagen, Animationen oder Videoclips dabei, Erkenntnisse, neue Ideen und Impulse visuell zu erläutern und/oder zu dokumentieren.

Anwendungsgebiete der visuellen Darstellung in Projekten sind Projektteambesprechungen, Lagepläne, Beziehungsdiagramme, Prinzip-Darstellungen von Lösungsalternativen für Auftraggeber-/ Kunden oder Stakeholder-Präsentationen.

Teilnehmerzahl: 1–8 Personen
Dauer: 10–30 Minuten
Materialien: Flipchartpapier oder Whiteboard, bunte Whiteboardstifte, Prospekte, Kataloge, Zeitschriften für Collagen

Ablauf: Idealerweise gibt es ein Teammitglied, das sich dazu bereit erklärt, während der Projektteambesprechungen die Diskussionen und Argumente und Entscheidungen in Form von Bildern oder Skizzen festzuhalten. Diese Aufgabe kann auch reihum jedes Mal durch ein anderes Teammitglied erledigt werden. Alternativ kann auch während oder am Ende der Projektbesprechung das Ergebnis gemeinsam von allen Teilnehmern in einer visuellen Darstellung festgehalten werden. Durch die Aneinanderreihung der wöchentlichen visuellen Dokumentationen entsteht ein visuelles Projekttagebuch, das auch zur Meilenstein- oder Projektabschlusspräsentation dem Auftraggeber gezeigt werden kann.

MINDMAP

Mindmap bedeutet, wörtlich aus dem Englischen übersetzt, »Gedankenlandkarte«. Mindmaps sind beschriftete Baumdiagramme. Zusammenhänge zwischen den einzelnen Themen können durch Verknüpfungen dargestellt werden.

Ziel: Mindmap ist eine visuelle Darstellungstechnik zum Bearbeiten eines Themengebiets, zum Gliedern eines komplexen Themas, zum Projektstrukturieren oder auch zur Zusammenfassung einer Projektbesprechung. Durch das Bilden von Kategorien wird ein Themengebiet strukturiert und gegliedert. Im Gegensatz zum Brainstorming, bei dem unsortierte Begriffe produziert und später in eine Struktur gebracht werden, wird beim Mindmap von Anfang an eine vernetzte Struktur erzeugt. Mindmap kann auch zur Dokumentation der Ergebnisse eines Brainstormings angewendet werden.

Anwendungsbereich der Technik Mindmap in Projekten sind komplexe Themen, die zunächst einmal ganzheitlich dargestellt werden sollen.

Teilnehmerzahl: 1–8 Personen
Dauer: 20–40 Minuten
Materialien: leeres Blatt Papier (gut: A3 oder A2), bunte Stifte

Ablauf:
1. Das leere Blatt Papier querlegen.
2. Beginn in der Mitte mit dem zentralen Thema (z. B. Projektziel oder Thema der Besprechung)
3. Die Hauptthemen werden in Form von Ästen mit dem Zentrum verbunden.
4. Für jedes Hauptthema werden Unteraspekte als Zweige gebildet.
5. Diese Zweige können jeweils noch weiter untergliedert werden.

OPEN SPACE

Ziel: Open Space ist eine Methode der Großgruppenmoderation. Typisches Merkmal von Open Space ist die inhaltliche Offenheit. Die Teilnehmer schlagen dem Plenum eigene Themen vor und gestalten dazu jeweils eine Arbeitsgruppe. In diesen Arbeitsgruppen werden mögliche Projekte erarbeitet. Die Ergebnisse werden im Plenum präsentiert. Wichtig ist dabei die Organisation der Umsetzung der entstandenen Projektideen, da in kurzer Zeit eine große Vielfalt von konkreten Maßnahmen produziert wird.

Anwendungsgebiet von Open Space in Projekten sind alle Großgruppenzusammenkünfte.

Teilnehmerzahl: 20 bis zu mehreren hundert Personen
Dauer: 90–180 Minuten
Materialien: Brownpaper, Flipchartpapier oder Whiteboard, bunte Flipchartstifte

Ablauf:

1. Die Teilnehmer sitzen im Kreis, bei größeren Gruppen in mehreren Reihen. Der Moderator nimmt eine kurze Einführung vor, erklärt die Ziele und den Ablauf der Methode Open Space.
2. Nun können alle Teilnehmenden ein Thema einbringen. Dies sind z. B. dringende Themen, für die jemand Verantwortung übernehmen will.
3. An einer großen Wand werden den Themen Zeitfenster und verfügbare Räume zugeordnet (»Themenwand«).
4. Nun startet die Gruppenarbeitsphase: Die Teilnehmer entscheiden sich für ein Thema und arbeiten in dieser Zeit selbst organisiert. Der Initiator des Themas dokumentiert die Ergebnisse der Gruppenarbeit, damit diese den anderen Teilnehmenden zur Verfügung gestellt werden.
5. Die Ergebnisse der Gruppenarbeiten werden allen Teilnehmern präsentiert und für jeden sichtbar aufgehängt.
6. Die Auswertung der Gruppenarbeiten und die Planung der Umsetzung in Projekten beschließen die Sitzung.

4 FÖRDERUNG EINER GANZHEITLICHEN SICHTWEISE

Projekte betreffen oft mehrere Organisationen, sie agieren zunehmend in Form von Netzwerken und sind somit selbst komplexe Systeme, umgeben von einer komplexen, dynamischen Umwelt. Die Auswirkungen von Projektentscheidungen in der dynamischen Welt sind nicht einfach abzuleiten, da es sich meist um wechselseitige Beziehungen handelt. Isoliertes, monokausales Ursache-Wirkungs-Denken in Projekten ist nicht mehr ausreichend, sondern muss durch ein multikausales Denken in gegenseitigen Abhängigkeiten und Rückkopplungsschleifen ersetzt werden. Durch eine ganzheitliche Sichtweise kann dabei die Methode des vernetzten Denken kann dabei einem Projektteam helfen, die Vielzahl der Einflussfaktoren in ihren Zusammenhängen zu analysieren und die Auswirkungen auf das Projekt oder auf Entscheidungen abzubilden. Das Einnehmen der Helikopter-Perspektive hilft dem Projektteam zugleich, sich nicht im Detail zu verlieren, sondern das große Ganze zu sehen. In der Folge ermöglicht vernetztes Denken einem Projektteam neue aktive Gestaltungs- und Steuerungsmöglichkeiten.

Die zunehmend komplexe, ungewisse VUCA-Welt (Akronym für volatility, uncertainty, complexity und ambiguity, Deutsch: Volatilität, Unsicherheit, Komplexität und Mehrdeutigkeit) hat zur Folge, dass Projektteams sich vom deterministischen, auf physikalischen Gesetzmäßigkeiten basierenden Denken zu einer probabilistischen, veränderungsdynamischen Sichtweise weiterentwickeln müssen. Ehemalige eindimensionale Wenn–Dann-Gesetzmäßigkeiten (z. B.: wenn wir den Verkaufspreis um x € senken, dann verkaufen wir y zusätzliche Einheiten) sind heute kaum mehr möglich. Entscheidungen in Projekten können zunehmend nicht mehr auf Basis von Detailinformationen, sondern müssen auf Basis lückenhafter Daten, Annahmen und Wahrscheinlichkeiten getroffen werden. Sich diese Veränderungen einzugestehen, ist der erste Schritt in diesem Changeprozess, der allen Entscheidungsträgern und Projektteams abverlangt wird. Systemorientiertes Denken erfordert einen Paradigmenwechsel der Denkweise, und zwar von statisch zu dynamisch, von monokausal zu multikausal, von linear zu nicht-linear, von deterministisch zu stochastisch/wahrscheinlichkeitsbasiert, von eindeutig zu mehrdeutig, von vollständig zu lückenhaft.

4.1 GANZHEITLICHE ERFASSUNG DES PROJEKTUMFELDS

Methoden, wie die PESTLE-, Stakeholder- und SWOT-Analyse, tragen dazu bei, dass der Projektmanager und das Projektteam sich einen guten 360-Grad-Überblick über das Umfeld des Projekts verschaffen können. Auf dieser Basis kann man die Motivation der Auftraggeber für die Initiierung und den späteren Nutzen des Projekts als Teil eines Projektprogramms und eines Projektportfolios besser nachvollziehen, aber auch die Erfolgskriterien, die darüber entscheiden, ob das Projekt später als Erfolg oder Misserfolg beurteilt wird.

PESTLE-ANALYSE

Ziel: Die PESTLE-Analyse (→ Kapitel »Stakeholder«) ist eine Technik, um das Projektumfeld im Hinblick auf die aktuelle Situation sowie mögliche Entwicklungen zu analysieren. PESTLE steht für politische (political), wirtschaftliche (economic), sozio-kulturelle (social), technologische (technological), rechtliche (legal) sowie ökologisch-geografische (environmental) Einflussfaktoren, die auf das Projekt einwirken können. Somit bildet die PESTLE-Analyse eine wichtige Entscheidungsgrundlage für das Projektmanagement, da das Projektumfeld einen erheblichen Einfluss auf den Projekterfolg nimmt.

Anwendungsgebiet der PESTLE-Analyse ist die Analyse des Projektumfelds im Hinblick auf die spezifischen Gegebenheiten, die zukünftigen Entwicklungen sowie die resultierenden Chancen und Risiken auf das Projekt. Die PESTLE-Analyse eignet sich auch gut für Standort-/Länderanalysen. In internationalen Projekten ist die PESTLE-Analyse für jedes Land separat durchzuführen.

Teilnehmerzahl: 2–8 Personen
Dauer: 180–360 Minuten
Materialien: Internetzugang, Flipchartpapier oder Whiteboard, Whiteboardstifte

Ablauf: In Abhängigkeit davon, wie viele Teilnehmer aktiv an der PESTLE-Analyse teilnehmen, teilen diese sich nach einer kurzen Einführung in Zielsetzung und Erläuterung der Methode durch den Moderator oder Projektmanager in sechs Kleingruppen auf, welche die sechs Aufgabenfelder, nämlich die politischen, wirtschaftlichen, sozio-kulturellen, technologischen, ökologisch-geografischen und rechtlichen Einflussfaktoren analysieren.

Jede Kleingruppe erhält die Aufgabe, die jeweiligen Einflussfaktoren auf das vorliegende Projekt in einem spezifischen Land bzw. Umfeld durch Sekundärrecherche im Internet oder in Bibliotheken bzw. gegebenenfalls durch Experteninterviews zu analysieren und die möglichen Auswirkungen auf das Projekt zu beschreiben. Nach der Analysephase kommt das Team zusammen und trägt den anderen Teammitgliedern die Ergebnisse vor. Gemeinsam werden auf dieser Basis die wesentlichen Erkenntnisse für das Projekt abgeleitet.

BIG PICTURE

Ziel: Unter Big Picture wird der ganzheitliche Blick auf das Projekt aus verschiedenen Sichtweisen verstanden. Das Ziel dieser Technik ist darauf ausgerichtet, ein gemeinsames Verständnis über das Projekt zu erlangen und den Blick auf das Projekt aus den verschiedenen Blickwinkeln zu vereinheitlichen (→ Kapitel »Ergebnisorientierung«).

Anwendungsgebiet der Technik Big Picture ist es, sich einen guten Gesamtüberblick über die Situation aus unterschiedlichen Perspektiven zu verschaffen.

EINSATZ VON EMPATHIE

Ziel: Empathie bezeichnet man als die Fähigkeit, Emotionen, Motive und Persönlichkeitsmerkmale anderer Menschen zu erkennen und zu verstehen, das Hineinversetzen in die Position und Denkweise des Gegenübers sowie die Fähigkeit, die Perspektive einer anderen Person, also z. B. die eines bestimmten Stakeholders, auf das Projekt oder eine bestimmte Entscheidung einnehmen zu können. Im Projektmanagement ist Empathie insbesondere für das Stakeholdermanagement wesentlich. Noch wichtiger ist Empathie in internationalen Projekten als Führungsinstrument von Projektmanagern.

Von allen Techniken repräsentiert die auf dem Persönlichkeitsmerkmal Einfühlungsvermögen basierende Verhaltensweise Empathie das ICB 4 Kompetenzelement Vielseitigkeit am besten (→ Kapitel »Beziehungen und Engagement«).

PERSONAS

Ziel: Personas sind fiktive Personen, die typische Vertreter einer Stakeholdergruppe und deren wesentliche Eigenschaften repräsentieren. Ziel der Persona-Entwicklung ist es, Projektteams dabei zu unterstützen, die Bedürfnisse ihrer Zielgruppe(n) besser zu verstehen. Ohne Personas entwickelt jeder Projektmitarbeiter eigene Ideen, dadurch entstehen unterschiedliche Vorstellungen über die Bedürfnisse der Zielgruppe. Durch die Anwendung von Personas kann dieses Problem gelöst werden. Entwickelt wurde die Technik für Softwareentwicklungsprojekte Anfang der 1980er Jahre (→ Kapitel »Stakeholder«).

Anwendungsbereich der Persona-Technik in Projekten ist eine hohe Kundenorientierung in der Produkt- und Serviceentwicklung in Projekten, die auf einem guten Verständnis der konkreten Bedürfnisse der Kunden-Zielgruppen basiert. Persona helfen einem Projektteam dabei, dass alle ein Problem aus Sicht der Personas analysieren und Lösungen für diese Zielgruppen entwickeln. Zudem können Personas dazu genutzt werden, um durch

Simulation und Rollenspiel neu entwickelte Lösungen »durch die Kundenbrille« zu testen. Dabei versetzt sich der Tester in die Rolle der Persona und bewertet das Produkt/die Software/den Prozess usw. aus der jeweiligen Persona-Sicht.

Teilnehmerzahl: 3–8 Personen
Dauer: 180–480 Minuten
Materialien: Pinnwand/Metaplanwand, Karten, Stecknadeln, Flipchartpapier, Flipchartmarker

Ablauf:
1. Zunächst sollten die Personas im Hinblick darauf analysiert werden, wie viele Personas benötigt werden und welche Daten dafür recherchiert werden müssen.
2. Nun erfolgt die Datenanalyse, indem aus verschiedenen Quellen Informationen zusammengeführt werden.
3. Jetzt werden die Daten mithilfe von Clustern aufbereitet. Dadurch können vergleichbare Charaktermerkmale, Anforderungen und Bedürfnisse dargestellt werden, die für die Erstellung der jeweiligen Persona relevant sind.
4. Nun werden die Daten mittels Kategorien strukturiert, z.B. in demografische Daten (Alter, Geschlecht, Familienstand, Hobbys etc., Informationen zu Beruf, Persönlichkeit, Fachwissen), in Ziele und Aufgaben der Persona, in Motivation (Kaufentscheidungskriterien, Vorbilder) sowie in Anforderungen und Bedürfnisse (Informationsanforderung, Erwartungen, Befürchtungen).
5. Nun werden die unterschiedlichen Personas definiert: Die gesammelten Informationen werden zu einer Kurzbiografie zusammengefügt, die Persona bekommt einen Namen, demografische Details, wie Job, Ausbildung, Elternhaus, Hobbies, Freunde, Einkommen etc. Die Beschreibung wird durch Fotos ergänzt. Je umfangreicher die Beschreibung der Persona, desto einfacher ist es, sie zu nutzen.
6. Nun kann mit den Personas gearbeitet werden. In Projektbesprechung sollte der Projektmanager regelmäßig von den Personas sprechen oder bei Entscheidungen fragen: »wie würde Persona X mit dieser Funktion zurechtkommen, zu jenem Problem stehen?«. Zudem sollten Bilder von den Personas im Projektraum aufgehängt werden und in Präsentationen virtuell oder auch physisch als Modelle in Prototypen eingesetzt werden.

5 FÖRDERUNG SPEZIFISCHER DENKRICHTUNGEN

5.1 KONZEPTIONELLES DENKEN

Gemäß dem amerikanischen Sozial- und Organisationspsychologen R.L. Katz ist konzeptionelles Denken eine der drei Schlüsselkompetenzen erfolgreicher Manager. Konzeptionelles Arbeiten beinhaltet den Blick auf das Ganze, das Denken in Zusammenhängen und die Fähigkeit, ein Problem zu zerlegen, ohne das große Ganze (Big Picture) aus den Augen zu verlieren. Konzeptionelle Kompetenz ist die Fähigkeit, Probleme und Chancen im Zusammenhang zu erkennen. Konzeptionelles Denken setzt ein grundsätzliches Verständnis des Gesamtsystems und der einzelnen Kräfte, und zwar sowohl innerhalb als auch außerhalb des Projekts, voraus. Konzeptionelle Kompetenz verlangt die Fähigkeit, ein Problem aus verschiedenen Perspektiven zu betrachten und in verschiedenen Kategorien zu denken. Darüber hinaus verlangt es das Vermögen, trotz unterschiedlicher Sichtweisen koordinierte Handlungen innerhalb und außerhalb des Projektes vorzunehmen.

Konzeptionelle Kompetenz ist gekennzeichnet durch Fähigkeiten, wie:

1. Aus einem umfassenden Blickwinkel und einer Vielzahl von Einzelaspekten Themen strukturieren
2. Dinge vom Ende her in Schrittfolgen und Wirkungszusammenhängen denken
3. Vernetzungen zwischen Teilaspekten in gedanklich selbst entwickelte grobe Strukturmuster integrieren und in Zusammenhängen denken, ohne sich in Teilaspekten zu verlieren
4. Dinge zu Ende denken, dabei angemessene Verallgemeinerungen vornehmen und eine Integration in ein vermittelbares Gesamtbild leisten sowie die Konsequenzen erfassen
5. Aus vorhandenen Erkenntnissen und strukturierter Analyse ein Design für Zukunftsentwürfe gestalten sowie einen gedanklichen Plan zu deren Realisierung skizzieren
6. Komplexe Sachverhalte in ihrer Gesamtheit überblicken, zugleich angemessene Vereinfachung und Zergliederung in Teilgebilde vornehmen und dabei die Abhängigkeiten und Zusammenhänge erfassen – und sich stets des übergeordneten Kontextes bewusst bleiben

Prinzip-Darstellung
Prinzip-Darstellungen in Form von Grafiken erleichtern das Verständnis für Gesamtzusammenhänge für alle Projektbeteiligten. Diese können z.B. Pfeildiagramme zur Erfassung von Wechselbeziehungen, Blockdiagramme zur Visualisierung von Prozessabläufen, Mengenschaubilder, Portfolios zum Gruppieren von Datenmengen, Trendkurven u.a. sein. Weitere projektspezifische Visualisierungen sind das Project Canvas (→ Kapitel »Projektdesign«) und das Kanban Board (→ Kapitel »Planung und Steuerung«).

Anwendungsgebiet der Prinzip-Darstellung ist die Analyse von komplexen Situationen oder Problemen in Projekten, um ein gemeinsames Verständnis über die Situation zu erzielen.

Abstraktionstechnik
Bei der Abstraktionstechnik wird durch das Entfernen vom Problem oder durch eine Veränderung der Perspektive eine neue Sichtweise auf das Problem und damit eine neue Lösung für eine Aufgabenstellung gesucht. Durch die schrittweise Erhöhung des Abstraktionsniveaus, die Generalisierung unter Konzentration auf das Wesentliche und das Weglassen des Unwesentlichen wird versucht, die Kernfrage eines Problems oder einer Aufgabenstellung zu erkennen. Damit hilft Abstraktion dabei, sich auf das eigentliche Grundproblem zu konzentrieren und hierfür Ursachen und Lösungen zu finden.

Anwendungsfeld der Abstraktionstechnik ist das Suchen von Lösungen für komplexe Probleme in Projekten.

5.2 STRATEGISCHES DENKEN

Strategisch denken zu können, ist eine Kompetenz, die langfristig erfolgreiche Führungskräfte von weniger erfolgreichen unterscheidet (Kabacoff, 2014). Strategisch zu denken, bedeutet, die Zukunft vorauszudenken und zu reflektieren, welche Auswirkungen Entscheidungen, Geschehnisse und Trends haben können, und dies vernetzt in Zusammenhängen zu tun. Strategisches Denken ist eine Kombination aus systematisch-rationaler Analyse und intuitiv-ganzheitlicher Sichtweise im Hinblick auf die Vor- und Nachteile verschiedener Optionen. Strategisches Denken ist eine Geisteshaltung, die analytische Techniken, Intuition und Kreativität miteinander verbindet, und ist damit für Projektmanager, welche die Zukunft mittels Projekte planen und steuern, sehr wichtig.

Anwendungsgebiet des strategischen Denkens ist in der Initiierungs-, Zieldefinitions- und Planungs-, aber auch in der Umsetzungsphase in Projekten, um die Auswirkungen von Ereignissen, Entscheidungen und Trends zu prognostizieren und auf dieser Basis die richtigen Entscheidungen im Projekt treffen zu können.

Die Fähigkeit zu strategischem Denken kann jeder entwickeln. Voraussetzung dafür ist zum einen die Reflexion von strategischen Optionen. Zum anderen bedarf strategisches Denken eines offenen Verstands und der Wachsamkeit für alle Arten von Informationen, die später relevant sein können (»weak signals«). Diese können auch aus ganz anderen Bereichen, wie z. B. aus dem politischen Tagesgeschehen oder Diskussionen in sozialen Netzwerken, kommen. Des Weiteren bedarf strategisches Denken des Trainings, z. B. durch Schach oder das chinesische Go oder durch Strategie- und Unternehmensplanspiele, welche die Konsequenzen von Aktionen in ihrem komplexen Zusammenwirken im Zeitraffer aufzeigen.

5.3 SYSTEMISCHES DENKEN

Projekte sind komplexe sozio-dynamische Systeme, die aus einer Vielzahl unterschiedlicher Elemente (z. B. Stakeholder und unterschiedliche Umfeldfaktoren) mit unterschiedlichen Eigenschaften und unterschiedlichen Wechselbeziehungen zwischen den Elementen und dem komplexen Projektumfeld bestehen.

Anwendungsgebiete des systemischen Denkens sind das Projekt und das Projektumfeld, um das Verhalten der einzelnen Stakeholder in ihrer komplexen Dynamik in der notwendigen Tiefe besser zu verstehen.

URSACHE-WIRKUNGS-DIAGRAMM
Ziel: Darstellung des Wirkungsgefüges im Beziehungsnetz als Ursache-Wirkungsbeziehung, z. B. der Zusammenhänge zwischen den kritischen Erfolgsfaktoren und deren Einwirkung auf das Projekt, um die Wirkungszusammenhänge besser zu verstehen. Ursache-Wirkungs-Diagramme bilden in der Regel die Vorstufe für die Entwicklung eines komplexen Systemdynamik-Modells.

Das Anwendungsgebiet des Ursache-Wirkungs-Diagramms ist in der Planungs- und Umsetzungsphase in Projekten, um die Auswirkungen von Problemen, Ereignissen und Entscheidungen in ihren vernetzten Wirkzusammenhängen besser zu verstehen und so die Abläufe im Projekt oder des Projektergebnisses zu verbessern.

Teilnehmerzahl: 3–6 Personen
Dauer: 120–240 Minuten
Materialien: Whiteboard oder Brown Paper, Flipchartstifte

Ablauf: Zunächst werden die wesentlichen Ursache-Wirkungsbeziehungen zwischen den Variablen identifiziert. Daraus wird ein Wirkungsnetz dargestellt und dieses interpretiert und daraus Schlussfolgerungen für das Projekt gezogen.

Beispiel: Ein Projektteam hat die Aufgabe, die Einflussfaktoren für den Umsatzrückgang für ein bisher sehr erfolgreiches Produkt im Markt zu analysieren. Der Projektmanager schlägt vor, mittels eines Ursache-Wirkungs-Diagramms die einzelnen Einflussfaktoren und ihre gegenseitigen Abhängigkeiten darzustellen.

SYSTEMDYNAMIK (SYSTEM DYNAMICS)
System Dynamics ist eine Methodik zur Modellierung, Simulation, Analyse und Gestaltung von komplexen dynamischen Prozessen in soziotechnischen Systemen. System Dyna-

mics wird zur Analyse von dynamisch-komplexen Sachverhalten eingesetzt, wie z. B. für die Simulation und Erklärung des Verhaltens von Menschen in sozialen Systemen, wie in Großprojekten.

Ziel: Das Ziel ist, das Verhalten eines sozioökonomischen Systems zu verstehen und ggf. auch zu beeinflussen. Dabei geht es um die Identifikation und Analyse von in sich geschlossenen Wirkungsketten mit entweder positiven, verstärkenden bzw. negativen Polaritäten.

Anwendungsgebiete der Systemdynamik in Projekten sind die Modellierung, Simulation und damit das bessere Verständnis der Zusammenhänge zwischen einzelnen Parametern in beliebigen komplexen Systemen, wie in Großprojekten, oder um Führungskräfte beim Management von komplexen unternehmerischen Entwicklungen und bei der Entscheidungsfindung zu unterstützen. Probleme, Ereignisse und Entscheidungen können dadurch in ihren vernetzten Wirkzusammenhängen besser verstanden und so Entscheidungen im Projekt verbessert werden. Weitere Anwendungsfelder sind Produktionsmanagement, die strategische Planung und das Design von Geschäftsmodellen.

Teilnehmerzahl: 4–6 Personen
Dauer: Ein bis mehrere Tage

6 PROBLEMLÖSUNGSPROZESS

Abhängig von der Persönlichkeitsstruktur, dem Bildungsniveau und dem kulturellen Hintergrund der Betroffenen kann man insbesondere in internationalen Projekten eine Vielzahl sehr unterschiedlicher Strategien zur Lösung von Problemen beobachten. Diese können sein:

- Ignorieren oder Umgehen des Problems
- Delegieren des Problems an eine höhere Instanz
- Akzeptanz von Scheinlösungen
- Intuitiver Lösungsansatz
- Hau-Ruck Methode
- Versuch und Irrtum / Trial and Error, heuristischer Ansatz, Ausprobieren
- Hypothesenbildung
- Systematischer Problemlösungsansatz

Es ist wichtig zu erkennen, welche Problemlösungsstrategie von den Teammitgliedern, vom Projektauftraggeber oder einem anderen Stakeholder verfolgt wird. Das Ziel eines erfolgreichen Projektmanagers ist es, ein Problem systematisch im Problemlösungsprozess auslösende Ursache zu analysieren und dann eine wirksame und nachhaltige Lösung zu installieren.

6.1 HYPOTHESENBILDUNG

Eine Hypothese ist eine formulierte Annahme, deren Gültigkeit zwar möglich, aber noch nicht bewiesen ist. Die Hypothese muss überprüfbar sein, indem sie je nach Ergebnis entweder bewiesen oder widerlegt wird. Bei der Formulierung der Hypothese sind die Bedingungen anzugeben, unter denen diese gültig sein soll.

Im Problemlösungsprozess wird die Hypothese als plausible Annahme formuliert, auf deren Basis mithilfe von Daten untersucht wird, ob die Annahme und die beobachteten Ereignisse übereinstimmen (zum Beispiel: »Wenn der Vortag ein Feiertag war, kommt es zu vermehrten Qualitätsproblemen bei der Montage von Bauteil X«.) Daraufhin wird die Prüfung der Hypothese durch empirische Untersuchung der Daten unterstützt. Besteht bei den Daten eine hohe Übereinstimmung, so ist die Hypothese bestätigt.

Als vorläufige Annahme formuliert, spricht man von einer Arbeitshypothese. Stellen sich Fehler bei der Formulierung der Annahme heraus oder kommt es zu neuen Erkenntnissen, muss die Arbeitshypothese angepasst werden.

Im Gegensatz zur Arbeitshypothese muss zu überprüfende Hypothese vor Beginn einer Untersuchung oder einem Experiment festgelegt und darf dann nicht mehr verändert werden, da sonst die Gefahr besteht, dass zufällig auftretende Korrelationen fälschlicherweise als tatsächliche Effekte interpretiert werden.

Anwendungsgebiet der Hypothesenbildung in Projekten sind alle Arten von Problemen, die an Bedingungen geknüpft sind.

6.2 DER SYSTEMATISCHE PROBLEMLÖSUNGSPROZESS

Um ein Problem nicht nur zufällig, sondern effizient und wirkungsvoll zu lösen, ist es notwendig, die Ursachen des Problems zu verstehen und diesen mittels geeigneter Maßnahmen zu begegnen. Dies ist das Prinzip des systematischen Problemlösungsprozesses. Die folgenden Schritte haben sich als bewährte Vorgehensweisen in Projekten für eine systematische Problemlösung erwiesen:

1. Identifikation des Problems, Unterschied zwischen Soll und Ist feststellen
2. Bildung eines Problemlösungsteams

3. Zusammentragen der Daten und Fakten zum Problem und Beschreibung des Problems
4. Analyse der möglichen Ursachen für das Problem und Priorisieren der Ursachen
5. Lösungen bzw. Abstellmaßnahmen auf Basis der wahrscheinlichsten Ursachen suchen
6. Voraussichtliche Wirksamkeit der verschiedenen Maßnahmen bewerten
7. Auswahl einer Maßnahme (nicht mehrerer, da anderenfalls im Nachhinein nicht mehr unterschieden werden kann, welches die wirksame Lösung war)
8. Umsetzung der Maßnahme und Bewertung des Ergebnisses
9. Standardisierung, d.h. Absicherung der Problemlösung, damit das Problem nicht erneut oder an anderer Stelle auftreten kann, und Übertragung der Problemlösung auf ähnliche Produkte/Prozesse
10. Abschluss der Problemlösung, d.h. Dokumentation und Archivierung, Entlastung des Problemlösungsteams

Anwendungsgebiet des systematischen Problemlösungsprozesses in Projekten sind alle Arten von komplexen Problemen in Projekten.

7 METHODEN UND TECHNIKEN DER PROBLEM-/URSACHENANALYSE

Analytische Methoden strukturieren eine Aufgabe/Problem, indem sie es zunächst in seine Bestandteile zerlegen und dann analysieren. Dabei dürfen weder das Gesamtproblem aus den Augen verloren werden noch die Wirkzusammenhänge im System und mit der relevanten Umwelt.

Die unterschiedlichen Fragetechniken werden ausführlich im Kapitel »Persönliche Kommunikation« behandelt.

7 W-FRAGENTECHNIK

Die 7 W-Technik beschreibt die sieben klassischen Fragen, um jede Art von Problemen besser zu verstehen. Das tiefere Verstehen des Problems und seiner Ursachen ist der erste Schritt, um ein Problem wirksam zu lösen.

Ziel: Problemursachen ermitteln

Anwendungsgebiet der 7 W-Technik in Projekten sind alle Arten von Problemanalyse.

Teilnehmerzahl: 2–6 Personen

Dauer: 15–30 Minuten
Materialien: Flipchart, Stifte

Ablauf: Die 7 W-Fragen lauten:

- Was ist das Problem?
- Wo genau liegt das Problem?
- Warum taucht das Problem immer wieder auf?
- Wer ist beteiligt?
- Wie macht sich das Problem bemerkbar? Wie häufig taucht es auf?
- Wann taucht das Problem auf?
- Wie viel kostet uns das Problem?

5 X WARUM-FRAGETECHNIK
Die 5 x W-Technik stammt aus dem Six Sigma Werkzeugkoffer.

Ziel: Insistierend wiederholt nach dem Warum zu fragen, um die eigentlichen, hinter dem Problem liegenden Ursachen in Erfahrung zu bringen. Denn vielfach liegen die wahren Ursachen für ein Problem im Verborgenen oder sind so selbstverständlich, dass sie nicht genügend hinterfragt werden, da sie als gegeben angesehen werden. Es gilt, sich diese Phänomene durch die 5 x W-Fragentechnik bewusst zu machen.

Anwendungsgebiete der 5 x Warum-Fragetechnik in Projekten sind alle Arten von Problemanalyse.

Teilnehmerzahl: 2–4 Personen
Dauer: 10–30 Minuten
Materialien: Flipchart, Stifte

Ablauf: Fünf Mal hintereinander wird nach dem Warum für ein spezifisches Problem gefragt.

URSACHEN-WIRKUNGS-DIAGRAMM
Das Ursachen-Wirkungs-Diagramm beinhaltet eine grafische Darstellung aller möglicher Ursachen, die zu dem jeweiligen Problem führen können. Das auch Ishikawa- oder aufgrund seiner Fischgrätenform »Fishbone« genannte Diagramm stammt ursprünglich aus dem Qualitätsmanagement zur Analyse von Qualitätsproblemen.

Ziel: Alle möglichen Ursachen für ein Projektproblem zu identifizieren.

Anwendungsgebiete des Ursache-Wirkungs-Diagramms in Projekten sind alle Arten von Problemanalyse.

Die nachweislich starke Wirkung dieser Analysetechnik beruht vor allem darauf, dass die Personen dazu angehalten werden, alle 5 bis 8 vorgegebenen unterschiedlichen Ursachenfelder eines nach dem anderen zu bearbeiten und dadurch die Problemursachen möglichst vollständig zu erfassen.

Teilnehmerzahl: 2–4 Personen
Dauer: 10–30 Minuten
Materialien: Whiteboard oder Flipchart, Flipchartstifte

Ablauf: Ausgangspunkt ist ein horizontaler Pfeil, an dessen Spitze das Problem steht. Schräge Pfeile stellen die Haupteinflussparameter auf das Problem dar. Die ursprünglichen vorgegebenen Haupteinflussgrößen sind die 4Ms Mensch, Maschine, Material, Methode, die später um weitere 4Ms erweitert wurden (Management, Mitwelt, Messung und Money).

Beispiel: Ein Projektteam in einem mittelständischen Zulieferunternehmen, das ein neues Karosserieteil entwickeln soll, hat seit Projektbeginn Probleme, das Projektbudget einzuhalten. Wiederholt muss eine Budgeterhöhung beantragt werden. Die Analyse der Problemursache zeigt dem Projektmanager, dass die Ursachen vielfältig sind. Auf Basis dieser Analyse kann er nun systematisch die Ursachen angehen.

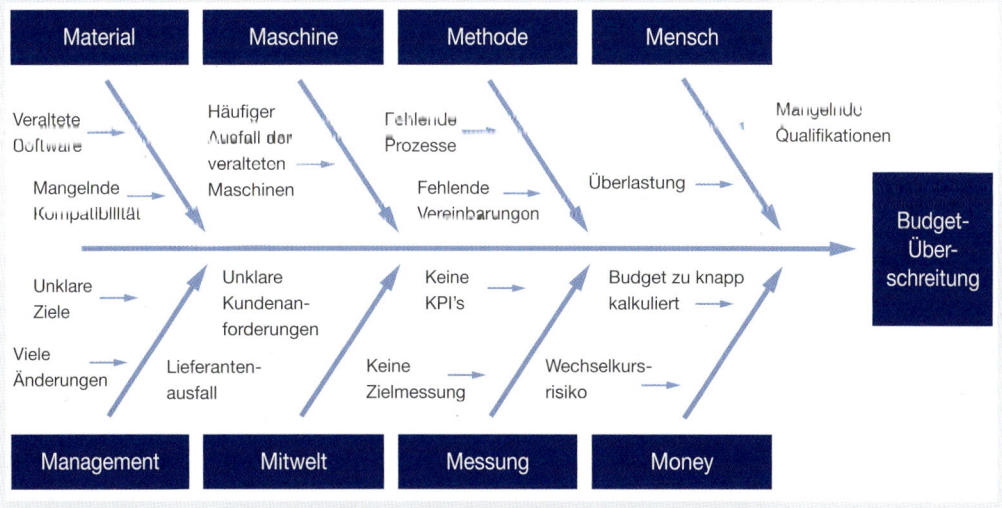

Abb. 4.8-1: Beispiel eines Ishikawa-Diagramms zur Analyse der Ursachen für Budgetüberschreitungen im Projekt

FEHLERBAUMANALYSE

Die Fehlerbaumanalyse stammt aus der Wahrscheinlichkeitsrechnung und ist ein Verfahren zur Zuverlässigkeitsanalyse. Mithilfe der Fehlerbaumanalyse können mögliche Risiken und Probleme herausgefunden werden, die ein Projekt beinhalten kann. Es werden die möglichen Ursachen auf ihre Störanfälligkeit hin beurteilt. Dabei werden logische Verknüpfungen zwischen den einzelnen Teilen eines Systems erstellt und diese auf ihre Fehleranfälligkeit hin untersucht. Ziel ist es, Gegenmaßnahmen einzuplanen, sodass mögliche Probleme gar nicht erst auftreten.

Die Fehlerbaumanalyse wird bei der Planung von komplexen Systemen und Anlagen angewendet, um die Sicherheit von Systemen zu bestimmen. In der Automobilindustrie wird diese Methode zur Vorbereitung der nachfolgenden FMEA angewendet.

Ziel: Die Wahrscheinlichkeit eines Fehlers / Ausfalls eines Gesamtsystems zu bestimmen.

Anwendungsgebiete der Fehlerbaumanalyse in Projekten sind qualitative Risiko- und Problemanalysen.

Teilnehmerzahl: 3–6 Personen
Dauer: 1 Tag
Materialien: Flipchart

Ablauf: Mittels einer Baumstruktur werden die mehr oder minder kritischen Pfade aller Einflussfaktoren aufgezeigt, welche zum Problem führen. Ursachen können dabei allein oder auch in Kombination mit anderen Ursachen auftreten und zu dem Problem führen. Vorgegangen wird bei der Analyse von oben nach unten, um so bis ins letzte Detail hinein zu prüfen, welcher (Basis)Faktor Auslöser für einen definierten Fehler sein kann, um darauf hin präventiv entsprechende Maßnahmen einleiten zu können.

FMEA

FMEA (Englisch: Failure Mode and Effects Analysis) bedeutet, wörtlich übersetzt, Fehlermöglichkeits- und Einflussanalyse. Die FMEA stammt ursprünglich aus dem Qualitätsmanagement zur Fehlervermeidung und Erhöhung der Zuverlässigkeit. Unterschieden werden die Produkt-FMEA, die Prozess-FMEA sowie die System-FMEA, um mögliche Schwachstellen zu analysieren (→ Kapitel »Chancen und Risiken«).

Ziel: Die Analyse der Risiken von Systemen, Produkten und Prozessen im Projekt.

Anwendungsgebiete der FMEA in Projekten sind quantitative Risikoanalysen.

Teilnehmerzahl: 4–8 Personen
Dauer: mind. 1 Tag
Materialien: FMEA-Formular

Ablauf: Zunächst wird ein interdisziplinäres Team aus den unterschiedlichen betroffenen Bereichen gebildet. Dann wird der Prozess bzw. das System beschrieben. Im nächsten Schritt folgt die Analyse potenzieller Fehler, Fehlerfolgen und deren Fehlerursachen. Als Nächstes erfolgten die Bewertung der möglichen Fehler und der Folgen. Es werden für jeden Fehler / jedes Risiko folgende Werte ermittelt:

- Auftretenswahrscheinlichkeit (A) – Wie wahrscheinlich ist es, dass der Fehler eintritt?
- Bedeutung (B) – Welche Auswirkung resultiert durch das Auftreten des Fehlers?
- Entdeckungswahrscheinlichkeit (E) – Wie wahrscheinlich ist es, dass das Auftreten des Fehlers bzw. der Eintritt des Risikos bemerkt wird?

Jeder der Größen wird ein Punktewert von 1–10 zugeordnet. Um das Risiko bewerten zu können, wird eine Risikoprioritätszahl (RPZ) gebildet. Dabei gilt: RPZ = A x B x E. Je höher die RPZ ist, desto inakzeptabler ist der Fehler bzw. das Risiko.

Der Nachteil der Methode besteht darin, dass das Risiko nur in Punkten in Relation zu anderen Risiken erfasst wird und damit nicht, wie in der in Geldeinheiten bewerteten Risikoanalyse, den Kosten der Begegnungsmaßnahmen gegenübergestellt werden kann.

ABC- ODER PARETO-ANALYSE

Die ABC-Analyse basiert auf der sogenannten 80/20-Regel oder Pareto-Regel. Die ABC-Analyse hilft, den Blick auf die wesentlichen Elemente zu lenken, da damit Objekte nach Wichtigkeit bzw. Bedeutung sortiert werden können. Auf dieser Basis können sie unterschiedlich intensiv bearbeitet werden. So werden Ressourcen bzw. Aufwand und Ertrag bzw. Wirkung in ein ausgewogenes Verhältnis zueinander gebracht. Es werden dabei aus einer Datenmenge drei Klassen durch Prioritätsreihung, nämlich A, B und C, gebildet. Pareto erkannte, dass 20 % aller Ursachen bereits 80 % der Gesamtwirkung erzielen. Diese Erkenntnis wird als 80/20-Regel oder Pareto-Regel bezeichnet. Bezogen auf die Aufwandsanalyse in Projekten, bedeutet dies, dass im Mittel mit 20 % des Aufwands 80 % des Ergebnisses erzielt werden.

Voraussetzung für die Anwendung der ABC-Analyse ist, dass eine große Menge an quantifizierten Einzeldaten zur Verfügung steht.

Anwendungsgebiete der ABC-Analyse im Projektmanagement sind das Klassifizieren der Projekte in einem Projektportfolio, die Identifikation der größten Risiken / wichtigsten Stakeholder im Projekt, die Klassifikation der Produkte in einem Sortiment.

Ziel: Aus einer Vielzahl an Daten soll die Priorität festgelegt werden und in die drei Kategorien A: wichtig (80%); B: weniger wichtig (15%); C: unwichtig (5%) unterteilt werden. Diese Priorisierung ermöglicht eine Unterscheidung des Wichtigen vom weniger Wichtigen und Unwichtigen und liefert dadurch eine Entscheidungsgrundlage für ein effiziente Auswahl von Maßnahmen.

Teilnehmerzahl: 2–4 Personen
Dauer: 30–60 Minuten
Materialien: Whiteboard, Flipchart

Ablauf:

1. Definition der zu untersuchenden Objekte (z. B. Projekte, Arbeitspakete, Risiken) Festlegung der Kriterien (z. B. Kosten, Ressourcen, Umsätze, Wahrscheinlichkeit)
2. Erhebung der Daten
3. Bewertung und Analyse der Daten
   Ordnen der Objekte durch Einteilung in die 3 Kategorien A/B/C nach einer problemrelevanten Rangfolge (z. B. Einteilung der Kunden nach Höhe des Umsatzes)
4. Grafische Darstellung und Eintragung der Abgrenzung zwischen A/B und B/C
5. Ableitung von Maßnahmen

Beispiel: In einem großen EU-Infrastrukturprogramm sollen die wesentlichen Projekte herausgefiltert werden, um diese gezielt steuern zu können. Dazu werden zuächst alle aktuellen Infrastrukturprojekte in dem Programm und deren Größe (Wert in €) unsortiert in einer Tabelle aufgelistet. Im nächsten Schritt wird die Summe aller Projekten (=Gesamtbudget) errechnet, die dem Wert 100% entspricht. Nun kann die relative Häufigkeit für jedes Projekt im Verhältnis zum Gesamtbudget in Prozent ermittelt werden.

Tab. 4.8-1: Fiktives Beispiel eines EU-Infrastrukturprogramms mit Angabe der einzelnen Projekte und deren Budgets

Aktuell genehmigte EU-Projekte	Projektgröße (in Mio. €)	Relative Häufigkeit
Neubau von Brücke X	439	4,90 %
Ausbau von Flughafen X	239	2,67 %
Ausbau Autobahnnetz x km in Land V	579	6,46 %
Erweiterung Glasfasernetz	1.519	16,96 %
Sanierung von x Bahnhöfen	47	0,52 %
Ausbau Schieneninfrastruktur in Land G	52	0,58 %
Ausbau Wasserstraßen x km in Land U	920	10,27 %
Ausbau Bahnstrecke V	1.790	19,98 %
Modernisierung von x Schulen	160	1,79 %

Aktuell genehmigte EU-Projekte	Projektgröße (in Mio. €)	Relative Häufigkeit
Modernisierung von x Krankenhäusern	640	7,14 %
Bau x Spezialkliniken	1.983	22,14 %
Neubau von x Schleusen	280	3,13 %
Aufbau E-Health in ländlichen Regionen	310	3,46 %
Summe	**9.858**	**100,00 %**

Als nächstes werden die einzelnen Projekte – nach ihrer Projektgröße und relativen Häufigkeit sortiert – in eine Rangfolge entsprechend ihrer relativen Häufigkeit gebracht. Darauffolgend wird in einer weiteren Spalte die Häufigkeit kumuliert:

Tab. 4.8-2: Darstellung des EU-Infrastrukturprogramms nach Größe und Häufigkeit sortiert

Projekte	Projektgröße (in Mio. €)	Relative Häufigkeit	Kumulierte Häufigkeit
Neubau von x Spezialkliniken	1.983	22 %	22 %
Ausbau Bahnstrecke V	1.790	20 %	42 %
Erweiterung Glasfasernetz	1.519	17 %	59 %
Ausbau Wasserstraßen x km in Y	920	10 %	69 %
Modernisierung von x Krankenhäusern	640	7 %	76 %
Ausbau Autobahnnetz x km in V	579	6 %	83 %
Neubau von Brücke X	439	5 %	88 %
Aufbau E-Health in ländlichen Regionen	310	3 %	91 %
Neubau von x Schleusen	280	3 %	94 %
Ausbau von Flughafen X	239	3 %	97 %
Modernisierung von x Schulen	160	2 %	99 %
Ausbau Schieneninfrastruktur	52	1 %	99 %
Sanierung von x Bahnhöfen	47	1 %	100 %

Auf Basis ihrer kumulierten relativen Häufigkeit können die Projekte nun in die drei Kategorien A (80%), B (80–95%) und C (95–100%) in Form des Pareto-Diagramms dargestellt werden:

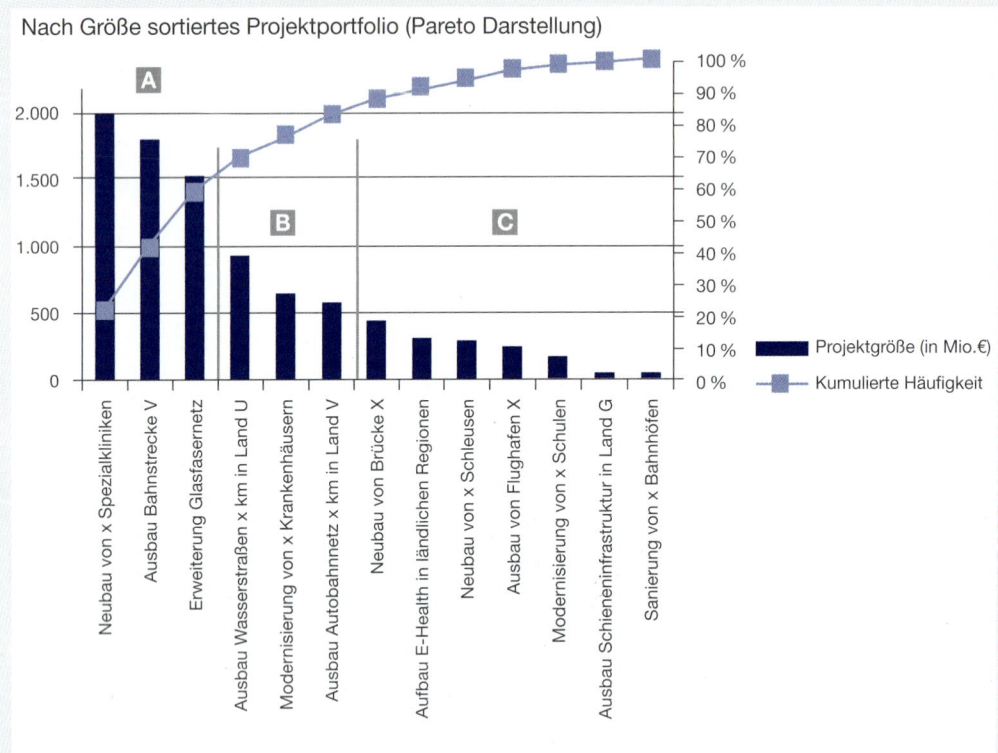

Abb. 4.8-2: Darstellung des EU-Infrastrukturprogramms als Pareto- oder ABC-Analyse

Aus der Pareto-Analyse wird ersichtlich, dass die drei größten Projekte, das sind rund 20 % der Gesamtmenge von 13 Projekten, bereits etwa 60 % des gesamten Projektportfoliobudgets ausmachen, die fünf nächstgrößten Projekte 31 % des Budgets und die fünf kleinsten Projekte zusammen neun Prozent des EU-Infrastrukturbudgets. Auf dieser Basis können nun diverse Management-Entscheidungen getroffen werden, wie z. B. Ressourcen- oder Kapazitätsplanungen oder Budgetverschiebungen.

PDCA

Der PDCA-Zyklus, auch Deming- oder Problemlösungs-Zyklus genannt, beschreibt die vier Phasen im kontinuierlichen Verbesserungsprozess (KVP) und damit einen iterativen Prozess für das Problemlösen, Lernen und Verbessern. PDCA steht für Plan – Do – Check – Act (Deutsch: Planen – Umsetzen – Überprüfen – Handeln). Die Ursprünge liegen im Qualitätsmanagement begründet (→ Kapitel »Qualität«).

Ziel: Kontinuierliche Verbesserung der Prozesse und Abläufe.

Anwendungsgebiete des PDCA-Prozesses in Projekten sind alle Prozesse und Abläufe im Projekt oder im Projektergebnis, um die Effizienz, Kunden- oder Mitarbeiterzufriedenheit kontinuierlich zu verbessern.

Teilnehmerzahl: 2–6 Personen
Dauer: 20–40 Minuten
Materialien: PDCA-Formular

Ablauf: Bestandteil der PDCA-Philosophie ist »Gehe an den Ort des Geschehens« und stelle den Mitarbeiter vor Ort mit seiner detaillierten Kenntnis in den Mittelpunkt. Der Zyklus besteht aus:

1) Plan: umfasst das Erkennen von Verbesserungspotenzialen, die Analyse des aktuellen Zustands (oder Problems) sowie das Entwickeln eines neuen besseren Konzepts

2) Do: bedeutet das Ausprobieren beziehungsweise Testen und praktische Optimieren des Konzepts mit schnell realisierbaren, einfachen Mitteln (z. B. Prototypen)

3) Check: der im Kleinen realisierte Prozessablauf und die Resultate werden überprüft, verbessert und bei Erfolg für die Umsetzung allgemein freigegeben.

4) Act: jetzt wird dies als neue Vorgabe/neuer Standard eingeführt, festgeschrieben und auf Einhaltung überprüft.

STAR
STAR ist eine Befragungstechnik, die in den USA ursprünglich für Bewerbungsgespräche entwickelt wurde. STAR ist ein Akronym und steht für »Situation, Task, Action und Result« (Deutsch: Situation, Aufgabe, Handlung und Ergebnis).

Ziel: Gewinnen von umfassenden Informationen über Fähigkeiten und Verhaltensweisen von Person(en) in bestimmten Situationen.

Anwendungsgebiet der STAR-Technik in Projekten ist die Beurteilung einer Person in spezifischen Situationen, z. B. bei einem Bewerbungsgespräch, oder eines Teams, z. B. bei einem Audit oder Assessment.

Teilnehmerzahl: 2–6 Personen
Dauer: 20–40 Minuten
Materialien: STAR-Formular, Stifte

Ablauf: Probleme, Herausforderungen und Lessons Learned werden mithilfe der folgenden vier Schritte beschrieben:

1) Beschreibung der Ausgangssituation

2) Erläuterung der resultierenden Aufgabe
3) Maßnahmen/Handlungen, um die Situation/das Problem zu lösen
4) Ergebnis der Maßnahmen

ITERATIVE TECHNIKEN

Ziel: Iterative Techniken sind ein Vorgehensmodell der kontinuierlichen Verbesserung, bei dem in kleinen Schritten vorgegangen wird. Sie haben das mehrmalige Durchlaufen des Problemlösungszyklus zum Ziel. Der Grundgedanke der iterativen Überarbeitungstechniken ist darauf ausgerichtet, dass das Projektteam die Erfahrungen und Erkenntnisse aus den vorangegangenen Problemlösungsschritten unmittelbar weiterverwenden kann, um daraus die nächsten Schritte im Problemlösungsprozess abzuleiten.

Anwendungsgebiet der Iterativen Techniken in Projekten sind alle Prozesse und Abläufe im Projekt oder im Projektergebnis, um die Effizienz, Kunden- oder Mitarbeiterzufriedenheit kontinuierlich zu verbessern.

Ablauf: Bezug nehmend auf den 10-stufigen systematischen Problemlösungsprozess (→ Abschnitt 6.2 Der systematische Problemlösungsprozess) werden die Stufen 3 bis 8 so lange wiederholt, bis eine dauerhafte, tragfähige Lösung gefunden worden ist:

1) Zusammentragen der Daten und Fakten zum Problem und Beschreibung des Problems
2) Analyse der möglichen Ursachen für das Problem und Priorisieren der Ursachen
3) Lösungen bzw. Abstellmaßnahmen auf Basis der wahrscheinlichsten Ursachen suchen
4) Voraussichtliche Wirksamkeit der verschiedenen Maßnahmen bewerten
5) Auswahl einer Maßnahme (nicht mehrerer, da andernfalls im Nachhinein nicht mehr unterschieden werden kann, welches die wirksame Lösung war)
6) Umsetzung der Maßnahme und der Bewertung des Ergebnisses

8 METHODEN UND TECHNIKEN DER PROBLEMLÖSUNG: KREATIVITÄTSFÖRDERNDE MASSNAHMEN

Kreativität ist die Fähigkeit, etwas Neues, Originäres oder Ungewöhnliches zu erschaffen. Entgegen eines weitverbreiteten Vorurteils ist jeder Mensch kreativ. Häufig fehlt jedoch der Zugang, der Mut oder die Inspiration, Dinge anders als gewöhnlich zu machen. So wird zwischen alltäglicher und außergewöhnlicher Kreativität unterschieden. Alltägliche Kreativität ist die Fähigkeit, normale Dinge anders zu tun, wie z.B. Improvisieren beim Kochen. Außergewöhnliche Kreativität ist die aus der Masse herausragende Fähigkeit, etwas Neues zu schaffen, z.B. eine Oper zu komponieren.

In der ICB 3 wurde die Verantwortung des Projektmanagers für Kreativität als eigenes Kompetenzelement herausgehoben und wie folgt definiert: »Kreativität ist die Fähigkeit, auf originelle und einfallsreiche Weise zu denken und zu handeln. Der Projektmanager nutzt zum Wohl des Projekts sowohl die Kreativität von Einzelpersonen als auch die kollektive Kreativität des Projektteams und der Organisation, für die sie arbeiten. Der Projektmanager muss Prozesse fördern, um im Team aufkommende kreative Ideen, die für das Projekt von Nutzen sein könnten, zu stimulieren, aufzuzeichnen, zu bewerten und diesen gegebenenfalls zu folgen.« (NCB 3, 2014)

Kreativität braucht drei Voraussetzungen, um wirkungsvoll zum Einsatz zu kommen: Die Bereitschaft (Wollen), die Fähigkeit (Können) und die Möglichkeit (Dürfen). Insbesondere das Umfeld ist oft der entscheidende Faktor, da es sowohl positiv fördernd als auch hinderlich für kreative Prozesse sein kann. Gerade das Umfeld kann durch den Projektmanager bewusst und aktiv mit kreativitätsfördernden Maßnahmen beeinflusst werden. Das Umfeld wiederum wird von vielen äußeren Faktoren, wie der Projektkultur, der Kultur der Teammitglieder, der Stimmung im Team, der Einstellung der Teammitglieder, von Ort und Raum sowie der zur Verfügung stehenden Zeit beeinflusst.

8.1 DIE PHASEN DES KREATIVITÄTSPROZESSES

Allen kreativen Prozessen ist gemeinsam, dass diese in vier Phasen unterteilen werden können (Phasen des Kreativitätsprozesses):

1. Die Vorbereitung auf den Prozess
2. Die Inkubation / das »Verdauen« und zugleich Loslösen vom Problem
3. Die Illumination (»Erleuchtung«)
4. Die Ausarbeitung / Konkretisierung / Testen der Idee

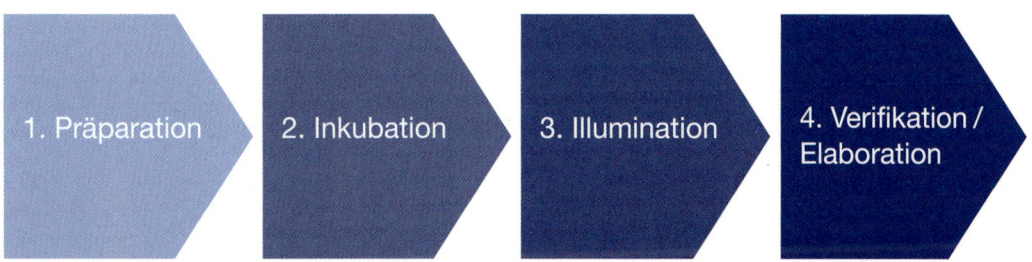

Abb. 4.8-3: Die vier Phasen des Kreativitätsprozesses (vgl. Patzak 1982)

Es ist die Aufgabe des Projektmanagers, den Kreativitätsprozess durch diese vier Kreativitätsphasen und das mit den Phasen einhergehende unterschiedliche Denken bei den Projektteammitgliedern hindurchzuleiten, zu moderieren und methodisch zu unterstützen.

In der Präparationsphase ist es die Aufgabe des Projektmanagers, die Teammitglieder auf das Problem einzustimmen und mittels Aufgabendefinition und Problemformulierung für Eindeutigkeit und Klarheit bezüglich der Aufgabenstellung zu sorgen. Die Aufgabe sollte weder zu breit noch zu eng formuliert sein. In dieser Phase sollen Informationen über das Problem z. B. aus Kunden- oder Lieferantensicht gesammelt werden und ein tieferes Verständnis für das Problem generiert werden. Eine weitere Aufgabe des Projektmanagers besteht darin, die Teammitglieder mental auf den Kreativitätsprozess einzustimmen. Dies sollte durch ein inspirierendes, kreatives Umfeld und vorbereitende Übungen geschehen, in denen spielerisch eine lockere, entspannte Atmosphäre entsteht und die Teilnehmer auf die nachfolgende kreative Phase mental eingestimmt werden. Durch Umstellen der Möbel im Büro und diverse mentale und körperliche Lockerungsübungen kann eine inspirierende Atmosphäre im Team geschaffen werden.

Die nun folgende **Inkubationsphase** ist der schöpferische Gärungs- oder Keimungsprozess. In der Medizin ist die Inkubationszeit die Zeit zwischen Infektion und Ausbruch einer Krankheit. Entsprechend ähnlich sind die Symptome: Man fühlt sich nicht gut und glaubt nicht daran, je eine Lösung zu finden. Aufgabe des Projektmanagers ist es, diesen Prozess zu begleiten und nicht auf einer zeitnahen Lösung zu bestehen, sondern den unbewussten Problembearbeitungsprozess laufen zu lassen und die Teammitglieder mit Themen zu beschäftigen, die scheinbar nichts mit dem Problem zu tun haben. Spaziergänge in der Natur sind z. B. eine Möglichkeit, sich von der Natur inspirieren zu lassen. Das Unterbewusstsein arbeitet in dieser Phase weiter an einer Lösung des Problems.

Der nächste kreative Schritt ist die **Illuminationsphase** (auch als Geistesblitz, plötzliche Erleuchtung oder »Heureka-Moment« bezeichnet). Bei einem Einzelnen taucht plötzlich und unvermittelt die Idee für einen Lösungsansatz auf. In einem Projektteam geschieht dies meist durch Kombination mehrerer Ideen zu einer kreativen Problemlösung. In dieser Phase ist divergentes Denken erforderlich. Divergentes, also ausweitendes, verzweigendes Denken ist eine Geisteshaltung, die bei kreativen Prozessen benötigt wird. Es geht darum, von einer konkreten Ausgangssituation aus in verschiedene Richtungen zu denken und unterschiedliche Sichtweisen zu entwickeln. Divergentes Denken ist die Voraussetzung, um zu neuen Ideen und Herangehensweisen zu gelangen. In dieser Phase ist es die Aufgabe des Projektmanagers, den kreativen Flow bei den Teilnehmern am Laufen zu halten, darauf zu achten, dass die Spielregeln eingehalten werden, dass vor allem keinerlei Kritik geäußert wird, und dafür zu sorgen, dass keine der Ideen verloren geht.

In der **Verifikationsphase** ist hingegen konvergentes Denken gefragt. Ausgehend von einer Vielzahl von ungeprüften Ideen, werden diese gebündelt und gezielt auf eine konkrete Umsetzung hin überprüft. Konvergentes Denken dient dazu, die Vorschläge und Möglichkeiten zu bewerten und auszuwählen. Die gefundenen Lösungsansätze bedeuten oft noch nicht die brauchbare Lösung eines Problems. In dieser vierten Phase, die auch als Phase der Elaboration bezeichnet wird, werden die Lösungsansätze systematisch ausgearbeitet und die gewonnenen Einsichten auf ihre Machbarkeit überprüft.

Während des gesamten Kreativitätsprozesses ist das Einhalten von Regeln wichtig, um den kreativen Prozess am Fließen zu halten. Die Akzeptanz und das Einhalten dieser Regeln zu überwachen, ist eine zentrale Aufgabe des Projektmanagers als Moderator dieses Prozesses. Mögliche Regeln können sein:

- Jede Idee ist willkommen, und zwar je kreativer und ungewöhnlicher, umso besser
- Kein Kommentar (auch nicht in Form von Gestik oder Mimik) zu ungewöhnlichen Ideen
- Quantität vor Qualität
- Gegenseitige Anerkennung ist erwünscht
- Alle Ideen werden visualisiert, damit keine Idee verloren geht

8.2 INTUITIVE TECHNIKEN / TECHNIKEN DER FREIEN ASSOZIATION

Assoziationen sind Verknüpfungen, die entstehen, indem Dinge, Erinnerungen, Gedanken oder Bilder miteinander in Bezug gebracht werden. Dabei geht es darum, alle Gedanken, die einem in diesem Zusammenhang einfallen, zu benennen und auf ihre Übertragbarkeit hin zu überprüfen. Nachfolgend werden Techniken der freien Assoziation, auch intuitive Techniken genannt, beschrieben.

BRAINSTORMING

Brainstorming ist die bekannteste und am häufigsten eingesetzte Kreativitätstechnik. Allerdings wird diese oft falsch angewendet, da sie meist nicht stringent moderiert wird. Wichtig ist, dass keine Kritik oder destruktive Kommentare (sogenannte Killerphrasen, wie z. B. »das hatten wir schon mal, das geht doch nicht«) geäußert werden und der Moderator den Prozess motivierend begleitet und dokumentiert.

Ziel: Gewinnen von möglichst vielen Ideen, die möglichst außergewöhnlich sein sollen.

Anwendungsgebiet des Brainstormings in Projekten sind alle Situationen, in denen alleine oder in einer Gruppe neue Ideen für eine Aufgabe oder ein Problem gefunden werden sollen.

Teilnehmerzahl: 1–12 Personen
Dauer: 20–40 Minuten
Materialien: Flipchart, Moderationskarten

Ablauf: Die Aufgabenstellung wird vom Moderator präsentiert und für alle gut lesbar visualisiert. Die Spielregeln werden erläutert und vereinbart. Alle Ideen werden dokumentiert.

Am Ende wird das weitere Vorgehen dahin gehend vereinbart, wie mit den Ideen umgegangen wird, z. B. Kategorisierung der Ideen, Bewertung und nächste Schritte.

SILENT BRAINSTORMING

Silent Brainstorming ist eine Variante des Brainstormings. Da introvertierte oder schüchterne Menschen beim klassischen Brainstorming oft nicht zu Wort kommen oder sich nicht trauen, ihre Ideen laut zu äußern, empfiehlt sich in vielen Fällen diese Variante.

Ziel: Gewinnen von möglichst vielen Ideen, die möglichst außergewöhnlich sein sollen.

Anwendungsgebiet des Silent Brainstormings sind Situationen, in denen das Projektteam sowohl aus extrovertierten und introvertierten Mitgliedern besteht oder große Hierarchieunterschiede zwischen den Teilnehmern bestehen.

Teilnehmerzahl: 4–12 Personen
Dauer: 20 Minuten
Materialien: Post-its oder Moderationskarten

Ablauf: Die Aufgabenstellung wird für alle gut lesbar visualisiert. Jeder Teilnehmer schreibt dann seine Ideen auf je eine Moderationskarte. Am Ende der vereinbarten Zeit stellt jeder seine Ideen der Gruppe vor. Danach wird besprochen und vereinbart, wie mit den entstandenen Ideen umgegangen wird.

Nachteil: Die unmittelbare Anregung durch das Einbringen einer Idee eines Teilnehmers, diesen Gedanken weiterzuspinnen, fällt hier weg.

BRAINWALKING

Ziel: Das Ziel dieser Technik ist es, eine Aufgabe in Kombination mit Bewegung zu lösen, z. B. bei einem Spaziergang in der Natur, und somit die Leistungsfähigkeit der Teammitglieder zu fördern. Die Entwickler von Brainwalking gehen davon aus, dass die Leistung des Gehirns durch Bewegung um etwa 20 Prozent gesteigert werden kann.

Anwendungsgebiet des Brainwalkings in Projekten sind Situationen, in denen für komplexe Probleme neuartige Lösungen gefunden werden sollen.

Teilnehmerzahl: beliebig
Dauer: 60–80 Minuten
Materialien: Flipchartblätter, bunte Stifte

Ablauf: Die Teilnehmer bekommen eine konkrete Aufgabenstellung übertragen und gehen in Kleingruppen in der Natur spazieren. Die neuen Eindrücke in der Natur regen zu Analogien und neuen Perspektiven an, denn die Bewegung in ungewohnter Umgebung inspiriert zu neuen Gedanken. Danach werden die Ideen notiert und in der Gruppe vorgestellt.

8.3 TECHNIKEN DER STRUKTURIERTEN ASSOZIATION

METHODE 635
Einen Schritt weiter als das Silent Brainstorming geht die Methode 635. Hierbei werden von sechs Teilnehmern drei Ideen in jeweils fünf Minuten schweigend Runde für Runde weiterentwickelt.

Ziel: Gewinnen von 3 x 6 meist originellen Lösungsideen, die stufenweise weiterentwickelt und ergänzt werden.

Anwendungsgebiete der Methode 635 in Projekten sind Aufgabenstellungen, für die viele unterschiedliche kreative Lösungsideen in kurzer Zeit entwickelt werden sollen oder bei denen das Projektteam sowohl aus extrovertierten und introvertierten Mitgliedern besteht oder große Hierarchieunterschiede zwischen den Teilnehmern bestehen.

Teilnehmerzahl: 6 oder ein Vielfaches davon
Dauer: ca. 45 Minuten
Materialien: Formblatt

Ablauf: Definition der Aufgabenstellung und deren Kommunikation an die Teilnehmer. Austeilen des Formblatts an jeden Teilnehmer, die in Sechsergruppen an einen Tisch sitzen. Zunächst schreibt jeder Teilnehmer drei unterschiedliche Ideen zu der Aufgabenstellung in die erste Zeile des Formblatts. Nach ca. 10 Minuten wird das Blatt im Uhrzeigersinn an den nächsten Teilnehmer weitergegeben. Dieser liest die Ideen des Nachbarn und ergänzt nun die Ideen in der 2. Zeile, z. B. durch das Hinzufügen einer weiteren Funktion oder durch Modifikation, in 5 Minuten. Danach wird das Blatt im Uhrzeigersinn an den nächsten Nachbarn weitergegeben, der die bisher beschriebenen Ideen in der 3. Zeile weiter ergänzt. Nach 5 Runden erhält jeder Teilnehmer seine ursprünglichen und in den Runden nun weiterentwickelten Ideen zurück. Nun tauscht sich das Team über die neu entstandenen Ideen aus und beschließt, welche übernommen und weiterverfolgt werden sollen.

Beispiel: Ein Projektteam aus 12 Mitgliedern sucht Ideen für eine neue Smartphone-App, die entwickelt werden soll. Da die Gruppe sehr divers ist und sowohl aus extrovertierten als auch aus introvertierten, schüchternen Teammitgliedern besteht, schlägt der Projektleiter die Methode 635 vor. Binnen 30 Minuten erzeugt das Team 36 sehr unterschiedliche App-Ideen mit jeweils fünf weiteren Eigenschaften/Funktionalitäten.

Methode 635			
Thema: Ideen für eine neue App		**Team: XYZ**	**Datum: 16.06.2018**
1.	App für Kochvorschläge	Was soll ich heute anziehen?-App	Tauschbörse-App
2.	Die App sollte per Kamera den Kühlschrank Inhalt scannen	Die App muss mit dem Wetter Bericht verbunden sein	In der App gibt man ein, was man nicht mehr braucht
3.	Aus dem Vorhandenen generiert die App Koch-Vorschläge	Der Kleidungsstil für den Tag ist voreinzustellen (z.B. formell, casual)	Für jedes Teil, dass sich jemand genommen hat, bekomme ich Bonuspunkte
4.	Lebensmittel-Unverträglichkeiten sollten voreinstellbar sein	Die App weiß, was ich in dieser Woche / zu dem gleichen Anlass bereits anhatte	Diese Bonuspunkte kann man in ein Produkt umtauschen, das ein anderer verschenkt
5.	Die App ist mit einem Lebensmittel-Lieferservice verbunden	Die App gibt auch Tipps für Accessoires	Man kann die Bonuspunkte auch gegen Dienstleistungen eintauschen
6.	Die App liefert Vorschläge für Dekoration auf Teller	Die App gibt auch Make-up-Tipps	Wie Ebay nur mit virtuellen Bonuspunktesystem

Abb. 4.8-4: Beispiel für die Anwendung der Methode 635 für das Kreieren neuer Ideen der Problemlösung für eine App

WORLD CAFÉ

Im World Café werden von mehreren Teilnehmergruppen parallel jeweils unterschiedliche Fragenstellungen Runde für Runde weiterentwickelt.

Ziel: Gewinnen von Lösungsideen und Konzepten, die von Gruppen schrittweise weiterentwickelt und ergänzt werden.

Anwendungsgebiet des World Cafés sind komplexe Fragestellungen, für die Lösungsansätze entwickelt werden sollen, die am Ende von allen getragen werden, da jeder sich aktiv einbringen und daran mitwirken kann.

Teilnehmerzahl: 20–30 Personen
Dauer: 60–90 Minuten
Materialien: Stehtische, Papiertischtücher

Ablauf: Kommunikation der Aufgaben: Jeder Tisch erhält eine unterschiedliche Aufgabe. Jede Gruppe diskutiert ihr Thema und schreibt die Ideen auf die Tischdecke. Nach 20 Minuten wechseln die Gruppen zum nächsten Tisch im Uhrzeigersinn, einer bleibt am Tisch und erklärt den neu Hinzugekommenen, was die Gruppe diskutiert hat. Die neue Gruppe ergänzt die Ideen in 20 Minuten. Nach 20 Minuten wechseln die Gruppen zum nächsten Tisch im Uhrzeigersinn, ein anderer bleibt nun am Tisch und erklärt den neu Hinzugekommenen, was die beiden Gruppen bisher diskutiert haben. Nach 20 Minuten wechseln die Gruppen erneut zum nächsten Tisch im Uhrzeigersinn, ein anderer bleibt und erklärt, was der Stand der Diskussion ist. Die letzte Gruppe fasst die Ergebnisse der drei Gruppen auf einem neuen Flipchart zusammen und präsentiert das Ergebnis im Plenum.

THREE THINKING CHAIRS (ODER WALT-DISNEY-METHODE)

Ziel: Mit den drei Stühlen werden drei unterschiedliche Sichtweisen auf ein Problem definiert.

Teilnehmerzahl: Allein oder im Team
Dauer: 30–50 Minuten
Materialien: Drei sehr unterschiedliche Stühle, evtl. drei unterschiedliche Räume

Anwendungsgebiet der Three Thinking Chairs-Technik (oder Walt-Disney-Methode) sind Probleme/Aufgabenstellungen in Projekten, für die umsetzbare, realistische Lösungen entwickelt werden sollen.

Ablauf: In der ersten Runde soll jeder Teilnehmer die drei Rollen Träumer, Realist und Kritiker einnehmen, ohne das Problem zu kennen, um sich in die Rollen »hineinzudenken«. Nun wird das Problem genannt. In der zweiten Runde betrachten die Teilnehmer das Problem aus der Rolle des Träumers. Diese Phase dient als Ideenlieferant. Im nächsten Schritt betrachten die Teilnehmer diese Ideen aus der Perspektive des Realisten, testen diese auf ihre Umsetzbarkeit und überlegen, was zu tun ist oder was benötigt wird. In der dritten Runde setzen sich die Teilnehmer in der Rolle des Kritikers konstruktiv mit den Ideen und deren Umsetzung auseinander. Es werden Verbesserungsvorschläge gesammelt sowie Chancen und Risiken abgewogen. Ein Moderator kann unterstützen, indem er die Ergebnisse der einzelnen Rollen zusammenfasst.

SECHS-HÜTE (NACH DE BONO)

Die Denkhüte von de Bono sind ein Werkzeug für effektive Gruppendiskussionen. Der Methodik liegt das parallele Denken zugrunde. Das bedeutet, dass die Beteiligten, welche die gleiche Hutfarbe aufhaben und gemeinsam die Hüte wechseln, auch parallel denken. So werden Konflikte vermieden und dennoch alle Positionen berücksichtigt.

Ziel: Bei der Methode nehmen die Teilnehmer sechs verschiedenen Denkweisen ein, die durch verschiedenfarbige Hüte symbolisiert werden. Ziel dieser Methode ist es, sich einem Thema ganzheitlich und aus unterschiedlichen Blickwinkeln zu nähern und somit eine effiziente Diskussion zu gestalten. Dabei nimmt die gesamte Gruppe jeweils nur eine Perspektive ein und betrachtet das Problem ausschließlich unter diesem Gesichtspunkt.

Anwendungsgebiet der Sechs-Hüte-Technik sind schwierige Diskussionen im Projektteam zu Themengebieten, die sehr unterschiedliche Meinungen oder Haltungen zu einem Thema hervorbringen (z. B. zu emotionalen, ethischen oder politischen Themen).

Teilnehmerzahl: 6–12
Dauer: 60–120 Minuten
Materialien: 6 Hüte/Tücher/Schals in den Farben Blau, Weiß, Rot, Grün, Gelb und Schwarz

Ablauf: Nachdem das Problem benannt worden ist, beginnt die erste Runde mit dem weißen Hut, um einen ersten neutralen Überblick zu erhalten. Diese Runde steht dafür, Informationen zu sammeln, ohne sie zu bewerten. In der zweiten Runde betrachten die Teilnehmer das Problem aus der Rolle des roten Hutes, der für Emotionen steht. Im dritten Schritt betrachten die Teilnehmer das Thema aus der Perspektive des gelben Hutes, der für den Optimisten steht. In der nächsten Runde setzen sich die Teilnehmer in der Rolle des Kritikers mit dem schwarzen Hut mit den negativen Aspekten auseinander. Nun folgt der grüne Hut, der für Kreativität und Innovation steht. Darauf folgt nochmals der rote emotionale Hut und schließlich endet die Diskussion mit der Perspektive des blauen Hutes, der die Ergebnisse zusammenfasst.

8.4 ANALOGIETECHNIKEN

Das Wort »Analogie« stammt auf dem Griechischen und bedeutet Ähnlichkeit, Entsprechung, Gleichartigkeit. In der Anwendung von Analogietechniken als kreativitätsfördernde Maßnahme geht es darum, ähnliche Sachverhalte, wie das Ausgangsproblem z. B., in der Natur zu finden und die dort gefundene Lösung dann auf das konkrete Problem zu übertragen.

SYNEKTIK

Das Wort »Synektik« kommt aus dem Griechischen und bedeutet: Dinge miteinander in Verbindung bringen. Die Methode basiert auf dem Motto: »Das Vertraute verfremden und das Fremde vertraut machen«.

Ziel: Durch Wegführen vom konkreten Problem sollen weiter entfernte Lösungsansätze gefunden werden.

Anwendungsgebiet der Synektik in Projekten sind Aufgaben, für die neue, innovative Lösungsideen entwickelt werden sollen.

Teilnehmerzahl: 5–9 Personen
Dauer: 60–120 Minuten
Materialien: Flipchart, Pinnwand, Moderationsmaterial, Stifte

Ablauf: Zunächst wird das Problem definiert, dann wird das Problem so formuliert, dass Analogien z. B. in der Natur oder aus den chinesischen Fünf Elementen gesucht werden. Nun wird untersucht, welche Lösungen die Natur oder die Fünf Elemente für das Problem besitzen. Die Strukturmerkmale dieser Lösungen werden nun auf das konkrete Problem übertragen und daraus neue Lösungsansätze entwickelt.

BIONIK

Bionik befasst sich mit der technischen Umsetzung und Anwendung der Prinzipien biologischer Systeme. Ein bekanntes Beispiel ist der Lotuseffekt, der durch eine spezielle Beschichtung Wasser von glatten Oberflächen abperlen lässt.

Ziel: Durch Abstraktion des Problems sollen Lösungsansätze aus der Natur gefunden werden.

Anwendungsgebiete der Bionik in Projekten sind Probleme und Aufgaben, für die kreative neuartige Lösungsideen, die aus der Natur stammen, entwickelt werden sollen.

Teilnehmerzahl: 6–10 Personen
Dauer: 60–120 Minuten
Materialien: Flipchart, Pinnwand, Moderationsmaterial

Ablauf: Zunächst wird das Problem definiert. Dann sucht man nach Analogien in der Natur, analysiert diese und entwickelt auf Basis der gewonnenen Erkenntnisse aus der Natur Lösungen für das Problem.

8.5 KONFRONTATIONSTECHNIKEN

Konfrontation bedeutet die Auseinandersetzung mit einer Sache, einem Betrachtungsgegenstand. Im Sinn einer kreativitätsfördernden Maßnahme geht es bei Konfrontationstechniken darum, zufällige Reize als Impulse bei den Teilnehmern zu setzen, die dazu führen, festgefahrenes Denken aufzubrechen und dadurch neuartige Lösungen für ein Problem zu finden.

REIZWORTANALYSE

Bei der Reizwortanalyse werden willkürlich gewählte Wörter als Impulse für neue Ideen gesetzt.

Ziel: Durch Konfrontation mit zufälligen Begriffen sollen außergewöhnliche Ideen gefunden werden.

Anwendungsgebiet der Reizwortanalyse in Projekten sind Aufgaben, für die außergewöhnliche Lösungsideen entwickelt werden sollen.

Teilnehmerzahl: 3–15 Personen
Dauer: 40–90 Minuten
Materialien: Buch, Flipchart, Pinnwand, Moderationsmaterial, Stifte

Ablauf: Zunächst wird das Problem präzisiert. Dann sucht man z. B. in einem Lexikon zufällig 5–12 Wörter aus und entwickelt Assoziationen für das Problem.

BILDKARTEIEN

Bei der Bildkarteitechnik werden durch Konfrontation mit Bildern, Fotos, Zeichnungen oder auch Videos neue Ideen für Problemlösungen angeregt. Ein Beispiel für diese Technik aus der Psychologie ist der Tintenflecktest: Mit der Frage »Was sehen Sie?« oder: »Was fällt Ihnen bei der Betrachtung des Flecks ein?« versucht man, diesen neuen Gedanken auf ein bestehendes Problem zu übertragen.

Ziel: Durch Konfrontation mit Bildern sollen neue Ideen entstehen.

Anwendungsgebiet der Bildkartei-Technik in Projekten sind Aufgaben, für die kreative, neue Lösungsideen entwickelt werden sollen.

Teilnehmerzahl: Beliebig
Dauer: 30–90 Minuten
Materialien: Bilder/Fotos, Flipchart, Pinnwand, Moderationsmaterial, Stifte

Ablauf: Zunächst wird das Problem definiert, dann werden den Teilnehmern Bilder gezeigt und daraus in Kleingruppen Assoziationen für das Problem entwickelt. Diese werden dann in der Gruppe präsentiert, interaktiv ergänzt und hinterher bewertet und weiterentwickelt.

TRIZ

TRIZ (oder im Englischen: TIPS) ist ein russisches Akronym und bedeutet »Theorie des erfinderischen Problemlösens«. TRIZ wurde in den 1950er Jahren von G. Altschuller und R. Shapiro anhand der Analyse von 40.000 Patentschriften entwickelt, wodurch allgemeingültige innovative Prinzipien entdeckt wurden. Tatsächlich liegen den Erfindungen allgemeine Lösungsprinzipien zugrunde, denen das Überwinden von Widersprüchen gemeinsam ist.

Ziel: TRIZ ermöglicht das Überwinden von Denkblockaden und eine gezielte Lösungssuche bei technischen Widersprüchen auf hohem Niveau. Die Methode enthält eine Reihe methodischer Werkzeuge und bereits existierender Verfahren, um ein spezifisches technisches Problem zu lösen.

Anwendungsgebiet der Methode TRIZ in Projekten sind auf Zielkonflikten basierende Probleme, für die kreative, oftmals sehr unkonventionelle neuartige Lösungsideen entwickelt werden sollen.

Teilnehmerzahl: 4–8 Personen
Dauer: 180–420 Minuten
Materialien: TRIX Matrizen, Whiteboard

Ablauf: Zunächst wird ein spezifisches technisches Problem konkret formuliert, um es dann auf seine abstrakten Bestandteile herunterzubrechen und eine Lösung im abstrakten Raum zu finden. Danach wird die abstrakte Lösung in mögliche konkrete Lösungen übersetzt und daraus eine beste Lösung ausgewählt. Die Methode ist sehr aufwendig und beinhaltet klar strukturierte Schritte, die einer intensiven Unterweisung bedürfen.

ROLLENSPIEL

In Rollenspielen werden konkrete Situationen und verschiedene Interessenten / Stakeholder dargestellt. Dabei begeben sich die Teilnehmer in unterschiedliche Perspektiven, z. B. in die des Projektauftraggebers oder Projektsponsors. Aufgrund der Tatsache, dass eine Situation oder ein Problem aus verschiedenen Blickwinkeln betrachtet wird, treten neue Lösungen zutage, die zuvor nicht offensichtlich waren.

Ziel: Durch das Erleben einer Situation (z. B. einer Sitzung des Projektlenkungskreises) oder eines Produkts aus verschiedenen Perspektiven (z. B. der Bedienung des zu entwickelnden Produkts mit verbundenen Augen) wird ein Problem anders wahrgenommen und es können dadurch neue Lösungen generiert werden.

Das Anwendungsgebiet von Rollenspielen in Projekten besteht darin, die unterschiedlichen Sichtweisen und Verhaltensweisen von Stakeholdern besser verstehen zu können, um dadurch neue Lösungen zu entwickeln.

Teilnehmerzahl: 5–12
Dauer: 40–60 Minuten
Materialien: Improvisierte Requisite

Ablauf: Zunächst werden die Situation und die wesentlichen Rollen festgelegt, dann die Darsteller für die einzelnen Rollen. Jeder Darsteller bekommt 5 Minuten, um sich in die Rolle hineinzufinden, dann wird die Szene improvisiert gespielt. Eventuell kann die Szene auch mehrfach wiederholt gespielt werden, jeweils mit anderen Haltungen/Reaktionen. Die neuen Sichtweisen auf das Problem oder die entstandene Situation sind im Nachgang durch einen Moderator herauszuarbeiten. Durch das tiefere Verständnis der einzelnen Bedürfnisse der einzelnen Stakeholder können neue Lösungen erarbeitet werden.

8.6 KONFIGURATIONSTECHNIKEN

Konfigurationstechniken haben das Faktum gemeinsam, dass sie Lösungskomponenten neu oder anders als gewohnt konfigurieren. Es werden Elemente, die es bereits gibt, oder auch neue Elemente in neuer Konstellation zusammengefügt oder neu kombiniert. Auch können in bestehenden Produkten oder Systemen vorhandene Elemente ausgetauscht oder weggelassen werden. Allen Konfigurationstechniken ist die neue Gestaltung des Zusammenwirkens der Elemente einer Lösung gemeinsam.

MORPHOLOGISCHER KASTEN

Ziel: Der Morphologische Kasten (auch: Morphologische Matrix) ist eine kreative heuristische Methode, um komplexe Probleme vollständig zu erfassen, originelle Lösungen zu finden und möglichst alle denkbaren Lösungsvarianten zu betrachten.

Anwendungsgebiet des Morphologischen Kastens in Projekten sind Probleme, die in ihre Bestandteile zerlegt werden können.

Teilnehmerzahl: 2–7 Personen
Dauer: 30–120 Minuten
Materialien: Whiteboard und Stifte

Ablauf: Zunächst wird die Fragestellung verallgemeinert. Dadurch erweitert sich das Problemfeld. Die das Problem bestimmenden Merkmale bzw. Einzelfunktionen werden festgelegt und in einer Tabelle untereinander aufgelistet. Danach werden alle möglichen Ausprägungen jedes einzelnen Merkmals gesammelt und rechts daneben vermerkt. Die Sammlung der möglichen Ausprägungen erfolgt dabei, ohne an die übrigen Merkmale zu denken, um ohne Einschränkungen zu brainstormen. So entsteht eine Matrix. Danach wird aus jeder Zeile eine Ausprägung des Merkmals ausgewählt und mit jeweils einer Ausprägung der anderen Zeilen kombiniert. So entsteht jeweils eine neue Ausprägungskombination als Problemlösung. Die so ermittelte Menge an theoretischen Lösungen wird auf ihre jeweilige Durchführbarkeit hin geprüft. Es ist sinnvoll, nur fünf bis zehn Merkmale und Ausprägungen zu wählen, da zu viele Lösungsmöglichkeiten nicht mehr handhabbar sind.

FUNKTIONSANALYSE

Ziel: Ziel der Funktionsanalyse ist, durch Zerlegung der angestrebten Gesamtfunktion eines bestehenden Problems neue oder verbesserte Realisierungen zu erarbeiten. Dazu werden die Objekte in ihre Komponenten, Elemente, Einzelwirkungen etc. aufgegliedert und diese bezüglich ihres Beitrags zur Systemfunktion analysiert. Der Vorteil der Funktionsanalyse besteht darin, dass der Problembereich übersichtlich strukturiert wird. Diese übersichtliche Strukturierung eines Systems und seiner Funktion ermöglicht eine fundierte Definition, z. B. der Fehlerursache und somit der Verbesserungsansätze.

Anwendungsgebiete der Funktionsanalyse in Projekten sind Probleme, die in ihre Bestandteile zerlegt werden können.

Teilnehmerzahl: 2–7 Personen
Dauer: 30–120 Minuten
Materialien: Whiteboard, Stifte

Ablauf: Im ersten Schritt, der Systemstrukturierung, wird das zu betrachtende technische Objekt in seine Grundfunktionen zerlegt. Dann werden für jede Grundfunktion alle denkbaren Funktionserfüllungen ermittelt. Die zugrunde liegende Frage für diesen Schritt lautet: »Wie kann diese Grundfunktion in verschiedener Art und Weise erfüllt werden?« Die ermittelten Grundfunktionen und Funktionserfüllungen werden in eine Matrix übertragen, wobei die Grundfunktionen horizontal und die Funktionserfüllung vertikal in der Matrix angeordnet werden. Bezogen auf das Problem, werden alle Funktionserfüllungen gekennzeichnet, die dafür interessant erscheinen. Im nächsten Schritt ist zu prüfen, ob und wie sich die Erfolg versprechenden Funktionserfüllungen zu einer Gesamtlösung des Problems kombinieren lassen.

8.7 ANALYTISCH-DISKURSIVE TECHNIKEN

Bei analytischen Techniken, auch diskursive Techniken genannt, handelt es sich um die systematische Herleitung von Lösungsideen. Die Basis dieser Techniken bildet lineares, rational-logisches Denken. Durch Impulse von außen bzw. durch eine vorgegebene Struktur sollen neue Ideen für Problemlösungen entwickelt werden.

OSBORN CHECKLISTE

Ziel: Die Osborn Checkliste dient als Anleitung für eine systematische Generierung von Lösungsideen der Verbesserung, aber weniger zum Finden komplett neuer Lösungen. Der Fokus liegt auf Produkt- und Prozessinnovationen. Durch die Checkliste werden die Teilnehmer dazu gezwungen, an alle wesentlichen Aspekte bei der Ideenfindung zu denken. Besonders bewährt hat sie sich zur Weiterentwicklung bestehender Lösungen und zur Nachbereitung der Ergebnisse eines Brainstormings oder Mind Mappings.

Anwendungsgebiet der Osborn-Checkliste in Projekten sind bestehende Lösungen, die modifiziert, verbessert oder weiterentwickelt werden sollen.

Teilnehmerzahl: 1–8 Personen
Dauer: 30–60 Minuten
Materialien: Flipchart oder Whiteboard

Ablauf: Die vorgegebenen Fragen der Osborn-Checkliste werden allein oder im Team abgearbeitet. Die Arbeit an einer Frage kann mit einer der Brainstorming-Techniken unterstützt werden.

- Andere Verwendung: Wie kann man die Lösung anders einsetzen? Wo kann sie noch eingesetzt werden?
- Anpassen: Was ähnelt der Idee? Was könnte daraus übernommen werden?
- Verändern: Welche Merkmale können geändert werden?
- Vergrößern: Was kann erhöht, verdickt, verbreitert, verlängert, schwerer gestaltet werden? Kann die Häufigkeit erhöht werden?
- Verkleinern: Was kann verkleinert, abgeschwächt, verkürzt, verschmälert, verfeinert, leichter gemacht werden?

| **Ersetzen:** Was ist überflüssig? Was kann ersetzt oder ausgetauscht werden? Welche anderen Elemente kann man benutzen? Kann man Funktionen ganz weglassen?

| **Umordnen:** Kann man Teile austauschen oder Ursache und Wirkung vertauschen? Kann man die Reihenfolge/Schritte/Stufen/Tempo ändern?

| **Umkehren:** Kann man das Gegenteil machen/auf den Kopf stellen? Kann die Reihenfolge/die Seiten/Anfang und Ende getauscht werden?

| **Kombinieren:** Wie kann man die Idee mit anderen verbinden? Kann man sie neu anordnen oder in kleinere Teile stückeln? Kann sie in andere Bereiche/in einen anderen Zusammenhang eingebunden werden?

| **Transformieren:** Kann man die Idee ausdehnen, komprimieren, in eine andere Ebene/in einen anderen Kontext/in einen anderen Aggregatzustand bringen?

PROGRESSIVE ABSTRAKTION

Bei der Progressiven Abstraktion werden durch das Entfernen vom Problemgrenzen und somit durch Veränderung der Perspektive auf das Problem neuartige Lösungen gefunden. Durch eine schrittweise Erhöhung des Abstraktionsniveaus und die Trennung des Wesentlichen vom Unwesentlichen werden die Kernfragen eines Problems aufgedeckt. Die Progressive Abstraktion ist eine Methode zur Ideenfindung bei Analyseproblemen, indem man versucht, die Strukturen zu erkennen und die Zusammenhänge zu klären.

Der Einsatz der Progressiven Abstraktion kann beim Definieren der Anforderungen für ein neues Produkt sinnvoll sein, besonders zur Ideenfindung für komplexe, neue Produkte. Auch beim Change-Management kommt diese Kreativitätstechnik zur Analyse der Problembereiche zum Einsatz.

Ziel: Bei der Progressiven Abstraktion wird durch schrittweises Weglassen der Randbedingungen bzw. Beschränkungen eine neue Lösung für ein Problem gesucht.

 Beispiel: Die Aufgabe lautet: »Wie kann man die Logistik der Getränkeverteilung zum Konsumenten hin effizienter gestalten?« Durch eine sukzessive Umformulierung kommt man auf eine generellere aggregierte Ebene und so zu folgender Problemstellung: »Wie kann ich den Bedarf des Konsumenten an Ort und Stelle befriedigen, nämlich das Getränk möglichst zeitgleich produzieren und bereitstellen?« Für dieses neue Problem wird nun eine Lösung entwickelt.

Teilnehmerzahl: 2–8 Personen
Dauer: 60–120 Minuten
Materialien: Flipchart/Whiteboard, Stifte

Ablauf: Die nachfolgenden drei Schritte werden iterativ immer aufs Neue wiederholt, bis genügend zufriedenstellende Lösungen gefunden worden.

1) Der erste Schritt besteht darin, sich vom eigentlichen Problem zu entfernen, indem auf der nächsthöheren Ebene das ursächliche Problem gesucht wird. Dies erfolgt durch die Frage: »Worauf kommt es eigentlich an?«
2) Hierzu wird nun eine Lösung gesucht: »Wie könnte die Lösung hierzu aussehen?«
3) Wird auf diese Weise keine befriedigende Lösung gefunden, wird das Problem weiter auf die nächsthöhere Ebene abstrahiert (Wiederholung der Schritte 1) und 2)).

RELEVANZBAUMANALYSE

Die Relevanzbaumanalyse ist eine Technik zur Generierung von Problemlösungen. Dabei wird der Endzustand in die einzelnen Schritte, die zu dem Zustand führen, zerlegt. Die Relevanz-baumanalyse wird dazu angewendet, um Projektziele zu detaillieren und in Teilziele aufzuspalten, um die Relevanz, d.h. den Beitrag jedes Schrittes zur Zielerreichung, zu ermitteln und so zur Unterscheidung zwischen den wichtigen und unwichtigeren Prozessen beizutragen. Sie hilft bei der systematischen Problemspezifizierung und beim Erkennen von Chancen und Risiken in Projekten.

Ziel: Das Ziel der Relevanzbaumanalyse ist es, komplexe Sachverhalte übersichtlich zu beschreiben und in einzelne Elemente aufzugliedern. Damit ermöglicht die Technik die Identifizierung der unterschiedlichen Aspekte eines Projekts und das Aufzeigen der Entwicklungsmöglichkeiten des Projekts. Sie ist für Projekte mit großer Komplexität geeignet, da sie einen guten Gesamtüberblick verschafft. Das Verfahren kann zu einer großen Anzahl von Lösungsmöglichkeiten führen.

Teilnehmerzahl: Max. 4 Personen, die Experten in auf ihrem Gebiet sein sollen
Dauer: 45–120 Minuten
Materialien: Whiteboard/Flipchart und Stifte

Ablauf:

1) Zuerst wird das zu untersuchende Untersuchungsobjekt sorgfältig definiert und abgegrenzt.
2) Ausgehend von dem Baumstamm, der das komplette Problem darstellt, steht an erster Stelle das Aufsplitten aller vorhandenen Informationen. Diese werden geordnet und nach ihrer Relevanz gewichtet. Die Informationen werden in einer Baumstruktur dargestellt, die sich immer weiter verzweigt. Dabei stehen die »Äste«, die ganz oben zu finden sind, für die detailliertesten Probleme.
3) Der Relevanzbaum sollte nicht zu stark verzweigen. Mehr als vier Ebenen sind nicht sinnvoll. Wenn sehr komplexe Sachverhalte dargestellt werden sollen, sollten mehrere Relevanzbäume parallel zueinander erstellt werden.
4) Nun werden die Beurteilungskriterien festgelegt. Die Merkmale und deren Klassifikati-

on werden nach über- und untergeordneten Gesichtspunkten für das Problem gelistet. Die Merkmale werden nach ihrer Relevanz für das Ergebnis hierarchisch geordnet und grafisch in der Baumstruktur dargestellt.

5) Anschließend wird der Relevanzbaum ausgewertet und mögliche Entscheidungen analysiert. Aus den Ergebnissen können Strategien für zukünftige Entscheidungen abgeleitet werden.

Beispiel: Ein Projektteam hat drei Projektziele vorgegeben (siehe unterste Zeile in der Abbildung)

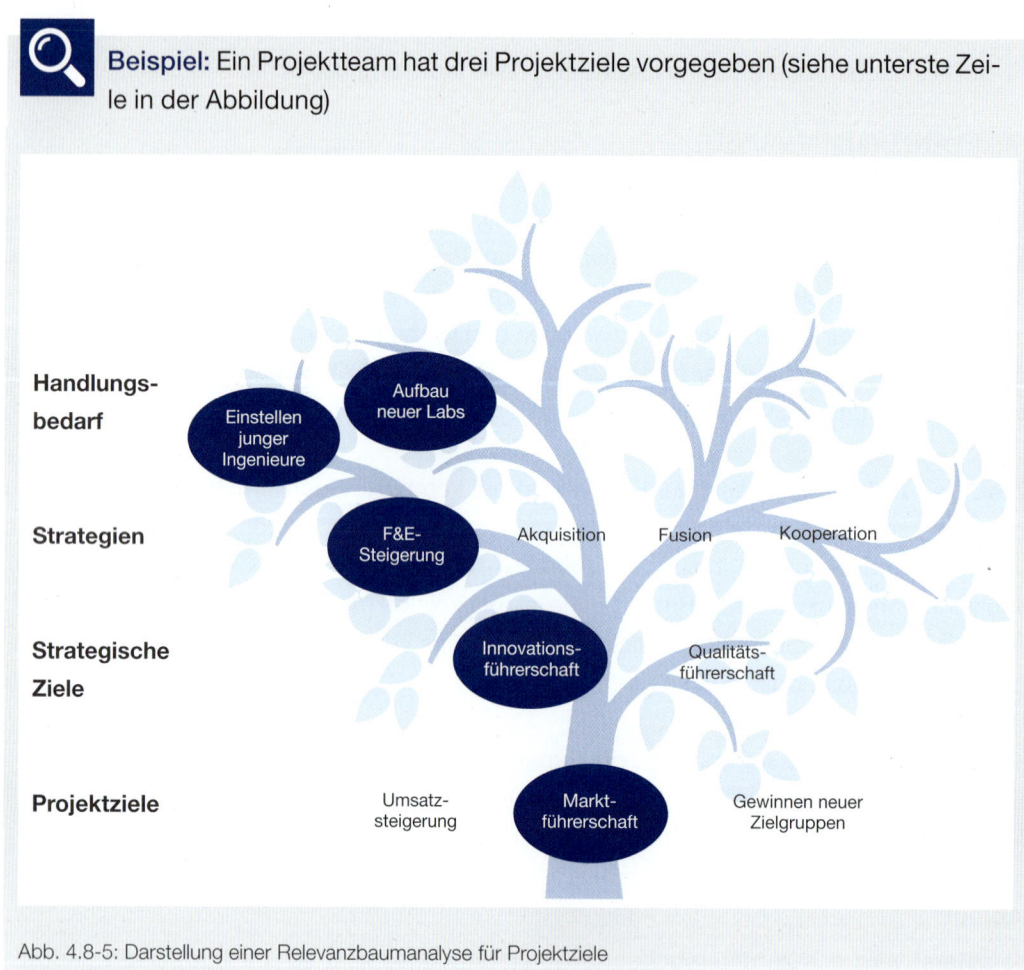

Abb. 4.8-5: Darstellung einer Relevanzbaumanalyse für Projektziele

KRAFTFELDANALYSE

Die Kraftfeldanalyse (Engl. force field analysis) ist eine Methode zur Analyse der treibenden und rückhaltenden Faktoren in einer Situation. Die Kraftfeldanalyse stellt den Vorstellungsrahmen für eine ursprünglich soziale Situation dar. Sie betrachtet die Kräfte, die entweder auf das Ziel hintreibend (als unterstützende Kräfte) oder blockierend (als hindernde Kräfte) wirken und die so einen Gleichgewichtszustand der Situation erzeugen. Die Kraftfeldanalyse geht auf den Gestaltpsychologen Kurt Lewin zurück und wird in den Sozialwissenschaften, der Psychologie, in der Organisationsentwicklung, im Prozess- und Change-Management angewendet.

Eine Kraftfeldanalyse dient in Problemlösungsprozessen zur Darstellung der Ist-Situation und damit zu deren Verständnis und beruht auf der Erkenntnis, dass eine Veränderung der Situation auf zwei Mechanismen beruhen kann:

| Man kann die unterstützenden Kräfte verstärken und/oder
| Man kann die rückhaltenden Kräfte abschwächen

Ziel: Die Kraftfeldanalyse kann als schnelle Technik zur Analyse von Situationen in Projekten angewendet werden. Sie verfolgt das Ziel, die aktuelle Projektsituation für die Stakeholder transparent zu machen und Einflussmöglichkeiten aufzuzeigen.

Anwendungsgebiet der Kraftfeldanalyse in Projekten sind soziale Prozesse, die aus dem Gleichgewicht geraten sind und für die neue Lösungsansätze entwickelt werden sollen.

MAPPING TECHNIK
Ziel: Das englische Wort »Map« bedeutet im Deutschen »Landkarte«. Das Ziel von Mapping Techniken ist es, sprichwörtlich Gedanken-Landkarten anzufertigen, um Denkstrukturen sichtbar zu machen. Mind Maps dienen dazu, eine offene, jederzeit erweiterbare Gliederungsstruktur anzufertigen, und können auch als Moderationsmethode eingesetzt werden.

Anwendungsgebiete der Mapping-Technik in Projekten sind Probleme/Aufgaben, die zunächst ganzheitlich in ihrer Komplexität veranschaulicht werden sollen.

Teilnehmerzahl: 1–8 Personen
Dauer: 20–30 Minuten
Materialien: Flipchartpapier/Whiteboard/farbige Flipchartstifte

Ablauf: In der Mitte des Blattes wird das Thema definiert. Von diesem Zentrum aus zweigen die Gedankenäste (Hauptpunkte) in alle Richtungen des Blattes ab, von denen wiederum größere und kleinere Zweige und weitere Verästelungen (Unterpunkte/Details) abgehen können. Visualisierungen/Symbole können als Unterstützung dienen.

8.8   WEITERE KREATIVITÄTSTECHNIKEN

SENSORISCHE STIMULATION
Ziel: Das Ziel der sensorischen Stimulation ist darauf ausgerichtet, bewusst einen oder mehrere Sinne, also das Sehen, Riechen, Hören, Fühlen oder Schmecken, auszuschalten oder auch zu stimulieren, um somit den Fokus auf die sinnliche Wahrnehmung zu richten, oder zu lernen, den Fokus auf bestimmte andere Sinne zu lenken, oder um sich besser in Menschen hineinversetzen zu können, die über diesen Sinn nicht oder nur in reduzierter Form verfügen.

Anwendungsgebiet der sensorischen Stimulation in Projekten sind Produktentwicklungen, die stark auf einem oder mehreren Sinnen basieren und für die neue Lösungsansätze entwickelt werden sollen.

Teilnehmerzahl: 3–8 Personen
Dauer: mind. 90 Minuten plus Vorbereitung
Materialien: Abhängig vom zu stimulierenden Sinn entweder Augenklappe, Klebeband, starke Brille, Kopfhörer, Handschuhe usw.

Ablauf: In Abhängigkeit davon, welcher Sinn stimuliert und welches Ziel mit dieser Kreativitätsübung erreicht werden sollen, ist zunächst das Material bereitzustellen, um diese/n Sinn/e auszuschalten oder bewusst zu schwächen. Ingenieure, die z. B. Produkte oder Dienstleistungen für die alternde Gesellschaft entwickeln sollen, können durch das Tragen eines voluminösen Overalls, dicker Handschuhe, das Tragen einer Brille mit starken Gläsern und Ohrstöpsel in den Ohren ein Gefühl dafür entwickeln, wie es ist, wenn alle Sinne gleichzeitig stark eingeschränkt sind und man z. B. im Supermarkt einkaufen und später an der Kasse mit Bargeld bezahlen muss. Diese Erfahrung dient dazu, Empathie für eine spezifische Zielgruppe zu entwickeln und dadurch neue Ideen für Problemlösungen zu generieren.

KOPFSTANDMETHODE
Ziel: Mit der Kopfstandtechnik oder Kopfstandmethode werden neue, unkonventionelle Ideen zu Aufgabenstellungen generiert. Menschen wissen eher, was nicht und warum etwas nicht funktioniert, und sehen Stolpersteine und Probleme klarer als Lösungen.

Teilnehmerzahl: 4–12 Personen
Dauer: Ca. 45 Minuten
Materialien: Pinnwand / Moderationskarten, Stifte

Ablauf: Im ersten Schritt wird die Herausforderung der Problemlösung auf den Kopf gestellt, indem man das Problem in sein Gegenteil umformuliert. Z. B. wird die Aufgabenstellung: »Was müssen wir beachten, um einen erfolgreichen Produktionsstart zu erreichen?« umformuliert in: »Was müssen wir tun, damit wir beim Produktionsstart scheitern?« Die umformulierte Aufgabe wird für alle sichtbar aufgeschrieben. Nun werden alle Ideen dahin gehend auf Karten gesammelt, wie es nicht geht. Pro Idee soll eine Karte geschrieben werden. Die Ideen werden im Team gemeinsam geclustert, z. B. nach Kategorien, und an die Pinnwand geheftet. Ziel ist, die Ergebnisse vor Augen zu haben. Nun werden die Ideen wieder umgedreht und so als direkte Inspirationsquelle für »richtige« Lösungsideen genutzt.

LATERALES DENKEN

Ziel: Grundlage der Methode ist das »seitwärts« Denken, das Abweichen von traditionellen Denkmustern. Edward de Bono gilt als Vater des lateralen Denkens. Es bedeutet, »um die Ecke«, unlogisch oder unkonventionell zu denken, im Gegensatz zum vertikalen, logischen Denken. Laterales Denken kann trainiert werden und beruht auf den folgenden vier Prinzipien:

1) Erkennen der beherrschenden Vorstellungen und Denkwege.
2) Suche nach anderen neuen Wegen, Dinge zu betrachten.
3) Lockerung der Kontrolle, die das rational-logische (vertikale) Denken ausübt.
4) Bewusste Verwendung des Zufalls.

SZENARIOTECHNIK

Ziel: Das Ziel ist, mögliche Entwicklungen der Zukunft darzustellen. Dafür werden alternative zukünftige Situationen beschrieben, und zwar unter Verwendung der einzelnen Einflussfaktoren, die zu den Situationen führen. Neben der Darstellung der Auswirkungen auf eine hypothetische Situation, die Zukunft betreffend, werden auch die Varianten und Alternativen konkretisiert. Durch die Szenarioanalyse gewinnen die Teilnehmer einen Einblick in die Möglichkeiten, über die Akteure verfügen, um die Prozesse der Gestaltung der Zukunft zu steuern.

Anwendungsgebiet der Szenariotechnik in Projekten ist in der Initiierungs- und Zieldefinitionsphase, in der mögliche Entwicklungen für die weit entfernte Zukunft (Zeitraum > 10 Jahre) dargestellt werden sollen.

Teilnehmerzahl: 6–18 Personen
Dauer: 1–2 Tage - Materialien
Whiteboards, 4 Flipchartaufsteller und Flipchartpapier, Stifte

Ablauf: Eine Szenarioanalyse besteht aus den fünf Phasen Aufgaben- und Problemanalyse, Einflussanalyse, Trendprojektion und Ermittlung von Szenarios und abschließende Bewertung und Interpretation der Ergebnisse. In der Phase Aufgaben- und Problemanalyse geht es darum, den Untersuchungsgegenstand festzulegen. In der Phase Einflussanalyse wird untersucht, wie sich die einzelnen Faktoren wechselseitig beeinflussen. Dies kann mittels einer Matrix ermittelt werden, in der die Deskriptoren einander gegenübergestellt werden. In der Phase Trendprojektion und Ermittlung von Szenarios gilt es, die unterschiedlichen Entwicklungsmöglichkeiten für die einzelnen ausgewählten Faktoren zu ermitteln. Das Ergebnis dieser Phase sind mögliche Ausprägungen der einzelnen Deskriptoren sowie die Kombination zu verschiedenen Szenarios. Im nächsten Schritt werden die einzelnen Szenarios beschrieben, um sie verständlich und kommunizierbar zu machen. Den Szenarios werden die Wahrscheinlichkeiten und Chancen und Risiken gegenübergestellt und Maßnahmen für die einzelnen Szenarios definiert. Mithilfe von Szenarios kann ein Projektteam seine Strategie überprüfen und gegebenenfalls überarbeiten. Das Ergebnis sind eine Bewertung und Interpretation, abgeleitete Handlungsoptionen und Maßnahmen für das/die ausgewählten Szenarios.

DESIGN THINKING
Ziel: Design Thinking ist ein Vorgehen zur Entwicklung stark kundenorientierter Problemlösungen.

Anwendungsgebiet der Design Thinking Methode in Projekten sind Aufgabenstellungen, in denen es darum geht, neue Lösungen zu finden, die auf teilweise unbekannten Bedürfnissen der Nutzer beruhen und diese so weit wie möglich erfüllen sollen.

Teilnehmerzahl: 4–18
Dauer: 3 Stunden bis 1 Woche
Materialien zum Bauen von Prototypen (z. B. Bausteine, Legosteine, Knete, Karton, Stoff, Schere, Klebstoff, usw.)

Ablauf: Design Thinking besteht aus den fünf Phasen:

1) Empathise: Verständnis für das Problem sowie den Nutzer und dessen Anforderungen erzielen

2) Define: Beobachten und analysieren, Standpunkt definieren, verstehen des Problems und formulieren einer präzisen Fragestellung

3) Ideate: Generierung vieler Ideen in Brainstorming-Sessions

4) Prototyping: Entwicklung von Prototypen aus den vielversprechendsten Ansätzen

5) Testing: Testen und Weiterentwicklung von Prototypen/Lösungen.

In der Phase »Verstehen« geht es darum, das zu lösende Problem zu identifizieren und zu verstehen. Während der Phase »Define« werden die Bedürfnisse der wesentlichen Stakeholder beobachtet, gesammelt und analysiert. Daraus wird ein Standpunkt definiert, der eine Interpretation als Gesamtsicht auf die Bedürfnisse darstellt und die Bedürfnisse untereinander aus nutzerzentrierter Perspektive gewichtet. In der Phase »Ideen finden« werden mithilfe von Kreativitätstechniken viele Ideen generiert, die in der Phase »Prototyp entwickeln« in unterschiedliche Prototypen umgesetzt und in der Phase »Testen« auf ihre Eignung zur Bedürfniserfüllung hin überprüft werden.

Die Stärke von Design Thinking besteht in der bewussten Abkehr von der erstbesten Lösung. Es geht vielmehr darum, zuerst die Bedürfnisse der Kunden zu verstehen, diese danach zu analysieren und erst dann Ideen zur Problemlösung für den Kunden zu entwickeln, diese dann mittels verschiedener Prototypen darzustellen und vom Kunden bewerten zu lassen und erst dann die beste Lösung auszuwählen. Damit eignet sich Design Thinking insbesondere für solche Projekte, in denen neue, innovative Ideen gesucht werden. Die Methode lässt es jederzeit zu, eine oder auch alle Phasen zu wiederholen und nochmals von vorne zu beginnen. Dadurch ist der zeitliche Verlauf von Design Thinking schwer vorhersehbar. Daher muss darauf geachtet werden, dass die Ergebnisse konvergieren und zu einem Projektabschluss zusammengeführt werden.

FRÜHZEITIGES VISUALISIEREN VON LÖSUNGSANSÄTZEN (PROTOTYPING)

Ziel: Erstellen von Modellen zur realitätsnahen Darstellung von Lösungen. Erste Erprobung der Modelle, um zu testen, ob diese die Bedürfnisse der Kunden erfüllen.

Anwendungsgebiete von Prototyping in Projekten sind alle Arten von Lösungsansätzen, die getestet und hinsichtlich ihrer Zielerfüllung beurteilt werden sollen.

Teilnehmerzahl: 2–6
Dauer: 3 Stunden bis 2 Tage
unterschiedliche Materialien zum Bauen von Prototypen (Legosteine, Bauklötze, Pappkarton, Knete, Klebstoff, Sperrholzplatten usw.) bzw. Software

Ablauf: Mithilfe der zur Verfügung stehenden Hardware bzw. Software soll in kurzer Zeit ein dreidimensionales realitätsnahes Modell gefertigt werden, dass einen Eindruck von der Lösungsidee vermittelt.

8.9 ZUSAMMENFASSENDE DARSTELLUNG DER KREATIVITÄTSTECHNIKEN

In der nachfolgenden Tabelle werden die in dem Kapitel »Vielseitigkeit« präsentierten Techniken den vier Phasen des Kreativitätsprozesses zugeordnet:

Tab. 4.8-3: Zuordnung der Vielseitigkeitstechniken zu den vier Kreativitätsphasen

Kreativitätsphase	Zu verwendende Vielseitigkeitstechnik
Präparation	Organisatorische Maßnahmen, offene Kommunikation, ganzheitliche Sichtweise, Identifikation unterschiedlicher Sichtweisen, konzeptionelles, strategisches, systemisches, ganzheitliche Denken, Problemlösungsprozess
Inkubation	Moderationstechniken, intuitive Techniken, strukturierte Techniken, Analogie-, Analytische, Konfrontations-, Assoziationstechniken
Illumination	Moderationstechniken, Kreativitätsmethoden
Verifikation	Konvergentes Denken, konzeptionelles Denken, Prototyping, Bewertungs- und Entscheidungstechniken

9 METHODEN UND TECHNIKEN DER BEWERTUNG, AUSWAHL UND ENTSCHEIDUNG

Die nachfolgenden Techniken haben sich insbesondere bei der Bewertung von Ergebnissen in Szenarien, Lösungsvarianten und Alternativen in Projekten bewährt. Dabei muss der Projektmanager nicht nur das Ergebnis jeder Projektentscheidung, sondern auch den Weg und die zur Auswahl stehenden Alternativen nachvollziehbar und sicher dokumentieren. Sehr bedeutsame Projektentscheidungen (z.B. Standort- oder Designentscheidungen) werden in der Regel vom Projektteam vorbereitet und auch eine Empfehlung aus Projektsicht abgegeben, die finale Entscheidung trifft jedoch der Auftraggeber bzw. Kunde. Zudem ist es ratsam, dass in Projektstatuspräsentationen dem Lenkungskreis oder Auftraggeber die wesentlichen Projektentscheidungen inkl. der Alternativen kurz vorgestellt werden.

NUTZWERTANALYSE
Die Nutzwertanalyse ist eine klassische Bewertungs- und Entscheidungstechnik für alle Phasen und Arten von Projekten (→ Kapitel »Strategie«, »Anforderungen und Ziele« und »Ergebnisorientierung«).

Ziel: Die Nutzwertanalyse unterstützt bei der Bewertung und Auswahl von Optionen, indem mit ihrer Hilfe verschiedene Möglichkeiten bewertet werden. Somit dient diese Technik als Entscheidungshilfe. Die Nutzwertanalyse wird dann eingesetzt, wenn die Bewertung von Alternativen nicht nur anhand von quantitativen harten Fakten erfolgt, sondern auch subjektive Faktoren, wie etwa Gebrauchseignung, Schönheit und Ähnliches, in die Bewertung quantitativ mit einbezogen werden sollen.

Anwendungsgebiet der Nutzwertanalyse in Projekten sind alle Situationen, in denen mehrere Möglichkeiten miteinander verglichen, nicht-monetär bewertet werden und eine nachvollziehbare Entscheidung zu treffen ist.

Teilnehmerzahl: Interdisziplinäres Team aus 5–8 Personen
Dauer: 60–180 Minuten
Materialien: Whiteboard oder Excel-Tabelle

Ablauf: Die folgende Vorgehensweise hat sich bei der Nutzwertanalyse bewährt:

1) Festlegung der zu vergleichenden Alternativen bzw. Entscheidungsvarianten in einer Liste (max. 5)
2) Definition der Bewertungskriterien bzw. der Anforderungen an das zu erreichende Ziel (max. 8–10)
3) Gewichtung der Bewertungskriterien (entweder durch einen Faktor oder eine Prozentzahl, wobei die Summe aller Kriterien 100 % ergeben muss)
4) Festlegung des Bewertungsmaßstabs. Der Maßstab sollte möglichst groß sein (z.B. 1

bis 10 Punkte, 1 Punkt = sehr mangelhaft, 10 Punkte = sehr gut). Die 10 Ausprägungen der Kriterien-Erfüllung werden mithilfe von Worten definiert

5) Bewertung der Alternativen, indem für jedes Bewertungskriterium und jede Alternative Punkte vergeben und diese mit dem Gewichtungsfaktor multipliziert werden

6) Summierung der Einzelgewichtungen zur Summe pro Alternative und Auswahl der Alternative mit der höchsten Punktzahl

Die Nutzwertanalyse birgt die Gefahr in sich, dass sich insbesondere bei Anwendung durch eine Einzelperson genau jene Alternative als beste herausstellt, die man schon vor der »rationalen« Bewertung emotional favorisiert hat, weil unbewusst die Bewertungskriterien und vor allem die Gewichtung mit dieser Tendenz gewählt wurden. Daher sollte sie immer in einer heterogenen Gruppe durchgeführt werden.

KOSTEN-NUTZEN-ANALYSE
Die Kosten-Nutzen-Analyse ist eine Form der Investitionsrechnung. Im Gegensatz zu den klassischen Verfahren der Wirtschaftlichkeitsrechnung, die geplante Ein- und Auszahlungen über einen Zeitraum hinweg miteinander vergleichen, um die Vorteilhaftigkeit eines Projekts oder einer Investition zu bewerten, werden bei der Kosten-Nutzen-Analyse die monetären Auswirkungen eines geplanten Projekts bewertet. Die Kosten-Nutzen-Analyse kann ergänzend zur Wirtschaftlichkeitsrechnung angewendet werden, um ein Projekt umfassend beurteilen zu können. (→ Kapitel »Strategie«, »Anforderungen und Ziele« und »Ergebnisorientierung«).

Ziel: Ziel der Kosten-Nutzen-Analyse ist es, sowohl die Kosten für ein Projekt als auch den resultierenden Nutzen in Geldeinheiten zu bewerten. Ein Projekt ist dann vorteilhaft, wenn das Ergebnis positiv ist. Bei mehreren Varianten ist diejenige auszuwählen, die das beste Ergebnis erwirtschaftet oder die beste Rentabilität der eingesetzten Mittel gewährleistet.

Anwendungsgebiet der Kosten-Nutzen-Analyse in Projekten sind Situationen, in denen mehrere Alternativen bzgl. ihrer Vorteilhaftigkeit auf der Grundlage der Kosten und der bewerteten Nutzen miteinander verglichen und bewertet werden und eine wirtschaftlich vorteilhafte Entscheidung zu treffen ist.

Teilnehmerzahl: 4–8 Personen
Dauer: 80–120 Minuten
Materialien: Flipchart

Ablauf:
1) Festlegung des zu untersuchenden Projekts/Vorhabens durch Beschreibung der Aufgabenstellung

2) Definition der Kriterien, mit deren Hilfe die Kosten und der Nutzen des Vorhabens bewertet werden sollen
3) Prognose der monetären Auswirkungen des Projekts in Form von Kostenanteilen und Nutzenbeiträgen
4) Direkter Vergleich des Nutzens und der Kosten
5) Beschreibung der nicht-monetär bewertbaren Auswirkungen
6) Beurteilung und Vergleich der Alternativen unter Berücksichtigung der monetären Ergebnisse und ergänzend der nicht-monetär bewertbaren Auswirkungen

Ein Nachteil der Kosten-Nutzen-Analyse besteht darin, dass man auf Schätzwerte insbesondere bei der Nutzenbeurteilung angewiesen ist. Die eingesparte Arbeitszeit kann z. B. in geschätzten Minuten, multipliziert mit dem Stundensatz, berechnet werden, die erwartete geringere Fehlerquote mit den Kosten für Nacharbeit und Ausschuss. Bei Schätzungen sollten das Know-how der betroffenen Mitarbeiter genutzt und die Werte gemeinsam erarbeitet werden. Die Integration der Betroffenen hat darüber hinaus den Vorteil, dass diese später eher dazu bereit sind, die Projektentscheidung mitzutragen.

PAARWEISER VERGLEICH (ZWEIDIMENSIONALE BEWERTUNGSMATRIX)

Ziel: Der paarweise Vergleich ist eine Priorisierungstechnik, mit der mehrere Varianten in eine Rangfolge gebracht und die prozentuale Wertigkeit bestimmt werden können. Bewertet wird, indem jede einzelne Variante gegen jeweils die andere abgewogen wird. Damit eignet sich der paarweise Vergleich zur Vorauswahl vorliegender Ideen oder zur Gewichtung von Kriterien. Der paarweise Vergleich ermöglicht den subjektiven, schnellen, systematischen Vergleich verschiedener Varianten oder Einflussfaktoren.

Anwendungsgebiete des paarweisen Vergleichs in Projekten sind alle Entscheidungen, in denen mehrere Alternativen in eine priorisierte Rangfolge zu bringen sind.

Teilnehmerzahl: 1–20
Dauer: 60 Minuten
Materialien: Tabellenkalkulationsprogramm oder Flipchart/Whiteboard

Ablauf:
Um eine Reihenfolge herzustellen, werden zunächst die zu vergleichenden Alternativen/Varianten festgelegt und sowohl untereinander als auch nebeneinander in eine Tabelle eingetragen, sodass eine Matrix resultiert. Die Anzahl der Varianten sollte auf etwa 15 limitiert werden, da der Prozess sonst zu langwierig und unübersichtlich wird. Im nächsten Schritt werden die Alternativen paarweise miteinander verglichen und festgelegt, welche Variante wichtiger ist als die andere bzw. als gleich einzustufen ist. Bilder, Skizzen oder Steckbriefe der Varianten dienen zum besseren Verständnis. Dabei sollten folgende Bewertungskriterien gelten:

- 2 = Variante (waagrecht) ist wichtiger als Variante (senkrecht)
- 0 = Variante (waagrecht) ist weniger wichtig als Variante (senkrecht)
- 1 = Variante (waagrecht) ist genauso wichtig wie Variante (senkrecht)

Die Priorisierung kann entweder gemeinsam im Projektteam oder auch von den Teammitgliedern einzeln durchgeführt und die Ergebnisse danach aufaddiert und ausgewertet werden. Auf Basis der Summe lässt sich eine Rangfolge der verschiedenen Varianten ermitteln. Die Summe kann auch in einen Prozentwert umgerechnet werden. Der Prozentsatz drückt jedoch nur die relative Bedeutung der Alternativen untereinander und nicht die absolute Bedeutung aus.

? WIEDERHOLUNGSFRAGEN

- Wie ist Vielseitigkeit im Projektmanagement definiert?
- Warum sollte ein Projektmanager möglichst vielseitig sein?
- Welche Fähigkeiten beinhaltet Vielseitigkeit?
- Wie kann ein Projektmanager Vielseitigkeit erwerben bzw. weiterentwickeln?
- Wie wirkt sich Vielseitigkeit auf den Projekterfolg aus?
- Was ist der Unterschied zwischen Analyse und Synthese?
- Wie werden Technik, Werkzeug, Methode und Hilfsmittel definiert? In welche systematische Reihenfolge können sie gebracht werden? Wie können sie anhand eines praktischen Projektmanagement-Beispiels beschrieben werden?
- Wie kann man als Projektmanager ein offenes, kreatives Projektumfeld schaffen?
- Welche Moderationstechniken eignen sich für Großgruppenmoderationen?
- Welche Moderationstechnik kann eingesetzt werden, um eine große Anzahl an Ideen in kurzer Zeit zu generieren?
- Welche Moderationstechnik kann verwendet werden, um eine Vielzahl von Ideen zu ordnen, welche, um diese zu priorisieren?
- Mit welchen Techniken kann man eine ganzheitliche Sichtweise auf das Projekt fördern? Wozu dient diese ganzheitliche Sichtweise?
- Mit welchen Techniken kann man unterschiedliche Perspektiven und Kontexte identifizieren und erkennen?
- Was zeichnet konzeptionelles Denken aus?
- Was ist der Unterschied zwischen strategischem und systemischem Denken?
- Was sind Personas? Wozu dienen sie in Projekten?
- Was sind die wesentlichen Schritte des systematischen Problemlösungsprozesses in Projekten?
- Wie lauten die sieben Fragen in der 7 W-Technik? Wozu dient die 7 W-Technik?
- Wie könnte ein Ishikawa-Diagramm mit den 8Ms für die Analyse des Problems »Budgetüberschreitung im Projekt« aussehen?
- Mit welcher Methode können kann die Wahrscheinlichkeit eines Ausfalls eines Gesamtsystems bestimmt werden?
- Mit welcher Methode kann man Prioritäten im Projekt festgelegt, ein Überblick über die Situation gewinnen und das Wichtige vom Unwichtigen unterscheiden?

4.8 – Vielseitigkeit

- Was sind die Phasen des Demingschen Problemlösungs-Zyklus?
- Mit welcher Methode kann man Informationen über Verhaltensweisen in bestimmten Situationen von Ihrem Projektteam oder einzelnen Teammitgliedern erhalten?
- Was sind die vier Phasen des Kreativitätsprozesses? Was ist die Aufgabe eines Teamleiters/Projektmanagers in den vier einzelnen Prozessphasen?
- Wie lauten drei Bewertungs- und Entscheidungstechniken in Projekten?
- Was versteht man unter konvergentem und divergentem Denken? In welcher Phase kommt welche der beiden Denkhaltungen zum Einsatz?
- Was versteht man unter intuitiven Techniken bzw. der freien Assoziation?
- Wie können die beiden Kreativitätstechniken Three Thinking Chairs und Sechs Hüte beschrieben werden? Zu welcher Kategorie der Kreativitätstechniken gehören diese beiden Techniken?
- Was haben die Konfigurationstechniken gemeinsam?
- Wie lauten mind. fünf Fragen der Osborn-Checkliste zum Generieren von Lösungsideen?
- Wie kann die Kopfstandmethode beschrieben werden?
- Warum sollten in Projekten möglichst frühzeitig neue Lösungsansätze in Form von Prototypen visualisiert werden?
- Wie können die fünf Design Thinking Phasen beschrieben werden?

LITERATURVERZEICHNIS

Verwendete Literatur

DIN CEN/TS 16555-1:2013-09, Innovationsmanagement – Teil 1: Innovationsmanagement-systeme; Deutsche Fassung (CEN/TS 16555-1:2013).

DIN CEN/TS 16555-6:2015-03, Innovationsmanagement – Teil 6: Kreativitätsmanagement; Deutsche Fassung (CEN/TS 16555-6:2014).

Freitag, E. (2018): Lexikon der Kreativität: Grundlagen – Methoden – Begriffe, Expert Verlag.

GPM Deutsche Gesellschaft für Projektmanagement e. V. (Hrsg.) (2009): ICB – IPMA Competence Baseline – in der Fassung als Deutsche NCB – National Competence Baseline Version 3.0 der PM-ZERT Zertifizierungsstelle der GPM e. V.

GPM Deutsche Gesellschaft für Projektmanagement e. V. (Hrsg.) (2017): Individual Competence Baseline für Projektmanagement – Version 4.0. Nürnberg: GPM Deutsche Gesellschaft für Projektmanagement e. V.

Gessler, M. (Hrsg.) (2012): Kompetenzbasiertes Projektmanagement (PM3), 5. Auflage, GPM Deutsche Gesellschaft für Projektmanagement e. V. Nürnberg.

Higgens, J./Wiese, G. G. (2013): Innovationsmanagement: Kreativitätstechniken für den unternehmerischen Erfolg.

IPMA International Project Management Association (2006): ICB – IPMA Competence Baseline, Version 3.0.

Oswald, A.; Müller, W. (2017): Management 4.0: Handbook for Agile Practices. Books on Demand.

Patzak, G. (1982): Systemtechnik – Planung komplexer innovativer Systeme. Grundlagen, Methoden, Techniken; Springer Berlin, New York.

Timinger, H. (2017): Modernes Projektmanagement, Beck-Verlag.

VDI-Richtlinie 3780: Technikbewertung – Begriffe und Grundlagen

Internetquellen

Stangl, W: Online Lexikon für Psychologie und Pädagogik. http://lexikon.stangl.eu/ [abgerufen am 30.06.2018].

http://www.wirtschaftslexikon24.com/e/konzeptionelle-kompetenz/konzeptionelle-kompetenz.htm [abgerufen am 30.06.2018].

Weiterführende Literatur

Aerssen, Benno van: Atelier für Ideen AG. URL: http://www.ideenfindung.de [abgerufen am 21.06.2018].

Bono, E. de (2005): De Bonos neue Denkschule. Kreativer denken, effektiver arbeiten, mehr erreichen (Train your brain).

Döppler.Team GmbH: LEANmagazin. de. URL: http://www.leanmagazin.de/lexikon/ [abgerufen am 15.05.2018].

Gawlak, M. (2014): Kreativitätstechniken im Innovationsprozess: Von den klassischen Kreativitätstechniken hin zu webbasierten kreativen Netzwerken, Diplomica Verlag.

Kanungo, R. N.; Misra, S. T. (2005): Managerial Resourcefulness: Measuring a Critical Component of Leadership Effectiveness, in: The Journal of Entrepreneurship, Vol. 14, Issue 1, S. 39–55.

Vogel, M. (2018): Der Neugier-Code: zehn Elemente für ein erfolgreiches Neugier-Management in Zeiten der Disruption, VogelPerspektive GmbH.

4.9 VERHANDLUNGEN

Autor: Martin Goerner

Dr. Martin Goerner, Sozialwissenschaftler, Zertifizierter und akkreditierter Projektmanagement-Trainer der GPM, Systemischer Organisationsberater und Coach (WIBK Prof. König), Metaplan-Professional. Arbeitsschwerpunkte: Konzeption und Durchführung von Organisationsentwicklungs-Projekten, Einführung und Optimierung von PMO. Veröffentlichungen zu Projektmanagement, Beratungsmethodik, Weiterbildungskonzepte, sozialwissenschaftliche Forschung.

Co-Autor: Lorenz Schneider

Dr. Lorenz Schneider, Dipl.-Ing., Dipl.-Wirt. Ing. (FH), betreute über 19 Jahre Projekte in Azerbaijan, Bahrain, China, Abu Dhabi und Kuwait. Er steuerte Projekte aus dem Rennsport, Hotelbereich, gewerbliche Immobilien, Krankenhäuser sowie aus dem Umweltschutzsektor. Er erwarb sein Projektmanagement-Wissen bei der GPM/IPMA und hält das Level A sowie das Level B Zertifikat. Er ist geprüfter Projektkaufmann und leitet die GPM Special Interest Group GO International.

INHALT

Einleitung 915
    Definition von Verhandlungen und Schwerpunktsetzung dieses Kapitels ... 915
    Bezüge des Kompetenzelements innerhalb der ICB 4 916
    Verhandlungssituationen im Projekt 916
    Verdeckte Verhandlungssituationen 917

Verhandlungstheorien: Das Harvard-Konzept 918
    Harvard-Prinzip 1: Entwickeln Sie Ihre BATNA 919
        Welcher Verhandlungspartner hat wieviel Macht? 920
        Was können Sie tun, statt zu verhandeln? 921
        Ermitteln Sie die ZOPA 922
    Harvard-Prinzip 2: Unterscheiden Sie zwischen Menschen und Problemen .. 923
        Beziehung, Facework und persönlicher Status 924
        Die Arbeitsbeziehung ist die Grundlage für die Verhandlung 925
    Harvard-Prinzip 3: Erkunden Sie die Interessen und Bedürfnisse 926
        Nutzenerwartungen und Bedürfnisse 927
        Interessenermittlung als Klärungsprozess 927
        Nicht-monetäre Interessen ermöglichen Lösungen in Preisverhandlungen .. 928
    Harvard-Prinzip 4: Finden Sie Win-Win-Optionen 930
        Win-Win als Maßstab für Lösungsoptionen 931
        Interessen-Unterschiede schaffen Nutzen 931
        Erweitern Sie den Lösungsraum 932
    Harvard-Prinzip 5: Entwickeln Sie Kriterien für Fairness 934
        Faire Vorgehens- und Verfahrensweisen 934
        Kriterien für ein faires Verhandlungsergebnis 935
        Verhandlungen nach dem Harvard-Konzept vorbereiten und strukturieren .. 938
    Weitere Verhandlungstheorien 939

Verhandlungsstrategien **940**

    Die integrative oder Win-Win-Strategie 940

    Die distributive oder kompetitive Strategie 941

    Die Dominanz- und die Akzeptanz-Strategien 942

    Die Aufschub-Strategie und die Vermeidungskoalition 943

    Strategischer Aufbau von Kooperation in Verhandlungen 943

        Vertrauensbildende Maßnahmen 944

        Agree to disagree 944

        Kooperation durch kontrollierte Eskalation 945

Phasenstruktur von Verhandlungen **946**

    Orientierungsphase (Rahmen öffnen) 946

    Klärungsphase (IST-Aufnahme) 947

    Veränderungsphase (SOLL-Entwicklung) 947

    Abschlussphase (Rahmen schließen) 947

Verhandlungstechniken **948**

    Kommunikationstechniken für Verhandlungen 948

    Kreativitätstechniken für Verhandlungen 949

    Nutzung der Stakeholder-, Risiko- und Chancen-Analyse 950

    Die »Columbo-Technik« zur Verhandlungsführung 950

Verhandlungstaktik **951**

    Taktik als Element der kompetitiven Strategie 951

    Die »Big-Brother«-Taktik 951

    Das »Good-Guy-Bad-Guy«-Spiel 952

    Der Preis-Anker 953

    Die Claim-Gegenrechnung (Counter Claim Balancing) 954

Interkulturelle und internationale Verhandlungen **954**

Wiederholungsfragen **957**

Literaturverzeichnis **958**

1 EINLEITUNG

1.1 DEFINITION VON VERHANDLUNGEN UND SCHWERPUNKTSETZUNG DIESES KAPITELS

Die ICB 4 definiert die Kompetenz Verhandlungen als …

 »(…) den Prozess zweier Parteien oder mehr, mit dem ein Gleichgewicht zwischen verschiedenen Interessen, Bedürfnissen und Erwartungen erreicht werden soll, um eine gemeinsame Einigung und Verpflichtung zu erzielen und gleichzeitig eine positive Arbeitsbeziehung aufrecht zu erhalten. Dieses Kompetenzelement beschreibt, wie der Einzelne in die Lage versetzt wird, durch den Einsatz von Verhandlungstechniken zufriedenstellende Einigungen mit Dritten zu erzielen« (GPM 2017, S. 97).

Diese Definition der ICB 4 gibt eine etwas idealisierte Sicht auf Verhandlungen wieder. Viele Verhandlungssituationen werden zumindest von einer beteiligten Partei nicht unbedingt als »Gleichgewicht« empfunden und oft entsteht der Eindruck, dass der eine Partner den anderen »über den Tisch ziehen« möchte. Um solche Verhandlungssituationen besser zu bewältigen, sollte zugleich das Kapitel »Konflikte und Krisen« gelesen werden.

Das in diesem Kapitel als Schwerpunkt behandelte Harvard- Konzept versteht die Themen »Verhandlungsführung« und »Konfliktmanagement« deshalb als Kontinuum, weil der Übergang zwischen Verhandlungen und Konfliktgesprächen in beiden Richtungen fließend ist. Sobald eine Verhandlung im Schwerpunkt die Sachbezogenheit verlässt, schwerwiegende Störungen der Beziehungsebene oder festgefahrene Verhaltensmuster vorliegen, ist Konfliktmanagement gefragt. Andererseits erfordert ein bewältigter Konflikt die Klärung der anstehenden Sachfragen in Verhandlungsgesprächen. In diesem Werk werden jedoch beide Themen als getrennte Kompetenzelemente behandelt, weil die Struktur der ICB 4 dies vorgibt.

Häufig finden Verhandlungen nicht nur zwischen zwei Personen statt, sondern beziehen mehrere Beteiligte mit jeweils unterschiedlichen Interessen mit ein. Gerade Verhandlungsgespräche stehen auch meist nicht für sich alleine, sondern haben einen teilweise längeren Vorlauf und stehen in einem Kontext. Geschäftskontakte sind in der Regel auch nicht auf eine punktuelle Begegnung beschränkt, sondern erfordern meist Vor- und Nachbetreuung oder stehen in einer zeitlichen oder personellen Kontinuität, ggf. über das Projekt oder das Programm hinaus. Damit bedingt Verhandlungsführung immer auch eine – meist längerfristige – Beziehungsgestaltung.

Gerade Projektmanager benötigen in hohem Maße Managementkompetenzen und müssen in komplexen Situationen sozial agieren. Zwischenmenschliche Kommunikation stellt immer einen komplexen Vorgang dar, und zwar selbst dann, wenn sich die reine Sachebene – zunächst – als relativ einfach darstellt.

Das Thema ist nicht nur für Projekt- oder Programmmanager und für Auftraggeber, sondern auch für Mitarbeiter in Projekten, Kunden, Lieferanten etc. von großer Bedeutung. Grundsätzlich ist jeweils zu fragen, aus welcher Funktion oder Rolle heraus ein Verhandlungsgespräch geführt wird, welche Konsequenzen daraus abzuleiten sind und welche innere Einstellung für ein konkretes Gespräch erforderlich ist.

1.2 BEZÜGE DES KOMPETENZELEMENTS INNERHALB DER ICB 4

Innerhalb des Bereiches Persönliche und Soziale Kompetenzen (People), aber auch für das Projektmanagement insgesamt ist das Kompetenzelement »Verhandlungen« ein zentrales Thema. Es steht mit allen Kompetenzelementen des Bereiches »People« in enger Verbindung. Besonders enge Verbindungen ergeben sich mit dem Kompetenzelement »Persönliche Kommunikation«, da Verhandlungsführung ein Kerngebiet der Kommunikation darstellt, und zum Element »Konflikte und Krisen«, wie bereits erläutert wurde.

Neben den sozialen Kompetenzelementen steht »Verhandlungen« aber auch mit fast allen Kontext-Kompetenzen des Bereiches »Perspective« sowie den meisten technischen Kompetenzen des Bereiches »Practice« in Beziehung. Der Projektauftrag, aber auch das Änderungsmanagement erfordern einen strukturierten Prozess der Interessenklärung und Verhandlungen, was im Projekt umgesetzt werden soll, aber auch die Ressourcen und Kosten müssen verhandelt werden.

Schließlich gibt es auch viele Bezüge in die umgekehrte Richtung, denn viele technische Kompetenzen können die Verhandlungsführung unterstützen: So lässt sich aus der Stakeholder-Analyse ableiten, mit welchen Personen Gespräche geführt werden müssen. Sie liefert auch die notwendigen Informationen, um gut vorbereitet und mit den richtigen Ansprechpartnern in Verhandlungen treten zu können. Auch die Informationen aus der Risikoanalyse können für die Verhandlungsführung nützlich sein. Ein Projektstrukturplan und eine gute Zeitplanung ermöglichen die sachlich gut gegliederte Behandlung der Themen in der Verhandlung. Eine systematische Projektdokumentation erleichtert den zielgerichteten Zugriff auf die notwendigen Informationen für die Verhandlung usw.

1.3 VERHANDLUNGSSITUATIONEN IM PROJEKT

Viele Kommunikationssituationen werden typischerweise als Verhandlungen bezeichnet oder erkannt. Man verabredet ein Gespräch mit einem Partner, bereitet sich darauf vor und hält am Ende eine Vereinbarung fest. Beispiele im Projekt wären etwa:

- Verhandlungen mit dem Auftraggeber über den Zuschnitt des Projekts, die Bereitstellung von Ressourcen, Änderungswünsche, Nachforderungen etc.
- »Klassische« Vertragsverhandlungen
- Verhandlungen mit Projektmitarbeitern über Umfang, Zeitpunkt, Dauer, Qualität etc. von zu erbringenden Leistungen
- Verhandlungen mit unterschiedlichsten Hierarchiestufen der Linie über die Bereitstellung von Ressourcen, die Behebung von Engpässen, die Regelung von Kommunikationsflüssen usw.
- Verhandlungen mit Lieferanten über Zulieferungen, zu erbringende Leistungen, Preise und Vergütungen
- Verhandlungen mit (End-)kunden über Anforderungen, Qualitätskriterien etc.
- Verhandlungen mit anderen Stakeholdern über deren Interessen am Projekt oder Beeinträchtigungen von Bedürfnissen durch das Projekt, Einbezug oder Abgrenzung usw.

1.4 VERDECKTE VERHANDLUNGSSITUATIONEN

Viele Verhandlungssituationen werden aber gar nicht als solche erkannt. Unvorbereitet stolpern wir täglich in und durch viele Verhandlungen, ohne zu ahnen, dass wir verhandelt haben. Wenn es schlecht gelaufen ist, fragen wir uns bisweilen, »was da eigentlich eben gelaufen ist«. Um hier Verbesserungspotenzial zu heben, ist es zunächst notwendig, sich bewusst zu machen, wann verhandelt wird oder werden müsste. Dann können diese Kommunikationsprozesse wirksamer gestaltet und Fehler vermieden werden. Beispiele sind:

- Flurgespräche, die plötzlich Verbindlichkeit annehmen: »Ich hätte da kurz eine Frage. (…) Gut, dann bringen Sie mir morgen also …«
- Eine kurze E-Mail-Anfrage, die mit einer Vereinbarung beantwortet wird, die meist nicht als solche gekennzeichnet ist: »Ich schicke Ihnen morgen eine Übersicht, das reicht ja für die Sitzung.«
- Spontane Telefonate oder eingehende Anrufe, die über einen reinen Informationsaustausch hinausgehen
- Eine kleine oder größere Bitte (nicht alle Bitten leiten Verhandlungen ein, aber eine Bitte eröffnet häufig eine Verhandlungssituation, die aus Höflichkeit oft nicht genutzt wird)
- »Schleichende« komplexe Kommunikationsprozesse über viele unterschiedliche Kanäle, z. B.: eine flüchtig gesendete E-Mail, die mit einer telefonischen Rückfrage erwidert wird, die dann vielleicht eine weitere E-Mail mit einem Vorschlag nach sich zieht usw. Wochen später treffen Sie in einer Sitzung dann auf eine feste Erwartung in einem Nebensatz Ihres Gesprächspartners (»Sie wollten dann ja …«). Schlimmstenfalls ist dieser bereits verärgert, weil eine Erwartung, die Sie gar nicht erahnt hatten, enttäuscht worden ist …

Aber auch »ganz normale« Verhandlungsprozesse ziehen sich manchmal über mehrere Gespräche hin. Dazwischen können Klärungsphasen oder notwendige Rücksprachen liegen.

2 VERHANDLUNGSTHEORIEN: DAS HARVARD-KONZEPT

Um erfolgreich verhandeln zu können, ist es essenziell, sich bei der Vorbereitung und während des Verhandlungsprozesses an einer guten Struktur zu orientieren. Das »Harvard-Konzept« gilt seit Jahrzehnten als die erfolgreichste Verhandlungstheorie. Deshalb bildet dieses Konzept den »Roten Faden« dieses Kapitels. Als »sachorientiertes« Konzept bedarf es der Ergänzung durch kommunikative und psychologische Aspekte, insbesondere in schwierigen Verhandlungssituationen. Deshalb ist es notwendig, das Kompetenzelement »Persönliche Kommunikation« sowie die weiteren ICB-Elemente zu Verhaltenskompetenzen ebenfalls zu berücksichtigen.

Seit Mitte der 1970er Jahre beschäftigt sich eine Gruppe von Wissenschaftlern an der Harvard-Universität mit dem Thema Verhandlungsführung. Aus diesem »Harvard Negotiation Project« resultieren ein Standardwerk (Fisher, Ury, Patton 1999), ein Arbeitsbuch (Fisher, Ertel 2000) sowie eine Vielzahl von Forschungsprojekten und spezialisierten Ratgeber-Texten, die zum Teil auf der Internet-Seite der Harvard Law School (https://www.pon.harvard.edu/) abgerufen werden können. Das Harvard-Konzept gilt nicht nur für Verhandlungen, sondern auch gleichermaßen für Konfliktmanagement und bildet die Basis für die Konflikt-Deeskalation und -Mediation (→ Kapitel »Konflikte und Krisen«). Im europäischen, vor allem deutschsprachigen Raum ist das Konzept u. a. angepasst worden von Ulrich Egger, Zürich (www.eggerphilips.ch).

In diesem Kapitel werden die Grundprinzipien zusammenhängend dargestellt, denn sie dienen als Bezugspunkte für alle weiteren Ausführungen zum Thema Verhandlungsführung. Die grundlegenden Veröffentlichungen zum »Harvard-Konzept« gliedern diese Prinzipien jeweils unterschiedlich und variieren auch deren Reihenfolge. Leicht vereinfacht, lassen sich die folgenden fünf Prinzipien ableiten, die auch als Prozessschritte für die strukturierte Vorbereitung einer Verhandlung genutzt werden können.

Das Harvard-Konzept kann bei umfangreichen Verhandlungen helfen, ist aber ebenso nützlich für die kleine alltägliche Verhandlung nebenbei, also auch hilfreich für Gespräche, die das »tägliche Brot« für jeden Projektbeteiligten sind.

Ein authentischer Fall einer typischen Verhandlungssituation, die sich in einem Projekt einer Produktionsorganisation ereignet hat und in einem Projekt-Coaching zur Sprache kam, soll deshalb als Illustration die Darstellung begleiten. Dieses Beispiel wird nach der Besprechung jedes einzelnen Harvard-Prinzips wieder aufgegriffen und weiter erläutert.

Beispiel:
Hier zunächst die zusammenfassende Kurzdarstellung der Verhandlungssituation:

In einem Betrieb, der Artikel in Massenproduktion herstellt, ist ein Projektmanager dafür verantwortlich, innovative Messeexemplare in geringer Stückzahl zweimal jährlich fertigen zu lassen. Damit diese Aufgabe gelingt, verfügt der Betrieb über ein geregeltes Projektmanagement (PM-Handbuch) und über eingespielte Verfahren, wie z. B. Anträge und Zuweisung von Maschinenlaufzeit. Trotzdem ergeben sich vielfältige Engpässe und damit die Notwendigkeit zur Improvisation. Bei einem seiner üblichen »Schönwetter-Gespräche« trifft der Projektmanager in der Kantine auf den Linien-Verantwortlichen für eine Fertigungsstraße, die er für einen aktuellen Messeartikel demnächst dringend benötigt. Die Straße wird wegen des Projekts für die Massenproduktion für mehrere Stunden gesperrt werden müssen. Gemäß dem betrieblichen Antragsverfahren wird er die Straße erst in 6 Wochen erhalten, wünschenswert wäre jedoch ein früherer Zeitpunkt.

Im Verlauf des Gespräches wird deutlich, dass ein Mitarbeiter der Fertigungsstraße in der nächsten Woche in Rente geht und gerne seinen Ausstand gebührend feiern möchte, was aber deshalb nicht möglich ist, weil die Arbeit dann ausfallen müsste. Im Gespräch ergibt sich nun schnell die Chance zu einer Win-Win-Situation: Der Projektmanager erhält zum geplanten Ausstandsdatum für einen Nachmittag bis zum Feierabend die Fertigungsstraße und hat damit bereits jetzt schon die notwendige Maschinenlaufzeit für seine Messeartikel erhalten. Auch die Feier kann nun, wie gewünscht, stattfinden, denn die Straße ist in dieser Zeit für die normale Produktion nicht zugänglich. Beide Seiten haben einen größeren Gewinn, als eine einfache Aufteilung oder ein Kompromiss ermöglicht hätte.

2.1 HARVARD-PRINZIP 1: ENTWICKELN SIE IHRE BATNA

Verhandlungen sind eine spezielle Form der Kommunikation, die häufig, aber nicht immer gegeben ist. Vor jeder Verhandlung ist daher grundlegend zu prüfen, ob überhaupt ein Verhandlungsfall vorliegt, ob es also sinnvoll oder möglich ist, zu verhandeln. Um verhandeln zu können, müssen unterschiedliche Interessen oder Bedürfnisse vorliegen, die Partner müssen zu einem Ausgleich dieses Unterschieds auf kommunikativem Wege (also u. a. ohne Gewalt und auch nicht z. B. durch Schaffung vollendeter Tatsachen) bereit und fähig sein. Weiterhin müssen die Partner Interesse an diesem Ausgleich und alternative Handlungsmöglichkeiten haben. Damit ist ein grundlegendes Harvard-Prinzip angesprochen, das sinnvollerweise als Erstes betrachtet werden soll, um zugleich zu verdeutlichen, was eine Verhandlung von anderen Gesprächen unterscheidet: Die Frage nach den Alternativen. Die Harvard-Wissenschaftler bringen es auf die kurze Formel Best alternative to a negotiated agreement (BATNA). Fragen Sie sich, bevor Sie verhandeln: Was ist meine beste Alternative, statt mit **diesem** Verhandlungspartner **dieses** Gespräch zu führen? Was kann ich tun, **statt** zu verhandeln?

Ungeübte Verhandler beginnen gerne mit der Verhandlung mit ihrem Wunsch-Partner und sagen sich »wenn es mit ihm nicht klappt, kann ich immer noch nach Alternativen suchen«. Das Harvard-Konzept rät genau zum Gegenteil: Erkunden Sie erst Ihre weniger attraktiven Optionen bei anderen Verhandlungspartnern, ehe Sie in Ihre Wunsch-Verhandlung einsteigen. Dadurch gewinnen Sie Souveränität, denn Sie kennen nun genau Ihre Rückfall-Position.

2.1.1 WELCHER VERHANDLUNGSPARTNER HAT WIEVIEL MACHT?

Wenn Sie sich auf eine Verhandlung vorbereiten, sollten Sie vorher immer genau klären, über welche Verhandlungsmacht Sie verfügen und über wieviel Macht Ihr potenzieller Verhandlungspartner verfügt. Verhandlungsmacht resultiert aus vielen unterschiedlichen Faktoren (→ Kapitel »Macht und Interessen«).

Viele Situationen sind so beschaffen, dass es für Sie vorteilhafter ist, nicht zu versuchen zu verhandeln, weil diese Kommunikation aufgrund des Machtgefälles zwischen Ihnen und Ihrem Partner für Sie nur nachteilig ausgehen kann:

- Viele vermeintliche Verhandlungssituationen entpuppen sich bei näherem Hinsehen als ein schlichtes Diktat: »So und nicht anders!« aufgrund der Machtverhältnisse zwischen den Verhandlungspartnern oder aufgrund des fehlenden Spielraums (»Das Gesetz … schreibt es so vor.«). Hier bleibt nur die Wahlmöglichkeit zwischen »Friss oder Stirb«.
- Ist Ihre Machtposition deutlich unterlegen, könnte Ihr Partner Ihren Versuch, seine Forderungen zu verhandeln, dazu nutzen, seine Wünsche noch weiter durchzusetzen als zuvor. Wenn Sie scheitern, wird Ihre Position also noch weiter geschwächt.
- Ein wichtiger Machtfaktor in Verhandlungen ist Zeitdruck, realer, aber auch – häufiger – vorgetäuschter. So wird gerne bereits im Vorfeld Zeitdruck aufgebaut, Fristen werden willkürlich gesetzt oder eine Partei lässt die andere unbegründet lange warten.
- Ein weiterer Machtfaktor ist Knappheit des Verhandlungsguts, die ebenfalls oft vorgetäuscht wird. Durch Konkurrenzsituationen kann eine Verknappung inszeniert werden, wie es beim Bieter-Wettbewerb der Fall ist. Auktionen bedienen beide Macht-Hebel, Zeitdruck und Verknappung.

Jede Verhandlung hat im Hinblick auf die Machtverteilung einen »Preis«: Abgesehen vom Aufwand, den sie beansprucht, verändert eine Verhandlung meist Ihr Macht-Verhältnis zum Verhandlungspartner, Sie wissen hinterher mehr voneinander, Sie haben meist eine Handlungsalternative/BATNA weniger, Sie können z. B. nicht mehr mit einem anderen Partner verhandeln und ein ungünstig verlaufener Verhandlungsversuch schädigt möglicherweise Ihr Ansehen oder die Kooperationsbeziehung. Mittlerweile hat sich eine eigene Verhandlungssparte etabliert, die sich der Frage widmet, wie Firmen mit Monopolisten und übermächtigen Geschäftspartnern erfolgreich verhandeln können (siehe z. B. Paranikas 2018).

Es ist aber auch wichtig, dass Ihr Verhandlungspartner ausreichende Verhandlungsmacht hat, also überhaupt legitimiert ist, Ihnen verbindlich die gewünschten Zusagen zu machen. Nur dann, wenn Ihr Verhandlungspartner Handlungsalternativen hat, also eine Wahl- und Entscheidungsmöglichkeit, macht es Sinn, mit ihm zu verhandeln. Die Stakeholder-Analyse ist demnach eine wichtige Grundlage, um zu beurteilen, wie die Macht-Position Ihres Verhandlungspartners Ihnen gegenüber ist, aber auch seine Macht-Position innerhalb seines Systems.

Verhandlungsmacht entsteht aber auch aus der Interessen-Konstellation zwischen den Verhandlungspartnern:

- Möglicherweise ist Ihr Partner an einer Verhandlung deshalb überhaupt nicht interessiert, weil er glaubt, dass sich seine Situation dadurch nicht zu seinem Vorteil verändern könnte. In diesem Fall sieht Ihr Partner seine bessere Alternative (BATNA) darin, nichts zu tun, statt mit Ihnen zu verhandeln.
- Sie müssen also überlegen, ob Sie eine Chance haben, sein Interesse zu wecken. Nur dann verfügen Sie über Verhandlungsmacht.

2.1.2 WAS KÖNNEN SIE TUN, STATT ZU VERHANDELN?

In der Regel gibt es mehrere Möglichkeiten, ein Ziel zu erreichen oder ein Problem zu lösen. Es muss also nicht immer eine Verhandlung sein. Ist Ihre Ausgangsposition ungünstig und besteht keine Chance, dies im Vorfeld zu ändern, sollten Sie

- Ausschau nach einem anderen Verhandlungspartner halten, bei dem Sie eine bessere Ausgangsposition haben,
- abwarten, ob sich später eine günstigere Konstellation für eine Verhandlung ergibt,
- überlegen, ob Sie einseitig Fakten schaffen sollten, also, ob Sie ohne Abmachung erfolgreich handeln können,
- überlegen, ob es möglich ist, die Alternativen Ihres Partners so einzuengen, dass dieser gezwungen ist, nun doch mit Ihnen zu reden usw.

Erst die Kenntnis Ihrer BATNA eröffnet Ihnen die Freiheit, kreativ an eine Verhandlung heranzugehen, denn Sie kennen nun Ihre Auswege. In gleicher Weise sollten Sie möglichst umfassend die BATNA Ihres Verhandlungspartners kennen. Denn auch der Partner macht sich Gedanken über Ihre Alternativen. Im ungünstigsten Fall wird er im Vorfeld versuchen, Ihnen Alternativen abzuschneiden, um Sie zu einem Agreement mit ihm zu zwingen.

2.1.3 ERMITTELN SIE DIE ZOPA

Wenn über Preise verhandelt wird, ist Ihre BATNA gleichbedeutend mit Ihrem Ausstiegspreis oder Ihrem »Worst-Case-Szenario«, also mit der Summe, die Sie schlimmstenfalls bereit wären, zu zahlen. Gerade deshalb ist es wichtig, vor Preisverhandlungen eine interessante zweite Kauf-Option bei einem anderen Verkäufer zu verhandeln.

Zwischen Ihrer BATNA und Ihrem Wunsch-Preis erstreckt sich demnach Ihr Verhandlungsspielraum. Auf der anderen Seite hat Ihr Verhandlungspartner seinen Verhandlungsspielraum. Verhandlungen finden also in der Zone statt, in der sich beide Spielräume überlappen, in der Zone of possible agreement (ZOPA). Freilich kennen Sie nur Ihre eigene ZOPA, nicht aber die Ihres Verhandlungspartners. Hier müssen Sie Hypothesen aufstellen. Die folgende Grafik veranschaulicht die ZOPA:

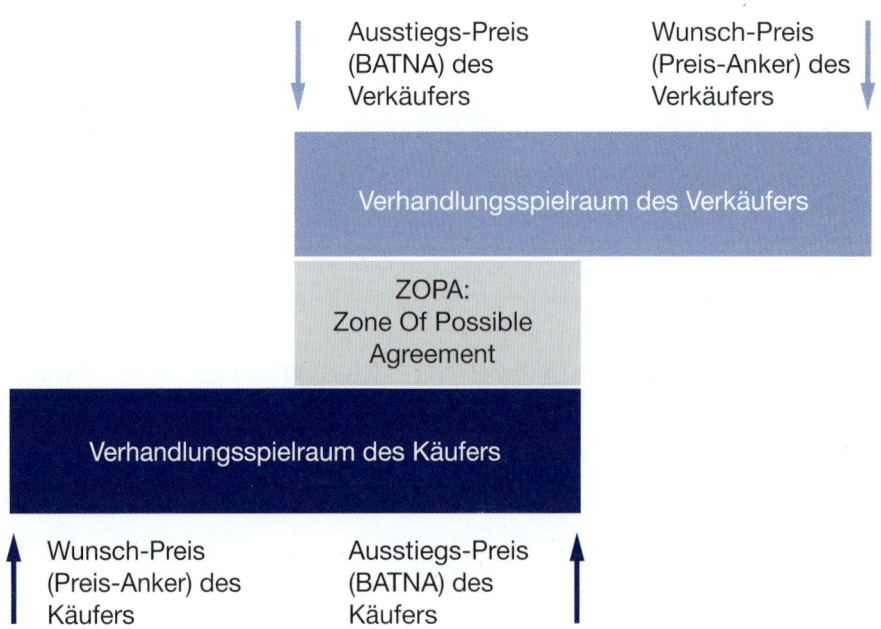

Abb. 4.9-1: ZOPA – Zone Of Possible Agreement

Beispiel: Das vorhin gewählte Beispiel illustriert das Harvard-Prinzip 1 »Entwickeln Sie Ihre BATNA«:
1. Verhandeln oder nicht?
Beide Partner haben einen Interessenunterschied und sie sind bereit, nach Möglichkeiten des friedlichen Ausgleiches zu suchen.
– Beide Partner haben mehrere Handlungsmöglichkeiten und sind auch dazu in der Lage, verschiedene Wege zu gehen.
– Es macht für sie also Sinn, zu verhandeln. Dies wird deutlich durch die Betrachtung ihrer Alternativen:

2. BATNA für den Projektmanager:
- Er kann sich auf seinen Antrag auf Maschinenlaufzeit für die Straße berufen, muss dann aber die vorgesehenen 6 Wochen abwarten und erhält dann die Fertigungsstraße für sein Messeprodukt. Der Projektmanager kann laut Antrag auf der vorgesehenen Nutzung bestehen.
- Er kann versuchen, über die Geschäftsführung auf die besondere Wichtigkeit seines Projekts hinzuweisen, um eine Sonderregelung zu bewirken.
- Er kann versuchen, für das Messeprodukt in einer anderen Firma eine entsprechende Bearbeitung einzukaufen. Dies wird aber mit höheren Kosten und Risiken verbunden sein (es handelt sich um ein innovatives Produkt, das dem Wettbewerb vor der Messe nicht bekannt werden sollte).

3. BATNA für den Leiter der Fertigungsstraße:
- Er kann sich ebenfalls auf den laufenden Antrag berufen, denn er ist nicht dazu gezwungen, die Straße vor der Frist bereitzustellen.
- Er könnte gegen den Antrag oder auch gegen eine Sonderregelung argumentieren, dass seine Produktionsabteilung das Geld erwirtschaftet, das im Projekt ausgegeben wird. Schließlich geht der Firma wertvolle Produktionszeit verloren.
- Er könnte auch die Bereitstellung unter einem Vorwand verzögern, indem er als Spezialist auf ein technisches Problem verweist.

Fazit:
- Beide Partner sind nicht darauf angewiesen, sich im beschriebenen Kantinengespräch zu einigen. Sie haben beide gute Alternativen.
- Die beschriebene Einigung ist für beide aber deutlich vorteilhafter als die jeweilige BATNA beider Seiten.

2.2 HARVARD-PRINZIP 2: UNTERSCHEIDEN SIE ZWISCHEN MENSCHEN UND PROBLEMEN

Dieses Harvard-Prinzip greift die Unterscheidung zwischen Sach- und Beziehungsebene (→ Abschnitt 2.3.1 Sach- und Beziehungsebene, Kapitel »Persönliche Kommunikation«) auf. In der Regel sind für uns beide Ebenen kaum unterscheidbar, denn in unserer Wahrnehmung verschmelzen Sache und Beziehung.

Im günstigen Fall kann Sympathie das wechselseitige Verständnis erleichtern, aber im ungünstigsten Fall führt Antipathie dazu, dass persönliche Vorurteile die Problemlösung in der Verhandlung belasten. Deshalb gilt: Unterscheiden Sie in Verhandlungen grundsätzlich zwei Ebenen:
1. Die Ebene der Probleme, Fakten, Positionen etc. sowie
2. die Ebene der menschlichen Beziehungen und der Persönlichkeiten mit ihren Wünschen, Ängsten und Gefühlen.

In anderen Kapiteln, insbesondere »Persönliche Kommunikation« und »Beziehung und Engagement« wird beschrieben, welche Faktoren für den Aufbau einer guten und tragfähigen Arbeitsbeziehung (siehe »Rapport« in Abschnitt 5.1 Kommunikationstechniken für Verhandlungen) bedeutsam sind.

Viele Verhandler glauben, sie müssten in Verhandlungen »cool« auftreten und möglichst ihre Gefühle unterdrücken. Die Harvard-Wissenschaftler legen dar, dass dies ein fundamentaler Irrtum ist, weil ein offener Umgang mit Emotionen ein entscheidender Schlüssel zum Verhandlungserfolg ist. Dem Umgang mit Gefühlen in Verhandlungen ist eine eigene Veröffentlichung gewidmet (Fisher, Shapiro 2007) und das Thema wird auch in aktuellen Veröffentlichungen wiederholt aufgegriffen (Brooks 2018).

2.2.1 BEZIEHUNG, FACEWORK UND PERSÖNLICHER STATUS

Eine besonders wichtige Dimension der Beziehungsebene für die Verhandlungsführung ist das Status-Verhältnis zwischen den Gesprächs- oder Verhandlungspartnern: Wer hat einen höheren sozialen Status, eine übergeordnete gesellschaftliche Position oder wer beansprucht – zumindest für ein bestimmtes Thema –, der wichtigere oder kompetentere Gesprächspartner zu sein? Der Status verweist auf das Wertgefühl, das eine Person sich selbst oder anderen entgegenbringt. Das Status-Thema wird aber in der Regel im Gespräch nicht angesprochen, allenfalls implizit, indem ein Gesprächspartner auf seine Rolle oder Funktion in der Hierarchie verweist.

Besonders zu Beginn von Verhandlungsgesprächen wird zwischen den Partnern meist unbewusst über Stimme, Körpersprache, aber auch über das Arrangement des Kontextes, die Themen-Wahl etc. verdeutlicht und geregelt, wer für das Gespräch oder für bestimmte Themen die Führung und damit den höheren Status beansprucht. Besonders stark ist dieser Prozess in Gruppen ausgeprägt (während der sog. »Storming-Phase«). Während des Gespräches kann der Status mit den wechselnden Redebeiträgen ebenfalls wechseln (»Statuswippe«, Johnstone 1993). Besonders deutlich tritt der Status-Kampf dann hervor, wenn er »inhaltslos« und als Selbstzweck geführt wird. Die Absurdität einer solchen Situation illustriert die berühmte Geschichte von den beiden Herren in der Badewanne in dem berühmten Sketch des bekannten Komikers Loriot: »Ich lasse meine Ente zu Wasser« etc.

Mit dem Begriff des Status hängen eng die für Verhandlungsgespräche sehr wichtige Gesichtswahrung, Selbstachtung, persönliche Ehre etc. zusammen. In der reichhaltigen englischsprachigen Literatur zu diesem Thema wird in diesem Zusammenhang von »Facework« gesprochen (Goffman 1986; Ting-Toomey 1994; Yarn 1999). Dies umfasst u. a.:

- Respekt gegenüber dem Partner, auch wenn dieser Auffassungen vertritt, die der eigenen Logik oder dem eigenen Wertesystem zu widersprechen scheinen,

- Vorgehensweisen, um das Gesicht des Gesprächspartners zu wahren und seine Ehre aufrechtzuerhalten und vor Beschädigungen zu schützen,

- Taktiken, die den Status des Gesprächspartners beschädigen oder untergraben, wie (meist versteckte) Beleidigungen, Unterstellungen, Anwürfe etc.
- Möglichkeiten, um den Status nach einer (beabsichtigten oder auch unbeabsichtigten) Kränkung zu retten oder wiederherzustellen. Hierzu gehört es, dem Partner im Falle eines Gesichtsverlusts eine »goldene Brücke« zu bauen, um seinen Status und seine Selbstachtung möglichst unauffällig wiederherstellen zu können. Nach einer Niederlage, die meist auch als Minderung des Status oder der persönlichen Ehre erlebt wird, sollte dem Partner ein Ausgleich für diesen Status-Verlust, zumindest aber die Möglichkeit zu einem ehrenvollen Rückzug geboten werden.

Grundregel für jede Verhandlung sollte sein, den Status, das Selbstverständnis, die Selbstachtung und die Identität (»face«) der beteiligten Partner stets zu wahren. Dies gilt generell über alle Kulturen hinweg. Im asiatischen Raum wird der Wahrung des Gesichts teilweise ein sehr hoher Stellenwert zugeschrieben, was so weit gehen kann, dass die in Europa hoch geschätzte direkte Kommunikation, etwa über Ich-Botschaften oder offene Fragen (s. u.), bereits als Bedrohung oder Affront empfunden wird. Auf der anderen Seite zählen gerade das gezielte Untergraben des Status und die Bedrohung des Gesichts zum selbstverständlichen Repertoire verschiedener traditioneller Verhandlungstaktiken (s. u.).

2.2.2 DIE ARBEITSBEZIEHUNG IST DIE GRUNDLAGE FÜR DIE VERHANDLUNG

Was ist zu beachten, um die Erkenntnisse über Beziehungsebene und Status für Verhandlungen nutzbar zu machen? Zunächst gilt es, überhaupt die beteiligten Menschen in den Blick zu nehmen: Verhandlungen erfolgen nicht mit abstrakten »Funktionsträgern« sondern immer mit konkreten Menschen, deren Persönlichkeit es zu berücksichtigen gilt. Was für eine Person ist Ihr Verhandlungspartner, was sind seine Gefühle, Erwartungen, Wünsche und Ängste? Diese Frage gilt auch für die Entscheider, die hinter Ihrem Verhandlungspartner stehen und oft nicht direkt in Erscheinung treten.

Zu einer professionellen Verhandlungsführung gehören deshalb die systematische Stakeholder-Analyse und der planmäßige Aufbau einer guten Arbeitsbeziehung, dies bereits in der Vorbereitungsphase. Das Harvard-Konzept rät, die Schritte zur Verbesserung der Beziehung »vorbehaltlos konstruktiv« (Fisher, Ertel 2000, S. 112) zu unternehmen, das heißt unabhängig davon, ob die andere Seite sich revanchiert oder konstruktiv verhält. Auch in einer ungünstigen Beziehungskonstellation – etwa bei fehlender »Gegenleistung« der anderen Seite – sollten Sie demnach demonstrativ fair kommunizieren und konstruktive Beziehungsgestaltung betreiben, und zwar in Ihrem eigenen Interesse: Nicht um nachzugeben oder »nett zu sein«, sondern um eine optimale Grundlage für die Lösung des anstehenden Sachproblems zu erhalten (→ Abschnitt 3.5 Strategischer Aufbau von Kooperation in Verhandlungen).

Auf der Sach- und auf Beziehungsebene sollten Sie deshalb unterschiedlich in der Verhandlung kommunizieren. Das Harvard-Konzept formuliert hierzu die Regel: »Kommunizieren Sie hart in der Sache, aber weich zu den Menschen« (Fisher, Ury, Patton 1999, S. 33). Das bedeutet: Hart und konsequent bezüglich der Sach-Interessen, aber weich, auf gegenseitige Achtung, gleichberechtigten Status und auf Beziehungsgestaltung bedacht, in der Art, wie Sie kommunizieren.

Beispiel: Das Projektbeispiel zeigt auf, wie das Harvard-Prinzip 2 – Menschen und Probleme unterscheiden – in Verhandlungen wirksam werden kann:

1. Tragfähige Arbeitsbeziehung entwickeln, als Basis für Interessenausgleich:
- Beide Verhandlungspartner kennen sich bereits seit langer Zeit und haben ihre Beziehung bewusst gestaltet und entwickelt.
- Sie sehen sich seit Jahren regelmäßig und führen auch »Schönwetter-Gespräche« ohne besonderen Anlass.
- Das beschriebene Gespräch wurde durchaus nicht planmäßig vorbereitet und angebahnt, sondern fand vielmehr zufällig statt. Beide Partner waren offen füreinander und berichteten wechselseitig unvoreingenommen von ihren Problemen und Vorhaben. Dadurch wurde es möglich, ein Thema zu identifizieren, in dessen Rahmen beide wechselseitig füreinander nützlich sein können.

2. Menschen von Problemen und Sachfragen von Beziehungsthemen trennen:
- Ihre gute Arbeitsbeziehung existiert unabhängig von den anstehenden Problemen. Sicher gab es Situationen, in denen beide durchaus Dissens zu fachlichen Fragen hatten. Diese Auseinandersetzungen haben aber ihre Beziehung nicht belastet. Ihr »angespartes Vertrauenskapital« können sie nun wirksam für den Ausgleich ihrer Interessen einsetzen.

2.3 HARVARD-PRINZIP 3: ERKUNDEN SIE DIE INTERESSEN UND BEDÜRFNISSE

Häufig werden in Verhandlungen von beiden Partnern Verhandlungspositionen eingenommen und Forderungen gestellt. Ein Ausgleich kann dann nur durch Feilschen erfolgen: Jede Seite macht schrittweise Konzessionen oder man einigt sich, sich »in der Mitte« zu treffen und somit einen Kompromiss anzusteuern. Solche Verhandlungen sind ein »Nullsummenspiel«, d. h. die Verhandlungsmasse kann nur – wie ein Kuchen – unter den Partnern aufgeteilt werden und wer das kleinere Stück erhält, ist der Verlierer.

Weitaus mehr Möglichkeiten ergeben sich dann, wenn die Verhandlungspartner nicht über ihre Positionen, sondern über ihre Interessen und Bedürfnisse sprechen, die sie durch die Verhandlung befriedigen wollen. Denn hinter ihren – gegensätzlichen – Positionen liegen vielfältige Bedürfnisse und sowohl gegensätzliche als auch gemeinsame und ausgleichbare Interessen. Gerade in Preis-Verhandlungen gibt es oft keinen Bewegungsspielraum, solange nur über Geld gesprochen wird. Verhandlungsexperten raten deshalb dazu, gerade hier neben dem Preis möglichst viele andere, schwer finanziell bewertbare weitere Nutzen-Aspekte in die Verhandlung einzubringen, wie langfristigen Service, Wertbeständigkeit oder Gewährleistung.

2.3.1 NUTZENERWARTUNGEN UND BEDÜRFNISSE

Interessen beziehen sich auf den Nutzen, den die Parteien mit der Verhandlung erzielen wollen. Die Nutzen-Erwartung übersteigt meist das Ziel, das die Partner sich jeweils gesetzt haben, der Nutzen ist vielmehr »das Ziel hinter dem Ziel«.

Hinter einem sachlichen Bedarf oder hinter einem erwarteten Nutzen stehen immer grundsätzliche menschliche Bedürfnisse, wie sie z. B. in der Maslow-Pyramide dargestellt werden:

- Materielle Selbsterhaltung und wirtschaftliches Auskommen
- Sicherheit und Zukunftsperspektive
- Zugehörigkeit und Verbundenheit
- Selbstwert und Anerkennung
- Freiheit und Selbstbestimmung usw.

Beispiel: Ein Unternehmen möchte z. B. einen Zuliefer-Vertrag mit bestimmten Konditionen abschließen. Auf der Sachebene geht es um die Befriedigung konkreter Interessen oder eines bestimmten Bedarfs: Liefermengen, Preise und Vertragsdauer etc., um beispielsweise eine bestimmte Gewinn-Marge zu erzielen.
Hinter diesem sachlichen Ziel stehen jedoch grundsätzliche Bedürfnisse der Verhandlungsführer und der Firmenleitung. Sie wollen und müssen:
- die Produktion langfristig absichern (Sicherheit),
- eine bestimmte Firmenphilosophie umsetzen (Selbstbestimmung) oder
- sich in einem bestimmten Marktsegment ansiedeln oder behaupten (Anerkennung, Zugehörigkeit) etc.

2.3.2 INTERESSENERMITTLUNG ALS KLÄRUNGSPROZESS

Das Beispiel macht deutlich, dass die Bedürfnisse, die sich hinter den geäußerten Interessen verbergen, häufig nicht sofort erkennbar und teilweise auch den Akteuren zunächst selbst nicht bewusst sind. Während die konkreten Positionen der Verhandlungspartner offen genannt werden, müssen die dahinterliegenden Interessen und Bedürfnisse erst im Laufe der Verhandlungsvorbereitung und im Laufe eines Verhandlungsgespräches oder -prozesses herausgefunden werden.

Gute Verhandlungsführung bedeutet deshalb, sich möglichst schon vor der Verhandlung (Vorbereitungsphase, strategische Planung) intensiv mit dem Verhandlungspartner zu befassen und möglichst viele Informationen über ihn zu sammeln:

- Welche Menschen werden mit Ihnen verhandeln?
- Welche Ziele verfolgen sie?
- Welche konkreten Interessen haben sie?
- Welche grundsätzlichen Bedürfnisse treiben sie an: persönlich und in ihrer Rolle oder ihrer Organisation?

Während eines Verhandlungsgespräches ist es deshalb wichtig, aktiv zuzuhören, Fragen zu stellen, den Gesprächspartner zu beobachten etc. Vor allem aber: Unterbreiten Sie erst dann ein Angebot, wenn Sie die Interessen Ihres Partners und möglichst auch seine Bedürfnisse dahinter ausreichend ergründet haben. Eine gute Methode hierfür ist das geistige Rollenspiel: Versetzen Sie sich in die Lage des anderen und fragen Sie sich: Was würde ich in seiner Position anstreben, was wären meine Erwartungen? Hierzu gehört ein hohes Maß an Empathie.

2.3.3 NICHT-MONETÄRE INTERESSEN ERMÖGLICHEN LÖSUNGEN IN PREISVERHANDLUNGEN

Kommen wir hier noch einmal auf das Thema ZOPA zurück: In Preisverhandlungen sind Situationen kritisch, in welchen die »Ausstiegspreise« beider Seiten so weit auseinanderliegen, dass sich dazwischen keine ZOPA ergibt. In diesem Fall ist eine Verhandlungslösung nur dann möglich, wenn neben dem Preis möglichst viele weitere Interessen der Verhandlungspartner berücksichtigt werden (siehe Harvard-Prinzip 3). Dies funktioniert dann am besten, wenn diese Zusatz-Interessen keinen klar erfassbaren monetären Wert haben, sondern andere Bedürfnisse der Verhandlungspartner befriedigen (Sicherheit, Anerkennung, Sichtbarkeit am Markt usw.).

Der Leitsatz hierfür lautet: Was kann ich dem Verhandlungspartner bieten, was für diesen einen hohen (nicht-monetären) Wert hat und was mich relativ wenig kostet (siehe hierzu auch den Abschnitt 7 Interkulturelle und internationale Verhandlungen: das chinesische Strategem »Einen Backstein hinwerfen, um einen Jadestein zu erlangen« beschreibt dieses Vorgehen; siehe hierzu auch Nasher 2015, S. 145). Wenn z. B. eine IT-Organisation für ihre Software eine lange kostenfreie Wartung als Zusatz-Nutzen bietet, wird dieser Service die IT-Organisation in der Regel viel weniger kosten als der Preis, den der Käufer am Markt zahlen müsste, um sich die Wartung extern einzukaufen. Zugleich erfüllt dies ein essenzielles Bedürfnis des Käufers, welches schwer mit Geld aufzuwiegen ist: Das zuverlässige Funktionieren seiner IT.

Das Beispiel und die Abbildung 4.9-2 machen deutlich: Der Preis – also Geld – steht oft im Mittelpunkt von Verhandlungen. Vielfach ist aber auf der reinen Preis-Ebene keine Lösung zu finden. Diese ist erst dann möglich, wenn den Verhandlungspartnern bewusst wird, dass Preise und Geld nur eines von vielen Interessen ist – auch in Preisverhandlungen.

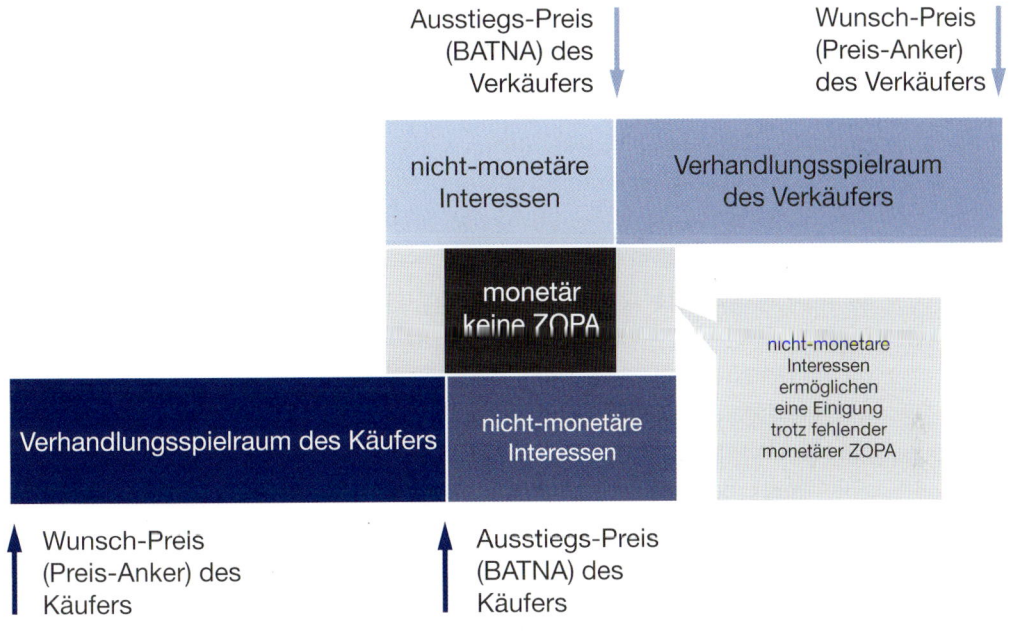

Abb. 4.9-2: Negative monetäre ZOPA und Erweiterung durch nicht-monetäre Interessen

In vielen Ausschreibungsverfahren wird die Chance, durch Erkundung und durch Kombination unterschiedlicher – auch nicht monetärer – Interessen ein Win-Win zu erzielen, vertan: Die verschiedenen Verhandlungspunkte kommen nicht gleichzeitig auf den Tisch, sondern es werden Listen abgearbeitet und jeder Posten wird einzeln verhandelt: Erst der Preis, dann der Liefertermin, dann der Service-Umfang usw., um die Vergleichbarkeit der Angebote herzustellen. Die Folge ist dann »ein Haufen fauler Kompromisse«, weil je Position ein Kompromiss ausgehandelt wird, also erst beim Preis, dann beim Termin usw., statt zu erkunden, welche Chancen die Kombination und Gesamtgewichtung aller Interessen ergeben könnten (Nasher 2013, S. 148 f.).

 Beispiel: Im Projektbeispiel erkennen Sie, wie das 3. Harvard-Prinzip konkret Anwendung findet.

1. Vermeiden Sie das Feilschen um Positionen
- Hätten sich beide Verhandlungspartner auf einen klassischen Positionskampf eingelassen, wäre schnell die Beziehung zwischen ihnen beschädigt worden:
- Der Projektmanager hätte die baldige Nutzung der Fertigungsstraße für sein Projekt gefordert und der Produktionsleiter hätte ihn auf das Antrags-

verfahren verwiesen oder zunächst die Nutzung völlig verwehrt mit Verweis auf Produktionsengpässe etc.
- Danach hätte keine kreative Lösungsfindung für ein Win-Win mehr erreicht können.
- Einer der Partner wäre als »Verlierer« aus dem Kampf gegangen, schlimmstenfalls hätten sich beide als Verlierer gefühlt, was bereits die nächste Verhandlungssituation belastet hätte ...

2. Erkundung von Interessen und Bedürfnissen
- Stattdessen erkunden die Verhandlungspartner im Gespräch ihre Situation und finden dabei ihre Interessen und Bedürfnisse heraus:
- Der Projektmanager berichtet, dass er Zeitdruck bei der Fertigstellung des Messeartikels hat, dass er die Produktionsstraße eher benötigt als geplant, dass der Zeitdruck bei ihm Stress bewirkt etc.
- Der Produktionsleiter erzählt u.a., dass er mit seinen Produktionsrückständen kämpft und eine zu geringe Maschinenkapazität hat, er berichtet aber auch, dass einer seiner Mitarbeiter in Rente geht und seinen Abschied feiern will. Dabei wird deutlich, dass auch der Produktionsleiter ein Problem hat: Er will seinem Mitarbeiter die Verwirklichung seines Wunsches nach einer Abschiedsfeier am Arbeitsplatz ermöglichen, darf aber den damit verbundenen Arbeitsausfall nicht hinnehmen.

3. Unterschiedlicher Charakter von Positionen und Interessen
- Das Beispiel zeigt auf, dass die »sachlichen« Positionen (»Ich benötige die Produktionsstraße zum Datum x!«) oft keinen direkt erkennbaren Bezug haben zu den dahinterliegenden Interessen (»mein Projekt soll fristgemäß fertig werden«) und vor allem zu den darunter liegenden Bedürfnissen, die schließlich eine Lösung ermöglichen.
- Diese liegen hier auf der emotionalen Ebene (»den Druck loswerden« beim Projektmanager; Dankbarkeit für die Loyalität eines Mitarbeiters, innerer Zwiespalt etc. beim Produktionsleiter).

2.4 HARVARD-PRINZIP 4: FINDEN SIE WIN-WIN-OPTIONEN

Wenn Sie die Interessen und Bedürfnisse beider Seiten ermittelt haben, die hinter den Verhandlungspositionen stehen, sollten Sie versuchen, diese zu Lösungsoptionen für eine Einigung zu kombinieren.

Dabei sollten Sie möglichst viele und möglichst unterschiedliche Modelle für ein Abkommen entwickeln, um Wahlfreiheit für beide Seiten zu schaffen. Hierfür ist es notwendig, Kreativität zu entwickeln. Deshalb benötigt diese Verhandlungsphase möglichst viel Freiraum. Jetzt gelten die Regeln für Kreativität, z. B. Brainstorming. Betrachten Sie das zu lösende Problem von außen und aus unterschiedlichen Blickwinkeln. Sehr hinderlich sind in dieser Phase Kritik, Zeitdruck oder die Annahme, es gäbe nur die eine »richtige« Lösung.

2.4.1 WIN-WIN ALS MASSSTAB FÜR LÖSUNGSOPTIONEN

In vielen Fällen lassen sich Optionen finden, die für beide Seiten vorteilhafter sind als ein schlichter Kompromiss. Die Harvard-Wissenschaftler prägten hierfür den Begriff »Win-Win«: Verhandlungen sind dann optimal, wenn beide Seiten gewinnen und wenn die Verhandlung für beide einen größeren Nutzen schafft, als wenn sie nicht verhandelt hätten (d.h. besser ist als ihre BATNA). Anders als beim »Nullsummenspiel« ergibt sich in den meisten Verhandlungen die Möglichkeit, nicht einfach den vorgefundenen »Kuchen« aufzuteilen, sondern gemeinsam »den Kuchen zu vergrößern«, d.h. für beide Seiten einen zusätzlichen Nutzen zu schaffen.

Beispiel. Das klassische Harvard-Beispiel hierfür ist die Geschichte von den zwei Schwestern: Beide feilschen miteinander um eine Orange. Nach langem Streit teilen sie schließlich die Frucht und gehen ihrer Wege. Die eine beginnt nun, nur die Schale zu raspeln, um damit einen Kuchen zu backen, die andere isst nur das Fleisch und wirft die Schale weg. Beide hielten ihre jeweilige Absicht aber für so selbstverständlich, dass sie es nicht für notwendig erachteten, sie vorab zu kommunizieren. Bei vorherigem Austausch ihrer Interessen hätte sich für beide eine naheliegende Win-Win-Lösung ergeben statt einer einfachen Aufteilung (Fisher, Ury, Patton 1999, S. 90).

Ist ein Win-Win nicht möglich, weil Nachteile in Kauf genommen werden müssen, können Sie analog eine »Pain-Pain«- oder »Burden-sharing«- Strategie einsetzen (»geteiltes Leid ist halbes Leid«), statt in einem Positionskampf den »schwarzen Peter« hin und her zu schieben. Oder Sie verhandeln gemeinsam um Pakete, die für jede Seite sowohl Vorteile als auch Nachteile in ausgewogenem Umfang enthalten.

2.4.2 INTERESSEN-UNTERSCHIEDE SCHAFFEN NUTZEN

Um Win-Win-Optionen zu erreichen, sind unterschiedliche Interessen hilfreich. Alles, was die eine Seite hat oder will und die andere nicht, oder was von der einen Seite hochgeschätzt wird und von der anderen nicht, beinhaltet eine Möglichkeit, wechselseitigen Nutzen zu erzeugen. Solche Unterschiede sind etwa:

- Austausch-Beziehungen: Auf diesem Prinzip beruhen Verkäufe; Beispiel: Ein Lieferant will einen guten Preis, das Projekt braucht gute Materialqualität; der Lieferant will das Geld, das Projekt das Material …

- Unterschiedliche Ressourcen: Sie ermöglichen unterschiedliche Handlungsfelder und eine Kombination der Ressourcen beider Seiten weitet das gemeinsame Handlungsfeld aus. Wer nur einen Hammer hat, kann schlecht Nägel ziehen, wer eine Zange besitzt, kann keine Nägel einschlagen. Gemeinsam könnten beide mehr …

- Arbeitsteilung, Spezialisierung und unterschiedliche Fähigkeiten: Wenn sich jeweils ein Partner auf eine für beide notwendige Aufgabe, ein Produkt oder eine Dienstleistung spezialisiert, kann er sie günstiger erbringen, als wenn jeder Partner alle Aufgaben oder Produkte selbst alleine erbringen müsste.

- Unterschiedlicher Umgang mit dem Zeitfaktor (Geschwindigkeit, Zeitpunkt, Dauer): Häufig will oder muss ein Partner schneller vorgehen oder benötigt etwas eher als der andere. Dies ermöglicht es dem anderen Partner zu warten und dafür ggf. mehr Qualität zu erhalten etc. Es ist also zu fragen, wie eine Tempo-Veränderung wechselseitig nützlich sein kann.

- Unterschiedliche räumliche Lage und Situation: Beide Partner haben unterschiedliche Ortsvorteile, sind in anderen Märkten präsent. Es ist zu fragen, wie die unterschiedlichen örtlichen Gegebenheiten zum Vorteil beider Seiten genutzt werden können.

- Unterschiedliche Einstellung oder Bereitschaft zum Risiko, ggf. in Verbindung mit dem Faktor Veränderung/Innovation: Große Institutionen können oft besser Risiken abfedern als kleine; kleine Institutionen sind dagegen beweglicher als die größeren, eine Kombination beider Eigenschaften kann für beide nützlich sein.

- Außendarstellung und Öffentliche Meinung: Oft ist es einem Partner wichtiger als dem anderen, gegenüber einer bestimmten Zielgruppe »gut dazustehen« Wer kann den Guten, wer den »Bösen« spielen? Gemeinsam können beide Partner gewinnen.

2.4.3 ERWEITERN SIE DEN LÖSUNGSRAUM

Win-Win-Situationen können auch dann entstehen, wenn Sie Ihren »Horizont erweitern« und den Lösungsraum vergrößern. Dies kann vor allem in zwei Richtungen geschehen: Räumlich und zeitlich.

- Räumliche oder personelle Erweiterung des Lösungsraums: Fragen Sie, ob Sie für die Lösungsoption andere Beteiligte mit einbeziehen können, also weitere Stakeholder, ggf. aus der Linienorganisation, Ihre Kontakte und die Ihres Verhandlungspartners. Sie und Ihr Partner alleine können vielleicht keinen größeren Nutzen generieren, aber durch den Einbezug anderer Personen kann es gelingen (Prinzip des Ringtausches). Eine wichtige Verhandlungstechnik, um die Interessen weiterer möglicher Personen zu erkunden, ist die zirkuläre Fragetechnik (→ Abschnitt 5 Verhandlungstechniken und Kapitel »Persönliche Kommunikation«).

- Zeitliche Erweiterung des Lösungsraums über Vertrauen: In gleicher Weise kann es im Augenblick nicht möglich sein, eine Win-Win-Option zu schaffen. Aber mit Blick auf die Zeitachse könnte sich in der Zukunft eine Möglichkeit ergeben. Der Faktor Vertrauen ermöglicht also eine Erweiterung des Lösungsraums. Um die Interessen und Bedürfnisse Ihres Partners zu ermitteln, sollten Sie auch einen Blick in seine (und Ihre eigene …) Vergangenheit werfen. Gute oder schlechte Erfahrungen bieten Anknüpfungspunkte und ermöglichen Verständnis. Gleichermaßen sollten Sie fragen, in welcher Perspektive er und Sie sich sehen, was Sie erwarten oder befürchten.

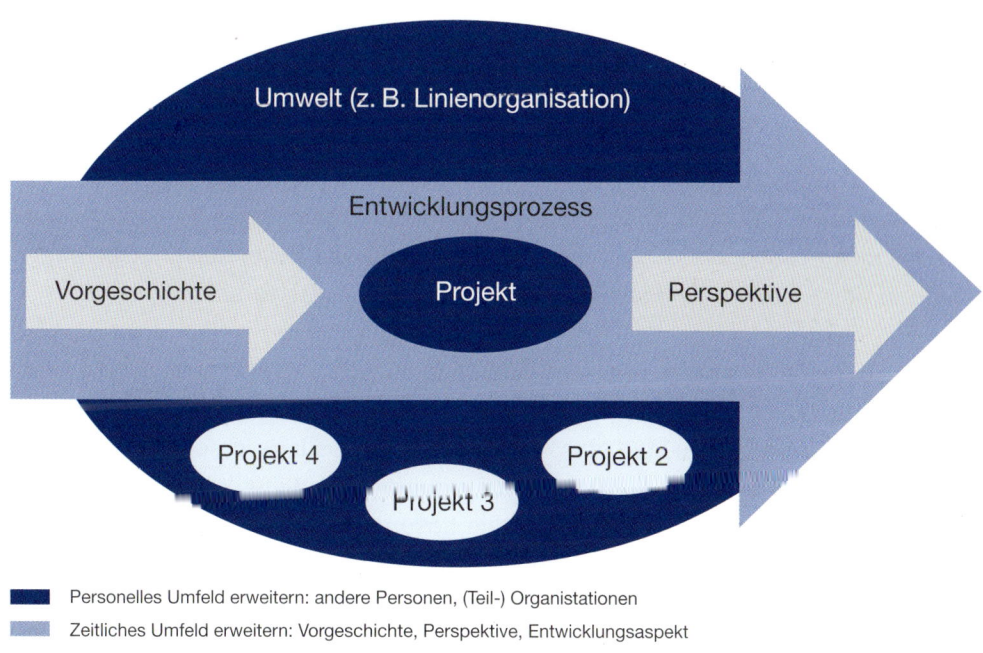

Personelles Umfeld erweitern: andere Personen, (Teil-) Organisationen
Zeitliches Umfeld erweitern: Vorgeschichte, Perspektive, Entwicklungsaspekt

Abb. 4.9-3: Erweiterung des Lösungsraums zur Ermittlung von Win-Win

Beispiel: An dieser Stelle lohnt es sich wieder, einen Blick auf das Beispiel aus dem Projekt zu werfen.

Chance für eine ideale Win-Win-Option:
- Nachdem beide festgestellt haben, dass sich ihre Interessen an einem Punkt komplementär ergänzen, können sie eine Win-Win-Option finden:
- Der Projektmanager erhält zum geplanten Ausstandsdatum für einen Nachmittag bis zum Feierabend die Fertigungsstraße und hat damit bereits jetzt schon die notwendige Maschinenlaufzeit für seine Messeartikel abgesichert. Auch die Feier kann nun, wie gewünscht, stattfinden, denn die Straße ist in dieser Zeit für die normale Produktion nicht zugänglich.

Voraussetzung für diese Lösung:
- Diese Option war nur deshalb möglich, weil die Arbeitsbeziehung einen offenen Austausch zwischen den Verhandlungspartnern ermöglicht hat und weil beide ihre Interessen und Bedürfnisse erkundet und offengelegt haben.
- Die Lösungsoption ist ein Beispiel für eine Austausch-Beziehung: »Maschine gegen Chance zum Feiern«

Die Lösung wurde außerdem nur möglich durch eine Erweiterung des Lösungsraums:
- Der ausscheidende Mitarbeiter kommt als neues Element hinzu (neue Person)
- Die Lösung setzt voraus, dass der Projektleiter bis zur geplanten Ausstandsfeier wartet. Er gewinnt also durch Abwarten Zeit (Zeitfaktor).

2.5 HARVARD-PRINZIP 5: ENTWICKELN SIE KRITERIEN FÜR FAIRNESS

Wenn Sie zusammen mit Ihrem Verhandlungspartner mehrere Optionen für eine Abmachung gefunden haben und nun entscheiden sollen, was Sie vereinbaren oder wie Sie vorgehen werden, brauchen Sie ein möglichst objektives Entscheidungskriterium, warum Sie eine bestimmte Option auswählen sollen und warum diese Option die richtige für beide Seiten ist. Eine Lösungsoption ist nur dann gut, wenn beide Seiten davon überzeugt sind bzw. wenn sie sich als »unwillkürlich« einleuchtend oder selbstverständlich erweist.

Das entscheidende Argument, um diese Überzeugungskraft zu gewinnen, ist die Fairness oder die Legitimität einer Lösung. Fragen Sie sich also: Wie können Sie Ihren Partner (und sich selbst …) davon überzeugen, dass ein bestimmter Lösungsvorschlag oder eine Vorgehensweise für beide Seiten fair ist? Viele Einigungen benötigen diesen fünften Schritt deshalb gar nicht explizit, weil die gefundene Lösung beiden Seiten sofort einleuchtet. Wenn das so ist, erfüllt die Lösungsoption schon von alleine das Kriterium der Fairness.

Andere Verhandlungen sind so beschaffen, dass erst die systematische Bearbeitung von Prinzip 5 den Ansatzpunkt für eine Lösung bietet. Preisverhandlungen laufen z. B. umso erfolgreicher, je konkreter der Preis aufgeschlüsselt wird und je klarer die einzelnen Preise begründet werden, z. B. durch Markt-Übersichten oder detaillierte Kalkulationen.

2.5.1 FAIRE VORGEHENS- UND VERFAHRENSWEISEN

Zunächst ist zu fragen, ob die Vorgehens- und Verfahrensweise für die Verhandlung oder für die Entscheidungsfindung dem Kriterium der Fairness genügt oder ob einer der Partner sich durch das Verfahren überrumpelt fühlen könnte.

- Um ein Stück Kuchen zwischen zwei Personen so aufzuteilen, dass sich am Ende niemand beschweren kann, hat sich z. B. ein einfaches Verfahren bewährt: Der eine schneidet den Kuchen, der zweite wählt das erste Stück.

 Beispiel: Nach diesem Schema sind viele Einigungsprozesse aufgebaut: So ist es in vielen Projektgruppen üblich, dass zunächst die Projektstruktur und die sachliche Aufteilung der Arbeitspakete festgelegt werden, ehe die Verantwortlichkeiten konkret verteilt werden. So wird vermieden, dass sich jeder die »Sahnestückchen« heraussucht.

- Verteilen Sie die Ausarbeitung von kritischen Lösungsvorschlägen gerecht auf beide Partner. Jeder hat nun Interesse, dass auch der andere einen guten Vorschlag ausarbeitet. Die Chance ist hoch, dass beide sich um Fairness bemühen.

- Sehen Sie für jede Ausarbeitung eine Aufteilung vor: Ein Partner erstellt den Vorschlag, der andere hat das Korrekturrecht. Beide Partner sollten gleichmäßig aufgeteilte Ausarbeitungen vornehmen.

- Schlagen Sie für strittige Fragen vor, ein Experten-Urteil, die Entscheidung eines Schlichters etc. einzuholen.

2.5.2 KRITERIEN FÜR EIN FAIRES VERHANDLUNGSERGEBNIS

Sodann ist zu fragen, ob die gewählte Lösungsoption, das erstrebte Verhandlungsergebnis, für beide Seiten fair ist. Hierfür sind Kriterien für Fairness notwendig.

Faire Kriterien liegen im Interesse aller Verhandlungspartner begründet, denn jeder will ja gerecht und nach sachlich nachvollziehbaren Maßstäben behandelt werden.

- Im Idealfall sind Kriterien über eine anerkannte Instanz legitimiert, wie z. B. gesetzliche Vorschriften.
- Normen, Richtlinien, die ICB 4, die GPM, die ISO 9001 … können einen Beurteilungsmaßstab bieten.
- Beziehen Sie sich auf einen Präzedenzfall, einen ähnlichen früheren Verhandlungsfall, ein bereits praktiziertes und als erfolgreich oder praktikabel anerkanntes Verfahren etc. Dies kann auch ein früheres Gerichtsurteil sein.
- Verfahren Sie nach dem Prinzip der Reziprozität: Werden die vorgeschlagenen Kriterien von demjenigen, der sie vorschlägt, auch selbst angewendet?

Beispiel: Wenn eine Immobilienfirma für einen Hausverkauf ein bestimmtes Vertragsformular vorschlägt, sollte geprüft werden, ob diese Firma das gleiche Formular für die eigenen Käufe verwendet. Bei Einforderung von Gleichbehandlung sollte geprüft werden, ob der Verhandlungspartner im eigenen Hause auf Gleichbehandlung achtet etc.

Typische Kriterien für eine faire Übereinkunft können sein:

- Bewährte Praxis
- Branchenüblichkeit
- Benchmarks
- Qualitätssysteme oder -grundsätze
- Der Marktwert (möglichst ermittelt durch anerkannte Institutionen)
- Ein wissenschaftliches oder sachverständiges Gutachten
- Berufung auf beiderseits akzeptierte Werte, wie Gleichbehandlung, Gegenseitigkeit, Tradition etc.

Gerade die Unterschiedlichkeit von Partnern kann sich produktiv auswirken, denn eine faire Behandlung bedeutet nicht immer eine gleiche Behandlung.

Es zeigt sich, dass es oft leichter fällt, sich zunächst über die Kriterien zu einigen, an denen eine spätere Lösung gemessen wird, als über die Lösung selbst. Das liegt daran, dass objektive Kriterien unabhängig vom beiderseitigen Willen sind. Beide Seiten beugen sich also gemeinsam der Vernunft oder der Logik, statt sich dem Willen des Partners zu beugen. In einem solchen Fall sollte also zunächst über das Prinzip 5: faire Kriterien verhandelt werden, ehe eine Lösungsoption gesucht wird.

Prüfen Sie auch, welche Alternativen Sie und Ihr Verhandlungspartner in puncto Fairness haben (Rückgriff auf Harvard-Prinzip 1). Auch mangelhafte Lösungen werden dann leichter akzeptiert, wenn deutlich ist, dass keine fairere Lösungsalternative möglich war.

Beispiel: Abschließend noch ein Blick auf das Beispiel aus dem Projekt.
Kriterien für Fairness **und Legitimität:**
- Die gefundene Lösung bezieht ihre Legitimität grundsätzlich aus dem Prinzip des Tauschhandels: »vorgezogene Maschinennutzung gegen Berechtigung zum Feiern«. Grundlage für einen Tauschhandel sind komplementäre Interessen der Partner.
- Gleichwohl könnten sie abwägen, ob die vorgezogene Nutzung der Produktionsstraße die Chance auf die Feier gerecht aufwiegt. Da beide einen Vorteil erzielen, den sie ohne Verhandlung nicht erreichen würden, hat diese Frage hier eine geringe Bedeutung.
- Sie werden allerdings langfristig darauf achten, dass sich wechselseitig gewährte Chancen die Waage halten (»heute hilfst Du mir – morgen helfe ich Dir«, do ut des etc.).

Vertrauen als Basis für Win-Win-Lösungen:
- Beide Verhandlungspartner haben eine breite Vertrauensbasis, sodass sie nicht explizit über die Fairness ihrer Lösung verhandeln müssen.
- Der Faktor Vertrauen ermöglicht Zeitaufschub beim Interessenausgleich und vergrößert damit wiederum die Austauschmöglichkeiten (positive Rückwirkung auf Harvard-Prinzip 4, Optionen).

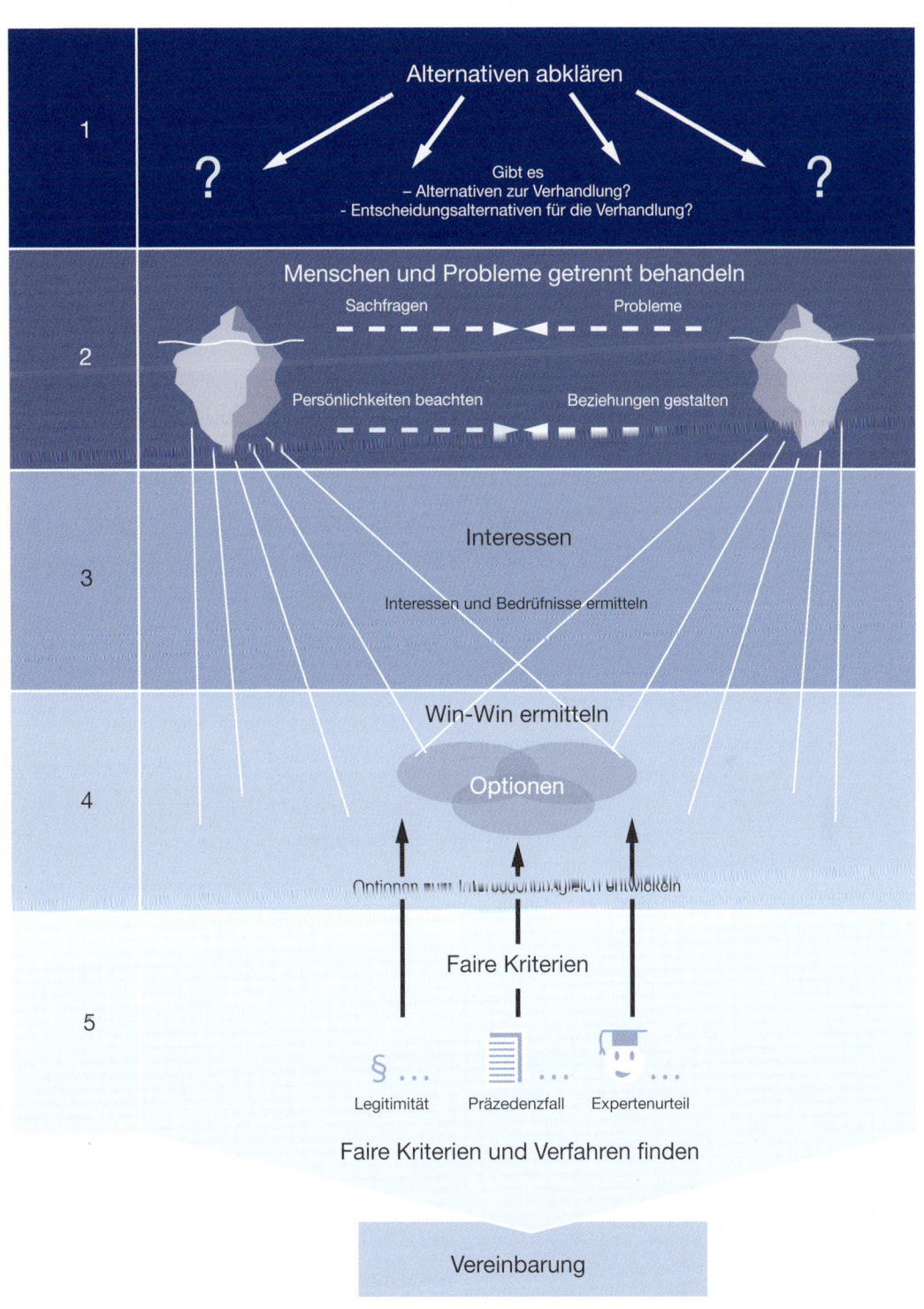

Abb. 4.9-4: Das Harvard-Konzept im Überblick

2.5.3 VERHANDLUNGEN NACH DEM HARVARD-KONZEPT VORBEREITEN UND STRUKTURIEREN

Um Verhandlungsgespräche zu strukturieren und vorzubereiten, können Sie die fünf Prinzipien des Harvard-Konzepts in der hier beschriebenen Reihenfolge nutzen. Das folgende Arbeitsblatt wurde auf Basis eines Formulars im »Arbeitsbuch« zum Harvard-Konzept entwickelt (Fisher, Ertel 2000, S. 24). Sammeln Sie auf einem A4-Blatt Ihre Stichworte zu den genannten Punkten pro Abschnitt 1–6 und nehmen Sie das Blatt in Ihre Verhandlung mit.

Tab. 4.9-1: Arbeitsblatt zur Vorbereitung und Strukturierung von Verhandlungen (in Anlehnung an Fisher; Ertel 2000, S. 24)

Verhandlungsvorbereitung nach dem Harvard-Konzept	
1. Alternativen und BATNA	**2. Beziehungsgestaltung**
<ul><li>Was geschieht, wenn nichts geschieht?</li><li>Was kann ich tun, statt zu verhandeln / statt mit diesem Partner zu verhandeln? Dies für den Fall:<ul><li>wenn eine Verhandlung (mit diesem Partner) nicht möglich / sinnvoll ist.</li><li>oder wenn keine sinnvolle Abmachung (mit diesem Partner) zustande kommt.</li></ul></li><li>Wieviel Bewegungsspielraum habe ich / mein Verhandlungspartner in dieser Sache?</li><li>Wie ist die Macht-Verteilung zwischen mir und meinem Verhandlungspartner?</li><li>Mit welchen anderen Verhandlungspartnern kann ich ähnliche Ergebnisse erreichen?</li></ul>	<ul><li>Was ist mein Verhandlungspartner für ein Mensch?</li><li>Was ist ihm persönlich wichtig?</li><li>Was bedroht sein Gesicht / seine Ehre?</li><li>Wo hat er ein Dilemma? In welchen Entscheidungskonflikten steht er?</li><li>Was kann ich tun, um eine gute Arbeitsbeziehung für die Verhandlung zu schaffen?</li><li>Wo kann ich meinem Verhandlungspartner »goldene Brücken« bauen?</li></ul>
3 A. Meine Interessen	**3 B. Interessen meines Partners**
<ul><li>Warum ich verhandeln will / muss?</li><li>Meine Bedürfnisse</li><li>Meine Rahmenbedingungen und Zwänge</li><li>Meine Hoffnungen</li><li>Meine Befürchtungen</li></ul>	<ul><li>Warum er verhandeln will / muss?</li><li>Seine Bedürfnisse</li><li>Seine Rahmenbedingungen und Zwänge</li><li>Seine Hoffnungen</li><li>Seine Befürchtungen</li></ul>

> **Verhandlungsvorbereitung nach dem Harvard-Konzept**
>
> **4. Optionen für eine Einigung**
>
> - Mehrere mögliche Einigungen!
> - Wo ist »Win-Win« möglich?
> - Wo müssen Nachteile aufgeteilt werden?
> - Wo sind Kompromisse nötig?
>
> **5. Fairness und Legitimität**
>
> - Was begründet die Fairness der Einigungsoptionen?
> - Standards, Präzedenzfälle, Expertenmeinungen …
> - Was wäre ein faires Vorgehen?
>
> **6. Verpflichtung**
>
> - Welche Dinge sollten bei einer Abmachung unbedingt festgehalten und geregelt werden?
> - Wer muss gefragt, wer beteiligt, wer informiert werden?
> - Welche Zwischenlösung wäre sinnvoll, um den Weg zu bereiten (agree to disagree)?

2.6 WEITERE VERHANDLUNGSTHEORIEN

Neben dem Harvard-Konzept haben sich in der Fachliteratur keine vergleichbar umfangreichen Verhandlungstheorien etabliert. Die meisten Verhandlungsexperten bauen in ihren Veröffentlichungen auf dem Harvard-Konzept auf oder variieren es für spezielle Situationen. Ein Beispiel dafür sind die Bücher von Mathias Schranner (Schranner 2001 und 2003), der als ehemaliger Polizei-Verhandler seine Erfahrungen auf Business-Verhandlungen überträgt. Die Delphin-Strategie von Dudley Lynch und Paul Kordis leitet ähnliche Prinzipien für erfolgreiche Kooperation wie das Harvard-Konzept vom Verhalten der Delphine und anderer Tiere ab (Lynch 1996). Eine neuartige Methode, die jedoch aufwendig ist und nur für große Verhandlungen in Betracht kommt, ist die Pendelschlichtung. Ähnlich wie bei der Mediation (→ Kapitel »Konflikte und Krisen«) führt hier ein neutraler Schiedsrichter den Einigungsprozess (siehe Bazerman, Kahneman 2018).

Wichtige Beiträge zum Thema Verhandeln liefert die auf mathematischen Berechnungen und Computersimulationen basierende Spieltheorie, mit dem »Nullsummenspiel« in Verteilungskämpfen und mit dem »Gefangenendilemma« bei der Betrachtung von Gewinn- und Verlust- Chancen in kooperativen Spielen (u. a. Axelrod 2000; zur zusammenfassenden Darstellung siehe Rieck 2015). Hierzu gehören auch das Rubinstein-Verhandlungsmodell und das Nash- Gleichgewicht (Nash 1996), welches u. a. in der Betriebswirtschaftslehre für die Verteilung von Gütern und für die Preisfindung herangezogen wird. Diese Theorien haben insbesondere im E-Business Bedeutung erlangt, z. B. E-Sourcing oder E-Procurement für elektronische Versteigerungen, in deren Rahmen also Software-Agenten statt Menschen agieren. Die Übertragbarkeit auf verhandelnde Menschen wird jedoch infrage gestellt aufgrund der vielen emotionalen und damit – aus mathematischer Sicht – »irrationalen« Einflussgrößen.

Schließlich wäre noch die »Principal-Agent-Theorie« zu erwähnen. Sie untersucht Verhandlungen zwischen Auftraggebern und Auftragnehmern, in denen der Agent (der Auftragnehmer) meist einen Wissensvorsprung gegenüber dem Principal (Auftraggeber) besitzt (siehe hierzu Schreyögg 2003). Der Agent kennt in der Regel die Chancen und Risiken sowie die fachlichen Details des ihm erteilten Auftrags und seine eigenen Handlungsspielräume für die Leistungserbringung viel besser als der Principal und kann diesen dadurch leicht täuschen. Obwohl der Auftraggeber die formal stärkere Machtposition innehat, kann der Auftragnehmer durch diesen Wissensvorsprung ihm de facto überlegen sein. Hier zeigt sich die Überlegenheit der »Macht durch Wissen« und der »Macht durch Informationsvorsprung« gegenüber der »Positionsmacht«. (→ Abschnitt 5.1 Machtbasen – Machtquellen nach French und Raven, Kapitel »Macht und Interessen«).

3 VERHANDLUNGSSTRATEGIEN

3.1 DIE INTEGRATIVE ODER WIN-WIN-STRATEGIE

Das Harvard-Konzept hat mit dem Schlagwort »Win-Win« (Harvard-Prinzip 4) die integrative Verhandlungsstrategie oder kooperative Verhandlungsstrategie maßgeblich geprägt. Anders als bei der distributiven Strategie, bei der auf Basis eines »Nullsummenspiels« die Verhandlungsmasse nur bei einem Kompromiss aufgeteilt wird, verspricht diese Strategie beiden Verhandlungspartnern den höchsten Gewinn. Eine breit angelegte Studie konnte zeigen, dass integrativ agierende Verhandler deutlich effektiver waren als ihre Kollegen, die kompetitiv vorgingen (Schneider 2002).

Win-Win funktioniert aber nur dann, wenn und solange beide Partner bereit sind, aktiv zu kooperieren und sich wechselseitig zu vertrauen. Wenn aber die kooperative Strategie möglich ist, lässt sich damit nicht nur das beste Ergebnis für beide Seiten erzielen, sondern zugleich auch die Beziehung zwischen beiden Seiten optimal festigen. Eine zukünftige Verhandlungssituation hat dadurch die Chance, ebenfalls erfolgreich zu verlaufen (positive Dynamik, positive Verstärkung). Die Win-Win-Strategie ist deshalb dann unumgänglich, wenn die Verhandlungspartner langfristig aufeinander angewiesen sind und wenn mit dem gleichen Partner zukünftige Verhandlungen zu anderen Themen absehbar sind. Die Definition von Verhandlungen in der ICB 4 impliziert, dass die integrative Strategie angewendet wird.

3.2 DIE DISTRIBUTIVE ODER KOMPETITIVE STRATEGIE

Im Gegensatz dazu steht die distributive Strategie oder kompetitive Strategie, der Positions- oder Verteilungskampf zwischen den Parteien, der bestenfalls einen Kompromiss statt eines Win-Win hervorbringt. Diese Strategie wird umgangssprachlich auch als Feilschen charakterisiert. Englischsprachig wird sinngemäß von »bargaining« im Gegensatz zu »negotiating« gesprochen. Beide Aktivitäten, Feilschen oder Verhandeln, folgen unterschiedlichen Regeln und werden im englischen Sprachraum in unterschiedlichen Theorien beschrieben. Wenn zwischen den Verhandlungspartnern kein Vertrauen und keine Kooperationsbereitschaft bestehen, können sie zunächst nur die kompetitive Strategie verfolgen. Dies ist auch der Fall, wenn zwischen den Partnern ein starkes Macht-Gefälle besteht und der machtvollere Partner glaubt, seinen Willen durchsetzen zu können. Bei der kompetitiven Strategie aber ist nicht nur das Verhandlungsergebnis suboptimal, sondern die Beziehung zwischen den Parteien wird meist beschädigt, weil es Gewinner und Verlierer gibt, was für die Zukunft eine negative Dynamik wahrscheinlich macht (Konflikt- Dynamik, »Teufelskreis«). In vielen Fällen besteht aber die Möglichkeit, durch die Verhandlungstaktik »Tit-for-Tat« jeweils nur in kurzen Phasen kompetitiv zu verhandeln, um den Verhandlungspartner durch begrenzte »Gegenschläge« zum Einschwenken auf die kooperative Strategie zu bewegen (s. u.).

Die Abbildung 4.9-5 veranschaulicht den Unterschied zwischen der distributiven und der integrativen Strategie: Beim Verteilungskampf haben die »Gegner« nur die Möglichkeit, sich auf einer Linie zwischen den Extrempositionen (alles für mich oder alles für den Gegner, **1)** und **2)** zu bewegen, um möglichst einen Kompromiss **3)** zu erreichen (distributive Strategie). Je nach Macht der beiden »Gegner« A und B wird das Verhandlungsergebnis dann mehr auf der einen oder der anderen Seite des »gerechten« Kompromisses liegen.

Dagegen gehen die »Partner« bei der integrativen Strategie nach dem Harvard-Konzept genau in der entgegengesetzten Richtung vor: Sie überlegen, ob sie überhaupt verhandeln sollen: **4)**, oder ob sie stattdessen beispielsweise eine günstigere Konstellation abwarten oder nach ihrer BATNA suchen wollen, und sie ermitteln von dieser »Nullposition« aus, welche Voraussetzungen und Rahmenbedingungen geschaffen werden müssten, damit in der Zukunft eine Erfolg versprechende Verhandlungssituation entsteht. Im besten Fall befriedigen sogar beide Seiten alle Interessen (der »Kuchen ist vergrößert«: ganze Orangenschale und ganzes Fleisch: Win-Win-Situation, **5).**

In den meisten Situationen wird sich jedoch keine ideale Win-Win-Lösung **5)** finden lassen, sondern die Lösung wird zwischen dem Kompromiss und der Win-Win-Situation liegen, ggf. je nach Machtverhältnis auch zur Position A oder B verschoben. Wie weit in einer Situation ein Win-Win möglich ist, wird durch die – gestrichelt dargestellte – »Effizienzlinie« in der Abbildung 4.9-5 beschrieben. Wie weit der Machteinfluss die gefundene Lösung nach A oder B verschiebt, kann durch die Positionierung der gefundenen Lösung auf dieser Linie veranschaulicht werden **6)**. In der Abbildung ist ein Fall dargestellt, in dem

A für sich eine bessere Lösung als die reine Aufteilung aushandeln konnte, während für B nur das Kompromissniveau erreicht wird.

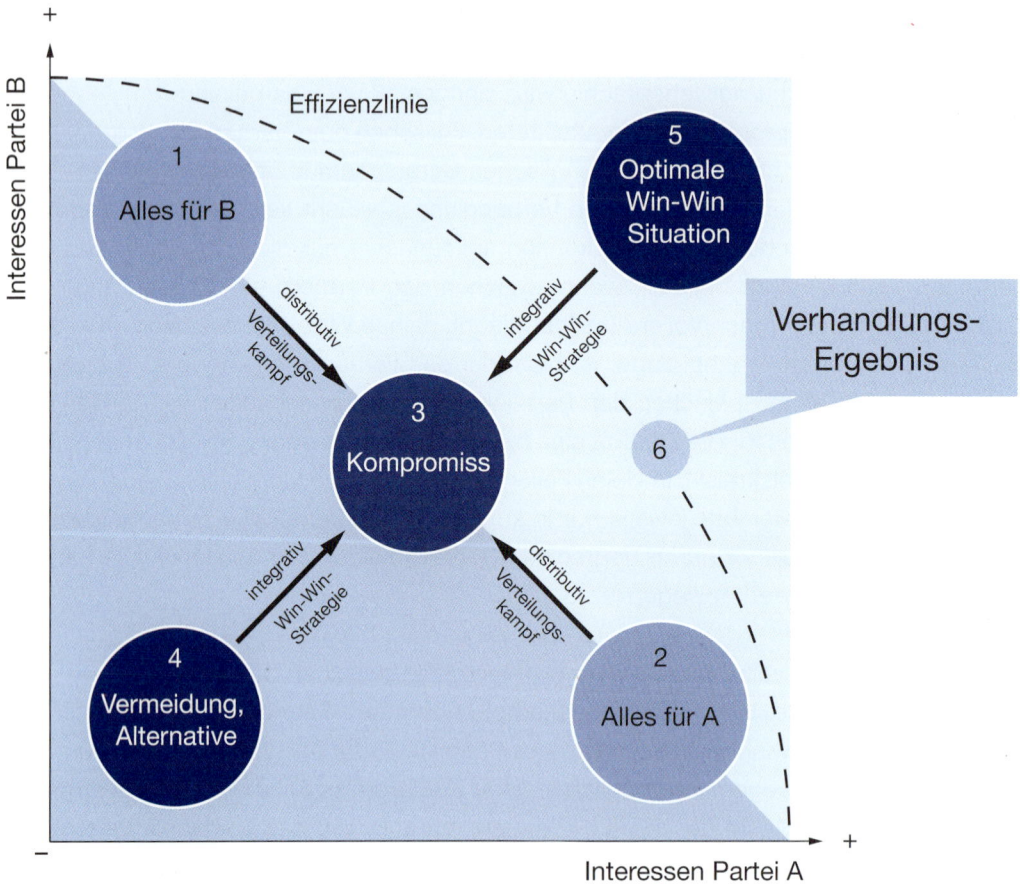

Abb. 4.9-5: Verteilungskampf und Harvard-Konzept (in Anlehnung an Scholl 1993, S. 435)

3.3 DIE DOMINANZ- UND DIE AKZEPTANZ-STRATEGIEN

In der Abbildung 4.9-5 sind auch zwei Unterformen der kompetitiven Strategie erkennbar: Aus Perspektive von Partei B markiert der Punkt 1) die Dominanz-Strategie, die davon ausgeht, dass die eigene Macht-Position so stark ist, dass B seinen eigenen Willen dem Gegner diktieren kann. Diese Strategie nimmt in Kauf, dass die Beziehung zwischen den Parteien zerstört wird. Sie ist daher nur dann sinnvoll, wenn von einem einmaligen »Schlagabtausch« ausgegangen werden kann. Ein riskantes »Alles oder Nichts«, auch verbunden mit Bluff, ist unter dem Stichwort »brinkmanship« bekannt geworden.

Aus Perspektive von Partei A entspricht Punkt 1) dem Gegenteil der Akzeptanz-Strategie oder Nachgiebigkeitsstrategie, die dann sinnvoll ist, wenn sich in der Verhandlung die eigene Position als chancenlos erweist und ein weiteres Ringen nur weitere Nachteile ergeben würde. Dies ist typischerweise dann der Fall, wenn A schlecht vorbereitet in die

Verhandlungen gegangen ist und während der Verhandlung erkennt, dass er über keine Verhandlungsmacht verfügt. Zeitweiliges Nachgeben oder (scheinbare) Akzeptanz kann aber auch als Verhandlungstaktik oder als Trick oder List (s. u.) eingesetzt werden.

3.4 DIE AUFSCHUB-STRATEGIE UND DIE VERMEIDUNGSKOALITION

Weiterhin lässt die Abbildung 4.9-5 in Punkt **4**) die Aufschub-Strategie erkennen. Diese vermeidet Festlegungen, und zwar in der Hoffnung, zwischenzeitlich die eigene Verhandlungsmacht stärken zu können, eine bessere BATNA zu finden, Tatsachen zu eigenen Gunsten zu schaffen, die Arbeitsbeziehung zum Verhandlungspartner im Sinne der kooperativen Strategie weiter zu verbessern oder kreativ nach Win-Win-Lösungen zu suchen usw. Diese Strategie lässt sich mit dem Harvard-Konzept sehr gut verbinden, denn Abwarten und behutsames Vorgehen bilden die Basis für die Entwicklung einer Win-Win-Strategie. Auch kann es sehr nützlich sein, Verhandlungen gerade in problematischen Situationen zu unterbrechen, um in der Verhandlungspause kreative Freiräume zu schaffen (Knapp 2017b, S. 205).

Punkt 4) kann auch für beide (potenzielle) Verhandlungspartner eine stabile Win-Win-Situation auf niedrigem Niveau bilden, wenn nämlich beide einen für sie unbefriedigenden Status quo gezielt bestehen lassen (weder die Interessen von A noch die von B werden erfüllt). Dies ist dann der Fall, wenn beide befürchten, dass jede Veränderung des Status quo zu einer weiteren Verschlechterung der eigenen Position führen würde. Win-Win bedeutet hier, dass man sich nicht zu verändern braucht. Der Preis dafür ist allerdings, dass beide Seiten dann auch keine Fortschritte machen (Lose-Lose). Diese Strategie kann für beide Seiten sehr sinnvoll sein, insbesondere dann, wenn sich Konflikte festgefahren haben und nicht lösen lassen. Beide Seiten halten also durch Passivität einen für sie unbefriedigenden Zustand aufrecht. Diese Konstellation nennt sich »Vermeidungskoalition« und ist nicht nur im Privat- und Arbeitsleben weit verbreitet, sondern bestimmt auch weite Bereiche der Politik.

3.5 STRATEGISCHER AUFBAU VON KOOPERATION IN VERHANDLUNGEN

Zwar gilt die integrative oder kooperative Win-Win-Strategie als optimale Verhandlungsstrategie für alle Seiten. Allerdings ist es schwierig, zum Start einer Verhandlung, in der sich alle Partner zunächst mit Misstrauen begegnen und deshalb zunächst kompetitiv verhandeln, auf die integrative Strategie umzusteuern. Viele Verhandlungen enden deshalb kompetitiv und mit suboptimalen Ergebnissen. Die Forschungen auf dem Gebiet der internationalen Politik, der Diplomatie und des Militärs haben zu Ergebnissen geführt, die auch für Verhandlungen im Geschäftsleben hohe Bedeutung haben. Im Rahmen der Spieltheorie (s. o.) wurde u. a. in Computersimulationen getestet, welche Strategien optimal sind, um – trotz bestehenden Misstrauens – in eine Kooperationsbeziehung zu gelangen (siehe u. a. Axelrod 2000).

3.5.1 VERTRAUENSBILDENDE MASSNAHMEN

Nicht nur in der Politik, sondern auch in der Konflikt-Forschung hat sich seit Jahrzehnten die Beschäftigung mit »vertrauensbildenden Maßnahmen« etabliert (Abschnitt 7 Vertrauen, Kapitel »Beziehungen und Engagement«). Die Harvard-Wissenschaftler raten, während der ersten Verhandlungsrunden die Arbeitsbeziehung so gut wie möglich aufzubauen (siehe Harvard-Prinzip 2) und zunächst »vertrauensbildende Maßnahmen« zu ergreifen, ehe die Verhandlung in die entscheidende Phase geht. Eine ihrer ersten Veröffentlichungen widmet sich dem Vertrauens- und Beziehungsaufbau (Fisher, Brown 1989).

Ähnlich wie beim Tit-for-Tat, der kontrollierten Eskalation (s. u.), ist es möglich, auch in einem Misstrauenskontext Vertrauen aufzubauen, durch kleinschrittige Vorleistungen: Jeder gibt ein kleines Stück seiner Interessen preis und wartet ab, ob der Partner darauf einsteigt und in gleicher Währung zahlt. Anderenfalls schaltet man – kurzzeitig – wieder auf Abschottung. Wenn die Verhandlungen daraufhin ins Stocken geraten, gibt man wieder eine kleine Information preis und signalisiert dem Partner, dass man Gleiches von ihm erwartet usw. Dies geschieht am besten, indem die Verhandlung zunächst über weniger wichtige Themen geführt wird oder indem zunächst Themen besprochen werden, bei denen die Chance auf Offenheit und die Einigungsbereitschaft relativ hoch sind, sodass die Beziehung und das Vertrauen entwickelt werden können.

3.5.2 AGREE TO DISAGREE

Für schwierige Situationen, wenn keine der Verhandlungsparteien dazu bereit ist, den ersten Schritt zu gehen und ein Verhandlungspatt (»Deadlock«) entsteht, wurde das Konzept »agree to disagree« entwickelt. Beide Seiten erklären gemeinsam, dass aktuell keine Einigung möglich ist, bekräftigen aber, dass sie weiter nach Lösungen suchen werden. Damit werden die Harvard-Prinzipien 2 (Beziehung) und 3 (Win-Win) erfüllt und das Watzlawicksche Axiom »Ich kann nicht nicht kommunizieren« kommt zur Geltung: Die Einigung auf die Nichteinigung schafft eine erste Gemeinsamkeit und festigt damit die Beziehung.

 Beispiel: Ein extremes Beispiel für eine solche Verhandlungsstrategie markiert den Beginn der Verhandlungen der sog. »Ostverträge« zwischen DDR und Bundesrepublik seit Ende der 1960er Jahre. Jahrelang prägten eisige Sprachlosigkeit und Druckausübung das Verhältnis zwischen den Verhandlungspartnern, Gespräche blieben weitgehend ergebnislos. Schließlich gelang eine erste Übereinkunft, die im Kern sinngemäß feststellte: »Beide Seiten stimmen darin überein, dass sie grundsätzlich unterschiedliche Standpunkte vertreten« (»agree to disagree«). Auf den ersten Blick scheint dieser Satz keinen Sinn zu machen, auf den zweiten Blick erfasst er kunstvoll eine Gemeinsamkeit, die zwischen den ansonsten vollständig unvereinbaren Positionen bestand. Damit signalisiert dieses erste gemeinsame Papier auch, dass beide Seiten sich in

> ihrer Unterschiedlichkeit ernst nehmen (Stärkung der Beziehungsebene). »Abgrenzung« war zudem ein konkretes Bedürfnis der DDR. Konkret wurde dieser Satz zur Basis für ein ganzes Paket von konkreten Vereinbarungen, die in den folgenden Jahren zustande kamen.

Diese »Politik der kleinen Schritte«, die als Meilenstein der Diplomatie gilt (siehe z. B. Bender 1995), demonstriert zugleich, wie »vertrauensbildende Maßnahmen« (s. o.) funktionieren können.

3.5.3 KOOPERATION DURCH KONTROLLIERTE ESKALATION

Wenn Ihr Verhandlungspartner auf einer kompetitiven und ggf. aggressiven Verhandlungsstrategie beharrt, also keine Informationen über seine Interessen preisgibt, sondern nur (meist übertriebene) Verhandlungspositionen formuliert, seine Verhandlungsmacht ausspielt und Druck aufbaut, können Sie ihn nicht ohne weiteres davon überzeugen, dass eine kooperative Win-Win-Strategie bessere Ergebnisse für beide Seiten erbringen würde. In dieser Situation wäre es auch keine Lösung, auf das kompetitive Verhalten des Verhandlungspartners mit Kooperationsangeboten zu reagieren, denn dieses Verhalten würde vom Gegenüber nur dazu ausgenutzt werden, um sich selbst einen Vorteil zu verschaffen.

In solchen Verhandlungen bewährt sich die Taktik der kontrollierten Eskalation (Tit-for-Tat; Deutsch: wie du mir – so ich dir), die sich aus der Spieltheorie ableitet und auch bei der Konflikt-Deeskalation Anwendung findet. Computersimulationen haben ergeben, dass verschiedene nicht kooperative oder auf Taktik, Täuschung usw. ausgerichtete Strategien dem Erfolgskonzept »Tit-for-Tat« unterlegen waren (siehe hierzu Axelrod 2000; Raberger, Schmidt 2007).

Anders als in der »wilden« Eskalation bedeutet Tit-for-Tat, dass Sie mit einem kleinen kooperativen Schritt in die Verhandlung einsteigen, dann aber, wenn der Partner nicht kooperiert, nur kurzzeitig Härte zeigen, danach aber wieder »unvoreingenommen« Kooperationsbereitschaft signalisieren und einen kleinen kooperativen Schritt auf den Partner zugehen. Sie wechseln also kurzzeitig zwischen der kompetitiven und der kooperativen Strategie hin und her. Wenn der Partner erneut die Kooperation verweigert, reagieren Sie erneut mit einer kurzzeitigen Konfrontation, bieten danach aber wieder sofort einen kleinen kooperativen Schritt an. Der ehemalige Polizei-Verhandler Schranner empfiehlt:

| Ihr Verhandlungspartner zeigt sich trotz Zugeständnissen anhaltend kompromisslos oder geht gegen Sie vor.

| Sie ziehen sich daraufhin auf Ihre Maximalforderung zurück oder wehren sich angemessen gegen einen Angriff.

| Zugleich verdeutlichen Sie, dass Sie weiterhin dann verhandlungsbereit sind, wenn ihr

Partner zur Fairness zurückkehrt, und nennen Ihre Bedingungen für eine faire Einigung. Nun senden Sie deutliche Zeichen, dass Sie auf die Fortsetzung der Verhandlungen warten.

- Gewöhnlich folgt nun eine Bedenkzeit, die für beide Seiten mit Stress verbunden ist. Wenn der Partner nicht mit Kooperation reagiert, wiederholen Sie in angemessenen Abständen Ihr Angebot.
- Wenn nun der Partner zum Verhandlungstisch zurückkehrt, verbietet sich jede Siegerpose oder Überlegenheitsgeste (etwa: »Ich habe doch gewusst, dass Sie vernünftig sind.«)
- »Verhalten Sie sich versöhnlich und kooperativ. Durch Ihre Entschlossenheit haben Sie gezeigt, dass Sie berechenbar und kooperativ sind. Was wollen Sie mehr?« (Schranner 2003, S. 91).

4 PHASENSTRUKTUR VON VERHANDLUNGEN

Kommunikative Prozesse laufen in der Regel nach Mustern ab. Deshalb ist es hilfreich, diese Muster zu kennen und möglichst bewusst zu gestalten. Für Gesprächsabläufe existieren vielerlei Phasenmodelle, wobei die Praxis zeigt: Je einfacher, desto besser. In Anlehnung an das 4-Phasen-Modell (König, Volmer 2008, S. 67) und an das Ist-Soll-Schema können Sie einfache, aber auch komplexe Gespräche und Verhandlungsprozesse in 4 Phasen strukturieren. Teilweise lassen sich die Harvard-Prinzipien in diesen Schritten wiedererkennen. Wie bereits angedeutet, gibt es jedoch keine strenge zeitliche Logik in diesen Prinzipien, wohl aber in den 4 Schritten des Gesprächsablaufs:

4.1 ORIENTIERUNGSPHASE (RAHMEN ÖFFNEN)

In der Orientierungsphase werden die Grundlagen für das Gespräch bzw. den Prozess gelegt und die notwendigen Voraussetzungen geklärt bzw. geschaffen:

- Ist der Raum geeignet, passen die Sitzpositionen, ist Störungsfreiheit gegeben, sind alle notwendige Unterlagen vorhanden usw.? Dies gilt sinngemäß auch für die Vorbereitung auf Verhandlungstelefonate. Klären Sie mit dem Partner ab, bis wann er Zeit hat.
- Die nächste wichtige Aufgabe dieser Phase ist der Beziehungsaufbau zum Gesprächspartner, also Begrüßung, Small Talk und die Herstellung von Rapport (→ Abschnitt 5 Verhandlungstechniken). Sodann sollten Thema und Ziel des Gespräches festgelegt werden: Was steht konkret an? Was muss heute geklärt werden? Vereinbaren Sie eine Tagesordnung und schreiben Sie diese, wenn möglich, auf.

4.2 KLÄRUNGSPHASE (IST-AUFNAHME)

Wenn die Orientierung erfolgt ist, benötigen die Partner wechselseitige Informationen zur Klärung der Ausgangslage (Klärungsphase). In dieser Phase sollten viele Fragen gestellt werden, um die Interessen des Verhandlungspartners und seine Vorstellung von Lösungs-optionen und Fairness-Kriterien zu erfahren. Gleichermaßen sollten Selbstaussagen getroffen werden, um die eigenen Interessen und Vorstellungen ins Gespräch zu bringen. Bei Preis-Verhandlungen wird nach ausreichender Klärung die Preis-Erwartung genannt und damit der »Preis-Anker« gesetzt.

4.3 VERÄNDERUNGSPHASE (SOLL-ENTWICKLUNG)

Auf Basis der Informationen aus der Klärungsphase werden in der Veränderungsphase gemeinsam Lösungs-Optionen und Ideen für Abmachungen entwickelt. Hilfreich ist die Entwicklung von mehreren Optionen oder Alternativen, um Wahlfreiheit zu schaffen. Lösungsvorschläge sollen durch faire Kriterien legitimiert werden. Deshalb muss nun auf kreativen Freiraum und kreatives Denken (→ Kapitel »Vielseitigkeit«) geachtet werden. Erste Formulierungen der Kernsätze für eine Abmachung werden getestet.

4.4 ABSCHLUSSPHASE (RAHMEN SCHLIESSEN)

Die Abschlussphase dient der Ergebnissicherung, aber auch der Beziehungsfestigung und dem Ausblick auf das weitere Vorgehen. Wichtig ist die eindeutige Fixierung der Abmachung, möglichst während des Gespräches bereits schriftlich (in Stichworten). Stollen Sie explizit das Einverständnis aller Beteiligten sicher. Ein Handlungsplan wird entwickelt: Was sind die nächsten Schritte? Welche Aufgaben sind zu erledigen? Checken Sie, ob/wie weit das Verhandlungsziel erreicht ist, ggf. wird eine Liste offener Punkte erstellt und Folgetermine werden vereinbart.

Das Gespräch wird auch auf der Beziehungsebene abgeschlossen, und zwar durch Einholung von Feedback und einen Rückblick auf das Gespräch und die Würdigung der Erfolge. Dies dient der Festigung der Beziehung, um die Umsetzung der Abmachung zu sichern.

Diese Phasen-Struktur gilt auch für Verhandlungen am Telefon, über virtuelle Kommunikation oder für komplexe Verhandlungsprozesse, die sich über einen längeren Zeitraum hinziehen. Nachdem die Orientierungsphase durchlaufen ist, wiederholen sich in vielen Verhandlungen die Phasen 2 und 3 mehrfach, für jeweils unterschiedliche Problemstellungen: Klärung von Aspekt 1, dann Lösungsfindung hierfür, anschließend Klärung von Aspekt 2 mit Lösungsfindung usw. Damit ergibt sich das folgende Schema:

Abb. 4.9-6: Phasenschema für Verhandlungsprozesse und Verhandlungsgespräche (in Anlehnung an König, Volmer 2008, S. 67)

5 VERHANDLUNGSTECHNIKEN

Die ICB 4 erwähnt neben Verhandlungsstrategien auch Verhandlungstechniken. In der Fachliteratur wird dieser Begriff häufig gleichbedeutend mit den Prinzipien des Harvard-Konzepts verwendet. Oft werden hierzu auch die konkreten Kommunikations- und Kreativitätstechniken gezählt, die notwendig sind, um – jenseits aller Theorie – Verhandlungen erfolgreich zu führen (siehe hierzu u. a. Knapp, Novak 2010). Die Kommunikationstechniken werden im Kapitel »Persönliche Kommunikation« behandelt – andere Kapitel, vor allem Kapitel »Beziehungen und Engagement«, vertiefen diese Themen. Kreativitätstechniken sind Thema im Kapitel »Vielseitigkeit«. Deshalb werden hier nur Verweise gegeben.

5.1 KOMMUNIKATIONSTECHNIKEN FÜR VERHANDLUNGEN

- Durch aktives Zuhören eine gute Arbeitsbeziehung schaffen und Informationen aufnehmen und strukturieren.
- Nonverbaler Beziehungsaufbau (Rapport herstellen)
- Facework-Techniken: Wechselseitigen Respekt aufbauen, »goldene Brücken« bauen

- Vermeidung von Kommunikationsbarrieren und eskalierenden Aussagetypen (Killerphrasen, Bewerten, Interpretieren von Äußerungen des Partners usw.),
- Klare Formulierung von Selbstaussagen / Ich-Botschaften: »Mir / uns ist vor allem wichtig …; Mich stört an der aktuellen Situation, dass …, Ich habe den Eindruck, dass …«
- Zielgerichteter Einsatz von Fragetechniken:
  - Geschlossene Fragen, insbesondere für die Gesprächseröffnung, für Ergebnissicherung und für Gesprächsabschluss
  - Offene Fragen in der Klärungs- und Veränderungsphase, um Interessen, Bedürfnisse, Ideen zu Lösungsoptionen und Kriterien zu erfragen
  - Zirkuläre Fragen, um die Haltung anderer Personen ins Gespräch zu bringen, z. B. »Was würde Ihr Chef zu diesem Vorschlag sagen? Was denkt der Einkauf über die Produktion?«
  - Hypothetische Fragen, um Lösungsoptionen zu entwickeln usw.
  - Fokussierungs- und Priorisierungsfragen: »Wie würde diese Verhandlungslösung ganz konkret an einem Beispiel funktionieren? Welche Option motiviert Sie am meisten / was kommt am wenigsten in Betracht?«
- Feedback-Regeln: Beschreiben, ohne zu bewerten usw.
- Erzähl-Techniken (Storytelling): »Das erinnert mich an unsere Verhandlung vor 2 Jahren, wo wir uns folgendermaßen geeinigt haben …«
- Visualisierungstechniken: »Darf ich das mal skizzieren, um es besser zu verstehen …, Könnten Sie mir das skizzieren …«
- Dissoziierungstechniken (»gedanklich auf den Balkon gehen«); sich aus einer Situation zurückziehen, um zu überlegen; Blick von oben aus der Metaperspektive
- Metakommunikation: Der Kommunikationsprozess wird Thema, z. B. »Wir sprechen jetzt schon lange über das, was nicht geht.«
- Gesprächsstrukturierung und Zwischensicherung der Ergebnisse über kurze Zusammenfassungen und Rückbestätigung über geschlossene Checkfragen: »Wenn ich kurz resümiere … Habe ich das richtig verstanden? usw.«
- Gestaltung des Gesprächsabschlusses und Ergebnissicherung; schriftliches Festhalten der erreichten Ergebnisse und der offenen Punkte.

5.2 KREATIVITÄTSTECHNIKEN FÜR VERHANDLUNGEN

- Kreativitätstechniken (z. B. Brainstorming)
- Entwicklung von Lösungsoptionen über Hypothesenbildung (Szenario-Technik, Was-wäre-wenn)

- Perspektivwechsel-Techniken, z. B.: »Was würde ich an Ihrer Stelle sagen? Wie würde ich handeln, wenn ich in Ihrer Rolle wäre? usw.«

- Kopfstand-Techniken, z. B. zur Absicherung von Ergebnissen: »Was dürfte keinesfalls geschehen? Was müssten wir tun, um mit Sicherheit zu scheitern? usw.«

5.3 NUTZUNG DER STAKEHOLDER-, RISIKO- UND CHANCEN-ANALYSE

- Stakeholder-Analyse: Analyse und Bewertung der eigenen Macht und Einstellung sowie der Macht und Einstellung des Verhandlungspartners

- Analyse und Bewertung der weiteren Betroffenen und Beteiligten der eigenen Partei und jener aufseiten des/der Verhandlungspartner/s

- Chancen-Analyse aus der eigenen Perspektive/der Stakeholder auf der eigenen Seite und aus Perspektive des Verhandlungspartners/der Stakeholder seiner Seite, um Win-Win-Optionen und Zusatz-Nutzen (monetär und nicht-monetär) zu identifizieren.

- Risiko-Analyse, um Lösungsoptionen und Verhandlungsergebnisse abzusichern und Absicherungsklauseln in Abmachungen und Verträge zu integrieren.

5.4 DIE »COLUMBO-TECHNIK« ZUR VERHANDLUNGSFÜHRUNG

Natürlich erfordert es viel Übung und Aufmerksamkeit, Kommunikationstechniken, wie aktives Zuhören, Fragetechniken, Selbstaussagen usw., professionell einzusetzen. Eine einfache Metapher kann dies aber sehr erleichtern: Imitieren Sie den bekannten Detektiv »Inspektor Columbo«. Er löst seine Fälle mit meisterhafter Kommunikation, vor allem aber mit seiner »Haltung des Nichtwissens«, die uns von Sokrates bekannt ist, gepaart mit höflichem Understatement. Der Gestalt-Psychologe Nevis stellt Columbo (»unvoreingenommen«) und Sherlock Holmes (»hypothesen-basiert«) als Grundformen für den Erkenntnisgewinn einander gegenüber (Nevis 1980).

Die »Columbo-Technik« (Rückerl 1994, S. 55) wird seitdem häufig als Vorbild für Beratung, Verhandlung und Konflikt-Deeskalation genutzt (zuletzt Nasher 2015, S. 120 und Knapp 2017a, S. 260). Stark vereinfacht, kombiniert die komplexe Kommunikationstechnik aktives Zuhören, Fragetechniken und Feedback mit Rapport, Dissoziierung, Facework, Metakommunikation usw. Aufgrund der »selektiven Wahrnehmung« (→ Kapitel »Persönliche Kommunikation«) hängt unser Verständnis in hohem Grade von unseren Vorannahmen ab. Wir glauben zu wissen, was unser Gesprächspartner meint.

Columbo stellt deshalb – wie Sokrates – immer infrage, ob er sein Gegenüber wirklich verstanden hat: »Ich bin mir noch nicht sicher, ob ich Sie da richtig verstanden habe: Könnten Sie mir das bitte noch einmal erläutern?« Bei Widersprüchen stellt er die Fakten dar, ohne sie zu bewerten: »Gestern haben Sie A gesagt, heute sagen Sie B: Ich bekomme das noch nicht zusammen. Könnten Sie mir bitte helfen?«

Die »Columbo-Technik« ist vor allem für die Klärung von Interessen und Bedürfnissen (Klärungsphase) und für die Präzisierung von Lösungsoptionen (Lösungsphase) von Vorteil und sie unterstützt auch Projektmanager bei der Auftragsklärung. Wie bei allen Kommunikationstechniken ist es wichtig, die »Columbo-Technik« authentisch und mit Wertschätzung anzuwenden, anderenfalls kann sie eskalierend wirken. Außerdem müssen Sie ja keinen Mord aufklären …

6 VERHANDLUNGSTAKTIK

6.1 TAKTIK ALS ELEMENT DER KOMPETITIVEN STRATEGIE

In der Logik des Harvard-Konzepts ist von Taktik nicht die Rede, weil taktisches Vorgehen, was gerne auch mit »trickreich, überlistend« etc. assoziiert wird, dem auf Fairness bauenden Konzept widerspricht. Die Harvard-Prinzipien verstehen sich gerade als Alternative zu traditionellen Verhandlungskonzepten, die durch geschickte Taktiken Vorteile im Positionskampf (Feilschen) zu erzielen suchten. Die Verhandlungstaktik und die kompetitive oder auch die dominante Verhandlungsstrategie stehen demnach in einem engen Zusammenhang zueinander. Beide erwachsen aus dem traditionellen kampforientierten Verständnis von Verhandlungen, dessen Nachteile bereits dargestellt wurden. In den traditionellen Lehrbüchern der Kriegskunst (siehe die chinesischen »Strategeme«) werden Taktiken bisweilen sowohl für den Krieg als auch für die Verhandlung dargestellt. Sobald Fairness als Grundlage für Verhandeln gelten soll, verbieten sich taktische Tricks. Schließlich fällt unfaire Vorgehensweise schnell auf den Urheber zurück und untergräbt dauerhaft die langfristige Geschäftsbeziehung.

Dennoch ist es wichtig, einige grundlegende Verhandlungstaktiken zu kennen, allein schon deshalb, um diese dann zu erkennen, wenn Ihr Verhandlungspartner sie anwendet, und geschickt darauf zu reagieren oder um sie dann einzusetzen, wenn Ihr Verhandlungspartner kompetitiv verhandelt, seine Verhandlungsmacht unfair ausnutzt oder Tricks einsetzt. Einige verbreitete und häufig nützliche Taktiken werden deshalb in den folgenden Absätzen dargestellt.

6.2 DIE »BIG-BROTHER«-TAKTIK

Wenn Sie nicht alleine verhandeln, sondern mehrere Beteiligte direkt oder indirekt Ihre Partei vertreten, können Sie Ihre Verhandlungsmacht erhöhen (Keydel, Knapp 2017, S. 49). Die erste Variante dieser Taktik ist die »höhere Instanz«, die auf Ihrer Seite steht, der »Big Brother«. Mathias Schranner erläutert, wie bei schwierigen Polizei-Verhandlungen stets mehrere polizeiliche Befehlsinstanzen »unsichtbar« hinter dem vor Ort agierenden Verhandler stehen (Schranner 2003, S. 30). Auch in Einkaufsverhandlungen wird der Faktor Hierarchie beim Abschluss von Lieferanten-Verträgen systematisch genutzt.

Stellen Sie Ihrem Verhandlungspartner dar, dass Sie zwar für die Verhandlung ermächtigt sind, aber nach der Verhandlung das Verhandlungsergebnis z. B. Ihrem Chef, dem Lenkungsausschuss usw. zur Zustimmung vorlegen müssen. Erst dann, wenn Sie dort die Genehmigung erhalten, kann der Vertrag unterzeichnet werden. Wichtig ist dabei, dass die »höhere Instanz« nie direkt an der Verhandlung teilnimmt, sondern als eine Art »Gericht« die Ergebnisse prüft. Dadurch erlangt das Harvard-Prinzip 5 (Kriterien für Legitimität) in der Verhandlung besonderen Wert, denn die situativen Faktoren, wie Emotionen, subtile Beeinflussung, Kungelei usw., werden dadurch minimiert. Auch können Sie nach der Verhandlung eine zweite Verhandlungsrunde eröffnen, in der dann der Chef erscheint und seine Position verdeutlicht.

6.3 DAS »GOOD-GUY-BAD-GUY«-SPIEL

Eine andere Variante, um mit mehreren Beteiligten eine günstige Verhandlungsposition zu erreichen, ist das »Good-Guy-Bad-Guy«-Spiel. Um bei Unnachgiebigkeit die Position Ihres Partners aufzuweichen, schlüpfen Sie als Verhandlungsführer in die Rolle eines »Good Guy«, der den Verhandlungspartner vor der ungünstigeren Position des hinter ihm stehenden »Bad Guy« bewahren möchte. Sie verhandeln also eigentlich nicht, sondern agieren wie ein Vermittler. Dieser »Bad Guy« kann künstlich aufgebaut sein, es ist aber dann glaubwürdiger, wenn dieser – zumindest kurzzeitig – in der Verhandlung erscheint und dort seine Maximalposition vertritt (siehe u. a. Schranner 2001, S. 87).

Wie beim zirkulären Fragen holen Sie eine dritte Person in den Aufmerksamkeitsfokus, diesmal jedoch eine Person, die eine Maximalposition einnimmt und hinter Ihnen steht, z. B. Ihren Chef. Indem Sie diese Maximalposition relativieren, grenzen Sie sich von ihr als »gemäßigt« ab und plädieren als »Anwalt« Ihres Verhandlungspartners für einen Mittelweg. Die Maximalposition bleibt dabei als »Worst Case« drohend stehen:

- **Mein Chef** will den gesamten Auftrag mit Ihnen stornieren, denn er empfindet die Preiserhöhung Ihrer Firma als persönlichen Affront. Ich denke, dass er da etwas zu empfindlich reagiert und, dass wir grundsätzlich Verständnis für Ihre Preispolitik haben sollten. Wir sollten aber jetzt überlegen, was wir tun können, um einen Ausweg zu finden und diesen Ärger nicht zu hoch kochen zu lassen …

- **Die Techniker** bestehen eigentlich darauf, den gesamten Maschinenpark auszuwechseln. Das wäre aus meiner Sicht natürlich viel zu teuer und gegenwärtig auch noch nicht notwendig, aber wir sollten überlegen, welche Maschinen jetzt wirklich gewechselt werden müssen, damit die Techniker erst einmal zufrieden sind …

Sie sollten allerdings bei allen Verhandlungen überlegen, welchen Personen gegenüber Sie Ihr Verhandlungsergebnis tatsächlich rechtfertigen müssen. Mit diesen Personen sollten Sie bevorstehende schwierige Verhandlungen durchsprechen und überlegen, welche echten Rücksprachen Sie fest einplanen können, um bei Problemen eine Absicherung zu haben. Schranner empfiehlt für größere Verhandlungen den Aufbau eines Verhandlungsteams mit abgestuften Befugnissen und Berichtspflichten nach dem Vorbild der Polizei (Schranner 2003, S. 30).

6.4 DER PREIS-ANKER

In Preis-Verhandlungen ist es wichtig, zu überlegen, wann und von wem als Erstes der gewünschte Preis genannt werden sollte. Der Preis muss insoweit realistisch sein, dass der Gesprächspartner nicht sofort aus der Verhandlung aussteigt oder den Preis als unsinnig hinstellen kann. Grundsätzlich ist es hierfür wichtig, den eigenen Wunsch-Preis gut zu begründen. Dafür ist die Entwicklung der BATNA wichtig: Sie müssen argumentieren können, über welche anderen Möglichkeiten Sie verfügen, statt sich zu einigen. Das impliziert die Preis-Recherche am Markt und die Klärung der Machverhältnisse (wer ist auf wen angewiesen, wer hat welche BATNA, Harvard-Prinzip 1). Außerdem sollten Sie dazu in der Lage sein, Ihren Wunsch-Preis detailliert aufzuschlüsseln (wie kommt der Preis zustande, wie setzt er sich zusammen usw.?), und ihn mit überzeugenden Kriterien möglichst objektiv zu begründen (Harvard-Prinzip 5).

In der Regel ist derjenige, der als Erster seinen Wunsch-Preis nennt, im Vorteil, denn er setzt dadurch den Maßstab, an dem später eine Einigung »in der Mitte« gemessen wird. Dieser Effekt wird als Setzen des Preis-Ankers bezeichnet (Nasher 2015, S. 193). Die erste genannte Zahl brennt sich ins Gedächtnis ein und prägt die gesamte Verhandlung. Der Verhandlungspartner muss sich nun zu dem genannten Preis äußert und seine Sicht begründen.

Der Preis-Anker darf aber nicht zu früh gesetzt werden, denn zunächst muss die Beziehung ausreichend tragfähig sein und die Interessen müssen gut erkundet sein, damit das Angebot möglichst genau zu den Erwartungen des Partners passt. Wenn Sie jedoch unsicher sind, welchen Preis Sie nennen sollen und keinen Überblick über den Markt haben, sollten Sie abwarten, bis Ihr Gesprächspartner seinen Wunsch-Preis vorschlägt. Sie können sich gegen einen Preis-Anker Ihres Verhandlungspartners wehren, indem Sie viele andere Zahlen in den Raum werfen und dadurch die genannte Zahl relativieren, einen eigenen Preis-Anker nennen und ausführlich begründen usw. Die Big-Brother- und die Good-/Bad-Boy-Taktik helfen auch gegen einen unerwünschten Preis-Anker, indem Sie die Verhandlung unterbrechen und mitteilen, dass nun Ihr Chef erst einmal diese Zahl prüfen muss. Danach kommen dann Sie (oder gleich Ihr Chef) mit einem ganz anderen Preis-Anker zurück.

6.5 DIE CLAIM-GEGENRECHNUNG (COUNTER CLAIM BALANCING)

Diese Verhandlungstaktik basiert auf der bekannten »Gegenhandelsmethode«, bei der jede Bitte um ein noch so kleines Zugeständnis immer mit der Forderung einer möglichst gleichwertigen Gegenleistung ausbalanciert wird (»Wenn ich x geben soll, dann müssen Sie mir y geben«). Diese Methode ist als Counter Claim Balancing vor allem im Management von Investitionsprojekten verbreitet.

Im Zuge des Projekt-Abschlusses werden meist Nachforderungen von beiden Vertragspartnern auf den Tisch gelegt – Claims, die Abweichungen vom vertraglich Vereinbarten zum Grunde haben und aus denen Ansprüche abgeleitet werden. Claims sind dabei keine Vertragserweiterungen oder Abänderungen, die in Absprachen vereinbart wurden und damit Zusätze bzw. Nachträge zum Ausgangsvertrag darstellen, sondern ungeplante Abweichungen vom bestehenden Vertrag. Tenor sollte bei Claim-Verhandlungen immer sein, es nicht zum Gerichtsprozess kommen zu lassen, sondern alle Claims jeweils fair auszupreisen und sie haarklein gegen alle Forderungen der Gegenseite aufzurechnen. Damit kann ein Gleichgewicht oder eine Patt-Situation erzielt werden, wobei alle Prinzipien des Harvard-Konzepts zum Tragen kommen.

7 INTERKULTURELLE UND INTERNATIONALE VERHANDLUNGEN

Das Harvard-Konzept beruht auf der Tradition des westlichen Denkens, auf den leidvollen Lernerfahrungen aus den beiden Weltkriegen und dem Kalten Krieg sowie auf den vielfältigen Forschungsergebnissen der letzten Jahrzehnte. Diese Prägungen können jedoch in vielen Kulturen nicht vorausgesetzt werden. Taktik spielt deshalb in internationalen und interkulturellen Verhandlungen eine große Rolle, vor allem in den Kulturen, in denen der Einsatz von List und Täuschung traditionell weniger geächtet ist als in Europa bzw. in denen erfolgreiche Tricks als »Gunst des Schicksals« gelten.

In China sind seit über 2000 Jahren die »36 Strategeme« als Leitfaden sowohl für Verhandlungen als auch für den Krieg beliebt. Sie lassen sich in die Gruppen »Verschleierung, Vorspiegelung, Enthüllung, Ausmünzung und Flucht« klassifizieren. Die Formulierung der chinesischen Strategeme als kleine Geschichten bietet zugleich ein Beispiel für »Storytelling«:

»Hinter dem Lächeln den Dolch verbergen, den Gegner mit seinem eigenen Messer töten, Ausgeruht den erschöpften Feind erwarten, eine Feuersbrunst für einen Raub ausnutzen, aufs Dach locken um dann die Leiter wegzuziehen, für die Rückkehr der Seele einen Leichnam ausleihen, einen Backstein hinwerfen, um einen Jade-Stein zu erlangen, unter dem Kessel das Brennholz wegziehen ... usw.« (Senger 2016)

Beispiel: Chinesische Verhandlungspartner setzen diese Taktiken sehr bewusst und aktiv ein, wie dieser Bericht eines deutschen Verhandlungsführers zeigt:

»Für die Verhandlungen zu einem Großbau-Projekt reiste eine deutsche Delegation für sieben Tage nach Shanghai. Der Startpunkt der Abschlussverhandlung, am Ende des einwöchigen Verhandlungsmarathons, wurde in den Abend gesetzt und fand nach einem opulenten Abendessen statt. Hierzu ließ der chinesische Verhandlungsführer auch reichlich Alkohol auffahren, der immer wieder freundlich angeboten wurde. Siehe hierzu das Strategem Nr. 10: »Hinter dem Lächeln einen Dolch verbergen«. Ziel ist es, den Verhandlungspartner zu erschöpfen bzw. zu zermürben und dann mit Speis und Trank zu benebeln. Während der Verhandlungen schrieb mindestens ein chinesischer Verhandlungspartner jedes Wort mit. Die deutsche Delegation wurde daraufhin immer wieder mit ihrem eigenen Wortlaut konfrontiert. Alles wurde auf kleinste Widersprüche und Ungereimtheiten hin ausgewertet. So gelang es, unsere eigenen Worte als Waffe gegen uns einzusetzen. Siehe hierzu das Strategem Nr. 3: »Mit dem Messer eines Anderen töten«.

Während der einwöchigen und sehr anstrengenden Verhandlungsmarathons zeigten die Chinesen eine nahezu unerschöpfliche Geduld. Auch brachte die chinesische Seite immer wieder neue frische Verhandlungspartner mit, wohingegen die deutschen Teilnehmer durch die täglichen 10- bis 12-stündigen Verhandlungen ermüdeten. Die Verhandlungspartner waren dadurch stets ausgeruht, die neuen Mitarbeiter brachten jedoch auch neue Ideen mit. Schon getroffene Abstimmungen wurden dadurch wieder zurückgenommen und es wurde erneut über die Sache im Detail verhandelt. Siehe hierzu das Strategem Nr. 4: »Ausgeruht den erschöpften Feind erwarten«.

Aber auch im englischen Sprachraum sind Verhandlungstricks und Taktiken aller Art verbreitet. Brookes systematisiert 201 Taktiken nach zeitlichen Phasen und Einsatzgebieten im Verhandlungsgespräch (Brookes 1997). Dabei kommen vielfältige Manöver für Täuschung, Ablenkung, Beleidigung, die Erzeugung von Druck, auch Zeitdruck, Bluff, Verschleierung, Verführung, Überraschung, Einschüchterung etc. zur Sprache. Nicht zuletzt macht das Verhalten von US-Präsident Trump deutlich, dass selbst im »Mutterland des Harvard-Konzepts« vielfältige Taktiken und kompetitive Verhandlungsstile weiterhin verbreitet sind.

Sie sollten demnach in internationalen und interkulturellen Verhandlungen darauf vorbereitet sein, taktische Tricks oder Mangel an Fairness rechtzeitig zu erkennen, um angemessen gegensteuern zu können. Das sollte aber nicht pauschal, sondern mit Blick auf den konkreten Partner, die konkrete Kultur und die konkrete Verhandlung geschehen, also als Bestandteil einer strategischen Verhandlungsvorbereitung: Was ist der kulturelle Hintergrund meines Verhandlungspartners, welche Anschauungen herrschen vor, auch zum Verhandeln, welche Erfahrungen gibt es aus der Vergangenheit, mit welchen Tricks muss gerechnet werden? Eine gute Stakeholder-Analyse und die Konsultation von Experten zur jeweiligen Landeskultur schützen auch hier vor bösen Überraschungen.

Man braucht aber meist nicht allzu weit zu schauen, um Verhandlungstricks zu begegnen. Schließlich begegnen uns auch im Alten Testament und in den Tier-Fabeln von Äsop vielfältige Tricks, um den Gegner zu überlisten, wie beispielsweise die Geschichte vom Fuchs und dem Raben. In vielen Kulturen gibt es auch nicht nur Traditionen von List und Täuschung, sondern auch umfangreiche Traditionen für den Beziehungsaufbau und für das bessere Kennenlernen des Partners vor der Verhandlungsführung. Nicht nur im asiatischen Raum ist es üblich, dem künftigen Verhandlungspartner ausgiebig die Heimatstadt zu zeigen und gemeinsam Gaststätten und Kulturveranstaltungen zu besuchen. Aus Japan werden der gemeinsame Besuch von Karaoke-Veranstaltungen und ausgiebige Tee-Zeremonien berichtet usw.

? WIEDERHOLUNGSFRAGEN

- Was sind typische Verhandlungssituationen im Projekt?
- Was bedeutet BATNA und warum ist dies so wichtig in Verhandlungen?
- Was sind Formen von Verhandlungsmacht und wie können Sie Ihre Macht stärken?
- Was bedeutet ZOPA und was ist der Unterschied zur BATNA?
- Wie zeigen sich Status-Unterschiede in Verhandlungen?
- Was bedeuten Gesichtswahrung und Facework und wie baut man eine »goldene Brücke«?
- Welche Aktivitäten tragen dazu bei, eine gute Arbeitsbeziehung aufzubauen?
- Was ist der Unterschied zwischen Verhandlungspositionen und dahinterliegenden Interessen und Bedürfnissen?
- Welche Möglichkeiten gibt es, um Win-Win-Optionen zu schaffen?
- Wie können Sie Ihren Verhandlungspartner von der Fairness einer Lösungsoption überzeugen?
- Was unterscheidet die integrative von der kompetitiven Verhandlungsstrategie?
- Wann ist welche Verhandlungsstrategie anzuwenden?
- Was kennzeichnet die Effizienzlinie in Verhandlungen?
- Was können die Vorteile eines Aufschubs und einer Pause in Verhandlungen sein?
- Wie erfolgt der Aufbau von Vertrauen in Verhandlungen?
- Was bedeutet »Agree to disagree« und wann sollte man es anwenden?
- Aus welchen Elementen besteht die Tit-for-Tat-Strategie und was ist dabei zu beachten?
- Nach welchen Phasen lassen sich Verhandlungsgespräche und -prozesse strukturieren und was sind die wesentlichen Aktivitäten dieser Phasen?
- Was sind die wichtigsten Verhandlungstechniken und in welche Gruppen lassen sie sich einteilen?
- Was sind typische Verhandlungstaktiken und was ist ein Strategem?
- Welche Probleme können durch Verhandlungstaktiken entstehen?
- Was ist der Unterschied zwischen der Big-Brother- und der Good-Guy-Bad-Guy-Taktik?
- Was ist der Preis-Anker und was ist der richtige Zeitpunkt, um einen Preis zu nennen?
- Was ist bei internationalen und interkulturellen Verhandlungen zu beachten?

LITERATURVERZEICHNIS

Verwendete Literatur

Axelrod, R. (2000): Die Evolution der Kooperation. München: Oldenbourg Verlag.

Bazerman, M. H.; Kahneman, D. (2018): Zwang zur Fairness. In: Harvard Business Manager (2018), S. 16–20.

Bender, P. (1995): Die ›Neue Ostpolitik‹ und ihre Folgen: Vom Mauerbau bis zur Wiedervereinigung. München: dtv.

Brookes, M. (1997): The Negotiator's Tactic Bank – 201 powerful negotiation tactics. London: Wyvern Crest Publications.

Brooks, A. W. (2018): Verhandeln mit Gefühl. In: Harvard Business Manager (2018), S. 38–45.

Fisher, R.; Brown, S. (1989): Gute Beziehungen. Die Kunst der Konfliktvermeidung, Konfliktlösung und Kooperation. Frankfurt/M: Campus.

Fisher, R.; Ertel, D. (2000): Arbeitsbuch Verhandeln. Frankfurt/M: Campus Verlag; Erst-auflage: Fisher, R.; Ertel, D. (1995): Getting ready to negotiate. London: Penguin Group.

Fisher, R.; Shapiro, D. (2007): Erfolgreicher verhandeln mit Gefühl und Verstand. Frankfurt/M.: Campus Verlag; Original: Fisher, R.; Shapiro, D. (2005): Beyond Reason: Using Emotions as You Negotiate. New York: Viking/Penguin.

Fisher, R.; Ury, W.; Patton, B. (1999): Das Harvard-Konzept. Sachgerecht verhandeln – erfolgreich verhandeln. 18. Auflage. Frankfurt/M: Campus Verlag (dies ist die Auflage, aus der hier zitiert wird); Erstauflage: Fisher, R.; Ury, W., Patton, B. (1981): Getting to Yes: Negotiating an agreement without giving in. London: Penguin Group. Aktuell ist auf deutsch die 24. Auflage erhältlich (2013).

Goffman, E. (1986): Interaktionsrituale: Über Verhalten in direkter Kommunikation Berlin: Suhrkamp Verlag.

Harvard Business Manager (2018): Themenheft Erfolgreich verhandeln. Edition 1/2018. Hamburg: Verlag Manager Magazin.

Johnstone, K. (1993): Improvisation und Theater, Berlin.

Keydel, B.; Knapp, P. (2017): Co-Verhandeln: stärker zu zweit. in: Knapp (Hrsg.) (2017c), S. 49.

Knapp, P. (2017a): Der Columbo-Effekt, in: Knapp (Hrsg.) (2017c), S. 260.

Knapp, P. (2017b): Die Pause als Ressource in der Verhandlung, in: Knapp (Hrsg.) (2017c), S. 205.

Knapp, P. (Hrsg.) (2017c): Verhandlungs-Tools: Effiziente Verhandlungstechniken im Business-Alltag. Bonn: ManagerSeminare.

Knapp, P.; Novak, A. (2010): Effizientes Verhandeln. Konstruktive Verhandlungstechniken in der täglichen Praxis. 3. Auflage. Hamburg: Windmühle, Arbeitshefte Führungspsychologie Bd. 55.

König, E.; Volmer, Gerda (2008): Handbuch Systemische Organisationsberatung. Weinheim: Beltz Verlag.

Lynch, D. (1996): Delphin Denken. Gewinn mit Gehirn. Freiburg: Rudolf Haufe Verlag.

Nash, J. (1996): Essays on Game Theory. Cheltenham: Edward Elgar Publishing.

Nasher, J. (2013): Deal!: Du gibst mir, was ich will! Frankfurt/M: Campus Verlag.

Nevis, E. C. (1980): Gestalt Awareness Process in Organizational Assessment, Cambridge, Falzer, G. (Übers.): Gestalt-Awareness-Prozess in der Organisationsdiagnose oder Sherlock Holmes und Columbo als Organisations-Detektive, In: Gruppendynamik. 1983/4. S. 359–368.

Paranikas, P.; Whiteford, Grace P.; Tevelson, Bob; Belz, Dan (2018): Wie Sie mit mächtigen Lieferanten verhandeln. In: Harvard Business Manager (2018), S. 22–26.

Raberger, G.; Schmidt, C. (2007): Projektpartnerschaften oder »Collaborative Working«. Projektstrategien für das 21. Jahrhundert, in: Projektmanagement Aktuell, 4/2007, S. 32–38.

Rieck, C. (2015): Spieltheorie: Eine Einführung. 14. Auflage, Delmenhorst: Verlag Rieck.

Rubinstein, A. (1982): Perfect equilibrium in a bargaining model. In: Econometrica 50.1 (1982), S. 97–110.

Rückerl, T.: NLP in Stichworten. Paderborn: Junfermann.

Schneider, A. K. (2002): Shattering negotiation myths: Empirical evidence on the effectivenes of negotiation style. in: Harvard Law Review Vol. 7, S. 143–233.

Schranner, M. (2001): Verhandeln im Grenzbereich. Strategien und Taktiken für schwierige Fälle. Berlin: Econ-Verlag.

Schranner, M. (2003): Der Verhandlungsführer. Strategien und Taktiken, die zum Erfolg führen. München: Ecowin Verlag.

Schreyögg, G. (2003): Organisation. Grundlagen moderner Organisationsgestaltung, 4. Auflage Wiesbaden.

Senger, H. v. (2016): 36 Strategeme für Manager. München: Carl Hanser Verlag.

Ting-Toomey, S. (1994): Challenge of Facework: Cross-Cultural and Interpersonal Issues. Suny Series in Human Communication Processes, State University of New York Press.

Yarn, D. H. (1999): Dictionary of Conflict Resolution, San Francisco: Jossey Bass Wiley.

Internetquellen

Loriot (Bernhard-Viktor Christoph-Carl von Bülow): Badewanne, Müller-Lüdenscheidt und Dr. Klöbner, »Sie lassen jetzt die Ente zu Wasser«, https://www.youtube.com/watch?v=4pTITcV-Se8 [abgerufen am 10.7.2018].

Weiterführende Literatur

Erbacher, C. E. (2010): Grundzüge der Verhandlungsführung (vdf Management) Vdf Hochschulverlag Zürich, 3. Auflage.

Fritzsche, T. (2015): Souverän verhandeln: Psychologische Strategien und Methoden. Verlag Hogrefe, 2. Auflage.

Kreggenfeld, U. (2014): Erfolgreich systemisch verhandeln: Ganzheitliche Verhandlungsstrategien – Checklisten – Anwendungsbeispiele. Springer Gabler Verlag, Wiesbaden.

Kreggenfeld, U. (2010): Verhandeln^2: Systemische Verhandlungskompetenz für eine komplexe Welt. Cornelsen Verlag Scriptor Berlin.

Lewicki, R. J.; Hiam, A.; Wise Olander, K. (1998): Verhandeln mit Strategie. Das große Handbuch der Verhandlungstechniken, Midas-Verlag Zürich.

Racine, J. (2006): Projektmanagement ist Verhandlungsmanagement, in: Projektmanagement Aktuell, 3/2006, S. 26–33.

Rosner, S.; Winheller, A. (2012): Mediation und Verhandlungsführung: Theorie und Praxis des wertschöpfenden Verhandelns – nicht nur in Konflikten (Systemische Organisationsberatung und Aktionsforschung), Hampp Verlag, Mering.

Schmitz, R.; Spilker, U.; Schmelzer, J. (2006): Strategische Verhandlungsvorbereitung: Ein Leitfaden mit Arbeitshilfen Wie Sie Ihre Ziele in 5 Schritten sicher erreichen. Gabler Verlag Wiesbaden.

Sorge, G. (2014): Verhandeln im Einkauf: Praxiswissen für Einsteiger und Profis. Springer Gabler, Heidelberg.

Wannenwetsch H. (2013): Erfolgreiche Verhandlungsführung in Einkauf und Logistik: Praxisstrategien und Wege zur Kostensenkung – für Einkauf, Logistik und Vertrieb (VDI-Buch). Springer Vieweg, 4. Auflage, Heidelberg.

Website der Harvard Law School, Program on Negotiation (PON):
Das PON ist die Fortsetzung und Erweiterung des 1979 von Roger Fisher (1922–2012) gegründeten Harvard Negotiation Project (HNP) und veröffentlicht die Vierteljahresschrift *Negotiation Journal* und monatlich den *Negotiation Briefings Newsletter*, und die annual *Harvard Negotiation Law Review* (https://www.pon.harvard.edu/). Im dortigen Store finden sich Bücher, Videos, Fallstudien, neue Forschungsergebnisse usw. zum Thema Verhandeln und Konflikt (https://www.pon.harvard.edu/store/).

4.10 ERGEBNIS-ORIENTIERUNG

Autor: Siegfried Haarbeck

Siegfried Haarbeck ist seit über 20 Jahren leidenschaftlicher Projektmanagement-Trainer und Berater (APROPRO Haarbeck Projektmanagement), mehrfach ausgezeichnet als Best-in-Class-Trainer. Er arbeitet mit Methoden der Moderation, Kreativität und Agilität mit hoher Wertschätzung für PM-Profis und Einsteiger. Er berät Unternehmen und coacht Führungskräfte nach dem Leitmotiv »Projekte auf den Punkt bringen«. Als überzeugter PM-Netzwerker leitet er die GPM-Regionalgruppe Thüringen.

Co-Autor: Johannes Voss

Dipl.-Ing. (FH) Johannes Voss ist Geschäftsführer des auf Projekt- & Prozessmanagement spezialisierten Beratungs- und Weiterbildungsanbieters VOSS CONSULTING GmbH in Würzburg und München. Mehr als 20-jährige Projekt-, Führungs-, Beratungs- und Trainingserfahrung. IPMA Level B zertifiziert, zertifizierter Projektmanagement-Trainer (GPM), Autorisierter Trainingspartner der GPM.

INHALT

Einleitung 965

Erfolgsfaktoren 968
    Erfolgsfaktoren für das Projekt nutzen 968
    Die Rolle der eigenen Organisation 971
    Erfolgsfaktoren im agilen Umfeld 972
    Erfolgsfaktoren in internationalen Projekten 973

Der Projektmanager 974
    Erforderliche Kompetenzen des Projektmanagers 974
    Verhaltensweisen für Projektmanager 975

Effektivität und Effizienz 976

Willenskraft als Voraussetzung für erfolgreiches Handeln . . 977

Das Big Picture als Methode der Ergebnisorientierung 979
    Vorgehensweise 979
    Darstellung und Inhalte des Big Pictures 981
    Beispiele für Big Picture-Darstellungen 982
        Roadmap 982
        Kontextmodell 983
        Projekt Canvas 983
        Projekt-System-Struktur-Modell 984

Handlungsebenen der Ergebnisorientierung 985
    Die soziale Ebene 985
    Die methodische Ebene 986
    Die Produkt- bzw. Marktebene 987

Die Kompetenzindikatoren der ICB 4 988
    Entscheidung und Handlung sind auf den Projekterfolg ausgerichtet 988
    Bedürfnisse und Mittel abstimmen 989

Gesunde und sichere Arbeitsumgebung schaffen	989
Das Projekt verkaufen	990
Ergebnisse liefern und Akzeptanz erhalten	992

Kleine Methodenliste für die Ergebnisorientierung 992

Wiederholungsfragen 993

Literaturverzeichnis 994

1 EINLEITUNG

»Konzentriere dich, fokussiere dich und dein Projektteam und bringe es ins Ziel«. Salopp gesagt: »Bring dein Projekt zum Erfolg«. Hinter diesen Aussagen, die wohl jeder Projektmanager kennt, steht der Begriff Ergebnisorientierung. Ergebnisorientierung berührt alle drei Kompetenzfelder des Projektmanagements, Perspective, People und Practice und stellt somit eine bedeutende Querschnittsfunktion dar.

Ergebnisorientierung = Königsdisziplin im Projektmanagement.

Der Einfluss der Ergebnisorientierung auf den Projekterfolg ist sehr groß. Eine erfolgsorientierte Haltung und ein erfolgsorientiertes Vorgehen liegen in der Verantwortung eines jeden Teammitglieds, besonders in der Verantwortung des Projektmanagers. Im Kern wird der Projektmanager genau dafür eingestellt (und bezahlt), dass er die Projektziele anstrebt und erreicht. Für seinen Erfolg stehen ihm mit der ICB 4 klassische und agile Methoden des Projektmanagements zur Verfügung.

In diesem Kapitel lernen Sie die Bedeutung von Ergebnisorientierung, die Erfolgsfaktoren und verschiedene dazugehörige Handlungsebenen kennen. Im vertiefenden Teil geht es um Methoden und Kompetenzindikatoren.

 Der Duden erklärt ein **Ergebnis** als Folge einer Anstrengung, als Resultat, das durch Rechnung, Zählung, Messung ermittelt wird.

Im Projektgeschäft wird das Ergebnis mit den Parametern Leistung, Kosten und Zeit aus dem Magischen Dreieck gemessen. Die Beurteilung des Erfolgs resultiert aus der Zufriedenheit der kombinierten Ergebnisse bezüglich dieser drei Parameter.

 Definition: Ergebnisorientierung ist die Ausrichtung des Denkens und Handelns aller im Projekt Tätigen auf das Erreichen des geforderten/gewünschten Projektergebnisses. (nach GPM 2017, S. 101)

 »Ergebnisorientierung bedeutet, dass der Einzelne den kritischen Fokus auf die Ergebnisse des Projekts richtet und aufrechterhält. Der Einzelne priorisiert die Mittel und Ressourcen, um Probleme, Herausforderungen und Hindernisse zu überwinden, damit das geforderte Ergebnis für alle beteiligten Parteien erreicht werden kann. Die Ergebnisse werden bei Diskussionen stets in den Vordergrund gestellt, und das Team strebt nach diesen Ergebnissen« (GPM 2017, S. 101).

Unter Ergebnisorientierung wird in der ICB 4 die Fähigkeit verstanden, die eigene Aufmerksamkeit und die des Projektteams immer auf die kritischen Erfolgsfaktoren für das Erreichen der Ziele und das Einhalten der Rahmenbedingungen zu lenken. So soll ein für alle interessierten Parteien (Stakeholder) optimales Ergebnis erreicht werden (vgl. Möller 2017, S. 83).

Ergebnisorientierung bedeutet also:

- Die Aufmerksamkeit des Teams auf Schlüsselziele lenken
- Alle maßgeblichen interessierten Parteien zufriedenstellen
- Das Managen von vereinbarten Änderungen
- Alle Chancen nutzen, um zusätzliche Erfolge zu generieren
- Die ethischen, gesetzlichen und ökologischen Anforderungen zu beachten
- Die Umweltanforderungen zu berücksichtigen
- Das Team zu leiten, zu motivieren und seine Erwartungen zu berücksichtigen

(Graßmeier, Haarbeck 2009, S. 911)

Der Ergebnisorientierung steht als Gegensatz die Prozessorientierung gegenüber. Hier liegt die Ausrichtung des Denkens und Handelns prioritär auf der geforderten/gewünschten Qualität des Projektablaufs, des Prozesses, und dessen Auswirkungen auf die Stakeholder. Der Weg ist das Ziel.

Beispiele hierfür sind etwa:

- aus Auftraggebersicht: Positiver Beitrag des Projekts zur Atmosphäre und Stimmung in der Organisation, permanent hohe Zufriedenheit des Kunden mit dem Projektablauf und Schaffung einer Basis des Vertrauens, Ausrichtung auf die Schaffung einer Kundenbindung, um die Beauftragung mit dem im Vordergrund stehenden Folgeprojekt zu sichern, Reputationsgewinn am Markt, Testen von organisationsinternen Regelungen anhand eines Projekts.
- aus Projektteamsicht: Hohe Zufriedenheit mit dem Prozess, Zusammenwachsen und Vertrauensbildung in einem schlagkräftigen Team, saubere aktive Konfliktbereinigung im Team, Nutzung des Angebots an Lernchancen, Erfahrungssammlung und Weiterbildung im Zuge der Projektarbeit, öffentliches Aussprechen von Lob und Anerkennung im Projektablauf, Chancenangebot für Beiträge zur persönlichen Karriere.

Es handelt sich aus naheliegenden Gründen im Falle von Prozessorientierung bei der Projektabwicklung vordringlich um organisationsinterne Projekte.

Vor dem Projektstart empfiehlt sich für den Projektmanager ein dreistufiges Vorgehen, um ergebnisorientiert zu handeln:

- Einen Überblick verschaffen
- Das gewünschte bzw. geforderte Ergebnis festlegen
- Dieses Ergebnis kommunizieren und dem Team damit Orientierung geben

Das heißt, der Projektmanager verschafft sich im ersten Schritt einen Überblick über die Erfolgskriterien (Studien, Benchmark, interne Best Practices) und analysiert, welche für ihn zentral sind. Diese stimmt er mit seinem Auftraggeber und Management ab. Diese festgelegten Faktoren bilden die Orientierungsgrundlage für den Projektmanager und sein Team während des gesamten Projektverlaufs.

Die Voraussetzung dafür, dass sich Team und Projektmanager auf das Ergebnis konzentrieren können, ist ein gemeinsames Verständnis in Bezug auf das zu erreichende Ergebnis (Erfolgskriterien) und die dabei unterstützenden Mittel und Methoden (Erfolgsfaktoren). Welche Faktoren tragen wesentlich zum Projekterfolg bei?

Definition: Ein **Faktor** ist im Projektzusammenhang eine Einflussgröße, die in einem bestimmten Zusammenhang bestimmte Auswirkungen hat.

Die Fragestellung lautet also: Welche Faktoren tragen wesentlich zum Ergebnis bei? Ist es zum Beispiel das Projektinformationssystem, ist es die Einbeziehung der Stakeholder in das Projekt, ist es die Unterstützung des Managements?

Definition: Ein **Kriterium** ist ein Bewertungsmaßstab, an dem der Erfolg eines Projekts gemessen und beurteilt wird.

Der ergebnisorientierte Projektmanager sollte sich also der Kriterien bewusst sein, nach welchen die Leistung seiner Person und seines Teams letztlich bewertet wird. »Die Projekterfolgskriterien müssen für jedes Projekt spezifisch identifiziert, analysiert und bewertet werden« (Motzel, Möller 2017, S. 196). Wichtige Kriterien werden in jedem Projekt einerseits die Zufriedenheit des Auftraggebers und andererseits die Einhaltung des Kostenrahmens und der Termine sein. Darüber hinaus können zum Beispiel als Funktionalität die Reparaturanfälligkeit des Produkts, die Qualifikation des Projektteams, der Führungsstil des Projektmanagers als Kriterien herangezogen werden.

Definition: »**Projekterfolg** ist die Erfüllung der … vereinbarten Leistungen in angeforderter Qualität und Quantität sowie im Rahmen des finanziellen und terminlichen Rahmens, unter Berücksichtigung der genehmigten Nachträge (Claims). Die Prioritäten und das Verhältnis der einzelnen Parameter zueinander sind nur projektbezogen und somit situativ festlegbar. Zusätzlich müssen die Stakeholder des Projekts, insbesondere Auftraggeber, Kunden, Teammitglieder und sonstige betroffene Mitarbeiter mit den Ergebnissen zufrieden sein und das Projekt als positiv und erfolgreich beurteilen.« (Möller 2009, S. 57)

2 ERFOLGSFAKTOREN

Projektmanagement ist einer der wichtigsten Faktoren: »Erfolgreiche Projekte benötigen als eine fast unabdingbare Voraussetzung ein professionelles Projektmanagement. Es ist die Basis für den Projekt(management)erfolg.« (Möller 2009, S. 53)

2.1 ERFOLGSFAKTOREN FÜR DAS PROJEKT NUTZEN

Ergebnisorientiert zu sein, bedeutet, das Projekt zum Erfolg führen zu wollen. Deshalb ist es wichtig, die Faktoren zu identifizieren, die ein Projekt erfolgreich machen. Weitergefasst bedeutet dies auch, systematisch und professionell die Werkzeugkiste des klassischen, des agilen und des hybriden Projektmanagements zu nutzen.

Eine Studie, welche die GPM zusammen mit der PA Consulting Group (Engel, Tamdjidi, Quadejacob 2008, S. 12) durchgeführt hat, identifizierte drei primäre Erfolgsfaktoren für Projekte:

1. Ein starker Projektmanager, integriert in die Organisation
2. Klare Ziele
3. Eine gute Kommunikation

1. Was bedeutet starke, gut integrierte Projektleitung?

- Die Projektleitung, ihre Führungskraft und das Management haben das gleiche Verständnis darüber, was den Erfolg des Projekts ausmacht. Die Kriterien können dabei von Projekt zu Projekt sehr unterschiedlich priorisiert sein: Technische Parameter, Termintreue oder kaufmännische Maßstäbe, Mitarbeiterzufriedenheit und vieles mehr.

- Die Projektleitung wird nach Eignung ausgesucht, nicht nach Hierarchie. Besonderer Wert wird auf die Soft Skills gelegt, die oft für den Projekterfolg von entscheidender Bedeutung sind.

- Die Entscheidungskompetenz bei Ressourcen-Konflikten liegt bei der Projektleitung, nicht in der Linienhierarchie.
- Karrieremöglichkeiten und Anreizsysteme für die Projektmanager sind vorhanden.

2. »Klare Zielformulierung führt zum Projekterfolg« bedeutet:

- Smarte Projekt-Anforderungen sind formuliert
- Die Ziele sind zwischen Projektleitung und Management geklärt
- Das gesamte Projektteam besitzt durchgehende Klarheit über die Projektziele
- Konsequentes Änderungsmanagement ermöglicht die Kontrolle über die Zielverfolgung
- »Festgeschriebener Prozess für Zielvereinbarungen der Projektmitarbeiter«

3. Gute Kommunikation bedeutet:

- Erstellen eines Kommunikationsplans und eine kontinuierliche zielgruppenorientierte Kommunikation
- Regelmäßige Berichte an das Management, vor allem den tatsächlichen Projektfortschritt betreffend
- Gestaltung eines aktiven Stakeholdermanagements durch Wahl geeigneter Kommunikationsstrategien

(In Anlehnung an Engel, Tamdjidi, Quadejacob 2008, S. 12)

Praxistipp: So viel wie möglich, so viel wie nötig: Beziehen Sie Ihr Team in die Entwicklung mit ein, informieren Sie eher mehr als zu wenig. Überlegen Sie, wo Sie durch direkte Information negativem »Flurfunk« entgegenwirken und positive Signale setzen können.

Zusätzlich nennt die zitierte Studie weitere Faktoren für den Projekterfolg, an denen sich Projektmanager orientieren können. Ersichtlich wird in der Abbildung 4.10-1, wie stark der Projekterfolg vom Vorhandensein der zehn wichtigsten Erfolgsfaktoren abhängt (dunkelblaue Linie). Die hellblaue Linie verdeutlicht, dass diese Faktoren bei gescheiterten Projekten nur in geringer Ausprägung vorhanden waren.

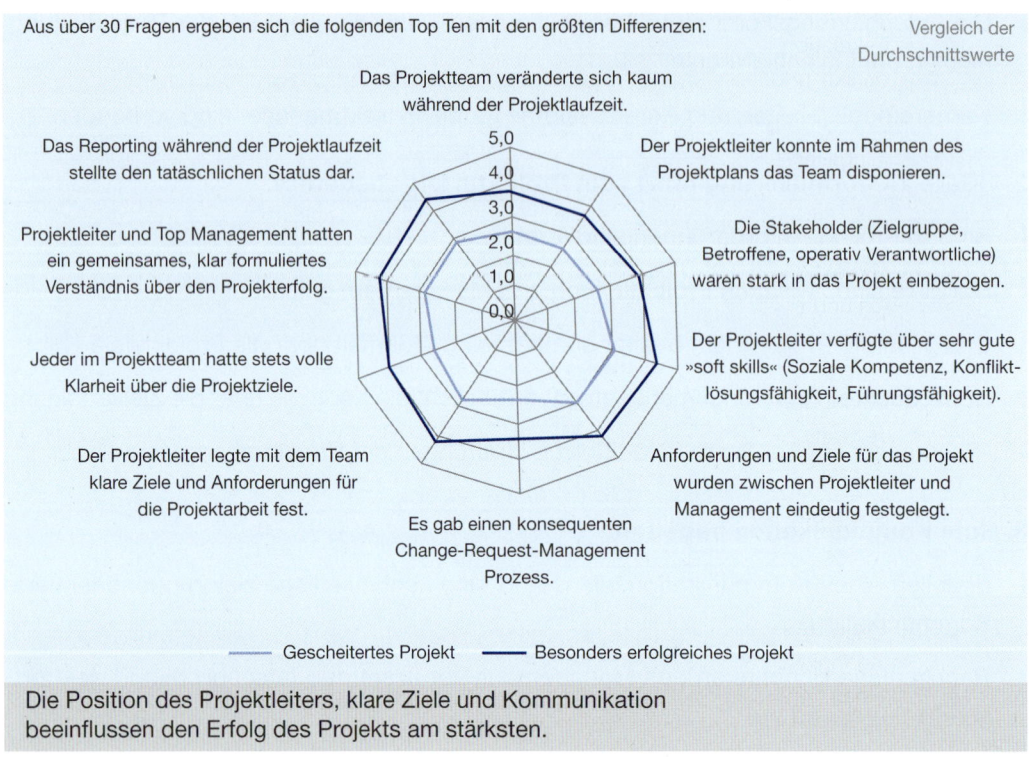

Abb. 4.10-1: Ergebnisse PM-Studie 2008 (vgl. GPM, PA Consulting Group S. 10)

Die Ergebnisse aus dem Jahr 2008 spiegeln sich in aktuellen Untersuchungen sehr gut wider. Eine Studie aus dem Jahr 2015/2016 analysiert die »Effektstärke« von Erfolgsfaktoren, widmet sich also der Frage, welche Faktoren den stärksten Einfluss auf den Projekterfolg ausüben (vgl. Komus, Heupel, Ietia 2016, S. 38).

Tab 4.10-1: Top 10 Erfolgsfaktoren des Projektmanagements (vgl. Komus, Heupel, Ietia 2016, S. 38)

1.	Die Rollendefinition und Kompetenzklärung in der Projektorganisation haben sehr gut funktioniert.
2.	Der Projektleiter war in der Lage, Risiken frühzeitig zu erkennen und entsprechend zu managen.
3.	Entscheidungen wurden zeitnah und ausreichend getroffen.
4.	Die gelebte Kultur im Projekt hat Fehler als unvermeidlich und als Chance zum Lernen zur Entwicklung von Innovation akzeptiert.

5.	Die Eskalation und Einbindung von Auftraggebern und Projektsteuerungsorganisation in Konflikt- und Schlüsselsituationen ist gelungen.
6.	Meinungsverschiedenheiten wurden wertneutral betrachtet.
7.	Der Projektleiter war in der Lage, für ein angenehmes Klima innerhalb des Teams zu sorgen und somit die Kreativität, Produktivität und Risikobereitschaft der Mitglieder zu entfalten.
8.	Die Machbarkeit und der Realitätsbezug der Kundenwünsche und Anforderungen wurden kritisch reflektiert.
9.	Die Ausgestaltung der Projektleitung war sinnvoll.
10.	Der Projektleiter war in der Lage, den Teamgeist der Mitglieder zu aktivieren, sie durchgängig zu motivieren und im Hinblick auf die Zielerreichung das Beste aus jedem Einzelnen herauszuholen.

Der wichtigste Faktor ist in dieser Studie die Klärung der Rollen und Kompetenzen in der Projektorganisation. Erst dann kann auch Punkt drei, Entscheidungen zeitnah treffen, erfüllt werden.

2.2 DIE ROLLE DER EIGENEN ORGANISATION

Ergänzend zu den zuvor genannten Studienergebnissen ist ein weiterer, wichtiger Erfolgsfaktor zu benennen: Es ist die Haltung des Topmanagements beziehungsweise der Organisationsleitung, die großen Einfluss auf das Gelingen von Projekten ausübt. Steht die Organisationsleitung hinter dem Projekt, ist sie der eigentliche Machtpromotor in der Organisationshierarchie, dann erhöhen sich die Chancen auf einen erfolgreichen Projektabschluss.

»Die Unternehmensleitung hat vor allem durch die Schaffung von generellen Voraussetzungen, durch die Unterstützung für das Projekt und die entsprechende Kommunikation wesentlichen Einfluss auf den Verlauf von Projekten und deren Erfolg.« (Möller 2009, S. 61)

Das Management übernimmt Entscheidungen und Verantwortung für klare Ziele und stellt die notwendigen Ressourcen zur Verfügung. Erst diese Voraussetzungen ermöglichen dem Projektmanager ein erfolgsorientiertes Vorgehen. In der Projektmanagementstudie von 2008 wurden 79 Organisationen unterschiedlichster Branchen zu Erfolgs- oder Misserfolgsfaktoren befragt. Die Rolle des Managements und interne Kompetenzstreitigkeiten werden dort als Gründe für das Scheitern von Projekten an 3. bzw. 5. Position genannt (Engel, Tamdjidi, Quadejacob 2008, S. 8).

»Die Unterstützung des Top-Managements ist ein wesentlicher Erfolgsfaktor. Bei nicht ausreichender Unterstützung durch das Topmanagement droht eine erfolglose Projektdurchführung« (Lechler 1996, S. 278 ff.; zitiert nach Möller 2009, S. 61).

Aus Projektmanager-Sicht war »Klarheit der Rollendefinition und Kompetenzklärung« bzw. »jedes Mitglied hat ein klares Bild der definierten Rollen und der zugehörigen Kompetenzen« der wichtigste Einflussfaktor auf den Erfolg eines Projekts. Ein weiterer zentraler Faktor war die » ... gelebte Fehlerkultur« (Komus, Heupel, Ietia 2016, S. 40). Entstandene Risiken und Fehler sind umzukehren und als Erfahrungswerte zu nutzen und Chancen daraus abzuleiten. In der nächsten Projektphase, im nächsten Sprint oder im nächsten Projektzyklus können daraus bessere Ergebnisse generiert werden. Dies bedeutet, dass drei Systematiken und Tools genutzt werden können:

- Teamstruktur und Projektorganigramm
- Eine AKV-Übersicht (Aufgabe – Kompetenz – Verantwortung)
- Ein regelmäßiges Monitoring der Chancen und Risiken

2.3 ERFOLGSFAKTOREN IM AGILEN UMFELD

Der erfolgsorientierte Projektmanager kann auch stark von der Nutzung agiler Methoden profitieren. Sie können »die Realisierung vieler ... Erfolgsfaktoren nicht nur erleichtern, sondern vielfach sogar direkt adressieren« (Komus, Heupel, Ietia 2016, S. 42). Ursprünglich wurden die agilen Projektmanagement-Methoden in der Software-Branche entwickelt. Sie basieren allesamt auf Werten und Prinzipien, die erstmals 2001 im Agilen Manifest (www.agilemanifesto.org, 2001) niedergeschrieben wurden. In diesen zwölf Prinzipien sind altbewährte und neue Herangehensweisen zusammengefasst worden. Zu den neuen agilen Methoden zählt zum Beispiel Scrum, welches Nowotny als »Projektbeschleuniger« bezeichnet. (Nowotny 2017, S. 95). Dazu gehören auch Kanban oder die Methode des Design Thinking. Wichtige Elemente sind definierte Rollen (Product Owner, Scrum Master, Development Team), Events (z. B. Sprint Planning, Sprint-Reviews, Sprint-Retrospektiven), Artefakte (z. B. Product Backlog, Scrum Backlog) und Prinzipien (z. B. Time-Boxing).

Die Prinzipien des Agilen Manifests haben in das klassische Projektmanagement aller Branchen Eingang gefunden. Sie tragen wesentlich zur Ergebnisorientierung bei, wobei die Ergebnisorientierung im agilen Umfeld stärker auf den Kunden abzielt. »Im Kern geht es darum, den Teams wieder ihre Prozesse zurückzugeben und es ihnen zu ermöglichen, in eigener Verantwortung Lösungen zu erbringen, die sich stärker an den Kundenbedürfnissen orientieren ...«. (Nowotny 2017, S. 65)

Hauptprinzipien des Agilen Manifests:

1. Stellen Sie Ihre Kunden durch frühe und kontinuierliche Auslieferung zufrieden
2. Nutzen Sie Veränderungen zum Wettbewerbsvorteil des Kunden
3. Liefern Sie regelmäßig Zwischenstände oder Zwischenergebnisse
4. Fordern und fördern Sie bereichsübergreifende Zusammenarbeit von Fachexperten und Projektmanagern
5. Schaffen Sie ein adäquates Projektumfeld und Vertrauen in die Mitarbeiter
6. Sorgen Sie für klare Informationsweitergabe, idealerweise im direkten Gespräch
7. Für Sie ist funktionierende Software das wichtigste Fortschrittmaß (Software-Branche!)
8. Achten Sie auf gleichmäßiges Tempo in der Umsetzung von Aufträgen
9. Stellen Sie technische Exzellenz sicher
10. Setzen Sie auf Einfachheit (KISS-Prinzip)
11. Ermöglichen Sie die Selbstorganisation der Teams
12. Selbstreflexion des Teams im Hinblick auf die Effizienzsteigerung

(vgl. agilemanifesto.org. 2001; vgl. Nowotny 2017, S. 64 ff.)

Dass der Ursprung dieser Prinzipien in der Software-Branche begründet liegt, machen die Punkte 3 und 7 deutlich.

2.4 ERFOLGSFAKTOREN IN INTERNATIONALEN PROJEKTEN

Den besonderen Bedingungen internationaler Projekte widmet sich eine Studie der GPM Fachgruppe Projekt- und Prozessmanagement. Hier beschreiben Projektmanager ihre Erfolgsfaktoren in der Praxis international aufgestellter Projekte. In 64 Merksätzen fassen die Autoren der Studie die Erfahrungen ihrer Interview-Partner als allgemeinen Überblick für erfahrene Projektmanager zusammen. Das Spektrum reicht dabei von gemeinsamen Kommunikationsplattformen, über weiche Faktoren (»Schaffen Sie Erfolge«), bis hin zu Fragen der Internationalisierung, wie die Notwendigkeit von Dolmetschern und lokalen Experten als Mitarbeiter sowie die Beachtung der rechtlichen und kulturellen Unterschiede. (Siehe auch GPM (2015): Ergänzung und Veränderung von Erfolgsfaktoren im Projektmanagement bei zunehmender Internationalisierung, S. 56 f.)

3 DER PROJEKTMANAGER

Dreh- und Angelpunkt für den Projekterfolg ist der Projektmanager. Wie in der Einleitung skizziert, ist der Projektmanager maßgeblich für die Umsetzung des Projekts in allen Teilprojekten und auf allen Handlungsebenen verantwortlich.

3.1 ERFORDERLICHE KOMPETENZEN DES PROJEKTMANAGERS

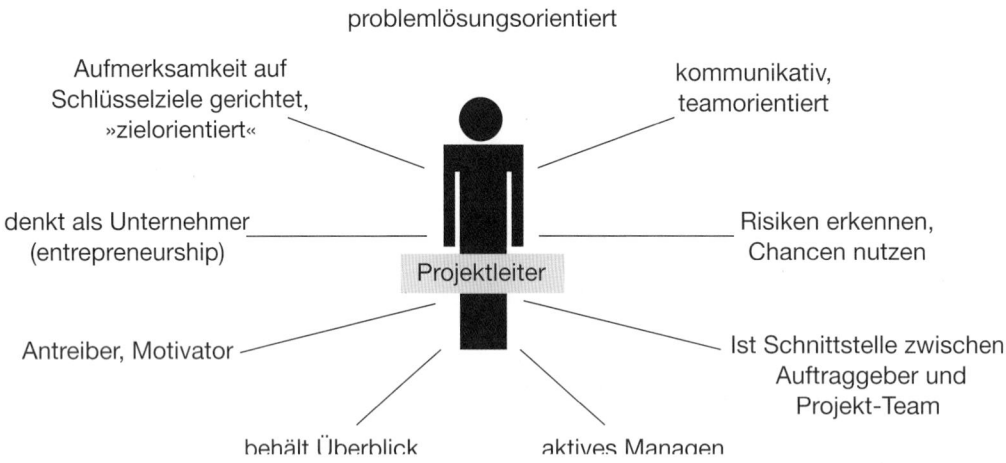

Abb. 4.10-2 Kompetenzen des Projektleiters (Graßmeier, Haarbeck 2009, S. 916)

Aus der Abbildung 4.10-2, welche die Kompetenzen eines Projektmanagers nur in Auszügen widerspiegelt, »wird schnell ersichtlich, dass der Projektmanager als Schnittstellenfunktion zwischen Team und Auftraggeber die größte Herausforderung im Führen, Managen, Kommunizieren und Koordinieren hat.« (Graßmeier, Haarbeck 2009, S. 917) Die Vielzahl der Aufgaben, die mangelnden Ressourcen und die zum Teil auch fehlende professionelle Ausbildung der Projektmanager sind Risiken in der Ergebnisorientierung. »Und genau hier zeigt sich in der Praxis oft der fatale Fehler, dass Projektmanager zu stark in operative Aufgaben hineingezogen werden und dadurch die Sicht auf das Ganze verlieren, wodurch die Ergebnisorientierung unterbelichtet zu einem Zufallsprodukt wird!« (Graßmeier, Haarbeck 2009, S. 916)

 Praxistipp: Setzen Sie sich SMART-formulierte Ziele und priorisieren diese ergebnisorientiert. Reservieren Sie für jedes wichtige Projekt exklusive Arbeitszeiten. Bearbeiten Sie diese Projekte der Reihe nach. Berücksichtigen Sie ausreichende Vor- und Nachbereitungszeiten für Meetings. (Proske, Reichert, Triebfürst 2014, S. 86 f.)

3.2 VERHALTENSWEISEN FÜR PROJEKTMANAGER

Die NCB 3.0, der frühere deutsche PM-Kanon, ein Teil der nationalen Vorgänger der ICB, stellt Verhaltensweisen gegenüber, welche die Ergebnisorientierung fördern, und solche, die sie hemmen. Die klare »handlungsorientierte« Formulierung dieser Gegenüberstellung ist hilfreich, um das eigene Handeln zu reflektieren.

Tab. 4.10-2: Verhaltensweisen für Projektleiter (in Anlehnung an NCB 3 2009, S. 115)

Erforderliche Verhaltensweisen	Verbesserungsbedürftige Verhaltensweisen
Verhält sich wie ein Unternehmer – zeigt Unternehmensgeist (Intrapreneurship)	Befolgt unreflektiert Anweisungen
Zeigt die Fähigkeit, Dinge voranzubringen	Bringt Dinge nicht voran oder verzögert den Abschluss
Sucht nach Verbesserungsmöglichkeiten und stellt den Status quo infrage	Akzeptiert Dinge so, wie sie sind; stellt den Status quo nicht infrage
Sucht immer nach Problemlösungen, die keine wesentlichen Änderung des Plans erforderlich machen	Ist bei der Problemlösung nicht kreativ, macht aus jedem Problem eine Änderung
Nimmt Chancen wahr, ohne Risiken zu übersehen	Hat eine Abneigung gegen Risiken und ignoriert Chancen
Behält neue Entwicklungen und Chancen, die das Projekt beeinflussen, im Auge und reagiert angemessen	Bleibt innerhalb der vereinbarten Grenzen und ignoriert maßgebliche Neuentwicklungen und Chancen, die einen Einfluss auf das Projekt ausüben
Betreibt aktives Management der betroffenen interessierten Parteien	Vernachlässigt die betroffenen interessierten Parteien
Schafft es, Erwartungen offen und gut zu managen; erfüllt oder übertrifft die Erwartungen	Ist bei der Behandlung von Erwartungen nicht aufrichtig oder erweckt zu hohe Erwartungen
Behält die Details im Auge, ohne den Gesamtüberblick zu verlieren	Hat nur ein Auge für bestimmte Details; verliert den Gesamtüberblick

4 EFFEKTIVITÄT UND EFFIZIENZ

Die ICB 4 nennt die beiden Begriffe Effektivität und Effizienz. Diese Begriffe, die häufig miteinander verwechselt werden, sollen deshalb im Folgenden erläutert werden (GPM 2017).

Definition: Effektivität gibt den Grad der Zielerreichung an, d. h. das Verhältnis von tatsächlich erreichtem zu angestrebtem Ergebnis/Ziel, als Formel ausgeschrieben:

$$\text{Effektivität} = \frac{\text{Ergebnis}}{\text{Ziel}}$$

Der höchste Effektivitätsgrad ist also 100%: Ergebnis = Ziel

Definition: Effizienz oder Wirtschaftlichkeit ist das Verhältnis zwischen dem erzielten Ergebnis und den eingesetzten Mitteln (ISO 9000:2005 Nr. 3.2.15). Das erzielte Ergebnis und der dafür eingesetzte Aufwand sollen also in einem möglichst günstigen Verhältnis zueinanderstehen.
Effizienz misst die Wirtschaftlichkeit, stellt also die Nutzen-Kosten-Relation her:

$$\text{Effizienz} = \frac{\text{Ergebnis}}{\text{Aufwand}}$$

Eine hohe Effizienz liegt also dann vor, wenn das gleiche Ergebnis mit weniger Aufwand erreicht wird.

Nach dem Management-Experten Peter F. Drucker (Drucker 1967, S. 1) wird häufig erläutert:

- Effektivität: Die richtigen Dinge tun
- Effizienz: Die Dinge richtig tun

Die Frage nach Effektivität geht der nach der Effizienz voraus: Im ersten Schritt ist auszuwählen, was die richtigen, effektvollsten Maßnahmen sind. Denn die falschen Dinge effizient zu tun, führt nicht zum Ziel und ist damit Verschwendung. Sodann ist im zweiten Schritt zu überlegen, wie ein maximales Ergebnis mit möglichst geringem Aufwand zu erreichen ist (Effizienz). So werden im Projekt-Portfoliomanagement zunächst die »richtigen« (d.h. die wichtigsten) Projekte ausgewählt, dann wird angestrebt, diese ausgewählten Projekte möglichst effektiv zu realisieren.

Die Orientierung an Effektivität und Effizienz erfordert im Projektverlauf das permanente Hinterfragen: Können wir es besser machen, und zwar technologisch, wirtschaftlich, von den Aufgaben und Abläufen her? Hier spielt neben ökonomisch geleiteten Gedanken auch die klassische Qualitätsorientierung im Sinne des Deming-Zyklus Plan ➔ Do ➔ Check ➔ Act eine Rolle. Dabei steht die pragmatische Denkweise im Mittelpunkt: lösungsorientiert und zukunftsorientiert zu denken und zu handeln, statt über Probleme zu lamentieren. Ziel ist es, die Situation oder den Prozess (zeitlich oder örtlich) begrenzt zu verbessern.

5 WILLENSKRAFT ALS VORAUSSETZUNG FÜR ERFOLGREICHES HANDELN

Projektmanager und Führungskräfte verfügen im Allgemeinen über einen starken Willen. Sie haben, um in der Fußball-Sprache zu sprechen, den Zug zum Tor. Sie wollen spielen, sie wollen gewinnen – im Projekt und auf dem Karriereweg. Sie besitzen die Voraussetzung für erfolgreiches Handeln: Willenskraft.

Definition: Willenskraft (Volition) ist die Fähigkeit, Absichten, Motive und Ziele systematisch in überzeugende Resultate (Erfolge) umzusetzen (Pelz 2017). Fünf Kompetenzen werden von Fachleuten als wesentliche Merkmale der Willenskraft beschrieben:

1. Aufmerksamkeit und Fokussierung: Willensstarke Personen setzen sich klare Ziele, fokussieren sich beharrlich auf diese und lassen sich nicht ablenken, auch wenn sie es dabei nicht allen Menschen in ihrem Umfeld recht machen können.

2. Kontrolle über Emotionen: Ängste, Wut und Frust rauben wertvolle Energie. Wer Rückschläge schnell wegsteckt, sich bewusst in gute Stimmung versetzen kann und nach vorne blickt, zeigt einen positiven Willen.

3. Selbstvertrauen und Durchsetzungsstärke: Willensstarke Menschen wissen um ihre Stärken, müssen nicht auf Lob warten und sich nicht mit anderen vergleichen. Sie machen sich ihre Rolle klar und setzen ihre Talente selbstbewusst ein. Auch kritisches Feedback ist willkommen.

4. Planungs- und Lösungskompetenz: Menschen mit hoher Willenskraft bereiten sich auf die Zukunft vor und gehen Probleme frühzeitig an, anstatt sie auszusitzen oder Entscheidungen aufzuschieben. Sie bereiten sich auf Unvorhersehbares vor und geraten so seltener unter Druck.

5. Selbstdisziplin: Wenn das Durchhaltevermögen nachlässt, ist es wichtig, sich den Sinn der jeweiligen Arbeit wieder bewusst zu machen. Willensstarke können sich nachhaltig motivieren (Pawlik 2016).

Wie entwickelt man die »willentliche Umsetzung von Zielen in Resultate«? Nicht durch Zufall, es gilt auch hier, die eigenen Fähigkeiten und Fertigkeiten zu stärken und zu trainieren.

 Praxistipp: Willenskraft trainieren. Differenzieren Sie exakt, aus welchen Quellen sich Ihre Willenskraft speist und welche Faktoren Ihre Willenskraft schwächen. Stärken Sie die »Quellen« und minimieren Sie die »Verbraucher«.

Tab. 4.10-3 : Quellen der Willenskraft (vgl. Pelz 2017)

»Quellen« der Willenskraft (Batterie aufladen)	»Verbraucher« der Willenskraft (Batterie entladen)
Aufmerksamkeit auf klare Ziele lenken	Sich verzetteln, viele Dinge anfangen
Seine Werte leben	Es allen recht machen wollen
Sich aufs Wesentliche konzentrieren	Nicht wissen, was man will
Sich in gute Stimmung versetzen	Über Belastungen grübeln (statt lösen)
Emotionale Probleme überwinden	Überempfindlich und eitel sein
Ängste, Neid, Wut und Frust abbauen	Sich als »Opfer« fühlen, Andere anklagen
»Wertvolles« Mitglied im Team sein	Sich ständig mit Anderen vergleichen
Für Mitmenschen Wichtiges tun	Falsche Vorbilder haben (TV, Medien)
Stärken und Talente einsetzen	Auf Lob und Anerkennung warten
Auf Unvorhergesehenes vorbereitet sein	Vorwiegend kurzfristig (reaktiv) denken
Langfristige Perspektiven aufbauen	In der Vergangenheit leben
Fähigkeiten zur Problemlösung trainieren	Meist über Oberflächliches reden
Sinn der eigenen Arbeit kennen	Keine Eigeninitiative entwickeln
Rolle in der Gemeinschaft klarstellen	Freundschaften vernachlässigen
Häufig Feedback holen	Sich für Andere nicht interessieren

6 DAS BIG PICTURE ALS METHODE DER ERGEBNISORIENTIERUNG

Haben wir bisher auf die Person des Projektmanagers, auf die Rolle der Organisation und auf die Voraussetzung geschaut, geht es in diesem Kapitel um eine der wichtigsten Methoden der Ergebnisorientierung: Das Big Picture.

Was ist ein klassischer Irrweg in der Projektarbeit? Die Beteiligten hören das Thema und wollen sofort mit der Arbeit loslegen. So zeigt sich echter Aktionismus. Die Folgen davon sind Detaildenken und Detailarbeit. Das Große und Ganze wird dabei vergessen. Genau hier setzt eine der Hauptaufgaben des Projektmanagers im Zusammenhang mit Ergebnisorientierung an. »Wenn das Ganze betrachtet wird («Seeing the Whole»), lassen sich Individualinteressen oder gruppenspezifische Sonderwünsche mit der Gesamtaufgabe in eine sinnvolle Balance bringen.« (Nowotny 2017, S. 70).

Ein zentraler Punkt besteht darin, die Projektbeteiligten auf ein Ziel und eine Richtung einzuschwören, einzuordnen, einzuschwingen. Darunter ist zu verstehen, den gleichen Blick auf das Projektthema und -ziel zu bekommen. Es hat sich bewährt, insbesondere zum Start des Projekts – z. B. im Rahmen eines Projektstart-Workshops – gemeinsam ein Big Picture des Projektinhalts zu erstellen. Das bedeutet, dass alle Projektbeteiligten zusammenkommen und gemeinsam die wichtigsten Bestandteile des Projekts skizzieren. Sie bringen dabei ihre jeweilige Expertise zum Projektthema ein und erschaffen damit ein gemeinsames Bild des Auftrags, der Ziele, der Teamaufgaben und der Führungsrolle.

Definition: Das **Big Picture** ist die griffige Interpretation in Form eines Gesamtbildes eines Projekts, Prozesses, von Ideen oder Visionen. Ziel ist es, das Big Picture einfach und verständlich zu visualisieren und damit ein gemeinsames Verständnis und eine einheitliche Sichtweise zu schaffen.

6.1 VORGEHENSWEISE

Für das Erstellen eines Big Pictures benötigt man ein leeres Blatt. Es ist letztlich egal, ob ein Bierdeckel genommen wird oder ein DIN-A4-Blatt. Am besten eignet sich jedoch eine große Fläche, ein Whiteboard, Flipchart oder eine Pinnwand. Die Größe erleichtert den Blick aller Teilnehmer auf die gemeinsam erarbeitete Zielbestimmung.

Es ist auch möglich, auf Basis einer Vorlage zu arbeiten. Dazu bieten sich z. B. die Vorlagen zu Projekt-Auftragsklärung, Projekt-System-Struktur, Sprintverlauf, visualisierter Weg, eine Roadmap oder ein vorläufiger Projektstrukturplan (PSP) an.

Ein Big Picture ist also:

| die plakative Visualisierung der wichtigsten Aspekte und Zusammenhänge
| die Skizze einer bestimmten Fragestellung

Ein Big Picture ist skizzenhaft. Es wird intuitiv vorgegangen. Schön malen muss keiner, das Bild sollte vielmehr plakativ und für alle anschaulich und verständlich sein.

Nutzen und Chancen des Big Pictures

| Es schafft bei Projektstart eine gemeinsame Sicht.
| Das Erstellen des Big Pictures schafft eine Diskussionsgrundlage.
| Alle Beteiligten bringen ihr Verständnis der Dinge ein.
| Unterschiedliche Sichtweisen, Prioritäten und Perspektiven werden offensichtlich.
| Selbstverständlichkeiten können hinterfragt werden.
| Fehlende Informationen werden erkannt.

Am Ende des Big-Picture-Prozesses besitzt das Team zumeist ein gemeinsames Verständnis hinsichtlich des Projekts. Das Team hat die Zusammenhänge dargestellt und konkrete Fragen formuliert. Das Big Picture bildet damit die Basis oder den Startpunkt, um die Detailarbeit zu definieren oder um (jetzt endlich) loszulegen.

Praxistipp: Big Picture – how to?
Der Teamleiter oder ein Moderator erfragen die Ideen, Ziele oder wichtigen Aspekte der Aufgabenstellung von den Teilnehmern. Sie halten diese auf der gewählten Schreibunterlage fest. Gut geeignet für die Erstellung eines Big Pictures ist die Methode »Fragetrichter« aus dem Moderationswerkzeugkoffer.

1. Stellen Sie offene Fragen: Was, wie, wer, wozu, weshalb, wann?

2. Erweitern Sie im zweiten Schritt die Informationen: Was fehlt noch?

3. Stellen Sie danach vertiefende Fragen zu einzelnen Aspekten: Was genau gehört dazu? Welches Detail ist wichtig?

4. Verdeutlichen Sie die Zusammenhänge: A gehört zu C? Wenn C, dann auch B? Fragen Sie gegebenenfalls an dieser Stelle noch einmal nach Alternativen oder fordern Entscheidungen ein.

5. Zuletzt geben Sie die Aussagen der Teilnehmer mit eigenen Worten wieder, um eventuelle Unklarheiten auszuräumen.

6.2 DARSTELLUNG UND INHALTE DES BIG PICTURES

Wie lassen sich Inhalte in einem Big Picture gut festhalten?

1. Mit Symbolen oder Kästchen das Grundsätzliche darstellen
2. Beteiligte Personen und Rollen mit Figuren oder Strichmännchen einbringen
3. Verbindungen, Abhängigkeiten oder Beziehungen durch Pfeile, Striche, Kreise sichtbar machen
4. Ebenso Wechselbeziehungen zwischen Personen skizzieren
5. Zeitliche Reihenfolgen grob darstellen: Stufen, Zeitlinien etc.
6. Vorher-, Nachher- oder Ist-Soll-Darstellungen, zum Beispiel als Tabelle
7. Konkrete Zahlen für Mengengerüste oder Größenordnungen festhalten
8. Themen kategorisieren oder clustern durch Einkreisen, Überschriften bilden, Untergruppen darstellen, starke Symbole nutzen (€ für Preise). Kategorien können offensichtliche oder implizite Eigenschaften eines Themas sein: Nutzen, Kosten, Preise, Spezifikationen, Prioritäten, To dos

(vgl. Maiborn, Wolf 2018)

 Praxistipp: Hilfreich für die Arbeit am Big Picture ist es, ein guter Zuhörer zu sein. Achten Sie auf die Zwischentöne der Teilnehmer, lesen Sie zwischen den Zeilen, nutzen Sie die Methode des aktiven Zuhörens. Sie haben als Projektmanager hier die Chance, die Fallstricke zu erkennen, die möglicherweise in der direkten Aussage nicht getroffen werden.

Im Entstehungsprozess eines Big Pictures ergibt sich in der Regel weiteres Material, das im Projektverlauf hilfreich und nützlich sein kann. Im Verlauf des Visualisierens werden weitere Aufgaben genannt und Stakeholder klassifiziert. Erstellen Sie weitere Flipcharts unter den jeweiligen Rubriken. Das können sein:

- To-Do-Liste: Wer macht was bis wann?
- Stakeholder Liste / Ansprechpartner
- Liste offener Punkte (LOP)
- Fachbegriffe oder Glossare
- Terminskizze

Andere Formen des Big Pictures sind die Listung der Methoden, die zum Teil schon vorgeben, wie und was abgefragt bzw. skizziert oder präsentiert werden soll:

- Roadmap aus der Moderationstechnik
- Kontextmodell
- Projekt-System-Struktur
- Projekt Canvas

Die Vorteile vorstrukturierter Big Pictures sind:

- Es gibt einen vorgegebenen Rahmen, innerhalb dessen man abfragen kann.
- Professionelles Look and Feel
- Man kommt sehr schnell mit dem Auftraggeber und/oder Projekt-Team ins Arbeiten.

6.3 BEISPIELE FÜR BIG PICTURE-DARSTELLUNGEN

6.3.1 ROADMAP

Unter Roadmapping versteht man ein kreatives Analyseverfahren für die Darstellung von Entwicklungspfaden. Eine Roadmap bietet eine Übersicht, wie sich ein Produkt, Projekt oder eine Organisation entwickeln soll. Es ist somit ein zweckdienliches Kommunikationsmedium für Entwicklungs- oder Projektteams. Eine Roadmap zeichnet sich durch plakative Übersichtlichkeit aus und dient zur Projektvorbereitung und Grobplanung.

Das obere Drittel des Papiers ist dem Ziel vorbehalten. Im Beispiel links symbolisiert die Sonne das Ziel. Ergänzende Textbausteine schaffen zusätzlich Klarheit. Zu diesem Ziel führt ein Weg von unten nach oben. Am Wegesrand werden Aufgaben und Meilensteine platziert.

Abb. 4.10-3: Roadmap. Bikablo 2.0 (Kommunikationslotsen 2014, S. 38)

6.3.2 KONTEXTMODELL

Das von Mayrshofer entwickelte Kontextmodell dient vor allem zur Klärung des Projektauftrags. Das Gesamtprojekt beziehungsweise Teilprojekte können mithilfe dieser Methode anschaulich dargestellt werden. Von Vorteil ist, dass Probleme, die im Laufe der Projektarbeit auftreten können, im Vorhinein erkannt werden können.

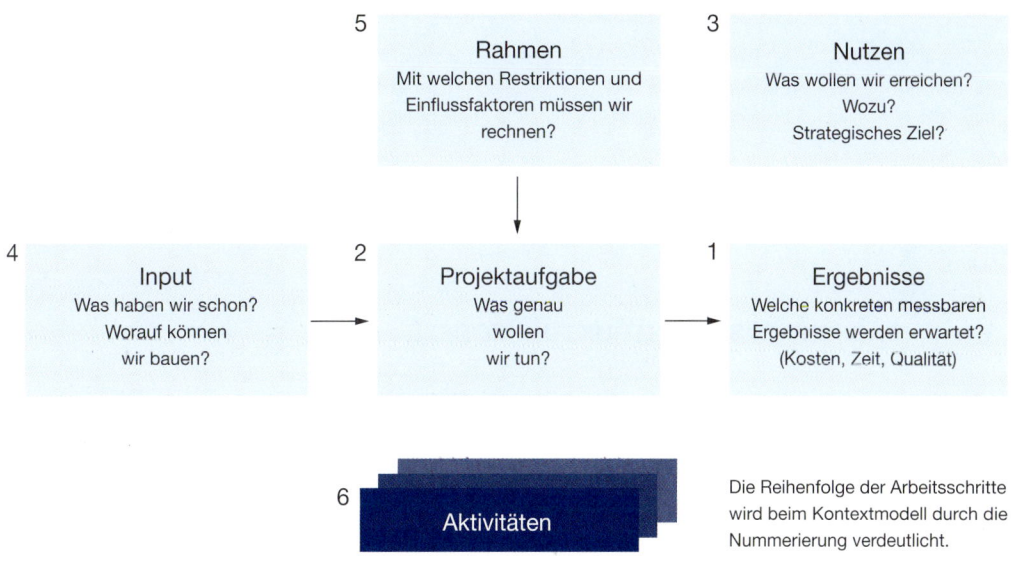

Abb. 4.10-4: Kontextmodell (vgl. Mayrshofer 2011, S. 191)

6.3.3 PROJEKT CANVAS

Eine Project Canvas ist ein visuelles Instrument zur systematischen Erfassung der Bausteine eines Projekts. Mittels vorformulierter Fragen betreffend die Kundenanforderungen, Projektziele und Zwecke, Ergebnisse (Mengen und Qualität), Phasen und Zwischenziele/Meilensteine, Termine, Budget, Umfeldfaktoren, Risiken/Chancen, Strategie und Lösungsansätze, erforderliche Ressourcen, Rollen und Kompetenzen, Informationsbedarfe und Eintragung in die Canvas-Felder wird für die Projektmitarbeiter einprägsam grafisch eine Aufgabenstellung als Projekt erfasst und in Form eines Big Pictures veranschaulicht. Es ergeben sich damit zugleich alle Bestandteile eines Projektsteckbriefs.

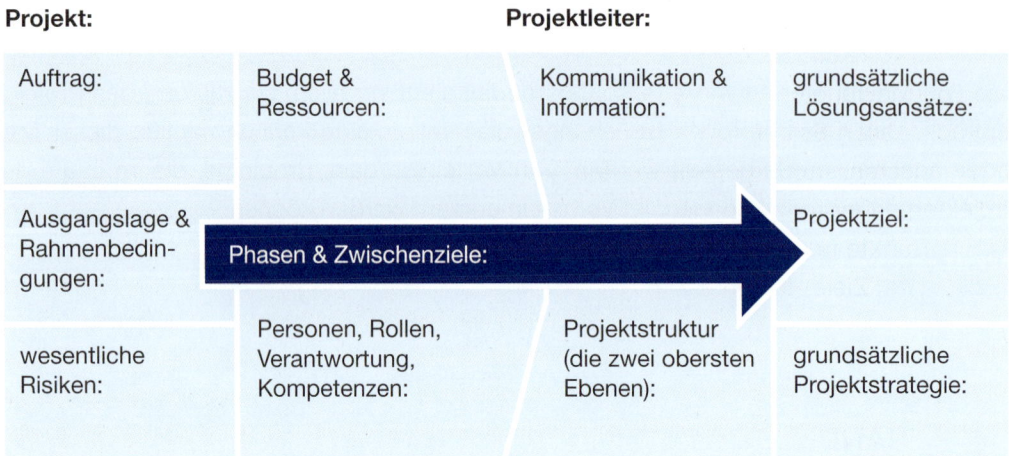

Abb. 4.10-5: Canvas Darstellung (projektmensch.com, 2013)

6.3.4 PROJEKT-SYSTEM-STRUKTUR-MODELL

Ziel ist es, Entscheidungsträgern die relevanten (Key-)Faktoren auf einem Bild oder einer Folie zu verdeutlichen. Diese Darstellung wird häufig zum Beginn von Lenkungsausschuss-Sitzungen und Projekt-Status-Meetings dazu genutzt, um alle Beteiligten auf das Projekt einzustimmen und einzuschwören. Alle Beteiligten (Team, Entscheidungsgremien und Auftraggeber) bekommen so ein deutlicheres Bild des Projektauftrags vermittelt. Das Projekt-System-Struktur-Modell hilft bei dem bemühen, komplexe Prozesse und technische Produkte übersichtlich darzustellen.

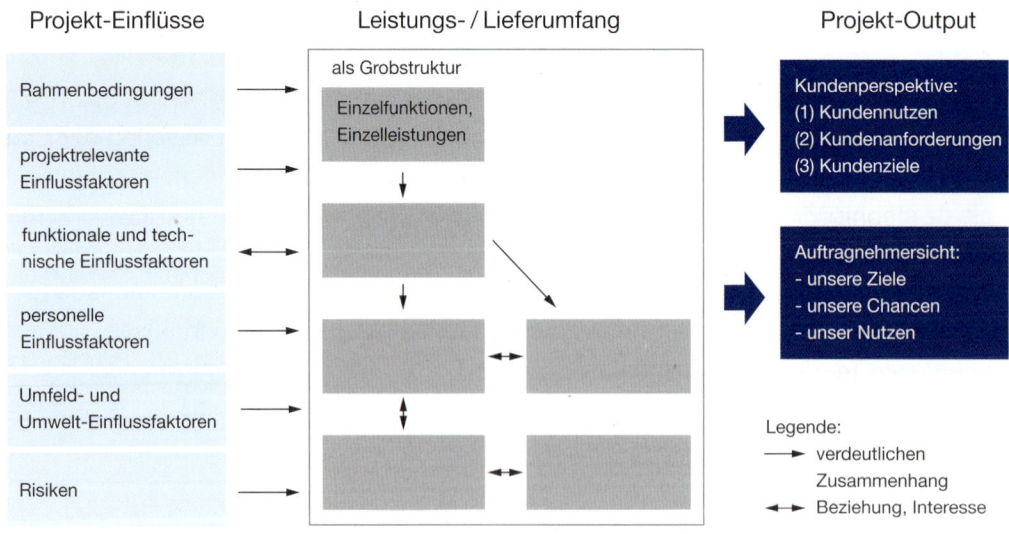

Abb. 4.10-6: Projekt-System-Struktur

Im ersten Schritt werden der Leistungs- und der Lieferumfang modellartig dargestellt: Die »wichtigsten« Komponenten oder Teile, die gebraucht werden, um eine Leistung zu liefern, zum Beispiel für ein Haus, ein Event oder ein neuentwickeltes Produkt, werden festgehalten. Im zweiten Schritt wird die Kundenperspektive notiert mit den jeweiligen Punkten: Kundennutzen, -anforderungen, -ziele. Im dritten Schritt geht das Projektteam bzw. der Projektmanager auf die Projekteinflüsse ein und hält in jedem Kästchen zwei bis drei relevante Punkte fest. Im vierten Schritt wird die eigene Auftragnehmersicht stichwortartig verdeutlicht: Ziele, Chancen, Nutzen.

7 HANDLUNGSEBENEN DER ERGEBNISORIENTIERUNG

Im Rahmen der Ergebnisorientierung müssen drei verschiedene Ebenen betrachtet werden (vgl. auch dazu Patzak, Rattay 2004, hier zitiert nach Graßmeier, Haarbeck 2009, S. 913):

1. Die soziale Ebene, also die persönlichen Fertigkeiten (Sozialkompetenz)
2. Die methodische Ebene, also die Projektmanagement-Systematiken (Methodenkompetenz)
3. Die Produkt- bzw. Marktebene, also das Verständnis von Organisationsstrategie und Business Case-Betrachtung des Projekts

Hinter jeder Ebene steckt ein Set an unterschiedlichen Anforderungen an den Projektmanager und das Projektteam, die bekannt sein sollten, reflektiert werden müssen und zu denen der Projektmanager eine innere Haltung entwickeln muss.

7.1 DIE SOZIALE EBENE

Für ein ergebnisorientiertes Vorgehen benötigt der Projektmanager alle wesentlichen sozialen Kompetenzelemente aus dem Projektmanagement (Kompetenzelement People). Ergebnisorientierung ist dabei die entscheidende Soft Skill-Qualifikation. »Es liegt die Verantwortung des Projektleiters speziell in der Handlungsebene, um den Erfolg zu managen. Er muss sein Team dazu anspornen und fallweise auch qualifizieren, die Grundprinzipien der Projektarbeit zu beherrschen. Dazu gehören neben dem sozialen Wissen auch eine gewisse Selbstdisziplin und Arbeitsstruktur, die sich in gutem Zeit- und Selbstmanagement wiederfinden«. (Graßmeier, Haarbeck 2009, S. 914)

> **Praxistipp:** Folgende Fragen sind ein Check-up für Projektmitarbeiter und den Projektmanager, die besonders in kritischen Situationen des Projekts helfen können, ergebnisorientiert zu handeln:
>
> - Nutzen mein Selbst- und Zeitmanagement dem Projekterfolg? Verhalte ich mich integer und bin ich damit ein verlässlicher Partner für Team und Stakeholder?
> - Kommuniziere ich ausreichend und verständlich die Projektziele? Nutze ich dafür Visualisierungstechniken?
> - Engagiere ich mich selbst in dem Umfang, wie ich es von meinem Team erwarte, um das geplante Ergebnis zu erzielen?
> - Habe ich eine stabile Beziehung zu den Projekt-Stakeholdern, insbesondere zum Team, zu den Vorgesetzten und zu den Auftraggebern, die den Projekterfolg stützen?
> - Bin ich selbst konfliktfähig und habe ich ausreichend Werkzeuge, um Konflikte zu bewältigen? Neige ich eher zu defensivem oder offensivem Umgang mit Konflikten? Welche Folgen ergeben sich daraus für den Erfolg meines Projekts?
> - Verhandle ich in jeder Situation mit dem festen Ziel, das Projekt zum Erfolg zu führen?

Der ergebnisorientierte Projektmanager verfügt über gute Menschen- und Fachkenntnisse. Er ist führungsstark, vor allem im Sinne des Projekterfolgs, sein eigener Karriereweg spielt nicht die übergeordnete Rolle. Er kann mit der Klaviatur der Moderationstechniken und Visualisierungspraktiken arbeiten, er verfügt über Problemlösungskompetenz und vor allem ist er intrinsisch motiviert.

7.2 DIE METHODISCHE EBENE

Auf der Projektmanagement-Methodenebene (Kompetenzelement Practice) sind es insbesondere die folgenden Themen, die für die Ergebnisorientierung vorauszusetzen sind:

- Projekt-Design
- Anforderungen und Ziele
- Qualität
- Planung, Steuerung und Controlling

| Chancen und Risiken

| Stakeholder-Management

| Änderungsmanagement

»Ein starker Einfluss auf die Ergebnisorientierung liegt in der Planungsphase, also dem Fundament des Projektes«. Eine adäquate Projektplanung muss nach den Grundsätzen erfolgen nur so viel Methode wie notwendig, »die Planung definiert die Leitplanken, aber nicht die Fahrt.« (Graßmeier, Haarbeck 2009, S. 920). Daraus resultierend, werden erfahrene Projektmanager ihre Planung ständig dynamisch anpassen und jeweils erst den nächsten Abschnitt des Projekts im Detail planen (Rollierende Planung).

7.3 DIE PRODUKT- BZW. MARKTEBENE

Ergebnisorientierte Projektmanager benötigen neben ihren Kompetenzen aus den Kompetenzbereichen Practice und People auch Kenntnisse der eigenen Organisation, des Marktes und der Umfeldentwicklung (Kompetenzelement Perspective). Dazu gehören folgende Kenntnisse:

| Strategie-Verständnis: Nach welchen Leitlinien lebt unsere Organisation, wie tickt unser Auftraggeber? Welche Spezifika weisen unser Projekt auf, wie ist das Projekt genau zugeschnitten? Ist der Business-Case, das Geschäftsmodell der Organisation bekannt?

| Klassische Produkt- und Produktionskenntnisse: Wie entstehen unsere Produkte und Dienstleistungen? Wie werden sie entwickelt und wie hergestellt? Wie wird in unserer Organisation geplant und wie generieren wir Entscheidungen?

| Marktkenntnisse: Was hat die Konkurrenz im Portfolio? Wie positionieren sich unsere Dienstleistungen und Kompetenzen am Markt? Welche Entwicklungen sind abzusehen? Wie kann unser Projekt davon profitieren?

Wenn der Projektmanager diese drei Skills verinnerlicht hat, wird er sein Projekt wie seine eigene Organisation leiten und vermarkten. Der Projektmanager lebt damit die Maxime des Entrepreneurship, im Rahmen der Stammorganisation speziell des sogenannten Intrapreneurship. »Es zählt das Ergebnis, nicht der gute Wille oder das Engagement.« (Graßmeier, Haarbeck 2009, S. 920)

8 DIE KOMPETENZINDIKATOREN DER ICB 4

Die ICB 4 listet fünf wesentliche Indikatoren für Kompetenz auf. Sie dienen einerseits der Selbstreflektion für Projektmanager, andererseits bilden sie die Grundlagen für Controlling, Benchmark und kontinuierliche Verbesserung. Einzelne Aspekte sind in diesem Kapitel bereits behandelt worden, sie sollen hier noch einmal aufgelistet bzw. vertieft werden.

8.1 ENTSCHEIDUNG UND HANDLUNG SIND AUF DEN PROJEKTERFOLG AUSGERICHTET

In der ICB 4 heißt es, dass »alle Entscheidungen und Handlungen hinsichtlich ihrer Auswirkung auf den Projekterfolg und die Ziele der Organisationen« zu evaluieren sind. (GPM 2017, S. 102)

Drei Aspekte muss der Projektmanager hierbei berücksichtigen:

- Eine Entscheidung muss sorgsam überlegt und die Konsequenzen abgewogen werden, da diese negative oder positive Auswirkung haben kann.
- Neue Entwicklungen werden nach folgenden Kriterien beurteilt: Wird damit die Zielerreichung bzw. das Ergebnis gefördert oder bedroht?
- Eine immer wiederkehrende Überlegung sollte dahingehen, ob der Prozess schneller, günstiger, besser gemacht und so mehr Erfolg generiert werden können.
(nach GPM 2017, S. 102)

Voraussetzung dafür ist, dass sich der Projektmanager die Projektziele inklusive Liefer- und Leistungsumfängen zu eigen macht. Zudem muss er die Anforderungen aus der eigenen Organisation kennen, wie zum Beispiel die Organisationsziele und -strategien, die Standards für Qualität, Einkauf und Logistik. Weiterhin muss er die Besonderheiten der Produkte und die Spezifika des Marktes berücksichtigen.

Praxistipp: Nutzen Sie den Methoden-Werkzeugkoffer für die Analyse. Gute und häufig genutzte Methoden, um Auswirkungen auf das Projektergebnis zu skizzieren, sind:

- Pro & Contra-Liste
- Szenario-Technik
- ROI-Berechnungen
- Nutzwertanalyse

8.2 BEDÜRFNISSE UND MITTEL ABSTIMMEN

»Jede Entscheidung hat zur Folge, dass Mittel (Ressourcen, Geld, Zeit, Aufmerksamkeit) für bestimmte Aktionen (Aufgaben, Entscheidung, Fragestellungen, Problemlösungen und so weiter) auf Basis der festgestellten Bedürfnisse zugewiesen oder vorenthalten worden [sind].« (GPM 2017, S. 102)

Zentrale Aufgabe des Projektmanagers ist es entsprechend, kompetent zu beurteilen, welche Bedürfnisse und Anforderungen eine höhere Priorität haben.

Das beinhaltet:

- Die Fähigkeit, Entscheidungen zu priorisieren
- Den Nutzen herausstellen zu können
- »Nein« sagen zu können, um die Interessen des Projekts zu wahren

»Denken Sie daran, dass Sie das Recht haben, Nein zu sagen – dass Sie sich selbst gegenüber sogar die Pflicht haben, wenn es wirklich darauf ankommt« (Ury 2009, S. 260). Die Aufgabe, innerhalb des Projekts ergebnisorientiert Tätigkeiten zu priorisieren, ist beim Projektmanager angesiedelt und er braucht die Unterstützung des Managements bei der Durchsetzung der Prioritäten.

8.3 GESUNDE UND SICHERE ARBEITSUMGEBUNG SCHAFFEN

Voraussetzung für eine stringente Umsetzung der Ziele sind die entsprechenden Arbeitsbedingungen. Notwendig ist es, eine »gesunde, sichere und produktive Arbeitsumgebung schaffen und diese aufrechterhalten« (GPM 2017, S. 103).

Der Projektmanager hat die Aufgabe zu erfüllen, sich kundig zu machen über geltende Gesetze und Bestimmungen zum Arbeitsschutz und zur Gesundheitsvorsorge (intern und extern). Weiterhin ist der Projektmanager auch in der Rolle des Kümmerers tätig: Er hat für das Vorhandensein aller notwendigen Arbeitsmittel, Materialien und Ressourcen zu sorgen. Er stellt sicher, dass sich die Teammitglieder produktiv entfalten können. Dies betrifft einerseits die materielle Ebene (Arbeitsumfeld, Arbeitsmittel) und andererseits auch die soziale (Teamentwicklung) und die organisatorische Ebene (Arbeitsabläufe priorisieren). Arbeitsrechtliche Belange sind in Kapitel »Compliance, Standards und Regularien« zu finden.

Methodisch bietet sich folgendes Vorgehen an:

- Klar definierte Arbeitspakete oder Tasks schnüren, Verantwortlichkeiten klar machen, um Stress zu verringern.
- Regelmäßige Projektsitzungen oder schnelle morgendliche Stand-up-Meetings festzulegen, um Orientierung zu vermitteln.
- Feedback-Runden sowie Team-Stimmungsbilder helfen zu erkennen, wie es um die körperliche und seelische Verfassung im Projekt-Team steht.

8.4 DAS PROJEKT VERKAUFEN

 Die Projektleitung »… muss häufig als Botschafter und Anwalt für das Projekt auftreten und allen betroffenen Parteien das Warum, Wie und Was (Zweck und Ziele, Design, Prozesse und vereinbarte Ergebnisse) erklären« (GPM 2017, S. 103).

Das Projekt-Marketing ist bei den meisten Projekten eine dezidierte Aufgabe der Projektleitung. Bei größeren Projekten werden dafür eine eigene Rolle oder eine Teilaufgabe konzipiert. Die Projektleitung »sucht nach Möglichkeiten und Orten, das Projekt zu promoten« – diese Aufgabe muss Teil des Selbstverständnisses der Projektleitung sein. Was sind klassische Aufgaben des Projektmarketings im Projektverlauf? In Anlehnung an die Wirtschaftsblogs INKNOWAKTION (www.inknowaction.com) und projekt-marketing (www.projekt-marketing.ch), ist die allererste Aufgabe, für die klare Identität und Wiedererkennbarkeit des Projekts zu sorgen. Dies ist eine nicht zu unterschätzende Basisaufgabe: Taufen Sie das Projekt, geben Sie ihm einen Projektnamen. Im zweiten Schritt sorgen Sie dafür, dass das Projekt ein Logo bekommt. Namen und Logo sollten positiv besetzt, »knackig« und einprägsam für das Team, die Organisation und die Stakeholder sein.

Im weiteren Verlauf des Projekts fallen differenzierte Marketingaufgaben an. Hier ist nach Projektphasen zu differenzieren: Projektstart, -verlauf und -abschluss.

- **In der Phase des Projektstarts:**
    Der Fokus liegt in dieser Phase auf dem Marketing. Der Projektmanager stellt das klassische Projekt-Setup vor.
    – Name und Logo werden publik gemacht.
    – Die zu lösende Aufgabenstellung wird kommuniziert und transparent gemacht.
    – Der Projektnutzen wird vorgestellt.

- Die Vorteile des Projekts werden thematisiert.
- Der Kontext, die dahinterstehende Strategie und der Bezug zu den Organisationszielen werden präsentiert.

In der Phase des Projektverlaufs:
Hier ist der Projektmanager verantwortlich dafür, den Projektfortschritt zu folgenden Themen zu kommunizieren:

- Kennzahlen des Projekts
- Status des Projekts im Bezug zur Zielerreichung
- Meilenstein-Ergebnisse
- Stimmungslage

Je nach Größe des Projekts bzw. der Organisation können Kommunikationsabteilungen oder externe Experten zur Unterstützung in den Kommunikationsprozess einbezogen werden. Wichtig ist auch, Medien zu nutzen, die für die Stakeholder adäquat sind. Das kann über das firmeneigene Intranet, über Kommunikationsplattformen oder Messenger-Dienste oder über eine Kombination aus allem erfolgen.

In der Phase des Projektabschlusses:
Zu oft wird vergessen, dass Erfolge gefeiert werden müssen. Eine Abschlusspräsentation mit einer Würdigung des Teams auf einer kleinen oder großen Feier ist ein Must-have.

- Abschlussbericht verfassen.
- In diesem den Nutzen, den Erfolg und die Ergebnis-Erreichung veranschaulichen.
- Die Leistung des Teams anerkennen.

Abhängig von der Finanz-, Zeit- und Ressourcenlage ist der Fantasie bei Marketingaktionen kaum eine Grenze gesetzt. Weitere Aktivitäten und Marketinginstrumente für das Projekt könnten sein:

- Webinare
- E-Mails
- Brief der Geschäftsleitung an Team, an Zulieferer, Belegschaft, Stakeholder
- Events, wie Firmenfeiern, Tagungen etc. nutzen, um das Projekt vorzustellen
- Workshops
- Diskussionsrunden initiieren
- Vorträge auf Konferenzen
- Roadshows an unterschiedlichen Standorten
- Präsentationen vor Führungskräften
- Führungskräfte-Briefings
- Hotlines einrichten

| Chats anbieten

Auch dabei kommt es auf das richtige Maß an. Klassische No-Gos sind: »Phrasendrescherei, zu viel Information und Belangloses, aber auch zu wenig oder unglaubwürdige Informationen sind zu vermeiden. Auf Qualität und die richtige Quantität ist zu achten.« (Tagwerker-Sturm 2012)

8.5 ERGEBNISSE LIEFERN UND AKZEPTANZ ERHALTEN

»Die Nagelprobe für jeden einzelnen ist, ob das Versprochene realisiert werden kann, um die geforderten Ergebnisse zu liefern« (GPM 2017, S. 104). In diesem Kompetenzindikator spiegelt sich die Frage wider: Wie effektiv und wie effizient wurde im Projekt gearbeitet und wie wurden die Ergebnisse präsentiert?

Oftmals werden in der Akquisition und bei Beauftragung bei Projekten viele Versprechen gemacht. Die Einhaltung dieser Versprechen ist Aufgabe und Verantwortung des Projektmanagers, aber in manchen Fällen nicht realisierbar. Letztendlich muss spätestens zum Projektende das vorliegende Ergebnis an den Auftraggeber übergeben und darüber Auskunft gegeben werden. Um die Zufriedenheit und Akzeptanz des Auftraggebers zu erhalten, sind insbesondere dann entsprechende Präsentationen und Erläuterungen erforderlich, wenn im Vorfeld getätigte Versprechen nicht vollständig erfüllt werden konnten.

9 KLEINE METHODENLISTE FÜR DIE ERGEBNISORIENTIERUNG

Projektmanager können bei der Ergebnisorientierung auf ein großes Werkzeugangebot aus dem Methodenkoffer sowohl des klassischen als auch des agilen Projektmanagements zurückgreifen. Tabelle 4 enthält eine Übersicht von Aufgaben und Methoden, die beim Set-up eines Projekts bzw. während der Projektarbeit von Nutzen sein können.

Tab 4.10-4: Übersicht Aufgaben und Methoden für die Ergebnisorientierung

☐	Smarte Ziele formulieren
☐	Nichtziele formulieren – Was ist out of scope?
☐	Big Picture skizzieren
☐	Ishikawa-Methode für Problemlösung nutzen

☐	Kommunikationsplan erstellen
☐	Organisationsplan erstellen
☐	Änderungsprozess gestalten und dem Team vermitteln
☐	Mithilfe der Nutzwertanalyse Prioritäten, Produkte und Lösungen auswählen
☐	Projektstart-Meeting oder -Workshop durchführen
☐	Timeboxing nutzen, um das Team konzentriert und fokussiert zu halten
☐	Quickwins und Zwischenziele erreichen, Meilensteine setzen
☐	Feedbackschleifen mit maßgeblichen Stakeholdern einrichten

WIEDERHOLUNGSFRAGEN

- Wie wird die Fähigkeit der Ergebnisorientierung bei Projektmanager und Team definiert?
- Was sind die wichtigsten drei Erfolgsfaktoren zur Ergebnisorientierung?
- Wie unterscheiden sich Effizienz und Effektivität voneinander?
- Wie können Effizienz und Effektivität am Beispiel erklärt werden?
- Was ist ein Big Picture?
- Wie wird bei der Entwicklung eines Big Picture vorgegangen?
- Welche Kompetenzen sollte ein Projektmanager haben? Nennen Sie bitte drei Kompetenzen.
- Wie wird Willensstärke definiert?
- Wie lauten die die fünf Kompetenzfelder der Willensstärke? Wie sind diese erklärt?
- Welche vier Faktoren aus dem agilen Umfeld gehören zu den Erfolgsfaktoren?
- Was sind angemessene Verhaltensweisen des Projektmanagers in der Ergebnisorientierung?
- Welche drei Handlungsebenen sollte der Projektmanager bei der Ergebnisorientierung betrachten?
- Welche fünf Kompetenzindikatoren der Ergebnisorientierung sollte der Projektmanager entwickeln?

LITERATURVERZEICHNIS

Verwendete Literatur

Drucker, P. F. (1967): The Effective Executive. Heinemann: London.

Engel, C.; Tamjidi, A.; Quadejacob, N. (2008): Ergebnisse der Projektmanagement Studie 2008 – Erfolg und Scheitern im Projektmanagement. Gemeinsame Studie der GPM Deutsche Gesellschaft für Projektmanagement e. V. und PA Consulting Group.

Graßmeier, T.; Haarbeck, S. (2009): Ergebnisorientierung. In: Gessler, M. (Hrsg.): Kompetenzbasiertes Projektmanagement (PM3). Nürnberg: GPM 2016, S. 907–922 und S. 2087–2110.

Kommunikationslotsen (Hrsg.) (2014), Bikablo 2.0, Visuelles Wörterbuch. Köln: Neuland.

Komus, A.; Heupel, T.; Ietia, Y. (2016): Evidenzbasierte Erfolgsfaktoren im Projektmanagement. Projektmanagement aktuell, Ausgabe 3.

Mayrshofer, D. (2001): Prozesskompetenz in der Projektarbeit, Hamburg: Windmühle.

Motzel, E.; Möller, T. (2017): Projektmanagement Lexikon, 3. Auflage. Weinheim: Wiley-VCH-Verlag.

Möller, T. (2009): Projektmanagementerfolg In: Gessler, M. (Hrsg.): Kompetenzbasiertes Projektmanagement (PM3). Nürnberg: GPM 2009, S. 53–66 und S. 1367–1380.

GPM (Hrsg.) (2009): NCB 3, (2009) Verhaltensweisen für Projektleiter. Nürnberg, GPM Deutsche Gesellschaft für Projektmanagement e. V.

GPM (Hrsg.) (2017): Individual Competence Baseline für Projektmanagement – Version 4.0. Nürnberg: GPM Deutsche Gesellschaft für Projektmanagement e. V.

Nowotny, V. (2017): Agile Unternehmen. Nur was sich bewegt, kann sich verbessern, 3. Auflage Göttingen: Business Village Verlag.

Patzak, G.; Rattay, G. (2004): Projektmanagement. Leitfaden zum Management von Projekten, Projektportfolios, Programmen und projektorientierten Unternehmen, 4. Auflage, Wien: Linde international.

Proske, H.; Reichert J.-F.; Triebfürst, S. (2014): Effektivität im Job, Freiburg: Haufe Verlag.

Ury, W. (2009): Nein sagen und trotzdem erfolgreich verhandeln. Frankfurt a. M.: Campus Verlag.

GPM (Hrsg.) (2015): Ergänzung und Veränderung im Projektmanagement bei zunehmender Internationalisierung, Nürnberg, GPM Deutsche Gesellschaft für Projektmanagement e. V.

Internetquellen

www.agilemanifesto.org (2001): Manifest für agile Software-Entwicklung [abgerufen am 14.6.2018].

blog.projektmensch.com (2013): PM-Canvas-Entwurf, https://blog.projektmensch.com/2013/04/05/projektmanagement-canvas/ [abgerufen am 14.6.2018].

»Ergebnis« auf Duden online. https://www.duden.de/node/713429/revisions/1380643/view [abgerufen am: 14.06.2018].

Pawlik, J. (2016): Wie ein starker Willensmuskel Ihr Unternehmen treibt, https://www.pawlik.de/willenskraft [abgerufen am 14.6.2018].

Pelz, W. (2017): Willenskraft trainieren http://www.willenskraft.net/ [abgerufen am 14.6.2018].

Tagwerker-Sturm, M. (2012): Jedes Innovationsprojekt benötigt Projektmarketing, http://www.inknowaction.com/blog/innovationsmanagement/jedes-innovationsprojekt-benotigt-projektmarketing-1409/ [abgerufen am 14.6.2018].

Maiborn V., Wolff H. (2018): Big Picture, https://www.maibornwolff.de/tags/big-picture [abgerufen am 14.6.2018].

Agiles Projektmanagement (2015). www.projektmanagement-definitionen.de [abgerufen am 14.6.2018].

Projektmarketing (2018): Projektmarketing, http://www.projekt-marketing.ch/projektmarketing/index.php [abgerufen am 14.6.2018].